MANAGEMENT CASES STUDIES IN CHINA

百优专辑

中国本土化管理案例研究

北京理工大学管理与经济学院"管理案例编委会" 主编

北京理工大学出版社
BEIJING INSTITUTE OF TECHNOLOGY PRESS

内 容 简 介

本书是北京理工大学管理与经济学院编写的第三部中国本土化管理案例集，收集了管理与经济学院教师自 2013—2020 年间入选"中国百篇优秀管理案例"的 25 篇案例正文及教学使用说明。本案例集涵盖了商业模式与市场营销、组织与人力资源管理、项目管理与技术创新、兼并重组与资源整合、生产与运作管理等 5 个栏目。

本书适合于商学院或经济管理学院的教师参考，也适合对案例研究感兴趣的 MBA、EMBA、其他商科研究生及本科生阅读选用。

版权专有　侵权必究

图书在版编目（CIP）数据

中国本土化管理案例研究：百优专辑 / 北京理工大学管理与经济学院"管理案例编委会"主编. —北京：北京理工大学出版社，2021.3
ISBN 978-7-5682-9659-5

Ⅰ. ①中⋯　Ⅱ. ①北⋯　Ⅲ. ①企业管理–案例–中国　Ⅳ. ①F279.23

中国版本图书馆 CIP 数据核字（2021）第 052439 号

出版发行 / 北京理工大学出版社有限责任公司
社　　址 / 北京市海淀区中关村南大街 5 号
邮　　编 / 100081
电　　话 /（010）68914775（总编室）
　　　　　（010）82562903（教材售后服务热线）
　　　　　（010）68948351（其他图书服务热线）
网　　址 / http://www.bitpress.com.cn
经　　销 / 全国各地新华书店
印　　刷 / 保定市中画美凯印刷有限公司
开　　本 / 889 毫米 × 1194 毫米　1/16
印　　张 / 43
字　　数 / 1281 千字
版　　次 / 2021 年 3 月第 1 版　2021 年 3 月第 1 次印刷
定　　价 / 189.00 元

责任编辑 / 时京京
文案编辑 / 时京京
责任校对 / 刘亚男
责任印制 / 李志强

图书出现印装质量问题，请拨打售后服务热线，本社负责调换

案例编委会

学术顾问　魏一鸣　李金林

主　　任　王兆华　颜志军

副 主 任　陈　翔　张　祥　刘平青　马宝龙　易瑾超

成　　员（按姓氏拼音顺序）

　　　　　　陈　翔　陈宋生　陈振娇　邓建伟　高　昂
　　　　　　关　宏　郝　宇　黄　璐　李金林　李　果
　　　　　　李苏一　刘平青　刘　岭　刘文玲　吕　鑫
　　　　　　马宝龙　孟凡臣　彭明雪　冉　伦　唐葆君
　　　　　　佟　岩　魏一鸣　王兆华　王月辉　王　科
　　　　　　王怀豫　王俊鹏　吴水龙　颜志军　易瑾超
　　　　　　尹秋菊　叶选挺　赵　先　张　祥　张凌翔

前　言

北京理工大学隶属于工业和信息化部，是首批进入国家"211 工程"和"985 工程"建设行列的全国重点大学，首批进入"世界一流大学"建设高校 A 类行列。北京理工大学管理与经济学院始建于 1980 年，至今已走过了 40 个春秋。学院浸润着北京理工大学深邃的延安精神和厚重的学术底蕴，40 年来取得了丰硕的成果，培养了大批优秀管理人才和科研栋梁。

北京理工大学管理与经济学院目前拥有八个系、二十四个研究中心、七个行政管理与服务机构，本科、硕士、博士等各高等教育层次齐全，教学与科研紧密结合。近年来，北京理工大学管理与经济学院在学校党委的领导和支持下，在全院师生共同努力下取得了显著成绩：学科专业水平不断提升，科学研究能力稳步增强，师资队伍不断壮大，人才培养体系进一步完善。根据学校"精品文科"顶层设计精神，学院加大三个一级学科（管理科学与工程、工商管理、应用经济）和两个交叉学科（能源与气候经济、国民经济动员）建设力度，同时进一步凝聚各学科方向的重点研究领域，不断优化学科战略布局。特别是近五年来，学院教师积极承担科研项目，完成和正在进行着国家重点研发计划项目、国家自然科学基金创新研究群体项目等一批重点和重大科研任务，并在 Nature 及其子刊等国际、国内顶级期刊发表了多篇学术论文。有多位教师入选"万人计划""杰青""长江学者""四青人才"等高层次人才项目，多人获全国创新争先奖、中国青年科技奖等奖项，并为国家培养了一批高水平政策研究人才。

此外，北京理工大学管理与经济学院持续做大、做强专业硕士品牌项目，建立了专业学位教育联合中心，拥有四个专业硕士学位项目［MBA、EMBA、MEM、会计硕士（MPAcc）］。目前，MBA 项目招生规模和生源质量再攀新高，MEM 的招生规模也稳步提升。同时，学院通过国际认证持续改进和提高教学管理水平，提升管理学教育的质量，全面推进国际化进程。目前已经成为全球不超过 1%同时拥有 AMBA、EQUIS、AACSB 三大国际认证的管理学院。

北京理工大学管理与经济学院的愿景是"建设一流学科、培养一流人才、造就一流师资、创建一流文化"，成为影响中国与世界经济社会发展的商学院。使命是"为社会各界培养富有创造力的杰出管理及领导人才，孕育适合中国的管理理论与方法，推动中国管理实践和经济社会可持续发展"。学院将通过创新制度、优化结构、突出学术、注重学科、招揽人才、开放办学等措施，实现学院的科研水平和教学质量的持续提升，并培养具有创造力的杰出管理人才，开拓卓越的管理研究与管理实践。

《中国本土化管理案例研究》（百优专辑）［以下简称（百优专辑）］就是在上述背景下，由北京理工大学管理与经济学院"管理案例编委会"组织编写的。截至 2020 年，学院教师累计获得"全国百篇优秀管理案例"25 篇，在全国 147 所获得百优案例的高校中位列前十。本书收集了北京理工大学管理与经济学院教师自 2013—2020 年间入选"中国百篇优秀管理案例"的 25 篇案例正文及教学使用说明。涉及领域包括商业模式与市场营销、组织与人力资源管理、项目管理与技术创新、兼并重组与资源整合、生产与运作管理等 5 个栏目。每篇案例都凝聚了老师及团队成员的辛勤劳动和智慧。值此付梓之际，衷心感谢各位老师为开展案例教学和研究工作所做出的贡献！

《中国本土化管理案例研究》系列丛书希望从管理科学的视角，在一定程度上反映中国本土企业成长与变革的历程，客观描述中国管理实践和经济社会发展状况及一些决策难题，并提出值得思考的管理问题。（百优专辑）力求做到资料翔实、案例典型、数据系统，我们也期望（百优专辑）的出版能为开展案例教学和案例研究的同行们提供参考素材。

本书还存在诸多不足和缺陷，恳请同行专家和读者朋友们批评、指正！北京理工大学管理与经济学院的全体教师，愿意并期待与国内外同行共同探索管理新知，开拓卓越的管理实践，促进中国管理学科的发展。

本书的出版，得到了中国案例共享中心的大力支持和授权，在此深表感谢！

北京理工大学管理与经济学院　院长
2020 年 12 月 28 日

目 录

栏目一　商业模式与市场营销

"脚踏两只船"的"喜与忧"——海信集团多品牌运作的尝试（采编年份：2013）……………………3
  案例正文
  案例使用说明

"公关亮剑"——D公司品牌激活之道（采编年份：2014）……………………………………………23
  案例正文
  案例使用说明

去哪儿网"聪明你的旅行"——商业模式与价值创新（采编年份：2014）………………………………54
  案例正文
  案例使用说明

龙象共舞：十八年"暗恋"最终开花结果——三一重工与普茨迈斯特并购案（采编年份：2014）………80
  案例正文
  案例使用说明

3M公司：如何创建品牌中的品牌？（采编年份：2015）………………………………………………103
  案例正文
  案例使用说明

高端餐饮企业"御仙都"的涅槃重生——价值创新与体验营销（采编年份：2015）…………………129
  案例正文
  案例使用说明

华为手机悄然"逆袭"的营销秘诀：整合营销传播（采编年份：2016）………………………………152
  案例正文
  案例使用说明

E起轻生活：北汽新能源的商业模式创新之旅（采编年份：2016）……………………………………175
  案例正文
  案例使用说明

社创引擎，模式创新——恩派"公益生态系统"的"有机生长"（采编年份：2016）…………………193
  案例正文
  案例使用说明

海信与欧洲杯的激情碰撞：事件营销开启国际化新征程（采编年份：2017）…………………………220
  案例正文
  案例使用说明

向世界开花——海信自主品牌的国际化进程（系列案例一、二、三）（采编年份：2018）……………247
  案例正文
  案例使用说明

"一体两翼"：海尔集团的多品牌定位之道（采编年份：2020）······327
    案例正文
    案例使用说明

栏目二　组织与人力资源管理

大象迁徙之困——首钢大搬迁的冲突与博弈（采编年份：2014）······349
    案例正文
    案例使用说明

"瓷饭碗"可否托起航天事业——航天W院基建部多元化用工的艰难探索（采编年份：2015）······377
    案例正文
    案例使用说明

"象"吞"蛇"之困：华电煤业并购榆天化人员分流过程与策略（采编年份：2016）······408
    案例正文
    案例使用说明

专业守界、网络跨界：蚂蚁白领专业金融服务平台"筑巢"（采编年份：2016）······435
    案例正文
    案例使用说明

"4D系统"原力绽放——G公司团队"激活"之道（采编年份：2017）······457
    案例正文
    案例使用说明

组织土壤中，绽个性之花——国家电网新员工的融入过程（采编年份：2018）······491
    案例正文
    案例使用说明

攘外必先安内——好未来与员工相互成就的故事（采编年份：2019）······515
    案例正文
    案例使用说明

"复心"之路：疫情后好未来员工的心理契约重构（采编年份：2020）······540
    案例正文
    案例使用说明

栏目三　项目管理与技术创新

从中国的金风，到世界的金风——金风科技的战略转型之路（采编年份：2020）······567
    案例正文
    案例使用说明

工程类新产品如何落地生花：华电科工海上风电的开发历程（采编年份：2020）······586
    案例正文
    案例使用说明

百年马应龙药业互联网变形记——基于O2O2O的商业模式变革（采编年份：2019）······603
    案例正文
    案例使用说明

栏目四　兼并重组与资源整合

勿以增值喜，勿以减值忧——美中互利的并购估值变奏曲（采编年份：2016） ················· 627
　　案例正文
　　案例使用说明

栏目五　生产与运作管理

快钱：供应链变革助力"终端争夺战"（采编年份：2014） ················· 655
　　案例正文
　　案例使用说明

栏目一
商业模式与市场营销

案例正文：

"脚踏两只船"的"喜与忧"
——海信集团多品牌运作的尝试[①]

摘　要：（1）多品牌运作是大型企业品牌战略的法宝之一，"脚踏两只船"可能会乘风破浪，亦可能会是铤而走险。因而，在中国情境下开发出基于品牌差异化定位的多品牌运作典型案例，对于《战略营销》与《品牌管理》课程的教学及管理实务的价值是显而易见的。（2）在收购科龙电器后，海信集团持有海信与容声两个冰箱知名品牌，多品牌运作使得集团在冰箱领域市场份额扩大，而"1加1并没有明显大于2"，海信与容声"两兄弟"在市场上形成自相竞争。如何通过海信与容声的品牌差异化定位，实现有效的多品牌运作，海信集团进行了有价值的探索。（3）本案例旨在为《战略营销》《品牌管理》等课程中探讨企业品牌定位、特别是多品牌运作等问题的分析提供一个案例分析素材，帮助学员了解相关理论的同时，进一步明确相关问题的分析思路和方法。

关键词：多品牌运作；品牌定位；差异化

0　引言

2012年3月份的青岛还有冬天料峭的寒意，天气似乎总有些阴晴不定。这个星期天的早上，海信科龙电器股份有限公司的副总经理王海军趁着这个难得的休息日在商场随意逛逛。

王海军走进一家大型商场的家电区，远远地就看到一对气质俱佳的情侣在挑选冰箱。甜美的导购员正面带微笑地向他们介绍各款冰箱的特点，而这对情侣显然已挑乱了心思。

"海信是这几年才开始做冰箱的吧？之前一直都只是知道它的电视不错，不知道冰箱怎么样。"女孩带着询问的语气问导购员。

"海信是咱国内第一家拥有变频技术的企业，现在大家都很注重节能环保，很多像你们这样的白领人士都很喜欢选择绿色环保的家电。"导购员耐心地介绍海信冰箱不同于其他品牌的优势。

女孩和男孩一愣，"不是格力研发的变频技术吗？知道海信挺注重技术创新的，但还真是不知道海信是第一个拥有变频技术的企业。"这时女孩注意到了隔壁容声冰箱的展区，向导购员问道："容声是冰箱的老品牌了，好像容声冰箱的节能技术也挺不错的，海信和容声两个品牌哪个更好点呢？"

"这个……"导购员显然也不是很清楚这两个牌子各自的显著优势，"容声冰箱现在已经和海信冰箱都属于同一个公司了，应该在技术方面和节能环保上都做得很不错。"

"这样啊，那……，要不我们再多看看，比较比较吧。"显然这对情侣还拿不定主意，慢慢地走向其他品牌的展区。"哎，比来比去也没发现有什么差别，要不我们还是买海尔的吧，毕竟是老牌子了，而且价格也还合理，关键是听说海尔的售后服务还是不错的。"男孩暗暗地向女孩说道，似乎他们已经做出了决定。

[①] 本案例由北京理工大学管理与经济学院马宝龙副教授、李金林教授和研究生石海娇、步晶晶撰写，作者拥有著作权中的署名权、修改权、改编权。

本案例授权中国管理案例共享中心使用，中国管理案例共享中心拥有复制权、修改权、发表权、发行权、信息网络传播权、改编权、汇编权和翻译权。

由于企业保密的要求，在本案例中对有关名称、数据等做了必要的掩饰性处理。

本案例只供课堂讨论之用，并无意暗示或说明某种管理行为是否有效。

王海军看到这个场景，心里不由得一阵酸楚。海信集团在 2006 年收购科龙电器时，本想是通过借助海信、科龙、容声等产品的优势，迅速相互借用，分别提升市场销售，实现规模最大化。可是虽然在总体上市场份额都有所增加，但是有时却也避免不了两个同类产品之间的相互竞争，尤其是海信冰箱和容声冰箱。由于消费者没有清晰获得购买哪个品牌的明确理由，往往使得消费者转而去购买其他品牌。

王海军是在海信集团收购科龙电器后被任命为海信科龙电器股份有限公司的副总经理的。自从收购之日起，公司的管理层就一直在苦苦思索怎样才能让海信冰箱和容声冰箱两个品牌在消费者心中留下不同的鲜明的品牌形象，可是即使公司已经投入了巨大的精力和财力去做这件事情，但还是收效甚微。想到这里，王海军此刻的心情就像青岛的天气一样，笼罩了一层阴霾……

1 公司背景

海信集团是特大型电子信息产业集团公司，成立于 1969 年。目前海信拥有海信电器股份有限公司（600060）和海信科龙电器股份有限公司（000921）两家在沪、深、港三地的上市公司，同时成为国内唯一一家持有海信（Hisense）、科龙（Kelon）和容声（Ronshen）三个中国驰名商标的家电企业集团。海信科龙电器股份有限公司是在 2006 年海信集团收购科龙电器后，注入原海信白电资产后形成的海信集团旗下专注于白电制造的上市公司，是中国最大的白电产品制造企业之一。[1] 原科龙电器创立于 1984 年，总部位于中国广东顺德，主要生产冰箱、空调、冷柜和洗衣机等系列产品。1996 年和 1999 年，公司股票分别在香港和深圳两地发行上市。1996 年，海信凭借变频技术高起点进入空调产业；2002 年，海信通过并购北京雪花进入冰箱业；2006 年年底，海信成功收购科龙电器，由此诞生了中国白色家电的新航母——海信科龙。

海信科龙拥有海信、科龙、容声三个"中国驰名商标"，拥有海信冰箱、容声冰箱、海信空调、科龙空调四个"中国名牌产品"，主导产品涵盖冰箱、空调、冷柜、洗衣机等多个领域，生产基地分布于顺德、青岛、北京、成都、南京、湖州、扬州、芜湖、营口等省市，形成了年产 800 万台冰箱、600 万套空调、200 万台洗衣机、70 万台冷柜的强大产能。

海信科龙在顺德、青岛两地设立了研发中心，并在美国、日本、英国等各地设立了科研机构，由 1 000 多名技术人员组成了业内规模最大、专业最齐全的研发团队，时刻力争与世界主流家电技术保持同步，推进着研究成果的不断创新，致力提升人们的生活品质。

从海信科龙电器的主营业务构成来看，冰箱是公司的核心业务所在，其收入占比达到 53%。其次是空调和冷柜，收入占比分别为 37% 和 5%。冰箱业务作为科龙公司的传统优势产品，也是公司未来发展的核心，在整合了海信的白电业务后，公司在技术优势和渠道广度上均得到较大提升，为公司成为中国冰箱业的领军企业奠定了基础。因此，对海信冰箱和容声冰箱两个冰箱品牌如何细分市场、进行市场分隔、如何进行差异化的品牌定位、如何进行多品牌运作就成为海信科龙电器股份有限公司最需解决的问题。

海信容声冰箱有限公司位于四季如春、景色怡人的广东省佛山市顺德区，是海信科龙电器股份有限公司下属最大的产品制造公司，亦是海信科龙产业龙头。公司前身为广东珠江冰箱厂，创立于 1984 年，同年开始用容声品牌生产电冰箱，是中国最早生产冰箱的企业之一，也是中国目前规模最大的电冰箱生产基地。1999 年，容声品牌被评为"中国驰名商标"。

王海军是在 1999 年毕业后就进入海信工作，经历了海信集团收购科龙电器的整个过程，于 2007 年被任命为海信科龙电器的副总经理。王海军还清楚地记得成功收购后，海信集团主管营销与品牌工作的副总裁语重心长地说："国内家电业发展到现在，企业并购以及之后的多品牌运作一直鲜有成功的案例。多品牌一定意味着复杂的品牌管理体系和庞大的品牌推广费用。而冰箱是集团白电领域的核心业务，海

---

[1] 白电产品是减轻人们的劳动强度（如洗衣机）、改善生活环境提高物质生活水平（如空调、电冰箱等）的电器；而黑电产品是带给人们娱乐、休闲的电器。也有人简单地认为："外壳是白色的电器就是白电，比如冰箱、洗衣机、冰柜等；而外壳是黑色的电器，应该就是黑电，包括电视机等。"

信冰箱和容声冰箱的差异化市场及品牌定位将是决定我们公司在冰箱行业能否成功突围成为领军企业的关键所在啊。"

2 容声冰箱和海信冰箱的品牌定位之路

2.1 "新官上任一把火"——海信科龙电器在冰箱市场的竞争环境分析

想要做好品牌定位，首先就得先清楚自己的公司在冰箱市场中处于的竞争环境。之前王海军在市场部一直从事的都是战术方面的工作，现在成为公司副总，首先就得需要在战略上掌控全局。

王海军上任后认真地研究了下中国冰箱行业的发展状况。我国冰箱业发展历程大致经历了发展初期、成长发展期、稳定发展期三个主要阶段（如表 1-1-1 所示），目前我国的冰箱业正处于一个稳定发展的时期。稳定发展期其实也就意味着想要在冰箱业占据更多的市场份额会十分困难，它不同于发展初期和成长发展期的机会那么多，而是需要经营者花费更多的心思。

表 1-1-1 我国冰箱业发展历程

历程	时期	发展阶段	主要发展
第一阶段	20 世纪 70 年代末至 80 年代中期	发展初期	技术及生产设备引进与消化吸收
第二阶段	20 世纪 80 年代中期至 90 年代末	成长发展期	扩充产能，提升质量，技术改进，品牌推广
第三阶段	2000 年至今	稳定发展期	激烈竞争，技术创新

了解过这些以后，王海军召开了上任后的第一个会议，分析目前公司在冰箱市场上的竞争环境。在会上，市场部赵经理首先说："虽然我们公司拥有的海信和容声冰箱两个品牌均具有一定的竞争实力，但仍然面临着内外夹击的竞争局面。国外的知名品牌西门子、伊莱克斯、松下、三星等占据着高端市场且目前正逐渐向低端市场扩展，而国内传统白电品牌海尔具有超强的市场影响力，同时美的、美菱在冰箱领域也具有一定的市场影响力。因此，无论是在高端还是在中低端，在同等价位的产品中，海信和容声冰箱似乎均不占有明显竞争优势。"

王海军点头，冰箱行业存在着多个强势品牌他心里十分清楚，不过他也明白困难越多挑战性越大。王海军示意赵经理继续说下去。

赵经理接着补充道："从我们部门的销售情况来看，就大零售卖场来说，国外品牌已经覆盖着高中端市场，在与零售卖场的合作中，新进入企业可能对我们公司的冲击会比较小，具有同等地位甚至更具有影响力的竞争品牌始终是我们公司最大的威胁。他们不仅在销售中和我们竞争，并且成为零售连锁向我们施压的重要砝码。同时，产品功能的多样化模糊了消费者对产品性价比的判断，这时候品牌的作用是最能得到消费者认可的。"

王海军不由自主地抚了下额头，这是他遇到难题时的常见动作。来自竞争对手和零售商的压力，使得他认真思考海信冰箱和容声冰箱有哪些可以与之抗衡的优势。

"不管怎么说，我们首先要保证的是产品质量。我们要知道，海信的产品除了已经通过国内认证外，还通过了德、澳、加、美等国外认证，并且获得了一系列奖项。这些奖项是我们的容声冰箱和海信冰箱产品质量的保证，更是新进入企业无法与之相比的，目前面临新进入者的威胁不大。我们要尤其注意这点竞争优势。"赵经理听了王海军的意见后立刻做了笔记。

"小张，你们采购部门有什么想法？"

采购部张经理说道："在我们与供应商打交道时，发现现在原材料成本增长很厉害，整个产业都面临着这方面的压力，但是好在收购科龙电器以后，公司可以借助规模效应，大量的采购能够使得我们在议价过程中处于相对的优势。但是，我们公司在和零售连锁简单的产品交易关系中可以说目前还处于相对被动地位。因为从顾客的角度来看，他们的威胁手段是压低价格，要求较高的产品品质或索取更多的服务项目，并且从竞争者彼此对立的状态中获利。我们公司现在面临的顾客威胁就主要来源于零售连锁企业，如国美电器、苏宁电器以及特大型和大型的城市零售商等，由于这些零售连锁对渠道终端的掌控使得我们还处于相对被动地位。"

王海军点头，补充道："海信集团除了我们公司以外还掌握着海信电器（主要以海信电视等黑电产品为主），它们在黑电领域极具议价能力，我们可以从集团的角度和海信电器进行捆绑来和零售连锁进行谈判，这将有助于提升我们在白电领域与零售连锁间谈判的议价能力。"

研发部刘经理最后说道："从家电产品本身角度来看，原则上没有传统定义上的替代品的威胁，所以我们公司产品的替代品威胁主要来源于内部产品技术的提升，这是一种技术进步对原技术产品作替代的威胁，而非其他产业替代品的威胁。不过海信长期坚持'技术立企、稳健经营'的发展战略，在白电领域是变频技术的王者与先锋，再加上海信目前已初步确立了全球研发体系，可以说科学高效的技术创新体系，使海信的技术创新工作始终走在国内同行的前列。因此，可以说海信在产品技术升级方面相对于其他企业而言具有一定的优势，这也是海信冰箱变频技术的极大优势。"

会议结束后，王海军在笔记本上记下这次会议的中心思想，并总结了海信科龙电器目前在冰箱行业的竞争优势和劣势。

2.2 影响消费者购买冰箱的因素

在了解了公司所处的竞争环境后，王海军认为有必要进一步从顾客认知的角度了解消费者是如何选择冰箱产品的，于是王海军让市场部进行了一项消费者调查，以便了解影响消费者购买冰箱的主要因素。结果显示，"控温""保鲜"等作为对冰箱的基本要求，已发生了变化，"节能""健康""价格""服务""品牌"等因素尤为受消费者重视。影响消费者对冰箱的选购因素越来越多元化，这说明消费者的消费意识正在发生转变。在消费者注重的因素中，排首位的是节能；而价格、服务和品牌、健康等几项指标也越发为消费者所重视（具体如图1-1-1所示）。

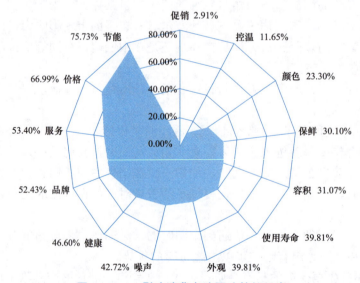

图1-1-1 影响消费者购买冰箱的因素

王海军意识到，随着人们生活水平的日益提高，在生活方式上，人们从最初的需要型向享受型转变，消费模式由温饱向营养健康发展，消费者对于产品的需求由保质发展到保健保鲜的阶段，冰箱行业因此也进入了绿色环保和卫生健康的时期。从对产品的需求上，消费者对于冰箱的利益关注点，由最初的产品初级功能，如简单制冷等方面转为节能控温、控湿、抗菌为一体的多功能冰箱；从最初的延长保质时间到现在的食物营养保鲜。不过，价格一直都是顾客所关心的一个重要方面。在心理上，消费者开始更关心技术以及由此带来的利益点和诉求方式的转变，摆脱了以往冷冰冰的技术点诉求，开始以沟通、情感诉求为主。

2.3 "新官上任二把火"——容声冰箱和海信冰箱的产品分析

在了解了公司的整个市场竞争环境和影响消费者购买因素以后，王海军开始进行第二步工作，深入了解容声冰箱和海信冰箱。王海军把研发部的人员分为两批，分别派人对容声冰箱和海信冰箱迄今为止的发展做了一个详细的介绍。在看过产品详细的介绍以后，王海军在笔记本上简要记下容声冰箱和海信冰箱的产品优势。

2.3.1 容声冰箱的产品特点

容声冰箱一直致力于节能水平的提升，并取得了持续突破，曾独家中标联合国节能明星冰箱大奖。容声冰箱一直以节能环保为己任，努力开发高效节能产品，引领我国冰箱业节能水平不断升级。

（1）超级节能技术。容声连续多年都占据行业节能的制高点，早在 2003 年，容声就以 0.42 度的最低单台日耗电量，独家中标由联合国 GEF 和国家环保总局共同设立的"联合国节能明星冰箱大奖"。此后经过持续的技术创新，节能水平不断获得新的突破，陆续推出第二代、第三代、第四代"节能明星"系列冰箱新品，单台日耗电量也从 0.42 度下降到 0.25 度，一直保持着全球冰箱节能技术水平的领先地位，并且公司拥有一系列系统研发节能的核心技术。

（2）独创分立多循环技术。这是一项世界专利技术。海信容声冰箱有限公司是目前冰箱市场唯一一家可以做到各个温室单独开关的冰箱生产厂家，实现了冰箱制冷技术的分立循环、分时控制，带领电冰箱进入"按需制冷"的新阶段。

（3）光合养鲜技术。2000 年，容声冰箱率先研制成功"养鲜魔宝"技术，如今该技术已经过多次升级换代，演变成了"负离子养鲜魔宝""酶杀菌养鲜魔宝""纳米养鲜魔宝"等多项领先的保鲜技术。

（4）停电保鲜技术。实现停电 12 h 内，制冷不断，食物新鲜/营养不变；并实现了分时记电，错峰用电。

此外，容声冰箱在内、外观及性能方面也有自己的特点。

① 外观时尚化。容声的几大系列产品，从外观上均确保了各档次产品外观的时尚，给人耳目一新的感觉。

② 内观精美化。可互换设计的全新内观，可兼顾中、高档消费群。

③ 性能更优化。将普通机械、普通电脑、三温电脑等多个系列产品的耗电量降低 0.1 度；同时，力保超级节能电脑的顶级的节能形象。

2.3.2 海信冰箱的产品特点

海信冰箱致力于矢量变频技术的研究和运用，在冰箱的数字保鲜、数字温控、数字静音、数字节能等方面取得了领先的竞争优势，荣获"最佳保鲜技术奖"。

在此之前，海信已拥有 10 多年的技术积累，变频技术处于全球领先的水平。海信集团把成熟的变频技术嫁接到冰箱上来，有着得天独厚的条件。到目前为止，海信是掌握了 360° 矢量变频技术、批量投产并获得了多项变频发明专利的家电企业。

海信冰箱产品的主打卖点在于选用了矢量变频压缩机。众所周知，压缩机是冰箱运行的心脏部位，它的好坏直接影响着冰箱的质量。变频压缩技术保证冰箱高效、节能的运行状态，宽幅的变温设计，能够满足更多食物的保存需求。

2.4 "新官上任三把火"——容声冰箱和海信冰箱的品牌定位

王海军在看到容声冰箱的节能和海信冰箱的变频技术时，就确定了要以这两个优势作为与竞争对手最主要的区别。经过多次会议讨论，再结合影响消费者购买冰箱时的主要因素，最终确定了容声冰箱和海信冰箱的品牌定位，此后几年中，容声冰箱和海信冰箱都沿着这两个品牌定位发展。

2.4.1 容声冰箱的品牌定位

王海军注意到，无论是在科龙时代还是在海信科龙时代，容声冰箱均一直致力于节能水平的提升，并取得了持续突破，因此，王海军带领的市场部确定了容声冰箱传达给顾客的印象就是持续领先的节能技术。在2010年11月22日，容声冰箱在全国44个城市同步召开视频新闻发布会，隆重宣布研制成功的"0.22度节能""全天候保鲜节能"两项创新技术通过科技成果鉴定，取得了全球冰箱保鲜、节能技术发展历程上的两项重大突破，达到全球领先水平，产品也已经在全球范围内批量上市。这次推出的日耗电量仅0.22度的顶级节能冰箱，再次刷新了由容声保持的节能水平世界纪录。

此外，在具体的产品策略上，容声冰箱采取了覆盖高中低全线市场的策略，根据地理因素、人口因素、行为因素、心理因素等细分变量，利用不同的产品系列来覆盖不同的细分市场。同时在节能领域技术先进的基础上，实施合理的价格策略，如表1-1-2所示。

表1-1-2　容声冰箱细分市场

冰箱品类	地理变量	人口统计变量		行为				心理
	城市类别	年龄及家庭规模	收入	追求利益	使用状况	使用率	品牌忠诚度	生活方式
艾弗尔高端	一级	高端人士，尤其是35岁左右的人群	高	名誉、品质	首次使用	少量	较低	新潮、品质、奢侈
普通三门	一、二级	30岁左右女性、新婚夫妇	中高	实用、服务	经常使用 潜在使用	大量	较高	温馨、时尚
普通二门	三、四级	40岁及以上人群	中等	质量、经济	经常使用	大量	很高	节俭保守、经验
家电下乡冰箱	农村	各类家庭	低	质量、经济	首次使用 潜在使用	大量	中等	节俭保守、耐用

2.4.2 海信冰箱的市场定位

不同于容声冰箱，海信冰箱则坚持高端品牌战略，努力制造精品。在王海军的带领下，对海信冰箱的定位借助于广告词"海信冰箱，变频专家"传递给消费者，即定位于专业变频，走高端科技产品的路线，产品风格主要走的是大气、稳重、睿智的路线。

王海军最初确定的海信冰箱的主要目标顾客是家庭收入较高的城市居民，不过随着时间的推移，海信冰箱的目标市场现在逐渐扩张到了二三级城市以及农村市场，主要目标消费者是追求生活质量和品位、有责任感的人。此后为更好地满足顾客需求，王海军对海信冰箱的目标顾客再次进行细分，具体可归结为款式细分、容积细分、功能细分等几种细分方式。海信冰箱几款核心系列产品的情况如表1-1-3所示。

在目标顾客的选择实施时，海信冰箱采取的是完全覆盖市场策略，即海信冰箱研发各种容积和价位的产品来满足不同顾客群体的需求，但在具体的营销策略上进行差异化对待。到现在为止，海信冰箱目前的主要目标顾客集中在城市居民中，而且只有在北方占有较大市场份额；在农村市场推广方面，由于家电下乡政策的执行，海信也有15款冰箱型号中标，为以后海信冰箱在农村市场的开发奠定了良好的基础。

表1-1-3　海信冰箱的产品介绍

产品系列	产品特征	目标顾客	目标顾客特征
阿波罗、太空舱系列	欧式风情　智能无霜 超宽超深大规格　海量存储空间 智能精确控温 智能化报警系统 全风冷无霜多循环系统 优化风道设计　立体送风 生态光能养鲜	较年轻的社会精英 白领 高生活享受的人	性格喜好是比较张扬的，有个性的，能体现优雅气质和生活品位的

续表

产品系列	产品特征	目标顾客	目标顾客特征
帝安娜、荷塘月色系列	国际6A低碳技术，行业标准制定者 3D梦幻设计，时尚生活享受 健康环保杀菌，杀菌率高达95% 15千克超大冷冻能力，极冷速冻 智能变温设计，冷藏冷冻随意切换	30岁左右女性 新婚夫妇	高贵典雅又不失时尚，多元化、个性化的审美需求
鲜锋冰箱系列	智能电脑温控 冷藏、冷冻式均可独立关闭 独特超大冷藏室设计 特设速冷速冻功能 风冷全无霜 双循环系统 18千克超强冷冻能力	中低收入群体	注重冰箱的外观和耗电量，强调冰箱的实用性，对冰箱的功能要求简单

　　此后几年，公司的发展也的确很不错。2009年，公司实现营业收入93.6亿元，同比增长8.4%；实现净利润1.5亿元，同比增长166.3%，实现每股收益0.15元。在2010年前三季度，实现营业收入143.8亿元，同比增长37.8%（调整后），实现净利润4.7亿元，同比增长75.3%，实现每股收益0.35元。然而王海军从海信集团决策层了解，到2010年公司的快速增长除了得益于家电下乡和以旧换新等政策刺激外，较大程度上是受益于与海信白电业务的整合，使公司在产品、技术和营销渠道上得到了明显提升。王海军一度觉得营业收入的增长与容声冰箱和海信冰箱的品牌定位分不开，然而集团决策层的分析结论以及商场中年轻情侣选择购买冰箱的场景让王海军意识到了容声冰箱与海信冰箱的市场及品牌定位还需要进一步清晰，这样才能保证海信科龙电器在完成业务整合后未来营业收入的持续增长。

3 "梦归现实"——目前的品牌定位合理吗？

　　一阵嘈杂的声音把王海军从回忆中拉了回来，那对情侣早已离开。王海军走到导购员那里，导购员一见有顾客，一脸开心的笑容："先生，请问您喜欢哪款冰箱？"

　　"我想知道，海信和容声的冰箱，大家买得多吗？"

　　导购员有些诧异："这两个品牌的冰箱都挺好的，特别是在节能方面都表现不错，尤其是海信的变频节能技术处于国际领先水平，只是海信宣传得不够，知道的人不多而已，产品还是很好的。"

　　王海军听到这时，心里一阵叹气。他不再理会导购员诧异的眼神和热情的介绍，转身离开。

　　这个周末王海军过得心事重重。周一一大早，王海军就给各个部门下了任务，并召开了会议。

　　这个会议的气氛无疑是压抑而且沉闷的。虽然各个部门的经理在接收到任务时就猜测到可能发生了什么重大的事，但是看到王海军阴沉的脸，大家都沉默了。

　　"小李，你先把目前冰箱市场的竞争结构的PPT给大家讲解一下。"

　　"好的。"助理忙应道。

　　"大家请看，这是目前冰箱行业的品牌竞争结构和产品竞争结构。首先，从品牌方面来说（如图1-1-2所示），2011年上半年，我国冰箱市场中海尔仍为最受消费者关注的品牌，关注比例达到31.1%，其领先优势非常明显。西门子和美的组成第二品牌阵营，关注比例分别为16.2%和10.4%，且走势较为平稳。关注比例不足10%的品牌数量众多，且这些品牌的关注比例相距不远，竞争非常激烈。也就是说，目前中国冰箱市场中海尔仍以明显优势领跑市场，西门子、美的等第二阵营品牌竞争激烈，尤其是美的系等集团作战的品牌优势渐显，'一超多强'品牌格局稳定，但品牌集中度有所下降，这对我们实际是有利的。"

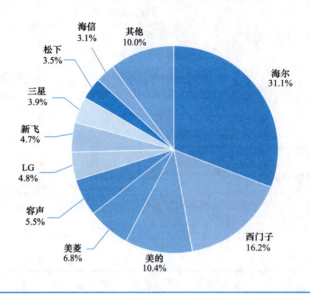

图 1-1-2 2011 年上半年中国冰箱市场品牌关注比例分布

小李喝了口水后接着说道:"我们再来看看产品类型关注比例的变化(如图 1-1-3),自 2009 年起,三开门、对开门、多开门冰箱就开始在中国冰箱市场加速成长,随着各大本土品牌纷纷发力高端市场以寻求新的利润增长点,三开门冰箱以其更加优秀的保鲜特性,在众多国产品牌加入推广行列之后开始普及。图 1-1-3 中显示,从 2009 年 4 月到 2011 年 4 月的同比变化可以看出曾占主流的双开门冰箱的关注比例逐年下降,而三开门冰箱的关注比例逐年上升,可以说三开门冰箱已经开始撼动两门冰箱在市场上的霸主地位;到 2011 年上半年,三开门冰箱的关注比例达到了 38.3%。此外,虽然对开门和多开门冰箱的售价昂贵,但从 2009 年 4 月、2010 年 4 月和 2011 年 4 月的同比数据的对比可以看出,对开门和多开门冰箱受到的关注比例稳中有升,因为随着消费能力的提升,单单的存储和冷冻等基础功能已经不能满足现在用户的需求,这些都促使拥有更大容量、更多功能的三开门和对开门冰箱受到更多的关注。这些数据都说明高端冰箱拥有稳定的消费群,关注走势较为稳定,目前也有越来越多的本土品牌通过设立自己的高端子品牌或退出低端产品系列的方式来加入高端市场。"

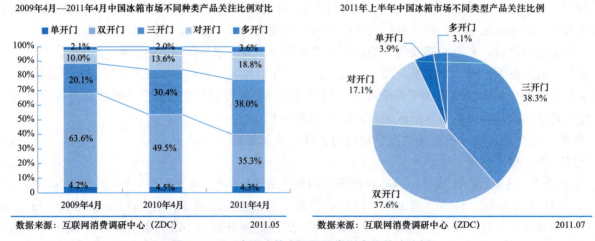

图 1-1-3 中国冰箱市场不同类型产品关注比例

"在价格方面,冰箱的平均零售价已从 2006 年的 2 440 元增至 2009 年的 2 752 元,涨幅达 14.1%;而 2008 年高端冰箱的市场份额已占三分之一,可以说 3 000 元以内产品占主流。从图 1-1-4 中可以看出,

2011年，中国冰箱市场中3 000元以内产品吸引了53.5%的消费者关注度，其中2 001元至3 000元价位产品的关注比例达到33.1%，成为主流价位段，这一价位段主要集中了中端双开门冰箱和一些低端三开门冰箱。中低端市场品牌众多，且实力相仿，竞争相当激烈。在产品容积段结构方面，目前中国冰箱市场中以201～250升产品为主流，2011年上半年关注比例达到41.5%（如图1-1-5所示），成为各品牌最重视的产品容量段，目前市面上的大容量双开门和主流三开门冰箱的容量多在这一区间中。"

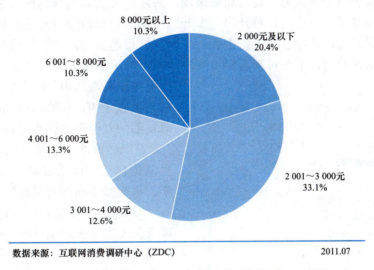

数据来源：互联网消费调研中心（ZDC）　　　　　　　　　　2011.07

图1-1-4　2011年上半年中国冰箱市场不同价位产品关注比例

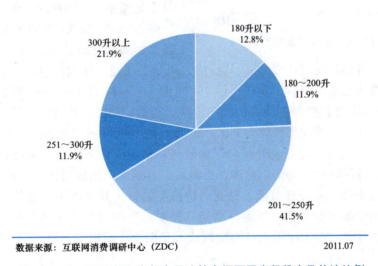

数据来源：互联网消费调研中心（ZDC）　　　　　　　　　　2011.07

图1-1-5　2011年上半年中国冰箱市场不同容积段产品关注比例

大家听完小李的介绍，都没说话，心里很疑惑王总突然让讲这个干什么。这个市场分析报告早已经发给各个部门的经理，大家也都十分清楚。

"我知道你们心里都很清楚目前冰箱行业的趋势，但是大家有想过没有，现在中国冰箱行业整体盈利水平在下降，我们面临的竞争非常激烈。大家都知道最近几年原材料成本在增加，早在2011年上半年，我国的冰箱行业就面临着产能过剩、金属等原材料的价格上涨、人工成本上涨等不利因素。成本的增加只是其一，市场发展也在受局限。老赵，你说说你们市场部的情况。"王海军点名指到市场部的赵经理。

赵经理赶忙说道："大家都知道2010年公司得益于家电下乡和以旧换新等政策刺激，销售收入增长很快。不过近两年推动我国冰箱市场快速发展的主要政策因素家电下乡的作用已经开始明显减弱，甚至部分地区开始退出，农村市场后劲不足，市场发展空间有所受限。我们的海信冰箱和容声冰箱在农村地区的销售也不如之前。而且现在竞争非常激烈,整个冰箱市场的产品价格水平都呈下降趋势。目前已经出现了众多售价低廉的三开门、对开门冰箱产品,一些过去高高在上的高端产品现在也逐步加入降价促销的行列中来。我们的海信冰箱走的是高端品牌战略,也不可避免地受到影响。"

"研发部门呢?说说你们。"王海军越来越觉得烦闷。

"从技术研发方面来看,冰箱产业高端化趋势明显。不仅仅是国外品牌以高端产品为重要市场,几乎目前所有的主流本土品牌也都下大力气发力高端市场。海尔、美的等品牌均推出了高端子品牌,拨专人进行设计和运营,成果斐然。三开门、对开门、多开门产品的市场份额也都逐渐提高。在整个冰箱市场上,节能环保成为主导潮流,风冷变频占据市场,分区保鲜日趋流行,个性化设计、部分产品具有的特殊功能成为卖点。冰箱行业的许多公司都看到了高端冰箱产品这个引人瞩目的领域带来的新希望,加大力气推出高端冰箱。不过我们的节能和变频技术还都是很领先的,在高端市场这块可以多下功夫。"研发部的刘经理很认真地说了自己的看法。

王海军的脸色并不见好转:"我们自己公司心里清楚自己的技术很好,可是消费者知道吗?小李,再把家电品牌的研究报告放给大家看。"

"这是北京理工大学的老师在2011年进行的一项有关家电品牌的调查研究,这张图(如图1-1-6所示)显示了国内主要冰箱品牌知名度的调查研究结果。从图中可以看出,我们海信冰箱主要的竞争对手是海尔、美的和西门子,海信冰箱的知名度与一些老品牌(新飞、美菱)接近。就容声冰箱来说,其品牌知名度还是不错的。"

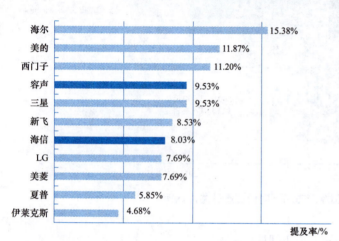

图1-1-6 冰箱品牌知名度(以提及率测量)

小李翻了一下幻灯片接着说道:"此外,从价格、质量、功能、外观、服务、节能等六个方面对各主要冰箱品牌消费者的调研结果可以看出(如图1-1-7、图1-1-8、图1-1-9、图1-1-10、图1-1-11、图1-1-12所示)。海尔总体优势较为明显,其在价格、质量、功能、外观、服务、节能等方面的评价都高居榜首,特别是'服务'一项的优势较为突出,比海信高出约70个百分点。西门子作为成功进驻国内冰箱市场的外资品牌,在质量、功能、外观上评价较高,但在服务、价格方面没有突出优势。结合各种数据来看,对西门子的各项评分较均衡,总体评价较高。容声的突出优势在于价格、节能,但是对质量、功能、服务的评价不是很高。新飞在节能、外观、价格上的评价高于质量、服务,特别是服务的评价是所有品牌中最低的。海信冰箱在价格、质量、功能、外观、节能、服务等多个方面上相对于竞争品牌而言消费者评价均不具备优势,海信冰箱主打的变频技术又很少被消费者了解。"

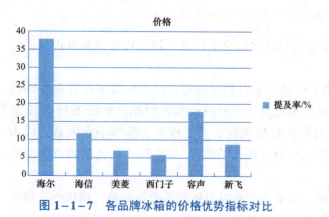

图1-1-7 各品牌冰箱的价格优势指标对比

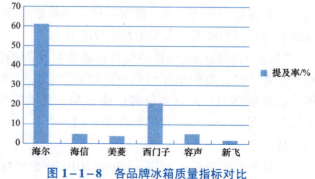

图1-1-8 各品牌冰箱质量指标对比

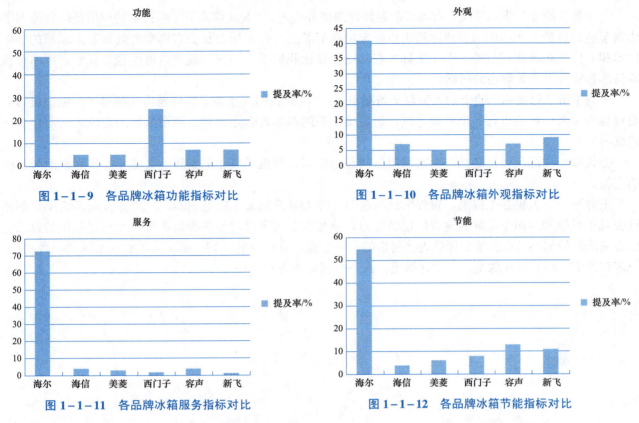

图 1-1-9　各品牌冰箱功能指标对比

图 1-1-10　各品牌冰箱外观指标对比

图 1-1-11　各品牌冰箱服务指标对比

图 1-1-12　各品牌冰箱节能指标对比

王海军补充道："在对海信冰箱及其变频技术的认知度调查（如图 1-1-13 所示）中，高达 80% 的消费者并不知道海信是国内第一家拥有变频技术的企业。从之前我们做过的消费者关注的因素调查来看，'健康''节能'（虽然变频的直接结果就是节能，但是并不为消费者所认知）、'环保'等均为消费者注重的因素，但'变频'的选择率并不高。消费者对海信变频技术不甚了解，稍有了解的也认为变频技术就是高价位的代名词。"

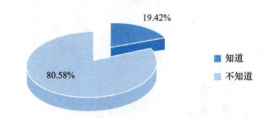

图 1-1-13　消费者对海信变频冰箱技术的了解状况

大家都沉默了。这些数据无疑给所有人的心口撒下了一把盐。对于公司这两个大家都倾注了无数心血的品牌，消费者的认知度却不够高，大家都是既难过又迷茫。

4　"迷雾重重"——怎样定位才合理？

王海军叹了口气："大家都说说应该怎么办吧。之前我们一直以为传达给消费者的定位是清晰的，但现在这些数据都表明了我们对容声和海信冰箱的定位并没有达到我们预期的结果，现在竞争这么激烈，我们还要继续按照目前这样的定位发展下去吗？"

研发部门刘经理说道："我郁闷的是那么多消费者都不了解咱们海信冰箱的变频优势。大家都看到了，这六个品牌的各种对比分析都表明了消费者对于我们的海信冰箱及其变频技术缺乏全面的了解，但是，海信冰箱与其他同类产品的差异化定位点却恰恰是变频技术啊。对比分析海信冰箱的市场定位和消费者感知，咱们都能看出海信冰箱提供的市场定位和消费者感知的定位还是有所差距的。"

刘经理平息了一下激动的语气，叹了口气，接着说道："相对于其他品牌而言，海信虽然是国内第一家研究变频技术的企业，在行业内也处于领先地位；但是变频仅仅是一个技术平台，现在家电产品的功能聚集化趋势明显，行业内其他企业也都纷纷开始变频技术的应用，虽然我们技术部门一直在不断改进变频技术，但是消费者面对众多品牌的变频产品的宣传，海信冰箱的变频定位正在被进一步的模糊。"

大家都纷纷点头表示赞同。市场部的赵经理急忙补充道："大家都知道变频技术的应用最终就是为了达到节能的目的，而我们的容声冰箱也恰好定位在节能上，在市场上总会有消费者问到容声冰箱的节能技术和海信变频冰箱在节能上哪个更好些呢。这往往让我们很难回答，我想这可能也是我们容声冰箱和海信冰箱定位上需要解决的问题。"

王海军听了这些后，脸上的表情越来越凝重了："我想我们大家都清楚问题出在哪里了，咱们迫切需要对容声和海信冰箱进行一个重新定位，但是接下来的路该怎么走？对这两个品牌的定位大家有什么好建议吗？"

会议室一片沉寂。很显然，大家都明白问题的原因，却也都很迷茫到底怎么做才能找好这两个品牌的定位。

王海军一个人坐在工位上，窗外突然刮起的一阵大风掀起桌上的笔记本，一页一页满满的笔记都是过去几年里他为这两个品牌的定位做出的努力。他想起公司老总对他的殷切希望，他想起几年前自己的信心满满，他想起这么久整个团队为之付出的一片心血。这所有的一切，都化为了心底最深的一声叹息，他苦苦思索，可是却就像是在一团迷雾里，找不到出口的方向……

The Multi-brand Operation of Hisense Group

Abstract: Multi-brand operation is a kind of important brand strategy for a group company. It is valuable for teaching and management practices about "Strategy Marketing" and "Brand Management" to develop the multi-brand operation case based on the differentiation of brand positioning in China's situation. Hisense Group has always been faced with the problem of how to conduct the multi-brand operation more effectively between Hisense and Ronshen refrigerator. With the analyzing of the real problems faced by Hisense Group in the process of brand operating, this case aims at providing a case study material for the teaching of "Strategic Marketing" "Brand Management". This case can not only help students to learn the related theories about brand positioning and multi-brand operation, but also providing analyzing ideas and methods to related issues.

Key words: Multi-brand operation; Brand Positioning; differentiation

案例使用说明：

"脚踏两只船"的"喜与忧"
——海信集团多品牌运作的尝试

一、教学目的与用途

1. 本案例适用于《战略营销》《品牌管理》等课程市场细分、目标市场选择、市场定位以及品牌定位相关章节的案例讨论。

2. 随着我国市场经济的进一步发展和完善，品牌竞争已逐渐取代了以价格竞争为主的市场竞争低级阶段，而随着企业的多元化扩张和产业整合，多品牌运作已成为众多企业的品牌战略选择。本案例提供了海信集团多品牌运作过程中遇到的真实问题，包括以下几个具体的教学目标：

（1）帮助学生明确品牌建设的必要性与重要性、市场细分的方法、目标市场的选择、如何进行品牌定位以及多品牌运作的要点等问题。

（2）使学生能够深入理解战略营销以及品牌管理的相关理论，了解企业营销战略的决策思路，明确多品牌运作的操作要点等。

（3）帮助学生明确品牌资产培育的路径和方法。

（4）帮助学生了解相关理论的同时，进一步明确相关问题的分析思路和方法。

二、启发思考题

1. 海信科龙电器在冰箱市场的主要竞争对手有哪些？相对于这些竞争对手，海信冰箱与容声冰箱的主要优势与劣势分别是什么？你认为海信科龙电器是否能够在两个品牌上继续持续其竞争优势？并且是否能够改变其竞争劣势？为什么？

2. 你认为应如何对目前中国的冰箱市场进行细分？海信冰箱与容声冰箱的目标市场选择是否合适？为什么？

3. 海信科龙电器公司目前是如何对海信冰箱和容声冰箱进行品牌定位的？你是否认为目前的定位合适？为什么？

4. 海信科龙电器公司在冰箱市场上的多品牌运作是否成功？请从品牌定位及多品牌运作的角度分析海信科龙电器公司应如何应对冰箱的每一个细分市场。

5. 请谈谈应如何基于品牌资产来进行海信与容声品牌的品牌培育。

三、分析思路

1. 海信科龙电器在冰箱市场的主要竞争对手有哪些？相对于这些竞争对手，海信冰箱与容声冰箱的主要优势与劣势分别是什么？你认为海信科龙电器是否能够在两个品牌上继续持续其竞争优势？并且是否能够改变其竞争劣势？为什么？

分析思路：此问题的分析可使用"五力模型"和"SWOT分析工具"对海信科龙的竞争环境及其竞争优劣势进行系统分析。

2. 你认为应如何对目前中国的冰箱市场进行细分？海信冰箱与容声冰箱的目标市场选择是否合适？为什么？

分析思路：第一问的分析首先需要明确市场细分变量的选择，需要注意顾客价值（利益）、消费者行为、消费者与产品关系的变量是比较有效的市场细分变量，可以用描述性变量来描述各细分市场。第二问需要结合问题1的分析，并使用"细分市场评估矩阵"进行问题分析。

3. 海信科龙电器公司目前是如何对海信冰箱和容声冰箱进行品牌定位的？你是否认为目前的定位合适？为什么？

分析思路：此问题的分析首先需要使用品牌定位的层次理论或"钻石定位地图"来进行分析，需要明确海信冰箱及容声冰箱在三个层次上的品牌定位：属性定位、利益定位和价值定位。问题的分析可分别从海信冰箱与容声冰箱目前品牌在各层次上的定位现状，分析两品牌的定位是否存在差异，或者是否存在重合定位的问题；其次需要结合案例中给出的顾客对两品牌的感知评价，判断目前两品牌的定位和消费者感知之间是否一致。

从品牌定位的层次上分析：

（1）海信目标顾客：追求生活质量和品位，有责任感的人，即高端顾客，但却也延伸到了低端。容声目标顾客：全覆盖策略。

（2）属性层次：海信变频，容声不清晰。

（3）利益层次：海信节能，容声节能。

（4）价值层次：均不清晰。

总体而言，两品牌的品牌定位在各层次上均没有形成差异化的清晰定位，从整个家电行业的竞争来分析，两品牌均应该具有差异化的清晰的价值定位（因为在属性和利益层面不能始终保持与竞争对手的差异化诉求）

4. 海信科龙电器公司在冰箱市场上的多品牌运作是否成功？请从品牌定位及多品牌运作的角度分析海信科龙电器公司应如何应对冰箱的每一个细分市场。

分析思路：此问题的分析应在问题（3）的分析基础上进行，使用"钻石定位地图"来进行分析，多品牌运作各个品牌之间必须实现差异化定位，差异化可以具体表现在目标顾客、属性、利益和价值的不同层次上，如果属性无法差异化那么就要考虑利益实现差异化，如果属性和利益均无法实现差异化那么价值就必须要实现差异化。定位实现了差异化，品牌间的目标市场就自然会实现差异化，这是分析此问题的关键。

5. 请谈谈应如何基于品牌资产来进行海信与容声品牌的品牌培育。

分析思路：此问题的分析要结合基于品牌资产培育的品牌金字塔模型来进行分析。分析的过程中需要注意分析以下几个要点：

（1）顾客拥有品牌。即品牌的培育必须以顾客为中心。

（2）品牌资产培育无捷径。即品牌资产的培育必须经历从品牌金字塔模型的底层培育到顶层培育的过程。

（3）品牌应该具有丰富的内涵。需要强调品牌的培育不仅仅是实现品牌知名度和品牌美誉度，更重要的是从顾客感知的角度围绕品牌的核心价值实现品牌形象、品牌文化等丰富的品牌内涵。

（4）品牌共鸣是形成品牌资产重要的焦点。即只有实现品牌共鸣才是培育强大品牌资产的终极目标。

四、理论依据及分析

本案例主要涉及以下几个理论要点：

1. 营销战略分析中的产业及竞争环境的分析理论与工具。（用于启发思考题1的分析）

企业在寻求品牌差异化时一定要研究竞争对手的优劣势，同时为了预期和应对竞争对手的反应，企业要了解竞争对手的目标及战略。本案例可主要用到以下战略分析工具来分析海信冰箱与容声冰箱所面临的内外部环境。

（1）波特五力模型。

波特五力模型用于竞争环境的分析，这五力分别是：供应商议价能力、购买者议价能力、潜在竞争者进入障碍、替代品威胁以及行业内现有企业竞争，如图1-1-14所示。

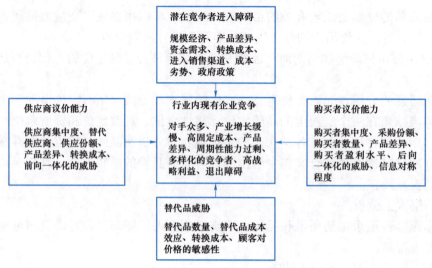

图 1－1－14　波特的五力模型

海信科龙电器有限公司与供应商以及零售商在议价过程中处于相对的优势，面临新进入者的威胁不大，主要是来自国内外知名品牌的竞争。从家电产品本身角度看，原则上没有传统定义上的替代品的威胁，所以海信科龙的替代品威胁主要来源于内部产品技术的提升，这是一种技术进步对原技术产品作替代的威胁，而非其他产业替代品的威胁。

（2）SWOT 分析。

SWOT 分析代表了企业优势（Strength）、劣势（Weakness）、机会（Opportunity）和威胁（Threats）如图 1－1－15 所示。因此，SWOT 分析实际上是将对企业内外部条件各方面内容进行综合和概括，进而分析组织的优劣势、面临的机会和威胁的一种方法。

外部分析	优势S 1. 2.（列出优势） 3.	劣势W 1. 2.（列出劣势） 3.
机会O 1. 2.（列出机会） 3.	SO战略 1. 2.（发出优势利用机会） 3.	WO战略 1. 2.（克服劣势利用机会） 3.
威胁T 1. 2.（列出威胁） 3.	ST战略 1. 2.（利用优势回避威胁） 3.	WT战略 1. 2.（减少劣势回避威胁） 3.

图 1－1－15　SWOT 分析工具

从对有关家电品牌的调查研究可以看出，容声的突出优势在于价格、节能，但是消费者对质量、功能、服务的评价不是很高。海信冰箱在价格、质量、功能、外观、节能、服务等多个方面上相对于竞争品牌而言消费者评价均不具备优势，同时海信冰箱主打的变频技术又很少被消费者了解，但是海信冰箱与其他同类产品的差异化定位点却恰恰是变频技术。海尔、西门子等竞争对手的总体评价都较高。

2. 营销战略分析的 STP 理论。（用于启发思考题 2 的分析）

企业在制定具体的营销方案之前必须进行市场细分（Segmentation）、确定目标市场（Targeting）和市场定位（Positioning），这是营销管理的战略决策过程，如图 1－1－16 所示。

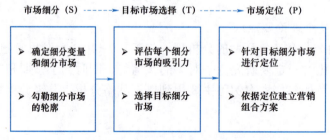

图 1－1－16　营销战略决策的 STP 过程

（1）市场细分：市场细分的前提是市场细分变量选择，其次是对细分市场的顾客利益进行轮廓勾勒。市场细分变量的选择通常包括顾客价值（利益）、消费者行为、消费者与产品关系的变量和描述性变量等，如何进行市场细分变量的确定是实现有效市场细分的关键。

本案例细分市场应主要按照顾客利益来细分，可以按照高、中、低端来细分，但必须明确每一个细分市场的利益需求：

① 高端利益需求：更侧重社会利益和情感利益，如高品质、高性能、科技感、设计精良。
② 中端利益需求：侧重功能利益兼顾社会利益和情感利益，如节能、保鲜、高性能。
③ 低端利益需求：侧重功能利益和成本，如高质量、耐用、价格低。

（2）目标市场选择：目标市场选择需要利用目标市场评估矩阵的分析工具来进行分析。目标市场的选定必须经过评估细分市场和选择细分市场的过程，评估细分市场的过程必须要结合企业自身能力的可行性（适应度）和细分市场的吸引力（盈利能力）两个维度来进行评估。

结合图 1-1-17 首先对海信冰箱的细分市场选择进行评估。海信目前实际上是选择了高端细分市场，该细分市场的利益需求更侧重社会利益和情感利益，如高品质、高性能、科技感、设计精良，该市场的吸引力明显较高，因为从案例给出的信息可以看出，该细分市场无论是市场规模还是赢利能力都较强。而就海信冰箱自身的可行性而言，目前海信品牌在应对该细分市场时能力还稍显不足，虽然在技术层面就国内品牌而言有一定优势，但这种优势并没有从消费者感知的层面体现出来；同时，海信从品牌形象及品牌影响力层面还无法有效地应对该细分市场。因此，海信还需要尽快提升自身应对高端细分市场的能力，特别是品牌形象及品牌影响力的提升。

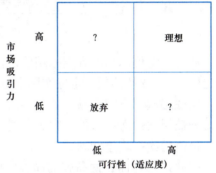

注：? 区域代表需结合实际情况分析

图 1-1-17 细分市场评估矩阵

对容声而言，虽然容声从市场运作层面是全覆盖的策略，但从案例中的信息可以看出实际上容声冰箱的主力市场是中端市场，同时覆盖低端市场。中端细分市场的利益需求侧重功能利益兼顾社会利益和情感利益，如节能、保鲜、高性能等，该市场的市场规模也较大。就容声冰箱自身的可行性和适应度而言，目前中端细分市场也是容声核心竞争力所在，应对该细分市场具备一定的能力，但由于该细分市场即注重功能利益，也看重社会价值，因此容声需要不断地提升其品牌形象，使其在该细分市场逐步具备竞争优势。而低端市场容声的适应能力较强，虽然该细分市场的赢利能力有限，但该细分市场的市场规模巨大，特别是结合国家家电下乡政策的影响，同时就目前海信科龙电器公司冰箱生产能力而言，有足够的产能和营销能力来应对该细分市场，因此容声冰箱覆盖该细分市场也没有问题。

（3）综合评价：从上面的分析看，海信冰箱和容声冰箱的目标市场选择是合适的，因为二者在目标市场的选择上进行了区分，海信冰箱面对高端市场而容声冰箱主要应对中端市场同时覆盖低端市场。但是，海信冰箱必须根据自己现有的资源和能力来评估应对高端市场需要多少资源，如何来尽快提升自身的应对能力加强品牌对高端市场的适应能力，更需要进一步塑造和提升品牌形象。对于海信科龙电器公司而言，海信冰箱的高端策略应该属于长期目标。

3. 品牌定位的层次及"钻石定位地图"等相关理论，如图 1-1-18 所示。（用于启发思考题 3 和 4 的分析）

品牌定位基本可以划分为三个层次，属性定位、利益定位和价值定位。所谓属性定位就是产品本身在属性上和竞争对手的差异，利益定位是从产品给消费者带来的利益着眼进行的定位，而价值定位作为对品牌而言更多的是理念和情感上的，三个层次的定位可以说是从低到高。最低层次的是"属性定位"，之所以说它的定位层次较低主要是因为，首先属性定位很容易就被竞争对手模仿而复制产品的属性，其次是在现如今科技飞速进步的年代消费者对产品属性的需求很快就会发生变化，但消费者对产品或品牌给其带来的利益需求和情感及价值需求是不会轻易改变的，因此利益定位的层次要高于属性定位的层次。属性定位是实现利益定位的要素，利益定位是为满足顾客利益需求，而价值定位是为满足顾客精神感受。

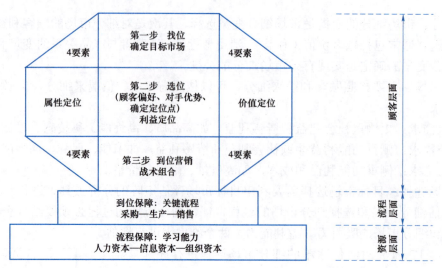

图 1-1-18　钻石定位地图

从目前海信冰箱与容声冰箱的定位现状分析海信主要定位于变频（属性定位），容声定位于节能（利益定位），而变频的属性定位实际上也是为节能的利益定位服务的，以下分别从定位的三层次上分析。

属性层次：海信变频，容声不清晰。

利益层次：海信节能，容声节能。

价值层次：均不清晰。

因此，总体而言两品牌的品牌定位在各层次上均没有形成差异化的清晰定位，两品牌的定位虽然表述不同，但实际上从利益定位层次看存在定位重合，同时从整个家电行业的竞争来分析，两品牌均应该具有差异化的清晰的价值定位，因为在属性和利益层面不能始终保持与竞争对手的差异化诉求。

以下就两个品牌的品牌定位思路进行重新的规划。

（1）海信冰箱品牌定位。

目标顾客的选择：海信由于目前本身品牌就力求定位高端，因此可以不用改变目标顾客的定位，即追求生活质量和品位、有责任感的人。

利益定位：可以定位在高科技感，从而带动高品质。

属性定位：变频短期内可以坚持，但目前该定位竞争者已经多关注，因此要更加突出360°矢量变频以便区分普通变频，此外可以通过增加定位点来丰富，如更新技术的应用［数字精控技术（数字保鲜、数字温控、数字静音、数字节能），独创分立多循环技术等］，来支撑其利益定位。

价值定位："创新就是生活。"要保证整个海信系家电在价值定位的一致性，品牌个性凸显"能干（Competence）（创新、聪明、可信、成功）"，沟通凸显技术的、可靠的、有信心的等特点。

此外，由于在品牌认知的广度方面，更多的消费者会将海信品牌归入电视品类，这对海信冰箱品牌的品牌培育造成一定影响，是否可考虑使用主副品牌策略（如三星-anycall，三星-Galaxy），这样可以通过副品牌将品牌归类，当然此策略的实施将涉及整个海信系的品牌策略。

（2）容声冰箱品牌定位。

目标顾客的选择：大众普通家庭，即中端顾客。

利益定位：仍坚持节能（消费者已经认知）。

属性定位："0.22度节能""全天候保鲜节能"独有技术的应用等。

价值定位："容声，融进你我真情。"品牌个性突显"真诚（Sincerity，诚实、安全、乐观）"，沟通凸显家庭为重、诚心、真心、温馨等（因为中端顾客更多的是普通城市家庭，注重产品可靠实用）。

4. 细分市场的覆盖及营销4P组合理论。（用于启发思考题4的分析）

4P策略包括产品（Product）、价格（Price）、渠道（Place）以及促销（Promotion）。以下分别对海信冰箱和容声冰箱的市场覆盖和营销4P组合策略进行分析。

海信冰箱的市场覆盖及 4P 组合策略概要：

市场覆盖：主要应对高端市场，中端覆盖但不是重点，低端退出。

产品策略：在丰富产品科技含量上要下功夫，同时要强化产品外观及质地的设计。

价格策略：在中端定价要略高，高端定价可略低。

沟通策略：重视品牌内涵的塑造，走强势媒体。

渠道策略：渠道上以商场为主，辅以专卖店，专卖店主要用于品牌形象的展示。

容声冰箱的市场覆盖及 4P 组合策略概要：

市场覆盖：主要应对中端市场，低端覆盖。

产品策略：产品上要凸显"节能"定位，从产品技术上要下功夫，同时要强化产品外观及质地的设计。

价格策略：保持现有策略，即中端定价适中，低端定价略高。

沟通策略：重视品牌内涵的塑造，可主走店内、商场及平面媒体以降低成本。

渠道策略：渠道上以商场为主，二三级市场可通过分销代理的方式采取密集分销。

5. 基于品牌资产的品牌培育模型。（用于启发思考题 5 的分析）

基于品牌资产的品牌培育路径及方法可以借用品牌金字塔模型（如图 1-1-19 所示）来进行分析。

图 1-1-19　品牌金字塔模型

目前海信与容声冰箱品牌的品牌资产培育都仍处在品牌显著性（包含：品牌认知的深度和品牌认知的广度）的品牌培育阶段，可以说二者均在显著性方面有了一些成就，但仍需加强。其中容声在显著性方面要好于海信品牌，已具备了一定的品牌认知深度和广度，而海信冰箱品牌在认知的深度方面不容易被消费者清晰地进行冰箱门类归属，可考虑推出主副品牌策略。在广度方面也没有形成消费者统一的感知，同时消费者没有将变频与海信冰箱品牌相互联系形成统一感知。两个品牌还需在品牌显著性方面进一步与消费者进行沟通，但更重要的是要进入品牌表现与品牌形象的培育阶段，即需要解决两品牌的品牌定位问题，形成稳定的品牌形象（突出价值定位）和品牌表现（包括品牌质量、品牌信誉等），包括目标顾客、属性定位、利益定位再到价值定位。只有形成了清晰的品牌内涵，才会得到顾客的品牌响应，并最终建立起品牌关系，形成强大的品牌资产。

五、关键要点

1. 在 STP 分析中，企业在确定目标市场的过程中需要明确顾客是"营销游戏规则"的制定者，也就是说市场细分的过程必须以顾客利益和需求出发进行细分变量选择，一旦目标市场选定，游戏规则也就给定了，而市场定位是企业产品（品牌）针对目标市场试图树立的形象。

2. 市场细分的变量选择过程中一定要明确顾客价值（利益）、消费者行为、消费者与产品关系的变量是比较有效的市场细分变量，而描述性变量的细分能力比较差；如果按照描述性标准细分市场，要验证不同细分市场的消费者的顾客价值特征、消费者行为特征等是否有差异，否则就是无效的细分；如果按照顾客价值特征、消费者行为特征或与产品的关系进行细分，可以再用描述性变量来描述各细分市场。

3. 细分市场评估矩阵是目标市场评估的有效工具及方法。理想的细分市场选择必然是企业自身适应力强且市场具有一定吸引力的市场，而这种非常理想的细分市场在实际操作过程中往往不存在，企业就必须退而求其次，那么在进一步的选择过程中就必须注意企业的竞争优势和适应力要比市场的吸引力更加重要，也就是说企业要优先选择企业具有竞争优势或更具适应力的目标市场。

4. 品牌定位的分析过程中，分析的重点在于需要明确三个层次的定位是从低到高的，当然每个层次上的定位都有可能帮助品牌成长，这取决于行业和竞争环境的不同，不同的行业和竞争层次品牌诉求的定位层次是不一样的。最低层次的是"属性定位"，之所以说它的定位层次较低，首先是因为属性定位很容易就被竞争对手模仿而复制产品的属性；其次是在现如今科技飞速进步的年代，消费者对产品属性的需求很快就会发生变化，但消费者对产品或品牌给其带来的利益需求和情感及价值需求是不会轻易改变的。

六、建议课堂计划

本案例适合于《战略营销》和《品牌管理》课程的案例讨论，《战略营销》课程可考虑在讲授完 STP 理论后安排讨论，而《品牌管理》适合安排在品牌定位的相应章节。

整个案例讨论的时间建议控制在 80 分钟。

课前计划：将案例及讨论问题一次发给学生，给学生 15 分钟仔细阅读案例及相关资料，10 分钟独立思考讨论问题，并要求学生独立给出问题讨论所涉及的营销理论。（共 25 分钟）

课中计划：4～5 人形成一个小组，给每小组 10 分钟讨论时间（10 分钟）；教师简要讲解各问题分析的框架及逻辑要点。（5 分钟）

再给每小组 10 分钟的讨论时间，并形成问题分析要点。（10 分钟）

由不同小组成员发表问题分析要点及结论，教师结合各问题发言过程进行问题总结，归纳要点以及提取重点。（30 分钟）

课后计划：请学员分组就有关问题的讨论进行分析和总结写出书面报告。

七、参考文献及深入阅读

[1] 李飞. 钻石定位图 [J]. 清华管理评论，2011（1-2）：70-7.
[2] 格雷厄姆·胡利. 营销战略与竞争定位 [M]. 北京：中国人民大学出版社，2007.
[3] 菲利普·科特勒，凯文·莱恩. 营销管理（中国版）[M]. 卢泰宏，高辉，译. 北京：中国人民大学出版社，2009.
[4] 罗伯特·卡普兰. 战略地图 [M]. 广州：广东经济出版社，2005.

"公关亮剑"
——D 公司品牌激活之道[①]

摘　要：随着我国市场经济的进一步发展和完善，品牌层面的竞争才是企业能否基业长青的关键。因此，在市场竞争加剧的现实背景下开发出弱势品牌通过公关运作得到有效提升的典型案例，对于《品牌管理》和《公共关系》课程的教学及管理实务的价值是显而易见的。本案例描述了 D 公司市场份额扩大后，其品牌无法支撑起业务的高速发展。面对这一困境，D 公司采纳了专业公关公司提供的公关传播方案，通过公关手段对其弱势品牌进行快速激活，并最终获得了成功。本案例可用于《品牌管理》及《公共关系》等课程探讨企业品牌定位，特别是品牌如何从单纯的市场扩张到品牌价值全面提升的分析，旨在帮助学员了解相关理论的同时，进一步明确关键问题的分析思路和方法。

关键词：品牌激活；公共关系；媒体传播；D 公司

0　引言

"从今天起，广告做广告的事，公关做公关的事，各司其职，同心协力，把我们的牌子做大做强！"这是 D 公司陈董事长在公司 2012 年发展改革大会上留下的最后一句话。至此，D 公司的公关业务正式从广告部脱离出来。赵总是 D 公司营销总监，分管公关和广告部门，他知道这个拆分决策的深刻用意。D 公司目前面临一个品牌困境：其品牌影响力远远滞后于公司业务的发展速度。陈董事长及董事会对他寄予厚望，希望他带领公关部和广告部尽快拿出一套高效的公关传播方案，激活公司品牌。

赵总的眉头紧锁，深感"亚历山大"！

国内外众多知名品牌的案例告诉我们，企业可持续发展的根本在于拥有具备强大市场影响力的品牌，能在终端消费者心目中引发深刻的认同感。因此，摆在 D 公司面前的难题十分清晰：品牌如何尽快从单纯的市场扩张到品牌价值的全面提升？

赵总点燃一根烟，在办公室里来回踱着步子。让他底气不足的是，刚成立的公关部人手不够，加上以前依赖于广告部，承担的大多是简单的联络工作，真要走上前台独当一面，快速高效地拿出一套好的公关传播方案，赵总自己根本没有把握。他一根接一根地抽烟，眼看一包烟就抽完了。

终于，他狠狠地将最后一个烟头掐灭在满满的烟灰缸里，做出了艰难的决定："与其赶鸭子上架，不如请高人出山！"

赵总在公关圈子里有很好的人脉，为了保证这次品牌激活任务的圆满完成，他决定邀请一位顶级公关营销专家作为外援，为其出谋划策。

主意一定，赵总马上给他的老朋友——公关公司的张总拨通了电话，说明原委。张总没有推托，答应下来。听到张总的肯定答复，赵总心里踏实多了。接下来，他马不停蹄地赶往陈董事长家，向他当面汇

[①] 本案例由北京理工大学管理与经济学院的易瑾超老师、MBA 学生孔宪佳、硕士生曹雯共同撰写，作者拥有著作权中的署名权、修改权、改编权未经允许，本案例的所有部分都不能以任何方式与手段擅自复制或传播。

本案授权中国管理案例共享中心使用，中国管理案例共享中心享有复制权、修改权、发表权、发行权、信息网络传播权、改编权、汇编权和翻译权。

由于企业保密的要求，在本案例中对有关公司名称、人名、数据等做了必要的掩饰性处理。

本案例只供课堂讨论之用，并无意暗示或说明某种管理行为是否有效。

报了自己的想法。陈董事长清楚公关部的现状,更清楚公司品牌激活的难度,最终同意了赵总的请求。

第二天,赵总带着公关部新上任的经理小王急匆匆地赶往公关公司与张总会面……

1 背景介绍

1.1 行业背景

内衣行业在中国兴起不过20余年,但年销售额已达1 000亿元以上,且每年仍以近20%的速度增长。现阶段中国内衣行业发展现状是:经过日用品模式、保健品模式、时装模式三次洗牌,产业环境日趋理性。但是目前内衣行业没有领导性品牌,竞争激烈,市场空间和品牌机遇都很大。

(1)市场容量逐年递增,成为服装领域的最后一块黄金市场。

中国内衣市场投资分析及前景预测报告显示,2012年中国的内衣市场年销售额在1 000亿元以上,每年以约20%的速度增长,远高于我国的年GDP增速。增长的原因包括:中产阶级人群扩大,居民收入提升,城市化进程步伐加快。未来10年,1.4亿中产阶级将使中国服装增量占比达30%;全民可支配收入提高,人均服装购买金额得以大大提升;并且,城市化率提高一个百分点,将带来约20亿美元的市场扩容。

(2)产业集群化明显,形成了品牌化的产业基地。

随着经济全球化的进程,各地政府陆续出台产业规划,推动同行业相邻企业通过合资、合作、联营等方式进行生产、销售、联合采购等,形成超大型生产规模,带动了地方经济增长。此外,明星企业带动作用不可小视,围绕龙头企业往往有数家配套企业,从而形成产业集群。

(3)整个内衣市场呈现零散型结构,集中度偏低。

内衣的一线品牌综合实力不相上下,相互争夺却谁也难以脱颖而出,致使市场集中度较低;在内衣行业最有望实现规模销售的中低端品牌综合实力普遍较弱;因为季节性强、南北气候、消费者体型、审美习惯等特征在各子品牌中的差异化,从而带来销售不稳定,无法形成持续性规模销售。

1.2 内衣行业品牌建设难点

(1)中国人对内衣时尚及其重要性的认识要晚于外衣,需要长时间市场培育与品牌养成。

(2)能使内衣实现品牌定位差异化的关键点很少,即便找到也缺乏有效支撑,暂未形成完整、系统的营销体系。

(3)内衣无法满足女人对于"炫耀"的需求。

(4)传播困难,内衣无法像外衣一样充当活体广告。

(5)忠诚度高低取决于产品品类属性,内衣行业消费忠诚度低。(如图1-2-1所示)

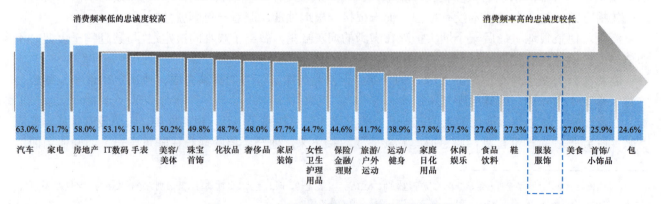

图1-2-1 各行业消费频率与忠诚度的关联性

综上所述,虽然目前一些新的渠道开始出现,营销手段也渐渐变得成熟和理性,但是内衣市场还处在竞争的初级阶段。因此,我国内衣品牌可抓住市场机会,持续推进品牌升级战略。(详细资料参见附

录表 1-2-2）

1.3 公司介绍

D 公司成立于 1998 年，目前是一个集研发、生产、仓储物流、销售、营运于一体的现代化大型内衣品牌集团。其发展目标是致力于成为"引领大众内衣快时尚的第一品牌"。目前，集团以东莞为总部，在深圳、上海、北京、重庆设有运营中心，并在全国 27 个省市设有办事处，在中国拥有一个广泛有效的销售网络，零售网点遍布中国一线、二线及三线 800 多个城市。此外，D 公司还拥有自己的商学院，在全国设有 30 余个培训基地，年培训场次超 200 场。

D 公司产品种类丰富，覆盖女士文胸、女士内裤、男士内裤、家居服、保暖衣、背心、打底裤、袜子以及相关产品；D 公司为不同年龄的女士提供全线内衣产品，从青春少女到成熟女士，包括妊娠母亲，皆能全面照顾到；每个系列的产品设计都融入潮流元素和创意，款式时尚新颖，简洁大方；其完善的质检体系和舒适的面料，为消费者带去贴心的健康呵护。D 公司还拥有专业的研发团队，已拥有九项专利发明；最吸引消费者的是其大众化的价格，D 内衣以超高的性价比带给消费者舒适贴心的穿着体验。

D 公司在 10 余年的发展历程中一直呈现出蓬勃向上的姿态，从深圳起步，终端门店逐渐遍布全国 800 多个城市。D 公司的迅速发展得益于中国整个内衣市场的高速增长、优质平价的产品和快速扩张的渠道。这位势头强劲的内衣闯王在大江南北攻城略地之后，已成功抢占中国大众内衣连锁加盟市场。D 公司品牌的未来，面临的不再是如何创业的问题，而是如何建立一个伟大而长盛不衰的企业。

1.4 主要人物介绍

根据在案例中的出场顺序：

（1）陈董事长：D 公司董事长兼总裁，也是 D 公司创始人。曾被评为广东省十大杰出青年，广东省政协委员。陈董事长出生于 1975 年，1998 年创办 D 公司，主营家居服、保暖衣、内衣等八大品类。陈董事长始终专注于贴身衣物行业的探索与经营，致力于将 D 公司打造为集研发、制造、销售、营运为一体的快时尚内衣品牌集团公司。陈董事长深知 D 公司的快速发展需要持续性的动力，因此，2012 年，公司董事会决定拆分广告部，将公关部推向前台。并委托赵总牵头，启动全面的品牌升级工程。

（2）赵总：D 公司营销总监。2002 年公司发展初期就进入 D 公司，是元老级人物，经历了 D 公司从一个只有几家门店的初创品牌，到坐拥 4 000 余个门店的内衣连锁第一品牌。赵总能力出众，有魄力，并且人脉广泛，敢于创新。2009 年被任命为战略发展部总监，2011 年底调任营销总监。赵总知道自己肩上的担子更重了。

（3）小王：D 公司公关部经理。大学毕业便加入公司，5 年间，从广告部助理升任公关部经理。小王在工作上认真负责，吃苦耐劳，得到赵总的高度信任，是赵总的得力助手。这次公关部从广告部独立出来，隆重登上历史舞台，小王感到踌躇满志。

（4）小杜：D 公司产品部经理。大学毕业便加入公司，5 年来，从产品部助理升任产品部经理。小杜勤奋踏实，业务精湛，对 D 公司产品情况非常熟悉。他对公司 2012 年实行全面的品牌升级工程非常期待。

（5）张总：公关公司总经理。中国资深的品牌营销专家，曾主导或参与多个中国最有影响力的品牌战略规划及塑造项目。张总和 D 公司的赵总是多年好友，这次应邀为 D 公司品牌激活进行整体公关策划。

（6）小徐：公关公司媒介经理。7 年的媒介从业经历，拥有出色的专业媒体沟通能力及良好的客户服务意识，是张总的得力助手。在与 D 公司的合作中具体负责媒体沟通策划。

（7）小孙：公关公司策划经理。5 年的策划从业经历，具有专业的品牌传播及公关策划能力，在与 D 公司的合作中具体负责公关传播方案的起草。

2 第一次会面——直面"品牌困境"

D 公司赵总、小王和公关公司的张总、小徐，大家会议室就座后就开门见山，切入正题。张总打开电脑说:"老赵,我们先来看看你们公司的媒体认知度吧!"说完就在百度网页搜索里输入了"丽人内衣"几个字。在百度首页里,大家看到了大量干扰信息:有丽人医院、丽人杂志、时尚的代名词等。"我们要找的是丽人内衣!"张总说完又在百度新闻搜索里同样输入了"丽人内衣",新闻首页同样包含大量无关信息,仅有的几条有效信息都集中于D公司领导采访及公司介绍。"这说明什么呢?我们的品牌在哪里露脸?"赵总的眼睛直盯着电脑屏幕,眉头紧锁,一言不发。张总接着又在百度搜索里敲入"内衣"两个字,结果更加让人大跌眼镜:兰缪、爱慕出现在首页,薇薇、可娃衣出现在第2页,以此类推直至第15页才首次出现丽人内衣,而此时已露脸的内衣品牌有16家(如图1-2-2所示)。

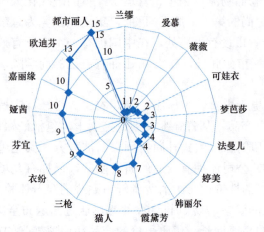

图1-2-2 百度"内衣"网页搜索"品牌首次出现的页数"

"小徐,说一下你的结论",张总对着小徐点了一下头。

"好的。"小徐瞟了一眼赵总阴沉的脸,有些紧张:"通过刚才的搜索引擎调查,可以得出以下结论:首先,从传播量来看,2011年至今,D公司只有不到100篇新闻,并且新闻内容主要是关于企业、产品和促销介绍等,关于D公司内衣品牌形象的新闻非常少。其次,刚才对'内衣'进行网页搜索,D公司内衣品牌信息几乎为零,直接导致消费者对于该品牌的关注度降低;最后,对'丽人内衣'网页搜索结果包含大量无关信息,而有效信息的传播面较窄,并且发现众多网友质疑和负面口碑。由此可见,D公司的主动传播量太少,内容层次也不鲜明。"小徐话音刚落,张总接过话头:"分析得很到位,你们公司的品牌处在什么位置上,应该非常清楚了!"

赵总表情严峻,此刻的心情就像北京的雾霾天,笼罩了一层厚厚的阴霾。终于,他站起来,激动地将手越过会议桌伸向张总:"老张,这事就拜托你了,帮我们好好策划一下,把D公司的牌子扶起来吧!"

张总起身相迎,点点头,两只大手紧紧地握在一起!

第一次会面非常顺利。双方约定一周后由赵总组织,在D公司内部举办一个"品牌激活研讨会",专门讨论D公司品牌定位及公关传播思路。张总将带领团队作为特邀嘉宾出席,同时研讨会还将邀请D公司陈董事长及相关部门负责人参加。

回公司的路上,张总坐在车里陷入沉思:什么因素对于D公司业绩的增长最重要?他脑海中不时地回放D公司陈董事长在接受新闻媒体采访时强调的一句话"如果你不够时尚,不够有品位,你就没法获得更多的青睐"。表面上看是设计、是品位,往深层次说就是品牌。为什么很多本土企业有过硬的制造能力和销售能力,但在品牌溢价上,却心有余而力不足?也许这就是中国的优质产品无法跻身国际一线品牌的根本原因。

D公司品牌营销的突破口在哪里呢?如何让品牌超越单纯的物理功能提升至一种精神的需求和满足?如何科学而富有创意地规划产品?如何对终端精耕细作,提高对顾客的吸引力和消费满意度?借用什么载体和形式提升品牌的价值感,使它焕发出明星般的气质呢?

张总和团队带着一连串的思考,与D公司一起,开始了品牌激活的探索之旅。

3 第二次会面——商讨品牌激活方案

3.1 品牌定位

第一次会面结束后,赵总回到办公室马上开始安排部署"品牌激活研讨会"。他先让小王整理出会谈纪要,向陈董事长详细汇报了和张总的第一次会面情况,争取到了陈董事长对"品牌激活内部研讨会"的支持。接着,安排公关部搜集整理D公司品牌及产品的全部资料和信息。

一周后,"品牌激活内部研讨会"如期举行。

会上,赵总先让助手小王把整理好的竞争环境调研报告与大家分享:"目前中国的内衣市场年销售额在 500 亿左右,且每年以近 20% 的速度增长。据统计,国内内衣市场上,进口品牌约占 60% 的市场份额,以中国香港、中国台湾及日本、欧洲的产品为主,其中大多已在中国设厂生产,国产品牌约占市场的 40% 左右。奢侈品牌以 Victoria's Secret、La Perla 为代表,中高端品牌以德国的黛安芬、日本的华歌尔、中国的爱慕为代表,中档品牌以古今、桑扶兰、红豆等为代表,中低档品牌以欧若拉、雅安丽娜、木槿花等为代表。"(详细资料参考附录)

陈董事长非常认真地听着,中间插了一句:"那我们的内衣品牌位置在哪里?""应该属于中档到中低档之间吧",小王的声音变小了,战战兢兢地回答。

"我们不能这样定位自己的产品!这样会陷入迷局,找不到方向。"陈董事长打断了小王的汇报。"对于内衣企业而言,从设计、生产、展示、体验到销售各个环节的资源掌握与能力展现其实差别并不大。内衣产业目前仍属于粗放式竞争,拼的是档次感和认知度,对于品牌的内涵和产品的差异缺乏系统性把握。我们要跳出红海,我们要做差异化,要成为内衣界的 ZARA!"

提到 ZARA,时尚、潮流等评价词语接二连三跃入赵总的脑海。近年来 ZARA、H&M 等快速时尚服装品牌在中国市场的优秀表现不仅颠覆了传统时尚高不可攀的神殿印象,同时也让消费者获得了体验时尚的新机会,去领略平民时尚所蕴含的亲民潮流、变化无穷、丰富多彩的别样魅力。

"陈董事长对公司品牌的定位非常准确,很好!"公关公司的张总接过话头:"品牌与产品的显著区别在于,产品只能提供物理使用价值,品牌却能满足消费者的情感需求,引发他们的心理共鸣。我们要为 D 公司展开的核心工作就是为品牌注入灵魂,让她真正活起来,进驻消费者的心智空间。"

张总接着说:"从我国目前的消费状况来看,各行各业普遍存在盲目追高的趋势。挣富人的钱,成了大家心照不宣的共同目标,这种心态在内衣行业显得更为突出。中高端内衣品牌动辄就要数百元甚至上千元,在内衣市场上,品牌仿佛就必须等于高价格。低价内衣的命运就只能是流向批发市场,或者沦落到街头小店和路边地摊。D 公司内衣要做另类,要做第一个吃螃蟹的人!当大家追着金领白领转的时候,我们要坚定地立足于平民,做中国普通女性都穿得起的内衣。当别的平价内衣只提供地摊级服务时,我们要为品牌赋予新的生命,让前来购物的消费者得到时尚、快乐、无微不至、高性价比的消费体验。要确立'快时尚'的战略思想,通过对品牌的文化内涵、终端体验、营销推广等进行全面升级,让 D 公司品牌真正成为内衣行业无可争议的成功者和领导者。"

张总话音刚落,D 公司陈董事长情不自禁地站起身,带头鼓掌。大家在陈董事长的带动下也不约而同地起身鼓掌。

"是的,我们要成为内衣界快时尚之王!在中国,做'快时尚'内衣是充满光荣与梦想的荆棘之路,希望大家团结合作,披荆斩棘,以实际行动为中国内衣市场给出一个精彩答复。"陈董事长再次用斗志昂扬的语言激励大家,他的声音最终淹没在热烈的掌声中……

3.2 产品定位

陈董事长挥手示意大家重新入座,赵总继续主持后面的讨论:"我们说完了品牌,接着说产品。因为产品是品牌价值的最佳载体,客户最终通过我们的产品来领悟'快时尚'的内涵。下面请产品部的杜经理介绍一下产品情况。"

小杜迅速站起来,"各位,我来简单说一下我们的产品情况。我们的产品研发有两大特点'细和多','细'是指我们会根据女性各个阶段身体发育的不同特点,设计出三大系列产品。具体包括:针对青少年的'紫色阳光'系列,针对年轻女性的'俪人风'系列和针对中年女性的'衣之密语'系列。这三个系列在产品材质、版型、功能、价格等方面有着明显区别,无论哪个年龄段的女性都能从中找到适合自己的内衣;'多'是指我们的产品款式丰富,每一季上市新品数量多达千余款,消费者一到我们的店里就仿佛进入五彩缤纷的花园,让人目不暇接。'多'不仅仅意味款型花色丰富,它还代表品类多样,我们的产品跨越了'文胸',延伸到内裤、睡衣、保暖衣、家居服等多个品类(如图 1-2-3 所示)。

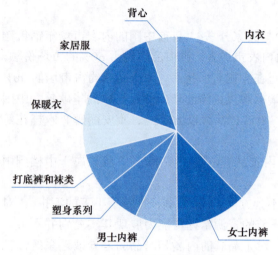

图 1-2-3　D 公司产品品类分布

张总一边听着小杜的介绍一边点头。小杜介绍完，张总接过话头："你们的产品定位很好，基本不用改变，只需要与时俱进地更新品类名称就行。对于消费者来说，她们得到的是'一站式'购物体验；对于经销商而言，多元化的产品组合可以帮助他们赢得广阔的市场，增强经营的抗风险能力和盈利能力。"

"好的，那我们进入下一个议题。"陈董事长听了张总的评论，表示认同。赵总继续主持下一个讨论。

3.3　品牌代言

"还有一个事情要征求大家意见。公司打算邀请台湾著名艺人林芝作为 D 公司形象代言人，大家怎么看？"赵总话音刚落，在座的同事们便炸开了锅。有人说"好啊，我们的品牌关注度会有一个明显提升的"，有人说"林芝本来就是丽人，和我们的品牌不谋而合"，也有人说"林芝是不错，可是会不会和我们品牌知名度不太匹配"？大家对这个话题很感兴趣，议论得不亦乐乎……

陈董事长挥手示意大家安静下来，转头对着张总说："我觉得林芝非常符合我们的品牌内涵和定位。请赵总代表 D 公司先跟对方联系，然后给我一个完整汇报。""好的"，赵总回应。

张总补充道："品牌营销，公关先行！咱们当务之急是先做好今年的公关传播方案，以此带动 D 公司的品牌升级工程。"

陈董事长回答："很好，张总的思路非常正确！请赵总密切配合张总，尽快拿出一套高效务实的年度公关传播方案。"

"好的。"赵总随后进行了会议总结："这次内部研讨会非常成功，感谢张总、陈董事长及兄弟部门的支持！我们会尽快推进后续的各项工作"。

研讨会结束后，赵总和张总约定分头准备，一周后在张总办公室会面，进一步商讨 2012—2013 年的公关传播具体方案。

4　第三次会面——确定公关传播方案

4.1　针对品牌激活大事件的公关传播方案

一周后，赵总与张总如期会面。

赵总首先认真听取了公关公司策划经理小孙针对年度品牌激活大事件的公关传播策划。"结合 D 公司的需求，我们规划了 2012 年的品牌推广大事件，并制定出配套的公关传播方案，请大家过目。"小孙说着将幻灯片切换到"D 公司年度品牌推广工作概览"，如表 1-2-1 所示。

表 1-2-1　D 公司年度品牌推广工作概览

时间节点	1~2 月	3~4 月	5~6 月	7~8 月	9~10 月	11~12 月
市场活动	时尚生活	经销商大会	林芝代言	二轮融资	经销商大会	联合推广
公关传播	扩大品牌整合影响力，奠定品牌认知基础		扩展品牌深度影响，特别是对销售和合作的推动		全面灌输品牌内涵和品牌价值，并推动新一季销售高峰	

"下面，我具体讲一下，每个事件如何进行公关传播：

（1）针对'时尚生活'，主要是推出'快时尚'的概念，联合行业协会、时尚杂志共同推出'快时尚白皮书'，定下高规格、权威性的传播基调，形成一定的社会影响力和传播力度。

（2）针对'第一次经销商大会'，我们要传达'快时尚'理念，赋予D公司品牌情感价值，主题可以定位帮助普通消费者实现'丽人'梦。

（3）针对'林芝代言'，预热期我们的传播步骤是：官方声音——年中签约重量级代言人；媒体记者收到神秘邮件——最美大众情人签约D公司；网民开始热议——D公司代言人选？林芝笑而不答。签约当天设计：上演内衣秀；采访林芝眼中的时尚生活；后续活动设计：时尚生活问卷调查；广告脚本素材征集；林芝"梦想关爱行"；D公司重点区域粉丝交流会等。

（4）针对'二轮融资'，主要的传播内容包括：强化D公司为大众时尚内衣行业领导品牌的认知基础，扩大产业影响力；传播广泛覆盖到目标人群，强化品牌价值，并依托终端提升产品及服务形象；给经销商更多理性选择的理由；增加口碑营销的机会，同时强化感性认知的引导，增加品牌忠诚度。

（5）针对'第二次经销商大会'，我们的传播角度包括：林芝的签约和二轮资本融资的成功为品牌价值的提升奠定了坚实的基础；回顾年内所取得的成绩，包括产业规模和销售利润，经销商与消费者言证，展望未来等。

（6）针对'联合推广'，建议选择与D公司在规模、人群、熟悉度、理念上相匹配的'世纪佳缘'网站进行联合传播。具体的活动设想包括：联合会员、交友活动的推出，晒出小幸福，快时尚大赛，举办婚姻讲堂、结婚宝典等。"

"这个方案的最后还包括了具体的媒体选择、传播主题、稿件实例等内容，我就不详细阐述了，请赵总和各位同事给予批评指正，谢谢！"小孙一气呵成地完成了汇报。

赵总点点头，"方案总体来说符合我们的品牌激活需求，这几个事件节点把握得很好，传播策划也非常到位。其中经销商大会，林芝的代言，二轮融资的传播都可以开始操作了，其他几个节点我们斟酌一下再确定。"

张总回应："好的。接下来，请小徐负责介绍一下'D公司品牌激活的年度公关传播计划'。"

4.2 年度公关传播计划

小徐迅速起身汇报："我们将D公司的公关传播划分为四个阶段，对应每个季度，有计划、有节奏地逐步影响受众认知，扩大D公司的品牌影响力。

第一阶段：发布大量与品牌形象相关的新闻事件、活动信息，占据媒体版面，影响媒体观点，形成核心话语氛围，占领话语权；第二阶段：提供符合品牌形象各个侧面的丰富素材，增加曝光频次，通过对活动、话题的深度报道，对品牌形象进行深度传播；第三阶段：通过重点素材丰富品牌形象的内涵与外延，建立清晰的品牌形象侧面，以翔实的数据、典型的案例树立品牌地位；第四阶段：站在产业的高度，以第三方视角，引领快时尚及带来的社会价值，突出D公司的产业领袖地位。

为了有效提升D公司的品牌价值，我们提出了一个6C工程。就是围绕6大板块，全方位、有节奏地传播、引导和塑造正面健康的舆论环境和企业形象。"（如图1-2-4所示）

"下面，我简单说一下这6个C如何操作。

（1）财经公关：首先，话题引爆——打造争议性话题引发讨论。以四大门户、主流都市媒体为主，利用其高关注度和阅读量引出话题。话题举例《D公司

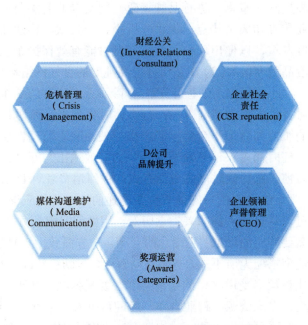

图1-2-4　D公司品牌提升的6C工程

打造中国特色化 SPA 模式》引出 D 公司'快时尚'产业模式，并认为其胜于 SPA 模式，引发争议。其次，媒体炒作——权威诠释，引导舆论。建立网络媒体数据库，利用其时效性、覆盖范围和投资者受众、易被百度抓取等特性炒作。话题举例《D 公司"双 F"模式完胜 SPA 模式》深度介绍 D 公司企业核心竞争力，客观评论 D 公司双 F 模式在哪些方面胜于 SPA 模式。最后，定位形成——成就行业领导者。借助平面财经媒体的权威性和影响力。话题举例《D 公司以"双 F"模式开创内衣行业新格局》奠定 D 公司行业地位。

（2）企业社会责任：D 公司的公益主体聚焦大学生（因为大学生是最富有激情的人群，是我们的目标受众，价值观可塑性比较强）。我们的年度主题是：D 公司种子精英计划（种子既是梦想的种子，又代表着尚未萌芽的大学生精英潜质），D 公司将以全新的付出，助其成为独立、自主、富有社会责任感的健全精英。具体包括新闻发布会暨启动仪式、种子招募计划、精英店长计划、爱心传递计划四大步骤。同时，通过企业宣传片（以"快时尚"产业链为内容主线，全方位展现企业风貌）与企业宣传册（以企业形象升级作为主线，突出企业形象、理念文化等核心优势）实时跟进。

（3）企业领袖声誉管理：通过董事长事迹调研、分析，找到领导人形象定位（敏锐的市场创新者，低调务实的实干家，充满故事的感性老总），占据媒体制高点：通过行业媒体专访搜集素材，进行提炼和包装。领导人形象宣传：通过高端财经媒体传播领导人创业故事，打造'感性老总'的形象，提升人格魅力；可以嘉宾身份参加求职类节目《职来职往》《非你莫属》，提升知名度。塑造良好的声誉：参加国内外及行业内高端活动，彰显行业地位和领袖形象，参与慈善晚会，展现领导人公益、慈善的个人形象，拉近与受众距离。

（4）奖项运营：我们的目标有三个——提升领导人影响力；打造 D 公司品牌形象；展现企业社会责任。根据上述目标，建议参与奖项包括：CEO 形象类，包括 CCTV 中国经济年度人物评选、中国企业领袖年会、年度华人经济领袖评选；经营管理类，包括 21 世纪最佳商业模式、创新企业评选；公益慈善类，包括中国慈善排行榜、中国年度最佳雇主。

（5）媒体关系维护：建立和维护核心媒体意见领袖圈，引导 D 公司的正面舆论环境，为 D 公司企业形象提升做持续正面报道。构建 D 公司专属媒体智库：财经媒体——维护高层关系，建立正面舆论环境，为企业发展建议献策；时尚媒体——维护高层关系，提升品牌形象和品牌美誉度；都市媒体——日常发稿，提高 D 公司发布量＋提升品牌知名度。

（6）危机管理：构建 D 公司三级危机预防体系。首先，舆情监测汇报。根据领导人行踪，协调媒体高层拜访事宜，进行品牌调研。聘请专业监测公司，提供行业、企业等全面、及时的舆情报告。对于行业焦点和舆论热点，提供分析报告；其次，构建新闻发言人机制，力助企业与媒体建立长期、共赢的深度友谊，以便出现公关危机问题时能有效保护企业公众形象；最后，建立品牌专区（与百度合作建立百度品牌专区），为 D 公司打造高纯度的良好网络环境。"

小徐说完，张总补充道："除了上面说到的 6 个 C 工程，我们认为加强与消费者的情感沟通是 D 公司可持续发展的战略方向。自媒体时代到来，微博和微信成为企业与消费者沟通渠道的最佳选择。D 公司的微博和微信平台将承载怎样的使命呢？从理性层面上讲，它们将打造企业理念和商业模式传播平台，保证时尚内衣信息及发展趋势的有效输出与互动；从感情层面上讲，它将培养消费者的内衣购买喜好和习惯，感受快时尚的生活方式，保障消费者对 D 公司内衣的情感认同。"

"D 公司的自媒体平台要传递的核心价值应该是快时尚文化＋主题口号（新的内衣，新的你！）。具体可以从目标人群的兴趣点切入，用她们习惯的方式，把'我想说'变为'她想听'！D 公司的自媒体平台需要鲜明的形象＋生活化的互动，一方面致力于打造'朋友似的'的顾问形象（外形清新亮丽，对内衣和造型搭配无所不知，热衷互动解疑，帮助粉丝改变自己）；另一方面，原创和转发女性消费者的生活形态，让粉丝享受悦文化的生活态度。要紧抓社会热点，多提供性感模特图片、趣味视频等，同时整合自有明星、专家资源、跨业合作，后期可引入广告推广，线上线下联动。"

张总最后总结：我们把上述方案简称为"D 公司的 6＋1 品牌激活计划"，谢谢各位的聆听。

张总和小徐分享的精彩方案让赵总余犹未尽，他起身鼓掌，并进行了总结发言："这两套方案让我们有醍醐灌顶的感觉，我回去跟董事会详细汇报后再确认。请张总带领团队继续规划更详细的工作推进表，我们争取尽快启动。谢谢大家的辛苦付出！"第三次会面圆满结束。

回到公司，赵总及时向陈董事长及董事会汇报了面谈情况并获得支持，正式启动了"D公司6+1品牌激活方案"。

5 公关传播方案的重点落实

接下来的大半年时间，张总带领团队协助D公司围绕"6+1品牌激活方案"重点落实了以下几个关键任务。

5.1 林芝的魅力助推

签约女明星林芝是D公司品牌提升工程的第一步。

自出道以来，林芝就以甜美清丽的外貌及姣好的身材成为舆论关注的焦点。如今，林芝顺利牵手D公司，也是首次代言内地内衣品牌。谈到邀请林芝作为D公司代言人的原因，陈董事长这样回答："林芝是一个知性、时尚、漂亮的当红艺人，知名度、敬业程度非常高，给消费者的感受是健康并且优秀。作为引领时尚的先锋人物，林芝无论是在个人气质还是在自身内涵上，与D公司品牌清新、自然、多彩的风格高度契合。我们希望借助林芝对快时尚的亲自演绎，将D公司的快时尚理念传递给更多消费者。"

而林芝谈到为何选择D公司作为自己在内地的内衣品牌代言时，回答也很精彩："D公司内衣在时尚理念和内涵方面与我有很多相通的地方。通过对时尚气息的敏锐嗅觉和准确捕捉，D公司使现代女性更加注重内在与自我，通过时尚多变的内衣，传递自身丰富的内心元素，演绎多彩的生活。正是这些在时尚触觉和内在理念上的共鸣，让我对D公司内衣产生了很好的认同感。"自称内衣控的林芝，代言风格主打"百变"，意在以多变的内衣诠释呼应多彩的生活和多样的心情。

5.2 微信自媒体平台建设

D公司作为中国最具规模的大众快时尚内衣创新品牌，其产品属于大众化消费品，众多的忠实粉丝让D公司可以投入大量精力和资源在微信传播上；同时，D公司主要消费群体是年轻化的时尚人群，他们也是微信的主力人群。张总说服D公司针对1 700万的庞大会员体系，打造一个以服务为目标，不涉及营销的微信账号。D公司的官微平台不仅能加强会员与D公司的情感互动，还可以通过有价值的信息发展新的追随者，增强潜在用户好感度，进而达到增强消费者与品牌之间的喜好程度以及品牌黏性的效果。在信息大爆炸的今天，精品内容弥足珍贵。因此，D公司采纳了公关公司张总的建议，其微信公众号采取针对性内容策略。通过描述、点评社会热点事件和生活趣闻，紧抓都市大众化女性的心理特点，以诙谐、个性、大胆的语言风格进行表述，事实证明这个决策是非常正确的。

5.3 产品差异化策略

D公司根据"6+1品牌激活方案"重新定义了产品品类。内衣四大类别全新上线，主打都市情怀。其中都市缤纷系列——满足快乐小女生对随心释放青春活力，活出自我个性的向往；都市丽人风——迎合都市年轻女性对前沿时尚和现代设计的渴望；都市女人味——满足成熟女性对维持性感和健康体型的渴求，穿出内衣知性魅力；都市简约男——紧贴都市流行风，走在潮流最前沿，迎合都市男性对风度、时尚的内衣渴望。

此外，D公司还携手世界著名的纤维生产制造商在2013年秋冬新品订货会上联合推出16款以"暖智能"为主题的全新面料薄暖内衣，开启国内智能型保暖内衣的新时代。D公司为东方女性倾力打造"又美、又暖，穿出好身材"的美丽计划，开创了保暖内衣温暖于内、显型于外的"型暖"新风潮。

6 公关运作的成效

6.1 品牌知名度大幅提高

一年时间过去了，赵总再次打开百度，在百度网页搜索里输入"D 内衣"几个字。首页靠前位置分别被 D 公司官网、加盟商平台、D 公司百度百科、D 公司客服电话、公司介绍等占据，首页覆盖达到 90%。又在百度新闻搜索"D 公司"，相关信息覆盖达到 80%以上。其中，关于林芝代言的新闻就更多了，"林芝代言 D 公司，自曝是内衣收藏家""林芝首次触电色彩时尚内衣"等。关于快时尚主题的新闻也很多："明星汇聚 D 公司""2012'快时尚'新潮来袭""'一站式'购物快时尚"，等等。此外，二轮资本融资、经销商大会等活动也取得了圆满成功。

关于 6 个 C 工程，财经公关类媒体群体采访了 D 公司陈董事长，刊登了多篇品牌形象方面的文章；CSR 方面，集团积极履行"公民企业"的社会责任，先后在扶贫、助学、救助等方面捐款捐物逾千万；领导人声誉管理方面，通过卡位百度百科、接受媒体专访、出席重要活动等建立起了个人与企业的双重声誉；奖项运营方面，陈董事长当选本省十大杰出青年，获杰出营销人金鼎奖等；媒体关系维护方面，媒体对于 D 公司的关注已成常态，初步建立了专属于 D 公司的核心媒体资源库；危机管理方面，定期拜访媒体高层，并通过专业公司进行舆情监测。

此外，D 公司的官微 2013 年开通不到半年，在没有做任何微信推广活动的前提下，粉丝持续增长。平均阅读人数占送达人数的 40%，图文转发率 50%左右，分享次数逐步提升，保持在 15%以上。不难看出，精准的定位让 D 公司吸引了大量真实粉丝，有价值的精品内容又引发了持续的转载，持续性的互动又让粉丝对 D 公司产生了情感共鸣，对于 D 公司女性专家的身份也更加认同。

6.2 逆势扩张

在博鳌亚洲论坛 2013 年年会上，服装行业的困局成为与会嘉宾关注的焦点话题。作为本土服装企业的代表，D 公司陈董事长在接受记者采访时表示："目前，中国服装行业门槛低，进入者众多，同质化现象严重，产品、终端甚至推广手段都极其相似。这一系列问题导致消费者的选择性障碍，势必会引发行业危机。尽管市场状况堪忧，但是 D 公司目前经营状况良好，准备逆势扩张。"

伴随着中国内衣市场的快速发展，黛安芬、法曼儿等国际巨头也加快了对二三线市场的开拓。面对日益激烈的竞争，陈董事长表现得信心十足："这些竞争对手虽有优势，但是本土品牌也有自己的胜算，练好内功是应对竞争的基础。作为中国品牌，我们有本土优势、产业链优势和价格优势，我们是贴身衣物'一站式销售模式'的创新者。D 公司将通过创新服务体验，创新产品结构来践行自己的快时尚理念，我们将用二三线城市的高增长来支撑企业未来的可持续发展。我们计划利用 5 年时间，从现在的 4 000 家门店扩张到 10 000 家门店"，陈董事长对记者描述着 D 公司的"万店计划"。

陈董事长的雄心勃勃让赵总感到任重道远！成绩已经成为过去，前面的道路依旧漫长，赵总在心里默念：我们要仰望星空，更要脚踏实地……

7 尾声

D 公司从一个只有十几平方米的小铺，迅速成长为集研发、制造、销售、运营为一体的现代化大型快时尚内衣连锁品牌。截至 2012 年年底，D 公司年终销售额已经突破 40 亿元人民币，成为国内最大的内衣连锁企业之一。D 公司可能成为港交所上市的内地内衣第一股。香港媒体称，D 公司已递交上市申请，计划集资额约 2 亿美元，如果 D 公司顺利赴港上市，有望成为中国香港市场"内地内衣第一股"。

在企业高速扩张之际，D 公司却毅然开启了全新的品牌升级之路。从之前的"生产＋销售"向"品牌＋服务"的现代化企业模式转型，以品牌提升助推企业发展。在产能过度发展的中国内衣行业，D 公司瞄准市场蓝海，志在打造"快时尚"第一品牌，演绎全新的平民奢华路线。在品牌建设层面，D 公司组建公关部，并邀请公关公司一起探索品牌提升突破口，通过一系列的公关运作，实现了 D 公司品牌价值大幅提升。

当然，在整个公关运作过程中，还是有一些遗憾：由于工作任务重且时间紧迫，没有实现与协会合作，与其他品牌共同造势，未能形成品牌借势。同时，在已经执行了的部分传播项目中，还存在资源整合能力不足、跟进缓慢等问题。

The Sword of Public Relations

—The strategy of D Company's brand promotion

YI Jin Chao, KONG Xian Jia, CAO Wen

(School of Management and Economics, Beijing Institute of Technology, Beijing 100081, China)

Abstract: With the further development and improvement of market economy, competition in brand level is the key of sustainable development for enterprises. Therefore, under the realistic background of market competitions increasing, it has obvious value for the teaching of "brand management" and "publication management" courses. The practice that weak brand is effectively improved through public relations operations is a typical case. This case describes that brand could not support the rapid development of business when D company expanded its market share. Faced this dilemma, D company adopted the public communication solution, provided by professional public relations company, which makes weak brand activated quickly and successfully by the means of public relations. For the "brand management" and "publication management" and so on, this case can be used to explore the enterprise brand positioning and especially how the brands can be improved fully from pure market expansions, so as to help students understand the related theory and key ideas and methods for the analysis of the problem at the same time.

Key words: Brand activation; Public relations; Media; D company

附 录

表1-2-2 内衣行业渠道状况分析

销售渠道	专家评价	代表品牌	渠道模式	渠道前景
纯加工生产 五线品牌	最原始的内衣销售模式	普宁、汕头、南海、温州各地均有这类工厂，多数处于小富则安的温饱阶段	纯生产厂家，给低端批发商供货，无意建设销售渠道，并给其他品牌贴牌加工	持续萎缩
批发市场的 四线品牌	中国内衣销量最大的销售模式	珠密琪、黛莉安、莲娜姬、舒薇、随意、贵夫人等	采取流通品牌销售模式，每个区域设置批发代理，进行一定的市场管理保护	1. 低速的稳定增长。2. 未来萎缩。3. 向三线转化
专柜组合店 三线	当前中国内衣市场上成长最快的模式	诗婷、黄金身段、彩婷、姣莹等	以独立的专柜形象，与各个品牌在专业的内衣店里，进行自由组合销售	未知
专卖店二线	最常见的标准内衣终端销售模式	奥丽侬、嘉莉诗、美思、奥丝蓝黛、霞黛芳、兰卓丽、依之妮、水中花等	以单品牌、开设连锁加盟的专卖店形式为主，以中低档商场店中店为辅	三线瞄准二线，外销转内销多针对这个市场，一线品牌也不放弃这块销量，未来竞争会更激烈
大型百货商场 一线	品牌格局最相对固定的销售模式	爱慕、曼妮芬、安莉芳、华歌尔、黛安芬、芬怡等	以在大型百货商场开设店中店和专柜为主，并在大中城市开设专卖店为辅	一线品牌继续下沉挤占二线品牌的空间，往上走提高价格，向奢侈超高档的方向发展
超级市场	最难进入利润最薄、最易上量的销售渠道	三枪、浪莎、健将、蝶安芬、普利诗等，以及一些流通品牌，还有大型超市自己的贴牌	进入以副食品为主的超级自选商场进行销售	盒裤和袜子，超市是必争的市场，而属于高档的、有性格的、服装内衣文胸，则意义不大
美容院专业线	最脱离内衣传统销售模式的渠道	纤瀛、雅筑，以及一些代工、加工、无牌、剪标的牌子	进入以化妆品为主的专业美容院进行销售，主要是塑身美体内衣（调整型）	美容院线专业背景优势逐渐丧失。未来这个渠道前景并不很好。需要进行一定的规范
电视购物	各类塑身内衣最疯狂的舞台	婷美、夏娃之秀魔力挺、纤诗婷、芳奈儿	通过电视台的广告时段，以及纯粹的购物频道，进行内衣销售，通常强化某一特殊的USP功效	急需政策规范
网络购物	也许是未来最具发展力的销售模式	淘宝网各内衣店、梦露内衣网、梦芭莎内衣网	利用互联网的 B2B、B2C、C2C 销售模式进行销售	前景宽广
人员直销	被传销利用口碑最恶劣的销售模式	假借纤瀛、雅筑等牌号，进行销售的团体	采取人员直销，或者是多层次直销（俗称传销）。只有生产厂家、业务员和消费者3个环节	前景黯淡
袖珍内衣店	也许可能给弱小个性品牌创造奇迹的销售模式	暂无	其渠道模式其实和专卖店一模一样，但是其规模非常小，同时几乎无所不在的开设，门槛很低，存活率高	前景宽广

续表

销售渠道	专家评价	代表品牌	渠道模式	渠道前景
平价超级大卖场	也许是内衣终端未来巨无霸的销售模式	暂无	类似超市，面积非常大，装修不讲究档次，追求热烈的销售氛围。产品种类丰富，甚至有2楼，如商超和仓储式卖场	大有前途
高档内衣城	也许会形成对大商场内衣专柜挑战的王牌销售模式	暂无	这个模式和平价超级大卖场有类似之处，也是综合若干品牌，只不过整合的是二线三线的品牌，甚至是一线，比平价内衣大卖场档次要高	未来王者
折扣店	内衣行业最鲜为人知可以适当运用的销售模式	暂无	其实这是一个纯粹的终端模式，而不仅仅是厂家或者代理商的经营模式	纯粹做内衣折扣店的品牌连锁，也许是未来的一个方向
内衣连锁店	当前发展趋势最好、最灵活的销售模式	D公司、新感觉、好波、雅黛丽、乐百爱、真女人、熳洁儿、月半湾等	主要有特许连锁加盟和直营连锁2种，都是以统一的CI终端标识，进行店面扩张	前景宽广

内衣消费调查报告

（1）六种女性消费群体：

都市白领：精明购物，重视性价比，注重品牌、款式、材质、做工、价格。在所有女性消费群中，小白领是最难"满足"的；

时髦的现代少女：价格敏感度低，注重款式、颜色、面料，最主要的是购买氛围；

小资：喜欢情调品位，需求品牌来历与故事；

为体态烦恼的中年人：往往被商家忽悠的功能需求者；

缺乏自信的落伍者：不关注自己，随便；

节俭主义者：无明确品牌意向，不打折不买，打折力度不够不买。

（2）无论女士或者男士内衣，女性拥有绝对决策权。据统计，65%的男士内衣由女士购买，而对于选购内衣注重的条件，则是内衣舒适大于一切，如图1-2-5所示。

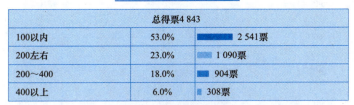

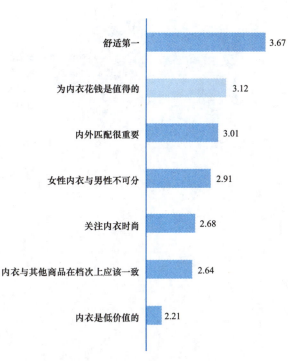

图1-2-5 内衣消费调查1

（3）内衣消费多属冲动型购买：由于内衣的主流消费者年龄段位于18到30岁之间，这一群体对于内衣的消费有着需求全面、渠道广泛等特点，因此56.97%的内衣消费者购买频率较高，属于冲动型消费。碰到合适的、喜欢的，就会购买。

（4）大众消费为内衣主流消费：由于中低端消费者是购买主力军，因此消费者对于内衣产品，主流的价格承受区间位于50元到300元之间，在这一区间内，品牌众多、竞争尤为激烈。

（5）对很多女性来说，找到合适的内衣都不是一件容易的事。2011年，亚洲首次从健康角度出发的内衣研究，调查结果显示：97%的亚洲女性不懂正确选内衣。

(6）产品需求多元化。款式多元化：消费者不再满足于千篇一律的设计，而更趋向于时尚、多变。面料多元化：轻薄的蕾丝，晶莹剔透的薄纱，超级舒适的人棉等，消费者对面料的需求紧跟潮流。风格多元化：甜蜜糖果色、优雅知性女、性感小野猫等，内衣似乎不仅是内衣了，消费者更愿意为风格买单。功能需求多元化：丰胸、提臀、保健、时尚潮流等功能各自拥有了庞大的忠实消费群体，消费者对内衣的要求不再仅仅等同于裹胸布。

（7）内衣外穿是时尚潮流趋势。近几年来，随着内衣的时装化和个性化，内衣外穿这个词已经不再仅仅属于明星，它已经走向街头，成为一种时尚流行。

（8）女人购买内衣越"色"越美：随着内衣色彩的多元化，购买白、黑传统颜色内衣的消费群体比例在缩小，而选择近肤色和多彩色的购买比例在增大，内衣色彩开始随着外衣每一季流行色的变化而变化。

（9）购买渠道多元化。随着经济发展水平的提高以及人们消费观念的不断转变，内衣的消费渠道也发生了明显变化，呈现多元化趋势，从最开始的批发市场、街边小店，逐渐演变成以品牌专卖店、大型商场为主，网络渠道迅猛发展的渠道发展特征，如图1-2-6所示。

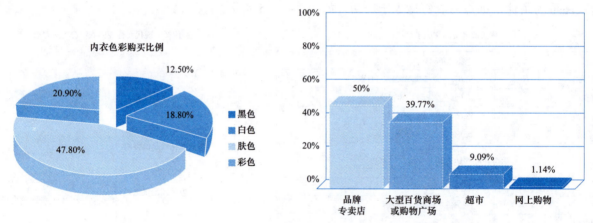

图1-2-6 内衣消费调查2

国内外几大著名内衣品牌代表介绍

（1）爱慕——中国内衣第一品牌。

爱慕，中国内衣市场综合占有率第一。公司总部位于北京，爱慕旗下拥有的品牌及产品线包括："爱慕女士（Aimer women）""爱慕先生（Aimer men）""爱慕儿童（Aimer kids）""MODELAB""爱美丽（imi's）""兰卡文（LA CLOVER）""心爱（Shine Love）"，代理海外高端品牌 Bechic 集合店、泳衣以及个性化内衣和礼服定制工作室。近年来爱慕开始涉足文化事业，投资设立了苏州昆曲会所、爱慕美术馆等文化机构。

定位：精致、时尚、优雅

目标人群：25～35 岁成熟、知性、有品位的都市女性

广告语：我爱慕，最好的自己

代言人：巩俐

年销售额：20 亿

主要渠道：80%自营、20%加盟、网上商城

店铺数量：直营店 59 家，加盟店 100 家，大中型商场 300 家专柜

产品结构：文胸、内裤、睡衣、塑身衣、泳衣、配饰、保暖

（2）曼妮芬——汕头内衣飞出来的凤凰。

曼妮芬集团成立于 1996 年。2011 年起，更名为深圳汇洁集团股份有限公司。旗下品牌曼妮芬、兰卓丽、妮的秘密、伊维斯、乔百仕（男士）、Bodybeauty。

定位：能量女人的内衣

目标人群：能量女人（充满能量、美丽、自信、独立、自我欣赏）

销量：年销售额 5 亿，年出口量 600 万件

产品结构：文胸、内裤、家居服、睡衣、泳衣、塑身、保暖

渠道：50%自营、50%加盟

店铺数量：70 余家专卖店，近 600 个专柜和近 500 个加盟客户

（3）安莉芳——中国香港内衣明珠。

安莉芳，中国香港内衣品牌，上市公司，成立于 1975 年。20 世纪 90 年代初进入中国大陆，现已在深圳、常州、上海分别设立了分公司。旗下品牌：安莉芳、芬狄诗、COMFIT、Liza Cheng、E-Bra。

定位：优雅、舒适

目标人群：25～45 岁

销量：160 亿港元，市值 2 058 百万港元

产品结构：文胸、保暖、内裤、泳装、塑身衣

渠道：90%自营、10%加盟

店铺数量：总量 2 076 个，其中专柜及门店数目分别为 1 862、214

（4）黛安芬——德国百年经典。

1886 年成立于德国的黛安芬，从 125 年前一个在厂房生产紧身内衣的小型事业起家，现在已成为全国最国际化的内衣企业之一。总部位于瑞士 Zurzach，下设 Sloggi、VALISERE、Triumph、HOM 四个品牌。20 世纪 90 年代初进入中国市场，2009 年，黛安芬中国首家旗舰店在上海开幕。

定位：高雅、舒适

目标人群：25～45 岁

年销量：10 亿（中国）

渠道：90%自营、10%加盟

产品：魔术文胸、T恤文胸、美肤文胸、仙乐娇系列、FashionStyle 及 BeeDee 少女内衣系、护肤品、美容院

（5）华歌尔——东瀛内衣之花。

Wacoal 于 1949 年在日本成立后发展至今，销售网络分布世界 13 个国家和地区。1986 年开始进入中国，已成为生产女装全线产品的翘楚。旗下品牌包括华歌尔、Amphi、Saute、Remamma。

品牌定位：时尚、性感

目标人群：25～45 岁

年销量：125 亿元（全球）

经营模式：80%自营、20%加盟

产品结构：文胸、睡衣、家居服、孕妇装、哺乳服、儿童服装、少女家居服等

案例使用说明：

"公关亮剑"
——D 公司品牌激活之道

一、教学目的与用途

1. 本案例适用于《品牌管理》《公共关系》等课程关于品牌定位、公关营销、传播方法等相关章节的案例讨论。

2. 随着公关的崛起和传播体系的完善，熟练运用公关传播手段建立强势品牌已成为众多企业的制胜法宝。本案例包括以下几个具体的教学目标：

（1）帮助学生明确品牌定位的重要性及关键因素；学习如何进行品牌营销策划。

（2）帮助学生理解在品牌提升过程中公关运作的必要性与可行性；掌握公关传播方案的制定及操作要领。

（3）帮助学生深入了解公关营销以及传播推广的相关理论，明确关键问题的分析思路和解决方法，逐步建立公关思维和营销观念。

二、启发思考题

1. D 公司面临的品牌困境是什么？为什么要做品牌差异化？D 公司的品牌定位是否合理？

2. 为什么要把公关业务从广告部剥离出来？公关与广告的区别在哪里？对企业品牌价值提升的作用有何差异？

3. 林芝代言 D 公司，为 D 公司带来了什么影响？内衣广告遭央视禁播是否会对 D 公司产生负面影响？D 公司应该如何应对？

4. D 公司关于品牌激活的公关传播运作是否成功？其中的关键步骤和方法有哪些？

5. 你对于 D 公司的逆势扩张和 IPO 上市怎么看？公关公司或公关部门应该如何配合这些大事件的策划？

三、分析思路

1. D 公司面临的品牌困境是什么？为什么要做品牌差异化？D 公司的品牌定位是否合理？

分析思路：D 公司面临的困境是其品牌影响力无法支撑公司的高速扩张。

内衣产业目前仍属于粗放式竞争，拼的是档次感和认知度，对于品牌的内涵和产品的差异缺乏系统性把握。所以 D 公司决定跳出红海，做差异化！针对 D 公司的品牌定位分析，可利用环境分析和品牌定位理论工具，说明内衣市场大环境下 D 公司的"快时尚"理念是否能够深入人心。

2. 为什么要把公关业务从广告部剥离出来？公关与广告的区别在哪里？对企业品牌价值提升的作用有何差异？

分析思路：公关跳出广告，独立发挥重要职能是品牌建设的大势所趋。这里可以从公关与广告的功能与区别，在品牌建设中所扮演的不同角色进行系统分析。

目前对公关传播的应用主要集中在以下几个方面：扩大企业/产品知名度，塑造品牌形象，传播产业理念，管理层形象建立，产品/业务整体包装，危机管理等。公关跳出广告，独立发挥重要职能是品牌建设的大势所趋。在品牌建设的过程中，公关先行，广告跟随。只有在运用公关手段先确立品牌战略后，广告才能发挥维护品牌形象的职能。

广告与公关的具体区别主要有：① 广告是空间的，公关是线性的；② 广告用大爆炸，公关用缓慢积累；③ 广告是视觉的，公关是口头的；④ 广告到达每个人，公关到达某些人；⑤ 广告是自导的，公关是他人导的；⑥ 广告短暂，公关永存；⑦ 广告昂贵，公关便宜；⑧ 广告是滑稽的，公关是严肃的；⑨ 广告不可信，公关可信；⑩ 广告维护品牌，公关建立品牌。

3. 林芝代言 D 公司，为 D 公司带来了什么影响？内衣广告遭央视禁播是否会对 D 公司产生负面影响？D 公司应该如何应对？

分析思路：签约明星代言提供了很好的话题，可以借势策划事件进行宣传推广。这里可以从品牌建设、产品销量、价格定位、消费者心理等层面分析林芝代言的利与弊；关于禁播广告，重点分析危机管理过程中公关传播所发挥的作用与职能。

4. D 公司关于品牌激活的公关传播运作是否成功？其中的关键步骤和方法有哪些？

分析思路：企业发展到一定阶段，必须进行品牌提升，以便有效传达企业和品牌的正确声音。这里可以通过解析"D 公司非常 6+1 品牌提升方案"，进一步梳理公关传播策划的逻辑思路和关键步骤。

D 公司从有计划地进行公关传播一年左右的时间里，确立了"快时尚"的品牌定位，通过林芝代言、经销商大会等公关活动形成了有效的品牌露出点，媒体与受众对 D 公司品牌有了更深刻的理解，形成了广泛的品牌口碑，逐渐建立起"D 公司——中国内衣界 ZARA"的强势行业地位。

从媒体传播效果上看：百度首页 90%内容被 D 公司覆盖，百度新闻相关信息 80%以上。D 公司正面信息被保护，负面信息被压后，用户可以最便捷地搜索 D 公司内衣信息，找到所求。同时，D 公司牵手林芝的新闻数不胜数，公司领导人专访，奖项运营，履行企业社会责任，与消费者互动等方面，都取得了不错的效果。通过公关运作，提升了 D 公司品牌知名度，形成口碑占位，刺激了消费。

5. 你对于 D 公司的逆势扩张和 IPO 上市怎么看？公关公司或公关部门应该如何配合这些大事件的策划？

分析思路：从 D 公司品牌价值、行业占位的角度给出关于逆势扩张和 IPO 的看法。针对品牌建设中的重大事件，公关公司或公关部门需要提供具体的公关传播运作方案，充分挖掘事件正能量，展现公关传播价值。

四、理论依据及分析要点

1. 公关传播理论——"闭环式传播六步法"。（用于整体公关思维的启发，涉及思考题 1~5 的分析）
- 理论依据：

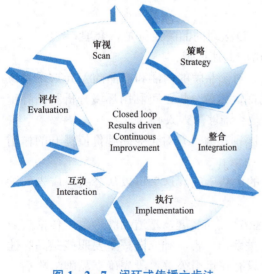

图 1-2-7　闭环式传播六步法

闭环式传播六步法如图 1-2-7 所示。

（1）审视：

具体分析以下重点内容：① 市场环境。D 公司所处的宏观微观环境与市场，行业地位与竞争情况。② 媒体关系。D 公司的传播力度与美誉度。③ 品牌审视。D 公司的品牌形象、产品特性、消费者的认知与渠道商的反馈情况。

（2）策略：

① 消费者调查。通过问卷、电话等形式得到准确行业与 D 公司数据。② 内部协调。分工合作，信息过滤，成立 D 公司核心团队。③ 会议召集。经过头脑风暴，确定品牌传播核心策略。④ 顾问团队。听取专家、核心记者与行业领袖的指导意见。

（3）整合：

① D 公司资源。包括信息系统和业务系统的支持。② 公

关公司资源。包括核心团队资源，顾问资源，第三方资源和媒体资源的落实。资源优化配置，实现传播效率最大化。

（4）执行：

根据 D 公司的传播目标（快时尚——新的内衣，新的你），执行传播计划（包括年度传播计划和大事件推广计划），开展传播业务，需要活动推广与广告支撑的配合。

（5）互动：

通过林芝签约、经销商大会、品牌联合推广、微博微信等新媒体互动、线下促销活动等方式与消费者和经销商互动，建立品牌熟识度与好感度，形成口碑占位。

（6）评估：

传播动作完成后，通过数据分析法、专家评估法、客户反馈法等对传播效果进行评估。评估指标包括：媒体覆盖率、千人成本、传播力度、稿件字数、传阅率等。

● 分析要点：

本案例主要运用这个战略分析工具来制订 D 公司品牌提升的公关传播计划。

（1）审视：D 公司所处的宏观微观环境与市场，行业地位与竞争情况如何？媒体关系如何？D 公司的传播力度与美誉度如何？D 公司的品牌形象、产品特性如何？消费者的认知与渠道商的反馈如何？

（2）策略：通过问卷、电话等形式得到准确的行业及 D 公司数据；通过分工合作，信息过滤，成立 D 公司核心团队；经过头脑风暴，确定品牌传播核心策略；听取专家、核心记者与行业领袖的指导意见。

（3）整合：包括 D 公司信息系统和业务系统的信息支持。公关公司资源，包括核心团队资源、顾问资源、第三方资源和媒体资源的落实；通过资源优化配置，实现传播效率最大化。

（4）执行：根据 D 公司的传播目标（快时尚——新的内衣，新的你），执行传播计划（包括年度传播计划和大事件推广计划），开展传播业务，需要活动推广与广告支撑的配合。

（5）互动：通过林芝签约、经销商大会、品牌联合推广、微博微信互动、线下促销活动等方式与消费者和经销商互动，建立品牌熟识度与好感度，形成口碑占位。

（6）评估：传播动作完成后通过数据分析法、专家评估法、客户反馈法等对传播效果进行评估。评估指标包括：媒体覆盖率、千人成本、传播力度、稿件字数、传阅率等。

2. 品牌提升相关理论——公关运作 6C 模型。（用于启发公关运作的关键思路，涉及思考题 4、5 的分析）

● 理论依据：

1C（Investor Relations Consultant 财经公关）：话题引爆——打造争议性话题引发讨论；媒体炒作——权威诠释，引导舆论；定位形成——成就行业领导者。

2C（CSR 企业社会责任）：公益活动——最能让公众认知的企业 CSR 项目；企业内部文化活动——增强员工凝聚力；企业外部宣传片/宣传册——树立企业形象，传递品牌理念。

3C（CEO Reputation 企业领袖声誉）：卡位——百度百科、百度知道；占位——行业媒体专访、财经媒体专访；锁定——求职类节目、高端活动慈善晚宴露出。

4C（Award Categories 奖项运营）：打造企业形象，传递品牌理念；提升领导人影响力，带动企业知名度；倡导公益理念，展现企业社会责任。

5C（Media Communication 媒体关系维护）：建立和维护核心媒体意见领袖圈，引导企业的正面舆论环境，为企业品牌形象做持续正面报道。

6C（Crisis Management 危机管理）：信息监测——危机预防第一步；危机处理——统一口径与高效流程管理；媒体应对——快速反应，维护信誉。

● 分析要点：

在本案例中，6C 理论是这样操作的：

（1）财经公关：话题引爆——打造争议性话题引发讨论。以四大门户、主流都市媒体等为主，利用其高关注度和阅读量，引出话题。媒体炒作——权威诠释，引导舆论。建立网络媒体数据库，利用其时效性、覆盖范围和投资者受众、易被百度抓取等特性炒作；定位形成——成就行业领导者。借助平面财经媒体的权威性和影响力，奠定 D 公司行业领导地位。

（2）企业社会责任：D 公司的公益主体聚焦大学生（因为他们是富有激情的人群，是目标受众，价值观具可培养性）。年度主题是：D 公司种子精英计划（种子既是梦想的种子又代表着尚未萌芽的大学生精英潜质。D 公司旨在以全新的付出，助其成为独立自主、富有社会责任感的健全精英），包括新闻发布会暨启动仪式、种子招募计划、精英店长计划、爱心传递计划四个大步骤。同时全面展现 D 公司企业面貌：企业宣传片（以"快时尚"产业链为内容主线，全方位展现企业风貌）与企业宣传册（以企业形象升级作为主线，突出企业形象、理念文化等核心优势）实时跟进。

（3）企业领袖声誉管理：通过董事长事迹调研分析，找到领导人形象定位（敏锐的市场创新者，低调务实的实干家，充满故事的感性老总）；占位媒体制高点；通过行业媒体专访搜集素材，并进行提炼和包装，使领导人形象凸显；通过高端财经媒体传播领导人创业故事，打造"感性老总"的形象，提升人格魅力；以嘉宾身份参加求职类节目《职来职往》《非你莫属》，提升知名度，塑造良好的声誉；参加国内外以及行业内的高端活动，彰显行业地位和领袖形象；参与慈善晚会，展现领导人公益、慈善的个人形象，拉近与受众距离。

（4）奖项运营：目标有三个——提升领导人影响力；打造 D 公司品牌形象；展现企业社会责任。建议参与奖项包括——CEO 形象类：CCTV 中国经济年度人物评选；中国企业领袖年会；年度华人经济领袖评选。经营管理类：21 世纪最佳商业模式；创新企业评选。公益慈善类：中国慈善排行榜；中国年度最佳雇主。

（5）媒体关系维护：建立和维护核心媒体意见领袖圈，引导 D 公司的正面舆论环境，为 D 公司企业形象提升做持续正面报道。构建 D 公司专属媒体智库：财经媒体——维护高层关系，建立正面舆论环境，为企业发展建言献策；时尚媒体——维护高层关系，提升品牌形象和品牌美誉度；都市媒体——日常发稿，提高 D 公司发布量+提升品牌知名度。

（6）危机管理：构建 D 公司三级危机预防体系。首先，舆情监测汇报——根据领导人行踪，协调媒体高层拜访事宜，进行品牌调研。聘请专业监测公司，利用其专人、专时、专业的特质，提供行业、企业等全面、及时的舆情报告；对于行业焦点和舆论热点，提供分析报告；其次，构建新闻发言人机制，力助企业与媒体建立长期、共赢的深度友谊，一旦出现公关危机问题则更有利于对企业公众形象的保护。最后，建立品牌专区（与百度合作建立百度品牌专区，抢占有利位置）和 SEO 优化（特定关键词优化），为 D 公司解决危机，并打造高纯度的良好网络环境。

除了上面说到的 6 个 C 工程，加强与消费者的情感沟通是 D 公司企业可持续发展的战略方向，可为企业注入感情，受到消费者的喜爱，也能获得名气。随着自媒体时代的到来，微信和微博成为企业与消费者沟通渠道的最佳选择。D 公司的自媒体平台使命，从理性层面上讲，是打造企业理念和商业模式传播平台，提供时尚资讯和内衣发展趋势的有效输出与互动；从感情层面上讲，是培养消费者的内衣购买喜好和习惯，感受快时尚的生活方式，促进消费者对 D 公司内衣的情感认同。D 公司微博要传递的核心价值应该是快时尚文化+主题口号：新的内衣新的你。

3. 营销战略相关理论——SWOT/STP 分析。（用于启发对竞争环境的分析，涉及思考题 1 的分析）

● 理论依据：

（1）SWOT 分析：企业优势（Strength）、劣势（Weakness）、机会（Opportunity）和威胁（Threats）。SWOT 分析实际上是对企业内、外部条件进行综合评价的一种方法。

从 D 公司品牌的调查研究可以看出，D 公司的突出优势在于拥有超过 4 000 家门店，渠道广，市场占有率较高，购买门槛较低。D 公司的劣势在于品牌建设缺乏，产品定位影响品牌往高端发展，缺乏主动宣传，消费者可以获得的有效信息较少。D 公司的机会在于签约林芝，明星效应大；融资成功和上市预期，曝光率提高。威胁在于市场产品同质化严重；自主发布信息少，给竞品攻击提供了可乘之机。

（2）STP 分析：企业在制定具体的战略方案之前必须进行市场细分（Segmentation）、确定目标市场

（Targeting）和市场定位（Positioning），这是品牌管理的重要决策过程。

市场细分：是指通过市场调研，依据消费者的需要和欲望、购买行为和购买习惯等方面的差异，把某一产品的市场整体划分为若干消费者群的市场分类过程。内衣市场根据产品价值主要分为：奢侈档内衣、中高档内衣和平价内衣。

目标市场：就是通过市场细分后，企业准备以相应的产品和服务满足其需要的一个或几个子市场。D公司选择进入平价内衣市场，采用差别性市场策略进行市场营销。

市场定位：是指企业针对潜在顾客的心理进行营销设计，创立或保留深刻的印象和独特的位置，从而取得竞争优势。D公司定位引领大众内衣快时尚的第一品牌。

● 分析要点：

由于行业同质化问题严重，所以，D公司想要做品牌差异化。那么，D公司的"快时尚"品牌定位是否符合市场需求与企业自身特点，具体分析如下：

首先看一下受众的消费能力，如表1-2-3所示。

表1-2-3 D公司受众消费能力

人群	内衣基本需求	内衣个性需求	内衣消费逻辑
高端消费能力人群	高品质、大牌	奢华感、完美	时装化消费特征：购买品牌往往能代表风格，忠诚度较高
中端消费能力人群	主流时尚品牌	个性、多变	快时尚消费特征：主流品牌，容易变化，忠诚度不高
低端消费能力人群	低价品牌/无品牌	舒适、潮流	快消品购买特征：有质量保证，希望加入流行元素

从中国目前的消费层级来看，各行各业普遍存在追高倾向，即注重高端消费能力人群的需求，内衣行业更是如此。而D公司却反其道而行之：当大家追风般围着"高大上""白富美"转的时候，它坚定立足于大众市场，做中国普通女性都穿得起的内衣。以性价比制胜，依靠精细化的品牌运营模式，为品牌赋予全新生命，让前来购物的女性得到时尚、个性、美妙的消费体验。颠覆传统时尚那高不可攀的殿堂级印象，同时让消费者换一种眼光看待时尚，领略"快时尚"中所蕴含的变化无穷、丰富多彩的别样魅力。

基于自身优势和行业特点，再看D公司连年递增的销售额（如图1-2-8所示），D公司的差异化战略是可行的，可以预见其光明的未来。

4. 危机管理相关理论——危机处理流程模型。（用于启发思考危机公关的应对，涉及思考题3的分析）

● 理论依据：

(1) 信息监测：危机预防第一步。

① 品牌声誉监测和评估——为企业或机构提供实时的声誉监测和长期的品牌声誉跟踪服务。可在第一时间获取热点讨论、负面信息和敏感话题，及时预防可能出现的声誉危机。

② 行业竞品情报监测——通过搜集行业竞品情报，帮助用户及时、全面、准确地掌握竞品各种商业信息和网络动向，了解整体行业动态，为企业决策者制定战略决策、提高核心竞争力提供有力的参考依据。

③ 危机公关监测——当企业或机构面对突发事件，监测系统会全面地扫描本次事件的各类相关信息，并识别和分辨出各类信息的关键要素，诊断当前危机状态，提出危机公关建议方案，辅助危机管理者决策判断。

(2) 建立危机处理基本流程，如图1-2-8所示。

(3) 贯彻媒体危机应对技巧。

快速做出反应；联合核心资源处理危机；让企业新闻发言人出面；对未知的事实不要推测；不要隐瞒事实真相；为媒体采访敞开大门；统一口径，用一个声音说话；频繁沟通，随时掌握资源媒体方向。

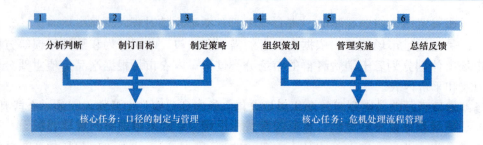

图1-2-8 危机处理基本流程

- 分析要点：

关于林芝代言引来的一些负面舆论同样值得关注。例如，关于林芝版内衣广告遭央视禁播一事，网络上有一部分声音认为可能会影响消费者购买行为。通过关注舆情监控与受众反馈，我们认为事件本身并不会对 D 公司品牌形象产生负面影响。相反，其禁播事件引来的社会关注度，能迅速提高品牌的知名度，在同类品牌中脱颖而出。我们要考虑的，是做好危机预防工作，一旦事件朝向不利于品牌形象的方向发展，能够迅速作出反应，及时引导舆论风向标。

5. 涉及的其他几个传播策略和分析方法。（用于启发思考公关运作在品牌营销中的作用，涉及思考题 1~5 的分析）

图1-2-9 品牌传播金字塔模型

（1）品牌传播金字塔模型，如图 1-2-9 所示。

最底层：创造品牌认知度，营造产品在媒体上的声音。

中间层：提高 D 公司品牌的美誉度，产品和受众做更紧密的结合，强化品牌口碑。

最高层：刺激消费者产生购买意愿及影响力，有购买需求时，发挥印象种植的力量。

（2）整体传播思路。

① 有效的公关信息：最大化地突出 D 公司快时尚的品牌定位；有针对性地强化受众对 D 公司的关切点；建立有效的关注联动；有效建立和竞争品牌的关键区隔。

② 优化的传播渠道：面向重点人群针对性的媒体组合；在传播广度和信息深度之间进行有效平衡；最大化利用活动事件的现场效果，强化传播引爆力。

（3）媒体传播角度。

媒体攻守兼备，内容奇正结合——

① 攻：让目标受众看得到。将信息发布到平面、网站、论坛、微博、微信等阵地，吸引目标人群关注。

② 守：让目标受众搜得到。围绕受众关注的各类关键词，设计新闻和帖子，提高口碑力度和影响力。

③ 奇：出奇制胜。吸引网民眼球的话题，符合现在传播互动特点，激发互动转载。

④ 正：正面传播。官方文章强调权威性、全面性，让目标受众深度了解品牌信息。

（4）立体化的传播手段。

传统媒体：报纸、杂志、电视、电台。

网络媒体：门户、论坛、SNS、视频、博客、微博、微信。

直效媒体：内刊、报告、电邮、App。

人：培训、引导、推介、活动、认同、销售。

五、关键要点

（1）在采用封闭式传播六步法的过程中，根据实际情况需要，也许我们要做的仅仅是审视和策略的部分，可以称为战略咨询；也许只做整合和执行部分，可以称为媒体传播；也许只做互动部分，可以称为活动推广；也许只做评估部分，可以称为媒体监测。无论是整体还是部分，都属于公关范畴，都需要用公关思维去思考，用公关方法去实践，这才是公关部门及公关公司立足之本。

（2）无论公关还是广告，本质上都担负着帮助企业与消费者进行沟通的责任，都是品牌营销范畴的概念。公关通过第三方实现了公正性和客观性的传播，并树立了美誉度。广告通过强势传播、明星效应、概念打造，驱使消费者在感性决策过程中实现营销目标。一个成功的企业，应该把公关、广告的手段灵活运用，加上包装、促销、事件营销等方式组合使用，通过对分散的信息加以整合，从而达到明确一致并且最大程度的沟通，实现整合营销传播。整合营销传播就是不断积累品牌基本要素，同时使品牌符合时代潮流。

（3）6C 模型应用范围比较广泛，而对于不同企业的侧重点并不相同。例如一些创新型、环保型企业侧重于 CSR，而一些药企可能会更关注危机管理，这就需要我们在实际操作过程中灵活运用。同时，6C 模型随着实践的不断总结与探索，可能会出现 6C＋1 甚至 6C＋N 的模型，这就需要我们与时俱进探索适合企业品牌建设的理论模型。

（4）无论是 SWOT 分析还是 STP 分析，对企业的营销战略而言都极其重要。而对于企业的品牌传播而言，关于营销战略的分析往往已经给定，他们的作用很重要但不是最重要的。我们要做的是把结论合理利用，找到公关传播的核心问题，然后制订传播计划，配置合理的传播手段，这才是公关传播最重要的问题。

（5）危机的特点是不可预测、迅速升级、外界关注、难以控制、恐慌蔓延、围城心态等。一旦爆发危机，财产损失、销售下滑、企业信誉降低、公众信心丧失等一系列问题将蜂拥而至。为了更好地应对危机，对危机的预防、处理和日常管理就必须重视起来。危机公关作为公关传播的一个保障而非必要执行选项，往往容易被企业忽视。但危机公关是公关领域中非常重要的内容，随着公关行业的发展，危机公关的地位将越来越凸显。

（6）过去十年是公共关系在中国快速发展的阶段，中国公关市场发展正在逐步和国际接轨。面对复杂多变的市场环境，随着新媒体时代的来临，公关工作从战略到战术，必然要引入大量新思维。

六、建议课堂计划

本案例适合于《品牌管理》《公共关系》等课程的案例讨论，《品牌管理》课程可考虑安排在品牌定位的相关章节，《公共关系》适合安排在全部课程结束后。

整个案例讨论的时间建议控制在 80 分钟。

课前计划：将案例及讨论问题一次发给学生，给学生 15 分钟仔细阅读案例及相关资料，10 分钟独立思考讨论问题，并要求学生独立给出问题讨论的关键要素。（共 25 分钟）

课中计划：4～5 人形成一个小组，给每小组 10 分钟讨论时间。（10 分钟）

教师简要讲解各问题分析的框架及逻辑要点。（5 分钟）

再给每小组 10 分钟的讨论时间，形成问题分析要点。（10 分钟）

由不同小组成员总结问题分析要点及结论，教师结合各问题发言过程进行问题总结，归纳分析思路及核心结论。（30 分钟）

课后计划：请学员分组就相关问题的讨论进行总结，写出书面报告。

七、案例的后续发展

1. 电商平台上线。

2014 年 2 月，D 公司电商平台上线完成。此举也标志着 D 公司突破实体零售进军电子商务市场，以"全渠道会员营销"的全新定位，通过线上反哺线下的独特角度开启电商平台新渠道，为实体零售企业触网提供了全新思路。

内衣行业的电商必须有别于其他行业的电商，因为内衣的购买除了要满足视觉享受，消费者更注重穿着舒适度。因此，内衣的消费诉求无法简单通过电子商务手段得到有效满足，实体终端依然是 D 公司生存和发展的根基。电商渠道只是门店销售的必要补充，门店不会成为网络销售的免费试衣间。张总协助 D 公司通过对行业特点的认知和自身优势的挖掘，解决了线上线下竞争的难点。经过全新设计的电商平台，不仅为会员提供了一条新的购买渠道，更是成为实体业务持续高速发展的全新助力。

2. IPO 上市。

D 公司可能成为港交所上市的内地内衣第一股。香港媒体称，D 公司已递交上市申请，计划集资额约 2 亿美元。目前港股市场已有两家女性内衣股，分别是安莉芳控股以及黛丽斯国际。如果 D 公司顺利赴港上市，有望成为中国香港市场"内地内衣第一股"。在业内人士看来，女性内衣行业集中度较低，在定位、价格方面差异性不大，D 公司若能上市成功将对品牌溢价产生较大帮助。

八、参考文献及深入阅读

[1] 吴建勋，丁华. 公共关系案例与分析教程 [M]. 北京：清华大学出版社，2013.

[2] 艾·里斯，劳拉·里斯. 广告的没落与公关的崛起 [M]. 北京：机械工业出版社，2013.

[3] 高有华. 公关营销心理案例分析 [M]. 镇江：江苏大学出版社，2012.

[4] 范军. 像满足情人那样满足顾客 [M]. 北京：作家出版社，2010.

[5] 科特勒，等. 营销管理 [M]. 卢泰宏，高辉，译. 北京：中国人民大学出版社，2010.

[6] 鲁道夫·F·韦尔德伯尔，凯瑟琳·S·韦尔德伯尔，迪安娜·D·塞尔诺. 传播学 [M]. 北京：中国人民大学出版社，2013.

[7] 周云，姚歆，徐成响. 品牌管理 [M]. 北京：经济管理出版社，2013.

[8] 威尔伯·施拉姆，威廉·波特. 传播学概论（第 2 版）[M]. 北京：中国人民大学出版社，2010.

[9] 万国邦，李荣新. 公共关系教程 [M]. 北京：机械工业出版社，2009.

[10] 于保月. 公共关系在现代企业经营管理中的应用 [J]. 中国金融家，2009（7）.

[11] 桑翔. 中国媒体融合的现状、模式和趋势研究 [D]. 华东师范大学，2009.

[12] 黄龙海. 论意识形态化的信息传播 [D]. 新疆大学，2012.

[13] 陈雯瑾. "新公共管理"视角下的现代传媒与公共关系 [J]. 科技资讯，2007（29）.

[14] 景东，苏宝华. 新媒体定义新论 [J]. 新闻界，2008（6）.

[15] 孟建. 中国公共关系发展报告 [M]. 上海：复旦大学出版社，2008.

附 录

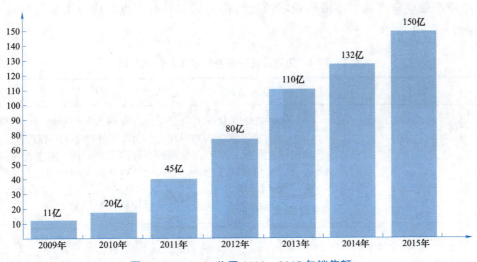

图1-2-10　D公司 2009—2015 年销售额

迈克波特产业竞争理论与内衣市场

根据迈克波特产业竞争理论,造成行业零散化结构的原因只有五点,内衣市场现状几乎与下列制约条件吻合,如表 1-2-4 所示。

表 1-2-4　迈克波特产业竞争理论与内衣市场

原因	特点	行业	案例
由产品本质属性所决定	保质期短暂	糕点业、鲜奶业、女装	达能乳业在上海和广州设有两大生产基地,该公司品牌、管理、人才等综合实力俱佳,但因其主导产品为"在冷藏区保存21天"的乳酸奶,受产品保质期和冷藏条件制约,业务范围只能龟缩于长江三角和珠江三角一带,而难以拓展全国市场。 【季节性强,保暖内衣春夏淡而秋冬旺(文胸相反),带来的销售不稳定,无法形成持续性规模化销量】
	储运成本过于昂贵	桶装水、雪糕冷饮	前者5~10元的厂价和每百公里1元左右/桶的运价,限制了多数桶装水厂的区域扩张;后者从冷藏车、冷藏仓库到超市冷藏柜,储运投入巨大,许多地方冷饮公司不得不画地为牢,偏居一隅。另外,一些产品易破损,体积过大,储运成本过高,亦是市场集中度低下的重要影响因素
	产品难以规模化生产	产品无法快速低成本复制	即中国还有一些行业处于手工作坊阶段,一旦出现可以大规模生产的机械设备,行业格局就可能发生翻天覆地的变化
	受原材料供应制约	矿泉水业(受矿泉水源制约)	一些行业产品的生产基地必须建在原材料所在地周围,比如矿泉水业,受矿泉水源制约,大量企业难以向区外拓展,这是造成该行业市场集中度低下的重要原因
由业内厂家的综合实力所决定	业内厂家的综合实力普遍强大	日用品中的牙膏、香皂和卫生巾等行业	市场上充斥着几十个实力均衡的品牌,各品牌之间的市场份额争夺非常激烈,但没有一家独占鳌头。比如日用品中的牙膏、香皂和卫生巾等行业,这些行业发展比较成熟,领先的多是合资品牌分割天下,这些品牌相互争夺,却谁也难以脱颖而出,致使市场集中度低下。在这些行业内,很难发现大的市场机会。 【一线品牌综合实力包括在资本、管理、营销、人才等核心资源的整体实力上不相上下,相互争夺,却谁也难以脱颖而出,致使市场集中度低下】
	业内厂家综合实力普遍较弱	糖果业、炒货业、榨菜业	业内厂家综合实力普遍较弱。一些行业内厂家处于低水平竞争阶段,市场位于较低层次的均衡状态,厂家无力(或无心)打造强势品牌,各自偏居一隅,不思进取,从而导致行业市场集中度低下。 【市场进入壁垒低(除了文胸产品),越来越多的中小公司涌入,内衣产业没有太多的核心竞争力,产品同质竞争严重,最终陷入概念价格战】
由消费需求多样化程度所决定	消费者需求多样化促进了市场更加细分	化妆品产业中的洗面奶、润肤露等产品	消费者需求日渐多样化已是事实,千人一面的时代一去不复返。为适应个性飞扬多样的消费需求,消费者细分和市场细分日益重要,一些行业的产品更加关注的是细分市场。细分市场越多,必然意味着市场集中度越低。 【南北气候、消费者体型、审美习惯在各个子品类中的表现差异性大】

续表

原因	特点	行业	案例
由新兴行业所处的发展阶段所决定	新行业发展初期容易形成激烈竞争	保暖内衣业	许多研究表明,中小企业是科技创新的主要源泉。许多新产品(有专利垄断的除外)从中小企业中诞生、发展。但中小企业的实力又决定了在新行业发展初期难以迅速扩张占领市场,反而极易形成万箭齐发、千帆争先的竞争局面,从而影响了市场集中度。比如2000年的保暖内衣业,由于科技的进步,内衣衣料的保暖性能取得突破性的进展,各种背景的中小企业纷纷上马生产,几乎一夜之间,市场上冒出500百余种保暖内衣品牌,强势品牌难以脱颖而出,市场的低集中度成为必然
受计划经济年代遗留的历史包袱和政策所影响	地方保护主义依然存在	地方品牌的啤酒、白酒、香烟行业	在一些行业,如果完全面对市场,可能早已是高市场集中度行业,但是由于存在地方保护,人为营造区域竞争壁垒,从而影响了一些行业的市场集中度

中国公共关系业 2013 年度调查报告

2013 年 4 月 29 日，中国国际公共关系协会（CIPRA）在北京发布了《中国公共关系业 2013 年度调查报告》（以下简称《调查报告》）。中国国际公共关系协会常务副会长兼秘书长赵大力、公关公司工作委员会主任张秀兵出席会议，并发布了中国公关业 2013 年度 TOP 25 公司（综合实力 25 强）和最具成长性公司榜单。

《调查报告》由年度排行榜、行业调查分析、TOP 公司研究、国际性公司研究、最具成长性公司研究及行业发展与挑战六个部分组成。《调查报告》指出，中国公共关系市场 2013 年继续保持稳定增长。据调查估算，整个市场的年营业规模约为 341 亿元人民币，年增长率约为 12.5%。《调查报告》显示，TOP 25 公司的年营业额增长达到 10.3%，略低于行业平均增长速度。相比上一年度，行业增长速度有所放缓，这表明公共关系行业也受到了整体经济增长放缓的影响。

《调查报告》显示，2013 年度中国公共关系服务市场的前四位为汽车、快速消费品、制造业、房地产，市场份额分别为 25%、15.5%、7.5%、6.9%。与 2012 年相比，制造业、房地产市场，首次在本年度首次位列服务市场前四位；IT、金融和政府及非盈利机构业务呈现明显的下降趋势，分别由 8.2%、6.8%、4% 下降到 6.3%、3.1%、2.2%；通信、医疗保健、互联网等其他行业均呈现稳步增长趋势。

《调查报告》对 2013 年中国公关业发展中呈现出的特点进行了分析。《调查报告》指出，2013 年公共关系市场业务分布较为均衡。数据显示，通信、医疗保健、互联网等其他行业均呈现稳步增长趋势。尽管 IT、金融和政府及非营利机构业务呈下降趋势，但依然占据了一定的市场份额。这表明，中国公共关系市场业务呈现均衡分布格局。

2013 年公关市场的另外一个显著特点是，汽车行业份额在经历大幅下滑后恢复快速增长。数据显示，2013 年度中国公共关系服务市场中，汽车行业一扫 2012 年度的颓势，市场份额迅速增长，从 2012 年的 19% 增加到 2013 年的 25%，尽管这个数字还没有达到 2011 年的 32.9%，但依然占据整个行业市场份额的 1/4。这表明，汽车行业在经历中日关系影响后，开始恢复增长。

另外，新媒体环境对公共关系市场产生明显影响。随着数字化时代的到来，传统公关业务增长放缓，个别公司此类业务甚至出现停滞或负增长的现象；而快速整合传统公关和数字传播的新型业务则保持了迅猛的增长势头，部分公司此类营业收入比重甚至占到了一半。这表明，公共关系市场与传播环境的关系越来越紧密，公关公司必须适应传播环境的变化，并寻找新的机会。

《调查报告》分析指出，2013 年，国际公关公司继续加大在华战略布局。随着中国经济占全球比重的不断增加，2013 年国际公关公司继续加大在华拓展力度，它们继续在一线和二线城市尝试开展业务。《调查报告》显示，本次参与调查的国际公司的营业成本控制较好，个人平均绩效很高。另外，这些公司的年签约客户数及连续签约客户数非常稳定，均在 40 家以上。这表明，国际公关公司在客户资源和专业化服务水平有其独到的优势，国际公司和本土公司互相竞争的趋势也将更加明显。

《调查报告》指出了中国公关业面临的挑战与机遇。

第一，人才问题仍然是影响行业发展的瓶颈。由于行业整体稳定增长带来的人才需求，与 2012 年相比，中国公关市场人才专业化问题，并没有得到缓解。人才频繁流动、无序流动、供需脱节等问题依然困扰着公关行业。调查显示，公关行业人力资源成本上升较快，也影响了公关公司的营业收入和业务拓展。除人才外，资金也是制约从业公司做大做强的因素之一。

第二，把握公关行业的趋势。目前的公关行业开始呈现一些新的趋势，如公关与广告的边界开始消失，业务出现竞争。另外，大数据时代来临，业务模式会发生相应的变化。因此，公关行业在业务模式、管理方式、新媒体应用等方面，都需要不断地进行创新，进一步提升行业的整体水平。

第三，随着行业逐步走向成熟，行业集中度的趋势开始进一步显现。行业强势公司依靠资金优势和规模优势，市场份额进一步加大，体现了强者恒强的竞争格局。行业的兼并整合趋势，未来将会进一步加强。

第四，展望 2014 年，公共关系行业仍将保持稳定增长势头。《调查报告》显示，80%的公司看好2014 年的公关市场。未来的房地产、通信、医疗保健、互联网，特别是城市的公共关系服务需求将成为新的增长点。

案例正文：

去哪儿网"聪明你的旅行"
——商业模式与价值创新[①]

摘　要： 在瞬息万变的互联网商业环境下通过价值创新实现企业持续成长，是摆在所有互联网企业面前的关键问题。"聪明你的旅行"，去哪儿网的品牌标语，它完美地诠释了去哪儿网以消费者为核心的价值主张，更重要的是，去哪儿网的"聪明"，同时体现在它是一家不断优化自身商业模式、实现价值创新的企业。本案例揭示了去哪儿网取得快速发展、成功上市并保持行业领先的奥秘所在——基于互联网的平台商业模式与持续提升消费者体验的价值创新方式。案例可以帮助学员明确价值创新与商业模式相关问题的决策思路和分析方法。

关键词： 去哪儿网；商业模式；价值创新；在线旅游市场

0　引言

2013年11月1日，全球最大的中文旅行平台——去哪儿网在美国纳斯达克正式上市。消息一经传开，去哪儿网公司上下无不沉浸在上市所带来的喜悦之中，整栋大楼似乎都洋溢着和寒冷冬季不相符的温暖气息。可是就在员工们欢呼庆贺时，有一个人却悄悄地远离这份热闹，静静地站在窗前，皱起了眉头。他，就是去哪儿网的总裁庄辰超。公司能够上市，无疑是件振奋人心的大喜事，可是一向具有远见卓识的庄辰超，却已经开始思索去哪儿网更为长远的未来。他望着公司员工那一张张幸福的笑脸，倍感自己肩负责任的巨大，因为他知道在快速变化的互联网商业环境下维持领先地位并非一件容易的事，如何根据消费者价值需求的变化来对现有的商业模式进行持续优化是关键，这已成为萦绕在他的心头、迟迟不能散去的问题。

尘封的记忆就像是打开了缺口，一股脑地涌现出来。自2005年庄辰超携手福瑞斯（Fritz Demopoulos）、道格拉斯（Douglas Khoo）俩人创建公司，他就把去哪儿网定位为基于互联网垂直搜索的平台商业模式企业，而将全面比价与比较服务作为公司价值创新的根基，将持续提升消费者体验作为实现持续价值创新的源泉。然而，随着市场竞争的愈演愈烈，去哪儿网面临着愈加强劲的竞争对手。2010年年初，梁建章从美国回来重新执掌去哪儿网的劲敌——携程网的大权，并宣布携程将从"PC+水泥"模式发展为"拇指+水泥"模式，回归技术驱动、加大平台开放力度、加码布局移动端产品的打造。面对携程的一系列举动，庄辰超带领去哪儿网也做出了积极回应，研发TTS（Total Solution，在线交易系统）平台、大规模直接签约酒店、布局无线等。但随着两家企业的一系列转变，它们的业务模式也越来越像，都开始向"OTA+平台"（Online Travel Agent，在线旅行社）模式转变。面对如此激烈的竞争形势，庄辰超不禁开始思索，去哪儿网的商业模式和价值创新，还能够继续创造竞争优势吗？

[①] 本案例由北京理工大学管理与经济学院马宝龙副教授、刘岭副教授、研究生权级慧和苏书园撰写，作者拥有著作权中的署名权、修改权、改编权，未经允许，本案例的所有部分都不能以任何方式与手段擅自复制或传播。

本案授权中国管理案例共享中心使用，中国管理案例共享中心享有复制权、修改权、发表权、发行权、信息网络传播权、改编权、汇编权和翻译权。

由于企业保密的要求，在本案例中对有关名称、数据等做了必要的掩饰性处理。

本案例只供课堂讨论之用，并无意暗示或说明某种管理行为是否有效。

1 百花齐放——中国的在线旅游市场

1.1 在线旅游业的发展状况

伴随着中国经济的改革开放,中国的旅游业也取得了长足的发展。从 2008 年到 2012 年,中国旅游行业的总收入由 1.16 万亿元增至 2.59 万亿元,复合增长率达到 22.3%。而中国人均 GDP 已经超过了 6 000 美元,这表明中国的旅游业进入了高速发展时期[①],如图 1-3-1 所示。

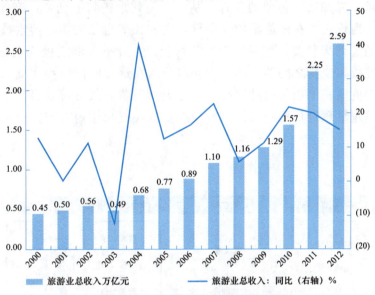

图 1-3-1 中国旅游业总收入

资料来源:方正证券研究报告

由于中国人口基数大,旅游业的高速发展在各旅游业态中都得到体现,尤其是在线旅游业。从 1999 年到现在,在线旅游业得到了不断的发展,并且数据显示,2013 年中国在线旅游类预订市场交易规模 2 181.2 亿元,同比增长 22.7%,预计在未来的三年,中国的在线旅游市场规模仍会保持较高增速持续扩大(如图 1-3-2 所示)。

图 1-3-2 2008—2017 年中国在线旅行预订市场交易规模

数据来源:艾瑞咨询

---

① 世界旅游组织研究表明,当人均 GDP 达到 2 000 美元时,旅游将获得快速发展;当人均 GDP 达到 3 000 美元时,旅游需求出现爆发性增长;当人均 GDP 达到 5 000 美元时,步入成熟的度假旅游经济,休闲需求和消费能力日益增强并呈现多元化趋势。

1.2 在线旅游行业的产业链

经过十几年的发展,中国在线旅游行业形成了比较完善的产业链(如图1-3-3所示)。从图1-3-3可以看出,上游供应商为渠道供应商提供旅游产品,然后再借助搜索引擎、营销平台等媒介将旅游产品展示给用户,促使用户产生购买行为。酒店、航空公司直销,属于产业链中的上游供应商,主要经营方式是让消费者通过企业的自建网站,找到产品信息并在网站上完成机票、酒店的预订及在线支付;携程、艺龙等OTA属于产业链中的渠道商,它们主要通过展示酒店、航空公司的产品、价格等方面的信息,让消费者根据需求完成酒店、机票的预订,从而获得代理销售的佣金;产业链中的媒介&营销平台主要是指以去哪儿网为代表的在线旅游搜索引擎,它们凭借自己的实时搜索技术来为消费者提供旅游产品搜索服务,并通过效果付费、展示广告等获得收入。此外,淘宝模式也是媒介&营销平台的一种,其本质就是利用发货和交货之间的时间差,获取货款在这段时间内存在支付宝内的时间价值来盈利的商业模式。而对于机票、酒店等旅游产品,卖方无须发货,买方可以直接在消费时完成取货,并且酒店、机票等往往是越早预订价格越低,这就使得货款在支付宝内存取的时间更长,这就促使了淘宝旅行的推出。

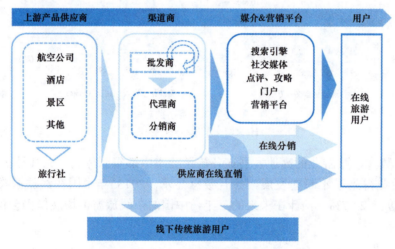

图1-3-3 国内在线旅游行业产业链示意图

1.3 在线旅游业的市场结构

推动在线旅游业增长的两股力量来自消费者旅游有效需求的增加以及OTA、在线旅游服务提供商、垂直搜索平台企业等日益增加的市场份额。在中国的OTA领域,携程十几年来一直在中国保持着一家独大的优势;虽然近几年市场份额略有下降,但依然占据47.3%的份额。而根据艾瑞咨询在线旅行网站检测报告显示,2010年1月,去哪儿网在网站日均覆盖上首次超过携程,成了全球最大的中文在线旅行网站。2013年10月,Alex网站对国内主要旅行网站机票预订业务用户覆盖数的统计结果显示,9月份在线旅游网站机票预订业务去哪儿网排名第一(如图1-3-4所示)。

在线旅游市场的增长主要取决于在线机票、酒店业务的增长。其中机票是占在线旅游最大份额的一块业务,酒店是在线旅游领域的第二大市场。此外还有门票、租车等在线旅游业务。从2013年中国在线旅游市场结构来看,机票、酒店预订市场还是占有绝对优势,但份额有所下降;而在线度假市场结构占比从12.4%增至13.9%(如图1-3-5所示)。

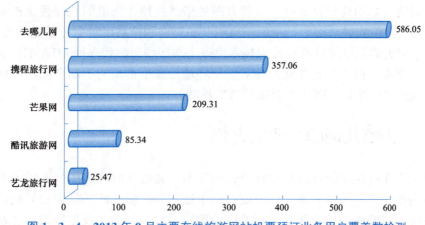

图1-3-4　2013年9月主要在线旅游网站机票预订业务用户覆盖数检测

注：单位：每百万Alex安装用户的访问人数（人/百万人）

数据来源：劲旅智库

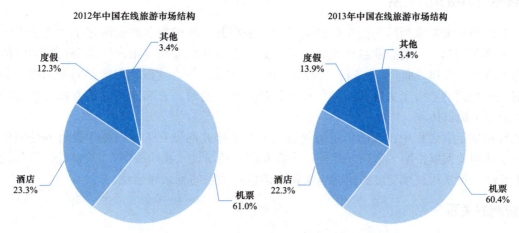

图1-3-5　2012、2013年中国在线旅游市场结构

数据来源：艾瑞咨询

2　异军突起——去哪儿网的发展历程

去哪儿网的成功与其创办者兼现任CEO庄辰超密不可分。庄辰超毕业于北京大学无线电系，曾任世界银行系统构架师，作为核心人员设计、开发的130个国家、25种语言的世界银行内部网系统被Nielsen Norman评为"最佳内部网"。2005年5月，庄辰超与福瑞斯（Fritz Demopoulos）、道格拉斯（Douglas Khoo）在北京共同成立了去哪儿网，就任去哪儿网总裁，领导公司整体运营。2011年6月，庄辰超出任首席执行官，全面负责去哪儿网的战略规划和运营管理。

与其他在线旅游业的竞争者不同，去哪儿网是一个全网垂直搜索平台，回顾公司从建立初期到现在的整个发展过程，三次成功的融资以及获得百度的战略投资是去哪儿网获得快速发展的基石（见附录表1-3-5：2005—2014年去哪儿网发展中的大事记）。自从百度成为去哪儿网第一大股东，去哪儿网和百度在全线产品线和品牌方面保持紧密合作，共同推动在线旅游的蓬勃发展；2013年11月1日，去哪儿网在美国纳斯达克正式上市，上市当天报收28.4美元，比15美元的上市发行价高了89.33%，市值达32亿美元，这也标志着去哪儿网进入新一轮的快速发展阶段。截至2013年12月31日，去哪儿网2013年财年总营业收入为人民币8.51亿元，较上年同期增长69.6%。

作为一个垂直搜索引擎平台，去哪儿网通过网站及移动客户端的全平台覆盖，随时随地为旅行者提供国内外机票、酒店、度假、旅游团购及旅行信息的深度搜索，帮助旅行者找到性价比最高的产品和最优质的信息，帮助消费者聪明地安排旅行。去哪儿网凭借其便捷、先进的智能搜索技术对互联网上的旅行信息进行整合，通过提供实时、可靠、全面的旅游产品查询和信息比较服务满足消费者的需求。

然而，别人眼中的去哪儿网尽管通过搜索技术突破了与在线旅游代理商 OTA 的竞争，在许多细分行业中突围成功并处于领先。但庄辰超深知，随着竞争环境与竞争格局的不断变动，如何应对新的竞争并不断优化自己的商业模式已经是去哪儿网面临的新的挑战。

3 找准方向——去哪儿网的产业链定位

去哪儿网在整个产业链条中的定位是在线分销的环节，通过实时动态的搜索技术为在线旅行者提供全网比价服务，并为旅行产品的供应商及渠道商（以下统称为去哪儿网的供应商）提供接触终端消费者的平台。因此，去哪儿网的成长壮大使得去哪儿网必须同平台两侧的在线旅行消费者及供应商建立起良好的伙伴关系。

3.1 与在线旅行消费者的关系

作为一个以消费者需求为导向的实时搜索平台，去哪儿网从成立之初就确定了"消费者第一，合作伙伴第二，去哪儿网第三"的企业经营理念。基于此，去哪儿网摒弃"用户"这个比较含混的说法，而把它细化为"消费者"和"商户"，并将"消费者第一"的文化理念实践为对产品质量的提升和产品属性的优化，借以增加消费者对于去哪儿网的信任和依赖。与此同时，去哪儿网的消费群体也已经由早期的尝鲜群体扩展到主流群体。

对于平台初期运营过程中出现的消费者投诉现象，去哪儿网设立了专门处理投诉的呼叫中心，这些投诉也为去哪儿网的发展指明了方向。此外，去哪儿网站还增设"我的旅图""攻略论坛"等板块与旅行者进行线上互动，增加用户体验度的同时也实现对消费者关系的维系和强化。

3.2 与供应商的关系

去哪儿网与供应商的关系对于其自身的扩张也是至关重要。去哪儿网在设计多种产品模式、实现价值创新的同时，也在努力处理与供应商群体的关系。为了能让基于实时搜索的商业模式获得成功，去哪儿网精心制定了与供应商之间的工作关系。

作为一个以消费者需求为导向的平台企业，去哪儿网认为供应商对于消费者的价值就是它们存在的理由。去哪儿网为 OTA、酒店、航空公司等供应商提供了一个公平竞争的平台，由消费者来选择最终的赢家。当交易过程中出现摩擦，去哪儿网始终会站在消费者的立场来处理问题，对于那些不符合消费者价值需求的供应商，去哪儿网也会不吝啬与其终止合作。消费群体规模的增长，不仅使得去哪儿网越来越有实力与供应商展开谈判，庞大的消费群体也会在无形中增加商户离开平台的转换成本，如通过点评系统而获得的荣誉与等级积累。

庄辰超也深知，"你赢我输"的旧模式早已无法适应未来价值链的发展及分工的要求，与供应商形成长期共赢的合作伙伴关系才是发展的方向。目前，去哪儿网可以搜索超过 700 家机票和酒店供应商网站。对于那些单体酒店、客栈小型企业及小型 OTA，他们往往不具备建设自身官方网站的技术实力，也无法承担网站建设和运营所消耗的成本，去哪儿网推出的 TTS（Total Solution，在线交易系统）来解决这些问题；对于那些不愿意入驻 TTS 平台的企业，在保证消费者体验的前提下，去哪儿网一如既往地与他们展开合作。

3.3 与竞争对手间的竞争关系

有报告显示，在线旅游市场是中国传统行业向互联网渗透最为成熟的一个细分市场。携程、艺龙多年前的上市和如今去哪儿网、淘宝旅行等企业的快速成长，是中国旅游电子商务市场发展的一个缩影。携程与艺龙均成立于 1999 年，而且分别在 2003 年、2004 年成功上市，去哪儿网、淘宝旅行等企业的成长也标志着中国在线旅游行业新模式的出现。

在众多的在线旅游服务提供商中，携程凭借其多年在旅游行业的积累，长期占据着"霸主"地位，而淘宝旅行却依托淘宝在中国电子商务市场的最高知名度快速成长，两家企业被去哪儿网视为最大的竞争对手。作为一个技术型企业，去哪儿网通过PC端和移动端的平台覆盖，借助先进的实时搜索技术，为消费者提供全网范围内的旅游产品信息查询和比价服务，满足消费者的需求。在过去的九年里，随着中国在线旅游业市场的不断发展，去哪儿网也不断分析着市场环境来调整自己对竞争对手的定位与认知。

（1）携程旅行网。携程初期的定位是B2B（公司对公司），提供旅游信息，通过广告赚钱，并在完成最主要的酒店和机票网络建设之后，形成现在闻名于业界的"水泥+鼠标"模式："鼠标"是指通过2个呼叫中心大量的客服人员，为客户在网上实现酒店和机票的预订，"水泥"是指公司于各大城市负责线下销售、商旅管理等业务的团队。携程主要得益于企业高效的呼叫中心，牢牢抓住一群对价格不敏感、互联网感知一般、热爱24小时随意呼叫的中高端人士。如今中国网民数量已达到6.18亿，手机网民达到5亿，线上销售的市场环境已经成熟，加上线上支付变得更加快捷，携程也正在积极应对。2012年下半年起，为增加来自互联网的订单比重，携程开始投入重金购买百度关键字、360网址导航；2013年年初，有着技术背景的梁建章正式重掌携程并宣布从OTA转型为MTA（移动旅游服务商），加大开放平台投入并把移动端业务作为携程重点发力的方向。截至2013年6月，携程提供覆盖172个国家、超过28万家国内外酒店，提供日韩、东南亚、欧洲、美洲等境外100多个旅游目的地，不同种类、不同行程的旅游线路总量达数千条。（具体与去哪儿网的业务对比如表1-3-1所示）

表1-3-1　去哪儿VS携程：业务规模对比

业务模式	去哪儿网	携程旅行网
主营业务	机票、酒店、展示广告	酒店、机票、度假、商旅管理
机票覆盖	17家本部航空，11家国际航空；12.5万家国内航线，410家国家航线	100多个境外旅游目的地，数千条不同种类、行程的旅游路线
酒店覆盖	8.4万家直销酒店，19.6万家国际酒店	172个国家超过28万个国内外酒店
移动化程度	移动营收4 960万元人民币，占总营收比例19.8%。截至2014年4月，App（去哪儿旅行）下载量9 271.9万	高峰期约50%的酒店和30%的机票交易来自手机预订。截至2014年4月，App（携程旅行）下载量8 304.1万

（2）淘宝旅行。淘宝旅行是阿里巴巴旗下的综合性旅游出行服务平台，它可以整合数千家机票代理商、航空公司、旅行社、旅行代理商资源，为旅游者提供一站式解决方案，并有支付宝担保交易。此外，淘宝旅行通过与阿里巴巴旗下的口碑网的配合，让消费者进行相关消费时，不仅可以得到专业的导游服务，还可以获得口碑网根据消费者选择而进行自动化的匹配服务，列出消费者目的城市的各个风景点、特色饭馆、商铺及网友评价。同去哪儿网类似，淘宝旅行的模式也是平台，它能够根据消费者的搜索指令，搜索入驻到平台上的企业所提供的全部的旅游产品信息。由于酒店、航空公司等企业可以在淘宝建立旗舰店进行直销，从而使淘宝旅行获得一般OTA无法得到的低价优势。淘宝网的支持及平台的构建，使得淘宝旅行拥有了属于自己的竞争优势。

劲旅咨询发布的《2013年Q1中国在线机票预订市场研究报告》中对2013年1月份去哪儿网和淘宝旅行两个平台的月度机票出票量的数据监测显示，去哪儿网1月份日均出票量约为13万张，比淘宝旅行的4.5万张高出189%（如图1-3-6所示）；然而在价格方面，淘宝旅行与去哪儿网却不分伯仲（如图1-3-7所示）。2013年，淘宝旅行首次参加天猫"11·11"购物狂欢节的活动，单日访问量超过1 000万，单日旅游成交量17万笔，酒店预售超9万间，手机客户端成交2万笔。此外，借助阿里巴巴这一强大后盾，淘宝旅行拥有更多有旅行需求的消费者，并吸引了不少的航空公司和大型旅游产品代理商的入驻合作，为消费者提供具有竞争力的旅游产品，提升在消费者中的知名度和品牌形象。

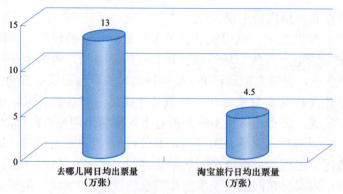

图 1-3-6　2013年1月去哪儿网和淘宝旅行机票出票量
数据来源：劲旅智库

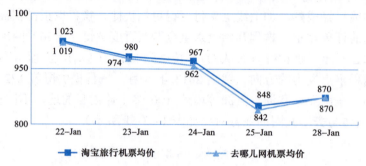

图 1-3-7　2013年1月去哪儿网和淘宝旅行国内机票价格
数据来源：劲旅智库

4　成功基石——去哪儿网的运营模式

去哪儿网依靠价值创新下的平台战略来实现企业的成功，该模式注重以实时搜索技术的核心竞争力为基础，以提升消费者体验为引导，创造并保持公司的市场份额并实现持续发展。尽管如此，去哪儿网在庄辰超的带领下仍然在努力寻求如何更好地满足消费者需求。公司的目标是通过基于实时搜索技术的商业模式创新，来满足用户搜索比对旅游产品的需求。截至目前，这种经营模式一直在创造着正面的效应，然而，为了保持这股增长动力绝非易事，去哪儿网需要不断地完善企业的价值主张、优化企业的业务模式、改善企业的运营状况并关注企业的财务状况。

4.1　去哪儿网的价值主张

去哪儿网的价值就是帮助旅行者找到性价比最高的产品和最优质的信息，聪明地安排旅行，这是一个使命。

——庄辰超

消费者在选择在线旅游网站时一般会考虑价格、支付的安全性、信息的全面性等方面的因素（如图 1-3-8 所示）。而对去哪儿网价值定位最好的描述莫过于它的"聪明你的旅行"的标语，这一表述完美体现了企业对于消费者需求的重视及其面对消费者所倡导的价值主张。具体来讲，去哪儿网旨在为消费者提供信息全面、价格最低、可预订、服务质量稳定以及支付安全的旅游服务。

全面的信息：为了确保消费者能够得到最全面的信息，去哪儿网拥有着专业 IT 团队、精确的实时搜索技术，这使得它能够根据消费者的搜索指令获取尽可能多的旅游产品服务。对于携程、艺龙等 OTA 没有兴趣覆盖的酒店，去哪儿网就自己去签，因为消费者可能会需要。目前，去哪儿网可搜索超过 700 家机票和酒店供应商网站，搜索范围超过 10 万家酒店和 1.1 万条国内、国际航线以及 4 万条度假线路、2.5 万个旅游景点。此外，去哪儿网团购频道已针对全国 100 多个城市开展旅游团购服务。

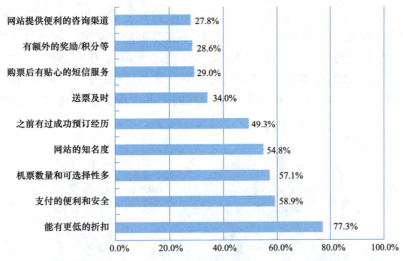

图 1-3-8　互联网用户选择旅游网站时考虑的因素

数据来源：iResaerch 艾瑞

最低价格的产品和服务：去哪儿网掌握了实现"全网比价"的实时搜索技术。该技术能够聚合国内更多的供应商资源，从而帮助消费者在最短的时间内获得最佳的出行资源。作为新的在线旅游的入口，去哪儿网这一模式的出现不仅为消费者提供了价格低廉的旅游服务，而且还打破了原有行业内大型 OTA 们对于资源和价格的垄断与寻租，符合互联网时代下的"痛点思维"和"极致思维"。此外，"全网比价"的模式又是难以复制的，从实现角度上来讲，对机票、酒店这种数亿百万计且随时都在发生变化的数据进行即时搜索、分析和排序的技术，具有极高挑战性的进入壁垒，即使是同行业中的其他巨头，对此也多数望尘莫及。此外，在酒店业务领域，去哪儿网还会直签一些酒店。众所周知，产品从供应商到消费者转移的过程中，经历的中间环节越少，那么消费者在购买到产品时候的价格也就越低，因为每一个中间环节的商家都是要从中提取利润。去哪儿网的酒店直签就跳过了 OTA 这个中间环节，在很多情况下就可以提供 OTA 所达不到的低价。

价格准确且可预订：随着公司的发展以及用户群体的传播，去哪儿网的用户群体逐渐由原来的那些敢于冒险、尝鲜的年轻用户群体逐渐扩大到主流群体。这个时候，用户的投诉也就自然随之增多。初期去哪儿网的消费者常会遇到这样的问题：去哪儿网上看到的酒店的套房价格是 500 元，但是跳转到 OTA 的网站上之后的价格是 800 元。随着问题的出现，去哪儿网开始加大信息的监控力度，保证信息的准确性，保证消费者能够以在去哪儿网上看到的价格在 OTA 的网站上预订到自己想要的产品。

服务质量的稳定性：服务质量包括服务水平的高低与稳定性，好的服务质量不一定是最高水平，稳定性也是服务质量的基本要求之一，也是最难管理的服务质量问题之一。作为一个以技术为依托的基于实时搜索的平台企业，去哪儿网致力于为顾客提供质量稳定的服务，确保消费者对企业形成一个稳定的心理预期：在四星级的酒店里一定能够得到四星级的服务。这也是研发推出 TTS（Total Solution，在线交易系统）平台的原因之一。TTS 是去哪儿网自主研发的平台，它其实是一套集合了产品信息展示、交易信息留存、支付等在内的销售系统解决方案。有了 TTS 系统以后，用户可以在去哪儿的网站上完成预订，用户预订完之后也会在去哪儿网的系统里留存一份预订信息。这样，不但用户预订过程中的体验好了，支付的安全有保障了，之后的客服环节去哪儿网也可以更有针对性地与商家交涉相关问题。2010 年 7 月，去哪儿网的机票在线交易平台 TTS（后改称 SaaS）推出，目前机票 OTA 以及海南航空、四川航空、首都航空等航空公司均已使用此系统。2012 年 3 月，去哪儿网在酒店频道推出并陆续引入了锦江之星、速 8 等连锁酒店集团、单体酒店和几百家 OTA。

支付的安全性：支付的安全性关系到用户的体验性，根据去哪儿网 2010 年进行的 6—8 月全网用户调查数据表明，目前网上购买机票投诉的 80%主要集中在黑代理、无资质代理、山寨网站、钓鱼网站和假冒网站。而且调查数据显示，在线订票用户遇到的常见问题中，加价出票、退款不及时、电话无法接通等是用户最为关心的问题（如图1-3-9所示）。在没有TTS之前，用户在去哪儿网找到某个产品后都是需要跳转到OTA的网站去完成预订的，一些小的网站速度很慢、常出错就会导致用户体验很不好；甚至出现一些用户与OTA之间的纠纷，也很难判定是不是通过去哪儿网的渠道出去的，与供应商的协调会出现许多纠纷。所以，去哪儿网便推出了TTS系统来解决这些问题。TTS不但能够保障用户交易资金安全，保证用户信息和隐私安全，而且也提供了丰富多样的产品，保证了交易安全与用户体验的统一。

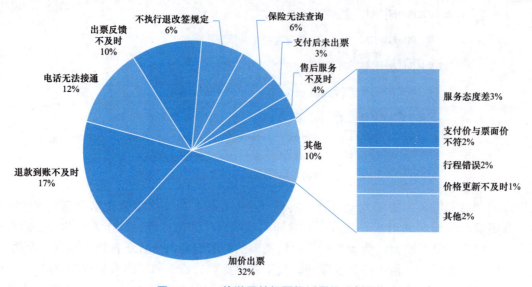

图1-3-9 旅游网站机票投诉原因分析图

数据来源：2010年去哪儿网全网用户调查数据

4.2 去哪儿网的收入来源

去哪儿网的运营收入主要来自三个方面，第一是按效果付费收入，即按照旅游服务提供商通过去哪儿网而实际成交的金额（CPS）或者通过去哪儿网带来的点击（CPC）来收取一定比例的费用。CPC模式不涉及交易，不仅能对交易过程进行很好的权责划分，还能够使得去哪儿网集中于技术开发。第二是网页广告收入。第三类是其他类型的收入，包括团购旅游产品的代理销售收入及第三方支付服务提供商的佣金收入。

过去两年去哪儿网的收入构成结构中，按效果付费的服务收入占据着主要的比重，占比均达到82%以上，是企业主要的收入来源，如图1-3-10所示。公司的服务收入可以分为在线服务收入和移动端服

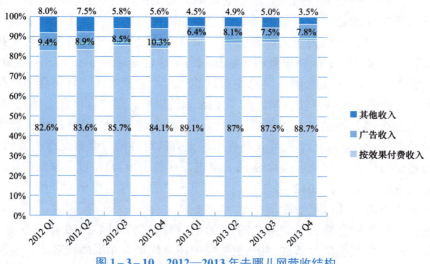

图1-3-10 2012—2013年去哪儿网营收结构

数据来源：方正证券研究报告

务收入。网页服务收入 2011 年达到 2.16 亿元,同比增长 107.09%;2012 年达到 3.96 亿元,同比增长 83.4%;2013 年上半年收入为 2.65 亿元,同比增长 59.86%(如表 1-3-2 所示)。

表 1-3-2 去哪儿网 PC 端服务收入拆分

单位:千条、千元	2010	2011	2012	2013
网上机票查询	830 188	1 031 889	1 394 377	964 566
机票查询服务收入	77 826	170 577	300 013	214 981
每千条机票查询收入(元)	93.75	165.31	215.16	222.88
网上酒店查询	69 532	107 533	178 852	90 205
酒店查询服务收入	26 524	45 530	96 536	50 307
每千条酒店查询收入(元)	381.46	423.40	539.75	557.70
网页服务收入总计(亿元)	2.01	2.16	3.96	2.65

数据来源:方正证券研究报告

相对于以前,消费者出行的计划性在弱化,这给在线旅游无线市场带来了商机。因此,去哪儿网越来越重视移动端的生态建设和用户培养。2010 年 7 月,去哪儿网推出了移动端应用,并于 2012 年 6 月开始收费;2013 年 10—12 月,去哪儿网移动端月覆盖人数同比增长均超过 PC 端;截至 2013 年 12 月 31 日,去哪儿网移动端用户达 5 380 万人,同比增长 145.7%,而 PC 端用户增长率为 25.0%(如图 1-3-11 所示)。移动端用户的增加也带来了收入的增加:从 2012 年三季度以来移动端服务收入增长强劲,2012 年移动端服务收入实现 1 737.5 万元,2013 年上半年实现收入 4 251 万元(如表 1-3-3 所示)。

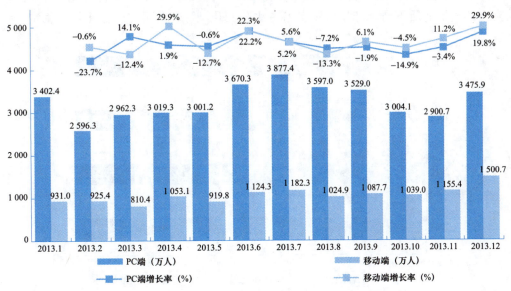

图 1-3-11 2013 年 PC 端和移动端月度覆盖人数对比

数据来源:艾瑞网

表 1-3-3 去哪儿网移动端服务收入拆分

单位:千条、千元	2012 第三季度	2012 第四季度	2013 第一季度	2013 第二季度
移动端机票查询	34 699	55 805	98 547	134 450
移动端机票服务收入	2 511	4 895	10 833	12 760
每千条机票查询收入(元)	72.4	87.7	109.9	94.9
移动端酒店查询	19 713	22 040	32 024	48 638

续表

单位：千条、千元	2012 第三季度	2012 第四季度	2013 第一季度	2013 第二季度
移动端酒店服务收入	4 754	5 215	9 277	9 280
每千条酒店查询收入（元）	241.1	236.6	289.7	190.8

资料来源：方正证券研究报告

4.3 去哪儿网的运营支出

作为一家实时搜索的平台企业，去哪儿网的关键业务都与平台或网络有关，包括平台管理、服务提供和平台推广。这也就带来了在产品开发、市场营销以及管理费用方面的支出。

产品开发费用主要包括了发展和改进网站技术所需的人工支出以及产品开发部门的办公租金和其他相关支出。去哪儿网作为一家技术型企业，在产品研发上的投入快速增加，产品和研发人员从 2010 年年底的 126 人增至 2013 年 6 月的 800 人（307 个产品经理和 493 个开发工程师，其中有 159 人是专门负责移动产品的设计和研发人员），占全体员工数 1 700 人的将近一半。所以，去哪儿网的产品开发费用也增长很快，2011 年和 2012 年的增速都超过 100%，2013 年上半年增速也有 50%。市场营销费用也是去哪儿网很大的一笔支出；2010 年到 2012 年占到了营收的一半，2013 年上半年有所下降但也还高达 39%；不过增速从 2011 年的 115%下降到了 2013 年上半年的 27%。这块费用包括三个方面：购买搜索引擎、导航页流量等支出；营销广告支出；销售人员、酒店拓展人员工资。管理费用则包括人工支出和管理相关费用，第三方专业服务提供机构的费用支出以及办公租金等。

2010 年到 2013 年上半年去哪儿网的运营支出结构如图 1-3-12 所示。可以看出，公司运营支出的 50%左右是销售和营销支出，40%左右是产品开发支出，另外的 10%左右是管理费用支出；并且数据显示，销售和营销支出的占比有所下滑，产品研发支出占比在上升，管理费用支出占比相对稳定。

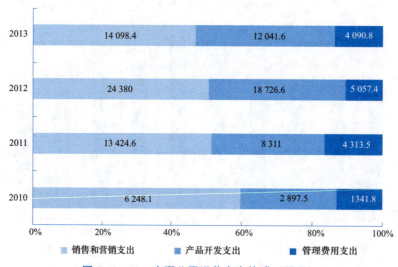

图 1-3-12　去哪儿网运营支出构成（万元）

数据来源：方正证券研究报告

5　展望未来——持续价值创新保持领先地位

实时搜索技术、以消费者需求为导向的价值主张、牢固的客户关系、与供应商的合作与竞争、合理的成本结构、优越的盈利模式，这些都是去哪儿网获得成功的基础。去哪儿网旨在做中国旅游行业的 CTO/CIO（首席技术/信息官），也就是说要做中国旅游行业的技术平台、信息平台。去哪儿网始终坚持把消费者的需求放在第一位的理念，正如 Logo 下面的"聪明你的旅行"这句标语，去哪儿网就是要给旅游者提供最全面的旅游信息，让消费者能够迅速做出选择。

虽然去哪儿网在商业模式上一直坚持打造旅游产品供应商和消费者之间的零距离沟通的平台，但在实践的过程中，商业模式在巨大的需求、高速发展的市场和技术驱动下也会发生改变，尤其是消费者的改变会让整个行业依据消费者价值进行重组。去哪儿网始终关注着消费者价值重组的机会，并根据对未来蓝图的描述而对商业模式持续进行着创新。

面对在线旅游市场呈现的市场渗透率低、业务多样化、预订移动化等的特点及发展趋势，去哪儿网也正在加紧步伐。去哪儿网一方面加大了酒店的促销力度，酒店预订市场占有率的业务增长显著（见附录图 1-3-13：2012.1—2013.6 中国主要酒店预订网站月度覆盖人数）；同时，也在旅游度假产品和景区门票等增加了产品搜索服务来强化旅游产业链布局（见附录图 1-3-14：去哪儿旅行客户端景点门票搜索首页）；此外，随着移动应用的不断普及，去哪儿网凭借自己的创新技术，已经将移动应用做到了领先的地位（如表 1-3-4 所示）。

表 1-3-4 2014 年 4 月国内预订类旅游应用（App）下载量 TOP10（安卓系统）

排名	App 名称	下载量（万）
1	去哪儿网	9 271.6
2	携程旅行	8 304.1
3	艺龙旅行	2 632.0
4	快捷酒店管家	2 329.8
5	同程旅游	1 844.8
6	114 商旅	1 505.8
7	7 天连锁酒店	770.7
8	住哪儿订酒店	753.8
9	铁友火车票	693.1
10	酷讯机票	540.5

注：以上各 App 下载量由安卓市场、91 助手、豌豆荚、木蚂蚁、应用宝、MM 商场、机锋市场、应用汇、安智市场、360 助手、百度手机助手 11 个国内最主流安卓应用汇总得出

数据来源：劲旅智库

从创立公司到公司上市，庄辰超就是依靠自己的远见卓识和未雨绸缪，带领着去哪儿网一步一个脚印、脚踏实地地前行。在去哪儿网蓬勃发展的今天，他依然清楚地明白，持续价值创新才是公司持续发展的前提。但是，庄辰超仍会记得上市时他对公司未来发展的思索，时至今日，他早已由最初的短暂迷茫，变得越来越有信心：因为在保持自己搜索定位、技术优势的前提下，去哪儿网完全有能力在互联网的浪潮中通过持续的价值创新来调整、优化自己的商业模式，保持自己在行业中的领先地位。

附 录

表 1-3-5 2005—2014 年去哪儿网发展中的大事记

时间	重大事记
2013 年 11 月	在美国纳斯达克上市
2013 年 4 月	荣获 iResearch Awards 金瑞奖 "2012—2013 年度中国移动互联网旅行应用——最佳创新力奖"
2012 年 10 月	根据中国互联网络信息中心（CNNIC）发布的《2012 年中国网民在线旅行预订行为调查报告》，去哪儿网是手机旅行信息查询用户安装最多且使用最多的移动客户端
2011 年 11 月	美国知名研究机构 Experian Hitwise 发布的中国月度访问率数据显示，去哪儿网以占旅游类网站 42% 的访问率继续保持中国旅游网站第一的排名
2011 年 6 月	获得百度战略投资 3.06 亿美元，百度成为去哪儿网第一大机构股东
2010 年 4 月	Google Double Click Ad Planner 发布网络统计数据，在全球最受欢迎旅行网站中，去哪儿网是前十名的两家中文旅行网站之一，而其他九家网站均为上市企业
2009 年 11 月	11 月 12 日，去哪儿网在北京宣布完成第三轮 1 500 万美元的融资。由 GGV Capital 领投，Mayfield Fund、GSR Ventures 和 Tenaya Capital 共同参与
2009 年 10 月	艾瑞咨询发布的数据显示，在中国旅游网站机票业务的季度总访问次数统计中，去哪儿网以 33.7% 的市场份额排名第一
2007 年 9 月	Mayfield 和 GSR Ventures 及 Tenaya Capital 完成对去哪儿网的第二轮投资
2006 年 7 月	著名风险投资商 Mayfield 和 GSR Ventures 完成对去哪儿网的第一轮投资
2005 年 2 月	道格拉斯、戴福瑞和庄辰超共同创立去哪儿网。去哪儿网作为中国第一个旅游搜索引擎，使中国旅行者第一次可以在线比较国内航班和酒店的价格和服务

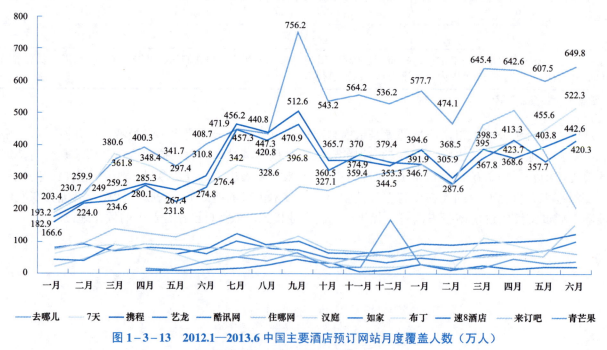

图 1-3-13 2012.1—2013.6 中国主要酒店预订网站月度覆盖人数（万人）

数据来源：iUserTracker. 家庭办公版 2013.7.

图 1-3-14 去哪儿旅行客户端景点门票搜索首页

案例使用说明：

去哪儿网"聪明你的旅行"
——商业模式与价值创新

一、教学目的与用途

1. 适用课程：本案例为描述性案例，适用于《战略管理》《战略营销》《商业模式创新》等课程有关蓝海战略、价值创新、商业模式创新等相关章节的案例讨论。

2. 适用对象：本案例主要为 MBA 和 EMBA 开发，适合有一定工作经验的学员和管理者学习。本案例还可以用于工商管理国际学生深度了解中国企业商业模式的特点。

3. 教学目的：本案例的教学目标是要求学生掌握：

（1）企业价值主张以及价值主张在企业战略及商业模式创新中的核心地位。

（2）如何基于价值创新的理念，开创企业的蓝海战略。

（3）基于平台战略的相关理论与方法，明确基于多边平台商业模式的运维特点。

（4）基于互联网的企业平台机制设计中的关键点。

（5）如何利用商业模式画布这一有效的工具来描述、分析和设计商业模式。

二、启发思考题

1. 去哪儿网的主要竞争对手有哪些？相对于竞争对手，去哪儿网是如何进行价值创新并开创新的市场空间的？请基于蓝海战略的核心分析工具及框架，勾画出去哪儿网及其竞争对手的价值曲线图（即战略布局图），并予以解释。

2. 去哪儿网服务的客户群体有哪些？是如何处理与他们的关系的？去哪儿网向客户传递什么样的价值主张？

3. 去哪儿网是典型的双边平台式的商业模式，其在平台搭建初期是如何吸引不同的客户群体入驻到平台内的？后期又是如何赋予其客户以归属感并激发网络效应的？

4. 去哪儿网商业模式运转中为其主营业务服务的关键运营活动有哪些？它是如何通过这些运营活动来实现企业盈利的？保证去哪儿网实现盈利模式的核心资源是什么？

5. 请利用商业模式画布，从客户、产品及服务、基础设施和财务生存能力等方面描绘出去哪儿网的商业模式全景。

三、分析思路

教师可以根据自己的教学目的来灵活使用本案例。这里首先给出本案例分析的逻辑路径图，如图 1-3-15 所示，仅供参考。

逻辑路径中的 5 道思考题的具体分析思路如下：

思考题 1 的分析思路：首先引导学员根据案例材料总结和分析在线旅游市场的发展现状，以及市场中主要企业的发展模式和特点，从而明确去哪儿网的主要竞争对手及其发展特点。在与竞争对手的对比分析中，结合案例材料利用蓝海战略核心分析工具的四步动态框架分别总结相对于行业及竞争对手去哪儿网分别剔除、减少、增加和创造了哪些买方价值因素？从而画出去哪儿网及其竞争对手的价值曲线。

思考题 2 的分析思路：首先分析去哪儿网作为一个垂直搜索平台，它需要既给消费者创造价值又需

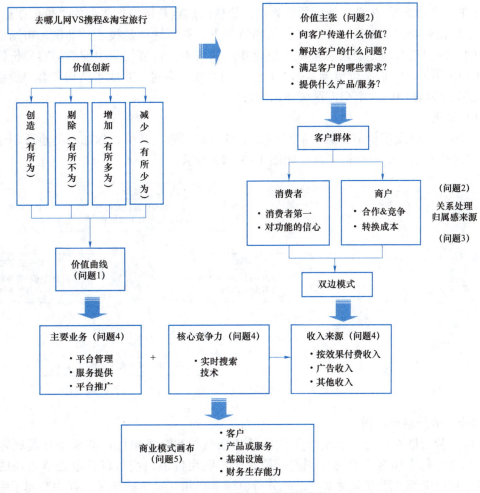

图 1-3-15 案例分析逻辑路径

要给其供应商创造一定的价值,这样供应商才愿意通过去哪儿网的平台向消费者提供产品和服务。其次,在思考题 1 价值曲线的基础上分析去哪儿网是如何给客户创造价值的?并进一步明确去哪儿网的价值主张,这有助于理解去哪儿网是如何处理与不同客户群体之间的关系,对这些关系处理的理解可以反过来印证去哪儿网的核心经营理念。

思考题 3 的分析思路:上述分析的结果表明,去哪儿网是一个典型的双边模式市场,在此基础上可以进一步结合平台战略的相关理论,对该双边模型的搭建过程以及网络效应的激发过程进行分析。

思考题 4 的分析思路:在明确去哪儿网商业模式的情形下,结合案例材料及平台战略运行的相关理论进一步分析去哪儿网为了确保商业模式可行,所必须要做的最重要的事情有哪些?确保企业商业模式有效运转的最终的因素有哪些?通过这两个问题的分析,进一步明确企业的主要收入来源和主要成本结构。

思考题 5 的分析思路:通过以上分析,我们对去哪儿网的客户、产品和服务、基础设施以及财务生存能力有了深入的了解,并能够进一步明确去哪儿网商业模式的 9 个核心构造块,即客户细分、价值主张、渠道通路、客户关系、收入来源、核心资源、关键业务、重要合作和成本结构,最终利用商业模式画布这一分析工具描绘出去哪儿网的商业模式框架。

四、理论依据及分析

1. 思考题 1 的理论依据与问题分析。

(1) 思考题 1 的理论依据。

① 价值创新。

价值创新是蓝海战略的基石,它帮助企业开辟一个全新、非竞争的市场空间。价值创新的重点既在于"价值",又在于"创新"。在没有创新的背景下,价值的焦点是规模扩张型的"价值创造",它提供了价值,但并不足以使企业超越市场。在缺乏价值的背景下,创新往往是技术拉动型、市场推广型的,或者是理想主义的,即忽略客户是否愿意接受并支付相应的成本。价值创新中创新与客户价值之间的动态关系如图 1-3-16 所示,它们是价值创新的立足点。当企业行为对企业成本结构和客户价值同时带来正面影响时,价值创新就在中间这个交汇区域得以实现。

② 四步动作框架。

价值创新就需要通过发现价值元素中的哪些元素可以被剔除、减少、增加或是重新创造来实现。这就要借助"四步动作框架"这一分析工具,如图 1-3-17 所示。

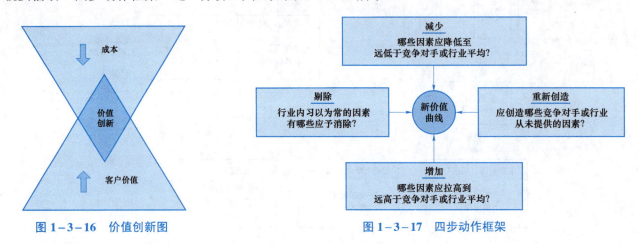

图 1-3-16 价值创新图   图 1-3-17 四步动作框架

③ 价值曲线(即战略布局图)。

价值曲线是一种帮助企业寻找新的价值空间的诊断框架和分析坐标,其横坐标是顾客的利益点或行业关注点,纵坐标代表顾客能够感受到的价值水平。利用价值曲线可以获取当前市场的竞争状况,了解竞争对手的客户价值关注方向及重点,并分析出顾客在相互竞争的商品选择中获得了哪些利益,如图 1-3-17 所示。

(2) 思考题 1 的案例分析。

问题 1:去哪儿网的主要竞争对手有哪些?

分析:根据案例所提供信息可分析出目前我国在线旅游市场竞争者主要包含三大类:酒店、航空公司等在线旅游服务提供商;以携程为代表的 OTA(Online Travel Agent,在线旅行社)以及以去哪儿网为代表的垂直搜索平台。作为一个以消费者为导向的实时搜索平台,去哪儿网提供用户搜索第三方在线旅游网站或者服务提供商的机票、酒店、旅行行程包或其他旅游产品,进行价格等系列排序以达到满足用户搜索比对旅游产品的需求。去哪儿网目前最主要的竞争对手是携程、淘宝旅行。

问题 2:相对于竞争对手,去哪儿网是如何进行价值创新并开创新的市场空间的?请基于蓝海战略的核心分析工具及框架,勾画出去哪儿网及其竞争对手的价值曲线图(即战略布局图),并予以解释。

分析:我们利用四步动作框架分析去哪儿网相对于竞争对手是如何开拓新的市场空间,如图 1-3-18 所示。

与竞争对手相比,去哪儿网依托自己有竞争力的搜索技术以及独创的 TTS(Total Solution,在线交易系统)平台为消费者提供了最为全面、准确、低价的旅游产品信息,这也是去哪儿网的价值定位;去哪儿网设立了专门处理消费者投诉的呼叫中心来提高其服务质量,并为企业的发展方向提供依据;作为一个搜索平台,减少了对服务中心的投入,并且不提供电话订票业务,呼叫中心以受理消费者投诉为主;相对于携程等竞争对手,去哪儿网

剔除	减少
电话预定	人员服务
增加	重新创造
最低的价格 最全面的旅游信息 功能完善的移动端 点评攻略社区 服务稳定性	全网比价 TTS平台

图 1-3-18 去哪儿网的四步动作框架

也是最早介入交易环节，TTS 平台的推出增加了产品的丰富性、增强了用户体验，又在一定程度上保证了交易的安全。

通过与携程、淘宝旅行对比，并结合四步动作框架可以进一步得到去哪儿网的价值曲线，如图 1-3-19 所示，图中横坐标是按照行业或消费者关注要素的重要程度从左至右排序的（最右侧的全网比价和 TTS 两个点为去哪儿网所独创延长价值曲线的部分，并不表示其是消费者最不关注的）。

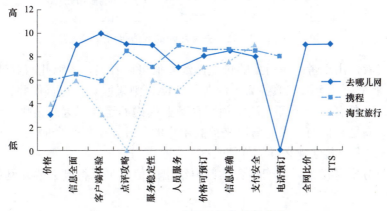

图 1-3-19　去哪儿网的价值曲线

从图 1-3-19 可以看出，去哪儿网在消费者比较重视的如价格、信息全面、客户端体验、服务稳定性等方面做得比竞争对手优秀从而改变了价值曲线的走势。更重要的是，去哪儿网还通过全网比价和 TTS 平台的搭建延长了价值曲线，从而进一步地开创了新的市场空间。总之，去哪儿网始终站在消费者的角度进行产品、服务的完善和提升，进而实现为消费者创造价值的目的。

2. 思考题 2 的理论依据及问题分析。

（1）思考题 2 的理论依据。

① 平台式的商业模式。

平台企业的商业模式可以是双边模式或者是多边模式。双边模式是指平台企业连接了两个不同的群体，它也是最常见的平台模式，如图 1-3-20 所示。图中的圆形代表平台，象征交易服务的中心，是指一个能够包容双边市场的生态圈；梯形则代表某个特定的"边"，即使用者群体。使用者的使用情况呈现类似金字塔的梯形，因为多数情况下，高端使用者会有更强烈的支付意愿。最后再以实线连接它们，表示双边群体通过平台联系在一起。

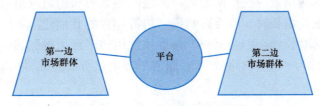

图 1-3-20　双边模式基本架构

② 价值主张。

价值主张就是企业通过其产品或服务所能向消费者提供的价值。它描述了企业将提供什么样的价值给它的客户，对客户而言就是企业满足他们的哪些需求、帮助他们解决了哪一类问题；同时，价值主张还说明了企业提供给细分客户群体哪些系列的产品和服务，是客户转向一个企业而非另一个企业的原因。有些价值主张是创新的，表现为一个全新的或破坏性的提供物（产品或服务）；而另一些可能与现存市场提供物类似，只是增加了功能和特色。

（2）思考题 2 的案例分析。

问题 1 和 2：去哪儿网的客户群体有哪些？是如何处理与他们的关系的？

分析：去哪儿网是一个典型的双边模式平台结构，它连接了在线旅行消费者和旅游产品供应商这两个市场群体，如图1-3-21所示。

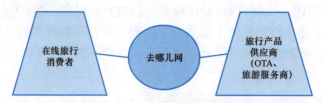

图1-3-21　去哪儿网的双边平台

对于在线旅行消费者，由思考题1得到的价值曲线我们可以看出，去哪儿网对消费者体验性的重视。对于OTA以及酒店、航空公司等旅游服务商，特别是OTA，则采取竞争与合作并存的关系模式。对去哪儿网而言，缺少平台两侧的任何一方都无法实现平台商业模式的运转，因此去哪儿网必须能够根据不同市场群体的特点来同时满足它们的需求，借以来提高用户的黏性，确保平台的正常运转。

问题3：去哪儿网向客户传递什么样的价值主张？

分析：在上述问题分析基础上，我们结合案例中给出的信息可以得到去哪儿网的核心价值主张，如表1-3-6所示：

表1-3-6　去哪儿网的价值主张

价值主张	措施
向客户传递什么价值？	为消费者免费提供信息全面、价格最低、可预订、服务质量稳定以及支付安全的旅游服务
满足客户的哪些需求？	对信息的丰富性、低价的产品、准确的价格、服务质量的稳定以及支付安全性保证的需求
提供什么产品/服务？	实时搜索技术，TTS平台，移动客户端

3. 思考题3的理论依据及分析。

（1）思考题3的理论依据。

① 平台战略中的网络效应激发理论。

企业在平台搭建初期，往往需要精心策划许多配套机制来吸引目标群体入驻到平台内，这其中的成败关键就是如何运用网络效应。网络效应，即网络外部性，是通过使用者之间关系网络的建立，达到价值激增的目的。平台模式的网络效应包括两大类：同边网络效应和跨边网络效应。同边网络效应是指，当某一边市场群体的用户规模增长时，将会影响同一边群体内的其他使用者所得到的效用；跨边网络效应指的是，一边用户规模的增长将会影响另外一边群体使用该平台所得到的效应。效用增加则称为"正向网络效应"，效用减少则称为"负向网络效应"。通常平台企业所设的机制都是为了激发网络效应的"正向循环"。

② 用户绑定策略理论。

阻止用户脱离平台最有效的方法之一，就是让他们与平台或者其他用户建立起深厚的关系，从而提高用户黏性。其中"黏性"代表的是用户依赖平台企业产品的程度。用户黏性大致可以分为两种：一是以提升转换成本为核心的绑定策略，另一类黏性则建立在用户对其功能或品牌的信心之上，比如以百度、谷歌为首的搜索引擎。而多数的平台企业的商业模式均需要这两种黏性策略同时进行才能达到价值最大化。

（2）思考题3的案例分析。

问题1：去哪儿网是典型的双边平台式的商业模式，其在平台搭建初期是如何吸引不同的客户群体入驻到平台内的？

分析：去哪儿网从创立之初就一直坚持以消费者的需求为导向，同时设立专门处理消费者投诉的呼叫中心，通过他们的投诉来找到自己发展过程中遇到的问题来逐渐丰富自己的产品。它们首先把提供给消费者的产品做到最有效，消费者最满意，不考虑盈利的问题，自然而言就会吸引消费者的青睐；平台消费群体市场的壮大自然会吸引众多 OTA 以及在线旅游服务商的入驻，进而实现整个平台市场群体的完善，如图 1-3-22 所示。

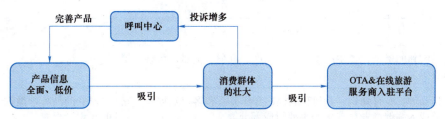

图 1-3-22　去哪儿网的平台搭建路径图

问题 2：后期又是如何赋予其客户以归属感并激发网络效应的？

分析：关于用户绑定策略从而激发网络效应。去哪儿网就是通过这两种绑定策略（即提升转换成本为核心的绑定策略，以及建立在用户对其功能或品牌信心基础上的绑定策略）的综合运用在后期提高有关用户群体的黏性，使其无法轻易离开该企业。具体来讲，对于消费者，去哪儿网主要是通过做好自己的产品来提高消费者的体验度，增强对去哪儿网品牌的信心，这在无形之中也就提高了消费者对去哪儿网的依赖性。对于供应商（去哪儿网称之为商户）来说，去哪儿网首先通过自己强大的消费群来吸引供应商户们的入驻，使其通过该平台来实现交易量的增加（如艺龙、同程），并通过点评系统为商户增加荣誉积累等手段，来提高商户的转换成本，最终增强了商户群体的平台黏性，降低了其脱离平台的可能性，具体策略归纳如表 1-3-7 所示：

表 1-3-7　去哪儿网的用户绑定策略

客户群体	绑定策略	具体做法
消费者	增强用户对其功能或品牌的信心	通过做好自己的产品来提高消费者的体验度，增强对去哪儿网品牌的信心，这在无形之中也就提高了消费者对去哪儿网的依赖性
OTA、酒店、航空公司等旅游服务提供商	提高用户转换成本	通过自己强大的消费群来吸引商户们的入驻，使其通过该平台来实现交易量的增加（如艺龙、同程），并通过点评系统为商户增加荣誉积累等手段，来提高商户的转换成本，最终增强了商户群体的平台黏性，降低了其脱离平台的可能性

4. 思考题 4 的理论依据及分析。

（1）思考题 4 的理论依据。

① 平台模式下的关键业务、核心资源及收入来源。

关键业务是企业为了确保其商业模式可行所必须做的最重要的事情，这些业务是企业创造和提供价值主张、接触市场、维护客户关系并获取收入的基础。关键业务会因商业模式的不同而有所区别，具体来说，关键业务可以分为以下几类，如表 1-3-8 所示：

表 1-3-8　关键业务的类型

类型	内涵	实例
制造产品	这类业务活动设计生产一定数量或满足一定质量的产品，与设计、制造及发送产品有关	微软等软件制作商的关键业务包括软件开发
问题解决	这类业务指的是为个别客户的问题提供新的解决方案	麦肯锡咨询企业的关键业务是问题解决
平台/网络	以平台为核心资源的商业模式，其关键业务都与平台或网络有关	eBay 需要持续发展和维护其平台 eBay.com 网站

核心资源是保证企业的商业模式有效运转所必需的最重要因素。这些资源使得企业能够创造和提供价值主张、接触市场、与客户细分群体建立关系并赚取收入。不同的商业模式所需要的核心资源也有所不同，具体来说，核心资源可以分为以下几类，如表1-3-9所示：

表1-3-9 核心资源的类型

类型	内涵	实例
实体资产	包括实体的资产，如生产设备、不动产、汽车、机器、系统、销售网点等	亚马孙的IT系统、仓库和物流体系
知识资产	包括品牌、专有知识、专利和版权、合作关系和客户数据库，它也日益成为强健商业模式中的重要组成部分	耐克的品牌，微软开发的软件及相关的知识产权
人力资源	任何一家企业都需要人力资源，在知识密集型产业和创意产业等商业模式中，人力资源更加重要	诺华等制药企业对科学家及销售队伍的依赖
金融资产	有些商业模式需要金融资源抑或财务担保，如现金、信贷额度或用来雇佣关键雇员的股票期权池	爱立信可以选择从银行和资本市场筹资，然后使用其中一部分为其设备用户提供卖方融资服务

收入来源是商业模式的动脉，它主要是用来描绘企业从每个客户群体中获取的现金收入，包括获取方式以及每个收入来源占总收入的比例。企业获取收入的方式包括资产销售、使用收费、订阅收费、租赁收费、授权收费、经纪收费、广告收费等。每种收入来源都可能有不同的定价机制，定价机制（主要有固定定价和动态定价两种）类型的选择就产生收入而言会有很大的差异。

② 核心竞争力分析模型。

核心竞争力分析模型是一种分析企业有效竞争和成长的重要工具。企业的核心竞争力是建立在企业核心资源基础上的企业技术、产品、管理、文化等的综合优势在市场上的反映。企业核心竞争力的识别标准有四个：价值性、稀缺性、不可替代性和难以模仿性，我们通过对企业各项能力的得分进行加总，最终得到企业的核心竞争力（如表1-3-10所示）。

表1-3-10 去哪儿网核心资源及核心竞争力识别表

资源	有价值的	稀缺的	复制成本的高低	不可替代的	核心竞争力（加总）
实时搜索技术	**	****	****	****	****
服务	**	**	*	*	*
渠道	**	*	*	*	*
平台网络	****	***	***	**	***

（2）思考题4的案例分析。

问题1：去哪儿网商业模式运转中为其主营业务服务的关键运营活动有哪些？

分析：去哪儿网的主营业务包括机票、酒店及广告业务等，作为一个基于实时搜索的平台企业，去哪儿网的为各项业务服务的关键运营活动都与平台或网络有关，具体来讲，包括平台管理、服务提供和平台推广。

问题2：它是如何通过这些运营活动来实现企业盈利的？

分析：去哪儿网的运营收入主要来自三个方面。第一是按效果付费收入，按照旅游服务提供商通过去哪儿网而实际成交的金额（CPS）或者通过去哪儿网带来的点击（CPC）来收取一定比例的费用；第二是网页广告收入；第三类是其他类型的收入，包括团购旅游产品的代理销售收入及第三方支付服务提供商的佣金收入。其中第一类收入占据着主要的比重，是主要的收入来源。在第一类收入中，去哪儿网主要采用的仍然是传统的 CPC 模式。

问题 3：保证去哪儿网实现盈利模式的核心资源是什么？

通过案例的学习及价值曲线的分析，我们可以得出去哪儿网相对于竞争对手所具有的竞争优势，包括技术、渠道、服务质量、平台网络等资源，之后学员可根据案例中提供的信息对资源的价值、稀缺性、复制成本及替代性进行打分并加总，得分最高的资源即为去哪儿网的核心竞争力。

在这里我们仅用"*"的多少定性的表示得分高低，最终可以得到表 1-3-9。

由表 1-3-9 我们可以得到，去哪儿网的核心竞争力是其实是实时搜索技术。

5. 思考题 5 的理论基础及分析。

（1）思考题 5 的理论依据。

商业模式画布：商业模式描述了企业如何创造价值、传递价值和获取价值的基本原理。而商业模式画布则是通过提供一种新的形式和方法，因其直观性和简单性，更有利于描述、分析和设计企业的商业模式。它包括了 9 个构造块：客户细分、价值主张、渠道通路、客户关系、收入来源、核心资源、关键业务、重要合作和成本结构。这 9 个构造块涵盖了商业的 4 个主要方面：客户、提供物（产品/服务）、基础设施和财务能力。这个框架作为一种语言，可以让企业方便地描述和使用商业模式，来构建新的战略性替代方案，如图 1-3-23 所示。

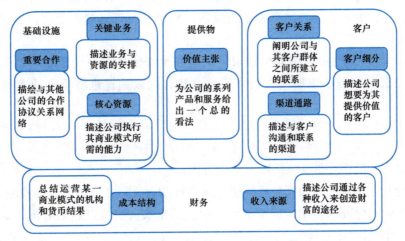

图 1-3-23　企业的商业模式画布

（2）思考题 5 的案例分析。

问题：请利用商业模式画布，从客户、产品及服务、基础设施和财务生存能力等方面描绘出去哪儿网的商业模式全景。

分析：通过上述各问题的分析，结合案例所提供的信息，我们从客户、产品及服务、基础设施及财务生存能力等方面对去哪儿网的商业模式全景进行描绘，具体的商业模式画布如图 1-3-24 所示：

五、背景信息

在线旅游业的发展阶段介绍：

纵观在线旅游市场的演化过程，大致划分为四个阶段：

第一阶段：19 世纪 90 年代末到 20 世纪初是在线旅游消费者的培育期，携程、艺龙等早期的在线代理商诞生，此时主要是依赖机票预订、酒店预订的佣金模式来获得收益。

第二阶段：2004 年到 2006 年是在线旅游市场的成长期，芒果、同程等进入在线代理商市场并引入多元成熟的线下产品。与此同时，不同代理商报价差异大，提供比价服务的垂直搜索平台企业——去哪儿网——应运而生。

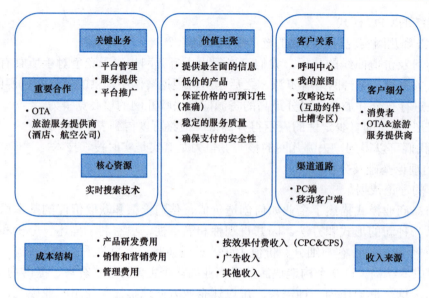

图 1-3-24 去哪儿网的商业模式画布

第三阶段：从 2006 年到 2010 年，随着度假需求的出现，驴妈妈、途牛等结合旅游景点和旅行线路设计，并提供在线预订的细分服务。消费者市场成熟，需求从预订延展到交流，旅游网站逐渐社交化，如分享攻略的马蜂窝。

第四阶段：2010 年至今，QQ、淘宝和京东等大电商也开始加入在线旅游平台市场，提供比价并抽取佣金。此外，航空公司和酒店也加大直销力度，自建官网或通过进驻垂直搜索等营销平台来直接面向用户。

六、关键要点

本案例的关键知识点和分析要点包括以下几个方面：

1. 在价值曲线分析中，首先应该充分理解横、纵坐标的含义，并能够准确地找到买方关注的价值点。其次，要掌握企业是如何通过四步动作框架这一分析工具来实现价值创新的分析，这也是理解去哪儿网开创新的市场空间、开创蓝海的关键。

2. 平台企业市场模式的确定是进行企业分析的前提，因而需要在深入调查的基础上做出正确合理的判断，并通过平台企业的实际发展历程对市场模式进行验证。此外，在平台战略的分析过程中，对于企业是如何搭建双边平台，吸引双边客户并激发平台的网络效应的理解，不仅是理解企业盈利模式及成本结构的关键，也是准确分析企业商业模式的关键。

3. 商业模式描述和分析过程中，对于商业模式四大方面、九个要素的理解一定要准确、全面。因为这九个要素是描述、理解、分析和设计企业商业模式的核心要素，特别是价值主张。价值主张能够体现企业对客户需求的认知、对企业核心价值的剖析以及对核心业务的定位。正确的理解和传递客户的价值需求是一个商业模式成功的必要保障。

七、建议的课堂计划

本案例适用于《战略管理》《战略营销》《商业模式创新》等课程有关蓝海战略、价值创新、商业模式创新等相关章节的案例讨论。由于不同课程的理论要求点不同，也可以在不同课程上选择不同的思考题进行分析讨论。此外，本案例也可作为专门的案例讨论课来进行。

如下是按照时间进度提供的课堂计划建议，仅供参考，如表 1-3-11 所示：

表 1-3-11　建议的课堂计划

序号	内容	用具	教学活动	备注	时间
1	课前准备		发放教学案例和相关资料	课前小组讨论准备	
2	讨论前案例回顾		让学生课上再仔细回顾案例及相关资料，并独立思考讨论问题，并要求学生独立给出问题讨论所涉及的营销理论		15分钟
3	案例开场白		今天，数不清的商业模式创新正在涌现，全新商业模式的新兴产业正在成为传统产业的掘墓人。通过以下的案例我们将让大家对商业模式创新进行更加深度的思考		5分钟
4	案例内容和进程展示	投影仪	教师通过提问或选取1组学生进行案例内容和进程的展示，目的是让所有学生能够熟悉案例的主题内容		15分钟
5	小组讨论和汇报	投影仪	学生分为4~6人一组对案例问题进行讨论，并选取其中的一组对案例进行汇报	注意控制时间	25分钟
6	案例汇报小结		就案例汇报过程中尚未关注到的知识点提出一些问题供学生思考		10分钟
7	案例提问并讲解	白板	1. 价值创新是怎样开创新的市场空间的？如何绘制价值曲线？ 2. 怎样确定去哪儿网的价值主张？ 3. 网络效应的激发及用户归属感创造问题。 4. 如何描绘本案例企业的商业模式全景	记录学生对启发问题的回答	50分钟
8	案例总结		对整个案例的知识要点再次进行描述和总结		15分钟
9	课后总结		请学员分组就有关问题的讨论进行分析和总结并写出书面报告，目的是巩固学员对案例知识要点的理解		

八、案例的后续进展

本案例除了正文提及的信息之外，无后续进展。

九、其他教学支持材料

1. 参考文献

[1] 陈威如，余卓轩. 平台战略：正在席卷全球的商业模式革命[M]. 北京：中信出版社，2013.
[2] 亚历山大·奥斯特瓦德，伊夫·皮尼厄. 商业模式新生代[M]. 北京：机械工业出版社，2011.
[3] W. 钱·金，勒妮·莫博涅. 蓝海战略[M]. 北京：商务印书馆，2010.
[4] 罗杰·A. 凯琳，罗伯特·A. 彼得森. 战略营销：教材与案例[M]. 11版. 北京：中国人民大学出版社，2011.
[5] 高闯，关鑫. 企业商业模式创新的实现方式与演进机理——一种基于价值链创新的理论解释[J]. 中国工业经济，2007（11）：83-90.

2. 教学辅助材料

教师在课堂介绍案例主体去哪儿网公司时，可以在教学幻灯片中附上去哪儿网公司的官网首页图片如图1-3-25所示以及官网链接，更形象直观地展示去哪儿网的运营状况及方式，便于学生深入了解案例。

去哪儿网官网首页图：

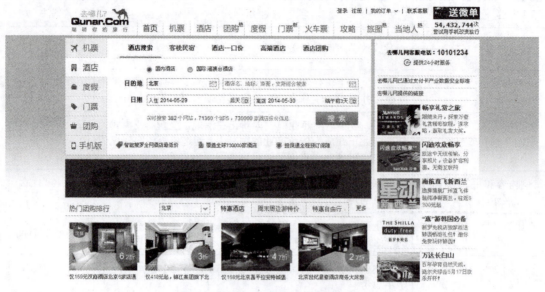

图1-3-25　去哪儿网的官网首页

去哪儿网的官网网址链接：http://www.qunar.com

Qunar "Make Your Trip Smarter"
—Business Model and Value Innovation

Ma Baolong, Liu Ling, Quan Jihui, Su Shuyuan

(School of Management and Economics, Beijing Institute of Technology)

Abstract: It is a key issue for Internet-based enterprises to maintain continuous development through value innovation in this constantly changing net-based business environment. Qunar. com, with its slogan "make your trip smarter", interprets perfectly the idea of consumer-oriented value system in business. More importantly, the smartness of Qunar is embodied in its endeavor to optimize the business model and realize value innovation. This case study reveals the secrets of Qunar's success, how it achieved such development with successful listing and continuous leading ledge in the industry within very short time, a fine business model based on the Internet and value innovation aiming for better user experience. With the help of this case study, students can better understand the decision-making process and thus master the analyzing methods when dealing with business model and value innovation related issues.

Key words: Qunar; business model; value innovation; online travel market

案例正文：

龙象共舞：十八年"暗恋"最终开花结果
——三一重工与普茨迈斯特并购案[①]

摘　要：随着经济全球化的深入发展，跨国并购成为很多企业国际化的优先选择。而跨国并购由于社会文化差异的影响更加复杂，如何顺利完成交易及并购后的整合是并购实践面临的难题，因此，非常有必要开发中国企业跨国并购的成功案例，让学员深入了解企业跨国并购的过程与成功因素。三一重工并购普茨迈斯特的案例可以为《跨文化管理》《跨国并购》等课程中关于吸收能力、知识管理、并购整合等相关章节提供分析素材。通过案例分析，学员能够了解一个企业如何利用企业的吸收能力克服文化差异造成的困难、顺利地完成公司在人力资源、企业文化、市场营销、技术等方面的整合过程，提高学员跨文化管理的能力。

关键词：跨文化；吸收能力；知识管理；跨国并购

0　引言

2014年4月30日，五一假期的前一天，三一重工股份有限公司副董事长、总裁向文波召集各部门人员开会。昨天刚刚结束了第五届董事会第七次会议，会议上董事长梁稳根特别问到了普茨迈斯特的发展情况。自从三一重工2012年收购了全球混凝土机械巨头普斯迈斯特之后，它的发展情况就一直受到广泛关注，而"大象"嫁过来之后的发展情况也一直是向文波的心头大事，他特别希望这个有50多年发展历史的企业与三一重工"联姻"之后能够达到双赢，巩固"世界最大混凝土机械制造商"的龙头地位。

向文波今天正好借此机会跟各业务部门的人传达一下会议精神，梳理一下普茨迈斯特的主要发展状况，同时制定下一阶段的发展目标。上午九点五十分的时候，国际业务部、人力资源部、投资部、总裁办、科研管理部、市场研究部等部门的人陆续到齐，会议正式开始。

"昨天召开的董事会上审议通过了咱们公司去年的年度报告，2013年公司实现营业收入373.28亿元，同比下降20.29%。下面是咱们公司近几年的对比图。"（如图1-4-1所示）

"今天上午希望各部门对去年的工作进行一个系统的总结，下午咱们要专门对普茨迈斯特的发展情况做一个梳理，作为业内外较为关注的一次并购，大象的发展是董事会较为关心的一个问题。所以我们必须给予大象足够的重视和支持，总结一下从最初开始并购到现在的发展概况，研究一下大象发展过程中遇到的问题以及解决办法。现在我们先对去年公司总体工作进行一个总结汇报，哪个部门先开始？"

"我先简要介绍一下去年咱们公司的总体营业概况

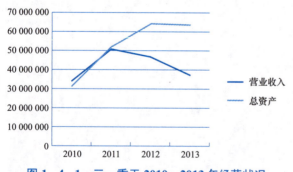

图1-4-1　三一重工2010—2013年经营状况

[①] 本案例由北京理工大学管理与经济学院孟凡臣教授、研究生李慧娟撰写，作者拥有著作权中的署名权、修改权、改编权。

本案例授权中国管理案例共享中心使用，中国管理案例共享中心享有复制权、修改权、发表权、发行权、信息网络传播权、改编权、汇编权和翻译权。

由于企业保密的要求，在本案例中对有关名称、数据等做了必要的掩饰性处理。

本案例只供课堂讨论之用，并无意暗示或说明某种管理行为是否有效。

吧。受市场低迷影响，营业收入、利润等虽然同比下滑，但主业产品地位稳固，国际业务平稳增长，产品质量、服务满意度、劳动生产率等持续提升，成本费用管控成效显著。2013 年，混凝土机械销售收入超过 190 亿元，稳居全球第一。挖掘机械销售收入超过 79 亿元，国内市场上已连续 34 个月蝉联销量冠军，市场占有率 14%，领先第二名 5.5 个百分点。旋挖钻机、沥青搅拌站、摊铺机等产品销售持续增长，稳居国内市场占有率第一。履带起重机 250 吨级以上产品市场占有率约 40%，行业第一；汽车起重机 50 吨及以上产品市场占有率行业第二。"市场部总监王总汇报道。

"国际业务呢？"向文波问道。王总监继续说道："去年咱们公司的国际业务处在平稳增长的状态。2013 年，公司国际化依然呈现强劲发展势头，实现国际销售收入 108.74 亿元，占公司销售收入的 29.92%，出口增长率行业第一，业务覆盖 110 多个国家和地区。海外各大区经营质量持续提升，亚太、南非、中东、巴西、北非、美国、拉美、俄罗斯等销售大区均保持盈利，并实现较快增长。"（如图 1-4-2 所示）

"嗯"，向文波赞同地点了点头，"三一重工处在转型期，想要打造国际化品牌，必须要重视国际业务的发展。"向文波最大的心愿就是把三一重工打造成一个国际知名品牌，但是他知道这是一个漫长的过程，而收购德国普茨迈斯特便是国际化过程中的重要一步，虽然已经把大象"娶"到了自己的家里，但是三一重工对这段跨国恋的知识吸收能力一直是向文波较为关注的一点。国内有很多的先例证明，如果不能很好地进行知识吸收就很可能导致并购的失败。

回过神来，向文波听到投资部经理在做汇报，会议依然在继续。

图 1-4-2 主营业务国际营业收入

1 背景介绍

1.1 三一重工

三一重工股份有限公司由三一集团在 1994 年投资创建，主要从事工程机械的研发、制造、销售，是中国最大、全球第五的工程机械制造商，如图 1-4-3 所示。目前，三一混凝土机械、挖掘机、履带起重机、旋挖钻机已成为国内第一品牌，混凝土输送泵车、混凝土输送泵和全液压压路机市场占有率居国内首位，泵车产量居世界首位。

作为三一集团的核心企业，三一重工于 2003 年 7 月 3 日上市。三一重工注重于技术研发，目前共拥有授权有效专利 2 428 项。2007 年以来，由三一重工自主研制的 66 米泵车、72 米泵车、86 米泵车三次刷新长臂泵车世界纪录，标志着中国由混凝土泵送技术的跟随者成为领导者。三一重工技术创新平台荣获 2010 年度国家科技进步二等奖，是中华人民共和国成立以来工程机械行业获得的国家级最高荣誉。三一重工在印度、美国、德国、巴西投资建设了工程机械研发中心。2012 年，三一重工并购德国普茨迈斯特，改变了世界工程机械行业竞争格局。

三一重工自成立以来，以年均 50% 以上的速度增长。2011 年 7 月，三一重工以 215.84 亿美元的市值，入围 FT 全球 500 强，为唯一上榜的中国机械企业。2012 年，公司实现营业收入 468.31 亿元，净利润 56.86 亿元。

向文波于 1991 年进入三一集团，先后主管生产、营销业务，曾任该公司总经理助理，历任三一重工业集团有限公司副总经理、常务副总经理，本公司总经理，现在是三一重工总裁。2002 年，向文波荣获"中国优秀民营科技企业家奖""2002 年紫荆花杯杰出企业家奖"，他还是

图 1-4-3 三一重工

2011 年度福布斯全球富豪榜上榜人物，堪称中国第一金牌职业经理人。2012 年年初，向文波参与的普茨迈斯特并购案成为他职业生涯的另一个挑战。收购暗恋十八年的企业，"婚姻生活"能否相处愉快并且创造价值，是向文波这两年较为关注的问题。

图 1-4-4　三一重工营业收入

1.2　普茨迈斯特

普茨迈斯特机械有限公司由 Karl Schlecht 先生创建于 1958 年（如图 1-4-5 所示），主要从事开发、生产和销售各类混凝土输送泵、工业泵及其辅助设备。这些设备主要用于搅拌和输送水泥、沙浆、脱水污泥、固体废物和替代燃料等黏稠性大的物质。公司产品包括：安装于拖车或卡车上的各种混凝土泵、拌浆机，用于隧道建设和煤矿工业的特种泵以及最新研制的机械手装置等。在三一重工并购前普茨迈斯特就已经成为全球混凝土输送机械设备的领导者。普斯迈斯特在世界范围内建立了以德国、美国和中国三点为支撑的全球化的生产网络，销售和服务网络遍布世界各地。1995 年 12 月 12 日普斯迈斯特在中国上海松江工业区成立普茨迈斯特机械（上海）有限公司，作为中国和亚太地区的管理、生产、销售和售后服务中心。

图 1-4-5　普茨迈斯特（俗称"大象"）

普茨迈斯特公司一直创造并保持着液压柱塞泵领域的众多世界纪录：排量、输送距离、扬程、产品的种类、可输送物料的多样性等等。目前，在全球最高建筑——阿联酋的迪拜塔，普茨迈斯特已经创造了 603 米的最新的混凝土输送高度世界纪录。

1.3　世界水泥市场概况

世界水泥市场由于行业小、技术独特、进入门槛值较高，作为一个利基市场仅有几家巨头存在，普茨迈斯特（大象）是一家，在中国以外的市场位居首位，施维英排名第二，CIFA 位列第三。

在1998年，普茨迈斯特和另外一个德国混凝土生产商占领了中国混凝土市场近80%。那时普茨迈斯特的收入已经超过了24 000万欧元，三一重工的收入只有5 000万欧元。但是由于经济危机和全球经济发展放缓情况发生了戏剧性变化。规模经济效益的提出导致了很多企业走向合并的道路。

1.4 中国工程机械行业的崛起

随着中国经济的发展，以及政府在建设方面的大量支出，中国工程机械行业在世界上占有越来越重要的地位。2011年度"全球工程机械制造商50强排行榜"中，有十家中国企业进入世界排名。其中，三一重工在世界工程机械生产商中以78.61亿美元的销售额位居世界第六，中国另外两家生产商中联重科和徐工集团分别位列第七和第十一，如图1-4-6、图1-4-7所示。在中国，城市化和工业化建设极大地增加了对建筑设备的需求，2005年中国工程机械设备的销售量占世界的9%，而2012年已经达到了40%，中国工程机械行业在世界市场份额中占有越来越大的比重，中国已经超越北美、日本、西欧成为全球最大的工程机械市场。

图1-4-6 中联重科　　　　　　　　图1-4-7 徐工集团

近年来，中国工程机械产业在规模、体量、增速上都有较大的提高，但是部分领域在质量、国际化程度、技术水平等方面与世界水平仍存在差距，因此中国工程机械行业在满足国内市场需求的同时，更要加快国际化进程。历史上，中国工程机械行业是特别分散的，零部件的生产商在中国有900多家，但是都不是特别强大。近几年随着竞争加剧以及规模经济的需求，企业之间的合并成为一个新的趋势。三一、中联重科和徐工脱颖而出，成为中国工程机械行业三巨头。

2011年年底，三一已经成了中国工程行业的巨头，主营业务收入超过500亿人民币。相比之下，三一重工在中国市场的对手——普茨迈斯特受金融危机重创，利润急剧下降，销售额降为4 000万欧元，亏损了15 000万欧元。2010年以后，中国市场占世界混凝土市场的60%，而三一重工在中国这个大的混凝土市场上已经占有60%的份额，普茨迈斯特的市场份额降至5%以下。

此时的市场格局对普茨迈斯特也很不利。受金融危机影响CIFA被中国的中联重科收购，排名第二的施维英面临破产危机，被银行追债，最终被中国工程机械行业排名第三的徐工并购。排名第二、第三的企业都找到了新的归宿，并购之后变得更加强大。大象面临着艰难的抉择：单打独斗，还是也找一个依附？如果大象仍然坚持自己单打独斗，不仅市场第一的地位难保，并且在以后的经营中难免会遇到危机。

普茨迈斯特的创始人Schlecht意识到公司正在丢失市场份额和竞争优势，已经十二年没有涉及日常经营的他，决定出售普茨迈斯特，然后开始专注于慈善事业。Schlecht一直把公司当作自己的儿子，所以相较于把大象卖个好价钱，他更加关心的是能够把品牌发扬光大，给公司找个好主人。

2 "十八年暗恋，半个月闪婚"

"每年将收入5%~7%投入研发，形成了集群化的研发创新平台体系。累计申请专利5 374项，授权3 394项，申请及授权数居国内行业第一。三次荣获国家科技进步奖二等奖、荣获国家技术发明二等奖。公司自主研制的86米长臂架泵车、世界第一台全液压平地机、世界第一台三级配混凝土输送泵、世界第一台无泡沥青砂浆车等一系列标志性产品引领中国高端制造迈向世界一流"，科研管理部总经理充满激情地汇报道。

"研发这一块做得很不错，但是仍然需要注重创新，不是得到了大象的技术就取得了成功，我们在获取知识之后要学会应用才能更好地吸收，尤其是要学会借助于普茨迈斯特成熟的技术，加快我们的创新进程，这样才能在激烈的市场竞争中站稳脚跟，"向文波总结说。"的确是，向总您放心，我们会在今后的工作中更加注重技术及核心能力的创新。"

"好的，后面的工作就看你们的了。昨天董事会上对我们下一阶段的发展进行了讨论，我们必须要深入贯彻落实'双进''转型'发展战略，高度重视创新，加强核心能力建设，严格控制成本费用和经营风险，着力提升盈利能力和经营质量，推动公司更好、更快和健康发展。预计营业收入与上一会计年度持平，并力争稳中有升。"向文波说完看了一下手表，已经十二点一刻了，"到饭点了，咱们一起去食堂吃饭吧，上午的会就到这吧，下午再继续。"

2.1 "暗恋"——三一重工关注普茨迈斯特十八年

上午的会议结束后，向文波整理了一下上午拿到的报告，最后一个走进食堂，加入他们几个人的行列。

"下午咱们对普茨迈斯特进行一个专题讨论，然后就可以给你们放假了"，向文波过去说道。"呵呵"，几个部门的人不约而同地笑了起来。

"提到大象，说真的，现在想想我都觉得难以置信，从咱们三一进入这个市场以来，普茨迈斯特就一直是老大，是水泥泵车的发明者，并且还曾经是中国市场的第一，很难想象我们一直视为标杆的企业现在也在我们名下了。"国际业务部的王总开心地说起来。"我们对他们太了解了，走到今天这一步真的很不容易，咱们用二十年的时间赶上了他们 50 年的历史"，人力资源部总经理补充道。

"对啊，咱们'暗恋'了人家 18 年，这段'苦恋'现在算是开花结果喽。想当年咱们梁稳根梁总为了看大象的泵车是如何工作的，站在马路上足足等了半天，他对大象有着很特殊的感情。从 1994 年三一重工进入混凝土机械制造领域起，我们就知道了施莱西特和普茨迈斯特，大象一直以来就是我们学习的榜样和超越的对象。很难想象现在这个标杆企业已经成了我们的一部分，所以梁总现在很关注大象'嫁'过来之后的'婚姻生活'是否幸福，"向文波更有感触地说道。

"两家企业能够联姻最重要的是要发现机会。要不是后来由于种种原因，普茨迈斯特丢失了中国市场，加上世界水泥市场竞争格局的变化，咱们还真不一定有机会呢，虽然大象在上海建有公司及工厂，但是市场份额却远远落后于三一。"市场研究部经理喝了口汤，继续说道："中国工程机械市场作为世界上最大的国家类单独市场，平均来讲中国工程市场占世界工程机械市场份额的 40%，个别产品占到了 60%、70%，而泵车这个行业 65% 的全球市场在中国。"

一直在埋头吃饭的总裁办成员小程这时候忍不住打断他说道："不过不但要能发现机会，同时也要能对机会进行客观的评估。三一重工虽然从市场份额、产品多样性等方面远远超过了大象，但是普茨迈斯特作为这个行业的标杆企业在质量、技术等方面还是占很大优势。大象的技术、品牌、网络体系，都是不可以用金钱来衡量的。这次并购成功给咱们三一重工带来金钱和时间不能换回来的东西，普茨迈斯特花费 52 年建立起来的网络体系，其价值是无法用金钱衡量的。而咱们的产品主要在中国，出口不到 5%，并且还不是世界品牌。通过这次收购，咱们获得了一个世界品牌。后期咱们还可以与其形成优势互补，获得大象在世界范围内相当成熟的营销网络和渠道资源，世界一流的混凝土机械技术，以及具有国际知名度的顶级品牌资源。这次收购的确可以为咱们打开海外市场的广阔空间，有利于咱们公司国际化发展战略的实施。"

"我吃饱了，"科研管理部的经理收拾了一下餐盘，又坐下来说道："听说并购的时候梁总和施莱西特第一次见面，但是一见如故。具体是怎么回事？向总给我们讲讲吧，事情都过去两年了，我们这些信息还都是从新闻里面了解到的，还真没听您详细讲过。"

"是啊。""不错。给我们讲讲吧。"其他部门几位经理也赞同地说道。

2.2 "闪婚"——三一重工并购普茨迈斯特

"好吧，事情都过去两年了，一直没跟你们详细说过。正好今天跟大家讲讲怎么回事。"向文波看几位经理一个个很好奇的样子，忍不住放下筷子从头开始说了起来。

"普茨迈斯特原本由其创始人 Karl Schlecht 名下的两家公司共同持有，其中 Karl Schlecht Gemeinnützige Stiftung 持有 99%股权，Karl Schlecht Familienstiftung 持有 1%。那时候大象想要找一个新东家，聘请了摩根斯坦利作为交易的顾问。2011 年年底，大象的财务顾问摩根斯坦利联系了八家潜在的竞标者，其中包括四家中国生产商。咱们公司、中联重科和徐工都在名单之列。当时梁总得到消息之后便决定一定要赢得这次的机会，毕竟咱们'暗恋'了人家 18 年了，难得的机遇。为了保密起见，当时梁总只把详细情况告诉了我一个人。"

"2012 年 1 月 7 日，中联重科率先从中国国际发展与改革委员会拿到了'通行证'，这个消息让咱们梁总很是震惊。为了避免错过此次机会，他给大象的创始人 Schlecht 写了一封信，表明他对两家公司合作的强烈愿望。两天之后，我和蒋向阳飞到 Frankfurt，同时梁总也从北京坐飞机飞过去。出人意料的是梁总和 Schlecht 的会面进行得异常顺利。"

"梁总人格魅力还是挺大的，管理者具有企业家精神还是挺重要的，"国际业务部王总补充道。总裁办小程也点头道："施莱西特是把大象当成了自己的儿子，因而更加注重大象的品牌发展，正好咱们能满足他的愿望。"

"整个过程只用了半个月，这可以说是历史上最快的一次并购案。因为咱们对大象太了解了，也不需要去做什么尽职调查。对他们的品牌、产品、技术、市场价值再清楚不过了，梁总接到 Schlecht 的报价之后，基本上没怎么改，两人就达成了一致：三一重工用 3.6 亿欧元收购普茨迈斯特 100%的股权。但是在此过程中也发生了很多戏剧性的事情。在临近签约前一个小时德国律师突然说不行，缺少了德国政府的通行证。梁总和 Schlecht 都不希望这会影响到交易的继续，为了表达完成此次交易的愿望和决心，两人还交换了各自心爱的手表作为信物。这就是新闻上提到的交换手表的故事，梁总那块手表是他儿子给他买的，施莱西特的手表是妻子送给他的礼物，两块手表都具有非常重要的意义。"

"原来是这么回事啊，"几个人不约而同地说道。

"后来梁总和我们几个人打算带着 Schlecht 的承诺飞回来。但是就在登机前一刻，我最终决定继续留在德国把合同签完再回来，因为即便有一点点的不确定因素发生都可能会影响到这次的交易，我不希望咱们错失这个大好的机遇。所以我后来消失那段时间就一直待在德国，出于保密考虑当时就没有告诉你们。"

"我们都理解，哈哈，当时还以为您在北京出差呢。""保密工作的确做得挺不错的，我当时也没想到会是这样，呵呵"，人力资源部和科研管理部两位经理调侃道。

向文波继续说道："后来 2012 年 1 月 20 日签约的事情你们应该都听说了，咱们三一德国有限公司联合中信产业投资基金（香港）顾问有限公司，与德国普茨迈斯特公司 99%股份的股东 Karl Schlecht Gemeinnützige Stiftung 和持有其 1%股份的 Karl Schlecht Familienstiftung 签署了《转让及购买协议》，确认咱们旗下子公司三一德国有限公司将联合中信基金收购德国工程机械巨头普茨迈斯特 100%股权，其中三一德国收购 90%，中信基金收购 10%。三一德国的出资额为 3.24 亿欧元（折合人民币 26.54 亿元）。"

3 "婚后生活"——龙象共舞

进入会议室之后，秘书给每个人倒了杯水，关上会议室门走了出去。

"那咱们继续大象的话题，把并购后不同阶段的整合情况做一个梳理，看一下都遇到了哪些问题，如何解决的？"向文波开口道。

3.1 "罢工风波"

"在并购整合阶段前期，普茨迈斯特的员工包括大象上海本部，都有些抵触情绪。德国工会的态度也不容忽视，据德国媒体报道，大象当初发生过罢工风波，德国人担心将技术卖给中国人之后会出现'教出徒弟，饿死师傅'的现象，担心中国人学会技术之后将流水线搬到中国然后就开始大批裁员，"人力资源部总经理描述道。

"我当初跟他们承诺过我们不会解雇一个员工,我们跟他们的 CEO 签了 5 年合同,并要通过拓宽普茨迈斯特产品线来增加就业,招聘更多海外员工。"向文波说道。

人力资源部经理接着说道:"是的,当时为了平复员工情绪,咱们给大象发了一个正式文件,说明不仅不会裁员,而且还会加工资。在给大象的员工做了工作和沟通之后,现在不仅没有裁员,还增加了很多员工,对于私营企业并购来说,这是咱们做得很成功的一点。随后德国媒体对这次并购的报道也开始变得正面了,现在我们合作挺愉快的。"

"现在大象对我们印象还是挺好的,主要得益于咱们对待大象的态度,梁总表示并购以后保证大象独立运作,咱们的确也是这么做的。"总裁办小程继续说,"咱们公司特别尊重大象的做法,不会强迫他们做不喜欢的事情,对大象表现出了极大的包容性。一般的并购第一件事就是把管理团队换掉,但是咱们并购大象之后,保持大象的高度自治。大象仍然是原班人马,我们没有派管理人员过去接手,只派了一个联络官在大象任职,并且他在大象的办公费用也都是一律由我们承担。"

"对啊,这是咱们做得比较好的,一般的企业很难做到这一点。大象的原总裁 Norbert Scheucht 留任,并且进入了咱们公司的管理层,现在是三一重工的执行董事。"国际业务部王总接道。

"咱们和大象每个月会通过视频开月度例会,讨论月度经营问题,会有财务预算及文件的共享和交流,但是不会干涉大象的具体运营。可以说我们在管理层面没有进行很深程度的整合。"人力资源部经理补充道。"此外,为了更好地留住核心员工,咱们采用了中长期激励机制,包括期权、股票激励等。把员工分为不同的类别,比如 A 类员工,大概有 7 000 多名,每年 11 月份会变动一次,并且会对各个单位的员工进行考核。"

向文波总结道:"我记得 Schlecht 对中国文化很感兴趣,尤其是对《论语》很有研究,最喜欢的一句话就是'己所不欲,勿施于人'。正是因为咱们能够做到这一点他才放心地把大象交给我们。"

3.2 文化整合

"之前有人跟我提出过对于咱们并购过程中文化整合的质疑,我回应说咱们是市场化的企业,对市场有天然的适应性,"向文波继续道,"我相信我们企业文化之间的差异不会很大,我们三一重工推行的是丰田的管理模式,我想在普茨迈斯特推广也不是问题。"

人力资源部经理点头道:"并购之后我们很注重和大象之间的文化交流和沟通。大象的核心团队,特别是核心管理层、研发团队专程飞长沙,跟咱们进行沟通交流、联络感情。我们还会组织一些包括美国、德国、印度、巴西等国家的跨文化项目。人力资源部和国际部的人会一起出席国际文化交流,这种交流项目已经进行过两期。每期约有十天的时间,前五天会对对方的文化进行学习,后五天会过来长沙总部。咱们对外部门的员工也会报名参加,共同组织一些项目,比如针对管理过程中的一些跨文化分歧进行讨论,之后形成报告。此外我们也会组织员工到周边的旅游景点参观,以此促进双方的了解。"

"这一点做得很好,如果想要长期合作,必须要跟大象先建立起良好的感情基础,这样才能更好地应对后期的问题和挑战。"向文波赞许地说道。

此次并购对三一重工来说既是偶然,又是必然,正好契合公司的战略发展目标。三一重工已经到了国际化阶段,之前三一重工一直注重国内市场,现在需要走出去,并且已经在为之努力,三一重工在美国、德国、巴西、印度等都已经有了绿地投资项目。国际化已然成了三一重工的战略目标,并且把德国作为三一重工水泥板块国际化的中心。而并购之后借助于普茨迈斯特 52 年逐步建立起来的营销网络和渠道资源,三一重工的国际化战略更是畅行无阻。但是在去年的国际市场上,德国市场并没有表现得特别突出。

3.3 市场整合

向文波继续说道:"并购的时候我说过到时我们会将大象的部分产品转移到国内生产。我们要管理效应,我们之间会全面整合商务体系,它的优质零部件可以提升我们的产品质量,我们低成本的零部件可以降低它的成本，发挥协同效应，迅速整合我们的营销。当然不会因为这个整合让大家没事干。但是看去年的经营情况，咱们离这个整合目标还有很大的差距啊。"

"达到这个目标咱们的确是还有很多事情要做。去年亚太、东盟市场表现较为突出，德国市场由于一直较为平稳，加之我们还有一个适应的过程，所以没能这么快就表现出较强的协同效应。"市场研究部经理汇报说。

"我一直在对外宣称咱们这是一次战略性收购，能够让我们三一重工的国际化提前5到10年，希望结果不会让我失望，"向文波感慨地说。

"不过虽然现阶段整合还没有彻底完成，但是咱们现在已经取得了大象对三一重工品牌价值的认同，比如共同研发更好的产品等。在战略上，大象的态度也很明确，认为大象就是隶属于三一重工的。这一点倒是顺利的让我们感到意外。"他补充道。

"这些是远远不够的，必须要快速整合市场品牌，凸显出咱们需要的整合效应才行。这方面进展得怎么样了？"向文波问到。

"在市场品牌整合方面，由于大象的产品和咱们的产品在功能和价位上有所不同，所以并购之后我们和大象实行的是双品牌战略。普茨迈斯特在司徒加特的总部成了三一重工在中国以外的新全球总部，在国外继续走高端品牌路线，而咱们仍将专注于开拓中国国内中低端市场，两者相互配合，虽然独立运营但是配合默契，国际国内双管齐下。"

"效果怎么样？"向文波继续问道。

"在这种战略下大象增长很快，之前它在欧洲市场一直很平缓，但是咱们接手大象之后市场份额有了很大幅度的提升，大象的员工也开始慢慢接受三一重工。现在的三一重工和普茨迈斯特是强强联合、龙象共舞。"国际业务部王总答道。"我记得普茨迈斯特 CEO Norbert Scheucht 说过，他认为这次合并大象不仅进入了高增长的市场，而且产品线还覆盖了从搅拌厂、搅拌车还有混凝土泵的成套解决方案，价值链得到了延伸。他认为效果还是挺好的。"

"此外，咱们得到了大象较为强大的海外分销和服务网络体系，同时咱们自己的全球分销网络也给大象提供了很大的竞争优势，真可以说是优势互补，这样才有了咱们去年在国内外市场取得的巨大成就"，市场研究部经理补充说。

3.4　技术整合

"看来我们的市场反响还是挺好的。"向文波说道。"技术整合方面呢？做得怎么样了？此次并购技术是我们最为关注的，因此这方面的整合必须重视起来。"

科研管理部经理抬起头，说道："在技术方面，大象技术部负责人是咱们技术委员会的委员，会和咱们通过交流讲座等方式进行技术上的交流。我们也会派员工过去大象进行学习，工资由咱们承担。这些员工可以在大象边工作边学习，但是不会去干预大象的经营管理。"

"前段时间我还听到这么一个故事，有个客户买咱们产品的时候很激动的告诉我们的销售员说，以后买产品还是选三一，像大象这么牛的企业被三一并购之后感觉我们可以在国内用普通产品的钱使用大象的技术，还是很划得来的。"王总绘声绘色地描述着，转头看向科研管理部经理问道："是吧，李总？"

"不错，"科研管理部经理微笑着点头。

向文波突然想到了什么，问道："前段时间的技术合作项目怎么样了？大象的技术人员不是过来帮助咱们团队进行产品工艺的提升吗？有效果吗？"

"咱们获得德国的技术和流程，可以很好地丰富咱们现有的产品，进一步提升产品的品质。借助于我们双方的力量，咱们的研发能力得到了很大的提升，"科研管理部经理回答道。

"另外，我们现在会在大象的基础上进行研发、创新。现在两个公司在做一些互利共赢的事情，比如咱们有些配套厂家，成本比较低，德国会派人过来，质检之后如果合格就会使用该厂家的零部件。两家的研发平台是开放的，可以通过互联网查找搜索到共享的数据资料。并购之后专利的障碍也减少了很多。大象有几百项的专利，技术都是相通的，大象成为咱们的一部分之后就不受专利保护的影响。现在采用的是专利付费制,不过都是集团内部的钱,咱们不过是左手换到了右手。另外还会安排人员进行交流,也有一些合作研发项目。通过这些措施,咱们提高了自己的技术和质量管理水平,而大象也能够在保证质量的前提下降低成本,互利互惠",科研管理部经理接着说道。

"像去年,咱们公司陆续推出多款极具竞争力的创新产品,全年累计下线主机新产品96款、部件新产品5款、研发新技术58项。截至2013年年底,公司累计申请专利5 347项,授权3 394项,申请及授权数居国内行业第一。咱们还推出了一款融合中德顶级技术的C8系列泵车(如图1-4-8所示)。"科技管理部经理列举道。

图1-4-8 "龙象共舞"——三一重工推出"领跑者"C8泵车

"很好,现阶段咱们可以说已经基本实现了之前预期的技术交流、市场网络、利润目标,后期的工作我们要完成由'单一国内市场'向'国际化'转型。积极拓展海外市场,聚焦国际重点区域、重点产品、重点资源,以点带面,实现辐射。全面提升美、德、印、巴产业园经营能力,全力支持普茨迈斯特发展,加大整合力度,积极寻求国际合作,实现国际化的新进步与新突破。各个部门要配合起来,争取明年给董事会交上一份满意的答卷。"

4 结尾

随着几位经理的汇报,会议接近尾声。向文波想起上个月27号,工业和信息化部部长苗圩一行还去了普茨迈斯特位于柏林的销售维修站参观,并且与自己、普茨迈斯特CEO卡赫以及蒋向阳进行了会谈。苗圩对三一国际化的发展成就表示赞赏,高度赞扬了普茨迈斯特在混凝土机械领域的独特贡献,并且表示自己十分看好三一与普茨迈斯特的强强联合,还说"三一和普茨迈斯特可作为中德两国企业合作的典范。"外界对这次并购的期望越高,向文波的压力也就越大。

2012年,三一收购德国普茨迈斯特,是首例德国知名中小型专业制造企业与中国企业的合并。通过这次合并,普茨迈斯特将得到三一重工资金上的保证,而三一重工将获得代表顶尖技术的"德国制造"产品标签,以及普茨迈斯特在中国以外的全球销售网络。

目前,三一与普茨迈斯特已完成整合,"1+1>2"的优势叠加效应逐渐显现。当然,并购后的整合也遇到过困难和阻力。对于中国员工,尤其是三一重工的高管,很难理解这种管理方式。在他们看来,一个被并购企业的地位比并购企业还要高,不但在技术、管理等方面尊重他们的做法,在其他沟通交流过程中也做出了很多让步,难免让自己的员工产生不公平的感觉。不过后来却证明正是由于这种包容理解以及三一重工对大象的信任和支持才能有后来的成功,而自己的员工也开始慢慢意识到这种战略安排的重要性。这让向文波感到很欣慰。他经常说:"企业在收购、合并的时候最重要的原则是尊重和包容对方的管理方式和文化思维方式,这样才能在后期同心协力达到并购的预期目标。"

会议结束了,向文波坐在会议室里,想着三一重工与大象将来的合作前景,在纸上画了一幅两只手握在一起的图画,象征着三一重工和大象强强联合、龙象共舞的发展局面(如图1-4-9所示)。他嘴角上扬,满怀信心地点了下头,走出了会议室。

图1-4-9 龙象共舞

The Merger of Sany and Putzmeister

Abstract: In the context of the globalization, transnational merger and acquisition (M&A) has become a popular mode for the corporate internationalization of many companies. Because of the difficulties caused by social-cultural differences, the transnational M&A is more complicated. Therefore, it is of great importance to develop case of a Chinese company which has successful performance in transnational M&A, so that the students can get insight in the M&A practice and get deep understanding of the success factors of transnational M&A. The meger between Sany and Putzmeister for provides a useful case for learning the chapters related with absorptive capacity, knowledge management and post-merger integration in the courses like Intercultural Management and International M&A. The case can help students to understand how a company use their absorptive capacity to overcome the social-cultural barriers and complete integration of HR, corporate culture, marketing and technology, in order to improve the intercultural competences.

Key words: Cross culture; Absorptive capacity; Knowledge management; Transnational M&As

案例使用说明：

龙象共舞：十八年"暗恋"最终开花结果
——三一重工与普茨迈斯特并购案

一、教学目的与用途

1. 本案例主要适用于《跨文化管理》《跨国并购》等课程中关于吸收能力、知识管理、跨国并购整合等相关章节的案例讨论。

2. 本案例的教学目的如下：

（1）了解中国企业海外经营的动机与海外市场的进入方式，分析企业海外并购的驱动因素和影响并购成败的因素。

（2）了解企业吸收能力的概念及构成维度，分析企业吸收能力在不同并购阶段的主要影响，特别是对于并购整合过程中知识管理的影响，学习跨国并购整合的方法。

二、启发思考题

1. 三一重工进行跨国并购的目的是什么？选择并购普茨迈斯特的主要原因是什么？

2. 分析三一重工和普茨迈斯特的文化差异，并说明三一重工是如何处理这种文化差异的？

3. 对于以技术为主要目的的跨国并购而言，交易成功是否意味着并购的成功？为什么？

4. 实施以技术为主要目的的跨国并购，企业在不同的并购阶段需要具备什么能力？在并购的整合阶段需要关注的关键问题是什么？

5. 企业如何通过跨国并购提升核心能力？从本案例中能够总结出的跨国并购的经验是什么？

三、分析思路

本案例以三一重工并购普茨迈斯特的过程为主线，暗线阐述了跨文化吸收能力在不同并购阶段的具体体现。

1. 三一重工进行跨国并购的目的是什么？选择并购普茨迈斯特的主要原因是什么？

分析思路：此题的分析主要从企业发展战略、市场竞争形式、国际投资的选择与决策、企业海外投资的驱动因素和海外市场的进入模式及影响因素进行阐述。

2. 分析三一重工和普茨迈斯特的文化差异，并说明三一重工如何处理这种文化差异的？

分析思路：关于文化差异的分析需要从国家和企业两个层面入手，首先运用霍夫施泰德的文化维度模型，先分析中国和德国的国别文化差异，然后从企业文化角度分析其中的异同。根据贝雷（1980）的文化适应模型，分析三一重工处理文化差异的方式。

3. 对于以技术为主要目的的跨国并购而言，交易成功是否意味着并购的成功？为什么？

分析思路：此题的分析需要理解企业并购的战略目标，了解技术知识在跨文化环境中转移的规律和影响因素。

4. 实施以技术为主要目的的跨国并购，企业在不同的并购阶段需要具备什么能力？在并购的整合阶段需要关注的关键问题是什么？

分析思路：此题的分析应该在前 3 题的基础上总结跨国并购所需的基本能力，进而对并购经验进行总结。

5. 企业如何通过跨国并购提升核心能力？从本案例中能够总结出的跨国并购的经验是什么？

分析思路：此题的分析在以上分析的基础上，结合跨文化知识转移的规律，总结并购后整合对于企业提升创新能力的影响。

四、理论依据及分析

1. 中国企业海外经营战略。（用于启发思考题1的分析）

（1）中国企业海外经营。

中国企业海外经营的动机主要包括：贸易替代型海外经营、资源寻求型海外经营、技术获取型海外经营、战略资产寻求型海外经营。

海外市场进入模式：

贸易式进入：间接出口、直接出口。

契约式进入：许可证协议、特许经营、交钥匙合同、管理合同。

投资式进入：合资经营进入、独资经营进入。

三一重工为了打造国际化品牌，占领国际市场，获取先进的技术等，三一国际化经历了出口、海外投资和本土化不同发展阶段，用了十年时间迈出国际化三部曲：产品出口、绿地投资、海外并购及合资，三一集团正在一步步地完成自己的国际化之路。

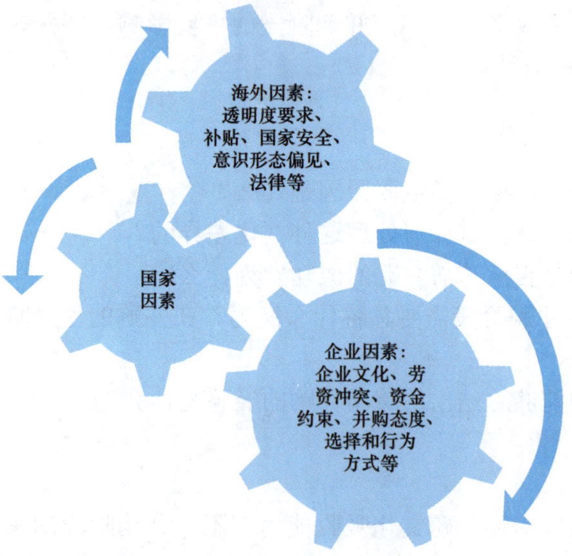

（2）中国企业国际化——海外并购。

海外并购的驱动因素："走出去"战略、寻求自然资源、拓展海外市场、获得管理经验和优势技术、克服贸易壁垒、参与全球竞争战略扩展。

影响海外并购成败的主要因素如图1-4-10所示：

三一重工并购普茨迈斯特除了出于战略竞争格局考虑之外，最重要的是为了获得先进的技术知识和海外市场。并购之所以能够成功，是受到了各方面的影响，企业克服自身因素跟普斯迈斯特达成一致之后还要从国家发改委那边取得许可，在谈判过程中还要克服到海外政治、法律等方面的阻碍，最终才取得了成功。

（3）国际投资的选择与决策。

跨国公司对国外投资环境进行选择，就是要通过对经济、社会、政治、法律和企业环境诸因素的评估，来提高对外投资决策的准确性，以排除环境风险可能造成的损失，使其达到"风险最小化，机会最大化"的目的。

图1-4-10 影响海外并购成败的主要因素

国外投资项目的可行性研究是国外投资决策的一个重要步骤，通过可行性研究，从经济和技术等方面对投资项目进行全面的论证，以决定投资决策。

跨国公司走向多国化，第一个粗略的甄选工作是国别分析，然后进行产品种类的投资机会的分析，在此基础上，在正式投资前，还要进行详细的"投资可行性研究"，如图1-4-11所示。

三一重工的成功多少有些不可复制性，由于三一对普茨迈斯特关注了十八年之久，所以三一签署合同之前根本没有去做详尽的尽职调查，也没有邀请一大堆中介机构来评估。向文波之所以敢这样做，一是三一已经关注普茨迈斯特多年，还把对方作为自己的财务对标标杆，对其非常熟悉；二是管理层互相

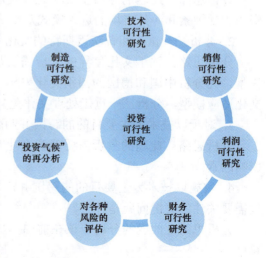

图1-4-11 投资可行性研究

信任,他也认为以欧盟的法律和德国人的作风,信用风险比较低;三是约定了附加条款,即之后审计财务报表有多大误差,三一就保留多大偿债的权利。

不过对于并购案例来说,这仍然是一着险棋。尽职调查在收购中是一项必不可少的环节,进行尽职调查的第三方机构一般要比交易双方更加熟悉和中立。俗语说"当局者迷、旁观者清",作为收购方首先要具备收购目标选择的合理性、判断的独立性,既不能瞎子摸象般发起收购,也不能无原则地盲从尽职调查。

但是三一在交割前请过专门的评估机构对整个交易程序进行评估,包括估值、交易结构、资产结构、财务状况,并请了德国律师 Sherman。在并购后还请了审计,审计有财务顾问。由于经营涉及几十个国家,每个国家历史、法律不一样,所以还请了一些国际上的律师来处理各个国家的反垄断审批等。

2. 理解文化差异。(用于启发性思考题 2 的分析)

(1) 文化差异。

国际企业文化具有民族性、传统性、渗透性、地域性、变革性、潜意识性和落差性等七个基本特征。霍夫施泰德认为对管理活动和管理模式有影响的文化价值观主要有五个方面:a.个人主义与集体主义;b.权力差距;c.不确定性的规避;d.价值观念的男性度与女性度;e.长期观与短期观。中国和德国的文化维度得分如表 1-4-1 所示:

表 1-4-1 中国和德国文化维度得分

国家	权力差距	不确定性的规避	个人主义与集体主义	价值观念的男性度与女性度	长期观与短期观
中国	80	60	20	50	118
德国	25	65	67	66	31
最大值	104(马来西亚)	112(希腊)	91(美国)	95(日本)	118(中国)
最小值	11(奥地利)	8(新加坡)	6(危地马拉)	5(瑞典)	0(巴勒斯坦)

(2) 文化整合。

文化整合是指不同形态的文化或文化特质之间的互相结合、互相吸收的过程。文化间的融合为国际企业的文化整合奠定了基础。国际企业的文化整合主要包括两个方面:一是不同文化之间的沟通;二是不同文化间的协同。文化适应方法示意图如图 1-4-12 所示。

(3) 如何打造优秀的跨文化团队。

贝雷(1980)的文化适应模型,从两个维度来描述文化适应,一个是人们是否保持自己的文化特色,另一个是个体是否愿意接触异族文化。在这两个维度上的不同反应就生成 4 种文化适应方法。

要打造优秀的多文化团队,要正视团队个体成员间的文化差异,同时用积极的眼光来看待文化差异,多看到由于差异带来的好处,而不是问题。打造优秀的跨文化团队离不开 3 项关键任务,首先是了解彼此的文化背景,建立良好的人际关系;其次是确定任务结构并建立团队成员交往的行为规范;最后则是建设跨文化团队的情商,对成员的情绪有所意识并能加以化解。

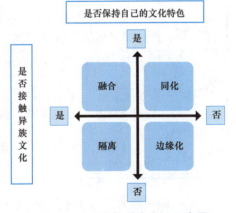

图 1-4-12 文化适应方法示意图

3. 知识管理。(用于启发思考题 3 的分析)

跨国并购不同阶段与知识吸收的主要工作如表 1-4-2 所示:

吸收能力(Absorptive Capacity)的概念最早由 Cohen 和 Levinthal(1990)在战略管理领域提出,他们认为吸收能力是一种企业认识外部新知识、消化新知识并将其应用于商业化目的的能力。由于吸收能力概念为组织和战略管理研究提供了一个独特的视角,或者说从组织吸收能力的角度能够更好地观察和解释组织的资源配置和绩效问题，吸收能力概念一经提出就受到学界的广泛关注（王天力、张秀娥，2013）。随后许多学者在此基础上对吸收能力进行了释义和结构分析，Zahra 和 George（2002）在基于过程观点的吸收能力的基础上，提出吸收能力是企业不断创造和利用知识的动态能力，是企业组织惯例和流程的集合。Zahra 和 George 从知识吸收的过程对吸收能力进行的阐释对吸收能力的研究是一个极大的推动，对于研究如何改善和提高企业的吸收能力具有重要的理论意义。

表 1-4-2　跨国并购不同阶段与知识吸收的主要工作

并购阶段		阶段目标	知识吸收主要工作
准备阶段		选择并购对象 制定并购方案	外部知识的发现与判别
交易阶段		并购谈判 达成并购交易	并购对象的知识判别 并购对象的知识初步理解
整合阶段	前期：动荡阶段	稳定员工情绪 引入新的公司文化	母公司对并购对象的知识获取、理解和共享
	中期：变革阶段	组织机构和人员调整 组织间资源整合 完善管理模式	新公司对企业的新旧知识进行整理和摒弃，实现新旧知识的系统化融合
	后期：稳定发展阶段	提高盈利能力 提升核心竞争力	新公司实现对整合后知识体系的成功应用，并再造出新的知识

关于吸收能力的研究不同的学者研究角度和侧重不一样，所以维度划分也不一样。至今为止研究者对吸收能力的内涵解释、维度构成的研究并未取得广泛的意见统一。大多数学者即使能从过程视角把吸收能力理解为组织处理外部知识的过程，包括识别、获取、消化、转化、整合和应用等不同环节，但具体的定义界定和维度划分仍然差异很大。国内外学者对吸收能力维度划分的研究如表 1-4-3 所示。

表 1-4-3　吸收能力维度划分

维度	具体维度	代表性学者
两维	认知有价值的知识；吸收知识	Dyer & Singh（1998）
三维	认知外部信息的价值（或者认知和获取）；吸收该外部信息（消化和转化）；商业化应用	Cohen & Levinthal（1990）；Lane & Lubatkin（1998）；Lane & Koka（2006）；Todorova & Durisin（2007）
四维	评价；获取；整合；商业化应用	Van den Bosch（1999）
	获取；消化；转化；利用/应用（前两者构成潜在吸收能力；后两者构成实现的吸收能力）	Zahra & George（2002）；Tessa C. Flatten, Andreas Engelen, Shaker A Zahra（2011）；徐二明，陈茵（2008）；陈劲，蒋子军，陈钰芬（2011）
五维	价值辨识；知识获取；知识消化；知识转化；知识应用	张韬（2009）

企业的吸收能力在商业化应用维度不仅仅是单纯的运用新知识，还应该包含在此基础上的创新，因此可以将知识应用和创新在文中归结为再创新能力。在国内外学者对吸收能力维度研究的基础上，将吸收能力维度划分为 4 个方面，如图 1-4-13 所示，并且根据研究需要对每个维度进行了二级维度划分。

图 1-4-13　知识吸收能力维度

(1) 知识识别能力。

知识识别能力是指知识吸收过程中，克服不同文化、背景等障碍，对于知识吸收对象所具备的知识资源的全面认识发现和合理评价判断的能力，是知识吸收能力的构成基础。知识识别能力可以分为：① 知识发现能力，对目标对象的显性知识（例如技术专利、生产工艺、研究数据等）和隐性知识（技能、诀窍、经验以及管理文化等）的发现能力。在企业国际化过程中，企业的管理者和员工必须要在一定程度上认识和理解目标市场与国内市场的差异，才能更多地发现新知识的存在。② 知识判别能力，建立在发现新知识的基础之上，对于新知识进行价值判断的能力。知识判别不仅需要企业具有相当的先验知识水平，还需企业人员对其进行深入研究，才能实现对新知识的价值判别。

(2) 知识消化能力。

知识消化能力是指企业获取目标对象的外部知识，并进行自我阐释和理解，同时配合适当有效的知识分享路径与方法，通过员工之间正式和非正式的交流与沟通，促进知识在企业内部的有效扩散，最终实现知识获取、理解和共享的一种能力。主要包含：① 知识获取能力，从专家或其他知识来源汲取知识并向现有知识型系统转移的能力。跨文化消化首先需要将获取的外部知识纳入企业内部现有的知识系统，才能进行有效的阐释和理解。② 知识理解能力，组织或个人运用已有的经验、知识去认识事物的种种联系、关系，直至认识其本质、规律的能力。它是跨文化消化过程的中心环节，理解新知识需要一套有效的学习方法并经过组织和个体的大量练习，形成对新知识的模仿，转移与引进并加以充分利用。③ 知识共享能力，组织成员彼此之间相互交流，使知识由个人的经验扩散到组织层面的能力。企业内部的知识共享可以增强企业获取知识的有效性，防止知识流失，也是进行知识资源配置的重要手段，提高了组织的核心竞争力。

(3) 知识整合能力。

知识整合能力是指企业将外来新知识和原有知识进行归纳整理，摒弃对企业战略目标实现无用的知识，并将整理后的有用知识融入企业知识系统，使之更加完善和具有优越性。知识整合能力可以看成是企业国际化过程中对新旧知识进行整理、摒弃与融合的能力。① 知识整理与摒弃能力，将新知识与原企业知识、系统的旧知识进行比较和归类排序，排除并放弃对企业无用的知识，使其具有条理性和秩序化，从而更有利于知识的融合的能力。② 知识融合能力，将整理出来的知识融入企业原有知识系统的能力，从而使企业形成新的知识体系，该体系具有柔性、条理性和系统性等特点。知识整合是一个动态的过程。

(4) 知识再创新能力。

知识再创新能力是指企业将融合的新旧知识运用于经营活动，转化成企业的竞争优势，并且再创造出新知识的能力。知识是否能够迅速转化成财富，并最终使企业获得竞争优势，不仅取决于企业是否能够快速高效地应用知识，更取决于企业是否具有不断地创造出新的知识的能力，特别是在当今知识经济时代的社会。再创新能力应包含：① 知识应用能力，企业将融合的新旧知识运用于经营活动，转化成企业竞争优势的能力。② 知识创新能力，企业运用已获取的知识创造出新知识的能力。知识创新是伴随知识应用的另一个过程，也是知识转移的结果。

通过以上对知识吸收能力各项维度的分析，得出知识吸收能力的构成框架，如表1-4-4所示。

表1-4-4　知识吸收能力构成框架

吸收维度		维度构成
知识吸收能力	知识识别能力 Identify	知识发现能力（Exploration）
		知识判别能力（Evaluation）
	知识消化能力 Assimilation	知识获取能力（Acquisition）
		知识理解能力（Understanding）
		知识共享能力（Sharing）
	知识整合能力 Combination	知识整理与摒弃能力（Re-organization）
		知识融合能力（Integration）

续表

知识吸收能力	吸收维度	维度构成
知识吸收能力	知识再创新能力 Re-innovation	知识应用能力（Application）
		知识创新能力（Creation）

吸收能力在三一重工不同并购阶段的具体表现如表 1-4-5、表 1-4-6、表 1-4-7、表 1-4-8、表 1-4-9 所示。

表 1-4-5 并购准备阶段跨文化吸收能力分析

并购阶段	跨文化吸收能力一级维度	跨文化吸收能力二级维度	具体表现
并购准备阶段	知识识别	知识发现	并购既是偶然机会，又有战略目标
			大象是水泥行业第一
			梁总对大象非常了解
			大象是泵车的发明者
			大象以前是中国市场第一
			后来市场份额远远落后于三一
			三一的市场份额、产品都超过了大象
			三一对大象的技术和其他方面很了解
			雇员消息传递时间很长
			决策层已经对大象非常了解
			行业较小
			大家谁都知道谁
			大象是除去中国市场的第一，是产品的发明者
			龙头企业
		知识判别	三一已经到了国际化阶段
			有国际化战略目标
			水泥行业重新布局
			大象需要做出选择
			是三一的标杆企业
			大象聘请了财务顾问，问三一敢不敢
			三一在质量、功能方面优于大象
			在产品寿命方面跟大象还有差距
			如果不并购，产业会重新布局
			战略意义很强
			私企并购时看重品牌的延续
			上市公司更关注股东等管理者的利益等
			并购目的：获取技术知识和海外市场
			跟大象的技术有差距
			想要尽快占领海外市场
			并购主要关注专利技术
			获取技术和海外渠道
			满足被并购公司的诉求

表 1-4-6 并购交易阶段跨文化吸收能力分析

并购阶段	跨文化吸收能力一级维度	跨文化吸收能力二级维度	具体表现
并购交易阶段	知识识别	知识发现	并购只用了 15 天
			知识获取源于过去的积累
			谈判很简单
		知识判别	第二天就和大象的总经理见了面
			对他的资产价值了解得很清楚
			交换手表之后，出现了新的竞争对手
			七天之内所有现金到账，是很大的竞争
			做决定快、操作快
			两位企业家惊人的相似，一拍即合
			交割前请过专业的评估机构
			评估整个交易程序：估值、资产、财务
			对大象的技术很了解
			技术人员去现场尽调，做出评估
			交易价格双方都很满意
			意见一致，很简单就达成一致
			确定交易价格时做过详细的论证
			谈判过程保密很重要
			并购前做了整合预案
			采购成本、技术、市场分割等方面
			自己做的并购预案，这些三一比较专业
			供应链、市场分割、品牌整合
			从战略看，没有机会也要创造机会
	知识消化	知识理解	对大象非常非常了解，没有做知识调研
			不是进入新领域
			交易涉及审批、反垄断等
			Schlecht 愿意把大象品牌交给三一
			请国际律师处理反垄断审批等
			品牌认可、文化认同、资金优势
			交易阶段涉及国内外法律、反垄断问题
			工会态度
			三一在全球的品牌认同

表 1-4-7 并购整合阶段前期跨文化吸收能力分析

并购阶段	跨文化吸收能力一级维度	跨文化吸收能力二级维度	具体表现
并购整合阶段前期	知识消化	知识获取	做了工作和沟通
			需要文化交流
			派员工过去学习，工资三一发
		知识理解	大象当初有罢工
			最初员工有抵触情绪
			当初很多高层都不理解
			缺点：中国员工不是很理解，尤其是高管
		知识共享	员工交流、边工作边学习
			大象的核心管理层过来长沙交流、联络感情
			核心团队飞长沙进行沟通

表 1-4-8 并购整合阶段后期跨文化吸收能力分析

并购阶段	跨文化吸收能力一级维度	跨文化吸收能力二级维度	具体表现
并购整合阶段后期	知识整合	知识融合	合作很愉快
			其他公司对三一反应非常好、认同三一的战略目标
			强强联合、龙象共舞
			专利付费制
			互利共赢
	知识再创新	知识应用	透过大象又买了另外两个公司
			达到了技术和市场目标
			并购后大象增长很快，源于三一的信任、支持
			取得了技术成功
			零配件质量和功能提升
			财务成功
			大象近几年利润很好
			并购后大象市场价额有大幅提升
			经过沟通、战略布局，三一透过大象买了两个新公司
			双品牌战略
			得到了想要的
			有合作研发项目
			研发成果方面的人员交流
			供应商共享
		知识创造	三一会在大象的基础上继续研发
			专利壁垒打通
			提高三一技术和质量
			降低大象成本

表1-4-9　并购整合阶段中期跨文化吸收能力分析

并购阶段	跨文化吸收能力一级维度	跨文化吸收能力二级维度	具体表现
并购整合阶段中期	知识消化	知识共享	技术整合、项目小组交换
			员工交流学习
			人员交往，派人过去
	知识整合	知识整理和摒弃	不仅没裁员，还增加了员工
			没有裁员，媒体也开始正面报道
			没有对大象的管理做任何改变
			只派了一个联络官，费用由三一承担
			包容，不撤换管理团队
			并购后大象高度自治
			不干预大象的经营管理
			发文件：不裁员、加工资
			大象在技术等很多方面都坚持自己的做法
			后来意识到这种战略安排很重要
			大象总经理成为集团董事
			并购后大象仍是原班人马
			不干涉具体运营
			没有深度整合
			大象在中国以外做高端市场
			大象保持原来的研发流程
			技术部负责人是三一的人
			技术按照各自的方法来做
			己所不欲，勿施于人
		知识融合	员工接受了三一
			三一员工也慢慢理解、接受了大象的做法
			月度例会
			品牌价值上取得认同
			中国员工后来开始接受
			技术方面会慢慢整合
			市场网络整合
			财务预算
			目标达到，其他不干涉
			战略上明确大象是三一的
			技术交流总体上不错
			专利障碍减少
			研发平台是开放的
			数据资料共享
			中长期激励机制

跨文化吸收能力维度模型如图1-4-14所示。

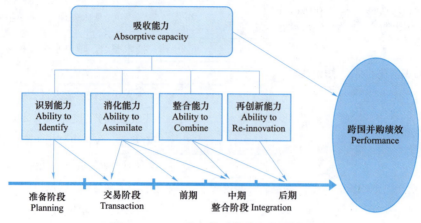

图1-4-14　跨文化吸收能力维度模型

吸收能力作为企业在长期发展中不可避免要遇到的问题，要给员工灌输这种概念。通过培训公司文化等方面提高员工对不同文化、不同管理方式的包容性和学习能力，能够举一反三，尊重对方文化。在学习应用新知识的过程中，要提高自己的创新能力，这样才能提高知识吸收的价值。

4. 海外并购的经验。（用于启发思考题4和5的分析）

为了避免海外并购失败，中国企业需要"苦练内功"：a. 并购前进行全面的调查、规划与风险评估，切忌盲目冒进；b. 重视核心竞争力的提高；c. 提高并购后的整合能力，包括资产整合、知识技术整合以及文化和管理制度的整合等。

企业在跨国并购中最重要的一项能力是对知识的吸收能力，要发现并且判断这些知识的价值，然后开始获取、理解、消化，然后开始整合，最终要学会创新，这样才能长远地发展。由于知识转移的高难度和高成本，企业在并购前就应对目标企业核心技术的价值和可传递性进行充分评估，预估整合成本，这样才能减少整合环节生产技术水平转移的困难，加速整合进程。中国企业应提高自身的技术水平，吸取外国先进技术的理念精髓，而不是仅仅关注于图纸和数据。总体来说就是要具备知识吸收能力。

以三一重工为例，在并购私营企业时，首先要发现知识，最重要的是要发现他们的诉求是什么。钱不是第一位的，他们更关注的是自己创立的品牌交给了谁，能不能发扬光大。董事长梁稳根和Schlecht这两个人有非常非常多相似的地方，都是企业家。梁稳根是从1985年开始创业，Schlecht也是从自己最早发明泵车开始，两个人都对水泥泵车有很高的热情。梁文根已经56岁了，但还是每天不厌其烦地参与到日常管理当中，关注公司产品的质量、客户服务等等，Schlecht也是一样。所以这两个人一见面就觉得很相似，唯一的不同就是Schlecht 89岁，梁稳根50多岁。所以说他愿意把大象品牌交给三一，而且在梁总手上大象品牌会继续发扬光大，而且它的员工、它的技术都可以得到更好的保护。三一不仅没有裁员，还增加了很多员工。所以对于私营企业，三一并购最为成功的还是这一点。对于上市公司就是另外一种方式，上市公司监管，管理者的利益、股东的利益，另外还有很多的法规等要考虑。吸收能力较强的企业就可以很快地凸显出整合效应，较早地带来经济效益，提高跨国并购后期的经营绩效。

五、关键要点

1. 企业在选择跨国经营时要综合考虑各方面因素，选择合适的海外市场进入方式。进行海外并购时要综合考虑所有的影响因素，并且逐一克服并购才能取得成功。

2. 企业并购之后需要进行整合，除了人力资源、市场营销、组织战略管理方面的整合之外，文化整合是最难也是最重要的。由于跨国并购过程中两家企业国家文化、企业文化存在较大的差异，因此如何处理好文化差异，做好文化融合是重点。

3. 知识技术作为最有价值的战略性资源，往往是企业海外并购的首要目标，但是收购成功后的知识转移对企业来说是高难度的，无法完全吸收消化先进技术和更新高级设备所带来的巨大的技术整合成本使很多企业的整合目标宣告失败。因此，需要企业加强知识管理，对企业的知识吸收能力给予足够的重视。了解不同并购阶段的主要目标和知识吸收的主要工作，进而了解吸收能力在不同阶段中的表现，然后有针对性地提高企业的吸收能力。

跨国并购背景下需要考虑到不同文化背景的差异，因此跨国并购背景下的吸收能力较之广泛意义上的吸收能力需要加入新的考虑因素，比如对文化差异程度、融合程度的识别，对不同国别、体制下的管理方式、文化、价值观的消化、整合，以及整合这些差异后的再创新能力等。

4. 吸收能力在跨国并购不同阶段表现为不同的构成维度，一个并购阶段可能包含几个不同的维度，同一个维度也可能会体现在不同的并购阶段，吸收能力和构成维度并不是一一对应的关系，不同维度在并购阶段会有交叉。并且每个维度之间很难清楚地界定，但是根据跨国并购每个阶段的主要目标和知识吸收的主要工作来看，跨文化吸收能力在跨国并购不同阶段都会有一个或几个相对重要并且具有代表性的维度得到体现。联系案例，通过对吸收能力概念及维度的学习，了解吸收能力在跨国并购中所起到的作用，总结企业跨国并购的主要经验。

六、建议的课堂计划

时间安排：建议使用两个课时（90 分钟）。

学生课前时间进行案例阅读及背景了解，然后课中进行分组讨论，每个小组进行总结发言，然后进行总结和归纳。课后形成书面报告并且提出意见和建议。具体如下：

课前计划：

介绍三一重工与普茨迈斯特并购案是我国民营企业跨国并购中较为典型的案例，极具代表性，激发学员的学习兴趣。将案例和思考题发给学生，让学生在课前完成案例阅读及背景了解。

课中计划：

案例开场白：近几年中国国际化进程加快，跨国并购成为很多企业国际化过程中的优先选择。但是根据麦肯锡的统计数据，国际上有一个著名的七七定律：在跨国并购中，70%的并购没有实现预期的商业价值，而其中又有 70%失败于并购后的文化整合。这就不得不提到吸收能力的概念，企业并购的成败多数源自吸收能力的强弱。跨国并购在实施的过程中不可避免地要遇到很多风险和困难，例如政治、法律、文化、管理等方面，而一家跨文化吸收能力较强的企业是可以在事前进行很好的知识发现，并对之进行判别，通过一系列知识识别，判断是否需要获取、理解并且共享这些知识，进而对这些知识进行整理和摒弃，融合到自己现有的知识体系之中，最终应用这些知识并且在此基础上创造新知识。下面我们通过分析三一重工并购普茨迈斯特这一案例，了解跨文化知识吸收能力是如何表现的，在不同的并购阶段分别表现为跨文化吸收能力的哪些维度，以及吸收能力是如何帮助三一重工提高自己的核心技术水平的。（3 分钟）

分组讨论：5～6 人分为一个小组，每个小组进行 15 分钟的讨论，讨论结束后各小组选出一个代表进行发言 3～5 分钟，时间控制在 30 分钟之内。（45 分钟）

教师简要讲解，对分析问题的框架和逻辑思路及关键要点进行简要说明，引导学生再次讨论。（17 分钟）

总结及板书：根据学员发表的观点及问题分析的思路和要点进行归纳总结，并且表述在黑板上，帮助学员梳理案例及分析问题的思路。让学生对跨文化吸收能力的概念及维度有较为深刻的理解，并且认识到跨文化吸收能力在跨国并购过程中的表现及作用，最后对跨文化吸收能力及三一重工的并购绩效进行评估。（25 分钟）

课后计划：

请学员就课堂讨论问题及对企业跨文化吸收能力的理解和体会进行书面总结，并且在此基础上给出提高企业吸收能力的方法和建议。

七、参考文献及深入阅读

[1] 尼格尔·霍尔顿. 跨文化管理——一个知识管理的视角 [M]. 北京：中国人民大学出版社，2006.
[2] 马述忠，廖红. 国际企业管理 [M]. 北京：北京大学出版社，2010.
[3] 陈晓萍. 跨文化管理 [M]. 北京：清华大学出版社，2005.
[4] 林康. 跨国公司国际化经营 [M]. 北京：对外经济贸易大学出版社，2006.
[5] 杨瑞龙，罗来军，杨继东. 中国模式与中国企业国际化 [M]. 北京：中国人民大学出版社，2012.

案例正文：

3M公司：如何创建品牌中的品牌？[①]

摘　要：近年来随着英特尔、杜邦、3M公司等国际知名企业相继实施成分品牌策略、创建工业品品牌且斩获成功，工业品品牌逐渐成为工业品营销、品牌管理中的热点问题。本案例以3M公司创建工业品品牌为主线，在描绘其品牌创建背景的基础上，着重讲述了3M公司为何要在工业品市场中创建品牌以及如何通过推拉并举、关注客户的客户、理念宣传与品牌联合等成分品牌策略成功地创建工业品品牌，并成为品牌中的品牌。本案例旨在为相关课程探讨工业品品牌提供分析素材，将品牌战略的实施从消费品领域拓展至工业品领域，开阔学生思路，强化对品牌的理解，帮助学生搭建工业品品牌从构建思路到具体实施策略的整套知识体系。

关键词：工业品；品牌策略；成分品牌；3M公司

0　引言

"三米之内一定会有3M公司的产品！"

"酷！那么请问它在哪？"

3M中国有限公司（以下简称"3M"）CEO余俊雄面对采访时又一次遇到了这样的问题。类似的问题他已经回答了无数遍，每一次他都希望能以一种更加平易近人的方式去阐述3M的品牌内涵，但这确实不易，但凡从产品的维度去理解3M，都会不由自主地陷入一种难以名状的"困境"。道理显而易见，作为一家多元化的科技企业，3M素以勇于创新、产品繁多著称于世：平均每16个小时就会有一个新产品诞生，在其百年历史中开发了6万多种高品质的产品！但是，令余俊雄最为苦恼的是，这些产品大部分都是光学增亮膜、保温材料、黏胶等纯粹的工业用品，很难找到一个准确而又合适的品牌切入点。

当余俊雄受邀为营销大师科特勒的新作作序时，一切困惑迎刃而解。他意识到，3M一直以来都是成分品牌战略身体力行的榜样，"为原材料、零部件创建品牌"的成分品牌化思想贯穿着3M工业品品牌创建的始终。回想起3M的工业品品牌创建之路，余俊雄不由得陷入了深思……

1　背景介绍

1.1　工业品市场

产品是人们为满足需要而通过劳动创造的产物，根据消费对象和最终用途的不同，产品可分为消费品和工业品。其中，工业品是指那些购买者购买后以社会再生产为目的而使用的产品，按照存在的状态不同，工业品又可细分为中间型工业品（如原材料、零部件等）和最终工业品（流水线、重型机床等）。

传统观念认为，工业品只有销售，没有营销。生产工业品的企业往往由于所生产的产品不是直接提

[①] 本案例由北京理工大学管理与经济学院吴水龙副教授、Professor Shibin Sheng of University of Alabama at Birmingham，北京理工大学管理与经济学院硕士研究生洪瑞阳、白莹、洪淑芳撰写，作者拥有著作权中的署名权、修改权、改编权。

本案例授权中国管理案例共享中心使用，中国管理案例共享中心享有复制权、修改权、发表权、发行权、信息网络传播权、改编权、汇编权和翻译权。

由于企业保密的要求，在本案例中对有关名称、数据等做了必要的掩饰性处理。

本案例只供课堂讨论之用，并无意暗示或说明某种管理行为是否有效。

供给消费者的,因而品牌意识不强,很少进行品牌运营,缺乏较为系统的品牌策略。因此,相对于消费品品牌,工业品品牌的发展更为缓慢。但无论是工业品品牌还是消费品品牌,其培育创建并非一蹴而就,而是文化、技术、品质等长期沉淀与积累的结果。

工业品市场与消费品市场存在着显著差异(如表1-5-1所示)。消费品市场通常针对的是终端消费者,相反,工业品市场主要针对的是中间环节的供应商,这些供应商若是单纯依靠传统的营销工具,很难建立显著的差异性。同时,这些供应商常常把营销的重点放在他们的直接客户身上,而这些客户很可能是另外一家公司的供应商,使得成分供应商与终端消费者之间至少隔有一个中间人,导致工业品市场中的成分生产商不为终端消费者所知。

表1-5-1 工业品市场与消费品市场的区别

工业品市场	消费品市场
针对中间环节的供应商	针对最终用户
双向联系	定向联系
特定的工业客户	众多的消费者客户
采购者通过定向渠道	购买者通过多种渠道获悉
多决策理性购买过程	单决策偏主观过程
相对多因素的产品供给	相对单因素的产品供给
多层次需求购买	主观购买冲动
营销是培训客户认知	营销是影响客户判断

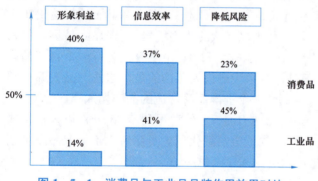

图1-5-1 消费品与工业品品牌作用效果对比

世界著名研究机构 Marketing Centrum Muenster(MCM)分析了品牌的重要性和相关性在工业品与消费品市场中的区别(如图1-5-1所示),可以看出,消费品品牌化的作用依次是:形象利益40%、信息效率37%和降低风险23%;而工业品品牌化的作用排序恰好相反,依次为:降低风险45%、信息效率41%、形象利益14%,这意味着,成功的品牌对工业品市场中的成分生产企业而言能很好地降低风险。

尽管创建工业品品牌能为企业带来新的商机,但工业品市场上的大多数企业却在试图规避品牌所带来的成本和一系列困难。3M公司不以为然,包括余俊雄在内的高管们都认为创建工业品品牌是大势所趋,只要找到适合自己的策略,工业品品牌终究会形成强大的品牌资产。

1.2 公司背景

1.2.1 公司简介

3M(Minnesota Mining and Manufacturing)全称明尼苏达矿业制造有限公司,成立于1902年,总部位于美国明尼苏达州首府圣保罗市,是世界著名的多元化跨国企业。一直以来,3M将"以科技举百业,以产品兴万家,以创新利个人"作为企业愿景,秉承"严格遵循正直、诚实的商业操守,以卓越的品质、价值和服务满足客户的需求,持续发展,为股东提供可观的回报,尊重社会和自然环境,尊重员工价值,发挥其潜力,鼓励创造力和领导力,成为备受尊崇的企业楷模"的企业价值观,努力成为工业品市场中备受推崇的供应商。

3M在全球超过65个国家运营,40个国家设立工厂,35个国家设有实验室。它是道琼斯30种工业指数之一,标普500指数成分股,道琼斯可持续发展指数企业之一,是《财富》杂志评选出的"全球最受尊敬的公司",被《商业周刊》称为"全球最具创造力企业",并连续多年荣获美国环境保护署和能源部"能源之星持续卓越奖"。截至2013年,3M的公司概况如表1-5-2所示。

表1-5-2 截至2013年3M公司概况

销售额	全球销售总额	299.04亿美元
	美国本土以外销售额	193.76亿美元
净收益	纯收益	44.44亿美元
	占销售额比例	14.9%
	每股摊薄收益	6.32美元
税利	所得税支出	18.4亿美元
分红 (自1916年以来每季度支付)	每股现金分红	2.36美元
	每股原始股等同现今持股	3 072股
研发与相关投入	2009—2013年投入	73.35亿美元
资本支出	2009—2013年总支出	63.28亿美元
员工	全球雇员	87 677人
	美国	34 746人
	美国以外其他地区	52 931人
所获专利	美国	527个
	全球	3 102个

数据来源:3M官网

　　1984年11月,3M中国有限公司在上海成立,成为中国第一家建立在深圳经济特区外的外商独资企业。其后30多年来,伴随中国改革开放的浪潮,3M中国业务迅速发展。截至2010年,累计投资达到7亿美元,员工从最初的9人增至5 000多人。在企业发展的同时,3M中国还不忘积极回报社会,以出色的表现获得了"最受赞赏的在华外商投资企业""2009中国绿色经济大奖"等多项荣誉。目前,3M公司在中国已经有7个生产基地,其中上海5家,分布在漕河泾、浦江、金山、新桥和外高桥。为了配合不断发展的业务,更好地服务客户,3M在全国26个主要城市设立了办事处,并在深圳、天津、上海设有物流中心,实现99%的门对门送达服务,遍及近200个城市。2005年,3M投资4 000万美元在上海成立3M中国研发中心,这是3M全球四大研发中心之一。另外在北京、广州、苏州设有技术服务中心,以便更好地为客户提供服务。目前,3M中国的研发和技术人员约有400人。

　　3M中国有6大业务部门,并通过这6大产品事业部进行多元化市场渗透。工业及运输产品事业部为客户提供粘接胶带、胶粘剂,过滤水系统及建筑贴膜,特殊化学材料,再生能源解决方案等系列产品,服务于汽车、建筑、飞机制造维修、金属工业、能源等众多市场;安保及防护事业部为客户提供商用清洁、建筑贴膜、防火材料、劳防用品、防伪技术和图书馆管理系统等,服务于工厂、煤矿、石油等众多市场;医疗产品事业部提供伤口护理、消毒灭菌检测、齿科及正畸等产品,服务于医疗、食品加工等领域;显示及标识事业部提供薄膜产品及室内装饰材料、交通安全解决方案、液晶显示增亮片、精密光学等产品,服务于交通、商业、广告、LCD显示器等市场;电子、电力及通信事业部提供冷缩电缆附件、电工绝缘胶带、电子互连、通信、新型电池材料等系列产品,服务于通信、电力和电子市场;文教及家庭用品市场事业部提供报事贴、思高等办公用品、家用水和空气净化产品、优视灯、思高清洁用品系列、耐适康个人护理系列等产品,服务于文教及办公、家居、健康等市场。这些事业部在技术、生产、市场等资源共享的基础上,为客户提供更快捷和高效的服务。

1.2.2 品牌体系

高管们对 3M 的品牌建设寄予厚望,他们为 3M 建立了一整套品牌体系。在工业品市场中,3M 的产品在最终产品中举足轻重,为此,3M 公司通过成分品牌战略创建工业品品牌,并有针对性地进行了品牌命名(如表 1-5-3 所示)。

表 1-5-3 3M 公司部分工业品品牌

品牌	品牌标识	主要产品
3MTM	3M	大多为按最终产品生产商(如汽车厂商等)的要求进行定制化生产的部件、材料、解决方案等,如为奇瑞 E3 开发的 NVH 系统
ThinsulateTM(新雪丽®)	Thinsulate	新雪丽®高温暖绒是服装品牌热衷的"薄型"保暖材料,该品牌也为汽车品牌提供降噪材料
VikuitiTM	Vikuiti 3M	提供电子产品的显示增亮薄膜,为平板电脑显示器、移动电话、PDA 和液晶电视等提供显示优化的产品与服务
ScotchTM(思高®)	Scotch	胶粘系列产品品牌,主要提供工业胶粘剂、表面材料及隔离纸的粘贴等
ScotchcalTM	3M scotchcal	膜系列产品品牌,提供彩色薄膜系列(常用作油漆的经济替代品)、汽车保护薄膜等
ScotchliteTM	3M Scotchlite	提供反光材料,致力于改善建筑、交通、消费、矿业等领域的生产安全状况

资料来源:作者根据有关资料整理

"当 3M 的品牌标识能使其从竞争者中脱颖而出,有效传达并执行 3M 品牌战略时,3M 便赢得了客户的忠诚和尊重",3M 希望自己的品牌标识能具备这样的价值,并将"帮助客户取得成功的独创性实用解决方案"视为自己的品牌承诺,让顾客意识到 3M 的品牌代表着信任、领导力、质量和创新。

3M 品牌标识系统基于以白色为底色的 3M 红色品牌标志、Helvetica Neue Condensed 字体以及 3M 蒙太奇这三种关键性视觉元素创建(品牌 Logo 的演进如附录表 1-5-4 所示)。该系统采用蒙太奇设计方法,目标是凭借同一种面孔、同一种声音实现在全球范围内的传播,以一种独特、有效的方式来构建 3M 品牌的优势和价值,直观形象地表达 3M "驾驭创新的连锁反应"的品牌精髓,为 3M 各业务部门阐述创新理念及实现可持续合作提供帮助,促进它们与客户建立情感纽带。

历经百年发展,"3M"这两个字本身就代表了领先的技术与过硬的质量,对消费者来说是品牌和质量的保证,是良好的知名度与美誉度的代名词,是影响力的象征。因此,公司会在为汽车厂提供的零部件以及新雪丽®、VikuitiTM、思高®、ScotchcalTM、ScotchliteTM 等产品或产品包装上印上"3M"的品牌 Logo,在品牌传播的过程中有意将 3M 与旗下工业品品牌之间的关系传达给消费者,向消费者发射出"这是 3M 公司的产品,技术领先、质量过硬"的信号,借助"3M"良好的信誉赢得消费者信赖。

不仅仅是产品,标识被使用在几乎所有的营销传播活动之中,传达 3M 的品牌信息。3M 投放的所有对外广告、对内和对外的公关、促销、直销等传播都具有统一的品牌形象,都会打出"3M"的品牌 Logo。

1.2.3 产品简介

3M 公司素以产品分类广泛闻名于世。据官网统计,目前 3M 公司的产品共有 8 大类,105 小类,在售产品总数约为 12 000。其中,八大类产品分别是:显示及标识、电子电力及通信、医疗保健、安保及防护、交通运输、工业制造、办公用品、家庭及休闲。从产品种类上看,官方给出的 105 种产品小类中,工业品有 61 种，占全部产品的 58%；消费品有 44 种，占全部产品的 42%。而从产品的数量上看，消费品总数为 3 160，占全部产品的 19.6%，工业品数量占比高达 80.4%（如图 1-5-2 所示）。

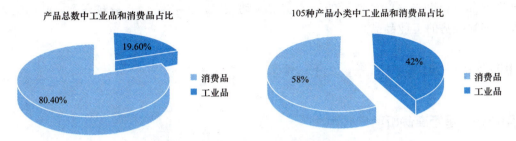

图 1-5-2　工业品占比与消费品占比

40 年前，3M 公司开始研发一种新型的保温材料，最终新雪丽®高温暖绒成功诞生，并以其"温暖而不显臃肿"的独创特性被人们所熟知。今天，由于 3M 在产品创新上的不懈努力，新雪丽®高温暖绒已成为市场上保温性最好的"薄型"保暖材料，它在消费者脑海中树立起了御寒衣物的新观念，不仅意味着人们在冬天将享受到更加温暖的呵护，更意味着可以摆脱厚重、臃肿的冬衣束缚，迎来轻捷动感的时尚新天地。新雪丽®高温暖绒进入中国市场后赢得广大服装品牌的青睐。目前，已有近 100 个服装品牌成为新雪丽®在中国区的合作品牌，涵盖休闲服、运动服等不同的细分市场，同时，新雪丽®在服装市场的卓越表现也吸引了国内许多家纺品牌（如附录表 1-5-5），利用新雪丽®高温暖绒作为被芯的填充物，在床品市场上备受好评。

3M 在汽车零部件市场同样业绩斐然。3M 最早进入汽车行业源于初期开采矿砂，在认识到矿砂将会帮助公司更好地发展后，3M 通过不断努力成功开发出了用于汽车制造的砂纸，这是 3M 在汽车行业的第一个产品，世界上第一张用于漆面处理的防水研磨砂纸 Wetordry™ 就此诞生，为工业研磨开创了一个全新的时代，标志着汽车零部件产品的创新历程由此拉开序幕。

一个世纪以来，3M 致力于拓展科技极限，新产品源源不断。在汽车行业，3M 不断开发满足汽车制造公司需求的产品，Scotch™、Scothcal™、Interam™、Filtrete™、Thinsulate™ 等品牌的产品涵盖了从内饰到外饰、从发动机到底盘、从车身结构到轻量化、从光学应用到汽车舒适性等诸多方面，如汽车空调过滤器、车身外装饰膜、车身内装饰膜、车内氛围、车身装饰件胶带、车内 NVH 材料以及玻璃微珠等等，成为汽车制造厂商极为推崇的产品。

2　对症下药——两个市场，两种策略

在工业品品牌创建之初，3M 就遇到了难题："将来直接面向消费者的业务会占到非常大的比重，但我们依旧是一个 B2B 的公司。"3M 中国和中国香港企业战略与公关部总监薛勇当时就意识到，作为供应商，3M 同时面临着两个市场——B2B 市场与 B2C 市场，在这两个市场中应该采用何种策略对 3M 而言尤为重要。3M 的高层们一直认为，3M 要想推广自己的工业品品牌，单靠传统的营销手段与沟通策略在 B2B 市场中向它们的直接客户推送产品是不够的，必须要同时兼顾两个市场、采用两种策略才切实可行。经过多次讨论，3M 最终决定采用推拉相结合的策略，期待能获得事半功倍的效果。

在 B2B 市场中以"推"为主。3M 需要做好最基本的营销工作，针对处于价值链下游的最终产品生产商进行营销传播。这些最终产品生产商是 3M 的直接客户，3M 在 B2B 市场中更依赖能够与自己的直接客户建立起长期的、稳定的品牌销售渠道，因而需要围绕如何将自己的产品推送给最终产品生产商展开营销活动。

在 B2C 市场中以"拉"为主。3M 将努力越过最终产品生产商，直接面对终端消费者实施工业品品牌的传播，影响和建立客户购买的品牌偏好，提高终端消费者对 3M 工业品品牌的认知，形成良性的品牌关系。在这一策略中，3M 与终端消费者的沟通策略显得尤为重要。良好的沟通能够促进终端消费者购买

意向的形成,激发终端消费者的购买行为,最终通过价值链的传递对其品牌产生巨大的拉动效应。

总之,由于 3M 是身处工业品市场中的 B2B2C 企业,3M 在创建工业品品牌的过程中就必须关注向直接客户推送产品、借助与终端消费者的沟通实现拉动效应,推拉结合,双轨齐下,从而助力成分品牌战略的实施,创建强势的工业品品牌。

3 别具匠心——和客户"黏"在一起

3.1 先导用户法,零距离倾听客户心声

"我们要和客户'黏'在一起,几千名技术人员分布在世界各地,他们与客户一起工作,他们非常善于找出客户的问题在哪里",余俊雄说道。"这还不够,我们还要去了解客户的客户,因为他们正在给我们的客户出难题",3M 中国及中国香港工业与运输产品事业部资深副总裁徐继伟说得毫不夸张,创新是 3M 的生命线。如今,3M 公司 80% 的产品和服务都来自市场和客户的反馈,超过 30% 的销售收入来自四年前根本不存在的产品。3M 清楚地意识到,产品难以直接接触到终端消费者一直是自身前进的绊脚石,只有关注客户的客户,零距离倾听客户的心声,了解终端消费者的需求并以此作为开发新产品的出发点,才能够越过最终产品生产商,实现与终端消费者的沟通,从而产生强大的拉动力,形成良性循环。因此,3M 内部形成了新产品开发的先导用户法(Lead User Process,也译为超前用户法)。

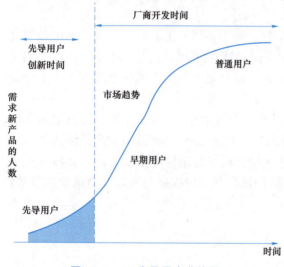

图 1-5-3 先导用户曲线图

先导用户法并未把重点放在"一般"终端用户身上,而是着眼于先导用户,即那些比一般用户在性能、使用条件等方面有更为严苛的要求,且远远走在市场趋势之前的终端消费者(如图 1-5-3 所示)。这些终端消费者常常是组织或个人,且他们已经就自己所面临的问题提出了创造性的解决思路甚至是具体的解决办法,只是苦于不知可不可行以及该如何通过技术得以实施。因此,3M 的技术人员不只是了解这些用户的需要,更重要的是他们在努力挖掘先导用户的创新性想法,并将这些想法运用自身已有的资源付诸实践。

3M 公司早在 2000 年就已在其 55 个部门中的 8 个部门成功地应用先导用户法,这 8 个部门的经理都积极支持这种方法。时任电信系统部经理的罗格·雷西就是一位先导用户法的创新型实验者,他认为"这种方法将使具有交叉功能的项目开发小组与先导用户及其他方面的专家相互紧密配合"。3M 公司的开发人员指出先导用户法是一项具有挑战性和创造性的工作,他们在未被正式分配到一个小组之前,早已以非正式的方式承担了项目的开发工作。

对 3M 公司而言,先导用户法的价值不仅局限于新产品的开发,它为 3M 工业品品牌的推广起到了强有力的拉动作用。运用先导用户法开发的新产品极具差异化,弱化了市场竞争的激烈程度,增强了 3M 的差异化竞争优势,同时,先导用户法的实施过程本身就是 3M 工业品品牌战略中的一项重要的沟通策略,越过最终产品生产商直接与终端消费者对接,既满足了终端消费者的需求,又很好地宣传了自己的成分品牌。

3.2 掳获客户"芳心",远离价格战泥潭

优秀的解决方案只有市场化才能真正满足终端消费者的需求,从而建立起良好的工业品品牌形象,3M 公司深知这一点。因此,为了打造强有力的工业品品牌形象,3M 形成了一套完整的产品商业化流程,即 NPI 流程。3M 公司的 NPI 流程包括七个环节:提出创新的想法(Ideation)、形成概念(Concept)、可

行性分析（Feasibility）、产品开发（Development）、量化生产（Scale up）、进入市场（Launch）、反省与改良（Post-launch）。NPI流程将以46个核心技术（如图1-5-4所示）为基础，这些核心技术就向元素周期表中的元素一样可按照需求进行组合，除非某项技术有重大意义，否则它都不能够视为新的核心技术。

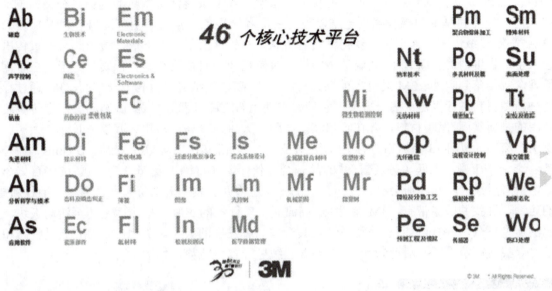

图1-5-4　3M核心技术平台

产品商业化流程真正实现了从想法到产品的转变，满足了客户需求，掳获客户"芳心"。当每一个通过先导用户法获得创意、借助NPI流程实现的新产品呈现在终端消费者面前时，无疑是对3M成分品牌最强有力的宣传。

新产品在市场上赢得了消费者的青睐，为3M提供了差异化的竞争优势。3M认为，如果拥有其他公司无法匹敌的竞争优势，就能取得定价上的主动权。对于市场中的绝大部分企业而言，通过技术实现的产品差异化往往意味着高研发成本，这令许多试图尝试差异化策略的企业望而却步，转而采用低成本领先策略，陷入"削弱质量—降价"的恶性循环，将自己拖入价格战的泥潭。

3M却反其道而行之。技术与创新本身就是3M的优势，这是其他企业所望尘莫及的。3M通过先导用户法和NPI流程开发出了很多具有突破性的新产品，这些新产品具有先入优势，能够率先满足客户需求，使得自己的产品与竞争者的产品存在较明显的差距，在竞争中实现了差异化。此外，3M充分利用自己的技术优势，积极参与行业技术标准的制定，形成技术壁垒。如3M在参加CVEC的工作中，参与排气系统的歧管式催化转化器的标准制定，作为起草单位完成了《GB/T 25983—2010 歧管式催化转化器》的标准。技术壁垒与先入优势使3M在定价上享有主动权，能够在高于市场平均价格的价格水平线上定价，从而获得较高的溢价。

事实上，如果消费者关注的只是你的价格，就说明你的产品已经没有任何特色，聪明的营销者在这时就应该设法突出产品的特色，而不是一味地在价格上做文章。所以，3M在产品和价格策略上，凭借其产品独特的品质和创意，坚守居高不下的定价原则，逍遥于价格泥潭之外，享受新产品与高溢价带来的收益。3M在2014年7月7日晚《财富》发布的世界500强榜单中以308.71亿美元的营业收入位列第399位，但其净利润率（15.1%）却远远超过了位列财富榜首位的沃尔玛（净利润率为3.4%）就很好地证明了这一点。

4　广而告之——品牌推广的"攻心计"

"攻城为下，攻心为上"，3M在工业品品牌的宣传推广中坚信这一点。3M的很多产品均具备了创新性与革命性，它们虽然可以满足先导用户的需求，但也存在着产品理念超前于消费者消费理念的问题，对此，3M 一直积极致力于产品理念的宣传以及消费理念的普及。

4.1 "轻薄保暖"，颠覆传统理念

3M 发现，棉服保暖的关键在于"心"的优劣，虽然市场上服装保暖填料的选择已经极为丰富、棉服样式五花八门，但臃肿厚重的棉服越来越难以吸引消费者的注意，消费者更喜欢既轻薄又保暖的棉服。为使新雪丽®高温暖绒快速进入市场，获得消费者青睐，3M 打出了"美于形，暖由芯"的宣传语，从棉服的理念入手，告诉消费者新雪丽®高温暖绒能够同时满足他们对棉服轻薄、保暖、塑形的三重需求。

为使理念宣传落到实处，3M 采用多种方式对新雪丽®高温暖绒进行宣传。一方面，3M 通过行业旗舰杂志对这种新型材料进行报道；另一方面，它们要求使用新雪丽®高温暖绒的服装品牌在宣传服装的同时要强调使用的是新雪丽®保暖材料，并在哈尔滨、沈阳、天津、青岛、郑州、武汉、长沙、太原、西安、成都、重庆、深圳、厦门 13 个城市进行 LED 户外宣传。与此同时，3M 联手安踏、Dickids、佐丹奴、美特斯邦威、李宁、唐狮、七匹狼等新雪丽®的品牌合作伙伴，在官网上发起"新雪丽®抗寒召集令"的互动活动，消费者登录官网并注册会员，写下自己的冬季愿望并转发，邀请好友一同参与，前往新雪丽®合作品牌的店铺，寻找并试穿带有"3M 新雪丽®高温暖绒"标签的衣服，拍照后上传至活动版块，邀请好友为自己的造型评分，就有可能获得新雪丽®及其合作品牌发出的大奖。类似的，3M 通过官网和新浪微博发起了"寻找暖芯挚爱"的活动为新雪丽®高温暖绒进行宣传造势，如图 1-5-5 所示。

图 1-5-5 新雪丽®品牌宣传

3M 认为这还不够，"轻薄保暖"的理念传播得越广，越有利于新雪丽®高温暖绒的推广。因此，3M 将宣传的方式拓展到了赛事赞助上。新雪丽®与美国高山滑雪队、美国伤残人滑雪队和加拿大滑雪队签定长达 4 年的赞助协议，成为他们的官方保暖材料供应商，并与著名的国际体育运动品牌 Spyder Active 联手，将其品牌标识印在选手的比赛服上，新雪丽®的品牌标志还将会出现在与赛事相关的工作人员及管理人员的外套、夹克及赞助商服装上。同时，新雪丽®也会作为指定填充保暖材料被使用于所有选手外套中。另外，新雪丽®荣幸地成了"WILL STEGER 2007 年度全球变暖 101 巴芬岛探险考察活动"的赞助商，在帮助更多的人了解全球变暖危害性的同时宣传自己的成分品牌，如图 1-5-6 所示。

图 1-5-6　新雪丽®赛事赞助

冬意渐浓时，3M 正在为新雪丽®高温暖绒进军家纺市场费尽心思。3M 并未直接、正面地对新雪丽®床品保暖材料进行轰炸式营销，而是从"摆脱厚重，轻松睡眠""时尚睡眠""舒适健康""可水洗的保暖床品""睡眠新体验"等理念宣传入手，强调新雪丽®床品保暖材料倡导轻松睡眠、可水洗、无螨虫困扰、引领时尚的特点，颠覆了被子不能水洗、换套不换芯的传统理念。在官网上对率先与新雪丽®床品保暖材料合作的罗卡夫进行宣传，打出了"罗卡夫床品已经率先将新雪丽®此款新品应用在今冬新品中，并通过其主要城市的一线商铺隆重上市。大家赶快去罗卡夫的专柜找找，为您和您的家人在即将来临的春节佳期送上一份温暖的心意！"的宣传广告，鼓励消费者去体验新雪丽®带来的睡眠新体验。

图 1-5-7　新雪丽®床品宣传

4.2 "以养代修"，给爱车做个 SPA

在汽车行业，3M 同样在积极传播"以养代修"的理念。4S 店等汽车维修、保养站点使 3M 的汽车部件得以直接和终端消费者接触，但我国传统的汽车维护理念主要是沿袭苏联的做法，即分为"一保、二保、中修、大修"，终端消费者常常重视汽车的维修而忽略保养。一位资深的修理厂师傅算了一笔账："一部价值十几万的经济型轿车，按 10 年使用期限、每年 3 万千米行程计算，每年须用于车辆保养的费用在 3 000 元左右。如果疏于保养，三五年后的每次大修花费近万，每大修一次汽车的寿命会减短。不要总是看在眼前的一点小利益，长远地来考虑其实更加划算。"但终端消费者很难意识到这一点，消费者理念的滞后阻碍了 3M 成分品牌的推广。

因此，3M 着力宣传"以养代修"的爱车理念，引导用户注重日常保养，通过定期保养来降低车辆的维修次数和维修费用，从而延长车辆使用寿命。3M 将自己的产品与"以养代修"的理念进行有机嫁接，推出具有高效抗菌除臭功能的汽车空调专用净化剂时，不仅强调它采用的是全球独有的专利抗菌除臭技术，可有效解决自然通风和人造香味所无法解决的车内空气质量问题，强效杀灭深藏于汽车空调蒸发器和空调管路上的各种病菌，抑制霉菌生长，有效预防"汽车空调病"，同时也强调使用该产品无须拆卸空调系统，只需在空调启动时将产品直接从空调进风口喷入，即可轻松消灭潜伏的细菌，向消费者灌输了"爱车更要爱自己"的理念，通过减少拆卸起到对汽车空调的维护作用。同样地，3M 的第二代四合一燃油系统添加剂着重强调它们能帮助有车人士真正开启省油、省心、省时的环保健康驾驶新旅程，无时无刻不在保养着顾客的爱车，能够对发动机起到保护的作用，轻松软化油胶，清除积炭，使汽车发动机保持最佳状态，并提高燃油效率，在轻松实现最佳省油功效的同时延缓发动机老化。

4.3 "创新日"，点滴渗透讲艺术

余俊雄说："早在十年前我就努力推动'创新日'这个平台，在这一天，3M会集中展示自己最先进的技术，它具有'点对点'的优势，很快就演变成了B2B最具有效的营销方式之一。"

2012年10月30日，长城汽车与3M公司在长城总部举办了"长城3M创新日"活动。在此次"长城3M创新日"活动中，3M展示了包含汽车内饰装饰件、灯光设计类产品、汽车隔热膜、汽车遮黑膜、整车NVH吸音降噪解决方案等7大类展品，双方技术人员也在现场进行了技术交流研讨。同时，针对技术产品工程师，3M根据产品类别分别举办了针对性更强的研讨会，让3M直接面对一线的工程师，了解客户的问题和需求，从而提供系统性的解决方案。

在此次长城3M创新日上，长城汽车董事长魏建军与余俊雄等双方高层领导出席了此次活动，且双方在现场签署了战略合作协议。根据协议，现阶段双方将在汽车内饰装饰件、氛围光、减震降噪产品等重点合作领域进行更深入的技术合作。这些技术将会被广泛地应用到长城汽车未来的产品中。长城汽车董事长魏建军在签约仪式上表示，希望通过双方的战略合作，以科技、环保、时尚、舒适的工艺理念，打造出卓越的产品性能，让消费者体验更高品质的驾乘感受。

当记者询问为何在这么短的时间内双方就能达成深度合作的协议时，徐继伟信心满满地说道："我们非常知道客户需要什么，因此我们所展示的技术的关联度都极高。我们会把事情讲得很深，针对它的目标，我们会给他讲一个非常有趣的故事。"徐继伟接着解释："一些汽车客户，我们可以从它的引擎一直讲到内饰或尾气排放，负责灯光的（员工）专门讲灯，负责引擎的就讲引擎，这就是我们的优势。"

3M通过创新日让客户了解其产品所能提供的解决方案以及3M作为成分品牌的影响力。通过在创新日上举办研讨会，3M获得更加准确的信息，加深目标客户对于其产品的认识以及问题解决方案的选择，并且双方高层领导均出席创新日，很好地宣传了3M的品牌形象，使目标客户从不同的层面认识工业品品牌的价值，形成对3M汽车零部件产品品牌的认知以及品牌联想的建立，铺平产品购买决策的道路。

在通过创新日而实现深度合作的客户名单里，已经有了联想、富士康、海尔等知名企业。"这些本土厂商不像国际大牌那样有长期固定的配套厂商，没有那么多限制，而且他们非常渴望与我们这样的世界级材料厂商合作"，徐继伟很有信心地说，"余总不是说过嘛，只要我们跟上了，客户就跑不掉了，我们总是能一点点地渗透进去。"

5 门当户对——与一线品牌"联姻"

3M致力于将自己的工业品品牌呈现给终端消费者，与奥迪等一线品牌"联姻"为它提供了便捷。

一直以来，3M都是大众奥迪部分零部件的供应商，其工业品品牌得到了广大汽车生产商的认同。2013年，当奇瑞汽车正着力打造新产品奇瑞E3时，3M工业品品牌的价值无疑吸引了奇瑞公司。奇瑞希望能把3M的部件优势转化为E3的差异点，成为E3的产品优势，通过与3M进行品牌联合打造奇瑞E3在NVH上的卓越性能（如图1-5-8所示）。

值得一提的是，3M公司在奇瑞项目上遇到了强劲的竞争对手——威孚公司。因此，为了扩大市场份额，3M主动向汽车厂提出降价，这显然与3M一直以来的价格策略不符。3M也表示："这样特殊的价格政策不会时常发生，就算降低了价格，3M依然可以从中获利。"

同样，在汽车零部件市场，3M太阳隔热膜凭借高科技涂附技术，确保透光及隔热率的同步效率，使3M可以在薄薄的一层光学膜中涂附近千层的光学分子，超越了一般隔热膜生产商的专利技术，其强势的产品性能在客户心中建立了良好的品牌形象。这吸引了丰田公司的注意，为了满足汽车用户的需求，2011年，丰田中国联合3M公司共同推出了一款太阳隔热膜，这款太阳隔热膜上同时出现了丰田Logo和3M Logo，被顾客所识别，为客户留下了强强联合的印象，在客户的心目中建立3M的品牌影响力，赢得高

品质的群众口碑。

图 1-5-8　奇瑞品牌联合

6　锦上添花——企业公民担责任

3M 坚信企业的成功源于对可持续发展战略的长期贯彻和执行，也相信只有成为充满活力的成功企业才能够持续回报社会、服务社会。因此，3M 积极贯彻绿色发展战略，通过利用循环资源、促进新能源开发、改善生产工艺或重新配方，研发出了数以万计的绿色产品，从而推动业务的可持续发展。在道路交通中广泛应用的 Scotchlite™ 反光材料是污染防治投资项目组开发的一个无溶剂黏合剂生产系统，这样每年可避免 200 多万磅挥发性气体的排放；思高®隐形胶带采用水基工艺替代溶剂型工艺来生产黏合剂，外科胶带现在都采用专利热溶工艺生产，每年可减少 230 万磅的溶剂，并节能 77%；新雪丽®高效暖绒材料具有杰出的保暖和环保性能，每使用一件含有新雪丽®保暖材料的服装，就相当于回收利用 11 个 600 毫升的矿泉水瓶，并且在厚度相同的情况下，其保暖效果是传统保暖材料的 2 倍，是羽绒的 1.5 倍。

3M 一直以来都是可再生能源战略的践行者。早在 25 年前，3M 就启动对新能源领域的技术和产品开发项目，研究和推动太阳能、新型生物能源、风能等可再生能源的开发和利用，从而减少对环境的影响。从 2002 年开始，3M 开始筹建可再生能源部门。2009 年年初，在全球范围内正式成立可再生能源部门，该部门整合 3M 全球的研发力量和现有的创新技术，利用核心技术平台资源，为太阳能、风能、地热以及生物燃料开发新型应用材料和技术解决方案，包括提供如薄膜、涂料、密封剂与黏合剂等系列产品，以提升其在光利用率、环境耐受度、热能利用率、生产效率等多方面的性能。

长期以来，3M 充分将自身在行业中的领先优势和社会公益活动相结合，努力奉献社会，成为生活和工作所在社区的良好企业公民。3M 中国的社会公益活动主要集中在支持教育、开展交通安全、健康培训和其他慈善公益活动上。在教育方面，为了弘扬创新精神，培养高素质科技人才，3M 中国从 1998 年开始资助众多科研机构和高等学府，并开始在国内一些知名高校设立"3M 创意奖学金"，支持专业学科的研究课题。同时，从 2007 年开始，组织"高校学生创新论坛暨研发探秘活动"，开放所有实验室供学生交流实践，目前已经累计接待数万人。在安全教育和健康方面，利用公司在该领域的优势，1993 年开始进行反光标志的免费派发，1994 年向全国各大工矿企业免费进行职业安全培训，2006 年开始配合政府部门，对公众进行交通安全教育。在其他慈善公益活动方面，2003 年抗击非典期间，3M 中国向北京、广州、上海、香港等疫情严重的地区捐赠了 50 万只专业防护口罩；2005 年向印度洋海啸的受灾群众捐赠；2006

年关注白血病患儿；2008年捐助汶川地震受灾人民，支持灾区重建并参与"熊猫卫士"项目。

3M始终坚持可持续发展战略。自20世纪60年代开始，当世界上不少企业还在靠牺牲环境换取自身利益之时，3M于1975年首批建立正式的环保政策，在奉行防治污染既是环境保护也是增强竞争力的战略宗旨下，于同年实施了世界环保史上著名的3M污染防治投资项目（3P规划），从污染源头——产品和生产过程抓起，重新规划产品，改善生产流程，重新设计生产设备，对废料进行循环利用。2005年，3M制定公司2005—2010年环保目标，旨在进一步降低对环境的影响。3M通过EHS（环境、健康和安全管理系统）完善了工厂环境的管理。通过严格的"产品生命周期管理"不断提高产品节能性，减少对环境可能造成的污染。同时，3M于2014年6月发布了《2014年企业社会责任报告》，3M公司新设立的卓越可持续发展中心成为报告中的亮点。

3M的一系列环保措施对中国的环保做出了重要贡献，积极承担社会责任，在塑造良好的企业公民形象的同时传播了积极正面的工业品品牌形象，赢得了消费者的信赖。

7 尾声：脱颖而出见成效

余俊雄曾说要推动3M的品牌建设，"这是我以前犯的一个错误，我本来以为我们不需要"，他回想起自己最初面临的困难，"我们有一个挑战就是B2B如何做品牌，我们总不能也像英特尔一样来一个'3M Inside'，毕竟就算是一件衣服里也有很多3M的产品"。而如今，成分品牌战略成功地帮助3M创建了工业品品牌，成为中国B2B市场上家喻户晓的供应商。

Interbrand的调查结果就放在余俊雄的桌上：3M首次进入了全球品牌价值排行榜Top 100的第90位，品牌价值不断攀升，在2013年排名第76位，其品牌价值与2010年相比提升了近50%（如图1-5-9所示），但这显然没有达到余俊雄的预期。

图1-5-9　3M品牌价值[①]

回想起3M通过成分品牌战略创建工业品品牌的过程及其所带来的收益，余俊雄隐约感觉到了危机，他深知成分品牌战略一定存在风险，他开始思考3M工业品品牌建设的下一步。余俊雄再次陷入了沉思……

---

① 数据来源于Intrebrand。

3M's Ingredient Brand Strategy in the B2B Market

Abstract: In the past several decades, a large number of multinational corporations, such as Intel, DuPont, and 3M, have successfully used ingredient brand strategy to build strong industrial brands. At the same time, industrial brand strategy has attracted a lot of attention in industrial marketing and brand management. The main line of this case is how 3M build strong industrial brands. This case explains why 3M decided to build ingredient brands and how 3M employed push and pull strategies to execute this strategy and used brand alliance to build its ingredient brand in the industrial market by focusing on the client's client. This case provides a classic example for industrial brand management. It extends our understanding of brand strategy to industrial products from consumer products, expecting to expand the understanding of brand strategy in the industrial market.

Key words: Industrial products; brand strategy; ingredient brands;3M

附 录

表1-5-4 3M Logo 的演变

图示	说明
	1906年：第一个3M商标的特点是包含了公司的全名、地址和一个菱形。这个菱形位于商标的中央，其上注有"3MCo."字样
	1926年：在公司的前50年历史中商标换来换去，没有多少闪光之处，也没有太多的变化
	1937年：当前所用标志的字母组合出现
	1938年：一年后，这种字母组合又消失了
	1942—1948年：该字母组合又出现了，有时带有一个连字号，有时不带
	1950年：一种椭圆形的设计出现了，设计原因已无从得知，但在当时它很快获得了广泛的使用
	1951—1960年：在没有标准手册指导如何使用的情况下，椭圆形设计的各个变体一时繁荣起来，有时，椭圆以实体形式出现，有时，椭圆又完全消失。在3M庆祝自己的50周年纪念日时标志上添加了月桂树叶
	1961年：3M雇用GeraldStahi&Associates设计公司制作了一个权威性的标志，它将公司和其业务统一在同一个标志下。设计的结果是一个四四方方的带衬线的3M符号，其工业外观为它赢得一个昵称——铅管工哥特体
	1961年：伴随着新标志的出现，设计单位也给出了一份包含该标志四个变体的手册。这一手册以荷兰艺术家PietMondnan的几何油画为基础
	1977年：当3M标志的变体由于公司不同部门的需要而增多时，设计单位Siegel&Gale开始重新设计标志以期解决这个问题。设计结果是简化到极点的字母组合3M，衬线消失了，口号也不见了，甚至3和M之间的空隙也被去掉了，标志的颜色则选用红色，以表现一种力量感

表 1-5-5 新雪丽®中国地区合作品牌榜

普通服装	男装	Lampo、Mark Fairwhale、PORTS、Septwolves、Tonywear、Lavico、圣大保罗、太子龙、温馨鸟、佐丹奴、蒂克、凡客诚品、彬伊奴、卡宾、步森、美特斯·邦威、唐狮、彬彬服饰、弗朗尼·齐拉、七匹狼等
	女装	DUNNU、ELEGANT.PROSPER、GIORZIO、Insun、JOJO、JORYA、LIEDOW、Marisfrolg、采轩、SHENGYUZHU、PORTS、POZO、MY TENO、YINGER、CIRCLE、Sierli、Mia mia/Fasion show、Flower Enjoy、GUETUES、渔、米兰登、珂莱蒂尔、ARTIS、FEIZI、O.C.T.MAMI、LESS、YIFNI、马天奴、哥弟、美特斯邦威、唐狮、佐丹奴、蒂克、凡客诚品、彬伊奴、黎姿、恋维斯、雅科尼、伊芙心悦、尚约服饰、爱盛服饰、安魅力、纳莎卡服饰、德颖服饰、元田女装、名典屋女装、美岛女装、宝尔菲特、艾杜、菲姿、凡恩、迪奈尔女装、报喜鸟、恒源祥、SAINTANGELOLADIES、马斯米亚、声雨竹、玖姿、艾莱依等
	童装	Les enphants、好孩子、芙儿优等
运动服		OZARK、FILA、李宁、安踏、鸿星尔克、361°、匹克、喜得龙、CBA、天伦天、哥仑步等
床品		Rayalcover、DINOSAUR、Tevel、宝缦、Whinny、黛富妮、多喜爱、维科、梦洁、红豆家纺、罗卡芙、恒源祥、嘉加梦、堂皇、博洋等

3M 中国环保贡献与环保里程碑

➢ 环保贡献

● 20 世纪 80 年代，3P 项目随着 3M 中国的成立被引入中国。1984 年，3M 中国成为中国首家安装热氧化炉提高排放空气质量的企业，通过热氧化炉减少对大气的污染，循环利用热量，在中国共设立 12 座热氧化炉，投资超过 1 亿多人民币（1 440 万美金）。

● 从 2000 年有记录开始到现在，3M 中国开展了 118 个 3P 环保项目，在大量减少污染物排放的同时，获得了经济效益。

● 同时，3M 中国推动环保产品的研发和在中国市场的运用，每年发布包含上百个环保产品和解决方案的目录，助力客户实现其环境保护的目标。

● 3M 中国多年的环保努力得到社会的广泛认可，赢得了多项荣誉。最近取得了两个奖项是中国道农学院的"2008 年绿色标杆企业"和美国《商业周刊》评选的"绿色经济企业奖"。

● 同时，3M 不仅在企业内部成立了创新的环境保护管理系统，还积极投身于环保公益事业，在实现企业自身发展的同时也成了环境保护的典范。3M 在环境保护方面的贡献也为公司赢得了社会的赞誉。

➢ 环保里程碑

● 除了在运营过程中注重减少对环境的影响之外，3M 中国还通过与政府、NGO 等组织合作，开展各类环保公益活动，以此推动中国环境保护的进程。

● 1994 年，3M 公司作为第一家安装热氧化炉的企业，用高于国家标准的更加严格的排放标准提高生产过程中的空气排放质量。

● 2004 年，3M 引入污染防治投资计划，减少污染排放，循环利用废料，实施产品生命周期管理。

● 2005 年，3M 基金捐资 3 200 万人民币和国际环保组织——保护国际（Conservation International，CI）在中国共同开展"多样物种，美好世界"系列环保项目。该项目包括中国西南地区的森林多重效益项目，推动碳汇机制建立，旨在支持中国的生态建设和生物多样性保护。

● 2006 年，3M 参与"留住美好自然"行动，通过参与云南实验林的种植在云南和四川设立碳汇、生物多样性研究试验地。

● 2007 年，3M 向山水自然保护中心捐赠 100 万美元，用于中国的淡水保护项目。同年，加入克林顿气候行动，为该行动提供节能建筑贴膜，以降低城市中的建筑能耗和相应的二氧化碳排放。该年 3M 资助北京中山音乐厅首次举办"零碳排放音乐会"。

● 2008 年，3M 支持云南省绿色环境发展基金会的成立，推动当地环境保护。同年，3M 资助美国大自然保护协会"保护鸟类天堂，营造生态都市"东滩鸟类自然保护区保护项目，并在东滩建立志愿者基地。

● 2009 年，3M 成立可再生能源部，积极投身新能源领域，推动绿色低碳产业发展。

案例使用说明：

3M 公司：如何创建品牌中的品牌？

一、教学目的与用途

1. 本案例主要适用于全日制管理类研究生、MBA 和 EMBA 学员《营销管理》《品牌管理》等课程中工业品品牌、品牌策略等相关模块的教学与讨论。

2. 本案例主要是对 3M 公司（以下简称"3M"）借助成分品牌战略创建工业品品牌进行研究，引导学生探索品牌管理领域中的热点前沿问题，帮助学生理解在工业品市场上怎样为那些构成最终产品的部件建立品牌，实现部件生产商与最终产品生产商之间的双赢，为学生认识品牌的力量提供一个全新的视野。具体来说，包括以下几个教学目的：

（1）帮助学生明确工业品品牌的重要性、必要性、可能性、收益与风险等问题。

（2）使学生能够深入理解成分品牌战略的相关理论，能够判断一个企业是否能进行工业品品牌化，掌握企业通过成分品牌战略创建工业品品牌的思路与具体策略。

（3）帮助学生搭建工业品品牌创建从思路构建到具体实施策略的整套知识体系。

二、启发思考题

1. 3M 是以什么方法打开工业品市场的？3M 为什么要采用这种方法？这种方法对企业有什么潜在要求？

2. 3M 公司创建工业品品牌遵循了什么样的思路？试结合成分品牌建立的"推""拉"策略进行分析。

3. 3M 公司向最终产品生产商"推送"产品、"拉动"终端消费者需求的具体策略是什么？应如何运用成分品牌战略创建工业品品牌？

4. 在创建工业品品牌时，应选择什么样的品牌进行品牌联合？3M 公司是如何做的？

5. 你认为通过成分品牌战略创建工业品品牌会给自身和最终产品生产商带来哪些机遇和风险？3M 公司的做法对同类企业有何启示？

三、分析思路

本案例以工业品品牌、成分品牌战略等理论为切入点，通过对 3M 公司的商业类型、所处行业的竞争强度、所生产部件对最终产品的重要性与复杂程度等呈现引导学生思考企业通过成分品牌化创建工业品品牌的必要性与可能性；之后分解 3M 公司的工业品品牌策略，帮助学生厘清成分品牌战略的实施思路；然后聚焦 3M 公司的"推""拉"策略，从成分品牌的目标、品牌战略的选择、营销策略工具、联合品牌的巧妙选取等方面分析如何通过成分品牌战略创建工业品品牌，从而在产生推动效应、刺激最终产品生产商购买 3M 公司所生产的部件的同时对消费者的需求产生拉动效应，帮助学生掌握成分品牌战略的具体实施方法；最后，引导学生思考通过成分品牌化创建工业品品牌可能会给成分生产商和最终产品生产商带来哪些机遇和风险，激发学生的学习迁移能力，鼓励学生去思考 3M 公司的工业品品牌策略对我国同类企业有何经验与启示。详细的分析思路与理论分布如图 1-5-10 所示。

四、理论依据及分析

本案例主要依据菲利普·科特勒和瓦得马·弗沃德（2010）提出的成分品牌化理论以及工业品品牌相关理论进行分析，围绕前文提出的分析思路梳理相关的知识点，并对 3M 公司创建工业品品牌的策略进行剖析。

图 1-5-10 分析的逻辑路径与理论点分布图

1. 3M 以什么方法打开工业品市场的？3M 为什么要采用这种方法？这种方法对企业有什么潜在要求？

● 理论依据：

（1）重要性、必要性。

根据凯文·莱恩·凯勒（2014）的观点，成分品牌（Ingredient Brading）是指为某些品牌产品中必不可缺的材料、原件和部件创建品牌资产。这种以某一成分为中心的创新型营销战略开辟了一个新时代，也标志着一个新趋势，即根据产品成分对产品组进行重新定位。这为工业品市场中的成分生产商提供了新思维：它们可以借助成分品牌化打造工业品品牌，即在工业品市场中为那些构成最终产品的、不可或缺的零部件或原材料创建品牌，并通过最终产品品牌向终端消费者传达自己产品的特点和优势，成为品牌中的品牌，从而简化消费者的决策过程，让终端消费者认识到最终产品中包含的原本不为其所知的成分，进而增强供应商的力量，创造客户需求，提高销售额。

企业通过成分品牌化创建工业品品牌将具备以下优势：

刺激消费者需求，产生拉动效应；

具备识别、区分、质量、导向等功能，使成分生产商获得差异化竞争优势；

为成分生产企业带来更多的溢价空间。

（2）可能性。

尽管通过成分品牌化创建工业品品牌能带来诱人的效益，但并不是所有企业都适合这种策略，它在商业类型、竞争强度等方面对企业提出了要求。

首先，要处于企业对企业（B2B）的市场中。企业要想通过成分品牌化创建工业品品牌，它们的产品在触到终端消费者之前必须经历另一个市场或加工阶段，即对它们的产品有直接需求的通常不是个人消费者，而是企业消费者。

其次，从商业类型（如图1-5-11所示）的角度来看要属于"供应"类型（或是供应关系）。因为处于"供应"类型中的企业业务关系延续性强、顾客参与度高，更适合通过成分品牌化创建工业品品牌。B2B市场中的供应关系与其他商业关系存在着显著的不同，因为供应商和消费者之间的关系非常看重业务关系的连续性以及产品性能的个性化。

再者，行业竞争强度（如图1-5-12所示）是另一个重要的影响因素。若行业中的竞争非常激烈且价格远远凌驾于创新和质量的改进上，那么在这种情况下实施成分品牌战略将是一项非常冒险的举措。行业中的供应商数量越少、最终产品生产商的数量越多越适合成分品牌化，更有利于创建工业品品牌。

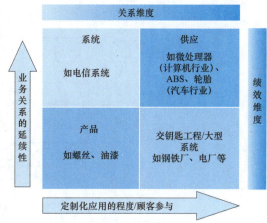

图1-5-11　商业类型体系

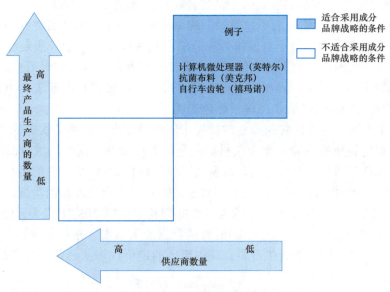

图1-5-12　竞争强度

企业要通过成分品牌化创建工业品品牌的另一个前提是该成分相对于最终产品的复杂程度高且成分对最终产品性能的较为重要（如图1-5-13所示）。如果该成分很复杂、生产工艺烦琐、对技术的要求很高，且对最终产品的性能有很大的影响，那么成分品牌战略就有了一个比较稳固的基础。

● 分析：

（1）方法。

3M通过成分品牌化的方法创建工业品品牌，打开了工业品市场的大门。

（2）重要性、必要性分析。

在消费品领域，人们早就认识到了强大而有吸引力的品牌的优势，甚至认为通常意义上的品牌化可能已经达到饱和，催生出"去品牌化"的浪潮。但在工业品市场中，尽管有企业生产最终产品，但大部分企业更多地充当了供应商的角色。最终产品生产商通常直接面向终端消费者，它们可以利用各种渠道推广自己的产品。3M作为工业品市场中的供应商，它提供的产品只是最终产品的某个成分或部件，它们和终端消费者之间的关系很大程度上只能依赖最终产品生产商，使得传统意义上的消费者和成分生产商之间至少隔了一个中间人，导致3M很容易不为终端客户所知。但3M公司巧妙地通过成分品牌化创建工

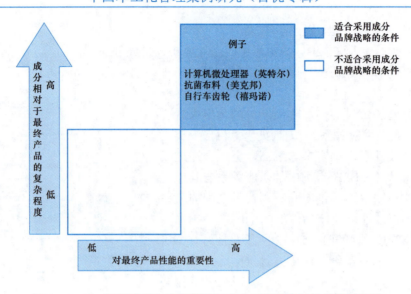

图 1-5-13 最终产品生产商数量及成分对最终产品性能的重要性

业品品牌，与英特尔、美克邦等公司一样成为工业品品牌中的佼佼者。

3M 通过成分品牌化创建工业品品牌刺激了消费者需求，产生了拉动效应。

新雪丽®高温暖绒的研发以"温暖而不显臃肿"的独创特性满足了消费者"既要温度，也要风度"的诉求，在最终产品（即成衣）中凸显了自己作为成分的卓越性能。且李宁等服装品牌在宣传自己秋冬新款时打出了"LI-NING 新雪丽棉风衣"的宣传语，在宣传自己产品品牌的同时着重宣传了新雪丽®高温暖绒。一旦博得终端消费者喜爱，消费者在购买相关产品时很可能希望甚至要求其中包含这一成分，产生拉动效应。新雪丽®拥有近 100 家的合作品牌很好地说明了这一点。

从终端消费者的角度看，具有品牌的成分常被视作质量的标志。同样是秋冬棉服，采用新雪丽®保暖材质的棉服会让人觉得质量更有保障，至少在材质上是让人信服的。同时，成分品牌理念的运用让成分很难被替代。就 LI-NING 新雪丽棉风衣而言，新雪丽®保暖材质本身就是李宁棉服与其他竞争对手棉服的差异点，确保了新雪丽®保暖材质的高替代成本，增强了成分供应商与终端消费者之间的直接联系。

3M 在 2014 年 7 月 7 日晚《财富》发布的世界 500 强榜单中以 308.71 亿美元的营业收入位列第 399 位，但其净利润率（15.1%）却远远超过了位列财富榜首位的沃尔玛（净利润率为 3.4%），可见成分品牌战略在确保较低成本的前提下能为成分生产企业获得更大的定价权，从而获得更多的溢价。

（3）可能性分析。

无论是 3M 公司为制衣厂提供的新雪丽®高温暖绒或是对整车制造商提供的汽车空调过滤器、车身内装饰膜、车身装饰件胶带、车内 NVH 材料以及玻璃微珠等等，都必须经过再次加工或组装才能够呈现在终端消费者面前，即在工业品市场上，3M 的直接客户是企业。

3M 之所以能通过成分品牌战略创建工业品品牌与其作为商业类型（商业关系）中的"供应"类型密不可分。对于 3M 而言，其市场营销的中心是对业务关系的重视和维护，以便促进客户的再次购买。3M 的客户通常是最终产品生产商，它们利用 3M 提供的产品和服务来制造自己的产品，在这个过程中，3M 和客户经常联合开发新的产品和技术。这在 3M 与汽车相关的业务上尤为突出，3M 会按照奥迪等汽车生产商的需求提供定制化服务，设计制造的零部件直供汽车原厂，这也意味着 3M 作为供应商和客户在产品生命周期中被绑定在了一起。

从竞争强度上看，3M 将创新作为其品牌定位的核心，不断地开发新产品，满足客户的潜在需求。走在技术前沿甚至是引领技术潮流的创新性产品本身就极具竞争力，提高了 3M 自身的竞争实力。另外，3M 公司创新的秘诀在于先导用户法，从那些远远走在市场趋势之前、想解决现实生产中的问题却又无能为力的组织或个人那里获得开发突破性新产品的思路和技术。新技术或新产品一旦开发成功，3M 的品牌便可很快占领市场，且由于技术从研发到投产需要一定的周期，该技术或产品在一定时期内将具备强劲的竞争优势。同时，3M 更致力于行业标准的制定，将品牌和产品优势转化为技术标准。3M 在参加 CVEC 的工作中，积极参与排气系统的歧管式催化转化器的标准制定，并作为起草单位完成了《GB/T 25983—2010 歧管式催化转化器》的标准，不仅通过产品技术优势展示了 3M 对排放控制技术的贡献，更是通过标准的制定为其他企业制造了进入壁垒。

3M 公司的这些做法无形中便减少了能与之抗衡的竞争者，大大降低了自己目标市场中的竞争强度，且其目标市场多涉及汽车制造业、服装/家居制造业、医疗卫生行业等最终产品生产商较多的行业，为自己成分品牌化的实施与工业品品牌的创建提供了保障。

从成分相对于最终产品的复杂程度及成分对最终产品性能的重要性来看，无论是对汽车制造商提供吸音降噪材料、为制衣厂提供保暖材料的新雪丽®，或是为平板电脑显示器、移动电话、PDA 和液晶电视等提供显示优化的 Vikuiti™，3M 的产品均采用世界领先技术，且这些成分在最终产品中不可或缺。正因如此，3M 才能顺利实施成分品牌战略、创建工业品品牌并从中获益。

2. 3M 公司创建工业品品牌遵循了什么样的思路？试结合成分品牌建立的"推""拉"策略进行分析。

● 理论依据：

"推"与"拉"相结合（如图 1-5-14 所示）是成分品牌战略所依赖的基本市场原则，也是创建工业品品牌的重要思路。"拉"是指成分生产商越过最终产品生产商直接向终端消费者营销自己的产品，让终端消费者了解这种品牌成分的重要性及优越性，产生购买行为，其目的在于激发消费者对该成分的需求，为成分生产商顺利将其产品打入分销渠道提供便利，迫使最终产品生产商使用该成分。"推"是指成分生产商将主要的营销精力集中在向最终产品生产商推销其产品上。

如果成分生产商能实现"推"与"拉"的有效整合，一方面，利用"推"的策略吸引最终产品生产商使用自己的产品；另一方面，利用"拉"的策略吸引终端消费者，认识到该成分的价值并产生需求效应，那么成分生产商就能利用消费者的需求进行成分品牌化，创建工业品品牌，在市场中产生话语权。

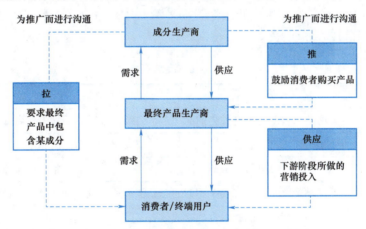

图 1-5-14 成分品牌战略"推""拉"策略

● 分析：

3M 公司创建工业品品牌一直遵循推拉相结合的思路。3M 是一家创新型公司，所生产的产品在技术上具备较强的竞争优势，对最终产品生产商而言，3M 的品牌不光是高质量的象征，更是新技术、差异化的标志。技术上的优势对最终产品生产商产生了巨大的吸引力，促使 3M 成为这些企业的供应商。在品牌战略上，3M 根据自身的产品结构与产品特色选择了品牌化组合战略，利用公司品牌与公司声誉向最终产品制造商推广自己的产品。同时，营销组合策略的运用也在产品推送这一过程中发挥了重要作用。

另外，3M 积极搭建向最终消费者宣传其工业品品牌的渠道，通过价值链的传递产生拉动作用。3M 通过品牌联合使自己的成分品牌出现在主品牌中，成为品牌中的品牌，借力产品品牌的宣传活动宣传自己的成分品牌。完善的创新机制使 3M 在了解客户的客户的基础上开发出具有强烈市场需求的新产品，3M 通过传播消费理念激发终端消费者的潜在需求，拉动最终产品生产商对成分的需求。此外，3M 通过赛事赞助、借助互联网平台等与终端消费者进行接触，有效地宣传了自己的成分品牌。这样，3M成功地通过成分品牌的"推""拉"策略创建了工业品品牌。

3. 3M公司向最终产品生产商"推送"产品、"拉动"终端消费者需求的具体策略是什么？应如何运用成分品牌战略创建工业品品牌？

- 理论依据：

成分品牌战略中的品牌概念与最终产品的品牌概念之间并没有明显的区别，但由于两者所涉及的产品针对的是不同的市场，故在品牌战略的实施上会存在一定的差别。Baumgarth为成分品牌战略的构思与实施绘制了一个矩阵（如图1-5-15所示），从目标层次、战略层次以及执行该战略所需要的营销策略工具三个层次来思考成分品牌战略该如何实施。

成分品牌战略的目标是指企业希望通过成分品牌化获得什么、实现什么，是企业实施成分品牌战略、进行成分品牌化的出发点与落脚点。

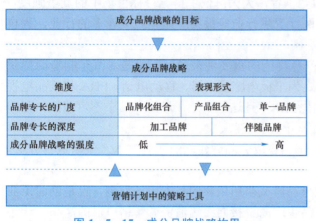

图1-5-15　成分品牌战略构思

品牌专长的广度规定了一个品牌确切的应用范围及其包含的性能特点。因此，品牌战略可进一步细分，除了Baumgarth在模型中提到的单一品牌战略、品牌化组合战略、产品组合战略外，还有多品牌战略以及混合品牌战略，其各自的特点如表1-5-6所示。按照Baumgarth的模型，以品牌化组合战略为基础的成分品牌战略强度很低，即品牌化组合战略并不适合成分品牌的创建，因为在品牌化组合战略中几乎不可能为单个的成分建立清晰的品牌形象，也不能聚焦于个别的目标群体，倘若品牌化组合中包含了一些明显的替代品，"品牌替换效应"就很可能会发生。为此，科特勒也进行了细致的解释，并不能笼统地说哪种策略才是成分品牌化该有的品牌战略，这与成分生产企业所处的行业、公司的品牌理念、成分特性等有关。

表1-5-6　品牌战略

品牌战略	描述
单一品牌战略	公司的每种产品都有独立的品牌名，公司名称通常不被消费者知晓
品牌化组合战略	公司的所有产品和服务被组合起来，都隶属于公司品牌旗下
产品组合战略	几种相关产品采用统一的品牌进行营销，单个产品从整个品牌家族的品牌形象中获益
多品牌战略	不同品牌以平行的方式在相似的产品范围和（或）细分市场上销售
混合品牌战略	单一品牌战略和品牌组合战略的结合

品牌专长的广度提供了关于品牌的范围和专业能力方面的信息，而品牌专长的垂直深度则是在多层次或品牌化组合营销的层面概括了品牌的范围。

Baumgarth认为，根据品牌专长的深度不同可划分为伴随品牌和加工品牌。伴随品牌是指在下游产品制造中持续被用到的产品品牌，它们将能够传递给最终消费者，而加工品牌只出现在一个市场或与其相邻的市场上，最终产品中并不会有这种成分品牌出现。

为了达到成分品牌战略的目标，需要采取多种多样的营销措施，它们包含了营销组合中一些常用的工具（产品、价格、沟通等）。过去，在B2B营销策略中处于主导地位的是产品策略和价格策略，而现在，工业品营销的重点通常放在沟通策略上，借助正确的沟通策略将产品直接介绍给终端消费者，从而让消费者建立起对工业品品牌的偏好和对其内部产品的需求。

沟通策略主要包括广告、个体宣讲、公关活动等。广告宣传中，工业品品牌的宣传包括但不限于行业、公共领域的杂志、电视广告、海报等，公关活动、理念宣传以及峰会、展会等个体宣讲等对成分品牌的推广也有着重要作用。

● 分析：

从目标层看，3M实施成分品牌战略旨在让目标客户群对其生产的成分产品产生偏好，便于形成强势的工业品品牌，从而改善客户的品牌忠诚度，增强自己的销售潜力，通过溢价带来价格上的杠杆效应，在多个方面对竞争对手形成挑战。

从战略层看，3M采用的是品牌化组合战略，即将公司的产品和服务有机地组合起来，隶属于公司旗下，正如余俊雄所说的那样，3M公司拥有3M^{TM}、Scotch^{TM}、Vikuiti^{TM}、Thinsulate^{TM}等众多著名的成分品牌，3M的公司品牌就像一把大伞呵护其旗下一系列品牌，从公司品牌的公共认知度上获得强大的背书效应。同时，3M的产品将分担品牌管理的成本，且新产品可以依靠公司品牌的商誉效应进行宣传推广。

从品牌专长的垂直深度上看，3M在实施成分品牌战略时将其品牌置于伴随品牌的位置，随着价值链将自己的成分品牌传递给最终消费者，从而使自己的成分品牌具有较强的力度，具备产生拉动效应的潜力。

从产品策略上看，3M凭借其完善的创新体系致力于新产品的开发，通过先导用户法超越客户的期望去开发新产品。同时，3M充分利用自身资源去满足消费者需求，利用46种核心技术开发具有突破性的新产品，最终才考虑如何将新产品商业化，销售给最终产品生产商。在产品策略的制定上，3M会格外注重产品的品牌标识，如在直供汽车原厂作为汽车零部件的产品上印上3M的品牌Logo，尽管这类订制品每种产品型号几乎只有唯一客户；供给李宁、七匹狼等服装企业的衣料虽不能直接印上3M的品牌标识，但3M要求服装品牌在最终产品宣传画、衣服吊牌上出现3M成分品牌的品牌Logo（如Scotch^{TM}、Vikuiti^{TM}等的品牌标识）。此外，3M对品牌标识的设计、使用有一套完整《3M品牌标识系统蒙太奇设计指南》，其中对"3M"的字号、颜色、表现形式等都有详细的说明。

从价格策略上看，3M公司生产的产品多定位高端市场，产品普遍定高价，且作为部件、材料等会随着最终产品生命周期的变化而变化，但有时也会采用特殊的价格政策，3M在对汽车厂商提供部件的业务中就出现过这样的情况。自主品牌汽车厂商一般都选择两家或两家以上的供应商为其提供不同项目所需的部件，这就意味着同一汽车厂的竞争较为激烈。3M公司在奇瑞项目上与威孚公司竞争，为了扩大市场份额，打击竞争对手，3M采用特殊价格政策，主动向汽车厂提出降低价格，舍弃价格优势而获得市场份额。虽然在现有的奇瑞产品上利润降低，但产品数量的增加仍可使3M从产品中获利。

从沟通策略上看，与一般的品牌宣传一样，3M会通过行业旗舰杂志、海报等渠道宣传成分品牌，同时也会借助户外LED广告进行宣传，2010年新雪丽®高效暖绒户外广告覆盖了哈尔滨、沈阳、天津、青岛、郑州、武汉、长沙、太原、西安、成都、重庆、深圳、厦门13个城市。

由于3M提供的产品具备很强的创新性，常常成为市场的领跑者，虽具备市场宽广、前景广阔的优势，但也面临着产品远远超前于终端消费者消费理念的挑战。因此，3M在通过广告直接对其工业品品牌进行宣传的同时，更注重理念的传播，让自己的产品与某种消费理念建立联系，并进行宣传，使消费者接受这种理念的同时对产品产生购买意向。较为典型的例子就是3M不仅希望将新雪丽®的暖绒材料提供给制衣企业，也想供应给家纺企业，但在家纺终端消费市场上消费者对新雪丽®这个工业品品牌的认知程度较低。针对这种情况，3M越过家纺企业直接向消费者打出"时尚睡眠""轻·松睡眠，健康生活""被子需要水洗"等广告，在向终端消费者宣传轻松睡眠理念的同时颠覆了床上用品换套不换芯的传统理念，向终端消费者传递出新雪丽®床品保暖材料不再有厚重的压迫感、不再有螨虫的困扰、可水洗、保暖性强的产品信息，通过价值链的传递产生了拉动效应，成功供货给博洋家纺等知名床品品牌。此外，3M通过4S店、汽车美容店等，直接向终端消费者宣传"以养代修"的理念推广汽车部件产品也是一个很好的例证。

赛事赞助是3M广告策略中的又一宣传方式。新雪丽®对美国高山滑雪队、美国伤残人滑雪队和加拿大滑雪队的赞助以及成为WILLSTEGER 2007年度全球变暖101巴芬岛探险考察活动的赞助商是以另一种方式对自己的品牌进行宣传，实现与终端消费者之间的沟通。赛事赞助不仅可以直接提升3M工业品品牌的价值，同时可以在高山滑雪这种极端条件的比赛中研发出满足各种环境需求的保暖材料，促进了该项技术的发展。

3M通过创新日等活动呈现自己的技术、产品，与客户和消费者直接接触，宣传自己的新技术、新产品。此外，由于3M生产的大部分产品涉及化工等可能会对环境造成危害的行业，3M在成分品牌创建过程中就极为注重环保，于2014年6月发布了《2014年企业社会责任报告》，3M公司新设立的卓越可持续发展中心成为报告中的亮点，突出了3M的社会责任意识。另外，一系列环保举措与社会公益活动彰显了3M较强的企业公民意识，在肩负社会责任，树立公司形象的同时也有效地宣传了工业品品牌。

4. 在创建工业品品牌时，应选择什么样的品牌进行品牌联合？3M是如何做的？

● 理论依据：

品牌联合不仅可以增加工业品品牌的展示机会、提升工业品品牌的品牌价值、培育客户忠诚，更能够实现与终端消费者的接触，通过激发消费者的需求产生拉动效应，从而在扩大市场份额方面起到标杆效果。联合品牌的选择可从相对品牌实力（如图1-5-16所示）的角度考虑。

如果成分品牌不是知名品牌，而成分使用者（最终产品生产商）的品牌却家喻户晓且为强势品牌，那么双方之间的协商将会非常困难，如果想让成分使用者接纳并帮助自己打响品牌知名度，那么成分生产商可能需要做出巨大让步；相反，如果成分生产者的品牌比较强大，深受广大最终消费者的信任与喜爱，而成分使用者的品牌却相对弱小、陌生，那成分生产者在成分品牌的定价等谈判上就能够轻而易举地成为主导者。当成分品牌与最终产品品牌在品牌资产上处于相对平衡的状态时，两者之间则更像一个平等的伙伴，两者的合作更有可能提升双方的品牌资产，真正实现品牌联合的协同效应。

我们可以利用科特勒提供的成分品牌使用者与最终产品生产商之间的相对力量关系矩阵（如图1-5-17所示）进一步分析品牌联合策略。成分生产商和成分使用者都不具备较强品牌影响力时，双方有可能能够通过合作共创一个新的类别，在该类别中共同创建品牌资产；成分品牌知名度不高而成分使用者的品牌知名度较高时，要不就是该成分在具有革命性性能的同时能满足终端消费者的某种重要需求，要不就是最终产品制造商非常需要这种成分，尽管成分品牌名不见经传，否则双方之间很难实现合作；成分生产者和使用者都具备较高的品牌影响力，品牌联合则相对容易，且更可能通过强强联合形成强大的拉力；成分生产者具有较强的品牌影响力，而成分使用者品牌影响力较低时，该成分很可能是区分这种最终产品与其他产品的关键，对成分生产者而言，它可以直接凌驾于成分使用者的品牌之上，直接建立与最终消费者的关系以及品牌资产。

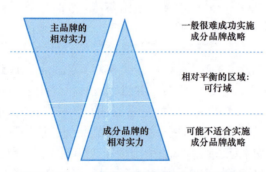

图1-5-16　成分品牌战略的相对品牌实力

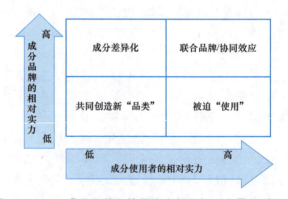

图1-5-17　成分品牌和使用者之间的相对力量关系矩阵

● 分析：

3M在选择品牌联合对象时首先考虑的是强强联合，成为奥迪等强势品牌的汽车部件供应商，打响成分品牌的知名度，充分展示了3M成分品牌的品牌价值优势，且这些优势被奇瑞汽车识别、接受，促使3M成为解决奇瑞E3NVH性能的合作伙伴，再次宣传了其品牌。与丰田公司的合作也充分说明了3M在选择品牌联合对象上的强强联合的思维。

5. 你认为通过成分品牌战略创建工业品品牌会给自身和最终产品生产商带来哪些机遇和风险？3M公司的做法对同类企业有何启示？

- 理论依据：

通过成分品牌战略创建工业品品牌会给成分生产商和最终产品生产商带来的机遇和风险，如图 1-5-18 所示。

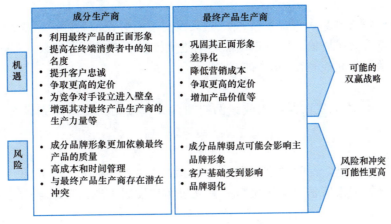

图 1-5-18　机遇与风险

- 分析：

3M 通过成分品牌化创建工业品品牌的过程中虽也面临着与最终产品生产商存在潜在冲突等风险，但 3M 很好地控制了风险，最终实现了收益大于风险。工业品品牌的创建使 3M 直接呈现在终端消费者眼前，具备了可识别性，提高了知名度，能够争取更高的定价，增强了自身在工业品市场中的竞争力，品牌价值不断攀升。

中国的同类企业长期依赖于 OEM、代工、仿制等模式，在很长一段时期内，中国制造都拥有低成本的绝对优势，对创建品牌缺乏知识与驱动力。相对于国外成熟的企业，国内的工业品品牌化起步晚，形成有竞争力的工业品品牌的数量也为数不多。成分品牌化是创建工业品品牌的重要途径，3M 公司通过成分品牌战略创建工业品品牌无疑为国内的同类企业提供了参考。学生可根据之前的理论分析，结合我国的实际情况进行讨论。

五、关键要点

1. 借助成分品牌化创建工业品品牌并不是盲目的，在进行决策之前一定要对必要性、可行性进行评估，关注企业在商业类型体系中所处的位置、行业的竞争强度、成分的复杂性及其对最终产品性能的重要性等方面，综合评估企业是否有必要、有可能通过成分品牌化创建工业品品牌。

2. "推"与"拉"相结合是成分品牌战略所依赖的基本市场原则，也是创建工业品品牌的重要思路。成功的工业品品牌策略会对推与拉都加以利用，并保证二者之间的平衡性与协调性。通过"推"的策略促进供应链的下一环节购买成分产品，同时通过"拉"的策略产生需求压力，使成分生产商对最终产品生产商来说变得不可替代。

3. 成分品牌战略中的品牌概念与最终消费品的品牌概念并没有明显区别。成分品牌战略的实施应在明确战略目标的前提下综合考虑成分品牌战略的强度和实施范围，选择合适的品牌策略，合理使用营销组合中的各种工具，如产品策略、价格策略、沟通策略等。以往的 B2B 营销策略中处于主导地位的是产品和价格策略，但工业品品牌计划的重点应该放在沟通策略上，借助正确的沟通策略，工业品品牌才能在各级市场中传递给终端消费者，从而让消费者建立起对工业品品牌的偏好和需求。

4. 工业品品牌在选择品牌联合对象时应具备逆向思维，认识到主品牌之所以和自己联合是为了获得更好的协同效应。因此，工业品品牌在对自身实力有准确认知的前提下可从相对品牌实力的角度去思考该和什么样的品牌联合，采用什么样的策略实现双赢。

通过成分品牌化创建工业品品牌有机遇但也存在着风险，明智的企业应尽快识别，寻找到能实现双赢的策略。我国在全球产业链中扮演了"世界工厂"的角色，成分品牌战略为我国同类创建工业品品牌提供了新的思路。

六、课堂计划

本案例适合于《营销管理》和《品牌管理》等课程的案例讨论，教师可考虑在讲授完品牌策略、工业品品牌等相关知识点后安排讨论。以下是按照时间进度提供的课堂计划建议，仅供参考。

整个案例课的课堂用时间控制在 90 分钟。

1. 课前计划。

发放案例相关资料，请学生在课前完成案例的阅读并查阅相关资料，完成对上述启发思题的初步思考。

2. 课中计划。

（1）简要引导，明确主题，说明讨论的形式、目标设定与具体要求。（5 分钟）

（2）让学生再次仔细阅读案例及相关资料并独立思考启发思考题，要求学生独立给出问题讨论所涉及的理论。（共 25 分钟）

（3）教师简要讲解问题的分析框架与理论要点，4~5 人形成一个小组进行头脑风暴。（25 分钟）

（4）每个小组发表问题分析要点及结论，教师结合各问题进行发言。（20 分钟）

3. 课后计划。

请学生分组就相关问题的讨论进行分析、总结，最终形成书面报告。

高端餐饮企业"御仙都"的涅槃重生

——价值创新与体验营销①

摘 要：在瞬息万变的商业环境下如何通过战略分析，利用价值创新的理念帮助企业不断调整战略定位，实现企业持续成长，是摆在所有企业面前的关键问题。高端餐饮业一度有着不错的经济效益，但随着外部环境的变化以及中央八项规定的出台，高端餐饮业随之遭受了前所未有的冲击，转型和回归似乎成为行业趋势。本案例揭示了高端餐饮企业御仙都在遭遇外部困境、客源急剧下滑的情形下是如何结合外部市场发展趋势及企业自身特点，基于价值创新理念提升顾客价值，通过体验营销方式开发新的顾客利益空间，从而成功实现企业运营转型的奥秘所在。本案例旨在帮助学员明确营销战略分析、价值创新与体验营销等相关问题的决策思路和分析方法。

关键词：高端餐饮；御仙都；价值创新；体验营销

0 引言

岁月如梭，一转眼御仙都的转型改造已经过去两年多了。就在 2013 年的这个时候，御仙都刚刚完成了战略转型的重新定位，由一家以企事业单位公务消费为主要客源的高端餐饮企业转型成为一家定位中高端、注重价值创新与顾客体验的餐饮企业。

自 2013 年 5 月 1 日御仙都转型改造开业以来，除了有很多北京市的高端顾客、企业客户前来消费，更是吸引了一大批追求个性化、重视餐饮体验的中端消费者。每逢周末和节假日，御仙都的多功能厅常常能够看到脸上洋溢着幸福和喜悦的新人在此举办婚宴，整个企业都是一派欣欣向荣的景象。由于成功的战略转型，使得御仙都顺利渡过了两年前高端餐饮行业的寒潮，企业经营业绩在遭遇了短暂低谷后，随着转型方案的逐步落实，经营利润也有了持续的提升，在北京当地树立了良好的品牌形象和顾客口碑。看着眼前繁忙的景象，总经理行秀娟心里顿生感慨，思绪不禁回到了 2012 年企业陷入经营困境的那个寒冬。在 2012 年 12 月，中央八项规定的出台，至少影响了御仙都 80%的消费者，初步预计如果不做出改变，企业来年全年营业收入的 90%将受到影响。原本车水马龙、人来人往的御仙都在短短不到一个月的时间骤然变得十分冷清。"应该如何走出困境？御仙都又该去往何处？"成了行秀娟当时心中最大的难题。

1 客归仙都——御仙都的企业背景

御仙都即原凯瑞豪门食府，隶属于北京凯瑞豪门餐饮投资控股集团，位于北京市海淀区西北四环 117号。文天祥词曰："御仙花带瑞虹绕"，描述了一种锦衣玉食的状态；宋词云"皇都归客入仙都，厌看西

---

① 本案例由北京理工大学管理与经济学院马宝龙教授、研究生王逸仁、苏书园和权级慧撰写，作者拥有著作权中的署名权、修改权、改编权，未经允许，本案例的所有部分都不能以任何方式与手段擅自复制或传播。

本案例授权中国管理案例共享中心使用，中国管理案例共享中心拥有复制权、修改权、发表权、发行权、信息网络传播权、改编权、汇编权和翻译权。

由于企业保密的要求，在本案例中对有关名称、数据等做了必要的掩饰性处理。

本案例只供课堂讨论之用，并无意暗示或说明某种管理行为是否有效。

感谢国家自然科学基金项目（71272059）对本案例的资助；感谢御仙都总经理行秀娟女士对本案例开发的支持。

湖看鼎湖"。2013年据此取义，正式改名为御仙都，寓意为此处是传播皇家菜养生文化的一个好地方，是展现中华饮食优秀传统文化的一道靓丽风景。

中国皇家御膳制作技艺，是古代劳动人民共同创造的饮食文明结晶，但由于古代为御用技能，一向讳莫如深、非常神秘。随着中国最后一个封建王朝大清的覆灭，以及御用厨师的流失谢世，皇家御膳制作技艺延续下来的，微乎其微，少而又少，皇家御膳制作技艺已处于濒临断代失传的危境，亟待抢救、传承和保护。

北京凯瑞豪门餐饮集团，一直致力于皇家御膳制作技艺的传承保护工作，至今有清末皇家御膳制作技艺三代传人，第三代传人为崔宝龙，第四代传人为行红智，还有第五代传人。自2000年以来，御仙都成立了专门机构，外聘故宫苑洪琪研究员、香港"世界御厨"杨贯一大师、王仁兴教授、营养大师赵霖先生等知名专家，内组由行红智董事长挂帅、"亚太国际厨皇"高玉虎、中国烹饪大师李光耀和文向前、郭宝槐、李国良等10位厨艺高手参加的厨师队伍，内外结合搞研究、抓开发。研究查阅了海量有关皇家御膳方面的史料文献，走遍全国的名家名店调研、考查、见学，反复烹制试验恢复开发出200余款皇家经典名菜面点；投资500多万元，按故宫展出餐具样式设计出系列皇家瓷餐具并获国家专利；深化传承工作，经过十多年潜心总结整理、研究挖掘和创新开发，成功推出由200多款美味佳肴集成的皇家菜系列。2013年年初又斥资1.5亿元建设了御仙都中国皇家菜博物馆，用更好的载体、更大的平台和更强的手段对御膳制作技艺加以传承和保护。

2012年，凯瑞豪门餐饮集团"御膳制作技艺"已正式列入北京海淀区非物质文化遗产名录，目前正在申报北京市级非遗项目，下一步还将争取列入国家非遗名录，以期用这一途径和形式求得国人认可、政府支持和更好的传承保护。

2 寒潮来临——御仙都的经营困境

2.1 外部环境

2012年12月4日新闻联播报道，中共中央总书记习近平主持召开中共中央政治局会议，并审议通过改进工作作风、密切联系群众的八项规定（以下称"中八条"）。八项规定明确规定严控"三公"消费、严禁使用私人会所、严禁高端消费，这让一度火热的公务高端消费骤然进入寒冬，其中受冲击最为明显的是餐饮行业。国家统计局数据显示，2013年全国餐饮收入25 392亿元，同比增长9.0%，创21年来的增幅最低值，降至个位数，且比上年同期下降了4.6个百分点，降幅进一步扩大，如图1-6-1所示。高端餐饮严重受挫，限额以上餐饮收入近年来首次负增长，同比下降1.8%。中国烹饪协会统计资料也表明，

图1-6-1 [①] 中国餐饮业零售总额增长速度（2002—2014年）

数据来源：国家统计局

---

① *注：2010年起，国家统计局将统计口径由住宿餐饮业零售额调整为餐饮收入。

2011年餐饮业销售额同比增长16%，2012年是13.7%，2013年仅为10%，成为除2003年因"非典"因素外21世纪以来的最低值。

餐饮市场全年各月度的起伏走势与社会消费品零售市场几乎完全吻合，餐饮业将消费品市场乃至国民经济"晴雨表"的功能发挥得淋漓尽致（如图1-6-2所示）。分月度来看（如图1-6-3所示），餐饮市场一直处于不断尝试调整的过程中，波动性贯穿全年。2014年伊始，市场就以9.6%的增速高开，并不断上行，在5月至最高值11%，限额以上[①]餐饮也达到峰值6.2%。而之后却开始转为下行，8月滑至小低谷，限额以上餐饮更是再次跌为负增长。随后，整个餐饮市场运行呈现向好趋势，最后以10.1%收官，限额以上餐饮也逐渐回升至正增长，并以3.8%结束全年。

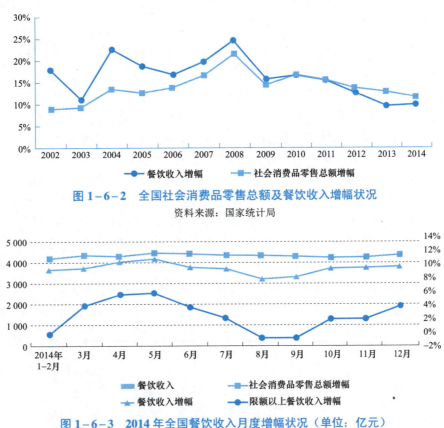

图1-6-2　全国社会消费品零售总额及餐饮收入增幅状况

资料来源：国家统计局

图1-6-3　2014年全国餐饮收入月度增幅状况（单位：亿元）

资料来源：国家统计局

《证券日报》记者通过wind数据统计显示，A股餐饮上市公司全聚德、湘鄂情、西安饮食三家上市公司近3年的业绩在2011年收获丰收后，2012年业绩开始同比下降。"中八条"的出台改变了中国餐饮业发展环境，奢侈型消费得到有效遏制，从长期来看，提倡勤俭节约，反对铺张浪费，接近普通百姓的大众化的餐饮将成为行业发展的主要方向。全国人大代表、六盘水市委书记李再勇提醒，高档餐饮业应主动适应市场变化加快转型，徘徊观望以待"熬过风头"的心态不可取。同行业的高端企业也开始寻找出路，"洗牌"和"回归"被业内认为是正常和必要的趋势。在此情况下，凯瑞集团董事会就旗下各企业做出转型决议，御仙都总经理行秀娟也决定带领企业进行转型，回归理性、回归本质、回归餐饮服务质量。

2.2　竞争环境

由于餐饮行业的准入门槛比较低，每年都会有大量企业涌入，餐饮行业的竞争趋近白热化。在北京

[①] 限额以上（企业）：我国批发和零售业、住宿和餐饮业统计报表制度，对纳入定期统计报表范围的批发企业、零售企业以及住宿餐饮企业的销售（营业）额及从业人员标准作出了明确的规定，具体为：第一，批发业（包括外贸企业）：年商品销售总额在2 000万元以上（包括2 000万元，下同），同时年末从业人员在20人以上。第二，零售业：年商品销售总额在500万元以上，同时年末从业人员在60人以上。第三，住宿业：星级饭店或旅游饭店。第四，餐饮业：年营业总收入200万元以上，同时年末从业人员在40人以上。

的高端市场上，国家五星级餐饮企业金悦主打海鲜和新派粤菜，注重产品创新；湘粤情主营中式餐饮、中式快餐和团膳业务，在中餐市场上具有很强的竞争力。御仙都与政府、军队等企事业单位虽然有着很好的合作关系，但是目前看来原有的客源无法为企业未来的发展提供有力的支撑。

而在御仙都临近区域的中端市场上，海底捞强调服务，重视顾客体验；永泰福朋喜来登酒店宜客乐餐厅主营西式自助餐，菜品种类多样，就餐环境优雅，目标顾客主要为商务人士、白领；新沸腾鱼乡以特色川菜为主，菜品口味正宗，受到年轻人和情侣的欢迎。然而快餐企业如肯德基、麦当劳以一种西方文化价值观和生活方式牢牢地锁住许多年轻客源，加上"中八条"对高端餐饮企业的巨大冲击，御仙都目前的竞争环境十分严峻。

2.3 客源市场需求

除了原有的高端顾客希望在高端餐饮企业获得一流的产品和服务，以及身份、地位象征等社会利益之外，随着我国社会文化中休闲元素的增长，居民收入水平不断提高和追求品质生活的愿望不断增强，外出就餐更趋经常化和理性化，选择性增强，对消费质量要求不断提高，更加追求品牌质量、品位特色、卫生安全、营养健康。顾客消费从以"理性消费"为主，转向以"感性消费"为主，关注点也从产品的功能和特色逐渐转移到是否能带来情感上的满足。以宜家家居为代表的企业开启了顾客体验消费时代，能为顾客创造独特体验感受和深刻记忆的企业将得到消费者的青睐。

消费者需求的变化还表现为不再满足以往机械式的服务方式，对个性化服务的需求日益凸显，更加重视餐饮过程中的消费体验，中端市场的顾客逐渐成为餐饮行业消费的主力群体。海底捞就是依靠为客户提供个性化的超预期服务不断吸引着源源不断的顾客。此外，利用互联网获得餐饮行业的讯息成为一种大众习惯，微博、点评网站等即时通信工具备受市场追捧，逐渐成为行业新的营销平台。未来几年，随着网民规模的扩大，网上消费习惯的逐渐养成，网络购买和预订更加高效、便捷，以及互联网巨头的推动，中国餐饮 O2O 在线用户规模将继续保持较快增长，如图 1-6-4 所示。

图 1-6-4 [①] 2010—2015 年中国餐饮行业规模及线上渗透率

数据来源：国家统计局，根据行业访谈统计并预测

2.4 内部环境

一方面，由于御仙都对提供的高端餐饮产品质量要求极为严格，虽然一直与几家原材料供应商保持着良好稳定的合作关系，但是现今仍然面临着原料价格上涨和采购等人工成本增加的压力。另一方面，国家的人口红利越来越少，御仙都属于劳动密集型企业。在这样背景下，员工工资水平不断提高，而且

[①] O2O：Online To Offline（在线离线/线上到线下），是指将线下的商务机会与互联网结合，让互联网成为线下交易的前台。这个概念最早来源于美国。O2O 的概念非常广泛，只要产业链中既可涉及线上，又可涉及线下，就可通称为 O2O。2013 年 O2O 进入高速发展阶段，开始了本地化及移动设备的整合，于是 O2P 商业模式横空出世，成为 O2O 模式的本地化分支。

御仙都作为高端餐饮企业，员工的文化素质和业务水平也需要不断的提高；租金上涨也是餐饮行业面临的共同问题，德勤发布的《中国零售力量2014》显示，2013年商业地产租金平均增长率为3%至5%，黄金商圈的年均增幅达到10%，这些都增加了公司的运营成本，使得公司利润空间就像一把不断合拢的剪刀。目前餐饮企业现有的税费多达46项，也给企业带来很大负担。2014年CPI、食品价格及餐饮收入增幅情况如图1-6-5所示。

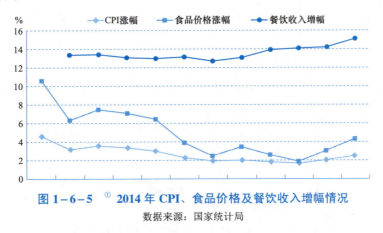

图1-6-5 [①] 2014年CPI、食品价格及餐饮收入增幅情况

数据来源：国家统计局

在行秀娟看来，尽管中央禁令重创全国餐饮业，但整个市场呈现的却是冰火两重天的景象。一边是，受到治理餐桌上腐败的影响，众多高端餐饮企业应声倒下，而在高端餐饮面临压力纷纷转型的同时，以中端消费和大众化家庭消费为市场定位的餐饮企业不仅没有受到影响，反而继续保持着较高的增长速度，因此她认为御仙都可以学习这些企业的成功之道。行秀娟深深体会到转型是摆在御仙都面前的唯一出路，她深知未来转型之路路途艰险，但仍然对御仙都的未来充满了信心。

3 寻求转型——御仙都何去何从？

3.1 顾客需求

转型的号角虽然吹响，但这只是万里长征第一步，真正的困难还在后面。关于御仙都如何转型，行秀娟和御仙都管理层多次开会也没能达成一致。按照御仙都的分析思路，未来的餐饮行业必定会有新一轮的洗牌，整体会呈现"橄榄型"结构，即高端和低端餐饮规模缩小、大众餐饮大幅增长的态势，企业在经营高端的基础上转向中端消费市场，是行业发展的抉择。但长久以来，专注高端餐饮的御仙都疏于对中端市场的了解和开发。

于是行秀娟让市场部进行了一项北京市餐饮消费者调查，以便了解消费者对于餐饮的需求。结果显示，高端顾客就餐过程中关注的要素的前三名是：身份象征、文化、体验性；中端消费者关注的前三名因素分别是：菜品健康、服务、菜品口味。文化要素成为中端、高端消费者都比较关注的新兴要素。调查还表明，高端和中端消费的利益诉求也存在差异，高端消费群体注重社会地位和服务，希望通过就餐得到更多的文化价值；中端顾客注重情感和体验，他们希望在自己经济承受能力范围内得到优质的服务，并且追求时尚潮流。北京餐饮业细分市场如表1-6-1所示。影响中端、高端消费者就餐的因素如图1-6-6所示。不同顾客群体人均消费金额如图1-6-7所示。不同顾客群体价格敏感程度如图1-6-8所示。

表1-6-1 北京餐饮业细分市场

高端市场	中端市场	低端市场
高端散客	中端散客	低端散客

[①] 图中2014年2月餐饮收入增幅数据为1、2月两个月份收入总和的增幅。

续表

高端市场	中端市场	低端市场
企业商务宴请	中端婚宴市场	快餐市场
高端国际旅行团	中端旅行团	—
高端婚宴市场	—	—

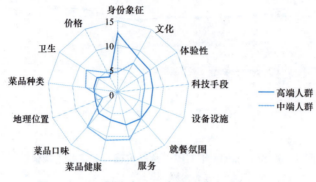

图 1-6-6　影响中端、高端消费者就餐的因素

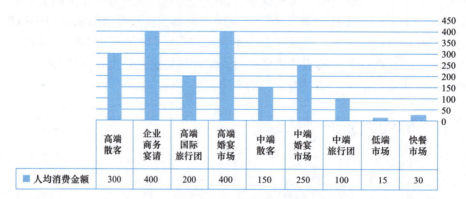

图 1-6-7　不同顾客群体人均消费金额（单位：元）

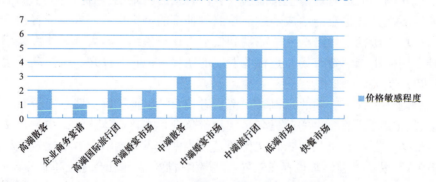

图 1-6-8　不同顾客群体价格敏感程度①（单位：元）

3.2　潜在竞争对手

御仙都调查人员还对御仙都附近 10 千米以内的中端、高端餐饮企业经营状况进行市场调查，其中高档餐饮以金悦和湘鄂情为例，中端餐饮选取了海底捞和永泰福朋喜来登酒店的宜客乐餐厅。不同顾客群体竞争激烈程度如图 1-6-9 所示。

---

① 数字越大，代表敏感程度越高；数字越小，代表敏感程度越低。

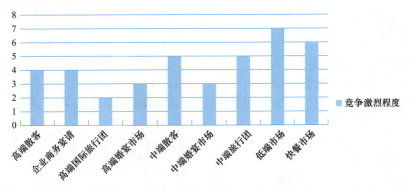

图 1-6-9　不同顾客群体竞争激烈程度[①]

● 金悦（E）：为国家五钻级餐饮企业，金悦餐饮以海鲜和新派粤菜为特色，兼营湘菜、各地名菜及各式面点。金悦菜品精致考究、清新华美、品质上乘、营养美味，实现了传统粤菜与新派粤菜的完美结合，中式菜肴与西式美食的融会贯通。金悦餐饮坚持"体贴入微、人性化"的服务理念，具备坚实的硬件基础，和一流的软件支持——独特的管理模式、高素质的员工队伍和先进的经营理念。金悦的企业目标是以鲜活海鲜和新派粤菜为特色，以独具魅力的管理模式、一丝不苟的质量保证、热情真诚的细微服务、豪华高雅的就餐环境，弘扬中华饮食文化，巩固提升"京城第一食府"的金品牌。

● 湘鄂情（H）：湘鄂情的主营业务为中式餐饮、中式快餐及团膳。在服务上，大力发展网络定餐、半成品餐和外卖快餐等餐饮服务模式，更好地满足大众消费者的日常生活。湘鄂情的独特品质和核心竞争力是具有"湘鄂情"特色的菜品，以湘、鄂菜为主并吸收鲁、川、淮扬等各大菜系精粹，并将四季时蔬与稀有珍馐相融合、传统与时尚相结合的"健康美食"餐饮理念贯穿其中，逐渐形成了具有荆楚美食风格又博采众长的湘鄂情个性化菜品体系，在人文情愫、营养、食疗方面独具新的特色。

● 海底捞（D）：海底捞是一家以经营川味火锅为主，融汇各地火锅特色于一体的大型直营连锁企业。公司始终秉承"服务至上、顾客至上"的理念，以创新为核心，改变传统的标准化、单一化的服务，提倡个性化的特色服务，致力于为顾客提供愉悦的用餐服务；在管理上，倡导双手改变命运的价值观，为员工创建公平公正的工作环境，实施人性化和亲情化的管理模式，提升员工价值。

● 宜客乐餐厅（G）：宜客乐是永泰福朋喜来登酒店的一家全日制餐厅，环境时尚典雅，服务周到快捷，并可欣赏到美丽迷人的花园景观。顾客可一边享用琳琅满目的自助大餐，一边观看现场烹饪站为其精心烹制可口佳肴。同时还提供零点菜单，满足不同顾客的消费需求。餐厅管理规范严格，重视员工培训，不断提高一线员工的整体素质和服务质量；从餐厅经理到一线员工会经常与顾客互动，收集顾客意见，提高顾客餐饮体验。

中高端餐饮企业菜品和服务对比如表 1-6-2 所示。

表 1-6-2　中高端餐饮企业菜品和服务对比

分类	菜品特色	菜品种类	菜品发展	服务	价位	就餐环境	传统饮食文化
高端餐饮企业	营养考究，注重养生	丰富多样，涉及较多珍贵稀有食材	与其他菜系结合，不断创新；注重四季时蔬与稀有珍馐的融合、传统与时尚相结合	高标准、一对一、定制化，体现身份、地位象征	人均约300元/位	高雅	继承、弘扬
中端餐饮企业	大众化口味，营养美味	品类丰富，菜式较多	善于吸收其他菜系优点	服务形式多样，服务舒适，有特色	人均约150元/位	温馨整洁	—

---

① 数字越大，代表竞争激烈程度越高；数字越小，代表竞争激烈程度越低。

3.3 御仙都转型方向

行秀娟和高层管理者在调查结果的基础上，经过周密的讨论，最终一致决定在坚持原来高端市场的基础上，开发中端的消费市场；综合中端和高端企业的优势，创新性提出"五星级理念，四星级标准，三星级价格"的转型方案。为了留住高端消费者、吸引中端消费者，御仙都下调价格向中端看齐，走平民路线。其他方面，御仙都保留和吸取了高端餐饮的标准，为顾客营造高雅温馨的就餐环境，提供细致周到、人性化的服务；在菜品的质量上，保证菜品的口感和养生。这打破了餐饮业长久以来以价格定级别的惯例，跨越了高端餐饮和中端餐饮的界限，成功开辟了餐饮业的蓝海空间。此外，御仙都还发掘客户的潜在需求，在转型中首次提出了文化体验、科技体验以及景点餐饮等创新点。为了更好地满足高端顾客追求文化品质和中端顾客追求时尚的餐饮消费需求，御仙都还创造性地打造皇家菜博物馆，把隐晦千年的皇家菜文化还之于民，成为中国第一个专注于传播和继承皇家菜的餐饮企业。御仙都转型方向如图 1-6-10 所示。

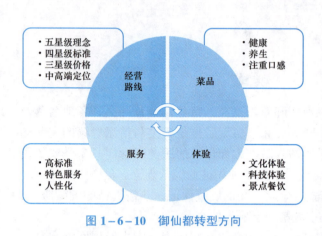

图 1-6-10 御仙都转型方向

4 开创"蓝海"——御仙都转型方案的实施

4.1 御仙都的转型举措

转型方案在集团内部引起了轩然大波，经过反复科学的论证，董事会最终通过了御仙都的转型方案。2013 年 2 月 6 日到 4 月 29 日，御仙都进行了发展历史上最大规模的改造。转型坚持"以民生需求为牵引，用文化与科技助力腾飞，创'文化餐饮'百年名店、世界名店"的思路，确定了"面向百姓，面向市场，面向世界"的发展方向，契合国家"民生""文化""生态"的发展要求，充分体现"亲民、惠民、为民"的主旨。

为了配合公司转型，实现健康餐饮、文化餐饮、科技餐饮、平民餐饮的目标，御仙都做出了很多调整，删除了顾客不需要的元素，如不收包间费、不设最低消费门槛、自带酒水不收费等；减少了某些元素的提供，裁减服务人员，降低人均消费的水平；增设多功能宴会厅，建设卫生低碳的中央厨房。御仙都还是中国第一个运用"博物馆在饭店，饭店在博物馆"的理念，在饭店内建造博物馆的餐饮企业，也是第一个把顾客就餐和文化、科技相结合，打造现代化特色的皇家宫廷就餐场所的企业。御仙都申请了文化遗产保护，纳入"游故宫、登长城、吃皇家菜"的北京旅游景点线路，宣扬中国传统餐饮文化，成为北京市 3A 级餐饮旅游景点。

4.2 顾客体验

为了加深顾客的印象，转型过程中还开发了以"文化和科技"为双驱的"皇家菜文化"主题体验活动。御仙都仿照宜家家居的做法，设置了顾客点：

（1）皇家菜博物馆。投资 1.5 亿元打造出御仙都中国皇家菜博物馆，以"企业转型升级"为核心，以"饮食与文化契合"为引擎。御仙都皇家菜博物馆更是采用多维设计来展示五千年的中国皇家饮食文化，其中有着全透明的精品陈列柜、高仿真菜模、感应触发全息成像、双画面幻影成像，活生活色地向世人展现中华饮食优秀传统文化的风采魅力。博物馆导游采用"讲故事"的方式，以宴饮礼仪、食材食具、菜品菜色、饮食养生等知识线串起发展脉络讲述，精选历代帝王食事趣闻和名菜典故、名厨故事让消费者可以更好地领略中国源远流长、博大精深的饮食文化。

（2）皇家菜。凯瑞豪门餐饮集团，自2000年以来一直致力于皇家御膳制作技艺的传承保护和研究。走遍全国的名家名店调研、考查、见学，反复烹制试验恢复开发出200余款皇家经典名菜面点。转型后，御仙承诺非皇家菜不做，非健康饮食不做，并坚持无糖、少盐、不油腻。御仙都推出了满汉全席6套食谱、素膳4套食谱。同时，御仙都配备了30名懂营养、会解说的"健康管家"，为就餐的消费者提供皇家菜养生常识宣传和指导，劝导消费者合理节俭选单点餐，让消费者从听觉上更好地了解养生健康文明饮食之道。

（3）皇家氛围。御仙都的建筑设计风格独特，采用明亮色基调来彰显中国的皇家恢宏气派，色彩采用红、白、金、蓝，这四种颜色都为皇家元素，各厅堂上都仿古代宫殿来命名，仿似现代版的皇宫。御仙都按故宫展出餐具样式设计出系列皇家瓷餐具，还从形象、服饰、举止、语言等方面精心打造出"格格团""门厅接待团""管家拜访团"，为宾客敬茶敬酒和赞礼祝福等，使宾客享受到皇家"九五之尊"般的服务。

（4）皇家宴请文化。御仙都每晚都有一场50桌满汉全席万寿宴并同时伴有大型情景剧演艺，再现了乾隆皇帝寿宴的场景。其中有"皇上上朝""各国使臣晋见""皇上赐宴""格格上菜"和精彩纷呈的轻歌曼舞，消费者边吃边看边听，体验一场"文化夜宴"。还有皇上赐聪明伶俐果等互动活动，让消费者如身临其境。

（5）中央厨房。御仙都拆除了原来的四个厨房，建成了绿色环保、透明可见的中央大厨房。御仙都引进国内外先进厨房机械设备200余台，后厨的一切情景都可以通过视频链接，在包厢内现场直播，顾客可以边吃边看边学，也去除了以往"眼不见不净"的厨房诟病。甚至如果顾客有需求，还可以穿上防护服走进厨房观摩。

这一系列体验环节推出以后，在餐饮市场上引起极大的反响。御仙都为顾客提供了一个能吃、能看、能玩、能学的，提供真切的文化体验、科技体验的场所。以下是摘自大众点评网的消费者点评：

顾客一：走进博物馆，我可以从全新的视角了解到，皇家菜的精髓是"养生文化"，特色是中国元素的融合与展现。其发展过程中，受到历代政治、经济、文化及民风民俗的影响，被诗、书、画、文学、戏剧等传统艺术文化所滋润，色、香、味、形异彩纷呈，附典于肴，寓情于菜，以食见礼，深厚的文化底蕴，折射出当时社会现实生活。皇家菜见证了中国历代王朝的兴衰、文化艺术发展的进程和各地风土人情的变迁，是中华民族传统文化的一颗明珠。

顾客二：在御仙都中国皇家菜博物馆不仅可以吃到正宗的满汉全席，还能欣赏到以流光溢彩的古代宫廷夜宴场面为背景的情景剧演艺。晚饭时分，"皇帝"在"皇后""宫女""小太监"的簇拥下开始"上朝"，浩浩荡荡的队伍从桌前走过，台上台下不断互动，一会儿是"高丽国"，一会儿是"蒙古国"的"使节"觐见"皇上"，随之还有各个民族的歌舞。身着盛装的"清代格格"上菜，献礼送福，这让我有种穿越清代做主子的感觉。

顾客三：饭店后厨历来是个讳莫如深的地方。中国皇家菜博物馆致力创设开放透明、绿色环保、让人放心的现代厨房体系，使之成为博物馆的有机组成部分和观光亮点。整个厨房采用玻璃挡墙，每个灶间装有高清摄像头。观光者实地观摩一览无余，大众宾客能在餐桌上通过视频，实时观看自己菜品的制作，看着做、吃着看。普及智能化，采用节能灶，减少灶具烟道，达标排放，实现节能。御仙都提供科技体验，为顾客创造安全卫生的就餐保障。

顾客四：该馆设计风格独到，用明亮基调凸显中国皇家恢宏气派，用故事讲述和气氛渲染释放亲和力、冲击力，尤其是全透明精品陈列柜、高仿真菜模、感应触发全息成像、双画面幻影成像等新材质、新工艺、新手法，为博物馆增色不少。

5 展望未来——御仙都转型的持续深入

时光荏苒，两个多月的改造一晃而过，御仙都于2013年5月1日重新开始营业。基于对市场吸引能力和公司可行性的综合考量，御仙都对转型后的目标顾客有了很大的调整。从原来以军队和政府等公务

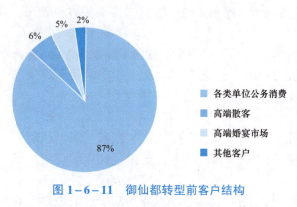

图 1-6-11　御仙都转型前客户结构

消费群体为主要客源的单一顾客结构转向以高端和中端消费顾客为主的多层次的综合结构。在高端餐饮市场，御仙都主要服务于高端散客和婚宴市场，并与各大企业组织达成合作，长期提供商务宴请服务。中端的消费顾客被细分成更多部分，拥有中高端消费能力的散客，中端婚宴市场等都成了御仙都新的目标顾客。通过利用高级包间、多功能厅等服务区域的分割同时兼顾中高层顾客需求，御仙都在转型之后的经营状况一路向好。以满汉全席万寿宴为主题的促销活动，场场都爆满，出现了近十年来的客流高峰。御仙都转型前客户结构如图 1-6-11 所示。

随着御仙都的经营重回正轨，可依然有一个问题一直困扰着总经理行秀娟，那就是转型后御仙都虽然很好地覆盖了北京市的中高端目标顾客，但是御仙都并没有吸引到大量的国际游客。众所周知，国际游客对中国的传统文化很感兴趣，尤其是跟传统封建王朝相关的宫廷文化；御仙都以文化为本，着重宣传中国古代的皇家餐饮文化并建有皇家菜博物馆，这对外宾有很强的吸引力。此外，凯瑞集团曾提出"面向世界"，弘扬"爱国、创新、包容、厚德"的北京精神，试图凭借首都得天独厚的地理、人文、旅游资源优势，用中国味道、中国风情、中国服务，促使皇家菜博物馆与皇家园林景点齐名配套，成为北京的品牌亮点，诚邀喜好与钟情中国传统文化的外国友人、海外华人，"游故宫、登长城、吃皇家菜"。可事实上御仙都并未达到预期的效果，在接下来的一段时期内，国际游客将成为御仙都下一步的重点开发市场。

The Transformation of High-End Restaurant Business Yu Xiandu

—Value Innovation and Experience Marketing

Ma Baolong, Wang Yiren, Su Shuyuan, Quan Jihui

(School of Management and Economics, Beijing Institute of Technology)

Abstract: In the rapidly changing business environment, how strategic analysis of value and innovative ideas to help companies to constantly adjust the strategic positioning to continue development, is the key question before all companies. High-end catering once has a good economic benefits, but with the changes in the external environment, as well as the introduction of eight central provisions, along with high-end food and beverage industry suffered an unprecedented impact, transformation and return seems to be the industry trend. This case reveals the high-end restaurant business Yu Xiandu external difficulties encountered in the context of a sharp decline in customers is how to combine external market trends and their own characteristics, improve customer value based on the value of innovative ideas, and develop new customers' benefits space through experiential marketing to successfully realize the transformation of business operations. This case is designed to help students clear decision-making ideas and methods of analysis of marketing strategy analysis, value innovation and experience marketing and other related issues.

Key words: High-end restaurant; Yu Xiandu; Value innovation; Experience marketing

附 录

图1-6-12 御仙都

案例使用说明:

高端餐饮企业"御仙都"的涅槃重生
——价值创新与体验营销

一、教学目的与用途

1. 适用课程：战略管理、营销管理或用于与价值创新、蓝海战略相关内容的教学案例。

2. 适用对象：本案例主要为 MBA 和 EMBA 开发，以及有一定工作经验的学员和管理者学习。本案例还可以用于工商管理国际学生深度了解中国企业运营的特点。

3. 教学目的：案例正文描述了御仙都在面临经营困境之后，如何进行战略转型的整个过程，教学目标是要求学生掌握：

（1）在中央出台八项规定后，高端餐饮企业面临的经营困境和新的行业竞争环境。

（2）企业面对经营困境，如何基于价值创新的理念，开发行业"蓝海"，实现战略转型。

（3）基于四步动作框架，企业应该如何提升顾客价值，选择新的目标客户。

（4）企业战略转型中应该如何提升顾客体验，实现价值创新。

二、启发思考题

1. 请基于御仙都战略转型前的营销环境，分析御仙都高层制定出其战略转型方案的依据是什么？

2. 御仙都是如何对顾客进行市场细分的，不同细分市场顾客的特点是什么？御仙都又是如何选择其目标顾客的？御仙都的选择是否合理？为什么？

3. 御仙都是如何开创新的市场空间，从而实现成功转型的？请基于蓝海战略的核心分析工具及框架，绘制御仙都及其竞争对手的价值曲线图（即战略布局图），并予以解释。

4. 御仙都是如何进行体验营销的，其实施了哪些具体策略？

三、分析思路

教师可以根据自己的教学目标来灵活使用本案例。这里提供了本案例分析的逻辑路径图（如图 1-6-13 所示），帮助教师引导案例课堂分析思路，仅供参考。

以上逻辑路径中的 5 道思考题的具体分析思路如下：

思考题 1 的分析思路：中共中央出台八项规定以后，高端餐饮行业受到重创。回归和洗牌成为我国餐饮行业发展变革的必然趋势，由此引导学员利用营销环境分析的 5C 模型，分别对御仙都的企业、竞争、合作者、顾客和环境进行分析。并结合案例材料对御仙都经营环境的变化进行归纳，总结现有的经营困境，从而得到御仙都战略经营转型的依据。

思考题 2 的分析思路：首先在思考题 1 的基础上，结合御仙都自身经营资源和能力以及市场调研的案例材料，总结餐饮行业不同细分市场顾客的行为特点及其关注的利益点，确定御仙都转型后选择的主要目标顾客。然后引导学员利用细分市场评估矩阵，对细分市场吸引力和自身能力适应度进行评估，分析御仙都细分市场选择的合理性。

思考题 3 的分析思路：结合案例材料和思考题 2，利用蓝海战略核心分析工具的四步动态框架分别总结相对于行业及竞争对手，御仙都分别剔除、减少、增加和创造了哪些买方价值因素？从而画出御仙都及其竞争对手的价值曲线。

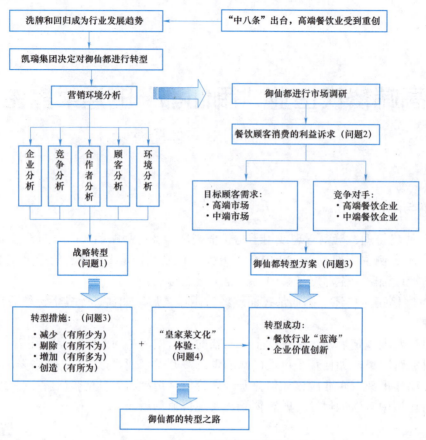

图 1-6-13　案例逻辑路径图

思考题 4 的分析思路：体验作为一种特殊的商品，是一种客观存在的内心需要。御仙都转型的措施之一是丰富顾客体验，给其留下深刻的回忆。首先要引导学员理解 SEMs 的五大模块，即感官体验、情感体验、思考体验、行动体验和关联体验。然后进一步分析御仙都为了提升顾客体验，增加了哪些体验要素；这些体验要素是如何增强顾客体验的。在此基础上结合体验营销的相关理论，对御仙都的体验营销进行评价。

四、理论依据与分析

1. 思考题 1 的理论依据与问题分析。

（1）思考题 1 的理论依据。

营销环境分析 5C 模型：营销环境分析 5C 模型主要被应用于在企业市场营销和战略制定时的微观环境分析，包括企业、竞争、合作者、顾客、环境五个方面，如图 1-6-14 所示。

企业分析：产品与企业的匹配程度非常重要，企业需要认真考虑自身的优劣势，客观地评价是否应该开发、营销一个产品。

竞争分析：企业要识别现有的和潜在的竞争对手，在寻求产品差异化时一定要研究竞争对手的优劣势。为了预期和应对竞争对手的反应，企业要了解竞争对手的目标及战略。

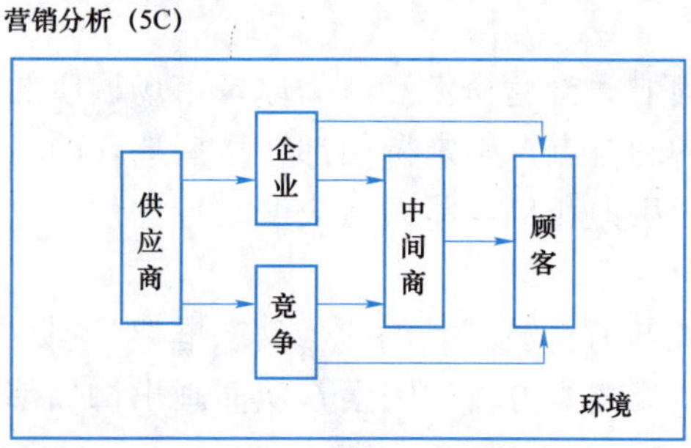

合作者分析：供应商是上游合作者，企业需要了解——可靠地供应高质量产品的能力、需要提前多长时间订购、按时交货的能力。渠道是下游合作者，企业需要了解——他们的成本结构、对于毛利和任务分工的期望、对于支持和培训的要求、与其他竞争对手的关系。

顾客分析：企业需要了解顾客的真正需求，明确具体的决策单位（DMU）以及决策的全过程（DMP）。

图 1-6-14　营销环境分析 5C 模型

环境分析：环境是制约营销战略的因素之一，由于环境是不断发展变化的，所以领先发现环境的变化会给企业带来竞争优势。企业需要主要考虑的环境因素包括技术环境、文化环境、政治环境、法律环境、社会环境。

(2) 思考题1的案例分析。

问题：请基于御仙都战略转型前的营销环境，分析御仙都高层制定出其战略转型方案的依据是什么？

分析：我们利用营销环境分析5C模型分析在中央八条规定出台后御仙都的经营环境变化。

企业分析：当前御仙都主要定位于高端餐饮市场，主要是面向政府和军队等公务消费提供高端餐饮产品和服务。御仙都经营面积达15 000余平方米，具有一流的就餐环境和餐饮设施；服务人员的综合素质相对较高，服务水平达到高端标准；所属的凯瑞豪门集团实力雄厚，有很好的财务支撑；管理团队有较为丰富的管理经验，配合协调能力较强；企业管理制度完善，管理规范，有先进的企业文化；客户资源丰富，有很强的市场开拓能力。

竞争分析：由于餐饮行业的进入门槛比较低，每年大量企业的涌入导致餐饮行业的竞争已经趋于白热化。在高端市场上，国家五星级餐饮企业金悦主打海鲜和新派粤菜，注重产品创新；湘粤情主营中式餐饮、中式快餐和团膳业务，在中餐市场上具有很强的竞争力。但是在"中八条"颁布之后，全国高端餐饮市场需求显著下降，同样面临着较大的冲击。

在中端市场上，海底捞强调服务，重视顾客体验；永泰福朋喜来登酒店宜客乐餐厅主营西式自助餐，菜品种类多样，就餐环境优雅，目标顾客主要为商务人士、白领；新沸腾鱼乡以特色川菜为主，菜品口味正宗，受到年轻人和情侣的欢迎。但是在中端餐饮行业，市场竞争十分激烈，各个中端细分市场基本都属于行业红海。御仙都在中端餐饮市场上的有鲜明特色优势的竞争对手并不多。

合作者分析：御仙都对菜品质量要求非常严格，因此与原材料供应商有着稳定、良好的合作关系；经过长时期的公务市场的开发，在政府、军队和大型企业中有着非常丰富的客户资源和营销经验。因此，与原材料供应商和顾客之间建立的良好的合作关系，为之后的战略经营转型提供了有力的支撑。

顾客分析：在高端市场上，主要的顾客来源除了政府和军队等，还包括企业客户和企业商务宴请。这些高端顾客更加关注高档、相对私密的就餐环境，专项服务甚至一对一的服务，稀有的特色菜品以及地位象征等社会利益。御仙都目前能够很好地满足高端顾客的消费需求，但是受到政治因素的影响，高端顾客的数量越来越少。

在中端市场上，随着我国人均收入的增长，消费观念的改变，消费者对于生活品质的追求愿望也越来越强烈。因此，消费者逐渐从"理性消费"为主向"感性消费"为主转变，更多地关注产品带来的情感上的满足。除了对于菜品质量的要求不断提高之外，同时也十分注重菜品的营养健康。并且消费者也不再满足于以往的机械式服务，更偏好于独特的个性化服务，更加重视餐饮过程中的消费体验。在新环境下，中端市场的顾客逐渐成为餐饮行业消费的主力群体。

环境分析：2012年12月中共中央出台了八项规定，明令禁止"三公"消费，严禁高端消费，致使全国的高端公务消费骤然进入寒冬。2013年全国高端餐饮收入下降1.8%，全国餐饮销售额增长速度仅为10%，高端餐饮行业受到了猛烈的冲击，高端餐饮消费需求急剧下降。

2014年，全国居民人均可支配收入20 167元，比上年名义增长10.1%，扣除价格因素实际增长8.0%。随着社会经济发展和人民生活水平的不断提高，人们的餐饮消费观念逐步改变，外出就餐更趋经常化和理性化，选择性增强，对消费质量要求不断提高，更加追求品牌质量、品位特色、卫生安全、营养健康。

基于营销环境分析的5C分析及御仙都的SWOT分析（如图1-6-15所示），可以看出在当前的环境下：御仙都企业综合实力很强，在高端餐饮行业有很强的竞争力；高端餐饮竞争者虽然不可小觑，但同样面临消费需求的大幅下降；中端餐饮竞争者数量较多，虽然各具特色，但是在餐饮文化、餐饮体验上却与御仙都有着很大的差距；御仙都与上游供应商和下游餐饮顾客都有着良好的合作关系；高端顾客虽然消费需求萎靡，但是中端顾客规模庞大，有着很强的消费需求，更加追求个性户服务和餐饮体验；外部政治环境受到不利因素的冲击，经济环境和社会文化环境的变化却为御仙都的战略运营转型提供了很好的契机。御仙都战略转型的原因如图1-6-16所示。

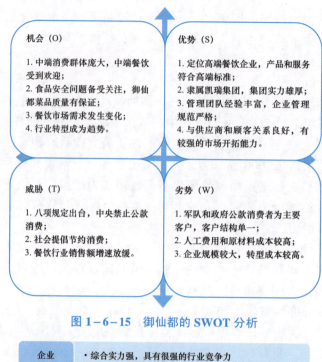

图 1-6-15 御仙都的 SWOT 分析

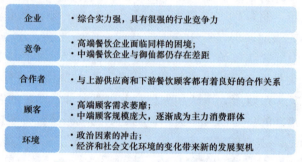

图 1-6-16 御仙都战略转型的原因

2. 思考题 2 的理论依据与问题分析。

（1）思考题 2 的理论依据。

STP 理论：企业在制定具体的营销方案之前必须进行市场细分（Segmentation）、确定目标市场（Targeting）和市场定位（Positioning），这是营销管理的战略决策过程，其过程如图 1-6-17 所示。

细分市场评估矩阵：目标市场的选定必须经过评估细分市场和选择细分市场的过程，评估细分市场的过程必须要结合企业自身能力的可行性（适应度）和细分市场的吸引力（盈利能力）两个维度来进行评估。细分市场评估矩阵就是帮助决策者进行目标市场的选择，其本质上解决的问题是：细分市场与企业能力之间的匹配问题。"市场吸引力"指的是细分市场对企业的吸引力，包含赢利能力、市场容量、增长能力等。而可行性指的是企业满足细分市场的能力，包括渠道能力、品牌能力、服务能力，等等（如图 1-6-18

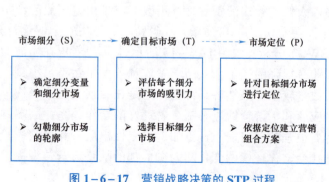

图 1-6-17 营销战略决策的 STP 过程

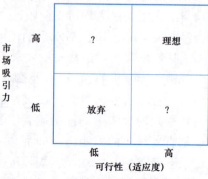

注：？区域代表需结合实际情况分析

图 1-6-18 细分市场评估矩阵

所示）。当细分市场非常具有吸引力，而企业自身有很强的能力满足该细分市场的需求时，那么细分市场就是我们理想的目标市场。

（2）思考题2的案例分析。

问题1和2：御仙都是如何对顾客进行市场细分的，不同细分市场顾客的特点是什么？

分析：御仙都在经营战略转型前对北京市餐饮市场进行了科学有效的市场调研，根据顾客的利益需求、价格敏感度、竞争激烈程度等维度进行市场细分，明确了每一个细分市场的利益诉求，其分析结果如表1-6-3所示：

表1-6-3　北京餐饮业细分市场及其描述

顾客群体	利益需求	价格敏感程度	竞争激烈程度	人均消费金额	消费特点	习惯光顾时间
高端散客	高端的菜品、服务、餐饮设施和环境；餐饮的文化内涵和品质	低	高，如金悦、湘粤情	300元/人	自费	晚上
企业商务宴请	高端的菜品、餐饮设施和环境；专项服务；私密的就餐环境；身份、地位等社会利益	很低	较高，如金悦	400元/人	公费	中午&晚上
高端国际旅行团	高端的菜品和服务；餐饮的文化内涵；独特的餐饮体验	低	较低	200元/人	公费	中午&节假日
高端婚宴市场	高端的菜品、餐饮设施和环境；个性化的定制服务；身份、地位等社会利益	低	中等，如湘粤情	400元/人	自费	周末&节假日
中端散客	安全、营养、健康、特色的菜品；优质的服务；个性化的餐饮体验；情感诉求和情感满足	中等	较高，如海底捞、永泰福朋喜来登酒店、宜客乐餐厅等	150元/人	自费	晚上
中端婚宴市场	优质的菜品和服务；身份、地位等一定的社会利益；情感诉求	较高	高	200～300元/人	自费	周末&节假日
中端旅行团	优质的菜品、服务和餐饮环境；较高的性价比	高	中等	100元/人	自费	中午&节假日
快餐市场	干净卫生的菜品；就餐的便利性；较快的上餐速度	很高	很高，如KFC、麦当劳、真功夫等	30元/人	自费	工作日
低端散客	干净卫生、价格低廉的菜品	很高	很高，如各类小餐馆等	15元/人	自费	工作日

问题3、4和5：御仙都是如何选择其目标顾客的？御仙都的选择是否合理？为什么？

分析：根据案例正文材料，御仙都转型之前的目标顾客为以军队和政府为主的公款消费群体，如图1-6-11所示。战略运营转型后的目标顾客主要包括：高端市场（包括高端散客、企业商务宴请、高端国际旅游团、高端婚宴市场）、中端市场（中端散客、中端婚宴市场），如图1-6-19所示。

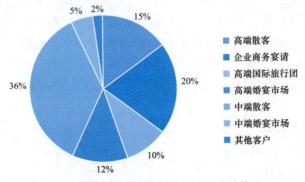

图1-6-19　御仙都转型后客户结构

御仙都转型后选择的目标市场，综合考虑了企业自身能力的可行性（适应度）和细分市场的吸引力（盈利能力），如图1-6-20所示。

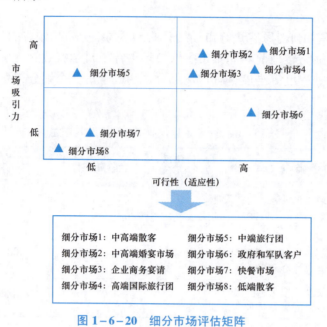

图1-6-20 细分市场评估矩阵

高端市场：高端消费散客和企业商务宴请市场具有较高的市场吸引力和可行性，御仙都在二楼设有高级包间，服务经验丰富，能够很好地满足这两个细分市场的消费需求。

随着中国经济社会的迅猛发展，开放程度加深，越来越多的国际高端旅游团来到中国，国际高端旅游团的市场前景较好，市场吸引力也较高；他们对中国的传统文化很感兴趣，尤其是与传统封建王朝相关的皇家宫廷文化；且御仙都以文化为本，着重宣传中国古代的皇家餐饮文化并建有皇家菜博物馆，对外宾有很强的吸引力。因此，国际高端旅游团是御仙都的重点目标市场之一。

政府和军队等公款消费人员是御仙都转型前的主要目标顾客，受到国家政策的影响，这些顾客的消费需求下降，对企业的利润贡献率降低。但御仙都企业经营能力较强，各类资源丰富，因此这一细分市场的定位将移向第四象限，不再是御仙都的主要目标顾客。

中端市场：中端消费群体和中高端婚宴市场也是御仙都目前的主要目标市场。这类市场的消费群体庞大，关注菜品的营养健康、个性化的服务以及餐饮体验，市场盈利能力较强，是未来餐饮行业消费的主力群体，成为御仙都战略转型后主要目标顾客。并且中高端婚宴市场具有规模性，且容易带来顾客忠诚和口碑传播，从而在婚宴市场树立良好的品牌形象，所以是企业应着力重点开发的市场。

经过评估细分市场和选择细分市场的过程，御仙都调整了原有的目标，形成新的目标选择。同时，御仙都能够根据目标客户的特点进行接待服务，提高了企业的经营能力。一般而言，在时间上：御仙都选择午餐时间接待高端国际旅行团，中高端散客的就餐一般都安排在晚上；中高端婚宴市场接待时间主要集中在周末或者节假日；在空间上，高端散客和企业商务宴请往往安排在二层的高级包间，可以进行一对一的服务，提高服务质量，并且满足其对于安静、私密环境的要求；高端国际旅行团、中端散客通常会安排在一层的大厅就餐，能够降低服务成本和人均消费，并且可以在就餐过程中欣赏皇家传统文化的表演，增强消费体验；中高端的婚宴安排在多功能厅，有利于提供个性化的服务。每段时间和空间都被交叉充分利用，使企业经营资源得到了有效利用，大大提高了企业的盈利能力，如表1-6-4所示。

表1-6-4 御仙都经营资源利用

分区	中午	晚上	周末&节假日
大厅	高端国际旅行团	中端散客 高端散客	中端散客 高端国际旅行团

续表

分区	中午	晚上	周末&节假日
多功能厅	高端国际旅行团	其他客户	中高端婚宴
高级包间	企业商务宴请	高端散客 企业商务宴请	高端散客 （家庭&朋友聚餐）

3. 思考题 3 的理论依据与问题分析。

（1）思考题 3 的理论依据。

① 价值创新。

价值创新是蓝海战略的基石，它帮助企业开辟一个全新、非竞争的市场空间。价值创新的重点既在于"价值"，又在于"创新"。在没有创新的背景下，价值的焦点是规模扩张型的"价值创造"，它提供了价值，但并不足以使企业超越市场。在缺乏价值的背景下，创新往往是技术拉动型、市场推广型的，或者是理想主义的，即忽略客户是否愿意接受并支付相应的成本。图 1-6-21 描述了价值创新中创新与客户价值之间的动态关系，它们是价值创新的立足点。当企业行为对企业成本结构和客户价值同时带来正面影响时，价值创新就在中间这个交汇区域得以实现。

② 四步动作框架。

价值创新就需要通过发现价值元素中的哪些元素可以被剔除、减少、增加或是重新创造来实现。这就要借助"四步动作框架"这一分析工具，如图 1-6-22 所示。

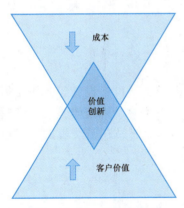

图 1-6-21　价值创新图

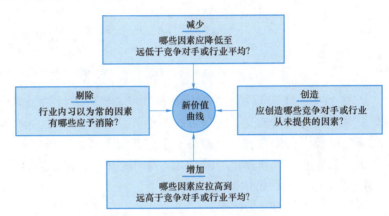

图 1-6-22　四步动作框架

③ 价值曲线（即战略布局图）。

价值曲线是一种帮助企业寻找新的价值空间的诊断框架和分析坐标，其横坐标是顾客的利益点或行业关注点，纵坐标代表顾客能够感受到的价值水平。利用价值曲线可以获取当前市场的竞争状况，了解竞争对手的客户价值关注方向及重点，并分析出顾客在相互竞争的商品选择中获得了哪些利益，如图 1-6-23 所示。

（2）思考题 3 的案例分析。

问题：御仙都是如何开创新的价值空间，从而实现成功转型的？请基于蓝海战略的核心分析工具及框架，绘制御仙都及其竞争对手的价值曲线图（即战略布局图），并予以解释。

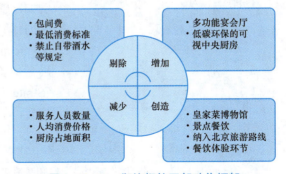

图 1-6-23　御仙都的四部动作框架

分析：我们利用四步动作框架分析御仙都相对于竞争对手是如何开拓新的市场空间。

御仙都的此次转型，开辟了餐饮业的"蓝海"，延长了价值曲线。公司对原有的价值曲线进行变革，删除了顾客不需要的元素，比如取消包间费，不设最低消费标准，取消禁止自带酒水的规定（剔除），减少服务人员数量，缩减厨房的占地面积，降低人均消费价格（减少），设立多功能宴会厅，建造透明可见、绿色环保的中央厨房（增加），创新性地提出文化体验、科技体验、景点餐饮的概念，打造出一个具有现代化特色的皇家宫廷就餐场所。申请文化遗产保护，打造3A级景点餐饮，纳入北京旅游路线，开发以皇家菜为主题的体验营销活动（创造）。

御仙都在"中八条"颁布之后，原有的目标市场需求锐减，面临严峻的经营困境。通过科学的市场调研之后，结合自身资源状况、经营管理情况和集团支持，重新选择目标市场，定位中高端餐饮市场。与高端餐饮消费者不同的是，中端餐饮消费者更加重视餐饮体验和情感价值。御仙都通过剔除目标顾客不需要的元素，创造和丰富文化和科技体验环节，降低人均消费标准和经营服务的成本，对中高端消费者、国际高端旅行团、企业商务宴请都形成了有效的吸引，形成了新的客源市场。科学的市场定位和对目标顾客利益诉求和消费需求精确的把握，是御仙都价值创新的基石，也是其成功经营战略转型的保证。

通过与高端餐饮、中端餐饮对比，并结合四步动作框架可以进一步得到御仙都的价值曲线。如图1-6-24所示，图中横坐标是按照行业或消费者关注要素的重要程度从左至右排序的（最右侧的文化体验、科技体验和景点餐饮三个点为御仙都所独创延长价值曲线的部分，并不表示其是消费者最不关注的）。

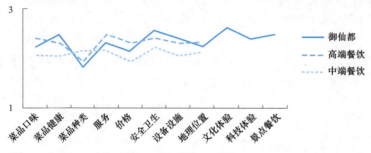

图1-6-24　御仙都战略布局图

从图1-6-24可以看出，御仙都在消费者比较重视的如菜品健康、安全卫生、设备设施等方面做得比竞争对手优秀从而改变了价值曲线的走势。更重要的是，御仙都还通过文化体验、科技体验、景点餐饮的搭建延长了价值曲线，从而进一步地开创了新的市场空间。总之，御仙都始终站在消费者的角度进行产品、服务的完善和提升，进而实现为消费者创造价值的目的。

4. 思考题4的理论依据与问题分析。

（1）思考题4的理论依据。

战略体验模块（SEMS）：人类的体验十分复杂，且具有多样性，但是可以分为不同的形式，每种形式又有其固有而又独特的过程。这些不同的体验形式是由特定的体验媒介所创造，能有效实现体验营销的目标。体验形式一般可被分为两类。一类是消费者在其心理和生理上独自的体验，即个人体验，例如：感官、情感、思考。另一类是必须有相关群体的互动才会产生的体验，即共享体验，例如：行动、关联。伯德·施密特（Bernd H. Schmitt）将这些不同的体验形式划分为感官体验、情感体验、思考体验、行动体验和关联体验五个模块，称之为战略体验模块（Strategic Experiential Modules，SEMs），以此来形成体验式营销的构架，如图1-6-25所示，各体验模块的内涵如表1-6-5所示。

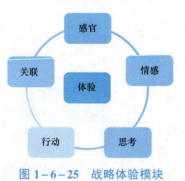

图1-6-25　战略体验模块

表1-6-5　战略体验模块的内涵

感官体验	感官体验营销是通过刺激消费者的感觉器官使其体验企业的产品和服务，从而引导消费者在感官上识别企业的产品和服务，并促使消费者产生购买行为的营销方式
情感体验	情感营销是通过心理的沟通和情感的交流，获得消费者的信任，从而扩大市场份额，实现竞争优势的营销方式

栏目一　商业模式与市场营销

续表

思考体验	思考体验营销是企业通过创新的方式吸引消费者的注意力，引发消费者对于产品和服务以及企业品牌的思考，促使其产生创造性思维的体验过程的营销方式
行动体验	行动体验营销是企业为消费者提供亲身参与和行动的机会与平台，是消费者与企业互动，进行生活方式的体验、行为模式的体验，改变消费者的生活形态，引导其进行思考和行动，增强消费者的产品体验，激发积极的购买行为从而实现产品和服务的销售
关联体验	关联体验营销综合了感官、情感、思考和行动，它超越了个人体验和个人情感，将个人的理想自我、他人和文化联系起来

（2）思考题 4 的案例分析。

问题：御仙都是如何进行体验营销的，其实施了哪些具体策略？

分析：御仙都为提升顾客体验实施的具体策略如图 1-6-26 所示。

图 1-6-26　御仙都体验营销策略

五、背景资料

据中央电视台新闻联播报道，2012 年 12 月 4 日中共中央总书记习近平主持召开中共中央政治局会议，审议中央政治局关于改进工作作风、密切联系群众的八项规定：

——要精简文件简报，切实改进文风，没有实质内容、可发可不发的文件、简报一律不发。

——要规范出访活动，从外交工作大局需要出发合理安排出访活动，严格控制出访随行人员，严格按照规定乘坐交通工具，一般不安排中资机构、华侨华人、留学生代表等到机场迎送。

——要改进警卫工作，坚持有利于联系群众的原则，减少交通管制，一般情况下不得封路、不清场闭馆。

——要改进新闻报道，中央政治局同志出席会议和活动应根据工作需要、新闻价值、社会效果决定是否报道，进一步压缩报道的数量、字数、时长。

——要严格文稿发表，除中央统一安排外，个人不公开出版著作、讲话单行本，不发贺信、贺电，不题词、题字。

——要厉行勤俭节约，严格遵守廉洁从政有关规定，严格执行住房、车辆配备等有关工作和生活待遇的规定。

——要改进调查研究，到基层调研要深入了解真实情况，总结经验、研究问题、解决困难、指导工作，向群众学习、向实践学习,多同群众座谈,多同干部谈心,多商量讨论,多解剖典型,多到困难和矛盾集中、群众意见多的地方去,切忌走过场、搞形式主义;要轻车简从、减少陪同、简化接待,不张贴悬挂标语横幅,不安排群众迎送,不铺设迎宾地毯,不摆放花草,不安排宴请。

——要精简会议活动,切实改进会风,严格控制以中央名义召开的各类全国性会议和举行的重大活动,不开泛泛部署工作和提要求的会,未经中央批准一律不出席各类剪彩、奠基活动和庆祝会、纪念会、表彰会、博览会、研讨会及各类论坛;提高会议实效,开短会、讲短话,力戒空话、套话。

六、关键要点

1. 市场细分的变量选择过程中一定要明确顾客价值(利益)、消费者行为、消费者与产品关系的变量是比较有效的市场细分变量,而描述性变量的细分能力比较差;如果按照描述性标准细分市场,要验证不同细分市场的消费者的顾客价值特征、消费者行为特征等是否有差异,否则就是无效的细分;如果按照顾客价值特征、消费者行为特征或与产品的关系进行细分,可以再用描述性变量来描述各细分市场。

2. "细分市场评估矩阵"是目标市场评估的有效工具及方法。理想的细分市场选择必然是企业自身适应力强且市场具有一定吸引力的市场,而这种非常理想的细分市场在实际操作过程中往往不存在,企业就必须退而求其次,那么在进一步的选择过程中就必须注意企业的竞争优势和适应力要比市场的吸引力更加重要,也就是说企业要优先选择企业具有竞争优势或更具适应力的目标市场。

3. 在制定战略布局图的时候,可以先对企业、行业的状况进行梳理,对企业的现有的商业模式进行"加减乘除"的调整。价值创新要求企业不要只着眼于竞争,而是力图使客户和企业的价值出现飞跃。价值创新不仅表现为延长价值曲线,开辟全新的、非竞争性的市场空间,还可以对原有的价值结构进行调整。

4. 在价值曲线分析中,首先应该充分理解横、纵坐标的含义,并能够准确地找到买方关注的价值点。其次,要掌握企业是如何通过四步动作框架这一分析工具来实现价值创新的分析,这也是理解去哪儿网开创新的市场空间、开创蓝海的关键。

5. 体验作为一种商品,是客观存在的。它源于顾客内心,属于顾客的隐形需求。企业通过一系列体验要素的设计,增加消费者的体验价值,赢得消费者偏好。行业性质不同,影响顾客体验价值的关键体验要素也不尽相同。准确把握关键要素,对于顾客体验价值的提高事半功倍。由此,企业可以根据行业性质和自身资源的状况,有针对性地开发体验要素,获得行业竞争优势。

七、建议课堂计划

本案例适合于《战略管理》和《营销管理》课程的案例讨论,《战略管理》适合安排在战略布局图、商业模式和价值创新的相应章节,《营销管理》课程可考虑在 STP 理论后安排讨论。由于不同课程的理论要求点不同,也可以在不同课程上选择不同的思考题进行分析讨论。此外,本案例也可作为专门的案例讨论课来进行。如下是按照时间进度提供的课堂计划建议,仅供参考,如表 1-6-6 所示。

表 1-6-6 建议的课堂计划

序号	内容	用具	教学活动	备注	时间
1	课前准备	—	发放教学案例和相关资料	课前小组讨论准备	—
2	讨论前案例回顾	—	让学生课上再仔细回顾案例及相关资料,并独立思考讨论问题,并要求学生独立给出问题讨论所涉及的营销理论	—	15 分钟
3	案例开场白	—	2012 年 2 月中共中央出台了八项规定,曾经"趾高气昂"的高端餐饮企业进入了寒冬。在央视新规持续发力、公务订单大量流失、高端餐饮业营收普遍下降的大背景下,御仙都成功进行了自我转型,实现营收增幅 6.7%。通过以下案例我们将对高端餐饮企业经营战略转型有更加深入的认识	—	5 分钟

续表

序号	内容	用具	教学活动	备注	时间
4	案例内容和进程展示	投影仪	教师通过提问或选取 1 组学生进行案例内容和进程的展示，目的是让所有学生能够熟悉案例的主题内容	—	15 分钟
5	小组讨论和汇报	投影仪	学生分为 4~6 人对案例问题进行讨论，并选取其中的一组对案例进行汇报	注意控制时间	25 分钟
6	案例汇报小结	—	就案例汇报过程中尚未关注到的知识点提出一些问题供学生思考	—	10 分钟
7	案例提问并讲解	白板	1. 基于御仙都战略转型前的营销环境，分析御仙都高层制定出其战略转型方案的依据是什么？ 2. 御仙都是如何对顾客进行市场细分的，不同细分市场顾客的特点是什么？御仙都又是如何选择其目标顾客的？御仙都的选择是否合理？为什么？ 3. 御仙都是如何开创新的市场空间，从而实现成功转型的？ 4. 御仙都是如何进行体验营销的，其实施了哪些具体策略？	记录学生对启发问题的回答	50 分钟
8	案例总结	—	对整个案例的知识要点再次进行描述和总结	—	15 分钟
9	课后总结	—	请学员分组就有关问题的讨论进行分析和总结并写出书面报告，目的是巩固学员对案例知识要点的理解	—	—

八、其他教学支持材料

1. 参考文献及深入阅读

[1] 格雷厄姆·胡利. 营销战略与竞争定位 [M]. 北京：中国人民大学出版社，2007.

[2] 菲利普·科特勒，凯文·莱恩. 营销管理（中国版）[M]. 北京：中国人民大学出版社，2009.

[3] （美）希尔，（美）琼斯，周长辉. 战略管理 [M]. 北京：中国市场出版社，2007.

[4] （美）勒妮·莫博涅，（韩）W. 钱金. 蓝海战略 [M]. 北京：商务印书馆，2005.

[5] 约瑟夫·派恩，詹姆斯·H. 吉尔摩. 体验经济 [M]. 北京：机械工业出版社，2002.

[6] B. H. 施密特，周兆晴. 体验式营销 [M]. 广西：广西民族出版社，2003.

2. 御仙都相关视频：凯瑞御仙都中国皇家菜博物馆

案例正文：

华为手机悄然"逆袭"的营销秘诀：整合营销传播[①]

摘　要：在大部分国产手机陷入低端产品竞争泥潭时，华为手机上演了一幕由低端品牌成功转型为中高端品牌的"逆袭"大战。除了"精品战略"之外，华为手机在品牌重塑与产品推广过程中采用的整合营销传播功不可没。本案例通过分析华为手机整体品牌层面营销传播策略、产品发布会前的准备期、产品发布会前的预热期、产品开售前的蓄水期以及发售阶段的营销传播策略来剖析华为手机重塑品牌形象、实现华丽转身的营销秘诀。案例可以帮助学员明确营销沟通策略、整合营销传播等相关问题的理论和分析方法。

关键词：华为手机；整合营销传播；品牌塑造

0　引言

2016年4月6日晚上9点整，夜幕为大不列颠蒙上了一层神秘的面纱。夜色中本该沉寂的伦敦巴特西公园却人声鼎沸，闪光灯闪烁不停如同天上的繁星，如此热闹的场面，让人不禁遐想是不是某位国际巨星在举办演唱会。随着优美音乐的响起，主持人用她甜美的微笑和迷人的伦敦腔宣布：华为P9全球发布会正式开始。顿时台下掌声雷动，华为终端董事长余承东登上了舞台，向大家展示了这位特殊的"明星"——与德国徕卡合作推出的华为P9手机，出色的双摄像头设计、奢华的金属边框、麒麟955处理器、6.95 mm超薄机身无不彰显着国产手机的最高品质。从一开始亮相，华为P9就得到了一致的好评，英国《卫报》对华为P9的评价是"一部能够直接与苹果iPhone以及三星Galaxy对决的手机"，"无疑是华为今年的一大力作，能够有底气地去冲击高端市场"。英国《独立报》也认为"P9很有可能是华为打败苹果iPhone 7的一大撒手锏"。通过直播观看发布会的"花粉"也都赞叹不已，纷纷准备入手一部P9手机。听着这些不绝于耳的赞美感叹之词，余承东不禁感慨万千：五年前华为手机还苦苦挣扎在千元智能机的低端竞争泥潭之中，现在脱颖而出终于站在了世界的舞台上，成为华为的骄傲，更成为国产手机的骄傲。

尘封的记忆逐渐打开，余承东的思绪逐渐飘回了那段难以忘怀的转型之路。五年前，看似热热闹闹、繁花似锦的中国智能手机市场，其背后却是很多手机厂商"赔本赚吆喝"的辛酸。2012年的行业报告显示，智能手机行业中绝大部分的利润掌握在了诺基亚、三星、HTC、苹果这些"洋品牌"手里，国产手机大都陷入了千元智能机的混战中，通过低端产品竞争的方式来分食所剩无几的利润蛋糕。初涉智能手机领域的华为也同样选择了一条"寻常路"——与运营商渠道合作，主推千元智能机，凭借着运营商渠道的优势快速出货，但结果却是销量增加了但净利润却持续低迷。后来，随着国产手机同质化的加剧，加之几乎无法获利的低价竞争，低端手机市场已经彻底沦为"绞肉机"，难以继续生存。面对如此残酷的竞争形势，华为决定逃离低端手机市场这块充满血腥气味的红海区域，进军能够提供高附加价值的高端品

[①] 本案例由北京理工大学管理与经济学院马宝龙教授，研究生黄阅微、李晓飞、韩道、王鸿撰写。作者拥有著作权中的署名权、修改权、改编权。未经允许，本案例的所有部分都不能以任何方式与手段擅自复制或传播。

本案例授权中国管理案例共享中心使用，中国管理案例共享中心拥有复制权、修改权、发表权、发行权、信息网络传播权、改编权、汇编权和翻译权。

由于企业保密的要求，在本案例中对有关名称、数据等做了必要的掩饰性处理。

本案例只供课堂讨论之用，并无意暗示或说明某种管理行为是否有效。

感谢国家自然科学基金项目（71272059）对本案例的资助；感谢华为终端有限公司中国地区Marketing总部整合营销总监陈然女士在案例资料收集、撰写过程中给予的帮助。

牌市场。但这一品牌转型战略在高端手机市场上同样面临着巨大的压力——诺基亚、三星、HTC、苹果这样的业界巨擘占据了高端手机市场的绝大部分市场份额，咄咄逼人地注视着新进入者。这样的转型决策和处境让余承东陷入沉思：究竟该如何实现华为手机由低端品牌向高端品牌的转型呢？

1 血海之争——2012年的中国智能手机市场

1.1 2012年中国智能手机行业发展状况

2012年，伴随着移动互联网的快速发展，全球智能手机呈现出爆发式增长的趋势，智能手机逐渐成了继电脑之后的重要终端产品。国际数据公司（International Data Corporation，IDC）提供的数据显示，在这一年里全球智能手机的出货量超过了7亿台，预计在未来几年内的出货量将翻倍增长。与此同时，中国智能手机市场也表现出了空前的发展势头，截至2012年底，中国已经有超过10亿的手机用户，他们对智能手机的需求与日俱增。艾瑞（iResearch）咨询研究数据显示，2012年中国智能手机市场出货量达到2.13亿部，同比2011年，提升了135.0%。如图1-7-1和图1-7-2所示，2012年中国智能手机的销售量及销售额较去年相比增加了1倍左右，甚至在以超过100%的速率增长，这些数据都在说明中国智能手机市场巨大的潜力。

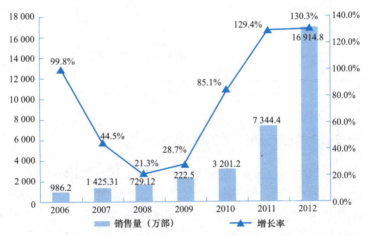

图1-7-1　2006—2012年中国智能手机市场销售量及变化情况

数据来自互联网消费者调研中心

图1-7-2　2006—2012年中国智能手机市场销售额及变化情况

数据来自互联网消费者调研中心

面对中国智能手机市场这块巨大的利润蛋糕，全球各大手机厂商使出浑身解数来增加中国消费者对其手机产品的关注度，以此来攻占中国智能手机市场。与此同时，这一市场中的品牌格局也在2012年有了明显的改变，过去诺基亚一家独大的局面彻底改变，强者云集的智能手机市场显得战火格外激烈。从

表 1-7-1 中可以看出，虽然中国智能手机行业重新洗牌，但是三星、HTC、诺基亚、摩托罗拉、苹果等"洋品牌"仍然占据了大半壁江山，少数上榜的国产手机（联想、华为、小米）均没有获得超过 5%的市场关注度，相比之下，国产手机显得势单力薄。

表 1-7-1　2011—2012 年中国 3G 手机市场品牌关注比例对比

排名	2011 年		2012 年	
	品牌	关注比例/%	品牌	关注比例/%
1	诺基亚	29.50	三星	21.60
2	三星	14.40	HTC	14.10
3	HTC	13.90	诺基亚	9.80
4	摩托罗拉	11.80	摩托罗拉	8.70
5	苹果	8.50	苹果	8.60
6	索尼爱立信	5.50	索尼移动	6.8
7	黑莓	2.70	联想	5.10
8	魅族	2.30	华为	3.90
9	华为	2.00	小米	3.20
10	联想	1.50	中兴	2.70
——	其他	7.90	其他	15.50

数据来自互联网消费者调研中心

1.2　低端品牌的厮杀——2012 年左右国产手机的困境

尽管中国智能手机市场商机无限，但全球各大知名手机厂商已经抢先一步占据先机，纷纷以强势的姿态抢占了高端手机市场。羽翼尚未丰满的国产智能手机无可奈何之下只好扎堆中低端手机市场，希望通过价格战的方式在中国智能手机市场上分一杯羹。在这样的思路下，这几年推出的国产手机都有着非常相似的关键词：联发科八核处理器、七八百元的价格、出众的硬件配置、主打电商的销售渠道，堪称"性价比神器"。但是这种在低端市场上的扎堆竞争，以低价互相中伤其他国产手机品牌，使得中国智能手机的市场平均价格持续走低（如图 1-7-3 所示）。"大家拼得太厉害了，这个价位段的产品利润空间已经被压至极低，做得实在没有意思。"一位国产手机厂商内部人士这样抱怨道。

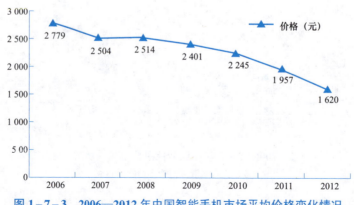

图 1-7-3　2006—2012 年中国智能手机市场平均价格变化情况

数据来自互联网消费者调研中心

国产智能手机厂商正陷入一个进退两难的"零"利润困局中。三星、HTC、诺基亚、摩托罗拉、苹果等知名品牌牢牢掌控全球高端智能手机市场，攫取着行业中绝大部分的巨额利润；相比之下，华为、中兴、联想等国产手机厂商只能在中低端智能手机市场激烈厮杀，只为跑过"盈利线"，瓜分所剩无几的市场空间。几乎微薄到"零"的利润，让很多智能手机厂商尤其是千元智能机厂商倍感煎熬：面对智能手机这个看似诱人的高增长市场，继续角逐意味着利润无几甚至亏损，好似慢性自杀；而停下来，就是宣告彻底失败，再也没有希望。继续前进还是停下脚步，默默承受还是主动突围？这成为无数国产手机厂商 CEO 心中的疑问。

1.3 当年在困境中挣扎的华为手机

低端智能手机市场中的"零"利润困局同样让华为不知所措。2009 年，面对智能手机市场的不断发展，华为也决定开始涉足智能手机业务，与其他国产手机厂商一样，华为也主打千元智能机，力图回避高端手机市场中的业界"大佬"们的威势。华为最初的想法是制造"类 iPhone 体验的"千元智能手机，但由于技术上的不成熟，华为手机在客户体验上并没有达到"类似 iPhone"的程度，因此华为智能手机的销量也一直不佳。2009 年全年华为智能手机出货量仅达到百万级别，与诺基亚、三星、苹果等大牌手机销量差之千里。

后来，在技术的不断积累下，华为手机的质量逐步提高，产销量都得到了一定的提升，但是由于华为手机一直秉承批发的理念，生产出来的手机在销售方面也基本依靠与运营商合作定制，与话费、电话卡捆绑销售，甚至有的手机连华为的标识都没有，直接贴上运营商的牌子就进行销售。这导致了华为手机的出货量逐渐攀高，实质上却没有赚到多少钱——大量的低端机，导致华为的毛利过低，品牌溢价无法显现。

2 "精品战略"指引华为手机成功"逆袭"

2.1 打造精品——蓄势待发

为了从国产手机低端竞争的泥潭中挣脱出来，华为开始尝试在产品上进行差异化，将科技与时尚、文化、艺术、情感更加有机地融合起来，真正提升产品的品位、价值和消费者的认可度，通过实施"精品战略"抢占中高端市场。

华为一直强调品牌建设是由内而外的过程，最重要的是先把产品做好，因为产品最终是到用户手里的，只有用户认可产品，品牌的概念才会深入人心。因此，华为将更多的精力转移到了打造精品手机上，华为每年投在研发上的费用占整个销售额的 15%以上（2015 年达 596 亿元），这与苹果、IBM 等国际性企业的投放水准不相上下。如此高额的研发投入，加上华为在芯片研发、专利、海外渠道与产品品质等方面的积累，使得华为打造精品手机产品成为可能。

在专注产品研发的同时，华为努力将新颖易用的创新元素融入其中，软硬兼施打造精品，为用户带来更加智能与人性化的使用体验。例如：独家研发的"智像"处理引擎可在弱光、微距、点光源等特殊环境下实现高清晰度成像；语音助手与华为云管端无缝对接，打造最适合中国用户的语音控制系统；独创的快速电力控制（Quick Power Control，QPC）及自动非连续接听（Automated Discontinuous Reception，ADRX）省电技术能够有效延长设备的续航时间，配合快速充电技术进一步优化效率。此外，深度定制并不断更新的情感化用户界面"Emotion UI"深受"花粉"们的喜爱，见证了华为在用户需求改进与体验升级方面的优质成果。

在华为"精品战略"布局之下，由 P6、Mate 及 D2 等领衔的智能终端阵营星光璀璨，以卓越的设计理念和技术实力奠定行业领先地位。其中，2013 年 6 月在伦敦发布的华为 P6 极具代表性，6.18 毫米机身在当时收获业界最薄智能手机的美誉，同样在发布之初，凭借出色的工业设计，被外媒授予了"最美智能手机"称号。曾被誉为最大手机的 Mate，拥有 6.1 英寸极致大屏，将用户的视觉体验拉升至新的高度，配合 4 050 mAh 超大容量电池，轻松获得最高等级的影音及阅读感受。这些精品手机为华为积累了巨大的能量，这让华为进军高端智能手机市场蓄势待发。

2.2 组合出击——攻占中高端市场

2012 年是华为手机转型的一年，正如余承东所说的那样，华为"现在才算真正在终端领域发力"。华为打造的全系列精品产品结构日臻完善，持续为业界注入创新活力。从满足需求到引领需求，华为的"精品战略"全面开花，推出了四种系列的手机产品，分别为 Mate 系列、P 系列、G 系列和畅享系列，如表 1-7-2 所示。这四种系列有着不同的市场定位：Mate 系列定位于高端商务，主要针对具有高收入水平的商务人士，在彰显商务人士的身份与品位的同时，更加注重满足他们对超长续航（视频会议、长时间通话）的需求；P 系列手机产品的定位兼顾高端和中端市场，主要针对 25~30 岁青年人消费人群，产品着重满足这部分群体追求美观、时尚的需求；G 系列针对 25 岁左右中等收入的白领人士，兼顾性能、时尚与价格优势；畅享系列则属于入门机型，定位广泛，针对那些收入较低的消费群体。

表 1-7-2 华为手机系列

手机系列		目标人群		手机情况	
		年龄	收入	价格	产品设计
华为智能手机	Mate 系列	35 岁以上中年商务人士	高收入	3 000~4 500 元	大气外观，稳重奢华，安全流畅
	P 系列	25~30 岁的时尚人士	中高收入	3 000~4 500 元	奢华时尚外观，性能出色
	G 系列	25 岁左右白领人士	中等收入	2 000 元左右	中端性能，时尚外观
	畅享系列	定位广泛	低收入	千元机	入门机型

在华为手机产品做得蒸蒸日上的时候，余承东却发现了这样一个软肋：对于广大的消费者，华为手机并没有多少和他们打交道的经验，对于他们的喜好并没有过多的了解，营销方面的匮乏让华为吃尽了苦头。秉承着"他山之石，可以攻玉"的想法，华为聘请了前宝马设计总监、前西门子产品概念设计总监范文迪（Hagen Fendler）出任华为手机产品首席设计总监。范文迪不仅仅负责手机产品的外观设计，同时还带领了一个遍布全球的超 300 人的设计团队，在华为内部，这个团队被称为"终端消费者体验中心"。

邀请国际大腕加盟后，华为手机产品的设计果然越来越好，感受到了国际魅力的华为决定，将华为手机塑造成有"国际范"的一流手机品牌。范文迪团队国际化的思路改变了华为对消费者的认知，消费者并不只是看重产品，如何让产品走进消费者的眼睛和内心也是十分重要的，实际上"酒香也怕巷子深"。于是现任华为终端董事长余承东决定，打出产品与营销结合的组合拳。

3 整合营销传播助力华为手机成功"逆袭"

纵观华为手机的"逆袭"之路，除了过硬的产品质量和精准的产品定位以外，整合营销传播同样功不可没。无论是在华为手机长期品牌形象的塑造与传递方面，还是在各系列单品的营销推广方面，整合营销传播都起到了关键的作用。所以，华为手机的整合营销传播又分为两个层面——整体品牌层面和产品品牌层面，前者的目的是塑造和传递"华为手机"宏观和共性的品牌联想，后者则要根据各产品上市的不同阶段，设定具体的营销传播目标，进而采取不同的营销传播手段。

所以，除了整体品牌形象的塑造与推广以外，华为手机营销部门还会找出消费者对华为手机的所有接触点，在每个接触点上发力，确保在每个接触点上都传递一个一致且正面的形象。按照华为产品推出的整个过程可以划分成四个阶段，分别为产品发布会前的准备期、产品发布会前的预热期、产品发布会到产品上市前的蓄水期以及产品正式发售期（如图 1-7-4 所示）。在不同的阶段华为有着不同的目标与策略，不同阶段有不同的目标，不同阶段华为设定了不同的营销传播目标。

图 1-7-4 华为新产品上市过程

3.1 水滴石穿——华为手机长期品牌形象的塑造

产品和品牌之间的关系就好比树根与树叶的关系。唯有树根强大树木才能枝繁叶茂，而树叶的光合作用又能够进一步促进树木的成长。同样的道理，优质的产品质量和良好的产品体验能够使消费者对品牌产生美好且丰富的联想，而正面的品牌联想又能够促进产品的进一步销售。在手机品牌整体形象塑造和传播方面，华为综合运用了多种营销传播手段来提高华为手机的认知度、知名度和美誉度。逐渐在消费者心目中打下华为手机的烙印，使人们在提起华为时自然而然地就能想到华为智能手机。在长期品牌形象塑造的过程中，华为手机运用的主要传播策略包括品牌形象广告（如平面广告、户外广告、植入广告等）、事件营销和互动营销等。

（1）品牌形象广告。

2012 年 2 月，华为聘请了全球顶尖的广告公司百比赫（Bartle Bogle Hegarty，BBH）来为自己重新塑造形象，更拿出大笔经费支持，营销费用预算比 2011 年翻了一番。"洋血统"的 BBH 公司果然不同凡响，一改华为往日的风格。世界电子通信大会期间，在西班牙首都巴塞罗那从机场到会展中心、皇宫下方音乐喷泉处，都矗立着一个耀眼的飞马雕塑——那是由 3 500 部华为手机模具拼组而成的品牌创意，这也是华为首次将终端设备作为主要展示项目，标志着华为手机在华为终端产品中战略地位的提升。华为手机也因此一炮而红，2012 年智能手机发货量达到了 3 200 万台。

BBH 对华为的影响也是颇为深远的，自 2012 年华为将手机业务提升到战略层面以来，华为一直在努力塑造华为手机"梦想"与"坚持"的主题形象。从 2014 年华为在《人民日报》《中国青年报》等主流媒体推出的"向'布鞋院士'李小文先生学习"（如图 1-7-5 所示），到 2015 年华为推出的"芭蕾脚"（如图 1-7-6 所示），再到 2016 年"上帝的脚步"（如图 1-7-7 所示），都凸显华为在"精品"战略的指导下，不断地寻求突破与超越的坚持，华为始终在脚踏实地地诠释其在 2013 年巴塞罗那世界电子通信大会上"Make it possible"（以行践言）的品牌理念。

图 1-7-5 "布鞋院士的脚"品牌形象广告

图 1-7-6 "芭蕾脚"品牌形象广告

在 2015 年 3 月的"2015MWC 世界移动通信大会"上，华为就推出了"Next is here"（未来在这里）的宣传标语，恰好三星在 2015MWC 上给出了"What's next？"（未来是什么？）神秘问句，虽然其本意是为了引出即将推出的年度旗舰新机 Galaxy S6，结果却被华为一句肯定的回答搭了"顺风车"。更加巧妙的是，在北非苏丹首都喀土穆的机场路上，华为又与三星的户外品牌广告同框出镜（如图 1-7-8 所示）。

据悉，这两句广告语引起了整个苏丹手机行业的热议，许多人都认为：Next is here，华为并不只是在简单地回应三星的 What is next，而是在暗示大家，下一个将是华为取代三星，华为手机已经成功"逆袭"成为世界智能手机三大品牌之一。

图 1-7-7 "上帝的脚步"品牌形象广告

图 1-7-8 华为的户外品牌广告

（2）植入广告与互动营销。

《分手大师》作为一部喜剧电影，不仅实现了"每分钟一个笑点"，同时还是一部有内涵的电影，影片核心讲述了两个为梦想跌跌撞撞的年轻人，一路摸爬滚打走向了爱情和生活的真谛。无疑，华为在该影片中植入手机广告的选择是非常明智的，不单单是因为《分手大师》取得了 7 亿票房的骄人成绩，更关键的是从植入广告与电影情节的融合到受众的精准捕捉，从话题炒作再到线上、线下的互动传播，一切都自然而然地在提升华为手机知名度的同时进一步丰富了华为手机的品牌内涵，在延续其梦想与坚持的品牌形象的基础上，又赋予了其灵活、搞怪与潮流的品牌内涵。

（3）事件营销。

2014 年 11 月 22 日，国家主席习近平在斐济会见了部分太平洋岛国国家领导人，就发展双边友好合作进行交换意见。在此期间，习主席将华为 Mate 7 作为国礼赠送给太平洋地区国家领导人，包括：巴布亚新几内亚总理奥尼尔、斐济总理姆拜尼马拉马、汤加首相图伊瓦卡诺、纽埃总理塔拉吉、密克罗尼西亚总统莫里等。一时间，"美腿妻"（Mate 7）成国礼这一事件不仅成为国内外媒体关注的热点，华为官方也借势对华为"高大上"的品牌形象进行了塑造。

3.2 排兵布阵——华为手机上市准备阶段

在推出任何一款手机之前,华为手机的营销部门都会为后续的营销活动排兵布阵。华为的营销部门可以划分为整合营销部、品牌创意部、品牌执行部、数字媒体部、公共关系部、市场沟通部和媒介部,这七个子部门分工明确,达到在功能上实现互补、整体联动的效果,如图1-7-9所示。华为的任何一款手机都有独特的价值主张,这由品牌创意部给出,将决定后续营销活动的大方向;品牌执行部根据品牌创意部的价值主张给出执行方案,并负责实施;数字媒体部负责运营华为手机的官方微博和官方微信,我们在微博和微信上看到的内容都是由它负责的;公共关系部负责网络、新闻稿的撰写;市场沟通部与渠道电商进行沟通;媒介部主打品牌形象。在整个过程中,整合营销部门将对这些部门的工作进行整体战略的谋篇布局。

图1-7-9 华为手机营销部门的职能构成

3.3 半遮半掩——华为手机预热阶段

在产品预热阶段,华为手机主要的传播目标是将关注持续地吸引过来,并逐步推高消费者的热情,使之能够在产品发布会时达到一个峰值。但如何吸引消费者的关注呢?在发布会之前,关于产品的信息是不能够过细地描述的,所以没有官方产品图片,没有产品性能细节,华为手机的传播部门需要在不能使用传统的产品推广广告的情况下,让更多的消费者知道华为手机即将到来,这可以说是一个艰巨的任务,需要发挥华为营销的各部门的创意。

既然不能在官方告知消费者产品,那么传播策略上华为的营销部门就不能再选择以传统的用广告来引导消费者,因此华为手机选择了口碑营销、互动式营销等方式进行营销传播。

(1) 口碑营销。

2013年,早在发布会前一个月,P6手机就已经是手机界的大明星了,甚至热度有直逼苹果iPhone6的趋势。虽然还没有正式上市,心急的社交网络上就已曝光出多组华为P6清晰谍照,时尚清新的外形让不少用户感叹华为终端手机在外观设计上赶超国际范儿,在工艺上更是愈发精湛。这组谍照在网络中迅速流传,浏览量达到了百万次,华为P6即将发布的消息得到了广泛的传播。

(2) 互动式营销。

2013年5月22日华为终端董事长余承东在微博中写道:"去年圣诞节前我去欧洲拜访客户,在德国杜塞尔多夫机场离境安检时,所带的20多个不同手机机模中,安检警察一把抓出其中一个手机猛问'Where to buy? Where to buy?(哪里才能买到?)'……其他警察都围观过来看,抓住不肯放手,非常非常喜欢。这就是下个月将要发布的P6手机!到底怎样,大伙等等看哈!"

这段微博让粉丝无不对新手机P6的形象配置等信息产生了浓厚的兴趣,一款连见多识广的机场安检警察都喜欢的手机会是什么样子呢?华为终端也抓住了这个时机,在官微发布了一系列耐人寻味的微博,如"美,值得等待""期待6.18"等,预告了产品的发布日期,却没有预告产品的真实外观,给粉丝留下了想象的空间,关注度不断上涨。在几日的微博搜索中,华为P6都在微博热门排行榜中排行前几位,热度达到了高峰。

为了继续吸引关注,华为手机的数字营销部门还在官方微博、微信公众号发布了一系列的有奖活动,如转发微博进行抽奖等,获得了大量的转发,华为手机还发布了大量与P6有关的微博话题,联系了比较知名的微博博主,参与话题的讨论,将社会化网络上对P6的讨论推至高潮。华为官方微博抽奖活动如图1-7-10所示。

在P6的预热阶段,除了官方媒体外,合作的电商渠道商也会共同进行预热,为后面的产品发布会和销售打下基础。

图 1-7-10　华为官方微博抽奖活动

3.4　众星拱月——华为手机发布会阶段

在产品发布阶段，华为手机的主要传播目标是继续聚拢人气，并使消费者对产品产生购买的欲望，用"饥饿"的方式不断让消费者化期待为占有欲，造成一个持币待购的情况，以期在产品开售后消费者能够引爆再一波高潮，达到更高的销量。因为在发布会上会公开产品的形象设计、性能售价等信息，此时传播的手段就不需要再对产品进行遮掩，而是对产品的主要价值主张进行宣扬，此时华为选择了以产品推广广告、口碑营销和公关等主要手段进行营销传播。在整合营销的思路下，华为手机在传播策略上需要进行地空对接，将企业端与渠道端的营销传播整合在一起，相辅相成，共同为华为手机的销售进行造势。

（1）传统广告。

2014 年 9 月 4 日晚，华为在柏林举办的发布会上，展示了一款新的手机，华为 Mate7。发布会前，媒体就对这款主打高端商务的 Mate7 手机给予了很高的关注度，来自全球各地几百万人在网络上观看了这场盛大的发布会。华为 Mate7 也不负众望，让广大观众大饱眼福。拥有一系列高大上的功能的 Mate7 采用全球首创的 JDIIPS-NEOTM 负向液晶屏，对比度典型值高达 1 500:1，屏幕显示更细腻；华为还首次在手机中引入了指纹扫描功能，该指纹扫描功能非常灵敏，能支持手指 360 度的角度使用；同时 Mate7 手机搭载了最新的麒麟 Kirin925 超八核处理器，流畅度更高，功耗更低，全球领先支持 LTECat6 标准；数据下载速率峰值可高达 300 Mbps，实现全球最快的网络连接速度，下载一部高清电影仅需短短 30 秒，安全性能和办公性能都十分优越，这些功能都是商务人士所看重的。华为为 Mate7 设计了"爵士人生"的产品创意，内容是一位商务男士持握手机面带微笑地坐在海滩边，给人一种轻松执掌大局之感，为了推广自己的产品，华为在公交站、电视、杂志等传统媒介上都打出了自己的广告。

（2）口碑营销。

但由于传统产品推广广告的篇幅限制，华为并不能很好的突出自己产品的卖点，为了让更多消费者看到自己产品的价值主张，华为手机想到了利用社交网络。

在 Mate7 发布的几天后，知名博主@天才小熊猫发表了一条长微博，讲述了自己因为无意间把手机指纹密码设置成了猫的爪子，自己又因为睡过头上班迟到无法解锁手机，而不得不带着猫去上班的一段离奇经历，由于@天才小熊猫粉丝众多，加上微博风趣幽默的描述，很快就获得了大量的转发评论，文章对华为 Mate7 手机指纹识别的安全性和灵敏度进行了刻画，因此华为手机也得到了大量的关注。除此之外华为还创建了大量的微博话题，吸引消费者的讨论。@天才小熊猫微博软文如图 1-7-11 所示。

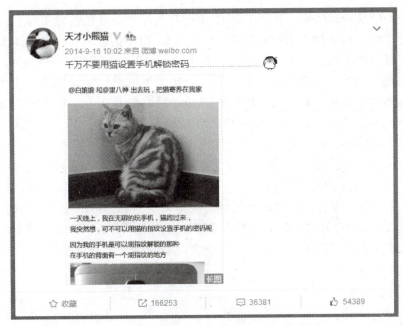

图 1-7-11　@天才小熊猫微博长文章截图

除了在微博端进行的营销推广，一篇《别告诉我你不知道，大家买 iPhone6 前都在跟华为 Mate7 比》的微信文章也在大量的微信用户间转发。文章将华为 Mate7 与 iPhone6 就摄像、轻薄程度、售价等 iPhone6 比较劣势的地方进行了对比，从而得出华为 Mate7 优于苹果的结论，为华为 Mate7 赢得了良好的口碑，许多看到这篇文章的网友表示"已经准备好现金，就差购买了"。华为终端的官方微博和华为微信公众号也利用 LBS 技术帮助消费者找到最近的门店，引导他们试用，也为后面的销售埋下了伏笔。

3.5　厚积薄发——华为手机开售阶段传播策略

在产品销售阶段，华为手机的主要传播目标是继续拉引消费者的购买欲，并将消费者的购买欲化为实际的购买行为。在前期的预热过程中，消费者已经产生了购买的欲望，接下来华为将通过促销手段，与渠道联合对产品销售进行推动。在这一阶段，华为手机的营销目标主要偏重于品牌形象的塑造，使产品能够为整个品牌加值。

2015 年，在进行 P8 产品推广时，华为手机动用了运营商、渠道商等资源。华为手机由于早期与运营商有很多合作，华为本身也特别重视与渠道的关系构建，因此华为与运营商、渠道商的关系比较好，这些都为华为的渠道策略打下了深厚的基础。在苹果手机进入中国以来，在运营商方面一直只与中国联通合作，移动和电信都希望能够有一款高端合约手机来与苹果抗衡，因此华为便抓住了时机，与运营商、渠道商强强联合，想要重塑国产手机的高大形象。

但仅凭一腔热血与激情是无法让渠道商、运营商为华为手机付出更大的成本的，所以华为也对渠道给予了相当优厚的条件，比如给运营商更高的利润分成，给渠道商以更多的销售提成、支付更高的通道费，与之相交换的是运营商、渠道商给予华为更多的资源。

华为这样的做法让运营商、渠道商所有策略都向华为倾斜，使华为合约机能够获得最低的资费，最优先的推荐。有了来自获取渠道方面的支持，华为 P8 的销量如虎添翼。在整合营销的整体营销思路和各方面资源的大力支持下，华为完美地完成了逆袭。

4　逆势上扬——问鼎国产手机销量王

2015 年，是中国智能手机市场竞争尤为激烈的一年，有 136 家国产手机厂商阵亡，而其他国产手机的领导品牌（像小米、联想）也均在不同程度上呈现出销售疲软的现象。但是，与之形成鲜明对比的是，华为手机的销售业绩不断攀升。据悉，华为在 2015 年的收入超过 200 亿美元（约 1 318 亿元人民币），同比去年大幅增长接近 70%，而智能手机产品的全年出货量达 1.08 亿台，同比增长 44%，相当于每秒钟卖出 3 台手机，成功问鼎国产手机销量王。这样的骄人业绩不得不归功于华为手机的成功转型。

五年前华为手机还是国产低端机中的一员，而如今华为手机已然实现了华丽的转型，成为能够与苹果、三星相抗衡的世界知名的中高端手机品牌。在"精品战略"基础上，华为手机借助整合营销传播实现"逆袭之旅"，如表 1-7-3 所示，在 2011—2015 年短短五年时间内，华为手机的关注度由 11.9% 飙升至了 42.9%。关注度的不断提升带动了华为手机的销量。比如，最新推出的 P9 手机，截至 4 月 15 号当天，P9 仅在华为商城 Vmall 平台上的预约量就已经超过了 600 万台，再加上京东、天猫、苏宁等其他电商平台的预约量，P9 的预售量就已呈现出空前火爆的景象。上市开售后，外界对于该机的口碑和市场反响更是持续走高。其高端的配置、丰富的软硬件功能以及极具杀伤力的价格，让不少国内消费者对华为 P9 十分买账。不仅华为商城 Vmall、天猫、京东、亚马孙等各大电商平台热销断货，线下各大华为官方体验店和合作渠道商也都迎来了大批排队体验、购买的消费者，不少店铺更是出现了一机难求的热销场景。

表 1-7-3 2011—2015 年国产手机关注度比较

排名	2011	关注比例/%	2012	关注比例/%	2013	关注比例/%	2014	关注比例/%	2015	关注比例/%
1	联想	15.8	联想	18.5	联想	19.1	华为	22.2	华为	42.9
2	魅族	12.2	华为	14.4	华为	13.6	联想	11.6	vivo	9.60
3	华为	11.9	小米	11.1	小米	9.20	酷派	11.3	OPPO	7
4	中兴	8.40	中兴	9.70	OPPO	9.00	魅族	9.30	乐视	5.30
5	酷派	7.50	魅族	8.60	酷派	8.70	vivo	8.50	联想	4.30
6	步步高	7.00	酷派	8.30	中兴	8.30	OPPO	8.10	中兴	4.20
7	纽曼	6.30	OPPO	6.50	vivo	7.70	中兴	6.20	魅族	4.10
8	OPPO	5.40	步步高	5.80	魅族	7.30	金立	5.20	酷派	4
9	天语	4.80	天语	3.70	金立	3.50	小米	3.30	努比亚	2.70
10	多普达	4.60	金立	3.10	天语	2.80	努比亚	2.30	金立	2.60
—	其他	16.1	其他	10.3	其他	10.8	其他	12.0	其他	13.3

数据来自互联网消费者调研中心

5 尾声

经历了由低端品牌向中高端品牌"蜕变"的华为手机，处处散发着新生的魅力，尤其是在 2016 年成功推出的 P9 手机，再度攻占高端手机市场的大好形势下，余承东信心十足地表示："华为将在两到三年内成为全球第二大智能手机生产商，用四到五年时间赶超苹果，成为全球第一大手机制造商。"华为手机是否能够交出一份满意的答卷，这让无数竞争者及众多的"花粉"拭目以待。

Integrated Marketing Communication Help HUAWEI Mobile Phone Create a Successful "Counter Attack"

Ma Baolong, Huang Yuewei, Li Xiaofei, Han Xiao, Wang Hong

(School of Management and Economics, Beijing Institute of Technology)

Abstract: When most of the Chinese mobile phone brands mired in the low-end products competition, Huawei mobile phone has created a successful "counter attack" from low-end products to high-end products. In addition to its "boutique strategy", the excellent integrated marketing communication has also played a very important role to promote its brand and products. This case aims to analyze Huawei's marketing communication strategies on its overall brand level, the products preparation period, the preheating period before product launches, the pre-sale period after product launches, and the sales period after the products were launched, and then, to disclose how integrated marketing communication help Huawei mobile phone create a successful "counter attack". In addition, this case can help students to clarify the marketing theories and problems related to marketing communication strategies and integrated marketing communications.

Key Words: Huawei mobile phone; Integrated marketing communications; Branding

案例使用说明：

华为手机悄然"逆袭"的营销秘诀：整合营销传播

一、教学目的与用途

1. 适用课程：本案例为描述性案例，适用于《营销管理》《整合营销传播》等课程有关营销传播、营销沟通等相关章节的案例讨论。

2. 适用对象：本案例主要为 MBA 和 EMBA 开发，适合有一定工作经验的学员和管理者学习。本案例还可以用于工商管理国际学生深度了解中国企业营销活动的特点。

3. 教学目的：本案例的教学目标是要求学生掌握：

（1）企业营销沟通过程中的相关理论。

（2）如何基于 AIDA 模型进行设定企业营销传播目标。

（3）了解如何有效地使用整合营销传播中推拉结合的传播策略。

（4）不同营销传播工具对消费者的不同决策阶段产生的影响。

（5）如何使用社会化媒体营销手段。

二、启发思考题

1. 结合 AIDA 模型阐述营销传播策略的目的通常有哪些。并结合案例说明华为都使用了哪些营销传播手段实现这些目的。

2. 华为在营销传播过程中是如何使用推拉结合的营销传播战略的？

3. 结合消费者决策过程（Decision-Making Process，DMP），阐述华为是如何使用不同的营销传播工具来对消费者决策产生影响的。

4. 社会化媒体营销传播手段通常有哪些？华为是如何利用社会化媒体进行营销传播的？

5. 什么是整合营销传播，结合案例说明华为是如何整合其营销传播策略的？

三、分析思路

教师可以根据自己的教学目的来灵活使用本案例。这里首先给出本案例分析的逻辑路径图，如图 1-7-12 所示，仅供参考。

思考题 1 的分析思路：智能手机品牌间竞争激烈，华为手机实现"华丽转身"，除了其产品本身的竞争优势外，优秀的整合营销传播过程起到了非常重要的助力作用，由此引导学员了解营销传播中的 AIDA 模型，分别对消费者从接收信息到行动中间各个阶段的不同需求进行分析，从而明确不同阶段传播策略的不同目标设定，并结合案例材料对华为手机在不同时期使用的营销策略进行归纳总结，从而得到华为是如何整合其营销策略的。

思考题 2 的分析思路：首先在思考题 1 的基础上，结合案例材料，总结华为面向消费者和渠道商都使用了哪些不同的营销传播手段，带来了什么样的效果，从而确定华为是如何使用推动和拉动相结合的营销传播策略的。然后帮助学生明确推拉传播战略的目的，以及在消费者决策的购买行动阶段，华为的推拉战略都是怎样影响消费者的。

思考题 3 的分析思路：结合案例材料和思考题 2，根据消费者决策过程（DMP）的 5 个步骤，引导学生思考在消费者决策过程的不同阶段中，不同的信息传播发起人对消费者 DMP 阶段所带来的不同影响，并分析在消费者决策过程的不同阶段华为如何进行传播才最有效果。教师可以引导学生对每个 DMP 阶段进行单独分析，探究华为在影响消费者决策过程中都做了哪些工作。

思考题 4 的分析思路：社会化媒体营销作为新型的营销手段，已成为一种重要的营销传播工具，其具有受众范围广、接触消费者简单、传播效率高等特点。首先要引导学员理解在社会化媒体中信息是如何进行传播的以及病毒式营销传播的特点。然后进一步结合案例分析华为在社会化媒体传播时，运用了哪些手段，产生了怎样的效果。在此基础上结合社会化媒体 3C 营销，对华为的营销过程进行梳理，总结华为是如何利用不同社会化媒体实现不同营销传播目的的。

思考题 5 的分析思路：综合思考题 1、2、3、4，了解整合营销的含义，教师应引导学生将文中的营销策略进行串联，使学生对华为营销战略的整体布局有一个完整的认知，从整合营销的思路出发，引发学生讨论为什么必须要进行营销传播策略的整合。

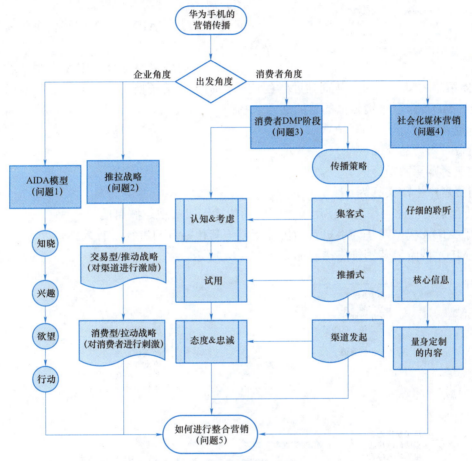

图 1-7-12　华为手机案例整体分析思路

四、理论依据与分析

1. 思考题 1 的理论依据及问题分析。

（1）思考题 1 的理论依据：AIDA 模型。

AIDA 模型是基于消费者反映的营销传播过程模型，其描述了消费者从接触信息到完成消费行为的四个阶段，分别是知晓（Awareness）、兴趣（Interest）、欲望（Desire）和行动（Action），如图 1-7-13 所示。企业在引导消费者完成消费行为之前，首先应让自己的产品、服务或品牌引起消费者的注意，继而创造并引发消费者对产品、服务或品牌的兴趣，接着以满足某种真正或想象的需求为目的，塑造消费者购买产品或服务的欲望，最后通过必要的形式（如渠道激励、促销等）引导消费者行动，产生实际购买行为。

知晓：消费者通过推广类的广告等手段接触到产品、服务或品牌信息，从而逐渐对产品、服务或品牌的信息产生了解。

兴趣：在消费者知晓了广告所传递的信息后，产生对产品、服务或品牌的兴趣，这种兴趣一般来源于广告主所传达的、能够提供某种改善生活的利益所致。

图1-7-13 营销传播过程的AIDA模型

欲望：营销推广的利益如果引起消费者强烈的冲动，就会使消费者产生购买的要求，也就是拥有产品或服务的欲望。企业可以通过不断强化消费者的购买欲望使其产生行动。

行动：指的是消费者产生的消费行动，是整个营销推广中最重要的一环，也是营销推广的最终目的。

（2）思考题1的问题分析。

问题1：结合AIDA模型阐述营销传播策略的目的通常有哪些。

分析：本问题主要结合AIDA模型帮助学生关注到消费者对不同传播策略的特定反应，从而帮助学生明确在制定营销传播手段之前，必须明确其所能实现的传播目的。结合AIDA模型营销传播的目的通常包括：

① 引起消费者注意。
② 激发消费者对产品及品牌的兴趣。
③ 强化消费者购买欲望。
④ 引导消费者产生购买行为。

问题2：结合案例，说明华为都使用了哪些营销传播手段实现这些目的。

分析：基于AIDA模型，华为手机营销传播策略与其传播目的进行了有效结合：

华为营销AIDA四阶段营销推广措施如图1-7-14所示。

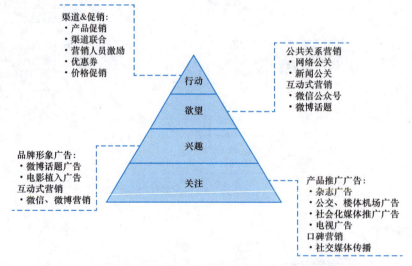

图1-7-14 华为手机不同营销传播手段所对应的营销传播目的

在"知晓"阶段，华为主要做的就是抓住顾客的目光，在选择传播策略时，主要的预期就是高曝光度，因此，在知晓阶段，华为主要的传播手段是产品推广类广告和口碑营销，产品推广广告包括传统广告和数字广告，这些广告主要投放在大众媒体和数字媒体。大众媒体上，华为广告投放主要在电视、杂志上，而在数字媒体广告投放上，华为在社会化网络视频的广告位、App的首页平面广告上也投放了大量推广类的广告。口碑营销主要是在非官方渠道发布产品信息和公关文章。

在"兴趣"阶段，华为主要做的工作就是让广告传递的信息更加具有吸引力，激发消费者对于华为手机的兴趣。华为手机主要的传播手段就是品牌形象广告和互动式营销，品牌形象广告主要有微博话题广告和电影植入广告等形式。以 P7 为例,华为设计了"勇敢做自己""君子如兰"等系列的广告,广告画面精美,以溪流、山川、薄雾、森林等元素向观众传达了华为手机的美好,激发观众的兴趣。除了对于电视广告的设计,华为还将 P7 手机广告植入了电影《分手大师》,在影片中,P7 作为男女主角的配机,打破了国产电影的"苹果怪圈"也引发了消费者的讨论,从而激发消费者对产品的兴趣。

在"欲望"阶段,华为主要做的是塑造消费者的需求,并不断强化消费者的购买欲望,使之转化成行动。在这个阶段华为的广告主要投放在社会化媒体上。社会化广告具有双向性和交叉性的特点,除了企业与顾客间的交流,顾客间的交叉互动也会对企业营销传播产生有益的影响。在社会化媒体上,华为投放了一些软性广告,即并不直接介绍商品、服务,而是通过在网络上插入带有主观指导倾向性的文章。以 Mate7 为例,这款手机主打的功能是指纹识别,所以华为希望以突出产品本身的特质为重点的推广主体,如知名博主天才小熊猫就发表了关于"猫爪指纹识别"的文章,转发量达到了 16 万次,在社交媒体上同样流传着一篇文章《别告诉我你不知道,大家买 iPhone6 前都在跟华为 Mate7 比》以拍摄和指纹识别为主要描述对象,强化了消费者的欲望。

在"行动"阶段,华为需要将前几步所做的努力转化为消费者的购买。这时华为的工作重点就要放置在渠道激励以及促销上。一是对产品本身进行促销,如华为 P8 手机,在门店购买 P8 手机可以获赠手机壳、充电宝等礼品;二是渠道广告,在经销商处,华为购买了广告位,将 P8 手机的易拉宝广告放在显眼的过道位置;最后是激励销售人员,如销售 P8 手机会获得更高的销售提成等,刺激消费者进行购买。

2. 思考题 2 的理论依据及问题分析。

(1)思考题 2 的理论依据:营销整合传播的推拉结合策略。

营销传播的推动策略:指企业对渠道进行激励,使产品在经销、提高曝光度和降价方面获得渠道的支持。具有风险小、周期短、资金回收快等优点,但需要中间商的配合,具体如图 1-7-15 所示。

营销传播的拉动策略:指企业使用广告等方式,直接对消费者进行刺激,使消费者产生强烈的购买意愿,以吸引消费者在当下购买产品,形成需求,并"拉引"中间商纷纷要求经销这种产品,具体如图 1-7-16 所示。

推拉结合策略:企业不仅可以单独使用推、拉战略,还可以将推拉战略结合起来,在向中间商大力促销的同时,通过广告刺激市场需求,以便更灵活、更有效地吸引更多的消费者。

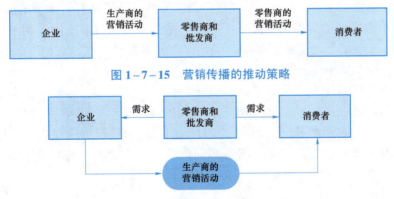

图 1-7-15 营销传播的推动策略

图 1-7-16 营销传播的拉动策略

(2)思考题 2 的问题分析。

问题:华为在营销传播过程中是如何使用推拉结合的营销传播战略的?

分析:华为在营销过程中将推动战略与拉动战略巧妙组合,获得了很好的销售效果。华为的推拉结合策略要点总结如图 1-7-17 所示:

华为的推动式策略要点:

1)渠道合作:华为手机由于早期与运营商有很多合

图 1-7-17 华为手机营销传播的推拉结合策略要点

作,华为也特别重视与渠道的关系构建,因此华为与运营商、渠道商的关系较好;苹果手机进入中国以来,在运营商方面一直只与中国联通合作,移动和电信都希望能够有一款高端合约手机来与苹果抗衡。

2)渠道激励:华为对渠道给予了相当优厚的条件,比如给运营商更高的利润分成,给渠道商以更多的销售提成、支付更高的通道费,与之相交换的是运营商、渠道商给予华为更多的资源匹配与终端销售的推动促进。

3)终端促销:华为这样的做法让运营商、渠道商所有策略都向华为倾斜,使华为合约机能够获得最低的资费,最优先的推荐。有了来自获取渠道方面的支持,华为手机的销量如虎添翼。华为还与三大运营商出品合作广告,如中国移动就在官网手机商城首页发布了华为 P8 移动 4G 版的销售广告,并在各营业网点的显眼位置也打出了华为手机的易拉宝广告。

华为手机还在线上向消费者直接发放手机的优惠券,如在华为商城通过发放优惠券等方式吸引消费者的购买,或在产品预订阶段给予消费者相应的折扣等。

华为的拉动式策略要点:

1)传统广告:通过广告对消费者产生直接刺激,形成消费者的购买意愿,除了在电视、公交站、报纸等媒体放置单向的传统广告,来吸引消费者的注意。

2)社会化媒体广告:华为手机除了在传统媒介上发布自己的广告外,也使用了社会化媒体营销的手段,比如在社交媒体发布一些以手机的卖点为题材的公关文章或热点话题,以此吸引消费者对产品的兴趣。

华为手机营销传播的推拉结合策略:

推拉结合战略的中心思想就是将推动战略与拉引战略相结合,渠道推动与广告拉引相结合,如图 1-7-18 所示。不同的促销组合工具的影响也会随着产品生命周期阶段而不同。在产品发布预热阶段,广告和公共关系对建立高认知度十分有效,产品价值主张宣传则对消费者的欲望塑造颇为有利,而在产品正式上市销售开始交易时,人员销售则是必不可少的。在产品上市后一段时间,广告和公共关系仍然有着重要的影响,而销售促进则可

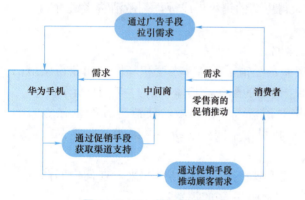

图 1-7-18 推拉结合策略

以减少,因为在这个阶段需要的购买刺激降低了。在产品生命周期后期阶段,相对于广告而言,销售促进再次变得重要起来。购买者已经了解了品牌,因此广告只需要提醒他们这种产品的存在就可以了。

3. 思考题 3 的理论依据及问题分析。

(1)思考题 3 的理论依据。

① 消费者决策过程(Decision-Making Process,DMP)阶段。

营销传播的终极目的是对消费者产生影响,促使他们与公司进行价值交换,手段包括对消费者进行告知和劝导。营销传播向消费者告知产品、服务和创意的存在和优点,同时劝导消费者改变对商品和服务的态度和行为。消费者决策过程阶段如图 1-7-19 所示:

图 1-7-19 消费者决策过程的几个阶段

虽然包括传播在内的所有营销活动一般都以交换为最终理想结果,但在此之前,消费者还要经历一系列具有代表性的步骤,主要包含:认知、考虑、试用、态度以及忠诚这五个步骤。这一系列步骤或阶段即消费者的决策过程 DMP,有效的传播策略可以促使消费者逐步经历 DMP 的各个阶段,帮助消费者从初期步骤开始一步步走下去。

② 消费者对营销传播工具的反应。

消费者接收和回应营销传播有两种截然不同的方式。对于广告和推广活动,他们或是被动接收或是

主动寻找，根据消费者这种不同反应带来的差异，企业可以运用推播式、集客式以及鼓励渠道发起等不同的传播策略。但在消费者决策的不同阶段，不同的营销传播策略带来的效果也有所不同。

推播式策略：由公司发起的营销传播，一般由公司通过可控制的付费媒体实施。

集客式策略：由消费者发起的营销传播，大多数社会化媒体的传播策略属于集客式策略，大多数是由公司背后推动实施，也可能有免费媒体的身影，如搜索引擎自然搜索结果、在线推荐网站等。

渠道发起的传播手段：由渠道发起的营销传播，一般都有企业在其中助推，可能在实体商店内进行，也可能在电子商务上进行。

由于目的不同，营销传播的合适工具也不同。初步考虑阶段，即认知和考虑阶段，公司发起的推播式营销能够达到最大的效果，因此企业在传播工具的选择上应该以产品推广广告为主，通过推播式广告来对消费者的信息获取产生影响；在消费者的中期比较阶段，消费者会对自己的选择进行对比，此时集客式的营销传播会最大程度上影响消费者的选择，因为消费者更加相信来自消费者发起的信息，此时社会化媒体营销手段的使用更加重要；在消费者最终选择决策阶段，渠道发起的营销活动如促销和销售人员推荐，最能左右消费者的选择；最后在态度形成阶段，企业可以多使用品牌建设广告的方式进行营销转播，塑造品牌形象，减少消费者购后失调行为，鼓励消费者产生口碑推荐行为。不同传播工具对消费者不同决策阶段的影响如图1-7-20所示。

（2）思考题3的问题分析。

问题3：结合消费者决策过程（Decision-Making Process，DMP），阐述华为是如何使用不同的营销传播工具来对消费者决策产生影响的。

分析：根据消费者不同反应带来的差异，华为在运用推播式、集客式以及鼓励渠道发起等不同的传播策略方面主要采取了如图1-7-21中所示的传播手段。

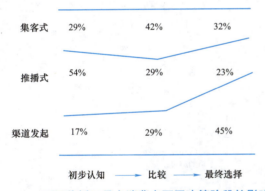

图1-7-20 不同传播工具在消费者不同决策阶段的影响程度

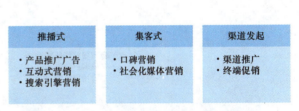

图1-7-21 华为的各类别的营销传播手段

在初步认知阶段：华为主要以推播式传播手段为主，以集客式和渠道发起的传播手段为辅。华为在这一阶段主要做的就是提高自身的曝光度，如在电视、网络、媒体上广泛宣传自己的产品，影响消费者对信息的收集。这时华为手机主要进行的是广告宣传、互动式营销以及搜索引擎营销等。

在比较阶段：华为手机以集客式传播手段为主，渠道发起和推播式手段为辅。因此，在消费者比较阶段，华为使用了大量的口碑营销、社会化媒体营销等手段，如在非官方渠道发布微博文章，发布具有争议性的话题等。

在选择试用阶段：华为手机以渠道发起的传播手段为主，传播工具主要使用店内推广的方法，如华为在实体店面进行手机试用、在实体店发布推广活动，在渠道中也会进行广告的设置。

在态度形成阶段：华为手机以推播式传播手段为主，主要应用品牌建设广告提高自己的品牌形象。

在最终选择阶段：华为手机以渠道发起的传播手段为主，推播式和集客式手段为辅。因此，在消费者的最终选择阶段，华为主要侧重于进行渠道合作，进行渠道推广和终端促销等。

消费者DMP阶段与传播手段的匹配如图1-7-22所示：

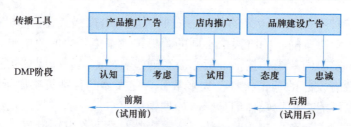

图 1-7-22 消费者 DMP 阶段与传播手段的匹配

4. 思考题 4 的理论依据及问题分析。

（1）思考题 4 的理论依据。

① 病毒式营销传播原理。

病毒营销（Viral Marketing），又称病毒式营销、病毒性营销、基因营销或核爆式营销，是一种常用的基于社会化媒体的营销传播方法。病毒式营销也可以称为是口碑营销的一种，它是利用群体之间的传播，从而让人们建立起对服务和产品的了解，达到宣传的目的。所以如果能设计出合适的内容，找到合适的人群，选择合适的媒介能够提升病毒传播的效率。

图 1-7-23 病毒传播过程

病毒式营销传播的原理如图 1-7-23 所示，病毒营销首先需要设计出受众感兴趣的内容，通过高曝光率的手段，使得受众产生议论与讨论，从而实现短时间多次传播，最终达到受众狂热的阶段，以加快病毒营销的覆盖速度和覆盖面积。

② 社会化媒体营销传播 3C 框架。

社会化媒体营销传播 3C 框架如图 1-7-24 所示，主要描述了企业在制定社会化媒体营销传播策略时所需要关注的核心流程及内容：

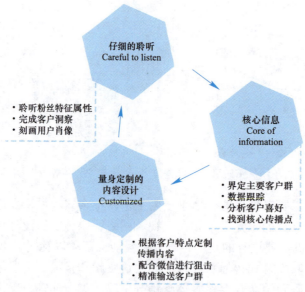

图 1-7-24 社会化媒体营销传播 3C 框架

Careful to listen——仔细的聆听

收集产品或服务目标用户的基本属性与特征属性，包括年龄、性别、学历、收入、家庭状况、兴趣爱好及对产品的认知，初步刻画用户群肖像，从而明确目标用户所喜欢使用的社会化媒体工具、感兴趣的话题类别、内容等，完成传播策略中的用户洞察工作。

Core of information——核心信息

以目标用户群聆听数据为基础，从中界定核心消费群，重点进行社会化媒体行为数据跟踪，了解用户群的品牌喜好、品牌需求以及使用场景，与竞品用户进行横向对比，得出品牌或产品在用户群中的品牌印象，与品牌传播目标进行匹配，得出核心传播点。

Customized——量身定制的内容设计

根据核心传播信息，针对目标用户群进行个性化内容设计，以增强传播内容的话题性和可传播性。

（2）思考题4的问题分析。

问题1：社交媒体营销传播手段通常有哪些？

分析：华为在社会化媒体营销中有效地利用了微博、微信、视频网站等一系列的社会化媒体平台，具体传播的手段如图1-7-25所示。

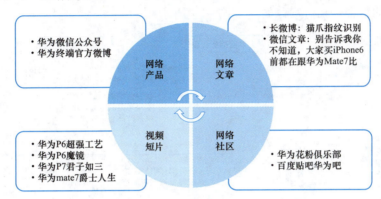

图1-7-25　华为手机的社会化媒体传播手段

问题2：华为是如何利用社会化媒体进行营销传播的？

分析：

Careful to listen——仔细的聆听

首先，华为对华为Mate7的关注者进行了重点的聆听，通过大数据得知，这些用户主要是30岁左右的商务人士，拥有中高端收入，他们的特征有摄影、旅行、运动、支持国产等，更喜欢轻松愉快的生活方式，这些特征为后面的营销传播策略提供基础性指导。

Core of information——核心信息

其次，华为对这些粉丝喜好进行分析，解读他们的特征，发现这些客户对手机产品的最主要要求是，摄影效果好、安全性高、手机流畅度高等，而这些需求恰恰是华为Mate7能够满足的，找到这些用户的核心信息后，得到核心传播点，也就是让客户对华为Mate7的优点能有更深刻的理解。

Customized——量身定制的内容设计

最后根据这些用户的喜好，量身定制能够体现华为Mate7特点的传播内容，选择好的传播载体，对华为手机进行传播。

文中著名博主@天才小熊猫的猫爪指纹识别长微博就体现了华为手机的安全性特征，运用轻松幽默的描述，既达到了凸显手机特性的目的，其幽默的手法也使粉丝们会心一笑，让文章在社会化网络中产生讨论，得到了良好的传播效果。

在选择传播对象时，华为手机也瞄准了微信用户，由于目标客户，商务人士大部分都有支持国货的态度，但无奈国产手机的产品性能并不如苹果，所以很多商务人士都选择了苹果手机。华为在微信传播时主要的目的就是让客户知道Mate7的性能并不次于苹果，甚至高于苹果。于是《别告诉我你不知道，大家买iPhone6前都在跟华为Mate7比》等文章获得了大量的传播。

5. 思考题5的理论依据及问题分析。

（1）思考题5的理论依据：整合营销传播概念。

整合营销传播是一个营销传播计划概念，要求充分认识用来制订综合计划时所使用的各种带来附加值的传播手段——如普通广告、直接反映广告、销售促进和公共关系——并将之结合，提供具有良好清晰度、连贯性的信息，使传播影响力最大化，如图1-7-26所示。

很多公司都在使用整合营销传播的概念，在这个概念的指导下，公司会慎重整合和协调它的传播渠道，实现不同传播阶段不同目标的分割一致，对整体的营销思路进行整合。

（2）思考题5的问题分析。

问题：什么是整合营销传播，结合案例说明华为是如何整合其营销传播策略的。

分析：以华为手机新产品上市的整个过程为例，华为在不同阶段有侧重点地使用不同营销传播策略组合来实现整合营销传播的目的。

在华为手机的营销传播过程中，华为手机营销部门条理清晰的组织架构也为华为手机控制整体营销节奏，实现整合营销传播提供了支持。就华为手机单品上市的阶段，华为在不同阶段针对该阶段的主要传播目标设定了相应的整合传播方案，如图1-7-27所示。

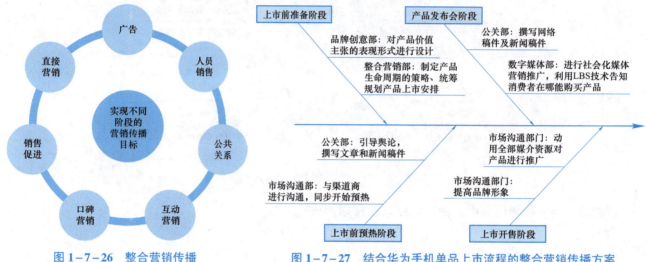

图1-7-26　整合营销传播　　　图1-7-27　结合华为手机单品上市流程的整合营销传播方案

上市前准备阶段：在产品上市的前几个月，品牌创意部门会给出广告创意，品牌执行部门会制作产品生命周期的规划，整合营销部门则会对整个产品生命周期的每一周进行战略规划，统筹全年的营销节奏，让后期的营销计划能够有条不紊地进行。此时的营销目标是完成空中和地面策略的布局工作。

上市前预热阶段：在制定了营销节奏后，产品发布会的前一两个月华为手机营销部门会对产品进行预热，并由整合营销部门对各个部门进行安排。预热主要以内容和口碑来引发关注，这时公关部门及网络公关部门会准备稿件，并由数字媒体部门进行发布，此时市场沟通部门会与电商、渠道商进行沟通，与他们联合进行预热，如在电商首页进行产品预告，运营商、渠道商处也打出华为手机产品的预热广告，为华为手机发布会进行造势，吸引更多的关注者。此时运用的空中手段较多，地面手段相对较少。

产品发布会阶段：产品发布会前后一周，公关部门会密集发布稿件，持续推高热度，整合营销部门会对华为整体营销流程进行把控，以发布会为时点，发布会后华为手机并不会马上销售产品，而是会进行一周左右的蓄水期，让客户持币待购。此时数字媒体会在官方微博和微信公众账号利用LBS技术（Location Based Service，基于位置的服务）告知客户最近的购买地点，让客户能够更容易地找到"Where to buy（在哪里购买）"，为产品的销售拉拢更多的关注度，并开始向渠道发力，此时空中地面策略开始联合。

上市开售阶段：产品上市开售后，营销部门会动用所有媒介资源，此时有关产品的全部信息都可以披露，并且此阶段的主要目的是提高品牌形象，至此华为手机的营销战略告一段落。

五、背景信息

2008年以来，随着智能手机的不断普及，国内智能手机市场蓬勃发展，手机生产商如雨后春笋般纷纷破土而出。但在国外手机领导品牌的压力下，国内手机一直在走低价竞争的路线，以2013年为例，国产智能手机均价在1 600~1 700元之间振荡，这样的价格竞争导致国产机普遍质量较差，而市面上国产手机品牌过多过繁又加剧了这种情况。由于专利技术等问题，国产手机厂商面临专利费用的掣肘，大量利润外流，高额的成本又压制了国产手机发展的步伐——没有钱搞研发，就无法提升质量，也就无法提高价格和利润。国产手机价格指数变化如图 1-7-28 所示：

图 1-7-28　中国智能手机价格指数变化

2015 年下半年，手机行业新的一轮价格战再次打响，799、599 甚至 399，如此挤压价格必然自身利润受损。对此，华为表示，利润虽然无法与苹果、三星相比，但华为手机会一直坚持获得合理利润用于持续不断地研发投入。

六、关键要点

1. 区分 AIDA 模型和 DMP 流程，视角不同。AIDA 模型是从企业宏观视角来进行营销传播的决策，DMP 是从消费者行为的微观角度对不同的策略进行分析。

2. 强调"整合"的概念，整合是案例的核心主线，对于文中所给传播策略不能割裂地看，要理解在不同时间段各个传播策略以及同一时间段不同传播策略间的内在联系，对华为的整合营销传播思路进行梳理。

七、建议的课堂计划

本案例适用于《营销管理》《整合营销传播》等课程有关营销传播、营销沟通等相关章节的案例讨论。由于不同课程的理论要求点不同，也可以在不同课程上选择不同的思考题进行分析讨论。此外，本案例也可作为专门的案例讨论课来进行。

如下是按照时间进度提供的课堂计划建议，仅供参考，如表 1-7-4 所示：

表 1-7-4　建议的课堂计划

序号	内容	用具	教学活动	备注	时间
1	课前准备	—	发放教学案例和相关资料	课前小组讨论准备	
2	讨论前案例回顾	—	让学生课上再仔细回顾案例及相关资料，并独立思考讨论问题，并要求学生独立给出问题讨论所涉及的营销理论	—	15 分钟
3	案例开场白	—	现如今，以媒体为中心的传播理念已经逐渐被以消费者为导向的传播理念所取代。通过以下的案例我们将让大家对传统与非传统并存的现代营销传播进行更加深度的思考	—	5 分钟
4	案例内容和进程展示	投影仪	教师通过提问或选取 1 组学生进行案例内容和进程的展示，目的是让所有学生能够熟悉案例的主题内容	—	15 分钟
5	小组讨论和汇报	投影仪	学生分为 4~6 人对案例问题进行讨论，并选取其中的一组对案例进行汇报	注意控制时间	25 分钟

续表

序号	内容	用具	教学活动	备注	时间
6	案例汇报小结	—	就案例汇报过程中尚未关注到的知识点提出一些问题供学生思考	—	10 分钟
7	案例提问并讲解	白板 投影仪	针对各个思考题进行案例讨论小组的发言,结合学生发言教师需要提出该思考题的分析要点,并结合投影仪和白板等工具将使用说明中的关键图表含义展示出来	记录学生对启发问题的回答	60 分钟
8	案例总结	—	对整个案例的知识要点再次进行描述和总结	—	15 分钟
9	课后总结	—	请学员分组就有关问题的讨论进行分析和总结并写出书面报告,目的是巩固学员对案例知识要点的理解	—	—

八、案例的后续进展

2016 年 4 月,华为再次发售了新产品——华为 P9。在华为 P9 的上市过程中,华为手机也对产品进行了整合营销传播,这次造势带来了空前的效果——2016 年第一季度华为智能手机销量达到了 1 600 万。

九、其他教学支持材料

1. 参考文献及深入阅读

[1] 格雷厄姆·胡利. 营销战略与竞争定位 [M]. 北京:中国人民大学出版社,2007.

[2] 肯尼斯·E. 洛克,唐纳德·巴克. 广告、促销与整合营销传播 [M]. 5 版. 北京:清华大学出版社,2012.

[3] 戴维阿克. 品牌大师——塑造成功品牌的 20 条法则 [M]. 北京:中信出版社,2015.

[4] 菲利普·科特勒,凯文·莱恩·凯勒. 营销管理 [M]. 14 版. 上海:格致出版社,2012.

[5] 理查德·J. 瓦雷. 营销传播:理论与实践 [M]. 北京:清华大学出版社,2011.

2. 华为 Mate7 爵士人生电视广告相关视频

案例正文：

E起轻生活：北汽新能源的商业模式创新之旅[①]

摘　要： 2014年新能源汽车市场进入了初期的爆发式增长阶段，被业界定义为中国"新能源汽车元年"。北汽新能源凭借强大的资源整合能力和以消费者为核心的价值主张，不断优化商业模式，迅速实现异军突起，成为新能源汽车行业的佼佼者。本案例揭示了北汽新能源快速发展并保持行业领先的奥秘所在——基于生态系统的商业模式创新。案例有助于学员明确价值创新与商业模式相关问题的决策思路和分析方法。

关键词： 北汽新能源；商业模式；生态系统；价值创新；纯电动汽车

0　引言

2016年4月25日，第十四届北京国际车展拉开帷幕，北汽新能源携7款新车坐镇主场霸气亮相。展台上，北汽新能源自主研发的国内首款赛车级纯电动超级跑车ARCFOX-7全球首发并引起高度关注，国内首款纯电动SUV EX200正式发布并上市，这款车是当之无愧的"颜值·实力派"。北汽新能源的总经理郑刚——聆听着外界和媒体赞誉的声音，思绪却陷入了过去7年北汽新能源所走的每一步。

在北汽集团的版图上，北汽新能源作为一家小公司正以罕见的高速奔跑着，然而这并不能令总经理郑刚放慢脚步。与那些刚刚察觉到市场机会、蜂拥而至的竞争对手不同，北汽新能源下起了一盘大棋。如果一切顺利，北汽新能源公司将从单纯地生产、制造新能源汽车，迈向创建新能源汽车消费生态圈的新阶段。

在郑刚的带领下，北汽集团从进军新能源汽车领域开始，就一直"不走寻常路"。无论是率先成立股份制新能源汽车公司，还是在营销层面的多元创新，以及在服务上的独辟蹊径，都使其在新能源汽车起步阶段的混战时期，总能抢先一步。正如郑刚一直强调的："北汽新能源提供的不是一辆车，而是一个解决方案；我们的主要工作也不是销售，而是搭建和完善一个生态圈。"

1　前景无限，中国的新能源汽车行业

1.1　新能源汽车行业发展状况

现阶段，由汽车尾气排放造成的温室效应和以PM2.5为代表的空气质量污染正对我国经济的可持续发展起着反向抑制作用。随着传统能源供应日趋紧张和环境质量的不断下降，新能源汽车取代传统内燃机汽车已是大势所趋。我国自2008年开始发展新能源汽车起，近7年来，新能源汽车销量增长迅猛，2015年已达33万辆，同比增长3.4倍。2011—2015年近5年我国新能源汽车销量及增速情况如图1-8-1所示。

[①] 本案例由北京理工大学管理与经济学院冉伦，北京新能源汽车股份有限公司郑刚、夏立新、陈靖，北京理工大学管理与经济学院王俊鹏和硕士生李鸿撰写，作者拥有著作权中的署名权、修改权、改编权。

本案授权中国管理案例共享中心使用，中国管理案例共享中心享有复制权、修改权、发表权、发行权、信息网络传播权、改编权、汇编权和翻译权。

由于企业保密的要求，在本案例中对有关名称、数据等做了必要的掩饰性处理。

本案例只供课堂讨论之用，并无意暗示或说明某种管理行为是否有效。

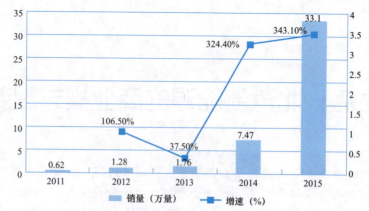

图 1-8-1 2011—2015 年我国新能源汽车销量及增速（单位：万辆，%）

数据来源：中国汽车工业协会

由图 1-8-1 可以看到，我国新能源汽车在近 5 年保持着快速增长态势，将成为未来汽车产业发展的方向。同时，随着我国新能源产业的政策支持力度不断增大，以及充电技术的不断完善，新能源汽车产业的发展前景更加广阔。2012 年国务院常务会议讨论通过的《节能与新能源汽车产业发展规划（2012—2020 年）》提出了产业发展目标：到 2015 年，纯电动汽车和插电式混合动力汽车累计产销量力争达到 50 万辆，目前已经达成。到 2020 年，纯电动汽车和插电式混合动力汽车生产能力达 200 万辆，累计产销量超过 500 万辆，燃料电池汽车、车用氢能源产业与国际同步发展。

1.2 新能源汽车行业的产业链

经过近几年的发展，我国新能源汽车行业已经形成了比较完善的产业链（如图 1-8-2 所示）。产业链上游为资源类公司，主要是电池及电机的原材料行业。产业链中游为新能源汽车三大核心零部件（电控、电池、电机系统）的研发与生产。新能源汽车企业通常会建立自己的技术研发中心满足自身技术需求，或是与其他企业建立合作关系，例如与特定的电池研发企业保持长期密切合作。产业链下游是整车生产和服务，主要面向消费者群体，提供整车生产、销售，以及后续的充电设施、维修保养、汽车保险、电池回收等服务。

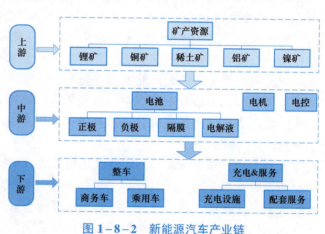

图 1-8-2 新能源汽车产业链

数据来源：根据公开信息整理，广发证券发展研究中心

1.3 新能源汽车行业的市场细分

自 2009 年我国实施"十城千辆"计划以来，新能源汽车得到了快速的发展。目前新能源汽车主要分为纯电动车和插电混合动力车两种，其中纯电动车的销量较插电混合动力车发展优势明显。由图 1-8-3 可以看出，2015 年纯电动车销量约占总销量的 75%。可以推断，未来随着我国电动汽车基础设施的逐步完善，纯电动汽车必然会取代传统燃料汽车及混合动力汽车，成为汽车市场主力军。

2 异军突起，北汽新能源的发展历程

北汽新能源是由世界 500 强企业北京汽车集团有限公司发起并控股，联合北京工业发展投资管理有限公司、北京国有资本经营管理中心、北京电子控股有限责任公司共同设立的新能源汽车产业发展平台。北汽新能源成立于 2009 年 11 月，位于北京经济技术开发区，业务范围覆盖新能源汽车与核心零部件的研发、生产、销售和服务。纯电动汽车是北汽新能源的主要发展方向，公司自成立以来，一直全力主攻

纯电动汽车，北汽新能源发展初期在技术领域不断攻坚克难，掌握了新能源汽车生产的各大关键核心技术，为后来的快速发展打下了坚实的基础。

图1-8-3 新能源汽车行业细分市场销量（单位：辆）

资料来源：中国汽车工业协会

北汽新能源的成功与总经理郑刚密不可分，郑刚调任北汽新能源总经理后，对北汽新能源进行了大刀阔斧的改革，在多年的蛰伏休眠和技术积累下，2014年北汽新能源终于破茧成蝶，实现了快速发展。2014年3月，北汽新能源进行了股份制改革，经过两轮增资扩股，成为国内唯一的混合所有制新能源汽车企业。随后，北汽新能源的纯电动汽车销售打破低迷状态，整体销量开始突飞猛进（如图1-8-4所示）。半路杀出个"程咬金"——这无疑是对北汽新能源异军突起的真实写照。多年来丰富的技术积累，终有了现在的厚积薄发。2015年全年实现乘用车销量20 129辆，同比增长369%，连续两年占据国内纯电动汽车产销第一位，更是进入全球纯电动汽车销量前四强。

图1-8-4 北汽新能源乘用车2015年1—12月与前年同期销量对比（辆）

数据来源：搜狐汽车

在市场销量和市场份额双增长的同时，北汽新能源荣获了多项重量级奖项，技术实力得到了充分肯定。2015年，获得中国汽车工业科学技术一等奖、全国质量诚信标杆企业称号，成为北汽集团践行转型战略的先行者和成功典范。并依托3万用户群累计行驶1.8亿公里的傲人成绩，北汽新能源汽车荣获了中国消费者协会评审的"质量金奖"。这诸多重量级奖项的获得表明，北汽新能源已经在国内树立了良好的纯电动车品牌知名度，为北汽新能源的未来发展奠定了良好的基础。

作为一个新兴行业，新能源汽车能够在很大程度上缓解环境污染等问题，具有良好的发展前景。但是仍然面临着诸多问题和挑战，如充电难、配套服务不足、续航里程短等，这些问题一直阻碍着新能源汽车市场化进程。基于此，北汽新能源一直致力于自身商业模式的创新，以期推动新能源汽车的商业化并赢得未来新能源汽车市场的竞争优势。

3　资源整合，打造新能源汽车生态系统

总经理郑刚在不同的场合数次提出，北汽新能源将通过多维度发展构建新能源车生态系统，着力解

决人们对于续航里程、充电设施、配套服务等方面的忧虑，让更多用户踏实安心地把新能源汽车买回家、开上路。北汽新能源凭借其强大的资源整合能力与各方企业合资合作、交叉持股、战略联盟等方式构建新能源汽车"生态系统"，实现价值创新，使得各企业在系统内共生共演、协同发展。北汽新能源打造的生态系统将汽车生产制造、消费使用和用户生活三大圈层通过价值创新整合起来，从而为用户提供"产品+充电+运营+服务"的一体化解决方案，最终成为城市绿色智能出行解决方案的提供者。

（1）生产制造"生态圈"。

虽然北汽新能源是新能源汽车领域的后进者，但雄心勃勃，立志后来居上。北汽新能源与美国Atieva公司、德国西门子、韩国SK等著名企业开展了成功的合作，大大增强了自身的技术实力和研发实力。同时，北汽新能源与大洋电机、普莱德电池、爱思开电池等多家公司展开了战略合作，使得北汽新能源率先成为中国唯一一家掌握电池、电机、电控新能源汽车三大核心技术、拥有较完善产业链并完全实现自主生产的新能源汽车生产经营企业。除此之外，北汽新能源布局全球，在德国亚琛、美国硅谷、底特律成立了三大海外研发中心，建立了多方联动、资源互通的优质平台，从而在设计、动力研发以及智能化等领域实现了新能源汽车技术的不断突破。北汽新能源通过打造汽车生产制造"生态圈"，降低了自身的研发成本，并且提高了产品的质量与性能，赢得同行业产品的竞争优势，进而得到更多消费者的认可与信赖。

（2）消费使用"生态圈"。

北汽新能源旨在为消费者提供更为周到、便捷的消费使用服务。北汽新能源通过整合京东、天猫、第一电动网等资源，实现线上线下联合销售，为用户开通了更加便利快捷的购车渠道。同时推出了"智惠管家"提供24小时"管家式服务"，为用户提供包括购买、充电、置换等在内的全生命周期服务，让用户感受到全程无忧。北汽新能源打造的消费使用"生态圈"，可以让消费者更加放心地购买公司产品，有助于赢得更多消费者的信赖与拥护，进一步开拓更广阔的市场空间。

（3）用户生活"生态圈"。

北汽新能源已携手30多家企业，共同成立了充电场桩联盟、分时租赁联盟以及电动物流联盟三大联盟，让新能源车企从过去单一的B2C模式迈向了B+2C的产业链生态圈，更加方便了消费者的生活服务。北汽新能源牵头成立了充电场桩联盟，通过"你出场地我建桩"的利益众享模式，打造车、场、桩的分布式智能充电系统，实现对商城、居民小区和写字楼等不同类型物业的广泛覆盖，从而为用户提供简单、便捷、安全的充电服务。同时，为了让更多的消费者来尝试和了解新能源汽车，北汽新能源推出分时租赁业务，并通过分时租赁联盟将租赁业务的资源整合放大。北汽新能源旗下的GreenGo绿狗租车已实现北京、常州和杭州三地的车辆运营，全国运营车辆超过了2 300辆，是全国自有运营纯电动汽车最多的分时租赁公司。除此之外，北汽新能源携手北京物流协会、一度用车等多家企业成立电动物流联盟，打造电动物流车分时租赁平台，将纯电动商用车加入城市物流市场的竞争，让城市物流不再成为市民眼中的污染黑洞。

4 成功基石，北汽新能源的运营模式

郑刚深知新生事物想要形成燎原之势，绝非造出一部好车那么简单，电池、电机等关键零部件是否过关，充电设施建设是否完善，后续车辆服务能否跟上都是重要因素。北汽新能源依靠价值创新打造新能源汽车生态系统来实现企业的成功，注重以新能源汽车关键技术的核心竞争力为基础，以用户需求为中心，不断开拓新能源汽车这一蓝海市场并实现持续发展。发展至今，北汽新能源在总经理郑刚的带领下一直在坚持不懈地提高自身的技术研发能力、完善服务以更好地满足消费者需求。截至目前，这种运营模式一直在创造着正面的效应，推动北汽新能源实现快速增长。然而保持这股增长动力绝非易事，北汽新能源仍然需要连续不断地优化企业的价值主张、完善企业的客户关系、关注企业的渠道建设。

4.1 北汽新能源的价值主张

目前，消费者在选择新能源汽车时最关注的是购买后的一系列问题，这一系列问题集中表现为消费者购买新能源汽车的充电焦虑、服务焦虑、里程焦虑。如何应对这一系列问题，我们可以从北汽新能源的价值主张窥见一斑。对北汽新能源价值定位的最好描述莫过于它的宣传标语——E起轻生活，这里的"E"代表纯电动汽车的简称"EV"，也有"一起"之意，读起来朗朗上口。

"轻生活"的主张是一种为消费者做减法的态度，致力于让客户享受简约、轻松、便捷的"轻生活"，改变当今社会的"出行"之重。具体来讲，北汽新能源旨在为消费者提供最完善的配套设施、管家式的无忧服务以及质量最可靠的产品，降低消费者的使用成本，从而为消费者打造最便利的绿色出行解决方案。

（1）最完善的配套设施。

"由于充电桩安装困难或者无法安装而最终导致用户放弃购买新能源汽车的比例是 50%"，北汽新能源总经理郑刚坦言，"充电难无疑是整个新能源汽车产业的瓶颈所在"。为了消除消费者对充电问题的焦虑，北汽新能源专门成立了充电事业部，充分体现了北汽新能源对充电问题的重视。

具体而言，北汽新能源通过"五位一体"的充电解决方案解决消费者的充电疑虑，包括购车免费安装充电桩、配备充电宝、区域配移动充电车、区域建设立体充电车库、建设公共充电桩和换电站。截至 2016 年 4 月，在私人充电方面，北汽新能源是全国建设私人充电桩最多、解决方案最专业的新能源汽车企业，目前全国累计建桩 10 720 个，系统解决小区私人充电难题。在公共充电方面，北汽新能源携手国家电网等行业主导力量，推动公务充电基础设施建设，目前已经建设 2 326 个充电桩。在移动充电方面，通过移动充电车错峰应急，服务私家车、出租车以及租赁车的紧急充电。

（2）管家式的无忧服务。

针对消费者对新能源汽车不了解、顾虑多等问题，北汽新能源推出"智惠管家"服务体系，"智"即智能，"惠"即惠及，就是让所有客户享受智能的管家式无忧服务，具体包括车辆保养、车辆维修、紧急救援、充电设备、增值服务、客户关怀等多项内容。与传统汽车服务领域的驻点式服务不同，北汽新能源的管家式服务集主动、被动服务于一身。客户遇到问题时，可以主动向厂商和服务店寻求帮助，管家式服务也将在客户可能需要帮助时主动搭建完善的服务保障体系。同时，北汽新能源提出 3 年免费充电、核心部件 6 年/15 万公里质保、免费道路救援等十项服务承诺，具体内容如下：

① 随车赠送充电设备，充电设施建设实行一站式服务。
② 建立充电网络信息共享平台。
③ 在服务站提供 3 年免费充电服务。
④ 核心零部件（电池、机电、电控）6 年/15 万公里质量担保。
⑤ 提供 3 年/6 万公里整车质量担保。
⑥ 车辆 4 次免费保养。
⑦ 质保维修时长不超过 48 小时，免费提供代步车。
⑧ 24 小时车辆技术状态检测。
⑨ 提供 24 小时救援服务。
⑩ 实行一对一管家服务，共享智惠管家。

（3）质量最可靠的产品。

质量可靠的产品是企业经营的核心，早在北汽新能源公司成立之初就深谙此道，北汽新能源每年投入最多的就是产品和技术的研发。为了打造出高质尖端的产品，北汽新能源不遗余力，攻坚克难不断开发和引进能够支撑最优质产品的相关技术。功夫不负有心人，北汽新能源率先成为中国掌握电池、电机、电控新能源汽车三大核心技术、拥有较完善产业链并完全实现自主生产的新能源汽车生产经营企业。

北汽新能源致力于提供质量最可靠的纯电动汽车，不断强化自身实力，从 2014 年开始，短短两年时间，研发人员从不足 200 人到接近 700 人。与此同时，北汽新能源建立了国内最大的新能源汽车研发创新联盟。在国内，北汽新能源已与北理工、清华、中科院等共同成立了国家级电动汽车研发中心，以创新平台的方式整合国内最优质的产、学、研资源。在海外，北汽新能源建立了美国硅谷、德国亚琛、美国底特律、巴萨罗那四大研发中心，在前沿技术掌握、核心技术创新升级上进行全面支持。研发中心的成立，进一步整合了北汽新能源的技术资源，从而不断强化产品的质量，让消费者购买放心、安心的纯电动汽车。

4.2 北汽新能源的客户关系

不管是哪个行业，提供哪种产品或服务，创造和留住客户都是公司的关键业务之一。在互联网+时代，企业与客户建立关系的方式也产生了根本的变化。新能源汽车尚属新兴事物，目前购买新能源汽车主要以 30～35 岁的时尚前卫的青年群体为主，这一群体是互联网产品的重度使用者，引领技术潮流，追求品位形象。北汽新能源积极应对变化，用互联网思维进行客户关系管理，直接面对客户，给客户做减法，为用户提供更方便、省心的服务，并在 2015 年获得了国内纯电动汽车客户满意度第二名（仅次于特斯拉，如图 1-8-5 所示）。北汽新能源采用了多种客户关系管理方式，运用从个人到自动化的各种手段获取和维系客户关系。除了通过传统的电话、官网和专业论坛进行客户关系管理外，北汽新能源还创新性地通过社区运营和自助服务的方式为客户提供便捷、轻快的服务。具体表现在公司微信群的运营、车联网系统和"充电吧"产品的打造上。

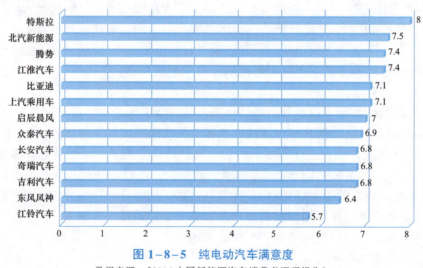

图 1-8-5　纯电动汽车满意度

数据来源：《2016 中国新能源汽车消费者调研报告》

（1）人人都是服务员。

北汽新能源的客户在购买新能源汽车之后都会被拉进有公司专门人员服务的微信群，在使用过程中有任何问题都可以在微信群进行反映，公司员工会即时做出解答，用户之间也可以进行交流，大大降低了用户的使用成本，节省了用户的时间和精力。北汽新能源上至总经理郑刚下到刚入职的年轻员工都或多或少有几个这样的微信群，除了专门的服务人员之外，其他员工都可以直接倾听到用户的心声，从而在产品和服务上做出改进。正是这样"人人都是服务员"的文化让北汽新能源获得了用户的认可，推动着北汽新能源越走越远。

（2）智能网联平台。

北汽新能源还率先打破电动车领域的传统思维，通过进军互联网生态系统，打造了北汽新能源的车联网平台——"i-Link 智能网联"，实现了人、车、机、桩互联和车车互联，以及整车电子化控制和影视娱乐内容的生态功能。"i-Link 智能网联"功能丰富多样，用户可以在这一平台上实现自助服务，满足用户对智能生活的需求。"i-Link 智能网联"除了具有传统的语音通话、音乐广播、导航信息等基础功能外，用户还可以通过内置微信，随时随地与家人进行语音交谈，刷朋友圈与朋友互动。同时，"i-Link 智能网联"还拥有海量在线音乐、广播、音频直播和有声读物等资源，让用户充分体验到轻松惬意的车内"微生活",提升用户智能互联的用车新体验。

(3) 自助充电平台。

北汽新能源还推出一款名为"充电吧"的产品，重点解决用户充电方面的痛点需求。"充电吧"前端基于微信平台，后台则采用国内主流的互联网技术做了很多可配置化设计。"充电吧"内储存着全国新能源充电站的大数据，下载到客户端便可轻松实现充电站智能查询、电站导航、充电状态查询、用户电桩分享、私人众筹方式建桩等功能，用户可在微信上实现自助服务，体验触手可及的充电服务。

4.3 北汽新能源的渠道通路

只有把产品卖出去，企业才能生存，生存是每一个企业首先要考虑的问题。在互联网时代，"酒香不怕巷子深"的观念遇到了挑战，企业必须要让目标客户知晓并认可自己的产品，若自己不在消费者心中留下印象，其他企业就会去占领消费者的心智，现在是"酒香也怕巷子深"的时代。郑刚多次指出："传统汽车企业仅仅售卖车辆的思维必须做出改变，新能源汽车是一个全新的行业，必须要用全新的模式与之相适应。"借鉴和学习互联网基因并嫁接到传统制造业，正是北汽新能源近年来一直在努力的。

北汽新能源试图突破传统汽车营销模式，运用互联网思维和新媒体传播手段，开展多渠道创新营销。为此，北汽新能源专门成立北汽新能源营销公司来推广新能源汽车，不仅通过与国内大经销商集团合作建立 4S 店销售，还利用网上售车、汽车租赁、公益营销等多种营销模式打开销路，开启了北汽新能源的腾飞之路。

(1) 线下体验+线上购买。

在互联网时代，北汽新能源与时俱进，积极利用互联网平台开拓线下渠道，北汽新能源推出了区别于传统 4S 店的汽车销售模式——线下体验、线上购买的 O2O 销售模式。在线下，北汽新能源建立了新能源汽车体验中心，用户可以在这里体验、试乘试驾。在线上，北汽新能源与第三方平台合作建设了网上官方旗舰店，消费者可以在线上通过极简的流程完成订购。作为全国第一家实现网络销售的纯电动汽车企业，北汽新能源线上销售占总销售额的比重达 40%，居全国第一。

(2) 公益营销+深度体验。

北汽新能源积极投身于环保公益事业，在为客户提供零排放、低维护、人性化的新能源汽车产品和服务的同时，主动践行绿色发展理念，传播低碳生活价值观。在 2014 年 6 月 5 日的世界环境日这一天，北汽新能源联合北京市环保局等有关部门共同启动了"卫·蓝先锋"行动计划，请明星和公众人物起示范作用，倡导绿色出行，保卫首都地区的蔚蓝天空，抗击雾霾。

北汽新能源"卫·蓝先锋"行动是一次去商业化公益营销的有益尝试，通过"卫·蓝先锋"行动北汽新能源成功塑造了公益品牌形象，增强了消费者认知，成功迈出公益营销的第一步。"卫·蓝先锋"行动自 6 月 5 日启动一个月间，产品订单数超过 800 单、实际提车人数超过 200 人，荣登北京地区新能源汽车销售冠军，销量位于全国前列，成为新能源汽车推广模式的一次成功探索。

继"卫·蓝先锋"行动计划之后，8 月 16 日，北汽新能源启动"十城千辆 1 元体验"大型体验活动，在天津、青岛、南京等十余个重点城市投放近千辆纯电动汽车，用于消费者深度体验纯电动汽车。消费者通过零距离接触新能源汽车，可以更深入地认识和了解纯电动车，真切感受新能源汽车所带来的环保、便捷、舒适的全新驾驶体验。北汽新能源通过 1 元体验活动，打造了一场规模浩大的新能源汽车推广盛宴，成功地打开了市场。

(3) 汽车共享+绿色出行。

分时租赁，是租车行业新兴的一种模式，注重多人分时共享、按需付费，提供自助便捷、随借随还的汽车租赁服务，充分体现了共享经济的理念。当前，国家鼓励新能源汽车发展是趋势所在，当新能源汽车数量发展到一定规模后，新能源汽车将会由传统的销售模式逐渐转变为租赁模式。消费者的出行方式也会发生改变，租车出行将会成为主流，消费者再也不必承受出行之"重"，只需解决真实的出行需求，回到一种轻骑简从的生活状态，享受简约、便捷的轻生活。

顺应时代发展，北汽新能源投资成立了北京出行汽车服务有限公司（以下简称北京出行），运用移动互联网技术打造全新智能化、网络化、共享化、社会化的综合出行服务平台，提供纯电动汽车的分时租赁出行服务。北京出行从最开始的政府公务用车（B+G）业务开始，逐步向企事业单位用车（B+B）和私人用车（B+C）发展。截至 2016 年 4 月底，北京出行已在全市规划分时租赁网点 371 个，完成充电桩建设 1 577 个，投放分时租赁车辆 1 150 台，逐步形成遍布北京的出行服务一体化平台。

北汽新能源通过纯电动车分时租赁业务推广新能源汽车，不仅可以解决市民的出行问题，提高车辆的利用率，而且在绿色出行、节能减排、降低用车成本等方面更具深层次的社会影响。纯电动车分时租赁作为一种全新出行方式，已逐渐被社会公众所接受，从而也提高了北汽新能源纯电动汽车的销量。

5　放眼未来，敢问路在何方

作为新能源领域实力极为强劲的"排头兵"，北汽新能源在未来发展趋势上持续探索，在 2016 北京车展上发布了"蜂鸟计划"——北汽新能源对于未来 10 年的规划，明确了北汽新能源的发展路径。作为北汽新能源引领行业未来的技术战略，北汽新能源将基于"蜂鸟计划"实现新能源汽车设计、制造的创新与再升级，为消费者带来更全面、更智能、更愉悦的驾乘体验。

新能源汽车消费市场已在世界范围内逐步开战，硝烟浓郁。作为国内最早尝试新能源汽车的创业者之一，北汽新能源公司总经理郑刚说："我们要敢于做第一个吃螃蟹的人，将中国新能源汽车的最新技术推向世界。"目前，许多车企及互联网企业均看到新能源汽车市场蕴含的巨大潜力，纷纷开始布局。随着更多企业的加入，新能源汽车市场的竞争也将越来越激烈。但北汽新能源从来不惧怕竞争，因为通过竞争，公司的新能源汽车技术会得到更加充分的磨炼，更有利于企业和产品走向全球。

当提到北汽新能源运用商业模式创新取得的成功时，郑刚强调："商业模式不是一成不变的，模式是不断创新的，北汽新能源走的每一步都是摸着石头过河，只有不断创新才能在这个不断变化的时代长久生存下去。"虽然未来充满变数，但郑刚对北汽新能源的发展信心十足。

EV Your Life: BAIC BJEV's Journey of Business Model Innovation

Abstract: Year 2014 is seen as the "new energy vehicle era" of china, the market has reached the early stage of explosive growth. BAIC BJEV has seized this historic opportunity, relying on the formidable resource integration capability and customer-centralized value proposition, and has took the lead as a dark horse in new energy vehicle industry quickly. Mysteries of BAIC BJEV's rapid growth and industry-leading position was revealed in this case-establishment of new energy vehicle ecosystem based on innovation of business model along with its core competitiveness. This case can illustrate decision-making ideas and analysis methods of related issues of value innovation and business model.

Key words: BAIC BJEV; business model; ecosystem; value innovation; electric vehicle

案例使用说明：

E 起轻生活：北汽新能源的商业模式创新之旅

一、教学目的与用途

1. 本案例为描述型的综合性案例，主要适用于《服务管理》《商业模式创新》《创业管理》等课程中"商业模式""服务创新"等方面的教学。

2. 本案例主要适用于 MBA、EMBA 学生，也可作为工商管理类专业的研究生及高年级本科生的教学参考材料。

3. 本案例的教学目的是，通过案例分析掌握商业模式 9 要素知识要点，了解北汽新能源如何进行商业模式的创新，进而做到异军突起的。思考在互联网时代传统企业如何运用互联网思维提升企业持续竞争力。

二、启发思考题

1. 请结合北汽新能源的发展历程，分析公司是如何通过价值创新打造新能源汽车生态系统的？保证北汽新能源实现价值创新的核心资源有哪些？

2. 北汽新能源传递了什么样的价值主张？它的价值主张是如何在其产品和服务上体现的？

3. 北汽新能源的客户群体是谁？公司是如何进行客户关系管理的？

4. 北汽新能源通过哪些渠道接触其客户群体？具体是如何接触以提高消费者对新能源汽车的认知的？

5. 请利用商业模式画布，从客户、产品及服务、基础设施等方面描绘出北汽新能源的商业模式全景。

三、分析思路

教师可以根据自己的教学目标（目的）来灵活使用本案例。这里提出本案例的分析思路，仅供参考。本案例基于商业模式理论研究北汽新能源的商业模式创新的过程，分析思路与步骤如图 1-8-6 所示：

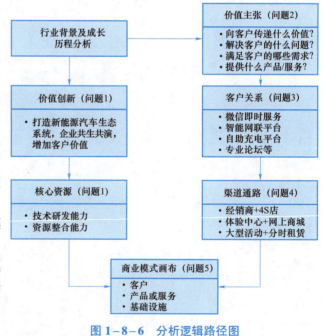

图 1-8-6 分析逻辑路径图

思考题 1 的分析思路：首先引导学生对新能源汽车行业进行分析，了解北汽新能源从创立到现在的每一步动作，从价值创新的角度总结明确这些动作的目的，分析北汽新能源是如何一步步构建生态系统的，并在分析过程中，根据核心竞争力的定义思考保障这一生态系统的核心资源是什么。

思考题 2 的分析思路：总结北汽新能源打造的生态系统给消费者带来了什么价值，与传统汽车企业有哪些区别，从而进一步明确北汽新能源的价值主张，在此基础上分析北汽新能源的产品和服务是如何通过具体的形式来传递公司的价值主张的。

思考题 3 的分析思路：基于前两题的分析结果，明确价值主张后，找准认同这一主张的市场对象，也就是北汽新能源的主要客户群体，引导学生了解北汽新能源是如何进行客户关系管理的，从客户关系的不同类型出发，总结北汽新能源维护客户关系的主要举措。

思考题 4 的分析思路：在确定北汽新能源的价值主张与目标客户群体后，结合案例材料及渠道类型了解北汽新能源有哪些接触客户的渠道，并结合第二题价值主张的内容分析公司具体通过什么活动与形式去接触客户从而提高客户对新能源汽车的认知度的。

思考题 5 的分析思路：通过以上分析，学生已经对北汽新能源的客户、产品和服务、基础设施有了深入的了解，需要引导学生进一步明确北汽新能源商业模式的 9 个核心构造模块，即客户细分、价值主张、渠道通路、客户关系、收入来源、核心资源、关键业务、重要合作和成本结构，最终利用商业模式画布描绘出北汽新能源的商业模式框架。

四、理论依据与分析

1. 思考题 1 的理论依据与问题分析。

（1）思考题 1 的理论依据。

① 价值创新。

价值创新意味着一次关于商业成长的战略思想的改变，本质上来说，它是指企业将进行战略思考的出发点从竞争对手转变为创造全新的市场或重新诠释现有市场。价值创新是现代企业竞争的一个新理念，它不是单纯提高产品的技术竞争力，而是通过为顾客创造更多的价值来争取顾客，从而赢得企业的成功。现代企业管理市场竞争手段不断变化，技术固然是一个十分重要的途径，但是向价值领域里扩展已成为当今的趋势。

价值创新，并非着眼于竞争，而是力图使客户和企业的价值都出现飞跃，由此开辟一个全新的、非竞争性的市场空间。价值创新的重点既在于"价值"，又在于"创新"。在没有创新的背景下，价值的焦点是规模扩张型的"价值创造"，它提供了价值，但并不足以使企业超越市场。在缺乏价值的背景下，创新往往是技术拉动型、市场推广型的，或者是理想主义的，即忽略客户是否愿意接受并支付相应的价格。图 1-8-7 描述了价值创新中创新与客户价值之间的动态关系，它们是价值创新的立足点。当企业行为对企业成本结构和客户价值同时带来正面影响时，价值创新就在中间这个交汇区域得以实现。

商业模式下的价值创新，是商业模式画布与价值创新相结合的产物（如图 1-8-8 所示）。在商业模式画布里，右半边是价值和客户侧，左半边是成本和基础设施侧，当企业行为对企业成本结构和客户价值同时带来正面影响时，价值创新就在中间这个交汇区域得以实现。商业模式下的价值创新的精髓就在于增加价值的同时降低成本。因此，要实现价值创新，第一个目标在于通过减少或去除一些相对价值低的服务功能来降低成本，第二个目标则是要加强或创造出一些相对价值高但对成本基础影响不大的功能或业务。

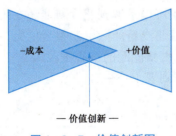

图 1-8-7 价值创新图

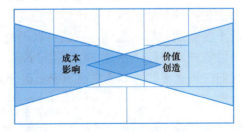

图 1-8-8 商业模式画布中融入价值创新

② 核心资源。

核心资源是保证企业的商业模式能够有效运转所必需的最重要因素。这些资源保障了企业具备创造和提供价值主张、接触市场、与客户细分群体建立关系并赚取收入的能力。不同的商业模式所需要的核心资源也有所不同，具体来说，核心资源可以分为实体资产、知识资产、人力资源和金融资产四大类，如表 1-8-1 所示。

表1-8-1 核心资源的类型

类型	内涵	实例
实体资产	包括实体的资产,如生产设备、不动产、汽车、机器、销售网点等	亚马孙的IT系统、仓库和物流体系
知识资产	包括品牌、专有知识、专利和版权、合作关系和客户数据库,日益成为强健商业模式中的重要组成部分	耐克的品牌,微软开发的软件及相关的知识产权
人力资源	任何一家企业都需要人力资源,在知识密集型产业和创意产业等商业模式中,人力资源更加重要	诺华等制药企业对科学家及销售队伍的依赖
金融资产	有些商业模式需要金融资源或财务担保,如现金、信贷额度或用来雇佣关键雇员的股票期权池	爱立信选择从银行和资本市场筹资,并使用其中一部分为其设备用户提供卖方融资服务

③ 核心竞争力分析模型。

核心竞争力分析模型是一种分析企业有效竞争和成长的重要工具。企业的核心竞争力是建立在企业核心资源基础上的企业技术、产品、管理、文化等的综合优势在市场上的反映。企业核心竞争力的识别标准有四个：价值性、稀缺性、不可替代性和难以模仿性,我们通过对企业各项能力的得分进行加总,最终可得到企业的核心竞争力（如表1-8-2所示）。

（2）思考题1的案例分析。

问题1：北汽新能源如何通过价值创新打造新能源汽车生态系统的？

分析：根据案例提供的信息可知,北汽新能源通过构建生态系统,打破了传统汽车企业仅仅售卖车辆的传统思维,将汽车生产制造、消费使用和用户生活三大圈层通过商业模式创新整合起来,改变了传统车企单打独斗的战略格局,形成了一个涵盖新能源汽车研发、供应、制造、营销、服务的完整产业链与生态圈。北汽新能源在打造完整产业链的基础上,运用其强大的资源整合能力,通过合资合作、并购联姻、战略联盟等多种手段,在研发、供应、制造、营销、服务各个阶段都实现了与相关领域的优质企业的战略合作,并始终掌握着最关键的资源,发挥着主导作用,从而保证了新能源汽车生态系统的稳定。

生态系统的建立使得北汽新能源大大减少了研发、运营等各类成本,不用凡事亲力亲为,掌握关键业务和核心技术,其他则通过各种方式进行合作或外包,从而实现了轻车上路、快速发展。同时,生态系统的建立大大增加了客户价值,让用户能够获得更加便捷的服务、更加可靠的产品,实现了多方共赢。

问题2：保证北汽新能源实现价值创新的核心资源有哪些？

分析：通过对案例的学习,我们可以看到北汽新能源运用其强大的资源整合能力打造了国内首个新能源汽车生态系统,是中国率先掌握电池、电机、电控新能源汽车三大核心技术、拥有较完善产业链、并完全实现自主生产的新能源汽车生产经营企业。同时,我们还可以了解到北汽新能源在服务和渠道上不同于传统汽车企业的创新。因此,我们可以根据案例信息,对北汽新能源资源整合能力、技术研发能力、服务和渠道等资源进行打分并加总,得分最高的资源即为北汽新能源的核心资源。

在这里我们仅用"＊"的多少定性地表示得分高低,最终得到表1-8-2。

表1-8-2 北汽新能源的核心资源及核心竞争力识别表

资源	价值性	稀缺性	难以模仿性	不可替代性	核心竞争力（加总）
资源整合能力	＊＊	＊＊＊＊	＊＊＊＊	＊＊＊	＊＊＊＊
技术研发能力	＊＊＊＊	＊＊＊	＊＊＊	＊＊＊	＊＊＊＊
服务	＊＊	＊＊	＊	＊	＊＊
渠道	＊＊＊	＊	＊	＊	＊＊

由表 1-8-2 可以得出，北汽新能源的核心资源有资源整合能力和技术研发能力。

2. 思考题 2 的理论依据与问题分析。

（1）思考题 2 的理论依据。

价值主张就是企业通过其产品或服务所能向消费者提供的价值。它描述了企业将提供什么样的价值给它的客户，对客户而言就是企业解决了他们的哪些问题、满足了他们的哪些需求。同时，价值主张还说明了企业能够提供给细分客户群体的产品或服务，是客户选择一个企业而非另一个企业的原因。有些价值主张是创新的，表现为一个全新的或破坏性的提供物（产品或服务）；而另一些可能与现存市场提供物类似，只是增加了功能和特色。

（2）思考题 2 的案例分析。

问题 1：北汽新能源传递了什么样的价值主张？

分析：北汽新能源致力于改变当今社会的"出行"之重，解决用户出行的不便，为用户做减法，解决不必要的忧虑，从而让用户享受简约、轻松、便捷的"轻生活"，这就是北汽新能源传递的价值主张。公司通过打造生态系统的价值创新为用户提供"产品+充电+运营+服务"的一体化解决方案，提供质量可靠的产品、完善的配套设施、管家式的无忧服务让消费者放心、安心、省心，这都是企业价值主张的具体表现。

问题 2：它的价值主张是如何在其产品和服务上体现的？

分析：在汽车产品上，北汽新能源是国内率先掌握电池、电机、电控新能源汽车三大核心技术、拥有较完善产业链并完全实现自主生产的新能源汽车生产经营企业。北汽新能源在产品上不遗余力，一方面，公司大力投入进行自主研发；另一方面，通过多方合作，成立国内外研究中心，与国际领先企业合资合作，不断打造操控便捷、简约舒适、性能可靠的纯电动车，让消费者购买时放心安心，使用时便捷舒适。其次，北汽新能源打造的"i-Link 智能网联"实现了人、车、机、桩互联和车车互联，以及整车电子化控制和影视娱乐内容的生态功能，功能丰富多样，让用户充分体验到轻松惬意的车内"微生活"，提升了用户智能互联的用车体验。

在服务上，北汽新能源推出"智惠管家"服务体系，提出十项服务承诺，为消费者提供管家式无忧服务。具体表现在充电服务及其他问题解决的方式上。北汽新能源通过"五位一体"的充电解决方案消除消费者的充电疑虑，通过资源整合成立了充电场桩联盟，通过"你出场地我建桩"的模式解决电动车用户的充电痛点，为用户提供简单、便捷、安全的充电服务。不仅如此，北汽新能源还通过电话、官网、专业论坛、微信群等多种便利的渠道解决用户的问题，推出线下体验、线上购买的销售模式，大大降低了用户的成本，节省了用户的时间和精力，让用户体验触手可及的服务，享受简约、轻松、便捷的"轻生活"。另外，北汽新能源通过成立分时租赁公司，打造分时租赁联盟，提供多人分时共享、按需付费、自助便捷、随借随还的汽车租赁服务，倡导只需解决真实的出行需求的绿色出行理念，回到一种轻骑简从的生活状态，享受简约、便捷的轻生活。

3. 思考题 3 的理论依据与问题分析。

（1）思考题 3 的理论依据。

客户是商业模式的核心。没有客户，就没有企业可以长久存活。为了更好地满足客户需求，企业可以把客户分成不同的细分群体，每个细分群体中的客户一般具有共同的需求、共同的行为及其他属性特征。在确定客户细分群体方面，企业必须做出合理的决议，到底该服务哪些客户细分群体，忽略哪些客户细分群体。但聚焦于大众市场的商业模式在不同客户细分之前并没有太大区别，价值主张和渠道通路全都聚焦于一个大范围客户群组，在这个群组中，客户具有大致相同的需求和问题诉求。

客户关系描述的是企业与特定客户细分群体建立的关系类型。客户关系范围可以从个人到自动化，客户关系可以被以下动机所驱动：

① 客户获取。
② 客户维系。
③ 提升销售额。

具体来说，客户关系可以分为个人助理、自助服务、自动化服务、社区和共同创作等类型。

(2) 思考题 3 的案例分析。

问题 1：北汽新能源的客户群体是谁？

分析：由于新能源汽车刚刚起步不久，尚属于新生事物，目前来看新能源汽车行业客户具有大致相同的需求和问题诉求，主要集中在充电、里程、服务保障等方面。目前，购买新能源汽车主要以 30～35 岁的时尚前卫的青年群体为主，这是公司的目标客户群体。虽然目前新能源汽车受国家政策影响很大，公车改革使得很多公务员不得不使用新能源汽车，这一群体是被动接受新能源汽车的，比较保守，对新能源汽车并不了解。因此，目前新能源汽车的消费主体是时尚、前卫、环保的青年群体。也就是说，目前新能源汽车行业刚刚起步，除了具体的产品细分，新能源企业面向的客户群体差别不大，基本具有相同的特征，即时尚、前卫、环保。

问题 2：是如何处理与客户的关系的？

分析：解决消费者的后顾之忧是新能源汽车客户关系的基础。北汽新能源采用了多种客户关系管理方式，除了通过电话、官网和专业论坛进行客户关系管理外，北汽新能源还通过微信群运营、车联网系统和"充电吧"产品进行客户关系的获取和维系，具体如表 1-8-3 所示。

表 1-8-3 北汽新能源客户关系的类型

类型	措施
个人助理（Personal Assistance）	客服电话，通过与客户电话交流解决问题。 北汽新能源还有为 VIP 客户提供专门服务的业务
自助服务（Self-Service）	"充电吧"前端基于微信平台，后台存储着全国新能源充电站的大数据，用户可在微信上实现自助服务，体验触手可及的充电体验
自动化服务（Automated Services）	"i-Link 智能网联"，实现人、车、机、桩互联和车车互联，功能多样，操作简单，可实现客户的自助服务，提高用户智能互联的用车新体验
社区（Communities）	微信运营和在汽车之家的北汽新能源板块的论坛都属于这一类。直接面对客户，利用用户社区与客户/潜在客户建立更为深入的联系，并促进社区成员之间的互动

4. 思考题 4 的理论依据与问题分析。

(1) 思考题 4 的理论依据。

渠道通路是客户接触点，构成了公司与客户的接口界面，在客户体验中扮演着重要角色。渠道通路包括以下功能：

① 提升公司产品和服务在客户中的认知。

② 向客户传递价值主张。

③ 协助客户购买特定产品和服务。

④ 帮助客户评估公司的价值主张。

⑤ 提供售后客户支持。

渠道具有 5 个不同的阶段，每个渠道都能经历部分或全部阶段。我们可以按直接渠道与间接渠道进行区分，也可以划分为自有渠道和合作伙伴渠道（如表 1-8-4 所示）。

表 1-8-4 渠道的类型和阶段

渠道类型			渠道阶段				
自有渠道	直接渠道	销售队伍 在线销售	1. 认识 我们如何提升客户对公司产品和服务的认识？	2. 评估 我们如何帮助客户评估公司价值主张？	3. 购买 我们如何协助客户购买特定的产品和服务？	4. 传递 我们如何把价值主张传递给客户？	5. 售后 我们如何提供售后支持？
		自有店铺					
合作伙伴渠道	间接渠道	批发商 合作伙伴店铺					

在把价值主张推向市场期间，发现如何接触客户的正确渠道组合是至关重要的。企业组织可以选择通过其自有渠道、合作伙伴渠道或者两者混合相结合来接触客户。自有渠道可以是直接的，例如内部销售团队或是网站；也可以是间接的，如团体组织拥有或运营的自有店铺渠道。合作伙伴渠道是间接的，例如分销批发、零售或者合作伙伴的网站。

虽然合作伙伴渠道会导致更低的利润，但允许企业凭借合作伙伴的强项，扩展企业接触客户的范围和收益。自有渠道和部分直接渠道能够创造更高的利润。渠道管理的诀窍是在不同类型的渠道之间找到平衡，并整合它们来创造令人满意的客户体验，同时使得收入最大化。

（2）思考题4的案例分析。

问题1：北汽新能源是通过哪些渠道接触其客户群体的？

分析：北汽新能源专门成立了北汽新能源营销公司，全面负责北汽新能源渠道建设、市场销售和品牌推广等业务。在自有渠道方面，建立了北汽新能源体验中心，客户可以在这里体验、试乘试驾，充分感受北汽新能源的产品和服务。同时，在线上建立了北汽新能源旗舰店，实现了在线销售，线上引流占40%。在合作伙伴渠道方面，北汽新能源充分发挥了其强大的资源整合能力，以其丰富的产品种类和可靠的产品质量做支撑，与国内领先的汽车经销商集团公司开展渠道合作，强强联合，搭建了独立的纯电动汽车销售网络，并与国内知名经销商合作在各重点城市建立4S店。

问题2：具体是如何接触以提高消费者对新能源汽车的认知的？

分析：由于新能源汽车是一个新生事物，消费者对其认知度不高，购买意愿不强。初期新能源汽车行业的主要任务是提高消费者的认知度，传递公司的价值主张。在提高消费者认知方面，北汽新能源开展了"卫·蓝先锋"行动计划、"十城千辆1元体验"大型体验活动，让用户真切感受到新能源汽车所带来的环保、便捷、舒适的全新驾驶体验，从而提升了社会对新能源汽车的认知。在传递公司的价值主张方面，北汽新能源通过提供自助便捷、随借随还的新能源汽车分时租赁服务，让消费者不必承受出行之"重"，只需解决真实的出行需求，传递了享受简约、轻松、便捷的"轻生活"的价值主张。北汽新能源通过这一系列的营销活动大大提升了社会对新能源汽车的认知，使得纯电动车作为一种全新出行方式，已逐渐被社会公众所接受，从而也带动了北汽新能源纯电动汽车的销量的增长。

5. 思考题5的理论依据与问题分析。

（1）思考题5的理论依据。

商业模式（Business Model）是企业价值创造的核心逻辑。研究商业模式理论的学者A. Osterwalder，Y. Pigneur与C. L. Tucci等人对商业模式给出的定义如下：商业模式是一种包含了一系列要素及其关系的概念性工具，用以阐明某个特定实体的商业逻辑。它描述了公司所能为客户提供的价值以及公司的内部结构、合作伙伴网络和关系资本等用以实现（创造、推销和交付）这一价值并产生可持续盈利收入的要素。实际上，商业模式回答的就是彼得·德鲁克（Peter Drucker）所提出的一些企业基本问题：谁是你的顾客？顾客看重什么？我们在这项业务中如何赚钱？潜在的经济逻辑是什么？

根据A. Osterwalder和Y. Pigneur的观点，商业模式由9个基本要素构成，分别为：CS（目标客户），VP（价值主张），CH（渠道通路），CR（客户关系），RS（收入来源），KR（核心资源），KA（关键业务），KP（重要伙伴），CS（成本结构）。一个有效的商业模式不是9个要素的简单罗列，各要素之间存在着有机的联系。企业的重要伙伴、关键业务以及核心资源共同作为其实现价值主张的有力支撑，同时企业的成本结构又制约了它的价值主张的实现程度；企业通过客户关系的维护以及渠道通路与它的目标客户进行价值主张的传递，而客户为此而支付的费用，即企业的收入来源又能够支撑企业价值主张的传递环节的顺利运行。商业模式的四个方面和九个要素如图1-8-9所示。

商业模式画布是一种用来分析刻画企业商业模式的重要工具。运用商业模式画布来分析商业模式是按照一定顺序来进行的，首先要明确企业面对的客户是哪些，将给客户带来怎样的价值；接下来必须思考企业如何传递其价值和维护客户关系；然后应该明确企业运用怎样的资源在哪些伙伴的协作下来完成创造价值的活动；最后可以从收入和支出这两个大的角度来分析企业的具体情况，如表1-8-5所示。

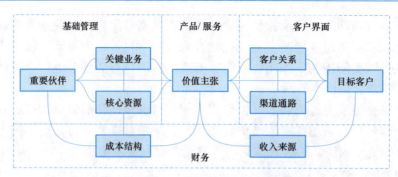

图1-8-9 商业模式9要素模型（商业模式画布）

表1-8-5 商业模式9要素模型（商业模式画布）内容

主要方面	构成模块	描述
产品/服务	价值主张	价值主张是企业的产品与服务概览，它们对顾客提供了价值
客户界面	目标客户	企业试图向其提供价值的那部分顾客群体
	渠道通路	企业与顾客接触的途径
	客户关系	企业与顾客之间形成的联系
基础管理	关键业务	企业为了向顾客提供价值而必需的活动与资源的安排结构
	核心资源	执行向顾客提供价值所必需的活动的资源
	重要伙伴	为了向顾客提供价值而由两个或多个企业自愿达成合作协议
财务	成本结构	实现所有商业模块而产生的支出
	收入来源	企业通过一系列利润流获取利益的方式

（2）思考题5的案例分析。

问题：请利用商业模式画布，从客户、产品及服务、基础设施等方面描绘出北汽新能源的商业模式全景。

分析：通过上述各问题的分析，结合案例所提供的信息，我们从客户、产品及服务、基础设施等方面对北汽新能源的商业模式全景进行描绘，具体的商业模式画布如表1-8-6所示。

表1-8-6 北汽新能源公司商业模式画布

重要伙伴	关键业务	价值主张	客户关系	客户细分
研发公司 供应商 经销商 互联网公司 联盟企业	产品研发 市场营销 配套设施建设	最完善的配套设施 管家式无忧服务 质量最可靠的产品	电话、官网、论坛 微信群 i-Link智能网联、充电吧App	30～35岁的时尚前卫的青年群体
	核心资源 技术研发能力 资源整合能力		渠道通路 经销商+4S店 体验中心+网上商城 大型活动 分时租赁	
成本结构 研发成本 补贴消费者 市场营销			收入来源 汽车销售 汽车租赁	

五、关键要点

本案例的关键知识点和分析要点包括以下几个方面：

1. 在价值创新分析中，首先应该充分理解价值创新的概念，并能精准描述价值创新中创新与客户价值之间的动态关系。其次，要掌握企业商业模式如何与价值创新相结合，商业模式下的价值创新的精髓是什么，这也是理解北汽新能源开创新的市场空间的关键。

2. 核心资源是保证企业的商业模式有效运转所必需的最重要因素，首先我们要明确企业的核心资源有哪些。其次，要掌握核心竞争力分析模型，它是一种分析企业有效竞争和成长的重要工具，要学会通过对企业各项能力的得分进行加总，最终得到企业的核心竞争力，帮助企业明确自己区别于同行的竞争优势。

3. 对一个企业的商业模式进行刻画至关重要，在商业模式的描述和分析中，要充分理解商业模式的四个方面和九个要素。九个要素是描述、理解、分析和设计商业模式的核心要素，特别是价值主张。价值主张能够体现企业对客户需求的认知、对企业核心价值的剖析以及对核心业务的定位。正确的理解和传递客户的价值需求是一个商业模式成功的必要保障。

六、背景信息

1. 北汽新能源总经理郑刚。

北汽新能源总经理郑刚先生有着丰富的营销和公众关系管理的实战经验，先后在国有大型企业、私企以及政府机构等任职总经理秘书、公务员等。随后于 2005 年加盟北汽福田，凭借丰富的从业经历帮助北汽福田有限公司组建了公关传播部，成功解决了此前北汽福田公关传播职能分散混乱、资源浪费的现象。"他工作很认真，同时还有着很强的预见性。"一位曾和他共事多年的同事这样评价道。

此后，郑刚先生先后被任命为北汽福田公关总监、北汽集团公共关系与行政事务总监等职位。其中其在任职北汽福田公关总监期间，凭借"大众+精准"和多元化的品牌传播，将北汽福田这个国际品牌发展到了一个全新的高度，展现了他个人在公共传播工作中的功绩。

由于北京市政府十分重视北汽新能源的人员调整工作，希望建立一个全新且高效的团队。所以，此前任职北汽集团公关总监的郑刚，由于其出众的功绩成了北汽新能源公司高管重点考虑的对象之一。随后，在北京新能源 2014 年的第一次股东会议上，一纸调令让郑刚从此前的公关传播工作调任至北汽新能源公司总经理的位置，开始从事倍受市政府重视的新能源发展工作。

2. 北汽新能源的五位一体解决方案。

（1）充电桩。整合资源，车企主导建设公共充电桩；为具备条件的购车用户建设私人充电桩。

（2）充电宝。每辆电动车配备一台充电宝，通过家用 220 V 插座，满足车辆随时充电的需求。

（3）移动充电车。每个区域配备 2～3 台移动充电车，每辆配备 4 个充电接口，同时满足 4 辆车充电。

（4）立体充电车库。在居民区、写字楼停车场建设立体充电车库，同时解决了停车和充电问题。

（5）换电站。针对纯电动出租车，与中石化、国家电网合作，在中石化加油站建设换电站。

七、建议的课堂计划

本案例适用于《服务管理》《创业营销》《商业模式创新》等课程价值创新、商业模式创新等相关章节的案例讨论。由于不同课程的理论要求点不同，可以在不同课程上选择不同的思考题进行分析讨论。此外，本案例也可作为专门的案例讨论课来进行。

表 1-8-7 是按照时间进度提供的课堂计划建议，仅供参考。

表 1-8-7 建议的课堂计划

序号	内容	教学活动	备注	时间
1	课前准备	发放教学案例和相关资料,要求学生在课前了解有关产业链、价值创新和商业模式的基础理论知识,查阅新能源汽车行业发展现状等相关材料	课前讨论准备	—
2	案例开场	明确主题。教师首先可以通过新能源汽车行业背景介绍引入该案例。然后对案例中的关键要点进行简单讲解,使得学生对案例有一个整体的认识	—	10 分
3	小组讨论	提出启发思考题,学生分为 4~6 人对案例问题进行讨论。在讨论过程中,教师应不时地进行引导,从而充分调动学生的积极性与创造性,鼓励学生多角度发散思维	注意控制时间	30 分
4	小组汇报	每个小组选取代表,对本小组的讨论内容及主要观点进行发言汇报。(每组 5 分钟)	注意控制时间	30 分
5	案例提问	就案例汇报过程中尚未关注到的知识点提出一些问题,引导学生进一步思考,并对各种观点进行进一步讨论	—	15 分
6	案例总结	对整个案例的知识要点再次进行描述和总结	—	5 分
7	课后总结	请学生按照分组就有关问题的讨论进行分析和总结并写出书面报告,目的是巩固学生对案例知识要点的理解	—	—

案例正文：

社创引擎，模式创新
——恩派"公益生态系统"的"有机生长"[①]

摘　要： 在多变的市场环境中，如何通过商业模式的变革和创新获得持续成长，是商业企业发展的关键。而社会创业平台是将企业的模式与社会创新紧密结合的组织类型。目前，社会创业平台在中国仍处于发展的初始阶段，但它所强调的经济和社会效益的共赢是符合当前潮流和社会需求的。社创引擎，不竭动力！恩派组织发展中心（以下简称恩派）的品牌内涵，完美地诠释了恩派借助平台优势助力公益事业的价值主张。本案例描述了恩派的创立背景及发展历程，特别揭示了恩派通过构建和升级"公益生态系统"，实现其"有机生长"，并保持行业领先的奥秘。通过本案例可帮助学员了解我国社会企业的发展现状，理解社会创业平台的价值主张、商业模式创新特点及演进规律。通过案例分析，可帮助学员在熟悉相关理论的同时，掌握关键问题的分析思路和方法。

关键词： 恩派公益；社创平台；生态系统；模式创新

0　引言

2015年6月5日，上海公益新天地4号楼一层多功能厅，恩派组织发展中心与摩根大通携手共建的"助力中国高成长性中小社会企业发展的'鲲鹏加速器'项目正式启动（以下简称"鲲鹏加速器"项目）。

仪式现场，恩派创始人、主任吕朝先生和摩根大通代表黄毅先生都作了重要讲话。吕朝的发言秉承了他一贯的激情澎湃，斗志昂扬："我们非常高兴能与摩根大通这样的国际领先金融机构达成此次重要合作。恩派一直致力于携手有强烈创新愿景和公益精神的商业伙伴，一起探索为社会创业者们保驾护航的最优模式。我们相信'鲲鹏加速器'项目将为入围的成长性社会企业带来积极变化，并创造持续的社会和商业效益。我们也相信，这些社会企业将成为中国社会创业领域一颗颗璀璨的新星……"

吕朝的精彩演讲，准确地诠释了"鲲鹏加速器"项目的愿景及使命：该项目将集合摩根大通的商业资源，通过恩派创新创业平台的深度运作，最终实现助力入围中小型社会企业加速发展的目标，同时也将帮助政府解决部分就业。

启动仪式在热烈的氛围中圆满结束。

好的开始就是成功了一半！恩派团队对"鲲鹏加速器"项目充满信心。作为恩派最新"公益生态系统"模式的第一个实践项目，无论其执行结果如何，"鲲鹏加速器"项目的实施过程都将成为恩派未来发展不可替代的宝贵财富。

"鲲鹏加速器"项目是恩派"鲲鹏计划"战略的第一个示范项目。而"鲲鹏计划"是恩派基于最新发展模式"公益生态系统"的战略部署。该战略聚焦于中国社会企业重点关注的诸多领域，规划从2015年开始，在未来五年分阶段、跨领域，在全国范围内选拔高成长性社会企业。然后，将入围的社会企业介

[①] 本案例由北京理工大学管理与经济学院易瑾超老师带领的团队撰写，具体成员有高鹤、郑方圆、王朔、杜兴翠，撰写过程中得到了恩派组织的积极配合和支持，特此感谢。作者拥有著作权中的署名权、修改权、改编权。

本案授权中国管理案例共享中心使用，中国管理案例共享中心享有复制权、修改权、发表权、发行权、信息网络传播权、改编权、汇编权和翻译权。

由于企业保密的要求，在本案例中对有关名称、数据等做了必要的掩饰性处理。

本案例只供课堂讨论之用，并无意暗示或说明某种管理行为是否有效。

绍给恩派社创平台关系网络中的影响力投资者、基金会和能力建设提供方，最终通过高效整合各方资源及优势，帮助潜力突出的社会企业从早期开始搭建未来发展所需的支持性资源或投资平台。

最近一个月，围绕着"鲲鹏加速器"项目的启动，鲲鹏团队像打仗一样，紧锣密鼓地部署各个环节，确保万无一失。吕朝为恩派拥有这样的优秀团队深感自豪和欣慰，他虽然不直接参与"鲲鹏加速器"项目的执行，却是鲲鹏团队背后最有力的支持者。

曲终人散，吕朝独自回到办公室，一头倒在靠窗的沙发上。终于可以忙里偷闲发个呆、打个盹了，他把头枕在松软的沙发靠背上，轻轻闭上眼睛。可大脑却不听指挥，像奔驰的火车停不下来，尘封的记忆开了闸，一股脑涌了出来……

恩派从 2006 年创立至今，走过了不平凡的十年。从发展之初的公益"孵化器"，到后来的公益"生态链"，再到今天的公益"生态系统"，恩派的发展模式始终在不断地探索和超越。其间的酸甜苦辣，作为创始人和掌舵人的吕朝最有体会，也最有发言权。

1 背景介绍

1.1 国际成熟，国内滞后的社会企业发展现状

传统的社会公益组织通常突出慈善性，组织资源的投入和产出主要为无偿性质，运营绩效没有明确的考核标准，因此组织内部缺乏激励机制，工作成果受成员个人热情和主动性影响较大。这导致传统公益组织在发展过程中容易出现过度依赖、效率低下、缺乏人才等一系列严重问题。与之相比，社会企业与传统公益组织有很大不同。

"社会企业"这一概念源自欧洲。社会企业通常运用企业的相关管理和运营模式，参与到解决人权、环保、健康等相关社会问题中。目前，社会企业在英国等发达国家发展得相对成熟，获得了各自政府的立法及政策支持。政府作为第三方部门，与社会企业配合默契，促进其繁荣发展，社会企业在解决社会问题中起到了不可替代的作用。英国目前有超过 7 万家社会企业，雇员多达百万，且高度集中在英国最贫困的社区，迄今为止已经为英国经济做出超过 200 亿英镑的贡献。

近年来，中国公益事业发展迅速的同时，社会公民意识不断觉醒，能力不断提升。越来越多的商业创业者不再满足于单纯的经济回报，而是希望通过商业手段解决社会问题，提升自我社会价值。同时，政府政策也提供了利好空间。越来越多的公益组织也试图摆脱对传统捐款的依赖，谋求可持续的财务来源。

综上，一系列内外积极因素帮助大批公益组织兴起并探索转型发展，"社会企业"在国内应运而生。2008 年的汶川大地震激发了民间各类公益机构的蓬勃发展，也为中国早期的社会企业萌芽提供了氧气和土壤，如颇有知名度的"阿坝州羌绣帮扶计划"现已成为社会企业中的代表。2015 年，李克强总理在两会政府工作报告中提出"大众创业、万众创新"的核心理念，创新创业成为中国经济新的增长引擎，公益领域的创新创业也成为"潮流趋势"。

社会企业在中国仍处于发展的初始阶段，但是发展势头良好。据民政部《2014 年社会服务发展统计公报》显示，截至 2014 年年底，全国共有社会组织 60.6 万个，比上年增长 10.8%。

目前在国内，投资者难以找到能够立即投资的社会企业，一方面因为社会影响力投资出现较晚；另一方面，现阶段中国的社会企业分布零散，尚未形成良好的规模，并且自身发展不够健全，存在许多瓶颈问题。同时，理论界对社会企业的研究仍处于初级阶段，尚未形成非常成熟的理论体系，值得进一步探索和突破。

1.2 多样化的社会创业支持模式

随着社会企业在世界各国的蓬勃发展，越来越多的机构或者个人想要到公益领域进行投资创业，但是往往找不到成熟的支持与指导，上述背景对社会创业平台的发展模式创新提出了新需求。

1998年3月，日本政府出台了《特定非营利活动促进法》（以下简称NPO法），明确了非营利组织的活动范围以及为各领域非营利组织的快速发展提供信息咨询、援助的支援性组织，称为NPO支援中心模式。不仅提供信息、咨询、培训等服务，更是NPO组织与政府等之间的沟通桥梁，形成了一个相对完善的立体支持体系。[①]

美国还出现了通过集中多个小型家庭基金会、公司基金会和个人捐赠基金的基金会孵化器运作模式。在该模式中，由专家对各类资金的使用投放进行管理，降低单一基金会运作成本，保证了资产的高效使用。

英国的社会影响力债券是一种金融工具，投资者通过购买它向社会企业投入资金，支持它帮助政府实现改善社会的预期目标。如果预期目标达到，由政府向投资者退还本金并支付利息。2013年6月，英国社会投资又迈出了历史性的一步，伦敦证券交易所推出了全球第一个社会证券交易所（Social Stock Exchange），十二家可再生能源、医疗保健、净化水、可持续交通、教育等领域的社会企业挂牌上市，市值总额达到五亿英镑。[②]

"孵化器"一词源于20世纪50年代的美国，更多地被应用在商业企业领域。2006年，吕朝创办的恩派将企业孵化器的概念首次引入公益领域，首创国内"公益组织孵化器"模式。之后，起源于欧美的"公益创投"也开始出现在我国的社会企业领域。后来，在公益组织孵化器的基础上，又衍生出公益创投大赛模式、高校大学生NGO支持投入模式等，促进了我国社会创业领域的蓬勃发展。近几年，"社会影响力投资"进入大众的视野，社会企业研究中心发布的《2014社会影响力投资在中国》报告将影响力投资定义为"旨在产生积极的社会与环境影响，并伴随一定财务回报的投资方法"。

1.3 恩派诞生的使命

说到恩派，首先得介绍吕朝，他既是恩派的创始人，也是恩派历任负责人。

吕朝的公益事业是从2003年起步的，当时，他在北京《公益时报》当总编，同时在一家赫赫有名的非营利组织当志愿者。2005年，他参与到首届中华慈善大会筹备，期间累积了丰富的公益经验并得到了一个巨大的启发：中国公益事业的发展要靠提升增量，而不是改革存量。民间的草根力量发展起来，必然会促进传统官办机构的改变。

吕朝开始设计恩派，希望为草根公益组织能力建设提供支持。为此，他放弃了收入丰厚的非公募基金会的职位，准备在公益领域创业，他坚信公益孵化器有广阔的发展前景。

2006年，"上海浦东非营利组织发展中心（NPI）"在上海浦东新区注册为民办非企业单位，法人代表是吕朝。自此，恩派正式诞生，吕朝的公益事业进入崭新的发展阶段。NPI（Non-Profit Incubator），翻译成中文就是"公益组织孵化器"，以"助力社会创新，培育公益人才"为己任。

经过10年的努力，恩派现已成为中国规模最大、服务最全、影响最广的支持性社会创业平台，培育超过500家社会组织和社会企业，项目遍及全国近30个城市和数百个社区。

1.4 主要人物介绍（根据在案例中出现的顺序）

（1）吕朝：恩派创始人、主任。毕业于北京大学，曾任新华社记者，现兼任上海市政协人口资源环境委员会副主任。个人曾荣获2008年度上海浦东新区"十大杰出青年"，并多次获上海慈善奖，《南都全媒体》2011年度公益人物奖，《南方周末》2015年度责任领袖。

吕朝自2006年创办恩派以来，始终带领恩派团队以商业模式创新为根本，并不断实践"社会创业"理念，致力于培育中国公益事业优秀的社会创业家。同时，在社区建设、企业和政府咨询等方面也进行了全面布局，并取得一系列丰硕成果。

（2）黄毅：摩根大通环球企业银行大中华区主管。他常驻上海，负责摩根大通大中华区环球企业银

[①] 孙燕. 社会组织孵化器——实现公益事业可持续发展的助推器[J]. 社团管理研究, 2011（6）.
[②] 数据来源：《中国慈善家》2015年4月刊.

行业务策略的发展和执行。拥有台湾大学工商管理硕士和土木工程学士学位。在"鲲鹏加速器"项目中，他代表摩根大通与恩派合作。他整合摩根大通的商业资源，通过恩派创新创业平台的深度运作，实现助力优秀中小型社会企业快速发展的目标，同时也帮助政府解决部分就业。

（3）丁立：恩派副主任，拥有11年跨国企业和6年公益组织管理从业经验，先后在达能、欧莱雅、联合利华等世界500强企业任职。丁立于2008年加入恩派，负责恩派整体新业务发展与筹资。作为公益领域的优秀职业经理人和培训师，她拥有战略框架构建、项目管理、团队建设等方面的丰富经验。并且，丁立是仅次于吕朝的恩派元老，对恩派有着非常深厚的感情。在"鲲鹏加速器"项目中，她是投资方的引进者、恩派谈判代表和项目方案设计人。

（4）韩燕：曾任恩派社会创业平台总监，拥有英国工商管理硕士学位，有丰富的媒体、商业公司和NGO从业经验。在"鲲鹏加速器"项目执行期间，她负责主持国际合作项目和大型综合项目，是"鲲鹏加速器"项目的负责人。在该项目实施过程中，她还担任了创业导师，辅导多个入选的社会企业。

（5）Austin：恩派社会创业事业群的项目经理，负责带领团队设计并执行助力社会企业发展的相关项目，包括2015年的"鲲鹏加速器"及跨国社会企业研究项目。Austin拥有美国圣罗伦斯大学全球研究（Global Studies）的学士学位，曾经在华东师范大学学习中文。在加入恩派之前，Austin在中国生活和工作了3年，对东西文化都比较了解，并且精通汉语。通过"鲲鹏加速器"项目的执行，Austin对中国社会企业的发展现状及面临的挑战有了更加深入的了解，同时也为他积累了丰富的项目经验。

（6）林喆：恩派社会创业事业群的运营总监，负责恩派社会创业方面的主要项目管理。林喆女士毕业于上海外国语大学和华东师范大学并拥有超过十年的人力资源培训以及发展方面的工作和管理经验。在加入恩派之前，她曾供职于中欧国际工商管理学院，罗氏以及上海一家大型教育培训机构，负责业务发展以及日常运营的工作。林喆是2016"鲲鹏计划"项目的主要策划人及负责人。

2　恩派公益"孵化器"的茁壮成长

2007年，NPI第一届理事会第一次会议在沪召开，选举吕朝为主任，首批被孵化机构进入孵化场地，标志着国内首家公益组织孵化器正式进入运作阶段。同年，民政部领导到恩派调研，强调"公益事业需要不断创新"，公益孵化器模式首次得到政府主管领导的明确肯定。

恩派公益"孵化器"面向初创期草根公益组织，主要为其提供组织能力建设、资源支持等类型的服务。涉及公益组织在场地设备、能力建设、协助注册、管理咨询等全方位的需求。公益孵化器采取"政府支持，民间力量兴办，专业团队管理，政府和公众监督，民间公益组织受益"的模式，按照标准化的程序运行。公益孵化器设有一定期限，并制定有完整的支持方案。公益组织可以借此实现系统性、有计划地成长和发展，然后通过最终评估后顺利出壳。

恩派公益"孵化器"孵化流程如图1-9-1所示。

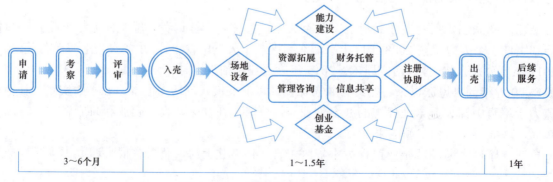

图1-9-1　公益"孵化器"孵化流程

四年不到的时间，吕朝的公益组织"孵化器"实现了从无到有，并有了初步发展。这四年的时间，也是中国公益事业迅猛发展的时期。吕朝后来总结说，自己赶上了好时机，选择了正确的战略。

　　他多次在恩派内部会议中强调："恩派的产生和发展就是应运了这个时代！这是一个民间的公益力量，草根力量无处宣泄，要冒头的时代。也是政府逐渐发现只用行政的力量来管理社会，管不好也管不了的时代，两方面都有变革的需求。在这个时代里，恩派获得了一些影响，在缝隙中挤出了一些空间。"

　　2012年，恩派首个公益孵化器技术输出项目在浙江嘉兴市落地，标志着恩派自身积累的公益组织培育模式，已经可以用咨询导入的方式进行技术支持和复制推广，在更大范围内帮助更多的社会组织成长。

　　尽管恩派的公益组织孵化模式在国内是首创，但是随着业务的快速发展，单一的孵化器模式已经无法满足社会组织发展的多样化需求。如何让各种支持真正落到实处，帮到受益方？如何更好地整合多方资源，发挥恩派的桥梁作用？

　　吕朝在内心深处一直保持的忧患意识被激活了。逆水行舟，不进则退！恩派的发展到了一个关键的转型期。

　　恩派公益"孵化器"模式需要升级，进一步融入公益创投、人才培养、影响力投资等，逐步演化成公益"生态链"。改变传统公益模式下公益组织与支持方的二元格局，搭建起联系两者的中间桥梁，进一步促进公益事业的发展。

　　从嘉兴回上海的路上，吕朝读到一篇文章，里面的一段话引起他极大的共鸣："在生态学理论中，生态系统由生物群落和非生物环境组成，演绎到公益生态，则分别是公益生物群落和外部社会环境。生物群落又由不同种群构成，根据其作用功能的不同，可划分为领导种群、关键种群、支持种群和寄生种群四种角色。领导种群处于生态群落的核心地位，负责生态系统资源整合与协调；关键种群是其他物种所共同服务的对象，是生态系统主要活动的体现。"

　　吕朝如获至宝，兴致勃勃地看下去。

　　"在公益生态系统中，关键种群就是直接参与公益链的主体，包括公益组织、政府、企业和公众等；支持种群是指为公益活动提供支持并放大和优化公益活动影响的群体，主要有媒体、高校、政府和其他公益组织等。公益效用可以作为公益生态中的能量形式。公益效用指的是主体在从事公益活动中获得的效益，它可以是精神的满足、良好的声誉，也可以体现在经济利益上。

　　从事公益活动相当于生态系统中的捕食行为，是获取公益效用的方式。但这种'捕食'行为较生态系统以及纯粹的商业系统的'捕食'行为不同，它一般并不会主动发生，因此公益事业的核心问题都是如何促进公益'捕食'行为。"

　　吕朝觉得这篇文章的作者简直就是他的知己。在他内心深处里，恩派就是公益生态系统中的领导种群，具有建群功能，其中公益受众是生产者，公益组织和公益支持方是逐级递增的消费者。恩派的关键作用是加强公益资源供给和需求双方的紧密联系，促进公益效用传递，从而推动公益事业发展。

　　吕朝非常兴奋，在偶然中看到这篇文章简直是天助人愿。

　　吕朝从嘉兴回到上海已经是中午，他一分钟也不想耽搁，迫不及待地拨通了副主任丁立的电话，约她到附近一个咖啡馆，商量恩派发展模式变革的大事。

　　吕朝带上了那篇文章。两人点了两份简餐，边吃边聊文章里的核心观点，不知不觉从下午2:00一直聊到傍晚7:00，感觉还没聊透。丁立又点了两份简餐，接着聊，一直聊到晚上11:00，咖啡馆要关门了。两人针对恩派公益"生态链"的架构设计思路终于达成共识。

　　丁立2008年来到恩派，一直负责恩派整体新业务发展与筹资，她早习惯了吕朝谈工作的"论持久战"模式。跟吕朝搭档多年，她对恩派的成长倾注了大量心血。虽然两人经常在各种项目细节上意见不同，但是在关键的发展决策方面，却能保持高度一致。

3　恩派公益"生态链"的桥梁作用

　　恩派公益"生态链"模式的指导思想是，将公益活动产品化，并以需求要素为核心，使传统模式中公益活动的捐赠主体成为购买群体。而恩派作为中间平台，一方面支持公益组织生产公益产品；另一方面，向购买群体推广公益产品，通过调动和满足他们的需求，使公益生态伴随公益产品的生产持续、自主运行。

恩派的角色类似于商业活动中的中间销售商，借助平台的集合作用，联系起生产者和消费者之间信息交流和产品交换的渠道。因此，该模式又被概括为"购买公益"模式。

3.1 链状结构搭建桥梁

在该模式中，恩派与公益支持方的联系是有效支持公益组织的关键。

恩派公益"生态链"模式的架构如图1-9-2所示。

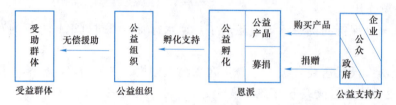

图1-9-2 恩派公益"生态链"模式的架构

一方面，恩派与传统公益组织相同，主要采用募捐的方式获取资源，但是拓展了募捐的具体形式。恩派主要的资源支持方在政府，政府不仅为其提供资金、场地等实物资源，也通过政策支持、信誉担保等方式支持恩派发展。

另一方面，恩派通过为公益支持方提供公益产品获得其支付的公益资源。典型例子是恩派为企业提供的社会责任咨询服务，可以有效联系商业企业，实现企业和公益组织双方的共赢。恩派还将这种形式也扩展到与政府的联系上，减少了单纯依赖政府捐赠的成分。

3.2 多品牌策略的实践

"生态链"模式强化了恩派多品牌策略的实践，通过发展一系列子品牌，完成恩派全方位的公益支持活动。截至2015年3月，恩派已发起或联合发起17家民办非企业单位、基金会和社会企业，形成了包含公益组织孵化器、凤巢、屋里厢、《社会创业家》杂志、社会创业家学院等著名支持性公益品牌。恩派的品牌拓展历程如图1-9-3所示：

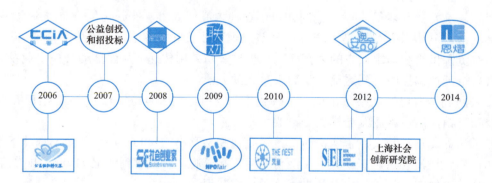

图1-9-3 恩派品牌拓展历程

3.3 持续的自我超越

在2014年3月的第六届年会上，吕朝开篇致辞："八年来，我们主要利用中介平台和能力建设，帮助了大量草根公益组织，让他们能够冒头，能够有好一点的生存空间。同时，我们也撬动政府、企业、公众的资源流入草根。我们的确开创了不少业务领域和业务模式，但随着公益市场的不断细分，几乎在所有的业务领域都开始出现竞争。有竞争说明有需求，说明我们走的路子是对的。但公益圈的很多人不习惯说竞争，总是愿意把自己放进一个保温箱，放在一个舒服的环境中，我觉得这是非常有害的。竞争是个好东西，有了竞争，好的产品和服务才出得来。"

吕朝一边说着，心情止不住激动起来。他对传统公益行业太熟悉了：传统的公益组织通常突出慈善性，组织资源的投入和产出主要为无偿性质，运营绩效没有明确的考核标准，因此组织内部缺乏激励机制，工作成果受成员个人热情和主动性影响较大。这导致传统公益组织在发展过程中容易出现过度依赖、效率低下、缺乏人才等一系列严重问题。

他语重心长地强调："我们这个行业有太多的劣质产品和服务，因为缺少竞争，没有办法进行淘汰。任何业务不进则退，我们应该从现在就开始想下一个十年，我们是否还会有立足之地？"吕朝的话让参会的全体恩派员工陷入沉思……

2014年下半年的一个星期五，吕朝和丁立带领恩派总部核心团队和各地负责人来到上海郊区，召开了三天的封闭会议，全面梳理中国公益行业的发展现状及恩派自身的优势及面临的挑战。

丁立在会上抛出了几个问题供大家探讨："当下，这个行业进入深水区，我们面临的矛盾和问题是什么？恩派如何避免固步自封，保持整体的激活状态？如何降低内部居高不下的人员流动率？如何在宏观业务群整合的基础上，实现各类具体业务产品的协调发展？"

大家分了几个小组，围绕上述议题热烈地讨论起来：有的组提出建议增强跨区域合作；有的组提出要改善员工的待遇和福利，留住优秀人才；还有的组分享具体业务产品的整合思路，大家都很投入，不断地献计献策。

吕朝给大家画出了恩派在公益"生态系统"中的价值体现，如图1-9-4所示。

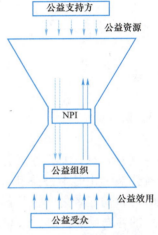

图1-9-4 恩派的价值体现

他提醒大家："如果我们现在放弃探究，这些难题会以另外的面孔再回来，今后还要从头再来，这是不负责的。"

大家的情绪跟随吕朝的发言此起彼伏，既为恩派多年发展取得的成就感到自豪，也为当前面临的挑战感到一些担忧。

吕朝再次跟大家分享了那篇分析公益生态的文章，指出："从生态学角度看，恩派就是公益生态的领导种群，始终是公益生态演化的关键力量。在新的公益'生态系统'模式中，原来的单一公益链将扩展形成公益网，增强了自稳性和更新能力。同时，多样化的渠道会带来公益效用流量的迅猛增长，进而将积聚强大的创新潜能。"

最后，吕朝激励大家："放下，是个人幸福的开始；放不下，是人类进步的动力。我们要珍惜那些放不下，坚持模式创新和自我超越。"

恩派团队经过反复、深入地沟通和讨论，最终达成共识：一方面，要调整内部管理体系，简化组织架构，实现内部资源的系统共享；同时，提升员工对恩派的认同感，降低内部管理成本及人员流动率。另一方面，聚焦核心业务，在宏观业务群整合的基础上实现内、外部各类具体业务产品的协调发展。通过进一步的模式变革来避免故步自封，保持恩派整体的激活状态。

2015年是恩派跨越式发展的新纪元。恩派将全面整合现有业务，形成三大业务板块：社会创业平台、社区建设事业群和公益咨询事业群。这三大业务板块明确了恩派未来的发展方向，构建起超越公益"生态链"模式的公益"生态系统"。

4 恩派公益"生态系统"的秘密

在新模式中，社会创业平台是公益孵化器的升华版，恩派从社会企业与社会创业的全新概念高度对公益组织给予支持；而社区建设事业群是恩派已有的社区平台的整合；公益咨询事业群则是恩派此前两类咨询服务的整合：一类是处于公益孵化器中的公益组织，恩派为其提供管理咨询服务；而另一类则是公益支持方，主要包括企业与政府。

4.1 模式架构的演进——从链到网

基于三大业务板块的整合思路,恩派公益"生态系统"模式的架构如图1-9-5所示。

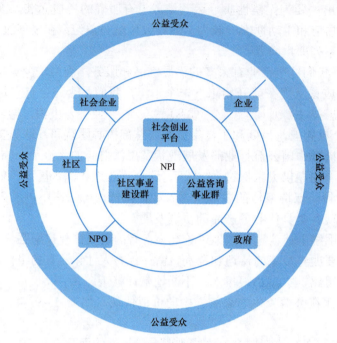

图1-9-5 恩派公益"生态系统"的架构

恩派的三大业务板块将服务的公益组织分为三类:社会企业、社区和NPO,其中社会企业和NPO是对公益孵化器中公益组织的分类。上述三种公益组织通过恩派与企业、政府等公益支持方建立联系。同时,它们三者之间也具备互补关系,从而形成网状结构。恩派公益生态系统的另一个创新是,这五种组织的各自受众彼此联系在一起,共同构成更加广泛的公益受众群体。

4.2 新模式的显著特征——集群、跨界、协同

(1)集群。

社会创业平台是集群特征的突出代表。社会创业平台是以公益孵化器为核心的相关业务整合形成的,如图1-9-6所示。

图1-9-6 恩派社会创业平台业务整合

公益组织孵化是社会创业平台的根本使命,其根本目的是培育具有公益性质的组织或社会企业;公益创投和招投标、恩派社会影响力基金为社会创业提供投资。两者在形式上稍有不同,其中前者主要通过联合政府或企业举办公益创投,而后者则是恩派联合专业资产管理公司投资具有公益性质的投资项目;

凤巢和公益新天地是由政府支持的公益组织园区，为公益孵化提供了实体场所；最后，《社会创业家》杂志、社会创业家学院和社会创新研究院分别在不同方面进行社会创业思想理论的梳理、普及，它们主要在培育社会创业人才方面发挥作用。

由此可见，社会创业平台继承了公益孵化器全方位培育的特点，通过资源进一步整合，并在理念上实现突破，更加有效地支持社会企业创业。

（2）跨界。

在公益"生态链"模式中，恩派主要定位于支持性公益组织，并围绕公益组织提供一系列培育支持，如图1-9-7所示。

但是在公益"生态系统"模式中，恩派已经不再只是支持性公益组织，更确切地说是支持性社会创业平台。政府、企业等传统的公益支持方的单纯公益资源提供者角色进一步退化，趋向于成为公益活动对等的公益参与者，如图1-9-8所示。

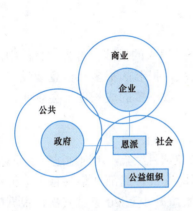

图1-9-7 恩派公益链模式格局

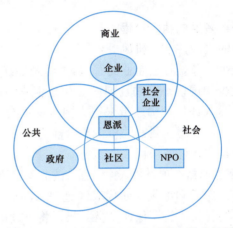

图1-9-8 恩派公益"生态系统"模式格局

（3）协同。

在公益生态系统模式中，恩派提供的三大产品主要针对的用户群不同，但均以公益为目的，彼此具有较强的协同性。

社会企业是公益产品的提供者，是一切公益模式的核心。社会创业平台的作用正是直接培育社会企业，因此居于公益产业最基础的位置；对于恩派咨询，一方面，它为社会企业提供管理咨询服务，帮助其进行组织建设，也属于培育公益产品提供者的范畴；另一方面，它对企业和政府提供有关公益活动的咨询指导。随着这种咨询服务的发展深化，其作用已不仅仅帮助企业或政府实现其商业或公共管理的直接目的，其实也是在提高两者在公益事业方面的能力，帮助他们成为间接的公益产品提供者。

类似地，社区建设看似与恩派培育公益生产者的角色无关，实际上社区是公益产品最大的市场。一般大众在公益活动中占据日益重要的位置。一方面，他们是具有支付能力的公益产品的消费者，将成为社会企业的主要客户；而另一方面，他们又是商业产品和社会公共产品的主要消费者，是企业与政府一直关注的群体。因此，他们消费公益产品的同时又促进了企业、政府投入公益资源进行公益产品的生产。

综上，恩派新模式是一种面向未来的公益"生态系统"，其最大的特点在于借鉴商业手段更新公益理念，创造出具有强大的自我更新能力的商业模式。

4.3 新模式的实践——"鲲鹏加速器"项目

为了确保"鲲鹏加速器"项目的顺利执行，恩派派出了实力强大的阵容，并进行了精确分工：恩派副主任丁立负责项目设计、洽谈合作和项目申请，恩派社创事业群运营总监韩燕负责项目管理，拥有丰富海外公益项目经验的美籍员工Austin担任项目的执行经理。

根据双方合作协议，恩派"鲲鹏加速器"项目团队要从30%有潜力的社会企业中选出28家高成长性代表企业，为他们提供为期 4 个月的战略规划及配套支持，帮助其扩大影响力，提升他们吸引投资的准备度。具体实施过程规划如图 1-9-9 所示。

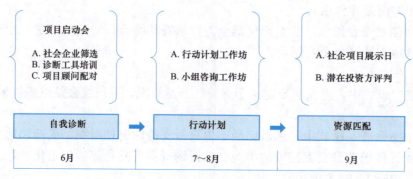

图 1-9-9 "鲲鹏加速器"项目的实施规划

4.3.1 好事多磨的执行过程

项目的进展并非一帆风顺。

第一个环节是社会企业的筛选。"鲲鹏加速器"项目团队遇到了很大的挑战：首先，目前中国的社会企业数量少、规模小，并且国内对社会企业的定义不够清晰；其次，报名的很多社会企业没有完整的数据库，给深入评估和筛选带来很大困难；再有，满足基本条件，为数不多的成长性社会企业，它们的需求千差万别，以恩派目前的资源整合能力暂时无法全面满足。

时间紧迫，任务艰巨，怎么办？

"鲲鹏加速器"项目团队凭借强大的心理素质和丰富的国内外公益项目经验，迅速地进行了反思和梳理。

最终，恩派和摩根大通代表经过深入沟通，一致同意将合作协议进行局部调整。首先，根据国内社会企业发展现状，为了保证支持效果，将资助的成长性社会企业数量减少到 20 家；其次，根据国内社会企业规模与需求的相关性分析，初步确定 100 万作为筛选成长性社会企业的规模界限，以保障选出的成长性社会企业需求相对比较趋同，利于后续的支持落地；最后，将支持周期从原来的 9 个月缩短到 4 个月，以保障各方面资源高效、及时地全面匹配。

方案调整之后，高成长性社会企业的筛选工作顺利完成。

接下来，"鲲鹏加速器"项目团队将为入选的社会企业提供三个阶段的支持，分别为自我诊断、行动计划、资源配对，帮助其实现社会影响力的规模化。

这个阶段的工作量最大，也最累。韩燕和 Austin 带领"鲲鹏加速器"项目团队和其他合作方代表，在北京、上海、深圳三个城市开展了总共 18 天的工作坊，提供了超过 600 个小时的现场及网络辅导。

2015 年 9 月，终于迎来了各方期待已久的成果路演。

现场请到的潜在投资方分别有社会型投资者、基金会和政府购买方。

经过现场路演，入选的社会企业均获得了投资方不同形式的资助，具体包括最佳行动计划奖、能力建设资助金、优惠贷款、可转债等资助形式。获得投资的社会企业将在未来 2~3 年内逐步实现其规模化目标。

自此，凝聚了众多心血，历时 4 个月的"鲲鹏加速器"项目圆满收官。

4.3.2 硕果累累的项目复盘

"鲲鹏加速器"项目共支持了来自全国 6 个城市的 20 家社会企业，入选社会企业的业务范围涉及环保、教育、助残等多个领域，他们代表着中国最具成长性的社会企业。恩派通过高效整合各方优质资源，为入选的社会企业量身定制了一系列高强度、高效率、高品质的培训、咨询及辅导活动，具体形式包括工作坊、诊断会、媒体沙龙、私董会等。切实帮助入选的社会企业如愿以偿地获得了必要的知识、方法、工具及人脉，从而高效地完成了各自的影响力提升计划。展示日当天，参加的 20 家入围社会企业和 19 家投资机构达成了多样化的资助协议。

"鲲鹏加速器"项目取得了积极的外界反馈，参与的社会企业中 95%对项目表示满意，其中 40%表示很满意，25%表示特别满意。许多参与代表也表达了对"鲲鹏加速器"项目的赞许：

"跟以往公益机构获得培训不同之处在于，"鲲鹏加速器"项目从社会问题出发，最后形成一个项目，从团队、资金、运营的提升角度入手。把事情想清楚之后，落脚在寻求支持和筹款上。同时，团队成员的参与也是对团队的培养。"

——刘国强，平安星创设人

"'鲲鹏加速器'提供的工具可以帮助社会企业验证资深项目是否有价值，是否具有可持续性；尤其对于需要取得投资的社会企业，将这些问题整理得清晰明了能够帮助社会企业使用一套商业语言与投资者快速沟通。"

——李力，绿色地球首席运营官

在"鲲鹏加速器"项目的总结会上，Austin坦诚相告："通过执行'鲲鹏加速器'项目，我更深刻地了解到中国社会企业当前面临的挑战及困惑，同时也为自己积累了更加丰富的公益项目经验。"

接着，他总结了几点心得："第一，书面化的申请材料有局限性，对社会企业最好的了解方式是通过面对面的沟通和互动；第二，国内的成长性社会企业往往有着经过验证的商业概念和很好的团队，但缺乏清晰的落地策略；第三，处于'成长阶段'边缘的社会企业，通常需要1～2个支持项目来证明其扩大社会影响策略的有效性，才能吸引投资方；第四，以'最终路演'形式结束项目还不能实现需求与资源的深度、有效连结，应该从项目执行开始就进行接触。"

最后，恩派副主任丁立做了总结发言："尽管'鲲鹏加速器'项目执行初期遇到了一系列的挑战，但是我们在项目实施过程中积累了丰富的经验。2016年，我们有信心、有能力、有意愿继续推动'鲲鹏计划'战略实践，促进恩派公益'生态系统'的'有机生长'！"

5　尾声

"三生万物，四海一家"是吕朝在2015年3月年会上演讲的主题。

所谓"三生万物"，源自2015年恩派全面整合现有业务，推出了三大业务板块。未来，恩派将在此基础上，继续不懈地探索和支持中国的社会创新力量。而"四海一家"则指恩派分散于全国九个主要城市的近200名员工齐聚一堂，共享过去一年的成长感悟，并展望未来努力的全新方向。

2016年的"鲲鹏计划"将重点关注中国严峻的环境问题，规划从2016年1月开始至2017年2月结束，将帮助致力于解决国内环境问题的社会企业。2016年"鲲鹏计划"的项目团队依然是良将强兵，将由恩派社会创业事业群运营总监林喆女士负责项目设计和管理，项目核心成员将由来自国内外的专家组成。

2016年，恩派迈入了成立以来的第11个年头，这在民间社会组织中已属资深。如何在保持现有优势的同时，不断激发创新活力，积极影响行业发展，将是每个恩派人义不容辞的责任和愿景。

吕朝坚信，在当前"大众创业，万众创新"的背景下，恩派主导的全新公益"生态系统"模式，将成为公益领域最具发展前景的众创空间！

"社创引擎，不竭动力"，既是宣言，也是挑战，更是坚守！

Engine of Social Innovation, Model Innovation!
—NPI's "Organic Growth" of Public Ecosystem

Abstract: It is a key issue for business enterprises to maintain continuous development through model change and innovation in this constantly changing market environment. Social enterprise is an organization form, in which business enterprise's model innovation and social innovation closely integrated. At present, the social enterprise in China is still at the initial stage of development, but emphasizing on win-win situation of economic and social benefits is in line with the current trend and social needs. NPI, with its slogan *"Driving All the Way"*, interprets perfectly the value proposition of supporting public welfare by virtue of flat roof advantages. This case describes the establishment background and development of NPI, and especially reveals the secrets of NPI's success about how it achieved such "organic growth" with successful leading ledge in the industry within very short time, a fine business model based on building and upgrading the public ecosystem. With the help of this case study, students could know the current development situation in China, grasp the value proposition of social entrepreneurship platform, and better understand the characteristic in business model innovation and evolution rule. Then students could master the analyzing ideas and methods while studying related theories.

Key words: NP; social innovation; ecosystem; model innovation

附 录

恩派发展大事记

2015
- 恩派与摩根大通共建"鲲鹏加速器",携手支持社会创业;
- "落地社区,公益惠民"珠海第二届社会组织公益伙伴日成功举办;
- 恩派主任吕朝当选《南方周末》2015年度责任领袖;
- 恩派发布益博云天IT捐赠平台,实现公益科技联姻,共促社会创新;
- 东莞市社会组织孵化基地2015年入驻组织入壳仪式暨孵化组织交流会顺利举行;
- 恩派承接中国儿童少年基金会与500强企业法国AXA安盛集团联合发起的新项目,打造社区安全教育方案。

2014
- 恩派积极参与欧盟SEFORIS项目,全面助力社会企业发展;
- 恩派新推IT捐赠平台,福特微软加入首轮合作;
- 闵行区公益创业大赛落幕,22位社会创业家分享大奖;
- 恩派携手欧盟出品"社会企业国际数据库"正式上线;
- 恩派社会创业平台首次亮相2014年慈展会。

2013
- 恩派携手汇丰银行正式启动中国社区建设计划。这是迄今国内社区建设领域规模最大的公益项目之一,首年预计投入800万元人民币,将在北京、上海、南京和苏州四个城市的20个社区同时展开;
- 珠海市社会组织培育发展中心正式挂牌成立,受珠海民政局委托,珠海恩派全程承担了该中心的开发筹建,并将负责后续管理运营;
- 恩派正式宣告与世界上最大的社会企业家培育平台之一,总部位于英国的UnLtd,达成为期两年的中国大陆地区独家战略合作关系;
- 苏州恩派正式成立——探索姑苏韵味公益创新之路,这是继上海、北京、成都、深圳、南京五地后,"恩派"品牌的又一次落地,这也意味着恩派的公益组织培育发展模式在苏州进行全面复制和进一步创新成为可能。

2012
- 恩派首个公益孵化器技术输出项目在浙江嘉兴市落地,标志着恩派自身积累的公益组织培育的相关模式,已经可以用咨询导入的方式进行技术支持和复制推广,在更大范围内协助更多的社会组织成长;
- 恩派在成都的社区发展平台机构——成都高新区安逸舍社区服务中心正式成立;
- 由上海大学、上海市民政局和上海恩派社会创新发展中心合作的上海社会创新研究院正式成立;
- 联劝"一个鸡蛋的暴走"获得第一财经"公益中国"2012年度最具创新奖;
- 恩派社会创业家学院(SEI)正式成立;
- 青浦"公益新天地"项目试运行顺利启动;
- 恩派参与承接的《上海市基金会能力建设评估指标研究》项目获民政部"2012年全国民政政策理论研究"论文一等奖;
- 由恩派公益组织发展中心等机构协办的首届"中国公益慈善项目交流展示会"顺利闭幕;
- 恩派受邀参加2012 APEC青年创业家峰会;
- "老来客"资助合作项目、上海市社会创新孵化园项目和上钢社区"阳光、慈爱"慈善公益项目被评选为"第二届上海慈善奖"之"优秀慈善项目";

- 民政部领导考察了由恩派公益组织发展中心托管的南京市雨花台区社会组织孵化中心；
- 恩派托管南京市雨花台区社会组织孵化中心；
- 恩派召开第二届第二次理事会议；
- 屋里厢被评为"第二届上海慈善奖"之"优秀公益组织"；
- 恩派成立六周年。7—10日，恩派大家庭成功举办以"恩的三次方"为主题的2012新年年会，朝向第三个三年进发。

2011
- 恩派承办苏州市首届公益创投活动；
- 恩派创始人、主任吕朝荣获南方报系2011年度公益人物奖；
- 恩派承办首届"上海公益伙伴日"，倡导"跨界合作，共建公益伙伴关系"；
- 恩派承办首届东莞市公益创投大赛；
- 恩派与闵行区民政局签约，托管闵行区社会组织孵化园。这是继2006年"公益孵化器"在浦东设计成型并落地实施后，恩派在上海运作的第二个孵化器项目；
- 恩派承办"中国深圳公益项目交流展示会"；
- 上海恩派社会创新发展中心在上海市民政局正式注册为民办非企业单位。未来计划推出社会创业家学院和公益创投等项目；
- 恩派成立五周年。23—26日，四地员工近百人于上海成功举办"再回首，再出发"2011年年会。

2010
- 由友成企业家扶贫基金会和恩派联合主办的首届"新公益嘉年华"在上海成功举办；
- 恩派托管"上海社会创新孵化园"。民政部领导出席开园仪式，上海市委副书记殷一璀和民政部副部长姜力为园区揭牌；
- 恩派与成都市高新区合作推动青年公寓社区服务中心建设；
- 恩派获得民政部颁发"全国优秀社会组织"奖；
- 由恩派发起的深圳恩派公益组织发展中心成立；
- 恩派获得《南风窗》"为了公众利益年度组织"；
- 恩派被评为"上海市第四届慈善之星"。

2009
- 上海公益事业发展基金会正式注册成立；
- 恩派与诺基亚（中国）合作启动5.12地震金色阳光工程——阳光生活社区重建项目；
- 恩派获得上海社会组织评估最高级别——5A级；
- 由恩派设计并承办的"公益项目北京交流展示会"在京举行，首创国内公益项目与公益资源对接平台"公益广交会"；
- 恩派首届京沪蓉三地孵化机构交流大会在京举行；
- 恩派承办上海市民政局出资的首届"上海社区公益创投大赛"；
- 民政部领导视察恩派及孵化机构公益项目；
- 恩派的公益组织孵化项目荣获首届上海慈善奖"慈善项目奖"；
- 恩派召开第一届理事会第三次会议，京、沪、蓉三地员工举办s首届年会。

2008
- 恩派发起的专注于社区服务的"上海屋里厢社区服务中心"在上海浦东新区正式注册成立；
- 恩派迁入浦东新区峨山路社会组织服务大楼新址；
- 恩派与北京NPO信息咨询中心主要业务合并，同时成立恩派北京项目办；
- 恩派主任吕朝当选"浦东十大杰出青年"；
- "新途""多背一公斤"等首批孵化机构从上海出壳；

- 民政部民间组织管理局孙伟林局长到恩派进行调研，并表示应在全国推广公益孵化器模式；
- 恩派在成都设立办公室并开始运作；恩派作为执行机构承办南都公益基金会1 000万元灾后重建项目；
- 上海市副市长胡延照到恩派调研，对恩派模式给予高度评价；
- 福特基金会中国代表处首席代表参访恩派；
- 恩派成功中标，成为上海最大的社区服务中心——三林世博家园市民中心委托管理机构，开启探索NPO托管政府社区服务设施新模式。

2007
- 恩派协助世界银行，推动"中国发展市场"项目；
- 民政部领导到恩派调研，强调"公益事业需要不断创新"，公益孵化器模式首次得到政府主管领导明确肯定；
- 恩派第一届理事会第一次会议在沪召开，选举徐永光、商玉生为正副理事长，吕朝为主任；
- 首批被孵化机构进入孵化场地，标志着国内首家公益组织孵化器正式进入运作阶段；
- 承担浦东新区财政局等委托"政府购买民间组织服务流程规范"研究课题。

2006
- 公益组织孵化器方案设计完成；
- 上海浦东非营利组织发展中心在上海浦东新区注册为民办非企业单位，法人代表为吕朝。

附　　录

关于恩派：基本数据

全国设立21个办事处/项目点

发起/联合发起17家民办非企业单位/基金会

220位左右全职员工及外部顾问

托管超过80 000平方米公益平台/社区服务中心

孵化出壳约400家公益组织

资助/支持超过1 000家公益机构

为上千家公益机构筹措超过3亿元人民币

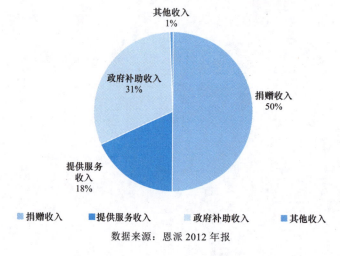

数据来源：恩派 2012 年报

图 1-9-10　恩派基本数据及收入构成

案例使用说明：

社创引擎，模式创新
——恩派"公益生态系统"的"有机生长"

一、教学目的及用途

1. 适用课程：本案例属于描述型案例，主要适用于《战略管理》《创新及创业管理》等课程有关社会创业的商业生态系统构建、商业模式创新等相关章节的案例讨论。

2. 适用对象：本案例主要适用于 MBA、EMBA 和总裁培训，适合有一定工作经验的学员和管理者学习。

3. 教学目的：

（1）了解中国社会创业发展现状及面临的挑战。

（2）了解社创平台的价值主张。

（3）理解社创平台公益生态系统的商业化演进机制。

（4）掌握商业模式画布工具，并能描述社创平台的商业模式构成。

（5）掌握商业模式的判断标准，探索社创平台进行商业模式创新的路径。

二、启发思考题

1. 恩派的组织定位是什么？服务对象是谁？吕朝为什么要创办恩派？

2. "鲲鹏加速器"项目的愿景和使命是什么？执行过程中遇到了什么挑战？是如何解决的？

3. 结合生态学理论和企业价值创新相关知识，分析恩派公益的商业化运作机制，并探讨其进行商业模式创新的动力。

4. 利用商业模式画布描绘出恩派公益"生态系统"模式的全景图，并分析其特征。

5. "生态系统"模式是否适合恩派公益的未来发展？如何实现恩派"公益生态系统"的"有机生长"？

三、案例思考题的分析思路

本案例依据由浅入深的原则设计启发思考题。先从基本的案例信息逐步过渡到核心理论分析；然后借助生态学理论和商业模式相关知识及工具，解析并呈现恩派公益的商业模式演进规律。通过循序渐进的分析，帮助学员掌握正确的案例分析思路：从简单到复杂，从现象到本质，从理论到实践。

下面是对应启发思考题的简要分析思路，供参考，结合案例的详细分析附后，如表 1-9-1 所示。

表 1-9-1　恩派简要分析思路

启发思考题	简要分析思路
1. 恩派的组织定位是什么？服务对象是谁？吕朝为什么要创办恩派	首先引导学员根据案例相关信息归纳恩派的组织定位，然后结合中国公益组织及社会创业的发展现状了解吕朝创办恩派的初心。通过上述分析，可以帮助学员了解恩派诞生的背景及中国社会创业平台的发展使命
2. "鲲鹏加速器"项目的愿景和使命是什么？执行过程中遇到了什么挑战？是如何解决的	首先引导学员根据案例相关信息总结"鲲鹏加速器"项目的愿景和使命，然后在案例内容中找到该项目执行过程中遇到的挑战及解决办法。通过上述分析，可以帮助学员了解恩派与摩根大通合作的背景，理解中国社会企业发展现状及社会创业平台的价值主张

启发思考题	简要分析思路
3. 结合生态学理论和企业价值创新相关知识，分析恩派公益的商业化运作机制，并探讨其进行商业模式创新的动力	首先引导学员了解生态学理论中生态系统的构成及能量流动原理。然后，结合企业价值创新的相关理论，分析恩派在公益生态系统中的角色及作用，并进一步探讨其商业模式演进的驱动力。通过上述分析，可以帮助学员了解社会创业平台进行商业化运营的目标是实现社会效益和经济效益的双赢。同时，理解任何一种商业模式的选择和变革都是内外因素共同作用的结果
4. 利用商业模式画布描绘出恩派公益"生态系统"模式的全景图，并分析其特征	通过前面三个思考题的分析，学员对恩派的客户、产品、服务及资源状况等有了比较深入的了解。在此基础上，首先引导学员利用商业模式画布工具描绘出恩派公益"生态系统"的全景框架，然后归纳总结其特征。通过上述分析可以帮助学员掌握商业模式画布工具的原理及应用，熟悉社会创业平台的商业生态系统构成要素及特征
5. "生态系统"模式是否适合恩派公益的未来发展？如何实现其"有机生长"	首先引导学员了解商业模式判断的相关理论，然后分析恩派公益"生态系统"模式的适应性和竞争力，最后基于前面所有问题的分析结论，进一步探讨恩派公益"生态系统"的实现路径。通过上述分析，可以帮助学员理解社会创业平台实现公益生态系统"有机生长"的关键是保持其商业模式的与时俱进

四、各思考题的理论依据及案例分析

1. 恩派的组织定位是什么？服务对象是谁？吕朝为什么要创办恩派？

● 理论依据：

传统的社会组织通常突出慈善性，组织资源的投入和产出主要为无偿性质，运营绩效没有明确的考核标准，因此组织内部缺乏激励机制，工作成果受成员个人热情和主动性影响较大。这导致传统公益组织在发展过程中容易出现过度依赖、效率低下、缺乏人才等一系列严重问题。与之相比，社会创业平台与传统公益组织有很大不同，具体总结如表1-9-2所示。

表1-9-2 社会企业与传统公益组织对比

	传统公益组织	社会创业平台
资金来源	捐赠	销售、投资收入、捐赠等多元渠道
组织成员	多为志愿者、义务工	发展职业公益人，积极利用志愿者
面向群体	需要帮助的弱势群体	一般公益大众和受助群体
公益产物	无偿性慈善产品	有偿性公益产品和无偿性援助
组织收入	基本没有	基本与成本持平或有小部分利润

资料来源：编者整理所得

● 案例分析：

恩派（NPI）创建于2006年，是一家支持性公益组织。恩派以"社创引擎"作为其组织定位，特别注重发展社会创新。一直倡导以商业手段解决社会问题，在公益领域尝试了一系列商业化运作。

恩派以"助力社会创新，培育公益人才"为使命。首创"公益孵化器"模式，旨在为初创期草根公益组织提供种子基金、组织能力建设、资源拓展、场所设施等关键支持，帮助组织发展成长。

吕朝的公益事业是从2003年起步的，当时，他在北京《公益时报》当总编，同时在一家赫赫有名的非营利组织当志愿者。2005年，他参与到首届中华慈善大会筹备，期间累积了丰富的公益经验并得到了一个巨大的启发：中国公益事业的发展要靠提升增量，而不是改革存量。民间的草根力量发展起来，必然会促进传统官办机构的改变。

吕朝开始设计恩派，希望为草根公益组织能力建设提供支持。为此，他放弃了收入丰厚的非公募基金会的职位,准备在公益领域创业,他坚信公益孵化器有广阔的发展前景。

恩派的出现改变了传统公益模式下公益组织与公益支持方的两元格局,搭建起联系两者的中间桥梁,促进了公益事业的发展。

2. "鲲鹏加速器"项目的愿景和使命是什么?执行过程中遇到了什么挑战?是如何解决的?

● 理论依据:

在生态学理论中,生态系统由生物群落和非生物环境组成,演绎到公益生态,则分别是公益生物群落和外部社会环境。生物群落又由不同种群构成,根据其作用功能的不同,可划分为领导种群、关键种群、支持种群和寄生种群四种角色。领导种群处于生态群落的核心地位,负责生态系统资源整合与协调;关键种群是其他物种所共同服务的对象,是生态系统主要活动的体现。

在公益生态系统中,关键种群就是直接参与公益链的主体,包括公益组织、政府、企业和公众等;支持种群是指为公益活动提供支持并放大和优化公益活动影响的群体,主要有媒体、高校、政府和其他公益组织等。政府在群落中具有关键种群和支持种群的双重角色,现实中,政府往往以复合身份参与公益活动,所以造成政府对公益活动的影响干预较大。

● 案例分析:

2015年6月5日,恩派组织发展中心与摩根大通携手共建的"助力中国高成长性中小社会企业发展的'鲲鹏加速器'项目"正式启动。"鲲鹏加速器"项目将集合摩根大通的商业资源,通过恩派创新创业平台的深度运作,最终实现助力入围中小型社会企业加速发展的目标,同时也将帮助政府解决部分就业。

项目执行的第一个环节是社会企业的筛选。"鲲鹏加速器"项目团队遇到了很大的挑战:首先,目前中国的社会企业数量少、规模小,并且国内对社会企业的定义不够清晰;其次,报名的很多社会企业没有完整的数据库,给深入评估和筛选带来很大困难;再有,满足基本条件、为数不多的成长性社会企业,它们的需求千差万别,以恩派目前的资源整合能力暂时无法全面满足。

时间紧迫,任务艰巨。"鲲鹏加速器"项目团队凭借强大的心理素质和丰富的国内外公益项目经验,迅速地进行了反思和梳理。

最终,恩派和摩根大通代表经过深入沟通,一致同意将合作协议进行局部调整。首先,根据国内社会企业发展现状,为了保证支持效果,将资助的成长性社会企业数量减少到20家;其次,根据国内社会企业规模与需求的相关性分析,初步确定100万作为筛选成长性社会企业的规模界限,以保障选出的成长性社会企业需求相对比较趋同,利于后续的支持落地;最后,将支持周期从原来的9个月缩短到4个月,以保障各方面资源高效、及时地全面匹配到入选的社会企业。

3. 结合生态学理论和企业价值创新相关知识,分析恩派公益的商业化运作机制,并探讨其进行商业模式创新的动力。

● 理论依据:

在生态学理论中,营养关系体现了生态系统的能量流动,是生物群落中最重要的联系。反映到公益生态系统中,则是公益模式的微观逻辑。对于公益生态而言,不同公益主体间能量传递的联系形成公益网络。从表面上看,公益资源由公益支持方通过公益组织最终流向公益受众,但这并不符合弱肉强食的生态学能量传递规律,因此并不具备自稳性。

公益效用可以作为公益生态中的能量形式。公益效用指的是主体在从事公益活动中获得的效益,它可以是精神的满足、良好的声誉,也可以体现在经济利益上。从事公益活动相当于生态系统中的捕食行为,是获取公益效用的方式。但这种"捕食"行为较生态系统以及纯粹的商业系统的"捕食"行为不同,它一般并不会主动发生,因此公益事业的核心问题都是如何促进公益"捕食"行为。

传统公益模式的问题根源在于公益支持方支持不足。为促进公益"捕食"行为的发生,应当对公益支持方进行更深入的认识。政府参与公益活动的需求是收获社会效用,即社会整体福利的增加;而企业参与公益活动的主要动机是经济效用,希望带来品牌、商誉的提升,进而增加企业盈利。

价值创新是蓝海战略的基石,它帮助企业开辟一个全新的市场空间。价值创新的重点既在于"价值"又在于"创新"。在商业活动中,所有的商业模式都是围绕"需求"展开的,其成功的关键在于是否充分的创造并满足了需求。

虽然社会创业平台和商业企业的目标不完全一样,但社会创业平台可以借鉴商业企业的经营理念、经营方式、管理方法及管理经验等。通过充分参与市场竞争,获得独立的资金来源,实现自身可持续发展的同时,保障社会事业的可持续进行,最终更好地履行其社会使命。

通常,企业进行商业模式创新的动因大致可以从外部环境和自身需求两个方面来分析。外部环境可以理解成商业模式创新的背景因素,这种背景因素会影响模式选择和调整,帮助企业做出更为合理的决策。而企业自身成长需求则是商业模式创新的内在动力,在一个突破性的商业模式创新思路下,企业可能成为所在行业环境的塑造者和改革者,进而为所在行业制定新的游戏准则。

● 案例分析:

(1)恩派公益的商业化运作机制。

恩派是公益"生态系统"中的领导种群,具有建群功能。公益效用被定义为公益生态中能量的表现形式,由此形成公益生态营养关系。其中公益受众是生产者,公益组织、恩派和公益支持方是逐级递增的消费者。恩派的关键作用是加强公益资源供给和需求双方的紧密联系,促进公益效用传递,从而推动公益事业发展。

恩派公益"生态系统"的宏观架构如图1-9-11所示,恩派公益"生态系统"的微观逻辑如图1-9-12所示:

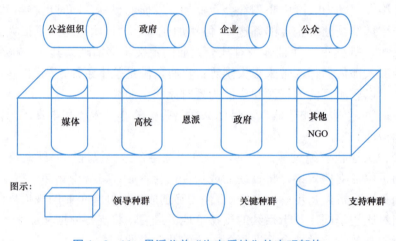

图1-9-11 恩派公益"生态系统"的宏观架构

图1-9-12 恩派公益"生态系统"的微观逻辑

传统公益组织一方面忽视了支持方的需求,仍然主要以道德号召吸引捐赠;另一方面,由于各自力量薄弱,整体上数量众多,但较为分散。鉴于此,应当在公益链中增加一级消费者,它们直接与公益组织联系,在消费公益效用的基础上将其转化成下级消费者所需的形式,并且能够集中代表公益组织。恩派的出现正好弥补了这一空缺的生态位置,其在公益生态中的价值体现如图1-9-13所示。

恩派将商业模式引入公益生态系统,就是让生态学意义上的生产者、消费者成为经济学意义的生产者、消费者，而公益效益则以产品的形式在主体间进行交换。这一模式的实践取决于三个基本条件：第一，公益效益这种产品具有需求；第二，生产者有生产所需产品的能力；第三，有支持和联系生产及消费的中间平台。

恩派成功地将商业理念引入公益实践，形成了满足上述三个基本条件的恩派公益"生态系统"模式。该模式实际是将公益活动产品化，并以"需求"要素为核心，使传统模式中公益活动的捐赠主体成为购买群体。恩派作为中间平台，一方面支持公益组织生产公益产品；另一方面，向购买群体推广公益产品，通过调动和满足他们的需求，使公益生态伴随公益产品的生产持续自主运行。恩派的角色类似于商业活动中的中间销售商，借助其平台的集合作用，联系起生产者和消费者之间信息交流和产品交换的渠道。

恩派公益"生态系统"的商业化实现机制如图 1-9-14 所示。

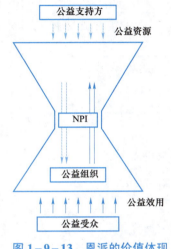

图 1-9-13　恩派的价值体现

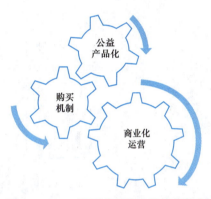

图 1-9-14　恩派公益生态商业化机制

（2）恩派公益进行商业模式创新的动力。

恩派的商业模式创新动力客观上来说，既有外部环境的驱动，也有自身内在需求的驱动，但更多是源于自身的发展需要。比如，业务种群的集聚作为公益"生态系统"的基础，是恩派最为关键的战略选择，而这一选择是在长期积淀的基础上实现的。回顾恩派发展历程，我们不难发现，恩派很早便开始为创建完整的公益生态而布局。比如，恩派以公益孵化器起步，创业初期就开始发展公益创投、社区建设、政府咨询等业务。在公益链模式中，这些业务主要以独立品牌的形式分散发展，但也在一定程度上统筹于公益孵化的核心。随着公益生态系统模式的开启，恩派分散的业务资源聚合形成三大核心产品。

恩派从公益组织到公益孵化器，再到公益创投，社会影响力投资，同样的资金投到不同的商业模式，所产生的社会效益是逐步放大的，并日益形成全面深入的公益生态系统，从而带动国内社会创业的整体快速发展。

4. 请利用商业模式画布描绘出恩派公益"生态系统"模式的全景图，并分析其呈现的特征。

● 理论依据：

商业模式开始应用于管理领域大约是在 20 世纪 70 年代中期。著名管理大师德鲁克提出，21 世纪企业的竞争不再是产品与服务之间的竞争，而是商业模式之间的竞争。虽然商业模式的概念很早就已经出现，但直至目前关于商业模式并未形成统一的定义，大致可分为经济、运作和战略三大类。本案例涉及的商业模式探讨主要基于运营层面和战略层面，重点研究如何设计、构建一套流程、方法、架构或体系等以便更有效率地创造价值。同时，在总体上强调市场定位，跨越组织边界互动与成长机会，关注竞争优势和可持续性。

商业模式画布则是通过提供一种新的形式和方法，因其直观性和简单性，更有利于描述、分析和设计企业的商业模式。它包括 9 个核心模块：客户细分、价值主张、渠道通路、客户关系、收入来源、核心资源、关键活动、重要伙伴和成本结构。这 9 个模块涵盖了商业的 4 个主要方面：客户、产品或服务、基础设施和财务能力。这个框架作为一种语言，可以帮助企业方便快捷地使用商业模式来构建新的战略性替代方案。

- 案例分析：

这里利用商业模式画布工具来描绘恩派公益"生态系统"的全景框架，如图 1-9-15 所示。

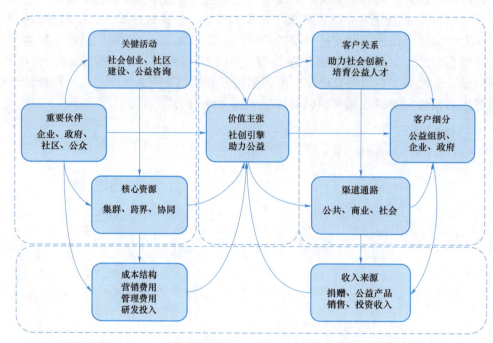

图 1-9-15　恩派公益"生态系统"的商业模式画布全景

结合图 1-9-15，我们可以看到恩派公益"生态系统"模式有以下几个突出特征：

① 集群特征。

从微观来看，集群指的是恩派业务种群的集聚，恩派通过资源整合组成三大事业群，是恩派的三大核心产品；从宏观来看，集群的过程又是社会、公共和商业三大社会群落的融合。在公益"生态系统"模式中，恩派社会创业、社区建设、公益咨询三大产品提供了公益组织、企业、政府三方互动的平台，是三方资源的聚合。从微观上看，业务种群的集聚发展了核心产品，进而促进了宏观上三大社会群落的融合。社会创业平台是集群特征的突出代表。

② 跨界特征。

从恩派公益"生态系统"模式看，其明确提出的三类产品同时包含公益组织、企业和政府用户，表明恩派已经不再只是支持性公益组织，更确切地说是支持性社创平台。政府、企业等传统公益支持方的单纯公益资源提供者角色进一步退化，趋向于成为公益活动对等的公益参与者。

③ 协同特征。

这里的协同具有两层含义：

第一是三大公益产品间的协同，以社会创业为根本基础。恩派咨询为其提供智力和财力支持，是社会创业的重要辅助；而社区建设则为前两者开拓公益产品最大的市场，进一步促进社会创业和社会企业的发展。因此，三大公益产品间的协同构成以社会企业和社会创业为核心的公益模式的增益循环。

第二，在三大公益产品协同的基础上，最终形成了三大社会部门的协同发展。升级为社会企业的公益组织，其服务的对象由受助群体扩展为一般受益大众，其中包括企业和政府所属的消费对象；而企业和政府也将进一步从公益资源简单的提供者发展为公益事业的参与者，成为间接的公益产品提供者，从而兼具社会企业的公益性质。在这种围绕公益事业建立起的三大部门协同中，将实现各部门资源优势的充分共享。政府的政策资源、企业的财务资源和公益组织的声誉资源将彼此结合，促进各方的长远发展。

5. "生态系统"模式是否适合恩派公益的未来发展？如何实现其"有机生长"？

● 理论依据：

关于商业模式适合与否的判断问题，可以结合 Amit&Zott（2012）发表在《斯隆管理评论》（MIT Sloan Management Review）的一篇论文中提及的 NICE 标准框架：Novelty, Lock-in, Complementarities, Efficiency，即新颖性、锁定性、互补性和效率性。Amit&Zott 将上述四种属性作为商业模式有效性的判断标准。

Amit&Zott（2012）认为商业模式通过交易内容、交易结构和交易治理来开发商机，实现价值创造。交易内容是指运营系统包括哪些环节，交易结构描述活动之间的联系以及活动对于业务的重要性，而交易治理则是指对不同参与主体之间关系的治理。因此，NICE 标准框架里的"新颖性"是指引入新内容、改变运营结构或改善治理；"锁定性"是指交易活动持续进行或价值网络中各参与者持续合作的程度；"互补性"是指交易活动的捆绑或者利益相关者之间的连接关系，它创造价值是因为相互依赖的活动产生了价值增值效应，实现了系统大于部分之和；"效率性"是指商业模式各构成要素之间通过相互依赖而降低成本，提高效率。

社会企业家、社会需要及环境变革是产业创意萌发的主要因素。当外部环境发生新的变化，当社会有了新的需要时，社会企业家往往会有超前的产业创意。当社会创业平台在当前的经济、技术、政治、文化环境中谋求经济利益时，离不开相应的社会网络的支持，因为它还肩负着更多的社会责任。因此，社创平台通过自身价值链创新与战略创意来实现其商业模式的变革，进而建立并巩固自身的核心能力体系，增强自身的市场竞争优势，进而实现经济目标。同时，通过达到"助人自助"的目标，最终实现其社会目标。

随着社会需求及内外部条件的再次变化，社会创业平台又开始进入新一轮的商业模式创新。通过这样周而复始的循环，最终形成持续不断的演进。社会创业平台的商业模式演进是一个受复杂因素影响的多阶段过程。为了确保社会创业平台的商业模式持续、稳定地演进，需要对其最终结果进行社会价值与社会影响的评估和反馈，并不断完善。

● 案例分析：

公益"生态系统"是恩派一直探索的未来公益发展模式。

2015 年，恩派全面整合现有业务，形成三大业务板块：社会创业平台、社区建设事业群和公益咨询事业群。三大业务板块明确了恩派未来的发展方向，恩派新的组织架构如图 1-9-16 所示。

图 1-9-16　恩派新的组织架构

根据前面的分析，恩派公益"生态系统"有三个明显的特征：集群、跨界和协同，这三个特征的内核及形成背景比较吻合 Amit&Zott（2012）理论的 NICE 框架标准，即新颖性、锁定性、互补性和效率性。

具体结构呈现如图 1-9-17 所示。

恩派通过内部整合与外部市场化拓展，将公益链模式中简单的链条关系升级为由三大业务群作为主要节点构建的公益网络模式。由链到网的转变不仅是公益资源、公益产品、公益效用流向的改变，更在本质上反映出主体作用、交互方式的不同。在公益生态系统中，各主体联系更加紧密，构成相互联通的网状结构，极大地促进了公益资源、公益效用的传递，为公益事业的发展提供空前机遇。因此，恩派公益系统的网络结构意味着公益生态系统的进一步成熟，也意味着恩派公益事业的独立性、自稳性进一步提升。

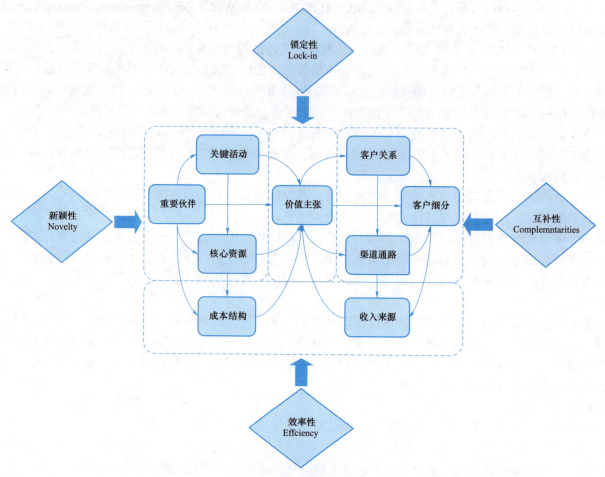

图 1-9-17　商业模式 NICE 检验框架

由案例信息可见，恩派公益发展模式的变革并非简单的更新，而是整体进化和有机生长的过程。

从生态学角度看，恩派作为公益生态的领导种群，发挥建群功能，始终是公益生态演化的关键力量。从现实来说，恩派是公益活动的中间组织，在公益事业中发挥引导和支持作用。在恩派公益网络结构中，原来的单一公益链扩展形成公益网，增强了自稳性和更新能力。同时，多样化的渠道会带来公益效用流量的迅猛增长，进而将积聚强大的创新潜能。并且，在当前"大众创业，万众创新"的背景下，恩派主导的全新"公益生态系统"模式，将成为公益领域最具发展前景的众创空间！

下面分别从内部和外部两个角度，对恩派公益"生态系统有机生长"的实现路径进行简要分析。

① 业务产品的整合协调。

从恩派内部来看，资源的整合协调是其关键的实现路径。整合与协调几乎是相互依存的，整合是协调的目的，协调是整合的必需。对资源的整合协调包括微观和宏观层面，三大业务群是宏观层面的整合，恩派需要在宏观业务群整合的基础上，实现各类具体业务产品的整合协调。

由于恩派作为全能型的支持平台，其业务涵盖广泛，因此产品层面的具体整合对于提升其组织运营效率大有裨益。同时，三大事业群的相互联系也要通过产品体现出来。因此，产品整合将形成清晰的产品线，由此可以生长出一系列具体产品形式。

② 加强市场化举措。

公益产业化最重要的基础是市场化。这里的市场化是指恩派借助商业经验，建设公益市场，通过市场平台实现主体联系,完成公益资源、效用的交换,以此提高公益活动的效率。具体来讲,包括两方面内容:市场化资源供给,市场化效用传递。

首先,市场化的资源供给将在几个关键领域得到突破性发展:其一,社会企业对一般性公益受众的资源供给是需要支付的,这是实现自主运行的基础。其二,恩派对社会企业的创业支持也是有价的,其定价基础取决于获取支持的具体形式和期限,从而打破了传统孵化器固定孵化期、缺乏激励的弊端,并且能够真正保证出壳后的公益组织能够实现独立。以上两种有价性资源供给的实现重点在于产品化。

其次,对事业群的划分形成三大核心产品,进一步强化了公益产品的概念。在此基础上,不同产品的有效整合形成清晰的产品线,并为产品的扩展、创新奠定基础。公益产品是公益效用的载体,因此公益"生态系统"模式为公益效用提供了更多的传递路径。此外,这些公益产品附带的效用形式也得到丰富,且更加实际化。公益支持方提供资源的捐赠程度进一步降低,其从参与公益活动中获得的经济效益比重进一步提升,这对公益支持方构成良好激励。

最后,公益产品的内涵可以进一步深化。当前恩派举办的公益创投仍主要偏向资助性质,可尝试引入风险收益机制,在激励社会创业者的同时,带动投资人的热情。此外,信托法修订的过程使公益信托成为新的关注热点。这些创新都对恩派传递公益效用具有积极意义,是可以尝试的新方向。

五、背景知识

恩派发展历程如图1-9-18所示。

图1-9-18 恩派发展历程

六、关键要点

1. 本案例的关键分析思路是:

首先,基于恩派的创立背景和"鲲鹏加速器"项目的执行情况,帮助学员了解我国社会企业发展现状及社会创业平台的价值主张;

其次,通过分析恩派公益"生态系统"的演进规律,帮助学员理解社会创业平台进行商业化运作的根本目的,在于实现社会效益和经济效益的双赢,这也是促进社会创业平台可持续发展的关键。

2. 本案例的关键知识点是:生态学相关理论,企业价值创新的相关知识,商业模式画布工具的原理及应用。

七、课堂计划建议

由于不同课程的理论要求点不同,可以结合具体课程要求选择不同的思考题进行分析讨论。以下是课堂计划建议,供参考,如表1-9-3所示。

表1-9-3 课堂计划建议

序号	内容	用具	教学活动	备注	时间
1	课前准备		发放教学案例和相关资料,学员分成小组进行案例预习和讨论	课前预习	自由安排
2	案例回顾		课上首先安排学员按组仔细回顾案例及相关资料,独立思考讨论问题,并要求学员独立给出问题分析所涉及的相关理论	—	15分钟
3	案例开场白		目前,商业模式的创新是热门话题,但是商业模式的创新不仅适用于商业企业,也适用于公益背景的社会创业平台。恩派这个案例将帮助大家深入思考社会创业进行商业化运作的必要性、可行性和具体路径	—	5分钟
4	案例内容展示	投影仪	随机选取1组学员进行案例内容和进程的展示	—	10分钟
5	小组讨论及汇报	投影仪	各组学员对案例问题进行讨论,随机选取2组对案例讨论结果进行汇报	控制时间	40分钟
6	小组汇报小结		就案例汇报过程中尚未关注到的知识点提出一些问题让学员进一步思考,并随机抽查提问	—	20分钟
7	案例总结		对整个案例的知识要点及分析思路再次进行归纳总结	—	10分钟
8	课后报告		请学员就案例问题的讨论情况撰写书面报告,进一步巩固对相关知识点的理解	—	—

八、案例的后续进展

恩派2016年的"鲲鹏计划"将重点关注中国严峻的环境问题,将从2016年1月开始至2017年2月结束。2016年"鲲鹏计划"将帮助致力于解决国内环境问题的社会企业,由恩派和GDI共同发起,并由业内多方进行支持开展。2016年"鲲鹏计划"的核心团队将由来自国内外的专家组成,项目领军人物是恩派社会创业事业群运营总监林喆女士。

九、其他教学支持材料

参考文献:

[1] 丁敏. 社会企业商业模式创新研究 [J]. 科学经济社会, 2010 (1): 94-101.
[2] 冯元, 岳耀蒙. 我国公益创投发展的基本模式、意义与路径 [J]. 南京航空航天大学学报, 2013 (4): 28-32.
[3] 冯元. 我国公益创投发展模式与路径探讨 [J]. 商业时代, 2014 (17): 91-92.
[4] 郭婷. 草根的孵化:管窥本土NGO小额资助 [J]. 中国发展简报, 2013 (3): 34-39.
[5] 何云峰, 孟祥瑞. 政府对新生社会组织的催化与公共服务社会化 [J]. 上海师范大学学报, 2011 (4): 11-19.
[6] 王名, 李长文. 中国NGO能力建设:现状、问题及对策 [J]. 中国非营利评论, 2012 (2): 149-169.
[7] 程郁, 王胜光. 从"孵化器"到"加速器"——培育成长型企业的创新服务体系 [J]. 中国科技论坛, 2009 (03): 76-81.
[8] 沪社团. 公益孵化器:公益型社会组织支持发展的新模式——上海浦东非营利组织发展中心的创新之举 [J]. 社团管理研究, 2008 (11): 48.
[9] 李健, 唐娟. 政府参与公益创投:模式、机制与政策 [J]. 公共管理与政策评论, 2014 (1): 60-68.
[10] 李静兰, 蒙启泳. 公益模式的创新与挑战:基于新浪微公益的经验分析 [J]. 特区经济, 2013 (11): 226-228.

[11] 李学会. 公益创投: 政府购买社会组织公共服务的实践与探索[J]. 社会工作, 2013(3): 100-107.
[12] 王名, 陶传进. 中国民间组织的现状与相关政策建议[J]. 中国行政管理, 2004(1): 70-73.
[13] 周乾宪. 公益组织对社群媒体的利用及传播策略——基于对13家全国公益基金会新浪微博主页的内容分析[J]. 新闻爱好者, 2012(17): 85-87.
[14] 陈岳堂, 颜克高. 非营利组织的社会职能与社会主义和谐社会的构建[J]. 中国行政管理, 2007(4): 65-67.
[15] 林海, 黎友焕. 社会创业组织商业模式核心要素构成的跨案例研究[J]. 山东理工大学学报, 2014(2): 14-19.
[16] 陆慧新. 从微观生态学视角看社会组织有机体的培育发育——上海市公益组织孵化器成功案例解析[J]. 社团管理研究, 2012(3): 51-53.
[17] 谭志福. 公益孵化器: 正确的诊断与错误的药方——兼论地方政府在社会组织培育中的角色[J]. 中国行政管理, 2014(8): 62-66.
[18] 唐文玉, 马西恒. 去政治的自主性: 民办社会组织的生存策略——以恩派公益组织发展中心为例[J]. 浙江社会科学, 2011(10): 58-66.
[19] 汪忠, 朱昶阳, 曾德明, 肖敏, 黄圆. 从福利经济学视角看公益创投对社会福利的影响[J]. 财经理论与实践, 2011(1): 78-82.
[20] 玉苗. 草根公益组织培育实践的分析[J]. 社团管理研究, 2012(8): 28-32.
[21] 顾磊. 公益地图让社会组织"看得见""摸得着"[N]. 人民政协报, 2015-03-24(010).
[22] 邓国胜. 中国草根NGO发展的现状与障碍[J]. 社会观察, 2010(5): 12-13.
[23] 程立涛, 孙国梁. 论当代中国慈善事业的道德主体[J]. 贵州大学学报(社会科学版), 2005(1): 17-21.
[24] 王劲颖. 上海公益招投标和公益创投的创新发展[J]. 党政论坛, 2013(2): 28-31.
[25] 吴津, 毛力熊. 公益组织培育新机制——公益组织孵化器研究[J]. 兰州学刊, 2011(6): 46-53.
[26] 林仪. 鼓励公益信托助推慈善事业发展[N]. 人民政协报, 2015-03-11(029).
[27] 吴强玲, 祝晓龙. 政府与支持型社会组织良性互动关系研究——基于上海浦东公益组织发展中心(NPI)的个案观察[J]. 党政论坛, 2013(10): 34-36.
[28] 徐家良, 卢永彬, 曹芳华. 公益孵化器的价值链模型构建研究[J]. 中国行政管理, 2014(12): 20-24.
[29] 许小玲, 马贵侠. 社会组织培育: 动因、困境及前瞻[J]. 理论与改革, 2013(5): 39-43.
[30] 杨宝. 中国第三部门外部环境的结构性变化[J]. 云南社会科学, 2012(1): 123-127.
[31] 陈岳堂, 胡扬名. 政府职能转变与社会公益组织发展[J]. 湖南农业大学学报(社会科学版), 2007(6): 121-123.

案例正文：

海信与欧洲杯的激情碰撞：
事件营销开启国际化新征程[①]

摘　要：2015 年，海信集团在国际市场和国内市场均处于关键成长节点，迫切需要一个契机来提升其品牌知名度和认知度。恰逢此时，遭遇赞助商中途退出的欧足联邀约海信加入 2016 欧洲杯顶级赞助商的行列。案例揭示了海信集团如何做出赞助欧洲杯的决策，以及如何整合营销资源实现品牌传播收益最大化。本案例旨在帮助学员明确事件营销决策、整合营销沟通以及事件营销评价等相关问题的决策思路和分析方法。

关键词：海信；事件营销；品牌传播；整合营销沟通

0　引言

2016 年 7 月 11 日，随着球员埃德尔的一记绝杀，欧洲杯在葡萄牙人的欢呼声中落下帷幕。108 个进球，神奇的冰岛，疯狂的威尔士，沙里奇的"容声倒钩"，莫德里奇的"天外飞仙"，难以复制的德意大战……这些精彩瞬间成为全世界球迷难以忘却的记忆。在享受欧洲杯带来的精彩绝伦的赛事时，人们惊奇地发现，从法国的 9 座赛事举办城市中跑出了一匹来自中国的"黑马"——家电企业海信集团！作为 56 年来欧足联首个来自中国的顶级赞助商，海信在欧洲杯赛场上惊艳亮相，打出惊天广告：海信电视，中国第一（英文版为"Hisense，CHINA'S NO.1 TV BRAND"）。此次赞助，海信更是交出了一份令所有海信人骄傲的成绩单：不仅收获了超过 5.7 亿常规直播的广告价值（不含补时、加时、点球、重播、新闻等品牌露出价值），还大幅提升了海信在全球范围的品牌知名度，此外，在中国本土知名度上升至 81%，品牌领先地位认知度提升至 34%。巨大的曝光和品牌认知提升直接刺激了产品销售，国内销量飙升，以 18.74%的市场份额创造了销售额新高，同时，在欧洲市场的销售量同比提升了 56%，环比增长了 65%，更是破纪录地拿下了法国、德国的单品销量冠军。

看完手里的《海信赞助欧洲杯成绩总结报告》，海信集团品牌部部长朱书琴的脸上露出了满意的笑容。她放下报告，漫步到海信大厦附近的五四广场，试图放松在实施欧洲杯赞助活动中略显疲惫的身体。这时，迎面走过了几位年轻人，路人甲翻看着微博对朋友说："你们看到欧洲杯赛场上的海信了吗？冲出亚洲走向世界，国足没办到的，海信实现了！"他的朋友乙附和道："是啊，全场最抢眼的广告，没别的，就它！海信是我们中国企业的骄傲。""我在法国的一个朋友说，海信在法国可火了，都卖断货了。我家正好要买新电视，我打算入手一台海信刚出的 ULED 曲面电视。"路人丙翻看着海信的官方网站说道。

[①] 本案例由北京理工大学管理与经济学院马宝龙教授、博士研究生李晓飞、毕雯雯撰写，感谢海信集团品牌部部长朱书琴女士在案例资料收集、撰写过程中给予的帮助。作者拥有著作权中的署名权、修改权、改编权。未经允许，本案例的所有部分都不能以任何方式与手段擅自复制或传播。

本案例授权中国管理案例共享中心使用，中国管理案例共享中心拥有复制权、修改权、发表权、发行权、信息网络传播权、改编权、汇编权和翻译权。

由于企业保密的要求，在本案例中对有关名称、数据等做了必要的掩饰性处理。

本案例只供课堂讨论之用，并无意暗示或说明某种管理行为是否有效。

本案例受国家自然科学基金项目（71272059，71672008）资助。

听着这些不绝于耳的赞美感叹之词，朱书琴不禁感慨万千：一年前海信还在苦苦思索该如何突破性地提升品牌知名度和认知度以使海信进入新的成长阶段，现在却已经在世界舞台上脱颖而出，跃升为世界级品牌，更是成为全中国的骄傲。尘封的记忆逐渐打开，朱书琴的思绪逐渐飘回到了那难以忘怀的品牌突围之路……

1　寻求品牌突围的海信

1.1　走近海信

海信集团成立于1969年，是我国大型知名家电企业。它始终坚持"诚实、正直、务实、向上"的核心价值观和"技术立企、稳健经营"的发展战略，把坚持技术创新作为企业发展的根基，不断向家电产业的高端延伸，以及向其他高端产业拓展。经过多年的发展，海信已经形成了以家用电器为龙头，涵盖多媒体、通信、智能信息系统和现代地产与服务的产业格局。目前，海信集团拥有海信（Hisense）、科龙（Kelon）和容声（Ronshen）三个中国驰名商标，主导产品涵盖冰箱、空调、洗衣机、冰柜、生活电器等多个领域。

经过数十年的发展，海信已不满足于仅在国内市场发展。自2006年起，海信开始实施自主品牌国际化战略，进军国际市场。它采取了"先易后难"的战略，首先进入技术实力较弱、市场阻力较小的南非、北美、东南亚等发展中国家市场，形成领先优势，待产品在这些国际市场上打开知名度、获得消费者认知后，再逐渐向欧美等发达国家渗透。目前，海信在全球布局已初具规模，拥有分布于美国、德国、加拿大等国的七大研发中心，涵盖了多媒体研发、电视芯片研发、手机研发、光通信研发等领域。生产布局上，在美洲，海信成功收购了夏普墨西哥电视工厂及其电视业务；在欧洲，海信捷克工厂顺利投产；在南非，海信南非工厂完成了扩建改造；在阿尔及利亚，兴建了海信电视生产基地。

1.2　新征程的起点：品牌传播

历经十年的打拼，海信已经在国际市场取得了不错的成绩，但是这仍与三年内实现"大头在海外"（三年内实现海外销量大于国内）的发展目标存在差距。根据美国全球统计机构IHS公布的数据（如图1-10-1所示），2015年前三季度海信电视全球出货量为5.8%，仅比TCL高0.1个百分点，远落后于韩国的三星（Samsung）和LG。究其原因，这是因为海信还没有在海外建立起很高的品牌知名度，导致海信在与国际渠道商谈判时往往处于劣势，消费者不了解甚至不知道海信的产品，从而限制了海信在海外的产品销量。根据《中国国家形象全球调查报告 2014》的数据显示，海信在海外消费者对中国品牌的熟悉程度中排名第7（如图1-10-2所示），在发达国家中的消费者对海信的熟悉度仅有17分（满分100），发展中国家的消费者对海信的熟悉度为31分。

图1-10-1　2014—2015年全球电视品牌出货量

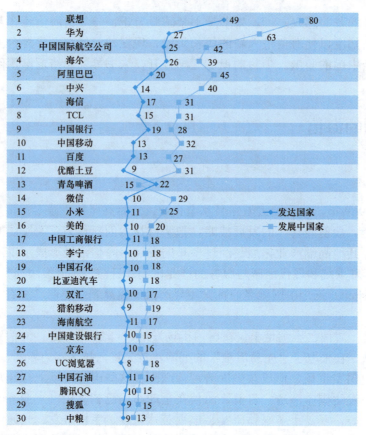

图 1-10-2　海外消费者对中国品牌的熟悉程度

另一方面，在国内市场，海信电视连续 13 年销量第一，连续 13 年品牌指数第一。如此优越的业绩表现，其背后却是消费者无法分辨出海信电视与 TCL、创维等品牌之间的认知差异，海信似乎也没有在消费者心中形成统一的品牌认知。品牌认知度不高就像一颗定时炸弹，随时有可能危害海信在国内市场的表现。

海信要想在国内和国外开启新的发展征程必须在品牌上下功夫。在国内市场，海信需要继续提升品牌认知度形成消费者品牌偏好，从而扩展市场份额；在国际市场则急需提升品牌知名度，以拉动销售和渠道建设。

2　迎来机遇：当海信遇上欧洲杯

2015 年年底的一天下午，朱书琴急匆匆地走进品牌部，向大家宣布了一个爆炸性的消息："我们刚接到盛开体育（拥有欧足联赛事中国区市场开发权益）发来的消息，由于日本企业夏普退出了 2016 年法国欧洲杯顶级赞助商的序列，欧足联急需寻找新的赞助商加入，因此，盛开体育邀约我们来赞助此次赛事。我们需要迅速整理相关资料，递呈集团办公会，请示上级领导。"

很快，朱书琴整理的材料就递交到了集团办公会。海信集团高管团队紧急召开的办公会面临的决策问题很简单，那就是赞助还是不赞助此次欧洲杯？办公会上，品牌管理部首先向大家展示了一些基础性的资料：欧洲杯全称为欧洲足球锦标赛，属于世界三大体育赛事之一，旨在向全世界传递激情活力、积极向上的体育精神和体育文化。自 1960 年开始，欧洲杯每四年举行一届，已经成功举办了 14 届。2016 欧洲杯（第 15 届）将于 6 月 10 日至 7 月 10 日（法国时间）在法国境内 9 座城市的 12 座球场内举行，预计现场观众 1 100 万，全球 167 个国家电视台将进行直播，每场比赛电视观众 1.47 亿，累计收看人数将达 66 亿。不管是在国内还是在国外，欧洲杯都有相当数量的球迷，他们很多都是"80 后""90 后"。

听完品牌管理部的介绍后，负责品牌管理的副总裁激动地说："我觉得这个机会太好了！这是我们实现品牌突围的一次绝佳良机。早在 10～20 年前，许多企业抓住了营销成本较低的机遇，率先实现品牌的第一次突围，而海信错过了这样的发展阶段。目前，海信的技术、产品、渠道和品牌已经具备相当的实力，正需要一个契机将海信的品牌传播出去，这可以使海信进入一个新的成长阶段。我觉得欧洲杯正好可以成为海信实现其第二次品牌突围的借力点，我们决不能错过这次机会！"

对此，另一位集团高管提出了不同的观点："我对此次赞助持保守态度。我们之前并没有赞助过规模如此之大的体育赛事，大型事件营销经验相对缺乏，况且离决赛只有短短 5 个月，准备时间太过短暂。而且，此次欧洲杯在法国举行，且不说与中国存在 6 个小时的时差，法国与中国的文化、风俗习惯、法律等很多方面存在诸多差异，这很容易造成我们与欧洲杯举办方在沟通、交流方面的差错。此外，据新闻报道，法国可能会爆发持续性的大罢工，届时，法国全国将陷入瘫痪状态。这些问题我们该如何面对，又该如何解决？"

此时，财务负责人站出来表示："此次赞助费用大约是 3.7 亿元，配合的营销费用以及一些支持性的费用总计大约需要 1 亿元，如果决定赞助，这将是海信历史上规模最大的一次赞助。我对财务方面有些担心。不知赞助的效果会是什么样？我们有必要冒这么大的财务风险吗？"

"海信作为顶级赞助商享有经典的场地边 LED 植入式广告，由于是欧足联统一提供直播信号，广告权益集中且有保障。海信的广告还会波及社交媒体、新闻讨论，这在促进海信品牌传播的同时也会提升海信的广告权益。"一直在认真记录的朱书琴闻言后说道："体育赛事还会产生大量的热点话题，这不单是一个广告行为，到时候赛场上海信的广告、各种社交媒体、电视媒体、新闻媒体的转播和讨论都会提升海信的广告收益。而且，我们对比一下已经成长起来的许多知名品牌，如三星、麦当劳、阿迪达斯、飞利浦，它们都是在自己成长的关键节点上选择赞助了顶级赛事，实现品牌的跨越式发展。所以我认为这对现阶段海信品牌的发展而言是一次千载难逢的机会。"

另一位集团高管也发表了自己的看法："大型赛事赞助要看企业的发展阶段，早了不行，没有国际市场的积累，这种赞助基本上等于打水漂；晚了也没用，如果品牌建设已经非常成熟了，赞助欧洲杯效益也不大。对于海信来说，我们已经有了很丰厚的积累，在海外，市场分布在美洲、南非、阿尔及利亚等地区。搭乘欧洲杯的列车，可以迅速打响海信在国际上的品牌知名度。而在国内，这也是提升国内消费者对海信品牌认知度的机会。所以，我觉得这是一个很好的契机。"

经过几番激烈的讨论后，集团办公会最终给出正式答复：同意！随后，海信专门设立了欧洲杯营销工作组，下设球迷广场搭建小组、票务组、产品规划开发等九个小组（分为国内和国外），由集团总裁、副总裁负责指挥协调。主要负责执行的品牌部则划分为 P2 公关组、新媒体组、视觉设计中心、公关接待几部分，来具体实施这项事件营销活动。

3 海信搭乘欧洲杯列车

作为世界三大体育赛事之一，欧洲杯可以帮助海信跨越其在国内市场和国外市场上的成长关键节点，通过提升品牌知名度和认知度使海信进入一个新的发展阶段。而海信也抓住了这一机遇，通过配套实施营销"组合拳"来实现"品牌突围"。

3.1 欧洲杯预热阶段

在决定赞助欧洲杯后，海信便开始逐渐预热，希望让更多的消费者看到"海信&欧洲杯"的组合。
（1）轮番"轰炸"的发布会。
从获取欧洲杯赞助权到欧洲杯比赛正式开始的期间内，海信发起了一波发布会"轰炸"。海信举办了欧足联战略合作发布会、海信欧洲杯"世界看我表现"品牌战略发布会、足球宝贝启动发布会、中国媒体体育营销暨欧洲杯报道研讨会、英文媒体海信行、地方媒体体育记者全国欧洲杯报道研讨会、足球宝贝决赛发布会、巴黎海信微博之夜发布会等，利用媒体记者的自传播属性，在微博、微信朋友圈等社交媒体上持续海量曝光海信赞助欧洲杯的相关内容。

（2）推出欧洲杯吉祥物。

为造势欧洲杯，海信推出了带有海信特色的欧洲杯吉祥物哈利（Harley）和贝塔（Beta），并公布了以哈利和贝塔为主人公的"追求荣耀"视频，吸引全世界的目光。该视频讲述了10岁的哈利，对着家里的纸箱踢球，为欧洲杯苦练球技，这时他偶然遇到了"小伙伴"机器人贝塔。贝塔将海信电视、冰箱和洗衣机送给哈利，支持他准备比赛，由此逐步帮助哈利练习球技，最终实现了哈利的梦想——进入欧洲杯决赛。

为了配合吉祥物的宣传，海信鼓励球迷们参加在海信的足球社交媒体频道（Twitter和Facebook）与专门的"追求荣耀"微网站上生成的内容比赛，让球迷们有机会赢得关键小组赛、半决赛和决赛的门票，以及广受欢迎的海信产品。

在法国之外的国家也能够看到哈利和贝塔的身影。马来西亚的公交车和城市轻轨都换上了带有海信元素的哈利和贝塔的喷绘，西班牙广场上的电子屏幕上也在滚动播放海信吉祥物的宣传片。

（3）海信"足球宝贝"系列活动。

2016年3月28日，海信正式启动海信欧洲杯足球宝贝全国选拔项目。此次活动将在全国范围内海选2016欧洲杯足球宝贝，海选地遍及北京、上海、广州、深圳、武汉、成都、青岛七大城市。经过层层选拔和专业培训，最终8强选手将前往法国，成为历史上首次亮相欧洲杯的中国足球宝贝。

在宣传足球宝贝活动时，海信制造了一系列话题营销，如《海信足球宝贝8强因调侃梅西被太太团围攻》《海信足球宝贝赠患病皇马球迷贝尔签名球衣》《她曾被熊黛林、张亮猛批 如今即将炫舞欧洲杯》等，借势明星曝光做初步的传播。海信还策划了形式内容新颖的《宝贝日记》节目、Babycall叫醒服务等。

在法国，足球宝贝还参与开幕式音乐会及重点赛事现场专场表演，并在容纳数十万人的球迷广场上展现中国元素，宝贝们还在九个主办城市进行街拍和走秀，并与各国宝贝同台竞技。

（4）海信欧洲杯营销志愿者活动。

为宣传海信赞助欧洲杯，海信集团于6月8日发起了海信欧洲杯营销志愿者活动。海信冰箱公司的员工身着统一的黑色定制T恤亮相海边，开展了以"欧洲杯，我们来了！"为主题的大型宣传活动，向全世界的球迷展现中国的风采以及对足球的热爱，提前为欧洲杯赛事加油助威，引发网络和社交媒体的关注和热议，让海信与欧洲杯闯入消费者的视线，为海信赞助欧洲杯制造话题和内容。

（5）携手滴滴发起欧洲杯"快去现场"活动。

在欧洲杯开赛当天，海信携手滴滴快车打车软件，在全国发起了欧洲杯"快去现场"超人气重力感应游戏，用户进入活动页面后变身滴滴快车司机，在指定时间内将"乘客"送达欧洲杯"赛场"即可赢取大礼（欧洲杯决赛门票及主打"现场感"的ULED超画质电视）。作为欧洲杯顶级赞助商的海信，在与滴滴的本次活动当中，还拿出决赛门票、高端耳机和众多欧洲杯定制礼品等周边礼品回馈网友。

（6）花式足球宣传片。

海信联手欧洲五大重要市场（英国、法国、西班牙、德国和意大利）知名的花式足球运动员拍摄宣传片。每位球员代表各自的国家，将海信产品（包括电视和手机）加入视频中，同时展示自己标志性的足球技巧，包括射门技巧和抢球技巧。这些宣传片在德国的足球频道Freekickerz、英国体育娱乐频道Rule'm Sports等体育频道中播出。这些花式足球运动员还不断更新自己的视频博客，与粉丝分享视频的拍摄过程和视频背后的独家花絮。

3.2 欧洲杯进行阶段

（1）引发争议的赛场广告。

在欧洲杯赛场上滚动播放的海信广告分为中英文两种形式。海信电视的中文广告分为倒叙式三个阶段：分别为"海信电视 中国第一""海信电视 质量唯一""海信电视 销量第一"。英文广告同样分为三种："Hisense""CHINA'S NO.1 TV BRAND""TURN ON ULED！#FeelEverthing"。海信认为广告必须起到"话题式"的效果，便于实现二次甚至多次传播，而"第一"的定位可以引起外界的热议，这样才会引起大家的关注与二次传播。

同时，海信还分析研究了欧洲杯 51 场比赛的时间和国内外收视预估，确定在开幕、淘汰赛第一场、半决赛第一场、北京时间晚上 9:00 的场次出现汉字广告。海信安排"容声"在"海信电视"视觉疲劳后高密度出现，仅出现在第 37 场比赛中，广告语为"容声冰箱""容声容声 质量保证"。除了赛场广告外，海信还在赛事举办的 9 个城市设立了的 FANZONE 球迷广场，广场上的大屏幕全部带有海信发光 Logo。作为顶级赞助商，海信 Logo 还将出现在比赛发布会背板、观众物料、欧足联官方平台、全球电视直播比分弹窗上。

（2）社交媒体营销。

一向给人"低调传统"感觉的海信，在这次赞助欧洲杯的营销活动中大胆起用了形式丰富多彩的社交媒体来带动这场欧洲杯狂欢 Party。在国内，海信采取了如图 1-10-3 所示的社交媒体营销手段。在微博上，海信创新性地开发关键词触发式的微代言等多项互动营销，紧密结合每日赛事动态，利用海信评球师运维的微博话题#海信微评球#，调动网友参与感，实现用户深度互动，并令网友最终沉淀为海信粉丝。海信还引导行业点评、网红段子手、体坛名嘴等知名博主的点评信息层层铺开，营造舆论矩阵。海信在今日头条等移动端 App 上使用开机画面、欧洲杯专题冠名、频道冠名等形式，延伸海信品牌在不同媒体平台上的价值，

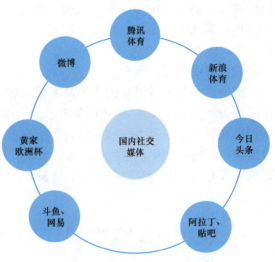

图 1-10-3 国内社交媒体

放大赞助商权益。百度平台上，优化海信关键词搜索，同时独家运营欧洲杯及 24 支参赛球队球迷贴吧，让赞助商与球迷之间无缝对接。海信还将活动主题页放到了腾讯体育平台，将舆论主场放到了微博，将视频阵地放到了腾讯，将图片放到了新浪《新青年》专刊和搜狐娱乐。同时，在斗鱼和网易平台上的直播以及 Minisite 竞猜，形成了一个跟踪似的全程第三视角。

国外社交媒体的阵地主要集中在 Facebook、推特、Instagram、"追求荣耀"微网站。在欧洲杯举行期间，海信通过上述社交媒体实现与球迷的深度互动，鼓励球迷利用#HisenseQuest 上传图片、视频。"追求荣耀"微网站将包含所有比赛信息，并将通过嵌入的推文、Instagram 和 Facebook 上传的内容评选用户最佳奖项。

（3）新闻媒体。

从 2016 年 1 月获取欧洲杯赞助权益开始，海信便连续通过一系列新闻发布会以及"海信电视 中国第一"的媒体争议来对此次事件营销活动推波助澜。海信还推动全国 80 多家地方纸媒、四大门户网站使用海信 Logo 露出的图片。重要的是，2016 年 6 月 11 日晚央视新闻联播、7 月 11 日晚新闻联播均报道了海信赞助欧洲杯，海信在其官方微博、微信上对此进行了转发。

（4）利用名人效应。

在欧洲杯期间，海信联合新浪微博推出自制足球脱口秀《黄家欧洲杯》，共分为 24 期，贯穿欧洲杯全赛程，由知名足球评论员黄健翔为中国球迷带来最专业最犀利有趣的评球节目，为球迷们打造一场视听盛宴。赛事期间，董卿、崔永元、董路、贺卫方、田亮、叶一茜、水皮等社会名人通过微博及各类媒体对海信在欧洲杯的表现进行了点评。海信也适时抓住这些名人的点评，通过官方微博、微信转发扩散，利用名人效应扩大欧洲杯的影响范围。此外，海信还抓住沙奇里的霸气倒钩露出容声广告的瞬间，策划#容声倒钩#话题，引起全民热议。

（5）设立海信欧洲杯球迷酒吧。

海信在上海、深圳、青岛、广州、长沙、南京、天津、沈阳、大连等 12 座城市设立了"海信欧洲杯球迷酒吧"，让广大球迷在享受欧洲杯精彩赛事的同时还能有机会获得海信科龙"世界看海信容声"的专属优惠，例如消费达到一定金额可获得现金抵扣券，据此购买海信冰箱和容声冰箱等产品可直接抵扣现金。此外，海信还向球迷赠送"2016 欧洲足球锦标赛官方赞助商"纪念衫。

3.3 借势欧洲杯实现销量飙升

（1）与法国知名家电卖场 Boulanger 合作。

海信赞助欧洲杯的消息传出之后，法国知名家电卖场 Boulanger 主动伸出了橄榄枝，深度参与海信赞助的欧洲杯赛事。Boulanger 向 280 万固定用户群发 5 次邮件，将海信的促销行为告知消费者。凡是在欧洲杯期间购买海信电视，均有可能通过抽奖获得不同比赛的门票。这一促销方式促进了海信的销量迅猛增长。

（2）多品类配合促销。

借助海信赞助欧洲杯的声势，海信冰箱、海信空调、科龙空调、容声冰箱、海信电视相互配合发动市场促销新战役，如图 1-10-4 所示。活动期间，海信设置了购海信产品享欧洲杯豪华版套餐，送法国欧洲杯决赛门票；购海信欧洲杯普惠版套餐，买四免一，四件家电中价格最低的一件直接免单；凡购买海信家电指定机型中任意两件产品（彩电、冰箱、空调、洗衣机、冷柜），第二件即可享受半价优惠等一系列营销"组合拳"来促进销量的增长。

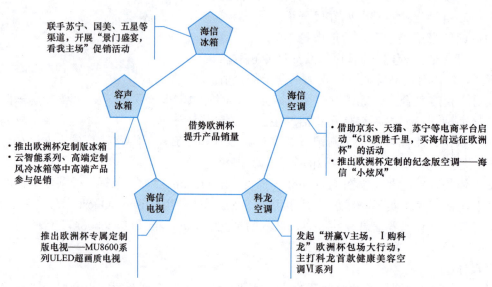

图 1-10-4　海信产品促销活动

4　欧洲杯中的"黑马"神话

"2016 欧洲杯最大的冷门是巴西被淘汰，最大的黑马是海信的广告。"这个火爆网络的段子形象地表达了海信在欧洲杯中的出彩表现。在 2016 年 7 月 15 日举行的"欧洲杯营销总结媒体沟通会"中，海信公布了欧洲杯营销的相关数据，并直言"收益超过想象！"。

4.1　收益之"量"变

（1）赞助商权益收益。

海信通过顶级赞助商的权益获得了极高的曝光量，如表 1-10-1 所示。此外，还有球迷装备、印有海信 Logo 的观众物料提供、欧洲杯展示专列以及遍布法国的海信 Logo 展示，这些方式都在无形中提高了海信的曝光量。

表 1-10-1 海信赞助商权益收益

权益	曝光量
赛场广告	海信电视累计曝光 816 次，累计时长 408 分钟
	容声冰箱曝光 16 次，时长 8 分钟
比分弹窗	露出海信 Logo 累计 2 142 秒
比赛发布会背板	500 场赛事发布会露出海信 Logo
欧足联的官方平台	累计浏览量为 8 731 万
FANZONE 广场	到达球迷 331 万人次

（2）电视收视权益。

在欧洲杯期间，全球 230 个电视台对赛事进行了直转播，累计 70 亿人次观看。在电视收视方面，国内和国外都取得了骄人的成绩：根据欧足联提供的数据，截止到 2016 年 7 月 10 日，法国、德国、意大利等 5 个被统计的国家电视受众累计为 18.76 亿，现场观众累计 182 万。在国内，中央电视台直播累计覆盖 4.24 亿受众，全部 51 场赛事的平均收视率为 1.203%。虽然决赛在凌晨 3:00，但依然挡不住国内球迷的热情，平均每分钟有 714 万人观看，收视率高达 1.934%，这个数据接近超央视王牌栏目《新闻联播》，也超过了上一届奥运会。

（3）新闻媒体收益。

新闻媒体传播方面，海信也给出了满意的答卷：截止到 2016 年 7 月 4 日，路透社、雅虎新闻、BBC 商业新闻、法国电视台网站 BFM.TV、法媒 Le Parisien、法国回声网、德国经理人等海外媒体报道带有海信标识的赛事新闻累计 2 000 篇。在国内方面，从 2016 年 1 月获取欧洲杯赞助权益开始，海信品牌部累计发布新闻 7 591 篇次。海信还推动全国 80 多家地方纸媒使用海信露出图片超过 170 次，4 大门户等网站累计使用海信提供独家照片约 100 次；媒体被动使用海信露出图片不计其量。与此同时，6 月 11 日晚新闻联播、7 月 11 日晚新闻联播均报道了海信，这无形中扩大了海信在媒体新闻传播方面的收益。

（4）社交媒体。

国内外社交媒体的巧妙运用放大了海信的品牌传播效果，各类社交媒体平台都带给海信极高的曝光量，为海信的品牌传播贡献了巨大的力量，如表 1-10-2 所示。

表 1-10-2 社交媒体成绩汇总

社交媒体		成绩
国外社交媒体	Facebook	曝光量 1 050 万
	Twitter	曝光量 690 万
	其他	#FeelEverything 话题量达 2 050 万，相关内容引用 9 716 次
国内社交媒体	腾讯体育	累计浏览量超过 1.5 亿次
	微博	#欧洲杯#话题阅读量达 34.6 亿
		赛事话题页面曝光量达 10 亿
		名人微代言曝光量达 6.35 亿
		微博信息流触发彩蛋曝光量达 1.44 亿
		微博私信品牌曝光量达 3.01 亿
		微博开机曝光量达 3 238 万
	今日头条	曝光量达 36.43 亿
	新浪体育	累计曝光量达 1 696 万，海信 Logo 露出超 40 亿次

续表

社交媒体	成绩
《黄家欧洲杯》	点播量超 600 万
Minisite 竞猜、Babycall 活动	参与人数 4.8 万人次，累计曝光 4.94 亿
百度阿拉丁、贴吧	球迷互动量达 13.4 万次，曝光量为 6.69 亿
斗鱼、网易直播	直播 25 次，累计时长 100.5 小时，累计覆盖人群达 3 871 万人次
部落	粉丝达到 84 592 人，互动量达 17.7 万，曝光量达 372 万

4.2 收益之"质"变

在英国权威营销机构 Marketing Week 发布的欧洲杯赛事期间十大赞助商推广活动成效评估排名中，海信排名第三，超越了可口可乐，如表 1-10-3 所示。在尼尔森发布的欧洲杯广告植入效果排名中，海信排名第二，如图 1-10-5 所示。

表 1-10-3 欧洲杯赞助商推广效果排名

赞助企业	收视点（points）
法国电信（Orange）	167
现代（Hyundai）	138
海信（Hisense）	129
可口可乐（Coca-Cola）	126
嘉士伯（Carlsberg）	118
阿塞拜疆国家石油公司（Socar）	116
阿迪达斯（Adidas）	111
土耳其航空公司（Turkish Airlines）	106
麦当劳（McDonald's）	84
马牌轮胎（Continental Tires）	83

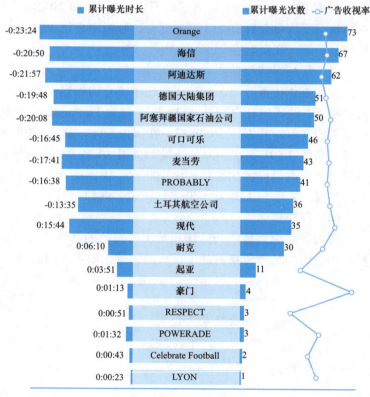

图 1-10-5 欧洲杯广告植入效果排名

根据世界三大市场研究调查集团之一的益普索在全球 11 个国家的抽样调查显示：海信知名度在中国由 80% 提高到 81%，在 11 个被调查的海外国家知名度由 31% 提高到 37%。其中，英国、德国、法国、意大利、西班牙等欧洲五国海信认知度直接翻番。

巨大的曝光和品牌认知提升直接刺激了产品销售。在国内市场，海信销售额市场份额为 18.74%，环比提高了 1.87 个百分点。在欧洲市场，海信电视销售第二季度同比提高了 56%，环比增长了 65%；海信 43M3000 出货为法国市场月度销量第一；德国 Amazon 网站，海信 65 寸产品是 60～69 寸单品销量第一名。

面对如此丰硕的成绩，法国最大的连锁 Darty 的 CEO 如此评价海信：凭借欧洲杯，海信跻身国际一流品牌，并在海外拉开了与中国同行的距离。

5 尾声——打造事件营销"套餐"

尝到了赞助欧洲杯的"甜头"之后，海信继续打造基于体育赛事赞助的事件营销"套餐"：作为国家体操队的合作伙伴，海信陪伴中国体操队员征战了里约奥运会；2016年7—9月，海信成功赞助了第11届"斯里兰卡VS澳大利亚2016国家板球联赛"；欧洲杯结束后，海信再度打出足球攻势，赞助了埃塞俄比亚青年队、少年队夏季足球巡回赛；近日，海信高调宣布斥资近1亿美元赞助2018年俄罗斯世界杯，此次赞助刷新了海信赞助欧洲杯的纪录，成为其历史上最大手笔的一次事件营销活动。

看着海信渐成体系的体育事件营销活动，海信人都在憧憬着海信品牌的美好未来：在种类繁多、形式丰富的事件营销"套餐"的帮助下，海信将大大缩短在全球的"成长时间"，真正成为中国第一个跻身国际品牌榜的家电品牌……

Collision of Hisense and European Championship with Passion: Event Marketing Opens a New International Journey

Abstract: In 2015, Hisense was at a critical growth node in the international market and the domestic market, with the urgent need to enhance brand awareness and cognitive. Coincided with this time, suffered a sponsor half-way out, Union of European Football Association invited Hisense to sponsor 2016 European Championship. The case reveals that how Hisense made a decision to sponsor the European Championship and how to integrate marketing resources to maximize the benefits of branding communication. This case is designed to help students identify decision-making ideas and analytical methods related to event marketing decisions, integrated marketing communication, and event marketing.

Key Words: Hisense; Event Marketing; Brand Communication; Integrated Marketing Communication

附 录

图 1-10-6 吉祥物哈利和贝塔

图 1-10-7 足球宝贝在法国的身影

图1-10-8 海信电视的中英文广告

图1-10-9 容声倒钩

图 1-10-10　在国外举行的#FeelEverthing 活动

图 1-10-11　球迷广场上的海信

图 1-10-12　国外社交媒体掠影

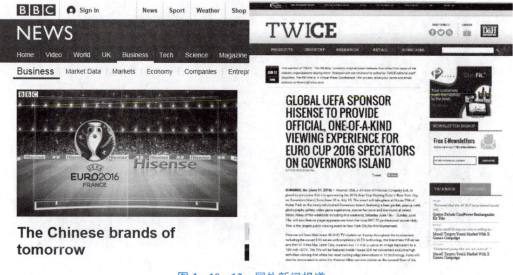

图 1-10-13　国外新闻报道

栏目一　商业模式与市场营销

图1-10-14　国内新闻报道

图1-10-15　今日头条上的海信

图1-10-16 《黄家欧洲杯》节目

图1-10-17 百度贴吧上的海信

案例使用说明：

海信与欧洲杯的激情碰撞：
事件营销开启国际化新征程

一、教学目的与用途

1. 适用课程：《事件营销》《体育营销》《整合营销传播》《品牌管理》。

2. 适用对象：本案例主要为 MBA 和 EMBA 开发，适合有一定工作经验的学员和管理者学习。本案例还可以用于工商管理国际学员深度了解中国企业营销活动的特点。

3. 教学目的：

本案例的教学目标是要求学员掌握：

（1）如何分析、评估和决策一项事件营销。帮助学员掌握事件营销的决策分析模型，使学员能够基于事件营销的决策分析模型，提炼出事件营销的决策要素并做出决策。

（2）如何有效实施事件营销的整合营销传播。帮助学员掌握整合营销传播的基本理论和方法，并运用到事件营销的整合营销传播中。

（3）如何评价体育事件营销的实施过程和效果。帮助学员掌握评价体育事件营销的 RCIC 模型，学员基于该模型能够评价事件营销的实施过程与效果以及如何对企业的后续事件营销活动进行改进和提升。

二、启发思考题

1. 请结合案例分析海信集团赞助欧洲杯的核心营销传播目标是什么？

2. 请分析海信赞助欧洲杯这一事件营销具备哪些特点？赞助欧洲杯对海信有什么积极影响和可能潜在的消极影响？

3. 如果您是海信的决策层，您将如何决策是否赞助欧洲杯？为什么？

4. 请结合消费者认知过程分析海信在赞助欧洲杯的事件营销中是如何开展整合营销传播的？

5. 请根据体育事件营销中的 RCIC 模型，对海信赞助欧洲杯的事件营销进行评价。如果您是海信的决策层，您认为还有哪些方面应当改进？

三、分析思路

教师可以根据自己的教学目的灵活使用本案例。这里给出本案例分析的逻辑路径图（如图 1-10-18 所示），帮助教师引导案例课堂分析思路，仅供参考。

以上逻辑路径中的 5 道思考题的具体分析思路如下：

思考题 1 的分析思路：结合案例材料，通过分析海信集团的发展现状及其品牌传播目标，总结提炼出海信决定赞助欧洲杯的核心传播目标。

思考题 2 的分析思路：在面临是否赞助欧洲杯的决策时，海信需要先明确赞助欧洲杯对海信有什么积极作用和可能潜在的消极作用。因此，教师首先引导学员结合案例材料归纳出海信赞助欧洲杯这一事件具有什么特点，然后利用事件评估的 SWOT 分析方法，分析赞助欧洲杯的优势、劣势以及为海信可能带来的机遇和威胁，从而明确赞助欧洲杯对海信发展的积极影响和潜在的消极影响。

思考题 3 的分析思路：在思考题 1 和 2 的基础上，结合案例材料，根据事件营销的决策分析模型，教师引导学员围绕海信事件营销的核心传播目标，从事件评估、风险评估、成本评估和收益评估四方面建立赞助欧洲杯的决策分析模型，最终做出决策。

思考题 4 的分析思路：教师应帮助学员了解整合营销传播的含义，引导学员基于消费者认知过程将案例中的海信赞助欧洲杯的所有营销策略进行串联，使学员对海信的营销策略整体布局有一个完整的认知，从整合营销传播的思路出发，引发学员讨论为什么必须要进行营销传播策略的整合以及如何进行整合营销传播。

思考题 5 的分析思路：在思考题 4 的基础上，结合案例材料，教师基于体育事件营销中的 RCIC 模型，引导学员讨论海信赞助欧洲杯的关联度、创新性、整合性和持续性四方面的内容，明确海信在这四方面所取得的成绩以及不足，从而完成对海信赞助欧洲杯的评价以及确定哪些方面该如何改进。

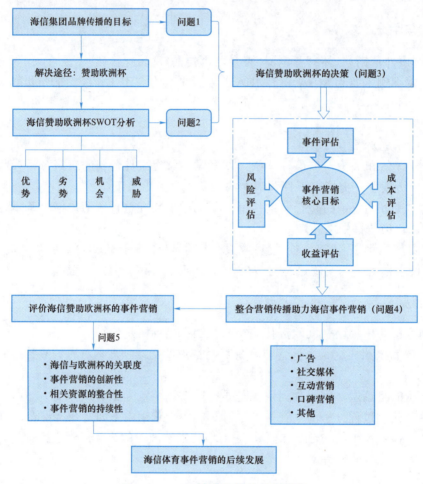

图 1-10-18　案例的整体分析思路

四、理论依据与分析

1. 思考题 1 的理论依据及问题分析。

问题：请结合案例分析海信集团赞助欧洲杯的核心营销传播目标是什么？

分析：结合案例材料，海信希望继续提升其在全球范围的品牌知名度，从而实现三年内"大头在海外"的发展目标。此外，国内消费者对海信的品牌认知度不清晰，海信希望提升国内消费者的品牌认知度，继续拓展国内市场份额。基于以上两点，海信意在通过赞助欧洲杯提升海信在国际市场的品牌知名度，以及提升其在国内市场的品牌认知度，如图 1-10-19 所示。

2. 思考题 2 的理论依据及问题分析。

（1）思考题 2 的理论依据。

事件营销中事件评估的 SWOT 分析不同于传统企业内外部环境的 SWOT 分析，主要是对企业拟赞助事件的优势（Strengths）、劣势（Weaknesses）以及赞助该事件为企业带来的机会（Opportunities）和威胁（Threats）四方面进行的分析（如图1-10-20所示）。通过事件评估的SWOT分析，可以帮助企业清晰地把握事件营销活动的全局，分析事件存在的优势与劣势，把握赞助该事件带来的机会，防范可能存在的风险与威胁。

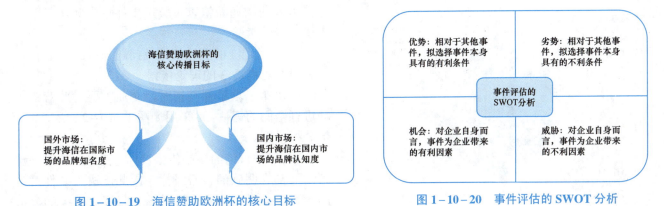

图1-10-19　海信赞助欧洲杯的核心目标　　　　图1-10-20　事件评估的SWOT分析

（2）思考题2的案例分析。

问题1：请分析海信赞助欧洲杯这一事件营销具备哪些特点？

分析：教师首先引导学员明确，海信赞助欧洲杯是一项基于体育赛事赞助的事件营销活动。然后结合案例材料，明确海信赞助欧洲杯具备的特点，要点如下：

欧洲杯属于世界顶级体育赛事，预计现场观众1 100万，全球167个国家电视台将进行直播，每场比赛电视观众1.47亿，累计收看人数将达66亿，影响力巨大且范围广泛。

2016年欧洲杯在法国举行，法国所隶属的欧洲地区拥有数量庞大的球迷。

欧洲杯具有悠久的历史，自1960年开始举办，在2016届欧洲杯之前已经成功举办了14届，观看欧洲杯成为全世界的习惯。

欧洲杯体育赛事倡导激情活力、积极向上。

问题2：赞助欧洲杯对海信有什么积极影响和可能潜在的消极影响？

分析：通过问题1的分析，学员明确了海信赞助欧洲杯所具备的特点，然后引导学员结合这些特点利用事件营销的SWOT方法分析海信赞助欧洲杯的优势、劣势、机会和威胁（如图1-10-21所示），从而明确此次赞助对海信的积极影响和可能潜在的消极影响。

图1-10-21　海信赞助欧洲杯的SWOT分析

通过事件评估的 SWOT 分析，我们可以得出赞助欧洲杯对海信的积极影响：不仅可以帮助海信快速提升国际知名度，打开欧洲市场，还能帮助海信提升和明晰国内消费者对海信的品牌认知度。这些积极的影响可以帮助海信进入一个新的成长阶段。除了上述积极的影响外，赞助欧洲杯也存在潜在的消极影响：巨额的赞助费用及营销费用为海信带来了财务压力；有限的时间、大型事件营销经验的不足、与承办国可能的沟通差错以及罢工事件也为此次赞助带来了严峻的考验。

3. 思考题 3 的理论依据及问题分析。

（1）思考题 3 的理论依据。

在决策一项事件营销时，企业需要对此营销活动进行全面的评估，可采用如图 1-10-22 所示的决策分析模型。

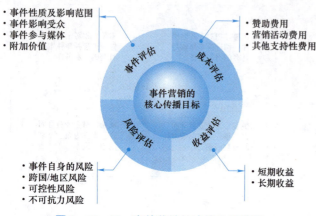

图 1-10-22　事件营销的决策分析模型

① 事件营销的核心传播目标：任何一项事件营销活动都有明确的核心目标，因此，决策事件营销的第一步就是要确定企业的核心目标，后续的分析评估均围绕这一核心目标展开。

② 事件评估：事件评估是事件营销决策的基础。请参考思考题 2 中的事件评估的 SWOT 分析，主要分析事件性质及影响范围、事件影响受众、事件参与媒体和附加价值四方面。

③ 风险评估：事件营销是一把"双刃剑"，虽然它可以短时间内为企业带来巨大的关注度，但若操作不当，也会为企业带来非常致命的打击。所以企业需要评估事件营销可能存在的风险，可从以下几方面进行分析：

事件自身的风险。事件的内涵、发展趋势以及传播媒介的选择、传播中的干扰因素等都存在潜在风险，威胁事件营销效果。

跨国/地区风险。这种风险来自因文化、法律、风俗习惯等方面的差异，当事件不在本国/本地区举行时，企业尤其需要注意这种风险。

可控性风险。这种风险主要来自传播媒介的不可控制性和受众对传播内容的理解程度。

不可抗力风险。指不可预见的、无法避免的风险，包括某些自然现象（如地震、台风、洪水、海啸等）和某些社会现象（如罢工、战争等）。

④ 收益评估：包括短期的市场、财务与品牌收益，例如品牌认知度和知名度的提升、市场份额、销售额、净利润的增长；也包括长期收益，例如塑造品牌形象、形成强势的品牌资产、提升品牌价值等。

⑤ 成本评估：既包括赞助费用，也包括围绕事件营销活动、利用其他营销沟通活动进一步完善赞助效果的成本，以及其他可能的支持性费用。

（2）思考题 3 的案例分析。

问题：如果您是海信的决策层，您将如何决策是否赞助欧洲杯？为什么？

分析：由于赞助欧洲杯是一项非常重要的决策，海信需要对其进行谨慎评估后作出决策。在决策时，海信既要考虑到事件本身的影响力以及潜在的风险，也要审慎地评估成本与收益，建立事件营销决策分析模型（如图 1-10-23 所示），从而做出理性的事件营销决策。

基于以上决策分析模型，海信结合企业的发展目标，分析了赞助欧洲杯的事件评估和收益评估能在多大程度上达成核心目标，又权衡了企业能否应对可能的风险以及是否有能力承担赞助成本后，最终迅速决策赞助欧洲杯。

4. 思考题 4 的理论依据及问题分析。

（1）思考题 4 的理论依据。

1）整合营销传播。

整合营销传播是一个营销传播计划概念，要求企业充分认识用来制订综合计划时所使用的各种带来附加值的传播手段（如普通广告、直接反映广告、销售促进和公共关系），并将之巧妙结合，向消费者提供具有良好清晰度、连贯性的信息，从而使传播影响力最大化，如图 1-10-24 所示。

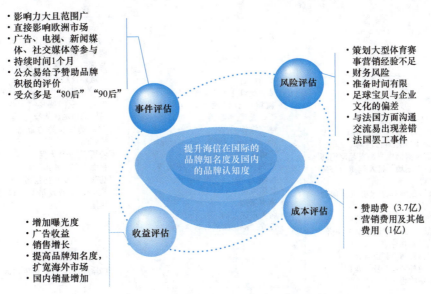

图 1-10-23　海信赞助欧洲杯的决策分析模型

很多企业都在使用整合营销传播的概念，在这个概念的指导下，企业会慎重整合和协调它的传播渠道，实现不同传播阶段不同目标的整体一致，对整体的营销思路进行整合。

2）消费者认知过程。

品牌传播的终极目的是对消费者产生影响，让品牌深入消费者心中，并促使他们与公司进行价值交换。品牌传播策略的制定需要结合消费者认知过程来确定。图 1-10-25 展示了消费者的认知过程，该过程描述了消费者在初始接触到品牌信息到最后采取行为所经历的一系列步骤：

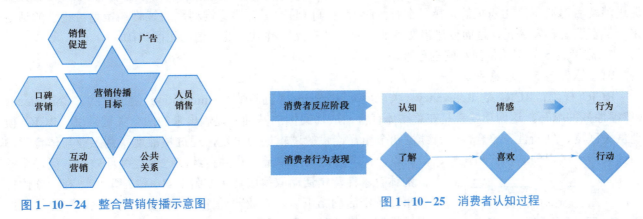

图 1-10-24　整合营销传播示意图　　　　图 1-10-25　消费者认知过程

① 认知阶段：消费者知道了品牌的存在，开始考虑这个品牌。
② 情感阶段：消费者以自身的情绪和情感为判断基础，对品牌产生了兴趣，逐渐具有了积极的情感。
③ 行为阶段：消费者不仅购买该品牌的产品，还向他人发送积极的口碑推荐该品牌。

这一系列步骤或阶段即消费者的认知过程，有效的品牌传播策略可以促使消费者逐步经历其认知过程的各个阶段，帮助消费者从初期步骤开始一步步走下去。

（2）思考题 4 的案例分析。

问题：请结合消费者认知过程分析海信在赞助欧洲杯的事件营销中是如何开展整合营销传播的？

分析：海信按照消费者认知的各个阶段，有侧重点地使用不同品牌传播策略组合实现整合营销传播的目的。结合案例材料，海信为消费者认知、情感、行为三个阶段中的主要传播目标设定了相应的整合传播方案，如图 1-10-26 所示。

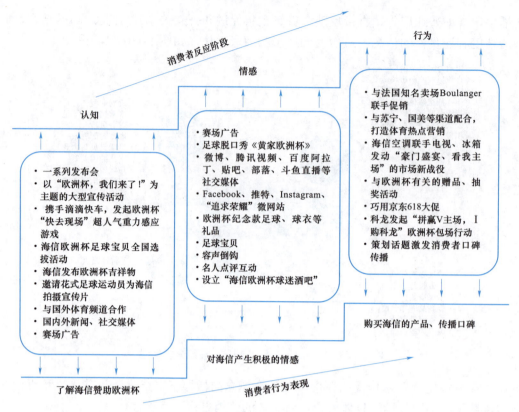

图 1-10-26　海信赞助欧洲杯的整合营销传播

结合图 1-10-26，在消费者的认知阶段，海信通过告知性的策略，如举行发布会、发布吉祥物、花式足球宣传片等，提高消费者对海信赞助欧洲杯的知晓程度。为了让消费者从认知阶段过渡到情感阶段，海信通过定位"第一、最好"的赛场广告、社交媒体的运作、设立"海信欧洲杯球迷酒吧"等营销策略，促进消费者对海信产生积极的情感。在行为阶段，海信通过配合渠道推动性的策略，策划讨论性的话题来引导消费者转发评论，进而促进消费者购买海信的产品，并且传播海信的正面口碑。

5. 思考题 5 的理论依据及问题分析。

（1）思考题 5 的理论依据。

RCIC 模型：RCIC 是 Relevancy（关联度）、Creation（创新性）、Integration（整合性）、Consistency（持续性）的缩写，这四项要素是在总结体育营销成功案例的基础上提炼出来的四个关键维度。RCIC 模型从关联度、创新性、整合性、持续性四个相互连贯的逻辑层面出发，通过精准地找到企业与体育载体的关联点、运用创新模式和策略、借助整合实现资源利用率最大化并持续跟进促进循环效应，促进企业的体育事件营销活动取得成功（如图 1-10-27 所示）。在一项体育事件营销活动结束后，企业通过评价关联度、创新性、整合性、持续性四个模块是否得以精确地落实来对其体育事件营销活动进行综合评价，从而积累经验与教训，以备后续进行不断地改进提升。

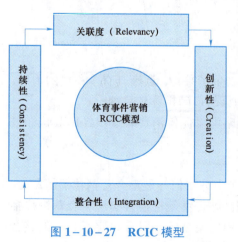

图 1-10-27　RCIC 模型

关联度：指企业的产品/品牌与企业所赞助的体育赛事之间的关联程度，这是企业做好体育事件营销的关键所在。成功的体育事件营销应该是将体育精神和企业的品牌文化深度融合的整合营销，而不是简单地将企业与体育赛事捆绑在一起。在评估关联度时，企业可以从企业产品、企业品牌、企业文化、体育载体选择性为切入点进行评估。

创新性：指企业实施体育事件营销活动要从模式上推陈出新，力图让消费者眼前一亮，抓住其注意力。创新方面的评估可从体育载体的创新性分析（赛事选择）、体育载体资源运用方面的创新性分析、企业借助体育载体进行品牌推广策略的创新性分析等方面切入。

整合性：整合是在创新性分析的基础上，通过体育事件营销实施情况将营销进程中涉及的资金、人力、媒体、社会活动等因素进行合理的配置，以达到资源的最有效利用。整合方面的评价对象包括资金、人力、媒体、社会活动等，以及体育载体和产品/品牌文化的整合、体育平台宣传和其他营销策略的整合、体育事件营销的前期、中期和后期不同阶段活动的整合。

持续性：企业的体育事件营销是一项战略而非战术。体育事件营销的功效是通过长时间在体育领域的投入和经营来实现的，为此，企业应有长远的体育事件营销规划。体育事件营销活动的持续性包含两层含义：一是企业必须把体育事件营销作为一种长期性品牌战略来执行，在不同时期制定不同的具体策略；二是在某一体育赛事营销活动中企业必须持续跟进，如广告周期不断保持、继续保持对相关赛事的关注、组织后续的品牌推广活动等。

RCIC 四大模块之间存在内在的逻辑承接关系，是一个密不可分的整体，只有互相呼应紧密配合，才能促进企业的体育事件营销活动取得成功，如图 1-10-28 所示。在企业体育事件营销的前期阶段，企业应当找出企业和体育赛事之间的联系，找准营销定位；在体育事件营销的实施过程中，创新性的营销模式以及各项资源的整合利用保证体育事件营销活动的顺利展开；持续性体现了体育事件营销是企业的一项战略，需要将这一原则在企业全局中予以贯彻。

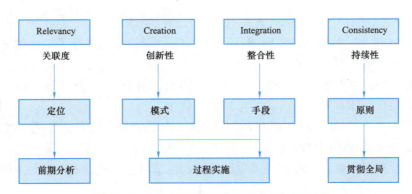

图 1-10-28　RCIC 模型四要素之间的关系

因此，企业在评价其体育事件营销活动时，可以按照 RCIC 四个模块之间的逻辑关系依次对每个模块进行评价：企业在前期分析有没有找到企业与体育载体间的最佳关联点，从而找准企业体育事件营销的定位？企业在体育事件营销活动的实施阶段有没有对企业及产品进行立体式的分析，找到最有效开展体育事件营销的突破口，运用创新的模式和强势的整合手段，全面开展体育事件营销过程实施，充分利用资源进行深度挖掘？企业有没有遵循持续性的原则，使整个体育事件营销过程实施效用循环不断扩大？

（2）思考题 5 的案例分析。

问题 1：请根据体育事件营销中的 RCIC 模型，对海信赞助欧洲杯的事件营销进行评价。

分析：海信赞助欧洲杯是一项基于体育赛事赞助的事件营销活动，因此可以采用体育事件营销中的 RCIC 模型进行评估。结合案例材料，通过 RCIC 模型分析海信赞助欧洲杯这一体育事件营销活动在关联度、创新性、整合性、持续性四方面的表现，如图 1-10-29 所示。

总体看来，海信在前期分析中通过"第一、最好"的定位找出了与欧洲杯的最佳关联点，并通过海信电视、"小旋风"空调、足球宝贝等提高与欧洲杯的关联度。在实施阶段，运用广告内容、广告播放顺序创新以及采用形式内容新颖的社交媒体营销策略、足球宝贝系列活动，在此过程中，整合了企业的各项资源保证此次赞助活动的顺利展开。在海信内部，已经把体育事件营销看作集团的一项战略活动，通过继续赞助体操、足球等体育团体和赛事，使整个体育事件营销过程实施效用循环不断扩大。所以，此次海信赞助欧洲杯的事件营销活动属于成功的典例。

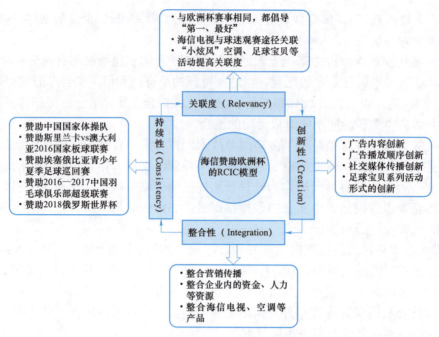

图 1-10-29 海信赞助欧洲杯的 RCIC 模型分析

问题 2：如果您是海信的决策层，您认为还有哪些方面应当改进？

分析：通过采用 RCIC 模型对海信赞助欧洲杯的体育事件营销活动进行了综合的分析评估之后，可以发现海信未来体育事件营销可以改进的地方：

关联度方面：海信还需要继续寻找与体育赛事（如体操、羽毛球、足球等）的融合点，将企业文化、品牌文化更加完美地融合到体育赛事所传达的精神和文化中。

整合性方面：由于此次赞助准备时间短暂，所以集团内部的分工还有待细化；线下营销活动需要深入和加强，从而与线上营销活动相互配合。

持续性方面：在欧洲杯结束后，海信还可以继续挑起欧洲杯的话题，来延续欧洲杯的热度。

五、背景信息

海信集团成立于 1969 年，始终坚持"诚实、正直、务实、向上"的核心价值观和"技术立企、稳健经营"的发展战略，把坚持技术创新作为企业发展的根基。经过多年的发展，海信电视、海信空调、海信冰箱、海信手机、科龙空调、容声冰箱全部当选中国名牌，海信变频空调市场占有率曾连续十三年位居全国第一，容声冰箱市场占有率曾十一年获得全国第一。容声冰箱还获得由联合国开发计划署、全球环境基金、国家环保总局联合颁发的"节能明星大奖"，成为全球冰箱节能技术的领军品牌。

自 2006 年起，海信开始实施自主品牌国际化战略，进军国际市场。海信通过稳步运作，逐渐建设全球范围的市场网络，具体包括北美市场（以美国为中心）、西欧市场（以意大利为中心）、中欧市场（以俄罗斯为中心）、澳洲市场（以澳大利亚为中心）、拉美市场（以巴西为中心）、非洲市场（以南非为中心），从而建立一个国际化的海信。

六、关键要点

1. 企业在决策是否进行一项事件营销/体育营销时，需要围绕核心传播目标，综合考虑事件评估、风险评估、成本评估和收益评估四方面因素，权衡之后做出决策。

2. 强调整合营销传播的概念，对于文中所给传播策略不能割裂地分析，要理解在不同时间段的传播策略以及同一时间段不同传播策略间的内在联系，对海信赞助欧洲杯的整合营销传播思路进行梳理。

3. RCIC 模型是评估事件营销/体育营销的有效工具，企业可从关联度、创新性、整合性、持续性四个逻辑层面出发，反思和评价事件营销/体育营销的效果。

七、建议课堂计划

本案例适用于《事件营销》《体育营销》《整合营销传播》等课程的案例讨论。由于不同课程的理论要求点不同，也可以在不同课程上选择不同的思考题进行分析讨论。此外，本案例也可作为专门的案例讨论课来进行。

我们建议将此案例用于150分钟的课堂讨论，图1-10-30是建议的教学板书布局，表1-10-4是按照时间进度提供的课堂计划，仅供参考。

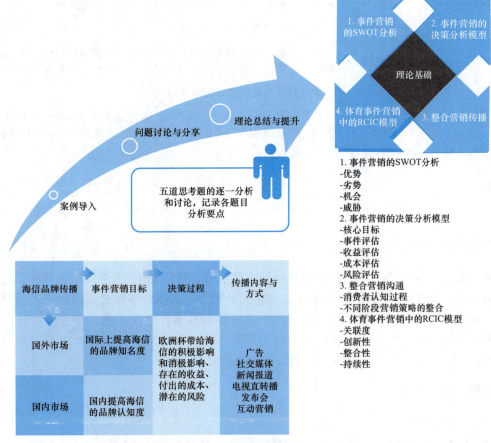

图1-10-30　建议的板书布局

表1-10-4　建议的课堂计划

时间安排	主要内容	具体时间分配	具体活动
5分钟	课前准备	（5分钟）	发放教学案例和相关资料，完成小组分组
20分钟	案例导入	（3分钟）	教师开场语，介绍案例价值和案例教学特点
		（5分钟）	播放视频"2016欧洲杯中的海信剪影"
		（12分钟）	学员自主阅读案例
95分钟	案例问题研讨	（5分钟）	学员对思考题1进行分组研讨
		（5分钟）	学员对思考题1进行分组汇报。教师提问问题"海信赞助欧洲杯有什么特点？"，然后教师将学员观点列在黑板上，并就学员观点结合理论知识点进行讲解
		（5分钟）	学员对思考题2进行分组研讨

续表

时间安排	主要内容	具体时间分配	具体活动
95 分钟	案例问题研讨	（5 分钟）	学员对思考题 2 进行分组汇报。教师提问问题"海信赞助欧洲杯的优势、劣势、机会和威胁是什么？赞助欧洲杯对海信有什么积极影响和潜在消极影响？"，然后教师将学员观点列在黑板上，抛出事件评估的 SWOT 分析方法，就学员观点结合理论进行讲解
		（10 分钟）	学员对思考题 3 进行分组研讨
		（15 分钟）	学员对思考题 3 进行分组汇报。教师提问问题"海信是如何做出赞助欧洲杯的决策的？"，然后教师将学员观点列在黑板上，抛出理论基础事件营销的决策分析框架，就学员观点结合理论知识点进行讲解
		（10 分钟）	学员对思考题 4 进行分组研讨
		（15 分钟）	学员对思考题 4 进行分组汇报，教师向学员讲解整合营销沟通和消费者认知过程的理论，将学员观点列在黑板上，就学员观点结合知识点进行讲解
		（10 分钟）	学员对思考题 5 进行分组研讨
		（15 分钟）	学员对思考题 5 进行分组汇报，教师使用体育事件营销中的 RCIC 模型的框架，将学员观点列在黑板上，就学员观点结合知识点进行讲解
25 分钟	案例总结	（25 分钟）	对案例的知识要点再次进行描述和总结
—	课后总结	—	请学员分组就有关问题的讨论进行分析和总结并写出书面报告，目的是巩固学员对案例知识要点的理解

八、案例的后续进展

2017 年 4 月 6 日，海信集团高调宣布将斥资近 1 亿美元，赞助 2018 年俄罗斯世界杯。这次赞助刷新了海信 2016 年赞助欧洲杯的纪录，成为其历史上最大手笔的一次体育事件营销活动。基于赞助欧洲杯的经验和教训，海信成立了专门的世界杯营销工作组来推动此次事件营销活动，广告的设计、营销活动的策划等方面将更具创新性，线上活动和线下活动的配合也将更加完善。海信方面表示，希望借此机会将海信在全球的知名度提高一倍，从而将海信塑造成世界级知名品牌。

九、其他教学支持材料

1. 参考文献及深入阅读

[1] 张勇. 体育营销 [M]. 北京：北京大学出版社，2006.
[2] C. A. 普利司通. 事件营销 [M]. 北京：电子工业出版社，2015.
[3] 肯尼斯·E. 洛克，唐纳德·巴克. 广告、促销与整合营销传播 [M]. 5 版. 北京：清华大学出版社，2012.
[4] 菲利普·科特勒 [美]，凯文·莱恩·凯勒 [美]. 营销管理 [M]. 14 版. 上海：格致出版社，2012.
[5] 理查德·J. 瓦霄 [美]. 营销传播：理论与实践 [M]. 北京：清华大学出版社，2011.

2. 2016 欧洲杯中的海信剪影（视频）

向世界开花
——海信自主品牌的国际化进程

系列案例一正文：

种下自主品牌的种子
——海信自主品牌国际化的战略决策[①]

摘 要：海信集团在国际市场上发展自主品牌已经有20多年的历史，目前，海信电视市场份额稳居中国第一、南非第一、澳洲第一、全球第三，海信已成为真正意义上的国际化家电品牌。该系列案例描述了海信从最初简单出口贸易发展成为南非知名品牌的整个过程，揭示了海信自主品牌国际化的动因、品牌国际化战略制定及国际品牌运作的决策过程。本案例旨在帮助学生学习企业自主品牌国际化的时机选择、市场进入路径、品牌运作模式等相关问题的决策思路和分析方法。

关键词：海信集团；自主品牌国际化；市场进入路径；品牌运作模式

0 引言

作为中国企业出海的典型代表，海信自主品牌的国际化运营成果显著。2017年，海信集团海外收入38.95亿美元，同比增长22.68%，自主品牌收入19.87元，同比增长19.63%。在市场开拓方面，海信取得了不凡的成绩：在南非市场，海信冰箱和电视占据市场第一；在澳洲市场，海信冰箱和电视占有率第一；在美国市场，海信是唯一以自主品牌进入主流销售渠道的中国品牌；在欧洲市场，海信电视销量进入前3并呈现两位数高速增长态势；在日本市场，也是日本本土品牌之外市场份额最大的品牌。在国际品牌建设方面，海信成功塑造了全球知名品牌：2015年中央各大媒体集中针对海信依靠技术创新加快推进国际市场的"中国品牌故事"展开重点报道，焦点访谈的《创新创品牌》专题对海信的品牌国际化成果进行深度分析；2017年，在中国外文局对外发布的《中国国家形象全球调查报告》中，海信连续三年成为海外民众最熟悉的排名前十位的中国品牌，连续两年位居Brand中国出海品牌十强，海信获评"成长最快的家电品牌"。韩国电子信息通信产业振兴会发布的《家电产业现状和展望报告书》显示，2017年中国制造的家电占全球产量的比例约56.2%，这体现了中国制造的实力，而让世界重新认识中国品牌，海信正在扮演越来越大、越来越强的角色。

[①] 本案例由北京理工大学管理与经济学院的马宝龙、胡智宸、王月辉、吴水龙、高昂撰写，作者拥有著作权中的署名权、修改权、改编权。
本案例授权中国管理案例共享中心使用，中国管理案例共享中心享有复制权、修改权、发表权、发行权、信息网络传播权、改编权、汇编权和翻译权。
由于企业保密的要求，在本案例中对有关名称、数据等做了必要的掩饰性处理。
本案例只供课堂讨论之用，并无意暗示或说明某种管理行为是否有效。
本案例受国家自然科学基金项目（71672008）资助。

在中国家电企业于全球市场中全面崛起同时，2013 年，习近平总书记分别提出建设"新丝绸之路经济带"和"21 世纪海上丝绸之路"的合作倡议；2015 年，国家发展改革委、外交部、商务部联合发布了《推动共建丝绸之路经济带和 21 世纪海上丝绸之路的愿景与行动》。"一带一路"倡议的提出，为中国家电企业的国际化运作带来巨大发展空间。但与此同时，差异化的市场和竞争环境、多样化的风险使得企业在品牌国际化发展的道路中也面临诸多挑战。

早在 20 世纪 90 年代初期，海尔、海信、TCL、创维、长虹等一批优秀的中国家电企业对品牌国际化进行了积极的探索，而海信凭借其敏锐的市场嗅觉、缜密的环境分析、刻苦的探索精神、领先的技术优势和稳健的企业文化逐步走出了充满海信特色的品牌国际化之路。那么海信从发展中国家到发达国家的品牌国际化路径选择是如何做出的？想要发展自主品牌的企业应该如何选择最佳的品牌国际化时机？应该如何选择合适的国际区域市场？在各区域市场应该如何进行品牌运作？以及企业应该在何时开展全球性的品牌传播等是"一带一路"背景下中国企业国际化进程中需要重点思考和决策的问题，而海信的成功经验提供了借鉴思路和决策依据。

1 海信——绽放在世界花园的中国品牌

1.1 海信集团与海信品牌

海信集团有限公司成立于 1994 年 8 月 29 日，其前身是青岛电视机总厂，创立于 1969 年，原名青岛市无线电二厂。海信集团成立之初，海信就将集团发展目标定位为：依靠科技与人才，把海信建设成为世界知名的跨国公司。

目前，海信旗下拥有海信电器和科龙电器两家在沪深港三地上市的公司，拥有海信（Hisense）、科龙（Kelon）和容声（Remsen）三个中国驰名商标，形成了以数字多媒体技术、智能信息系统技术、现代通信技术、绿色节能制冷技术、城市智能交通技术、光通信技术、医疗电子技术、激光显示技术为支撑，涵盖多媒体、家电、IT 智能信息系统的产业格局。此外，海信还是国家首批创新型企业，国家创新体系企业研发中心试点单位，中宣部、国务院国资委推举的全国十大国企典型，分别于 2001 年和 2010 年两次获得"全国质量奖"，2011 年荣获了"亚洲质量卓越奖"，2013 年获得"首届中国质量奖提名奖"，2016 年荣获国家质检总局 2016 中国品牌价值自主创新第一名；海信始终坚持"诚实、正直、务实、向上"的核心价值观和"技术立企、稳健经营"的发展战略，以优化产业结构为基础、技术创新为动力、资本运营为杠杆，持续健康发展。

从本土化经营，区域化生产，到设立海外研发机构，再到全球品牌建设，海信品牌国际化的步伐从未停止过，并不断加强渗透在全球范围内的品牌建设与传播。近年来，海信的全球国际化进程逐渐加速，继 2016 年以顶级赞助商身份赞助法国欧洲杯后，2018 年海信又成为 FIFA 世界杯官方赞助商；2017 年 11 月，海信宣布收购东芝映像解决方案公司 95%股权，这是海信品牌国际化进程中的又一标志性事件。2017 年海信集团总销售收入达 1 110.65 亿元，其中海外经营收入达 250 亿元，如图 1–11–1 所示。根据中怡康公司的统计数据，从 2004 年至今，海信电视的占有率在中国市场持续领先；根据国际调研机构 IHS 发布的 2017 年第二季度市场数据，海信的电视和空调产品出口额分别同比增长了 28.3%和 34.4%，海信电视在全球 4K 电视、曲面电视等高端市场上表现突出，出货平均尺寸达到 47.4 英寸，领跑全球大屏市场。

1.2 海信品牌的全球布局

目前海信已经形成了欧洲、南非、北美和澳洲的四大核心区域市场的全球布局，在海外建有 18 个分公司实施本地化经营；在全球设立 12 个研发机构，在美国、日本、德国、加拿大、以色列等地设立了 7 处海外研发机构；在南非、墨西哥和捷克建立了海外生产基地实施区域化生产；海信海外分支机构覆盖北美、欧洲、澳洲、非洲、中东、东南亚等全球主要市场，主要产品已畅销全球 130 个国家和地区。

近年来，海信的国际化进程在不断加快。同时，海信加大了全球体育营销力度，国际知名度迅速提升。IHS 数据显示，在全球电视总量已经连续多季度下滑的背景下，海信却在海内外市场保持着逆势增长。2016年 8 月，海信电视以 19%市场占比首次超过韩系品牌，在澳洲市场位列第一，成了有史以来第一个成功登顶澳洲电视市场的中国品牌。此后，海信电视连续拿下了南非、澳洲市场的销量第一，正式打破了日韩品牌长久的垄断局面。目前，海信电视市场份额排名中国第一，南非第一，澳洲第一，全球第三。

图 1-11-1　海信海外收入增长趋势图

资料来源：海信集团内部提供

1.3　海信品牌国际化的发展历程

海信作为中国首批"走出去"的企业之一，拓展国际市场以及品牌国际化一直是海信发展的重要战略。从 1994 年海信南非销售控股有限公司进入南非市场算起，海信的自主品牌国际化之路已经走了二十余年，其品牌国际化历程可以分为四个阶段（如图 1-11-2 所示）。

探索阶段：在 2001 年前，海信处于品牌国际化的探索阶段，海信主要专注于在国内市场上做强做大，同时有少量出口业务，国内制造、代理出口等，主要出口方式是通过外贸公司代理出口产品。1996年海信成立南非公司正式开始本地化品牌运作并取得成效，海信逐渐摸索并确立了建设国际化品牌的基本思路。

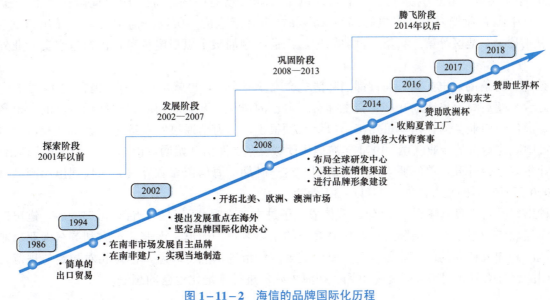

图 1-11-2　海信的品牌国际化历程

资料来源：作者根据海信集团内部资料及访谈数据整理

发展阶段：2002—2007 年，海信将南非的品牌运作经验带到北美市场，并加大了国际自主品牌的建设力度，逐步开拓了澳洲和欧洲市场。

巩固阶段：2008—2013 年，海信逐步实现在海外市场的本土化经营，开始在海外成立研发中心，加强渠道建设。在这一阶段海信集团高层进一步明确了要将海信品牌打造成为国际知名品牌的战略目标，并提出了海信未来发展大头在海外的全球化战略，将科龙的冰箱、空调等海外业务正式并入，成立了海信国际营销公司，构建了海外销售平台。

腾飞阶段：2014 年之后，海信进入了品牌国际化的腾飞阶段，开始了大量的海外兼并与收购，通过赞助顶级体育赛事加强国际化品牌传播力度。

海信的自主品牌国际化路径是首先进入中等发达的南非市场，而后进入北美、欧洲等发达国家市场。品牌国际化过程中，海信根据当地市场环境和自身能力在各区域市场选择了不同的品牌运作模式，在全球范围内既有原始设备制造（Original Equipment Manufacturing，OEM），也存在原始设计制造（Original Design Manufacturing，ODM）以及自主品牌业务（Original Brand Manufacturing，OBM）。在海信自主品牌国际化的不同阶段，海信根据不同的国际化区域市场特点和当时企业自身的能力选择了不同的品牌运作模式，走出了一条具有自身特色的自有品牌国际化之路。

2 海信走向国际市场的契机

海信集团在发展初期抱着首先在国内家电市场上做强做大的态度，将更多的资源和精力放在国内市场中。1999 年，海信集团销售收入已突破了 100 亿元，虽然国际业务所分配资源相对较少，但海信已开始进行国际化的积极探索，并在各国际区域市场开展调研，不断积攒国际市场开拓和品牌运作经验。总体来说，海信自主品牌国际化的征程，是在海信积累了一定的出口经验，其资源与能力已经具备了进行国际化运作的基本条件，结合国际新兴市场展现出巨大潜力的背景下开始的。

2.1 海信早期的出口贸易

在早期阶段海信主要采取两种出口贸易方式：一是由公司当时的进出口部直接联系国外客户进行自营出口方式，但进出口部只有 2、3 个人，业务量很小；二是由其他外贸公司以代理方式进行出口，这也是当时主要的出口方式。此时由于自身的技术受限，海信的彩电发射信号还无法通过在美国、德国、欧洲的音频发射一级标准；加上长期以来国际市场对中国产品的印象局限在食品、服装、工艺品等，对中国企业能否生产彩电等高科技产品持有怀疑态度。所以海信主要将产品出口到非洲、东南亚、南亚及中东地区等第二、第三世界国家，产品类型局限于黑白电视机，出口量也受专业外贸公司的控制。

1989 年，海信的彩电在第一届首都国际博览会上获得金奖，也就是这一年，海信的 14 寸彩电出口到德国数万台。随后海信也逐渐在广交会上拥有了自己的摊位，开始向国际客户展示自己的彩电产品。这一阶段是海信出口业务的开始，虽然年出口贸易额很小，但海信通过实践逐步积累了经验，并培养了海信第一批国际化运营的专业队伍。1994 年海信集团成立后，海信开始通过山东省外贸公司代理出口产品，产品设计主要按照外商订单的要求来进行研制。这一时期，海信依靠省外贸公司代理出口产品每年能够创造 1 000 万元左右的收入，如图 1-11-3 所示。

这种出口模式一直延续到 1998 年，海信成立了进出口有限公司并统一管理出口业务。进出口公司成立后，海信逐步积累了一些国际客户。此时海信的主要客户为印尼、南非、意大利等东南亚、非洲以及南欧等地区。通过初期的国际业务运营，海信发现国际市场虽然有风险，但是相对稳定与规范。于是，海信集团的管理者开始思考开发海外市场、在海外建厂进行本地化运营的想法。

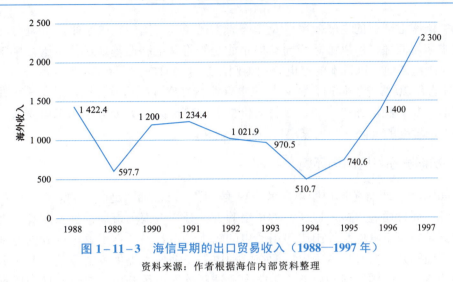

图1-11-3 海信早期的出口贸易收入(1988—1997年)

资料来源：作者根据海信内部资料整理

2.2 海信国际化初期国内家电市场环境

20世纪90年代中期，中国主要家电产品产量已经进入世界前列，不仅电冰箱、洗衣机、电熨斗、电风扇、电饭锅等白电产品的产量居世界首位，空调器和电视机等黑电产品的产量也已进入世界前列[①]，并且彩电、冰箱、洗衣机、空调的年产量约占世界同类产品产量的五分之一。随着国内市场竞争的日益加剧，中国家电行业进入产业结构整合阶段，逐步从前期多而松散的企业结构向大型企业集团的方向迈进。到1998年，国内形成了以海尔、海信和TCL为代表的一批能够领导市场，具有一定品牌知名度和较高管理水平的家电企业，海信也在这一时期逐渐发展成为国内市场上的强势品牌，电视品牌认知度排名第一，如表1-11-1所示。至此中国家电行业已有18家企业销售收入超过10亿元，其中有6家企业出口超过5000万美元，中国家电产业总销售额实现了1320亿元，仅次于美、日两国，居世界第三位。据对中国35个城市百家大型商场家电产品销售情况的调查，在中国仅电视机就有200多个品牌，销量排名前十的都是国产产品。

表1-11-1 海信国际化初期国内市场海信品牌认知率排名(1997年)

序号	单位名称	猜中票数	认知率/%
1	海信	12 029	83.02
2	白象	11 866	81.92
3	荣事达	11 731	80.95
4	长虹	11 482	79.23
5	康佳	11 464	79.09
6	熊猫	11 408	78.74
7	娃哈哈	11 206	77.30
8	海尔	11 134	76.88
9	小鸭	11 000	75.91
10	美菱	10 963	75.71

资料来源：1997年6月18日《中国消费者报》举办的商标、徽标标识有奖竞猜活动结果

---

① 白电产品是减轻人们的劳动强度（如洗衣机）、改善生活环境、提高物质生活水平（如空调、电冰箱等）的电器；而黑电产品是带给人们娱乐、休闲的电器；也有人简单的认为"外壳是白色的电器就是白电，比如冰箱、洗衣机、冰柜等；而外壳是黑色的电器，应该就是黑电，包括电视机等"。

此外，由于中国家电产业的生产效率以及生产成本已经具有国际领先水平，并且劳动力素质不断在提高，劳动力成本相对低廉，所以国际跨国家电企业纷纷将家电制造基地迁往中国，中国逐渐发展成为世界上主要的家电制造基地。以日本的家电企业为例，三洋当时在中国有38个合资公司，松下有41个，日立有64个，东芝有20多个。同时，国内大家电企业相继度过高速成长期，进入平稳发展阶段，形成了供过于求的局面，品牌淘汰加快；加之原材料价格上涨等原因，大多数中国家电企业，特别是小企业的盈利能力出现不同程度的下降，国内家电市场趋近饱和。

2.3 海信国际化初期国际家电市场环境

在20世纪90年代，世界范围内家电厂商呈现美、欧、日、韩四足鼎立的态势：美国的家电厂商主要立足于国内市场，同时通过直接出口、并购重组等方式开拓中南美市场；虽然欧洲本土的家电厂商实力较强，但也受到了中国小家电和韩国厨房用家电的较大冲击；日本本土家电厂商的竞争尤为激烈，其市场很难被国外厂商打开，并且日本家电厂商在亚洲主要扮演技术提供者的角色；鉴于日本家电企业主要占领相对高端的市场，韩国厂商则以低价策略向亚洲和欧洲市场开拓。这一时期中国家电市场的规模约为国际市场的8%，世界家电市场销售额的年均增长率为5%。中国家电产业的发展受世界性家电发展趋势的影响较大，企业的海外出口量持续增加，许多海外新兴市场成为极具增长潜力的市场。

此时，中国制造的家电产品凭借高质量和低成本逐步在全球市场形成优势，中国本土企业将产品研发、销售的注意力开始转向利润较高的海外市场，俄罗斯、中东、非洲等地区都是当时中国家电企业的重点拓展对象。虽然在海外的市场开发、产品生产等成本较高，但由于国内的进出口业务逐渐放开，中央及各地方政府相继出台了积极的对外贸易政策，对一些出口的家电企业实施补贴，加之海外市场大规模的订单需求进行成本摊销，中国家电企业在国际市场上产品生产销售的总成本低于国内，这也导致一些中国家电品牌开始在国际市场上进行激烈的价格竞争。在这一时期尽管海信已经具备了丰富的家电制造经验，许多家电产品和生产制造技术（特别是彩电和空调技术）达到国际先进水平，并且通过原有的出口贸易，海信在南非、印尼等地具备一定的渠道和物流能力。但海信并没有盲目急于进行海外扩张，一方面在国内市场专心于本土品牌建设、积蓄竞争力量，另一方面海信在进行出口业务的同时密切关注于海外市场动向，慎重谋划一个进入国际市场的最佳路径。

3 初探自主品牌国际化

3.1 品牌国际化的首站：南非

1993年，海信集团周厚健董事长和进出口部负责人一起出国进行了市场调研，在辗转考察了多个国家之后，周董对南非市场的印象最为深刻。

南非共和国位于非洲的最南端，国土面积400多万平方公里，是非洲最大的国家。与人们印象中贫穷的非洲国家相比，南非一点也不穷，作为整个非洲经济的领头羊，南非的市场空间广阔，具有较大的潜力，居民的消费水平较高，市场需求十分旺盛。由于是两代帝国主义殖民地（荷兰的开普殖民地、英国的开普殖民地、英国的南非殖民地），南非的基础设施十分完备，拥有非洲最好的交通网络以及排名世界前列的飞机场，其通信设施、金融体系等非常先进，与欧洲、北美等国家相差无几。同时，南非还是一个矿产资源大国，钻石和黄金产量均为世界第一，总体十分富裕。此外，南非是一个多元化的国家，除了当地居民，其他各种肤色的人们都汇集于此。

这次考察之后，海信进出口部开始了对南非市场的积极探索和开拓，并多次前往该市场进行调研，收集来的市场信息显示：海信之前出口的彩电产品基本符合南非市场的需求，且当地客户对彩电的需求量很大，比起其他同类彩电产品，海信在性价比上具有一定的竞争力；同时，由于海信的技术标准与发达国家相比仍然存在一定差距，海信也并没有在发达国家市场上积累充足的国际化运作经验和资源。所以海信集团内部将南非市场确立为实施品牌国际化战略的第一站，并希望借助于南非布局整个非洲市场。

当年海信集团的战略规划报告中便提出："南非作为南部非洲大陆的桥头堡，能够很好地将市场渗透到中部非洲甚至东部非洲，具有很强的辐射作用；另外，南非市场一旦形成，就可以与西非和北非市场遥相呼应，从而在整个非洲大陆上形成一个完整的市场网络。"

3.2 在南非发展自主品牌

第一站进入南非市场的品牌国际化思路形成了，海信马上开始了其开拓南非市场的实际行动。然而实际的过程并非一帆风顺，在进入南非这个陌生市场时，由于语言不通、消费习惯以及文化理念的差异，海信在市场开拓时遇到了种种困难。为了战胜这些难题，海信南非公司成立前，海信南非所有员工开始走访商场客户。大约3年的时间，海信南非公司的管理人员几乎走遍了约翰内斯堡的大小商店和连锁店，和普通的黑人售货员聊天，了解市场行情，并且宣传介绍了海信集团及海信产品，甚至邀请了南非一部分大连锁店的经理人员到海信的中国总部参观。这样，海信品牌逐渐获得了南非各连锁店及商场的信赖和认可，使得海信打开了南非市场的一个缺口。

1996年，海信成立南非公司，成立之初，海信南非公司最需要解决的核心问题是：在南非市场应该如何发展品牌。与竞争激烈的美国、日本、欧洲等市场相比，当时南非知名的家电品牌较少，没有明显的行业领导者，只有一些日本品牌布局了高端市场，韩国家电企业的品牌竞争力也相对较弱。虽然当地市场的消费水平较高，但家电行业整体处于较不成熟的状态，其家电产品全部靠进口，家电产品价格较高，并且品牌可选择性小。由于南非市场规模较大，家电行业利润较高，行业内竞争程度较低，其他的一些中国家电企业在这一时期也开始在南非市场进行开拓。由于各种原因，这些中国企业并没有在南非发展自主品牌，而主要进行的是代工（OEM）业务。

而海信却认为虽然先做OEM业务能够在短期内迅速获得大量订单、实现利润、提升产量、并站稳脚跟，但最终这些OEM业务形成规模之后，会与海信的自主品牌业务形成冲突。此外，在南非、日本和韩国的家电企业实力较强，但存在价格差距，还有很大一部分的市场需求没有被满足，这给海信发展自主品牌留下了很大的发展空间；这些日本和韩国家电企业因为规模较大，海信在市场反应速度上具有明显的优势，凭借多年出口业务积累的经验，海信管理层确立了在南非发展自主品牌的战略。确定自主品牌战略后，海信在开普敦、德班两座城市设办事处，加强网点建设；公开高薪招聘当地的营销、管理人才，提高为海信服务的当地员工的层次，并且以18寸电视产品作为主导产品，以避开当时竞争对手主推的14寸和21寸产品。

尽管印有海信品牌标识的电视源源不断地进入南非市场，但海信产品类型单一、彩电的供货量不足等限制了海信南非的市场拓展速度，海信逐渐意识到只有在南非当地建立生产厂，制造并销售不同种类的家电产品，才能发展成为当地知名品牌，于是海信开始了在海外投资建厂的储备工作。1996年，海信集团经过慎重的考虑和可行性分析，决定在南非投资组建电视机组装厂，并以此为基地进一步扩大海信空调、计算机等产品在当地的生产和销售，同时也带动了国内原材料和零部件的出口。1997年，海信南非发展有限公司正式成立，其产品正式进入南非销售的主渠道和大型连锁酒店。此后，海信在南非的销量、销售收入和利润以平均每年20%到30%的速度增长，南非的各大连锁店都有海信的产品。

4 屹立在南非市场的中国品牌

1999年，南非最有影响的《星报》登了一则消息，一向称雄南非市场的日本松下、韩国三星、大宇电视的市场份额不断被一个名不见经传的海信彩电产品蚕食。市场人员对此评论为这是一个敢于跟白天鹅较劲的丑小鸭。2000年，海信以较低的价格成功购买了韩国大宇在南非第一大城市约翰内斯堡高科技工业园区的工厂，并建立了一条现代化电视生产线，成为南非有史以来最大的现代化电视生产线。由于是中国企业在南非的第一次收购行为，海信引起了在南非投资的各国公司的广泛关注。2001年3月，海信南非公司二期扩建工程顺利竣工，彼时中国驻南非大使王孝贤也亲往视察，海信产品在当地的生产能力大幅度提高，具有年产30万台以上彩电产品的生产能力。此后，在南非市场上销售的海信电视品种在高、中、低三个档次上均大幅增加；海信还在开普敦、德班两座城市设办事处，加强网点建设，并公开高薪招聘当地的营销、管理人才，提高为海信服务的当地员工的层次。

到 2001 年年底，海信电视在南非的市场占有率已经达到 10%，并且保持持续、良好的增长势头。海信品牌的 DVD、音响等在电视的带动下，成功进入南非几大全国性的连锁店，率先于中国的同类产品在国际上挤占了一席之地。至此，海信在南非真正实现了当地生产制造、当地运营销售，海信的产品也成功脱离"低价区"。

海信的家电业务在南非市场落地、生根、发芽之后，其品牌国际化发展进入了一个新的高度。一方面，海信彩电出口形成规模，并相继开展了电视机以外其他家电产品的出口业务。这时的海信自营出口业务开始脱离了依托外贸公司的局面，出口地区拓展到欧洲、南美等地区（如图 1-11-4 所示），仅欧洲市场在 2004 年海信平板电视出货量就超过 6 万台；另一方面，海信南非公司一直坚持"近期为海信赚钱，远期为海信树立品牌"的经营方针，以彩电为主业，突出高端产品，不断扩大产品经营范围。海信南非公司多次被当地大型连锁店评为优秀供应商。海信南非公司的成功运作为海外投资建厂、属地化经营总结了经验，而作为海信品牌国际化的重要组成部分——海外投资建厂使海信的国际品牌运作变成了两条腿走路。

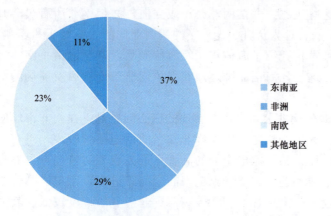

图 1-11-4 海信品牌国际化探索阶段对外出口地区分布（2000 年）

资料来源：作者根据海信集团内部资料整理

伴随着南非公司的自主建立和本地化生产，海信开始以全新的面貌频繁出现在海外的展览会上。1997 年，海信集团公司作为山东省十三家重点企业之一，在第二届亚太经合组织国际贸易博览会上展出了电视机、空调等产品。2001 年，海信作为国内知名企业首次参加在美国拉斯维加斯举办的国际消费电子展（CES）。

5　尾声——开启品牌国际化新纪元

南非海信的成功，宛如为集团的品牌国际化战略注入了一剂强心剂，海信开始逐步谋划将南非的成功经验推广至欧美等发达国家市场。2003 年 9 月，海信大厦顶楼会议室，海信召开了以"我们的海信，共同的未来"为主题的首届全球客户大会。面对全球近 40 个国家的近 100 位经销商，周厚健董事长充满自信地发表了海信品牌全球化宣言："进攻才是最好的防守，品牌全球化战略是我们必然也是唯一的选择。由于历史的原因，中国制造的产品在海外还被人们理解为低质低价的代名词，而海信进行全球化扩张的根本动机就是重塑中国制造的国家品牌，海信将以高品质的形象家喻户晓，在世界各地成为知名品牌。"周厚健董事长指出，海信不能只满足于国内市场：一是绝大多数的跨国企业战略重点都在海外，海信要成为国际知名企业未来必定也是重点在海外；二是海信如果只满足于国内家电市场规模，那么只要日韩等家电巨头对中国市场实施一次垂直性打击，海信集团的发展将受到巨大威胁。这次全球客户大会的召开对海信的国际化进程意义重大，面对全球的近百位经销商，海信第一次以一种少有的激进形象展现了自己的坚定和急切。客户大会的召开，坚定了海信品牌国际化的决心，也开启了海信进军全球市场的品牌国际化新纪元……

Blossoming to the World
—The Internationalization of Hisense's Independent Brands

Abstract: Hisense Group has developed its own brand in the international market for more than 20 years. Currently, Hisense TV market share ranks first in China, first in South Africa, first in Australia, and third in the world, and Hisense has become a truly international appliance brand. This case describes the key decision-making process of Hisense's own brand internationalization at various stages, revealing the motivation, path and strategic choice of Hisense brand's internationalization. This case is designed to help students learn the decision-making ideas and analysis methods of related issues such as the timing of the company's own brand internationalization, market entry path, and brand operation mode.

Key words: Hisense Group; Internationalization of independent brands; Market entry path; Brand operation model

附 录

表 1-11-2 海信品牌国际化大事记

时间	事件
1985 年	海信集团开始对外贸易业务
1996 年	海信在南非注册公司建厂生产
2000 年	收购韩国大宇在南非约翰内斯堡高科技工业园区的工厂
2002 年	海信与美国 Ligent International Inc.签署合资合同，在美国特拉华州成立合资公司 Ligent Photonics Inc.
2003 年	海信举办首届全球客户大会，坚定了品牌国际化的决心。海信整合了所有海外市场和业务，正式开始了国际化征程
2004 年	董事长周厚健提出"海信的发展大头在外"
2004 年	海信与美国 FLEXTRONIC（伟创力）公司在北京宣布：海信以技术、质量、品牌、设备支持，双方合作在匈牙利设立年产能达 100 万台的彩电工厂，共同合作开发欧洲市场
2004 年	海信同样以品牌、技术、设备支持完成了与巴基斯坦纺织和空调大王 AAA 公司的合作，产能 100 万台的彩电生产线在卡拉奇正式投入使用
2004 年	海信在匈牙利成立公司和生产工厂，实现生产当地化
2006 年	海信成立了海信意大利分公司、海信西班牙分公司、海信荷比卢公司成立，极大地促进了海信欧洲业务的发展，扩大了海信的国际化覆盖面
2006 年	2 月在澳大利亚墨尔本成立澳洲公司，5 月正式开展业务，销售电视、空调、冰箱等产品，销售区域覆盖整个大洋洲
2006 年	海信电视居中国出口欧洲总量第一，海信成为法国最畅销的中国平板电视生产商
2006 年	成立海信国际营销总公司，确立海外"自主品牌"战略，确定将澳洲、中东、北美、非洲等地区作为自主品牌的先行市场。将科龙的冰箱、空调等海外业务正式并入，构建了实力强大的海外销售平台
2007 年	12 月海信被波士顿咨询集团评价为"最具经济发展潜力的全球挑战者"
2008 年	海信启动与白色家电第一品牌的惠而浦建立合作公司，投资 9 亿元，各占 50%的股权，生产海信和惠而浦两个品牌的产品，共同开发国际市场
2009 年	海信牵头制定 LED 背光国际标准；同年，海信被美国《Twice》杂志评为全球第五的电视品牌
2010 年	8 月，海信在澳洲被评为液晶电视领域"消费者最满意品牌"（根据澳洲权威调查机构 Canstar Blue 的消费者调研）
2010 年	"全球消费电子 50 强"和"全球电视品牌 20 强"颁奖典礼现场，海信再次荣登全球电视五强行列，成为最具国际影响力的中国消费电子品牌之一
2010 年	海信董事长周厚健在美国 CES 展上做主题演讲，是 CES 举办 43 年来唯一一个受邀做主题演讲的中国企业家
2011 年	1 月，美国 CES 期间，海信被《Twice》杂志评为全球第五液晶电视品牌
2011 年	2 月 15 日，海信成为联合国环境署"绿色创新奖"未来三年的全球首家企业合作伙伴，这也是中国企业首次跻身联合国环境署绿色创新行列
2012 年	海信海外市场启用全新的 VI 形象
2012 年	海信在多伦多收购了新的研发团队，成立了 Jamdeo 加拿大公司
2013 年	海信并购 2 家光芯片公司（Archcom 和 Multiplex），并与洛杉矶和新泽西成立了针对接入网和数通市场的 DFB 芯片，以及针对传输网市场的 EML 研发和晶元生产基地

续表

时间	事件
2014 年	海信赞助了美国的汽车赛事 Nascar 以及德国甲级联赛的沙尔克 04 队和世界最高水平的赛车比赛世界一级方程式锦标赛（简称 F1）
2015 年	海信赞助了 Red Bull（红牛）车队
2015 年	海信出资 2 370 万美元收购夏普年产能 300 万台的墨西哥工厂的全部股权及资产，并获得夏普电视美洲地区的品牌使用权（巴西除外）
2015 年	海信凭借激光影院、新一代 ULED 等产品首次引领 CES 风向标
2016 年	海信激光影院荣获第十届全球领先品牌（Global Top Brands）大会颁发的"全球最具竞争力未来电视奖"
2016 年	海信以顶级赞助商身份赞助法国欧洲杯
2017 年	11 月，海信电器股份有限公司与东芝株式会社在东京联合宣布：东芝映像解决方案公司股权的 95%正式转让海信
2018 年	海信成为 FIFA 世界杯官方赞助商

系列案例一使用说明：

种下自主品牌的种子
——海信自主品牌国际化的战略决策

一、教学目的与用途

本案例为《向世界开花——海信自主品牌的国际化进程》系列案例的案例一，该系列案例共包含三个子案例，分别为《种下自主品牌的种子——海信自主品牌国际化的战略决策》《区域市场的耕耘——海信自主品牌国际化的路径选择》《绽放在世界花园——海信自主品牌国际传播的阶段策略》。本子案例主要用于在相关课程中帮助学生理解并掌握企业品牌国际化发展环境分析、国际市场定位的决策等相关理论和运作要点。其可单独使用，也可与其他两个子案例共同使用，用于讲授整个品牌国际化从国际化动机、国际市场定位、国际市场进入路径选择、品牌国际化成长模式的决策及品牌国际化传播等相关内容。

1. 适用课程：本案例为平台型案例，适用于《国际市场营销》《品牌管理》等课程有关品牌国际化、国际品牌市场定位等相关章节的案例讨论。

2. 适用对象：本案例主要为 MBA 和 EMBA 开发，适合有一定工作经验的学生和管理者使用学习。本案例还适用于工商管理专业学生深度了解中国企业进行品牌国际化的驱动因素和国际目标市场的选择。

3. 教学目的：

本案例的目的是让学生通过学习探讨理解并掌握企业品牌国际化发展过程中进行国际市场环境分析和制定品牌国际化战略的相关理论和运作要点。具体的教学目标是要求学生掌握：

（1）如何评估企业进行品牌国际化的合理性与必要性。分析企业开展品牌国际化运作前的国际市场宏微观环境，企业培育国际品牌的资源能力与环境支持，以及企业进行品牌国际化的动因和契机。

（2）国际市场环境的分析工具。学会分析企业在从事国际营销活动中企业难以控制也较难影响的营销大环境，以及企业在不同目标市场进行营销活动中企业所构建的处于不同国家和不同地域的分支机构的组织结构，以及与当地社会文化特征相结合的企业文化特征等环境。

（3）国际市场定位的理论模型及分析工具。学会评估各个目标国家的市场吸引力和潜在风险，选择最合适企业实施品牌国际化战略的国际目标市场。

（4）企业实施自主品牌国际化战略的基本思路与战略要点。本案例通过描述海信自主品牌国际化探索阶段的动因、国际市场定位、国际品牌运作的整个战略决策和具体实施过程，帮助学生理解海信在品牌国际化探索阶段战略制定与实施的基本思路和关键点。

二、教师准备

本案例是以时间维度开发的系列案例一，各系列案例之间具有较强的内容与逻辑衔接，教师在教学本案例之前，可以让学生提前阅读教学补充材料及观看教学相关视频《焦点访谈：创新创品牌》与《山东之美：海之光》，使学生对海信品牌国际化的各阶段内容形成基本认识。下面给出了其他可供教师与学生提前了解品牌国际化相关理论与知识点的阅读材料。

1. 有关品牌国际化阶段内容目标及策略的分析可以在以下材料中找到：

韩中和. 品牌国际化战略 [M]. 上海：复旦大学出版社，2003.

韩中和. 中国企业品牌国际化实证研究 [M]. 上海：复旦大学出版社，2014.

2. 有关企业品牌国际化动因的论述分析可以在以下材料中找到：

马萨基·科塔比，克里斯蒂安·赫尔森，刘宝成. 全球营销管理 [M]. 北京：中国人民大学出版社，2005.

罗杰·贝内特，吉姆布莱斯著，刘勃译. 国际营销 [M]. 北京：华夏出版社，2005.

3. 有关国际市场营销环境的论述与分析可以在以下材料中找到：

周叶林，赵培华. 国际市场营销理论与实务 [M]. 西安：西安交通大学出版社，2014.

Agndal H, Chetty S, Wilson H. Social capital dynamics and foreign market entry[J]. International Business Review, 2008, 17(6): 663–675.

Brice W D, Chu E, Jones W. Culture-Laden Imports:International Market Entry and Cultural Taboos[J]. International Journal of Management & Economics, 2016.

4. 有关国际市场定位的论述分析可以在以下材料中找到：

迈克尔·怀特. 国际营销案例警示篇 [M]. 北京：中国人民大学出版社，2011.

Qadeer Hussain, Shaukat Ali, Jan Nowak. Foreign Market Strategies of European and United States Transnational Management-Consulting Firms in South East Asia:The Case of Thailand[J]. Journal of Transnational Management Development, 2002.

5. 关于中国家电行业的详细背景介绍，以及海信集团的历史沿革介绍可以阅读以下材料：

华为手机悄然"逆袭"的营销秘诀：整合营销传播. 第七届全国百篇优秀管理案例（马宝龙、黄阅微、李晓飞、韩逍、王鸿）

三、启发思考题

1. 海信在品牌国际化探索阶段的主要目标以及面临的主要问题是什么？对应的主要品牌国际化的策略有哪些？
2. 请从市场、成本、竞争及政府四方面分析有哪些因素驱动了海信的品牌国际化？
3. 在发展过程中，企业应该如何评估自身是否处于进行自主品牌国际化的最佳时机？
4. 海信首先选择了进入南非市场的自主品牌国际化战略，其依据是什么？
5. 同为国内优秀的家电品牌海尔，首先选择了进入欧美等发达国家市场，是什么因素导致了二者截然不同的市场选择？这一选择导致了二者品牌国际化进程的何种差异？

四、分析思路

教师可以根据自己的教学目的灵活使用本案例。这里给出本案例分析的逻辑路径图（如图 1-11-5 所示），帮助教师引导案例课堂分析思路。

对本案例的分析需紧密围绕着"海信品牌国际化动因——国际市场进入路径选择——区域市场的国际品牌运作——自主品牌国际化成果与经验"这一思路开展。为了全面系统分析海信品牌国际化的问题，在引导学生进行案例分析时，可以遵循以下思路：

思考题 1 的分析思路：结合案例材料，学生结合案例材料归纳出海信在探索阶段的品牌目标、企业任务、面临问题和品牌战略，使学生对品牌国际化阶段理论，及海信在品牌国际化探索阶段的内容形成一个初步的理解和认识。

思考题 2 的分析思路：教师可以引导学生通过分析国内家电市场情况、国际家电市场情况、海信集团的内部环境等，总结提炼出海信决定进行品牌国际化的动因，并对海信集团品牌国际化的科学性与合理性进行分析讨论。

思考题 3 的分析思路：以海信的品牌国际化动因分析为基础，教师引导学生对企业如何评估自身是否适合实施品牌国际化战略，以及是否处于自主品牌国际化的最佳时机进行思考。

思考题 4 的分析思路：在思考题 2 和思考题 3 的基础上，结合案例材料，根据国际市场进入的总体路线和国际市场定位方格，引导学生围绕各个国际区域市场的市场吸引力、相关风险、海信当时的品牌竞争力、当地市场竞争程度四方面建立海信的市场定位方格,对海信首先进入南非市场的战略选择做出解释。

思考题 5 的分析思路:教师应帮助学生理解品牌国际化的三种市场进入模式。学生在思考题 4 的基础上,结合案例教学补充材料,对海信与海尔二者的品牌国际化市场选择进行对比分析,讨论造成二者品牌国际化战略差异的原因,从而对企业的品牌国际化战略制定、战略实施等形成一个完整的认知。

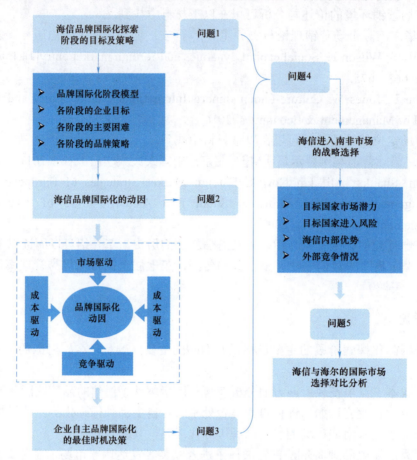

图 1-11-5　案例的整体分析思路

五、理论依据及分析

海信的品牌国际化动因、首先进入南非市场的自主品牌国际化战略制定及国际品牌运作等受到国际市场环境的主要影响,指导老师可以结合国际市场环境、品牌国际化发展阶段等相关理论和分析工具对本案例进行分析讨论。

1. 思考题 1 的理论依据及问题分析。

(1) 思考题 1 的理论依据。

品牌国际化可以分为四个基本阶段:探索阶段、发展阶段、巩固阶段和飞跃阶段,如图 1-11-6 所示。企业在品牌国际化过程中,根据阶段的不同,所面临的问题不同,解决手段各异,其品牌路径选择也不尽相同。在品牌国际化的国内准备阶段,企业品牌要力争成为国内知名品牌,并积极探索国际市场,其主要手段是提升产品品质和质量标准,其路径是出口贸易或贴牌生产,以及采用与国际名牌进行合作。在品牌国际化发展阶段,企业要在他国展示自身品牌并提高识别度,这需要提高产品的适应性,其路径可以采用经销商品牌和自创本土品牌。在品牌国际化巩固阶段,要求扩大品牌识别国别范围,需要对产品进行适应性调整,继续采用自创本土品牌,外加自创国内品牌和自主收购品牌,逐步增添自有品牌成分。在品牌国际化飞跃阶段,需要淡化品牌国别市场成分,增加洲际成分,这要求减少产品的多样性,增加一致性,品牌要以自创国内品牌和自创本土品牌为主,进而产品拓展到全球市场,这需要企业具备创造全球统一品牌文化的能力,主要采用自创为主的多层次全球品牌。

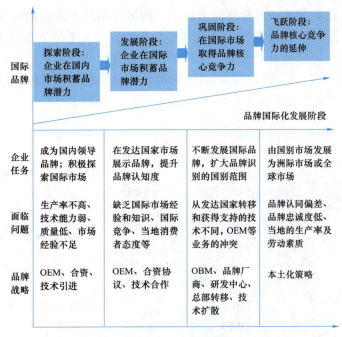

图 1-11-6 品牌国际化的阶段理论模型

（2）思考题 1 的案例分析。

问题：海信在品牌国际化探索阶段的主要目标以及面临的主要问题是什么？对应的主要品牌国际化的策略有哪些？

分析：结合案例材料，海信的品牌国际化同样可以分为四个阶段：探索阶段、发展阶段、巩固阶段和腾飞阶段。而 2001 年之前海信处于品牌国际化探索阶段，从最初有少量的对外贸易业务、国内制造、代理出口等，到在南非市场成立办事处正式运作并取得成效，海信逐渐摸索出了建设国际品牌的一些门道。

如表 1-11-3 所示，在探索阶段，海信集团的品牌目标是在巩固国内知名品牌的基础上，在南非市场发展自主品牌，海信的企业任务是在南非市场上做强做大。但也面临着初到南非市场的各种困难，如生产效率低下、缺乏渠道和客户、缺乏品牌知名度等，海信此时除了原有的出口贸易外，还在南非设立工厂保障出货量，并坚持在南非市场发展自主品牌。

表 1-11-3 海信探索阶段的主要目标、面临问题及应对策略

海信品牌国际化的探索阶段	具体内容
品牌目标	在南非市场上发展成为强势品牌
企业任务	在巩固国内知名品牌的基础上，在南非市场做强做大
面临问题	在南非市场的生产效率较低，缺乏国际渠道与客户，品牌知名度较低，OEM 业务与自主品牌业务的冲突
应对策略	出口贸易、合资协议，在南非市场建立工厂，发展自主品牌

2. 思考题 2 的理论依据及问题分析。

（1）思考题 2 的理论依据。

国际品牌是指在国际市场上知名度、美誉度较高，产品辐射全球的品牌。国际品牌通过品牌国际化来建立。1983 年，Levitt 最早提出"品牌国际化"的概念。品牌国际化过程是一个形成品牌价值的过程，形成的品牌价值可以使得海外目标顾客对该品牌持积极的态度（Cheng et al.，2005），是企业建立并发展能够吸引海外消费者的国际化品牌的动态过程（Aaker，1991）。品牌国际化是个隐含时间与空间的动态营销和品牌输出的过程，该过程将企业的品牌推向国际市场并期望达到广泛认可和体现企业特定的利益（苏勇，2005）。

企业在进行品牌国际化前需要做足充分的市场环境调研。国际市场营销环境包括国际市场营销宏观环境和微观环境，具体如图 1-11-7 所示。宏观环境是指企业在从事国际营销活动中企业难以控制也较难影响的营销大环境；微观环境是企业在不同目标市场进行营销活动中企业所构建的处于不同国家和不同地域的分支机构的组织结构，以及与当地社会文化特征相结合的企业文化特征等环境。企业应该整体详细地进行宏观和微观环境分析，以做出合理决策。

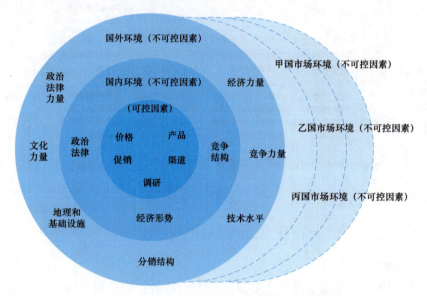

图 1-11-7　复杂的国际市场营销环境

（2）思考题 2 的案例分析。

问题：请从市场、成本、竞争及政府四方面分析有哪些因素驱动了海信的品牌国际化。

分析：结合案例材料，海信在市场、成本、竞争及政府四方面因素基本达到品牌国际化要求，具体如图 1-11-8 所示（标注"✓"的为海信已经满足的因素）：

图 1-11-8　海信品牌国际化时机选择的驱动因素

海信进行品牌国际化时，市场方面驱动因素包括：国内家电市场达到饱和，供大于求；国外家电市场规模较大，消费容量巨大；国外家电市场增速较快，具备市场潜力。成本方面驱动因素包括：海信已经具备一定的家电制造经验，形成了规模经济；通过原有的出口贸易，海信已经具备一定的国际客户和物流能力；国内原材料价格上涨，家电企业盈利能力下降；国外家电生产销售总成本低于国内水平。竞争方面驱动因素包括：国内家电行业发展渐缓，进入微利时代；国内家电产业整合加剧，竞争激烈；海信的彩电等产品及生产制造技术已经达到国际先进水平，在国际市场上具有较强的竞争力；国际家电企业主要立足于本国竞争,给海信品牌国际化带来机遇;国际家电企业品牌采取高端定位,海外新兴市场存在蓝海区域。政府方面驱动因素包括:中国政府出台政策支持家电企业的对外贸易。

3. 思考题3的理论依据及问题分析。

(1) 思考题3的理论依据。

企业的品牌国际化既受到外部环境的影响,也受到企业内部因素的影响,具体包含四方面的驱动因素:市场驱动因素、成本驱动因素、政府驱动因素以及竞争驱动因素,如图1-11-9所示。

图1-11-9　企业品牌国际化的驱动因素模型

其中市场驱动依赖于消费者行为的性质和分销渠道的结构,包括消费者普遍需求、全球化的顾客和销售渠道、可转移的营销、牵头国家;成本驱动因素依赖于具体行业的经济状态,包括规模经济和范围经济、纵深的经验曲线、全球采购的效率、适宜的物流、各国家的成本差异、高昂的产品开发成本以及日新月异的技术;政府驱动因素取决于政府制定的法规对全球战略决策应用的影响,包括有利的贸易政策、一致的技术标准、普遍的营销规则、政府所有的竞争者、政府所有的顾客;同时,竞争性驱动因素也能提升行业全球化潜力,包括大量的进出口、来自不同区域和国家的竞争者,相互依赖的国家,全球化的竞争对手;以上这些因素将共同作用,刺激企业必须在全球化战略层面上做出反应。

(2) 思考题3的案例分析。

问题:在发展过程中,企业应该如何评估自身是否处于进行自主品牌国际化的最佳时机?

分析:学生需要了解企业在何种时机下适合进行品牌国际化。从总体上说,企业的品牌和产品在国内市场进入成熟期之后,消费者广泛接受产品,企业培育了忠实的客户群体,此时企业现有市场中的份额可观,拥有了充足的资金,也具有一定的抗风险能力和市场运作经验,因此企业会为今后发展考虑,从而布局更广阔的海外市场,发展国际品牌。

然而一个好的品牌国际化时机并不仅仅来源于一个巧合,而是更多地需要在企业国际化战略的基础之上,充分考虑当前国际市场和国内市场中企业的竞争力、品牌能力、研发能力、物流水平、外部环境中竞争者、政策等种种因素。除了上述外部大环境以及企业内部因素的驱动,在企业战略层面,品牌国际化也符合当时海信集团的生存发展需要,如图1-11-10所示。

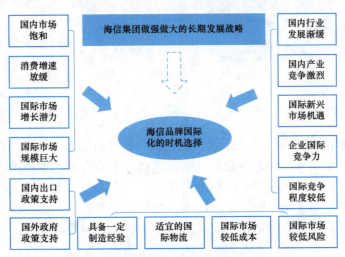

图1-11-10　海信品牌国际化时机选择的决策因素汇总

随着家电行业的国内市场日趋饱和，价格疲弱导致市场机会越来越少，而企业积累的资本、技术、产品和品牌需要更大、更新的市场容量。在海信逐步发展的过程中，想要实现利润和规模的不断增长，不能只依靠简单的出口贸易，必须抢占先机，主动进军国际市场。国内家电行业的利润较低，且各大家电零售商的兴起，更是分割了微薄的利润，所以海信就更需要瞄准可以获得较高利润的市场，这也就意味着要主动向国际市场进攻。为了能让海信品牌有实力应对国内外企业的竞争挑战，让企业可以争取到更多的利润与更大的规模，也为了海信集团的长远发展，海信在品牌国际化的最佳时机选择了进军国际市场，发展自主国际品牌。

4. 思考题4的理论依据及问题分析。

（1）思考题4的理论依据。

企业在选择进入具体的区域市场时，应运用国际市场定位方格进行分析决策，如图1-11-11所示，横坐标代表企业在目标国家的竞争地位和能力，如市场份额；纵坐标代表目标国家的市场吸引力，例如人均产品消费量。企业应该优先进入竞争地位强或者市场吸引力高的国家，同时企业应该优先考虑自身的竞争地位，其次考虑目标市场的吸引力，如图1-11-11中国家A与国家B的分值相同，那么企业应该优先考虑进入国家B，之后再进入国家A。

（2）思考题4的案例分析。

问题：海信首先选择了进入南非市场的自主品牌国际化战略，其依据是什么？

分析：海信在进入南非前，曾多次对国际市场环境进行了考察、调研，可以从以下两方面对海信为何首先进入南非市场进行合理解释，如图1-11-12所示。

在市场吸引力方面：南非市场的前景比较广阔，南非是整个非洲的经济强国，是世界著名的旅游胜地。南非的基础设施、高速公路、通信设施、金融体系等非常先进，与欧洲、北美等国家相差无几。南非当地居民的消费水平也比较高，市场需求十分旺盛，虽然存在一定的市场进入风险，但是相对于其他国家而言比较稳定，总体上与北美、欧洲和澳大利亚市场一样具有很大的市场吸引力。

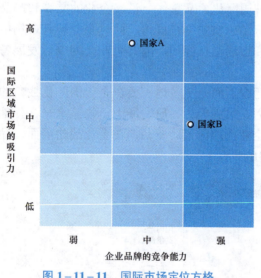

图1-11-11　国际市场定位方格

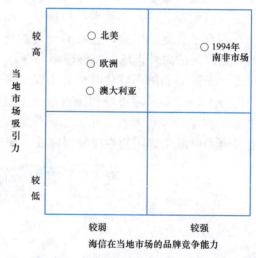

图1-11-12　探索阶段海信的国际市场定位方格

而在海信集团自身的品牌竞争力方面：虽然海信在当时已经拥有了先进的设备厂房及一流水平的产品技术，具备品牌国际化的条件，但是与北美、欧洲等当地市场的家电企业相比存在差距。一是技术标准不同，海信的技术水平与发达国家要求的标准存在差距，在这些国家市场生产销售存在较大壁垒；二是当地市场已经存在许多知名家电品牌，竞争激烈，海信的品牌竞争能力较弱。而对南非市场而言，海信已经有多年对非洲、印尼等国家的出口经验，具备一定的渠道和物流能力；同时，南非当地的家电市场并不成熟，不同于北美、日本、韩国等国家，南非当地的知名家电品牌较少，行业竞争程度较低，存在很大的市场发展空间。所以相较于北美、欧洲和澳大利亚，海信在南非具有更强的品牌竞争能力。基于国际市场定位方格，南非市场处于第一象限，是海信最佳的选择，所以海信在品牌国际化的过程中首先进入了南非市场。

5. 思考题 5 的理论依据及问题分析。

（1）思考题 5 的理论依据。

企业的国际市场进入路径可以分为三种：从不发达国家到发达国家、从发达国家到不发达国家以及中间路线，如表 1-11-4 所示。第一种路径是指企业集中自身的规模优势、管理优势和技术优势先进入发达国家市场，与大型跨国公司和强势品牌正面较量，接受更加挑剔的消费者的考验。在这种交锋和考验的过程中，不断壮大自己的实力，提升品牌的知名度和美誉度，并逐渐成长为强势品牌。由于发达国家市场在全球范围内具有示范效应，品牌就可以借势向欠发达市场辐射。第二种路径是指在市场进入的顺序上，先进入不发达国家，然后进入中等发达国家，最后才进入发达国家。不发达市场如拉美、东南亚、非洲等，由于经济发展水平较低，市场发育也不够成熟，相对来说，这些市场还缺乏强势品牌主导，因而建立品牌所花的成本会比较少，时间也要短一些。并且可以为企业品牌进入更广阔的国际市场提供直接的、可以借鉴的操作经验，增强企业打造国际性品牌的信心；而中间路线模式就是先进入中等发达国家市场，积累国际化经营和建立国际品牌的经验。在市场发育水平、品牌竞争激烈程度等方面，中等发达国家市场介于发达国家和不发达国家之间。选择首先进入这一类市场，就是因为在该类市场上树立品牌的难易程度适中，而在该类市场取得的经验。向上，能够比较容易地扩展到发达国家市场，向下也能够比较容易地扩展到不发达国家市场。

表 1-11-4 不同市场进入路径的比较分析

市场进入路径	有利因素	不利因素
发达国家到不发达国家	1. 占领竞争制高点，产生辐射 2. 学习发达国家先进经验	1. 进入难度相对较高 2. 国际化风险较大 3. 品牌建设初期投入大
不发达国家到发达国家	1. 进入难度相对较低 2. 获取初步的国际化经验 3. 品牌建设初期投入小 4. 品牌国际化见效快	1. 品牌形象难于转移 2. 不发达国家的市场体系不成熟，政治、社会、经济风险较高，竞争缺乏规范
中间路线	1. 难易度适中 2. 可以向上向下扩展	缺乏明确的品牌国际化路线

（2）思考题 5 的案例分析。

问题：同为国内优秀的家电品牌海尔，首先选择了进入欧美等发达国家市场，是什么因素导致了二者截然不同的市场选择，这一选择导致了二者品牌国际化进程的何种差异？

备注：思考题 5 为发散题，这里提供相应的参考答案，指导老师可以请学生们自由讨论，引导学生进行思辨，探讨海信与海尔截然不同的品牌国际化战略背后的影响因素及品牌国际化进程的差异。

分析：海尔和海信都是从家电业起家，发展成集科、工、商、贸于一体的实现跨国经营的大型企业集团，其发展道路既相似却又不完全相同。在创业时期，两家集团都是在国内市场上通过规模经营取得优势市场地位，待企业能力积聚到一定程度，再进行国际化经营。然而，这两家集团在国际化经营的初期，却采取了截然相反的品牌国际化战略。

海尔之所以选择先进入发达国家市场的品牌国际化战略，同海尔对企业国际化经营的理解、国际化经营的动机和目标有着密切的关系。在这些方面，海尔同中国其他的家电企业有着完全不同的理念。在海尔看来，企业出口的目的并不仅仅是创汇，更重要的是出口创牌，海尔国际化的最终目标是创海尔国际名牌。同时，由于品牌及服务的优势是"逆序扩散"的，海尔的品牌、营销以及服务经验若在美国和欧洲等阻力大的市场被验证可行，那么在全球范围内也应该是行之有效的，因此海尔选择了"先难后易"的模式。海尔希望以德国、美国、意大利等发达国家成熟的市场经济、激烈的竞争来锻炼自己并得到成长，并希望这些高难度市场的成功能够带动其他发展中国家的市场的成功。海尔的主要产品包括电冰箱、洗衣机、冷柜和空调，而发达国家的厂商在价格和成本上无法与低工资国家的厂商竞争，海尔与之相比具有明显的比较优势。且欧美的大多数国家当时处在大规模调整产业结构、淘汰夕阳工业的时期，为海尔集团寻找发展空间提供了有利条件。虽然欧美市场极为复杂，发展难度大，但是同时也是市场容量最大、消费能力最强的市场。另外，欧美等国家和地区的市场经济制度已经建立数百年，有一套比较完善的竞争机制和法律制度，市场秩序非常成熟，非市场因素对企业的干扰很少，并且拥有良好的通信、交通等基础设施和发达的服务业体系。因此，海尔认为在欧美市场上的成功至关全局，比起在其他发展中国家成功更有意义，而在美国的市场实践经验更具有提纲挈领的重要意义。正是通过开拓欧美等发达国家的市场，海尔不断地提高着产品的全球竞争力，同时企业形象和品牌价值也得到了大幅提升。

海信的品牌国际化遵循先进入中等发达国家市场的模式，首先发展南非、中东、南美和东南亚等市场阻力相对较小的发展中国家和地区，在取得一定市场份额和国际化经营经验之后，再向美国、欧洲等发达国家发展。海信认为，企业的发展若想长期保持竞争优势，必须强化企业的技术研发实力。海信将企业价值链的关键环节选在技术开发环节和生产经营环节上，通过加大技术开发力度和投入，逐步形成强大的技术开发能力，并以数字化管理严格控制生产，生产出性能价格比极优的产品打入国际市场。作为后发展型企业，凭借技术能力形成的优势是顺序扩散的，在进入拥有世界最先进技术的发达国家市场时，阻力较大，即使拥有同等技术，短期内也难以获得市场认同。因此，海信采取了先进入中等发达国家市场的品牌国际化战略，通过在技术实力较弱的发展中国家市场形成领先优势，待产品在发展中国家市场上打开知名度，取得消费者认知后，再逐渐向发达国家渗透。海信的目标是通过稳步运作，逐渐将第三类市场做成第二类市场，再将第二类市场做成第一类成熟市场，在全球范围内建设包括以美国为中心的北美市场、以巴西为中心的拉美市场、以意大利为中心的西欧市场、以俄罗斯为中心的东欧市场、以澳大利亚为中心的澳大利亚市场、以南非为中心的非洲市场等市场网络，稳步发展建设成为一个全球化的海信。

六、背景信息

海信集团成立于1969年，从1985年开始对外贸易业务；1998年，海信进出口有限公司正式注册成立。作为中国首批"走出去"的企业之一，中国"入世"之初，海信就将"国际化"列入集团的核心战略。2003年，整合所有海外市场和业务，正式开始了国际化征程。2005年，进一步明确"要将海信品牌打造成为国际知名品牌"的战略目标。2006年，提出海信未来发展大头在海外的战略，将科龙的冰箱、空调等海外业务正式并入，成立了海信国际营销公司，构建了实力强大的海外销售平台。

目前，海信已在海外建有18个分公司实施本土化经营，覆盖欧洲、美洲、非洲、中东、澳大利亚及东南亚等地市场；海外建有3个生产基地实施区域化生产，产品远销130多个国家和地区；在全球设立12个研发机构，面向全球引进高端人才，提升技术产品研发能力。

数据显示，在全球市场消费疲软的情况下，2017年海信海外收入同比增长21.3%。2017年，海信冰箱在南非占据市场第一的位置，海信冰箱、海信电视在澳大利亚市场占有率第一，海信品牌在美国及欧洲市场也呈现两位数高速增长态势，在日本市场也是本土品牌之外市场份额最大的品牌。让世界重新认识中国，海信正在扮演越来越大的角色。

作为中国企业出海的典型代表，海信加码全球化品牌运营成果显著。在中国外文局对外发布的《中国国家形象全球调查报告》中，海信连续三年成为海外民众最熟悉的排名前十位的中国品牌；海信连续两年位居BrandZ中国出海品牌十强，2017年海信获评"成长最快家电品牌"。

七、关键要点

本案例的分析关键在于对海信实施品牌国际化战略的动因、品牌国际化战略的制定、南非市场品牌运作模式能够形成深入的理解和把握。不仅对海信案例能够进行详细的阐述和分析，还要能够充分地将品牌国际化相关理论和国际市场营销理论与海信的案例经验相结合进行分析和探讨，了解海信决策的内含逻辑关系、关键因素和品牌国际化进程的启示等。教学中的关键点包括：

1. 国际市场环境复杂多变，企业品牌国际化战略应该因地制宜，根据目标市场和企业自身特点，制定针对性的品牌发展战略并开展相关活动。

2. 品牌国际化企业是跨阶段性的活动。在不同的阶段，企业要根据自身和外部环境的特点，制定适合的品牌国际化战略，控制风险，稳步前行。

3. 企业需要合理地制定自主品牌国际化战略。在品牌国际化过程中企业应审时度势，稳健经营，要善于分析国际市场环境，抓住时机，快速出击。

4. 不同的国际环境以及企业资源对应不同的国际市场进入路径。企业应该合理评估国际市场潜力、市场风险、企业资源、竞争水平等合理制定进入路径。

八、建议课堂计划

1. 教学步骤和计划。

鉴于课堂时间较为有限，为保证教学效果，我们建议师生做足充分课前准备：教师可以提前一周将案例、辅助资料和启发思考题发给学生，并在前一次课结束时对案例的内容和教程做出简要说明，其中说明和强调：（1）课堂教学的效果和收获取决于课前准备是否充足；（2）全班学生分成若干个小组，每组由组长组织小组讨论活动，执行如表 1-11-5 所示的学习计划：

课前用 1 小时阅读和思考；用 1 小时开展小组讨论。课堂中师生用 2 课时（90 分钟）进行课堂讨论。

表 1-11-5　课前与课堂的教学步骤和计划

时段		讨论和学习内容	主要内容	学习时间
课前	1	教师发放教学案例和相关资料，完成小组分组。学生个人阅读案例内容与其附带材料，并分析思考讨论题	课前准备	1 小时
	2	学生开展小组讨论，借助于所学知识点与工具开放性地解答教师给出的辅助性问题，并将结果于课前反馈给老师，老师进行评阅打分	课前准备	1 小时
小计				2 小时
课堂	3	教师开场语，介绍案例价值和案例教学特点。教师播放教学相关视频《焦点访谈：创新创品牌》与《山东之美：海之光》	案例导入	10 分钟
	4	学生分析海信在品牌国际化探索阶段的主要目标、面临问题与品牌策略；然后教师将学生观点列在黑板上，并结合品牌国际化阶段模型进行讲解	思考题 1	20 分钟
	5	学生分析海信准备进行品牌国际化时的国内外市场环境、海信的成本、国内外竞争水平以及政府政策；分析并讨论海信进行品牌国际化的原因以及时机	思考题 2	15 分钟
	6	学生就思考题 3 进行汇报，教师将学生观点列在黑板上，并就学生观点结合理论知识对中国企业应该如何评估合理的品牌国际化时机进行讲解	思考题 3	15 分钟
	7	学生对思考题 4 进行分组汇报，教师提问"海信为何选择先进入中等发达国家市场？"。抛出国际市场定位的决策分析框架，就学生观点结合理论知识点进行讲解	思考题 4	15 分钟
	8	学生对思考题 5 进行分组汇报，教师将学生观点列在黑板上，就学生观点结合知识点结合案例教学补充材料，对海信与海尔的国际市场选择进行对比分析	思考题 5	10 分钟
	9	教师总结：归纳分析和讨论达到的共识，总结国际化相关工具和案例材料。肯定学生在应用理论工具分析案例时的逻辑性和创造性，鼓励学生对其他企业的品牌国际化进行延伸思考，并指出在分析方面存在的不足和改进路径	课后总结	5 分钟
小计				90 分钟

2. 教师的引导。

教师不仅应在课前发布和组织学生讨论启发思考题,也要在课堂讨论中发挥指导作用。鉴于本案例素材较多,海信的品牌国际化进程较为复杂,教师宜引导学生紧紧围绕思考题以及分析工具展开思考和讨论。在讨论过程中,教师应辅助梳理学生的观点并加以归纳整合,最后基于国际市场营销的相关理论工具对学生分析的逻辑加以点评,指出优点和缺点,以及完善、提高学生对于相关知识点的分析表达能力的路径建议。

3. 板书的使用。

开展归纳性思考题讨论时,教师宜将各思考题不同层面的要点分栏写在黑/白板上,帮助师生归纳和梳理思考题的逻辑,提高学生思考与学习效果。板书可由教师在主持讨论时书写,也可由学生小组代表书写,图1-11-13是建议的教学板书布局。最终帮助师生形成对海信品牌国际化进程的综合性理解认识,充分理解并掌握品牌国际化的相关理论工具,加深学生的课堂讨论与学习效果。

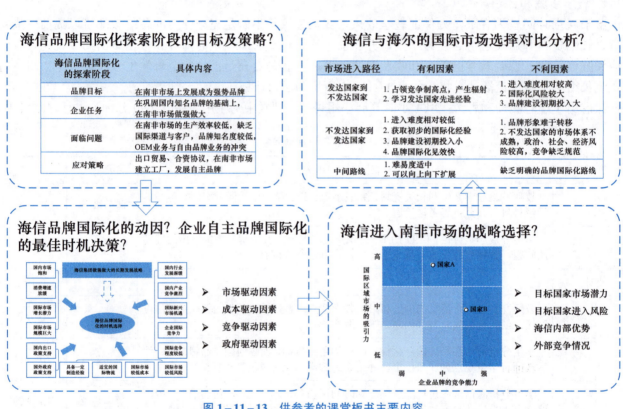

图1-11-13 供参考的课堂板书主要内容

九、补充材料

1. 海尔"先难后易"的品牌国际化战略。

"先难后易"是海尔集团为其品牌国际化战略阶段制定的战略之一,也是其CEO张瑞敏总体战略思想的一种体现。对于很多跨国企业来说,打入国际市场的方式有二种,一是渐进式,二是全球同步启动,即先难后易。面对国内市场相对饱和,国际市场一体化的格局,为了占领世界商品和服务市场,在对国际市场进行调查和细致分析后,海尔制定了"先难后易"这种不同于传统的新战略。即当跨国企业在初次进入国际市场时,选择一个对产品的质量以及服务最讲究最挑剔的国家来进行市场开发,占领市场之后,再向其他的产品消费市场进发。

通过不断的市场调查以及分析后,海尔公司将其发展方向瞄准欧美等经济发达的国家,并且希望通过这些国家高水平的市场经济、严把的质量关、高要求的售后服务和激烈的竞争来锻炼自己达到这些市场及消费者对产品质量和服务的要求,并希望从这些高难度市场获得市场相关经验和领先技术,促进其提高在其他国家的市场获得竞争优势。就全世界的市场来说，最为严苛的市场要算欧美等国家的消费市场了，这些国家的消费者对相关产品质量的要求是十分高的。且由于隐性的贸易壁垒，使得海尔公司面临的市场准入较高。面对如此高要求高门槛的状况，海尔却认为，苛责的国际市场是检测产品质量的试金石。想要进入欧美市场，除了最基本的国际化水平的产品质量外，更重要的是其在质量、检测以及品牌的验证方面都与国际的水平相符合。为了成功进驻国外市场，海尔公司耗费了巨大的财力、人力以及物力来促进其技术水平的提升。短短数年，海尔公司陆续通过了美国的 UL、日本 S-MART、德国 VDE 和 GS、欧盟 CE 等 15 个种类、48 个国家的国际认证。这意味海尔拿到了进入发达国家市场的通行证。并且，海尔公司还得到了好几个经济发达国家的相关认证以及授权。这样一来，海尔公司的设计、研发以及上市的时间就得到了极大的缩短。此外，海尔公司还和 NETSCREEN、迈兹等大公司形成了技术合作的联盟，通过这样的方式来实现资源的整合，促进海尔公司科技的进步以及市场竞争力的增强。自 1992 年以来，海尔品牌旗下的冰箱、洗衣机、空调等都先后通过了工 509001 质量体系认证和工 5014001 环境体系认证，大大促进了海尔对欧美的出口。海尔在欧美发达国家市场上的成功为其在进军巴基斯坦、东南亚等发展中国家市场奠定了成功基础。

2. 海尔品牌国际化发展阶段。

（1）国际化战略发展阶段（1998—2005 年）。

2001 年，中国加入世贸组织 WTO。应中央"走出去"政策，海尔抓住机遇，目标是创中国自己的品牌。在这种情况下，海尔提出"三步走"的战略，采用由难到易的方式。第一，在发达国家建立自己的名牌，采用一定的方式进入发展中国家是其第二步，通过自己的努力，形成了"三位一体"的本土化模式则是最后一步。在发展的关键时期，海尔通过"市场链"的方式来管理企业，为了促进企业的自动化建设，海尔同时坚持计算机信息系统作为发展的基础，企业业务的重点是订单信息流，将资金流与物流带动起来，实现业务流程再造。这一管理创新加速了企业内部的信息流通，激励员工使其价值取向与用户需求相一致。

1999 年 4 月，海尔在美国南卡州建立生产厂。在随后几年内相继建立销售中心和设计中心。实现第一个"三位一体"本土化经营策略。2001 年 4 月，海尔将第二个海外工业园建立在巴基斯坦。通过强化国外市场，海尔在这一年内获得了 800 亿元的营业额。这些数据说明海尔成功地使用了国际化的战略。2004 年，海尔首次将电脑销售到法国市场，拉开了海尔实行跨国作战的序幕。2005 年 3 月，海尔中东工业园举行开业仪式。同年年底，张瑞敏指出海尔下一步目标是将在全球范围内建立自己的品牌，即全球品牌战略。

（2）海尔品牌全球化战略发展阶段（2006—2012 年）。

营销的方式在很大程度上受到互联网发展的影响。网络的高速发展，促使企业需要新的销售方式。企业想要长久发展，必须将传统模式转变为"即需即供"新模式。海尔紧抓互联网的机遇，整合全球资源和研发，创建全球化的品牌。"人单合一双赢"模式便应运而生。

2006 年 5 月，海尔电信在印度举行手机新品发布会，宣称其将进入印度市场，这是一个具有重大意义的事件。同年 11 月，海尔同英特尔合作，随后海尔的产品逐渐进入国际市场。2007 年 7 月，海尔集团建立了数字化家电实验室，这是我国第一批企业国家重点实验室之一。2008 年，鉴于海尔家电的影响力，很多部门对其成就都很赞扬，这使海尔家电的影响力在世界范围内进一步受到了关注。2009 年，由于促进节能减排、履行社会责任和惠及千家万户等原因，海尔集团被中宣部确立为重点报道典型之一。2010 年 1 月，海尔集团和惠普公司签署战略合作协议，旨在向中国农村市场用户提供更高品质产品和更加便捷的服务。同年 12 月，海尔成为全球白色家电领域模块化企业第一人。在 2011 年 12 月，根据欧睿国际的调查数据，海尔集团冰箱、洗衣机的市场占有率连续三年蝉联全球第一。2012 年，海尔亚洲总部和研发中心正式落户日本，标志着海尔集团五大研发中心体系正式形成。

（3）网络化战略阶段（2013—）。

2012 年 12 月底，海尔集团创业 28 周年纪念庆暨第五个发展阶段战略主题会在青岛举行。首席执行官张瑞敏总结了创业 28 年来的发展历程，并根据互联网时代的特点，以"没有成功的企业，只有时代的企业"的观念，适应个性化与多样化生产的需求，提出了第五个发展阶段战略主题——网络化战略。

海尔网络化发展战略的基石是"人单合一双赢"模式。"人"是指员工，"单"是指用户。"人单合一双赢"就是员工给用户创造价值的同时，能够实现自身的价值，该模式旨在搭建一个机会公平、结果公正的充满活力的价值平台。张瑞敏表示，在互联网时代，要坚定不移地把"人单合一双赢模式"做好。这一模式是海尔网络化战略实施落地的基本保障。网络化企业发展战略的实施路径主要体现在三个方面：企业无边界、管理无领导、供应链无尺度。企业需要打破原有的边界，成为一个开放的平台，可以根据用户的需求按单聚散；同时，为了跟上用户点击鼠标的速度，企业需要颠覆传统的层级关系，组建一个个直接对接用户的自主经营体；在此基础上，海尔探索按需设计、按需制造、按需配送的供需链体系。

向世界开花

——海信自主品牌的国际化进程

系列案例二正文：

区域市场的耕耘

——海信自主品牌国际化的路径选择[①]

摘　要：海信集团在国际市场上发展自主品牌已经有 20 多年的历史，其自主品牌国际化取得了瞩目成绩，海信已成为真正意义上的国际化家电品牌。该系列案例描述了海信在北美等发达国家市场从开展 OEM、ODM 业务到发展自主品牌，从区域化生产、拓展国际渠道到布局全球研发中心、收购国际知名企业的整个过程，揭示了海信品牌国际化的路径选择。该案例旨在帮助学生学习企业自主品牌国际化的市场进入路径、品牌成长路径等相关问题的分析思路和方法。

关键词：海信集团；自主品牌国际化；市场进入路径；品牌成长路径

0　引言

品牌国际化的探索阶段，海信通过出口贸易、人员推销、签订合资协议、投资建立工厂等方式成功进入南非几大全国性的连锁店，率先于中国的同类产品在国际上挤占了一席之地，并逐步在南非发展成为知名品牌。在 2002 年之后，海信开始尝试将南非的市场开拓与品牌运作经验推至北美、欧洲和澳大利亚市场，并加大了国际品牌的建设力度。与在南非不同的是，海信并没有选择直接在欧美等发达国家市场发展自主品牌，而是先通过发展 OEM 与 ODM 业务，积累渠道资源与市场经验。在这一阶段，海信把产品的高质量作为发展国际名牌的关键，一方面加强全球研发以提升产品竞争力，一方面积极与渠道沟通，打造了全产品线的品牌推广合作方式，并最终获得了主流渠道的认可，在欧美等发达国家市场上塑造了良好的品牌形象。

在国际市场上，中国品牌常常被认为是廉价和低端的代名词。与许多发达国家的家电企业相比，我国家电企业创新能力较为不足，高端产品与国际一流企业相比竞争力较差，这更给中国企业实施品牌国际化战略带来阻碍。那么海信的品牌国际化路径选择是如何做出的？想要发展自主品牌的企业应该如何选择合适的市场进入路径？企业在各区域市场应该如何选择品牌成长路径？该案例将对海信集团在品牌国际化发展和巩固阶段的决策过程和实施内容进行描述，对中国家电企业实施品牌国际化战略具有一定

[①] 本案例由北京理工大学管理与经济学院的马宝龙、胡智宸、王月辉、吴水龙、高昂撰写，作者拥有著作权中的署名权、修改权、改编权。

本案例授权中国管理案例共享中心使用，中国管理案例共享中心享有复制权、修改权、发表权、发行权、信息网络传播权、改编权、汇编权和翻译权。

由于企业保密的要求，在本案例中对有关名称、数据等做了必要的掩饰性处理。

本案例只供课堂讨论之用，并无意暗示或说明某种管理行为是否有效。

本案例受国家自然科学基金项目（71672008）资助。

借鉴意义。

1 海信品牌国际化的新纪元

2003年9月12日,海信大厦顶楼会议室,在以"我们的海信,共同的未来"为主题的海信集团首届全球客户大会上,周厚健董事长面对全球近40个国家的近100位经销商,充满自信地发表了海信品牌全球化宣言:"进攻才是最好的防守,品牌全球化战略是我们必然也是唯一的选择。我们将发展成为世界一流的跨国公司,我们将成为第一家真正掌握核心技术的中国企业,在我们所涉及的家电、通信、IT领域成为极具影响力的技术领跑者。由于历史的原因,中国制造的产品在海外还被人们理解为低质低价的代名词,而海信进行全球化扩张的根本动机就是重塑中国制造的国家品牌,使之成为高品质的代名词,这也正是Hisense品牌的核心内涵所在!Hisense将以高品质的形象家喻户晓,在世界各地成为知名品牌。"面对全球的近百位经销商,海信第一次以一种少有的激进形象展现了自己的坚定和急切。这次大会后,包括日本住友、法国家乐福、美国Best Buy、新加坡TT集团等在内的近百家国际商业巨头与海信进行了多边洽谈,并成为海信全球战略合作伙伴。这次大会海信不仅收获了大笔订单,还拥有了一批进军国际市场的战略伙伴,初步完成了与跨国商业巨头的联合布局。海信利用这一机会首次向外界展示了海信面向全球的开放胸怀和成为国际知名品牌的决心。

2004年在海信集团35周年庆典大会上,周厚健董事长再次发表了关于海信品牌国际化发展方向的重要演讲,他指出海信不能只满足于国内市场:一是绝大多数的跨国企业战略重点都在海外,海信要成为国际知名企业未来必定也是重点在海外;二是海信如果只满足于国内家电市场规模,那么只要日韩等家电巨头对中国市场实施一次垂直性打击,海信集团的发展将受到巨大威胁。海信集团两次大会的召开,坚定了海信实施品牌国际化战略的决心,也开启了海信进军全球市场的品牌国际化新纪元。

2 国际区域市场上的品牌耕耘

2005年2月26日,国家质检总局首次正式公布"出口免检产品"获奖企业名单,海信成为中国首批获此殊荣的彩电企业。多年来累积的技术、质量优势,连续三年100%的产品检验合格率等指标是海信获奖的关键因素。这是自2001年获得"全国质量管理奖"以来海信获得的最高荣誉,获得出口免检产品不仅是对海信产品技术和质量的认可,还大大提高了海信的通关速度,有利于提升海信彩电产品的国际竞争力,塑造海信品牌的国际知名度。这次获奖对海信的国际化进程意义重大,是进军国际市场的一块金牌通行令,也大大推动了海信布局全球市场的品牌国际化进程。

2.1 进军北美市场

美国是世界上最发达的国家之一,拥有先进的技术以及管理经验。如果在美国市场上取得成功,树立起海信品牌,也就意味着海信在国际上有了较强的品牌影响力,在其他发达国家市场的品牌国际化也就更加成为可能。因此,美国市场的开拓对于海信的品牌国际化有着尤为重要的意义。然而美国市场从来不缺少品牌,家电市场的竞争较为激烈,美国品牌惠而浦、通用电气在美国市场上保持较高的市场份额,外国家电厂商中,瑞典的Electrolux是占有市场份额最大的企业,它主要是通过收购美国品牌Frigidaire从而进入美国人的厨房。韩国家电品牌三星和LG在2002年进入美国市场后,经过三年的发展,就进入了美国家电连锁商场Home Depot、Lowe's以及全球最大电子产品渠道商Best Buy的营销渠道。相对于这些竞争对手,海信则显得势单力薄,激烈的竞争环境、强劲的竞争对手、消费者的怀疑态度都成为美国海信发展自主品牌的障碍。

慎重考虑后,海信决定家电产品开始以OEM的形式进入美国市场,先后与惠而浦、通用电气、开利空调、伊莱克斯等知名企业和供应商合作,产品线包括电视机、电冰箱、冷气机、抽湿机、冷柜等。同时,海信制定了迅速提升产能规模和海外投资建厂的策略。在通过贸易形式积极开发国际市场的同时,当在海外市场的容量达到一定规模后，就把握时机将普通贸易方式转变为境外加工贸易方式，以更好地融入当地市场，实现本土化经营。2009 年，海信加拿大公司成立后，与加拿大本土最大的连锁销售渠道 Canadian Tire 展开了合作，充分利用其渠道销售海信牌电视以及白电 OEM 产品，并迅速在加拿大市场上占有了一席之地。同时，加拿大市场与美国市场遥相呼应，使得海信在美洲市场的品牌影响力逐步增强。

这些 OEM 形式的业务，不仅使海信在美国有了合作方和实际消费者，更重要的是为海信品牌在美国市场的开拓提供了很好的市场经验和基础，让海信可以充分地了解零售商的需求，为海信品牌开拓当地市场渠道做提前准备。在积极探索北美市场期间，海信的海外收入增长迅速，如表 1-11-6 所示。这一阶段，海信的出口业务也增长迅速，2001 年海信的出口额仅为 1 000 多万美元，2005 年达到 3.2 亿美元，增长了 30 多倍，年均增幅都在 100%以上，但海信自主品牌的占比却不到 10%。

表 1-11-6　海信品牌国际化发展阶段海外收入（2001—2007 年）　　　（单位：万美元）

年度	2001	2002	2003	2004	2005	2006	2007
海外收入	2 736	4 350	12 000	26 000	40 000	54 000	71 200

资料来源：作者根据海信集团内部资料整理得出

2.2　破冰欧洲市场

与北美市场同样，欧洲市场也是海信国际化战略的重要地区。欧洲国家众多，各个国家法律不同，风俗习惯不同，虽然货币统一，但是欧洲每个细分市场的特点是不同的，这就给海信在欧洲市场的品牌国际化带来了巨大的挑战。与美国相比，欧洲家电市场的竞争同样激烈，唯一不同的就是美国市场竞争较为集中，主要集中在几大企业之间，而欧洲家电市场竞争较为分散，来自日韩的品牌、美国的品牌以及欧洲地区的本土品牌处于激烈的市场竞争中。这些强势品牌都已具备相当完善的采购、研发、生产、销售及售后服务体系，并且在大量的市场需求下，它们可以实现大规模服务平台的低成本运营。欧洲市场前 5 名的家电品牌仅占整个欧洲市场 60%的市场份额，而美国前 5 名的家电品牌占有 99%的市场份额。几乎全球知名的家电企业都在欧洲市场进行争夺，包括 Miele、利勃海尔、惠而浦、伊莱克斯等世界百年品牌。与此同时，亚洲、东欧等国家和地区的产品不断涌入欧洲市场，由于其成本优势，欧洲市场的家电企业面临较为严重的价格压力。

对此，海信在欧洲市场选择性地开展 OEM 业务，能够在规避贸易壁垒、扩大规模的同时为品牌建设做铺垫，将海信品牌的技术、质量实力展现给世界。2002 年，海信在意大利建立了销售网络直接销售海信牌产品。2004 年，海信在匈牙利成立海信公司和生产工厂，实现生产当地化。2006 年，在稳定经营海信空调业务基础上，海信在都灵正式成立海信意大利分公司。之后，海信在西班牙成立公司，极大地促进了海信欧洲业务的发展。海信西班牙公司组建了覆盖广泛的营销和服务网络，与 Sinersis、Segesa、Miro 等西班牙主流渠道商建立了业务联系，市场占有率稳步提升。2006 年，海信荷比卢公司成立，业务发展迅速，辐射荷兰和卢森堡，扩大了海信的国际化覆盖面。

运营 OEM 业务的同时，海信也在不断提升自身规模和制造水平，为实施自主品牌战略投石问路，积累更多经验和渠道。在这一时期，海信集团为欧洲等发达国家的市场开拓制定了"三驾马车"和"两大平台"的发展战略，如图 1-11-14 所示。所谓"三驾马车"，就是"高端 ODM 行业大客户""海外品牌基地"和"新市场、新业务"三大板块。"两大平台"即高效运作的商务平台和严格规范的管理平台。"高端 ODM 行业大客户"拉动总体规模快速攀升，使整体成本下降；并通过"大客户"业务促进系统内全方位的革新，提升公司与国际市场接轨的能力。"海外品牌基地"是海信海外战略长期目标的主战场，在直接面对高端品牌的阵地战中不断提升自身品牌的知名度和美誉度，增强海信整体的全球影响力。"新市场、新业务"的积极开拓，不但使公司获得了短期生存至关重要的利润来源，更重要的是为海信培养了更多的"品牌基地"，是实现海信海外公司可持续发展的重要支撑。而"两大平台"则是确保三驾马车高速前进过程中，保持肌体健康的内在保障。第三架马车"新市场、新业务"板块包括了两个维度，一个是地域维度，即欧洲、美洲、澳大利亚等发达国家市场以外的新兴市场，这个广阔的市场空间将为海信提供新的增长点。另一个维度是业务维度，即海信的新产品，伴随集团生产线的日益丰富，IT 类产品、洗衣机、小家电等源源不断的新产品又将为海信提供大量的业务增长点。2006 年上半年，海信电视居中国出口欧洲总量第一，海信成为法国最畅销的中国平板电视生产商。

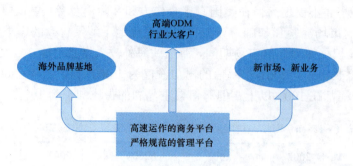

图 1-11-14　海信品牌国际化发展阶段国际市场的品牌发展战略

资料来源：海信集团内部提供

2.3　深耕澳大利亚市场

2003 年海信澳大利亚办事处在墨尔本成立，海信开始开拓澳大利亚市场，但公司主要运营的是 OEM 业务。此时澳大利亚家电市场已经非常成熟，日、韩、欧美等国的高端家电品牌占据了澳大利亚的家电市场。澳大利亚消费者的品牌导向不强，品牌忠诚度不高，喜欢接受新事物、新产品。但长期以来，在澳大利亚家电零售商的概念里，中国品牌是低价和低质的，与日本、韩国品牌在工艺、质量和细节等方面有着天壤之别。虽然零售商们一直需要中国品牌，但其目的只是通过低价吸引低端消费群，提高人气，中国品牌从来不是其战略合作伙伴和高利润来源。

2006 年年初，海信澳大利亚成立新公司，旨在在澳大利亚发展自主品牌。在进行了长达半年的关于竞争对手、渠道、消费者在内的市场研究，在对自身优势、劣势与先入品牌成功经验和失败教训充分认识的基础上，海信澳大利亚公司设立了高起点和中端战略。同时海信在品牌定位决策时提出了 A、B、C 三类品牌定位的思路：A 品牌——高质高价，B 品牌——高质中价，C 品牌——低质低价。

为了能够在澳大利亚市场迅速提升海信品牌形象，尽快突破中国品牌在海外的低档次价格竞争瓶颈，本着完全本土化、高起点的原则和 B 品牌战略①，海信澳大利亚公司在继续拓展 OEM 业务的同时，以 B 品牌战略开始在澳大利亚发展海信品牌。其目标客户群是以产品质量、功能为导向的，介于价格导向和品牌导向之间的消费群体。

为了保障 B 品牌战略的推广，海信澳大利亚公司并没有急于盲目地横向扩张，而是选择纵向深入，深挖优质客户潜力。2006 年 7 月，海信牌平板电视开始以崭新的 B 品牌面貌重新登陆澳大利亚市场，全面进入澳大利亚第二大主流家电连锁渠道 Doodguys，并被该店与三星、惠尔浦等品牌放到其促销画册同一位置进行宣传。同时，海信提出澳大利亚家电最优质的售后服务，成为澳大利亚市场第一个承诺"产品三年包换"和开通澳大利亚全国 24 小时服务热线的家电企业。

之后，海信开始在澳大利亚等先行市场清晰地将自己的产品定位为：紧跟世界领先技术，在功能和质量上与三星、索尼等国际一线品牌基本一致，争做中国质量最好的品牌；在服务上体现出最优质的服务，而在价格上比这些国际品牌低 15%。在选择渠道商方面，海信选择在战略上相互认同的"门当户对"的合作者，在澳大利亚，海信选定了当地排名前 4 的主流家电连锁渠道商。这些渠道商经营各大品牌的商品，需要有各种定位的品牌，定位高质中价的海信品牌，销量不错，逐渐成为当地经销商与强势品牌谈判的筹码之一，同时海信也获得了进入主流渠道的机会，对产品销量和品牌形象形成良性促进。海信

---

① B 品牌战略是海信为布局发达国家市场提出的以综合优质的产品质量、优势的价格定位、稳定的销售渠道和循序渐进的推广方式的中端品牌战略。海信希望通过 B 品牌形象的深入人心，最终实现 A 类品牌的战略目标。

品牌产品以高质量、高技术为基础，以一流的售后服务政策为中端消费者提供服务，以比国际一线品牌更有竞争力的价格，全面进入澳大利亚主流家电连锁渠道，并稳步开展品牌宣传，提升品牌形象。根据各个区域市场的发展情况的不同，海信的策略会略有调整，但中高端的品牌定位却贯穿于海信自主品牌国际化战略的始终。

到 2009 年，海信澳大利亚公司的销售额达到新高，品牌占比达到 93%，市场销售量已经超过索尼和松下，仅次于三星和 LG。并且，海信澳大利亚公司已经完全实现本土化，其销售人员、物流人员、工程师都是在各自领域有着 10 年以上工作经验的当地专业人员，这保障了海信澳大利亚业务的顺利发展；海信澳大利亚也逐渐进入主流渠道，搭建起战略合作关系、高效的物流平台和管理平台。本土化的经营思路，保证了海信澳大利亚自主品牌业务的稳定运作，保证了海信产品功能、质量、设计在当地市场的竞争能力。

3　湍湍激流中稳步成长

2008 年金融危机后，国际市场对于家电的总体需求呈下降趋势，众多国际知名品牌，如飞利浦等品牌在美国市场开始收缩战线，日立和东芝等品牌开始在澳大利亚市场收缩战线。同时，由于经济危机、行业洗牌，部分中小企业倒闭重组。许多客户转移订单，并为防范风险集中采购。这为海信争取国际市场份额提供了很大的空间，开发了一批新兴市场，如图 1-11-15 所示。在海外各区域市场上，海信存在 OEM（主要通过本公司自主的销售渠道实现）与自主品牌（主要通过与海信国际营销的关联交易实现）两种品牌运作模式，但随着海信国际化的不断深入，海信开始逐渐减少 OEM 比例，逐步实现自主品牌国际化。

在全球家电需求疲软的背景下，海信的国际市场份额反而实现了逆势增长。2009 年 1 月，在美国拉斯维加斯开幕的国际消费电子展上，海信携最新自主研发的 LED 液晶电视、蓝光电视、网络电视、节能电视等高端平板新产品与众多国际知名品牌同台竞技。海信电视在此次盛会上成功入围"全球电视品牌前 10 强"。总体来说，海信在国际市场上的稳步发展得益于海信明确的目标市场选择和清晰的品牌发展战略。海信深知想要进一步发展成为全球知名品牌，就必须积极引进国际化专家人才，深入产品研发，积极推进产业链上下游拓展，加强渠道建设，积极进行品牌建设，提升国际品牌形象，自此海信逐渐拉开全力开拓国际市场的序幕。

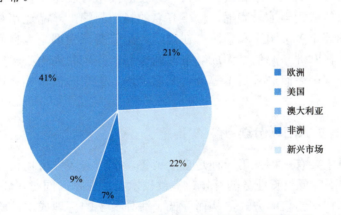

图 1-11-15　海信品牌国际化巩固阶段海外各区域市场销售占比（2007 年）

资料来源：作者根据海信集团内部资料整理

3.1　布局全球研发中心，提升产品竞争力

强大的品牌依托于高质量的产品，以先进技术为支撑的生产体系和高科技的产品是海信品牌最有力的支撑。周厚健董事长曾表示："与国际企业竞争，如果海信不能发展自己的技术，不能创立自己的品牌，最后海信就不得不打价格战、打广告战累得筋疲力尽。没有技术，海信成不了名牌；没有核心技术，我们就不能掌握自己的命运！没有知识产权这个 DNA，全球知名品牌就只能是个实现不了的梦。海信只有实现技术创新，创立自己的品牌，才能在国际市场上占有一席之地。"多年来，海信在海外发展过程中，

始终如一地奉行"技术立企"的理念和"技术为先"的发展思路，坚持自主研发，持续对技术开发投入巨大的资金、人才等资源，研发成为海信加速融入国际市场的平台。在周厚健董事长眼中，只有拥有国际化的前瞻性研发机构（实验室），才能强化企业在行业技术与标准中的主导地位，为企业发展和国家竞争力建设争取更多宝贵时间。跨国的海信在确保紧跟世界先进技术潮流的基础上，要抓住每一次技术升级的契机，在一些热点技术领域实现重点突破，完成技术的跨越式发展，这种技术决不是简单的技术引进，而是以拥有自主知识产权和引领行业技术发展方向为代表的核心技术优势。

2007年，海信抓住荷兰地处欧洲中心位置、与周边各国联系密切的特点在荷兰成立海信欧洲研发中心，以便更深刻地研究欧洲家电产品的发展趋势，深入了解当地家电技术的发展趋势以及文化导向，使研发出的产品满足当地的特色、技术和功能上的需求，提高产品的规划水平和市场的适应性，从而促进海信在欧洲市场实现销售、生产以及研发的一体化。欧洲研发中心的成立，进一步提高了产品的规划水平和市场适应能力。海信技术立企战略也因欧洲研发中心的建立得以向欧洲这些经济最发达、技术最前沿的地方延伸，使技术得到进一步的提升，有利于进一步提高海信的核心竞争力。

另外，欧洲研发中心也成为海信"体验式研发"的一个重要基地。2007年伊始，海信集团董事长周厚健向欧洲研发中心的产品外观设计工程师们布置了一项新任务：游览欧洲著名的博物馆和艺术馆，让设计师体验欧洲的文化和生活，深刻领悟欧洲设计精髓，以设计出具有欧洲设计水准的产品。于是，设计师们开始了在欧洲各地的不停奔走：实地考察电器市场；与欧洲最杰出的设计机构进行直接交流与合作；亲身参与当地的设计论坛……"体验式研发"的成果很快显现，那就是真+天翼系列平板电视的诞生。谈起创作灵感，主设计师胡旻娜说："古罗马的玻璃器皿触动了我，它很漂亮，似透非透、圆润饱满，同时还带有一定的光线折射效果，如果能运用在电视外观上，一定会有很好的效果。"经过与国内同事的沟通和讨论，海信欧洲研发团队把这个由"体验"激发的创意从草图变成了精美的产品。源自欧洲的灵感设计出手不凡，2007年"天翼"系列获得了中国工业设计界最具权威的"2007创新盛典中国工业设计奖"——"最佳年度特色奖"。欧洲研发中心的成立，增强了欧洲代理商和客户对海信产品的信心。

在这之后，海信还先后在亚特兰大、加拿大、圣地亚哥、以色列、日本等地先后成立研发中心（截至目前，海信共有7大研发中心在海外），每年投入巨资进行研发，为海信在国外的市场开拓和品牌建设提供了强大的支持。没有技术的速度不扎实，但没有速度的技术可能是累赘，正是源于这种"技术型"的跨国追求，在南非，海信成为当地与索尼、松下齐名的畅销品牌，产品还销往周边的纳米比亚、莱索托、莫桑比克、博茨瓦纳等十多个国家和地区；在巴西，海信变频空调享有良好口碑，并在智利、苏里南等国家发展态势良好；在欧洲，海信空调成功抢滩意大利，并以此为中心辐射到希腊、塞浦路斯、西班牙、法国、土耳其等国家……而进军日本等发达国家市场，更是海信延伸和检验自己技术和品牌能力的重要战略。

3.2 建设海外营销渠道，扩大市场份额

海信的海外营销渠道主要有三种：第一种是直接销售，在一些区域市场设立办事处或分公司，直接销售产品，这些机构一方面需要负责业务的开发、提供技术上的保障，同时还要进行市场研究给予反馈；第二种渠道是采用分销和代理销售的方式，从而降低了海外员工的管理成本；除此之外，海信还通过合资的方式与其他企业建立合作关系，这种方式使得海信可以利用当地强势企业的渠道进行销售，大大节省了海外运营的成本。三种渠道的销量比例如图1-11-16所示。

（1）成立分公司直接销售。

直接销售加大了海信开拓海外市场的难度，这意味着海信必须有巨额的资金支持、成熟的海外管理体系、在当地培育出强大的营销团队，但这也同时能够使海信及时抓住市场需求，拥有更快的反应速度。

（2）通过分销和代理销售。

海信加拿大公司于2009年成立后成功进入了加拿大本土最大的连锁销售渠道CanadianTire，业务范围包括海信牌电视以及白电OEM产品，而后逐步进入当地的主流渠道，以树立海信品牌高端形象。在美

国，海信产品通过 HHgregg、Best Buy、Wal-mart、Costco.com 等连锁渠道全面进入美国市场；在英国，海信也主要通过进驻当地主要的家电连锁渠道，推广海信产品；在西班牙，海信组建了覆盖广泛的营销和服务网络，与 Sinersis、Segesa、Miro 等西班牙主流连锁建立了业务联系，市场占有率稳步提升。海信澳大利亚分公司也主要依靠当地的零售商进行产品的销售。在与分销和代理商的合作中，海信特别重视与其的战略认同，并将这作为是否合作的第一要素。

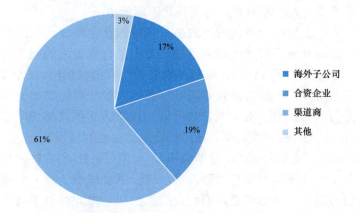

图 1-11-16　海信品牌国际化巩固阶段在国际市场上不同销售渠道的销量比例
资料来源：作者根据海信集团内部资料整理

（3）建立合作关系。

初入国外市场，海信是一个不太知名的品牌，特别是欧洲市场消费者对并不知名的品牌是持怀疑态度的。为解决这一问题，海信选择了首先跟一个客户做最紧密的战略合作，通过他的影响力和渠道进入市场，经由客户的努力跟其下的商家推广海信品牌的优势，最后通过营销人员将品牌信息传递给消费者进行品牌宣传。同时，这也要求海信的品牌拥有全系列、全阵容的产品线，从而使得消费者在商店选购的时候感受到海信品牌强大的实力。此外，与当地强势企业合作，借助原有销售渠道，大大节省了海信进行渠道建设的时间和成本。

在这一时期，海信通过对海外渠道的积极建设，海信的自主品牌呈现良好的发展趋势。海信集团海外收入从 2009 年的 9.2 亿美元增长到 2011 年 14.3 亿美元；品牌收入由 2009 年的 2.6 亿美元上升为 2011 年的 5.2 亿美元，同比增长 51%；自有品牌占比逐年攀升，从 2007 年的 10%，跃升到 2011 年的 37%（如图 1-11-17 所示），其中电视的品牌占比已经达到了 47.4%。

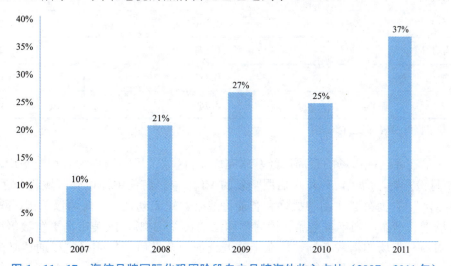

图 1-11-17　海信品牌国际化巩固阶段自主品牌海外收入占比（2007—2011 年）
资料来源：作者根据海信集团内部资料整理

4 自主品牌之梦崭露头角

在进行海外市场开拓的同时，海信特别注重对于产品形象和企业品牌形象的塑造。推广和树立海信作为全球主流消费电子供应商的品牌形象，为海信进入南美市场奠定了良好的基础，同时北美市场的成功也使海信品牌在南美形成了较大的影响力，迅速打开了南美市场。

在海外，海信会通过主动承担社会责任的方式赢得良好的社会声誉。在南非，海信对当地孤儿院、儿童医院和敬老院等福利机构开展了持续的援助活动。其中最有代表性的就是其与南非红十字儿童医院签订了长期的援助协议，协议的主要内容是：海信每销售一台彩电就捐出1元钱，用以帮助红十字儿童医院修建手术室。在南非销售海信产品赞助儿童医疗事业的大型公益活动如火如荼地开展，这项活动在南非的各界都引起了较为强烈的反响。南非大多数商场、连锁店都积极参加此项活动，海信集团也就更加坚实地融入了南非的当地社会。在澳大利亚，海信积极推动当地的环保事业，并主动加入澳大利亚PSA（Product Stewardship Australia，澳大利亚产品管理组织），与索尼、松下等PSA成员一起致力于修复和回收废弃电子电器产品，防止造成环境污染与资源浪费，这一举动赢得了澳大利亚社会的尊重；同时，海信帮助澳大利亚政府推进为电视供应商和进口商制定的新法律，由此得到了澳大利亚政府方面的赞誉，这些活动对海信品牌在澳大利亚的推广起到了很好的推动作用。2011年2月15日，海信成为联合国环境署"绿色创新奖"未来三年的全球首家企业合作伙伴，这也是中国企业首次跻身联合国环境署绿色创新行列。多年的社会责任和公益活动提升了海信的品牌知名度和品牌形象，相关数据显示，到2012年海信在南非市场的品牌知名度占30.1%，澳大利亚为11.4%，如表1-11-7所示。

表1-11-7 海信品牌国际化巩固阶段全球品牌知名度（2012年）

国家	人口/亿	海信/%
中国	13.47	77.7
南非	0.488	30.1
澳大利亚	0.227	11.4
马来西亚	0.283	7.6
意大利	0.608	2.8
日本	1.260	2.8
西班牙	0.471	1.2
德国	0.817	0.3
美国	3.080	0.2

资料来源：作者根据海信内部资料整理

到2012年，海信在各区域市场的布局已经基本完成，各区域市场的销售收入相对平均，如图1-11-18所示。2012年5月份开始，海信海外市场启用全新的VI形象。海信中国以外区域将全面"变脸"，将标识系统彻底"国际化"。在海外自主品牌战略和智能化战略双轮驱动之下，海信以美国、欧洲、澳大利亚、非洲为重点的市场增长迅猛。同年自主品牌销售额同比增长75.34%，欧美市场更呈数倍增长。顺应这一发展态势，基于对海外市场的消费者洞察，在全球调查征询意见后，集团确定以通透时尚色彩、简约的字母取代旧标识，同时推出"重新想象"（Life Re-imagined）的品牌承诺，借此表明海信集团在国际市场上全面发展自主品牌的决心和态度。

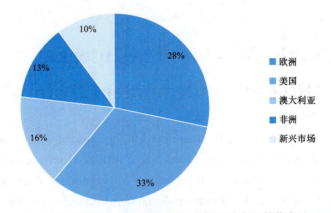

图 1-11-18　海信品牌国际化巩固阶段海外各区域市场销售占比（2012 年）

资料来源：作者根据海信内部资料整理

5　尾声——打造全球知名品牌

海信长期以来坚持"技术立企、稳健经营"的发展战略，不追求短期的轰轰烈烈，而追求当期利益与长远发展的统一，表现相对沉稳和低调，在国际化进程中没有像其他品牌那样激进。实施自主品牌国际化战略之后，海信在营销策略上进行了大胆突破，在稳健基础上实现策略创新，通过进行高调的品牌推广、提供优质的售后服务、实现高度的本土化和文化融合、进行市场导向的技术创新、积极参与社会活动和技术标准制定等多方面的营销举措助力自主品牌国际化战略的实现。

在 2015 年的 CES 展会上，海信推出的激光影院、新一代 ULED 等产品引起高度关注，而以激光影院为代表的"无屏电视"的来临，也使得海信第一次"引领了 CES 风向标"。韩国《朝鲜日报》重点报道了海信在激光影院领域的领先优势，并指出这种技术被誉为适合大屏幕电视的高端前沿技术。该报采访的三星电子一位高层相关人士表示："没想到中国企业率先推出了技术卓越的激光电视。"此届 CES 上，海信 ULED 还荣获了美国国籍数据集团（IDG）权威发布的"年度显示技术金奖"。海信首次在 CES 引领风向标意义非凡，标志着海信的家电产品、技术都已经达到国际领先水平，标志着海信的国际综合实力得到了大幅增强，海信已经具备了充足的国际化资源，正向着成为全球知名品牌大踏步迈进……

Blossoming to the World—The Internationalization of Hisense's Independent Brands

Abstract: Hisense Group has developed its own brand in the international market for more than 20 years, and its own brand internationalization has achieved remarkable results. Hisense has become a truly international home appliance brand. This series of cases describes Hisense's operations in developing markets such as North America from OEM, ODM business to developing independent brands, from regional production, expanding international channels to deploying global R&D centers and acquiring internationally renowned companies, revealing Hisense brand international Path selection. The case is designed to help students learn about the market entry path, brand growth path and other related issues of the company's own brand internationalization.

Key words: Hisense Group; Internationalization Of Independent Brands; Market Entry Path; Brand Growth Path

附　录

海信在海外的七大研发中心

硅谷（集结模拟设计顶尖人才）

美国顺久 SJ Micro 于 2012 年成立于硅谷重镇圣荷西市，隶属于海信芯片公司，是 2012 年海信收购顺久时的一部分。SJ Micro 集结了硅谷最尖端的模拟设计人才（这也是国内最缺的技术力量），主要任务是为数字音视频芯片所需的模拟电路做突破性的设计、图像处理及画质增强算法研究、100 G/200 G/400 G 高端 OSA&光模块预研技术的开发、面向美地区电视产品方面前的技术研究。海信硅谷研发中心实景如图 1-11-19 所示。

图 1-11-19　海信硅谷研发中心实景

亚特兰大（高端智能电视"本地化"）

成立于 2010 年，在 2012 年在周董、于总视察美国海信时，决定扩大美国研发中心规模，并于 2013 年 12 月正式在亚特兰大注册成立海信美国多媒体研发中心。亚特兰大研发中心配合青岛完成了基于 Google Android 操作系统的 Vidaa TV 和 Vision TV 高端智能电视产品开发，自主开发了 Social TV、基于云端的音视频播放等应用和功能。所开发的产品在 2014 年大批量出货，面向 Best Buy、Walmart 等渠道。海信亚特兰大研发中心实景如图 1-11-20 所示。

图 1-11-20　海信亚特兰大研发中心实景

加拿大（VIDAA 幕后工作者）

为配合海信全球化、智能化的战略布局，海信于 2012 年在多伦多收购了新的研发团队，成立了 Jamdeo 加拿大公司，主要致力于海信多媒体等产品的创新研究和人机交互设计/开发，Jamdeo 与多媒体集团一起合作。2013 年，发布上市 VIDAA1 代，2014 年，发布上市 VIDAA2 代，并继续研发新一代 VIDAA3。因为极简的人机交互设计创新以及领先的技术、产品，VIDAA 迅速赢得了用户的喜爱，稳固了中国智能电视市场第一的地位。海信加拿大研发中心实景如图 1-11-21 所示。

图 1-11-21　海信加拿大研发中心实景

新泽西研发中心（提高核心竞争力）

根据海信宽带公司光通信业务发展和产业链纵向集成的需要，宽带公司分别在国外并购 2 家光芯片公司（Archcom 和 Multiplex），并在此基础上与洛杉矶和新泽西成立了针对接入网和数通网市场的 DFB 芯片以及针对传输网市场的 EML 研发和晶元生产基地。宽带美国芯片研发基地的高效运营对宽带光通信业务的发展、对海信宽带核心竞争力的提升、对满足国外高端客户的需求和海外市场开拓起到积极的推动作用。海信新泽西研发中心实景如图 1-11-22 所示。

图 1-11-22　海信新泽西研发中心实景

欧洲研发中心（助力欧洲营销）

作为国内彩电企业在欧洲设立的首个独立研发中心，欧洲研发中心伴随欧洲电视的数字化进程与 2007 年在荷兰埃因霍温正式成立。随着海信在欧洲业务的发展，研发中心与 2011 年迁往德国杜塞尔多夫。海信欧洲研发中心的工作重点是依托于本地化的渠道，深入了解技术发展趋势、技术规范的演进以及市场的走向；充分调动本地资源来更好地服务海信品牌，建立并参与本地化的技术合作；服务于国内研发项目及欧洲当地市场推广工作。海信欧洲研发中心实景如图 1-11-23 所示。

图 1-11-23　海信欧洲研发中心实景

以色列研发中心（储备技术力量）

以色列研发中心（Hisense Isreal R&D Center）根据战略规划，海信集团决定在 2016 年 6 月启动以色列特拉维夫研发中心的建设工作。以色列研发中心的主要任务是预研项目的研究，包括电子、医疗、物联网、智慧城市、图像处理等前沿技术预研、新技术引进、新技术开发的产品化，为海信未来储备技术力量。海信以色列研发中心实景如图 1-11-24 所示。

图 1-11-24　海信以色列研发中心实景

日本研发中心（助力日本营销）

根据集团战略规划，2016 年 4 月正式成立海信日本研发中心。日本研发中心位于日本东京，重点工作是研究日本的技术发展趋势和市场走向，确保开发的产品符合日本市场需求；主要业务范围包括产品规划、智能电视产品的软件开发、日本本地应用的合作商谈以及产品场测的实施等。海信日本研发中心实景如图 1-11-25 所示。

图 1-11-25　海信日本研发中心实景

系列案例二使用说明：

区域市场的耕耘

——海信自主品牌国际化的路径选择

一、教学目的与用途

本案例为《向世界开花——海信自主品牌的国际化进程》系列案例的案例二，该系列案例共包含三个子案例，分别为《种下自主品牌的种子——海信自主品牌国际化的战略决策》《区域市场的耕耘——海信自主品牌国际化的路径选择》《绽放在世界花园——海信自主品牌国际传播的阶段策略》，本子案例主要用于在相关课程中帮助学生理解并掌握品牌国际化过程中选择市场进入路径与品牌成长路径的相关理论和运作要点。其可单独使用，也可与其他两个子案例共同使用，用于讲授整个品牌国际化从国际化动机、国际市场定位、国际市场进入路径选择、品牌国际化成长模式的决策及品牌国际化传播等相关内容。

1. 适用课程：本案例为平台型案例，适用于《国际市场营销》《品牌管理》等课程有关品牌国际化、国际品牌市场定位等相关章节的案例讨论。

2. 适用对象：本案例主要为MBA和EMBA开发，适合有一定工作经验的学生和管理者使用学习。本案例还适用于工商管理专业学生深度了解中国企业品牌国际化过程中的市场进入及品牌成长的路径选择。

3. 教学目的：

本案例的目的是让学生学习并理解海信品牌国际化过程中选择市场进入路径与品牌成长路径的相关理论和运作要点。具体的教学目标是要求学生掌握：

（1）国际市场进入路径的评估工具。识别基本的进入路线模式，以及评估各个目标国家的市场吸引力和潜在风险，制定最优路线并根据内外部环境变化做出相应路径调整。

（2）如何分析和评估各品牌成长路径的适用条件、有利因素与不利因素。结合企业外部环境、内部环境以及自身战略选择最合适的国际品牌成长路径。

（3）企业培育自主国际品牌的基本思路与战略要点。本案例通过描述海信自主品牌国际化进程的市场进入路径与品牌成长路径的整个战略决策和实施过程，帮助学生掌握自主品牌国际化战略决策的基本思路和要点。

二、教师准备

由于本案例是以时间维度开发的系列案例，系列案例之间具有较强的内容与逻辑衔接，教师在教学本案例之前，需要先让学生阅读系列案例一的正文内容，同时教师可以让学生提前阅读教学补充材料及观看教学相关视频《海信林澜接受采访》，使学生对海信品牌国际化的各阶段内容形成基本认识。下面给出了其他可供教师与学生提前了解品牌国际化相关理论与知识点的阅读材料。

1. 有关品牌国际化阶段内容目标及策略的分析可以在以下材料中找到：

韩中和. 品牌国际化战略 [M]. 上海：复旦大学出版社，2003.

韩中和. 中国企业品牌国际化实证研究 [M]. 上海：复旦大学出版社，2014.

2. 有关品牌国际化市场进入路径的论述分析可以在以下材料中找到：

杜学森. 国际营销 [M]. 北京：对外经济与贸易大学出版社，2008.

茹特，李冀凯，蒋黔贵. 进入国际市场的战略 [M]. 北京：中国经济出版社，1992.

胡左浩，陈曦. 中国品牌国际化营销前沿研究［M］. 北京：清华大学出版社，2013.

3. 有关品牌国际化品牌成长路径的分析可以在以下材料中找到：

菲利普·科特勒，等. 营销管理［M］. 13版. 北京：中国人民大学出版社，2009.

Anderson E, Coughlan A T. International Market Entry and Expansion Via Independent or Integrated Channels of Distribution［J］. Journal of Marketing, 1987, 51（1）: 71-82.

Root F R. Entry Strategies for International Markets［M］. D. C. Heath and Company, 1998.

Agndal H, Chetty S, Wilson H. Social capital dynamics and foreign market entry[J]. International Business Review, 2008, 17（6）: 663-675.

4. 关于中国家电行业的详细背景介绍，以及海信集团的历史沿革介绍可以阅读以下材料：

华为手机悄然"逆袭"的营销秘诀：整合营销传播. 第七届全国百篇优秀管理案例（马宝龙、黄阅微、李晓飞、韩逍、王鸿）

"脚踏两只船"的"喜与忧"——海信集团多品牌运作的尝试. 第四届全国百篇优秀管理案例（马宝龙、李金林、石海娇、步晶晶）

三、启发思考题

1. 海信在品牌国际化发展阶段的主要目标以及面临的主要问题是什么？对应的主要品牌国际化的策略有哪些？

2. 海信为什么选择了南非—北美—欧洲—澳大利亚—其他国家这样的基本进入路径？中国企业应该如何选择合适的品牌国际市场的进入路径？

3. 海信为什么在南非选择了直接做自主品牌，而在北美等其他市场上既有OEM也有OBM？

4. 想要做自主品牌的企业应如何选择在不同国际市场的品牌成长路径？

5. 在中国家电企业的品牌国际化过程中，存在两种不同的理念。一种是坚持以企业自有品牌开拓国际市场，另一种是主要以OME贴牌形式出口逐渐发展成为知名自主品牌，这二者不同的品牌成长路径之间是否存在优劣之分？

四、分析思路

教师可以根据课堂不同的教学目的灵活使用本案例。这里给出本案例分析的逻辑路径图（如图1-11-26所示），帮助教师引导案例课堂分析思路。

对本案例的分析需紧密围绕着"国际市场进入路径选择——区域市场的国际品牌运作——自主品牌国际化成果与经验"这一思路开展。为了全面系统分析海信品牌国际化的问题，在引导学生进行案例分析时，可以遵循以下思路：

思考题1的分析思路：教师可首先介绍并讲解企业品牌国际化的阶段理论模型，并引导学生结合案例材料归纳出海信在发展阶段的品牌目标、企业任务、面临问题和品牌战略。

思考题2的分析思路：在思考题1的基础上，结合案例材料，根据国际市场进入的总体路线和国际市场定位方格，引导学生围绕各个国际区域市场的市场吸引力、相关风险、海信当时的品牌竞争力、当地市场竞争程度四方面建立海信的市场定位方格，最终对海信的品牌国际化路径的选择做出解释。

思考题3的分析思路：教师应帮助学生理解OEM、ODM、OBM的定义和特征，引导学生基于企业品牌成长路径的适用条件将案例材料中海信在各区域市场中的内外部条件以及海信当时的品牌国际化战略选择进行关联分析，从而对海信在各区域市场采取不同品牌成长路径的合理性进行解释。

思考题4的分析思路：在国际市场上，企业不仅要考虑自身发展的有利条件，也要充分考虑国际市场中竞争者的各项条件和发展状态。教师应帮助学生理解如何根据相应的环境条件选择最合适的品牌成长路径。

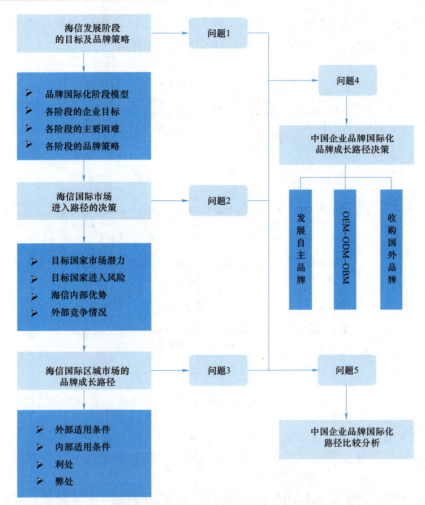

图 1-11-26 案例的整体分析思路

思考题 5 的分析思路：综合思考题 1、2、3、4，结合案例材料，教师应引导学生将文中的品牌国际路径决策进行串联，使学生对海信自主品牌国际化的路径选择有一个完整的认知，讨论海信路径选择的科学性与合理性，并引导学生进行思辨，与其他企业的品牌国际化路径做对比分析。

五、理论依据及分析

企业市场进入路径与品牌成长路径的选择取决于企业在品牌国际化过程中的外部环境与内部资源情况，因此在分析案例问题时，需要首先对海信品牌国际化时的市场环境、资源能力等有清晰的认识。指导老师可以根据国际市场环境分析、国际市场定位、品牌成长路径等相关理论和分析工具对本案例进行分析讨论。

1. 思考题 1 的理论依据及问题分析。

（1）思考题 1 的理论依据。

品牌国际化可以分为四个基本阶段：探索阶段、发展阶段、巩固阶段和飞跃阶段，如图 1-11-27 所示。

企业在品牌国际化过程中，根据阶段的不同，所面临的问题不同，解决手段各异，其品牌路径选择也不尽相同。在品牌国际化的国内准备阶段，企业品牌要力争成为国内知名品牌，并积极探索国际市场，其主要手段是提升产品品质和质量标准，其路径是出口贸易或贴牌生产，以及采用与国际名牌进行合作。在品牌国际化发展阶段，企业要在他国展示自身品牌并提高识别度，这需要提高产品的适应性，其路径可以采用经销商品牌和自创本土品牌。在品牌国际化巩固阶段，要求扩大品牌识别国别范围，需要对产品进行适应性调整，继续采用自创本土品牌，外加自创国内品牌和自主收购品牌，逐步增添自有品牌成分。在品牌国际化飞跃阶段，需要淡化品牌国别市场成分，增加洲际成分，这要求减少产品的多样性，增加一致性，品牌要以自创国内品牌和自创本土品牌为主，进而产品拓展到全球市场，这需要企业具备创造全球统一品牌文化的能力，主要采用自创为主的多层次全球品牌。

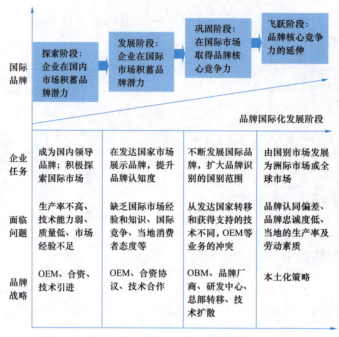

图 1-11-27　品牌国际化的阶段理论模型

（2）思考题 1 的案例分析。

问题：海信在品牌国际化发展阶段的主要目标以及面临的主要问题是什么？对应的主要品牌国际化的策略有哪些？

分析：结合案例材料，海信的品牌国际化同样可以分为四个阶段：探索阶段、发展阶段、巩固阶段和腾飞阶段。2001 年之前海信处于品牌国际化探索阶段，从最初有少量的对外贸易业务，国内制造、代理出口等，到在南非市场成立办事处正式运作并取得成效，海信逐渐摸索出了建设国际品牌一些门道；2002 年之后，海信将南非的品牌运作经验带到北美市场，并加大了自主国际品牌的建设力度，逐步开拓了澳大利亚和欧洲市场。

如表 1-11-8 所示，在发展阶段，海信的目标和任务是扩展区域市场规模，提升产品在国际市场上的竞争力，提升海信在各区域市场的品牌知名度，并实现盈利。而此时当地消费者对中国品牌的消极态度，海信与国际渠道客户对于海信品牌定位的观念冲突，以及当地市场原有的竞争对手都成为海信发展自主品牌的阻碍因素，海信选择了北美等市场先做 OEM 保证上量，再不断发展自主品牌的模式。

表 1-11-8　海信发展阶段的主要目标、面临问题及应对策略

海信品牌国际化的发展阶段	具体内容
品牌目标	在其他区域市场上被认知，尤其是欧洲及北美等发达国家市场
企业任务	提升产品竞争力提升品牌知名度扩展区域市场规模，并实现盈利
面临问题	别国消费者消极的品牌态度，与国际渠道客户的观念冲突，当地市场存在较强的竞争对手
应对策略	OEM，签订合资协议，发展自主品牌，技术合作

2. 思考题 2 的理论依据及问题分析。

（1）思考题 2 的理论依据。

企业的市场进入路径大致可以分为三种：从不发达国家到发达国家、从发达国家到不发达国家以及

中间路线。第一种路径是指企业集中自身的规模优势、管理优势和技术优势先进入发达国家市场，与大型跨国公司和强势品牌正面较量，接受更加挑剔的消费者的考验。在这种交锋和考验的过程中，不断壮大自己的实力，提升品牌的知名度和美誉度，并逐渐成长为强势品牌。由于发达国家市场在全球范围内具有示范效应，品牌就可以借势向欠发达市场辐射；第二种路径是指在市场进入的顺序上，先进入不发达国家，然后进入中等发达国家，最后才进入发达国家。不发达市场如拉美、东南亚、非洲等，由于经济发展水平较低，市场发育也不够成熟，相对来说，这些市场还缺乏强势品牌主导，因而建立品牌所花的成本会比较少，时间也要短一些。并且可以为企业品牌进入更广阔的国际市场提供直接的、可以借鉴的操作经验，增强企业打造国际性品牌的信心；而中间路线模式就是先进入中等发达国家市场，积累国际化经营和建立国际品牌的经验。在市场发育水平、品牌竞争激烈程度等方面，中等发达国家市场介于发达国家和不发达国家之间。选择首先进入这一类市场，就是因为在该类市场上树立品牌的难易程度适中，而在该类市场取得的经验。向上，能够比较容易地扩展到发达国家市场，向下也能够比较容易地扩展到不发达国家市场。

此外，企业在选择进入具体的区域市场时，应运用国际市场定位方格进行分析决策，如图 1-11-28 所示。横坐标代表企业在目标国家的竞争地位和能力，如市场份额；纵坐标代表目标国家的市场吸引力，例如人均产品消费量。企业应该优先进入竞争地位强或者市场吸引力高的国家，同时企业应该优先考虑自身的竞争地位，其次考虑目标市场的吸引力，如图 1-11-28 中国家 A 与国家 B 的分值相同，那么企业应该优先考虑进入国家 B，之后再进入国家 A。

（2）思考题 2 的案例分析。

问题 1：海信为什么选择了南非—北美—欧洲—澳大利亚—其他国家这样的基本进入路径？

分析：从总体上而言，海信的品牌国际化路径是一种中间路线，就是先进入南非这样的中等发达国家市场，积累国际化经营和建立国际品牌的经验。在市场发育水平、品牌竞争激烈程度等方面，南非市场介于发达国家和不发达国家之间。

海信选择首先进入南非市场，主要是因为在这一市场上发展自主品牌的难易程度适中，在南非市场取得的经验，能够比较容易地扩展到发达国家市场。当海信在南非稳步发展，取得一定的自主品牌成效之后，开始着手于向其他区域市场拓展（海信品牌国际化的发展阶段）。如图 1-11-29 所示，此时的海信在南非市场经过多年的发展和实践，已经积累了一定的国际品牌运作、渠道建设、产品生产及销售等经验，并对发达国家的市场环境具备一定了解，已经具备了进入北美、欧洲、澳大利亚这样的发达国家市场的基础和资源。而对于日本、阿联酋迪拜等同样具有一定市场吸引力的国家，虽然海信也具有进入市场的能力，但这些国家市场内部竞争激烈，品牌国际化的风险较大，所以海信选择了南非—北美—欧洲—澳大利亚—其他国家这样的基本进入路径。

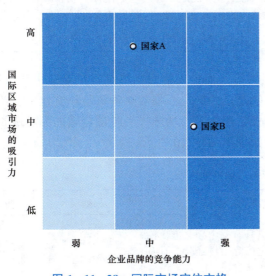

图 1-11-28　国际市场定位方格

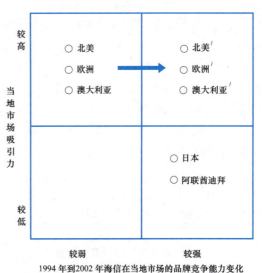

图 1-11-29　发展阶段海信的国际市场定位方格

问题 2：中国企业应该如何选择合适的品牌国际市场的进入路径？

分析：当积累了一定国际市场经验和品牌资产之后，大部分的中国家电企业（其他行业的企业也类似）都选择了品牌国际化。但在实施自主品牌国际化阶段，不同企业在具体市场进入路径的选择上却不尽相同，这也导致不同企业面临的市场特征，企业自身的技术研发和学习能力，企业创造价值的环节和内容不同。如海尔选择直接进入欧美发达国家，通过建厂和直接销售全面实施自主品牌战略，TCL 通过收购国际品牌的方式发展自主品牌战略。对于海信来说，考虑到自身的资源和能力，总体上采取中间路线的进入路径，首先在南非市场寻求品牌国际化的发展契机，同时也是为全面品牌国际化进行试验和经验积累，稳打稳扎，步步为营，时刻关注国际市场动向，不断发展企业自身的品牌竞争能力，最终建设成为全球知名的自主国际品牌。对于中国企业而言，不管是采取发达国家到不发达国家，还是不发达国家到发达国家的总体路线，都应该在充分考察当地市场吸引力和企业品牌竞争力后谨慎地作出最合适的路径选择。

3. 思考题 3 的理论依据及问题分析。

（1）思考题 3 的理论依据。

企业在国际市场上可以采取三种品牌运作模式，分别是原始设备制造商（Original Equipment Manufacturing，OEM）、原始设计制造商（Original Design Manufacturing，ODM）以及原始品牌制造商（Original Brand Manufacturing，OBM）。OEM 是指企业按原单位委托合同进行产品制造，用原单位商标，由原单位销售经营；ODM 是指企业按照委托方要求，由企业设计并生产，但是不使用企业自己的品牌，也不负责产品销售；OBM 是指企业设计生产自主品牌的产品，积累品牌优势，并主动建立与消费者之间的联系。

要理解海信为什么在不同区域市场采取了不同的品牌成长路径，首先要了解 OEM、ODM 和 OBM 三者的特点和差异。表 1-11-9 给出了三种品牌成长路径的特征比较。一般来说，发展自主品牌，做 OBM 更多的是针对 B2C（企业对消费者）品牌，因为 B2C 的竞争更加激烈，要保持产品与消费者的沟通，品牌必不可少。当然 B2B 企业是否建立自主品牌需要权衡。如果中间企业数量不多，这时并不需要特别塑造品牌。而当中间企业数量巨大，行业又存在一定竞争性时，企业就可能需要跳过中间商，通过特别手段塑造品牌，对终端消费者形成影响从而对中间商产生拉力。

表 1-11-9 OEM、ODM 和 OBM 的特征比较

模式	品牌	设计与生产	销售
OEM	产品为委托方量身制造，只能使用委托方的品牌	委托方掌握核心技术，受托方负责生产	以委托方的品牌型号名称出售
ODM	产品的品牌归委托方所有（委托方买断产品版权时）	受托方提供产品研发、设计制造、后期维护，委托方提供设计构想	受托方有权将产品销售给其他客户（委托方未买断产品版权时）
OBM	受托方经营自主品牌	受托方自主设计、研发、生产	受托方自产自销

同时，由于自创品牌周期太长，在生产、渠道和服务等方面投入的费用过高、风险较大，所以收购国外品牌是降低风险，快速进入国际市场的一种方式。但是，并购也面临着财务风险和文化融合等风险。总体来说，企业应该结合外部环境、内部环境以及自身战略在各国市场选择当时最合适的品牌成长路径。具体的品牌成长路径类型、内外部适用用条件、利、弊如表 1-11-10 所示。

表 1-11-10 不同品牌成长路径的适用条件

品牌成长路径	外部适用条件	内部适用条件	利处	弊处
OBM	当地市场消费水平较高，行业竞争程度较低，行业内缺乏品牌领导者，竞争对手的品牌认知度较低	企业品牌已具有一定知名度，已经积累了一定国际市场经验，具有较强的物流和品牌建设能力	占据价值链高端，自我掌控力强	成本投入大，周期长

续表

品牌成长路径	外部适用条件	内部适用条件	利处	弊处
OEM→ODM→OBM	行业竞争较为激烈,消费者教育程度较高,竞争对手的品牌竞争能力较强	企业加工制造经验丰富,并积累了相关的技术研发能力,具有良好的规模经济	积累资金,学习别人先进经验	处于价值链低端,受制于人
收购国外品牌	品牌国际化的风险较高,当地市场的进入壁垒较高,当地市场存在品牌影响力强的知名品牌	企业已经较深地嵌入全球价值链,并在技术和市场开拓具有潜力,具有较强的研发能力、渠道和品牌建设能力,资本雄厚	充分利用已有的品牌资源,能够快速地拓展国际市场	资金需求大,品牌整合困难

（2）思考题3的案例分析。

问题：海信为什么在南非选择了直接做自主品牌,而在北美等其他市场上既有OEM也有OBM？

分析：结合案例材料与相关理论,海信在南非市场和北美等其他区域市场的品牌模式选择可以根据国际市场对应的外部环境和企业能力两方面进行解释,具体如图1-11-30所示（标注"✓"的为海信已经满足的条件）。

图1-11-30　海信在南非、北美等区域市场上不同品牌成长路径的决策依据

在南非市场,就外部环境而言：南非当地市场的消费水平较高,而当地家电行业竞争程度较低,已有的日本、韩国等品牌竞争能力有限,海信有较大的品牌发展空间。就海信内部环境而言：虽然当时海信在国际市场上并不具备较强的国际知名度,且南非当地消费者对中国品牌持有怀疑态度,但海信已经通过出口贸易等在南非市场积累了一定的市场经验和渠道客户。且相对于OEM业务,海信直接发展自主品牌的长远收益更大,符合其品牌国际化做强做大的发展战略,所以海信在南非选择了直接做自主品牌。

当海信在发展阶段进入北美等其他区域市场时,就外部环境而言：尽管这些市场的规模和潜力较大,当地消费者的消费水平较高,但行业内竞争较为激烈,本土的品牌竞争能力较强,且当地消费者对海信品牌并不熟悉,持有怀疑态度。就海信的内部环境而言：海信通过在南非市场的多年实践,已经积累了丰富的加工制造经验,具有良好的规模经济,有一定相关的技术研发能力,所以海信选择了在这些市场上采取OEM—ODM—OBM的品牌成长路径。

4. 思考题 4 的理论依据及问题分析。

（1）思考题 4 的理论依据。

在国际产业分工体系中，从 OEM 到 ODM 再到 OBM，实际上是伴随着企业的不断学习和进步，在产业链上占据不同位置的过程，如图 1-11-31 所示。OEM 的本质是做 B2B，OBM 的本质是做 B2C，管理文化、方式和复杂程度都完全不一样。

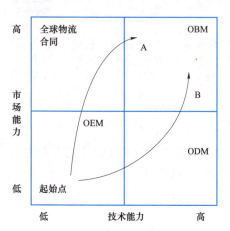

图 1-11-31　全球价值链上企业的品牌成长路径

从 OEM、ODM 向 OBM 转化，需要强化学习和组织能力，它是企业升级为国际性集团的基本象征。做自有品牌，企业就可以将制造业务外包，专注于微笑曲线左边的技术和创新以及右边的品牌经营，在全球范围内整合价值链，成为真正的"中国品牌制造"。事实上，在这个过程中，也并非一定严格遵循 OEM—ODM—OBM 的路径，可以选择路径 A，通过整合全球物流，直接从 OEM—OBM，或者选择 A 与 B 的组合路径。甚至在一定的条件下，OEM、ODM、OBM 三者可以并存，但是，应该处理好三者的关系，因为三者之间可能会在外部的资源获取、渠道建设等方面存在冲突，也有可能在内部的管理理念、管理方式、手段等方面存在冲突。

（2）思考题 4 的案例分析。

问题：想要做自主品牌的企业应如何选择在不同国际市场的品牌成长路径？

分析：当企业进入国际市场时，企业所面临的竞争对手较少，企业自身实力较强，当地市场中其他企业与其相比不具有竞争实力，那么企业可以利用新颖独特的产品、强大的科技能力、充足的资金流等，迅速地打入国际市场，占据有利的市场地位，发展自主品牌，培养忠实的客户群体，获得利润。然而，如果国际市场中的竞争对手多，且发展都相对成熟稳定，拥有自己的市场份额和客户群体，那么企业在当地市场发展自主品牌会面临很大的障碍。企业需要投入大量资金宣传自己的产品和品牌，并且在搭建销售渠道、培养客户群体等时都存在很大困难。在这种情况下，有的企业往往会选择低价战略，但这种选择往往使得企业利润降低，同时不利于树立企业的品牌形象。后续如果企业提高产品价格，走中高端产品路线，会流失大量客户，导致企业面临危机。

因此，想要做自主品牌，企业在国际市场上，不仅要考虑自身发展的有利条件，也要充分考虑国际市场中竞争者的各项条件和发展状态，并根据相应的环境条件选择最合适的品牌成长路径。虽然海信在国际化之初已经提出要发展自主品牌，但海信在对各区域市场进行充分的调研和考察之后，在不同区域市场上选择了不同的品牌运作模式和品牌成长路径，具体如图 1-11-32 所示。

在先后进入了南非、北美、欧洲和澳大利亚四大区域市场之后，海信根据当地市场中竞争者的发展状态和自身的品牌竞争力选择了不同的成长路径：在南非市场直接发展自主品牌，并在具体的策略实施中配合这一战略，如建立当地工厂，逐步实现本土化经营，最终不仅在南非市场成为知名品牌，还实现了向其他区域市场产品出口、品牌声誉传播的协同；此外，鉴于当地市场已经存在比较强劲的品牌竞争对手，海信在北美、欧洲和澳大利亚市场从 OEM、ODM 开始做起，积累渠道和经验，逐步发展并加大自主品牌占比，缩小 OEM 业务占比。综上所述，企业应结合外部环境、内部环境及自身战略在各国市场选择合适的品牌成长路径。

5. 思考题 5 的理论依据及问题分析。

（1）思考题 5 的理论依据。

企业品牌国际化是一个纷繁复杂的系统工程，品牌国际化路径之间并没有优劣之分，也不存在任何固定不变的路径模式，企业必须依据自身所拥有的经营资源状况以及所处的国内外市场环境进行选择，在此，只能从一般路径的有利面和不利面对品牌国际化路径进行比较，具体的路径选择如图 1-11-33 所示。

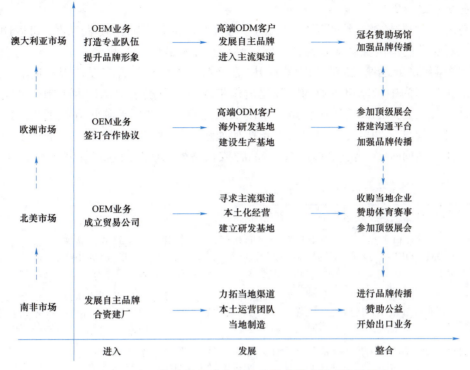

图1-11-32 海信各区域市场的品牌成长路径及协同效应

从品牌的市场进入路径来看，首先，从不发达市场到发达市场的路径模式来看，其有利面表现在：进入市场难度较低；能够逐步获得国际化的相关经验；品牌创建初期成本较低；品牌国际化较为迅速。从不利面来看，不发达市场其市场体系发育不成熟；缺乏有效竞争；政治社会风险较大；品牌向高端市场转移比较困难。其次，从发达市场到不发达市场的路径模式来看，其有利面表现在：国际化过程和学习过程同步；品牌的市场基础较为完善；品牌国际化起点高，向低端市场扩散较为容易。从不利面来看，品牌拓展初期成本较高；竞争风险大；成功率较低且周期长。再次，从中间路径模式来看，其有利面表现在：品牌进入难度适中；品牌扩散路径比较灵活。从不利面来看，品牌进入目标市场难以选择；品牌国际化路径缺乏明确性。最后，从由近及远路径模式来看，其有利面表现在消费文化适应比较容易；品牌策略比较容易切合实际；品牌扩散较为稳步。从不利面来看，可能面临较为复杂的品牌国际化策略的制定和实施，增加进程的复杂性。

从品牌发展路径来看，首先从自创品牌来看，有利因素包括自我控制力较强、品牌价值链处于高端、品牌利益较大；不利因素包括先期成本投入巨大、品牌国际化周期长。其次从由DEM到ODM再到OBM来看，有利因素包括循序渐进过程有助于学习和经验累积，有利于与品牌支持相关的经营资源积累；不利因素包括品牌价值链起点较低、长期受制于人。最后从品牌收购来看，有利因素包括可以充分利用现成品牌资产，市场拓展比较迅速；不利因素包括对资金需求较大，品牌整合比较困难。

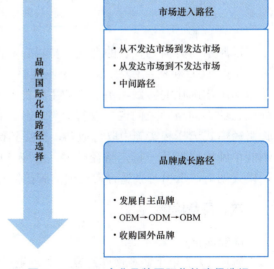

图1-11-33 企业品牌国际化的路径选择

（2）思考题5的案例分析。

问题：在中国家电企业的品牌国际化过程中，存在两种不同的理念。一种是坚持以企业自有品牌开拓国际市场，另一种是主要以OME贴牌形式出口逐渐发展成为知名自主品牌。这两种不同的品牌成长路径之间是否存在优劣之分？

备注：思考题 5 为发散题，这里提供相应的参考答案，指导老师在教学活动中可以通过循序渐进的询问，引导学生对企业的国际品牌成长路径、国际品牌运作模式等进行思辨。

分析：随着中国经济的迅速发展和阶段的提升，在产品制造领域与许多发达国家逐渐拉近了距离，"一带一路"倡议的提出，为中国家电企业的国际化运作带来巨大发展空间，也为中国企业实施品牌国际化战略提供了条件。然而企业的品牌国际化是一个漫长的过程，企业需要通过寻找适当的路径，逐渐发展成为国际知名品牌。经过长期努力，中国品牌正在加速进入国际市场的进程，已涌现出一批国际市场较为知名的品牌，使产品拥有了一定的国际地位，品牌成长路径也逐渐清晰，具体如表 1–11–11 所示。

表 1–11–11 中国企业品牌成长路径比较

企业	路径特点	利处	弊处	适用条件
海信	中间路径：发展自主品牌、OEM—ODM—OBM、技术和产品研发	品牌国际化风险较低、市场拓展经验积累充分、后期利润稳步增长	品牌认知度较低、品牌成长较慢、国际市场拓展较慢、品牌模式复杂	国际市场竞争激烈、生产制造经验丰富、成本控制能力强
海尔	由难向易：技术和产品研发、自主品牌本土化、构建营销网络	品牌国际化起点高、自主性较强、后期拓展较快、所需时间较短	前期拓展较慢、前期投入较大、风险较高、前期亏损可能性大	资金比较雄厚、产品和技术研发能力强、构建营销网络能力强
联想	高起点：知名品牌收购、产品创新、营销网络整合、国际合作	品牌国际化起点高、品牌认知较快、前期拓展较快、利润增长稳步	整合成本高、风险较大、后期拓展具有不确定性、所需时间较长	生产技术成熟、潜在研发能力较强、营销网络整合能力强
TCL	难易结合：自主品牌、国际收购、本土化品牌	市场适应性好、市场拓展难易互补、回旋余地较大	品牌一致性较差、市场发展不均衡、所需资源复杂	生产技术成熟、研发能力较强
华为	由易向难：自主研发、技术产品创新、ODM 业务	品牌基础较好、品牌自主性强、市场适应能力强	前期投入较大、研发投入巨大、品牌拓展较慢	国际经营意识强、产品生产经验丰富成熟
格兰仕	循序渐进：OEM—ODM—OBM	品牌国际化路径清晰、风险较小、品牌国际化经验积累充分	品牌拓展较慢、策略转换频繁、品牌处于低端定位	品牌国际化意识强、拥有核心竞争力、成本控制能力强

以海尔与海信为代表的企业坚持以自有品牌开拓国际市场，即企业国际化的目的是创企业的世界品牌；而以 TCL 和格兰仕为代表的企业主要以 OEM 贴牌形式出口，出口的目的是释放企业产能以及创汇。总结品牌国际化的实践，由于企业主体的状况和国际市场的复杂性，并不存在固定不变的路径模式，品牌成长的不同路径之间也并没有优劣之分。任何一种路径模式都有其对应的优势和困难，能否在品牌成长路径模式选择和实施中取得成功，会受到许多复杂因素的影响，因此，致力于实现品牌国际化的企业，不能单纯地照搬某一特定路径模式，而应该根据企业经营资源特点，参照自身所处的内外环境，进行路径模式创新，走出一条适合自己的品牌国际化道路。

六、背景信息

南非海信：

海信 1997 年年底在南非建立第一条生产线，1998 年其产品正式进入南非销售的主渠道和大型连锁酒店。此后，海信在南非的销量、销售收入和利润以平均每年 20%到 30%的速度增长。如今，南非的各大连锁店都有海信的产品。2003 和 2005 年，在南非最大连锁店 GDGroup 的年度评选中，海信因售后服务第一和销量第一获得年度最佳供应商。在南非，特别是约翰内斯堡，很多消费者都知道这个品牌，对海信最多的评价就是物美价廉。

美国海信：

美国海信贸易公司成立于 2001 年，位于美国洛杉矶，是海信集团为实施全球化布局设立的战略性海外销售机构。公司主销平板电视，同时经营空调和手机产品。目前为止业务已经覆盖加拿大、墨西哥等北美地区。

美国海信从最初进入市场至今，产品线从单一的 CRT 产品拓展到包括平板电视、手机的多媒体产业。据统计，2005 年海信平板电视在美国市场的占有率为 1%，实现销售收入 1 400 万美元。美国海信还与全美最大的专业电器和家用电器连锁销售店百思买公司、沃尔玛公司和柯尔公司进行合作，提高了海信在美国市场的知名度。

澳大利亚海信：

海信于 2003 年在墨尔本成立澳大利亚办事处，开始开拓澳大利亚市场。2005 年，开始尝试在澳大利亚发展海信品牌。2006 年海信澳大利亚公司正式成立。据海关报道，海信出口澳大利亚 CRT 电视、等离子电视总量居中国品牌第一名，分别占中国出口澳大利亚总量的 15.7%和 24.4%。2006 年年初，本着完全本土化，高起点的原则和"B 品牌战略"海信开始在澳大利亚筹建公司，在继续拓展 OEM 业务的同时，以 B 品牌战略开始在澳大利亚发展海信品牌。海信澳大利亚公司推出了令当地业界刮目相看的售后服务政策，即 3 年内登门换机服务。这在当地是澳大利亚家电业最优质的售后服务。

欧洲海信：

2003 年海信首次与匈牙利全球最大的 OEM 公司，世界 500 强之一的伟创力公司商谈合作事宜，2004 年 2 月 26 日双发签订了合作协议。双方合作方式最终选定为"利用海信产品技术和管理经验；利用伟创力完备的厂房设备、劳动力和物流配套优势；实现海信对欧洲家电产品出口的规模化，以带动国内 SKD 零部件出口，创造最大收益"。

七、关键要点

本案例的分析关键在于对海信实施品牌国际化战略、国际市场进入路径以及各区域市场品牌成长路径能够形成深入的理解和把握。不仅对海信案例能够进行详细的阐述和分析，还要能够充分地将品牌国际化相关理论和国际市场营销理论与海信的案例经验相结合进行分析和探讨，了解海信决策的内含逻辑关系、关键因素和品牌国际化进程的启示等。教学中的关键点包括：

1. 品牌国际化企业是跨阶段性的活动。在不同的阶段，企业要根据自身和外部环境的特点，制定适合的品牌国际化战略，控制风险，稳步前行。

2. 不同的国际环境以及企业资源对应不同的国际市场进入路径。企业需要综合考虑国际区域市场的市场吸引力、相关风险、在当地的品牌竞争力、当地市场竞争程度四方面因素，选择合适自身发展的市场进入路径。

3. 国际市场环境复杂多变，想要做自主品牌，企业在国际市场上，不仅要考虑自身发展的有利条件，也要充分考虑国际市场中竞争者的各项条件和发展状态；并根据相应的环境条件选择最合适的品牌成长路径。

4. 由于企业主体的状况和国际市场的复杂性，品牌国际化并不存在固定不变的路径模式，品牌国际化的不同路径之间也并没有优劣之分。任何一种路径模式都有其对应的优势和困难，企业不能单纯地照搬某一特定路径模式，而应该根据企业经营资源特点，参照自身所处的内外环境，进行路径模式创新，走出一条适合自己的品牌国际化道路。

八、建议课堂计划

1. 教学步骤和计划。

鉴于课堂时间较为有限，为保证教学效果，我们建议师生做足充分课前准备：教师可以提前一周将案例、辅助资料和启发思考题发给学生，并在前一次课结束时对案例的内容和教程做出简要说明，其中说明和强调：（1）课堂教学的效果和收获取决于课前准备是否充足；（2）全班学生分成若干个小组，每组由组长组织小组讨论活动，执行如表 1-11-12 所示的学习计划。

课前用 1 小时阅读和思考；用 1 小时开展小组讨论。课堂中师生用 2 课时（90 分钟）进行课堂讨论。

表 1-11-12 课前与课堂的教学步骤和计划

时段		讨论和学习内容	主要内容	学习时间
课前	1	教师发放教学案例和相关资料,完成小组分组。学生个人阅读案例内容与其附带材料,并分析思考讨论题	课前准备	1 小时
	2	学生开展小组讨论,借助于所学知识点与工具开放性地解答教师给出的辅助性问题,并将结果于课前反馈给老师,老师进行评阅打分	课前准备	1 小时
小计				2 小时
课堂	3	教师可以播放视频《海信林澜接受采访》,并让学生课上再仔细回顾案例及相关资料,并独立思考讨论问题,并要求学生独立给出问题讨论所涉及的营销理论	案例导入	10 分钟
	4	学生分析海信在品牌国际化发展阶段的主要目标、面临问题与品牌策略;然后教师将学生观点列在黑板上,并结合品牌国际化阶段模型进行讲解	思考题 1	15 分钟
	5	学生对思考题 2 进行分组汇报,教师提问"中国企业如何选择品牌国际化的市场进入路径?"。然后教师抛出国际市场定位的决策分析框架,就学生观点结合理论知识点进行讲解	思考题 2	15 分钟
	6	学生分析并讨论海信在各区域市场采取不同比例品牌成长路径的原因,并进行分组汇报。教师将学生观点列在黑板上,并就学生观点结合理论知识点进行讲解	思考题 3	15 分钟
	7	学生对思考题 4 进行分组汇报,教师就学生观点结合知识点讲解中国的企业在不同国际市场上应该如何选择品牌成长路径	思考题 4	15 分钟
	8	学生对思考题 5 进行分组汇报,教师将学生观点列在黑板上,并结合其他企业的品牌成长路径进行对比分析,引发学生进行思考与讨论	思考题 5	15 分钟
	9	请学员分组就有关问题的讨论进行分析和总结并写出书面报告,目的是巩固学员对案例知识要点的理解	课后总结	5 分钟
小计		—	—	90 分钟

2. 教师的引导。

教师不仅应在课前发布和组织学生讨论启发思考题,也要在课堂讨论中发挥指导作用。鉴于本案例素材较多,海信的品牌国际化进程较为复杂,教师宜引导学生紧紧围绕思考题以及分析工具展开思考和讨论。在讨论过程中,教师应辅助梳理学生的观点并加以归纳整合,最后基于国际市场营销的相关理论工具对学生分析的逻辑加以点评,指出优点和缺点,以及完善、提高学生对于相关知识点的分析表达能力的路径建议。

3. 板书的使用。

开展归纳性思考题讨论时,教师宜将各思考题不同层面的要点分栏写在黑/白板上,帮助师生归纳和梳理思考题的逻辑,提高学生思考与学习效果。板书可由教师在主持讨论时书写,也可由学生小组代表书写,图 1-11-34 是建议的教学板书布局。最终帮助师生形成对海信品牌国际化进程的综合性理解认识,充分理解并掌握品牌国际化的相关理论工具,加深学生的课堂讨论与学习效果。

九、补充材料

海尔:海尔从出口到生产国际化,走出了一条独立的自主品牌加国外生产和经营的路径模式。海尔的目标是实现全方位的国际化经营,它选择的是先难后易的路径,即首先进入欧美发达国家市场,通过品牌策略和战略的实施,树立自身的品牌形象,稳步扩大品牌及产品的认知度和认可度,不断提高自身产品的品质、质量和国际竞争力,然后再进入东南亚、中东、拉美等发展中国家市场,逐步形成了海尔的国际营销网络。1999 年,海尔首先指向世界最大的市场美国,率先在这里设立自己的生产、设计和营销中心，通过三位一体的策略推出海尔品牌，坚持当地融资、充分利用当地人力资源和最大限度地文化融合的策略，并针对当地消费者需要设计产品和服务。首先在美国赢得消费者和市场，并形成一整套有效的国际营销策略手段后，再俯冲进入其他国家市场，就显现出了品牌国际化的高效率性。虽然这一路径的起步阶段步履艰难，所花费时间也较长，为获取国际经营资源还要进行大量的前期投入，但由于起点较高，一旦取得成功，其国际化的后续道路较为平坦。

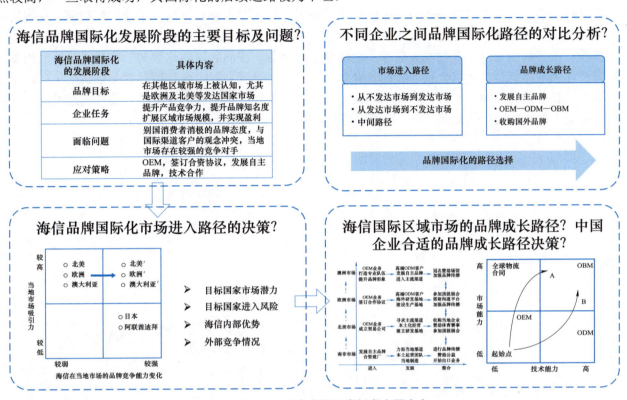

图 1-11-34　供参考的课堂板书主要内容

联想：联想通过收购国际知名品牌产品线，从本土知名品牌一跃成为国际品牌，走出了一条"借船出海"的品牌国际化道路。2004 年，联想投入 12.5 亿美元的巨资收购 IBM 的 PC 业务，这种以小吃大的方式显示了联想品牌国际化的胆识。通过收购以及对 IBM 技术和管理等经营资源的整合，以较短的时间获取了 PC 的全球市场及客户，使联想品牌国际化有了一个较高的起点。通过原有品牌 Legend 改为 Lenove，并在全球范围注册，从法律上巩固了联想品牌的国际市场地位。实施收购战略仅仅两年，联想在全球 60 个国家拥有了分支机构，建立其遍及 160 个国家的营销网络。

TCL：TCL 在品牌国际化路径选择上，针对不同市场采取了不同的品牌国际化策略，面向新兴市场采取自有品牌，而在发达的欧美市场则采用品牌合作策略，走上了一条由易向难、难易结合的路径模式。1999 年，TCL 以越南市场为跳板逐步扩散至东南亚市场，用了 6 年的时间在新兴市场基本实现了生产和管理的本地化，在营销网络和客户资源以及原料产品供应链方面也日益完善。尽管 TCL 品牌国际化取得了明显的进展，在新兴市场有着比较稳定的基础，但在进入欧美发达市场过程中也是历经坎坷、屡遭挫折，品牌收购过程也经历了严重的亏损，一度对公司管理构成了严重的影响，但由于公司品牌国际化路径思维清晰稳健，最终在新兴市场和发达市场实现了多品牌经营。

华为：华为作为通信网络技术产品的研发、生产与销售的高科技企业，专门为电信运营商提供固定和移动网技术设备和相关增值业务服务方案，使用户在任何时点都能通过终端享受到快捷一致的通信体验，走出了一条以自主研发为基础，先内后外、先易后难的品牌国际化路径模式，为后发国家的高科技企业实施品牌国际化提供了成功的先例。华为在稳固国内市场的前提下，首先进入非洲、中东、亚太和拉美市场，针对国际标准逐步提升研发水平，并以此为跳板，开始登陆欧、美、日市场，华为品牌和产品方案首先得到了欧盟多国的广泛认可，并且在美国和日本市场也取得了进展。当前，华为已经在产品供应链、管理体制、市场和研发等方面全面步入了国际化进程，其根基是它一贯强调的自主研发优势，这一点为华为品牌国际化奠定了坚实的基础。

格兰仕：格兰仕是以微波炉作为核心产品起家的，创业伊始就提出了"百年企业，世界品牌"的口号，说明了它所具有的鲜明的品牌国际化意识。企业的产品特点、企业自身条件及产业现状决定了品牌国际化的路径选择。鉴于对这些因素的考量，格兰仕选择了从贴牌生产到自主设计和委托加工制造，再到自有品牌制造的这种循序渐进的品牌国际化路径模式。在自己弱小和市场竞争激烈的初期，贴牌生产是一种无奈但正确的选择。但随着经营资源的积累，格兰仕借助全球产业调整契机，抓住发达国家纷纷退出微波炉生产这一空当，在技术上进行了全面整合和吸收。在品牌国际化最初阶段，格兰仕利用发展中国家劳动力成本优势，通过合资、收购、合作等方式，在俄罗斯、印度等国建立一批装配工厂，率先将低端制造部分进行转移，扩大其产品在国际市场的空间，逐步由贴牌向自主设计委托制造过渡；并且逐渐形成具有影响力的产品标准，扩大品牌的国际影响力，增强品牌的国际竞争力。

向世界开花
——海信自主品牌的国际化进程

系列案例三正文：

绽放在世界花园
——海信自主品牌国际传播的阶段策略①

摘　要：海信集团在国际市场上发展自主品牌已经有 20 多年的历史，从简单的出口贸易到成为南非市场的知名品牌，从开展 OEM、ODM 业务到在北美等发达国家市场发展成为知名品牌，海信的自主品牌国际化取得了瞩目成绩。目前，海信电视市场份额稳居中国第一、南非第一、澳大利亚第一、全球第三，海信已成为真正意义上的国际化家电品牌。该系列案例描述了海信自主品牌国际化各阶段的品牌建设过程，揭示了海信自主品牌国际传播的阶段策略。本案例旨在帮助学生学习企业国际品牌运作模式、国际品牌传播等相关问题的决策思路和分析方法。

关键词：海信集团；自主品牌国际化；品牌运作模式；国际品牌传播

0　引言

2018 年 7 月 16 日，当法国队时隔 20 年再次捧起大力神杯时，俄罗斯世界杯也终于随之落下了帷幕。英格兰、比利时的进球盛宴，托尼·克罗斯的最后逆转，冰岛门将扑出梅西点球，内马尔精湛的演技……这些精彩场景成为全世界球迷难以忘却的记忆。在此届俄罗斯世界杯上，除了球员们的大放异彩，同样备受瞩目的是中国企业在世界杯上的热情参与。世界杯期间，中国赞助商们的表现受到了大众的关注与热议，无论是与梅西形成高度关联的蒙牛，通过三大活动与两部新款手机抓住眼球的 VIVO 等世界杯官方赞助商，还是因法国夺冠退款而成为舆论中心的华帝，都让中国品牌在国际市场上的影响力向前迈了一大步。在中国企业纷纷争抢世界杯大牌球星和参赛球队代言的情况下，海信独辟蹊径，跳出"世界杯+球星"的逻辑，在距世界杯开幕不到 10 天时正式对外宣布英国著名演员本尼迪克特·康伯巴奇成为海信电视最新代言人。左手"世界杯"，右手"好莱坞"，海信将高贵雅致的英伦范和激情四射的绿茵场巧妙地碰撞结合，在一众企业中脱颖而出，独特性和差异化的品牌传播策略也使得其在实际的产品销售上获得巨大突破。根据中怡康发布的市场数据，海信电视 6 月和 7 月两个月的销售额占有率均超过 20%，7 月份还创出 20.63% 的历史新高。在 75 寸及以上大屏市场，海信电视的销售量和销售额占有率分别为 28.71%

---

① 本案例由北京理工大学管理与经济学院的马宝龙、胡智宸、王月辉、吴水龙、高昂撰写，作者拥有著作权中的署名权、修改权、改编权。
本案例授权中国管理案例共享中心使用，中国管理案例共享中心享有复制权、修改权、发表权、发行权、信息网络传播权、改编权、汇编权和翻译权。
由于企业保密的要求，在本案例中对有关名称、数据等做了必要的掩饰性处理。
本案例只供课堂讨论之用，并无意暗示或说明某种管理行为是否有效。

和 29.67%，海信 80 寸激光电视 L5 连续 5 周高居产品畅销榜的前十位。赞助世界杯的品牌效应与海信激光电视和 ULED 电视热销形成的良性化学反应，让海信收获了令人意想不到的成绩，而海信也成为第一个杀出重围完成蜕变升级的品牌。

看到海信赞助世界杯的巨大收效，已经退休的前海信集团南非董事总经理于游海不禁感慨万千：在品牌国际化之初，面临着国际市场上的环境变动、合作方的严密设防、国际渠道商和消费者的消极态度等复杂问题。海信也曾苦苦思索该如何扩大市场规模及提升国际品牌知名度以使海信进入良好的品牌成长阶段，而现在却已经于国际家电舞台上脱颖而出，发展成为全球知名品牌，实现了从追赶到超越追赶的跨越。尘封的记忆逐渐打开，于游海的思绪逐渐飘回到了在南非那难以忘怀、无比艰辛的市场开拓之路……

1 海信探索阶段的市场开拓模式

1992 年，海信通过山东省外贸公司代理出口产品，向南非出口彩电。此举也正式拉开了海信南非市场开拓的序幕。在海信进入南非市场前，这里的电视产品已被各路世界家电巨头瓜分，而且当时海信更多地把精力放在国内市场上，国际业务所分配的资源相对不多，所以海信只能选取这种靠外贸出口企业拿订单的无自营出口权的模式。1997 年，海信在南非成立了自己的贸易公司。此时海信可以自己直接与外国客户联系，而且产品设计也有了一定的自主权。正是善于细分市场，海信准确地找到南非市场的突破口，由此，海信在南非逐步壮大。随着海信在南非获得了一定的市场规模，海信开始寻求在南非扩建工厂增加产能。正在选择建厂区位的海信发现，位于约翰内斯堡高科技园区中兰德的韩国大宇工厂的厂房面积、内部设备都非常合适，而且国际著名的大企业如松下、西门子、宝马等在南非的总部和制造工厂都云集于此地。2000 年 10 月，海信收购了韩国大宇公司总面积达 2 万多平方米的工厂。同时，海信又投入大笔资金在南非建设自己的科研中心，并抽调了一批具有丰富管理经验和较高技术水平的人员到南非工作。在这一时期，虽然海信已经明确了在南非市场的自主品牌发展战略，但市场开拓模式相对单一，主要以人员推销等地面策略为主。

（1）地面推销。

在南非市场开拓的初期，海信主要通过建立体验馆、投放产品广告、与客户进行技术交流、邀请客户参观公司并借助媒体力量等方式，增进客户对海信及海信产品的了解。同时，海信利用数字简洁明了的特点，用数字吸引消费者。消费者往往对数字比较敏感，特别是对于技术型产品。海信南非则利用这一特点，在海外市场的大部分广告都对产品的功能进行了提炼。例如，海信电视：8 项指标、6 项领先，7 个项目、4 个冠军；海信冰箱：保鲜 3 倍、节能 7 成。这些数字简单明了，给国际消费者留下了深刻印象，从而有效地宣传了海信品牌及海信产品。此外，海信在南非 10 多个大中城市的机场道路和高速公路旁，都做了巨大的 Hisense 广告牌，海信已经在南非设立了 30 多块大型广告牌，其中 20 多块在约翰内斯堡。

在进入一个陌生市场时，由于语言不通、消费习惯以及文化理念的差异，会遭遇种种困难，而为了战胜这些难题，海信每次开拓新市场都是首先与当地人进行沟通。海信南非公司成立前，海信南非所有员工走访商场客户，大约 3 年的时间，海信南非公司的管理人员几乎走遍了约翰内斯堡的大小商店和连锁店，和普通的黑人售货员聊天，了解市场行情，并且宣传介绍了海信集团及海信产品，甚至邀请了南非一部分大连锁店的经理人员到海信的中国总部参观，这样，海信品牌逐渐获得了南非各连锁店及商场的信赖和认可，使得海信彻底打开了南非市场。同时，在印尼市场海信也是如此，甚至在 2000 年，50 位印尼经销商赶赴青岛，与海信协商扩大海信在印尼经销网络的问题。此后，海信扩大了产能，在印尼建立了自己的工厂，形成了更加庞大的营销网络。

（2）加强生产效率。

南非海信成立之初就一直坚守"本地化生产，以产带销"的战略，狠抓生产效率和采购提效工作，通过近一半的物料本地化采购，实现了较高的本地化生产程度和较快的反应速度。此举直接带来的收益就是政府海关 25% 的进口关税的减免，以及海运环节成本的降低。这种战略实际上是通过本地化生产绕开了南非的关税壁垒，又通过本地采购部分体积较大的物料，例如包装件和塑料件来降低综合成本，直接提高产品竞争力。这种发展模式为海信在海外市场直接提供有竞争力的产品取得了非常好的效果。海信的 CRT 电视曾经一度占到市场份额的 30%以上，产品基本覆盖了全国，市场上提到海信的 CRT 电视，都是质量好、性价比高的积极的反馈。此外，海信在充分了解南非市场需求结构后，马上开始整合国内外资源对南非进行布局，成功收购了南非约翰内斯堡城郊边现成的海外厂房，并努力提升工厂的效率。在运行阶段，海信电器一直加强生产效率和采购环节，随时进行本地化采购，因地制宜。同时，海信抓住了进入南非市场的最好机会在当地投资建厂并采取本地化生产，这使作为南非市场后入者的海信很好地找到了自身定位。在生产管理上，海信坚持着本地化管理理念，选用一群中国最出色的工程师来辅助当地的班组长管理生产，提升工艺水平，控制完成质量。海信在南非的工厂追求小而精，不搞大而全，工厂只有 20 名工人但平均一天却可生产 300 台电视，在销售旺季，产品供不应求。在第一个五年阶段里海信电器成功的原因是抓住了市场机遇，根据当时的市场情况和竞争对手的实力，通过在当地投资建厂的方式积累自己的核心竞争力，拥有了比别的企业更直接的优势。

（3）签订合资协议。

初期海信南非的企业经营管理重心在生产环节，而销售环节较为薄弱。为此海信在南非工厂的生产平台上，进一步拓宽新产品，通过产品和渠道规划，让自己的主流产品进入主流市场的主流渠道。但在这个阶段，海信的 CRT 电视逐渐被平板电视所取代，整个中国家电行业都陷入了困境。主要原因是在 CRT 时代，海信等中国家电制造企业背靠国家构建的彩管、关键部件等完整的产业链体系，凭借规模优势和成本优势快速崛起。但在进入平板电视时代后，中国彩电企业却集体陷入了缺屏的困境。海信南非公司在这个阶段非常难熬。实际在这个阶段，海信南非公司已沦为世界平板产业链上的装配工人，即使是占领了市场，利润也十分微薄，处境非常尴尬。在这个危机的情况下，南非海信开始关注市场和渠道，关注产品规划，不断推出新产品，以新制胜。同时，这个时候海信也开始寻求与企业大客户的合作，开始签订合资业务。海信通过与行业大客户的合作，拉动了海信电器在南非生产的总体规模，使系统成本下降，并通过承接高端合资业务，大大提高了海信品牌的综合竞争力。

2 海信发展阶段的品牌建设

2002 年之后，海信步入了品牌国际化的发展阶段。海信意识到，国外同类企业将加快中国市场布局，国际知名品牌将成为消费者追求的对象，国内市场的品牌将集中整合，没有品牌或者说不能成为强势品牌的中国企业只能成为国外知名品牌的制造加工基地。做品牌还是做制造？海信坚定地选择了前者。然而海信此时只是国内名牌，在发达国家市场上的知名度不高，所以海信采取了 OEM 和自主品牌并行的策略，并对国际市场进行积极的探索，逐渐扩大在海外的市场规模。

在开拓发达国家市场时，海信明显的劣势是总体规模不足，由此引发的成本劣势成为海外品牌建设的瓶颈。欧美国家变换多样的贸易壁垒、国内家电市场饱和、产能过剩等压力也迫使海信积极地采取新的发展策略。海信选择了迅速提升产能规模和海外投资建厂的策略。在通过贸易形式积极开发国际市场的同时，当在海外市场的容量达到一定规模后，就把握时机将普通贸易方式转变为境外加工贸易方式，以更好地融入当地市场，实现本土化经营。在此之后，海信用了近 10 年的时间基本完成了在国际市场上的布局，使其遍布亚欧美非全球各个地区。海信产品远销东南亚、中东、非洲、欧盟、美洲、澳大利亚等多个国家和地区，在美国、南非、意大利、德国、法国、荷比卢、澳大利亚、北非等国家和地区设立了分公司和销售机构。

2006 年海信举行第三届全球经销商大会，邀请海信的全球合作伙伴齐聚青岛，共商海信国际品牌化发展的大计，探讨中国品牌国际化发展的战术。海信认为，一个品牌要想在国际市场获得持续的发展，就需要准确进行品牌定位。品牌定位得准，产品价格合适，才能保证企业在国际市场获得利润，然后才能有钱投入设计、开发、品牌形象提升，利润才能增加。品牌强大了，高质量客户多了，企业才会有更多资源进一步投入品牌建设和渠道的长期支持。在此之后，海信在各区域市场上开展了一系列品牌建设活动,旨在提升品牌形象,进行品牌定位。

(1)品牌赞助活动。

2005年,Hisense亮相世界四大汽车赛事之列,海信的新西兰代理商正式赞助新西兰V8国际超级房车大赛赛事中一支叫作哈代的车队,首次现身新西兰普克侯赛道(Pukehohe)。中国品牌Hisense在V8赛场上赚足眼球。作为房车级别中的顶级赛事,V8吸引了全球各行业超级品牌的参与。Hisense的名字能够出现在赛事中,是海信品牌战略国际化的重要举措。而之前,在新西兰的家电品牌中,只有日本的Fujitsu(富士通)公司利用V8赛事作为其广告宣传媒介。海信的进入,标志着中国品牌——海信正在新西兰与对手展开新一轮的市场竞争。海信赞助V8之后,海信海外销售收入同比增长140%。而随着国内平板电视连续12个月保持市场的绝对领先优势,海信电视的海外市场份额也在持续攀升。在澳大利亚市场,海信占到国内出口品牌10%以上的份额,成为国内电视产品出口第一的品牌。

2006年海信获得第八届澳大利亚国家最高电影奖项IF Awards的冠名赞助权。这一颁奖仪式除澳大利亚知名人士之外,澳大利亚主流经销渠道和采购商代表也应海信邀请与会。海信成功冠名赞助澳大利亚最高电影奖项,符合海信在澳大利亚市场品牌形象定位,成为海信品牌推广的一次良好契机。这一盛典还通过电视、网络、杂志等多种媒介渠道,在新西兰、印度、日本进行了传播,海信品牌高品质、高科技、不断致力于创新、创造高品质生活的品牌形象也深入澳大利亚消费者的心中。海信澳大利亚公司总经理Aania Garonzi表示:支持对本地创新和发展有意义的重要事件活动很重要,是海信品牌国际化发展战略的方式之一。冠名赞助澳大利亚最高电影奖项,进一步提高了海信品牌在澳大利亚市场的认知度。

(2)参加展会。

海信国际化的初步成功受到了国际行业展会的广泛关注。2006年1月,在全球最大的拉斯维加斯举办的消费电子博览会上,全球著名的专业杂志TWICE报道了2005年中国消费电子行业的十大亮点,海信因其芯片的成功研制、并购科龙产业的结构调整、中国平板销量第一、切入通信领域等内容成为曝光率最高的中国企业。技术的海信、多元化的海信为中国产业的发展注入了更多的活力。2006 IFA展上,海信首次展示了获得中国工业设计至高荣誉奖项的33系列液晶电视产品;新推出的PVR刻录电视具有强大的硬盘功能,可以随时方便地将自己喜欢的电视节目刻录保存,无线连接电视,让电视观众即时享受电视和网络技术有机结合带来的便利。海信向欧洲和全球展示了"中国平板电视顶级制造商"的无穷科技魅力。2009年1月8日,在美国拉斯维加斯开幕的2009国际消费电子展上,海信电视在此次盛会上成功入围"全球电视品牌前10强"。在国际金融危机的背景下,中国上市公司都受到了不同程度的影响,海信电器表现出强大的抗风险能力,也为海信赢得赞许的声音。2010年1月8日,周董在国际消费电子展览会(CES)高峰论坛上发表了题为"从中国制造到中国创造——新兴市场的技术和产品"的主题演讲。

海信在国际市场上大力推行自主品牌建设,使得海信在澳大利亚、欧洲、非洲的品牌影响力得到迅速提升。海信在全球的市场也取得了优异的成绩,成为众多消费电子品牌走向海外的典范。

(3)媒体推广。

欧美发达国家等是海信品牌国际化战略的重要市场。这些相对保守的老牌发达国家,在资源少、费用高的情况下,如何树立海信良好品牌形象是一个巨大的难题,为此海信在不同的区域市场上开展了不同的媒体推广活动。2009年2月28日,海信传媒网络公司北美运营中心的Hitv广告业务成功打入美国市场,此次受到美国主流媒体关注的Hitv广告机终端遍布北美,可以根据用户需要定制不同的播放内容,实现用户播放列表的个性化定制。在法国、荷兰、比利时、瑞士等欧洲各国的首都城市,海信配合新华社在中国领事馆、高档酒店、大型连锁华人超市建立了媒体平台,高质量的海信电视吸引人们驻足观看。2008年5月21、22日在俄罗斯举行的俄罗斯-欧盟峰会上,海信品牌电视以峰会合作伙伴的身份亮相于各会议室;在市中心地区竖起的大型路牌上,海信品牌电视2009年海外推广统一形象让前来参加峰会的各国代表及广大市民眼前一亮。

(4)获得国际奖项。

2009年7月1日,埃及总统对海信产品给出了高度肯定和赞扬。希望海信加强与shams的合作,加大投资力度,为当地经济的发展和就业做出更大的贡献,政府也为海信在当地的投资提供了极大限度的政策优惠与支持。2009 年 6 月 26 日，海信获美政府"卓越贡献奖"，该奖项是为表彰做出卓越贡献的高科技企业而设，海信成为第一个获得该奖项的中国企业。2008 年 1 月 8 日，在拉斯维加斯举行的美国 CES 展会上，海信荣获"最具创新力品牌"大奖，成为唯一一个获此奖项的中国彩电品牌。海信在全球瞩目的 CES 展期间获奖，吸引了大量全球经销商的目光，海信电视在国际市场上的突出成绩也逐渐赢得了国际渠道商和国际消费者的尊重。

3 海信巩固阶段的品牌传播

3.1 稳扎稳打入驻主流渠道

海信极为重视对国际渠道的风险控制，即使是区域市场上的全国性连锁渠道，海信也不会一味"抱大腿"，而是慎重审视渠道的财务状况是否健康。以至于在澳大利亚家电圈流传一个玩笑的说法：跟海信合作，不能保证 100%成功，但不跟海信合作的渠道，倒闭的风险比较大。一些海信没有选择入驻的全国性连锁渠道，都或多或少出现了经营困难，有的还倒闭了。尽管一定程度上有些巧合，比如澳大利亚全国性连锁 Dick Smith，虽然门店很多，但海信澳大利亚管理团队多次讨论认为，他们的管理模式讲不通，后来果然出了问题。在渠道建设的过程中，海信没有急于盲目地横向扩张，而是选择纵向深入，深挖优质客户潜力。澳大利亚市场排名第二的连锁渠道 JB HiFi 已经向海信开放数据库，可以随时查看海信品牌在其渠道中的所有实时数据，如订单库存等，这种信赖关系是经过多年合作积累下来的。与优质核心海信客户深入合作，让海信澳大利亚获得了巨大收益，业务规模在体量比较大的基础上仍然保持了快速增长，公司运营效率也得到较大提高：2015 年同比增长 50%，2016 年在此基础上，收入同比增长 43%。最大的收益体现在利润上，2016 年海信澳大利亚公司利润攀登新高峰，实际完成率超过 300%，对比 2015 年，利润增幅达 240%。海信认为，这一建立在优质客户基础上的盈利是可持续发展的盈利，不仅为当前提供了良好的增长和很好的利润回报，为未来的发展打好了地基。

海信同时看重国际渠道是否与自身的发展思路相互匹配，其中最典型的就是与澳大利亚最大连锁渠道 Harvey Norman 的合作过程。2009 年海信澳大利亚公司开始与 Harvey Norman 接触，由于对方一直不认同海信是中高端品牌，直到 2010 年年底才铺货进入 Harvey Norman。在进入之后，许多加盟店主仍然认为海信是低档货，要么不主推，要么只推少数几款电视。Harvey Norman 根据报表数据认为海信表现很差，要求海信做低端，海信果断拒绝，表示要卖功能，不打价格战，并拿出很多证据表明原因在于门店没做到位，双方矛盾一时难以调和。2011 年年底，海信痛下决心将电视全部从 Harvey Norman 撤出。同时，海信澳大利亚公司制定了两个战略方针：一是通过做好冰箱产品维护与 Harvey Norman 的关系，同时不断给对方做电视产品的路演培训；二是将精力放在排名第二、第三的连锁商，做好这两大渠道来刺激 Harvey Norman。在这之后，海信冰箱不断推出新产品，同时在质量、售后、利润等方面都让国际消费者对海信的印象和信心不断积累，而海信电视在排名第二、第三的渠道里也风生水起，蒸蒸日上。2013 年年底，Harvey Norman 全球 CEO 带了一支包括各大澳大利亚核心门店店长在内的 20 多人队伍到海信澳大利亚，敲定全面恢复电视合作，并接受了海信品牌的中高端定位，海信电视也重返 Harvey Norman。海信认为，如果接受了渠道商的低端品牌合作方式，便会像病毒一样侵蚀排名第二、第三的渠道。重新进入 Harvey Norman 的海信电视迎来了高速增长，也反过来刺激了排名第二、第三的渠道。2015 年、2016 年，海信电视在澳大利亚的销售额连续两年保持了超过 50%的增速。

3.2 体育营销助力国际品牌发展

通过持续的产品研发与渠道建设，海信已经在国际市场取得了不错的成绩，但是仍与周厚健董事长提出"大头在海外"（实现海外销量大于国内）的发展目标存在差距，海信巩固阶段海内外的具体主营结构（2013 年）如表 1-11-13 所示。

表 1-11-13　海信集团品牌国际化巩固阶段主营结构（2013 年）

		主营收入/亿元	收入比例/%	主营成本/亿元	成本比例/%	主营利润/亿元
按产品分类	电视机	259	90.93	210	89.67	49.4
	其他	25.8	9.07	24.2	10.33	1.66
按地区分类	国内	207	72.58	159	67.81	46.2
	国外	78.1	27.42	74.3	23.19	2.83

然而海信想要在国际市场上扩大市场规模，却面临着巨大的困难。在国际市场上，渠道对于一个新品牌的态度往往不太友好。除非能够明显看到某个品牌未来有希望，否则渠道一般不愿意帮新品牌进行市场推广的，相反会把入驻的新品牌作为低价引流（引进来的客流量）的手段。而正是因为低廉的价格，新型的中国品牌往往被定位为低端品牌序列，在这种情况下，再和低端品牌竞争的结果就是："产品质量要跟大品牌的一样，但价格一定更低；同时，还要和小品牌的产品价格差不多，但质量比他们好。"这对于海信在发达国家市场发展自主品牌而言是双重夹击，价格低、利润少，品牌成长也更会因此陷入巨大的困境。

为此，在这一阶段海信有针对性地在各区域市场开展了一系列场馆冠名、赛事赞助等活动，对海信的渠道建设起到了积极的推动作用，大大降低了与渠道商的谈判难度。如海信早在 2008 年就冠名位于墨尔本的澳网主球场为 Hisense（海信）球场。2005 年，海信的新西兰代理商正式赞助新西兰 V8 国际超级房车大赛赛事中一支叫作哈代的车队，海信的进入，标志着中国品牌——海信正在新西兰与对手展开新一轮的市场竞争。海信认为，运动是无国界的。海信希望通过体育营销迅速融入国际化序列，让世界接受海信文化，享受海信的优质技术和完善的售后服务，助力海信国际化品牌战略的推进步伐。海信前期的这些赛事赞助，一方面，确实提高了品牌知名度，中国外文局《2014 年中国国家形象全球调查》显示，国外受访者对中国品牌的认知程度排名，海信总体排名第 7 位；但另一方面，海信已经基本完成了对全球范围内的市场布局，多年的耕耘让海信具备了良好稳定的营销渠道、世界领先的研发能力，海信一直在寻找一个国际品牌传播更大的机会。

在 2014 年李娜闯入澳网决赛夺得澳网女单冠军，这个过程中海信意外收获了远超预期的宣传效果。在短短几个月的时间里海信品牌被澳大利亚几大连锁卖场认可，这也进一步推动了海信各大类产品在澳大利亚电器商城全面铺设。在澳网赞助取得成效后，海信为了加大在美洲、欧洲等国际重点市场的推进力度，又赞助了一系列区域赛事，并在每次实施前，选择与海信在当地市场的品牌定位吻合的赛事进行赞助。2014 年，海信赞助了美国的汽车赛事 Nascar。Nascar 是一个美国全国性的巡回赛，每年大约有超过 1.5 亿的观众现场观看比赛，电视收视率在美国更是远远超过篮球、棒球和橄榄球等体育比赛。同样在 2014 年，海信赞助了德国甲级联赛的沙尔克 04 队和世界最高水平的赛车比赛世界一级方程式锦标赛（简称 F1）。2015 年海信又赞助了 Red Bull（红牛）车队。这些顶级的赛事赞助活动对海信全球市场带来了巨大的积极影响，海信的一些渠道客户十分惊讶，海信居然在 F1 比赛上做广告。在后续海信品牌推广的过程中，渠道商更加容易认可海信的品牌定位、品牌价格、渠道支持等各方面决策。

根据美国全球统计机构 IHS 公布的数据，2015 年前三季度海信电视全球出货量为 5.8%，仅比 TCL 高 0.1 个百分点，远落后于韩国的三星（Samsung）和 LG。究其原因，这是因为海信还没有在海外建立起很高的品牌知名度，导致海信在与国际渠道商谈判时往往处于劣势，消费者不了解甚至不知道海信的产品，从而限制了海信在海外的产品销量。《中国国家形象全球调查报告 2014》的数据显示（如图 1-11-35 所示），海信在海外消费者对中国品牌的熟悉程度中排名第 7，在发达国家中的消费者对海信的熟悉度仅有 17 分（满分 100），发展中国家的消费者对海信的熟悉度为 31 分。

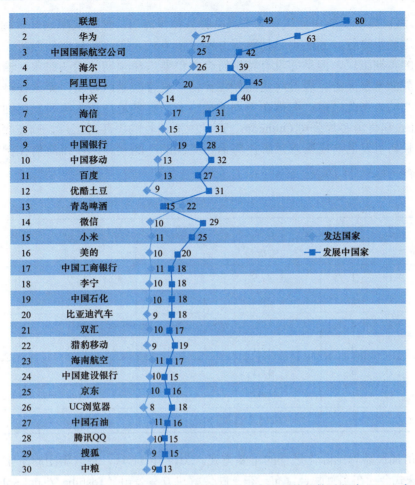

图 1-11-35　品牌国际化巩固阶段海外消费者对中国品牌的熟悉程度（2014年）

海信虽然已经进入了北美的各大主流销售渠道，如百思买、沃尔玛和亚马孙等，但是海信品牌的知名度以及当地消费者对它的认可度还很有限，与经销商的合作关系还需要更长时间去经营和巩固。海信要想在国内和国外开启新的发展征程必须在国际品牌建设上下功夫，海信在国际市场上急需提升品牌知名度，以拉动销售和渠道建设。

4　全球品牌传播推动海信腾飞

4.1　跨国收购，加速全球化布局

2015年7月，海信集团与日本夏普同时宣布，海信出资2 370万美元收购夏普年产能300万台的墨西哥工厂的全部股权及资产，并获得夏普电视美洲地区的品牌使用权（巴西除外）。夏普墨西哥工厂并非海信集团近几年国际并购中的个案，海信还分别成功并购了加拿大技术公司Jamdeo和美国芯片公司Archcom，都得到了良好的过渡和消化。海信集团副总裁林澜表示："海信在美洲市场接手夏普品牌后，将夏普定位为高端品牌，海信定位为中高端品牌。北美洲、欧洲、大洋洲这3个发达地区市场是海信国际化的战略突破口。在美国，海信品牌电视已进入沃尔玛、Best Buy等不同类型的销售渠道，且发展势头良好。此次收购夏普墨西哥工厂，不仅有利于解决海信在美洲的产能瓶颈，而且通过夏普品牌的授权，海信能获取更多的渠道资源，从而实现海信在美洲市场的快速成长，增强海信在渠道以及规模上的议价能力。并且，夏普是液晶之父，无论在技术积累还是生产能力、渠道资源方面，都具有强大的优势，这些都是海信心仪已久的。而且海信会将ULED显示技术以及互联网技术移植到夏普品牌产品上。"

虽然在家电行业有很多并购的机会，但在发展过程中海信集团还是放弃了很多海外并购的机会。直

到进入 2014 年后，海信提出要成为全球彩电主流品牌且稳居前三。然而实现这一目标需要通过技术、产能、市场等多种渠道同步进行，当然也包括跨国并购这一方式。在收购夏普墨西哥工厂之前，海信也在考虑收购其他适宜的美洲工厂，但是并没有特别符合海信要求和预期的购买对象。恰逢其时，扭亏无望的夏普决定兜售其美洲电视业务。经过海信的仔细评估，夏普的墨西哥工厂无论在产能还是人员配置等方面都令海信怦然心动。在此之前，海信在美洲的战略布局更多是在技术与研发层面，例如收购了加拿大的技术公司 Jamdeo 和美国芯片公司 Qrchcom。而此次海信收购墨西哥工厂，则在短期内快速地补足北美地区业务快速增长新引发的产能需求，解决海信在美洲的产能瓶颈，使得海信在国际市场上的出货量大幅提升，具体如表 1-11-14 所示。

表 1-11-14 海信收购夏普后电视品牌出货量统计

品牌	2015		2016		年成长率
	排名	出货量	排名	出货量	
三星	1	47.9	1	47.9	0%
LG	2	29.4	2	28.2	-4.1%
海信	4	12.8	3	13.3	3.9%
TCL	3	13.1	4	13.2	0.8%
索尼	5	12.1	5	11.7	-3.7%
其他	—	100.4		105	4.5%
出货总量（百万台）	—	215.7		219.2	1.6%

海外并购是海信加快品牌国际化进程的重要方式。2017 年 11 月，海信集团旗下上市公司海信电器股份有限公司与东芝株式会社在东京联合宣布：东芝映像解决方案公司（Toshiba Visual Solutions Corporation，TVS）股权的 95% 正式转让海信。2018 年 5 月，斯洛文尼亚家用电器制造商 Gorenje 集团宣布，中国海信集团以旗下"Hisense Luxembourg Home Appliance Holding（海信卢森堡家电控股）"和"Hisense Luxembourg Holding（海信卢森堡控股）"子公司名义，合计收购了该公司 22.56% 的股份而跃升为第一大股东。对于海信来说，海外并购有诸多益处，能够使得海信迅速形成产能布局，迅速进入、提高甚至占领当地市场，有效利用目标公司的商誉积累及当地社会和自然资源。

4.2 赞助欧洲杯，深化全球品牌建设

欧洲杯是全球三大体育赛事之一，其影响力很广泛，收视率非常好。场地边的 LED 广告语又是比赛中最典型的强植入式广告，所有赞助商播放广告的反响特别好。由于欧足联给 230 个国家的都是同一个信号，换句话说就是其他人没有权力也不能更改画面。因为同一个信号源供应全球，这样品牌赞助商的权益就可以得到非常好的保障。2016 年 1 月 14 日，海信与欧足联成功签署了欧洲杯赞助协议，海信成功在欧洲杯顶级赞助商中占有了一席之位。其广告也出现在欧洲杯全部 51 场比赛中，每场比赛中都有八分钟的品牌展示。另外，海信 Logo 也出现在票面、官方背景板上。在法国欧洲杯 10 个举办城市的球迷区，海信设立了专属展示区，全面展示旗下产品。

"2016 欧洲杯最大的冷门是巴西被淘汰，最大的黑马是海信的广告。"这个火爆网络的段子形象地表达了海信在欧洲杯中的出彩表现。在 2016 年 7 月 15 日举行的欧洲杯营销总结媒体沟通会中，海信公布了欧洲杯营销的相关数据，并直言"收益超过想象！"，广告效果如图 1-11-36 所示。

根据知名市场研究调查集团益普索研究：在全球除中国以外的 11 个被调查国家里，海信知名度提高了 6%，欧洲 5 大联赛所在国的消费者对海信品牌的认知度更是直接提高了 12%。海量的曝光和品牌认知提升更是直接刺激了海信的产品销售。在欧洲市场，海信电视销量在 2016 年 4 月至 6 月同比提高了 56%，环比增长了 65%。

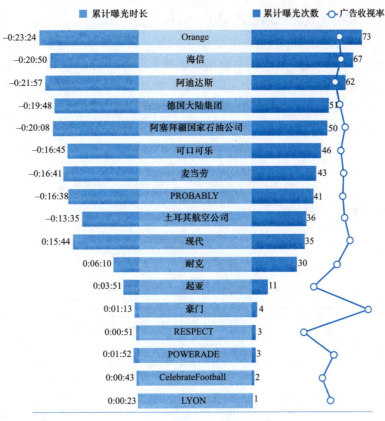

图 1-11-36 欧洲杯广告植入效果排名

4.3 大战世界杯，海信品牌"C位出道"

欧洲杯之后，海信2016年二季度欧洲市场销量提高了65%，在法国一度"卖断货"。2018年，海信再斥资近1亿美元赞助俄罗斯世界杯，刷新了海信赞助欧洲杯的纪录，成为历史上最大手笔的一次事件营销活动。海信体育营销的成功，迅速吸引了中国企业入围顶级体育大赛，VIVO和蒙牛加入世界杯官方赞助商阵营，阿里巴巴与国际奥委会签下了为期12年的TOP赞助合同……此次俄罗斯世界杯，中国企业赞助商高达7家之多，包括万达、海信、蒙牛、VIVO等，贡献俄罗斯世界杯广告总收入的三分之一，并且获得了极高的曝光率，标志着中国品牌、资金和产品在大型国际体育赛事上强势崛起。

海信成为世界杯官方赞助商，海信电视也成了世界杯官方唯一指定电视品牌。此后，海信先后推出多款世界杯观赛产品，其中包括世界杯官方指定电视U7、被称为"看球神器"的80寸L5激光电视、ULED超画质电视U9系列。世界杯官方赞助商的身份，给了海信在世界杯营销方面得天独厚的优势。在世界杯期间，海信将足球元素全面融入产品中，推出包含2018世界杯指定电视在内的各类足球元素产品，吸引了无数球迷消费者的眼球。为了设计用户满意的产品，海信调研用户需求，从用户角度进行产品研发和设计。在产品策划、设计的过程中，海信也在力争复合用户心理预期。

在推出定制化产品的同时，海信还围绕世界杯，展开了一系列含有赞助商特权的线上、线下活动。比如，与苏宁达成合作开展世界杯联合营销，打造球迷广场、百寸激光电视免费看等活动，引爆球迷热情。6月5日，在距2018年俄罗斯世界杯开幕不到10天的时间，海信又放大招——正式签约英国著名演员本尼迪克特·康伯巴奇（外号"卷福"）成为海信电视最新代言人。在中国企业纷纷争抢世界杯大牌球星和参赛球队代言的情况下，海信独辟蹊径，跳出"世界杯+球星"的逻辑，在距世界杯开幕不到10天时正式对外宣布英国著名演员本尼迪克特·康伯巴奇成为海信电视最新代言人。左手"世界杯"，右手"好莱坞"，海信将高贵雅致的英伦范和激情四射的绿茵场巧妙地碰撞结合，在一众企业中脱颖而出，海信也因独特性和差异化的品牌传播策略也使得其在实际的产品销售上获得巨大突破。

俄罗斯世界杯期间，海信电视在全球市场实现了联动增长。2018年1月至6月，在北美市场，销售量同比增长54.3%；欧洲市场同比增长49.3%。在澳大利亚和日本市场，海信电视也实现了快速增长；在南非市场，海信电视占有率继续高居第一。中怡康数据显示，海信电视6月和7月两个月的销售额占有率均超过20%，7月份还创出20.63%的历史新高，海信成为第一个杀出重围完成蜕变升级的品牌，具体如图1-11-37所示。在代表未来消费趋势的65寸以上大屏市场，海信同样占据了最大的市场份额；在65寸及以上尺寸段、75寸及以上尺寸段以及85寸及以上尺寸段，海信均位列榜首；在80寸以上市场，海信零售额及零售量占有率分别为54.53%、62.98%，毫不夸张地拿下了大屏市场的半壁江山。

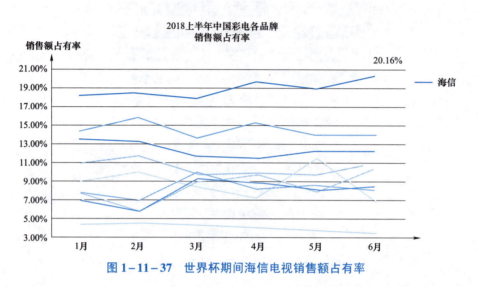

图1-11-37 世界杯期间海信电视销售额占有率

赞助顶级体育赛事对于海信实现品牌和销量的双增长，推动品牌国际化战略方面成效显著，而海信赞助世界杯带来的品牌红利还将达到新高峰。品牌部部长朱书琴表示："海信近几年通过产业升级、组织架构调整、全球并购等措施，加快品牌国际化进程。在体育产业的扩张也是海信在国际市场布局的重要一步。未来海信还将根据品牌国际化的需要，在体育营销方面进行长期投入。"

5 尾声——一带一路，全新的机遇与挑战

习近平总书记"一带一路"倡议的提出，为中国企业国际化发展带来巨大市场空间。"一带一路"倡议包含60多个沿线国家，覆盖44亿人口，经济规模达21万亿美元，占全球GDP的三分之一。这同样为海信自主品牌国际化创造了一个良好的环境与机遇。但与此同时，差异化的市场和竞争环境、多样化的风险使得海信在品牌国际化发展的道路中也面临诸多挑战。

在欧洲，海信选择在"一带一路"沿线的国家捷克建厂，在欧洲腹地对外辐射法国、德国、英国、西班牙。2015年6月，在皮尔森市成立的海信捷克公司成为海信制造进入欧洲的"始发站"，目标是打造行业一流的电视制造和供应链支持平台。2017年，海信欧洲品牌销售额同比增长18.2%；2015年12月，海信空调首次参展迪拜五大行业展（BIG 5），不仅首次在中东区域展示了其完整的空调产品线，包括分体式壁挂机、立式分体空调、轻型商用空调、大型多联机商用空调等产品，更向参观者重点介绍了其先进的Hi-smart无线控制技术、高温工况技术等，凸显技术优势。这次参展吸引了阿联酋、沙特、阿曼、巴林、卡塔尔、黎巴嫩、约旦、伊朗等中东国家的众多新老客户，前沿的技术展示和产品阵容让众多分销商对海信的合作前景都信心满满，这次展会还让海信"变频专家"的品牌形象更加鲜明；2016年7月，海信电视南非市场份额占有率为23%，海信冰箱占有率达到22.6%，海信南非首次在黑白电领域交出了"双第一"的成绩单，海信成为当之无愧的南非市场第一品牌。电视、冰箱"双第一"的背后是海信南非公司对主抓优质客户、夯实渠道基础、聚焦高端产品战略的坚定决心。

海信在"一带一路"的布局不但投身于国家战略、赢得了自身发展,也为当地带来了可观的经济和社会效益。海信的墨西哥工厂为当地提供了近千个工作岗位,拉动了周边工厂和当地企业的配套和采购。"一带一路"倡议下,海信自主品牌的国际化道路更加宽广,并将在更多的区域市场上取得优异的成绩。虽然未来的品牌国际化发展道路依旧充满荆棘和困难挑战,但海信将凭借刻苦的探索精神,一步一步在充满海信特色的品牌国际化之路上越走越强、越走越远……

Blossoming to the World—The Internationalization of Hisense's Independent Brands

Abstract: Hisense Group has developed its own brand in the international market for more than 20 years. From simple export trade to becoming a well-known brand in the South African market, from OEM, ODM business to developed markets in North America and other developed markets become a well-known brand, Hisense's autonomy Brand internationalization has achieved remarkable results. At present, Hisense TV market share ranks first in China, South Africa first, Australia first, and the world third. Hisense has become a truly international home appliance brand. This series of cases describes the brand building process of each stage of Hisense's own brand internationalization, revealing the stage strategy of Hisense's own brand international communication. This case is designed to help students learn the decision-making ideas and analysis methods of related issues such as international brand operation mode and international brand communication.

Key words: Hisense Group; Internationalization Of Independent Brands; Brand Operation Mode; International Brand Communication

附 录

表 1-11-15　海信在南非的社会责任与公益活动

海信南非公司公益事业汇总表				
项目名称	日期	用途	金额	受赠（益）群体
联合国环境署"绿色创新奖"赞助	2014—2016	自 2011 年赞助 UNEP 绿色创新奖，2014 年再次续约 3 年合作，为支持中小型企业的创新发展以及世界绿色可持续发展做出贡献	每年 23 万美金	UNEP SEED Award
Haven of Rest 孤儿院赞助	2011—2014	为孤儿院儿童提供资金、物资、学习用品等援助	每个月约 1 万兰特	孤儿院儿童
曼德拉日 67 分钟慈善捐助	2014.7.18	在曼德拉国际日，海信为发扬这位伟人为人类奉献的精神，在开普敦和约翰内斯堡分别举行了捐助活动，为当地的孤儿院捐赠了电视、冰箱、微波炉、毛毯、床垫、学习用品等	约 1.5 万兰特	孤儿院、妇女儿童庇护所
捐赠华人警民合作中心	2014.1.14	海信向华人警民合作中心捐赠了电视、冰箱等产品，为社区公共事业做出自己的努力	约 1 万兰特	社区警民合作中心
高尔夫女孩赞助项目	2012—2015	海信为高尔夫天才女孩 Catherine 提供资金援助，使她能够持续学习高尔夫技能并参加南非境内外的多项高尔夫比赛，是对教育事业的重要支持	约 1 万美金/年	Catherine
赞助登山项目为南非癌症组织筹募资金	2014.9	海信支持南非小伙 Kiran Coetzee 攀登非洲最高峰乞力马扎罗山，在这一过程中借助受众的关注通过募资网站为非洲癌症组织募资慈善基金	3 万兰特	癌症人群
捐助 Orion 残疾人疗养院同庆圣诞	2014.12.5	海信为亚特兰蒂斯地区 Orion 残疾人疗养院捐款，为其 300 多个残疾人和儿童筹办圣诞 party，提供美味午餐及娱乐设施、学习用品等	2 万兰特	残疾人疗养院人员
捐赠亚特兰蒂斯警局	2015.2.13	2015 年 2 月 13 日上午，南非海信公司在开普敦 Atlantis 海信工厂地区派出所举行公益捐赠活动，赠送海信冰箱、电视各 1 台	1 万兰特	当地社区警局
曼德拉日 67 分钟捐赠	2015.7.18	7 月 17 日为纳尔逊·曼德拉国际日，海信南非携手中非基金发起主题为"采取行动，促进变化"的慈善捐助活动，并向约翰内斯堡 Epworth 儿童村捐赠爱心物资	6 700 兰特	Epworth Children's Village
捐赠产品及现金给 Orion 疗养院	2015.12	圣诞节期间，海信捐赠电视、冰箱、微波炉等以及 2 万兰特现金支持疗养院生活	3 万兰特	Orion
捐赠海信自制板凳给 Orion 残疾人疗养院	2016.3	海信工厂利用废旧木料自制桌椅板凳，捐赠残疾人疗养院，5~6 组	1 万兰特	Orion
曼德拉日捐助	2016.7	1. 开普敦—敬老院 NOAH 2. 约翰内斯堡—孤儿院　Rising Stars Day Care	R6 700*2	

系列案例三使用说明：

绽放在世界花园
——海信自主品牌国际传播的阶段策略

一、教学目的与用途

本案例为《向世界开花——海信自主品牌的国际化进程》系列案例的案例三，该系列案例共包含三个子案例，分别为《种下自主品牌的种子——海信自主品牌国际化的战略决策》《区域市场的耕耘——海信自主品牌国际化的路径选择》《绽放在世界花园——海信自主品牌国际传播的阶段策略》。本子案例主要用于在相关课程中帮助学生理解并掌握企业品牌国际化发展过程中进行国际品牌传播策略制定及实施的相关理论和运作要点。其可单独使用，也可与其他两个子案例共同使用，用于讲授整个品牌国际化从国际化动机、国际市场定位、国际市场进入路径选择，品牌国际化成长模式的决策及品牌国际化传播等相关内容。

1. 适用课程：本案例为平台型案例，适用于《国际市场营销》《品牌管理》等课程有关品牌国际化、国际品牌传播等相关章节的案例讨论。

2. 适用对象：本案例主要为 MBA 和 EMBA 开发，适合有一定工作经验的学生和管理者使用学习。本案例还适用于工商管理专业学生深度了解中国企业的国际品牌传播及体育营销的方式和策略。

3. 教学目的：

本案例的目的是让学生通过学习探讨理解并掌握企业品牌国际化发展过程中进行国际品牌传播活动及实施体育营销需要掌握的相关理论和运作要点。具体的教学目标包括：

（1）掌握国际营销中品牌传播的相关理论及传播策略的常见类型。识别中国企业实施国际品牌传播成功的关键因素和潜在风险，并提出应对措施。

（2）了解如何有效地使用国际品牌传播中推拉结合的传播策略，以及不同品牌传播策略在企业品牌国际化不同阶段对国际渠道、国际消费者的不同影响。

（3）理解体育营销是以体育赛事和体育活动为平台，进行相应的品牌宣传，从而达到提升企业国际品牌知名度、提升企业国际品牌形象的目的；理解企业进行体育营销及国际体育赛事赞助的适用条件、相关问题及决策要点。

二、教师准备

由于本案例是以时间维度开发的系列案例，系列案例之间具有较强的内容与逻辑衔接，教师在教学本案例之前，需要先让学生阅读系列案例一与系列案例二的正文内容，同时教师可以让学生提前阅读教学补充材料及观看教学视频《海信国际品牌宣传片》，使学生对海信品牌国际化的各阶段内容形成基本认识。下面给出了其他可供教师与学生提前了解品牌国际化相关理论与知识点的阅读材料。

1. 有关品牌国际化阶段内容目标及策略的分析可以在以下材料中找到：

韩中和. 品牌国际化战略［M］. 上海：复旦大学出版社，2003.

韩中和. 中国企业品牌国际化实证研究［M］. 上海：复旦大学出版社，2014.

2. 有关国际品牌建设及传播策略的论述分析可以在以下材料中找到：

陈启杰. 现代国际市场营销学（第二版）［M］. 上海：上海财经大学出版社，2011.

佩罗，刘白玉，刘夏青，等. 国际市场营销［M］. 北京：中国人民大学出版社，2014.

杰弗里·库瑞. 国际营销［M］. 北京：中国人民大学出版社，2012.

Jin B, Cedrola E. Overview of Fashion Brand Internationalization: Theories and Trends［M］//Fashion Brand

Internationalization. Palgrave Macmillan US，2016.

Anderson E，Gatignon H. Modes of Foreign Entry：A Transaction Cost Analysis and Propositions [J]. Journal of International Business Studies，1986，17（3）：1–26.

3. 有关体育营销及企业赞助体育赛事的分析可以在以下材料中找到：

布伦达·G. 匹兹，戴维·K. 斯托特勒. 体育营销原理与实务［M］. 沈阳：辽宁科学技术出版社，2005.

布伦达·G. 匹兹主编. 体育营销案例分析［M］. 沈阳：辽宁科学技术出版社，2005.

肯卡瑟，多蒂博奥尔克斯. 体育与娱乐营销［M］. 北京：电子工业出版社，2002.

菲利普·R. 凯特奥拉，玛丽·C. 吉利，约翰·L. 格雷厄姆，等. 国际营销［M］. 北京：中国人民大学出版社，2009.

4. 关于中国家电行业的详细背景介绍，以及海信集团的历史沿革介绍可以阅读以下材料：

华为手机悄然"逆袭"的营销秘诀：整合营销传播. 第七届全国百篇优秀管理案例（马宝龙、黄阅微、李晓飞、韩道、王鸿）

"脚踏两只船"的"喜与忧"——海信集团多品牌运作的尝试. 第四届全国百篇优秀管理案例（马宝龙、李金林、石海娇、步晶晶）

三、启发思考题

1. 海信在巩固和腾飞阶段的主要目标及面临的主要问题是什么？海信的应对策略有哪些？
2. 海信在发展阶段之前进行了哪些品牌建设活动？这些活动的主要特点是什么？目的、受众和效果如何？
3. 海信在巩固和腾飞阶段的品牌建设活动发生了哪些变化？其效果如何？
4. 请根据海信品牌国际化的发展阶段，分析海信是如何进行推拉结合的品牌传播活动的？
5. 在品牌国际化过程中，什么样的企业适合体育营销？企业又适合赞助哪些类型的体育赛事？

四、分析思路

教师可以根据自己的教学目的灵活使用本案例。这里给出本案例分析的逻辑路径图（如图1–11–38所示），帮助教师引导案例课堂分析思路。

对本案例的分析需紧密围绕着"海信品牌国际化阶段问题——海信初期国际品牌建设活动——海信中后期国际品牌传播活动——海信国际品牌传播的推拉策略"这一思路开展。为了全面系统分析海信品牌国际化的品牌传播问题，在引导学生进行案例分析时，可以遵循以下思路：

思考题1的分析思路：教师可以引导学生结合案例材料归纳出海信在巩固和腾飞阶段的品牌目标、企业任务、面临问题和品牌战略，并结合系列案例一与案例二的思考题论述，从而使学生对海信的品牌国际化阶段过程形成一个完整的理解和认识。

思考题2的分析思路：结合案例材料，归纳海信在探索和发展阶段的市场拓展模式与品牌建设活动，以国际品牌传播策略的相关理论为基础，分析这些活动的主要特点、海信开展相关活动的目的、活动面向的受众以及活动效果。

思考题3的分析思路：在思考题1和思考题2的基础上，结合案例材料，引导学生思考海信在巩固和腾飞阶段品牌建设活动中，品牌传播活动主要特点、活动开展目的以及活动面向受众的变化，并分析导致这些变化的原因。

思考题4的分析思路：在思考题1、思考题2和思考题3的基础上，结合案例材料，教师引导学生讨论为何海信在2014年之前主要是面向各国际区域市场内的品牌传播活动，其原因是什么？海信为何在2014年这一时间节点后全面开始了全球性的品牌传播活动，其原因是什么？从而引导学生总结企业品牌国际化进程中何时适合进行推动策略、拉动策略及推拉结合策略的决策依据。

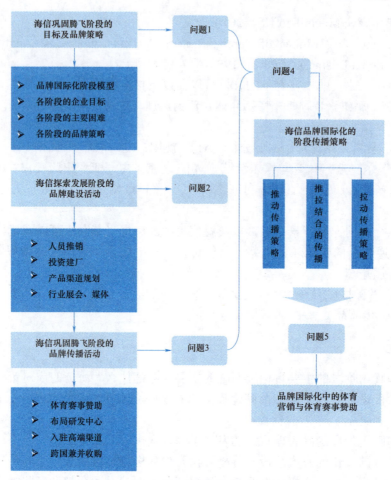

图 1-11-38 案例的整体分析思路

思考题 5 的分析思路：教师应帮助学生理解体育营销的定义、特征和类型，引导学生基于国际品牌形象、国际消费者、目标体育赛事关系图对何种企业适合进行体育营销、不同企业适合赞助何种类型的体育赛事进行分析思考，并对海信为何青睐于体育赛事赞助而非其他传播方式、中国企业在国际上进行体育营销主要需要哪些问题进行思辨。

五、理论依据及分析

企业进行品牌国际化的过程一定与其品牌发展战略紧密关联，因此在分析案例问题时，更要围绕企业的品牌战略展开。指导老师可以根据国际市场营销、企业国际化发展阶段等相关理论和分析工具对本案例进行分析讨论。

1. 思考题 1 的理论依据及问题分析。

（1）思考题 1 的理论依据。

品牌国际化可以分为四个基本阶段：探索阶段、发展阶段、巩固阶段和飞跃阶段，如图 1-11-39 所示。

企业在品牌国际化过程中，根据阶段的不同，所面临的问题不同，解决手段各异，其品牌路径选择也不尽相同。在品牌国际化的国内准备阶段，企业品牌要力争成为国内知名品牌，并积极探索国际市场，其主要手段是提升产品品质和质量标准，其路径是出口贸易或贴牌生产，以及采用与国际名牌进行合作。在品牌国际化发展阶段，企业要在他国展示自身品牌并提高识别度，这需要提高产品的适应性，其路径可以采用经销商品牌和自创本土品牌。在品牌国际化巩固阶段，要求扩大品牌识别国别范围，需要对产品进行适应性调整，继续采用自创本土品牌，外加自创国内品牌和自主收购品牌，逐步增添自有品牌成分。在品牌国际化飞跃阶段，需要淡化品牌国别市场成分，增加洲际成分，这要求减少产品的多样性，增加一致性。品牌要以自创国内品牌和自创本土品牌为主，进而产品拓展到全球市场，这需要企业具备创造全球统一品牌文化的能力，主要采用自创为主的多层次全球品牌。

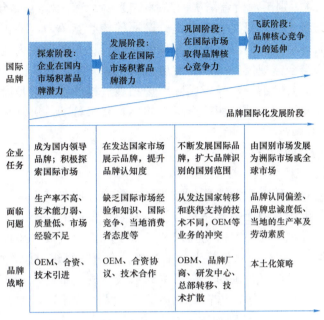

图 1-11-39　品牌国际化的阶段理论模型

（2）思考题1的案例分析。

问题：海信在巩固和腾飞阶段的主要目标及面临的主要问题是什么？海信的应对策略有哪些？

分析：结合图1-11-40，2008年到2013年间，海信处于品牌国际化巩固阶段，海信意识到想要实现本土化经营，就必须在海外成立研发中心，加强渠道建设，构建海外销售平台。2014年之后，海信进入了品牌国际化的腾飞阶段，开始了大量的海外兼并与收购，赞助顶级体育赛事，国际知名度迅速提升。

图 1-11-40　海信在品牌国际化不同阶段的目标、困难和品牌战略

在巩固阶段，海信的品牌目标是发展自主国际品牌，成为国际知名品牌。其任务是在各区域市场做强做大，成为当地市场的品牌领导者，并继续深入拓展国际市场规模。此时主要的问题在于海信的产品未能较好满足当地消费者需求，别国消费者消极的品牌态度，以及海信运营多年的 OEM 业务与自主品牌业务的冲突。海信选择了在海外建立研发中心，提升产品的核心竞争力，并积极与当地渠道商合作，收获了更多的市场规模和产品订单。在腾飞阶段，海信的品牌目标是发展成为全球知名品牌，企业任务是在全球市场上做强做大，获得全球规模经济，并发展成为全球知名品牌。而此时最大的问题是渠道推动策略的效果下降，全球性的知名度不足，导致国际市场拓展进程放缓。于是海信开始收购兼并国际市场上的知名品牌，及巨资进行欧洲杯、世界杯等全球性的体育赛事赞助，进行全球性的品牌传播和沟通，并获得了巨大成功。

2. 思考题 2 的理论依据及问题分析。

（1）思考题 2 的理论依据。

国际市场营销活动受到双重环境，尤其是各国环境的影响，使营销组合策略复杂得多，难度也比较大。在产品策略方面，国际市场营销面临产品标准化与差异化策略的选择；在定价策略方面，国际市场定价不仅要考虑成本，还要考虑不同国家市场需求及竞争状况，而且成本还包含运输费、关税、外汇汇率、保险费等，此外还要考虑各国政府对价格调控的法规；在分销渠道方面，由于各国营销环境的差异，造成了不同的分销系统与分销渠道，各国的分销机构的形式、规模不同，从而增加了管理的难度。在促销策略方面，由于各国文化、政治法律、语言、媒体、生产成本等不同，使企业在选择促销策略的时候更复杂。表 1-11-16 和表 1-11-17 分别阐述了企业在品牌国际化中，可以运用的国际品牌传播策略的含义、相关特征及利弊，企业可以根据在国际市场的不同环境采取不同的品牌传播策略。

表 1-11-16　国际品牌传播策略的特征

类型	含义	适用条件或特征
广告	在产品出口目标国或地区所做的、配合国际营销活动的广告，其目的在于增强企业国际知名度，帮助本公司产品或服务迅速地进入国际市场，扩大销售，实现国际营销目标	购买频率较高或价格低廉的产品
人员推销	国际企业通过向目标市场派出推销人员或委托、聘用当地或第三方推销人员，向国际市场顾客（包括中间商和最终消费者）面对面地进行宣传介绍、洽谈商品或服务，满足顾客的要求	适用于价格昂贵、专业性强的产品
营业推广	除广告、人员推销、公共关系以外的所有鼓励消费者试用或购买产品、调动零售商积极性和提高中间商推销能力的短期市场营销方式	根据营销目标、目标市场特征、营业推广各种手段的费用高低，合理决定采用何种促销方式。分为消费者导向型和中间商导向型
公共关系	跨国企业为处理与目标市场社会各界的关系、增进国外社会公众对企业的信任和支持、树立和改善自身社会形象而采取的各种活动和策略	具有情感性、双向性、广泛性、整体性和长期性；目标是通过宣传获得知名度与美誉度；沟通对象非常复杂；属间接促销行为

表 1-11-17　国际品牌传播策略的利弊点

类型	利处	弊处
广告	考虑目标、资金、信息、媒体、测评 5 个因素	国际广告涉及语言、文化多样性、政府控制等因素，直接影响国际广告的开展，导致国际营销的任务更加艰巨
人员推销	具有很强的灵活性、直接性，能够促进与顾客的情感交流，与顾客建立长期的关系	对推销人员有较高的素质要求

续表

类型	利处	弊处
营业推广	吸引新顾客； 回报忠诚顾客； 使竞争者的促销无效； 配合其他促销方式共同实现企业的营销目标	很多国家对营业推广的方式施加限制； 不同营业推广方式的效果在不同国家的营销效果存在差异； 受市场竞争程度的影响
公共关系	可以保证企业经营的稳定性和较强的凝聚力，受到消费者的青睐，提高企业市场规模	国际营销周期长，成本高，受当地消费者态度及市场竞争程度的影响

(2) 思考题2的案例分析。

问题：海信在发展阶段之前进行了哪些品牌建设活动？这些活动的主要特点是什么？目的、受众和效果如何？

分析：如表1-11-18所示，在品牌国际化的探索阶段，海信主要是通过建立体验馆、投放产品广告、与客户进行技术交流、邀请客户参观公司并借助媒体力量等市场开拓方式，增进了客户对海信及海信产品的了解。同时，海信在了解当地的市场环境后，积极地进行投资建厂等本地生产活动，拥有了与其他家电企业相比更直接的竞争优势。在取得一定市场成绩之后，海信开始关注产品规划与渠道规划，并通过承接高端ODM业务，大大提高了海信品牌的综合竞争力。在品牌国际化的发展阶段，随着海信在各区域市场不断拓展国际业务，海信开始加强对国际渠道的建设，主动出击与渠道商进行沟通。同时，海信与渠道商合作进行全产品线的品牌推广，提升了海信品牌形象和价值，将全产品线的优势充分发挥。除渠道建设外，海信也开始进行体育赛事赞助活动，除赞助车队、球队外，海信还冠名各大球馆与奖项、参与消费电子行业展会。

然而海信在发展阶段之前所开展的均为面向各国际区域市场内品牌建设活动，相关活动的目标是在各国际区域市场上提升海信品牌的知名度，帮助获得主流渠道商认可，加强渠道建设。这些品牌建设活动对海信的品牌国际化起到了极大的推动作用，海信品牌逐渐在国际上获得了渠道与消费者的认可，许多国际渠道商都对海信的家电产品给予了极高的肯定和赞扬。

表1-11-18 海信发展阶段前的品牌建设活动

海信发展阶段前的品牌建设活动	内容
品牌建设活动	建立体验馆、投放产品广告、投资建厂、与渠道商合作建立全产品的品牌推广线、区域市场内的体育赛事赞助活动、行业展会、地区媒体宣传、国际奖项
主要特点	面向各国际区域市场内的品牌建设活动
活动目标	在各国际区域市场上提升海信品牌的知名度，获得主流渠道商认可
目标受众	以国际渠道商、合作伙伴为主
传播效果	海信品牌在国际市场上逐渐获得认可，品牌知名度不断提升

3. 思考题3的理论依据及问题分析。

(1) 思考题3的理论依据。

菲利普·科特勒认为，企业可能采取两种品牌传播策略，即推式策略和拉式策略。国际营销传播组合较大程度受公司选择推式策略和拉式策略的影响。

品牌传播的推动策略：指企业对渠道进行激励，使产品在经销、提高曝光度和降价方面获得渠道的支持。具有风险小、周期短、资金回收快等优点，但需要中间商配合。

营销传播的拉动策略：指企业使用广告等方式，直接对消费者进行刺激，使消费者产生强烈的购买意愿，以吸引消费者在当下购买产品，形成需求，并"拉引"中间商纷纷要求经销这种产品。

推拉结合策略：企业不仅可以单独使用推、拉战略，还可以将推拉战略结合起来，在向中间商大力促销的同时，通过广告刺激市场需求，以便更灵活、更有效地吸引更多的消费者。

企业国际品牌传播的推动策略和拉动策略具体如图1-11-41与图1-11-42所示。

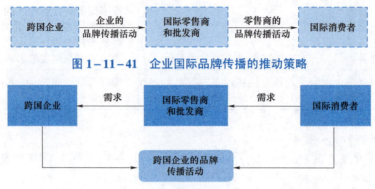

图1-11-41　企业国际品牌传播的推动策略

图1-11-42　企业国际品牌传播的拉动策略

（2）思考题3的案例分析。

问题：海信在巩固和腾飞阶段的品牌建设活动发生了哪些变化？其效果如何？

分析：如图1-11-43所示，与发展阶段之前相比，海信在巩固和腾飞阶段的品牌建设主要采取面向渠道的推动式策略，旨在迅速开拓国际市场、建设国际营销渠道、加强产品生产能力、取得竞争优势等。

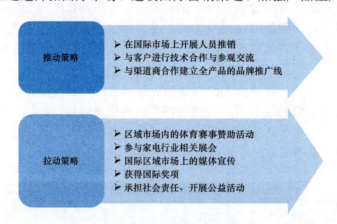

图1-11-43　海信巩固和腾飞阶段品牌建设活动的变化

在品牌国际化的巩固和腾飞阶段，海信仍面临一些发展阻碍，如重点市场开拓不力，品牌认知度在发达国家市场认知度仍然不高，各方的资源调度也始终处于非正常运营环境等。此时海信已经在各区域市场取得了一定市场份额，拥有一定的营销渠道和较强的产品竞争力。所以海信加大了在各区域市场的品牌传播力度，进行了冠名澳网主球场、电影节奖项等品牌传播活动。在2014年后，海信加强了全球性的品牌传播力度，并赞助了欧洲杯、世界杯等顶级体育赛事。此时的海信主要采取拉动式的品牌传播策略，这些面向渠道的拉动式品牌传播活动在各区域市场上取得了很好的传播效果，在短时间内海信品牌被各大渠道商认可，收获了大量产品订单，帮助海信成功地入驻了主流渠道，并进一步推动了海信家电产品在各区域市场的全面铺设。

4. 思考题4的理论依据及问题分析。

（1）思考题4的理论依据。

当企业新进入一个国际市场之后，首先应该在目标国家市场建立品牌显著度，而后打造目标国消费者的品牌形象，其次引导品牌效应，最后是培养目标国消费者的品牌共鸣，这一过程主要取决于目标国市场的消费者认知过程，如图1-11-44所示。这一过程的主要原因是，当面对企业的营销策略时，海外消费者往往是先形成对策略的注意，产生了解品牌和产品的兴趣，有了拥护品牌和购买产品的欲望，而后最终才能形成品牌共鸣或者是产生购买行为。所以企业在实际品牌国际化的过程中应该遵循这一品牌目标,在不同的品牌国际化阶段循序渐进,以此为基础,开展有效的国际品牌传播活动。

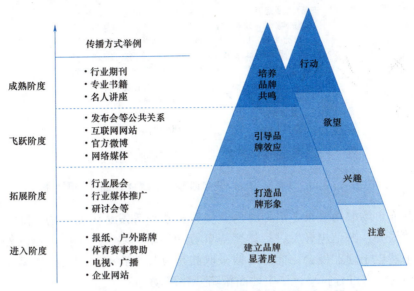

图 1-11-44 基于 AIDA 模型的国际品牌传播过程模型

国际品牌传播的理论依据如图 1-11-45 所示。品牌国际化的过程中,营销传播组合发挥着至关重要的作用,企业应该根据品牌国际化进程的不同阶段、不同阶段的不同传播目的选择相应的传播组合策略,国际营销品牌传播组合较大程度受公司选择推式策略和拉式策略的影响。

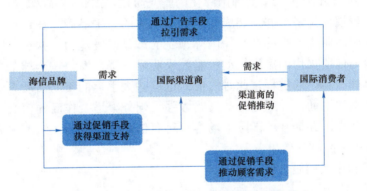

图 1-11-45 国际品牌传播中的推拉结合策略

其中推式策略(地面策略)主要是运用销售促进手段将产品推向国际市场,从制造商推向国际批发商、从国际批发商推向国际零售商,直至最终推向国际消费者或用户;而拉式策略(空中策略)主要是运用广告、公共关系、事件营销等宣传手段,着重使国际消费者产生兴趣,刺激购买者对产品的需要,进而推动国际消费者向国际中间商订购产品,然后由国际中间商向企业订购产品,以此达到向国际市场销售产品的目的。企业应该在合适的时间段偏重不同的策略,以达到传播策略组合效用的最大化。

(2)思考题 4 的案例分析。

问题:请根据海信品牌国际化的发展阶段,分析海信是如何进行推拉结合的品牌传播活动的?

分析:在海信品牌国际化的整个过程中,海信在不同阶段具有侧重点地使用不同品牌传播策略组合来实现整合建设国际知名品牌的目的,如图 1-11-46 所示。

探索阶段:在探索阶段,海信面临着初到南非市场的各种困难,如生产效率低下、缺乏渠道和客户、缺乏品牌知名度等。为此海信主要采取的市场开拓方式包括产品及渠道规划、建立体验馆并投放广告、投资收购厂房、人员推销、积极与渠道沟通合作及承接高端 ODM 业务等。此时海信主要运用的是地面推广手段,并旨在完成地面策略的布局工作;海信集团的品牌目标是在巩固国内知名品牌的基础上,在南非市场发展自主品牌,并做强做大。

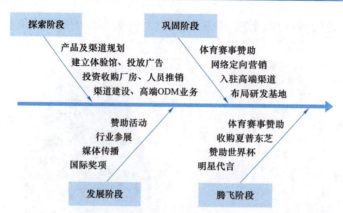

图 1-11-46　海信品牌国际化各阶段推拉结合的品牌传播策略

发展阶段：在南非市场取得成果之后，海信逐步开拓欧美等发达国家市场。除在各区域市场上通过推动策略进行渠道建设外，海信也开始进行体育赛事赞助活动，除赞助车队、球队外，海信还冠名各大球馆与奖项、参与消费电子行业展会。此时海信采取的是推拉结合的品牌传播策略，除向渠道发力外，也通过一些推广活动对渠道进行拉动，空中地面策略开始联动。

巩固阶段：2008 年后海信进入了品牌国际化的巩固阶段，海信的品牌目标是在各区域市场上成为知名品牌，提高产品核心竞争力，提升品牌知名度。海信主要通过体育营销的方式进行品牌传播活动，并在欧美等发达国家市场进行网络营销，这些措施帮助海信成功地入驻了各大主流渠道商，并取得了良好的品牌建设效果。此时海信运用的空中手段较多，地面手段相对较少。

腾飞阶段：海信于 2014 年后步入了品牌国际化的腾飞阶段，海信的品牌目标和任务是在全球市场上继续做强做大，获得全球规模经济，并发展成为全球本土化的自主品牌。在这一阶段，海信已经拥有了先进的生产基地、达到国际领先水平的产品、国际领先的产品研发能力，并在各区域市场中有一定的品牌知名度，而这一阶段海信所采用的渠道推动策略效果明显下降，海信在全球范围内的品牌知名度有待提升，海信需要加快品牌国际化的进程。此时海信通过这些大手笔的赞助活动有效地实现了全球性的、各区域市场间的品牌传播和沟通，并通过拉动策略增强了国外渠道合作商的信心，极大地加速了海信各个国际区域市场的渠道建设，并提升了国际市场客户对海信品牌形象的认知，大大加快了海信的品牌国际化进程，提升了发展国际品牌的效果。

5. 思考题 5 的理论依据及问题分析。

（1）思考题 5 的理论依据。

体育营销概念最早出现在 1978 年美国的《广告时代》（Advertising Age）杂志。体育营销是指按照市场规律，结合企业需要，整合企业优势资源，借助冠名、赞助等手段，通过所赞助的体育活动来树立企业的形象，推广自己的品牌，创造消费需求，营造良好的外部发展环境等营销目标的一种新生独立的营销手段。体育营销是一种战略，是依托于体育活动，将产品与体育结合，把体育文化与品牌文化相融合以形成特有企业文化的系统工程，具有长期性、系统性和文化性的特点。它既包括把体育作为商品销售的体育产业营销，还包括企业通过体育来进行的市场营销。

体育营销含有其特殊的沟通特性，是一个创造时间价值的媒体，让受众在时间进行中接触空间所赋予的免费信息；它是一个能够收集、利用情绪的媒体，让受众在最恰当的情景与最无防备的情绪下接触到企业信息；它是一个能够还原真实的媒体，让受众在真实的空气中感受品牌的无形价值。体育赛事是一种注意力高度集中关注的精神产品领域，往往延伸出许多内涵特质，这种延伸往往又能带动赞助企业品牌内涵的延伸，实现体育文化、品牌文化与企业文化三者的融合，从而引起消费者与企业的共鸣，在消费者心目中形成长期的特殊偏好，成为企业的一种竞争优势，如图 1-11-47 所示。

体育赞助则是体育营销最主要的表现形式之一，是指企业为体育赛事或者体育团队通过提供资金、物品或相关服务等支持，同时使用与赛事有关的一系列权利，比如冠名权、标志使用权等，使赞助双方达到一种利益共赢的一种活动。企业进行体育营销具有以下几个特点。① 关注度高。在企业开展体育营销的过程中能够和广大的喜爱体育的客户群体进行接触和交流。② 公益性和公信度高。观众对体育赛事广告的排斥相对较弱,更容易激发个人和群体的情感依恋,进而转变为消费者群体。③ 参与度和体验感强。消费者越来越注重企业能否根据自身的个性需求设计出独特的体验过程。体育活动的真实体验感使体育成为最能表达企业产品中体验信息的载体。

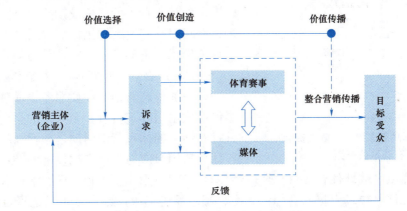

图 1-11-47　体育营销的作用机制

体育营销主要是围绕赞助展开,具体分为下列几种类型。① 组织团体赞助。是指各类体育组织团体接受赞助企业不同种类的赞助,赞助目标以团体为主,不单独支持某一位运动员。现在大部分体育组织团体经费主要渠道都来自企业赞助。② 体育赛事赞助。是指赞助企业对于某一场体育赛事进行赞助,比如澳网、世界杯、世锦赛,每次赞助都有一定的期限和等级划分,属于一次性的赞助情况。③ 个人赞助。是指企业通过赞助一些取得优异成绩的运动员提供个人物品、资金、运动设施等,来达到企业相应的宣传目的。企业赞助资源的多少都是与运动员自身的成绩和名气相挂钩的。同时签约之后,运动员在接受赞助之后,有义务去维护赞助商企业形象,争取更好的成绩。④ 体育场馆的赞助。企业在宣传过程中,投资购买一座体育场馆的命名权一定的时间,就可以在冠名期间利用场馆及比赛将自身的产品和品牌借助多种渠道宣传推广,让一些潜在的消费者认识并且更好地去接受,产生的效果是传统广告预想不到的。对体育场馆进行赞助,购买体育场馆冠名权,能迅速提升企业品牌竞争力。

上面四种赞助对象中,企业在拓展国内外市场时,团体组织、体育赛事、体育场馆的赞助是企业所能接受并广泛使用的,而且是赞助回报率比较高的方法,未来更将成为商家和体育事业融合的主流范式。

(2) 思考题 5 的案例分析。

问题 1:在品牌国际化过程中,什么样的企业适合体育营销?

备注:思考题 5 为发散题,这里提供相应的参考答案,指导老师在教学活动中可以深入分析探讨为何 2018 年世界杯中国企业在赞助商中占据 5 席,这些企业是否都适合进行体育赛事赞助,赞助体育赛事对企业品牌建设有什么独特的价值,企业在进行体育营销时需要注意哪些问题等。指导老师可以通过循序渐进的询问,引导学生对企业的国际品牌传播、国际体育赛事赞助等进行思辨。

分析:企业进行国际体育营销的目的是提升品牌价值,塑造品牌的强势地位,从而依靠品牌开拓国际市场、扩大国际市场规模,而这些就是品牌国际化战略本身的要求。因此,一般来说,B2C(企业对消费者)品牌等直接面向国际消费者的企业更加适合进行体育营销。因为 B2C 的竞争更加激烈,要保持产品与消费者的沟通,品牌传播与沟通活动必不可少,而进行全球性的体育赛事赞助对该类企业的品牌建设将起到极大的推动作用。当然 B2B 企业是否进行体育营销,特别是世界杯这类全球性体育赛事时需要权衡,比如当国际市场上中间企业数量不多,这时并不需要特别进行品牌传播活动。而当国际市场上中间企业数量巨大,行业又存在一定竞争性时,企业就可能需要跳过中间商,通过赞助全球性体育赛事等特别手段扩展品牌知名度、提升品牌形象,对终端消费者形成影响从而对中间商产生拉力。

此外,企业需要处理好三个体育营销元素的关系:企业国际品牌形象、国际消费者和目标体育赛事,

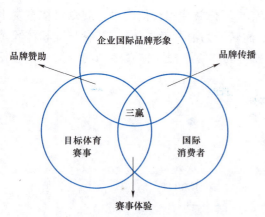

图 1-11-48 国际品牌形象、国际消费者、目标体育赛事关系图

这三者都是围绕企业品牌国际化战略为中心关联起来,从而形成一个"三赢"局面,如图 1-11-48 所示。在品牌国际化过程中,企业进行体育营销时需要结合科学和系统的方法,综合考虑企业国际化发展战略及远景、企业在目标国消费者心目中的地位及期望、当地竞争对手优劣势分析、不同国家和地域文化特征等因素,以建立科学实际的体育营销组织框架,确立企业整体体育营销观念。

问题 2:企业在进行体育营销时需要注意哪些问题?

企业的体育营销活动要服务于品牌国际化战略,体育不仅提供给国际消费者一个娱乐的平台,而且可以令企业进行有计划的体育营销活动,品牌国际化过程中,企业进行体育营销时应当充分考虑以下问题:

(1)企业应当注意区域性体育赛事与全球性体育赛事区别。当企业处于品牌国际化发展阶段时,企业更多地希望在国际区域市场上提升品牌知名度、塑造品牌形象,则企业可以选择赞助区域性的体育赛事,如 F1 赛车、橄榄球、乒乓球等具有鲜明区域特色的体育赛事;当企业处于品牌国际化腾飞阶段时,企业更多地希望在全球市场上提升品牌影响力、提升品牌形象,则企业可以选择赞助欧洲杯、世界杯等具有普世体育运动精神文化的体育赛事。比如虽然各国观众语言、文化、消费习惯差异很大,但是对于足球赛事的热爱没有本质区别。体育赛事营销可以帮助海信在家电营销推广时跨越国别差异,达到快速提升外国消费者对海信品牌认知度的效果。

(2)目标体育活动价值应与国际品牌价值相符。企业一旦进行了体育营销活动,企业在国际市场上的资源也将进行重新整合,企业的经营将服务于体育营销,并将体育活动中体现的体育文化融入企业产品中去,实现体育文化、品牌文化与企业文化三者的融合,从而引起国际消费者与企业品牌的共鸣,在国际消费者心目中形成长期的特殊偏好,成为企业的一种竞争优势。如果品牌价值与体育活动价值之间不一致,甚至相悖,就无法使体育文化、品牌文化与企业文化融合,也就不能体现出体育营销的优势。因此,体育活动价值需要与品牌价值相符。

(3)目标体育营销活动应与企业内涵相一致。在进行体育营销活动时必须首先考虑到体育营销策略与其企业内涵是否"门当户对",即产品的属性与运动的连接是否自然流畅。考虑赛事与品牌诉求的要点是否吻合,与目标消费者的兴趣是否相吻合等。如可口可乐的形象诉求和体育的形象特征几乎一致,通过体育营销,可以成功地把激情、青春和力量等体育的形象特征转移到可口可乐的形象上,十分有利于可口可乐的国际品牌形象建设。

(4)目标体育营销活动应与企业国际品牌定位相一致。体育活动有其特定的参与者及观众,竞技性与刺激性决定了体育赛事观众多为追求惊险娱乐的年轻人,其中又以男性为主。只有在企业的目标市场与体育活动的参与者及观众相一致时,才可以起到应有的效果。企业在品牌国际化中需要进行品牌定位,如果体育活动的参与者及观众并不是品牌的目标客户,那么体育营销的效果就不明显,企业所做的营销活动也是徒劳的。体育营销因其规模、特性不同而有不同的观众,相对而言,奥运会是最受人们喜爱、关注的盛会,具有广泛性与国际性的特点,是推动国际化、提高品牌国际知名度的企业理想的体育营销载体。

(5)目标体育形象应有助于强化企业的国际品牌联想。企业开展体育营销时,要找到体育形象与品牌联想的结合点,将体育文化融入品牌联想中,并强化这种联想。譬如吉利刀片就一直赞助拳击等赛事,因为吉利的品牌战略体现的就是强劲优势,所以它就要赞助竞技性比较强的项目,且吉利从不考虑赞助体操等软性项目。海信在 2018 年世界杯的赞助活动中,也请符合海信低调高品质品牌形象的本尼迪克特·康伯巴奇作为品牌形象代言人,并在世界杯中取得了良好的传播效果,这就是要以体育形象来强化品牌联想的需要。

六、背景信息

1. 打造自主品牌。

与很多出海企业采取"OEM 代工"或者产品出口的方式开发国际市场不同，海信一开始就选择了打造自主品牌的道路。海信认识到 OEM 在国际市场不具竞争力，树立自主品牌并进入高端市场，才能重塑企业形象并维持长久竞争力。为此，海信数年前就开始在大洋洲、欧洲、非洲等区域市场累积自主品牌建设经验。

事实证明，只有打响自有品牌，才能有更大的市场自主权和品牌溢价能力。2007 年以来，海信海外自主品牌占比从当年的 10%逐年攀升。2017 年，海信海外收入超过 284.4 亿元，自主品牌的收入占比 49.8%、达到 141.6 亿元，同比增长 22.4%。海信自主品牌在海外市场的布局已初见成效。

在此过程中，海信始终秉承不盲目进入任何一个市场和任何一个产品产业领域的信条。在开发每个市场之前，都会进行充分的市场调研，了解当地的政治、经济和文化环境、市场需求以及消费习惯，并据此确定发展战略、进行产品定位与研发。

进入南非市场前，海信进行了 3 年多的考察调研，采取"差异化营销"。当时南非市场主要产品是 14 英寸和 21 英寸，海信避开激烈竞争的圈子，以 18 寸进入市场；进入日本市场时，则没有用大尺寸和本土品牌抗衡，而是用小尺寸打开市场，逐渐向市场渗透。

海信进入澳大利亚市场时，当地家电市场已被国外一线品牌分割完毕，海信深入调研发现当地消费者愿意接受新品牌，最终形成了"该市场必须做""要做就做品牌"的决定。如今，海信在澳洲市场占有率第一，是有史以来第一个成功登顶澳洲电视市场的中国品牌。

对技术和质量的坚守，是海信的底牌。海信认为，技术是品牌的核心竞争力，在新的世界分工里，我们必须有可立足的自主技术，才能抢占更多份额。它支撑了海信逐步迈向全球价值链的中高端，成为高端大气上档次的代名词。

2. 本土化经营。

在国际化的进程中，海信实施本土化战略。目前，海信已在海外建有 18 个分公司实施本土化经营，覆盖欧洲、美洲、非洲、中东、大洋洲及东南亚等地。海外分公司能够与中国总部快速、准确地进行产品和市场信息的沟通，保证了产品功能、质量、设计在当地市场的持续竞争力，同时与商家保持了持续的良好关系。

同时，海信在海外建有墨西哥、南非、捷克 3 个生产基地实施区域化生产，产品远销 130 多个国家和地区。一方面可以规避贸易壁垒、降低生产成本，另一方面可以更好地融入当地。

海信十分重视研发，在全球设有 12 所研发机构。海信的海外研发中心目前主要分布于加拿大、美国、欧洲、以色列以及日本，面向全球引进高端人才，提升技术产品研发能力。本土化研发可以更好地了解当地的需求，研发出满足当地消费者需求的产品。

与其他厂家首先在海外铺设营销网络相比，海信采取了研发先行的策略，这得益于对国际竞争环境的充分理解：只有拥有国际化的前瞻性研发机构（实验室），才能强化企业在行业技术与标准中的主导地位，为企业发展和国家竞争力建设争取更多宝贵时间。所以，研发先行成为海信国际化进程中重要的理念。

以欧洲研发中心为例，成立后进一步提高了产品的规划水平和市场适应能力。原来每确定一个客户，都要发样机过去向客户进行确认；客户提出的当地需求问题又通过邮件确认，来回反复多次。现在与客户当面确认，极大提高效率。海信技术立企战略也因欧洲研发中心的建立得以向欧洲这些经济最发达、技术最前沿的地方延伸，使技术得到进一步的提升，有利于进一步提高海信的核心竞争力。

另外，在海信海外分公司的结构设置上，更多采用本地人员，其中 90%的员工为当地人员，分公司的销售、营销、物流、服务人员都在当地招聘，这些本土化人才更加了解当地市场，具有更好地与当地渠道和终端消费者打交道的经验。

3. 体育营销是"利器"。

征战全球的"品牌高地"，体育营销是成就世界海信的利器。海信先后赞助了美国 NASCAR 汽车赛、

F1 红牛车队、德国沙尔克 04 甲级足球俱乐部及澳网公开赛等体育赛事。2016 年开始，海信国际体育赛事营销的力度再次升级，以顶级赞助商的身份赞助 2016 年法国欧洲杯，成为欧洲杯 56 年历史上第一个来自中国的全球顶级赞助商。2016 年欧洲杯期间，海信在中国和海外发达国家市场都收获了巨大关注和品牌声誉，海信的全球知名度提升了 6 个百分点，二季度欧洲市场销量提高了 65%。

2017 年，海信再次大手笔出击全球顶级赛事体育营销。4 月 6 日，国际足联和海信集团在京共同宣布，海信成为 2018 年 FIFA 世界杯官方赞助商。这是世界杯设立近百年以来首个中国消费电子品牌赞助商，也是海信历史上最大手笔的一次体育营销行为。持续性地赞助体育赛事和体育营销，有助于海信加速国际品牌影响，加快国际化进程，提高海信在全球占有率，获取更大的品牌溢价。

自主品牌走向国际市场并深耕不懈的海信，已经初步实现了在技术与品牌上的双向出海。在"一带一路"广阔的版图上，海信正在以世界级的水平，迎接中国品牌时代的到来。

七、关键要点

本案例的分析关键在于对海信实施品牌国际化战略过程中的国际品牌传播策略、国际体育赛事赞助等品牌传播活动能够形成深入的理解和把握。不仅对海信案例能够进行详细的阐述和分析，还要能够充分地将品牌国际化相关理论和国际市场营销理论与海信的案例经验相结合进行分析和探讨，了解海信决策内含的逻辑关系、使用条件和国际品牌传播的启示等。教学中的关键点包括：

1. 品牌国际化企业是跨阶段性的活动。在不同的阶段，企业要根据自身和外部环境的特点，制定适合的品牌国际化战略，控制风险，稳步前行。

2. 企业在品牌国际化过程中需要合理地制定品牌传播策略。在各国际区域市场上进行品牌建设活动的过程中，企业应审时度势，善于分析当地市场环境，并进行实际合理的品牌传播活动。

3. 在不同的国际市场环境以及企业资源状况下，企业应采取不同的传播策略组合。企业应该合理评估自身资源与能力、国际渠道建设情况、国际消费者态度等以制定相应的品牌传播策略组合。

4. 在品牌国际化过程中，综合考虑企业国际化发展战略及远景、企业在目标国消费者心目中的地位及期望、当地竞争对手优劣势分析、不同国家和地域文化特征等因素，以建立科学实际的体育营销组织框架，确立整体体育营销观念。

八、建议课堂计划

1. 教学步骤和计划。

鉴于课堂时间较为有限，为保证教学效果，我们建议师生做足课前准备：教师可以提前一周将案例、辅助资料和启发思考题发给学生，并在前一次课结束时对案例的内容和教程做出简要说明，其中说明和强调：（1）课堂教学的效果和收获取决于课前准备是否充足；（2）全班学生分成若干个小组，每组由组长组织小组讨论活动，执行如表 1-11-19 所示的学习计划。

课前用 1 小时阅读和思考；用 1 小时开展小组讨论。课堂中师生用 2 课时（90 分钟）进行课堂讨论。

表 1-11-19　课前与课堂的教学步骤和计划

时段		讨论和学习内容	主要内容	学习时间
课前	1	教师发放教学案例和相关资料，完成小组分组。学生个人阅读案例内容与其附带材料，并分析思考讨论题	课前准备	1 小时
	2	学生开展小组讨论，借助于所学知识点与工具开放性地解答教师给出的辅助性问题，并将结果于课前反馈给老师，老师进行评阅打分	课前准备	1 小时
小计		—	—	2 小时
课堂	3	教师开场语，介绍案例价值和案例教学特点，并播放案例教学相关视频《海信国际品牌宣传片》	案例导入	10 分钟

续表

时段	讨论和学习内容	主要内容	学习时间
4	学生分析在巩固和腾飞阶段海信的主要目标、面临问题及应对策略；然后教师就学生观点结合品牌国际化阶段模型讲解	思考题1	10分钟
5	学生分析海信在发展阶段之前品牌建设活动的主要特点、目的、受众与效果；然后教师将学生答案列在黑板上，并结合国际品牌传播策略等分析工具进行讲解	思考题2	15分钟
6	学生对思考题3进行分组汇报；然后教师抛出国际市场定位的决策分析框架，就学生观点结合理论知识点进行讲解	思考题3	15分钟
7	学生分析海信在各阶段的品牌传播活动，并对思考题4进行分组汇报。教师提问"海信为何在14年后频繁斥巨资进行体育赛事赞助？"。教师将学生观点列在黑板上，就学生观点结合知识点分析海信是如何进行推拉结合的品牌传播活动的	思考题4	15分钟
8	学生对思考题5进行分组汇报，教师将学生观点列在黑板上，就学生观点结合知识点体育营销的作用机制模型、体育营销的适用条件、企业开展体育营销的关键要点进行讲解	思考题5	20分钟
9	教师总结：（1）归纳分析和讨论达到的共识，结合国际化相关工具和案例材料，提炼海信国际品牌传播成果的关键要素和理论；（2）肯定学生在应用理论工具分析案例时的逻辑性和创造性，鼓励学生对其他企业的国际品牌传播进行延伸思考，并指出在分析方面存在的不足和改进路径	课后总结	5分钟
小计	—	—	90分钟

2. 教师的引导。

教师不仅应在课前发布和组织学生讨论启发思考题，也要在课堂讨论中发挥指导作用。鉴于本案例素材较多，海信的国际品牌传播策略也较为复杂，教师宜引导学生紧紧围绕思考题以及分析工具展开思考和讨论。在讨论过程中，教师应辅助梳理学生的观点并加以归纳整合，最后基于国际市场营销及国际品牌传播的相关理论工具对学生分析的逻辑加以点评，指出优点和缺点，以及完善、提高学生对于相关知识点的分析表达能力的路径建议。

3. 板书的使用。

开展归纳性思考题讨论时，教师宜将各思考题不同层面的要点分栏写在黑/白板上，帮助师生归纳和梳理思考题的逻辑，提高学生思考与学习效果。板书可由教师在主持讨论时书写，也可由学生小组代表书写，图1-11-49是建议的教学板书布局。最终帮助师生形成对海信国际品牌传播策略的综合性理解认识，充分理解并掌握品牌国际化的相关理论工具，加深学生的课堂讨论与学习效果。

九、补充材料

2018年俄罗斯世界杯开赛，在这届与中国时差相对合适的世界杯中，中国企业在世界杯赞助商体系中也迎来"最强阵容"，包括万达、蒙牛、海信、VIVO、雅迪、VR科技公司指点艺境、帝牌共7家中国企业现身本届世界杯赞助商队伍，并涵盖从顶级到区域赞助的三级赞助级别，在世界杯赞助体系创新数量和赞助金额的新高。市场研究公司Zenith的数据显示，2018年俄罗斯世界杯期间，各国企业投入的广告费用共24亿美元。其中，中国企业世界杯期间的广告支出将达8.35亿美元（约合53亿元人民币），超过美国的4亿美元，更远高于东道主俄罗斯的6 400万美元，全球排名第一。尽管中国足球队无缘亮相，但在世界杯即将开幕的俄罗斯，处处可见中国元素——中国品牌占据顶级和二级赞助商的三分之一，加上赞助球队及球星的企业，以及来自中国的小龙虾、吉祥物、纪念币，等等，几乎涵盖世界杯期间的吃喝玩乐。中国足球已经连续缺席好几届世界杯了，而中国企业对于世界杯的赞助不但不缺席，还愈发得热情高涨。与四年前的巴西世界杯相比，2018年俄罗斯世界杯上，中国赞助商从1家增至7家，覆盖三个赞助级别，成为名副其实的全球最大的"金主"。

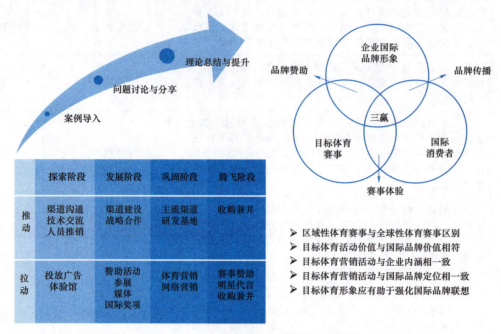

图1-11-49 供参考的课堂板书主要内容

第一和第二级别的赞助由国际足联负责招商，万达在2016年斥资1.5亿美元（约合9.5亿元人民币）拿下国际足联一级赞助商，在未来三届世界杯（2022、2026、2030）里，享有国际足联旗下所有赛事的全部广告权与营销权。海信、蒙牛、VIVO则成为二级赞助商，占据了这一级别赞助商总数的60%。当然这仅仅是拿到了世界杯这座游乐场的入场券，为了刷出最佳存在感，国内企业纷纷脑洞大开，各出奇招。有人使出"传统打法"，赞助球队、签约球星。比如，华帝电器赞助了众星云集的法国队，万和赞助了阿根廷国家队，长虹（美菱）签约比利时，TCL签约内马尔作为品牌推广大使，乌拉圭前锋苏亚雷斯代言了国美手机。

据统计，品牌知名度每提高1%，就要花费2 000万美元的广告费。而借助体育赛事，同样的花费可以将知名度提高10%。同时，中国企业海外营销意识的提升，也促使更多企业重视起体育营销之路。无论是直接提升产品销量，还是间接地提升品牌的全球知名度，体育赞助都起到了明显的效果。

案例正文：

"一体两翼"：海尔集团的多品牌定位之道①

摘　要：在愈发个性化、差异化、定制化的消费趋势下，企业间的竞争已经升级为品牌的竞争，品牌已成为企业赢得竞争优势、实现长远发展的利器。而随着市场的多样化、消费者需求的碎片化、企业扩张的多元化以及日益加速的产业整合，多品牌运作成为众多大型企业的品牌战略选择。本案例通过介绍海尔集团"一体两翼"（海尔为主体、卡萨帝和统帅为两翼）品牌舰队的构建历程，描述了海尔集团多品牌运作及多品牌定位过程中面临的决策问题及解决方案。本案例旨在帮助学生理解并掌握企业多品牌战略实施过程中的市场细分、目标市场选择以及差异化品牌定位的相关理论、分析工具和运作要点。

关键词：海尔集团；品牌定位；STP理论；多品牌战略

0　引言

2019年3月，一年一度的中国家电及消费电子博览会（Appliance & Electronics World EXPO 2019）在上海拉开帷幕，全球众多一线品牌、新锐企业云集于此。海尔执行总裁L先生携集团旗下海尔品智+、卡萨帝C7、统帅L.TWO等三大品牌智慧套系颠覆性产品一同精彩亮相。

在受邀进行的主题演讲上，L先生激昂地说道："中国家电行业的2018年是下行压力更大的一年，整体零售规模8 327亿元，同比增长1.5%，这一增速仅为2017年的七分之一。面对行业增长危机，2018年海尔集团全球营业额同比增长率10%，达2 661亿元；同时，海尔生态收入同比增长75%，已达151亿元；海尔的良性发展离不开集团的多品牌布局，更离不开各位经销商伙伴和媒体朋友的支持……"

结束演讲后，L先生伴着台下雷动的掌声缓步走到后台。打开手机，他收到了卡萨帝中国区总经理宋照伟和统帅中国区总经理罗杰的消息："祝贺您演讲成功，预祝海尔引领家电新风潮。"L先生面带微笑回复："海尔的多品牌战略从调研、到筹划、再到落地，我们一起战斗，共同走过了近二十年。海尔的未来离不开卡萨帝和统帅，预祝我们一同引领家电新风潮。"

放下手机，台上的灯光依旧闪耀着，L先生望向AWE为海尔建造的独立展馆，以及不远处醒目的海尔、卡萨帝及统帅并排而立的灯牌，陷入了深深的回忆中……

1　海尔集团的品牌战略沿革

海尔集团坐落于山东青岛黄海畔，公司经营产品有冰箱、洗衣机、冷柜、空调、热水器、厨电等，业务范围涵盖各类家电的研发、设计、制造、营销及售后服务等。从1984年创立，海尔集团相继经历了名牌战略发展阶段（1984—1991年）、多元化战略发展阶段（1992—1998年）和国际化战略发展阶段

---

① 本案例由北京理工大学管理与经济学院的马宝龙教授、博士研究生白如冰、博士研究生胡智宸共同撰写，作者拥有著作权中的署名权、修改权、改编权。

本案例授权中国管理案例共享中心使用，中国管理案例共享中心享有复制权、修改权、发表权、发行权、信息网络传播权、改编权、汇编权和翻译权。

由于企业保密的要求，在本案例中对有关名称、数据和管理人员真实姓名等做了必要的掩饰性处理。

本案例只供课堂讨论之用，并无意暗示或说明某种管理行为是否有效。

感谢海尔集团卡萨帝总经理宋照伟先生、海尔家电集团品牌中心徐志博部长、卡萨帝口碑营销总监孙鲲鹏先生在本案例撰写过程中给予的支持和帮助。感谢国家自然科学基金面上项目（71672008）的资助。

(1999—2005年)。从质量管理,到多元化经营与规模扩张,再到出口创牌海外本土化,海尔的品牌管理理念始终在不断变化和发展之中。

2005年,海尔正式进入全球化品牌战略发展阶段,提出"以用户为中心卖服务"的理念,整合全球的研发、制造、营销资源,专注于满足用户需求、发展全球化品牌。同时,海尔进入欧、美、日三大市场,面向世界100多个国家和地区出口产品。海尔在全球范围内有工业园15个、海外工厂及制造基地30个、海外设计中心8个、营销网点5.88万个。根据青岛海尔年报,2005年度公司全球营业额实现1 039亿元。

2 风云变幻:行业变局

2.1 行业增速放缓

2005年,就在海尔正式进入全球化品牌战略发展阶段之时,L先生意识到海尔所处的家电行业正在悄无声息地发生着改变。20世纪80年代中期以前,国内家电市场供给远远小于需求,企业引进和上马生产线就能获得高额利润。20世纪80年代中期至90年代末,随着行业集中度提升、产能不断扩张及供需关系的转缓,家电企业间的竞争逐渐加剧。20世纪90年代末,部分厂商为提升品牌形象、扩大市场,逐渐展开品牌国际化建设进程,大量向海外出口家电产品。1999年,在我国外贸出口受东南亚金融危机影响的情况下,国内家电行业仍保持着较高的增长速度,全年家用电器出口总额达57.15亿美元。

然而进入21世纪初期,家电市场增速放缓,开始了缓慢的结构调整。海尔的市场调研数据显示:一方面,国内家电企业的销售利润率,已从1996年的8%下降至2000年的4%以下;而与之相对的,是成本销售费用比率已连续五年保持上升趋势(如图1-12-1所示)。

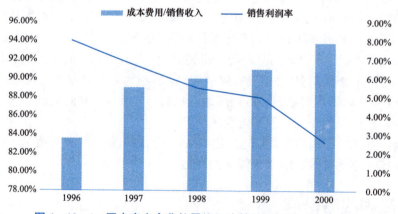

图1-12-1　国内家电企业的平均经济效益(1996—2000年)

数据来源:作者根据企业内部访谈资料整理

另一方面,当时作为冰箱本部部长的L先生也深刻体会到,随着经济快速发展、制造技术趋于成熟,行业内的竞争日益激烈,消费需求似乎愈近趋饱和:

"根据我们的调查,截至2001年12月,全国城市家庭的总体冰箱拥有率已经达到近91.0%(如图1-12-2所示)。其中,北京、深圳和杭州的消费者平均每个家庭拥有1台冰箱。在没有冰箱的家庭中,有近10.1%的家庭表示有在未来6个月内购买冰箱的计划。此外,约5.3%的家庭表示,尽管家中已经有冰箱,未来6个月内仍然有购置新冰箱的打算。与之相对的,是2001年全国冰箱预计高达1 300多万台的产量。经过我们测算,这个产量可能将超过市场销售量36.9%,而这个数值还没有包括我国每年的冰箱进口量。这是否意味着我国国内和进口冰箱的产能将全部用于争夺这10.1%和5.3%的消费者中?"

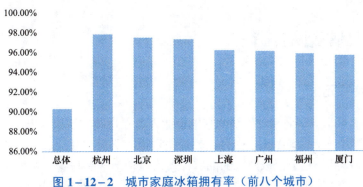

图1-12-2 城市家庭冰箱拥有率（前八个城市）

数据来源：作者根据企业内部访谈资料整理

2.2 消费升级初显

2006年春天，海尔一份用时五年，涵盖美国、法国、意大利、日本等12个国家，共调研包括8万名高端用户的报告摆在了当时的海尔集团副总裁L先生的办公桌上。这份报告显示：随着科技创新的融入，未来消费者对家庭设备及用品的需求将会呈现上升态势。此外，随着居民收入水平的显著提升，消费者的选择将会呈现更加多元化的趋势；在此基础上，消费者可能会更加注重产品或服务为他们带来的生活品质，家电消费结构也将进一步升级为发展型和享受型相互混合的模式。在我国，高端消费人群正以每年16%的速度递增，正在高速发展成为独特的阶层。

L先生在集团年初的高层战略会议上激动地说道：

"如图1-12-3所示，尽管行业整体增速放缓，但消费结构正在改变。21世纪前，我国城镇居民恩格尔系数在60%至40%之间波动，整体呈现递减趋势。目前，这一系数已稳定在35%以上的区间，这表明国内的消费者将会有更多的可支配收入为品质生活买单。与此同时，城镇居民收入水平突破了1 000美元大关，消费结构进一步演化升级。以去年我们部门的冰箱为例，2 000元以上冰箱的市场份额同比增长了约20%，3 500元以上高端冰箱的销售额同比增长了约25%。"

图1-12-3 我国城镇居民各类消费支出演化进程的阶段划分

数据来源：中华人民共和国国家统计局：《中国统计年鉴》（1981—2012）

L先生有预感，中国的家电消费市场将会呈现出两极分化的趋势，而海尔沿用了几十年的品牌延伸战略可能会被很快打破。

3 "一体两翼"：品牌舰队打造

3.1 从品牌延伸到品牌多元化

其实，L先生的预感并非空穴来风。传统的家电企业为树立鲜明的品牌形象，在选择品牌战略时十分注重品牌的统一。认为只需将一个品牌做大、做好，然后借助原有品牌已建立起来的质量声誉或形象声誉，在产品线扩张或开发出的新产品类别上冠以原有的品牌，就可以使新产品与老品牌之间互相支撑，实现收益。

L先生说："海尔可以说是品牌延伸的老手。我们最初就是从优势产品冰箱开始，首先将我们大众化的冰箱产品升级打造成国内第一的冰箱品牌，之后通过一番内扩外并，将自己的品牌延伸到电冰柜、空调、洗衣机等系列白电产品。后来，我们又将眼光投向了黑电市场，凭借海尔多年积累的核心技术，我们研发了电脑、电视，甚至将产业拓展至医药、物流、金融等等领域，形成了一整套海尔体系。"

但是面对当下的市场环境，继续采取品牌延伸的战略将面临一定的风险，比如：一旦海尔在管理高端新品中出现失误，整个品牌都可能被波及。更重要的是，市场进入成熟期后必然形成诸多细分市场，而仅用一个海尔品牌满足所有细分市场的所有需求可能难以实现。即便理论上可以实现，也可能会导致海尔已经积累的品牌形象模糊或混乱。

究竟应该选择"一个品牌打天下"，还是"多个品牌齐出击"？L先生认为，应该在考察高端消费者需求，以及海尔已有的品牌形象后审慎决策。

深入调查后，L先生发现：家电的高端消费者主要生活在一类和二类城市中，经济水平高、消费量大。他们可以是企业家或企业中高层，也可以是中小企业创业者、大型企业高管；他们有主见、有影响力、社会阶层高、接受新兴技术速度快、文化程度较高，认为财富的意义应该从炫耀内化为有能力选择自己喜欢的生活方式。他们普遍追求更有品质的精致生活，关注产品可以为他们带来的健康、和谐、优雅、方便、高科技、装饰性；他们不经常看电视广告，消息来源基本为所在圈层；他们注重对家庭的归属感。同时，海尔对自己品牌形象的调查结果显示：尽管海尔在洗衣机和电冰箱消费市场上占据领先地位，第一提及率达到67.2%，但主要覆盖大众消费者。此外，在消费者心中，海尔品牌最鲜明的标签仍然是"高性价比""好质量"和"真诚到永远"。

3.2 创立卡萨帝，布局高端市场

2007年9月，海尔集团决定采用多品牌战略，在保留海尔品牌作为集团主品牌的基础上，创立卡萨帝（Casarte）作为子品牌。卡萨帝的品牌名称取自意大利语"La casa"（意为家）和"arte"（意为艺术），旨在期望能为每一位追求高品质生活、充满生活热情的消费者，带去艺术格调和至臻优雅的消费体验。

卡萨帝以具有社会影响力的富裕阶层为核心目标用户群，形成对整体高端用户的辐射。卡萨帝将其核心消费群定义为能产生80%品牌利润率的20%高端消费群体。这群人是生活方式的制定者、行业发展领导者和高端生活向往者，代表着成功、掌控、自由、执着和极致等观念。通过洞悉高端用户需求，卡萨帝致力于为他们量身定制高端生活解决方案，由销售产品转变为提供高端生活。在目标顾客管理方面，卡萨帝打造了针对高端人群的"接触点聚焦法"，通过对自然属性和社会属性的分析，进行接触路径的规划布局，从不同维度对人群进行区分。

在产品研发层面，卡萨帝得到了来自海尔集团的支持。在研发原创科技和产品的过程中，依托于海尔集团的积累

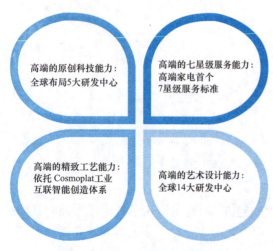

图1-12-4 卡萨帝品牌能力

资料来源：作者根据海尔集团内部资料整理

和支持，在全球创立了 14 个设计中心、28 个合作研发机构（如麻省理工学院等），有着跨越全球 12 个国家的 300 多位设计师团队，如图 1-12-4 所示。卡萨帝旗下拥有冰箱、酒柜、空调、洗衣机、热水器、厨房电器、生活小家电以及整体橱柜等 9 大品类、39 大系列、380 余个型号的产品，其中，冰箱、空调、洗衣机等白电产品分别主推"MSA 控氧保鲜科技""干湿自控科技""BNT 温自平衡""LIEP 轻离子净化""微蒸汽空气洗""分区护理"等高端科技。

在营销过程中，卡萨帝入驻居然之家及部分高端购物中心，鼓励消费者在线下可前往卡萨帝专卖区域对其产品进行全方面了解与实践体验，在消费者经过亲身的实践并感到满意之后再下单购买。

在传播层面，卡萨帝的宣传告别了传统的硬广，线上广告投放也是少之又少。同时，卡萨帝在线上与线下皆注重与高端品牌的合作，致力于打造"圈层营销"：不断寻找和积累高端核心圈层，进行场景化、生活化展示，使高端群体形成一种归属感，达到圈层营销影响力的最大化。

此外，卡萨帝每年都会在全国各大城市定期举办精英家庭的健康集会——"一起跑，慢慢爱"家庭马拉松。在传递"爱"这一品牌理念的同时，马拉松赛场配合全套艺术家电打造的高端生活体验区，传递充满爱与健康的高端生活方式。

3.3　上线统帅，锁定时尚青年

2013 年，L 先生开始意识到另一个新的细分市场正在形成，他说："不可否认的，'80 后''90 后'正成为中国家电市场的主流消费群体。当年轻一代步入适婚年龄，时尚、简约、个性消费族群的形成可能会对家电产品提出新的要求。"

于是，海尔对现代年轻消费群体进行了调研。调研结果与 L 先生预测的内容基本符合：79%的生活电器目标受众处于 18~35 岁，目标受众由智能发烧友、母婴人群、精致生活家所组成，"跟上潮流""感受生活""不为不想要的功能买单"对他们来说是选择家电的重要考量依据。他们一般是职场新人，但却富有探索精神、对时尚有一定的要求：他们喜欢简约、厌恶烦琐，他们关注价格、注重生活品质但不愿为此支付过多。在年轻、工作忙、活跃使用外卖 App、租房 App，由于条件不稳定而导致的高价格敏感度的现实背后，是这类人正在成为互联网的主流人群。

2016 年，经过三年的筹划与准备，在卡萨帝和海尔共同走过的第十个年头，海尔集团多品牌舰队又添加了一位新成员：海尔旗下子品牌统帅（Leader）立足于中国 2.5 亿年轻消费者的庞大用户需求，结合集团整体品牌布局的战略，转型为"轻时尚家电的开创者"。自此，以海尔为主体、卡萨帝和统帅为两翼的海尔集团"一体两翼"品牌舰队初步构建完成。

统帅的品牌主张是"轻时尚，悠生活"，旨在为消费者提供简约、悠闲、时尚的产品体验。"轻"即适度，崇尚简约本真，不受当下变幻潮流的左右，只从本心。轻时尚的产品具有一种简约时尚的特点，但背后的文化是回归本质：不为了标新立异而夸张色彩，相反真正做到时尚中孕育内涵。统帅电器的"轻时尚"，是让家电化繁为简，于细节和微小中体现对消费者的关怀。

统帅旗下产品涵盖洗衣机、空调、热水器、冷柜、彩电等常用家电品类，其产品设计摒除一切多余繁杂，整体风格简约统一，既注重实用性，化繁为简；又颜值爆棚，视觉享受感十足，用至简元素勾勒出时尚家居的格调。同时，统帅联合全球顶尖工程师，通过语音操控技术、红外线监控技术、大数据智能运算等当下家电圈热门黑科技的运用，使年轻用户"外观出众""高性价比"的需求得到满足。在保持产品极简高颜值的同时，统帅为年轻消费者保证产品的高性价比，提供让经济基础薄弱的消费者也可以支付的"轻时尚"产品。

为了更好地以年轻用户喜欢的方式与用户对话，统帅在线上广铺渠道，前后入驻京东、天猫、苏宁和国美网站官方旗舰店，相比之下，线下卖场设置较少且多居于二三线城市。

与传统的家电品牌不同，统帅积极向年轻用户靠拢，大部分与用户的交互均发生在线上。例如：统帅在线上发起"时尚心声·乐在其中""爱的告白""全城搜索统帅空调"等跨界营销活动，累计获得超过 200 万的点击量，社交媒体话题参与人数达到 417.9 万。此外，统帅电器还通过联合"小鲜肉"代言人邓伦推出"一平米的时尚"，出演综艺、电视剧，承担社会公益责任等方式，意图筑起年轻用户的口碑。

3.4 深耕海尔,探索智慧家庭

L 先生认为,海尔作为集团主品牌,仍然需要满足主流大众消费者的需求。中国社会科学院的数据显示:中国中产阶级的规模约为总人口的 23%,而且正以每年 1 个百分点的速度增长,在大城市中,这一比率还要高。以 23%这个比率来计算,中国的中产阶级已经达到了 3 亿人左右。这些中产阶级的家庭月可支配收入为人民币 1 万到 3 万元不等,愿意为更高品质的生活付出更多金钱成本。他们家庭成员多且多数接受过良好的教育,他们有主见,在关注价格、实用功能的同时,喜爱富有高新科技元素的家电。

因此,在发展卡萨帝和统帅的同时,海尔探索、深挖智慧家电领域,将过去"一个世界一个家"的品牌口号转变为"海尔智慧家庭,定制美好生活"。海尔希望在家电产品中整合物联网、大数据、人工智能等高新技术,重新定义大众化的智能家庭。基于此,海尔智慧家庭建立了超过 200 个家庭的主场景以替代单个家电产品,并通过超过 1 万个场景的个性化定制,覆盖超过 4 000 个型号的、涵盖冰箱冷柜、洗衣机、热水器、空调、电视、厨电等八大品类的产品。基于用户实际房型,定制专属化、个性化的解决方案,将产品有机结合在包括全屋用水、空气净化、衣物洗护、美食畅享、安保防护、视听体验、休闲娱乐等七套智慧生活解决方案中,旨在为消费者带来舒适的生活感受。并且在价格符合主流消费者接受范围的前提下,满足大众消费者追求个性定制、智能享受的要求。

场景方面,海尔实现一站式成套,旗下产品实现了语音交互、互联互通及主动服务(如图 1-12-5 所示)。以全屋空气方案为例,所有的空气设施间均能联动,可以实时根据空气质量数据相应地自动控制温、湿、净度。海尔还实现了根据用户所在当地及环境的不同,个性化的定制场景和解决方案。

图 1-12-5 海尔智慧家庭场景化

资料来源:作者根据海尔集团内部资料整理

生态方面,通过整合全链条资源,海尔构建了海尔开放生态,为用户提供全需求一站满足的美好生活方式。用户无须下载应用程序,直接扫描产品二维码或 NFC 标签,即可了解包括但不局限于原材料、工艺、设计、特点、功能、使用方法等产品信息。

在营销层面,海尔将企业文化和掌握的创新技术在线上通过海尔商城、电商旗舰店、植入广告和新媒体等渠道及时传播给全球消费者。在线下智慧成套场景体验店、苏宁、国美海尔门店已覆盖全国一二三级市场,初步实现了全国布局门店 3 500+,辐射广泛。此外,不同于面向用户的智慧样板间,海尔智慧家庭以成套家电为核心,以 VR 技术为应用输出手段,打通地产合作方、各利益攸关方,共同构建了多方合作、共享增值的智慧生态体验空间。

4　瓜熟蒂落:收获转型成效

2018 年,海尔发现消费者购买家电的主要原因已经从之前的更新换代需求、新居装修、结婚用途演变成了提升生活品质、更新换代、新居装修、追求身份认同、结婚用途(如图 1-12-6 所示)。对于家电产品的属性,消费者并不仅仅满足于基本生活或是性价比,相反呈现出个性化、差异化、定制化的需求。消费者希望家电产品也能够彰显个性,甚至是带来智能化的体验,并在购买家电时更多关注于品质、科技、服务等。

国内家电细分市场逐渐形成,消费者对于家电产品外形和功能的偏好也在发生改变,这意味海尔集团筹备多年的以海尔为主体、卡萨帝和统帅为两翼的"一体两翼"品牌舰队即将发挥成效。海尔的智能家电正在朝着操作更简洁轻松的方向发展,而加载了 WIFI 功能、语义控制、NFC 模块等娱乐化、智能化功能的统帅空调也越来越受年轻消费者的喜爱。

图 1-12-6　2008 年与 2018 年消费者购买家电的主要动机比较(按重要程度)

数据来源:作者根据企业内部数据整理

L 先生说:"《2018 中国高端家电产品消费者调查报告》显示,有将近七成的消费者想要购买万元以上的高端家电(如图 1-12-7 所示);这些人群多居住于一线城市,家庭月收入在 3 万元以上。换句话说,今天的中国家电市场已经趋于成熟,而谁拥有抓住细分市场的能力,谁就更容易拥有真正的话语权。"

2019 年,海尔正式开启第六个战略阶段——生态品牌战略阶段,海尔集团的"一体两翼"舰队正式带领海尔集团进入其多品牌战略的收割期。在家电行业整体面临失速危机的阴影时,海尔集团却实现逆势增长:一方面,卡萨帝在单价万元以上冰箱、洗衣机的市场份额分别达到 40%和 75.5%;另一方面,统帅电器延续 2018 一年时间里业绩冲破 100 亿的发展速度,成为家电业最年轻的百亿品牌;同时,海尔智慧家庭总营收达到 2 008 亿,同比增长 9%;归母净利润同比增长 9.7%,已达 82 亿。海尔智慧家庭各品类市场占有率持续提升,其中冰箱、洗衣机的线上市场份额分别是第二名的 3.1 倍和 2.1 倍,线下市场份额也均是第二名的 2 倍以上(海尔、卡萨帝及统帅主要产品历年市场份额占比如附录表 1-12-1 所示)。

从调研、决策、筹备再到执行,海尔集团用了近二十年的时间初步完成了多品牌战略的布局。凭借创立海尔和统帅的经验,海尔集团至 2020 年 6 月已经将品牌舰队扩充成了由七个家电品牌:海尔、卡萨帝、统帅、AQUA、Candy、Fisher & Paykel、GEA 构成的全球范围家电品牌群,在逆势中展现了中国家电企业顽强的生命力。

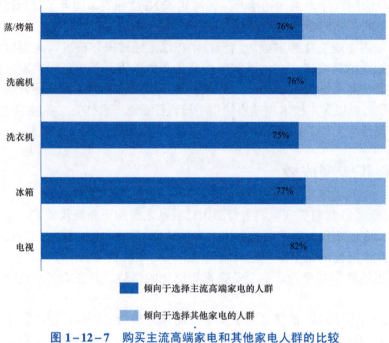

图1-12-7 购买主流高端家电和其他家电人群的比较
数据来源:《2018中国高端家电产品消费者调查报告》

5 后记：品牌舰队远航

回顾海尔多品牌运作的二十年，L先生作为海尔人，感到无比的欣慰和骄傲。然而，伴随着2020年的到来，新的市场考验正在降临：一方面，疫情影响下，原本是家电黄金时刻的节假日，却因为消费者减少外出而导致线下门店销量惨淡。对海尔的中高端家电产品，尤其是需要场景体验的产品影响巨大；另一方面，在"AI+IoT（即人工智能+物联网）"的技术风口下，越来越多的互联网企业也开始布局家电市场，海尔未来将面临更加激烈的竞争。环境持续低迷和竞争越发激烈的双重压力，对海尔集团的品牌、营销、研发和生产等能力有着更为严苛的要求。

L先生知道，尽管海尔的这支品牌舰队早已起航，但是它仍需要在品牌、技术、产品等方面挖掘潜能，才能带着集团向着全球市场的更深更远处航行……

One Body, Two Wings:
the Multi-Brand Positioning of Haier Group

Abstract: Against the background of the increasingly personalized, differentiated and customized consumption trend, the competition among enterprises has upgraded to a contest among their brands. To win in the competition as well as to achieve a long-term development, brand strategy can be adopted as a sharp weapon. With the diversification of market, the fragmentation of consumer demand, the diversification of enterprise expansion and the increasingly accelerated industrial integration, multi brand strategy has become an appropriate choice for many enterprises. Introducing the construction process of Haier Group's brand fleet of "one body, two wings" (consisting of Haier, Casarte and Leader), this case describes the decision-making problems faced by Haier Group in its process of multi brand operation and multi-brand positioning as well as its solutions. This case aims at introducing the related theories, analysis tools and operation points of differentiated brand positioning involved, of which this case is designed to help students to have a grasp.

Key words: Haier Group; Brand Positioning; STP Theory; Multi-Brand Strategy

附 录

表 1-12-1 海尔、卡萨帝、统帅主要产品（冰箱、洗衣机）的市场份额占比（2009—2019 年）

品牌	2009/%	2010/%	2011/%	2012/%	2013/%	2014/%	2015/%	2016/%	2017/%	2018/%	2019/%
冰箱	—	—	—	—	—	—	—	—	—	—	—
海尔	23.85	21.90	22.56	24.87	22.94	22.17	22.31	22.73	25.28	26.86	26.74
卡萨帝	1.99	3.31	4.17	5.04	4.13	3.84	5.07	5.63	6.46	8.41	9.90
统帅	—	—	0.04	0.07	0.05	0.06	0.06	0.07	0.09	0.08	0.11
合计	25.84	25.21	26.78	29.98	27.12	26.07	27.44	28.43	31.83	35.35	36.75
洗衣机	—	—	—	—	—	—	—	—	—	—	—
海尔	29.52	27.19	25.46	28.68	26.07	24.91	23.66	24.58	25.04	26.47	27.27
卡萨帝	0.01	0.26	0.87	1.19	0.87	1.30	2.88	2.97	4.80	7.03	8.94
统帅	—	—	0.02	0.03	0.04	0.07	0.06	0.06	0.05	0.07	0.14
合计	29.52	27.45	26.36	29.91	26.98	26.28	26.60	27.61	29.89	33.57	36.34

资料来源：作者根据海尔集团内部资料整理

案例使用说明：

"一体两翼"：海尔集团的多品牌定位之道

一、教学目的与用途

1. 适用课程：本案例为平台型（描述型）案例，适用于《市场营销》《品牌管理》等课程中多品牌战略、STP 理论、品牌定位等相关章节的案例讨论。

2. 适用对象：本案例主要为 MBA 和 EMBA 开发，适合有一定工作经验的学生和管理者使用学习。本案例还可运用于工商管理专业学生深度了解企业多品牌战略中市场细分、目标市场的选择、品牌定位的运作要点。

3. 教学目的：随着我国市场经济的进一步发展和完善，品牌竞争已逐渐取代了以价格竞争为主的低级市场竞争。随着市场的多样化、消费者需求的碎片化以及企业扩张的多元化和产业整合，多品牌运作已成为众多企业的品牌战略选择。本案例通过介绍海尔集团"一体两翼"（海尔为主体、卡萨帝和统帅为两翼）品牌舰队的构建历程，描述了海尔集团多品牌运作及多品牌定位过程中面临的决策问题及解决方案。本案例的开发目的是让学生通过学习探讨、理解并掌握企业多品牌战略和多品牌运作中 STP 战略的相关理论和运作要点。具体的教学目标是：

（1）帮助学生分析品牌战略选择的背景，了解企业进行多品牌运作的内在动因和外在契机，明确企业开展多品牌运作的必要性和合理性。

（2）掌握 STP 理论中市场细分、目标市场的选择以及市场定位的分析工具和方法。分析企业所在产业的市场中各细分市场的特征，最终确定目标市场并正确地进行差异化市场定位。

（3）深入理解多品牌战略及多品牌管理的相关理论，明确企业多品牌运作中选择营销组合策略的思路方法及营销组合策略落地的操作要点等。

二、启发思考题

1. 在海尔面临创立卡萨帝决策的当时，中国家电消费市场呈现了哪些特征？
2. 面对潜在的高端消费者市场，海尔集团为何选择了多品牌战略而不继续坚持品牌延伸战略？
3. 海尔集团是如何用卡萨帝、统帅、海尔等不同品牌覆盖中国家电消费市场的？你认为这个布局合理吗？为什么？
4. 海尔集团旗下三个品牌面对各自消费者的差异化定位分别是什么？在营销组合策略层面他们如何支撑各自的定位？

三、分析思路

教师可以根据自己的教学目的灵活使用本案例。这里给出本案例各个思考题之间的逻辑关系，以及案例分析的整体逻辑路径图（如图 1-12-8 所示），帮助教师引导课堂分析，仅供参考。

对本案例的分析需紧密围绕着"海尔集团多品牌运作背景及动因——中国家电市场细分——海尔多品牌目标市场的确定——海尔集团的市场定位及营销组合的匹配"这一思路开展。为了全面系统分析海尔多品牌运作的问题，在引导学生进行案例分析时，可以遵循以下思路：

思考题 1 的分析思路：教师可以引导学生结合案例材料归纳出海尔面对的市场格局改变与消费者需求变化，体会到品牌延伸（或单一品牌运作）的局限性。

思考题 2 的分析思路：在思考题 1 的基础上，结合案例材料，帮助学生掌握多品牌战略选择的时机和决策要点，从而使学生对多品牌运作必要性及优势形成一个完整的理解和认识。

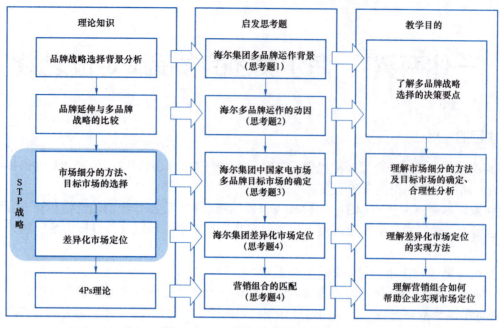

图 1-12-8 案例分析逻辑路径图

思考题 3 的分析思路：教师应帮助学生理解细分市场和目标市场的定义和特征，引导学生依照特定的市场细分依据，将市场进行细分，并从目标市场吸引力和进入目标市场的可行性两个维度对目标市场选择的合理性进行分析，从而选取最为合适的目标市场。

思考题 4 的分析思路：确定目标市场后，教师应帮助学生对海尔集团三个品牌的差异化市场定位进行分析，引导学生深入思考如何运用营销组合策略支撑企业或品牌的市场定位。

四、理论依据及问题分析

企业进行多品牌运作的过程一定与其品牌发展战略紧密关联，因此在分析案例问题时，更要围绕企业的营销战略展开。在企业多品牌运作的过程中，通常的做法是先把市场划分为有意义的客户群（市场细分），然后选择服务或产品的多个客户群体（目标市场选择），利用多个品牌在多个目标客户群的心目中进行不同的定位（市场定位），最后每个品牌采取不同的组合营销策略以实施多品牌战略营销计划。指导老师可以根据市场营销、品牌管理等相关理论和分析工具对本案例进行分析讨论。

1. 思考题 1 的分析要点及问题分析。

问题：在海尔面临创立卡萨帝决策的当时，中国家电消费市场呈现了哪些特征？

（1）思考题 1 的理论依据及分析要点。

市场分析是对市场供需变化的各种因素及其动态、趋势的分析。企业在制定战略前，需要深入了解行业发展情况，以及社会商品购买力和社会商品可供应量的变化，并从中判明商品供需平衡的不同情况（平衡或供大于需，或需大于供），为企业生产经营决策（合理安排生产、进行市场竞争）和客观管理决策（正确调节市场，平衡产销）提供重要依据。市场分析可以帮助企业发现市场机会并为企业的发展创造条件、帮助企业发现经营中的问题并找出解决的办法以及平衡企业与顾客的联系等。

问题 1 需要学生根据案例材料，从家电行业发展情况和消费者需求两方面提炼并分析海尔决定进行多品牌运作前家电市场的特征（即海尔集团实施多品牌运作的背景）。

（2）思考题 1 的分析。

家电行业方面：竞争日益激烈、家电需求增长速度放缓，企业盈利空间开始下降。当时的用户需求是一轮多样化的裂变，市场细分趋于碎片化；消费者需求方面：当前消费者从简单的基础消费开始向品质消费升级。除了对理性利益追求的扩张，顾客的价值诉求从基本的理性利益逐渐演变成情感利益：对高品质生活的追求、对家的归属感等。

2. 思考题 2 的理论依据及问题分析。

问题：面对潜在的高端消费者市场，海尔集团为何选择了多品牌战略而不继续坚持品牌延伸战略？

（1）思考题 2 的理论依据。

品牌延伸（Brand Extension），也称"一牌多品"，是指企业将某一知名品牌或某一具有市场影响力的成功品牌扩展到与成名产品或原产品不近相同的产品上，以凭借现有成功品牌推出新产品的过程。品牌延伸要考虑的因素中，品牌的核心价值和个性是最重要的。一个成功的品牌有其独特的核心价值和个性，若这一核心价值和个性能包容延伸产品，就可以进行品牌延伸。也就是说，品牌延伸并非只简单借用表面上已经存在的品牌名称，而是对整个品牌资产的策略性使用。

多品牌战略（Multi-band Strategy），又称"一品多牌"，是指通过市场细分可以把众多的消费者分成若干个有着同样或近似细分需求的细分群体，针对每一个细分群体创建品牌，占领市场，而每个细分市场具有明显的不同特性。多品牌运作具有一定的必要性：对于一个品牌来说，可能都适用于每个细分市场的可能性极低。品牌延伸战略和多品牌战略的优势、劣势比较如表 1-12-2 所示：

表 1-12-2　品牌延伸和多品牌战略的优劣势比较

战略选择	品牌延伸	优势	• 扩大品牌知名度和影响力 • 实现品牌资产增值 • 降低新产品的市场风险——利用原有品牌，缩短消费者认知、认同、接受、信任的过程
		劣势	• 淡化品牌个性——延伸品牌与原有品牌形象存在较大差异时，原有品牌形象可能会被削弱 • "跷跷板"现象——延伸品牌和原强势品牌的竞争优势会呈现此消彼长的变化，即会产生"跷跷板"现象 • 有悖消费者心理——企业把产品延伸到和原市场毫不相关的产品品类上时，会影响消费者对原有品牌的特殊心理定位 • "株连效应"——一旦延伸品牌中的某个或某些产品管理不善问题就很有可能危及整个品牌
	多品牌	优势	• 提高市场占有率、提升企业整体竞争优势——通过覆盖不同的细分市场而吸引不同的消费者 • 强化各个品牌的产品特性 • 避免"株连效应"
		劣势	• 需要企业投入精力和成本——管理成本、研发成本、设计成本、制造成本等

（2）思考题 2 的问题分析。

在家电行业竞争激烈、需求增速放缓、企业盈利空间下降和消费升级的背景下，抢占高端消费者市场显得尤为必要。尽管海尔集团在过去的发展过程中总结了很多成功的品牌延伸经验，但是调查表明海尔当时在消费者心中的品牌形象是"高性价比"和"真诚"，这与高端消费者普遍追求的高品质、高端精致的艺术生活存在较大差异，实施品牌延伸可能会导致海尔原有的大众品牌形象混乱、打动高端消费者的能力不强；另外，一旦延伸出的高端产品系列中的某个或某些产品管理不善，很有可能危及海尔在过去的几十年中积累的市场和品牌地位。

此外，消费者的顾客价值开始分化，一个品牌无法满足消费者的全部需求，也无法覆盖所有市场。因此，采用多品牌战略可以有效帮助海尔解决"既不想失去现有用户，也不想放弃潜在高端群体"的问题，理由如下：

创立高端子品牌可以帮助海尔抢占高端市场、丰富品牌群的多样性、吸引不同的细分市场以提升市场整体占有率；

多品牌运作可以同时帮助海尔和卡萨帝强化自己的品牌特色,提高品牌的生命力;

海尔集团经过多年积累,在全球设立了自主研发设计和营销中心,皆可用于支持高端子品牌发展;

创立子品牌后,必然会导致总体生产量的扩大,使摊销的固定成本降低并使长期平均成本呈现下降的趋势,从而提升利润空间。

3. 思考题3的理论依据及问题分析。

问题:海尔集团是如何用卡萨帝、统帅、海尔等不同品牌覆盖中国家电消费市场的?你认为这个布局合理吗?为什么?

(1) 思考题3的理论依据。

客户价值的选择和管理可以通过STP战略(市场细分、目标市场的选择、市场定位)来实现。市场细分(Segmenting)是STP战略的第一个环节,用以帮助企业发现潜在的市场机会,有针对性地制定营销策略。市场细分就是将市场分为若干部分,形成具有不同价值诉求的客户群体。这样划分形成的细分市场聚集了企业的潜在客户,这部分潜在客户的价值诉求与其他群体客户的价值诉求有着明显的差异,而在细分市场内部的客户价值诉求则相对一致。在细分过程中,企业要根据不同属性消费者的特性深入对其需求特征进行归纳总结,提炼出具有公共需求偏好的消费者;同时,依据消费者的消费需求特征对消费者的客户价值进行总结归类。目标市场的选择(Targeting)是STP战略制定的第二个环节。目标市场是企业打算进入的细分市场,或打算满足的具有某一需求的顾客群体。企业在营销决策之前,要确定具体的服务对象,即选定目标市场。为了选择适当的目标市场,企业必须对有关细分市场进行评价。企业评价各种不同的细分市场时,必须考虑两个因素:细分市场的吸引力、进入细分市场的可行性。采用市场吸引力与目标市场的可行性作为两个维度,可以形成如图1-12-9所示的一个细分市场评估矩阵,用于评估已有的细分市场,并帮助企业从中选择合适的目标市场。

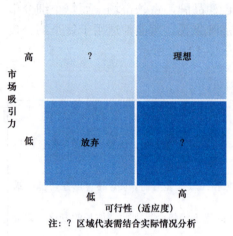

图1-12-9 细分市场评估矩阵

作为细分市场评估矩阵的两个维度,细分市场的吸引力和目标市场可行性具体需考虑的评价指标如表1-12-3所示。

表1-12-3 细分市场维度及其评价指标

细分维度	评价指标
细分市场的吸引力	● 市场规模和增长潜力 ● 结构性特点 ● 利润水平 ● 价格敏感度 ● 竞争激烈程度
目标市场可行性	● 市场与企业长远目标的一致性 ● 企业的资源(如人力、财力、物力等)是否可支撑企业进入市场 ● 企业在设计产品、生产产品、营销、执行与管理方面的能力

在图1-12-9所示的四个矩阵中,吸引力和可行性都高的细分市场是最理想的目标市场,而吸引力和可行性都低的细分市场是应放弃的市场。对于吸引力高而可行性低的细分市场,企业需要考虑在短时间内是否可以改善可行性,如果能够做到,可以选择,否则也只能放弃。对于吸引力低而可行性高的细分市场,如果企业有过剩的产能而又没有其他更好的选择,也可以考虑。

(2) 思考题3的分析要点。

首先,学生需要根据案例材料及附加材料梳理并分析海尔集团对目前中国家电市场的细分情况;然后,学生需要依据相关理论知识点对卡萨帝、统帅和海尔三个品牌各自目标市场选择的合理性进行评估。

(3)思考题3的问题分析。

如表1-12-4所示,目前我国家电市场可以细分为高端用户、大众用户和年轻用户三个市场。

表1-12-4 中国家电细分市场及特征

细分市场	消费者诉求
高端用户	● 产品能与自身身份、生活方式、为人风格内外协调统一 ● 荣耀感 ● 家庭的归属感
大众用户	● 智慧家电理念 ● 实用功能 ● 高新科技
年轻用户	● 简单、轻松、舒适的生活方式 ● 设计美观 ● 高性价比

如图1-12-10所示,海尔集团一共选定了三个目标市场,三个目标市场覆盖了除市场吸引力和可行性皆低的矩阵之外的其他三个矩阵。

① 经济型用户。

市场吸引力分析:大众用户人数较多,是家电消费的主力军,且需求较为大众化、顾客价值易满足,市场规模和发展潜力大。

可行性分析:经过几十年的积淀,海尔的资源以及在设计产品、生产产品、营销、执行与管理方面的能力足以支撑海尔满足经济型用户的价值需求。因此,在评估矩阵中处于高市场吸引力、高可行性的区域。

② 高端精英用户。

市场吸引力分析:高端人群在人数上呈现逐年扩增的趋势,虽然当时的市场规模不大,但发展潜力巨大;且当时高端市场的竞争小,饱和度低;此外,高端家电单价高

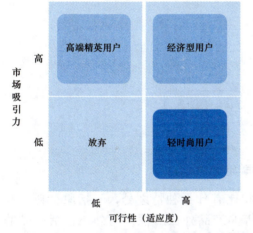

图1-12-10 海尔集团多品牌细分市场评估矩阵图

的特点使高端市场具有可观的利润。

可行性分析:但恰恰是因为精英用户对于高端生活、品质享受的追求和对身份的认同,使得当时的海尔品牌本身还无法给高端用户带来身份认同等感性利益,因此精英用户在评估矩阵中处于高市场吸引力、低可行性的区域。

对于这样的细分市场,企业需要考虑在短时间内改善进入市场可能性的方法。对海尔而言,在技术能力、服务能力不错的前提下,创立高端子品牌卡萨帝覆盖高端消费市场便是提升其覆盖该市场的适应性的必要手段。

③ 轻时尚用户。

市场吸引力分析:年轻消费者虽然在人数上也呈现着增加的趋势,具有一定的发展潜力,但由于年轻消费群体价格敏感度高、购买能力相对较弱,产品的利润与经济型用户和精英用户市场相比而言较低。

可行性分析:大部分年轻消费者的顾客价值十分明确——简洁、美观、高性价比,以海尔集团当时的资源和能力,满足他们的需求对海尔而言较为容易。因此,轻时尚用户在评估矩阵中处于低市场吸引力、高可行性的区域。

海尔产能充足,但不希望失去在消费者心目中树立多年的中高端家电形象,失去占有已久的、最

为理想的高市场吸引力、高可行性的细分市场，因此创立"轻时尚品牌"统帅以占领年轻市场是合适的选择。

因此，总体而言，海尔集团当时多品牌目标市场的覆盖较为合理。

4．思考题4的理论依据及问题分析。

问题：海尔集团旗下三个品牌面对各自消费者的差异化定位分别是什么？在营销策略层面他们如何支撑各自的定位？

（1）思考题4的理论依据。

市场定位（Positioning）是STP战略制定的第三个环节。现代市场营销理论认为，市场定位是指针对消费者对企业或产品属性的重视程度，确定企业相对于竞争者在目标市场上所处的市场位置，通过一定的信息传播途径，在消费者心目中树立企业与众不同的市场形象的过程。

品牌差异化定位（Different Brand Positioning）旨在向目标客户说明本企业产品和竞争者产品有什么差别，同时还要说明本企业产品为什么值得购买，从而在目标客户心目中占有一个独特的、有价值的位置。差异化定位不仅可以体现在理性利益包括功能利益、体验利益、财务利益等内容，还可以体现在感性利益包括归属感、爱、自尊、成就感、社会认同、享受等内容。总而言之，差异化定位整体可以体现在品牌定位的属性定位、理性利益定位和感性利益定位三个层次（如图1-12-11所示）。

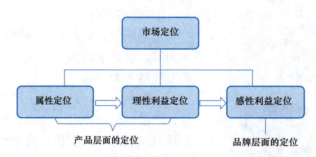

图1-12-11 可以用于实现差异化定位的市场定位

图1-12-11中，属性定位指企业的产品属性与竞争者相比有什么独特之处，包括原材料、制造工艺、形态等的产品内在属性，也包括服务、品牌、包装等的产品外在属性，另外还包括产品的组合属性；理性利益定位指企业的产品能够带给客户什么差异化的理性利益，包括功能利益、体验利益、财务利益、心理社会利益等；感性利益定位指企业的产品或品牌能够帮助客户实现什么差异化的精神感受。

从因果关系来说，理性利益定位是满足客户的效用需求，属性定位是效用实现的原因和基础，属性定位与理性利益定位存在清晰的因果关系。同理，成功的感性利益定位必须建立在理性利益定位的基础上。属性定位、理性利益定位更多地突出产品的功能价值，用于满足客户的效用需求；而感性利益定位更多地是凸显品牌的情感价值，用于满足客户的精神需求。

在市场定位选择完毕后，营销成功的关键就在于是否能够支撑其市场定位。在这一点上，营销策略要素（通常是营销4P组合策略）的有机组合可以为定位的实现发挥独特的作用、做出独特的贡献。产品（Product），其内涵是所有营销供给的载体，既包含有形的产品又包含无形的服务，还包括代表过程的体验；渠道（Place）就是通过适当的渠道来进行产品的安排运输储藏；促销（Promotion），其内涵是企业与客户间的价值沟通的策略；企业通过价格（Price）来收获所需要的价值（利润），为此需制定适合目标客户群的价格。

（2）思考题4的问题分析。

问题1：海尔集团旗下三个品牌面对各自的消费者的差异化定位分别是什么？

分析：卡萨帝、海尔和统帅的差异化市场定位详情如图1-12-12所示。

栏目一　商业模式与市场营销

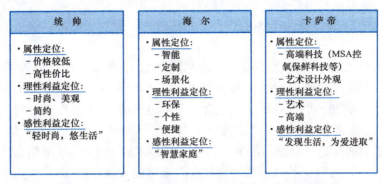

图 1-12-12　海尔集团三个品牌的差异化市场定位

问题 2：在营销组合策略层面他们如何支撑各自的定位？

分析：由于卡萨帝、海尔、统帅的目标市场和市场定位皆不相同，它们在 4P 营销组合的运用方面也存在差异（如表 1-12-5 所示）。

表 1-12-5　卡萨帝、海尔、统帅营销组合运用的比较

品牌	4P 营销组合策略			
	产品	渠道	价格	促销
卡萨帝	● 高品质家电 ● 高端体验 ● 家的归属感	● 线下成立体验店 ● 全场景体验式样板间 ● 体验门店入驻国居然之家	高	● 与高端品牌合作打造高端圈层的"圈层营销" ● 注重消费者实地体验的体验营销 ● 每年定期举办家庭马拉松，宣扬品牌文化和主张
海尔	● 满足大众需求的家电 ● 定制、智慧家庭体验 ● 科技感	● 线上入驻各大电商旗舰店 ● 线上海尔商城 ● 国美、苏宁体验门店 ● 智慧生态体验空间	中	● 电视广告 ● 植入硬广 ● 新媒体传播
统帅	● 时尚设计的外观 ● 功能简约 ● 高性价比	● 线上成立京东统帅官方旗舰店、天猫统帅官方旗舰店、苏宁统帅官方旗舰店和国美统帅四大线上旗舰店 ● 多位于二三线城市的线下体验门店	低	● 线上丰富的产品展示，与消费者实现线上交互 ● 创办线上潮流活动，宣传年轻时尚的品牌理念

五、背景信息

1. 案例背景信息。

海尔集团创业于 1984 年，成长在改革开放的时代浪潮中。30 年来，海尔始终以创造用户价值为目标，一路创业创新，不断创造成绩。截至 2020 年 6 月，海尔品牌全球化战略包含了七大家电品牌：海尔、美国 GEA、新西兰 Fisher & Paykel、日本 AQUA、卡萨帝、统帅、Candy。全球第一家电集群的形成，代表着海尔集团由单一品牌向多品牌协同的全球市场布局升级。

其中，海尔集团主要用海尔、卡萨帝和统帅打造着对国内家电市场的覆盖。海尔凭借多年生产、设计和营销等实力的积累，探索、深挖智慧家电领域，以"海尔智慧家庭，定制美好生活"为口号，将人工智能、物联网等智慧科技融入家电产品中，重新定义智慧家庭；卡萨帝以"发现生活，为爱进取"为口号，整合全球设计、研发、制造及采购资源整合能力，迅速实现资源与用户需求协同，高效率抢先满

足用户高端家电需求；统帅是在互联网背景下战略布局的年轻化品牌，定位于"轻时尚家电开创者"，以"轻时尚，悠生活"为品牌主张，致力于为用户打造一种时尚、简约、悠闲、舒适的生活方式。

2. 案例后续进展。

根据海尔集团披露的2019年一季度报显示，海尔集团2019年第一季度收入增长10.17%，在行业下行的背景下连续五个季度收入增速超10%。2019年3月，享誉全球三大家电及消费电子展之一的中国家电及消费电子博览会"AWE2019"拉开帷幕，展会以"AI上路智慧生活"为主题，展示产品涉及家用电器、智能家居、物联网、人工智能、5G、智慧交通、智慧娱乐等诸多领域。海尔集团旗下海尔、卡萨帝、统帅三个品牌也带着它们的最新产品纷纷参展，搭载创新技术的"超级AI冰箱""即开即用，十秒十度"L.ONE柜机等家电产品一时间吸引了众多消费者和广大媒体的关注。

六、关键要点

1. 当行业进入竞争激烈、市场细分趋于碎片化的成熟期时，实施多品牌战略可以帮助企业最大限度地占有市场、对消费者实施交叉覆盖，且降低经营风险。

2. 选择目标市场前，企业可以使用细分市场评估矩阵对细分市场进行评估。评估矩阵采用市场吸引力与目标市场的可行性作为两个维度，用于评估已有的细分市场，并帮助企业从中选择合适的目标市场。对于矩阵中不同的四个位置，企业需要采取不同的战略。

3. 市场定位包括属性定位、理性利益定位和感性利益定位三个层次。企业在进行定位时，首先需要根据客户的理性需求确定理性利益定位，然后根据理性利益定位确定产品应该具备哪些属性。

4. 营销策略要素组合（通常是营销4P组合策略）的目的是支撑企业的市场定位。市场定位确定后，营销成功的关键就在于营销策略要素的有机组合能否对其市场定位产生独特的支撑作用。

七、建议课堂计划

1. 教学步骤和计划。

鉴于课堂时间较为有限，为保证教学效果我们建议师生做足课前准备：教师可以提前一周将案例、辅助资料和启发思考题发给学生，并在前一次课结束时对案例的内容和教程做出简要说明，其中说明和强调：（1）课堂教学的效果和收获取决于课前准备是否充足；（2）学生分成若干个小组，每组由组长组织小组讨论活动，执行如表1-12-6所示的学习计划（仅供参考）：课前利用0.5小时阅读和思考，利用0.5小时开展小组讨论，课堂中师生用2课时（90分钟）进行课堂讨论。

表1-12-6 课前与课堂的教学步骤和计划

时段	讨论和学习内容	主要内容	学习时间
课前	教师发放教学案例和相关资料，学生个人阅读材料，并分析思考讨论题	课前准备	30分钟
	学生自由分组，并开展小组讨论，借助所学知识点与工具开放性地解答教师给出的辅助性问题，并将结果以小组为单位于课前反馈给老师，老师进行简单评阅	课前准备	30分钟
	小计		60分钟
课堂	教师开场语，介绍本案例价值和案例教学特点	案例导入	10分钟
	学生分析海尔创立卡萨帝之时国内家电市场环境、消费者情况；分析并讨论海尔集团进行多品牌运作的原因以及时机；然后教师将学生观点列在黑板上，并就学生观点结合理论知识对中国企业应该如何进行多品牌运作的决策思路进行讲解	思考题1、思考题2	25分钟
	学生分析中国家电市场细分的依据、步骤与细分结果；然后教师将学生观点列在黑板上，并结合STP模型中的市场细分部分知识点进行讲解	思考题3	10分钟

时段	讨论和学习内容	主要内容	学习时间
课堂	学生对思考题3进行分组汇报；教师提问"哪个（或哪些）细分市场可以被海尔选择作为目标市场？"。然后教师抛出目标市场选择的决策分析框架，并结合目标市场的总体营销策略，就学生观点结合理论知识点进行点评	思考题3	20分钟
	学生分析并讨论海尔市场定位的价值组合，教师引导学生结合STP理论框架中的市场定位知识对海尔的市场定位进行识别。学生对思考题4进行分组汇报，教师将学生观点列在黑板上，就学生观点结合知识点结合STP战略中市场定位的知识和相应配合的营销组合，对选择好目标市场并准备进行差异化定位的企业如何计划特定的营销组合活动进行讲解	思考题4	20分钟
	教师总结：（1）归纳分析和讨论达到的共识，结合多品牌运作和STP理论相关工具和案例材料，提炼海尔多品牌运作成果的关键要素和理论；（2）肯定学生在应用理论工具分析案例时的逻辑性和创造性，鼓励学生对其他企业的多品牌运作活动进行延伸思考，并指出学生在课堂分析中存在的不足和改进路径	课后总结	5分钟
	小计	—	90分钟

2. 教师的引导。

教师不仅应在课前发布和组织学生讨论启发思考题，也要在课堂讨论中发挥指导作用。鉴于本案例素材较多且海尔的多品牌战略结构较为复杂，教师宜引导学生紧紧围绕思考题以及分析工具展开思考和讨论。在讨论过程中，教师应辅助梳理学生的观点并加以归纳整合，最后基于市场营销、品牌营销的相关理论工具对学生分析的逻辑加以点评，指出优点和缺点，以及完善、提高学生对于相关知识点的分析表达能力的路径建议。课堂总结时，将营销理论与案例结合起来，以深化学生对理论的理解，也可使用PPT结合板书进行授课。

3. 板书的使用。

建议教师在课堂上分案例导入、问题探讨与分享、理论总结与提升三个板块对案例和知识点进行讲解，推荐使用的板书布局如图1-12-13所示。

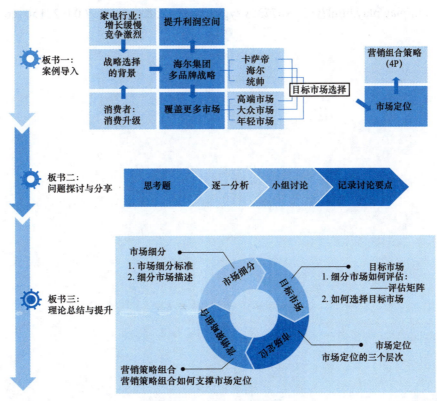

图1-12-13　建议板书布局

八、其他教学支持材料

1. 参考文献及推荐深入阅读材料：

［1］韩红革. 海尔集团品牌群建设研究［D］. 东北农业大学 2015.

［2］Paul Temporal，藤甫诺，高靖，等. 高级品牌管理［M］. 北京：清华大学出版社，2004.

［3］Philip Kotler，Kevin Lane Keller. A Framework for Marketing Management［M］. UK：Pearson Education，2016.

［4］陈福宝. 海尔品牌成功之路探略［J］. 商场现代化，2009（20）：46-46.

［5］科特勒. 营销革命 4.0：从传统到数字［M］. 北京：机械工业出版社，2017.

［6］李飞，刘茜. 市场定位战略的综合模型研究［J］. 南开管理评论，2004，7（5）：39-43.

［7］李飞. 营销定位［M］. 北京：经济科学出版社，2013.

［8］吴天明. 首席执行官：一个中国企业家的真实故事［M］. 北京：作家出版社，2002.

2. 补充品牌宣传视频材料：

（1）海尔集团全球品牌推广视频：

http://m.iqiyi.com/w_19ryuk6n91.html?social_platform=link&p1=2_22_221

（2）海尔品牌智慧家庭品牌视频：

http://m.v.qq.com/play/play.html?vid=k085925t80s&ptag=4_7.0.0.22150_copy

（3）海尔智慧家庭综合篇（精简版本）：

https://www.bilibili.com/video/BV1KW411e76A/?spm_id_from=333.788.videocard.8

（4）卡萨帝生活写真：

https://m.weibo.cn/1785634461/4293966331124379

（5）卡萨帝｜杜比全景声：《一年中最珍稀的声音》

https://www.bilibili.com/video/av84763607/

（6）统帅 1 平米时尚大片：

http://m.v.qq.com/play/play.html?vid=x07735vzygy&type=25&ptag=4_7.0.0.22150_copy

栏目二
组织与人力资源管理

案例正文：

大象迁徙之囧[①]
——首钢大搬迁的冲突与博弈

摘　要：常言道，装修搬家，尘世间最折磨人的事情莫过于此！一个特大型钢铁企业的搬迁，背后牵涉的家庭有10万之巨，涉及难题可谓方方面面，其难度之大不敢想象。首钢作为中国工业企业的一面旗帜，其大举搬迁引发了个体、群体、组织等不同层面的冲突。本案例通过描述首钢搬迁前、搬迁中、搬迁后最具代表性的几起冲突场景，以及组织为化解冲突采取的相应策略，再现了首钢大搬迁的艰难与窘境。本案例可以让学员了解企业搬迁调整过程中可能遇到的冲突，以及相应的冲突管理策略。

关键词：冲突；首钢大搬迁；冲突管理

0　引言

2011年深秋的一天，首钢京唐公司工会主席张宇正同五名准备辞职的年轻职工座谈，了解他们离职的原因。五人都是大学毕业分到公司还未满一年的新人，怎么会工作没到一年就同时提出辞职了呢？张宇边听边记：他们有的是忍受不了与恋人的异地之苦，有的是适应不了曹妃甸相对艰苦的工作和生活条件，有的是感到第一份工作与当初的设想有较大落差，有的是厌倦了北京与曹妃甸两地的奔波，还有的是与年长的同事把关系闹僵了。张宇能感受到他们内心的挣扎与纠结，因为他们看上去都显得非常疲惫。张宇还在思考如何答复他们，一阵急促的电话铃声骤然响起，将张宇从思索中唤醒，他抓起桌上的电话："喂，你好！"听筒那头传来了紧张而急促的声音："张主席，不好了，我是方芳啊，咱公司热轧作业部的一名职工从二号公寓跳楼了。"张宇的脑袋"嗡"地一下："小方，我这就赶过去。"

渤海之滨的曹妃甸已是凉意袭人，但张宇却丝毫感觉不到冷，一路小跑来到了二号员工公寓，救护车这时已经赶到，医护人员正用担架将坠楼的职工抬上车，地上留下了一摊血迹。方芳简单地向张宇介绍情况："张主席，他叫商超，是我们公司一年前刚分来的大学生。昨晚他值夜班，今天正巧只有他自己在宿舍休息，没想到就发生了这样的事儿，他从四楼的宿舍跳了下来。不幸中的万幸是，他跳下来的时候被楼下的车篷挡了一下，速度减下来了，应该还有救。"张宇等人也紧接着赶到医院急救室，他们一直等在手术室外，直到凌晨，商超才逐渐清醒过来。通过与商超简短的交谈，张宇他们明白了事情的原委：商超才26岁，毕业于北京某重点高校，毕业后被分配到首钢京唐公司的热轧作业部工作，他家在河北农村，因为女友接受不了两地分居离他而去，以及部门竞聘未能成功等原因，情绪极度低落，极度抑郁之下选择了自杀。张宇语重心长地对商超说："小商，你还年轻，你选择轻生考虑过家人的感受吗？你很优秀，未来的路还很长，前行道路上可能还会遇到不少挫折，遇到挫折不可怕，因为没有谁是一帆风顺的，但要学会勇敢地战胜挫折，大家都在你身后坚定地支持着你！"

走出商超的病房，张宇倚在窗台旁，陷入了思考。作为新晋的工会主席，张宇自身面临的冲突不小：

[①] 本案例由北京理工大学管理与经济学院刘平青教授、博士生史俊熙、MBA学员蔡云亭，西南科技大学经济管理学院何波副教授，北京理工大学硕士生李宪和胡金云撰写，作者拥有著作权中的署名权、修改权、改编权。

本案例授权中国管理案例共享中心使用，中国管理案例共享中心享有复制权、修改权、发表权、发行权、信息网络传播权、改编权、汇编权和翻译权。

由于企业保密的要求，在本案例中对有关名称、数据等做了必要的掩饰性处理。

本案例只供课堂讨论之用，并无意暗示或说明某种管理行为是否有效。

一方面，他刚刚上任，还不太了解情况，要尽快熟悉日常工作；另一方面，首钢大搬迁后，工会工作的担子越来越重，他有时感觉自己就像是"救火队长"，要去处置各种突发事件，尤其是这次几名年轻职工的集体辞职和商超的坠楼事件竟然还接踵而至，使张宇越来越感到心神不宁。张宇决心下一步的工作中要变被动为主动，弄清楚这些冲突事件背后的原因，并想出解决这些冲突的办法。光想办法就已经很难，更不用说真正解决了，但再难也要把这项工作拿下来！窗外天已放亮，张宇的心里激流涌动，暗暗较劲。

1 背景介绍：迫不得已的"迁徙"

首钢的前身是诞生于 1919 年的石景山钢铁厂，在那个军阀混战与外国势力盘踞的年代，企业在内忧外患中艰难生存。中华人民共和国成立后，企业在国家和北京市的大力支持和特殊关怀下，经历了发展的黄金年代，一路走来，已逾九十载的首钢当之无愧地成为中国工业企业的"活标本"。

回溯往昔，首钢取得了骄人的成就。首钢在首都北京，这的确是全国其他钢铁企业所不具备的地理优势，正是这个独特的地理优势，使首钢得到了地位上的提升。在管理上，首钢的承包制曾经作为全国学习的经验，产生过重大的影响；在开放办厂上，首钢也是走得比较早的企业之一；在发展速度上，首钢钢产量从 1978 年的 179 万吨增长到 1994 年的 824 万吨，从全国第八位跃居当年全国第一位；从环境治理上，首钢在全国所有钢铁企业中，绿化搞得最好，被称为花园式工厂；从经济效益上，首钢的销售收入贡献占到北京市规模以上工业销售收入的 1/10 以上，上交的税收占到北京市财政收入的 1/20，对北京市的贡献非同小可。首钢人一直把当年周恩来总理的一句嘱托铭记在心，那就是：首钢要为"首"。

但也正是这样一家攸关国民经济命脉的企业，自 20 世纪 80 年代到 90 年代，产量由 100 万吨猛增至 800 万吨，随着生产规模的急剧扩大，对大气的污染也越来越严重。在 20 世纪 90 年代初最为严重的时期，北京石景山区 86 平方公里范围内，首钢的粉尘排放量平均是每年每平方公里 34 吨，厂区的降尘量也达到市区的 29 倍。到了 20 世纪 90 年代后期，环保界人士发起了"要首钢还是要首都"的讨论。

2001 年 7 月，随着北京申奥成功，由于北京奥组委提出"人文奥运、绿色奥运、科技奥运"三大理念，首钢已经没有发展空间。

到了 2004 年 8 月，首钢人和环保人士就首钢是否必须搬出北京展开了激烈的论战，有环保专家指出，北京的气候、地理、资源等的承载能力极其有限，若不解决首钢的污染问题，北京的大气就得不到质的改善；首钢人却认为自己是环境治理达标企业，也是花园式工厂，环保投入很大，也为北京的发展做出了巨大的贡献，没有必要大举搬迁。经过激烈的争论，双方的论战以首钢的妥协而告终。

于是，首钢人面临着巨大的冲突。如果不搬迁，当然可以稳定地干几年，起到一定的缓解作用，但不是长久之计，因为即使在北京保留一块，也不能做大做强，首钢在北京已无发展余地，如果不在发展中解决问题，必定是无望的企业，等待首钢的最终是死路一条；如果搬迁，所带来的问题可能是巨大而难以克服的：首钢人在北京生活和工作了 80 多年，有许多都是两代首钢人或者三代首钢人，有的甚至是四代首钢人。首钢当时有 157 000 在京职工（不包括 6 万多在京离退休人员），如此众多的人员将如何安置，向哪里安置，的确是一个很大的问题和沉重的负担。广大职工愿不愿意离开祖祖辈辈生活的这块故土？愿不愿意背井离乡到外地工作和生活？让首钢人离开北京这个依恋的家和生命的根，还是首钢人吗？即使少数人同意搬迁，绝大多数强烈反对，也有可能酿成严重的社会不稳定，形成无法收拾的局面，等待首钢的也是死路一条。

首钢搬迁实在是迫不得已。搬迁是一项系统工程，涉及方方面面的问题，就像是博弈，一着不慎，可能导致满盘皆输。首钢的搬迁绝不是简单地将机器设备搬到另一个厂区，可以说是再造一个新首钢。随着首钢涉港系统的大搬迁，相继在河北迁安建起了迁钢公司，在河北秦皇岛建起了首秦公司，在河北省曹妃甸建起了首钢京唐公司，它们构成了首钢搬迁调整的主要载体。不仅是地域上的调整，首钢还要调整和丰富产品线，优化产品结构，进而实现产业升级；要向管理要效益，向科技要效益，进而需要提高人员素质，提升管理水平。首钢人又要踏上新的征程，去迎接搬迁带来的全新挑战。

2 主要人物介绍

首钢大院中涉钢系统的职工总数有 10 多万人，他们面对搬迁，各有各的烦恼，各有各的冲突，案例中出现的人物和场景很难描绘冲突的全景，限于案例的篇幅，只能选取其中的典型代表。以下依照案例中的出场顺序介绍主要人物：

① 张宇：现任首钢京唐公司工会主席。1970 年生，第三代首钢人。2003 年至 2008 年任首钢主要领导朱继民的专职秘书。由于在领导身边工作，见证了首钢大搬迁从酝酿、决策到推进的整个进程及期间的两难抉择，感受到搬迁期间大量干部职工真实的情绪变化和心路历程。2009 年年初，张宇调到首钢京唐公司任职，并于 2011 年年初，晋升为首钢京唐公司工会主席。同年，在主要领导的支持下，在首钢京唐公司设立员工援助服务中心。

② 方芳：首钢京唐公司工会干部，高级心理咨询师，毕业于心理学专业。

③ 商超：毕业于北京某重点高校，毕业后被分配到首钢京唐公司的热轧作业部工作，后因情绪极度低落，极度抑郁之下选择了自杀，后经抢救脱离生命危险，在公司的关怀下，逐渐走出"心理雾霾"。

④ 朱继民：首钢总公司第四任党委书记、董事长（六任首钢"掌门人"的情况参见附录 2-1-1）。来到首钢之前，他先是在鞍钢工作长达 26 年，先后转换过 16 个工作岗位。1997 年 2 月调任位于贵州的水城钢铁，不到 3 年时间，在他的带领下，水钢干部职工转变观念，学习典型，打了个翻身仗。2000 年 1 月 10 日，又调任首钢，任副总经理。2002 年年底，接任首钢总公司党委书记、董事长。在任期间，身陷"要首钢还是要首都"的激流漩涡中，面临钢铁市场萧条，首钢发展停滞的困难局面，处理了钢铁压产、停产，富余人员安置等一系列棘手的问题。于 2012 年 6 月卸任退休。

⑤ 张德旺：张宇的爷爷，家族的第一代首钢人。1949 年前就在首钢的前身——石景山钢铁厂当炉前工，1949 年后钢铁技术工人奇缺，张德旺被破格提拔为一号高炉炉长，由于他工作拼命且技术精湛，后又被领导选中参与筹建五号高炉，并任五号高炉第一任炉长。1985 年离休。当年不同意张宇毕业后出国深造，让孙子传承家业，进入首钢为国效力，张宇只得被迫接受爷爷的决定，放弃了出国，为此他郁闷了好久，对爷爷更是不理不睬。直到他在首钢工作一段时间后，才开始逐渐理解爷爷对首钢的情感。

⑥ 王明义：五号高炉的最后一任炉长，张宇的"发小"。五号高炉停产前夕，他意外病倒，后病逝。

⑦ 马苟：现任首钢京唐公司技术员。1985 年生，研究生毕业于北京某重点大学冶金工程专业，被列入公司后备骨干人才。

⑧ 李文洁：马苟的妻子。家在外地，北京高校毕业后留京工作，去年和马苟结婚，怀孕生产和带孩子的过程中与马苟产生了矛盾，矛盾激化后，她来首钢京唐公司工会寻求调解。

3 大搬迁前艰难抉择：受命于危难之时

掐指一算，张宇来到首钢京唐公司任职已经两年多了。当时，张宇也是百般地不情愿从首钢总公司调到这里工作，那时的曹妃甸一期还没完工，生产生活条件比较艰苦，朱继民亲自做张宇的思想工作，花费不少口舌，说张宇是自己的秘书，要做出表率。张宇理解朱书记的苦衷，因此也就勉强答应了。虽然，现在张宇已经不再是朱继民的秘书了，但回京只要有空还是会到他家中去坐一坐，两人小酌上几杯。如今，张宇碰到了工作上令他焦头烂额的事儿，第一个想到的还是朱书记，利用周末回京的时间，张宇登门拜访了朱继民。

朱继民话虽不多，但张宇跟着他时间长了，他也从内心深处把张宇当自己的孩子看待，总愿意和他说一些掏心窝子的话。

张宇请教朱继民，如何才能化解职工因人或因事产生的冲突。朱继民反问道："小张，你怎么看？"张宇想了想，说到："朱书记，我觉得在企业的转型期，首钢人面临着前所未有的困难和冲突，一业多地导致的两地分居，分流安置导致的重新适应，告别过去的恋恋不舍，以及接受新事物的畏难情绪，都是我们要重点关注的，小商（商超）的事儿真的是给我们的工会工作敲响了警钟，工会工作不能再像以前一样，只是过节发点福利了。和谐的员工关系，需要关注每一个员工的所思所想啊。"

朱继民咽下一口酒，对张宇说："其实，不光是一线职工，就连我这个一把手，这几年也不好过啊。我面临的冲突大着嘞！"

张宇理解朱继民的苦衷，表情严肃地说："书记，您确实不容易啊，您可是我们的主心骨！"

朱继民像是没听见张宇的答话一样，自顾自地陷入了沉思，过去的一幕幕像电影回放一样浮现在脑海。

场景1：接不接这个担子

2002年12月30日，还差一天就过元旦了。这天早晨，朱继民一上班就匆匆乘车赶往中国共产党北京市委员会。

早在2001年10月，他就有一种预感，市委迟早要把首钢的担子交给他。所以，他事先就和市委书记贾庆林同志说了："这个担子我担不了！"

他的预感被证实了。贾庆林这天代表市委找他谈话的主要内容，就是要让他接任首钢党委书记、董事长。

他眉头紧皱，推辞说："不，我真的干不了！"

贾庆林认真地说："继民同志，市委既然要把这个担子交给你了，组织上把这个希望托付给你了，你就别再说别的了！"

他的态度也很认真："贾书记，我真是不愿意在这个时候接这个担子。因为这个担子的压力太大了！搞不好，首钢这个特大型钢铁企业在我的手里就倒掉了，那简直是不可设想的事情！我今年已经57岁了，再过三年就到花甲之年了，这个风险可不是闹着玩儿的！从某种意义上来说，是在政治上做赌注！搞不好，我就成了首钢的'末代皇帝'，成了历史的罪人，无法向10多万首钢人交代！"

说实话，他并不是推脱，而是发自内心地不想接受别人也许认为难得的晋升机会。对别人来说，提职是一种幸运，可对他来说却是一种深深的痛苦。

这痛苦，深深地扎根在他的心里。首钢向何处去，对他来说，对整个首钢人来说，简直是一片迷惘。要首都，还是要首钢成了企业与政府、企业与环保人士之间的博弈。

朱继民内心矛盾啊，他非常清楚首钢面临的困境。首钢制定的发展规划，老是得不到国家的批准，领导老是不满意，老是反复修改，最终还是通不过。后来他想，你就是修改八次、十次，也达不到领导满意。受北京环境的制约，国家对首钢的发展方向不明确，首钢的钢铁产业和非钢铁产业没有得到相应的发展，一直处于结构调整的状态。首钢在数量、产品结构、技术、资金、人才等方面与钢铁企业的第一梯队有了很大差距。朱继民扪心自问：难道首钢在未来的竞争中就这样一败涂地吗？首钢虽在谋求发展，但人家别的钢铁企业也在谋求更大的发展，他们那种动力、那种速度，远远超过首钢。

但既然市领导对自己寄予了殷切的期望，自己又作为受党培养多年的干部，在国家需要的时候又有义务顶上去，"打碎牙往肚里咽"，有多大困难和压力也得默默承受下来。

思忖了良久，朱继民下定决心要拼尽全力，大干一场，表示服从组织安排。于是，在2002年的岁末，首钢这头即将被迫迁徙的大象迎来了新的引路人，一个在钢铁行业摸爬滚打30余载的"常胜将军"。

场景2：敢不敢先建新厂

时间进入了2003年，朱继民眼看着首钢进入生存的冬天，面临逐年压产的巨大压力，心理十分着急。压产必将导致人员冗余，而失去工作岗位的大批富余人员又将如何妥善安置呢？

首钢人此时最关心的也同样是下不下岗的问题，要一下子解决如此众多的富余职工安置的问题，的确不是一件容易的事。

首钢人矛盾的心理，恰恰就在这里。职工们天天都在议论：首钢到底怎么办？首钢到底等到什么时候，国家才能批准上新项目？首钢到底未来搞多少吨？

甚至有职工直接把电话打到朱继民办公室，严词提醒："如果你们当领导的解决不了问题，我们就到北京市和国务院讨个说法！"

面对这样一种局面，朱继民面临的压力可想而知。朱继民头脑中算得清这个账：压产200万吨，就意味着将近 20 000 人失去了铁饭碗；当压缩到 400 万吨的产量时，就意味着近 40 000 人失去了铁饭碗；如果要首都不要首钢了，就意味着 10 多万首钢人失去了铁饭碗。

10 多万人啊，上哪儿安排这么多的富余人员！作为首钢的一把手和法人代表，一想起这些，朱继民就感到无限紧张、恐惧和不寒而栗呀！

朱继民思前想后，决心带领首钢人突围。在班子成员会上，朱继民表达了自己的想法："首钢人总要生存下去，我们需要提早为首钢下一步的发展做好打算。对于是否建新厂，我的意见是，如果等到首钢大院开始压产再建，等到国家批准了再干，显然来不及，无法衔接富余人员的安置，要建就必须早建，必须尽快带领首钢人突围！"

但同时，与会的领导谁又不明白，这是一项冒险的方案呢。迁钢和首秦这两个新厂在没有得到国家相关部门许可与批复的情况下就开工建设，很明显是违规建设，一旦有关部门追究起来，作为企业高层领导，就要承担责任，这分明就是一场与政府的博弈啊。因此，对于是否建设迁钢和首秦的问题上，首钢的领导班子内部产生了激烈的交锋。毕竟朱继民刚刚上任不久，又是"外来的和尚"，不少班子成员不买他的账，认为还是应该按照国家的规划行事，担风险的事儿绝对不干。

朱继民语重心长地对大家说："国家对于首钢新建项目的批复手续耗时太长，我们等不起啊，只有在尽量合规的前提下，竭尽全力为自身的发展谋求空间。"

尽管还是有不同声音，朱继民最终顶着压力，冒着风险，坚持拍板上马迁钢和首秦的项目。

虽然，作为党的干部，他应该严格按照上级的指示和规划办事；但作为 10 多万首钢人的"班长"，他又理所应当地急首钢人之所急，即使搭上自己的政治生命也要为首钢辟出一条生路来！

迁钢和首秦就是首钢突围的两个点（首钢搬迁后的成员单位分布见附录 2-1-2），好比是大象的腿，它们使困境中的首钢有充足的力量迁徙到"水草丰美"的地方，避免其在"泥潭"中越陷越深，无法自拔。

定下来的事就要抓紧干。2003 年的农历新年还没过完，朱继民就带着张宇匆匆地赶到位于北京东部 200 多公里的首钢迁安矿业公司和秦皇岛板材厂开展前期调研，在经过充分的论证后，首钢大搬迁的前奏——迁钢和首秦的建设就铿锵有力地"奏响"了。

4 大搬迁中风雨兼程：47 岁高炉的"葬礼"

当时间的钟摆跨入 2005 年，首钢的搬迁工作在统一的部署下全面铺开，其中非常重要的一项工作就是石景山厂区内的冶炼设备将逐步停产。这些机器设备就是首钢人的命根子啊，首钢人舍不得丢下它们！

场景 3：高炉停产现场的争执

2005 年的 6 月 30 日，这一天对于北京人来说是个最平常不过的日子，但对于首钢人来说又是个异乎寻常的日子，因为从这天起，首钢炼铁厂五号高炉将会停产。五号高炉停产的消息，震撼了所有的首钢人。许多人在这一天，特意挤出时间，赶到五号高炉停产的会场，与这座功勋高炉做最后的告别。

张宇的爷爷张德旺也是其中的一员，他已经 79 岁了。张宇搀扶着颤颤巍巍的爷爷，一大早就赶到了会场。举行仪式的会场可以容纳上千人，但却被挤得水泄不通，里里外外都是人。这座投产仅 47 年，且正值壮年的高炉留下了首钢人太多的印记，首钢人太难割舍同它的深厚感情。

首钢领导邀请张德旺作为职工代表发言。张德旺神情肃穆，语气沉重地说：

"五号高炉已经走过整整 47 个年头了，为国家经济建设创造了巨大财富，为首钢发展立下了汗马功劳。听到要停炉的消息，我的心里久久不能平静，想说的话、想表达的情感太多了。此时此刻，我把千言万语归为三句话，一是为了建设北京国际化大都市的需要，为了首都的碧水蓝天，为了办好北京奥运会，停五号高炉，算社会效益账和政治影响账，值得！二是一座正在生产的大高炉停产，损失的经济效益显而易见，是首钢做出的巨大牺牲，是全体职工服从大局做出的巨大贡献，希望国家和市里对首钢搬迁调整多支持，对干部职工多关心。三是五号高炉虽然停产了，但首钢炼铁事业不能停，如果说北京地区压缩规模直到停产是'退'，向外转移建设曹妃甸大厂是'进'，'退'的目的是'进'，调整是为了更好更快的发展，希望首钢干部职工提前做好各方面的准备，尤其是人才准备，迎接新的大发展，再创首钢炼铁事业的新辉煌！"场下响起了经久不衰的掌声。

但在场下，张宇也听到了不同的声音，他们还在小声地争论着。"他们家有当官的，搬我们这些老百姓可惨了！"

"张师傅退休多年，又没有后顾之忧，我们上有老、下有小，家里的难事儿一大堆，到时候不在北京上班，家里谁来照应啊！"

"是啊，曹妃甸离着北京那么远，家里有点急事都赶不回来啊！""听说那里原来就是个荒岛，一涨潮就被淹，生活条件可苦了呢！"

"我们家小子今年毕业，本来我还想让他回来接我的班呢，现在看还是算了吧，否则以后我们老两口病了都指望不上他。"

"我们哪儿也不去，就留在石景山，留在首钢大院！""谁让我们走，就跟谁没完！"

另一派也毫不示弱。

"谁家没困难啊，比起保住饭碗，其他的困难都能克服，要是你跟企业脱了钩，以后就后悔去吧！"

"就是就是，我们没几年就退休了，我算过，一旦买断，光是各种社保这几年就要交去不少，给的补偿款到退休时根本剩不下多少。"

"凡事别老往坏处想，你们原来不都想退休了在海边生活嘛，这不现成的海景房！"

"我们还是要朝前看，首钢又不是被国家关停了，只是搬到新址重新建设，今后的日子说不定比起现在好得多呢！"

现场人很多，也很拥挤，每个人的情绪达到了最高点。但主流的声音还是对首钢搬迁表现出的理解、不舍和焦虑！仪式结束后，前来告别的人沿着五号高炉的环形通道缓缓地绕着，久久不愿离去……

场景4：硬朗汉子搬迁中倒下

在五号高炉的停产仪式上，张宇并没有看到五号高炉的最后一任炉长王明义。王明义和张宇岁数相仿，两人既是"发小"，又都是首钢子弟，同在首钢大院成长起来。两人一直关系非常"铁"，王明义之所以缺席这个场合，不是他不想来，而是确实来不了。停产那天，王明义正躺在病床上接受治疗，这个之前看上去硬朗的汉子一下子病倒了！

张宇心里明白，王明义的病是急出来、闷出来的呀。王明义是个很要强的人，要干就得干出个样来。在五号高炉即将停产的日子里，他很苦闷，经常一个人喝闷酒，眼见着朝夕相处的五号高炉就要拆除了，他既要安排好最后的生产，又要耐心细致地做好职工的思想工作，很累很累。最难掩饰的是自己内心的失落与痛苦，这是他工作了多年的五号高炉哇！职工们都在为下一步到哪里去担忧，心里好像是即将下岗一样没有着落，何况是他这个一炉之长啊！他心里急啊，跟着自己不辞辛劳打拼的弟兄们不能没有个好的归宿啊！他心里闷啊，他和五号高炉感情深厚，五号高炉一停，自己有劲使不上，憋得心里难受。他从内心深处不愿意接受五号高炉即将停产的事实，觉得正值"壮年"的高炉说拆就拆多可惜啊。首钢在北京这么多年，为首都的发展做出了那么大的贡献，现在要首都不要首钢了，要把在石景山下已经生活了80多年的首钢"赶"出北京去，把10多万首钢人赖以生存的家园连根拔掉，砸掉每个人的饭碗啊！王明义想不通，首钢和首都和谐相处了几十年，怎么现在就成了环保专家的"眼中钉、肉中刺"了呢！俗话说，积郁成疾。王明义就这么倒下了！

2005年冬至，天空飘起皑皑白雪，王明义已经在医院病房住了有小半年，用尽了各种诊疗手段，但病情非但未见好转，甚至还愈发严重了！张宇陪着朱继民等人来到医院看望王明义，看着明义瘦骨嶙峋、有气无力，整个面相已经脱相了，在场的每一个人都心头悲楚、泪水盈眶。他原来可是我们的"铁人"啊！朱继民带来了全厂职工为他募捐的30余万元。王明义费尽气力地说："书……记，这……钱……我……不……能……要。"朱继民理解他的意思，贴在他耳边说："你是不是以为厂里出了30万元，把你的工龄买断了？是不是以为从今以后你就不是首钢人了？不，你永远是首钢人，永远是炼铁厂的人！我们之所以拿出这么多钱来，是为了给你治病，让你尽快返回工作岗位！记住，你一定要好好养病，我们都热情地等待你回来。你同意吗？"王明义艰难地点点头。

但这笔钱也没能挽留住王明义年轻的生命，就在五号高炉停产后不到一年的 2006 年初春，王明义也追随他日思夜想的五号高炉离去了。

由于在首钢大搬迁的过程中发生了一些冲突和矛盾，为及时了解干部群众的思想动态，石景山区委宣传部、区统计局于 2007 年 5 月联合首钢各部门开展了首钢搬迁社会舆情调查，调查结果既有积极方面的思想反映，同时也存在着一些需要引起重视的思想情绪、顾虑和担心（详见附录 2-1-3）。

5 大搬迁后复杂局面：大家小家的博弈

首钢规模浩大的搬迁工程从 2005 年正式启动，之后边建边迁，一直持续到 2010 年年底才画上句号。自此，首钢生产部门在北京石景山区浓烟蔽日的景象，正式成为历史，接下来由首钢在曹妃甸的首钢京唐公司、在迁安的迁钢公司、在秦皇岛的首秦公司等京外厂区接替原首钢钢铁生产的重任。

场景 5：税收归属的博弈

从 2005 年决定搬迁之日起，首钢大搬迁背后的巨额税收归属的博弈就一直没有间断，一直持续到 2009 年曹妃甸的新厂一期投产。在 2008 年隆冬召开的一场京冀两地政府相关部门碰头协调会上，北京市发改委的一位负责人就表示："首钢占到北京市财政收入的 1/20，作为北京市最大的国企，它的搬迁实在是'不得已而为之'，加之北京还要承担首钢大量富余人员的转移安置工作，如果不执行'汇总纳税'，那么北京损失很大。"但河北省显然不这么看，河北省发改委的一名官员抱怨道："首钢占用我们的矿产，污染我们的环境，消耗我们的水资源，不可能与地方上没有一点关系，肯定要在税收上照顾当地。"

河北省之所以要和北京市"叫板"，是因为之前他们已经尝到了甜头。2003 年 3 月，首钢 200 万吨钢联项目选址河北迁安时，就有一组数字被媒体广为转载——按照"属地纳税"的原则，仅首钢一期 200 万吨钢联项目产生的税收将达 7.1 亿元，比 2003 年迁安市财政收入多 0.5 亿元，可谓"再造迁安"。之后，又有一组数字浮出水面——在秦皇岛抚宁县，首钢一期"秦板"项目，预计税收超过 5 亿元，而 2003 年，抚宁县财政收入为 3.553 9 亿元。同样，再造了一个抚宁。

"首钢涉钢产业整体搬迁曹妃甸，同样等于再造一个唐山。"谈及首钢之于唐山，唐山市的主管领导显得很兴奋，"首钢搬迁一期 800 万吨精钢的生产，一年的工业增加值可以达到 200 亿~300 亿元，加上对相关产业的拉动，无异于再造一个唐山"。

但也有知情人士透露："首钢迁过来后的所得税，恐怕不可能完全归于京冀任何一个地方，这需要国家来统筹，因为这是关涉京冀两地利益分配的问题。"

两地政府之间面对首钢缴纳的巨额税收这块"大蛋糕"，都垂涎三尺，由此，两地政府争夺税收的博弈战也就不足为奇了。

场景 6：牛郎织女的无奈

把目光从"大家"移向"小家"，大搬迁后"小家"的冲突与博弈也颇具影响。

2011 年初夏的一天，张宇正在处理手头的工作，工会干部方芳的电话就打了过来了："张主席，跟您汇报一下，技术科的小马和他媳妇闹离婚呢！您要有时间的话过来调解一下吧。"

小马名叫马荀，毕业后进入首钢工作，对象叫李文洁，不是北京本地人，大学毕业后在北京找到一份办公室文员的工作，收入虽不太高，但至少衣冠楚楚，不用待在生产一线；而马荀就不同了，大学和研究生都是学的冶金工程，毕业分到首钢后，在总公司培训了半年，就被派到首钢京唐公司从事技术工作。结婚后两人就像牛郎织女一般聚少离多。

刚走到门口，张宇就听到屋里李文洁拉着方芳的手，向方芳哭诉着："方师傅，我们首钢的家属不容易啊，首钢职工没几个能顾得上家的。"

"不着急，你慢慢说。"方芳安慰着李文洁。"这不，去年我们结婚没多久，我怀孕了，但即使是在我怀孕的时候，他也最多只能每周末回来一天半，要是赶上厂里的生产会战或是准备迎检工作，那可能两三周才能回来一趟！我只好把母亲从湖南老家接过来，要不平时身边连个说话的人都没有！有时候我呕吐厌食，他忙得顾不上听我电话，根本也尽不到丈夫的义务！到医院产检，人家都是丈夫陪着去的，只有我和母亲一同去的。我生孩子的时候,多希望他能在身边给我加油鼓劲啊,可他呢,一句工作忙,走不开就把我打发了!孩子出生后,我母亲日夜操劳,身体也扛不住了,我既要照顾老人,又要带孩子,还要操持家务。有时候打电话,我向他抱怨两句,他连句安慰的话也不会说,就说一句人家不都这样吗,我一听,气就不打一处来。我是真的绝望了,有这个丈夫和没这个丈夫有什么两样!孩子得不到父爱,自己也得不到丈夫的疼爱!"

"我就容易嘛,无论是暴雨倾盆的夏日,还是大雪纷飞的冬日,我们每周往返于北京和曹妃甸,天气不好的时候,路上就要堵十几个小时啊,周周如此,月月如此,年年如此。我也想为家里多担待些啊,可这不是没有条件嘛!"小马辩解道。

张宇和方芳都非常理解小马和文洁此时此刻的心情,劝和不劝离啊!多少这样的家庭和这样的亲人,在忍受这种未曾想过的、漫长的别离!在每栋楼房里,在每扇窗帘背后,隐藏着首钢人数不尽的故事和道不尽的情感。

这就是"大象迁徙之囧"啊!疾风骤雨下首钢的大搬迁不可避免地碰到了阻力,遇到了冲突,饱尝了个中滋味。

6 尾声

面对发展中的冲突和问题,首钢人没有回避,从首钢总公司到首钢京唐公司,上上下下都在想办法,解难题。千困难,万困难,最大的困难是失去工作。面对搬迁调整,首钢如果不把富余人员妥善安置好,就可能造成极大的社会不稳定。在北京市和首钢的筹措下,到2010年年底,首钢合计通过内部安置(1.91万人)、自然减员(1.1万人)、内退安置(1.25万人)、向社会分流(2.24万人)等4大方向11条分流安置途径妥善安置了富余人员(见附录2-1-4)。

更重要的是首钢京唐公司开始向管理要效益,更加重视员工,重视管理,力求化冲突为动力。不仅为员工提供了舒适宽敞的住宿条件和设施完备的文娱体育场所,并还经常组织员工开展演讲、素质拓展、文娱活动、体育竞赛等丰富多彩的业余活动。在管理上,京唐公司也通过精细化、标准化、人性化,提高了效率,降低了成本。

企业也已经充分意识到可以通过开展员工援助计划(EAP),帮助管理者发现员工个体的心理健康、家庭生活、职业发展等问题,并提出一系列辅导措施来帮助员工解决这些问题。并且首钢搬迁后,也非常有必要及时地关注员工的压力和可能的冲突。因此,2011年年底,员工援助服务中心在各级领导的大力支持下正式成立。经过中心前期充分的宣传和引导,干部职工积极踊跃地参与中心组织的各项活动,如朋辈心理辅导、心理宣传月等。特别是对于新进的员工,中心统一组织情绪管理、压力管理和心理健康调适等培训课程,切实把预防工作做到位。中心还定期从北京一些医院请来心理门诊或精神科的大夫前来坐诊或举办讲座,通过科学的心理干预和治疗手段,帮助一些员工解决了心理问题。中心还组织专人对情绪波动较大的职工进行家访和回访,了解并协调解决职工面临的现实困难。通过一系列工作的开展,首钢京唐公司的员工援助服务中心搞得有声有色。

2014年4月17日,北京市委副书记、市长王安顺一行来到首钢京唐公司调研,在首钢总公司党委书记、董事长靳伟、总经理徐凝、首钢京唐公司党委书记、总经理王毅等人的陪同下,实地了解企业发展情况、慰问一线职工,并召开座谈会,听取工作汇报。王市长特别关心首钢干部职工是否已经在这里扎下根。他走进职工宿舍、职工活动中心和员工援助服务中心,并不时询问负责介绍的张宇,职工在这里生活是否方便,还有哪些配套设施和服务需要完善。张宇简要地向王市长做了汇报。

王市长动情地说:"要努力打造一流的公共服务,为工人们创造良好的工作生活环境,解除他们的后顾之忧。"当看到员工援助服务中心的墙上挂满开展朋辈心理辅导和体育竞赛活动的照片时,王市长关切地问道:"听说你们这里不少干部职工两地分居,这些心理辅导和竞赛活动起没起到一定的作用啊?"张宇自信满满地答道:"王市长,员工援助服务中心自2011年设立以来,在疏导职工消极情绪、解决职工家庭矛盾、增强企业凝聚力方面起到了明显作用,受到广大职工的一致好评!"王市长肯定地点了点头。

在职工活动中心，王市长一行观看了由首钢职工自编、自导、自演的话剧《钢城颂》，当话剧收场时，台上演职人员齐声朗诵《一个港口建设者的愿望》（见附录 2-1-5），全场为之动容。王市长鼓励首钢京唐公司的干部职工再接再厉，既要搞好生产，创造效益；又要抓好生活，凝聚人心。听到王市长的肯定和鼓励，张宇感到全身充满正能量，之前的纠结和困难都根本算不上什么，他更有信心去解决首钢搬迁后可能遇到的种种挑战了。

Embarrassed Situation of An Elephant Migration: The Conflicts and Games of the Relocation of Shougang Group

Abstract: As is known to all, decorating and moving house are the most excruciating for each family. However, the relocation of the large-scale iron and steel company related to tens of thousands of families so that the issues involved in all aspects. Its difficulties would be unimaginable. The relocation of Shougang Group triggered a series of conflicts at different levels. The case described several scenes of the conflicts and games which were most representative in Shougang Group at different stages of relocation, then it illustrated some measures to solve these conflicts. It reappeared the difficulties and dilemmas of the relocation of Shougang Group. The case let students understand different types of conflicts and how to manage conflicts during relocation or transition of an organization.

Key words: conflict; relocation of Shougang Group; conflict management

附 录

表 2-1-1 首钢六任掌门人经历

掌门人	生平	进入首钢以前的工作	在职年份	主要业绩	面对搬迁的压力与冲突
周冠五	1918—2007	军人	1956—1995	改革开放以后首钢的第一位掌门人；推进首钢国有企业体制改革，实行承包制；把首钢建设成花园式企业	不涉及
毕群	1939—2005	包钢经理、冶金部副部长	1995—2000	建立现代化的企业制度，推行各项改革，推进市场转型，把铺得过大的摊子压下来，改善同周边关系	面临环保和宏观调控的压力，首钢的发展受到制约
罗冰生	1940—	一直工作在首钢	2000—2002	致力于结构调整，为首钢压缩生产能力，向沿海地带转移做出了贡献	陷于"要首都还是要首钢"争论最为尖锐、矛盾最为凸显的时期
朱继民	1946—	鞍钢、水钢	2002—2012	引导首钢突围，为搬迁早谋出路，妥善安置了大批富余职工，迁钢、首秦、京唐公司运行步入正轨	选择首钢命运的痛苦决策，面对背井离乡的干部职工的复杂心情
王青海	1958—	一直工作在首钢	2012—2013	顺利实现北京钢铁主流程停产，完成了3.4万名职工的分流安置	在总经理任期内，与朱继民共同面对搬迁的难题
靳伟	1972—	首钢（迁钢）、北京市经信委	2013—	工作思路清晰，敢于创新，推动工作有力度。担任迁钢总经理期间，坚持向创新要效益，加强自主创新能力建设，组织完成了国内第一套自动化炼钢技术的研发任务，使企业形成了一整套拥有自主知识产权的现代冶金技术和关键设备，各项技术经济指标居于国内同行业前列	任迁钢负责人期间，接受安置了大量首钢富余人员

首钢成员单位分布

现在的首钢,以首都北京为轴心,辐射全国,有 38 家成员单位分布在全国各地,涉钢产业分布在河北(秦皇岛的首秦、迁安的迁钢、曹妃甸的京唐公司)、贵州(贵阳、水城)、山西(长治)、新疆(伊犁)、吉林(通化)等省市。

石景山区政府开展的社会舆情调查

石景山区委宣传部、区统计局的调查结果显示：

（1）干部群众高度关注首钢搬迁，大多数人认为首钢搬迁是大势所趋，是国务院经过反复研究作出的正确决策，大多数干部群众对首钢搬迁表示理解和支持。

（2）大多数干部群众认为，首钢搬迁是其自身发展的需要，是改善北京市环境质量的需要，是成功举办2008年奥运会的需要，是国家产业结构布局调整的需要，是落实科学发展观、实现可持续发展的战略决策。虽然搬迁后会遇到一些暂时困难，会给某些局部带来一定损失，但如果不经历这个过程，就不会有更加美好的将来。

（3）首钢搬迁符合石景山区和北京市的长远利益，但也会由此带来一些负面影响，有关部门对此应给予高度重视，深入开展调查研究，多方预测，超前运作，提出切实可行的应对措施，妥善解决和处理有关矛盾和问题，确保地区有序转型、和谐稳定。

（4）富余人员的安置问题涉及众多职工和家属的切身利益，事关全区、全市的社会稳定，是首钢搬迁过程中及以后相当长一段时间里不可回避的主要难题，也是石景山区必须面对的巨大压力，仅靠首钢和石景山区难以解决这个问题，国家和北京市应给予全方位的大力扶助和支持。

（5）科学、合理、有效开发使用好首钢搬迁后腾出的大块土地，对石景山区的建设发展具有特殊意义，要从长远考虑和打算。进行科学论证，国家和北京市在这块土地的规划及项目引进等方面，应考虑石景山区的特殊情况，给予适当照顾和扶持。

表 2-1-2 首钢搬迁中的富余人员分流安置实施方案

安置方向	安置途径	安置人数/人
内部安置	择优选拔部分管理人员组建精干的总部机关	350
	全力转移愿意支援到迁钢、京唐以及首秦等新项目工作的职工	首秦：3 000；迁钢：4 560；京唐：7 050；京外控股：60
	保留在京不受搬迁影响的生产线安置部分职工	3 000
	利用新产业项目和首钢工业区土地开发安置职工	300
	组建技术咨询机构以及有关产业开发公司安排部分技术管理及操作人员	管理岗：60 操作岗：140
	组建设备拆迁队伍安置部分修理及相关人员	80
	通过组织留守护厂安置部分大龄体弱或家庭困难人员	600
自然减员	自愿买断工龄解除合同	11 000
内退安置	对达到法定退休年龄人员按照国家相关规定办理退休	5 000
	按职工意愿办理内退或离岗待退	7 500
向社会分流	向北京市其他单位分流	22 400

《一个港口建设者的愿望》

我有一个愿望：
当港口建成的时候，
把建设者的妻子们请到海港，
我要向她们深深地鞠上一躬，
谢谢她们，也请她们原谅。
她们操劳家务，教育子女，
默默忍受着孤独，
才使我们义无反顾奋战在海疆。
我们只是天上的繁星，
她们才是十五的月亮。

我有一个愿望：
百年之后，
把我的骨灰深埋在海港。
让我每天迎送中外货轮，
驶向五大洲和四大洋。
不要坟头、不要墓碑、更不要占地，
留住寸土寸金，
建设新的码头、仓库、堆场……

图 2-1-1 首钢京唐公司的班车

图 2-1-2　首钢搬迁前后对比图

案例使用说明：

大象迁徙之囧
——首钢大搬迁的冲突与博弈

一、教学目的与用途

1. 本案例属于描述型案例，主要适用于《组织行为学》课程，也适用于《管理学》《员工关系管理》等课程。
2. 本案例的教学对象以 MBA、EMBA、EDP 学员为主，同时也适用于普通硕士、本科生的课堂讨论。
3. 本案例的教学目的是通过案例的研讨与分析，让学生对首钢大搬迁过程中的真实情景有所了解，对领导和员工面临的冲突、冲突的影响以及冲突管理的策略有所认识。本案例所涉及的知识点主要是针对《组织行为学》《管理学》或《员工关系管理》中有关"冲突"一节的相关内容，具体而言包括：（1）冲突概念及影响；（2）冲突的类型；（3）冲突过程的分析；（4）对冲突的反应；（5）冲突管理的策略分析。

二、启发思考题

1. 本案例有哪些层面的冲突？这些冲突的功能是正常的还是失调的？
2. 本案例中的冲突与博弈，哪些焦点在事上？哪些焦点在人上？
3. 在场景 1 和场景 2 中，冲突的具体过程是怎么样的？冲突的原因是什么？冲突是怎么升级的？冲突引发了什么样的结果？
4. 在本案例中，当事人对冲突有几种反应？你觉得哪一种反应是最优的？哪一种反应是最不可取的？
5. 针对本案例，冲突管理的具体策略有哪些？

三、分析思路

本案例以五名新员工集体辞职和一起极端事件开篇，引出了首钢搬迁后存在的冲突，然后采取倒叙的手法，依次描述了搬迁前主要领导内心的冲突及企业发展与政府决策之间的冲突与博弈；搬迁过程中因高炉停产，持不同观点、态度的员工之间发生的冲突；搬迁后两地政府间的博弈（"大家"）及"小家"因两地分居引发的冲突。通过本案例的教学，学员可以理解冲突的含义、冲突的类型、冲突的过程、对冲突的反应，以及冲突管理的策略。进而，学员可以掌握知识点之间的逻辑关系及具体的分析思路。

结合课堂教学，教师可按照图 2-1-3、图 2-1-4 进行黑板设计。
（1）第一块黑板的设计如图 2-1-3 所示。
（2）第二块黑板的设计如图 2-1-4 所示。

四、理论依据及分析

1. 本案例有哪些层面的冲突？这些冲突的功能是正常的还是失调的？
【相关理论】
冲突是一个过程，是一方感觉自己的利益受到另一方的威胁或负面影响的过程。单一个体可能经历个人内部的冲突，如角色冲突。除个体之外，还有发生在个体与个体间、个体与群体间、个体与组织间、群体之间、组织之间的冲突。

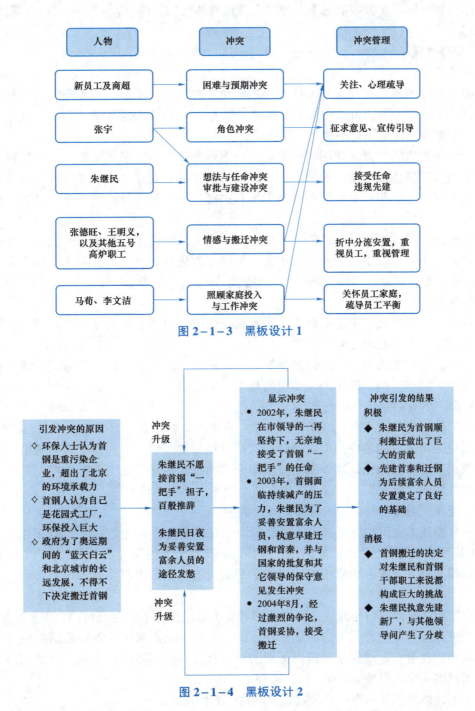

图 2-1-3　黑板设计 1

图 2-1-4　黑板设计 2

有关冲突的观念是不断演进的。目前有三派观点：冲突的传统观点（Traditional View）认为，所有的冲突都是不良的、消极的，冲突是应该避免的。冲突的人际关系观点（Human Relations View）认为，对于所有群体和组织来说，冲突都是与生俱来的。由于冲突不可能彻底被消除，甚至有的时候还会对群体的工作绩效有益，所以人际关系学派提倡接纳冲突。相互作用观点（Interactionist View）则鼓励冲突，它鼓励管理者要维持一种冲突的最低水平，从而使群体保持旺盛的生命力、善于自我批评和不断推陈出新。相互作用的观点并不认为所有冲突都是好的，而是要识别出哪些冲突是功能正常的、具有建设性的冲突；哪些冲突是功能失调的、具有破坏性的冲突。

功能正常的冲突往往能够提高决策质量，激发变革与创造，调动群体成员的兴趣与爱好，并提供一种渠道使问题公开化，消除紧张，鼓励自我评估和变革的环境。

功能失调的冲突造成的不良结果有沟通的迟滞、群体凝聚力的降低，群体成员之间的明争暗斗成为首位而群体目标降到次位。在极端情况下，冲突会导致群体功能的停顿，并可能威胁到群体的生存。

【案例分析】

本案例中的冲突包括：

（1）朱继民的冲突。

自身的意愿与领导的期许相冲突。朱继民临危受命之时，内心不愿意在那个时候接首钢的担子，一旦弄不好，首钢这个特大型钢铁企业在他手里倒掉，他无法向10多万首钢人交代，但北京的市委领导对他充分信任，寄予期望，让他不得不接下这个担子。

等待审批与违规先建的冲突。迁钢和首秦的建设迟迟没有得到国家的批复，朱继民内心产生冲突：等到国家批准了再干，显然来不及，无法衔接富余人员的安置，要建就必须早建；但同时，这又何尝不是一项冒险的方案呢，迁钢和首秦在没有得到国家有关部门许可与批复的情况下就开工建设，是要冒很大的政治风险的。

朱继民与首钢一些领导在是否先建新厂问题上的冲突。朱继民主张为了将来做好富余职工安置的衔接要早建新厂，但首钢领导班子的一些成员认为朱继民冒险先建，一旦追究起来，作为企业领导，他们也要担责任，因而不愿意冒这个风险。最终，朱继民顶住压力，拍板上马了迁钢和首秦项目。

（2）张宇的冲突。

与爷爷张德旺之间的冲突。张宇毕业后本来有机会出国，但在爷爷的坚决要求下，被迫选择直接进入首钢工作，并因此与爷爷之间发生了冲突。

留在北京工作的真实想法和领导派他到曹妃甸新厂任职相冲突。从张宇自身的意愿来看，他是希望能留在北京的首钢大院工作的，但作为朱继民的秘书，朱继民要求他带头做出表率，因此，张宇只能勉强接受组织的任命，赴首钢京唐公司任职。

刚接手工会工作时的角色冲突。2011年，张宇刚刚接手首钢京唐公司的工会工作，对业务还不熟悉，需要他花时间适应工会主席的角色；但这一时期又是首钢大搬迁后冲突与博弈较为频繁的阶段，他又同时需要扮演"救火队长"的角色，这一角色要求他非常熟悉如何帮助员工化解冲突，对他的角色期望很高，因此，他同时扮演"新人"和"救火队长"两个角色，产生角色冲突。

（3）以张德旺和王明义为代表的五号高炉职工的冲突。

内心的想法与搬迁的决策相冲突。对于国家和北京市将在石景山已经生活了80多年的首钢"赶"出北京去，把10多万首钢人赖以生存的家园连根拔掉，砸掉每个人的饭碗，很多人从内心深处是抵触的、矛盾的，他们觉得首钢为国家和北京市的建设做了那么大的贡献，现在要首都不要首钢了，心里感到难以接受。

对故土的留恋和自己的归宿相冲突。很多首钢人安土重迁，舍不得离开自己多年工作生活过的地方，甚至对即将停产的高炉设备也非常不舍。但涉钢系统的大批富余人员又不得不到新的地方开疆拓土，迎接新的挑战，甚至转换身份。这种选择既是无奈的，也是必然的。因此，当五号高炉的停产时，持不同观点的职工之间发生了争论与冲突。

（4）北京和河北两地就首钢搬迁后税收归属的"大家"冲突。

首钢搬迁到河北后，北京方面认为首钢作为北京最大的企业，搬迁实属无奈，并且北京承担了转移安置首钢大量富余人员的工作，纳税应该按照"汇总纳税"原则，不然北京会蒙受很大损失；但河北省认为应该属地纳税，因为首钢占用了属地的资源，污染了属地的环境，在税收上肯定要照顾当地，两地关于税收归属的争论与争夺构成了"大家"的冲突与博弈。

（5）以马荀和李文洁的家庭为代表的两地分居引发的"小家"冲突。

搬迁后对家庭的照顾和对工作的投入相冲突。异地工作和生活造成很多家庭两地分居，家里的老人、孩子和爱人得不到照顾，工作和家庭很难做到平衡，甚至引发了一些家庭冲突。

（6）以商超和辞职新员工为代表的新生代员工的冲突。

搬迁后工作生活中碰到的困难与当初的预期相冲突。搬迁到曹妃甸之后，一批批大学毕业生进入首钢京唐公司工作，他们在工作、生活上遇到各种各样的问题，由于一开始缺乏心理疏导，这些问题得不到化解，最终通过辞职、跳楼等消极的冲突事件爆发出来。

本案例中，有的是功能正常的冲突，有的是功能失调的冲突，有的冲突是两面性的：

功能正常的冲突包括：（1）朱继民力主先行建设迁钢和首钢，虽然与尚未得到政府的审批相冲突，但最终对于员工妥善安置起到了极为重要的作用，有利于首钢的变革，可以说是积极的。（2）首钢人对五号高炉的停产恋恋不舍与不得不告别过去相冲突，其中包含着对于首钢一草一木的深厚情感，这种情感的无形力量对于首钢未来发展的作用是积极的。（3）张宇勉强接受朱继民的劝说，同意赴首钢京唐公司工作，虽然张宇面临着工作和家庭异地的困难，但张宇在首钢京唐公司得到了更大的锻炼，成长的更快，很快成为首钢京唐公司的中层领导。

功能失调的冲突包括：（1）五号高炉停产仪式上不同观点之间的冲突，说明不同人之间的利益和诉求多元化，因此，在设计富余人员分流安置方案时需要考虑到各方面的因素，导致分流安置方案落地难。（2）五号高炉最后一任炉长王明义对首钢搬迁的不理解与首钢搬迁定局相冲突，最终导致他消极酗酒，积郁成疾。（3）李文洁和马荀两地分居导致的家庭矛盾与马荀的工作投入相冲突，导致马荀很难做到工作和家庭平衡。

两面性的冲突包括：案例开篇出现的新员工集体辞职和商超跳楼轻生事件虽然是负面的冲突，但引发了公司对于员工心理援助工作的重视，也对员工援助服务中心的建立有积极的推动作用。

2. 本案例中的冲突与博弈，哪些焦点在事上？哪些焦点在人上？

【相关理论】

（1）个人内部冲突包括：因挫折产生的冲突、目标冲突以及角色冲突与角色模糊等个人原因导致的冲突。

（2）关系冲突是针对人的，即由人与人之间的个体差异引起的冲突——不同的目标、价值观、个性或喜好，关系冲突往往焦点在人上，且很容易导致低绩效。

（3）任务冲突是针对事的，即因工作内容和目标引起的冲突，如果管理得当，任务冲突不一定导致低绩效。

但冲突类型的划分不是绝对的，冲突的好坏主要取决于对冲突采取何种处理方法。当人们采取合作态度处理冲突时，他们会关注共同问题的解决。他们认为任务结果同他们息息相关，因而会不遗余力的贡献自己的观点，从而产生更多的任务冲突。他们能够彼此聆听和理解对方的观点，不会担心社会面子等关系问题。他们往往会将冲突归因为是任务方面的，而不是人际关系方面的。当团队内成员采取竞争型的冲突管理行为时，他们往往是出于某种利益的考虑而坚持己见。这在一方面会促使人们贡献出彼此的观点，但同样也会造成人际间的摩擦，甚至相互攻击。这种做法不利于团队人际关系的培养，更易导致任务冲突向关系冲突的转化，引发更高水平的情感摩擦。

【案例分析】

本案例中焦点在事上的冲突有：（1）新员工有的因为忍受不了与恋人的异地之苦，有的是适应不了曹妃甸相对艰苦的工作生活条件，有的是感到第一份工作与之前的设想有较大落差，有的是厌倦了北京与曹妃甸两地的奔波，纷纷选择辞职。（2）商超因女友提出分手和竞聘失败，极度抑郁，选择轻生。（3）张宇面对熟悉新工作的压力和"救火队长"的重任，产生角色冲突。（4）对于五号高炉的停产，以张德旺为代表的一批人持虽然有困难、但要向前看的观点，他们更多考虑的是首钢未来的发展空间以及保住工作的现实意义，而以王明义为代表的另一批人则对首钢搬迁怀有不理解或抵触的情绪，他们更多的考虑搬迁后自身及家庭将会面临的实际困难。（5）首钢搬迁后，就税收归属河北省还是北京市，两地进行博弈。（6）马荀和李文洁小两口工作和家庭的失衡产生冲突，马荀要干好工作，就顾不上家庭，李文洁觉得丈夫对家庭投入太少，导致马荀对家庭的照顾和对工作的投入相冲突。

焦点在人上的冲突有：（1）新员工因为与年长的同事关系处理不好选择辞职。（2）朱继民在是否接任首钢"掌门人"的问题上与市领导产生冲突，以及在是否早建迁钢和首秦的问题上与首钢其他的领导班子成员发生冲突。（3）张宇和爷爷之间就毕业后选择出国留学还是选择分到首钢工作产生冲突，致使他与爷爷有一段时间关系紧张。

3. 在场景1和场景2中，冲突的具体过程是怎么样的？冲突的原因是什么？冲突是怎么升级的？冲突引发了什么样的结果？

【相关理论】

冲突过程模型从引发冲突的原因开始。在某一时刻，引发冲突的原因会促使一方或双方察觉到冲突的存在。一方（或各方）渐渐知道，另一方的看法和行为与自己的目标是对立的。这样的感知往往与在冲突中产生的情绪相互作用。冲突感知和情绪在一方对另一方的决定和行为中被显现出来。尤其是当人们经历高水平的冲突情绪时，他们很难找到有效沟通的词语和表达方式来避免进一步刺激关系。冲突也会因每一方用来解决冲突的风格而有所显露。

图2-1-5的箭头表明，冲突过程是一系列事件，它们潜在地循环到冲突升级。启动这一冲突循环不需要太多条件，只要有不恰当的看法、不理解等，就会引发另一方认为冲突已经存在。

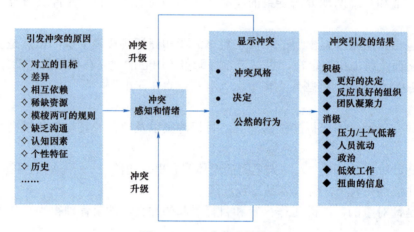

图2-1-5 冲突过程模型

【案例分析】

场景1和场景2中，朱继民一开始不愿意接首钢"掌门人"的担子，因为他知道一旦上任，迎接他的将是首钢大搬迁造成的复杂局面，因为此时，"要首都还是要首钢"的激烈争论已经到达顶峰，很快结果就会明朗。果不其然，他一上任，就面临如图2-1-5所示的冲突：他不得不加入环保专家和首钢人（包括钢铁专家）两方"要首钢还是要首都"的激烈论战中。较量双方的实力本来旗鼓相当，角力的"天平"只是稍稍偏向环保专家一方（以翔实的空气质量数据作为"托盘"支撑），首钢人（以首钢对首都的贡献和首钢对环保的重视与投入作为"托盘"支撑）本来还有翻盘的机会，但北京的申奥成功后，原本态度摇摆不定、模棱两可的中央和北京市两级政府下定决心，于2004年8月将"筹码"加到环保专家的"天平"一侧，导致冲突升级，角力的"天平"明显偏向环保专家一方。特别是朱继民上任不久后（2004年），环保总局正式向国务院提出首钢搬迁，使得首钢陷入了两难抉择：不搬迁，可能几年后死亡；搬迁，可能马上爆炸！而朱继民作为"天平"的"底座"，无论"天平"偏向哪一方，他都要把"千斤重担"默默承受下来。首钢就像一个患了重病的病人，要么不治等死，要么马上进行大手术，尽管很可能死在手术台上，但有可能做了大手术后，还有一线希望！朱继民又恰恰是这台手术的"主刀医师"，必须小心翼翼地进行着每一个"动作"。对于非常规的"手术"，还要大胆启用非常规的"策略"。朱继民冒着政治风险，顶着心理压力和反对的声音，在未得到任何审批的情况下，将迁钢和首秦搞了起来，为后续安置大批富余人员奠定了基础。他作为"天平的底座"，承受着同事和职工们不理解和怀疑的态度，以及富余人员分流安置造成的矛盾冲突，他时时处于内心激烈的冲突中。有关场景1和场景2涉及的具体冲突过程，如图2-1-6所示：黑板设计2。

4. 在本案例中，当事人对冲突有几种反应？你觉得哪一种反应是最优的？哪一种反应是最不可取的？

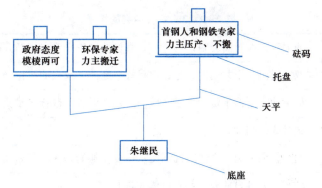

图2-1-6 朱继民上任后面临的处境

【相关理论】

人们对冲突的反应是不同的,有的人可能不惜一切代价地要取胜,另一些人则会试图保证自己和对方的利益都能达到。有五种可能的对冲突的反应,对应五种可能的情境。每一种反应都按照自我肯定性和合作性加以描述。自我肯定性是指参与方试图满足自己利益的冲突,合作性是指参与方试图满足对方利益的程度。包括:(1)竞争(高自我肯定性,低合作性):具有竞争反应的合作方是以损害对方来取胜的。(2)迁就(低自我肯定性,高合作性):迁就的反应正好与竞争相反。一个采用迁就应对的人将放弃自己的利益以使对方利益得到满足。(3)回避(低自我肯定性,低合作性):表现出回避态度的一方对个人利益和对方利益都忽略了。(4)折中(中等自我肯定性,中等合作性):想部分满足自己的利益,部分满足他人利益的参与方会采取折中的反应。(5)合作(高自我肯定性,高合作性):合作的反应是试图使双方利益都得以满足,这种反应最可能达到前面提到的双赢的结果(如图2-1-7所示)。

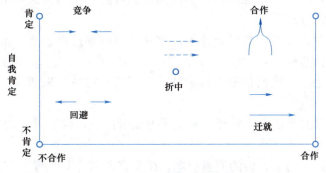

图2-1-7 冲突反应模型

【案例分析】

本案例中,当事人对于冲突的反应主要包括:竞争(情景2:朱继民挺住压力,拍板上了迁钢和首秦的项目;情景6:李文洁不顾马荀的反对,找到公司领导解决两地分居引发的冲突;情景5:河北省和北京市就首钢搬迁后的税收归属进行博弈)、迁就(情景1:朱继民不得已接受首钢一把手的位置;张宇接受爷爷安排,分到首钢工作;张宇接受朱继民的劝说,调任首钢京唐公司)、回避(情景4:王明义酗酒麻痹自己;商超选择轻生来逃避;新员工选择辞职以应对存在的问题)、折中(首钢的富余人员安置方案就是折中的产物,需要考虑方方面面的利益和诉求)、合作(情景3:张德旺希望国家和北京市在首钢搬迁调整过程中对于首钢多支持,对于干部职工多关心)。

最优的反应是:张德旺对于搬迁采取合作的态度;首钢的员工分流安置方案采取折中的策略。

最不可取的反应是:王明义酗酒麻痹自己;商超选择轻生来逃避。

5. 针对本案例,冲突管理策略有哪些?

【相关理论】

冲突有多种原因,结果也有好几种可能。为了使个体的工作绩效提高,以便更好地提高组织绩效,对冲突必须予以适当解决。表2-1-3列出了主要的解决冲突的技术,它可以帮助管理者控制冲突的水平。

表 2-1-3 解决冲突的技术

问题解决	冲突双方面对面会晤，通过坦率真诚的讨论来确定问题并解决问题
提出一个更高目标	双方提出一个共同的目标，该目标不经冲突双方的协作努力是不可能达到的
资源拓宽	如果冲突是由于资源缺乏造成的，那么对资源进行开发就可以找到双赢的解决办法
回避	逃避或抑制冲突
缓和	通过强调冲突双方的共同利益从而弱化他们之间的差异性
折中	冲突双方各自放弃一些有价值的东西
权威命令	管理层运用正式权威解决冲突，然后向卷入冲突的各方传递他的希望
改变个人因素	通过行为改变技术（如人际关系训练）转变造成冲突的态度和行为
改变结构因素	通过工作重新设计、工作调动、建立合作等方式改变正式的组织结构和冲突双方的相互作用模式

解决冲突需要遵循以下几个步骤：

（1）诊断。首先，必须确定冲突是有用的还是有害的。如果是有用的，就不需要解决；如果是有害的，就需要采取解决措施了。其次，必须诊断出冲突的原因，因为解决方法并非在所有情况下同等有效，而采用何种方法取决于冲突的原因。

（2）选择适当的冲突管理反应。在弄清楚情况以后，冲突的双方应该选择能够帮助他们解决冲突的方式进行应对。情况不同，反应方式也不同。但必须从五种应对中选择灵活的、最有效的方式。特定的情况决定了应该用什么样的方式。

（3）选择适当的冲突解决策略。数以千计的冲突解决策略都是由当事人或第三方中间人实施的。这些策略应当与需要的结果相匹配。

（4）运用解决技巧。由于冲突的情形极具敏感性，需要专门技巧来解决，所以认真地实施冲突解决技巧是必需的。

（5）跟进。在所有问题的解决中，管理方和相关方必须跟进，保证冲突确实已经解决了。

【案例分析】

（1）为了尽最大可能解决富余人员的安置问题，在北京市和首钢的筹措下，首钢通过内部安置（1.92万人）、自然减员（1.1万人）、内退安置（1.25万人）、向社会分流（2.24万人）等 4 大方向 11 条分流安置途径妥善安置了 6.6 万余名富余职工。

（2）首钢更加重视员工，重视管理，力求化冲突为动力。京唐公司为员工提供了舒适宽敞的住宿条件和设施完备的文娱体育场所，并组织员工开展演讲、素质拓展、文娱活动、体育竞赛等丰富多彩的业余活动。在管理上，京唐公司通过精细化、标准化管理，提高了效率，降低了成本。

（3）通过员工援助服务中心组织开展多种活动，包括朋辈心理辅导、心理宣传月等。对于新进的员工，由中心统一组织情绪管理、压力管理和心理健康调适等培训课程，切实把预防工作做到位。定期从北京一些医院请来心理门诊或精神科的大夫前来坐诊或举办讲座，通过科学的心理干预和治疗手段，帮助一些员工解决了心理问题。中心还组织专人对情绪波动较大的职工进行家访和回访，了解并协调解决职工面临现实困难。

五、背景信息：首钢大搬迁后处在"寒冬"的困境

从整个钢铁行业来看，刚刚过去的 2014 年第一季度，钢铁行业交出了一份不及格的成绩单，而一季度也被中国钢铁工业协会称为"进入新世纪以来，钢铁行业最困难的一季度"，国内大中型钢铁企业合计亏损 23.29 亿元，同比由盈变亏，累计亏损面为 45.45%；而就钢铁主业而言，从 2011 年第四季度开始至

今已经连续 10 个季度亏损。

当前，钢铁行业面临的难题依然存在。从钢铁产品结构上来看，矛盾十分突出，传统产品过剩，高附加值产品供不应求。因此，钢铁产品的竞争力同发达国家相比，还存在一定的差距，化解产能和深化改革将会在今后很长时间左右着钢铁业"疾步无序前进"的状态。另外，产能过剩、债务风险等问题也严重影响着投资者对行业的信心。而且，下游需求整体偏弱，采购较为有限，因此，钢价难以出现大的行情。

单就首钢而言，其大搬迁后面临的局面就特别复杂。

从外因看，首钢搬迁至河北曹妃甸，行政力量的干预、决策过程的迟缓，再加上踩空了经济周期，首钢付出了惨痛的教训。动迁时的首钢，正好是钢铁市场大红大紫的时候。到厂房落地建成，钢铁市场竟是一片惨淡，经营十分艰难；当时联合河北省的唐钢组建京唐公司这一钢铁联合企业，也有些"拉郎配"的意味，两家企业的组织文化不同、管理方式不同、对同一项目的管理存在很大分歧，最终造成唐钢撤股；再加上首钢搬迁到河北省境内，但仍然是北京的企业，从河北省在钢材采购上照顾本地企业的立场出发，首钢在河北省占不到半点便宜。

从内因看，首钢通过依靠自主创新设计的 5 500 立方米的高炉故障不断，在流程控制上存在诸多风险，导致生产不稳定，结果用世界一流的设备，生产出了二三流的产品；同时，虽然京唐公司提出要在搬迁中实现产品结构调整转型，打造高端板材和精品长材，但这一规划并未能帮助京唐公司打造出有强劲竞争力的主打产品，反而造成了产品缺乏特长，销售渠道有限，没有竞争优势的不利局面；另外，首钢搬迁到河北曹妃甸的时候，很多员工都不愿前往，使得首钢新厂在开工之初很长一段时间都缺乏熟练的技术工人，由于使用了新的设备，产品合格率在短期内难以提高，这在一定程度上影响了首钢业务的发展。

六、关键要点

1. 关键点。

（1）企业大搬迁的难点是人，包括领导和员工。首钢大搬迁是我国特大型钢铁企业史无前例的一次大举搬迁。这次搬迁绝不是简单地将机器设备搬离北京，其难点是人，每个人在搬迁的过程中都有各自的诉求和利益，解决不好很容易造成社会的不稳定。对于 10 多万首钢人而言，这场史无前例的大举搬迁，给他们带来了心灵上、生活上、工作上的多重冲击。在首钢的搬迁过程中，一些冲突凸显出来，考验着首钢人的管理智慧。而以往对于国有企业改革、调整的关注往往聚焦于制度层面，很少关注发生在人身上的冲突；即使关注冲突，也往往是关注普通职工与管理层对立引发的冲突，而关注领导者自身的冲突以及职工个人、群体和家庭的冲突相对较少。在国有企业改革不断深化的今天，尤其对于城镇化进程中企业的搬迁调整（包括京津冀一体化涉及的类似企业搬迁），冲突是随时可能发生的，如果不注意冲突的解决和管理，对于组织造成的影响可能是全局性的。在我国新型城市化、工业化发展的大背景下，首都"大象迁徙"是一个异常珍贵的案例"标本"，对大量"蠢蠢欲动"的企业的搬迁实践提供了启示。

（2）从搬迁到升级的关键还是在于人。要破解首钢搬迁后面临的窘迫局面，一方面，需要领导者高屋建瓴，做好引领，把产业升级的顶层设计做好；另一方面，需要广大首钢人发挥干事创业的精神，攻坚克难，把新首钢在曹妃甸这片热土上建设得更好。同时，也需要首钢职工家属的理解与支持，使首钢人能够心无旁骛地投身工作。对于面临产业升级的诸多企业，关键也是在于人，只有"官兵一心"，企业才能凝成一股绳，领导对于员工要多关心、多支持，帮助员工在企业中更好更快地成长。

（3）冲突是客观存在的，需要积极引导。在组织中，每个人都要和群体中的其他人打交道，因此，冲突是客观存在的，也是不可避免的，要积极引导功能正常型冲突，努力化解功能失调型冲突，避免冲突升级，把冲突的正向作用发挥到最大，负向作用消减到最弱，通过技术和手段积极地解决冲突。

2. 关键知识点。

需要学员结合案例的分析与讨论，重点理解和掌握冲突的概念、冲突的影响、冲突过程模型、对冲突的不同反应，以及解决冲突的方法与技术，加深对冲突理论在群体行为分析中作用的认识。

3. 关键能力点。

通过案例教学，深化学员对于冲突的本质及其影响的认识，提升它们利用冲突相关的理论知识解决所在组织中冲突的能力和技巧，帮助他们激发组织中功能正常型冲突、化解功能失调型冲突，以便更好地进行冲突管理，提升个人和组织绩效。

七、建议课堂计划

1. 按照两个小时的课堂时间来组织案例教学。

2. 前提条件：因为案例内容较多，当堂阅读肯定影响讨论效果。因此，在案例教学课的一周前，将案例正文及附录分发到每名学员手中，要求学员仔细认真地阅读案例，并在此基础上做好相应的上课准备，提前自行划分好案例讨论的小组（4~6人一组），对于案例的启发思考题有初步地思考。另外，课程主讲教师必须对于案例的本身、相关的理论及案例分析的思路有非常到位的理解。

3. 主讲教师于上课开始后的5分钟内，明确教学目的，并作必要的板书。

4. 主讲教师阐述案例中的主要人物及案例故事的梗概，结合案例使用说明中的黑板设计1作相应的板书。在此过程中，可以请学员对于案例后的第一个思考题展开讨论，即"本案例涉及哪些层面的冲突？这些冲突是好的还是坏的？"时间控制在15分钟以内。

5. 组织学员对于案例的后四道启发思考题进行分组讨论，由一人记录发言的关键要点，讨论时间控制在15分钟。随后，请每个小组派一名代表来阐述小组成员对于每道题目的具体回答，发言时间为30分钟。

6. 教师结合案例使用说明点评每个小组学员的发言，根据黑板设计2作必要的板书，并介绍案例的后续进展。时间约为30分钟。

7. 教师结合案例启发思考题，介绍重点涉及的相关理论。时间控制在15分钟。

8. 结合关键要点，点明案例的意义和价值。时间控制在5分钟。

9. 自由提问与课堂小结。学员提出本次课程感兴趣的问题，由老师和其他学员解答，主讲教师对于本次案例讨论课和学员的参与情况给予肯定和归纳总结。时间控制在5分钟。

八、案例的后续进展

为了帮助新入职的大学生更好地融入首钢京唐公司，把这里当家，以张宇和方芳为代表的首钢管理者想了不少办法。首先是对每一名新进的员工通过心理健康测试了解他们的心理健康状况。同时，通过组建业余兴趣小组的方式，丰富他们的业余生活，其中，新员工自编、自导、自演的话剧《钢城颂》的巡演赢得了公司干部职工的广泛好评。

对于提出辞职的5名员工，张宇耐心细致地做他们的思想工作，描绘公司发展的前景，并在日常的工作生活中多关心他们，为他们每人配备了一名"导师"，并要求导师在平时多关心他们，师徒制使得新员工感受到了组织如家般的温暖，最终选择留在公司中。

商超伤情痊愈后，回到了公司中。员工援助中心对他进行了一对一的辅导，还请来心理医生对他进行心理干预。这次跳楼，使得商超认清了生命的价值，开始感恩生命，工作态度也得到了明显的改善。

另外，针对李文洁遇到的实际困难，首钢托儿所为他们的孩子提供了全托服务，极大程度上缓解了她又要工作又要带孩子的压力；同时，协调技术科对马荀"开小灶"，周末一般"要求"他必须回家照顾妻儿，对家庭多投入一些精力。

通过一系列的员工心理健康关爱行动，首钢京唐公司中，员工精神焕发，工作热情高涨，慢慢地把曹妃甸当成了自己的新家。

2012年6月，朱继民结束了他十年首钢"一把手"的任期，北京市领导高度评价了朱继民，称其"担任首钢总公司党委书记、董事长近十年的时间，是首钢搬迁调整的攻坚时期，面对前所未有的挑战和困难……积极实施压产调整、转型升级，为成功举办奥运，为首都经济结构调整和改善环境做出了重大的贡献"。这样的评价是对朱继民多年辛勤工作的肯定，他终于可以"功成身退"了。

首钢大搬迁后,的确给河北省带来了不菲的税收。按照制定的方案,首钢所上缴的税款一部分给北京,另一部分给河北,但具体怎么分还要看相关部门的决定。所以,河北省还是希望在首钢京唐公司中保留一定的话语权。

九、相关附件

表 2-1-4 故事梗概表

主要线索			主要内容		课堂提问
案例背景			昔日辉煌的首钢由于对首都空气的污染超出其承载能力,最终被迫选择将涉钢系统搬出北京,搬迁过程涉及方方面面的因素,需要极其慎重,否则会对首钢造成致命一击		本案例发生的背景是什么?
主要人物			张宇:首钢京唐公司工会主席,曾任朱继民专职秘书 方芳:首钢京唐公司员工援助服务中心主任 商超:首钢京唐公司热轧作业部职工 朱继民:首钢总公司第四任党委书记、董事长 张德旺:五号高炉第一任炉长 王明义:五号高炉最后一任炉长 马荀:首钢京唐公司技术员 李文洁:马荀的妻子		案例中有哪些关键人物?他们面临的冲突与博弈有哪些?
故事梗概	人物	时间	事件	对应启发题编号	课堂提问
	朱继民	2002 年年末	成为被任命为首钢第四任党委书记、董事长 从内心不愿挑这个担子,但又无法逃避	在场景1和场景2中,冲突的具体过程是怎么样的?冲突的原因是什么?冲突是怎么升级的?冲突引发了什么样的结果?	朱继民为什么不愿意接任"一把手"?
		2003 年年初	在没有得到国家批复的情况下,抢建迁钢和首秦,为妥善安置富余职工奠定了基础		为什么朱继民决定尽早筹建迁钢和首秦?
		2004.8	首钢人与环保界就首钢搬迁的争论达到顶峰,首钢原则上接受搬迁		首钢搬迁或不搬迁各自的问题有哪些?
	张德旺及其他职工	2005.6	五号高炉停产仪式上,作为老职工代表发言,表达出对高炉的不舍和对未来的期盼 场下出现不同声音,有的对首钢搬迁持积极观点,有的持消极观点	在本案例中,当事人对冲突有几种反应?你觉得哪一种反应是最优的?哪一种反应是最不可取的?	为什么同样是高炉停产,不同人会有不同的反应?他们各自的诉求分别是什么
	王明义	2005.6	因对高炉停产和职工安置过于忧虑,消极酗酒,积郁成疾,最终病故		
	张宇	2009 年年初	留在北京工作的真实想法和领导派他到曹妃甸新厂任职相冲突	本案例有哪些层面的冲突?这些冲突的功能是正常的还是失调的?	张宇对冲突的反应是什么?
	政府	2009.3	北京市和河北省关于首钢搬迁后税收归属问题的冲突		搬迁后宏观层面的冲突与博弈是怎样的?
	李文洁和马荀	2011 年夏	因与马荀长期两地分居,生活的不如意越积越多,引发冲突		搬迁后微观层面的冲突是怎样的?
	新员工	2011 年秋	5 名新进的大学毕业生因各种原因选择辞职	本案例中的冲突与博弈,哪些焦点在事上?哪些焦点在人上?	搬迁后员工面临哪些冲突?
	商超	2011 年秋	因女友分手及竞聘失败,抑郁轻生,后被救		

续表

主要线索			主要内容		课堂提问
故事梗概	张宇	2011年秋	刚上任面临角色冲突		张宇面临着怎样的冲突？
	朱继民	2005—2010年年底	设计周密的分流安置方案，妥善安置6.6万余名首钢富余人员	针对本案例，冲突管理的具体策略有哪些？	分流安置方案具体是怎样的？
	张宇和方芳	2011—2014年	组织员工参与一系列丰富多彩的业余活动，建立员工援助服务中心		为解决干部职工面临的冲突，公司采取了哪些管理措施？

十、参考文献及扩展阅读

[1] 王立新. 首钢大搬迁 [M]. 石家庄：河北教育出版社，2009.

[2] 首钢党委宣传部. 首钢人首钢魂 [M]. 内部资料.

[3] 首钢史志年鉴编委会. 首钢年鉴（2002—2012）[M]. 北京：华夏出版社.

[4] 罗宾斯，贾奇. 组织行为学 [M]. 北京：中国人民大学出版社，2012.

[5] 麦克沙恩，格里诺. 组织行为学 [M]. 北京：机械工业出版社，2011.

[6] 希特，米勒，科勒拉. 组织行为学：基于战略的方法 [M]. 北京：机械工业出版社，2007.

[7] 万涛. 冲突管理 [M]. 北京：清华大学出版社，2012.

案例正文：

"瓷饭碗"可否托起航天事业
——航天 W 院基建部多元化用工的艰难探索[①]

摘　要："铁饭碗""瓷饭碗"生动地刻画着企业多元化用工的心境与无奈。因航天城建设工程浩大，航天 W 院基建部面临人才短缺的巨大压力，不得不开展多元化用工的艰难探索，前后历经三个阶段：（1）招聘方案艰难出台，难以吸引社会成熟人才，提供的待遇仅能招来应届毕业生，让这些"丑小鸭"来解燃眉之急；（2）经过几年项目历练，航天城里昔日的"丑小鸭"快速成长为"白天鹅"般的基层业务骨干，而企业仍存在"铁饭碗"与"瓷饭碗"的待遇差异，骨干纷纷离职，企业开创的多元化用工方式受到挑战；（3）在企业大幅度调整多元化用工方式后，"铁饭碗""瓷饭碗"待遇差异缩小，企业内部公平交换机制逐步建立，航天城建设得到稳步推进。

关键词：多元化用工；社会交换理论；员工组织关系

0　引言：航天城唱起"空城计"

2012 年年底的一个清晨，北京城在鹅毛大雪的笼罩中显得格外冷清。城郊一隅，航天城的 518 会议室却热闹非凡，航天 W 院基建部的年度总结大会正在如火如荼地进行。会上，有的项目负责人因为项目获得"鲁班奖"受到表彰，有的因项目进度滞后、质量滑坡而受到警示。会后，几位项目负责人聚在一起，纷纷讨论起项目的进展情况。

"前两天，我们项目组又有一位基层负责人辞职了。新提拔上来的员工经验有限，项目进度也慢了下来。获不获奖倒在其次，要是完成不了任务可没办法向领导交代啊。"项目 A 负责人焦急地说。

"我们组也是啊。上半年走的那位，手上负责着好几个项目，他一走就都耽搁下来了，好几个项目都推迟了工期。这不，刚就被上面点名批评了。我现在真是恨不得亲自上阵，一个人分成两个人用。"项目 B 负责人边说边摇头。旁边的几位纷纷应和，诉说项目组因为人员离职造成的严重后果。

讲到这里，项目 A 负责人将人力资源处处长杨帆拉过来，絮絮叨叨地说："我说杨姐，您看看我们这些人，现在都是一个头有两个大。这人才一个个地走，又招不来能干活的，您说说我们咋办？你们人力资源部可得想点招啊。"

看着大家期盼的目光，杨帆一时语塞。支吾了半天，最后只能无奈地说："我们人力资源部也在努力地招人，但是这些问题也不是一时半会能够解决的，请大家给我们点时间，我们一定尽快想办法解决。"

现在是"十二五"建设的关键时期，然而不只是杨帆所在的基建部，整个航天 W 院都面临着以编外人员为主的基层骨干大量流失的问题。再这样下去，不出几年，航天城就要变成基层骨干严重缺乏的"空城"。

[①] 本案例由北京理工大学管理与经济学院刘平青教授、博士生王雪、MBA 学员王浩、博士生史俊熙和硕士生王雨丝等撰写，作者拥有著作权中的署名权、修改权、改编权。

本案例授权中国管理案例共享中心使用，中国管理案例共享中心享有复制权、修改权、发表权、发行权、信息网络传播权、改编权、汇编权和翻译权。

由于企业保密的要求，在本案例中对有关名称、数据等做了必要的掩饰性处理。

本案例只供课堂讨论之用，并无意暗示或说明某种管理行为是否有效。

1 背景及相关人物介绍

为何会出现基层骨干流失的情况？还要从航天城建设的紧迫性及人才短缺的艰难性说起。

1.1 航天设备"逛京城"

早在1970年，伴随着中国第一颗人造地球卫星的发射成功，中国的航天事业已然起步。此后几年，随着航天事业逐步发展，多座研究院所在京城内外拔地而起，为航天科研进步贡献力量。这些研究院所的建设并非一蹴而就，而是根据航天事业的需要随时成立，因此在建设过程中并未进行统一规划。研究院所零散地分布在北京城的不同区域，彼此承接着航天试验和飞行器组装的不同环节，每当航天设备需要进行组装和试验的时候，都需要在多名专家的护送下，坐着汽车"逛"京城。

这样的"长途跋涉"为航天设备的研制增添了许多风险和困难：一是运输途中存在着航天设备损坏的风险，而一旦出现疏忽，造成的经济损失是巨大的；二是由于不同航天设备都需要进行试验，型号多、任务紧、试验场地不足、试验要排队的情况时有发生；三是航天设备来回运输的路上耽误了大量的时间，给研发进度造成不小的影响。

1.2 航天城由谁来建

20世纪90年代中期，基建部在航天W院的统一规划下，开始启动北京航天城一期建设工作，目的是打造大型科研、生活、教育一体化航天社区，将航天W院科研生产力量集中起来，扩大规模、降低成本、升级科研条件和提升综合实力。自此，基建部成为W院航天城建设的主力军。

在航天城一期建设时，基建部的人员大致可分为三个群体：第一个群体是"元老"，即基建部成立以来的事业编元老，这些人工作经验丰富，但年龄偏大不适合长期驻扎在项目现场，后来大都在基建岗位上退休；第二个群体是"骨干"，即20世纪90年代前期招入的十几名事业编大学生，这些"铁饭碗"们专业扎实、进步快、年轻、能吃苦，是航天城一期建设中的基层骨干；第三个群体是"小兵"，即在航天城一期时，由基建部自主招聘的少量编外员工，这些人普遍学历较低、专业性不强、年龄偏大，从事一些简单的工作。总的来说，航天城一期工程时期，基建部的一线主力是以"70后"大学生为班底的十几名"骨干"组成的。

到了2006年，伴随着"十一五"规划对于国防和经济建设的支持，航天W院结合国家的需求和政策的契机，启动航天城二期工程的建设，提升基础设施能力，以满足未来不断增长的航天器工程研制任务的需要。

随着基建部老一辈事业编员工陆续退休，"70后"的十几名员工逐渐成为主力。二期工程相比一期时规模要大数倍，要求更高，基建部当时的规模已经不能满足多个项目同时启动的需求，基建队伍的扩充势在必行。为此，基建部领导首先完成了对管理层的扩充，基层事业编中的几名骨干被提升到管理层，成为新领导班子中的一员。但他们的晋升却让基层力量显得更加薄弱。那段时间内，加班加点几乎成了他们的常态。这些骨干力量虽然端着"铁饭碗"，却也并非铁打的身子骨，长期的连轴转下来，其中的好几位都陆续病倒。基层员工短缺问题成为航天城建设的燃眉之急。

1.3 主要人物介绍

以下介绍案例中的主要人物：

刘尚文，男，研究生学历，正高级工程师，基建部部长，1992年进入基建部工作，事业编身份，单位里大家都一般称他为"刘部长"。在2006年航天城二期建设时期，基建部面临基层骨干力量严重不足的问题，他支持人力资源处长杨帆提出的编外人员招聘方案，但是出于风险规避的考虑，对方案进行修改，削减了社会成熟人才（指专业对口，具有一定工作经验的人才）的薪资待遇。几年后，随着编外人员中基层骨干力量的不断流失，他同意调整多元化用工制度，改善编外人员待遇。

杨帆，女，研究生学历，高级经济师，基建部人力资源处长，1990年进入基建部工作，事业编身份，单位里大家一般称她为"杨姐"。在2006年航天城二期建设启动后，基建部面临基层骨干力量严重不足的问题，大胆提出招聘编外人员的方案。当几年后，基建部面临基层骨干流失的问题，杨帆开始着力于多元化用工制度的改革，提出了改善编外人员待遇的方案，并推动一系列制度的落实。

赵静，女，本科学历，注册造价师，工程师职称。2007年本科毕业后进入基建部计划财务处工作，系编外人员。平时在工作中勤勤恳恳，学习能力特别强。但是受到编外人员的身份限制，她的薪酬待遇一直没有得到提升。休完产假后，发现同期入职的事业编员工孙晓晓已经升职，这让她感受到自己在升职与加薪等方面受到了不公平的待遇，因此不久后离职。

孙晓晓，女，本科学历。2007年与赵静同时进入基建部计划财务处，事业编身份。工作能力不如赵静，但是由于事业编身份，在赵静休产假期间升职为主管，最终导致了赵静的离职。

胡伟，男，本科学历，一级建造师，工程师职称，系编外人员。2006年本科毕业后进入基建部工程处工作，期间快速成长为基层骨干力量。2012年夏天参加同学聚会，在与其他企业工作的同学交流的过程中，感受到自己在待遇和发展空间上的差距，因此在2012年底选择离职。

张扬，男，本科学历，一级建造师，事业编身份。2007年本科毕业后进入基建部工程处工作，从事安全助理岗位，系编外人员。在进入工程处后，受到直属领导王斌的照顾，与之建立良好的关系。2012年以来，由于对待遇的长期不满而产生辞职想法，后被王斌劝说而暂时没有离职。

王斌，男，研究生学历，高级工程师，工程处处长，1997年进入基建部工作，事业编身份。作为张扬的直属领导，在张扬入职后一直给予他支持和帮助，与他在工作和生活中都建立了良好的关系。当面临张扬辞职的请求时，一方面竭力劝说张扬打消念头，另一方面帮助其申请提高待遇，最终说服张扬暂时留了下来。

2 "瓷饭碗"进"航天城"：丑小鸭解燃眉之急

如何尽快扩充基层队伍，以保证航天城二期建设项目的持续运行？作为人力资源处长，眼看好几个项目因为缺人的问题受到影响，杨帆心急如焚。在多次从其他企业那里"取经"，以及与企业内部员工谈心之后，一个大胆的想法逐渐在她脑海中成形。

2.1 破天荒的"瓷饭碗"招聘计划

2006年5月的一天，基建部的中高层管理者们就基层人员短缺问题召开会议。会议同往常一样，由基建部部长刘尚文开场："航天城二期建设正在紧锣密鼓地进行，在扩充管理层后，基层人员力量十分短缺。我希望今天大家能够集思广益，想想怎样增强我们的基层力量。"

"我先说吧。"工程处处长王斌第一个发言，"我认为可以仿效航天城一期建设时期的路线，从各高校挑选几批大学生来扩充事业编队伍，就跟咱们那时候一样，多培养几批年轻人，把基建部人才梯队建设好，就可以避免当下这种缺人的局面再次发生。"王斌说到这里，已经有几人点头表示赞同。

"很抱歉打断您一下，王处长。"人力资源处处长杨帆打断了他的发言，"您的建议确实很好，一期建设那会，事业编队伍的扩充得到了很好的效果，但是有关院里一些人力资源政策上的情况，大家可能不太了解。"

杨帆表示，"十一五"开始后，航天W院将基建部从院机关中分离，划为保障类单位。紧接着W院对人力资源政策做出了调整，对非科研单位事业编指标缩减得非常厉害，目的是为了适应市场化发展，加快W院"事转企"的步伐，同时还能节省一部分人力成本。作为人力资源主管领导的杨帆，在得知航天城二期建设计划时，立即向部长提出扩充事业编队伍的建议。在得到部长同意后，杨帆多次向院人力资源部提出批量招收事业编人员的申请，都没能成功。航天W院人力资源部给出的反馈是，根据院里政策，不能够支持基建部大量扩充事业编队伍，如有困难，鼓励基建部以合同制或派遣制的方式招收编外人员帮助完成工作，薪资由基建部自付。

"近几十年来，国有企业的人事制度一直在改革（如附录2-2-1所示），我们也不能止步不前。老一辈陆续退休，现在的事业编队伍比一期时多不了几个人。针对目前的政策，我建议大量扩充编外人员，提高编外人员入职标准，打造一支以编外人员为基层主力的基建团队。"

这个颠覆性的提议一提出，众人先是愣了一下，接着七嘴八舌地讨论了起来。基建部从创建以来，都是以事业编为主，编外人员辅助完成一些简单工作，杨帆的建议完全颠覆了众人的认知。

"这样行吗？这么多年基建部都是靠咱们事业编撑着，那些编外人员只能干点简单的活，让他们当主力会不会有风险？"不少人提出了质疑。

"我们现在的编外人员都是在一些辅助岗位上工作，比如工程助理、文员、资料员、库管等，这些岗位不需要太高的门槛。我刚才也提到过，只要提高编外人员的入职条件和待遇，门槛变高了，招进来的人员肯定会比现在的编外人员能力强。此外，院里这些年也一直提倡用工多元化，许多事业部也在扩充编外人员的队伍，这是发展的趋势。"

经过一系列的讨论后，大家表示同意杨帆的想法。刘部长最后进行总结发言："既然大家都没有意见，那咱们就试一试吧，人力资源处聘请咨询公司协助完成招聘方案的设计，但要注意控制成本。散会吧！"

2.2 招聘计划中待遇的"瘦身"

忙碌了一个多月，杨帆终于将一份整理好的《基建部编外人员招聘方案》放在刘部长面前。刘部长翻阅了一遍，在翻看薪酬标准的时候格外认真。翻阅完后，刘部长沉吟许久，缓缓开口道："关于薪酬这部分，你再重新修改一下。这份招聘方案中，社会成熟人才的薪酬标准远高于目前院里编外人员的薪酬，几乎接近事业编的标准。这不仅仅在W院，甚至在航天系统也是从未有过的。一旦基建部开了这样的先河，对于W院的其他事业部都会造成影响。而这样的影响是好是坏，其他事业部怎么想，我们都无法预估。我不希望这件事对基建部造成负面的影响。"

"可是这是我们根据市场价格进行设定的，我也跟其他建筑企业的人力资源同行沟通过，基本都是这个标准，我觉得十分合理。如果薪资低于市场标准太多，我担心难以吸引到合适的社会成熟人才。"杨帆提出困惑。

"我也希望招聘到更好的社会成熟人才。但是作为基建部的负责人，我要进行综合考量。目前的方案完全颠覆了W院以往的薪酬制度，站在整个W院的角度来看，这既是一个突破，也是一次冒险。我已经跟院领导沟通过一次，我们可以先进行制度上的尝试，再逐渐寻找合适的时机来与市场同步。至于招聘的对象嘛，"刘部长挥挥手笑道，"招不到经验丰富的员工，那咱们就从高校里面多找些学生，咱们自己培养，让各部门领导辛苦一年带一个项目就出徒了，咱们当初就是这么过来的。应届生的薪酬标准就不用降了，再加上管吃管住，招几个好的本科生应该不难。"

杨帆见刘部长态度坚决，只得将方案拿回去修改。在几易其稿后，方案终于通过。只是此时的招聘方案，比起最初的版本，已经在薪酬等方面大幅度"瘦身"（2006年待遇"瘦身"前后的招聘方案对比见附录2-2-2）。在新制度的支持下，基建部开始启动大规模的招聘，基本路线是以扩充编外人员为主，接收院里分配的零星事业编人员为辅。

2.3 "丑小鸭"的到来

招聘工作开始后，由于社招给出的薪资不高，很多社会成熟人才不愿加入基建部的队伍，忙碌了小半年就来了零星几个人，这些人能力上还是可圈可点，但是责任心有多强，能不能待得住还是个未知。

回过头来再看校园招聘，正值毕业季，基建部网络招聘邮箱里收到的全是应届生们的求职邮件，每到各高校参加双选会时，只要挂出那张有航天标志的企业简介，总会收到满满几大摞求职简历。当面试小组成员问学生们为什么选择来我们这里、是否了解航天基建、对自己的发展有什么规划等问题时，得到回答基本上一致。一是学生们认为毕业找工作难，能够在基建部这样的国有企业获得一份工作是不错的选择。二是航天基建项目都是国家重点扶持的项目，能够在这样的项目上锻炼自己，提升专业经验，对于未来的发展有大的帮助。三是基建部针对应届生给出的薪资合理，而且还能为单身员工提供吃住，对于大部分刚毕业的学生而言，在北京能够省掉房租是一件很重要的事情。

为了能够跟上航天城二期多项目快速启动的步伐，基建部又在之后的两年间着重开展了几次校园招聘，基本上完成了对基层队伍的扩充计划。这些编外人员的加入就像新鲜血液一样不断注入基建部，这些年轻的"80后""90后"们给基建部带来了更多活力。于是，这一群刚从高校毕业、什么工作经验都没有的"丑小鸭"，迈着尚未稳健却十分兴奋的步子，投奔到了航天城的建设事业之中。

3 "丑小鸭"变"白天鹅"：新人易招骨干难留

招聘进来的编外人员以应届生为主，他们被分配到了不同的部门和项目中，由管理层中的领导们亲自带队培养。经过一两年的悉心指导，一些肯努力的年轻人已经开始在项目崭露头角、独当一面，逐渐由"丑小鸭"蜕变为"白天鹅"。随着二期项目的陆续开展，一个以编外人员为基层主力、以事业编人员为管理层的新团队孕育而生。然而随着"十二五"建设进入攻坚阶段，这些成长了的"白天鹅"们却不断地"飞走"，给基建部项目的顺利推进造成了不小的影响。

3.1 "丑小鸭"变"白天鹅"：个体努力、组织给力

在编外人员扩充进入队伍之后，基建部的基层力量迅速壮大。然而由于大部分员工都是没有工作经验的新人，为尽快培养出一批成熟的基层力量，"骨干"们有的身兼多职并亲自到基层带队。正如同当年"元老"们对于他们的帮助一样，他们对这些新人充满了信心和期待，他们要求新人细心、大胆地去做每一件事，不怕出错、不怕失败，只有错过才会记得更牢，只有失败过才会成长得更快。这份魄力和信任在后来很长一段时间都激励着大家。

经过基建部几年的培养，一些优秀的苗子开始崭露头角。他们参与到重大项目的建设之中，在基层领导的手把手指导下快速成长起来，并陆续考取各种行业认证。

3.2 "丑小鸭"变"白天鹅"后：交换冲突去意萌生

"十二五"期间，十几个建设项目及其配套工程将要在三年多的时间里陆续全面开工。面对紧迫的任务，基建部全面出击，将所有人员合理分配到陆续开工的项目上，人力资源得到充分利用，"一个萝卜一个坑"，尤其是基层骨干，几乎完全绑在项目上，一时一刻都离不开现场。

令人没想到的是，从2012年开始，基层骨干的离职现象突然加重，离职率大幅度上升，基层骨干人员离职数量超过了"十一五"期间的总和。人力资源处在经过统计后发现，离职的骨干大部分是二期工程启动时招入的大学生，比较巧合的是这些人基本都取得了一级建造师、注册造价师等证书，并通过了航天系统内的工程师职称评定。培养一名骨干人才需要大量的时间和精力，更何况基层骨干是有限的，每流失一个基层骨干就会对其项目上的某个环节造成影响。

到了2013年年初，又有好几个重点项目上马，基层骨干短缺问题愈发明显。无论是刘部长、杨帆还是其他管理者，都为员工的频繁离职感到焦虑。

场景1：晋升中，身份不公平引发离职

夜晚十点，基建部人力资源处的办公室仍然灯火通明。办公室的桌面上，摆放着离职人员的辞职信和访谈记录。杨帆坐在座椅上，揉了揉紧皱的眉心，详细地翻看着。这些资料都是人力资源处近期整理出来的。为了深入探明员工的离职原因，杨帆在员工离职前后与他们进行了谈话，而这其中有几次谈话令她印象尤为深刻。拿起赵静的离职资料，看着照片上笑容甜美的女孩，杨帆陷入了沉思。

毕业于重点大学的赵静是编外人员，她于1984年出生在河北一个农村家庭，从小就能吃苦、爱学习，

大学期间学习成绩在班级名列前茅，是个非常懂事、有上进心的年轻人。2007年秋季，赵静在校园双选会上被基建部选中。在得知被录用后，赵静激动地整晚都睡不着觉，觉得以自己当时的能力和资历，能够找到这样的工作，实在是太幸运了。

赵静进入基建部计划财务处后，负责项目的预决算工作。和她同期报道的还有一位事业编身份的大学生孙晓晓，身为W院子弟的她，毕业后正好赶上航天城二期建设。为了支持基建部工作，航天W院也会给一点事业编指标，但基本上是凤毛麟角，考虑到孙晓晓的爷爷、父亲都为航天W院做出很多贡献，就在符合规定的情况下优先录用了她。

刚到基建部那会儿，赵静工作勤勤恳恳，学习能力特别强。只要学过一遍的业务知识，马上就能记住，几位老员工也特别喜欢在工作时帮助她。很快全处上下都认为她是这批"80后"中能力最强的新人，没过多久赵静就开始被安排单独审核一些面积较小的项目。她对每一项工作，每一个环节都反复计算审核，虽然需要耗费很多精力，但至少可以防止工作中出错。除了工作努力以外，赵静在业余时间也加强学习，怀孕那年还考取了注册造价师，能力被公认超出同龄人一大截。

赵静通过了注册造价师考试的消息很快在处里传开，几个同事跑过来起哄让挺着大肚子的她请客，赵静很痛快地答应了，她还诚恳地邀请了坐在对面的孙晓晓一起庆祝。众人离去以后，孙晓晓突然阴阳怪气地冲着赵静说："唉，赵静，你说你这么拼为了啥啊，看你这几年累得气色多差。就算你不为自己着想，也得想想孩子啊，你说你们两口子都北漂，这么辛苦何必呢，一个编外员工干一辈子也只能是个基层，不如混混日子就得了。"说完，孙晓晓头也不回地走出了办公室。

孙晓晓的恶语相向，让赵静无法接受，从农村出来的她一直想靠自己的努力改变命运，她知道孙晓晓看不起她，可是让她"认命"，又感到十分不甘心。一时没有忍住的赵静躲到洗手间哭了起来。在洗手间洗了把脸后，赵静感觉轻松了很多，她看着镜子中的自己，不断地思考着。孙晓晓说的话狠了些，但还是说中了赵静最近在想的问题，那就是关于她还能在基建部待多久。现在注册造价师在市场上很受欢迎，更何况她有这么多年的项目经验，走到哪里都是一技之长。拿到证书以后出去找工作，必然会比基建部发展前景要好，可是面对培养她多年的基建部，赵静心里还是有些不舍，心想走一步算一步吧。

时光如梭，到了2012年年底，赵静生了个大胖小子。有了孩子之后，她感觉自己的责任更大了。产假后的第一天，赵静回单位报道。进了办公室，赵静和同事聊了好一会儿后，发现自己对面的位置空了。

"孙晓晓的位置怎么空了？"赵静问。一位同事回答说："她呀，升职了呗，你不在这段时间发生了不少事儿。隔壁谢主管升职了，孙晓晓就过去补缺了。她现在也是主管了，事业编升职都是早晚的事儿。"得知情况以后，赵静十分失落。虽然基建部对她有培育之恩，但是这几年她也付出了很多，到头来自己还是个基层员工，而孙晓晓轻轻松松地做上了主管，这让她觉得十分不公平。因此，赵静坚定了离开的决心，唯有离开才有发展。

没过多久，赵静被行业内知名企业广联达公司录用为预算主管。赵静去到那里应该会有更好的发展。基建部痛失爱才，让很多人感到惋惜。

后来赵静应约参加了杨帆对离职骨干的访谈工作，她表示永远感谢基建部的栽培，刚毕业那会儿，她觉得基建部是最适合自己的地方，可是随着时间推移和自身的努力，让她觉得工作越来越没挑战性，自己也得不到更好的发展。此外，有了孩子责任感也重了，希望能提高收入让孩子过上好日子。这些原因让她不得不离开基建部。

场景2：比较中，待遇不对等引发离职

放下赵静的访谈记录，杨帆又拿起了另一份文件，封面上的小伙叫胡伟，毕业于北京建筑大学工民建专业，1983年出生，是个地地道道的东北人。为人豪爽的他从来都是有话直说、敢作敢为。

2006年，胡伟毕业后被基建部工程处录用。虽然是编外员工，但胡伟看重航天的氛围和浩大的工程，曾几何时，他在电视上看到神舟飞船进入太空，感到无比的骄傲和神秘，他认为能够参与航天城的建设是一个锻炼自己能力、让自己成长的机会，也希望自己将来能在基建部有更好的发展。受到光环效应影响的他带着期望来到了基建部。入职后，他一直非常努力地学习，在短短几年时间内，从一个"菜鸟"成长为项目的骨干力量，并考取了一级建造师。

2012年夏天，胡伟参加了大学同学聚会，多年未见的朋友们谈起了目前的工作和生活。在酒桌上胡伟侃侃而谈，把这几年来在航天城干了多少项目、管了多少事儿、解决了多少困难跟大家一起分享，很多人听完后都特别佩服，不停地和胡伟讨论专业上的问题。

"你上学的时候学习就很好，工作几年又干了这么多重要的大项目，真叫人羡慕，来胡总我敬你一个，以后别忘了我们这帮兄弟。"当年同宿舍的好友向胡伟敬酒。这时候的胡伟喝了不少，舌头开始有点不听使唤："什么？胡总，挤兑我是吧，我就是一个工程助理。"听完胡伟的话，同学们都露出非常惊讶的表情。

"是你逗我们吧？你干那么多重要的工作，怎么可能只是个工程助理？以你现在的能力，到我们这说不定能当上总监。你看我们几个上学时候一直比你差，工作单位也没你的响亮，但在各自公司都已经是项目经理、主管之类的。"一位同学说。

听到同学们的议论，胡伟陷入了沉思。胡伟告诉大家，由于自己是编外员工，不符合当前基建部选拔干部的标准，因为只有事业编才能进入管理层。这几年，领导也尽量给他向上调整工资，可是由于体制的限制，调整幅度十分有限。

"国企就是麻烦，这规定那体制的，我们地产公司聘来的好几个项目经理都是因为在国企没发展、钱又少跑出来的。我说老胡要不你来我们这吧，正好我们需要人，你可以试试，要是留下来了咱们还能相互帮衬着。"同学说。

听到这里，胡伟有些犹豫，毕竟这么多年过去了，他对基建部的感情很深，忘不了这个地方对他的栽培，可是经过今天的谈话，他骨子里萌生的去意将越来越坚决。

同学聚会在大家的欢声笑语中继续进行，可是胡伟却已兴致全无。此后，他与几位当年的同学们又聚了几次，在了解其他同学的工作情况之后，胡伟犹豫了很久，最终选择了辞职。

在离职访谈中，胡伟反复强调，自己是真心喜欢这个单位，也确实在单位收获了很多。但是看到自己和同学之间的差距越来越大，他实在接受不了这种心理落差。希望通过自己的努力，能有更好的发展前景，而不是一辈子困在这里做一位基层员工。

场景3：氛围中，领导常关心打消离职

"杨姐，您还不走？"杨帆的沉思被门口的声音打断。抬头一看，是工程处的员工张扬。"我等一会就走。你呢？"杨帆笑着说。"刚才有个项目书需要修改，没留神就一直忙到了现在，我这就准备回去了，妻子打电话催了好几次了。您也早点回去吧。"说完，张扬挥了挥手告别了杨帆。望着门口，杨帆想起了一周以前跟他"叫板"的王斌，也就是张扬的直线领导。

张扬和王斌的都来自山东。上班第一天，张扬到工程处报到时遇见了王斌，两人十分投缘，一聊就是一上午。通过长时间的交谈，王斌很欣赏这个性情直爽、为人耿直的老乡，他隐约的在张扬身上看到年轻时的自己。航天城二期刚开始，后面将有很多工程陆续启动，院里要求把安全和质量都放在第一位，质量问题王斌不担心，但安全问题他打算自己来抓。

"我想设置一个安全助理的岗位，能和各项目上的总包安全负责人形成对接，及时了解各项目安全管理情况，及时发现隐患，协助我总抓航天城所有项目的安全工作。我发现你比较适合这个岗位，性格直，敢说话，做安全管理就得不怕得罪人的，而且你学工民建的，干这个肯定没问题，你愿意干吗？"

当王斌提出这个要求的时候，张扬先是愣了一下，记得以前听学长说过，干施工安全管理责任大，想到这里张扬有点想退缩，但是通过交谈，他也觉得自己和王斌可以算是脾气相投，看到领导殷切的眼神，就痛快地答应了做王斌的安全助理。王斌高兴地一拍桌子笑着说道："咱们山东人就是爽快！以后你就是我徒弟了，我带你！走咱们去项目上转转，先熟悉环境吧。"就这样，张扬开始了第一天的工作。

工作中，张扬经常主动向王斌请教一些项目上的问题，王斌也不厌其烦地为他解答，并且经常挤出

时间带他在各项目上巡视、指导他的工作。通过王斌的指导，张扬成长很快，所以王斌开始让他独自负责几个项目的安全管控，作为甲方代表掌握各工程项目安全生产状况。为了能够更好地完成工作，多积累经验，张扬索性吃住在这些项目上，从不知疲倦。二期建设的安全管控在张扬的努力协助下井井有条，王斌总是在别人面前夸赞张扬是他不可多得的爱将，是个好徒弟，两人的关系越来越密切。

除了工作，王斌在学习和生活方面像亲人一样关心张扬，张扬报考一级建造师，王斌就利用业余时间为他辅导，并且在考前一周让他带薪备考，最终张扬顺利拿到证书。张扬要参加航天系统的工程师职称评审，王斌亲自指导他编写评审材料。生活中，王斌也经常带张扬一起打球、游泳、吃饭，逢年过节都买些礼物让张扬带回去孝敬爸妈。张扬对王斌一直都非常感激，两人既是上下级关系，又是师徒关系，有时候还有点像哥们儿。

几年下来，张扬不断成长，独当一面的能力越来越强，也渐渐收到了来自不同单位的工作邀请，这些单位给出的薪酬和待遇都高出基建部不少，然而张扬总记着王斌的恩情，也考虑到短期内实在没有人手能够接替自己的工作，就一直没有离开。在一次次拒绝其他企业的邀请后，张扬的妻子与他发生了矛盾。妻子认为张扬在现在的单位该学的都学了，应该往更好的单位去找工作，毕竟夫妻俩的工资都不高。几次吵架下来，张扬十分心烦，终于在一次吵架后跟王斌聊起了这件事。

听了张扬的诉苦，王斌的眉头紧皱。他也多少明白张扬现在的处境，以他的能力，完全可以找到更好的工作。但是就是看在基建部这几年的栽培和他这个好兄弟的份上，张扬才没有选择离开。他拍了拍张扬的肩膀，说："这事儿我明天和杨帆商量，你先别着急，凡是你应得的我都会尽力争取。"如此说了许多，总算安抚了张扬的情绪。

第二天一早，王斌就来到人力资源处，为张扬申请涨薪。他一一列举了张扬的能力和资历，要求杨帆尽量想办法给张扬提升待遇，"不是我想跟你争，实在是不争不行，再这样下去，我担心这位难得的人才就快走了。"王斌无奈地说道。经过几次讨论和汇报，张扬的待遇得到了提高，虽然涨幅并不大，但也表示出对张扬工作的肯定，暂时安抚住了张扬的情绪。从那以后，张扬仍旧勤勤恳恳地干活，只是不知道这样的平衡会在哪天被打破。

3.3 骨干员工离职引发思考：多元化用工何以为继？

类似于这样的案例在二期建设过程中不断出现。航天城二期工程的特点是战线长、连贯性强，许多岗位最怕中途换人。在这些离职的骨干中有不少和张扬一样，都是二期刚开始时领导们在困难重重、身兼多职的情况下坚持培养的新人，在日常工作和生活上，管理层对他们格外地关心、关注，特别希望这些培养多年的基层骨干能够与基建部共进退，可如今不该走的都走了，有人已经忍不住开始在会上吐槽："难道要等骨干都走光了以后，让我们再去像当初那样跑到基层带新人吗？"看着这些离职员工资料，杨帆既心痛又无奈。

第二天的部门会议上，几位部门领导又开始诉苦、抱怨，刘部长也心急如焚。他把急切的目光转向了至今一言未发的杨帆。"招聘的时间也不短了，好几处骨干空缺的位置还没补上？我一再催促，你们就是完不成任务，杨帆你是大姐，我不多说什么，你们人力资源处自己跟大家解释吧！"刘部长心中的怒火终于快压不住了。

这时杨帆终于说话了："刘部长，各位领导，实在抱歉，没有及时招到你们需要的人，我们人力资源处难辞其咎。这段时间以来，我们每个周末都争取搞一次招聘会，这样方便有些在职的人来面试，我们也想通过加班尽快找到合适的人选，可是现在我们给出的待遇低于市场水平，很多人都不愿意接受，而且我认为就算高薪聘请也不是长久之计。"

其实杨帆也有自己的苦衷，想要填补骨干空缺必须要从社会成熟人才中招聘，但是"十一五"时期设计的《基建部编外人员招聘方案》中，社招人才的薪资标准被刘部长"砍"去一截，因此前来应聘的人大多因为待遇过低的理由婉拒基建部。后来她找过刘部长商议提高薪资标准的问题，但又没得到批准，不过薪资问题仅仅是其中一点，员工发展空间有限等问题也不容忽视。

4 "瓷饭碗"与"铁饭碗":差异缩小,活力激发

根据之前对离职的几名骨干进行的访谈,杨帆认为,在基建部这种多元化用工的形势下,人才梯队的建设不单单是钱能解决的。她很坚定地认为基建部需要一次大刀阔斧的改革。经过数次会议的讨论,她的改革思路终于得到众人的认可和支持。

2013年3月,基建部开始了大刀阔斧的改革。管理层的思路是以螺旋式的推进方式进行改革,先从明显的问题和薄弱环节入手,逐步建立新的多元化用工形式。在杨帆的带领下,人力资源处针对编外员工发展空间受限、因身份壁垒造成管理有失公平等问题,着手改革:

(1)修订竞聘规定,打破身份壁垒,提升编外员工发展空间。建立新的员工竞聘制度,将司龄(在基建部工作的时间)要求纳入竞聘条件;司龄不足的优秀员工在通过管理层表决后,可以破格升职;允许编外员工参加主管及以上职位的竞聘,能者居之,不拘一格,"司龄"的加入将有效保证员工发展的合理性。

(2)针对编外人员较多特点,细化基建部组织架构,增设中低层管理岗位,如主管、组长、处长助理等。鼓励基层骨干踊跃竞聘,充分体现基建部重视人才发展,注重公平的原则。

(3)结合竞聘规定和岗位职级设计薪酬矩阵,优化福利体系。事实证明,编外人员薪酬标准低于市场标准,对社会成熟人才吸引力不足,不符合建立长期稳定团队的目标,应根据岗位层级或职位的不同,制定不同的薪资标准,鼓励有才之士与基建部长期互利发展。因为身份差异,身份壁垒一时难以完全消除,所以在薪资方面编外员工和事业编员工无法实现并轨,但可以在福利方面实现并轨,在尽可能提升编外员工薪资的前提下,参照事业编员工福利待遇完善编外员工福利,变相提高编外人员收入,稳定团队,减少人才流失。修订后的薪酬、福利制度将会大幅度提升职级高且工龄长的人员收入(改革前后事业编与编外人员待遇对比如附录2-2-3所示)。

(4)修订带薪休假规定。新的带薪休假将参照薪酬制度,以职级和工龄确定员工的休假天数和补贴多少,职级越高,工龄越长,休假天数和补贴增长越多,体现老员工的优势。

(5)全面开展基建部所属员工的学习和培训工作,建立相关培训规定。凡是通过考试和参加培训的费用全部由基建部垫付,但员工离职时需要偿还基建部为其垫付的培训费、考试费。

(6)增设员工沟通渠道,建立有效沟通,积极了解基层员工的心声和诉求,有利于推动改革前进的步伐。

(7)根据员工的表现,破例从基层骨干中提拔一批编外人员到管理岗位上任职。

基建部的前期改革涉及多套制度的编制和修订工作,经过人力资源处半年多的努力奋斗,终于将这些制度、规定与新的体系基本融合。基建部的努力让广大编外员工看到了发展的机遇,满足了大家的诉求,这不仅让骨干流失现象得到有效控制,也让基建部吸引到更多的人才。

5 尾声

2013年年底,又到了月例会的时间,会场多了几个年轻的面孔。基层骨干空缺的有效填补让几位部门领导倍感轻松。会议开始后,刘尚文部长对改革的成效表示了认可,也对人力资源处的努力给予了重点表扬。让众人意想不到的是,刘部长当着众人向杨帆道歉:"在这里,我们要感谢杨帆提出了许多合理化建议,同时我代表个人向你道歉,杨帆。"刘部长说到这里,大家都愣住了,上级给下级道歉的情况还真是不多见,何况当着这么多人,杨帆更是受宠若惊。

"当初,我不同意你提升编外人员的待遇,怕对其他事业部造成不好的影响,现在看来是我多虑了。面对航天城二期建设的大局,我不该过于谨慎。科学、合理地迈开步子去改革才是正途,我们这次改革虽然是第一个吃螃蟹,可是我相信,基建部改革取得的成绩,将会成为其他事业部的典范。"

听到刘部长如此肯定,杨帆十分感动,她先是感谢了刘部长对自己的评价,随后表示之前没能及时

发现问题，责任在她，希望今后大家相互配合，多给人力资源处提供宝贵建议。

随着人事制度改革的稳步推进，基建部的一系列举措得到航天W院高层领导的认可与支持，其他事业部也开始向基建部学习编外人员的管理经验。而伴随着老一辈员工的退休，这些"瓷饭碗"越来越受到企业的重视，在管理层的着力培养下，他们开始成长为航天事业不可或缺的一部分，用自己年轻而蓬勃的力量托起我国航天事业的重担。

附 录

国有企业人事制度改革历程

航天 W 院基建部的多元化用工探索折射出的是我国人事制度改革的变迁历程。改革开放以来，伴随着国有企业改革不断深入，人事管理制度也相应地经历了数度变迁，诸多问题仍需要在实践中解决，适应市场经济体制的选人、用人、育人、留人方案等各项制度仍在不断探索之中。

1. 国有企业劳动用工制度的改革历程

1978 至 1985 年，国有企业实施的是一元用工制度，即固定工制度，国家对企业用工实行高度集中统一的指令性计划管理，依靠行政手段，直接控制国企用工数量、用工形式和用工办法，以固定工为主，兼以少量临时工为补充，形成了我国特定环境下被称为"铁饭碗"的用工制度模式。

1986 年，开始从固定工制向二元用工制转变，"双轨制"用工开始出现。国务院发布《国营企业实行劳动合同制暂行规定》《国营企业招用工人暂行规定》《国营企业辞退违纪职工暂行规定》和《国营企业职工待业保险暂行规定》等改革劳动制度的四个规定，是对中华人民共和国成立以来我国劳动制度的重大改革。这些制度的落实，开始引入劳动合同规范企业与员工的权利和义务。

1992 年开始至今，国企用工制度逐渐形成了以"双轨制"为主干用工形式和劳动关系多样化形态。如 1993《关于建立社会主义市场经济体制时期劳动制度改革总体设想》、1998 年《中共中央、国务院关于切实做好国有企业下岗职工基本生活保障和再就业工作的通知》、2007 年《中华人民共和国劳动合同法》、2007 年《中华人民共和国劳动合同法实施条例》以及后来临时性、项目制劳动合同的出现，对国企用工机制产生深远影响，使得用工制度向着多元化方向发展。

2002 年以来，随着企业职工的工资、医疗、保险、养老、失业等社会保障体系的逐步建立，三项制度改革措施落在实处，效果明显，人才合理流动、资源合理配置的企业劳动用工和人事管理机制已基本形成。与此同时，激励与约束机制也有所增强。

2. 国有企业薪酬制度的改革历程

改革开放前，国有企业的工资制度沿用解放初期的实物供给制，实施以"八级工资制"为特征的工资制度并一直延续到改革开放初期。随着经济体制改革的不断深入，"八级工资制"已经不能适应经济体制的发展需求，工资制度的改革势在必行。

1983 年，国务院同意劳动人事部《关于一九八三年企业调整工资和改革工资制度问题的报告》，把调整工资同企业的经济效益同职工个人的劳动成果挂起钩来。这是工资制度的一项重要改革。1985 年颁布的《国务院关于国营企业工资改革问题的通知》规定，从 1985 年开始，实行职工工资总额同企业经济效益按比例浮动的办法，将职工工资与企业效益挂钩。

1992 年，根据劳动部《关于进行岗位技能工资制试点工作的通知》，国务院有关部委和行业总公司分别制定了本系统的工资制度改革方案和新的岗位技能工资标准，在之后的一段时间里，国有企业普遍实行了岗位技能工资制。1993 年开始，全国广泛开展以转换经营机制和建立现代企业制度为目标的企业改革，推动了劳动、人事、工资分配三项制度改革的不断深化，对企业工资制度改革起到了积极的作用。

2000 年 4 月召开的全国工资工作会议上，劳动和社会保障部提出"要努力推进企业内部工资分配制度改革，在岗位划分明确的企业，推选以岗位工资为主的基本工资制度。企业可以实行符合本企业特点的各种形式的岗位工资制度，如岗位效益工资制、岗位薪点工资制、岗位等级工资制等"，建立健全企业内部工资收入分配机制。

表 2-2-1 2006 年待遇"瘦身"前后的招聘方案对比

待遇"瘦身"前的招聘方案	待遇"瘦身"后的招聘方案
一、基本条件 1. 思想政治素质好，事业心责任感强，热爱基层安全生产管理工作，具有吃苦耐劳、无私奉献的精神； 2. 遵纪守法，服从安排，具有较强的组织纪律观念，无违法违纪记录； 3. 具有正常履行职责的身体条件，无文身及不良嗜好	一、基本条件 1. 思想政治素质好，事业心责任感强，热爱基层安全生产管理工作，具有吃苦耐劳、无私奉献的精神； 2. 遵纪守法，服从安排，具有较强的组织纪律观念，无违法违纪记录； 3. 具有正常履行职责的身体条件，无文身及不良嗜好
二、岗位条件 1. 大学本科学历及以上； 2. 具有 3 年以上的项目工程经验； 3. 具有符合岗位要求的工作能力； 4. 取得注册工程师资格或拥有相关专业中级以上职称； 5. 具备应聘岗位所要求的其他资格条件。具体要求以《岗位需求表》为准	二、岗位条件 1. 大学本科学历及以上； 2. 具有半年以上实际工作或实习经验； 3. 具有符合岗位要求的工作能力； 4. 具备应聘岗位所要求的其他资格条件。具体要求以《岗位需求表》为准
三、薪酬待遇 包含以下几部分： 1. 岗位工资，固定工资＋绩效工资； 2. 附加薪资，包括一般福利、统筹、补贴； 4. 所有职位的岗位工资固定部分与浮动部分比例暂定为 5:5； 5. 平均工资标准为 7 000 元	三、薪酬待遇 包含以下几部分： 1. 岗位工资，固定工资＋绩效工资； 2. 附加薪资，包括一般福利、统筹、补贴； 4. 所有职位的岗位工资固定部分与浮动部分比例暂定为 5:5； 5. 平均工资标准为 4 000 元

改革后,基建部通过对竞聘规定、薪酬和福利制度的修改,以及绩效考核的实施等方式,将事业编和编外员工融合到同一条轨道上进行管理,大幅度增长了编外员工的各项待遇,如表2-2-2、表2-2-3所示。

表 2-2-2 改革前事业编与编外人员待遇对比

类别	事业编员工	编外员工
工资	高	低
年终奖	有	无
社会保险	有	有
住房公积金	有	无
商业保险	有	无
交通补贴	有	无
住房补贴	有	无
用餐补贴	有	无

表 2-2-3 改革后事业编与编外人员待遇对比表

类别	事业编员工	编外员工
工资	高	正常
年终奖	有	有
社会保险	有	有
住房公积金	有	有
商业保险	有	有
交通补贴	有	有
住房补贴	有	有
用餐补贴	有	有

此外,基建部各部门也要参加部门考核,部门考核决定部门内部的优良指标数,将员工贡献和部门成绩紧扣,有利于提高整体绩效和团队配合。

Can "Ceramic Rice Bowl" Support Aerospace industry: The Hard exploration of Aerospace W Institute Infrastructure Department on diversified employment

Abstract: "Iron Rice Bowl" and "Ceramic Rice Bowl" vividly describes the enterprise's mood and helplessness of diversified employment. Because the "Aerospace City" construction is a very huge project, Aerospace W Institute Infrastructure Department faces enormous pressure of talent shortages so that they have to launch hard exploration on diversified employment, which experiences 3 stages in all: (1) the recruitment scheme was put forward after tough efforts, but it could only attract "the ugly duckling", graduates to meet the urgent needs, but barely social talents; (2) After years of project experience, "the ugly duckling" of the past in the "Aerospace City" grew fast into backbones of the basic business like "white swans", while in the enterprise, the treatment differences still exist between "Iron Rice Bowl" and "Ceramic Rice Bowl", therefore the backbones left one after another and the diversified employment methods pioneered by the enterprise was challenged; (3) After the enterprise carried out substantial adjustments on the diversified employment methods, the treatment differences between "Iron Rice Bowl" and "Ceramic Rice Bowl" shrank, the internal fair exchange mechanism inside the enterprise was gradually established, thus the "Aerospace City" construction was steadily promoted.

Key words: Diversified employment; Social exchange theory; Employee organization relationship

案例使用说明：

"瓷饭碗"可否托起航天事业

——航天 W 院基建部多元化用工的艰难探索

一、教学目的与用途

1. 本案例属于描述型案例，主要适用于《员工关系管理》《组织行为学》《人力资源管理》等课程。
2. 本案例的教学对象以 MBA、EMBA、EDP 学员为主，同时也适用于普通硕士、本科生的课堂讨论。
3. 本案例的教学目的是通过案例的研讨与分析，让学员对航天 W 院基建部多元化用工的情况和管理模式有所认识。案例的分析围绕社会交换理论展开，涉及《员工关系管理》《组织行为学》《人力资源管理》中员工组织关系、激励等知识点。案例既可整体使用，旨在帮助学员了解企业多元化用工的整个历程；也可拆分成多个子案例，结合激励、组织公平等具体课程章节的内容使用，教师授课时可根据课程安排，选取知识点对应的思考题展开分析。

二、启发思考题

1. 企业为什么采取多元化用工的方式？多元化用工在现实中的表现形式是什么？
2. 如何运用交换理论来分析多元化用工的内容和影响因素？
3. 伴随员工成长，当员工组织交换不对等显现时，员工会有怎样的心理与行为？
4. 领导—成员交换质量如何对员工的心理和行为产生影响？
5. 多元化用工条件下，员工组织交换的公平性如何体现？

三、分析思路

本案例以航天 W 院的年终总结会为开篇，引出基层骨干流失的问题，然后采用倒叙的手法，依次描述了建设航天城的原因；基建部在建设航天城时遇到的人员短缺问题；为此基建部开展多元化用工的艰辛探索；多元化用工过程中，由于交换逐渐不对等导致基层骨干流失问题；以及为解决基层骨干流失而进行的多元化用工制度改革。通过本案例的教学，学员可以了解企业采取多元化用工的原因，多元化用工在现实中的表现形式、内容和影响因素；员工组织交换不对等时员工的心理和行为；领导—成员交换质量对交换的影响；以及交换的公平性在组织内部的体现。

1. 案例背景：我国591A 元化用工的探索历程。

伴随着经济体制改革的不断深入，我国多元化用工经历了漫长的发展历程，案例中航天 W 院基建部的用工发展历程则是这一探索过程的缩影，具有典型性和普适价值。以我国多元化用工发展的大环境为背景，航天 W 院基建部所在单位的发展历程为时间轴，可以看出，航天 W 院的用工模式经历了一系列转变，从最初的事业编、企业编的传统方式，到后来多元化用工方式的应运而生，折射出时代背景下我国多元化用工的发展历程，如图 2-2-1 所示。

事实上，为了探索出一条最适合中国国情的多元化用工之路，许多国有企业、事业单位和机关一直在进行着不懈而有益的尝试，并由此衍生出一系列用工方式，如表 2-2-4 所示。这些非传统方式就业的员工比例不断攀升，他们在国有企业、事业单位和机关的改革和发展中发挥着重要的作用。

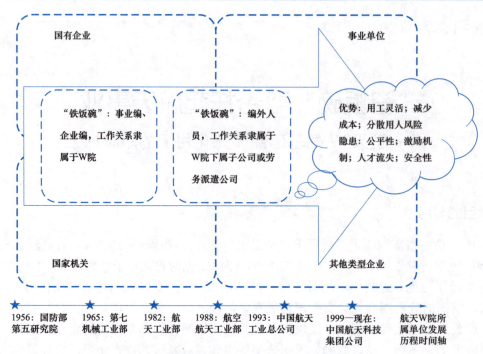

图 2-2-1　航天 W 院基建部多元化用工的探索

表 2-2-4　我国多元化用工的多种形式

编号	多元化用工的形式
1	部分编制内员工与企事业单位之间，是正式国家职工身份的人事关系
2	一些人事改革运作力度较大的辅助机构则与职工建立了市场化成分较高的聘用关系
3	编制外聘用的员工与企事业单位签订的聘用合同被视同劳动合同
4	部分企事业单位对新引进人员实行人事代理，使他们成为具有该企事业单位员工身份的"准派遣人员"
5	后勤管理大量使用合同用工
6	独立核算机构所自主聘用的人员也已成为企事业单位需要承担连带责任的承包用工
7	保安、保洁等人员一般属于派遣用工
8	一部分只保留档案工资关系的所谓有关系无劳动的影子用工
9	退休返聘的专业技术人员与企事业单位之间原则上属于劳务关系
10	临时聘请的从事管理工作的人员是否属于非全日制用工至今身份还不能确定
11	此外还有不少正在清理规范中的临时用工形式

除此之外，民营企业、外资企业中也广泛存在着多元化用工的模式。对于民营企业而言，从最开始初创期的以亲缘和地缘为基础的聘用方式，到后来扩张期通过聘用国企周末休息员工、劳务派遣员工等形式满足企业发展需求，实际上也经历了多元化用工的发展历程。而对于外企来说，从员工的职等职级则可以看出用工的多元化，从聘用母国管理人员为核心的高级管理层，延伸到以劳务派遣等方式聘用本地人员为主的一线员工，也体现出多元化用工的普遍存在。

2. 分析思路：交换理论及其拓展脉络。

案例的分析涉及多个知识点，整体分析思路从"社会交换理论"的角度展开，围绕员工组织关系、组织公平（个体层面和组织层面）、领导—成员交换等具体内容，探讨企业多元化用工的探索过程。详细的分析思路及步骤如图 2-2-2 所示。

图 2-2-2 案例分析思路框架

社会交换理论兴起于 20 世纪 50 年代后期,该理论以特定的人性假设为基础,主张人类的一切行为都受到某种明确的或隐性的,能够带来奖励和报酬的交换活动支配（Homans,1958）。人类的一切活动都可以归结为一种交换,而人们在社会交往中所结成的社会关系也是一种交换关系。具体而言,交换是指存在于人际关系中的社会心理、社会行为方面的交换,其核心是"互惠原则"。社会交换理论的基本研究范畴及概念包括价值、最优原则、投资、奖励、代价、公平和正义等。社会交换理论有两种基本取向:一是个体心理取向,即把社会交换归因于个人的功利计划和内在动因;二是结构的集体取向,即把社会交换归因于社会结构的制约对于社会规范的引导。

根据 Blau（1964）的解释,在交换的过程中,交换双方相互的责任度越高,交换关系就越稳定,双方从交换关系中获利的可能性就越大。交换关系存在于关系密切的群体或社区中,是建立在相互信任的基础之上的。此外,他还区分了经济交换与社会交换、内在奖赏和外在奖赏的差别,引入了权力、权威、规范和不平等的概念,使社会交换理论在更大范围内解释社会现象。Blau 的社会交换理论从微观到宏观,系统地追溯交换现象的发展过程及其影响,从而形成一种归纳过程取向的社会结构理论。

(1) 员工组织关系。

Banard（1938）最早用交换的思想来解释和研究员工组织关系（Employee Organization Relationship,EOR）。他认为,个体的贡献是由组织投入引起的。March & Simon（1958）在此基础上,提出投入—贡献模型来描述员工与组织的社会交换,该模型认为组织提供的投入和员工的贡献是相互作用的。

Homans（1958）把社会行为看作物质和非物质资源的交换。此后,学者们对员工组织关系的具体交换内容进行了大量的实证研究。

具体来说,员工组织关系的建立,就是员工以个体的劳动和对组织的忠诚来换取组织的报酬,员工与组织的这种交换关系在不同文化背景下都是存在的,其关系的建立过程就是一种社会交换关系的形成过程（Rhoades & Eisenberger,2002）。

（2）组织公平。

公平理论（Equity Theory）是美国心理学家亚当斯（J. S. Adams，1965）提出的，该理论侧重研究工资报酬分配的合理性、公平性及其对职工生产积极性的影响。从某种意义来说，动机的激发过程实际上是人与人之间进行比较，来判断公平与否，并以此为指导行为的过程。

亚当斯应用社会交换理论的理论模型来评估公平，指出人的工作积极性不仅与实际得到的报酬有关，而且与个体对报酬的分配是否感到公平有更加密切的关联。人们通常认为，个体获得的收益与他做出的贡献成正比。此外，个体不仅看重收入的绝对值是否公平，而且看重其与参照对象比较的相对值。

组织公平也可以划分为两个层面：第一层面为组织公平的客观状态，即组织通过不断地改善和发展各种组织制度、建立相应的程序和措施来达到组织公平。但是绝对的、终极的组织公平是很难实现的。第二层面为组织公平感，即组织中的成员对组织公平的主观感受。

（3）领导—成员交换。

Graen & Dansereau（1972）最早提出领导—成员交换理论（Leader–Member Exchange，LMX）。他们指出，由于时间和精力有限，领导者在工作中要区分不同的下属，采用不同的管理风格，并与不同的下属建立起不同类型的关系。

领导—成员交换关系和员工组织关系是组织内两类最主要的社会交换关系（吴继红，陈维政；2010）。领导—成员关系以社会交换为基础，一方必须提供一些另一方认为有价值的东西，双方都认为交换是公平合理的（Graen & Sandura，1987）。由于直线领导通常作为组织的代理人，代表组织与员工进行社会交换，因此良好的领导—成员交换关系有助于加强沟通、缩小认知差异，从而有助于员工与组织的社会交换的顺利进行。甚至有的学者认为，在中国这样一个注重"关系"的社会，在员工心里与领导的关系比组织的关系更加重要。

结合课堂教学，教师在授课时可按照图2-2-3进行黑板设计。

如图2-2-3所示，案例中有关交换关系的研究内容可以分为个体和组织两个层面。就个体而言，包含内部员工之间的比较，领导和组织之间的交换关系，以及领导和成员之间的交换关系；就组织而言，包含初期组织对劳动力市场不同能力个体的比较和选择，员工与组织的交换维度，以及个体对就业市场不同组织待遇条件的比较和选择。这种交换关系是动态平衡的。员工刚开始进入组织时，双方的交换关系基本平衡，一旦交换双方中的一方发生了变化，另一方也需要进行相应的调整，否则就容易造成双方的关系失衡，最终导致关系破裂。

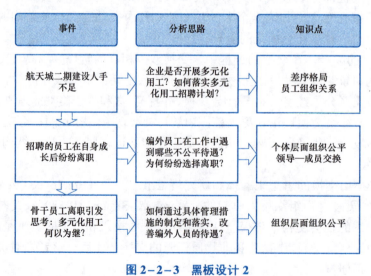

图2-2-3 黑板设计2

四、理论依据及分析

1. 企业为什么采取多元化用工的方式？多元化用工在现实中的表现形式是什么？

【相关理论】

案例分析从"社会交换理论"角度展开。在中国社会的背景下,社会交换的分析又依据具体的社会背景存在差异,这就需要引入中国情境下关系的一般情况,即差序格局进行分析。

费孝通(1948)在研究中国乡村结构时提出"差序格局"的概念,即"每一家以自己的地位作为中心,周围画出一个圈子,这个圈子的大小要依着中心势力的厚薄而定","以己为中心,像石子一般投入水中,和别人所联系成的社会关系不像团体中的分子一般大家立在一个平面上的,而是像水的波纹一样,一圈圈推出去,愈推愈远,也愈推愈薄",这样一来,每个人都有一个以自己为中心的圈子,同时又从属于以优于自己的人为中心的圈子。在这个次序中,波纹最深、与每个人最切身,而且最被看重的是每个人"己"的利益,其次是他的"家",然后是他所在的更大一个范围的团体,这样一层一层推出去,最后到"国"和"天下",如图2-2-4所示。

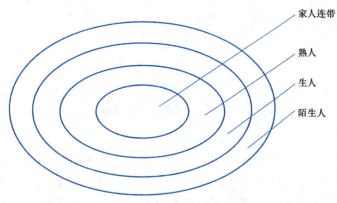

图2-2-4 差序格局示意图

【案例分析】

企业采取多元化用工方式,本质上是由市场经济的多元化特点决定的。随着市场经济的发展,企事业单位为了顺应日趋激烈的市场竞争,就必须要采取更加灵活的多元化用工方式。由于不同企事业单位的具体情况不同,实行多元化用工的原因也各有侧重,有的是为了降低人力资源使用成本,有的是为了满足市场不确定条件下的用工需要,有的是为了简化人事管理,有的是为了解决人员编制束缚与事业发展的矛盾,突破工资总额管理的限制。案例中航天W院基建部采取多元化用工方式,主要是为了突破人员编制束缚,引入大量基层员工来完成航天城二期建设项目。

中国情境下的多元化用工在一定程度上折射出中国社会的"差序格局"。受过去计划经济体制下人事管理制度的影响,"身份制"将编外员工排除在了组织的核心管理机制之外。特别是在国企和机关单位中,相较于在编员工,编外员工无论是在薪酬待遇、资源获取,还是在发展空间上都处于劣势,即所谓的"瓷饭碗"与"铁饭碗"之间的差距。在场景1中,赵静和孙晓晓就是组织中"瓷饭碗"和"铁饭碗"的典型代表。虽然赵静具有很强的工作能力和学习能力,在工作中表现出色,但是由于没有事业编制,因此仍然被排斥在组织运行的"圈外"。对比之下,具有事业编身份的孙晓晓,虽然能力逊色于赵静,但是当组织提供升职的机遇时,仍然优先考虑"圈内"的她。场景2中的胡伟和场景3中的张扬也面临着同样的困扰。虽然他们入职以来,通过自身努力,在工作能力上有了很大的进步,但是受到编外人员的身份限制,在升职和加薪时都存在着巨大障碍,薪酬过低、发展空间有限,都成为导致他们产生离职念头的重要因素。

2. 如何运用交换理论来分析多元化用工的内容和影响因素?

【相关理论】

社会交换理论以特定的人性假设为基础,主张人类的一切行为都受到某种明确的或隐性的、能够带来奖励和报酬的交换活动支配。具体而言,社会交换是指存在于人际关系中的社会心理、社会行为方面的交换,其核心是"互惠原则"。概括起来,该理论可以用一个公式来表达:报酬-成本=结果。

如果交换双方都认为得到的结果是正常的,交换关系将持续下去;如果双方或其中一方所得到的结果是负向的,交换关系将出现问题,并可能导致交换终止。

社会交换理论中涉及两个基本概念,即报酬与成本。报酬指个体从交换中所获得的任何有价值的东西,包括关爱、金钱、地位、知识、物质和服务。这六种报酬又可以分为两个方面,即特殊性和具体性。其中特殊性是指报酬的价值由报酬的提供人所决定,具体性是指报酬是否是有形的、看得到的东西,如图 2-2-5 所示。

图 2-2-5 报酬的六种类型

成本则是指交换过程中付出的或产生的负性结果,包括时间、精力,以及交换中可能产生的冲突和责难等,这些都是在产生交换关系时必须付出的代价。运用社会交换的思想来分析员工组织关系,可以得出,个人的贡献是由组织的投入引起的(Banard,1938)。徐淑英(1997)等学者对员工组织关系的具体交换内容及其变化进行了大量实证研究,吴继红和陈维政(2010)根据以往的研究,将对员工组织关系的具体交换内容总结如表 2-2-5 所示。

表 2-2-5 员工组织关系交换内容

类别	交换内容条目
物质性投入,即组织给予员工的物质性的报酬	高额报酬、合理的薪酬、绩效奖励、公平的工资、有吸引力的福利、薪酬与绩效挂钩
发展性投入,即组织对员工成长和发展的培养或帮助	丰富化的工作、成长机会、晋升、充分的工具和资源、支持性的工作环境、培训、职业发展、领导支持、人事支持、参与决策、授权、工作认可与绩效反馈、公平对待、尊重、关心、长期工作保障、工作/非工作生活平衡、组织社会氛围、交流沟通
任务绩效,即员工表现出的与工作任务直接相关的结果或行为	高品质工作、勇于创新、加班工作、产生积极的(工作)结果、增加明显的价值、理解组织与业务的本质、以顾客为中心、接受内部工作调整、主动参加培训提高技能、有在团队中工作的能力
非任务绩效,即员工表现出的与工作任务不直接相关的有利于组织的行为	自愿从事职责外的工作、同事间的利他行为(帮助同事、与同事分享信息、友好相处)、发挥主动性、认同目标、支持决策、合理建议、诚实使用组织财产和资源、适应变革、遵守组织的政策和程序
忠诚感,即员工对组织的忠诚态度和忠诚程度	忠诚、不帮助竞争对手、职业道德、离职前预先通知、保守公司商业机密、不接受其他组织提供的工作机会等

如表 2-2-5 所示,组织对员工的投入可以归纳为物质性投入和发展性投入两个层面,物质性投入主要指薪酬,发展性投入包括职业生涯管理、参与决策、授权、公平对待等。员工对组织的回报可以归纳为任务绩效、非任务绩效和对组织的忠诚感三个方面。

【案例分析】

组织在建立初期,员工与组织之间的交换关系是一种简单的依附关系,员工通过辛勤工作与忠诚,交换组织的工作酬劳与赡养。随着组织市场化的推进和员工个体能力的差异,彼此交换的内容、层次逐渐产生区别。员工从组织中得到的回报与其对企业的贡献是相应的。即如果企业只关注于给员工短期的、经济利益的回报，而不注重长期的、发展方面的投资，则员工对企业的责任和忠诚度也是有限的。

在多元化用工的背景下，员工与组织交换的内容如表2-2-5所示。以案例中的场景为例，编外人员最初来到组织时，与组织建立的交换关系为简单的经济关系，员工为组织辛勤工作，希望得到的报酬主要是知识和金钱等物质性投入。由于这几位员工都是刚从大学毕业的本科生，工作经验和能力有限，因此此时的交换是平衡的。随着员工的成长，他们的工作能力逐渐提升，付出的成本逐渐加大，相应地对于组织提供的报酬有了更高的要求，而此时由于组织能够提供的发展性投入有限，二者的交换关系逐渐失衡，演变成为不平衡的关系，并很可能会导致员工的离职。

企业对于多元化用工的推行则受到多方面因素的影响（如图2-2-6所示）。

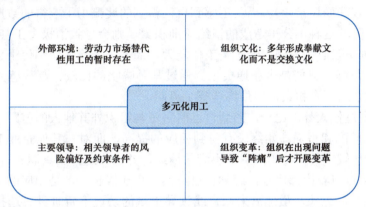

图 2-2-6 组织多元化用工的影响因素

从组织外部环境来看，由于劳动力市场替代性用工的暂时存在，引入多元化用工不失为一种节约成本的方式。从组织文化来看，对于案例中航天W院这类国企而言，其多年形成的组织文化更多的是奉献文化而不是交换文化，更多地是强调员工对组织的奉献，这种文化也影响着多元化用工的推进。从主要领导的决策来看，是否选择多元化用工取决于相关领导者的风险偏好及组织目前的约束条件。而从组织变革的角度来看，往往是当组织发生人力短缺等问题时，才不得不采取多元化用工等方式来引入人员解决问题。

3. 伴随员工成长，当员工组织交换不对等显现时，员工会有怎样的心理与行为？

【相关理论】

员工会将自己从工作中所得到的报酬（例如薪酬、升职和认可）与自己的投入（努力、经验、教育、能力）相联系，然后与相关的人比较其"产出/投入"比率，如表2-2-6所示。当自身比率与相关者比率相等时，就认为是公平的；当比率不相等时，如果感到自己得到的奖酬少于应得的数量，这种不公平造成的紧张感会导致愤怒感；而当认为自己得到的奖酬多于应得的量，紧张感会导致负罪感。

表 2-2-6 "产出/投入"比率

比率的比较	知觉
$\frac{O}{I} < \frac{O}{I_B}$	由于奖酬过低所产生的不公平感
$\frac{O}{I} = \frac{O}{I_B}$	公平感
$\frac{O}{I} > \frac{O}{I_B}$	由于奖酬过高所产生的不公平感

注：这里 $\frac{O}{I}$ 代表员工自身"产出/投入"比率，$\frac{O}{I_B}$ 代表被比较的其他人的比率。

在选择比较对象时，一般来说有四种：

（1）自我内部比较：员工在当前组织内部其他岗位的经历；

（2）自我外部比较：员工在当前组织外部其他情景或岗位的经历；

（3）他人内部比较：在当前组织内部的另一员工或另一群体；

（4）他人外部比较：在当前组织外部的另一员工或另一群体。

【案例分析】

案例的三个场景中，员工都经历了公平的比较过程。当招聘的编外人员逐渐由"丑小鸭"蜕变成为"白天鹅"时，员工的能力不断增强，而组织提供的薪酬和晋升空间有限，员工与组织的交换开始不对等。这时员工会产生比较的心理，有的与自身以往的经历比较，有的与企业内的其他人比较（如场景 1），有的与企业外的其他人比较（如场景 2）。当员工感到自己得到的奖酬少于应得的数量，这种不公平造成的紧张感会导致愤怒感。随着这种不公平造成的情绪逐渐积累，则会导致消极怠工甚至离职。

场景 1 中，以编外员工赵静为例，无论是工作能力、品德、人缘方面都优于事业编员工孙晓晓，可是当孙晓晓晋升以后，赵静还只能是个普通员工。通过与孙晓晓的比较，赵静感受到了组织的不公平。随着这种不公平造成的情绪逐渐积累，她最终选择了离职。

场景 2 中，胡伟通过他人外部比较，感到自己的薪资与组织外其他人的差距，他在基建部工作的几年中一直在成长，然而薪酬和待遇却始终没有得到相应的提高，面对与其他企业工作的同学之间越来越大的差距，他逐渐由于比较中的不公平产生了不满的情绪，并最终选择了离职。

场景 3 中，张扬通过自我内部比较，感到自己虽然一直在成长，可是相应的待遇并没有提高，薪资不合理，因此产生了离职的念头。虽然后来在直线领导王斌的劝说下暂时没有选择离职，可是如果这种不公平的对比进一步加强，不满的情绪继续积累，张扬仍然可能最终选择离职。

4. 领导—成员交换质量如何对员工的心理和行为产生影响？

【相关理论】

领导—成员交换（Leader–Member Exchange，LMX）理论认为，受到时间和资源的限制，领导和所有下属的关系不可能完全相同，领导会根据下属接受或反对其对该下属所界定角色的接受程度，以及该下属的表现是否满足领导的角色要求来判断是否和该下属建立良好的关系。与领导有较高质量 LMX 的下属被称为"圈内人"，其他下属被称为"圈外人"，属于圈内人的下属会得到领导较多的关心、支持和较多的时间资源等，而和圈外下属的关系只限于履行工作职责和任务。圈内人关系的特点是高度的信任、相互交流、支持和忠诚，圈外人关系的特点则与圈内人关系的特点相反。作为和员工有直接接触的领导，领导在工作过程中和员工的良性互动可以对员工的态度产生积极影响。领导不仅对员工的态度产生影响，而且还对员工的行为产生影响。当员工和领导有较好的关系时，在互惠原则的作用下，员工更倾向于忠实于自己的领导，作为回报，员工往往也会付出超过自己职责范围的努力，如图 2-2-7 所示。

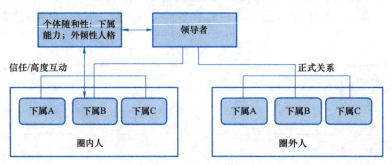

图 2-2-7 领导—成员交换

领导—成员交换理论认为，在组织中领导者扮演着两种不同的角色，他既是代表组织利益来工作的代理人，又是同组织签订合同并履行职责的员工。这种身份特征决定了领导者必然要面对双重风险，为了减少风险，领导者必须引入积极因素来加以防范。领导者不难发现，在下属群体中有一部分人发挥着较他人更为重要的作用，与这些人建立起某种关系能够有效地规避这种风险，保障目标任务的实现。而下属也同样存在着使任务风险趋于最小化的需求。在一些下属看来，如果能同任务管理者持有一定的关系，就可能获取较其他人更为有利的工作条件，得到更多的机会。由于领导者和部分下属都存在着建立某种关系的愿望，因而在双方间建立一种较为紧密的关系就成为可能。通过这种关系可以提高双方的合作水平，强化互惠行为，领导者为员工提供较多的信任、支持和工作自由度，而下属则回报以较高的忠诚和绩效。

【案例分析】

结合案例中场景 3 进行分析，当张扬进入组织后，作为他的直线领导，王斌给予他关心和支持，两人逐渐建立起良好的互动关系。王斌在张扬工作过程中帮助其提升能力，并给以较多的信任和支持，在生活上也给予帮助和鼓励，这些帮助和支持激励着张扬更加努力地工作。两人之间的关系不断良性循环，互惠行为不断强化，建立起较为紧密的领导—成员交换关系。随着张扬的能力不断提升，组织提供给张扬的薪酬和发展空间已经不能满足他的能力和需求，这使得张扬产生了离职的念头。但是出于对王斌的信任和支持，张扬选择了暂时留在组织内而并非马上离职，王斌也积极地为张扬争取更加合理的待遇。

5. 多元化用工条件下，员工组织交换的公平性如何体现？

【相关理论】

有关组织公平的研究主要将组织公平划分为三个维度，如图 2-2-8 所示。其中，最基本的是分配公平，即员工感知个体之间的奖酬如何分配与分配多少是否公平；程序公平则指的是人们感知到用来决定奖酬分配的程序是否公平；而互动公平是指个体感知自己被尊重和关心的程度。

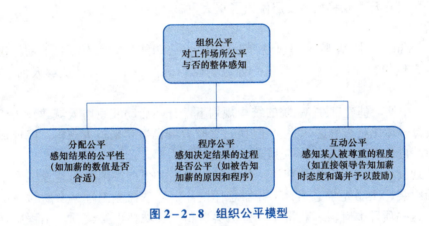

图 2-2-8 组织公平模型

【案例分析】

结合案例分析，在多元化用工条件下，要想体现员工组织交换的公平性，则主要围绕分配公平、程序公平和互动公平三个维度展开。

就分配公平而言，案例最后通过对竞聘规定、薪酬和福利制度的修改，以及绩效考核的实施等方式，将事业编和编外人员融合到同一条轨道上进行管理，大幅度增长了编外员工的各项待遇，基本实现了分配公平。

就程序公平而言，案例最后基建部形成了一系列的改革制度，这些制度以文件的形式对编外人员的权益予以保障，基本实现了程序公平。

就互动公平而言，案例中基建部管理成始终重视与基层骨干的交流与沟通，并与之建立良好的关系，基本实现了互动公平。

同时，对于管理者而言，如何为组织内的员工营造一个良好的公平环境，也是其领导力的重要体现。当发现员工由于不公平而产生消极情绪甚至是离职行为时，基建部部长刘尚文和人力资源处处长杨帆勇于变革，提升编外人员待遇，使得组织公平维持在合理区间，保留和吸引了组织需要的人才，为组织的持续发展提供了支持。

五、背景信息

1. 航天 W 院简介。

航天 W 院成立于 1968 年，由钱学森担任首位院长，1970 年 4 月 24 日成功研制并发射了中国第一颗人造地球卫星——东方红一号，开创了中国探索外层空间的新纪元。2003 年 10 月由 W 院研制的神舟五号载人飞船搭载航天员杨利伟同志飞行并获得圆满成功，使中国成为世界上第三个能够独立开展载人航天活动的国家，树立了中国航天史上一座新的里程碑。2007 年 10 月研制并发射的中国首颗月球探测器，成功进入环月轨道，实现了空间技术的新跨越。2008 年 9 月，研制发射的神舟七号载人飞船成功实现了中国航天员首次空间出舱活动，标志着中国载人航天事业发展实现了新的重大突破。2012 年 6 月，神舟九号载人飞船与天宫一号顺利对接，对中国来说，这是在 2020 年前后建立空间站计划的重要一步，这不仅将是其不断增长的太空能力的最新展示，同时还将与其日益扩张的军事和外交影响力相匹配。2013 年，由 W 院参与研发的嫦娥三号月球探测器顺利发射，中国首辆月球车"玉兔号"成功登录月球进行探索任务，标志着我国的外太空探索进入了一个新的阶段。此外，由 W 院研制的北斗导航卫星已全面投入使用，我国的北斗卫星导航系统是继美国全球定位系统（GPS）、俄罗斯格洛纳斯卫星导航系统（GLONASS）之后第三个成熟的卫星导航系统，是联合国卫星导航委员会已认定的供应商。

迄今，航天 W 院已经研制、发射和运行了百余个不同类型的航天器，形成了以通信广播卫星、返回式卫星、地球资源卫星、气象卫星、科学探测与技术试验卫星、导航定位卫星和载人飞船七大航天器系列为主的航天器研制业务。所研制的各类航天器在国民经济、国防建设、文化教育和科学研究等领域得到了广泛应用，对我国航天事业和社会发展做出了重大贡献，成绩辉煌。

2. 基建部简介。

基建部成立于 1980 年，是 W 院工程建设管理部门，核心职能是对所有项目的前期设计、规划、施工、验收和结算进行全方位的管控，监督各总包、分包单位，确保每个项目都能够及时、安全、保质保量完成。

20 世纪 90 年代中期，基建部在 W 院的统一规划下，开始启动北京航天城建设工作，目的是打造大型科研、生活、教育一体化航天社区，将 W 院科研生产力量集中起来扩大规模，降低成本，升级科研条件和提升综合实力，自此基建部成为 W 院航天城建设的主力军。

从"十五"计划到"十二五"规划期间，基建部完成了多个重点项目的建设工作，其中包括研发神舟飞船配件、飞船组装、飞船光学遥感、飞行器总体设计、月球探测工程、宇航材料试验、环境实验等重要项目的建设。这些项目中有很多获得了"鲁班奖"和"长城杯"等奖项，工程质量得到使用单位的好评，为科研人员提供了良好的环境，为航天科研生产提供了有力保障。

（1）基建部组织架构。

如图 2-2-9 所示，基建部由五个部门组成，分别是计划财务处、材料设备处、工程管理处、质量监督处和人力资源处。

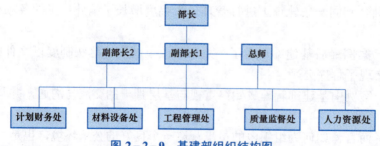

图 2-2-9 基建部组织结构图

（2）基建部人员结构。

2014 年，基建部共有在岗员工 95 人，如表 2-2-7 所示。

表 2-2-7　2014 年基建部人员情况统计

项目	编号	总数	学历统计				职称统计				年龄统计				司龄统计				事业编	编外
			硕士及以上	本科	大专	中专及以下	正高级	副高级	中级	初级及以下	30岁及以下	31~40岁	41~50岁	50岁以上	5年及以下	6~10年	11~20年	20年以上		
编号	—	1	2	3	4	5	8	9	10	11	13	14	15	16	17	20	21	22	23	24
总计	1	95	10	69	11	5	5	10	19	61	38	17	29	11	54	22	9	10	20	75
中高层	2	15	8	7	—	—	5	7	3	—	—	2	12	1	—	1	6	8	14	1
主管/处长助理	4	14	—	14	—	—	—	3	7	4	7	1	3	3	5	5	2	2	3	11
普通员工	5	66	2	48	11	5	—	—	9	57	31	14	14	7	49	16	1	—	3	63

从用工形式上看，基建部现有事业编员工 20 人，编外员工 75 人（包含合同工、派遣工等）。

从岗位职级上看，基建部基层员工共 66 人，占总人数的 70%。其中，本科及以上学历占总人数的 72%，30 岁及以下人数占总人数的 40%。工程师及以上职称的仅占总人数的 9%。从数据上看，普通员工总体上是较为年轻的群体。这类员工具备一定的可塑性，是培养骨干力量的后备军。

主管、处长助理等人员共有 14 人，占总人数的 15%，学历、职称相比普通员工略高。这个群体现在主要由基建部的基层骨干组成，人员结构相对稳定，能力相对较强且专业扎实。前几年由于发展空间受限，不少骨干因此离职去寻求更好的发展。如今这个群体还有待扩充。

中高层人员共有 15 人，占总人数的 16%，学历、职称、司龄均为基建部最高，平均司龄≥20 年，是基建部最稳定、忠诚度最高的群体。

六、关键要点

1. 交换关系是员工组织关系的基础。在以往计划经济体制下，组织对员工的管理更加强调培养员工的奉献精神，而随着市场经济的不断深入，员工与组织的关系逐渐演变成为一种双向选择机制。当个体刚刚步入社会，自身的工作能力和社会阅历有限时，面临的更多是组织对劳动力市场不同能力个体的比较和选择；而随着个体能力的不断提升和工作经验的不断积累，则逐渐演变成为个体对就业市场不同组织待遇条件的比较与选择。

2. 公平性是多元化用工模式中的关键所在。中国情境下的多元化用工在一定程度上折射出中国社会的"差序格局"，受过去计划经济体制的影响，编外人员被看作是"瓷饭碗"，无论是在薪酬待遇、资源获取，还是在发展空间上，相较于拥有"铁饭碗"身份的在编人员而言，都存在一定差距。如何打破这种身份壁垒，实现多元化用工模式下的组织公平，是领导者在多元化用工背景下不得不考虑的问题。

3. 个体成长是员工组织关系发展的关键。对于个体而言，当自身能力不足时则要抓住机会寻求能力的提升；对于组织来说，组织的管理模式要随着员工的成长而不断调整。如果个体的成长跟不上组织的发展速度，则会被组织所淘汰，而如果组织管理模式的发展跟不上员工前进的步伐，则会导致员工的离职。

七、建议课堂计划

1. 按照两个小时的课堂时间来组织案例教学。

2. 因为案例内容较多，当堂阅读会影响讨论效果。因此，建议在案例教学课的一周前，将案例正文及附录分发到每名学员手中，要求学员仔细认真地阅读案例，并在此基础上做好相应的上课准备，提前自行划分好案例讨论的小组（4~6人一组），对于案例的启发思考题展开初步的思考。另外，课程主讲教师需要对于案例本身、相关的理论及案例分析思路有非常到位的理解和掌握。

3. 主讲教师于上课开始后的5分钟内，明确教学目的，并作必要的板书。

4. 主讲教师阐述案例中的主要人物及案例故事的梗概，结合案例使用说明的分析思路进行板书，在此过程中，可以请学员对于第一个思考题展开讨论，即"企业为什么采取多元化用工的方式？多元化用工在现实中的表现形式是什么？"时间控制在15分钟以内。

5. 组织学员对于案例的启发思考题进行分组讨论，由一人记录发言的关键要点，讨论时间控制在15分钟。随后，请每个小组派一名代表来阐述小组成员对于每道题目的具体回答，发言时间为30分钟。

6. 教师结合案例使用说明点评每个小组学员的发言，根据分析思路进行必要的板书，并介绍案例的后续进展。时间约为30分钟。

7. 教师结合案例启发思考题，介绍重点涉及的相关理论。时间控制在15分钟。

8. 结合关键要点，点明案例的意义和价值。时间控制在5分钟。

9. 自由提问与课堂小结。学员提出本次课程感兴趣的问题，由老师和其他学员解答，主讲教师对于本次案例讨论课和学员的参与情况给予肯定和归纳总结。时间控制在5分钟。

八、案例的后续进展

2014年年初，基建部又发生了不少新的变化。根据员工入职后的表现，基建部一次性破例提拔了13名编外员工走向主管级岗位，另有1名司龄15年的编外骨干员工被直接提拔为工程处副处长。这其中，工程部的张扬由于一直以来工作表现优秀，被提拔为安全主管，负责多个项目的安全工作。而王斌手下另一位已经离职一年的员工，在了解到基建部采取的一系列改革措施后，也选择了回到基建部工作。

在新一年的总结报告中，杨帆将前期改革涉及的多套制度进行了进一步的编制和修订，并将新的制度上报到了航天W院，给更多希望变革人事管理制度的事业部以参考。以薪酬管理制度为例，改革后的制度如下（出于保密考虑，其中涉及具体金额的部分并未列出）。

薪酬管理制度（2014年）

第一章 总 则

第一条 适用范围

本制度适用于基建部全体员工（部长除外）。

第二条 目的

确保在降低成本的情况下，赢得人才，赢得利润，充分体现报酬给付、促进公平、激励并吸引人才、留住人才。

第三条 基本原则

本办法的制定遵循以下基本原则：公平性、竞争性、激励性、经济性、合法性。

公平性指基建部员工薪酬水平要与北京地区同行业或同等规模的企业类似职务的薪酬应基本相同；员工所获得的薪酬应与对企业做出的贡献成正比。竞争性是指在社会与人才市场中，基建部的薪酬标准要有吸引力。激励性是指在基建部内部各职系、各级职务的薪酬水准上，适当拉开差距，真正体现薪酬的激励效果，从而提高员工的工作热情。经济性指薪酬水平要考虑基建部实际能力的大小。合法性指基建部的薪酬制度必须符合现行的法律。

第四条 分配依据

薪酬分配的依据是：员工的岗位、工作量、技术和能力水平、学历、职称、工作条件、年龄和工龄、企业负担能力、地区和行业的薪酬水平、劳动力市场的供求状况、生活费用与物价水平。

第二章 薪 酬 总 额

第五条 通过建立"工效挂钩"机制，对薪酬总额进行控制。计划财务处人事负责人员应根据本年度的利润额、薪酬总额，结合下一年度的经营计划，做出下一年度的薪酬总额预算。

$$工资总额增量 = 本年度工资总额 \times (效益增长率 \times 挂钩系数)$$

第六条 薪酬总额预算经薪酬与考核领导小组审议通过后由部长审批,审批后方可执行。

第七条 为了加强对薪酬预算执行情况的过程控制,人事负责人员应于每月下旬将上月基建部实际薪酬发放情况汇总上报部长。

第三章 薪酬体系

第八条 基建部员工分成4个职系,分别为管理职系、工程技术职系、综合事务职系、工勤职系。针对这4个职系,薪酬体系分别采取三种不同类别:根据员工的工作性质和特点,基建部薪酬体系由岗位绩效工资制、项目工资制、协议工资制三种类型构成。

第九条 实行岗位绩效工资制的员工是基建部内从事例行工作的员工,包括管理职系(部长除外)、部分工程技术职系和综合事务职系的员工。

第十条 实行项目工资制的员工:部分项目聘用的短期技术人员或按项目进行工资核算的工程技术人员。

第十一条 实行协议工资的员工,参见工资特区的有关规定。

第四章 薪酬结构

第十二条 基建部员工收入包括以下几个组成部分:

(一)固定工资,即合同工资。

(二)浮动工资,包括绩效工资、奖金。

(三)附加工资,包括一般福利、统筹、补贴。

(四)所有职位的岗位工资固定部分与浮动部分比例暂定为5:5。

第十三条 固定工资

(一)固定工资=合同工资,即岗位工资的固定部分。

(二)岗位工资:按照岗位评价的结果确定,体现了岗位的内在价值和员工技能因素,即固定工资+绩效工资。

第十四条 岗位工资是整个工资体系的基础,从员工的岗位价值和职称因素方面体现了员工的贡献。员工的岗位工资主要取决于当前的岗位性质。在工作分析与职位评价的基础上,以评估的结果作为分配依据,同时采取一岗多薪,按岗位分档的方式确定工资等级。

第十五条 岗位工资的用途

岗位工资是确定员工收入中其他部分的基础,作为以下项目的计算基数:

(一)绩效工资的计算基数。

(二)奖金的计算基数。

(三)其他基数。

第十六条 确定岗位工资的原则

(一)以岗定薪,薪随岗变,实现薪酬与岗位价值挂钩。

(二)以岗位价值为主、职称因素为辅,岗位与职称相结合。

(三)针对不同的职系设置晋级通道,鼓励不同专业人员专精所长。

(四)参考企业实际的收入状况确定薪酬水平,实现平稳过渡。

第十七条 岗位工资等级的确定

(一)各职系按照各岗位价值高低分别分级列等。

(二)确定等级。把高层管理人员、中层管理人员、专业技术人员、一般管理人员、行政事务人员,按照岗位和职称评定对应到相应等级。

第十八条 浮动工资

(一)浮动工资包括绩效工资、奖金等形式。

(二)绩效工资(岗位工资浮动部分)与每季度的考核结果挂钩,体现员工在当前岗位和现有技能水平上通过自身努力为基建部实现的价值。

（三）奖金与年度考核结果和基建部年度经营情况挂钩，是在基建部整体经营效益的基础上对员工的一种激励。年底奖金下年初支付。

第十九条 附加工资

（一）附加工资＝一般福利＋统筹＋补贴。

（二）附加工资是与基建部签订正式劳动合同的员工所能享受到一种福利待遇。

（三）一般福利是指员工在各个重大节日期间获得的基建部为其发放的过节费和其他实物形式的收入。

（四）统筹是根据北京市有关规定为员工缴纳的劳动保险。

（五）补贴（省略）。

第五章　岗位绩效工资制

第二十条　岗位绩效工资制的适用范围

实行项目工资制、协议工资制以外的基建部所有员工都适用这种形式的薪酬绩效工资。

第二十一条　岗位绩效工资制的工资结构

岗位绩效工资制年收入＝合同工资＋绩效工资＋奖金＋附加工资。

第二十二条　绩效工资

绩效工资与员工每季度的工作努力程度、工作结果相关，反映了员工在当前的岗位水平上的绩效产出。绩效工资按季度计算，每季度初的考核结果决定上一月以及本季度前两月的工资数额。（基建部工资为下发制）

$$当月绩效工资＝岗位工资（浮动部分）*上季度考核系数$$

第二十三条　年底奖金实际发生额的确定

个人年底奖金实际发生额的计算方法：

$$年底奖金＝岗位工资（固定＋浮动）*个人年度考核系数$$

第二十四条　工资特区发放范围

针对不适合岗位绩效工资制、项目工资制的特殊人才。其中包括：有较大贡献者、稀缺人才、顾问、特聘人才等。其目的是为激励和吸引优秀人才，使企业与外部人才市场接轨，提高企业对关键人才的吸引力，增强基建部在人才市场上的竞争力。

第二十五条　设立工资特区的原则

（一）谈判原则：特区工资以市场价格为基础，由双方谈判确定。

（二）保密原则：为保障特区员工的顺利工作，对工资特区的人员及其工资严格保密，员工之间禁止相互打探；

（三）限额原则：特区人员数目实行动态管理，依据企业经济效益水平及发展情况限制总数，宁缺毋滥。

第二十六条　工资特区人才的选拔

特区人才的选拔以外部招聘为主。其条件为名优院校毕业生、企业人力资源规划中急需或者必需的人才、行业内人才市场竞争激烈的稀缺人才。

第二十七条　工资特区人才的淘汰

针对工资特区内的人才，年底根据合同进行年度考核。有以下情况者自动退出人才特区：

（一）考核总分低于预定标准；

（二）人才供求关系变化，不再是市场稀缺人才。

第二十八条　工资特区工资总额由部长决定。

第六章　其　他

第二十九条　试用期工资标准

按《劳动合同法》第二十条执行，劳动者在试用期的工资不得低于本单位同岗位最低档工资或者劳动合同约定工资的百分之八十，并不得低于用人单位所在地的最低工资标准。

第三十条 病事假期间工资发放标准

经基建部批准请病事假者，根据请假天数在工资中进行相应的扣除。每月按照 20.92 个标准工作日计算，计算基数为合同工资、绩效工资。

$$病事假工资扣除 = 请假天数 \times （合同工资 + 绩效工资）/20.92$$

$$员工产假期间只发放固定工资 + 绩效工资 \times 70\%（无补贴）$$

第三十一条 对于待岗员工只发放合同工资中的基本工资与工龄工资、司龄工资部分（无补贴）。

第三十二条 对于基建部外派培训的员工，每月发放其合同工资和绩效工资。绩效工资考核系数根据外派时间长短决定。

基建部设立部长奖励基金，奖励基建部绩效表现优异的员工。具体数额由部长办公会确定。

第七章 工 资 调 整

第三十三条 基建部工资调整原则是整体调整与个别调整结合，调整周期与调整幅度根据基建部效益与基建部发展情况决定。

第三十四条 个别调整根据员工个人年底考核结果和学历、职称、岗位变动决定。

（一）根据考核结果调整。员工连续两年内考核结果为优秀，以及连续三年考核结果为良好且有一年为优秀，工资等级在本职系通道本岗位上晋升一档。当年考核结果为"不合格"或连续两年考核结果为"合格"的员工岗位等级工资下调一级，对于连续两年考核结果为"不合格"的员工或连续三年考核结果为"合格"的员工进行离岗处理。

（二）学历、职称变动调整。若员工学历、职称发生变动，则员工工资等级根据相应学历、职称系列的工资等级进行调整，从学历、职称变动的次月开始调整。

（三）岗位变动调整。若员工岗位发生变动，则员工工资等级变动为相应岗位当前职称系列的工资等级。

第三十五条 工资等级调整过程中，若目前等级已经达到相应岗位等级系列的最高档次，则工资等级不再变动。

第八章 附 则

第三十六条 本方案由计划财务处负责解释。

第三十七条 对于本方案所未规定的事项，则按国家相关法律法规和其他有关规定予以实施。

九、相关附件

表 2-2-8 故事梗概表

主要线索			主要内容		课堂提问
案例背景			航天 W 院基建部面对建设航天城的巨大压力，不得不开始采取多元化用工的方式，然而招聘来的员工在几年后纷纷离职，引起了组织对多元化用工改革之路的探索		本案例发生的背景是什么？
主要人物			刘尚文，基建部部长 杨帆，基建部人力资源处长 赵静，基建部员工 孙晓晓，基建部员工 胡伟，基建部员工 张扬，基建部员工 王斌，工程处处长		案例中有哪些关键人物？他们面临的问题有哪些？
故事梗概	人物	时间	事件	对应启发题编号	课堂提问
	刘尚文	2006 年	面临航天城建设压力，决定通过多元化用工招聘员工，但出于风险规避，削减用工成本，为后期员工纷纷离职埋下伏笔	1. 企业为什么采取多元化用工的方式？多元化用工在现实中的表现形式是什么？	刘尚文为什么同意多元化用工？后来又为什么对多元化用工进行"瘦身"？

续表

主要线索			主要内容		课堂提问
故事梗概	杨帆	2006年	面对航天建设用工问题,建议开展多元化用工,但是用工方案由于成本问题被迫"瘦身"	2. 如何运用交换理论来分析多元化用工的内容和影响因素?	杨帆为什么提出多元化用工的方案?后期又如何对多元化用工方案进行修改?
		2013年	面对多元化用工中产生的一系列问题,修改用工方案,在多元化用工探索上前进了一大步		
	赵静	2012年	进入单位后快速成长,但是看到自己和事业编员工孙晓晓在待遇上的对比,感到不公平而最终选择离职	3. 伴随员工成长,当员工组织交换不对等显现时,员工会有怎样的心理与行为?	赵静为什么会产生不公平的感受?
	胡伟	2012年	进入单位后快速成长,但是由于和同学的待遇差距而选择离职	4. 领导—成员交换质量如何对员工的心理和行为产生影响?	胡伟感受到的不公平主要来自哪些方面?
	张扬	2012年	因为待遇问题而准备辞职,但是由于直属领导及好朋友王斌的劝说而暂时打消离职念头	5. 多元化用工条件下,员工组织交换的公平性如何体现?	张扬与领导王斌的关系为什么能够帮助他暂时留下来?
	王斌	2012年	作为张扬的直属领导及好朋友,劝说张扬不要离职,并为他争取更好的待遇		王斌在张扬留任的过程中发挥了怎样的作用?

十、参考文献及扩展阅读

[1] 朱方伟,孙秀霞,宋昊阳. 管理案例采编[M]. 北京:科学出版社,2014.

[2] 郑晓明译,罗宾斯,贾奇. 组织行为学精要[M]. 北京:机械工业出版社,2014.

[3] 麦克沙恩,格里诺. 组织行为学[M]. 北京:机械工业出版社,2011.

[4] 侯玉波. 社会心理学[M]. 北京:北京大学出版社,2011.

[5] 于桂兰. 人力资源管理(第2版)[M]. 北京:清华大学出版社,2013.

[6] 侯光明. 人力资源管理[M]. 北京:高等教育出版社,2009.

[7] 王雪莉. 战略人力资源管理——用人模型与关键决策[M]. 北京:中国发展出版社,2010.

[8] 张莉,章刘成. 企业运营模拟与竞争实训教程[M]. 北京:科学出版社,2014.

[9] 陈维政,张丽华. 工商管理硕士MBA实战系列教材:中国MBA论文选(第4辑)[M]. 大连:大连理工大学出版社,2014.

[10] 刘平青,等. 员工关系管理[M]. 北京:机械工业出版社,2012.

[11] 费孝通. 乡土中国[M]. 北京:北京大学出版社,2010.

[12] Homans G C. Social Behavior as Exchange[J]. American Journal of Sociology,1958,63(6):597-606.

[13] Blau P. Exchange and Power in Social Life[M]. New York:Wiley,1964,89-90.

[14] Barnard C I. The Functions of the Executive[M]. Cambridge,MA:Harvard University Press,1938,145-157.

[15] March J G and Simon H A. Organizations[M]. New York:Wiley,1958.

[16] 亚当斯. 社会交换中的不公平[M]. 北京:商务印书馆,2008.

[17] Graen G B,Dansereau F,Minami T. Dysfunctional Leadership Styles[J]. Organizational Behavior and Human Performance,1972,7:216-236.

[18] 吴继红,陈维政. 领导—成员关系对组织与员工间社会交换的调节作用研究[J]. 管理学报,

2010，03：363-372.
[19] Tsui A S, Pearce J L, Porter L W, Tripoli A. M. Alternative Approaches to the Employee-organization Relationship: Does Inducement In Employees Pay Off? [J]. Academy of Management Journal, 1997, 40（5）：1089-1121.
[20] 陈树文，乔坤. 人力资源管理 [M]. 北京：清华大学出版社，2010.

案例正文：

"象"吞"蛇"之囧：
华电煤业并购榆天化人员分流过程与策略[①]

摘　要：企业并购的难点之一是人员的整合。人们只知道"蛇"吞"象"极为艰难，却少有人思考"象"吞"蛇"也并非易事，一个"囧"字生动地刻画出企业并购中人员分流工作的复杂性与艰难性。华电煤业并购榆天化不得已进行人员分流，引发了个体、群体等不同层面的冲突。本案例描述了其分流前、分流中最具代表性的几起冲突场景，再现了华电煤业并购榆天化人员分流过程的艰难与窘境，及应对策略的可操作性，并借此引发学员对企业冲突管理的思考。

关键词：人员分流；冲突；冲突管理

0　引言："象"吞"蛇"囧在人员分流

2015年12月4日，华电煤业集团有限公司（以下简称华电煤业）的会议室内，华电煤业的董事长及高管们正在召开专题会议，研究如何进一步推进榆天化分流工作。

"在华电煤业并购榆天化后，为实现'煤、化、电一体化'发展、突破华电榆天化面临的经营困境，而开展的华电榆天化人员分流工作，屡有不配合、冲突现象发生。尤其是现在，分流工作进入深水期、冲突危险期，我们需要谨慎处理。"董事长如是说道。2011年5月，华电煤业成功并购榆天化，彼时华电煤业总资产逾600亿，职工总数11 000余人，榆天化总资产50亿，职工总数2 400余人。因此华电煤业并购榆天化在业界看来，普遍认为这是一个"象"吞"蛇"的故事，但只有华电煤业人知道"象"是有多么不容易。

要说这段时间工作最难做的，当属榆天化人员分流指导小组。自从华电煤业决定对榆天化进行人员分流开始，就专门成立分流指导小组，指导榆天化人员分流工作。但人员分流并没有想象中的顺利，就在前几天，分流指导小组遇到重大阻碍，榆天化安保人员挪动公司卡车将榆天化大门封堵，使得分流指导小组无法进入榆天化继续指导分流工作，指导小组不得不返回北京召开此次会议。分流指导小组分析当前榆天化员工的思想动态和分流形势，认为榆天化职工安置分流工作具有"艰巨性、复杂性、冲突性、危险性"四个特点，形势不容乐观。

会议继续分析分流形势，虽然分流过程冲突不断，但分流工作符合公司的长远发展、煤化电一体化的战略布局，并且人员分流符合国家方针政策要求，分流工作不能有任何松懈。最后会议做出了"维护既定方案，坚定不移地推进公司改革"的决定，明确了推进改革的"三不原则"，即"原则性和方向性不改变、执行方案的决心不动摇、对妨碍改革的违法违纪行为拒不姑息"，坚定了分流指导小组继续开展分流工作的决心。

[①] 本案例由北京理工大学管理与经济学院刘平青教授，硕士生侯成平，博士生陈洋、王雪，硕士生程波和讲师高昂撰写，作者拥有著作权中的署名权、修改权、改编权。

本案授权中国管理案例共享中心使用，中国管理案例共享中心享有复制权、修改权、发表权、发行权、信息网络传播权、改编权、汇编权和翻译权。

由于当事人的要求，在本案例中对有关人名做了必要的掩饰性处理。

本案例只供课堂讨论之用，并无意暗示或说明某种管理行为是否有效。

1 背景及相关人物介绍

华电煤业与榆天化为何会出现分流冲突情况？还要从华电煤业并购榆天化事件说起。

1.1 "象"与"蛇"的结缘

华电煤业隶属于中国华电集团公司，华电集团是 2002 年年底国家电力体制改革组建的全国性五家国有独资发电企业集团之一。华电煤业是中国华电集团公司旗下负责煤炭产业开发的专业公司和龙头企业，现已构建了以煤炭产业为核心，集煤、电、化、路、港、航为一体的产业构架，总体建成了 5 000 万吨级煤炭企业集团，进入了全国煤炭企业 30 强行列。2013 年，华电煤业与清华大学合作的万吨级甲醇制芳烃工业化试验已在世界上首次取得成功，通过了国家能源局委托组织的科技成果鉴定，达到世界领先水平，列入"2013 年中国石油和化工行业十大新闻"。

华电煤业并购榆天化，主要是出于三个目的考虑。其一，希望获取化工专业人才，作为陕西榆林的龙头化工企业，榆天化拥有一批具有化工经验的专业人才。其二，并购榆天化后，华电煤业对小纪汗煤矿增持 16.9%的股权，整体增至 66.9%，可以取得对小纪汗煤矿的绝对控股权和管理主导权，这样华电煤业在榆林地区的布局更加完善，更加利于华电煤业开发榆林区域丰富的矿产资源。其三，以榆天化为纽带，可以巩固华电煤业与陕西省、榆林市政府的战略协作关系。通过双方的洽谈，以及榆林市政府的支持，2011 年 5 月，榆天化成功并入华电煤业，同年 7 月更名为华电榆林天然气化工有限责任公司，并购后其股权结构如图 2－3－1 所示。

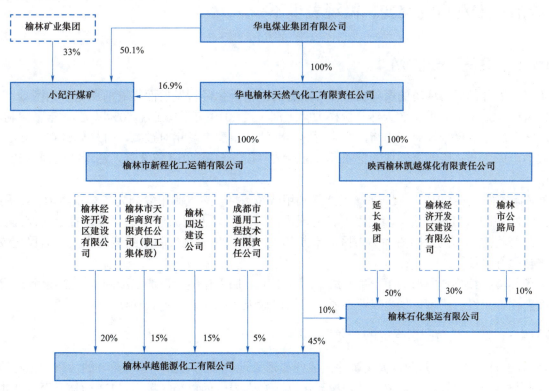

图 2－3－1　榆天化股权结构

1.2 主要人物介绍

以下介绍案例中的主要人物：

邹主任，华电煤业人力资源部主任。现被任命为榆天化人员分流指导小组组长，负责榆天化人员分流指导工作，分流过程中，遭遇各种不配合员工，处理各种冲突事件，最终在与榆天化药董事长密切配合下，顺利完成人员分流指导工作。

药董事长，榆天化党政负责人。在华电煤业针对榆天化人员安置分流过程中，全面负责人员分流的执行工作，工作过程遵守整体方案，处理冲突事件时，多次召开华电榆天化分流工作会议，开展员工沟通工作，以及对新竞聘的中层干部提出六点要求。

胡静，女，初中学历，1995年入榆天化。入厂后被分配到煤化工气化车间，入厂初期工作努力，恪守工作职责，认真完成任务。2000年结婚，休一年产假后再入厂工作，对于气化车间新引进的技术与设备了解甚少，而且受学历限制，只能负责一些杂事，但待遇一直未曾受到影响。在得知人员分流方案后，考虑到自己在学历及年龄上都处于劣势，在适合的岗位竞聘中没有竞争优势，因此要求公司给予竞聘优惠待遇。

刘尚文，男，高中学历，1992年入榆天化。1992年一大批榆林当地工人进入榆天化工作，榆天化建厂初期，在内无资本、技术，外无政策支持的条件下，正是这一批辛勤付出的老职工支撑了榆天化的成长，刘尚文就是其中之一。人员分流中，刘尚文不满于公司给其提供的内退待遇与中层内退待遇差距太大，并且表示希望再次入厂工作，请求公司放宽竞聘年龄限制，明确提出"要公平、要待遇、要岗位"，如不能给其合理答复，坚决不执行公司分流策略。

王斌，男，2000年入榆天化，于2005年任煤化工厂车间副主任。在人员分流过程中由于竞聘凯越煤化办公室副主任岗位失败，心有不甘，多次找指导小组争论，不听从分流指导小组劝说，一意孤行，于2015年11月到北京集团总部闹事，性质极其恶劣，造成极坏的影响，严重影响分流工作正常进行，经公司讨论决定，给予王斌解除合同处理。

2 分流前：宏观市场突变，微观表里不一

2.1 煤炭业："寒冬"来势汹汹

近年来，受外部经营环境的严重制约和持续影响，榆天化经营发展面临着前所未有的困难。

2011年以来，榆天化的上游天然气价格大幅上涨（较2010年平均上涨50%以上），年影响利润达2.3亿元，加之甲醇市场区域发展不均衡，晋陕蒙等西北地区甲醇市场相对过剩，价格始终在2 000元/吨左右低位波动，成本与售价严重倒挂，企业近年来持续亏损，截至2014年8月，榆天化公司累计亏损7.58亿元。

另外，国家发改委2012年发布的《天然气利用政策》将天然气制甲醇列为了禁止类项目，受此影响，今后天然气制甲醇供气量将进一步受限，目前国内三分之二以上的天然气制甲醇装置已关停，长远看天然气制甲醇必将退出市场。随着榆林市区的不断拓展，榆天化天然气制甲醇装置也因距居民区安全距离不足而将被强行关停。

在市场环境持续不佳的形势下，生产成本居高不下，榆天化经营形势日渐困难，企业亏损不断加剧。为帮助榆天化走出经营困境，华电煤业不得不再次对榆天化的往昔与近景评估。

2.2 榆天化："蛇"在昔日是当地的"龙"

2011年5月华电煤业并购榆天化事件，被业界形象地比喻为"象"吞"蛇"的故事。但在诸多人士拿华电煤业与榆天化比较时，却忽略了，榆天化这一众人眼中的"小蛇"，昔日在榆林乃至陕西也是一头"巨龙"。

榆天化成立于1990年，全称陕西榆林天然气化工有限责任公司，是陕西省第一个天然气化工企业，是榆林市属最大工业企业，是榆林市品牌企业和利税大户，是国内甲醇生产知名企业。经过二十余年的发展，榆天化现拥有三套天然气生产甲醇装置，总产能达43万吨，位居全国前列。从榆天化生产经营数据统计表中可以看出，截至2007年年底，榆天化一直呈向上发展趋势，尤其是2004年后更是迎来企业发展的腾飞期，如表2-3-1所示。

表 2-3-1　榆天化 1997—2007 年生产经营数据统计表

年份	年产量/万吨	产值/万元	销售收入/万元	利润/万元	税金/万元	利税合计/万元	总资产/万元	总人数/人
1997	4.59	6 429	5 876	4	518	522	15 693	644
1998	8.19	11 471	5 064	-396	622	224	15 533	686
1999	9.81	13 735	8 970	-1 266	583	-683	35 882	696
2000	11.59	16 221	14 417	140	1 513	1 654	36 345	715
2001	12.20	17 073	14 353	400	1 329	1 792	34 061	736
2002	12.81	17 935	17 073	259	1 967	2 226	39 235	741
2003	12.39	17 351	22 129	203	2 777	2 980	44 120	799
2004	22.72	45 541	43 919	441	5 200	5 641	87 145	799
2005	36.71	63 496	62 610	3 893	7 223	11 116	116 364	1 076
2006	36.22	75 370	76 997	5 008	10 776	15 784	147 839	1 328
2007	36.60	89 318	87 451	13 199	12 848	26 047	141 169	1 529

2.3 榆天化：盛名之下其实难副

虽然榆天化昔日是一头"龙"，但如果只抱着往昔"龙"的美梦，不认清当前的形势，企业是难以长久发展的。榆天化上升的态势自 2009 年开始改变，2009 年至 2012 年 4 年间，榆天化累计亏损逾 3.5 亿元。

市场形势的突变是榆天化连年亏损的客观原因，但人员冗杂、内部机构重叠、人力成本居高不下是榆天化亏损的内部主观原因。为找到榆天化复兴发展的有效方法，华电煤业成立专题研究，针对榆天化内部人员结构、工资水平以及员工工作态度进行系统调查分析。

截至 2012 年年底，榆天化总人数为 2 436 人，平均年龄 34 岁，合同用工 2 275 人（其中在岗 2 134 人，离岗人员 141 人）；劳务用工 161 人（榆天化 127 人，凯越 33 人，卓越 1 人）；退休人员 40 人，人员结构分析见附录 2-3-1。榆天化公司及所属凯越和卓越公司部门设置均按照独立运行企业设置，共设置 52 个部门，其中管理部门 37 个，生产车间 15 个，存在管理部门过多、因人设岗、职能重叠等现象。榆天化中层干部 180 名左右，部分人员所创造的价值与其薪资不匹配。

对榆天化内部职工工薪资进行统计，由于行业性质的原因，榆天化内部职工工资普遍较高，如图 2-3-2 所示（数据依据榆天化近几年职工工资平均水平求得）。榆天化平均工资在 15 000 元/月左右，仅仅薪资方面，榆天化每年就要拿出 3 亿多，在榆天化全年总支出中占有极大的比重，而且人岗匹配性不高，不少职工不能给公司创造任何价值，却拿着高额的薪资待遇。

图 2-3-2　榆天化工资分布统计

场景 1：日渐倦怠的煤化工气化车间

为了解榆天化员工工作态度，华电煤业人力资源部邹主任专程到榆天化煤化工气化车间现场考察。现场考察的真实情景，让其大失所望。

邹主任来到煤化工气化车间时，正值上午 10 时整，照理说应该是车间最忙的时候，但他见到的场景却不尽然，车间机器运行着，仅有必要的几人在负责维护，远处是多名员工三五成群地闲聊着，还有几名职工正在整理工作服，明显是刚刚才来到车间。邹主任大怒，遂叫来车间负责人，问这是怎么回事。

车间负责人的答复让邹主任陷入沉思。自煤业"寒冬"以来，公司经营连年亏损，榆天化员工的工作积极性也每况愈下，更多的人在工作过程中"偷懒卸责"。尤其是榆天化被华电煤业收购后，在公司经营持续亏损的情况下，华电煤业先后向榆天化委贷逾48亿，用于支付职工工资和企业运作，使得部分职工形成一种"公司再差也不会对不起我们"的错误认识。随着时间的推移，更多的员工将企业的发展依赖在华电煤业这棵大树上，在工作过程中"出工不出力"，以至于榆天化迟迟走不出经营困境。

3 分流中：过程难分难解，操作循序渐进

在了解榆天化经营现状后，华电煤业起初想通过上新的项目帮助榆天化走出困境，同时也开始酝酿人员分流的策略来优化榆天化职工配置提高产能效率。但截止到2014年5月，新项目推进不利，榆天化仍然连年巨额亏损，华电煤业不得不先后向榆天化委贷48亿元供其支付职工薪资与企业运转，但始终看不到榆天化扭亏为盈的趋势。适逢国家提倡企业"能进能出""能上能下"的职工安置分流的政策导向，人员分流方案开始启用，但在实施过程中引发一系列的冲突。华电煤业本着以人为本的理念，尤其是职工生存为本、公平为本和希望为本，有效地化解冲突，让分流工作在法律框架范围内循序渐进的推进。

3.1 安置分流，竞聘上岗

分流方案（详见附录）被启用后，为保证职工的知情权利，华电煤业多次与榆天化职工沟通分流想法，多数人赞同分流决策，但也有一部分人存在抵触情绪，每当华电煤业人员无论是总经理还是普通职工，进入榆天化时，总能听到的一句话就是"你们华电人"这部分榆天化职工认为他们现在的工作比较安逸，不希望被分配到其他岗位。就此现象，华电煤业以及榆天化领导多次召开全体职工大会，向大家介绍榆天化经营现状，以及未来公司发展战略，积极宣传人员分流工作，调整员工不配合分流工作的想法。并且，华电煤业领导层多次召开会议商讨榆天化职工诉求，多次与榆天化职工代表会面交谈，了解榆天化职工的种种诉求。对于合理的诉求，表示在不损害集团利益的前提下，一定做到职工满意；对于不合理诉求，坚决拒绝，坚定表示一定要纠正榆天化职工工作期间"偷懒卸责"现象。

如何在分流方案中保证分流过程的公平、公正性，使优秀人才被留在合适的岗位，以及激发职工尤其是青年职工的工作积极性，是华电煤业制定分流方案最困难之处，同时也是最小心谨慎之处。为达到以上效果，华电煤业各级部门通力合作，提出竞聘上岗的制度。分流指导小组表示竞聘上岗制度对于竞聘岗位做出详细的竞聘资格要求，包括学历、年龄以及相关工作经验等，以及笔试、面试、评委组成都做出严格要求。竞聘工作首先从中层干部职位展开，然后是普通岗位竞聘，最后是后勤与服务中心竞聘。引入竞聘制度，是为了试图打破榆天化职工尤其是中层干部职工"铁饭碗"的现象，打破以往"只上不下"的晋升传统，向职工们传递积极的改革分流信号。

从为根本上解决榆天化的生存发展、人员优化配置问题，华电煤业历时一年（2014年7月到2015年7月），研究编制了《榆林区域煤化工产业整合重组方案》，并根据集团公司有关意见，修订引发了《整合重组方案》和《关于关停榆天化公司天然气制甲醇装置人员配置的指导意见》，成立相应的重组分流指导小组。

分流指导小组指导榆天化编制《华电榆林天然气化工有限责任公司员工配置工作宣传手册》向员工传递集团公司对于榆天化职工分流的配套措施，截至2015年8月21日，共发放《宣传（员工）手册》1 993册，实领1 945册。

3.2 分流中的冲突：按下葫芦起了瓢

2015年9月11日，华电集团召开榆天化公司内部人员分流启动大会，标志着华电史上规模最大的人员分流正式启动。

分流工作不会一帆风顺，难免会遇到不配合现象。尤其是随着工作的推进，分流进入深水区、冲突

危险期，部分职工认为自身利益受到侵犯，以多种形式来表达对分流过程的不满情绪，冲突主要表现为："弱势群体"难以竞争合适岗位问题、普通员工内退待遇与中层"任改非"后待遇相比差距大、未竞聘上的中层干部心有不甘。

场景2：竞聘制度"一刀切"，切出"弱势群体"

胡静1995年进入榆天化，期间休一年产假，在榆天化已工作20个年头，虽然休假后跟不上公司生产节奏，但也一直安分工作，倍加珍惜这仅有的工作机会。但自接收到公司印发的《员工配置分流手册后》看到其中对于岗位竞聘的要求，其中对于学历和技能有明确的要求，考虑到自己学历与技能都存在欠缺，一直忧心忡忡，担心这仅有的工作机会也会随着公司的分流而分没了。与胡静有相同想法的同事不在少数，因此她们决定主动出击，将矛头指向榆天化药董事长。

对于竞聘分流方案，胡静表示能够理解公司做出该举措的不得已，也很赞成竞聘上岗方案。但是考虑到自身因素，自己作为女性在榆天化这样一个大型化工类企业中，本就不占优势，属于职工中的"弱势群体"，但为了生存，她需要工作，而且竞聘岗位说明中对学位有明确要求，更将自己推向了竞聘的不利位置。胡静表现，希望公司考虑广大女性职工的诉求，对于女性职工这类竞聘"弱势群体"在参加岗位竞聘中给予优惠待遇。

药董事长与指导小组分析，胡静的不满主要源于自身认识的不足，为解决这类冲突，应在思想认知层面展开工作。在与胡静的面谈中，药董事长向胡静阐述了榆天化的经营现状、为何要进行人员分流以及为保证每个职工都能有合适的岗位安置榆天化向职工们提供的分流方案。对于胡静提出优惠竞聘条件的诉求，分流指导小组明确指出不予支持，竞聘上岗目的就是为了选拔优秀人才，不能因为个别职工的利益而打开缺口。并向胡静分析了竞聘局势，指出胡静在榆天化（壳）公司竞聘处于劣势，但她完全可以退而求其次，去凯越煤化竞聘，凯越煤化竞争上岗压力没有榆天化大，完全能够成功竞聘上岗，鼓励胡静积极投身到兄弟企业竞聘上岗中去。在华电煤业之后的会议中，再次将胡静事件商议，最终决定，向榆天化全体职工公布竞聘笔试时的试题及答案，鼓励职工们积极准备，转变想法，投身到竞聘中去。

场景3：抵制分流，"要公平、要待遇、要岗位"

刘尚文，1992年进入榆天化工作，亲历了榆天化从不毛之地发展到现在规模的全过程，全程参与了榆天化的每次开车，每次技改，每次扩展……但是在企业分流方案中，刘尚文发现与他同一批次进厂的老职工多数被划在了"提前退休、内部退养"的范畴。刘尚文等人联名写了《1992年进厂老职工诉求书》呈交给华电煤业领导，在诉求书中，他们的目的很明确，即"要公平、要待遇、要岗位"。

普通职工的内退待遇与"任转非"（中层管理人员改任非领导职务）协理员的待遇差距大，刘尚文表示："我们只要公平待遇，不要厚此薄彼，与时俱进要全面推进，不要在单单针对我们的问题上搁浅。一线员工的职称必须体现在内退工资上，协理员高岗位工资、高奖金，我们也要有相应的奖金才合理。"另外，刘尚文还希望公司能够放宽对于竞聘年龄的限制，他们中的一批人都是长期奋战在一线、经验丰富的干才，能够继续胜任分流后的工作。刘尚文说："在化工厂，一线员工的职称要比文凭更具有说服力，那是多年实践的、智慧的凝聚。高级工、技师也应该按大专、本科文凭对待。"最后，刘尚文表示如果不能给予满意答复，坚决不执行公司分流政策。

针对刘尚文等提交的《1992年进厂老职工诉求书》，华电煤业成立专项研究，邀请专家与职工代表，认真分析分流方案中是否存在不足之处，并对职工诉求反复权衡。最后得出一致结论，由指导小组邹主任在老职工大会上公开宣布，在会议上邹主任讲道："……'任改非'的协理员和助理协理员绩效薪酬享受工资待遇，使得部分职工认为不平等、不合理，因此，协理员的待遇是否与内退职工一样，公司正在积极重新协商协理员的待遇，希望大家理解。……，建议榆横煤化工公司、榆横煤电公司小纪汗煤矿和隆德矿业公司将岗位任职年龄从男40周岁、女35周岁放宽到男45周岁、女40周岁。同时，考虑到老职工的实际情况，已向华电煤业争取增加了生产服务中心面向榆天化公司招聘岗位的人数，初步确定由156人增加到198人。"此次对话整体上回答了老职工们的诉求，缓解了他们的冲突。

场景4：上访闹事，分流工作严重受阻

王斌，分流前为榆天化中层干部，在竞聘上岗过程中，申报凯越煤化办公室副主任一职，但由于竞聘成绩不理想，未能成功竞聘上岗。竞聘失败后的王斌，心有不甘，因此自2015年10月26日起，拒绝正常打卡上班。在随后的几天中，王斌多次通过短信和邮件等形式与相关领导联系，认为此次竞聘未能充分地表现自己优势，对竞聘失败不甘心，并在随后以公开信的形式质疑竞聘的公平性。

为缓解、疏导王斌竞聘失败后的愤懑情绪，指导小组邹主任在王斌好友的陪同下，与王斌当面进行交流，但王斌单方面提早结束对话。2015年11月3日，王斌结合其他若干中层干部到北京集团总部上访，在总部领导的劝说下，返回榆天化。但回到榆天化的王斌，仍心有不甘，多次到药董事长办公室争吵，妨碍董事长正常办公。

王斌事件在公司内形成不良风气影响，使得榆天化分流冲突持续升级，引发一连串恶性事件，部分员工到榆天化公司、凯越煤化工厂现场"申诉、上访、围堵、挂横幅"等事件明显增多，严重程度也明显提高，直至发展保卫人员封堵大门和冲击竞聘现场事件，严重影响了分流工作的正常推进，并且严重扰乱正常的生产经营秩序。指导小组不能进入榆天化指导分流工作，不得不撤回北京召开会议，商议榆天化下一步人员分流如何实施。

3.3 依法合规，细致沟通，涣尔冰开

面对分流工作的"艰巨性、复杂性、冲突性、危险性"，2015年12月4日，指导小组返回华电煤业北京总部召开会议研究下一步分流工作如何开展。为保证会议依法合规，以及下一步分流工作的科学性，华电煤业邀请北京法律专家与管理专家列席会议。在充分商议后做出了"维护既定方案，坚定不移地推进公司改革"的决定，明确了继续推进改革的"三不原则"，即"原则性和方向性不改变、执行方案的决心不动摇、对妨碍改革的违法违纪行为决不姑息"。

2015年12月18日，分流指导小组返回榆天化。邹主任宣布针对王斌事件集团公司的决议：参照《公司员工奖惩管理办法（试行）》第四章第十三条第二款"（二）有聚众闹事、打架斗殴、非法集会、违法上访等行为的"和《华电榆林天然气化工有限责任公司内部整合期间党员干部履职尽责工作规定》第四章第十四条第二款"（二）组织或带头非法集会和违法上访，造成严重后果或恶劣影响的"之规定，给予王斌解除劳动合同处分。随后指导榆天化公司拟写、发布了《华电榆林天然气化工有限责任公司致广大员工的一封信》（以下简称《公开信》）（详见附录）。在信中亮明了改革的底线："如果少数员工继续阻碍公司正常改革进程，导致改革、分流工作无法推进，那么只能执行全部停工停产放假的政策，按榆林市当年最低工资标准的75%发放生活费，大家每人每月只能领取1 100多元的生活费。"

《公开信》发出之后，在职工中引起了巨大反响，12月21日，在部分40、50岁职工代表主动要求下，邹主任与药董事长趁热打铁、因势利导地与他们进行了对话，进一步向他们客观分析榆天化当前面临的困难，剖析国际、国内经济形势，特别是国内经济形势下企业转岗安置分流的大趋势，与龙煤、中石化、武钢等企业的改革分流进行对比，进一步引导职工积极参与竞聘分流。

在做好企业内部各项职工安置工作的同时，指导小组注重积极争取地方政府和榆林区域系统单位的支持。一是争取政府部门支持，分流维稳工作得到了榆林市政府、公安机关的支持，对公司分流期间维稳工作进行部署安排。二是争取政策支持，加强与榆林市委市政府及有关部门的沟通协调，争取政策支持。三是争取兄弟单位的支持，榆横煤化工、小纪汗煤矿、隆德煤矿等单位倾注真诚的兄弟情义，全力配合和大力支持榆天化职工优化配置工作，成立人员接收相关组织机构，制定详细的人员接收和竞聘方案，组织好每一批次的员工竞聘工作，做好竞聘员工的接收相关手续转移和交接工作。

指导小组与榆天化领导团队的密切配合，因势利导地与职工积极沟通，以及在当地政府相关部门和兄弟单位的支持下，安抚职工情绪，使得分流工作得以再次有序推进。

4 分流后：策略初见成效，人员合理安置

榆天化职工安置分流改革工作自2015年9月11日全面启动以来，分流指导小组指导榆天化公司、榆横煤化工、榆横煤电、隆德矿业等系统各单位，贯彻落实华电煤业对人员分流的战略部署，树立"一

盘棋"的大局意识，以"燕子垒窝"的恒劲，"蚂蚁啃骨"的韧劲，"老牛爬坡"的拼劲，全力以赴推进榆天化职工安置分流改革工作。分流工作历时四个半月，于2016年1月25日结束。

通过竞聘上岗和政策性安置，安置分流榆天化公司职工2 020人，榆天化内部配置1 071人（其中：竞聘上岗807人，"任改非"21人，内部退养和正在办理内部退养181人，退休15人，协商一致解除劳动合同47人）；华电煤业系统内配置506人（其中：榆横煤化工480人，小纪汗煤矿22人，隆德煤矿4人）；政策性安置分流296人；剩余147名员工，按照政策规定，统一安排停产放假（具体如表2-3-2所示）。

表2-3-2 榆天化公司人员安置分流整体情况表

员工人数/人	榆天化公司安置分流/人			系统内安置分流/人			政策性安置分流/人					未安置人数/人
	榆天化公司	生产服务中心	榆天化煤化工厂	神木市隆德矿业有限责任公司	陕西华电榆横煤电有限责任公司	陕西华电榆横煤化工有限公司	内部退养	退休人数	申请停产放假	"任改非"	协商解除劳动合同	停产放假
2020	67	166	838	4	22	480	181	15	31	22	47	147

5 尾声

在各方密切合作下，榆天化职工安置分流取得了一定成效：

（1）榆天化组织机构得到精简，员工队伍得到瘦身减肥，初步实现了安置职工与选拔人才的目的。

（2）规范了企业管理，分流过程中保证改革与安全生产两不误，2015年，煤化工厂甲醇年产量首次突破55.32万吨。

（3）改善了员工队伍的精神面貌，通过"公平、公正、公开"竞聘上岗，释放出了"不搞暗箱操作、凭真才实学真本事"的正能量，让年轻职工看到了凭能力、靠本事晋升职位的希望，有效地激发了年轻员工"赛马竞聘"的热情，营造了"立足岗位，学习成才"的良好氛围。

分流竞聘结束后，榆天化公司党委组织新任中层正职干部进行集体谈话。榆天化药董事长对新任中层干部提出以下六点要求：一是希望大家尽快提升管理水平，企业管理水平的高低，影响到企业今后的发展。二是新任领导干部要以身作则，做好表率带头作用。领导干部的一言一行，将会对后续工作产生重大影响。三要加强团结协作，相互之间要补台、不拆台。四是善于学习创新，听取不同意见，扬长避短，要讲究工作方法，努力化解各种矛盾。五是新任人员要尽快转变角色，熟悉新岗位，掌握新情况，适应新环境。六是要调动部门人员的工作积极性，防止在岗不作为，要加强沟通协调，合理分工，充分发挥团队精神。

为进一步巩固分流成果，切实加强内部管理，榆天化制定并严格执行《员工考勤和休假管理办法》《员工奖惩管理办法》以及薪酬管理、绩效考核等一系列内部管理制度，通过严格的执行来提高企业管理水平和运作效率。

Embarrassed Situation of "Elephant" Swallowing "Snake":Personnel Division Process and Strategy in Huadianmeiye Acquiring Yutianhua

Abstract: Staff is a severe problem confronted by corporations in mergers and acquisitions. People only know the difficulty of "Snake" swallowing "Elephant", but fewer have ever considered "Elephant" swallowing "Snake" will also not be a easy thing. Thus, the word embarrassed provides a vivid description of the complexity of personnel diversion during the process of mergers and acquisitions(abbreviated as M&A). After Huadianmeiye acquiring Yutianhua, personnel diversion became a task that Huadianmeiye was forced to undertake, which led to individual and group conflicts. This case describes the most representative conflicting scenes before and during this personnel division, reappearing the difficulties and dilemmas of this process and the operational coping strategy. With this case, students can understand the personnel division process, accompanied possible conflicts, and help them think about relevant conflict management strategies.

Key words: personnel diversion; conflict; conflict management

附 录

表 2-3-3 榆天化人员结构分析表（一）

人员构成	合计	女	文化程度						年龄结构（岁）								职称结构		
^	^	^	研究生及以上	本科	大专	中专	技校	高中及以下	55及以上	50~54	45~49	40~44	35~39	30~34	25~29	24及以下	高级	中级	初级
总计	2 275																		
在岗人员	2 134	607	18	615	750	194	27	530	7	21	95	354	284	397	769	207	30	170	584
离岗人员	141	—	—	—	—	—	—	—	—	—	—	—	—	—	—	—	—	—	—
在岗人员结构比例/%	100	28.4	0.8	28.8	35.4	9	1.2	24.8	0.3	0.9	4.4	16.5	13.6	18.6	36	9.7	14	7.9	27.3

表 2-3-4 榆天化人员结构分析表（二）

人员构成	合计	岗位分类												
^	^	公司领导	正科级	副科级	技术人员	关键操作人员	关键维修人员	主要操作人员	主要维修人员	辅助操作人员	辅助维修人员	行政人员	财物审计统计人员	经营人员	消防保卫后勤服务人员
总计	2 275														
在岗人员	2 134	12	61	101	172	301	52	536	239	208	87	60	53	38	214
离岗人员	141	—	—	—	—	—	—	—	—	—	—	—	—	—	—
在岗人员结构比例/%	100	0.5	2.8	4.7	8	14.1	2.4	25.1	11.2	9.7	4	2.8	2.4	1.8	10.5

榆天化人员分流配置方案（节选）

（一）公司内部优化配置（1 157 人）

（1）榆天化公司（壳）留守 71 人（含公司领导 13 人），包括中层正职 6 人，中层副职 7 人。

（2）煤化工厂配置 930 人（含厂领导 6 人）。新增岗位定员 87 个，总定员增加至 930 人，其中中层正职 21 人，中层副职 36 人。

（3）成立生产服务中心，中心配置 156 名管理、技术和操作人员，其中中层管理人员 15 人。

（二）华电煤业系统内优化配置（840 人）

（1）建议向榆横煤化工公司配置 500 人（含中层干部 15 人）化工和煤矿生产人员。

（2）建议向陕西华电榆横煤电有限责任公司小纪汗煤矿配置 170 名煤矿生产（井上井下）人员。

（3）建议向神木市隆德矿业有限责任公司配置 170 名煤矿生产（井上井下）人员。

（4）根据员工个人意愿，采用公开竞聘的方式，将部分人员配置到华电煤业所属其他企业。

（三）政策性安置

（1）正常退休政策。正常退休政策。男年满 60 周岁、女干部年满 55 岁、女工人年满 50 周岁的，应办理退休手续；女干部年满 50 周岁后，可申请提前退休。

（2）提前退休政策。根据国务院国发〔1978〕104 号文件规定，男年满 55 周岁、女年满 45 周岁且从事特殊工种的员工，可申请办理提前退休，距正常退休年龄（男 60 周岁、女 50 周岁）剩余时间，按 1 500 元/月的标准发放补助，正式办理退休手续后一次性发放给本人。

（3）内部退养政策。内退退养是指未到法定退休年龄提前离开工作岗位但仍与原单位保持劳动关系。公司继续推行内部退养相关制度，男年满 50 周岁、女年满 40 周岁的员工，或工龄已满 25 年的员工，可申请办理内部退养，内退员工基本工资、岗位工资按榆天化发〔2007〕22 号《榆天化工资方案》、榆天化发〔2010〕46 号《榆天化岗位排序》及榆天化会纪发〔2013〕35 号"关于内退工资待遇"有关规定执行，另每月增加生活补助 500 元/月。

（4）中层管理人员改任非领导职务政策。男满 55 周岁、女满 50 周岁的公司中层管理人员，应转入非领导职务管理，改任协理员或助理协理员；男满 50 周岁、女满 45 周岁的公司中层管理人员，任现职 5 年以上的，可以自愿申请改任协理员或助理协理员，改任人员的基本工资、岗位工资按榆天化发〔2007〕22 号《榆天化工资方案》、榆天化发〔2010〕46 号《榆天化岗位排序》执行，绩效薪酬以在职同类人员绩效薪酬的 75% 为基数，0.7 的兑现系数核发。

（5）协商解除劳动合同。员工可以向公司申请协商解除劳动合同，公司鼓励员工协商解除劳动合同的行为，并给予高于法律规定的补偿标准，具体见《协商解除劳动合同管理办法》。

（6）停工停产放假制度。在关停天然气制甲醇装置后，员工通过上述渠道仍未安置，也不愿意与公司协商解除劳动合同，公司将根据实际情况统一安排停工停产放假，按榆林市当年最低工资标准的 75% 发给员工生活费，并与每名员工签订停工停产放假协议。按榆林市人力资源和社会保障局相关规定缴纳基本养老保险、基本医疗保险、补充医疗保险、大病保险、生育保险和失业保险。

（四）公开竞聘制度（节选）

1. 以公开竞聘的方式进行配置：榆横煤化工公司、榆横煤电公司、隆德矿业公司以及生产服务中心的新配置人员、煤化工厂的增设人员以及榆天化公司（壳）、煤化工厂机构调整后的职能部门人员，均需通过公开竞聘的方式进行选拔。竞聘工作由各用人单位组织，榆天化公司配合。竞聘流程如下：

（1）榆天化公司公布各用人单位的人员需求计划和招聘方案，需求计划主要包括岗位名称、用工数量、岗位任职条件等详细信息。

（2）榆天化公司按照招聘计划组织报名，必须由本人在规定时间到指定地点自愿报名。

（3）各用人单位按照招聘方案和任职条件，对报名人员进行资格审查，并及时公布审查结果。

（4）由用人单位按照公开、公平、公正的原则组织公开竞聘。主要包括笔试和面试，笔试由各用人单位负责提供试题和评分，评分原始记录存档备查。面试由评审委员会（由用人单位成立，一般不少于7人）对竞聘人员进行现场提问、现场评分、现场统计、现场公布分数。

（5）用人单位根据笔试和面试综合成绩进行顺序录用，并对拟录用人员进行公示。

（6）公示结束后，对具备入职条件的录用人员按照有关规定办理入职手续。

2. 政策性安置。自愿申请提前退休、内部退养、解除劳动合同的员工，公司组织资格审查、公示后，按规定程序办理手续；改任非领导职务人员，经公司党委研究同意后，按规定程序办理；通过上述渠道仍未安置的员工，公司将统一安排停工停产放假。

华电榆林天然气化工有限责任公司致广大员工的一封信

员工同志们：

大家好！

公司内部整合改革工作于 2015 年 9 月 11 日启动以来，得到了广大员工的理解支持和积极配合，各项工作基本能够按照原计划推进。通过竞聘上岗以及内部退养、中层"任改非"、提前退休、解除劳动合同等政策性安置手段，现已分流配置人员 1 306 人，剩余 712 人。

此次改革工作，在华电煤业党组的正确领导下，华电煤业改革领导小组全过程进行监督指导，竞聘工作全权委托咨询机构独立实施，从资格审查到笔试、面试各个环节，公司全过程实时监控，所有关键环节都进行了无死角的全程录像，所有资料全部整理收集归档，整个过程公平、公正、公开、透明。大部分员工对改革的组织工作是满意的！在这里，我们要特别感谢顾大体、识大局，积极参加竞聘上岗的员工！感谢主动参与公司政策性安置的干部员工！感谢在改革期间能坚守岗位的员工！真挚地感谢他们用自己的实际行动理解和支持改革！

改革是大势所趋、不可逆转，改革是经历一番刻骨铭心苦痛后的凤凰涅槃、浴火重生！为了确保大家能够尽快配置到适合于自己的工作岗位，保护大多数员工的利益。下面，就继续推进改革的相关事宜作进一步的阐述和说明，希望广大员工能够给予充分理解和大力支持。

一、认清形势，明辨是非，要清醒认识到只有改革才是公司的唯一出路

公司曾经是我们 2 000 多名榆天化人共同的"家"，承载了我们的希望和梦想，大家为了实现个人的美好理想，为之拼搏奋斗过，在天然气价格优惠和甲醇市场高位运行的双重利好情况下，经过全体榆天化人的共同努力，创造了一个又一个辉煌业绩。企业是我们的衣食父母，当公司肌体健壮、风华正茂时，为我们撑起了一片天，遮风挡雨，慷慨大方地给予我们丰厚的收入待遇、风光体面的生活！时过境迁，形势瞬息万变，自 2008 年年末以来，受国家政策、行业市场以及企业内部等多重因素的严重制约和持续影响，导致天然气价格连续大幅上涨，甲醇市场持续低迷，加之设备老化严重，成本与售价倒挂，企业经营出现了前所未有的困难，天然气制甲醇装置被迫于 2014 年 7 月 5 日关停。

华电煤业自 2011 年 7 月份收购公司以来，对公司的稳定发展付出了很多的关爱之心。为了帮助公司走出困境，向公司先后委贷 48 亿元，使凯越煤化厂能够正常地生产运营。即便是 2014 年 7 月天然气制甲醇装置停产、员工放假，华电煤业仍然克服困难，坚持没有降低公司员工收入。纵观国内国际，也没有一家企业可以做到停产后贷款照发工资奖金。榆横煤化工、榆横煤电、隆德矿业等单位在此次改革过程中树立"一盘棋"大局意识，传递了真心相助的兄弟情义，吸收接纳了 429 名分流安置员工。

从国际国内宏观经济发展的整体环境形势来看，经营困难企业转岗安置分流已是大势所趋。如龙煤集团选择裁员 50%；淮南矿业集团也选择对部分岗位人员实行临时放假，工资标准基本按照 1 185 元/月执行（应发）；中石化公司也从 2015 年起实施人员分流安置工作，主要通过内部竞争上岗、单位外部上岗、提前退休、内部退养、解除和终止劳动合同、停产放假等六种渠道妥善分流安置；2015 年 12 月 14 日，武钢股份集团也出台减员增效方案，计划三个月内安置（主要为内部退养）逾 6 000 人。

当前，公司经营形势严峻，亏损不断加剧、财务状况恶化，资不抵债，资金链断裂，企业随时可能清算破产，可以说是步履蹒跚、重病缠身，急需得到刮骨疗伤的救治。如果不进行改革，就将加速死亡，破产倒闭。"皮之不存，毛将焉附"，那时，我们所有人都将各奔东西，自谋生计，给大家带来的将是更加惨重、更加被动的打击。改革是公司和广大员工的唯一出路，我们需要改革来解危渡困，用改革这剂苦口良药尽最大可能保住公司的生存元气。

二、对员工有关诉求的统一答复和解释说明

关于内退待遇低的问题。公司符合内退条件所有员工中，2016年应发薪酬最低为2 370元/月，最高为3 055元/月，其中2 700元/月以上占79%；2016年实发最低为1 480元/月（制度保底），最高为2 265元/月，其中1 800元/月以上占58%；2017年实发最低为1 896元/月，最高为2 444元/月，其中2 000元/月以上占93%；以上员工2015年应发工资平均为4 562元/月，实发工资为3 516元/月，其中最低的应发为3 146元/月，实发为2 390元/月。按照《华电煤业集团有限公司亏损及停产停工企业管理暂行办法》，2016年在岗员工收入可能还会下降。公司内退人员与在岗人员相比，收入比例也比较合理，再提高内退人员待遇，对在岗人员是不公平的。与国内同类企业政策相比，我公司内退人员收入也处于较高水平。

关于配置渠道问题。华电煤业专门出台政策，要求在榆所属企业新招聘员工必须优先在公司招聘，而且招聘条件要最大限度地放宽，在公司招聘结束后剩余岗位才能面向社会招聘。华电煤业还将新成立的生产服务中心放在公司并委托公司管理。华电煤业榆林区域内兄弟企业，不论是企业经营状况还是所提供的岗位来看，都相当不错，只要大家积极努力去争取，人人都会有岗位、人人都会有饭吃。但从另一方面来说，任何企业都不会养懒人，不会养混日子的人，只有通过辛勤努力的劳动，才会获得合理的报酬，坐享其成是不可能的事。

关于政策制度问题。为确保员工配置工作能够依法合规进行，同时兼顾员工的合理利益，公司出台了一系列配套政策制度。这些政策制度都是在国家和地方有关强制性规定的基础上，充分考虑到企业和员工的实际情况，进行了适当放宽和一定上浮，已经在国家法律法规和政策允许的范围内，为员工们争取到了尽可能多的合法权益。任何想违反国家有关法律法规、跳出现有政策制度框架来另寻出路解决问题的想法和行为，都是不切实际的。

关于老员工、女员工问题。公司的老员工、女员工都曾为公司的建设和发展做出过自己的贡献，公司依据国家有关政策法规，结合企业实际，除内部岗位对年龄不限制外，为年龄偏大的员工提供了提前退休、内部退养等多种政策。所有招聘岗位在符合招聘条件的情况下，优先安排女员工（如凯越煤化厂分析、水处理等岗位，以及榆横煤化工相关生产岗位）。

三、改革工作必须坚持进行到底，否则公司必然走向停工停产放假的局面

开弓没有回头箭。华电集团和华电煤业对公司改革高度重视，敢于担当。公司改革方案是经过华电煤业党组讨论通过的，广泛征求意见、结合公司实际制定，而且经过前段操作实践，证明基本是完善的，是维护广大员工利益的。2015年12月4日，华电煤业党组召开专题会议研究了公司改革事宜，做出了"维护既定方案，坚定不移地推进公司改革"的重要决定，明确了继续推进改革的"三不原则"，即"原则性和方向性不改变、执行方案的决心不动摇、对妨碍改革的违法违纪行为决不姑息"。

公司的改革维稳工作得到了榆林市政府、公安机关的高度重视和强力支持，对公司改革期间维稳工作进行部署安排。近日，公安人员与部分员工召开了维稳座谈会，宣讲维稳政策，听取员工意见，并督促公司雇佣在公安机关备案的专业保安公司进驻，维护笔试、面试等整合期间重大活动的现场秩序。每位员工要认清破坏企业改革稳定所带来的严重后果。近日，公司已对违反《员工奖惩管理办法》的个别员工做出了处理决定。在下一阶段改革进程中，公司将严格执行国家有关法律法规和企业内部规章制度，对影响、妨碍、破坏改革的违法违纪行为，不管是谁，将从严从重处理，决不姑息手软。

在改革过程中，少数员工不能正确面对岗位和利益的调整，为了个人或小团体的利益散布一些不切实际、无中生有、捕风捉影的谣言，目的就是将少数人的利益绑架广大员工的利益，阻碍改革的顺利推进。但谣言止于智者，相信大家能够认清形势、明辨是非。如果少数员工继续阻碍公司正常改革进程，导致改革工作无法推进，那么公司只能执行全部停工停产放假的政策，按榆林市当年最低工资标准的75%发放生活费，届时大家每月只能领取1 100多元的生活费，相信这种结局是谁也不愿见到的。

同志们，人生就是不断舍弃、不断重新选择的过程。我们要加倍珍惜来之不易的就业、择业和安置

机遇，以更加积极主动的心态来迎接挑战与机遇，做出自己的正确选择。只有这样，才是对自己、对家人、对未来最大的负责！

祝全体员工：家庭幸福、身体健康！

华电榆林天然气化工有限责任公司
二〇一五年十二月十七日

案例使用说明：

"象"吞"蛇"之囧：
华电煤业并购榆天化人员分流过程与策略

一、教学目的与用途

1. 本案例属于描述型案例，主要适用于《员工关系管理》《组织行为学》《人力资源管理》等课程。
2. 本案例的教学对象以 MBA、EMBA、EDP 学员为主，同时也适用于普通硕士、本科生的课堂讨论。
3. 本案例的教学目的是通过案例的研讨与分析，让学员对华电煤业并购榆天化的人员分流冲突和冲突管理模式有所认识。案例的分析围绕冲突管理理论展开，涉及《员工关系管理》《组织行为学》《人力资源管理》中公平感知、冲突沟通以及冲突过程模型等知识点。案例既可整体使用，旨在帮助学员了解企业员工分流的整个历程；也可拆分成多个子案例，结合组织公平、冲突沟通等具体课程章节的内容使用，教师授课时可根据课程安排，选取知识点对应的思考题展开分析。

二、启发思考题

1. 案例中"象"与"蛇"分别代表哪两个企业，这两个企业各有什么特点？案例中有哪些主要人物？
2. 在分流前，为帮助榆天化走出经营困境，华电煤业做了哪些工作？最终华电煤业为何决定要对榆天化进行人员分流？
3. 在员工分流过程中，当员工感受到不公平待遇时，员工会有怎样的心理和行为？员工为什么会抵制分流？
4. 在处理分流冲突过程中，华电煤业与榆天化采取了什么措施，分流政策为何能奏效？
5. 此次人员分流冲突从触发到解决经历了几个阶段？
6. 本案例冲突解决的实践对企业人员分流带来了哪些启示？

三、分析思路

本案例以华电煤业的高层会议为开篇，引出华电煤业并购榆天化后，针对榆天化进行人员分流过程中遇到了严重的员工冲突现象，然后采用倒叙的手法，依次描述了华电煤业与榆天化的结缘；冲突对象的主要代表人物；煤业市场形势的突变；榆天化昔日的辉煌成绩与并购后的现状；分流方案的制定；分流过程中的员工冲突；以及在冲突过程中公司对于冲突处理的策略。通过本案例的教学，学员可以了解冲突中的冲突对象；员工感到不公平待遇时的心理和行为；发生冲突时企业采取的冲突沟通手段以及冲突的升级过程。

案例中的分析涉及多个知识点，整体分析思路从"冲突管理理论"的角度展开，围绕组织公平、处理冲突的行为模式、冲突过程模型等具体内容，探讨企业人员分流的探索过程，详细的分析思路及步骤如图 2-3-3 所示。

结合课堂教学，教师可按照图 2-3-4、图 2-3-5 进行黑板设计：
（1）第一块黑板的设计如图 2-3-4 所示：

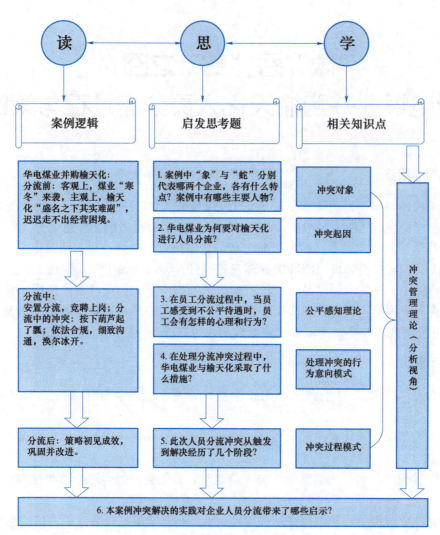

图 2-3-3 案例分析思路框架

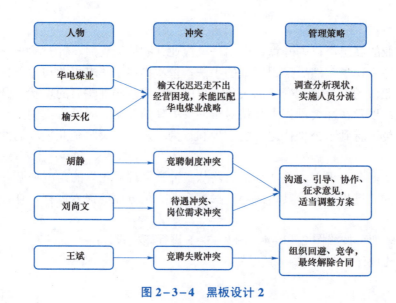

图 2-3-4 黑板设计 2

(2) 第二块黑板的设计如图 2-3-5 所示：

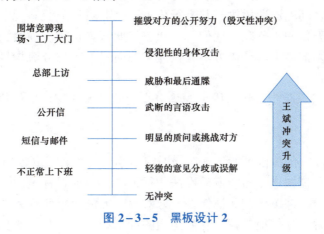

图 2-3-5　黑板设计 2

四、理论依据及分析

1. 案例中"象"与"蛇"分别代表哪两个企业，这两个企业各有什么特点？案例中有哪些主要人物？

【相关理论】

案例分析从"冲突管理理论"角度展开。冲突管理理论的分析又必须在认识冲突对象的基础上进行，了解双方的冲突关系，这就需要向学员介绍冲突过程中的冲突对象——"局中人"。

分流过程中，双方的冲突关系可以用博弈论语言进行概括。一是冲突主体在博弈论中通常称作局中人（如图 2-3-6 所示），其各自目的是通过行动的选择以达到自身效用水平的最大化，即支付；二是冲突各方均有影响所有其他方支付的战略集，也叫行动规则，有时策略是混合型的；三是局中人对博弈中其他局中人的行为特征的知识，即信息；最后达到一个最优战略组合，即均衡。

【案例分析】

华电煤业成立于 2005 年 8 月，是中国华电集团公司旗下负责煤炭产业开发的专业公司和龙头企业。截至 2015 年年底，华电煤业资产总额 615 亿元，员工 10 371 人，无论是资产总额还是员工总数，都远超榆天化（截至 2015 年年底，榆天化资产总额 61.10 亿元，员工 2 000 余名），因此华电煤业并购榆天化事件被业界普遍认为是"象"吞"蛇"。

案例中"象"代表了华电煤业，"蛇"代表了榆天化。两个企业的特点比较鲜明，华电煤业为中国煤炭前 30 强企业，有雄厚的资本与技术实力，但新项目的发展人才短缺；榆天化资本与技术实力较弱，但其拥有一批优秀的煤化工人才，可以适当补充华电煤业人才短缺现象，同时华电煤业以其为依托，进一步开发榆林地区丰富的煤炭资源。

综合两方的优势互补，华电煤业故决定全资收购榆天化，因此"象"与"蛇"是并购方与被并购方的关系。作为"象"的华电煤业，想要吞并"蛇"——榆天化，却不想并购后发现的榆天化迟迟走不出经营困境，华电煤业先后向其委贷逾 48 亿元，被其深深地"攀附"住，如图 2-3-7 所示。

图 2-3-6　冲突中的局中人　　　　　　　　图 2-3-7　"象"与"蛇"

华电榆天化人员分流工作涉及 2 000 余名员工，其中利益关系复杂交错，为方便学员了解分流冲突的焦点，故选取三名有代表性员工与分流指导小组组长为案例主要人物，塑造冲突场景。

案例中的人物可分为两个集团，其中邹主任与药董事长是企业代表，主导此次分流实践，其主要职责是在企业与榆天化职工之间的沟通桥梁，其言行代表了企业对待分流态度。另外三位分别是胡静、刘尚文和王斌，这三人是榆天化职工代表，他们三人代表了此次人员分流冲突的主体，在面对公司分流政策时，他们有自己的诉求，但由于与分流方案存在冲突，而引发了与分流指导小组甚至到公司集团总部的冲突。

2. 在分流前，为帮助榆天化走出经营困境，华电煤业做了哪些工作？最终华电煤业为何决定要对榆天化进行人员分流？

【相关理论】

冲突过程模型从引发冲突的原因开始。在某一时刻，引发冲突的原因会促使一方或双方察觉到冲突的存在。一方（或各方）渐渐知道，另一方的看法和行为与自己的目标是对立的。这样的感知往往与在冲突中产生的情绪相互作用。冲突感知和情绪在一方对另一方的决定和行为中被显现出来。尤其是当人们经历高水平的冲突情绪时，他们很难找到有效沟通的词语和表达方式来避免进一步刺激关系。冲突也会因每一方用来解决冲突的风格而有所显露。

【案例分析】

华电煤业并购榆天化的目的是获得榆天化优秀的煤化工人才，以及依托榆天化作为平台开发榆林地区丰富的煤炭资源。榆天化早期发展时系榆林地区乃至陕西最好的、规模最大的工业企业，无论是从企业人员规模、总产能还是纳税情况，均是一个发展势态良好的企业。因此华电煤业决定并购榆天化，认为并购后可以与榆天化强强联合，推进集团公司战略发展。

但是随着并购的完成，以及煤业"寒冬"的来袭，榆天化迟迟不能走出经营困境，已由昔日的"龙"转变为垂垂老矣的"蛇"，企业逐年亏损，为帮助榆天化走出经营困境，华电煤业最初试图尝试上新项目，提高榆天化的产能，并且先后向其委贷48亿元用于支付薪资与企业运作，实施"爱心工程"保护职工利益，但最终都没能看到榆天化扭亏为盈的趋势，这时华电煤业感受到榆天化对其公司利益的冲突。

华电煤业分析榆天化亏损主观原因在于内部人员冗杂、生产积极性不高，巨额的职工薪酬支付严重拖垮了公司的财力。榆天化内部经营现状以及职工的工作态度（如场景1：日渐倦怠的煤化工气化车间所描述）与华电煤业的战略形成利益冲突，榆天化的现状不能满足华电煤业对其产能的要求。场景1中，指导小组亲历的车间生产现状使其大失所望，可以说是此次人员分流的导火索。为优化职工配置，华电煤业决定整合榆林地区工业企业，对榆天化富裕的职工进行有效安置，提高榆天化生产积极性，帮助榆天化走出经营困境，因此决定此次人员分流。其行动策略如图2-3-8所示。

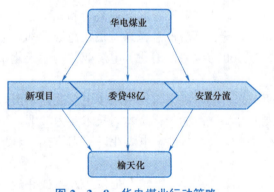

图2-3-8 华电煤业行动策略

3. 在员工分流过程中，当员工感受到不公平待遇时，员工会有怎样的心理和行为？员工为什么会抵制分流？

【相关理论】

组织与员工的冲突对组织分配及结果的公平性感知具有强大的反作用（Greeberg，1987）。但公平原则的实施也可能会导致不公平的感知，例如员工想维持其组织成员身份时，而组织却为了追求成本最小化而采取诸如裁员等决策使他们的身份受到威胁时，他们会感受到强烈的组织冲突（Brockner，Greeberg，1990）。

根据公平感知理论，员工会将自己从分流中所得到的安置（如工资、补贴、竞聘）与自己往日的付出或其他人的所得做出比较，如表2-3-4所示。当自身比率与相关者比率持平时，就认为是公平的；当比率不对等时，如果感到自己得到的补贴少于应得的数量，这种不公平造成的紧张感会导致愤怒感；而当认为自己得到的补贴多于应得的量，紧张感会导致负罪感。

表 2-3-4 公平理论

比率的比较	知觉
$\dfrac{O}{I} < \dfrac{O}{I_B}$	由于待遇过低所产生的不公平感
$\dfrac{O}{I} = \dfrac{O}{I_B}$	公平感
$\dfrac{O}{I} > \dfrac{O}{I_B}$	由于待遇过高所产生的不公平感

注：这里 $\dfrac{O}{I}$ 代表员工自身"产出/投入"比率，$\dfrac{O}{I_B}$ 代表被比较的其他人的比率。

（1）自我内部比较：员工在当前组织内部其他岗位的经历；
（2）自我外部比较：员工在当前组织外部其他情景或岗位的经历；
（3）他人内部比较：在当前组织内部的另一员工或另一群体；
（4）他人外部比较：在当前组织外部的另一员工或另一群体。

【案例分析】

由于群体性冲突事件中表现出一定的组织特征，大规模冲突现象的发生，通常是因为绝对利益与相对利益的不平等待遇，员工们产生了相同诉求及感情认可，"停工""罢工""游行""静坐""上访""破坏财物"及"堵马路"等集体行为都是常见冲突情形。

案例分流中的三个场景，员工都经历了公平的比较，虽然王斌的公平比较属于极端现象。榆天化的建设与发展过程中，离不开员工们的付出与支持，但有些员工由于个体原因未能及时跟上企业成长的脚步，以至于在分流过程中成为"弱势群体"（如场景 2 中的胡静）；有些员工将自己的分流补偿与他人进行比较，在比较中感觉到不公平（如场景 3 中的刘尚文）；极个别员工认为中层竞聘安排不合理、竞聘流程不公平（如场景 4 中的王斌）。随着这种不公平造成的情绪逐渐积累，则会影响阻碍分流工作的顺利进行。

场景 2，以胡静为例，在得知公司分流政策后，根据竞聘上岗中做出的岗位竞聘说明，由于自己在年龄和学历上均不占优势，与他人比较时发现自己没有岗位竞争优势，但又不想失去得之不易的工作，因此决定主动出击，与高层对话，打苦情牌，希望给予竞聘优惠待遇。

场景 3，以 1992 年入厂的刘尚文为例，刘尚文认为在分流待遇中普通职工与任转非职工待遇存在很大的差别，双方待遇比较中感到严重不公平；另外在竞聘中，认为公司将竞聘年龄限制太低，自己无法参与竞争，认为竞聘制度不公平，因此提出"要岗位、要待遇、要公平"的要求。

场景 4，以中层干部王斌竞聘为例，王斌在竞聘中未能对自己做出正确的认识，在竞聘失败后，将原因归结到其他方面，认为竞聘制度对自己不公平，由于公司未能及时给其满意的答复，多次上访闹事，最终引发安保人员围堵竞聘现场，严重影响分流工作的顺利进行。

4. 在处理分流冲突过程中，华电煤业与榆天化采取了什么措施，分流政策为何能奏效？

【相关理论】

人们对冲突的反应是不同的，有的人可能不惜一切代价地要取胜，另一些人则会试图保证自己和对方的利益都能达到。在冲突处理策略模型中，托马斯（Thomas, K. W., 1976）提出的五因素分析模型应用最为广泛，托马斯以两个维度来划分该五因素即自我肯定性（关注自我）和合作性，来确定个体、组织究竟是哪一种处理冲突策略。

如图 2-3-9 所示，五种对冲突的可能的反应，对应五种可能的情境。每一种反应都按照自我肯定性和合作性加以描述。自我肯定性是指参与方试图满足自己利益的冲突，合作性是指参与方试图满足对方利益的程度。包括：（1）竞争（高自我肯定性，低合作性）：具有竞争反应的合作方是以损害对方来取胜的。(2) 迁就（低自我肯定性，高合作性）：迁就的反应正好与竞争相反。一个采用迁就应对的人将放弃自己的利益以使对方利益得到满足。(3) 回避（低自我肯定性，低合作性）：表现出回避态度的一方对个人利益和对方利益都忽略了。(4) 折中（中等自我肯定性，中等合作性）：想部分满足自己的利益，部分满足他人利益的参与方会采取折中的反应。(5) 合作（高自我肯定性，高合作性）：合作的反应是试图使双方利益都得以满足，这种反应最可能达到前面提到的双赢的结果。五种冲突处理行为的理论分析框架如表2-3-5所示。

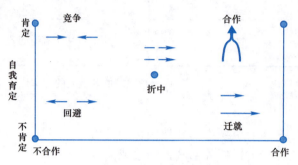

图2-3-9 冲突反应模型

表2-3-5 五种冲突处理行为的理论分析框架

应对策略	使用情境	组织行为
竞争	• 组织双方的观点都不容易改变的时候； • 组织一方对非常重要的问题，需采用特殊行为时； • 组织一方需要采取快捷、果断行为的紧急情况下； • 组织双方建立互助关系不是最重要时	• 组织建立高于对方的权力控制对方； • 组织向对方施加影响，引导对方接受本组织的意见来解决冲突； • 组织通过权力、地位、资源、信息等优势向对方施加压力，迫使对方退让、放弃或顺从来解决问题
回避	➢ 组织一方获取更多信息比立即决策更具有效力； ➢ 组织一方解决冲突带来的损失大于带来的利益； ➢ 组织一方认为事情不太重要时； ➢ 解决冲突会引致组织双方关系破裂	➢ 组织采取退缩、逃避或者拖延的方法处理冲突； ➢ 组织表面上做出处理冲突的行为，而实际行为并没有在实质上起到解决冲突的作用； ➢ 组织面对冲突时，不做出任何回应
折中	• 组织双方势均力敌； • 组织双方对复杂的问题达成暂时的和解； • 组织双方目标的重要性处于中等程度； • 组织双方面对时间压力	• 组织部分满足对方的要求，至少满足对方的最低标准； • 组织通过讨价议价，使得对方做出一些让步； • 组织双方为解决冲突各自放弃一些有价值的东西
迁就	➢ 维持组织双方关系比任何事情都重要； ➢ 组织一方处于不利情境，为减少损失； ➢ 组织一方为将来重要的事情或组织信誉进行感情投资； ➢ 事情对组织另一方更具重要性	➢ 组织轻描淡写地处理冲突，以安抚对方和维持彼此的关系； ➢ 组织有意识地放弃自己的目标，听从对方的意见来解决冲突
合作	• 组织双方的利益都很重要，不能折中； • 组织一方需要协助另一方的资源或能力； • 维持组织双方关系很重要； • 组织双方有相当长的时间精心决策	• 组织与对方合作，表明双方有共同的利益诉求； • 组织双方面对面交流，通过坦率真诚的讨论寻求可以中和双方意见的最终结论来解决冲突

【案例分析】

当分流工作进入深水区后，分流工作的"艰巨性、复杂性、冲突性、危险性"更加显现出来，先后发生了"场景2：竞聘制度'一刀切'，切出'弱势群体'""场景3：抵制分流，'要岗位、要待遇、要公平'"以及"场景4：中层竞聘失败，闹事阻碍分流"等冲突性事件。指导小组在面对诸多冲突性事件时，没有自乱阵脚，而是选择了沟通，通过有效的沟通来处理冲突事件。

邹主任表示，可以将冲突分为三种强度，"软""棉""硬"，分别对应三个场景。

一是"软"，即场景2中胡静的冲突，由于竞聘没有优势，只能向公司寻求竞聘优势，打苦情牌，对于这种冲突的处理邹主任表示采取"水浸"的沟通策略，找出其冲突原因，与其积极沟通，并向其指明方向，给予其提供希望，对应冲突处理策略即为"折中"组织至少满足其最低要求，并提供一定的关怀，但关怀中还要体现公平，如公布竞聘试题及答案。

二是"棉"，即场景3中刘尚文的冲突，刘尚文不吵不闹，只是如果不得到满意答复，就不配合分流，在针对这种冲突时，邹主任表示要"针扎"，认真分析其需求，以针扎气球的方式逐个分析，对于其合理的需求，可以满足，但对于不合理的要求应坚决拒绝。对应冲突处理策略即为"合作"，双方以合作的态度，积极沟通，正向的冲突可以促进分流方案更加完善且保护职工利益。

三是"硬"，即场景4中王斌竞聘失败冲突，反复闹事事件，指导小组先后采取了回避与竞争的策略（如图2-3-10所示），但王斌自始至终都坚持竞争意识。由于王斌闹事时期分流工作已进入深水区，指导小组面临着多方压力与任务，未能及时抽身处理王斌事件，在闹事初期，指导小组采取了回避的策略，希望王斌本人能够知难而退，但事件越闹越大，最终严重阻碍分流工作的正常进行。指导小组采用了竞争的策略，对于王斌的无理取闹事件，坚决制止，绝不姑息，依据公司相关制度规定，做到处罚有理有据，最终给予王斌解除合同处理。

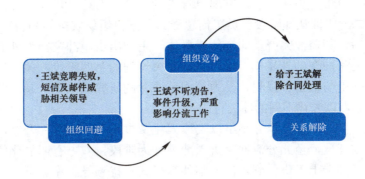

图2-3-10　王斌冲突处理过程

华电煤业在处理职工冲突时，除坚持冲突管理、沟通原则外，还做到了以人为本；如鼓励胡静到其他工厂竞聘，实则是保证了胡静的生存权，再比如将公司对于老职工们意见的答复公开，实则保证了职工们的知情权；并且在分流的过程中，以公平、公正要求指导小组与榆天化领导层；在保证公平的同时，给予职工希望；在符合法律依据的情况下，充分发挥人性化关怀，标准化与柔性化并用的管理方式是其方案奏效的关键。

5. 此次人员分流冲突从触发到解决经历了几个阶段？

【相关理论】

罗宾斯（Robbins. S. P，1996）指出冲突的过程主要有五个阶段：1. 潜在对立（Potential Opposition or Incompatibility）；2. 认知介入（Cognition Personalization）；3. 冲突意向（Intentions）；4. 冲突行为（Behavior）；5. 冲突结果（Outcomes），如图2-3-11所示。

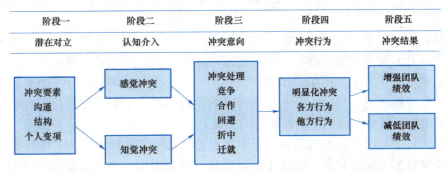

图2-3-11　冲突过程模型

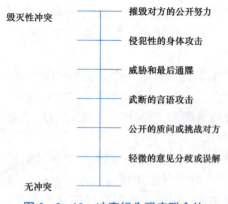

图 2-3-12 冲突行为强度联合体

2001年，罗宾斯在冲突五阶段模型的基础上，依托第四阶段即冲突行为外显化，提出冲突行为强度联合体的概念，进一步表述不同的冲突行为，或个体冲突行为的升级，如图2-3-12所示。冲突强度的连续体形象地表现了冲突的行为。在该连续体的低端，冲突以微妙的、间接的、受到严格控制的紧张状况为特点，如果冲突水平不断升级到连续体的顶端，则具有极大的破坏性。

【案例分析】

按照罗宾斯的冲突过程模型，冲突可分为五个阶段，但并非每一个冲突事件都会历经五个阶段逐一升级。

本案例中，榆天化逐年亏损的主观原因是内部人岗匹配性不高，职工工作积极性不高，存在依赖性与偷懒卸责行为，人力成本严重超支，华电煤业考察后实施人员分流政策，使得榆天化职工原始的工作结构发生改变，该阶段二者（华电煤业与职工）存在着潜在的冲突，即阶段一：潜在的冲突对立。

当员工收到《宣传（员工）手册》后，发现自身受到不公平对待，以及在分流竞聘过程中自身利益受到威胁，冲突进入第二阶段即认知阶段。员工们感受到了来自组织安排的利益冲突。

当分流进入深水区后，利益冲突严重的个体或群体，主动出击，冲突行为外显化。按照罗宾斯对冲突过程的划分，冲突行为是冲突的外显化，属于完整冲突过程的第四阶段。关于冲突行为的研究并不是一个独立的研究领域，而是与攻击、侵犯、暴力等相关概念的研究联系在一起。罗宾斯（2001）提出的冲突行为强度联合体概念，以表述不同的冲突行为。

采取联名信等方式直接对话分流指导小组以及榆天化董事长，冲突事件升级，最终发生王斌等人闹事严重阻碍分流工作正常开展，至此分流冲突进入冲突行为阶段，双方有明显化的冲突行为。尤其是王斌事件，从最初的不正常打卡上下班，到短信、邮件等形式干扰领导工作，再到公开信等外显化冲突行为，最后到集团总部上访，以至于引发保安队围堵公司大门、冲进竞聘现场，严重阻碍分流工作的顺利进行与公司的正常生产，层次递进由分流前的双方无冲突直至毁灭性冲突（回顾黑板设计2，如图2-3-5所示）。

当职工发生明显化冲突行为时，分流指导小组采取了冲突沟通策略，对不同的冲突行为采取不同的策略，如针对场景2、场景3的沟通合作策略，针对场景4的先回避后竞争策略，维护分流工作顺利进行。因此华电煤业的分流冲突该阶段为冲突处理阶段。

最终在分流指导小组的协商以及职工们的配合下，榆天化人员分流工作顺利完成，虽然分流冲突对企业正常生产造成一定影响，但经及时调整，最终与2015年12月31日提前8小时完成公司年度生产计划，使得企业团队凝聚力增强，企业绩效提高，并随后出台相应规章制度与要求，巩固分流成果。

6. 本案例冲突解决的实践对企业人员分流带来了哪些启示？

【案例分析】

榆天化公司平稳有序的完成了2 000余名职工的分流安置工作。总结榆天化职工分流安置的经验，我们可以从中学到"六个必须"的经验。

必须建设一套公正、公平、公开的竞争机制。建立"公平、公正、公开"的竞争机制是关键。此次通过规范竞聘流程，补充公平性的措施和纪律，严格把关竞聘公告的内容、抓好组织报名与资格审查，精心严密地组织笔试，公平公正地组织面试等，搭建了一个公正、公平、公开竞争平台，通过参与者的切身感受，树立了竞争机制的公信力，树立了工作组的良好形象，增强了榆天化领导班子威信和公信，取得了广大员工的信任，这是竞聘工作取得胜利的关键。

必须增强各级领导干部的责任担当意识。在职工安置过程中，各级领导干部主动作为，大局意识、责任意识和担当精神得到了充分体现，发挥了重要的骨干带头作用。华电煤业领导有力，科学决策，榆天化领导班子勇担重任、正面发声、正面引导、听取意见，向职工亮家底，努力凝聚职工思想共识、稳定职工队伍。实践证明，做好内部整合、分流安置工作，必须增强各级领导干部的责任担当意识，要有一批敢作为、敢担当、关键时刻站得出来的好干部。

必须坚持"以人为本"的原则。华电榆天化整个分流安置过程始终坚持以人为本，依法合规，坚持公平、公开、公正的原则。充分听取职工的意见建议，充分保证职工的知情权、选择权，没有强制性安排职工去或留，而是准确把握政策引导职工竞聘上岗、政策性安置，得到了广大职工的理解和支持。

必须整合各方力量。在职工安置过程中出现困难时，政府和公安机关在维护稳定等方面，采取了强有力的措施，给予了大力支持。系统单位榆横煤化工、小纪汗煤矿和隆德公司，特别是榆横煤化工公司，树立了强烈的政治责任感和使命感，全力配合和大力支持榆天化职工优化配置工作。同时工作组从华电煤业各企业和华电集团兄弟企业抽借了部分骨干人员在改革过程中发挥了不可替代的作用。

必须加强思想教育正面引导。敞开渠道听取意见，制订措施化解矛盾。当改革进入深水区后，华电榆天化领导班子成员与部分职工代表进行面对面谈话，深入了解职工的诉求和呼声，并在榆天化公司和煤化工厂分别设立了信访接待室，收集职工的意见和建议；分管领导负责疏导分管部门的工作，通过给职工集体开会、个别谈话，进行面对面沟通，给予充分有效交流。

必须加强管理巩固改革成果。通过严抓管理，使职工感受到改革带来的新变化、新气象、新精神、新面貌，员工增强了对改革的信心和希望。通过颁布中层干部"六条禁令"，抓好新竞聘上岗的中层干部的管理，充分发挥中坚骨干、模范带头和示范引领作用；各级管理人员增强担当精神，对部门、专业、班组的人和事，敢抓敢管，勇于担责；切实履行"一岗两责"，在抓好行政管理的同时，抓好职工队伍的思想和稳定工作；加强劳动纪律的检查工作，要求公司领导及其亲属和员工一样上下班打卡，以身作则，率先垂范，形成良好的干部形象。

五、背景信息

各地煤企降薪、分流，自救之路在何方？

在行业寒冬的背景下，煤企正在加强自救。从国际国内宏观经济发展的整体环境形势来看，经营困难企业转岗安置分流已是大势所趋。

国内老牌煤企同煤 3 月集体降薪，普通职工工资降低了 400 元左右，科长级别降薪 500 元左右，处长级别降薪从 1 000～1 300 元不等；中石化公司也从 2015 年起实施人员分流安置工作，主要通过内部竞争上岗、单位外部上岗、提前退休、内部退养、解除和终止劳动合同、停产放假等六种渠道妥善分流安置；2015 年 10 月，龙煤集团选择裁员 50%，要求 3 个月内完成分流 10 万人的目标；淮南矿业集团也选择对部分岗位人员实行临时放假，工资标准基本按照 1 185 元/月执行（应发）；2015 年 12 月 14 日，武钢股份集团也出台减员增效方案，计划三个月内安置（主要为内部退养）逾 6 000 人。

以上种种分流信息无不触目惊心，尤其是龙煤集团最为惊人。"人力负担压垮企业并不仅仅只是龙煤集团面临的问题，目前不少老牌国有煤炭企业都存在这样的问题，像同煤、中煤也存在着人力负担压力，只不过没有龙煤最为严重，触目惊心。"煤炭行业资深分析人士指出。

据了解，在 2015 年中国煤炭工业协会调研的 85 家煤炭企业中，有 40 家煤炭企业存在缓发和拖欠职工工资问题；个别企业还大量拖欠应缴纳社会养老、医疗保险费用。

六、关键要点

1. 冲突关键点。

（1）企业人员分流的难点是人，包括领导和员工。华电煤业人员分流过程是我国煤炭企业针对行业"寒冬"采取的创新性举措。这次分流绝不是企业高层的"一言堂"，其难点是人，每个人、每个群体在分流的过程中都有各自的诉求和利益，解决不好很容易激发企业内部的不稳定性因素，形成更严重的冲突。对于榆天化的员工来说，这场史无前例的大规模人员分流，给他们带来了心灵上、生活上、工作上的多重冲击。在人员分流过程中，一些冲突凸显出来，考验着管理者的管理智慧。而以往对于国有企业改革、调整的关注往往聚焦于制度层面，很少关注发生在人身上的冲突、职工利益与企业利益的冲突。在国有企业改革不断深化的今天，尤其是这种高薪酬待遇的垄断性企业面临人员分流时，冲突是随时可能发生的，如果不注意冲突的管理，对于组织造成的影响可能是全局性的。在我国工业化发展的大背景下，华电煤业"'象'吞'蛇'人员分流"是一个异常珍贵的案例"标本"，对大量"蠢蠢欲动"的企业的分流实践提供了借鉴。

（2）冲突是客观存在的，需要积极引导。在组织中，每个人都要和群体中的其他人打交道，因此，冲突是不可避免的，要积极引导功能正常型冲突，努力化解功能失调型冲突，避免冲突升级，把冲突的正向作用发挥到最大，负向作用消减到最弱，通过积极的技术和手段解决冲突。

（3）发挥领导敢于担当的责任意识。组织中的冲突是任何领导都不希望面对的情形，但为组织的健康发展，又不得不处理冲突。在处理冲突过程中，要求领导团体展示其领导艺术能力，以稳定有序的方式处理冲突，不怕得罪人、不怕承担责任，依照法律法规努力处理冲突，把组织利益放在首位。

2. 关键知识点。

需要学员结合案例的分析与讨论，重点理解和掌握冲突的对象、冲突的原因、冲突过程模型、对冲突的不同反应，以及解决冲突的方法与技术，加深对冲突理论在群体行为分析中作用的认识。

3. 关键能力点。

通过案例教学，深化学员对于冲突的本质及其影响的认识，提升它们利用冲突相关的理论知识解决所在组织中冲突的能力和技巧，帮助他们激发组织中功能正常型冲突，化解功能失调型冲突，以便更好地进行冲突管理，提升个人和组织绩效。

七、建议课堂计划

1. 按照两个小时的课堂时间来组织案例教学。

2. 前提条件：因为案例内容较多，当堂阅读肯定影响讨论效果。因此，在案例教学课的一周前，将案例正文及附录分发到每名学员手中，要求学员仔细认真地阅读案例，并在此基础上做好相应的上课准备，提前自行划分好案例讨论的小组（4~6人一组），对于案例的启发思考题有初步地思考。另外，课程主讲教师必须对于案例的本身、相关的理论及案例分析的思路有非常到位地理解掌握。

3. 主讲教师于上课开始后的5分钟内，明确教学目的，并作必要的板书。

4. 主讲教师阐述案例中的主要人物及案例故事的梗概，结合案例使用说明中的黑板设计1作相应的板书；在此过程中，可以请学员对于案例后的第一个思考题展开讨论，即"1. 案例中'象'与'蛇'分别代表哪两个企业以及二者之间的关系？案例中有哪些主要人物？"时间控制在15分钟以内。

5. 组织学员对于案例的后五道启发思考题进行分组讨论，由一人记录发言的关键要点，讨论时间控制在15分钟，随后，请每个小组派一名代表来阐述小组成员对于每道题目的具体回答，发言时间为30分钟。

6. 教师结合案例使用说明点评每个小组学员的发言，根据黑板设计2作必要的板书，并介绍案例的后续进展。时间约为30分钟。

7. 教师结合案例启发思考题，介绍重点涉及的相关理论。时间控制在15分钟。

8. 结合关键要点，点明案例的意义和价值。时间控制在5分钟。

9. 自由提问与课堂小结。学员提出本次课程感兴趣的问题，由老师和其他学员解答，主讲教师对于本次案例讨论课和学员的参与情况给予肯定和归纳总结。时间控制在5分钟。

八、案例的后续进展

2016年1月25日，榆天化人员分流工作正式圆满结束。此次人员分流工作，精简了机关行政、后勤服务部室。在保证各项职能业务稳健运行的前提下，机关、后勤人员从改革前的280人下降至的174人，减员了106人，减员比例38%，实现机关行政管理机构消肿、人员瘦身。

胡静在分流指导小组的引导与帮助下，调整心态，积极准备竞聘，胡静选择竞聘德隆煤矿提供的工作岗位，由于德隆煤矿竞争压力较小，在竞聘中成功上岗。德隆煤矿为帮助胡静等一批知识和能力有限的职工适应新近的设备生产工作，积极组织新上岗职工培训，胡静等人也积极配合组织工作，学习热情高涨，现已基本适应新的岗位工作。

1992年入榆天化工作的老职工刘尚文，在榆天化放宽对于竞聘年龄的限制后，积极竞聘榆天化（壳）公司工程技术部设备维修岗位一职，刘尚文积极准备笔试与面试，最终老刘不仅笔试成绩领先其他人，在竞聘面试环节中，更是由于其出色的工作经验与动手维修能力，被竞聘主管给予高度评价，并成功上任新工作，在之后工作的一段时间内，除完成本职工作外，还主动向年轻职工传递经验，晚辈们都亲切地称其"刘老师"。

华电煤业人力资源部邹主任，在对榆天化进行人员分流工作中做出突出贡献，在人员分流正式落幕时终于露出了笑容。在随后的一周内，邹主任向公司提交了辞职信，对于邹的离开，无论是华电煤业还是榆天化职工都纷纷表示不舍，并分别为邹主任举行了隆重的送别晚会。

药董事长在分流过程中直面职工的冲突与诉求，并积极沟通处理冲突事件，努力做到公平、公开、公正，分流过程中在职工心中树立威信，为巩固分流成果，继续留在榆天化任职。

为巩固人员分流成果，切实加强内部管理，华电榆天化制定并严格执行《员工考勤和休假管理办法》《员工奖惩管理办法》以及薪酬管理、绩效考核等一系列内部管理制度，规范基础管理，优化管理流程，极大提升企业管理水平和运转效率。

2016年2月，国务院颁布了《国务院关于钢铁行业化解过剩产能实现脱困发展的意见》和《国务院煤炭行业化解过剩产能实现脱困发展的意见》。2016年3月，人社部部长在全国就业工作座谈会上表示，要积极稳妥做好化解钢铁煤炭过剩产能中的职工安置工作，通过企业内部挖潜、转岗就业创业、允许内部退养、公益性岗位托底等渠道分流安置职工。两份《意见》以及人社部的发言均表明华电煤业分流决策符合国家大政方针的要求。

九、相关附件

建议的课堂计划如表2-3-6所示。

表2-3-6 建议的课堂计划

主要线索	主要内容				课堂提问
案例背景	出于华电集团战略考量，华电煤业并购榆天化，希望能够为公司获得能源以及人才储备				本案例中"象"与"蛇"分别代表哪个公司，二者是什么关系？
主要人物	邹主任：华电煤业人力资源部主任，华电榆天化人员分流指导小组组长。 药董事长：榆天化党政负责人。 胡静：华电榆天化女职工。 刘尚文：1992年入榆天化工作的老职工。 王斌：分流前是气化车间副主任				案例中有哪些关键人物？他们面临的冲突有哪些
故事梗概	人物	时间	事件	对应启发题编号	课堂提问
	华电煤业和榆天化	2011年5月	华电煤业并购榆天化	1. 案例中"象"与"蛇"分别代表哪两个企业，这两个企业各有什么特点？案例中有哪些主要人物？ 2. 分流前，为帮助榆天化走出经营困境，华电煤业做了哪些工作？最终为何选择人员分流	华电煤业为什么选择并购榆天化
		2015年9月	华电煤业对榆天化进行重组分流		
	邹主任与药董事	2015年9月	邹被任命为华电榆天化人员分流指导小组组长，与董事长配合分流工作，协调众多人事冲突，创造性地完成人员分流工作		为什么任命邹主任为分流指导小组组长指导分流工作
	胡静	2015年9月	场景2：分流时不具备竞争优势，希望给予竞聘优惠待遇	3. 在员工分流过程中，当员工感受到不公平待遇时，员工会有怎样的心理和行为？员工为什么会抵制分流	为什么面对人员分流，不同人会有不同的反应？他们各自的诉求分别是什么
	刘尚文	2015年10月	场景3：认为内退补贴不公平，抵制分流，"要公平、要待遇、要岗位"		

续表

主要线索			主要内容		课堂提问
故事梗概	王斌	2015年11月	场景4：中层竞聘失败，在公司内闹事严重影响正常的分流工作	3. 在员工分流过程中，当员工感受到不公平待遇时，员工会有怎样的心理和行为？员工为什么会抵制分流	如果您是分流中的一位职工，您会以合作方式表达分流对您造成的困扰
	事件：与胡静和刘尚文分别进行沟通，面对无法进厂指导分流工作时，迅速返回北京总部召开会议商讨如何继续推进分流工作。坚定分流决心，拟定《公开信》。分流后，策略初见成效，巩固并改进			4. 在处理分流冲突过程中，华电煤业与榆天化采取了什么措施，分流政策为何能奏效	您在学习生活中是否存在冲突？当冲突发生时，您是如何处理的
				5. 此次人员分流冲突从触发到解决经历了几个阶段	冲突结束后，您和对方的关系是否发生了改变
	6. 本案例冲突解决的实践对企业人员分流带来了哪些启示				

十、参考文献及扩展阅读

[1] 朱方伟，孙秀霞，宋昊阳．管理案例采编［M］．北京：科学出版社，2014．

[2] 罗宾斯，贾奇．组织行为学精要［M］．北京：机械工业出社，2014．

[3] 尹志宏，毛基业，黄江明．中国企业管理案例研究集萃［M］．北京：中国人民大学出版社，2012．

[4] 陈维政，张丽华．工商管理硕士MBA实战系列教材：中国MBA论文选（第4辑）［M］．大连：大连理工出版社，2014．

[5] 刘平青，等著．员工关系管理（第二版）［M］．北京：机械工业出版社，2016．

[6] 樊富珉，张翔．人际冲突与冲突管理研究综述［J］．中国矿业大学学报（社会科学版），2003，9（3）：82-91．

[7] 赵可．群体内冲突及冲突管理研究方法和实证［D］．中南大学，2010．

案例正文：

专业守界、网络跨界：
蚂蚁白领专业金融服务平台"筑巢"①

摘　要： 互联网金融行业发展至今可谓冰火两重天，一方面，火热的消费市场使大批创业者蜂拥而上；另一方面，泥沙俱下的行业形势，使得消费者和企业家都感到无所适从。本案例以蚂蚁白领的创业历程为线索，展现出该公司内部专业团队组建、外部网络平台拓展的全景，揭示了专业特色鲜明的互联网公司的发展逻辑，即"专业守界、网络跨界"。本案例主要用于平台组织建设背景下，服务价值链的理论教学。学员通过阅读该案例，既可以了解互联网金融公司平台建设的细节、难点及应对技巧，又能对互联网环境下内部服务和外部服务一体化的服务价值链理论有深刻的认识。

关键词： 专业人才；外部服务；金融服务平台

0　引言：蚂蚁归根，白手成家

2012年一个再寻常不过的加班夜，咏岗在摩根士丹利位于纽约时代广场的全球总部大厦整理大中华区的投资项目。想起这几年来金融危机对摩根的影响，咏岗仍然心有余悸。在这场危机以其排山倒海之势吞没了华尔街之后，美国经济仍然深受其害——房地产市场跌至谷底，大量房产丧失抵押品赎回权，成千上万的企业破产，上百万工人失业……随着雷曼兄弟、美林证券等这些华尔街知名大投行的接连倒台，摩根仍然未能从次贷危机中痊愈。

作为摩根国际金融委员会委员之一，咏岗被委以重任，负责开拓中国市场，分享中国快速发展的金融市场的一杯羹。华尔街的银行家多与中国人的习惯不搭调，而侨胞却深知"中国模式"，想做到"接地气"。作为一名旅居国外多年的华人，咏岗对故乡具有先天莫名的情愫，渴望了解和参与中国企业的发展，作为半个"香蕉人"，他也经常被公司安排负责大中华区的投资和研究工作。尤其是在中国经济日益受到世界瞩目的千禧年之后，咏岗参与了很多投资，包括一些天使投资，累计超过20余家企业。

中国金融市场潜力巨大，咏岗"嗅"出了中国的商业契机，渴望通过摩根的平台服务中国千千万万如同"小蚂蚁"般的中小企业，填补市场空白。然而摩根亚太区团队背景复杂，来自美、中、日、澳多国的合作时间难以统一，大公司团队周转斡旋的低效，再加之政策差异等不可控风险，使得"老外们"只能望而却步，大中华区开拓计划最终遗憾搁浅。看着团队13人历经一年、花费百万、往返中美50多次的研究成果，咏岗倍受打击、心绪难平——如果成功，他将有机会成为中国区的总裁，但结果却不尽如人意。咏岗向公司申请了一个月假，思考下一步何去何从。恰在这时，咏岗的电话响了起来，来电者是他在中国多年的好友中科创投资集团有限公司董事长——张伟。

"哥们儿，最近我在考虑拓展互联网金融业务，能否以你专业的角度为我提一些建议？"短暂的问候之后，张伟直言不讳地说出了自己内心的所思所想，"在全球经济下行的压力之下，有人说风景属东边独

---

① 本案例由北京理工大学管理与经济学院副教授陈振娇，硕士生程波、张丹青，教授刘平青，硕士生侯成平，副教授易瑾超和蚂蚁白领陈鑫龙等撰写，作者拥有著作权中的署名权、修改权、改编权。

本案例授权中国管理案例共享中心使用，中国管理案例共享中心享有复制权、修改权、发表权、发行权、信息网络传播权、改编权、汇编权和翻译权。

由于企业保密的要求，在本案例中对有关名称、数据等做了必要的掩饰性处理。

本案例只供课堂讨论之用，并无意暗示或说明某种管理行为是否有效。

好,的确如此。2008年中国政府4万亿救市计划出台以来,国内许多互联网金融发展迅猛,国内在互联网金融方面有很大的发展空间。以你多年在华尔街打拼的经验,你觉得拓展互联网金融、私人银行方面的业务靠谱吗?"

咏岗坦言:"在中国做互联网金融服务,某些方面比在美国艰难得多,国内监管的不确定性,社会环境的不确定性,还有包容失败的社会环境,也是不及美国。"他紧接着说,"从利润方面来讲,在中国又是相对容易的,因为在这里,一些野蛮生长是存在的,也包括在金融领域。"他接着说,"这一年以来,我一直在带领团队参与许多中国企业的深度管理,包括负责大中华区上市企业的现金管理、期权管理、限制性股票管理。我发现中国许多企业和投资者仍未体验过专业资本的力量,金融领域仍然有巨大的市场空白。但摩根由于种种原因无法直接介入中国市场,真是遗憾,遗憾!"

张伟听了好友的一番言语,说:"那你是否愿意和我一起合作,回国创业?身在大企业只能做航母身上的一颗螺丝钉,完全展不开手脚,思前顾后,牵一发动全身,反而难以成事!反而,在国内野蛮生长的环境之下,以'专业'为金字招牌,一步一个脚印地创业,也不失为一个极好的机会!"

放下电话之后,无线电波仿佛把咏岗的心重新激活了起来,让他暂时忘记了工作上的烦恼,他不禁回想起自己在美国的这几年——1996年,他登上直飞美国的航班,在圣何塞州立大学攻读电子工程和经济学双学位,4年后进入摩根史丹利;在摩根的12年间,从单枪匹马做到管理700多人的团队,虽说工作风光、家庭幸福,但总感觉缺了点什么。想想自己参与服务过中国在美国上市的100多家公司,包括百度、新东方、安博、联创、天合、21世纪不动产等,许多企业的创始人也是和自己一样同时期赴美留学,学成归国后创立了自己的公司,如今有些早已成为行业龙头。这一夜,咏岗辗转思索、久久未眠。

在接下来的一个月时间里,张伟几乎每天给咏岗打一个电话,大多数时候只是打来谈天说地,从国际大事说到工作小情,方方面面使咏岗更加了解中国金融市场的发展,逐步确定了回国创业的意向。

1 背景:野蛮生长的互联网金融行业

蚂蚁白领为何选择"专业守界""网络跨界"的行动纲领?还得看看目前中国互联网金融"春秋战国"一般的行业大局。

互联网金融,起源于孟加拉国,发展于英美,兴盛于中国。2010年,国内互联网金融平台数量仅为10家。自2011年起,平台数量急剧扩张,截至2015年年初,全国目前正在运营的互联网金融平台共计约2 000家。与此同时,平台的交易量也快速增长,2013年全国累计交易量将达到1 058亿元,这是2012年累计交易量的4.9倍,而在2011年的时候,成交规模仅徘徊在31亿元左右。

2015年互联网金融市场风起云涌,产品格局和市场格局发生了重大变化,主要呈现出6大模式(如图2-4-1所示)。数据显示,截至2015年12月,购买过互联网金融产品的网民规模达到9 026万,相比

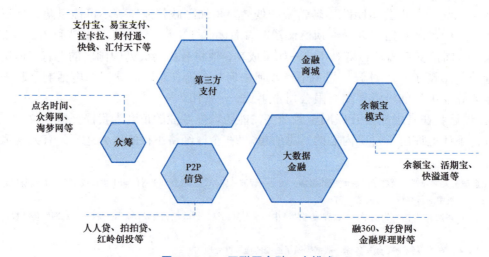

图 2-4-1 互联网金融 6 大模式

2014年年底增加1 177万,网民使用率为13.1%,较2014年年底增加了1个百分点。虽然消费者对互联网金融接受度提高,但鱼龙混杂的互联网金融市场产品同质化严重,这使得消费者难以辨别优劣,更难以选择适合自己的金融产品。

对市场的评估是咏岗回国创业的第一步。目前中国的互联网金融公司有2 000多家,大概分为三类。一类是互联网金融转型蜕变过来的,一类是担保公司转型蜕变过来的,还有一类是自有资金出现问题,通过自融蜕变出来的。在中国,金融领域门槛很低,创业者相对容易,国内互联网金融行业创始人很多都是矿产、地产、工程师背景,真正出自金融行业的不到1%,所以说这个领域乱象丛生,与创始人背景有直接关系。

在中国,从事互联网金融行业的不确定性较大。在这个行业,实践远远领先于政策和法规,这一方面导致了行业内良莠不齐,另一方面也存在着一定的市场空白。从2015年开始,金融公司广告遍布地铁高铁、电视荧屏,包装宣传铺天盖地、见诸各种媒体之时,行业鱼龙混杂令消费者无法辨别。互联网金融行业经历了一波粗放的发展,很多平台在探索的过程中积累了经验,也有很多平台在这个粗放的环境中扮演了"搅局者""投机者"以及"牺牲者"的角色,在缺乏引导和监管的环境中经受着淘汰和自我淘汰。数据显示,互联网金融公司的数量已经从高峰期的4 000多家降到了最近的2 600多家。随着几家知名公司的违规曝光和倒下,互联网金融行业终于进入了"洗牌"期。

2 相关人物介绍

咏岗,蚂蚁白领董事长兼首席执行官,"60后",海归华人,曾任摩根士丹利财富管理事业部副总裁兼企业客户集团总裁,花旗环球金融企业事业部董事,深耕金融行业长达20年。具有材料、物理、电子工程和经济学等多学科背景,在美国生活多年,深受美国文化熏陶,头脑灵活,为人坦诚,敢想敢为。在摩根后期,曾多次参与针对中国的天使投资,以此为契机,发现了中国市场的巨大潜力,进而回国创业。

王洵,蚂蚁白领副总裁,"80后",具有新闻和德语双重学历背景,在校读书期间曾独自游学11个国家,曾供职于环球投资移民公司,在金融投资、传媒、贸易领域广泛涉猎。年轻、干练的她在早年间结识咏岗,后接受咏岗的邀请加入蚂蚁白领,成为企业创始之初的合伙人,主管市场、公关、人事及行政工作。

海东,蚂蚁白领副总裁,"70后",来自美国硅谷,拥有近20年的资深构架工程师从业经验,广泛涉猎于电子商务、电子支付、垂直分类跨境交易等;在加入蚂蚁白领前任职于全美最大的商业银行 Wells Fargo,主管企业借记卡市场安全推广部门。

鹏博,蚂蚁白领运营总监,"80后",北京人,本科毕业后直接进入社会工作,实践经验丰富。入职蚂蚁白领前辗转多家企业,从亚马孙到21世纪不动产,从凡客诚品到大麦网,从马可波罗到爱投资。多年的工作经验将鹏博锻炼成了不折不扣的"职场人",然而千篇一律的工作却让热爱挑战的他感到单调、乏味。后因直接主管离职,遂下定决心辞职,加盟蚂蚁白领。

凡羽,蚂蚁白领助理分析师,"90后",毕业于著名"985"院校,研究生学历。初出茅庐,在择业时一窝蜂地跟随就业大军参加校园招聘,寻寻觅觅得到多份Offer。在命运的十字路口,偶然听到咏岗的演讲,在会后与咏岗促膝长谈两小时,终被其商业模式和个人魅力打动,放弃了世界500强和国有企业的机会,成为蚂蚁白领中的一只"小蚂蚁"。

3 专业守界:守住内部人

有人说,创业是一种信仰,这句话用来形容咏岗最恰当不过。放弃国外优渥的生活、选择回国从头再来,不仅需要个人的勇气和执着,更需要背后有一个专业、强大、团结的队伍支撑。创业团队的组建,是蚂蚁白领创建所面临的"第一要务"。

3.1 蚂蚁安家，厉兵秣马

2012 年，咏岗创办了圣天财富（北京）投资管理有限公司，公司基于基金、信托等业务，为 2 000 万以上资产的个人提供线下理财服务，该公司历时 3 年时间，交易额达到 10 亿多元人民币。期间，公司发展遭遇瓶颈——一个高级理财师只能服务 10 个高净值家庭，随着公司规模的扩大，优秀人才难觅，该公司规模化成本极高。

随着咏岗对国内社会和金融市场理解的进一步加深，一条更加清晰的道路逐渐展现在了他的眼前。2013 年，咏岗注册了蚂蚁白领公司；2014 年，通过技术外包，蚂蚁白领完成了金融平台设计及搭建；2015 年，蚂蚁白领彻底转向互联网金融领域，房产抵押贷、学生消费贷等产品陆续上线。蚂蚁白领逐步确立了聚焦"小微市场""长尾领域"的发展方向，以学生和白领等中青年群体为主要消费者。与此同时，公司的快速发展使得咏岗以一人之力难以招架，除了模块外包之外，蚂蚁白领亟须引入大量中层骨干，用人问题成为其不得不解决的"燃眉之急"。蚂蚁白领创业历程如图 2-4-2 所示。

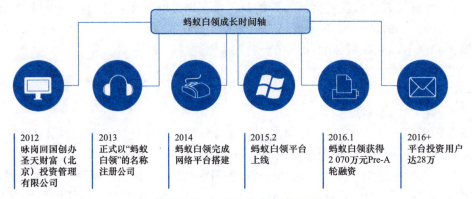

图 2-4-2 蚂蚁白领创业历程

场景 1："招"还是"不招"

王洵入职之初，面临的瓶颈、问题很多，业务需要开展，市场部、人事部、行政部、品牌部等部门亟须组建，她感到公司最困难的就是人手的匮乏。

王洵刚刚上任，几乎负责了从人力、行政到市场的全部工作。在短短的一个月时间里，请朋友帮忙设计了公司 Logo，建立了新媒体平台，一个人跑遍了北京的高校校招，可以说自打她入职以来，就知道蚂蚁白领要想发展壮大，必须要"招贤纳才"。

然而金融行业出身，又体会到大公司人际协调难度的咏岗，却有不同的看法。咏岗在蚂蚁白领成立之前，就通过外包的方式创建了技术平台。他知道，在美国没有金融行业从业十五年以上的经验的人是不具备创立金融公司的资格的。在团队运营背景上，金融本就是一个对专业知识和经验要求较高的行业，互联网金融更是国外先兴、国内后起的舶来品，如果运营团队并没有足够深厚的金融背景，那么是谈不上安全的。咏岗觉得，山不在高，有仙则名；水不在深，有龙则灵，小而美才是蚂蚁白领企业发展的方向。

"招人"还是"不招"，成为蚂蚁白领创业伊始的主要问题。

场景 2："跳"还是"不跳"

加入蚂蚁白领之前，鹏博是一个名副其实的"蚂蚁白领"——辗转多家公司，已经从毕业时的"愣头青"，变成了他人眼中小有作为的"职场人"。一开始，吸引鹏博的是更大的公司、更高的职务、更多的薪水，然而多年下来，看着当年一起毕业的同学们，有些人甘于在平凡的岗位上做平凡的事，有人结婚生子、希望安顿一生。万人马拉松，仿佛只有自己一人还在路上，能一起奔跑的同行者已经寥寥无几。

想到"安稳"二字，就好像让鹏博望到了自己这辈子的尽头。"要么自己创业、要么借助别人的平台更好地发展"，年过 30 的鹏博对自己的人生规划目标越来越明晰。一次偶然的机会，他在新闻人物报道中看到了咏岗的创业故事，专业的创业团队、稳健的业务模式、持续增长的市场规模吸引了鹏博。随着原公司主管的离职,鹏博打算辞职"搏一把"。

就像谈一场恋爱,在合适的时间碰到了合适的人,珠联璧合,水到渠成。爱情如此,职场亦然。在面试环节,鹏博大致介绍了自己多年的职场和项目经历,他大胆地说:"以我的经历而言,我认为我能为蚂蚁白领带来年轻团队需要的互联网思维方式、精细化运营的数据分析方法,可以挖掘低成本、高价值推广渠道、优化产品的功能和体验、丰富完善网站内容与发布渠道和建立用户运营工作的开展和用户社区。"

王洵认真地听取了鹏博的介绍之后,大致介绍了蚂蚁白领的商业模式和推广战略,浅笑着说:"你可以来吗?"

鹏博一愣,没有想到能这么快就得到回复,问道:"我只是谈了我可以为公司做什么,这样真的可以了吗?"

"在此之前我已经充分了解过你的简历,在亚马孙中心做销售主管,在凡客诚品参与并学习丰富的市场活动经验,在爱投资完善产品体系实现 200 万的用户增长,你很棒嘛!"王洵顿了一下说,"现在公司正处于初创阶段,除了创业初始团队几人作为高层,中层管理人员十分短缺。我们非常需要自主工作的员工,而不是我们告诉员工做什么。在我看来,你刚才的所言和你以往的所行,恰恰是我们想要的,就是你了!"

"终于找到组织了!"与蚂蚁白领的"恋爱"尘埃落定,鹏博心里也感到前所未有的踏实和满足。

3.2 蚂蚁分工,各司其职

随着蚂蚁白领的发展和成长,咏岗慢慢意识到,人才问题是创业企业成长壮大的首要问题。一方面,蚂蚁白领开始从组织层面构建公司架构(如图 2-4-3 所示);引入现代化管理模式,通过"钉钉""Teambition"等现代化 App 进行团队管理;通过工作群内邮件共享、互动,让员工充分了解公司内各个岗位,提供基层员工换岗、轮岗机会。另一方面,公司着手提高员工薪酬福利,从办公环境、薪金待遇、餐补、团建到体检,立志让陪伴蚂蚁白领坚守下来的员工未来都能实现财富自由。

然而,在团队建设的过程中,初生的"蚂蚁"还面临着加班、沟通和中层员工缺失等许多问题。

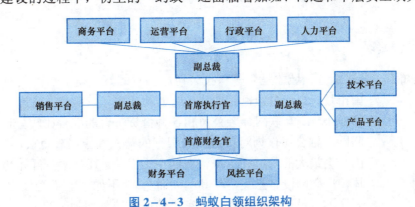

图 2-4-3 蚂蚁白领组织架构

场景 3:未雨绸缪服务"自己人"

"今天大学同学聚会,你到底来不来?"午休时间,微信群里,凡羽的大学舍友又@了她,半是调侃半是威胁地说,"凡羽自从毕业就不见了踪迹,将来'苟富贵,勿相忘'呀!"

凡羽一时语塞,也不知回复舍友些什么,就把手机搁在了一旁。想想自己研究生毕业一年时间,同学们一多半回到了自己的家乡,图安稳考个公务员混日子;也有些在大城市里,做一些行政、文秘之类的工作,考虑起结婚生子、终身大事。而自己却还像个小孩子一样,为了"梦想"打拼,甚至从零开始投身于互联网金融事业,独立负责项目,虽然薪资颇丰,但难免辛苦。想到一年的苦与乐,凡羽不禁莞尔。

"小姑娘,乐什么呢?"王洵路过凡羽的工位,拍了拍她的肩膀,"有男朋友了吧?"

"什么呀洵姐！"羽凡说，"今晚大学同学聚会，大家伙儿好不容易聚到北京来了，可是我手头的工作还没做完，不打算去了。"

王洵说："为什么不去，当然要去了。你还这么年轻，不能整天埋在工作里。再者说，'只工作，不玩耍，聪明孩子也变傻'，适当出去放松一下才能充满电继续工作嘛。"

两个人聊了一会儿，王洵回到自己的办公室，脑子里萌生了一个想法。虽然公司目前只有24人，但管理的问题已经渐渐开始显现。创业公司，每天都充满了新鲜的机遇和绝妙的创意，每个人都渴望在公司里大展身手。偶有项目需要跟进或有程序问题需要调整，团队总是不约而同地常常工作到深夜。这样的干劲儿是好的，可是长此以往，怎样才能让大家保持饱满的热情，不把大家累走，也不让大家累垮呢？

王洵敲开咏岗的大门，把自己的想法说给咏岗听："咏岗总，最近我和公司员工聊天的时候，发现大家都挺累的。财富中心附近写字楼多，上午十点都常常堵得水泄不通，员工们通勤压力很大。而且晚上又经常需要加班，年轻的小朋友们没时间社交，大朋友们也没办法顾家，我想……"

"没错！"咏岗打断王洵的话，紧接着说，"我最近也发现了这个问题，做互联网金融可是一场持久战，我们一定得想点办法，例如借鉴欧美的弹性工作制，不能让我们的员工只有苦劳，没有功劳！"

就这样，在王洵的规划之下，蚂蚁白领开始正式实施弹性工作制度，取消了每日上下班的打卡制度，改为上下班只需签到，让员工在完成规定的工作任务或固定的工作时间长度的前提下，灵活地、自主地选择工作的具体时间安排。再次之后，王洵又陆续引入"无纸化办公""互动式公邮平台"等新兴的管理方式，蚂蚁的"巢穴"已经初步建立了起来，大伙儿信心勃勃、全力以赴的投入公司项目建设当中。在2015年年末，蚂蚁白领荣登"金雇主"榜，获得年度中国金融行业年度雇主的称号，被许多业内人士誉为2016年金融业精英优先考虑的"梧桐树"。蚂蚁白领Logo如图2-4-4所示。

4 网络跨界：跨向外部人

创新的商业模式和含金量超高的创始团队使蚂蚁白领成为Fin-tech领域的先驱者，格外引人注目。然而，中国金融市场良莠不齐、鱼龙混杂，如何在复杂的市场环境中立足，成为蚂蚁白领组建团队之后的核心问题。

4.1 蚂蚁识途，术有专攻

咏岗一开始就知道，专注细分领域才是金融科技公司起步时的好策略，然而面对庞然大物一般的中国市场，蚂蚁白领也并非从一开始就找准了突破口。咏岗等人结合对当前中国商业银行、互联网金融公司和各种借贷平台的综合比较分析之后得出结论，互联网金融公司作为对传统商业银行的补充，应当着重关注"长尾群体"，而中国社会最大的长尾和未来消费的主力军，无疑是学生群体和初入职场的白领群体，广撒网没有意义，与其"大而全"，不如"小而美"！当咏岗把这个想法和公司的成员开会讨论时，大家不约而同地为此拍手叫好。

图2-4-4 蚂蚁白领Logo

海东说："中国的大学生是一个可以完整地画出整体图像的群体，也就是说这个群体的诚信度是最高的，他们有整齐的教育背景，有非常清晰的年龄段，所以我们在建立风控模型的时候，可以完全地掌控。"

王洵说："学生这个群体有一个共同特征，这些年轻人在走上社会时不希望有任何违约记录，他们就像一张白纸，他们的违约记录会跟踪他们很久很久，对他们来说违约成本极高，这就有利于我们建立风控模型的第一步。还有一个做法，就是通过我们的校园分期公司合作伙伴，主要是线下的合作伙伴，他们拥有数千人的地推队伍，使我们可以非常直接地与借款人面对面的联系，从地理上来把控风险。"

凡羽说："据我实际的经验来说，学生群体还有一个特点，就是他们借款的数量相对小很多，不像一座矿山、一个地产商动辄需要几十亿的借款，而我们的学生借款都控制在几千元钱，这种产品之所以能被纳入我们的产品数据库，就是因为它非常明确地将金融碎片化，哪怕有很小比例的违约，但是它的违约成本大、好追溯、地理位置固定,在大体量的总额下我们也能把坏账约束在一个很小的比例。"

咏岗总结道:"非常好!最后一点,通过合作 B 端公司,在同一风控模式下,批量获取 C 端借款客户,风险可控。合作 B 端的营业柜台,地推队伍在贷前管理中切实执行了资料审核、面签等工作,直接对接借款个人。蚂蚁白领再通过对借款人身份跑线上五家征信系统,仅为通过重重筛选的符合资质的借款人发布借款标的,如此实现了双重风控。而贷后管理有蚂蚁白领为借款人做银行卡按月自动划扣,发生逾期自动催收,直至 B 端公司切断服务形成制约,最后给蚂蚁退款。因此,我们这种模式从数据模型上是非常严谨的,在安全上它是一个大概率事件,面对面地建立风控团队,在低成本的条件下保证了资金安全,这一商业模式最早在美国的 Social Finance 上得到了证实,我们可以在中国,通过蚂蚁白领得以实践。"

4.2 蚂蚁哲学,聚少成多

近年来,国内外关于互联网思维的讨论蜂拥而起,百家争鸣,相互辩难,争讼不已。许多人把谷歌、苹果、阿里巴巴等国内外知名企业的成功归功为互联网思维的胜利。迈克尔·哈耶特在其里程碑之作《平台:自媒体时代用影响力赢取惊人财富》中说到,在当今市场要想获得成功,必须拥有两个战略资产:让人欲罢不能的产品和有效平台。

蚂蚁虽小,但却最擅长积跬步、聚小流。蚂蚁白领作为新兴互联网金融公司,尝试运用互联网平台和跨界的思维,用互联网思维之锤砸向现实中不同产业行业的壁垒。在企业定位完成之后,咏岗和王洵等都开始寻找优质的企业合作,在消费者和企业之间建立"链接",渴望通过金融服务,满足小蚂蚁碎片化的需求。不仅如此,蚂蚁白领还试图与同行建立联盟,与学校、科研机构建立交流合作,开始着手布局基于"小蚂蚁们"的商业版图。

场景 4:"资本+资源",筑梦教育事业

从蚂蚁白领定位伊始,咏岗就琢磨着想要提供一些大教育金融、消费金融和房产抵押等金融产品。在企业和消费者之间建立金融平台,不直接对个人提供贷款,而是通过与优质的 B 端企业合作,获得信用良好、本息安全的微小额优质债权,为其客户群体提供同一风控模型下的消费金融服务。咏岗瞄准了位于同一写字楼的安博教育,打算"从邻开始",建立合作关系。

安博教育集团同样始创于美国硅谷,2000 年回到中国发展,一直以来倡导"以学习者为中心",以帮助更多的大学生成功为己任,咏岗对此也早有耳闻。作为"中国十大教育服务品牌",安博教育在近年来也在寻求线上线下合作,为学生提供更加人性化的服务。

咏岗思来想去,给安博教育董事长发了一封长邮件,表达了蚂蚁白领合作的意向:

"黄博士:

您好!我是蚂蚁白领的总裁咏岗,久闻安博教育的大名,有幸能与这么优秀的公司比邻!

我 2012 年从华尔街回国创业,建立了蚂蚁白领这家互联网金融服务公司,致力于为长尾群体提供碎片化服务。我认为,在这一点上,蚂蚁白领和安博教育可谓不谋而合。蚂蚁白领强大的互联网金融平台与安博教育海量的教育资源,恰恰可以相互补充、相互促进!

学生群体消费欲望强,这和他们的消费能力刚好形成了反差和矛盾。据我了解,安博教育为学生提供多样的教育服务,这是学生们主要的消费产品之一,而许多学生一下子拿不出那么多的学费来,这时我们就可以为学生提供金融服务,满足学生需求!而学生群体相对而言信誉比较稳定,通过您方和我方双向风险控制,可以让整个投资过程非常的透明。

希望黄博士可以考虑我的提议,也欢迎黄博士随时来蚂蚁白领参观、做客!祝好!

咏岗"

一天后,咏岗收到了来自黄博士的回信。

"咏岗:

您好!我个人的经历和您非常相似!我也是国内本科毕业出国留学,在伯克利完成学业后在硅谷工作,安博教育集团就是我在美国硅谷创办的!我非常理解海归华人的创业心!

关于您提出的合作,也恰恰是我在考虑的问题。允许学生以贷款方式先行享受教育培训,分期偿付的方式也大大降低了教育技能培训的门槛，减轻学生负担，让更多的学生有机会实现自我提升，既能满足社会的需求，又能满足学生的诉求，真是一个好主意！

实不相瞒，最近我也在考虑与金融公司进行合作。我十分看重金融公司的安全性、专业性和稳定性。对于互联网金融公司，创办人的背景决定了这家公司的品质和健康程度。您的运营团队背景十分专业，再加上您本人多年的金融从业经验，让我有进一步接触的欲望！关于贵公司的商业模式，我也认为十分踏实，'接地气'！

希望有机会可以拜访您的公司！同样也祝您工作、生活愉快！黄劲"

就这样，蚂蚁白领和"好邻居"安博教育牵上了"线"。经过两个多月的洽谈，2015年6月，蚂蚁白领与安博教育正式签署了战略合作协议。此次合作，意味着蚂蚁白领将携手安博教育，在探索互联网时代"资本＋资源"创新模式上更进一步，将教育产品金融化，实现"教育技能贷"，解决"小蚂蚁们"的求学问题。蚂蚁白领教育产品如图2-4-5所示。

图2-4-5 蚂蚁白领教育产品

场景5："教育＋金融"，为未来投资

教育改变人生，金融成就梦想。教育和金融，这两个古老的行业，在今天这个互联网的时代，得到了全新的融合发展。有谁会想到"互联网金融＋教育"两个完全不搭边的产业会改变人的命运呢。

首都医科大学毕业的小王，最近遇到了人生中的瓶颈问题，就是要毕业了，找工作比较困难，对于自身知识技能把控还存在很大困惑，想报考个医学教育的班提升下自己，更重要的是考个医师资格证。

当晚，小王躺在床上辗转反侧睡不着，又为报班学费的事苦恼。主要是因为家里还有妹妹在上高中，自己又毕业了，怎么好意思再继续跟家里要钱呢，而最近几次面试，都需要专业的相关资质证书，非常郁闷，发微信给最好的同班同学周云峰诉诉苦水。

小王："兄弟，我想报个医学教育的培训班进修下，为学费的事发愁呢！"云峰："我知道一家上市公司的教育机构，他们是跟蚂蚁白领合作，可以教育分期，按月付教育培训费。"

云峰接着说："因为我经常在蚂蚁白领这个互联网金融平台理财，所以对蚂蚁白领业务比较清晰，蚂蚁白领本身也可以投资理财，投资上面的资金就是用于服务有分期需求，为教育培训机构学员分期支付学费，帮助像你这样需要获得教育培训提供帮助。蚂蚁白领的投资用户作为资金提供方，向教育培训机构支付相应贷款，由教育培训机构对上述债务进行管理和回收。若学员未能正常交付分期学费，教育培训机构将停止向该学生授课并严格按照教育机构退费规则执行退款，以保障投资用户权利。"

小王："先付款后上课，一直是教育培训行业的'规矩'，分期付款方式主要为了降低学生支付课程所承担的经济压力，同时满足学员对高品质教育需求，也是为了充分为蚂蚁白领人群提供金融理财服务，那可真是解决我的燃眉之急了，谢谢！"

无数人将借助互联网金融教育信贷，通过学习培训去提升能力，改变命运。

场景6：蚂蚁金融研究所

2015年11月的最后一天，咏岗收到了母校任教同学的邀请，回校给同学们讲讲课、聊聊天。咏岗回国后，也一直想着要回母校看看。他精心准备了题为"活在互联网金融时代——华尔街银行家看金融创业"主题讲座，与同学们分享他在华尔街的金融历程，探讨国内互联网金融的现状和未来。

"中国的互联网金融，是千亿级的市场，这里将会诞生一批出色的独角兽。"咏岗在座谈会上讲道，"互联网金融的未来，将是更合理的引导、更严格的监管和更健康的发展环境。对于互联网金融公司而言，平台化的发展方向已经非常明确,致力于风险控制和用户体验,将是从业者努力的重要领域。而在这两个领域,深厚的金融从业经验、强有力的技术团队所锻造的专业性就成为平台自我提升的重中之重。与此同时,对海外成功经验的吸收与借鉴,也有利于国内的平台探索新的运营模式。互联网金融将来有两个重要的方向,一是资产证券化,二是无人化人性服务,这些都是蚂蚁白领在当下和未来着力开拓的领域……"

在演讲结束之后,同学们围着咏岗提了很多关于创业、互联网和金融方面的问题。这让咏岗感触颇深,他萌生了和学校合作的念头。咏岗知道,2016年"两会",政府工作报告将"规范发展互联网金融"列入年度重点工作部分。针对如燎原之势的互联网金融,只有规范和专业,才能把握住行业未来的发展关键。如果蚂蚁白领能携手高校创办校企合办互联网金融研究所,将有可能打造出更安全更智慧的金融服务模式,助推互联网金融稳健前行。

就在2016年年初,"互联网金融研究所"正式建立了起来。金融研究所主要工作内容除了互联网金融产品设计、完善数据化风控模型,还有解决中国养老问题的"全民参与计划"。研究所将为大学学生开阔视野,每学期的项目课题及论坛,给学生创造与社会优秀企业接触的机会,为教师的金融及社科研究提供更为详尽的数据资料及资金支持。蚂蚁白领的华尔街金融+硅谷技术的专业背景,大学的优秀学科资源,智库基础,将有机会紧密结合。

蚂蚁白领和母校共建互联网金融研究所合力打造培养高质量人才和综合办学能力"升级版"将真实商业研发项目放入课堂,开创"跨界实务"教学理念的一种新纪元,以"创新办学体制机制、深化人才培养模式改革、增强社会服务能力、推进人才强校工程"作为四大重点,奏响"大众创业,万众创新"的时代新篇章。

5 价值创造:今天的学生,明天的白领

去察看蚂蚁的动作,可以得到智慧。蚂蚁白领以其源自华尔街的金融模式+硅谷技术融合了专业与年轻元素,为社会长尾群体提供安全而贴心的投资理财服务(如图2-4-6所示)。

图2-4-6 蚂蚁白领的成长时间轴

蚂蚁白领建立至今通过专业金融服务进行跨界合作,建立了金融服务平台,融合了大教育金融、消费金融、房产抵押等金融产品。以其小额分散、碎片透明、专业创新的商业模式,克服了传统金融平台的风险弊端,以高收益低风险、低门槛灵活性等优势迅速成为互联网金融行业的后起之秀。蚂蚁白领不直接对接任何个人贷款,通过与优质企业合作,获得信用良好、本息安全的微小额优质债权,为投资用户层层筛选把关、把风险降到最低,致力于帮助年轻的互联网用户培养理财习惯,增加收入。

蚂蚁白领服务互联网金融,为合作伙伴提供金融支持,营造蚂蚁社区金融。创办以来,已经陆续与安博教育、阿里云、湖南卫视、京东、新东方、小米、21世纪不动产、正保远程等企业建立起合作关系。

蚂蚁的路还很远,但蚂蚁的脚步从未停止。

Professional &Crossover Ant White-Collar Professional Financial Service Platform Case

Abstract: The evolution of Internet can be described as a song of ice and fire. On the one hand, large number of entrepreneurs are attracted to the hot and perplexing market. On the other hand, the complex situation in the industry lead to the confusion of consumers and entrepreneurs. By reading the history of Ant White-Collar, this case aims to show how did the company establish, how to build professional team and how to expand external network platform. The case reveals the development of the professional Internet company which the core is "hold insiders, connect outsiders". This case is mainly used for teaching service profit chain theory under the background of building organizational platform. By reading the case, participants can not only understand the details and the difficulties of building Internet financial company, but also have a deep understanding on the integration of internal service and external service.

Key words: professionals; external service; financial service platform

附　　录

表 2-4-1　蚂蚁白领简介

公司名称	蚂蚁白领（北京）投资管理有限公司
通信地址	北京市朝阳区光华路 5 号世纪财富中心西座 1704
邮编	100020
成立日期	2013 年 1 月 14 日
注册资本	3 428 万元人民币
类型	有限责任公司（自然人投资或控股）
电话号码	400-6294-121
公司网站	https://www.mayi121.com/
公司邮箱	info@mayi121.com
公司简介	一家互联网金融平台，源自华尔街的金融模式＋硅谷技术，融合了专业与年轻元素，致力于为社会长尾群体提供安全而贴心的投资理财服务。平台的大教育金融、消费金融、房产抵押等金融产品，标的小额分散、碎片透明、专业创新的商业模式，克服了传统金融平台的风险弊端，以高收益低风险、低门槛灵活性等优势迅速成为互联网金融行业的后起之秀。 　　蚂蚁白领不直接对接任何个人贷款，通过与优质企业合作，获得信用良好、本息安全的微小额优质债权，为投资用户层层筛选把关、把风险降到最低，致力于帮助年轻的互联网用户培养理财习惯，增加收入
受众群体	蚂蚁白领产品定位于 25～45 岁的互联网用户。多为刚步入社会的大学生和年轻白领，对互联网有一定了解并认可互联网文化，接受互联网金融理财方式。 　　平台产品金额极端碎片透明，帮助有投资需求、但资产较少的用户积累财富
主要产品和服务	消费金融、数据处理、大教育金融、供应链金融、房屋抵押产品、蚂蚁公益和其他产品
应用价值	蚂蚁白领服务互联网金融、为合作伙伴提供金融支持、营造蚂蚁社区金融
战略合作	21 世纪不动产、桔子分期、阿里云、湖南卫视、京东、凤凰网、北京理工大学、安博教育、浆宝、新东方、小米、正保远程等

营 业 执 照

(副 本)(1-1)

统一社会信用代码 911101010613168502

名　　称　蚂蚁白领（北京）投资管理有限公司
类　　型　有限责任公司(自然人投资或控股)
住　　所　北京市东城区朝阳门北大街8号2号楼13层2-80-05
法定代表人　于汇博
注册资本　3428.5714万元
成立日期　2013年01月14日
营业期限　2013年01月14日 至 2033年01月13日
经营范围　投资管理；资产管理；投资咨询；经济贸易咨询；技术推广服务；计算机系统服务；数据处理（数据处理中的银行卡中心、PUE值在1.5以上的云计算数据中心除外）；基础软件服务；应用软件服务。（"1. 未经有关部门批准，不得以公开方式募集资金；2. 不得公开开展证券类产品和金融衍生品交易活动；3. 不得发放贷款；4. 不得对所投资企业以外的其他企业提供担保；5. 不得向投资者承诺投资本金不受损失或者承诺最低收益"；企业依法自主选择经营项目，开展经营活动；依法须经批准的项目，经相关部门批准后依批准的内容开展经营活动；不得从事本市产业政策禁止和限制类项目的经营活动。）

登 记 机 关　　2016 年 03 月 15 日

图 2-4-7　蚂蚁白领营业执照

栏目二　组织与人力资源管理

案例使用说明：

专业守界、网络跨界：
蚂蚁白领专业金融服务平台"筑巢"

一、教学目的与用途

1. 本案例属于描述型案例，主要适用于《员工关系管理》《组织行为学》《服务管理》等课程。

2. 本案例的教学对象以 MBA、EMBA、EDP 学员为主，同时也适用于普通硕士、本科生的课堂讨论。

3. 本案例的教学目的是通过蚂蚁白领案例的研讨与分析，让学员对服务价值链理论及其运用有所认识。案例的分析以蚂蚁白领的创业为主线，涉及《员工关系管理》《组织行为学》《服务管理》中服务价值链、平台组织等知识点。案例既可整体使用，旨在帮助学员了解企业内外部服务管理；也可拆分成多个子案例，结合激励、组织等具体课程章节的内容使用，教师授课时可根据课程安排，选取知识点对应的思考题展开分析。

二、启发思考题

1. 根据案例分析咏岗为什么选择创业，他分别有哪些优势和劣势？
2. 在蚂蚁白领创业之初，王洵和咏岗面临了什么分歧？结合自身经验，应该如何解决？
3. 在内部服务方面，蚂蚁白领采取了哪些可取的措施？分析这些措施的意义和作用。
4. 根据案例，讨论蚂蚁白领在创业时为什么选择"术有专攻"，简要分析企业定位的意义。
5. 根据案例，蚂蚁白领和哪些"外部人"建立了关系？分析蚂蚁白领平台跨界的方式。
6. 运用服务价值链理论分析蚂蚁白领金融服务的发展。

三、分析思路

案例分析思路框架如图 2-4-8 所示。

四、主要理论依据

1. 服务价值链。

1994 年，以詹姆斯·赫斯克特为首的五位哈佛商学院教授提出"服务价值链"（Service Profit Chain，SPC）理论。在服务价值链中，主要有两个主体，分别是员工和顾客。服务价值链的思想认为：企业利润、收入增长、顾客忠诚度、顾客满意度、顾客获得的产品或服务价值、员工满意度、员工忠诚度、劳动生产率之间存在之直接牢固的关系（如图 2-4-9 所示）。

具体地说，服务价值链是表明利润、顾客、员工、企业四者之间关系并由若干链环组成的链，其中存在如下一些重要关系：企业利润与顾客忠诚度；顾客忠诚度与员工忠诚度；员工满意度与顾客满意度。这些关系的内在逻辑表述是：企业获利能力强弱由顾客忠诚度决定；顾客忠诚度由顾客满意度决定；顾客满意度由顾客认为所获得的服务价值大小决定；服务价值大小最终由生产效率高、对企业忠诚的员工来创造；员工对公司的忠诚取决于其对公司是否满意；员工对公司是否满意主要取决于所处工作环境的"内部质量"，如员工满意产生于对信息技术和培训的投资以及员工授权的政策。

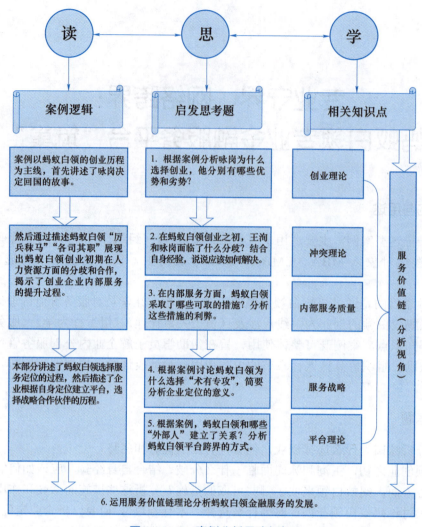

图 2-4-8 案例分析思路框架

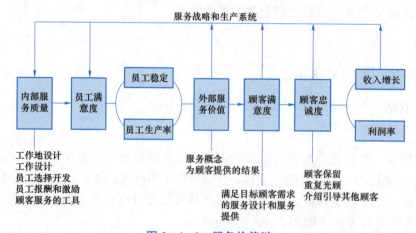

图 2-4-9 服务价值链

2. 内部服务质量。

Parasuraman 和 Berry（1991）定义内部服务质量，即企业通过创造满足员工需要的工作来吸引、发展、激励和保持高质量的员工个体。

企业内部的服务质量主要涉及 3 个方面，即精神层、物质层和制度层。事实上，提高企业内部服务质量和外部服务价值的过程也是企业服务价值链的培育过程，只有有效地解决好企业内外部的服务质量和服务价值问题，顾客和员工才能真正感到满意，也才能去认同企业服务理念，并主动努力地帮助企业形成服务价值理念，否则企业服务价值链的塑造和发展也只是昙花一现，企业是不会长寿的。

3. 平台理论。

平台原来是一个工程学的范畴，在生产和施工过程中为操作之需而设置的工作台，如建筑施工的脚手架、钳工作业的工作台等。借用平台是某种活动得以运行的支撑这一含义，平台的概念被扩展到诸多领域，如产品平台、技术平台等，近年来在以计算机为手段的信息科技领域的应用尤为广泛，如操作平台、软件开发平台、电子商务平台等。

企业投入大量的人力、物力、技术、资金构建产品平台的目的就是获得平台的杠杆效应。在激烈的市场竞争中，没有一个精心规划的客户服务支持平台企业也将难以有效地支持其有形产品的市场维持与拓展，使企业在产品平台、技术平台上的大量投入成为沉没成本，造成严重的资源浪费；同时也将无法形成通过客户服务创造丰厚利润的新的盈利模式，最终将使企业失去竞争力，甚至为市场所淘汰。哈佛大学的托马斯·埃森曼认为，两个网络用户通过共同的平台相互影响，用户通过平台交互更有效率的情况下，将放弃没有平台中介的双边市场。平台和平台双边市场如图 2-4-10 所示。

图 2-4-10 平台和平台双边市场

五、案例分析

1. 根据案例分析咏岗为什么选择创业，他分别有哪些优势和劣势？

【相关理论】

创业是企业管理过程中高风险的创新活动。在当今的中国乃至全世界，创业越来越成为经济发展中的强劲推动力。对于创业现象的分析开始于 18 世纪中期，经过两个世纪之后，在 20 世纪 80 年代得到迅速发展，直到今天呈现出越来越热烈的局面。

目前创业理论百花齐放，主要分为几大学派，分别是：风险学派、领导学派、创新学派、认知学派、社会学派、管理学派、战略学派、机会学派等。其中，熊彼特的创业理论具有最鲜明的特色。熊彼特赋予创业者以"创新者"的形象，认为创业者就是实现生产要素新的组合。对于创业理论，目前学术界仍未形成完整的理论框架，还主要存在以下几个争论：其一，创业是否需要建立新的组织；其二，创业者是否需要承担风险；其三，成功的创业者是否需要具备一定天赋等。

【案例分析】

咏岗创业的原因可以从两个方面进行分析，其一是外部原因，其二是内部原因。从外部角度来看，咏岗 2012 年左右在摩根士丹利工作受挫，由于大公司关系繁杂、牵一发动全身，导致中国区项目无法顺利进展；然而中国区项目的调研过程，使得咏岗对中国金融市场有了初步的了解，他发现了中国市场的商业契机；最后通过好友张伟提供的机会，咏岗最终拥有了回国的"跳板"。从内部自身的角度来看，咏岗多年华侨，有归国的渴望；再者，咏岗人到中年，在摩根的工作已经进入了其职业生涯的中期危机阶段，在这一阶段，他对自己的职业进一步作出评价，判定了自己职业未来的发展方向。

回国创业对于咏岗来说是一把双刃剑。一方面，咏岗在摩根 12 年的工作经验，使其具有金融和管理两方面的专业优势；在摩根期间，他所服务过中国在美国上市的 100 多家公司，包括百度、新东方、安博、联创、天合、21 世纪不动产等，都可能为回国创业提供合作机会；再次，咏岗在国内外的学术教育和中美双重文化背景，使他具有了超常的视野和眼界。另一方面，咏岗选择回国创业也面临了一定风险和劣势。首先，旅美多年的经历，使咏岗可能需要面对回国创业时中美的文化差异；其次，现阶段咏岗的家庭生活均在美国，回国创业对其家庭可能产生一定影响；最后，放弃在摩根的高管工作，对咏岗来说也是一大心理风险。

结合咏岗自己的评价,他认为创业,首先要了解市场,然后需组建专业团队。其中要点有四,第一是创业者自己有没有能力,有没有全方位的把控能力。第二是团队的储备和准备,团队成员与创业者是怎样的互补。第三,更重要的是启动资金。最后,市场调查十分关键,作为一个创业者,要能够及时把控市场的变化,随时做出必要的调整。

2. 在蚂蚁白领创业之初,王洵和咏岗面临了什么分歧?结合自身经验,应该如何解决?

【相关理论】

冲突是一个过程,是一方感觉自己的利益受到另一方的威胁或负面影响的过程。单一个体可能经历个人内部的冲突,如角色冲突。除个体之外,还有发生在个体与个体间、个体与群体间、个体与组织间、群体之间、组织之间的冲突。

罗宾斯(1996)指出,冲突的过程主要有五个阶段,分别是潜在对立、认知介入、冲突意向、冲突行为、冲突结果。具体过程如图2-4-11所示。

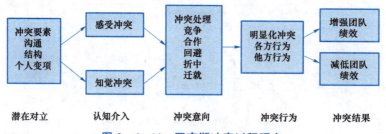

图2-4-11 罗宾斯冲突过程研究

【案例分析】

在场景"招"还是"不招"中,咏岗和王洵在创业之初面临了人才招募方面的分歧。咏岗认为,蚂蚁白领应当在人力方面实施精简、扁平的模式,可以把非主要模块通过外包的方式解决。他认为,金融行业门槛较高,应该主要招聘金融领域较为专业的人才。然而王洵认为,蚂蚁白领虽小,但需五脏俱全。只有通过完善组织架构和进行业务、职能部门人才完善和引进,才能使蚂蚁白领未来的发展更加规范,才能提高员工的工作满意度,进而提升员工的创造力。

根据冲突理论,冲突具有双面性。一方面,解决冲突的过程有可能激发组织中的积极变革,在决策的过程中有意地激发冲突,可提高决策的有效性。冲突可能形成的一种竞争气氛,促使员工振奋精神、更加努力。另一方面,冲突可能分散资源,有损员工的心理健康。要求内部竞争而引发的冲突,可能对群体效率产生不良影响。

在案例中,咏岗和王洵最终采取了合作的方式,通过沟通交流的方式表达了各自的观点,这种方式是可取的,是有利于冲突和分歧解决的。

3. 在内部服务方面,蚂蚁白领采取了哪些可取的措施?分析这些措施的意义和作用。

【相关理论】

按照赫茨伯格的双因素理论,对员工的激励包含两方面的因素:保健因素和激励因素,如表2-4-2所示。保健因素通常与工作环境、工作条件等物质因素有关,例如企业拥有高于同行业平均水平的工资、优越的工作环境、完善的劳动保护和福利待遇以及企业的优越地理位置,等等。保健因素实际上是对应于员工的低层次需求,会导致员工低层次满意和低忠诚,但不会激发员工高层次满意和高忠诚。

激励因素则是对应于员工的高层次要求,通常与工作本身和工作内容有关,例如员工职业发展道路、工作的扩大化和丰富化、和谐的人际关系、员工有成就感、获得决策权等。激励因素会激发员工高满意和高忠诚,具有很高的稳定性,在某些低水平忠诚的约束因素缺少的情况下,高水平忠诚仍可以保持。企业除了继续满足员工低层次忠诚因素要求外,最终还是需要追求和培养员工高水平的忠诚,这也是其提高内部服务质量的重点。

表 2-4-2 双因素理论

	具备	缺失
激励因素	满意	没有满意
保健因素	没有不满意	不满意

内部服务即属于激励的范畴，内部服务内容主要包括：人员的选拔和培训机制、奖酬和激励机制、授权和沟通机制、信息的获得、职业发展和工作设计等。内部服务是对应于员工对企业的归属感和工作热情的，如能提高企业内部服务，将激起员工高的满意度和忠诚感。这无疑可以促使企业形成一个团结、富有战斗力的大团队，为企业的长远发展打下坚实的内在基础。

企业的内部服务质量一般用企业员工对他们的工作、同事以及公司的感觉来进行测度。美国 MCI 公司曾对其七个电话顾客服务中心做过这方面的专门研究，研究发现，影响服务人员工作满意度的内部条件按影响程度高低排列依次为：工作本身、培训、报酬、晋升的公平性、是否能得到个人尊重、团队工作、公司对员工生活福利的关心程度，如图 2-4-12 所示。

图 2-4-12 工作满意度的内部条件排序

【案例分析】

根据案例，在内部服务方面，蚂蚁白领主要采取了以下几个措施：（1）在人员选拔方面，通过"跳"还是"不跳"这个场景，表现出蚂蚁白领注重员工的经验性和创新性；（2）通过"钉钉""Teambition"等现代化 App 进行团队管理，表现出蚂蚁白领具备了方便且可行的沟通机制；（3）蚂蚁白领通过工作群内邮件共享、互动，让员工充分了解公司内各个岗位，提供基层员工换岗、轮岗机会，使得员工在蚂蚁白领的工作期间可以得到充分的锻炼，为员工职业生涯的发展提供了机会。（4）蚂蚁白领着手提高员工薪酬福利，从办公环境、薪金待遇、餐补、团建到体检，为员工提供了保健因素。（5）在场景"未雨绸缪服务自己人"中，具体描述了蚂蚁白领采用弹性工作制的过程，该过程也属于内部服务的范畴。

根据赫兹伯格的双因素理论，对该公司的启示是，让员工满意和防止员工不满是两回事，需要从两方面入手。提供保健因素，只能防止牢骚，消除不满，却不一定能激励员工。要想激励员工，就必须重视员工的成就感、认同感、责任感以及个人成长等。

4. 根据案例，讨论蚂蚁白领在创业时为什么选择"术有专攻"，简要分析企业定位的意义。

【相关理论】

詹姆斯·赫斯克特（James Heskett）提出"战略服务观"，其包含的核心观点是"为顾客创造的服务效用价值一定要超过成本"，如图 2-4-13 所示。战略服务观包括 4 项要素：

第一，目标市场细分，包括：目标市场细分的共同特征是：什么户、哪些变量可被用于市场细分户，各细分市场的相对重要性如何，各自有哪些需求户，这些需求是否已得到满足，由谁满足。

第二，服务观念，包括：就服务效用而言，服务的核心因素是什么？服务观念对服务设计、让渡及销售有何效果。

第三，运营战略，包括：经营战略的重要元素是什么，是运营、财务、营销、组织、人力资源还是服务？过程控制中如何能使向顾客提供的服务价值超过服务成本？

第四，服务让渡系统，包括：服务让渡系统由哪些组成部分？服务让渡系统在多大程度上为企业创造差别化竞争优势。

服务价值链管理为实施"战略服务观"提供了方法，两者的共同点在于：都承认企业的市场、运营、人力资源管理等各项工作的核心，都是围绕满足顾客需求进行的。

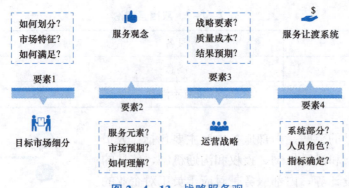

图 2-4-13 战略服务观

【案例分析】

在案例"蚂蚁识途，术有专攻"的部分，主要介绍了蚂蚁白领选择其市场定位的过程。蚂蚁白领在创业伊始，就开始关注"长尾经济"，致力于为大学生和年轻白领提供金融服务。因此，在其设计产品时，产品设计定位即确定为24~45岁的互联网用户群体。整个金融科技公司行业的切入点应是中小企业、个人消费者及其他未被传统金融机构覆盖的客户群体。这个群体的特点就是数量庞大，具有长尾效应。蚂蚁白领及早的认清了这一点，确定了自身细分市场的策略，两年来一直专注于学生、白领群体，在金融产品设计中规避了不必要的风险，在细分市场的深耕细作，获得了良好的客户口碑，更帮助了市场的进一步拓展。

结合我国金融市场环境来解释，目前商业银行和其他投资银行占领了主流金融市场，互联网金融市场以阿里巴巴和腾讯为主，逐步呈现出寡头的局面。因此，只有瞄准细分市场，才有可能突出重围。其次，大学生群体信誉度较高，有利于金融产品的风险控制。且大学生作为未来消费的主力军，具有很高的成长性，积累大学生用户资源可以使蚂蚁白领在未来的一段时间里具有更有力的消费者。

市场定位是由美国营销学家艾·里斯和杰克特劳特在1972年提出的，其含义是指企业根据竞争者现有产品在市场上所处的位置，针对顾客对该类产品某些特征或属性的重视程度，为本企业产品塑造与众不同的，给人印象鲜明的形象，并将这种形象生动地传递给顾客，从而使该产品在市场上确定适当的位置。市场定位主要具有如下三点价值：其一，市场定位能创造差异，有利于塑造企业特有的形象。其二，市场定位能适应细分市场消费者或顾客的特定要求，更好地满足消费者需求。其三，市场定位能形成竞争优势，增强企业竞争力。

5. 根据案例，蚂蚁白领和哪些"外部人"建立了关系？分析蚂蚁白领平台跨界的方式。

【相关理论】

哈佛大学的托马斯（Thomas Eisenmann）将双边市场里联结不同用户群的产品和服务称为"平台"。在《触媒密码：世界最具活力公司的战略》一书中，作者谈到"触媒（catalyst）"就是"平台"，作者认为，经济触媒是一个实体，具有如下特点，即有两个以上的客户群体，两个群体间互相需要，但两边之间不能自己获取价值，需要平台在两者之间产生有价值的化学反应。

近十九年间，交易平台、媒体平台、软件平台、支付平台等平台企业得到了蓬勃发展，深刻地影响了人们的工作和生活，成为经济社会发展不可或缺的推动力。由平台搭建的生态圈，不再是单向流动的价值链，也不再是仅有一方供应成本，另一方获取收益的简单运营模式。对于平台企业来说，与每一边的合作都可能同时代表着收入与成本，都可能创造更高的价值。平台及双边市场实例如表2-4-3所示。

表 2-4-3 平台及双边市场实例

类型	产业	平台	边1	边2	实例
市场制造型平台	房地产业	住房产权经纪人	购房者	销售商	21世纪不动产
		公寓住宅经纪人	租房者	所有人或房东	

续表

类型	产业	平台	边1	边2	实例
市场制造型平台	娱乐业	社会聚会	其他参加者	社会名流	演讲、报告会
		文艺演出	观众	明星	个人演唱会
	其他	展会	参观者	参展商	广交会
		电子商务平台	消费者	商家	阿里巴巴
		超市	消费者	商家	沃尔玛、家乐福
		证券交易所	股民	上市公司	上海证券交易所
受众制造型平台	媒体业	报刊	读者	广告商	晚报、专业杂志
		网络电视	观众	广告商	PPTV、乐视
		门户网站	用户	广告商	新浪、搜狐
		广播	听众	广告商	中国之声
需求协调型平台	软件业	网络游戏	玩家	游戏开发商	盛大
		操作系统	客户	软件开发商	Windows
		浏览器	用户	软件服务商	Internet Explorer
	支付系统	借记卡/信用卡	客户	银行	银联卡
		网络支付	用户	商家	支付宝等

【案例分析】

在案例中，蚂蚁白领主要和三类"外部人"建立了关系，第一类是合作企业B端，包括21世纪不动产、桔子分期、阿里云、安博教育、浆宝等，主要通过场景4具体体现；第二类是终端借款人、投资人，即C端，主要通过场景5表现；第三类是高校、媒体等外部关系，主要通过场景6表现。

直接获取C端客户，初期需要大量的广告投入，成本高且获得有效客户的比例较低。通过与B端的合作可实现批量导入客户，由于在B端的选择已经对客户做了一定的筛选，有效客户的获取比例将明显提升。如：与上市房地产公司合作获取房产抵押贷款客户，与上市教育集团合作获取教育分期客户等等，从消费金融的实际场景出发，在金融产品设计之初建立最优风控模型。蚂蚁白领主要基于自身市场定位，通过建立网络平台的方式，与"外部人"建立多样化合作关系（如图2-4-14所示）。

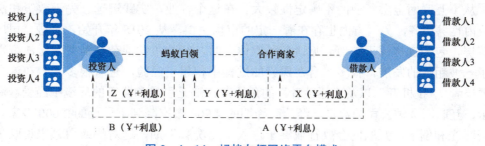

图2-4-14 蚂蚁白领网络平台模式

6. 运用服务价值链理论分析蚂蚁白领金融服务的发展。

【相关理论】

服务价值链是一种阐述企业、员工、顾客、利润之间关系的链。服务价值链理论认为，利润、增长、顾客忠诚度、顾客满意度、顾客获得的产品以及服务的价值、员工的能力、满意度、忠诚度、劳动生产率之间存在直接的、牢固的关系。其逻辑内涵为：企业盈利能力的增强主要来自顾客的忠诚度的提高；

顾客忠诚是由顾客满意决定的，顾客满意则是由顾客认为所获得的价值大小决定的；顾客所认同的价值大小最终要靠工作富有效率且对公司忠诚的员工来创造，而员工对公司的忠诚又取决于其对公司是否满意；员工满意与否主要应视公司内部是否给予了高质量的内部服务。

这一逻辑要有效，即要使这一正相关的"链条"能够联动起来，需要把握两点精髓。一是让外部服务为顾客创造出高的顾客让渡价值，二是通过高质量的内部服务为一线员工创造高的"内部顾客让渡价值"（如图2-4-15所示）。

【案例分析】

蚂蚁白领在创业之初，就践行了服务价值链的理念。在创业初期，首先通过创业人才的招募、创业团队的组建、团队的管理，在企业内部形成了内部服务理念；然后在服务定位的基础之上，拓展外部关系，通过和其他企业的合作，为终端的消费者提供了专业、高效、安全的服务，增加了企业的价值（如图2-4-16所示）。

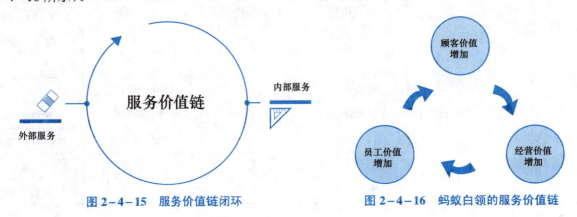

图2-4-15 服务价值链闭环　　　　图2-4-16 蚂蚁白领的服务价值链

六、背景信息

2015年互联网金融市场风起云涌，产品格局和市场格局发生了重大变化。虽然消费者对互联网金融接受度提高，但鱼龙混杂的互联网金融市场产品同质化严重，这使得消费者难以辨别优劣，更难以选择适合自己的金融产品。

目前中国的互联网金融公司有2 000多家，大概分为三类。一类是互联网金融转型蜕变过来的，一类是担保公司转型蜕变过来的，还有一类是自有资金出现问题，通过自融蜕变出来的。在中国，金融领域门槛很低，创业者相对容易，国内互联网金融行业创始人很多都是矿产、地产、工程师背景，真正出自金融行业的不到1%，所以说这个领域乱象丛生，与创始人背景有直接关系。

在中国，从事互联网金融行业的不确定性较大。在这个行业，实践远远领先于政策和法规，这一方面导致了行业内良莠不齐，另一方面也存在着一定的市场空白。从2015年开始，金融公司广告遍布地铁高铁、电视荧屏，包装宣传铺天盖地、见诸各种媒体之时，行业鱼龙混杂令消费者无法辨别。互联网金融行业经历了一波粗放的发展，很多平台在探索的过程中积累了经验，也有很多平台在这个粗放的环境中扮演了"搅局者""投机者"以及"牺牲者"的角色，在缺乏引导和监管的环境中经受着淘汰和自我淘汰。数据显示，互联网金融公司的数量已经从高峰期的4 000多家降到了最近的2 600多家。随着几家知名公司的违规曝光和倒下，互联网金融行业终于进入了"洗牌"期，这对蚂蚁白领来说既是挑战，也是机遇。

七、关键要点

1. 关键点。

《专业守界、网络跨界：蚂蚁白领专业金融服务平台案例》的主要关键点如下：

首先，专业团队的组建是创业成功与否的关键因素之一，在具备了专业人才的基础之上，只有通过激励与保健并存的内部服务,才能提高员工的工作满意度,进而提升员工的积极性和创造力。

其次,在当今社会,网络平台成为企业不可或缺的组成部分。只有通过安全、高效、便捷的平台,才能建立起多元化的外部关系,拓展客户资源,提升客户满意度和忠诚度。

最后,内部服务和外部服务并非单向、一蹴而就,而是循环、更新的过程。服务价值链不仅对创业企业有效,绝大多数组织都需要树立服务价值理念。

2. 关键知识点。

在《专业守界、网络跨界：蚂蚁白领专业金融服务平台案例》中,涉及的关键知识点主要有三点,分别是服务价值链、内部服务质量和平台理论。在三个主要理论的基础上,要求学员区分传统企业和服务型企业的联系与区别。传统企业和服务型企业对照表如表2-4-4所示。

表2-4-4 传统企业和服务型企业对照表

企业类型	传统企业	服务型企业
组织结构	金字塔式等级制	扁平化团队小组学习型组织
领导控制	指挥型、外部控制	育才型、自我控制
竞争策略	价格与成本策略	顾客满足、速度竞争、服务差异化
经营重心	注重成本	注重创新能力
创新内容	机器、产品更新	服务创新
创新主体	高层和中层领导	全员,尤其是一线基层人员
服务对象	外部顾客	外部顾客和内部员工
激励层次	低层次、外激励为主	高层次、内激励为主
文化特性	制度化、纪律观念、节约精神	柔性化、以人为本、以价值为本、团队精神、顾客导向、持续学习

3. 关键能力点。

通过案例教学,深化学员对于服务价值链的理解。让学员充分了解以员工为核心、以客户为导向的服务价值理念。在实践中,逐步引导所在单位建立服务价值观,提升内部服务,利用网络平台拓展外部资源和客户。

八、建议课堂计划

1. 按照两个小时的课堂时间来组织案例教学。

2. 前提条件：因为案例内容较多,当堂阅读肯定影响讨论效果。因此,在案例教学课的一周前,将案例正文及附录分发到每名学员手中,要求学员仔细认真地阅读案例,并在此基础上做好相应的上课准备,提前自行划分好案例讨论的小组（4~6人一组）,对于案例的启发思考题有初步地思考。另外,课程主讲教师必须对于案例的本身、相关的理论及案例分析的思路有非常到位的理解掌握。

3. 主讲教师于上课开始后的5分钟内,明确教学目的,并作必要的板书。

4. 主讲教师阐述案例中的主要人物及案例故事的梗概,在此过程中,可以请学员对于案例后的第一个思考题展开讨论,时间控制在15分钟以内。

5. 组织学员对于案例的启发思考题进行分组讨论,由一人记录发言的关键要点,讨论时间控制在15分钟。随后,请每个小组派一名代表来阐述小组成员对于每道题目的具体回答,发言时间为30分钟。

6. 教师结合案例使用说明点评每个小组学员的发言,并介绍案例的后续进展。时间约为30分钟。

7. 教师结合案例启发思考题,介绍重点涉及的相关理论。时间控制在15分钟。

8. 结合关键要点,点明案例的意义和价值。时间控制在5分钟。

9. 自由提问与课堂小结。学员提出本次课程感兴趣的问题,由老师和其他学员解答,主讲教师对于本次案例讨论课和学员的参与情况给予肯定和归纳总结。时间控制在 5 分钟。

九、案例的后续进展

2016 年以来，蚂蚁白领公司逐步建立起较为完善的内部结构，员工满意度、忠诚度显著上升。在外部，蚂蚁白领开始和阿里巴巴、小米、京东、新东方等企业建立起合作关系。蚂蚁白领平台用户量截至 2015 年年末达到 28 万，交易额超过 3 亿。在内外兼容并包的服务理念支持下，2016 年 1 月，蚂蚁白领成功完成 pre-A 轮 2 070 万融资。

十、参考文献及扩展阅读

［1］朱方伟，孙秀霞，宋昊阳．管理案例采编［M］．北京：科学出版社，2014．
［2］罗宾斯，贾奇著．组织行为学精要［M］．北京：机械工业出版社，2014．
［3］侯光明．人力资源管理［M］．北京：高等教育出版社，2009．
［4］尹志宏，毛基业，黄江明．中国企业管理案例研究集萃［M］．北京：中人民大学出版社，2012．
［5］陈维政，张丽华．工商管理硕士 MBA 实战系列教材：中国 MBA 论文选（第 4 辑）［M］．大连：大连理工出版社，2014．
［6］刘平青，等著．员工关系管理［M］．2 版．北京：机械工业出版社，2016．
［7］黄培伦，黄珣，陈健．企业内部服务质量、关系质量对内部顾客忠诚的影响机制：基于内部营销视角的实证研究［J］．南开管理评论，2008．
［8］张金成．服务利润链及其管理［J］．南开管理评论，1999．
［9］季成，徐福缘．平台企业管理［M］．上海：上海交大出版社，2014．
［10］陈威如．平台战略［M］．北京：中信出版社，2013．

"4D 系统"原力绽放
——G 公司团队"激活"之道[①]

摘 要：中国企业经过三十年的发展，已经从企业的"硬件"建设为重心转向"软件"建设为重心的阶段，也就是领导力发展、卓越团队建设和企业文化建设的深层次领域。本案例描述了口腔医疗服务行业的转型企业——G 公司，在内部管理中遭遇了跨部门沟通的激烈冲突，并导致公司业绩下滑。面临上述困境，G 公司大胆尝试，引进了源自美国宇航局的团队教练体系——4D 系统（以下简称 4D 系统）进行试点，最终解决了公司市场培训部和销售部的矛盾及协作问题，并有效地提升了团队绩效，从根本上激活了两个团队成员的个人潜力和团队合作力。4D 系统是一套科学的团队评价及提升机制，它整合了心理学、人脑科学和领导力研究的最新成果，通过周期性团队教练，逐步改变团队的文化氛围、心智模式和行为方式。

本案例可以帮助学员，了解企业面临的"软件"建设需求，理解国有转型企业面临的跨部门沟通挑战；掌握如何利用 4D 系统，改变团队成员的思维模式和行为习惯，从而建立起新的团队氛围和行为模式，最终实现可持续地提升团队绩效的目标。学员通过案例分析，既能深入学习 4D 系统理论，又能明确关键问题的分析思路和方法。

关键词：G 公司；有效沟通；团队绩效；4D 系统

0 引言

2016 年 1 月，G 公司的年会，每个人脸上都洋溢着开心的笑容，大家隐隐约约感觉到这次年会的氛围跟以往有些不同，究竟是什么不同呢？

只见公司创始人，也是现任总裁——张总步履轻盈地走上舞台。他表情有些激动，没拿任何讲稿，径直走到麦克风前面。

"全体兄弟姐妹，大家好！今天是个特别的日子，过去的一年，在我们大家的共同努力下，不但超额完成了年度任务，而且实现了连续 7 年，销售增长率在 25%以上的骄人成绩。"张总的话音刚落，现场响起热烈的掌声。

张总稍微停顿了一下，用欣慰的目光跟大家交流，他继续补充道：

"在过去的一年中，公司内外环境都发生了很多变化。有些是让人欣喜的，有些则是让人警醒的。值得庆幸的是，我们及时发现了问题，并积极探索出解决问题的对策。经过各个部门的团结合作，我们克服了困难，同时也超越了自己。

在这里，我想特别强调一件事，去年 3 月份，公司正式引进 4D 系统进行试点，大家都看到了显著的变化。这两个部门的关系变得融洽了，多年的矛盾化解了。并且，这两个部门内部的互动也更加主动和

[①] 本案例由北京理工大学管理与经济学院易瑾超老师带领的团队撰写，具体成员有郑方圆、杜兴翠、姚莉，撰写过程中得到了 G 公司培训部经理的大力支持，特此感谢。作者拥有著作权中的署名权、修改权、改编权。

本案授权中国管理案例共享中心使用，中国管理案例共享中心享有复制权、修改权、发表权、发行权、信息网络传播权、改编权、汇编权和翻译权。

由于企业保密的要求，在本案例中对有关名称、数据等做了必要的掩饰性处理。

本案例只供课堂讨论之用，并无意暗示或说明某种管理行为是否有效。

真诚。这些都是一个快速发展的公司必须具备的根基,今天既是一个阶段的总结,更是一个新的开始……"

张总的演讲把年会推向高潮,现场一片欢腾。大家互相拥抱、祝贺,酒杯的碰撞声、人群的欢笑声交织在一起。

这是张总最后一次在年会上进行总结发言,他即将退休卸任。十几年来,他带领团队,将 G 公司打造成口腔无痛界的第一,其间的酸甜苦辣真是一言难尽。

即将接任张总的是原来分管销售部和市场培训部的副总裁,陈总年轻有为,德才兼备,一直是张总的得力干将。过去的一年,他带两个核心部门,全力以赴提升业绩,并积极支持 4D 系统导入,让整个团队和公司都受益匪浅。

陈总想单独跟老领导喝一杯,他拿上两个酒杯,拎起一瓶红酒,在人群中找到张总。张总见了,心领神会一笑,两人悄悄地穿过热闹的会场,来到角落的一间休息室。张总舒服地坐下来,靠在沙发上,陈总给两个杯子满上红酒。两人举杯轻轻一碰,过去的一年真是不容易啊!

接下来的一年,他们已经达成高度共识,将在公司内部全面推广 4D 系统,推动公司进一步实现内部沟通的顺畅和高效……

1 背景介绍

1.1 行业背景

根据国家统计局数据显示,2015 年第三季度,服务业的 GDP 占比就已经超过 50%,逐渐成为国民经济的重要支柱。随着我国居民人均可支配收入的不断提高,城市居民在满足温饱、住房等基本生存的情况下,消费结构逐渐升级,转向提高生活质量、关注身心健康等方面的需求。

我国"十二五"期间,医疗行业的年均增长率在 25%左右,远高于同期 GDP 增速。[1] "十三五"规划纲要已经将健康中国战略提升到了国家战略的高度,政府对国民健康的重视程度不言而喻。2013 年国务院发布的《关于促进健康服务业发展的若干意见》中指出,推动健康服务业有序发展,2020 年总规模达到 8 万亿元以上,成为推动经济社会持续发展的重要力量。

医疗服务成为蓬勃发展的朝阳产业,其中口腔医疗服务等专科医疗服务在消费升级,政策环境支持背景下,将成为医疗服务产业中的优势领域。因此,口腔医疗市场不断获得资本的关注。来自医疗行业协会的统计数据显示,2015 年全国口腔医疗设备市场规模约为 1 346 亿元,预计到 2020 年有望突破 4 000 亿元。[2]

口腔医疗行业兼顾了健康和美丽的需求理念,具有很好的市场概念和运作空间。但口腔领域不同于其他领域,更强调将技术与服务完美结合,口腔医疗公司只有把技术与服务都抓好,才能牢牢地锁住客户的胃口。

据中国产业信息网的不完全统计,目前国内有 6.5 万多家口腔诊所,行业市场化程度高,多点执业率高,患者基数大,具有巨大的增长空间。但随着消费者需求的不断升级,互联网背景下市场竞争的白热化程度也愈发激烈。一个口腔医疗企业若想在本行业中脱颖而出,并持续保持领先地位,必须不断提升其综合实力,除了重视企业的"硬件"建设,更要注重企业"软件"建设,也就是领导力发展、卓越团队建设和企业文化建设的深层次领域。

1.2 G 公司介绍

G 公司成立于 2004 年 8 月,是一家专注于口腔医疗市场发展,以代理国内外先进药品、器械以及设备为主的营销、推广和销售服务提供商。其上级领导是中国医药集团旗下的三级上市公司。该国企在中

---

[1] 参考文献:覃静. 浅析我国口腔医疗行业现状及发展趋势 [J]. 商情,2016(25).
[2] 数据来源:凤凰财经.

国口腔专业市场建立了全国营销管理与服务团队，且在口腔医疗市场已拥有超过 10 000 家的终端客户，并建立了良好的信誉。

公司的发展愿景是：始终专注于为口腔医生提供满足其需求与期望的专业化服务，并力争促进口腔健康事业的发展，用创新与服务持续不断地为社会创造更多价值。

公司的战略定位是：关爱生命，呵护健康，关注口腔，服务医生。始终坚持学术导向、满意服务、创新发展，以提供口腔优质产品为载体，建设与发展口腔专业的学术交流及服务平台，并致力于发展成为口腔医生最可信赖、可依靠的助手。

公司自上级国有集团独立出来已经 10 多年。作为口腔界唯一的国有转型企业，过去的十几年中，在创始人张总的带领下，公司发展迅速，逐步确立了在口腔无痛行业中的龙头地位。自 2008 年起，持续 6 年保持 25%以上的销售年增长率。

尽管如此，在国际口腔医疗行业，相比拥有百年基业的大型外企来讲，G 公司还只是处于成长期的幼儿企业。比如，公司根基不稳，企业文化尚未成熟，还不足以抵御暴风雨的侵袭，这些都是潜在的风险。

1.3 主要人物介绍（根据在案例中出现的顺序）

张总：G 公司创始人，现任总裁。张总个性果断、高瞻远瞩，带领团队经过十几年的拼搏，将 G 公司打造成口腔无痛界的第一。张总一直重视品牌塑造和口碑积累，期待公司内部沟通高效，精诚合作。在本案例中，他积极支持引入 4D 系统进行试点，并在退休卸任时果断部署了后续在公司全面导入 4D 系统。

陈总：G 公司分管销售部和市场培训部的副总，即将接任张总的总裁候选人。陈总年轻有为，虽然技术出身但是管理经验丰富。在本案例中，他身体力行支持 4D 系统的导入，并向张总建议后续在公司内部全面导入 4D 系统培训。

孙总监：销售部负责人，主要负责展会项目，拓展客户资源，经验丰富。在本案例中，他是 4D 系统导入的积极支持者和直接受益者。

李总监：市场培训部的负责人，口腔专业背景出身。在本案例中，他是公司第一个接触 4D 系统并参加其认证培训的高管，同时也是 4D 系统的引荐者和导入者。主要负责组织市场培训部和销售部的团队进行 4D 系统的培训及在线测评、数据分析等工作。

王经理：G 公司销售部资深员工，自公司成立之日起就任职于 G 公司，目睹了公司的成长历程，对公司有深厚的感情。王经理具有明显的体制内员工特点，从开始怀疑 4D 系统，到心服口服地支持 4D 系统导入，代表了销售部资深老员工的心路历程。

赵经理：G 公司市场部资深员工，自公司成立之日起就职于 G 公司，目睹了公司的成长历程，对公司有深厚的感情。赵经理具有明显的体制内员工特点，开始跟王经理矛盾很大，后来经过 4D 系统培训和体验，及时改进了自己的观点和态度。

2 G 公司的内忧外患

2.1 突然遭遇供货危机

2015 年年初，G 公司的重要合作伙伴因为内部重组，导致产品线脱节，不能持续供应产品。与此同时，随着客户需求量的增多，市场供需比例严重失衡，客户抱怨和投诉量日益增加。最终，由于长时间无法向客户承诺何时恢复供货，约有 131 家诊所都开始选择了竞品，公司多条产品线遭遇竞争对手的正面阻击，公司部分核心员工也被竞争对手挖走，公司第一季度销售额同比下降 12 个百分点。

面对公司业绩的大幅下滑，张总心急如焚。在这样的危机时刻，更需要公司各部门团结合作，众志成城，推动公司渡过难关。然而，他最担心的是，目前公司正在酝酿战略转型，希望调整市场战略，改变管理方式，营造充满正能量的团队氛围，以持续的增长来增强公司员工的信心。

2.2 内部沟通潜伏隐患

G公司作为国有转型企业，具有明显的国有企业的特点。这点从公司的规章制度和员工的工作态度中就能充分的体现出来。张总一直希望增强各层级之间的互动，创造更加顺畅、更加高效的沟通环境。他希望员工们能够有更强的向心力，提升团队凝聚力。

并且，张总一直在寻求各部门的均衡发展，尤其是销售部、市场培训部等几个直接面对客户的重要职能部门。市场培训部主要负责两方面工作，一是宣传公司的形象及全线产品的宣传，是对销售最直接的支持，二是负责为客户提供专业的售前、售后服务及各种技术支持和培训，由李总监负责。

在张总眼里，公司的市场培训部和销售部在战略项目里是唇亡齿寒的关系。如果公司只关注市场培训，不关注销售，那么公司就赚不来足够的钱来养活员工，同时也容易给竞争对手做嫁衣，为将来被对手击败平添了几分风险；如果只关注销售而不顾市场培训，这种只看眼前利益的做法注定使公司不会向更大、更强的方向发展，早晚有被对手兼并的可能。

但是，销售部与市场培训部矛盾由来已久，两个部门都认为自己才是公司"最重要的部门"。销售部人员众多，全国各省均有驻地销售代表。销售部的人员学历普遍不高，且很多也不是本专业出身。但他们倚仗手中重要的客户资源，能够为公司带来不断的利润收入，所以部分人自恃清高，觉得所有人都应该为自己服务。而市场培训部的同事则大都是研究生以上学历，做学术、技术出身，学院派氛围浓重，强调计划和流程。市场培训部的看不起销售部的人，觉得他们只是耍嘴皮没有什么真本事，还经常飞扬跋扈。

长此以往，两个部门之间积怨深厚，沟通困难。比如，销售部以王经理为首，嘴上经常挂着两句口头禅："我们才是公司的赚钱部门，你们培训部就是花钱部门。"同时，市场培训部以赵经理为首，也有两句口头禅："销售就会'耍嘴皮子'，凭什么对我们的工作指手画脚。"

每两周一次的跨部门例会，经常是销售部和市场培训部之间的批斗会。两个部门代表见面，说不上几句话就开始互相抱怨、指责、推卸责任。最经典的场面莫过于：赵经理幸灾乐祸地瞟一眼王经理"你们销售部不是最有能耐吗，这次怎么就失手了呢？"王经理一听火冒三丈，拍着桌子骂起来："我们失手还不是你们培训部害的，你们宣传不到位，我们怎么去跟客户谈！"双方经常在争吵中情绪失控。

这两个部门都是公司的权重部门，并且经常得合作。现在闹得很多交流和协作都只是限于表面，并没有深入的沟通，结果就是各干各的。以前行业竞争不那么激烈，还不至于影响公司发展。但是现在，市场竞争白热化，内部沟通如果那么低效，还怎么联手打天下啊？

陈总看在眼里，急在心里，暂时也想不出好办法。

2.3 矛盾大爆发

2015年4月，在广州举办的第二十届华南国际口腔展会上，销售部和市场培训部的矛盾彻底爆发。

作为全球性四大口腔展会之一，本届华南国际口腔展会影响深远，将有来自26个国家和地区的800多家展商参展，预计接纳来自90多个国家和地区逾百万名专业观众。G公司也特别重视此次口腔展会，派出了由市场培训部和销售部为主，共计30多人的大团队参加。

通常，大型活动准备期是至关重要的。没有充分的准备，就不会有好的结果。陈总在筹备前期，特别召开了两次高管会议，确定了展会细节和任务分工。他特别叮嘱大家要团结协作，抓住这次展会机遇为公司创造辉煌业绩。

因为这次展会是以扩大宣传力度，增加公司和产品知名度，提升品牌效应为目标。因此，公司部署以市场培训部为主导，销售部辅助执行，两个部门密切配合。市场培训部提前半年就开始撰写计划、订制展位、设计展台、印刷资料、设计培训流程等。

整个筹备期，两个部门配合还比较顺利，但是到展会期间，他们的矛盾突然激化了。

培训部赵经理认为：培训部必须考虑培训的效果，并不是参加的人越多越好。并且，每次展会中的客户培训分为理论和操作两部分，操作培训需要分组演示，这就涉及培训人员及客户的人数问题。每位培训人员最多可以同时负责四位客户的操作演练，如果负责太多就不能及时回应客户的问题，会让客户的满意度大大降低。

而王经理为首的销售代表却不这样想，他们认为：这是难得的拉拢客户的机会，绝对不能错过，应该尽可能多地招揽客户，这样才可能销售出更多的产品。更糟糕的是，展会现场，每个销售只顾着自己的客户，都想让培训人员尽可能多地照顾自己的客户。一旦非己的客户有疑问，他们要么置之不理，要么敷衍了事。

并且，展会现场培训人员要求销售配合做的，销售代表总是能躲就躲。培训部赵经理看了气不打一处来，在展会现场当着客户的面就和王经理大吵起来。两个部门婆说婆有理、公说公有理，谁也说服不了谁。后来，客户有问题咨询培训人员，培训部人员竟然推脱，让客户找他们自己的销售人员解决。

最终，由于两部门之间的不合作态度，使得如此重要的展会现场，互动效率低下。看似很忙碌，实则每个部门各干各的，没有任何配合。很多客户都被展会上其他竞争对手抢夺了去，事后两个部门继续互相埋怨，推诿责任，彼此矛盾彻底爆发。

2.4 展会复盘

这次展会期间，销售部和市场培训部的矛盾冲突，以及导致的严重后果，让陈总和两位直接负责的总监都猝不及防。大家都没有料到，事先胸有成竹的展会成果竟然毁在两个部门人员的沟通问题上，大家都意识到了问题的严重性。

展会一结束，张总就召开了紧急会议，公司中层以上员工都必须参加。

张总最后一个走进会议室，他皱着眉头，表情是从未有过的严肃。会议室的气氛像乌云压顶，大家都小心翼翼，不敢发出一点声音。

张总在大屏幕前站住了，用手指着屏幕上的数据，扭头大声问道：

"你们自己看看公司的财务报表，截至今年第一季度，公司销售额同比下降 12 个百分点。我们拿什么来推动公司发展？我们用什么来保障已经延续了 6 年的辉煌业绩？"

全体参会人员听了张总的话，都不约而同地皱起了眉头。

张总深深地叹了一口气，目光看向销售部和市场培训部的人员。

"你们两个部门让我非常失望，非常痛心。你们中间很多人都是跟着我打拼了十多年的老员工，我相信你们对公司有深厚的感情。但是，你们彼此之间却不能互相体谅，密切配合。公司是一个大家庭，你们却只站在自己的角度考虑问题，你们把公司的利益放在哪里？你们心里还记得公司的愿景和战略吗？还记得我们承诺要关爱生命、服务客户吗？如果我们连自己的同事都不去关爱，还怎么做到关爱生命、服务医生。你们的狭隘和自私给公司造成了严重损失，也给其他部门造成不良影响。"

听到这里，市场培训部和销售部的全体人员都惭愧地低下了头，恨不得挖个地缝钻进去。

"今年的形势非常严峻，公司的业绩明显下滑，我们还面临着转型的挑战。可以说内忧外患，困难重重。如果部门之间不能紧密地团结在一起，精诚合作，那么竞争对手就会乘虚而入。我们奋斗十几年建立起来的品牌优势，客户关系等很可能转眼间就灰飞烟灭。"

张总越说越气愤，狠狠地拍了一下桌子。

大家都愣住了，从没见过张总发这么大的火。会议室里鸦雀无声，每个人都屏住了呼吸，时间也仿佛凝固在了这一刻。

只见陈总猛一下站起来，面带惭愧地自我批评道："我首先检讨，销售业绩的下滑我要承担最大责任。是我没有管理好团队，让他们的矛盾积累了这么长时间，最终造成了严重的后果。我今天当着大家的面立下了军令状：我一定想办法协调好他们的关系，维护好我们的客户。给我半年时间，我有信心把他们带好，并且完成今年的销售任务。要是没有实现目标，我愿意引咎辞职。"

两位总监看到陈总表态，赶紧跟着站起来，先后表态。

李总监说："我们一定抛开偏见，积极支持销售部。我会找到改善沟通的系统方法，让两个部门的积怨彻底消失。"

孙总监也深刻检讨："是我们光顾着自己的小利益，忘记了公司的大利益。下半年我们一定跟市场部团结合作，全力以赴，让公司业绩提升。"

会议室的氛围稍微有些舒缓，大家在沉默中感受到了一种同仇敌忾的斗志。

张总打破了沉默："我相信大家，也感谢大家有这样的决心为公司拼搏。部门之间就像兄弟姐妹，只有充分有效的沟通，才能尽量避免分歧。而我们每个人，只有提高自我认知，才能够更好地关心他人。我这里也特别委托李总监，尽快引进比较好的沟通培训，帮助大家了解沟通方法，提高沟通技巧。"

复盘会议结束后，市场培训部李总监就开始了沟通培训的探索之路。

3 4D 系统导入试点

3.1 发现 4D "金钥匙"

李总监前后打了近 20 个电话咨询培训界的朋友，请他们推荐口碑最好的沟通培训课程。一圈下来，他发现绝大部分培训同仁都给他推荐了一个课程——4D 系统。

他抱着强烈的好奇心上网查了一下，原来 4D 系统源自美国宇航局 NASA，其发明者查理·佩勒林原来是 NASA 哈勃望远镜项目的技术高管。

李总监恍然大悟，难怪同行都推荐这个培训课程，果然来头不小。

4D 系统于 2011 年 1 月正式引入中国，并建立了中文版的 4D 评价系统（www.4-Dassessment.com）。引入中国的第一次培训是在北京，当时为期 8 天的培训吸引了 50 多位中国最活跃的培训专家。

真的这么神奇吗？李总监半信半疑，他决定亲自去参加一下 4D 系统的认证培训。经过仔细筛选，李总监选择了一个查理亲自授权的培训机构，报名了为期四天的 4D 系统认证培训。

培训期间，李总监非常勤奋，每天都向培训师请教，跟同学探讨，还认真地记了一大本笔记。培训结束时，他收获满满。他清楚了 4D 系统理论的由来，掌握了核心原理以及导入企业的操作流程。

李总监感觉像是挖到了金矿，内心无比激动。

结束培训后，李总监花了一天一夜，通宵达旦地整理了相关笔记，写成了一个完整的 4D 系统导入建议书。在报告中，他特别强调了 4D 系统的核心原理，以及在改善团队沟通与合作方面的卓越成效。

"4D 系统通过一个坐标、四个维度、八项行为，便可以诊断团队的风格，以及领导者与员工的性格分类，彻底优化团队社会背景，创造最优绩效。

4D 系统历经 10 年，经过 NASA 的 50 支团队验证，获得美国 ICF（国际教练联合会）教练大奖，已被引进中国航天队伍建设中。如今，越来越多的企业将 4D 系统引入公司的团队建设中，作为团队评价及提高员工绩效考核成绩的首选工具。4D 系统尤其适用于组织正在飞速成长和快速扩张，但因此带来的组织文化根基尚未牢固，引起各种沟通不畅、绩效低下的团队。"

周一早上 9:00，他迫不及待赶去公司找陈总汇报。

在路上，李总监想起自己最喜欢的一部电影《星球大战》，故事里有一种超级能量叫作"原力"，谁拥有原力谁就能战无不胜。他觉得 4D 系统就是改善团队沟通与合作的"原力"。

陈总听完他的详细汇报非常高兴，也被 4D 的精妙之处深深吸引了。

不知不觉到了中午，陈总拨通了张总的电话，恰好张总在办公室。陈总马上带着李总监直接去张总办公室汇报。张总也放弃了午休，全神贯注地听完李总监汇报。他当即表示支持公司引进 4D 系统，随即两位老总商量决定，首先在销售部和市场培训部进行导入试点。

陈总带着李总监回到自己办公室，让秘书叫了三份外卖，然后拨通了销售部孙总监电话，让他马上过来商量重要事情。孙总监赶到陈总办公室，三人边吃午饭边聊工作，一起商量、部署了 4D 系统导入试点的时间规划和关键步骤。

第二天，陈总召开了一个跨部门共识会，邀请市场培训部和销售部全体成员参加。会上，陈总兴奋地告诉大家:"公司经过慎重考虑,决定引进 4D 系统进行试点。这项工作由市场培训部李总监全面负责,请大家积极配合。"

接下来,李总监给大家简要介绍了 4D 系统的前世今生和传奇效果。大家虽然之前完全不了解 4D 系统,但是都信任李总监一定找到了好办法,纷纷表示一定积极配合。

4D 系统的导入是一个环环相扣、不断交互的过程。

李总监根据 4D 系统导入的流程规律,部署了连续 6 个月的导入任务,主要分为五个步骤:团队前测、团队文化诊断、团队培训及应用、团队后测、项目总结。

3.2 导入第一步——团队前测

根据 4D 系统导入的流程安排,第一个步骤是对两个部门进行培训前的测评,了解团队现状及问题所在。

前测时间安排在 4 月中下旬。首先对公司两部门的十余名经理进行个人测评,然后对圈定出来的团队负责人进行个人测评。

测评结果如图 2-5-1、图 2-5-2 所示。

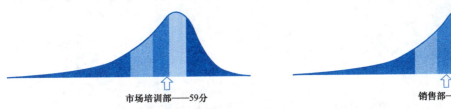

图 2-5-1　市场培训部第一次 TDA 测评　　　　图 2-5-2　销售部第一次 TDA 测评

根据图表显示,在五个等面积的区域分布图中,市场培训部的分数为 59 分,销售部为 53 分。

而市场培训部和销售部的 8 项行为分数表现如下:如图 2-5-3、图 2-5-4 所示。

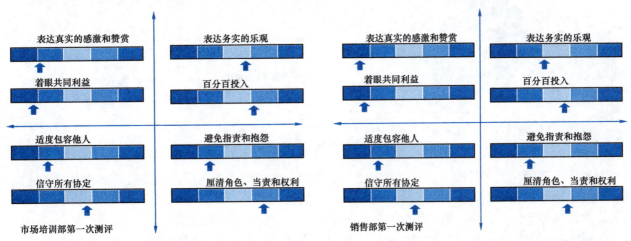

图 2-5-3　市场培训部第一次 8 项行为测评　　　　图 2-5-4　销售部第一次 8 项行为测评

根据测评数据的直观显示,市场培训部和销售部的数据都在均值范围内,并且处于中间部位,这说明了两个部门还有很多的不足之处。

(具体测评数据内涵及原理请参考附录)

前测结束后,李总监召开了第一次数据解读会。他给大家初步讲解了测评数据的内涵,并安排了接下来的第二个步骤——团队文化诊断。

3.3 导入第二步——团队文化诊断

4D 系统针对群体文化氛围划分了四种类型:绿色(培养)文化、黄色(包融)文化、蓝色(展望)

文化和橙色（指导）文化。每种群体文化基于对事实的不同认知，都有自己独特的核心价值观。每种文化拥有不同的指导方式和包容特点，对成功怀着不同的愿景。就像人的天性一样，组织和群体也会倾向于主要表现为四种文化类型的某一种。团队文化诊断的目的，就是测试出具体团队的主导文化倾向。

现代企业基本都是以追求绩效为终极目的，所以绝大多数的企业都是4D罗盘右侧的，即非蓝即橙团队。这是因为公司始终要提供竞争力强的产品，同时也要及时根据市场的变化做出自我调整。

李总监通过4D系统提供的专业测度表，分别对销售部和市场培训部进行了主导文化的类型诊断。（具体测度表参见附录）

诊断结果显示，市场培训部和销售部的主导文化完全不同，市场培训部为橙色文化，销售部则是蓝色文化。（如图2-5-5、图2-5-6所示）

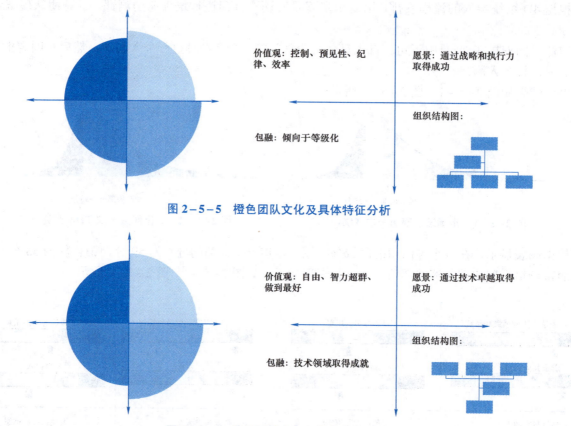

图2-5-5　橙色团队文化及具体特征分析

图2-5-6　蓝色团队文化及具体特征分析

因为市场培训部更多是做计划，做很多预期的事情，所以要考虑到所做的事情带来的影响。他们必须时刻关注预算及流程，因此市场培训部的团队背景为橙色文化，即指导型文化。并且，市场培训部多数人的性格也都是橙色背景，他们都很执着于工作流程，一旦确定就很难调整。

而销售部则不同，他们经常要想尽一切办法让客户购买，因此他们创意很多，想法有时千奇百怪。对他们来讲，没有对与错，只有合适或不合适。因此销售部的团队背景为蓝色文化，即展望型文化。

两部门的文化颜色均属于坐标轴右侧的文化，即天性都是靠逻辑来做决定。这样的背景很适于团队间的发展，销售部创意多，市场培训部执行力强，两部门之间有很好的互补。

诊断结束后，李总监召开了第二次数据解读会。

他给大家初步讲解了团队文化诊断数据的内涵及诊断结果分析。他要求经理们制订个人发展计划，并承诺带领自己的团队实践八项行为。他教会经理们如何利用4D系统提供的数据库进行测评数据比对，让每个团队都明确自己的进步与改变，同时也找到自己团队痛点，持续改进。

参加测评和诊断之前，销售部和市场培训部的同事并不了解4D系统，心里甚至有点怀疑。但是，当前两个步骤完成之后，大家感觉4D系统还挺有意思。通过测评和诊断，他们好像发现了一些从未了解的真相，大伙对即将到来的深入 4D 系统原理培训充满了好奇和期待。

3.4 导入第三步——团队培训及应用

两部门共计 102 人，李总监分区域组织培训共计 6 次。

每场培训，李总监不仅要告诉同事们 4D 是什么，更重要的是要探讨 4D 与他们实际工作的结合，共同探索如何用 4D 工具解决实际工作中的沟通问题。

李总监会在课程的最后，就具体团队或业务线目前遇到最棘手的难题进行探讨，然后得出切实可行并在现场达成共识的行动方案。这些行动方案全部由两部门的各级经理进行项目回收、整理和跟进。从而保证每次必有产出，每个产出必有行动，每个行动必有结果，每个结果必有跟进，每个跟进必有反馈。

李总监知道，只有结合团队实际业务的导入，才能让 4D 系统真正落地。除了理论培训，李总监还组织了各类 4D 团建活动，让经理们在真实的环境下体验 4D 的状态及力量。

经过深入的 4D 培训和应用，两部门的经理团队迅速建立了 4D 意识，4D 成为经理之间和部门内部开口必谈、津津乐道的话题。李总监也顺理成章地开始部署最后一个步骤。

3.5 导入第四步——团队后测

经过四个多月的 4D 系统测评、培训、应用和总结，截至 8 月底，两部门的全体经理都基本建立了 4D 意识，能主动用 4D 思维去解决实际工作中的沟通问题。李总监觉得进行团队后测的时机已经成熟。

9 月，两个部门终于迎来了第二次团队测评。

市场培训部的后测分数是 66 分，销售部是 59 分，均比第一次测评有了小幅上涨，如图 2-5-7、图 2-5-8 所示。

图 2-5-7　市场培训部第二次 TDA 测评　　　　图 2-5-8　销售部第二次 TDA 测评

同时，市场培训部和销售部的 8 项行为评分表现如图 2-5-9、图 2-5-10 所示。

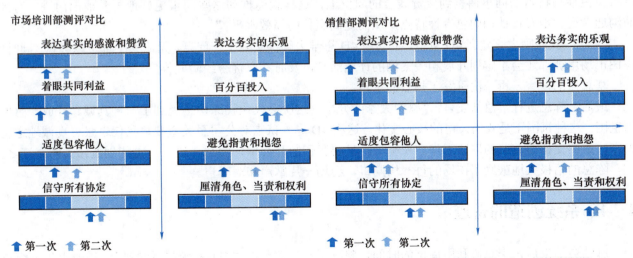

图 2-5-9　市场培训部第二次 8 项行为测评　　　　图 2-5-10　销售部第二次 8 项行为测评

测试结果显示，销售部和市场培训部在 8 项行为的四项上都有显著提升，分别是："表达真实的感激和赞赏""着眼共同利益""适度包容他人""避免指责和抱怨"。销售部还在"表达务实的乐观"这项行为上也有明显提升。并且，销售部在上述五项行为的提升也带动了其他两项行为"百分百投入"和"厘清角色职责和权力"的提升。与此同时，市场培训部和销售部的绩效考核平均分数也分别有了 5 分和 8 分的提高。

李总监看到这个测评结果，百感交集，自己的心血总算没有白费。这个测评结果无论对于领导还是员工，都是值得庆祝的事情。

3.6 导入第五步——项目总结

后测结束后，李总监召开了项目总结会议，并邀请陈总和孙总监出席会议。会上，他让参与培训的经理们首先谈一谈自己的感想。

销售部的王经理作为代表发言："这次 4D 系统培训我们的收获很大，了解了许多以前不知道的科学原理和方法，比如，我们销售部的指导文化是蓝色展望型文化，通常我们为卖出产品想尽一切办法，我们的创意很多，但是我们的包容性差，配合较少。甚至还发生过两名销售同时抢夺一个客户的情况。现在我们明白了团队沟通的改善方向：应该侧重在 8 项行为中的表达真实的感激和赞赏、着眼共同利益、表达务实的乐观、避免指责和抱怨等 5 项行为上。"

王经理的真诚发言赢得了大家的热烈掌声。

孙总监也情不自禁地站起来补充道："老王说得特别好，我们后续将根据 4D 系统测评结果，对销售人员进行专业能力的培养。我们要为他们设计模拟演练环节，直接把 4D 沟通原理设计进去，要求销售人员判断客户的颜色，这样销售人员去拜访客户之前的准备工作就有了方向。"

孙总监的补充发言赢得了全场一片喝彩，会场的气氛变得活跃和热烈。

市场培训部的赵经理也站起来说道："这次 4D 系统培训也给我们很多启发，我们培训部跟销售部类似，在 8 项行为中的 4 项上分数也很低，我们也明确了自己的改进方向。"

赵经理的话音刚落，会场马上响起热烈掌声。

李总监听了经理们的分享，情不自禁地站起来："谢谢大家的踊跃发言，截至今天，4D 导入试点工作一切顺利。我要特别感谢公司领导的信任，感谢大家的积极配合。"

说完这句话，他面向大家深深地鞠了一躬，会场上响起热烈掌声。

他接着补充道："4D 系统的导入工作还有很多环节需要我们全力投入。接下来，我会带领大家跟自己的部门成员进行一对一交谈，重新梳理各自的业务流程和角色分配。我们要根据团队成员的不同性格颜色，调整他们的工作内容及沟通方式，真正做到颜色与人匹配、人与岗位职责匹配。比如，市场部可以将黄色性格特点的同事调整到负责展会的职位上，这样就能推动这些同事更好地与其他部门进行有效的沟通，更大地发挥他们的包容性特点，从而提高整体的绩效水平。"

"此外，我鼓励大家建立 4D 意识，主动用 4D 思维去解决实际工作问题，无论大小都可以尝试。同时，我们市场培训部还会不定期开展相关案例的评选活动，及时萃取优秀经验并推广。"

李总监的发言，再一次引发了热烈的掌声。

最后，陈总进行了总结发言："感谢大家的分享，这次会议让我深切感受到了一种真诚、开放和感恩的氛围，这种氛围正是我们公司的核心文化。这次 4D 导入试点对公司至关重要，我代表张总真诚地邀请大家，继续支持李总监的后续工作。我坚信，只要我们敞开心扉，团结一致，一定能创造伟大的奇迹。"

陈总的话极大地鼓励了在场的每一位同事，会场一片掌声和欢呼声。

4 4D 系统创造的奇迹

总结会结束后，李总监利用周末的时间，整理了一个完整的"4D 系统导入总结"。周一上午，李总监和孙总监赶到陈总办公室汇合，然后三人一起去跟张总汇报。

报告非常清晰地梳理了整个导入过程的执行情况，特别对两次团队测评和一次团队文化诊断的数据进行了详细分析。

张总全神贯注地阅读报告，时不时扭头请教李总监。时间过得很快，转眼一个小时过去了。

张总认真地看完了报告，欣喜地指出：两个部门的团队都在不断地发现自身盲点并持续改进。4D 系统导入带来的团队激活从以下几个方面充分体现出来。

4.1 跨部门沟通的改变

短短六个月时间，随着大家对 4D 系统的熟悉和应用，两个部门的团队氛围都发生了可喜的变化。每个成员不仅开始了解自身的特质，也开始关注同事的特质。部门之间及部门内部成员之间开始学会换位思考，彼此的关系也明显改善。

李总监特别分享了一个小例子：销售部的王经理和市场部的赵经理原来是死对头，每次跨部门会议他俩都抬杠，互相看不顺眼。现在，王经理和赵经理竟然成了好兄弟，经常一起边吃午饭边聊天。因为都是公司的老员工，他们彼此发现了好多共同语言，之前的矛盾不知不觉烟消云散。两部门的其他员工看到他俩的变化也深受影响，大家开始去发现别人的优点，看到共同的利益和目标，开始习惯表达真诚的感谢，传递正能量。

孙总监也分享了三个显著变化。

① 两部门共同制定展会项目的战略方案。过去，市场培训部全权负责制订展会战略规划，销售部只有配合的份儿。现在，市场培训部愿意从销售部的角度去考虑一下展会期间的销售环节，对他们提出的建议也愿意听取。两个部门团队开始一起开展头脑风暴，一起策划方案，不仅效率大大提高，而且实现了部门之间取长补短的效果。

② 跨部门沟通会议效率提高。以前市场培训部和销售部的沟通会议都是例行公事，走个过场，基本没有任何共识，最终还是市场培训部自己决策。现在不同了，双方都能够深入倾听对方所谈的事实、意图和背后的情绪，然后进行真诚而开放的交流，大家都去关注问题的核心及共同的利益，开会效率大大提升。

③ 跨部门合作效果显著。以前两部门的项目负责人总是点对点地沟通，项目其他成员通常不参与开会。这样的后果是，项目负责人因为意见不同，激烈争吵，而其他项目成员因为不在现场，无法了解具体情况，最终只能任由项目负责人主观决策。现在不同了，每次项目合作，都邀请两个部门相关人员全体参与沟通决策，大家都能了解项目相关事宜。然后，两个部门的项目参与人员交替从旁观者的角度，根据公司利益和相关部门的实际需求提出可行性建议。

4.2 团队业绩的提升

李总监的报告里还特别详细地汇总了六个月来，两个部门测评前后的团队业绩在线评估数据。

第一次团队业绩的在线评估是 4 月底，销售部的平均分数为 64 分，市场培训部的平均分数为 76 分。

第二次团队业绩的在线评估是 10 月中旬，销售部的平均分数为 72 分，市场培训部的平均分数为 81 分。

详细情况如图 2-5-11、表 2-5-1 所示。

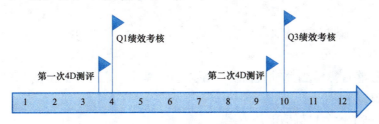

图 2-5-11　4D 测评与绩效考核时间

表 2-5-1　4D 测评与绩效考核分数对比

	第一次 4D 测评分数	Q1 绩效考核分数	第二次 4D 测评分数	Q3 绩效考核分数
市场培训部	59 分	76 分	66 分	81 分
销售部	53 分	64 分	59 分	72 分

数据显示，每次绩效考核成绩都与4D测评分数成正比。因为4D的测评分数综合了团队成员的8项行为特征，而8项行为与团队成员的工作内容息息相关。

听完汇报后，两位老总商量决定，本周三上午在公司召开一个全员参与的4D系统导入复盘会议，让大家一起聆听和感受4D系统创造的奇迹。

周三上午，公司最大的会议室座无虚席。大家都调整了自己的工作，尽量空出时间参加会议。每个人都很兴奋，参与4D导入的同事想听一下全面的总结，没有参与的同事想听听详细的分享。

陈总首先发言："这次4D系统的导入试点非常成功。大家有目共睹，两个团队的成员都发生了巨大改变。他们一起勇敢面对了深层次的挑战，挑明了双方藏在内心多年、不愿说出的矛盾，加深了团队之间的深度信任。"

"经过4D系统培训，大家学会了自我剖析和看见他人。销售部的同事更加热爱学习，逐渐习惯遵循流程，更加懂得感恩和宽容。市场培训部的同事也变得更愿意付出，敢于大胆尝试新的想法。两个团队的互动越来越和谐，团队合作也变得更加愉悦。下面我请两个部门代表——王经理和赵经理分别说说，你俩是如何从'冤家路窄'变成'黄金搭档'的。"

大家一听陈总的话都开心地起哄，让他俩赶快上场。

赵经理摸摸脑袋站起来，有点不好意思："我们非常感谢销售部同事们提供的新思路和好点子，咱们两个部门在一起是互补效应。"

在场的同事们听了赵经理文绉绉的发言，禁不住哈哈大笑。

王经理站起来回应："老赵，你太客气了。我们要感谢市场培训部，是你们一直在帮助和支持我们，你们身上有很多东西值得我们学习。"

现场响起热烈掌声，张总看在眼里，喜在心上。

最后，张总缓缓地站起来做总结发言。他面带微笑，深情地环视了一下会场，简洁有力地说道：

"大家都知道，我们公司在今年年初遇到了突发事件，形势严峻。但是，公司的营业收入从下半年开始有了明显的好转，全年收入增长达到了28%，实现了持续7年保持25%以上的销售增长目标。这个辉煌的成果跟大家都有关系，我不能简单地说成是引进4D的功劳。但是，毫无疑问，4D系统的导入是其中非常重要的一款催化剂。4D系统从根本上激活了两个团队全体成员的个人潜力和团队合作力。如果没有4D系统的成功导入，不可能改变团队的文化氛围、心智模式和行为方式，更不可能最终实现了团队业绩的持续增长。"

张总说到这，显得有些激动，他稍微停顿了一下。

"在这里，我要代表公司感谢市场培训部李总监的慧眼识珠和呕心沥血，是他为公司寻找到4D这把金钥匙，并且细致全面地完成了导入工作；我还要感谢孙总监的身先士卒、积极配合；我也要感谢两个部门全体成员的大力支持。没有大家的共同努力就没有公司下半年取得的辉煌业绩。"

张总的话音刚落，会场响起震耳欲聋的掌声。4D系统的导入试点圆满落幕。

5 尾声

为了实现企业的战略目标，当今时代需要一种共享、尊重、合作、共赢的方式来维护公司内部，以及公司与客户之间的良好关系。

4D系统为我们提供了一个良好的解决方案。

首先，4D系统流程设计得非常科学严谨。这种基于人性需求而设计的流程，能触动人的内心深处，增加深层次的自我觉察和对他人的理解，在建立互相信任的关系以及改善团队的沟通方面发挥了很好的作用。

其次，测评和报告解读给团队和个人照了镜子。团队成员了解到自己优势并觉察到盲点。团队成员学会了尝试打破自我局限性，考虑问题时候尽量从团队和从对方角度思考。

最后，4D系统的流程设计时间紧凑，逐层递进。引导团队积极思考，挖掘自身潜力，最大限度地发挥团队中每个人的潜能，不断传递正能量，感染身边的每一个人。

虽然张总马上卸任，陈总即将上任，但是两位老总都一如既往地支持 4D 系统的全面导入。李总监再次被委以重任，负责 4D 系统的全面导入工作，他庆幸自己遇到了英明的领导。

李总监心里非常清楚，能够顺利完成 4D 系统导入试点，首先得益于张总和陈总的信任和支持。只有企业负责人真心接受并支持 4D 系统导入，才可能真正排除执行过程中的困难和阻力，4D 系统在企业内部的落地才有成功的可能。

李总监斗志昂扬，大家也兴奋地期待着 4D 系统更深层次的"原力绽放"。

"4-D Systems" the Force to Bloom

—"Activation" of G Company Teamwork

Abstract: Chinese enterprises have been developing for 30 years, from enterprises "hardware" construction as the center to "software" construction as the center, which is deep field of leadership development, team building and enterprise culture construction. This case describes the transformation of oral health service industry-G Company, meeting the inter-departmental communication in the internal management, and leading to decline in the team's performance. Facing the predicament, G Company does bold attempt of introducing 4-D systems (hereinafter referred to as the 4D) from NASA's team coach system to pilot, finally solving the contradiction and coordination problems between market training department and sales department, and effectively improving the team's performance, which fundamentally activates the two team members' personal potential and team work force. 4-D systems is a set of scientific team evaluation and promotion mechanism, which integrates the latest research results of the psychology, the human brain science and leadership, through periodic team coach, to gradually change the team cultural atmosphere, the mental models and behavior.

This case can help students understand the enterprise facing the "software" construction requirements, understand the inter-departmental communication challenge for the transformation of state-owned enterprises; Mastering how to make use of 4-D systems to change the thinking mode and behavior habit of team members, so as to establish a new team atmosphere and behavior patterns, ultimately to achieve the goal of sustainably improving team's performance. Students can learn more about 4-D systems theory, and can get the analysis ideas and methods for the key problem through the case study.

Key words: G Company; effective communication; team's performance; 4-Dsystems

附　录

4D 系统理论的由来

4D 系统来源于 NASA，也就是美国宇航局。其发明者——查理·佩勒林是 NASA 哈勃望远镜项目的技术高管。

1990 年 4 月，哈勃太空望远镜开始了它的外太空探险，目的是向人类提供星云和遥远星系的第一手资料。但是 NASA 似乎只关注了望远镜的发射情况，而没有注意到这个堪称艺术级的机器存在着视力模糊的问题。

为了实现在大气层外运行，哈勃望远镜必须以 0.007 秒角的稳定度对准天空的某一定点，这就相当于在华盛顿特区用激光瞄准位于纽约市的某个建筑物上一枚 25 美分的硬币。如果哈勃在技术上只达到 0.07 秒角的稳定度，情况会怎么样？那意味是一个彻底的失败，因为它所拍摄的影像不会比地面上最好的太空望远镜强多少。NASA 从上到下经过无数次试验，他们确信可以达到这个水准。但他们的镜片没有达到这样的精度！发射最终失败！

全球各地顶级专家汇集 NASA，要找出那个导致镜片失败像差的原因。专家委员会发现，在许许多多的测试中，都有迹象表明镜片有瑕疵，但是因为预算和日程的压力迫使他们拼命地赶进度，而没有紧紧抓住这些迹象把问题搞清楚。最难以理解的是，承包商从来没有向 NASA 报告这些问题。原来 17 亿美元的望远镜出现瑕疵是因为承包商与 NASA 管理者之间的敌对情绪，导致承包商在出现技术问题时，不愿通知 NASA，因为他们厌倦了指责。

从这起事故入手，事故调查委员调查了类似航天灾难，结论惊人一致：由于"团队社会背景"的缺陷导致了 95%～99%的航天事故！

但任何一个负面危机中都有一颗正向的种子。查理从这次危机中，看到了 NASA 的高级技术人才存在的问题，已经不再是个人性格问题了，而是团队绩效的重要屏障。他决定不做物理学家了，他在 NASA 领导了一个团队，研发出全球最棒的团队教练体系，并经历了美国宇航局十多年实践的检验。

查理博士结合荣格的心理学成果，从人类经常性的大脑活动类型出发，设计出基于人类基本行为方式的两个坐标轴。坐标轴确立了 4 个基本特性，称作维度。这就形成了 4D，这里的 D 就是 Dimensions 的缩写，是范围、场域、维度、区域的意思。4D 系统理论也由此而生。

4D 系统的核心原理及方法

人们感受到的社会化环境就如同一个看不见的力量（就像磁铁的磁场力量），它吸引人们不由自主地去将自己的行为与这个环境相配合。4D 系统可以把不可见的第五力可见化。

查理博士设计了基于人类基本行为方式的两个坐标轴。横坐标是做决策，纵坐标是收集信息。通常，人们在做决策时，天生有两种倾向，一种是倾向于靠情感做决策，另一种是倾向于靠逻辑做决策；而人们在收集信息时，也天生有两种倾向，一种是倾向于依靠直觉，通过直觉容易注意到全局、大画面，另一种是倾向于依靠感觉或知觉（即感知），通过感觉容易注意到局部、小细节，如图 2－5－12 所示。

根据直觉获得信息
（后脑）
直觉+情感决策
直觉+逻辑决策
根据情感做决定（右脑）
根据逻辑做决定（左脑）
感觉+情感决策
感觉+逻辑决策
根据观察获得信息
（前脑）

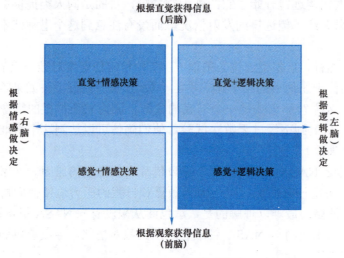

图 2－5－12　大脑活动图示

大约一半的人天生用逻辑做决定（例如规则、客观事实等）；而另一半的人则用情感做决定（例如是否感觉良好）。了解一个人是情感型还是逻辑型决策者非常有帮助，可以据此为他们提供采取行动的信息。

查理将四种类型的场域（即维度）用四种颜色表示，他把不可见的场域，分成四个可见的部分，并通过下面的坐标轴呈现出来，如图 2－5－13 所示。

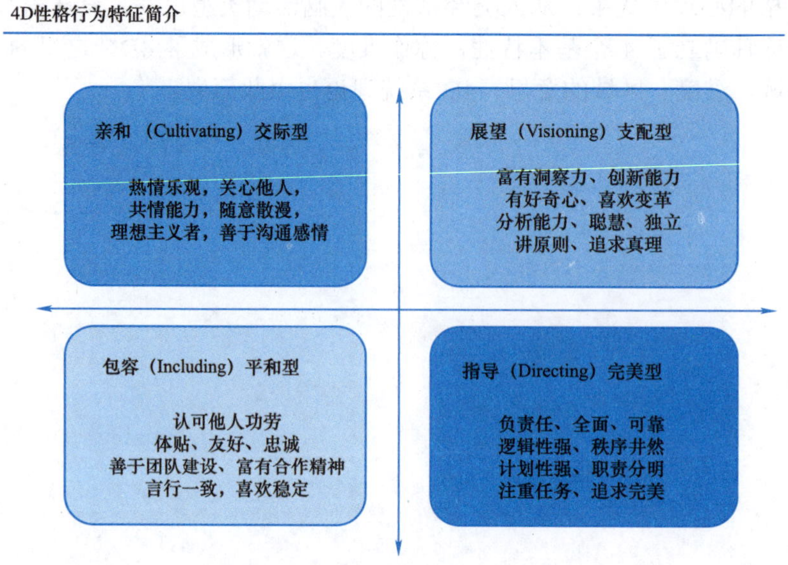

4D性格行为特征简介
亲和（Cultivating）交际型
热情乐观，关心他人，
共情能力，随意散漫，
理想主义者，善于沟通感情
展望（Visioning）支配型
富有洞察力、创新能力
有好奇心、喜欢变革
分析能力、聪慧、独立
讲原则、追求真理
包容（Including）平和型
认可他人功劳
体贴、友好、忠诚
善于团队建设、富有合作精神
言行一致，喜欢稳定
指导（Directing）完美型
负责任、全面、可靠
逻辑性强、秩序井然
计划性强、职责分明
注重任务、追求完美

图 2－5－13　4D 性格行为特征

培养维度（即亲和交际型），是指我们都有被赞赏的需求，用绿色表示，象征"成长"。选择绿色是因为赞赏他人能够在情感上帮助他人成长。这个维度的人关注他人的需求和共同的价值观，以服务他人为乐，所以经常去帮助和支持他人，并给人以浓烈的爱的支撑。他们所追求的结果是在不损及别人利益的前提下成功，如果自己的成功伤害了他人的利益，他们宁愿不成功。

包容维度（即包容平和型），是指我们都有归属感的需求，用黄色表示，象征"吸引"。可以通过黄色的花朵对人们的吸引，联想到人们之间的包容和联系。这个维度的人关注团队人际关系及和谐，重视归属感的建设，鼓励协作，以促成团队合作为乐，所以经常去干促进协作、协调配合的事情，他们追求的结果是通过配合达到成功，而不是靠个人英雄主义。

展望维度（即展望支配型），是指我们都需要有充满希望的未来的需求，用蓝色表示，象征"未来"。说到蓝色，人们想到的是蓝天——一种天马行空式的思考。这个维度的人关注愿景、创意，充满创新和能量，没有克服不了的困难，憧憬未来，充满希望。以不断变化的新想法、新亮点为乐，所以经常会产生很多点子和好主意，善于画饼，他们追求的结果是通过把事情做到极致、做到卓越、做到新颖有亮点而达到成功，墨守成规的成功没有成就感可言。

指导维度（即指导完美型），是指我们都需要有获得成功的能力的需求，用橙色表示，象征"期望"。橙色代表太阳，就像太阳把星球系统都运作起来了，极其严谨和认真。这个维度的人关注组织的确定性，关注任务的执行，强于过程控制，对事情的关注要远超对人的兴趣。喜欢做计划，以周密的计划、严谨的流程、靠谱的执行为乐，所以会以规则和纪律来要求坚决执行，他们追求的结果是依靠一致性和规范的流程达到成功，因为突变带来的成功他们也不会喜悦。

每个维度都对应着一种人类的核心需求，而这种需求是高绩效团队必须的。

4D系统把第五力简化为人们必须予以关注的4种最核心的人类基本需求：

感到被赞赏。

感到被接纳。

充满希望的未来。

可达成的期望。

因为人们只有在其核心需求被满足时，才会有良好的行为表现。

一般来说，应对和解决好这4个维度的问题，是获取成功的充分必要条件，因此，要对每个维度中的团队行为规范进行衡量和管理。4个维度中的核心需求，每项需求又对应两种行为方式，共计八项行为。4D的8项行为特征如图2-5-14所示。

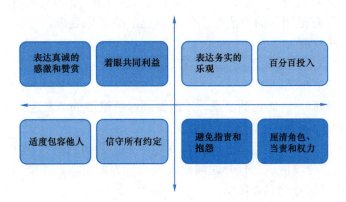

图2-5-14　4D的8项行为特征

① 表达真诚的感激和赞赏。感恩就是一种状态，一种心态。感恩使生命变得丰满和充实，让我们意识到自己已经拥有足够的幸福和美好。永远感恩的心，意味着你将用不同的方式看待这个世界。重视感恩并且拥有这种心态意味着你要带着感恩的心去看待一切。你采取的每个行动和每个想法都来源于此。

如果拥有这种心态，你将能量大增。同时，被感激、被欣赏和被认可是人类最基本的需求，不表达感激之心就不可能实现有深刻意义的人际关系。在工作中表达真诚的感激和赞赏可以传递快乐情绪，打造团队凝聚力，提高工作效率，打造高绩效的工作氛围。

② 着眼共同利益。首先要有同理心，同理心就是感受别人的痛苦和喜悦，站在他人的角度看问题，考虑共同的兴趣和利益，同时要表现出相应的情绪（痛苦或喜悦等）。关注共同利益是提升人际关系的核心和根本，尤其是在跨部门的协作和沟通时，以及在上下游的合作中特别显成效。

③ 适度包容他人。感到被他人包容进来的归属感是人们仅次于感到被欣赏和认可的人类第二需求。它包括适当分享信息、建立良好关系、深度倾听他人、重视他人建议、所有人的行动达成共识等方面。包容他人有利于提升团队的凝聚力。一个高效的团队需要每个人相互支持，团队成员之间若做到勇敢展现自己的脆弱则增加团队之间的情谊和凝聚力。话说："人心齐，泰山移"。团队若齐心协力，则共享成功；团队若不善合作，则一败涂地。

④ 信守所有约定。只有具备诚信的心态，才会认真对待所做出的承诺。言必行，行必果。无论口头的还是书面的，一旦双方认可了，就必须严格履行。做到信守所有协定的最终受益者是自己，因为任何客户都愿意和讲信誉、忠诚的人打交道。信誉是需要靠自己的言行一点一滴积累起来的。

⑤ 表达务实的乐观。它包含两层含义：保持积极的乐观心态和保持理性的乐观心态。如果积极乐观地看待世界、处理事情，人们的大脑就会习惯往积极乐观的程序发展。如果消极悲观的待人处事，人们的大脑自动会搜索环境中的消极因素，烦恼不断、压力丛生、麻烦接二连三。而同时过度盲目的乐观会产生积极的错觉。当人们过高估计现有的能力时，乐观主义就变得不切实际了。我们需要拥有的是一种理智的、现实的、健康的乐观主义。当我们把快乐的情绪在团队和客户中传递时，就会引发团队和客户的积极情绪，最终使得整个工作团队的情绪向积极的一面倾斜。在这样和谐的状态下，员工能够更有创意、更加高效地思考问题，和谐团队就达到更高水平的绩效。

⑥ 百分百投入。全力的投入可以改变人们的认知，可以创造奇迹结果的产生，可以确保事情的成功，可以帮助团队集中所有人的能量，逆境中寻求生存，全力以赴、共渡难关。百分百投入需要永恒的毅力，即坚定的意志，是对目标充满激情，是长期的坚持，是不屈的勇气，是应对挑战所必要的。

⑦ 避免指责和抱怨。抱怨是一种可以获得控制权的特别有效的方式。抱怨是在寻找借口，推脱责任。人们在压力下很容易产生指责和抱怨，而避免指责和抱怨需要有谦逊的心态，需要很好的管理自身强烈的情绪和控制冲动的能力，需要积极的看待自己，相信自己的长处和能力。能坚持做到在任何情况下做到不指责不抱怨是需要不断修炼的，只有这样才能提升团队的执行力。

⑧ 厘清角色、当责和权力。团队需要有明确的分工，清晰的工作流程，这样组织机构才得以高速的运转。团队中需要每个人提升自我责任意识，一个真正负责的团队是团队成员之间相互负责，而非仅仅领导者对其下属的负责。只有把团队的事情都当作是自己的事情来处理，才能增加团队成员的主动性，团队才可以持续不断地向前发展。

8 项行为的背后体现了真正人际关系的 9 个主要特征，如图 2-5-15 所示。

这些特征和 8 项行为息息相关。

① 只有具备人类生存基础——感恩的品质，才能做到绿色维度的"表达真诚的感激和赞赏"，才能和他人建立有意义和深入的人际关系。

② 只有具备换位思考的特质，才能做到绿色维度的"关注共同利益"，才能和他人建立信任的基石。

③ 只有真正倾听他人、分享脆弱、打开通向他人内心世界的窗口，才能做到黄色维度的"适度包容他人"，才能和他人建立相互扶持的高效团队。

④ 只有担负起分享脆弱的责任——保守秘密，才能做到黄色维度的"信守所有协定"，他人和我们在一起才感觉安全和可靠。

⑤ 只有充满好奇心，坚信提出高质量的问题比解答问题更加重要时，才能做到蓝色维度的"表达务实的乐观"，团队才具有创新意识和迸发出强大的创造力。

⑥ 只有具备谦卑的心态、没有傲慢和自大，才能放下身段，做到蓝色维度的"百分百投入"，团队

才可能创造奇迹，这是真正的权威。

⑦ 只有自己变得幽默和乐观，才更容易做到橙色维度的"避免指责和抱怨"。优秀领导者把成功归于团队、失败归于自己，为团队创造和谐良好的互动氛围。

⑧ 只有自己变得认真履行自己职责并让人感觉"真实可靠"，才更容易做到橙色维度的"明确角色、当责和权力"，关心他人的想法和动机才会变得真实和纯洁。

而如何衡量这八项行为，则需要在 www.4-Dsystems.com 网站上进行 TDA 在线评估，4D 系统提供了一套可衡量、可管理的测评体系。团队的五个从低到高的分数段依次为红色、粉色、白色、淡绿色和深绿色，如图 2-5-16 所示。

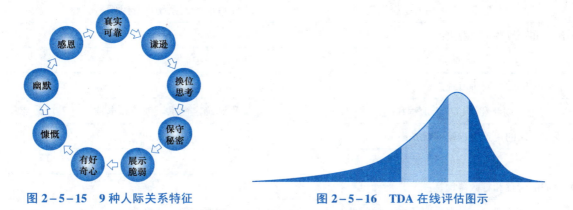

图 2-5-15　9 种人际关系特征　　　　　图 2-5-16　TDA 在线评估图示

如果团队测评分数（TDA）落入红色分数段，那么这就是个低绩效、高风险的团队。团队成员之间缺乏感激、相互矛盾和冲突较多（绿色），感觉被排斥在外、相互之间信任感低下（黄色），对目标盲目乐观、投入度较低（蓝色），相互指责抱怨、分工不明确、缺乏主人翁意识（橙色）。

如果团队测评分数（TDA）落入绿色分数段，那么这就是个高绩效、低风险的团队。团队成员相互尊重和支持（绿色），感受到被接纳、相互信任（黄色），对挑战性的目标有信心、为了实现目标投入了百分百的时间和精力（蓝色），清晰自己的角色、职责和权力（橙色），如图 2-5-17 所示。

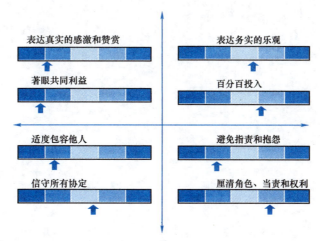

图 2-5-17　TDA 8 项行为评分表

明确了长处和短板，这个团队就可以扬长避短，同时还可以针对短板制订具体的行动计划提升自己。

附 录

表 2-5-2　团队诊断测度表

（1）我们团队把最终决定权赋予：	
超能干的思考者或奇才	组织结构中位于顶端的经理
（2）我们的合作流程是：	
好争辩，不管别人是否生气	靠流程和管理系统进行组织
（3）绩效和预算哪个更看重：	
绩效绝对第一	预算绝对控制
（4）我们团队的主要价值观：	
创新和卓越重于流程和确定性	流程和确定性重于创新和卓越
（5）我们团队的决策过程驱动者是：	
技术专家	管理层
（6）我们的管理和行政流程是：	
没有明文规定的、随意的、临时的	有明文规定的、严格的
（7）我们团队成员的个人行为是：	
混乱，有时使人沮丧	纪律性强，有严密组织
左侧钩数	右侧钩数

G 公司运用 4-D systems 系统提升团队绩效的调查问卷

受访人：　　　　　　职务：　　　　　　部门：　　　　　　日期：

1. 公司培训前，你是否听说过 4D 系统理论？（　　）
   A. 是　　　　　　　　　　B. 否
2. 你是否了解 4D 系统理论的具体内容？（　　）
   A. 不太了解　　　　　　　B. 一般
   C. 比较了解　　　　　　　D. 非常了解
3. 通过公司培训后，你是否会判断自己的性格颜色？（　　）
   A. 是　　　　　　　　　　B. 否
4. 通过公司培训后，你是否可以判断他人的性格颜色？（　　）
   A. 是　　　　　　　　　　B. 否
5. 你是否了解自己的优势和劣势？（　　）
   A. 是　　　　　　　　　　B. 否
6. 通过培训后，你认为自己在哪几方面行为上有所提高？【可多选】（　　）
   A. 表达真诚的感激和赞赏　　B. 着眼共同利益
   C. 适度包容他人　　　　　　D. 信守所有协定
   E. 表达务实的乐观　　　　　F. 百分百投入
   G. 避免指责和抱怨　　　　　H. 厘清角色、当责和权力
7. 你在工作中是否会首先联想到 4D 系统理论，并逐渐运用到工作中去？（　　）
   A. 是　　　　　　　　　　B. 否
8. 你的绩效考核成绩是否有所提高？具体提高分数？（　　）
   A. 是，提高分数＿＿＿＿　B. 否
9. 你认为 4D 培训课程可怎样结合实际工作？
10. 你如何在工作中帮助他人熟悉、了解、应用 4D 系统理论？
11. 你认为 4D 培训课程还可以怎样改善？

G 公司运用 4-D systems 系统提升团队绩效访谈内容

1. 通过培训以及第一次测评后,对 4D 系统有何感想或心得?好的以及不好的方面。
2. 第一次测评后,哪些行为有所提高?
3. 这些提高的行为是否是自己刻意改变的行为?或是潜意识的行为?
4. 这些行为有无得到同事的赞赏,或与同事间的关系有无改善?
5. 在这些提高的行为中,哪项行为对自己的影响最大?
6. 举例说明这些提高的行为在工作中有怎样的体现?
7. 谈谈 4D 系统与个人绩效考核成绩的关系?
8. 有哪些行为仍停止不前或有所退步?与绩效内容中哪项相对应?
9. 如何提高自己对于对角线维度的性格及行为?
10. 对于半年后的第二次测评,期待自己在哪方面有所提高,具体措施是什么?
11. 是否认可 4D 系统理论与绩效考核成绩的联系?
12. 针对 4D 系统理论的改善有何建议?

案例使用说明：

4D系统，原力绽放
——G公司团队"激活"之道

一、教学目的及用途

1. 适用课程：本案例属于描述型案例，主要适用于《管理沟通》《领导力》等课程中涉及跨部门沟通及合作，管理者的领导艺术等相关章节的案例讨论。也适用于工商管理类其他课程的团队沟通相关章节的案例讨论。

2. 适用对象：本案例主要适用于 MBA、EMBA 等专业学位及高级培训，适合拥有一定工作经历和管理经验的学员学习。

3. 教学目标：
（1）了解中国口腔医疗服务行业的发展现状及竞争特点；
（2）了解国有转型企业在内部沟通方面遇到的突出问题；
（3）了解中国企业管理发展到现阶段的新需求，理解团队绩效和领导力发展、团队建设及企业文化之间的内在关联；
（4）理解 4D 系统如何改变团队的文化氛围、心智模式和行为方式；
（5）掌握 4D 系统的导入步骤及方法，并能运用到自己的团队建设中。

二、启发思考题

1. G 公司所属行业发展现状如何？该行业的竞争特点是什么？
2. G 公司的背景及发展历程有什么特点？G 公司目前面临哪些挑战？
3. G 公司为什么引进 4D 系统？4D 系统导入试点后创造了哪些改变？
4. 4D 系统有哪些核心原理及方法？请用 4D 系统相关理论分析 G 公司销售部与市场培训部的矛盾根源及解决思路。
5. 4D 系统的主要特色是什么？其导入企业的关键步骤和注意事项有哪些？

三、案例思考题的分析思路

本案例依据由浅入深的原则设计启发思考题。先从基本的案例信息逐步过渡到核心理论分析；然后借助 4D 系统相关知识及工具，呈现并解析 G 公司内部跨部门沟通与合作的现状及问题。通过循序渐进的分析，帮助学员掌握正确的案例分析思路：从简单到复杂，从现象到本质，从理论到实践。

启发思考题的简要分析思路如表 2-5-3 所示，结合案例的详细分析附后。

表 2-5-3　案例分析思路

启发思考题	简要分析思路
1. G 公司所属行业发展现状如何？该行业的竞争特点是什么	首先，引导学员，根据案例相关信息，找到 G 公司所属行业并总结其行业发展现状；然后，再进一步归纳出行业的竞争特点。 通过上述分析，可以帮助学员了解 G 公司所属行业发展现状及特点，为后续案例故事的演进提供背景参考

启发思考题	简要分析思路
2. G 公司的背景及发展历程有什么特点？G 公司目前面临哪些挑战	首先，引导学员根据案例信息，归纳出 G 公司的特殊背景及发展特点；然后，再梳理出 G 公司目前面临的主要挑战。 通过上述分析，可以帮助学员了解 G 公司的特殊背景及面临的内忧外患，为后续案例故事的分析提供背景参考
3. G 公司为什么引进 4D 系统？4D 系统导入试点后创造了哪些改变	首先，引导学员根据案例信息，总结出两个部门矛盾激化后造成的严重后果，并进一步梳理李总监发现 4D 的过程；然后，再根据案例故事，归纳出 4D 导入试点后创造的一系列改变。 通过上述分析，可以帮助学员了解企业改善内部沟通及合作的必要性和可行性，同时也理解有效沟通对团队绩效的深层次影响
4. 4D 系统有哪些核心原理及方法？请用 4D 系统相关理论分析 G 公司销售部与市场培训部的矛盾根源及解决思路	首先，参考案例附录，引导学员梳理 4D 系统的核心原理及方法；然后，根据 4D 系统理论，分析 G 公司销售部与市场培训部的矛盾根源及解决思路。 通过上述分析，可以帮助学员理解并掌握 4D 系统的核心原理及方法，并能运用于分析现实的团队沟通问题
5. 4D 系统的主要特色是什么？其导入企业的关键步骤和注意事项有哪些	首先，引导学员，根据案例信息总结出 4D 系统的主要特色；然后，再进一步梳理出 G 公司导入 4D 系统过程的关键步骤和注意事项。 通过上述分析，可以帮助学员理解 4D 系统特色，掌握其导入企业的关键步骤及注意事项，并能运用到自己的团队建设中

四、各思考题的理论依据及案例分析

1. G 公司所属行业发展现状如何？该行业的竞争特点是什么？

● 理论依据：

根据国家统计局数据显示，从 2015 年第三季度起，服务业的 GDP 占比就已经超过 50%，逐渐成为国民经济的重要支柱。目前，随着我国居民人均可支配收入的不断提高，城市居民在满足温饱、住房等基本生存的情况下，消费结构逐渐升级，转向提高生活质量、关注身心健康等方面的需求。

我国"十二五"期间，医疗行业的年均增长率在 25%左右，远高于同期 GDP 增速。[1]"十三五"规划纲要已经将健康中国战略提升到了国家战略的高度，政府对国民健康的重视程度不言而喻。国务院《关于促进健康服务业发展的若干意见》中指出，推动健康服务业有序发展，争取 2020 年总规模达到 8 万亿元以上，成为推动经济社会持续发展的重要力量。

医疗服务成为蓬勃发展的朝阳产业，其中口腔医疗服务等专科医疗服务在消费升级、政策环境支持背景下，将成为医疗服务产业中的优势领域。因此，口腔医疗市场不断获得资本的关注。来自医疗行业协会的统计数据显示，2015 年全国口腔医疗设备市场规模约为 1 346 亿元，预计到 2020 年有望突破 4 000 亿元。[2]

与此同时，随着中国市场经济体系的进一步发展和完善，市场竞争也日趋激烈。中国企业经过三十年的发展，已经从企业的"硬件"建设为重心转向"软件"建设为重心的阶段，也就是领导力发展、卓越团队建设和企业文化建设的深层次领域。

● 案例分析：

中国经济保持高速发展，大众消费开始转向提高生活质量的方面。目前，中国每年 GDP 的 4.7%花在医疗健康上，平均到每个人在医疗健康上的花费为 277 美元。口腔医疗行业兼容了健康和美丽的概念，具有很好的市场概念和运作空间。

无论是从人口的数量、口腔疾病的普遍性，还是从口腔医疗行业和其他相关产业的关联性考虑，中国的口腔医疗服务产业都是一个快速发展、具有巨大市场潜力的朝阳产业。最近几年，有很多资金进入

---

[1] 参考文献：覃静. 浅析我国口腔医疗行业现状及发展趋势 [J]. 商情，2016（25）.

[2] 数据来源：凤凰财经.

口腔医疗服务领域，大量的投资者试图在口腔领域分一杯羹。

据中国产业信息网的不完全统计，目前国内有 6.5 万多家口腔诊所，行业市场化程度高，多点执业率高，患者基数大，具有巨大的增长空间。

但是，随着消费者需求的不断升级，互联网背景下中国口腔医疗服务行业的市场竞争也愈发激烈。各个口腔医疗服务公司唯有把技术与服务都抓好，才能牢牢地锁住客户。一个口腔医疗企业若想在本行业脱颖而出，并持续保持领先地位，必须不断提升其综合实力，除了重视企业的"硬件"建设，更要注重企业"软件"建设。

2. G 公司的背景及发展历程有什么特点？G 公司目前面临哪些挑战？

● 理论依据：

通常，国有企业的管理有一些明显特点，比如：具有严格的规章制度，并且种类繁多，比较容易限制员工的创造性、想象力和自由发展。同时，一些老员工和内勤人员，因为长期生活在体制下，久而久之容易形成很强的惰性，不愿主动承担责任，爱抱怨，擅推脱。

并且，国有企业因为有各种制度的保障与维护，每位员工就像流水线上的配件一样，由制度将每个配件输送到正确的位置中去，保证流水线的正常运转。因此，如果一个企业是典型的体制内的企业，那员工也自然是典型的体制下的员工。

● 案例分析：

（1）G 公司的背景及发展历程特点。

G 公司成立于 2004 年 8 月，其上级单位是国有企业，是以代理国内外先进药品、器械以及设备为主的营销、推广和销售服务提供商。该国企在中国口腔专业市场建立了全国营销管理与服务团队，且在口腔医疗市场已拥有超过 10 000 家的终端客户，并拥有良好的信誉。

G 公司主要经营口腔专用药品及口腔医疗器械，自 2008 年起，持续 6 年保持 25% 以上的销售年增长率。作为口腔界唯一的国有转型企业，十几年来，G 公司在张总的带领下，发展迅速，逐步确立了在口腔无痛行业中的龙头地位。

虽然 G 公司自上级国有集团独立出来已经十多年，但相比拥有上百年基业的外企来讲，它还只是个成长中的幼儿企业。这样一个年轻企业如何与有着上百年资质的外国口腔公司竞争？以及怎样解决竞争中遇到的问题？这些都值得我们深思。

（2）G 公司目前面临的挑战分析。

首先，在国际口腔医疗行业，相比拥有百年基业的大型外企来讲，G 公司还只是处于成长期的幼儿企业。公司根基不稳，企业文化尚未成熟，不足以抵御暴风雨的侵袭，这些都是潜在的风险。

其次，G 公司的重要合作伙伴因为内部重组，导致产品线脱节，产品不能持续供应，客户抱怨和投诉量日益增加。并且，由于长时间无法向客户承诺恢复供货，公司客户被竞争对手挖走，多条产品线遭遇竞争对手的正面阻击。公司部分员工也被竞争对手挖走，公司第一季度销售额同比下降 12 个百分点。

最后，近年来，公司内部跨部门业务逐渐增多，但部门之间的有效沟通效果很差，经常产生分歧和纠纷，导致各部门之间信任度降低，合作越来越少，整体的团队绩效考核成绩低下。

3. G 公司为什么引进 4D 系统？4D 系统导入试点后创造了哪些改变？

● 理论依据：

沟通是一门艺术。团队沟通不畅会造成信息无法正确地传递，以至于结果将会出现重大的偏差。尤其是团队在代表公司执行大型任务时，若存在严重的沟通问题，将会给公司带来致命性的打击。

通常，组织或企业的内部沟通问题，主要有以下几种根源：

① 不同的利益和需求。每个团队的组建都有其独特的需求，因此在部门间沟通时，每个部门都有自己的目的和利益，所以在与其他部门协商时总是会为自己着想，为自己留有余地，未能从对方的角度出发考虑问题，不客观。因此在谈论问题时很容易出现不同意见，分歧，甚至争执，最终无法顺利地进行下去。

② 风险防范意识。各部门为了规避风险，当面对需要共同处理的棘手事件时，都是小心翼翼地尽量

躲避，将责任推卸在别人身上，以保证自己的清白。时间久了，这种明哲保身的风气在各部门间便慢慢地渗透进来。尤其是公司的老员工，凭借自己在公司多年打拼的"经验"，沟通起来油嘴滑舌，这也给新员工们树立了一个不好的形象。

③ 表里不一的风气。跨部门沟通表面上礼让，实际上则是勾心斗角，机关算尽。没有人敢说实话，没有人敢说直话，没有人敢勇于担当。在问题面前，很多人都采取观望的态度，都在等别人怎样做，然后再根据形势选择站队或是跟风。这种不良的风气很容易在各部门中迅速地传递开来，造成不良的风气。

4D 以系统科学的方法论为理论指导，以储存的优秀团队为标杆，将复杂的团队及个人特性分为四个方面，通过系统化的方法与工具支持团队组建，并帮助团队和个人提升业绩。4D 系统尤其适用于组织正在飞速成长和快速扩张，但因此带来的组织文化根基尚未牢固，引起的各种沟通不畅、绩效低下的团队。

● 案例分析：

(1) G 公司引进 4D 系统的原因分析。

首先，源于 G 公司销售部和市场培训部之间的矛盾及冲突导致严重后果。

通常，企业参加大型活动，都需要内部多个部门的密切配合。在准备期，因为各部门的职责不同，所负责的工作不尽相同，彼此既独立又相互关联。只要有沟通，就会有矛盾的产生。比如，销售部是给公司挣钱的，市场培训部则是给公司花钱的。只有把钱用在刀刃上，才能获取更多的钱。反之，要想赚更多的钱也必须懂得如何用小钱挣到大钱。各部门沟通时如果只想着自己的利益，忽视公司的整体利益，虽然工作目标一致，但由于做事风格和所处立场不同，协作时常会遇到阻力，配合也是貌合神离，最终会因为沟通不畅严重影响团队绩效和公司利益。

G 公司在参加国际知名的大型会展期间，其销售部和市场培训部各自基于自己的立场和利益考虑，在沟通和协作中冲突频繁，矛盾重重。比如，市场培训部人员要考虑培训效果，并不是参加的人越多越好。而销售部代表则不这样想，他们认为这是难得的拉拢客户的机会，绝对不应该错过。并且，每个销售都只顾着自己的客户，都想让培训人员尽可能多地照顾自己的客户。而培训人员要求销售配合做的事情，销售则能躲就躲。这样一来，客户有问题咨询培训人员时，培训人员也拒不配合，让客户找他们自己的销售人员解决问题，双方互相抬杠，各自为政。结果，由于两部门之间的不合作态度，使得如此重要的展会现场，互动效率低下，看似很忙碌，实则每个部门各干各的，没有任何配合。最终，很多客户都被展会上其他竞争对手抢夺了去，导致公司在展会中没有获得预期的效果，公司利益严重受损。事后两个部门继续互相埋怨，推诿责任，彼此之间的矛盾进一步激化。

G 公司老总和两位部门总监都没有料到，胸有成竹的国际展会预期成果最终毁在两个部门的沟通问题上，大家都意识到了问题的严重性。因此，展会一结束，张总就召开了紧急会议。在会上，张总痛心疾首地给大家分析了目前 G 公司面临的严峻形势：突然遭遇供货危机，公司业绩明显下滑，还面临转型挑战。面对公司的内忧外患，张总强调各部门要紧密团结，精诚合作。并且，他特别委托培训部李总监，引进一些好的沟通培训，帮助大家了解沟通方法，提高沟通技巧。

其次，源于 4D 系统在改善团队沟通与合作方面的良好口碑及权威性。

李总监出于对公司的热爱，也为了不辜负张总的信任，到处咨询改善团队沟通的培训课程。后来，通过培训界多位朋友的极力推荐，他了解到 4D 系统并参加了 4D 系统的认证培训，全面深入地掌握了 4D 系统的核心原理及导入企业的操作流程和方法。李总监相信，4D 系统就是彻底解决公司跨部门沟通问题的"金钥匙"。

4D 系统源自美国宇航局 NASA，其发明者是 NASA 哈勃望远镜项目的技术高管——查理·佩勒林。4D 系统是一套科学的团队评价及提升机制，它整合了心理学、人脑科学和领导力方面研究的最新成果，通过周期性团队教练，逐步改变团队的文化氛围、心智模式和行为方式。

4D 系统通过一个坐标、四个维度、八项行为，便可以诊断团队的风格，以及领导者与员工的性格分类，彻底优化团队社会背景，创造最优绩效。4D 系统历经 10 年，经过 NASA 的 50 支团队验证，并获得美国 ICF（国际教练联合会）教练大奖，已被引进到中国航天队伍建设中。如今，越来越多的中国企业将 4D 系统引入公司的团队建设中，作为团队评价及提高员工绩效考核成绩的首选工具。总之，4D 系统尤其适用于组织正在飞速成长和快速扩张,但因此所带来的组织文化根基尚未牢固,所引起的各种沟通不畅、绩效低下的团队。

(2) 4D 系统导入试点后创造的改变。

通过 4D 系统一系列测评及报告解读,G 公司两部门的领导和团队成员都发现了自身的盲点。市场培训部的团队看到了本部门成员孤身自傲的性格特点,以及缺乏主动的有效沟通;销售部的团队则看到了本部门成员盲目乐观、不切实际、单兵作战等缺陷。双方都认同需要找到有效的方式去解决双方共同面临的挑战。

4D 系统导入试点创造的具体改变概括如下:

① 共同制定展会方案。过去都是市场培训部全权负责制订展会战略规划,销售部只有配合的份儿,销售即使有意见也很少被接纳。经过 4D 导入后,市场培训部和销售部双方达成共识,一起策划相关展会项目。通过集体的头脑风暴共同制定展会方案,不仅效率大大提高,而且也符合双方共同的战略目标。

② 会议效率提高。以前市场培训部和销售部一起开会,双方就像例行公事一样走个过场,基本上拿不出什么实质性的意见。现在不同了,双方能够深入倾听对方所谈的事实、意图和背后的情绪,直接进行开放式回应,开会效率大大提升。

③ 沟通效率提高。以前两部门的项目负责人总是点对点沟通,其他项目参与人基本不参加沟通会议。现在不同了,两个部门的项目决策者和主要人员都参与重要的沟通环节,使项目全体核心人员都能够了解相关事宜,并根据公司及本部门的实际需求提出可行性建议。

④ 知己知彼。经过 4D 系统培训,每位团队成员知道了自己和他人的天生行为倾向,发现了自我和他人的沟通模式,从而更能够理解他人,并以对方接受的方式进行沟通。比如,销售部主要是蓝色模式,而市场培训部大部分是橙色模式。

⑤ 学会感激与赞赏。经过 4D 系统培训,两个团队的成员开始发自内心对他人表达感激,也从他人的感谢中体验到被感激和被赞赏的快乐,从而更加愿意对他人表达真诚的感激和赞赏。这种良性循环使得市场培训部慢慢变得肯吃苦和付出,敢于大胆尝试新的想法。而销售部也更加热爱学习,逐渐习惯对流程的把控,更加的感恩和宽容。两个部门的互动变得和谐、愉悦。

4. 4D 系统有哪些核心原理及方法?请用 4D 系统相关理论分析 G 公司销售部与市场培训部的矛盾根源及解决思路。

● 理论依据:

4D 系统的发明人查理博士结合荣格的心理学成果,从人类经常性的大脑活动类型出发,设计出基于人类基本行为方式的两个坐标轴。坐标轴确立了 4 个基本特性,称作维度。这就形成了 4D,这里的 D 就是 Dimensions 的缩写,是范围、场域、维度、区域的意思。

坐标轴的横坐标是做决策,纵坐标是收集信息。通常,人们在做决策时,天生有两种倾向,一种是倾向于靠情感做决策,另一种是倾向于靠逻辑做决策;而人们在收集信息时,也天生有两种倾向,一种是倾向于依靠直觉,通过直觉容易注意到全局、大画面,另一种是倾向于依靠感觉或知觉(即感知),通过感觉容易注意到局部、小细节,如图 2-5-12 所示。

大约一半的人天生用逻辑做决定(例如规则、客观事实等);而另一半的人则用情感做决定(例如是否感觉良好)。了解一个人是情感型还是逻辑型决策者非常有帮助,可以据此为他们提供采取行动的信息。

查理将四种类型的场域(即维度)用四种颜色表示,他把不可见的场域,分成四个可见的部分,并通过下面的坐标轴呈现出来,如图 2-5-13 所示。

每个维度都对应着一种人类的核心需求,而这种需求是高绩效团队必须的。

4D 系统把第五力简化为人们必须予以关注的 4 种最核心的人类基本需求:

感到被赞赏。

感到被接纳。

充满希望的未来。

可达成的期望。

因为人们只有在其核心需求被满足时，才会有良好的行为表现。

一般来说，应对和解决好这 4 个维度的问题，是获取成功的充分必要条件，因此，要对每个维度中的团队行为规范进行衡量和管理。4 个维度中的核心需求，每项需求又对应两种行为方式，共计八项行为。如图 2-5-14 所示。

八项行为的背后体现了真正人际关系的 9 个主要特征，如图 2-5-15 所示。

这些特征和八项行为息息相关。

① 只有具备人类生存基础——感恩的品质，才能做到绿色维度的"表达真诚的感激和赞赏"，才能和他人建立有意义和深入的人际关系。

② 只有具备换位思考的特质，才能做到绿色维度的"关注共同利益"，才能和他人建立信任的基石。

③ 只有真正倾听他人、分享脆弱、打开通向他人内心世界的窗口，才能做到黄色维度的"适度包容他人"，才能和他人建立相互扶持的高效团队。

④ 只有担负起分享脆弱的责任——保守秘密，才能做到黄色维度的"信守所有协定"，他人和我们在一起才感觉安全和可靠。

⑤ 只有充满好奇心，坚信提出高质量的问题比解答问题更加重要时，才能做到蓝色维度的"表达务实的乐观"，团队才具有创新意识和迸发出强大的创造力。

⑥ 只有具备谦卑的心态、没有傲慢和自大，才能放下身段，做到蓝色维度的"百分百投入"，团队才可能创造奇迹，这是真正的权威。

⑦ 只有自己变得幽默和乐观，才更容易做到橙色维度的"避免指责和抱怨"。优秀领导者把成功归于团队、失败归于自己，为团队创造和谐良好的互动氛围。

⑧ 只有自己变得认真履行自己职责并让人感觉"真实可靠"，才更容易做到橙色维度的"明确角色、当责和权力"，关心他人的想法和动机才会变得真实和纯洁。

而如何衡量这八项行为，则需要在 www.4-Dsystems.com 网站上进行 TDA 在线评估。4D 系统提供了一套可衡量、可管理的测评体系。

如图 2-5-16 所示：团队的五个从低到高的分数段依次为红色、粉色、白色、淡绿色和深绿色。

参见图 2-5-17，如果团队测评分数（TDA）落入红色分数段，那么这就是个低绩效、高风险的团队。团队成员之间缺乏感激、相互矛盾和冲突较多（绿色），感觉被排斥在外、相互之间信任感低下（黄色），对目标盲目乐观、投入度较低（蓝色），相互指责抱怨、分工不明确、缺乏主人翁意识（橙色）。

如果团队测评分数（TDA）落入绿色分数段，那么这就是个高绩效、低风险的团队。团队成员相互尊重和支持（绿色），感受到被接纳、相互信任（黄色），对挑战性的目标有信心、为了实现目标投入了百分百的时间和精力（蓝色），清晰自己的角色、职责和权力（橙色）。

明确了长处和短板，这个团队就可以扬长避短，同时还可以针对短板制订具体的行动计划提升自己。

● 案例分析：用 4D 系统相关理论分析两部门之间的矛盾根源及解决思路

（1）G 公司销售部与市场培训部的矛盾根源。

G 公司市场培训部主要负责两方面工作：一方面，宣传公司的形象展示及全线产品的宣传工作，例如产品的宣传、展会的全方位投入，资料的设计及印刷等，是对销售最直接的支持。另一方面，负责产品理论知识的培训和专业技能的实操，为客户提供专业的售前与售后服务及各种技术支持。而销售部，重在为客户带来公司更多更好的产品，同时为公司创造更大的效益，也是公司最为倚重的权重部门。

这两个部门之间虽然经常有合作、交流、沟通，但很多都只局限于表面，并没有深入的合作。双方之间的矛盾由来已久，具体表现如下：

首先，销售部人员众多，但是销售部的人员学历不高，并且很多也不是本专业出身。他们倚仗手中的重要客户，有部分人自恃清高，感觉所有人都应该为他们服务。并且，他们觉得客户就是上帝，客户提出的所有要求都必须满足，哪怕是不合理的要求。其次，市场培训部的人员则大都是研究生以上学历，受过很好的教育。他们是学术、技术出身，学院派氛围浓重，也经常看不起销售这种靠嘴皮子办事的人，认为他们没有真本事。

根据 4D 系统理论，G 公司的市场培训部和销售部之间出现沟通效率低下的问题，主要是因为双方都没有着眼于共同利益，同时对彼此的所作所为没有足够的包容所致。这也充分的体现了两部门的背景文化不同，即天性的不同导致了行为的不同。

前面说过，市场培训部的背景文化为橙色文化，销售部的背景文化为蓝色文化。两部门的文化颜色虽然不同，但均属于坐标轴右侧的文化，即天性都是靠逻辑来做决定。这样的背景很适于团队间的合作，销售部创意多，市场培训部执行力度强，本质上两部门之间有很好的互补。

然而，合作就要有沟通，而沟通则更多的需要情感方面的交流。市场培训部和销售部缺乏的正是情感方面的交流能力。市场培训部处于橙色维度，其对角线绿色维度的能力——着眼共同利益方面生来就很差。再加上部门成员大部分学历很高，自视清高，看不起人的情况自然屡有发生，更谈不上什么共同利益了。而销售部处于蓝色维度，其对角线黄色维度的能力——适度包容他人方面也是他们天生的弱点。他们唯我独尊的特性使得他们习惯了独来独往的处事原则，眼里很难容得下其他人。

总之，根据 4D 系统相关理论，双方都是由于缺乏情感方面的能力才导致了分歧、矛盾、冲突不断上升。

（2）G 公司销售部与市场培训部矛盾的解决思路。

市场培训部和销售部在战略项目里是唇亡齿寒的关系。公司只关注市场培训，不关注销售，那么公司就赚不来足够的钱来养活员工，同时也容易给竞争对手做嫁衣，为将来被对手击败平添了几分风险；只关注销售而不顾市场培训，这种只看眼前利益的做法注定使公司不会向更大、更强的方向发展，早晚有被对手兼并的可能。

经过 4D 系统的测评及培训，两个部门成员可从以下方面进行调整：

① 知己知彼。每位团队成员知道了自己和他人的天生行为倾向，发现了自我和他人的沟通模式，从而更加能够理解他人，并以对方接受的方式进行沟通。销售部团队基本是蓝色行为，而市场培训部团队大部分是橙色行为，这两种颜色特点的人本身就是天生以逻辑思维做决定，因此很容易找到共同点。而且，橙色性格特点的人注重流程，缺乏灵活性；而蓝色性格的人具备了头脑灵活的特点，正好是市场培训部成员的有力补充。因此，两个部门是非常适合展会项目并能保证项目落地的最佳合作团队。

② 感激与赞赏。团队共同练习的第一项行为"表达真诚的感激和赞赏"，可以帮助大家慢慢发自内心地对他人表达感激，也从他人的感谢中体验到被感激和被赞赏的愉快心情，从而更加愿意对他人继续表达真诚的感激和赞赏。

③ 良性循环。经过双方的良性互动，市场培训部慢慢变得肯吃苦和付出，并敢于大胆尝试新的想法；销售部也更加热爱学习，逐渐习惯对流程的把控，更加的感恩和宽容。两个部门的互动更加和谐，团队合作也会变得更加愉悦。

5. 4D 系统的主要特色是什么？其导入企业的关键步骤和注意事项有哪些？

● 理论依据：

4D 系统是一套包含了场域及第五力等多种理论特色的理论体系，通过将不同的人按性格特征进行分类，然后通过性格特点来进行管理和沟通。同时，4D 系统也是一套完整的解决方案，是一套经过实践验证、接地气的、灵活的实用工具。

首先，4D 系统的主要特色表现在以下几个方面：

（1）4D 系统展示了四种文化——绿色（培养）文化、黄色（包容）文化、蓝色（展望）文化和橙色（指导）文化。每种文化对事实的认知不同，每种文化都有自己独特的核心价值观，每种文化包容他人的方式有别，每种文化对成功怀着不同的愿景，每种文化都有不同的指导、组织方式。并且，4D 系统所关注的个体因素，是指个体在态度、领导力、正能量状态上的因素，而不是个体在知识、技能等方面的因素。

（2）4D 系统以人为核心，将不同类型的人有效凝聚在一起共同创造高绩效，让团队成员既了解自己的优势和弱项,也能发现别人的长处和不足。与此同时,4D系统以系统科学的方法论为理论指导,把已有的优秀团队作为标杆,将复杂的团队及个人特性分为四个方面,通过系统化的方法与工具支持团队组建,并帮助团队和个人提升业绩。

(3)4D系统流程设计得非常科学严谨,这种基于人性需求而设计的流程能触动人的内心深处,增加深层次的自我觉察和对他人的理解。在建立互相信任的关系,以及改善团队的沟通方面发挥了很好的作用。

其次,4D系统导入企业的关键步骤归纳如下。

(1)进行团队诊断。

4D系统展示了四种文化,就像我们的天性一样,团队和组织也会倾向于四种文化基础中的某一种。如果文化没有一个主导型稳固的基础,就会长期不断地经历紧张与困惑,直到一种主导型文化出现。

对现代化企业来说,都是以追求绩效为终极目的,所以绝大多数的企业都是4D罗盘右侧的,即非蓝即橙团队,如图2-5-18、图2-5-19所示。

这是因为公司始终要提供竞争力强的产品,同时也要及时根据市场的变化做出自我调整。

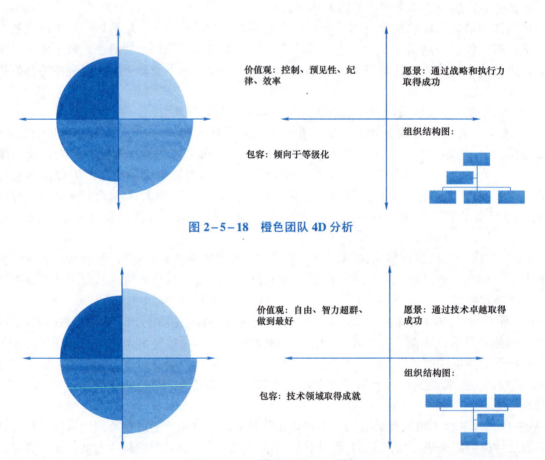

图2-5-18 橙色团队4D分析

图2-5-19 蓝色团队4D分析

(2)进行数据收集。

4D系统的数据收集分为团队数据(Team Development Assessment,TDA)和个人数据(Independent Development Assessment,IDA)。

团队数据(TDA)是由各团队的负责人在4D网站上进行在线评估得出。个人数据(IDA)则需在每个团队成员在4D网站上进行在线评估。上述两种数据都是每4～6个月测一次。

通常,每次4D测评均在公司的绩效考核之前,而绩效考核成绩也与4D测评分数成正比,因为4D

的测评分数综合了 8 项行为的特征，而这 8 项行为也正与团队成员的工作内容息息相关。

最后，4D 系统导入中的注意事项概括如下：

① 4D 系统的导入是一个连续渐进的过程，需要在一个相对集中的时间段内完成。并且，领导的支持非常重要。有支持团队才能成长，有支持团队才有收获，有支持团队才能提高。

② 为了团队核心骨干的思维模式发生更大的转变，以带动整个团队的变化。4D 辅导可以增加为核心骨干提供一对一辅导。尽可能让核心骨干用自己亲身体会到的 4D 经验来带领团队前进，为团队成员测评并解读；同时也能解放市场培训部人员的精力，好让他们为更多的部门服务。

③ 遵循绿、黄、蓝、橙的逻辑，让能量自由顺畅地流动，真正做到全体活跃；同时，高度关注 4D 左侧的力量，关注所有人员的共同利益。因为无论团队的文化是蓝色还是橙色，同样都需要绿色和黄色行为来支持。

④ 具体做什么不重要，重要的是在做各类活动时是否有一个 4D 罗盘在提醒。要能够充分调动左侧的力量，提醒我们做到先人后事，在整个活动策划及执行的过程中让参与者真正融入，做到有创意、吸引人、流程合理和执行到位。

⑤ 注意主导文化维度的对角线维度。因为对角线维度每个人的弱势，每个人都希望进步，要成为合格的乃至优秀的员工，仅仅靠自己的本色是不够的。这就要求每个人在发挥本色之余，也要提升和发展其他三种颜色，真正做到"发挥本色，全能余三"。如果各维度均衡发展，一切都很契合，那就再好不过了。然而，有些人的主导文化维度如果过度发展，那么其对角线维度就会萎缩，从而限制他们的绩效，所以必须要有意识地保护好对角线维度。

● 案例分析：4D 系统导入的关键步骤和注意事项

G 公司能够引入 4D 系统进行试点，首先得益于张总对于 4D 系统的接受和认可，只有老板愿意接受并支持 4D 系统，4D 系统在组织内部的导入和落地，才有成功的可能。

4D 系统的导入是一个环环相扣、不断交互的过程。在 G 公司的导入试点过程主要有以下几个关键步骤：

① 首先对公司两部门的十余名经理进行 8 项行为的个人测评。测评后制订个人发展计划，提升经理的 8 项行为。并鼓励经理们带领自己团队做到 8 项行为，尽可能地提醒他们，结合 4D 系统的原理来解决工作中遇到的团队问题。

② 对圈定出来的重点业务团队及团队负责人进行团队测评和个人测评。通过测评解读，明确地看到自己的团队场域和个人领导力与数据库中的所有对标团队之间的对比，通过对比找到痛点。同时，也让每个团队都看到自己的进步与改变。

③ 两部门全体成员学习 4D。两部门共计 102 人，分区域培训共计 6 次。每场培训不仅要告诉 4D 是什么，更重要的是要探讨 4D 与实际工作的结合。共同探索如何用 4D 工具解决实际工作中的问题，并在课程的最后就本团队或业务线目前最棘手的难题进行探讨，得出切实可行并现场达成共识的行动方案。最后，这些行动方案全部由两部门各级经理进行项目回收、整理和跟进，从而保证每次学习必有产出，每个产出必有行动，每个行动必有结果，每个结果必有跟进，每个跟进必有反馈。4D 系统只有结合实际业务的导入，才能真正落地。

④ 结合 4D 培训，开展各类 4D 团建活动。首先从高管团队开始，设计了领导力拉练活动，让高管们在真实的环境下体验 4D 的状态及力量。

⑤ 应用的推广与跟进。鼓励两个部门全员建立 4D 思维，主动用 4D 思维去解决实际工作问题，无论大小。公司市场培训部还不定期开展相关案例的评选活动，及时萃取优秀经验并推广。

通过以上导入步骤，两个部门全体成员基本建立了 4D 意识，也使 4D 成为全体员工开口必谈、津津乐道的文化口头语。

五、关键要点

● 本案例的关键分析思路：

首先，基于 G 公司的特殊背景及行业发展现状，帮助学员了解中国企业管理发展到现阶段的新需求；了解国有转型企业在内部管理及沟通中经常遇到的挑战；

其次，通过分析 G 公司导入 4D 系统的背景，帮助学员理解团队绩效和领导力发展、团队建设和企业文化之间的内在关联；

最后，通过分析 G 公司导入 4D 系统的过程，帮助学员掌握如何利用 4D 系统，从根本上激活团队成员的个人潜力和团队合作力；

- 本案例的关键理论：4D 系统理论及方法。

六、课堂计划建议

由于不同课程的理论要求点不同，可以结合具体课程要求选择不同的思考题进行分析讨论。课堂计划建议如表 2-5-4 所示，供参考。

表 2-5-4　课堂计划建议

序号	内容	用具	教学活动	备注	时间
1	课前准备		发放教学案例和相关资料，学员分成小组进行案例预习和讨论	课前预习	自由安排
2	案例回顾		课上首先安排学员按组仔细回顾案例及相关资料，独立思考讨论问题，并要求学员独立给出问题分析所涉及的理论要点	—	15 分钟
3	案例开场白		中国企业经过 30 年的发展，已经从"硬件"建设为重心转向"软件"建设为重心的阶段。G 公司导入 4D 系统这个案例，将帮助大家深入思考中国企业改善内部管理及沟通的必要性、可行性和具体实施路径。 通过以下的案例我们将让大家对商业模式创新进行更加深度的思考	—	5 分钟
4	案例内容展示	投影仪	随机选取 1 组学员进行案例内容的展示	—	10 分钟
5	小组讨论及汇报	投影仪	各组学员对案例问题进行讨论，随机选取 2 组对案例讨论结果进行汇报	控制时间	40 分钟
6	小组汇报小结		就案例汇报过程中尚未关注到的知识点，提出一些问题让学员进一步思考，并随机抽查提问	—	20 分钟
7	案例总结		对整个案例的知识要点及分析思路再次进行归纳总结	—	10 分钟
8	课后报告		请学员就案例问题的讨论情况撰写书面报告，进一步巩固对相关知识点的理解	—	—

七、案例的后续进展

2016 年，G 公司决定将 4D 系统全面导入公司各个部门，让每一位员工都熟悉并掌握 4D 系统原理，按照 4D 系统的逻辑思考问题、处理问题，提高全员沟通效率，进而促进全员绩效提升。

例如，在对销售人员进行专业能力培养的具体模拟演练环节，将把 4D 谈判思路设计进去，要求销售人员判断客户的颜色。这为销售人员去拜访客户之前的准备工作指明了方向。

G 公司销售部和市场培训部已经是 4D 系统的践行者，同时也是 4D 系统的受益者。将来，他们会成为 4D 系统的推广者，除了在公司内部全面推广 4D 系统，他们还希望将 4D 系统推荐给重要客户,并协助对方导入和落地。他们期待让更多的人和组织从中受益,这是一件非常有意义、有价值的事情。

八、参考文献:

[1] 刘平青,等. 员工关系管理——中国职场的人际技能与自我成长 [M]. 北京:机械工业出版社,2012.

[2] 邓小芳(美),邓臻(美),查理·佩勒林. 第五力浪潮:打造高绩效 4D 团队 [M]. 北京:电力工业出版社,2013.

[3] 查理·佩勒林. 4D 卓越团队——美国宇航局就是这样管理的 [M]. 李雪柏,译. 北京:中华工商联合出版社,2012.

[4] 江政,郑磊. 场域的力量:高绩效正能量团队企业实践手册 [M]. 北京:电力工业出版社,2015.

[5] 斯蒂芬·P. 罗宾斯,蒂莫西·A. 贾奇. 组织行为学 [M]. 孙健敏,李原,黄小勇,译. 北京:中国人民大学出版社,2012.

[6] 边燕杰. 关系社会学:理论与研究 [M]. 北京:社会科学文献出版社,2011.

[7] 常凯. 劳动关系学 [M]. 北京:中国劳动社会保障出版社,2005.

[8] 程延园. 劳动关系 [M]. 北京:中国人民大学出版社,2002.

[9] 程延园. 员工关系管理 [M]. 上海:复旦大学出版社,2004.

[10] 达力普·辛格. 我用情商征服你:职场妙用影响力 [M]. 胡莜颖,间佳,译. 北京:机械工业出版社,2008.

[11] 德鲁克. 卓有成效的管理者 [M]. 许是祥,译. 北京:机械工业出版社,2009,3:101.

[12] 阿吉里斯. 个性与组织 [M]. 郭旭力,鲜红霞,译. 北京:中国人民大学出版社,2007.

[13] 杜红,王重鸣. 领导——成员交换理论的研究与应用展望 [J]. 浙江大学学报:人文社会科学版,2002.

[14] 海涛. 关系决定成败 [M]. 北京:中国城市出版社,2007.

[15] 和仁. 人生关系学:决定你人生命运的八大关系 [M]. 西安:西北大学出版社,2004.

[16] 侯玉波. 社会心理学 [M]. 2 版. 北京:北京大学出版社,2011.

[17] 黄希庭,郑涌. 人性品质的形成——理论与探索 [M]. 北京:新华出版社,2004.

[18] 金盛华. 社会心理学 [M]. 2 版. 北京:高等教育出版社,2010.

[19] 刘平青. 职场 360 度:职场中层的自我管理 [M]. 北京:中国发展出版社,2011.

[20] 刘宋民. 宽容的智慧全集 [M]. 北京:金城出版社,2008.

[21] 陆卫民,李红. 人际关系心理学 [M]. 西安:西安交通大学出版社,2006.

[22] 迈克·彭. 难以琢磨的中国人——中国人心理剖析 [M]. 杨德,译. 沈阳:辽宁教育出版社,1997.

[23] 施恩. 职业的有效管理 [M]. 仇海清,译. 北京:三联书店,1992.

[24] 水成冰. 把面子送给他人 [M]. 北京:团结出版社,2005.

[25] 司马宽. 大学问:最令人惊叹的做人与用人绝道 [M]. 北京:民主与建设出版社,2004.

[26] 斯蒂芬·波伦,马克·莱文. 职场沟通艺术 [M]. 袁长燕,译. 北京:中信出版社,2003.

[27] 汪中求. 细节决定成败 [M]. 北京:新华出版社,2004.

[28] 王登峰. 论领导干部的心理和谐 [J]. 中国井冈山干部学院学报,2008(1).

[29] 吴娟瑜. 不做情绪的奴隶 [M]. 北京:北京大学出版社,2007.

[30] 薛灿宏. 如何当好中层管理者 [M]. 北京:东方音像电子出版社,2010.

[31] 杨东. 戴尔·卡耐基人际关系学 [M]. 长春:吉林大学出版社,2009.

[32] www.4-D systems.com.

[33] Anne S Tsui, Joshua B Wu. The New Employment Relationship Versus the Mutual Investment

Approach: Implications for Human Resource Management[J]. Human Resource Management, 2005, 44 (2): 115-121.

[34] T K Das, B Teng. Between Trust and Control: Developing Confidence in Partner Cooperation in Alliances [J]. Academy of Management Review, 1998, 23 (3): 491-512.

[35] Francis L K Hsu. Americans and Chinese [M]. Honolulu: The University Press of Hawaii, 1981.

案例正文：

组织土壤中，绽个性之花
——国家电网新员工的融入过程[①]

摘　要：新员工如何融入组织？这是一个既困扰新员工个体，也困扰着组织各级管理者的热点问题。以国家电网为例，推崇"大我"的国家电网文化与新员工的"小我"个性，两者各执一端则冲突不断，怎么糅合？个体应该怎么做？组织又应该怎么做？本案例选取国家电网三类新员工的代表，按照新员工"进入阶段——适应阶段——融入阶段"的逻辑主线，揭示了这三类员工在融入国家电网过程中的不同表现和不同结果，以及国家电网在不同阶段中所采取的相应措施。本案例对于新员工个体如何融入组织以及组织如何引导新员工有着重要的启示。

关键词：国家电网有限公司；新员工；组织融入；个性绽放

0　引言：四年，我成了一名优秀的国网人

2017 年 7 月 1 日，1 000 多名刚从大学毕业的应聘者通过层层选拔，在激烈的竞争中脱颖而出，正在参加国网浙江省电力公司的入职欢迎仪式。这一天，明媚的阳光照耀着这群朝气蓬勃的新员工，仿佛给国家电网有限公司（简称"国网"）带来了新鲜血液和无限生机。

在一阵热烈的掌声中，赵新走上了讲台，用铿锵有力而又沉稳厚重的声音说道："欢迎各位新伙伴加入全球最大的公共事业企业——国家电网。我叫赵新，新人的新，是国网浙江杭州供电公司办公室的企业管理专职。大家一定很疑惑，为什么不是由更加资深的领导来发表讲话，而是由我这个年轻员工作为代表。理由很简单，我跟你们一样是'90 后'的年轻员工。2013 年的今天，我跟你们一样也坐在下面听领导讲话，通过这四年的奋斗，我成了一名优秀的国网人。今天我站在了这里，就是想跟大家分享我的成长经历，也是想告诉你们如何与 186 万名优秀的国网员工一起成长，如何在组织的土壤中绽放个性之花。"

"你们加入国网的这个时间，正是面临新一轮能源革命和向新一代电力系统演进的前夕，你们的每一份努力，都在为这个世界上最大、最稳定的电网安全运行注入力量，也为每一个在夜晚挑灯学习的学子带去光明，为每一块等待浇灌的良田送去取水的动力，为每家忙碌的工厂、紧张的写字楼、挽救生命的医院提供稳定的电力支持。努力吧，年轻人，你们赶上了一个伟大的时代，你们正在成为能源变革中重要的一员。只要你们肯付出，肯吃苦，肯坚持，国网就是你们最好的成长平台！发挥你的聪明才智，砥砺前行吧！"。

此次的讲话，赵新是全程脱稿的，因为这四年的奋斗历程对于赵新而言是历历在目的。从个性的"小我"到优秀的"大我"，这段艰苦的岁月，此时此刻正如电影放映般在赵新的脑海中一幕幕地呈现出来。

[①] 本案例由北京理工大学管理与经济学院刘平青教授，硕士生庄超民、任静、雷泽婧、黄伟敏，国家电网有限公司苑会娜，本科生文斌撰写，作者拥有著作权中的署名权、修改权、改编权。

本案授权中国管理案例共享中心使用，中国管理案例共享中心享有复制权、修改权、发表权、发行权、信息网络传播权、改编权、汇编权和翻译权。

由于当事人的要求，在本案例中对有关人名做了必要的掩饰性处理。

本案例只供课堂讨论之用，并无意暗示或说明某种管理行为是否有效。

1 背景介绍：一流的电网需要一流的人才

1.1 全球最大的公共事业企业——国家电网

国家电网有限公司（State Grid Corporation of China），简称国家电网、国网，成立于 2002 年 12 月 29 日，是经过国务院同意进行国家授权投资的机构和国家控股公司的试点单位。公司作为关系国家能源安全和国民经济命脉的国有重要骨干企业，以建设和运营电网为核心业务，承担着保障更安全、更经济、更清洁、可持续的电力供应的基本使命，经营区域覆盖全国 26 个省（自治区、直辖市），覆盖国土面积的 88%，供电人口超过 11 亿人，公司员工总量超过 186 万人。除了这些以电力能源为核心的业务外，国网公司在通用航空、房产物业、物资服务以及传媒业务和金融业务上也有涉猎，并呈现出发展速度快、新员工锐集程度高的新业态发展趋势。2016—2017 年，公司位列《财富》世界 500 强第 2 名，是全球最大的公共事业企业。

1.2 美好的未来伴随着巨大的挑战

未来的几十年，将是中华民族实现伟大民族复兴的几十年，而在这过程中，国家电网将会发挥重要的基础性作用。随着"一带一路"倡议的深入实施，电网规划和建设被纳入"一带一路"倡议，电力装备以整套设备、工程总承包形式出口正出海扬帆。在国家《推动共建丝绸之路经济带和21世纪海上丝绸之路的愿景与行动》的发文中明确指出：要加强能源基础设施互联互通合作，推进跨境电力与输电通道建设，积极开展区域电网升级改造合作。在国家战略的高度重视下，国家电网也将在未来的几年中不断前进：2020 年，国家电网将全面建成"一强三优"现代公司，既实现电网坚强、资产优良、服务优质、业绩优秀，全面建设具有卓越竞争力的世界一流能源互联网企业取得重大进展；2025 年，国家电网基本建成具有卓越竞争力的世界一流能源互联网企业；2035 年，全面建成具有卓越竞争力的世界一流能源互联网企业。

美好的未来也伴随着巨大的挑战。长期以来，化石能源的大量开发使用，带来资源紧缺、环境污染、气候变化等问题，已严重威胁人类生存与发展。国内的各种化石能源的使用，也造成了自然环境的破坏和空气质量的下降。如何能够破解这样的难题，还人民一片绿水青山、清洁空气，解决人类可持续发展的问题，是所有人面临的共同问题。面对这样的难题，习近平主席站在人类前途与命运的高度上提出了要构建全球能源互联网的重大倡议，这一倡议也与中国的"一带一路"建设和联合国"2030 议程"紧密结合，成为世界推动解决这一挑战的重要举措。可以预见的是，在未来的几年里，电力能源的发展将是国内建设乃至国家与国家间的交流合作中的重中之重！而国家电网，作为中国供电规模最大、世界最大的供电网络之一的运营者，肩负着将这些蓝图变为现实的重大使命。这既是国网发展的重大机遇，也是国网不得不面对的巨大挑战。

1.3 宏伟的蓝图离不开新鲜的血液

面对这巨大的挑战和重大的责任，国网始终没有忘记自己的愿景是"建设世界一流电网，建设国际一流企业"，而一流的电网需要一流的人才，每一项战略的推动，最终都需要靠人才去落地，尤其是青年人才。在这个日新月异的时代，青年越来越成为企业提升竞争优势和实现可持续发展的核心竞争力，这种竞争力对企业的发展愈来愈形成强大的正向驱动。国网作为一家大型央企，要实现宏伟的蓝图，同样需要新鲜的血液来推动国网不断变革与创新。

国网每年面向国内外高校招录新员工超过 2 万人，这些新员工对于国网而言是发展的新生力量和新鲜血液，在极大程度上影响着国网未来的发展。国网的当务之急是汇聚全球智慧和力量，加快全能源互联网建设，而这些年轻的新员工正是承担起这项重责的关键人才，国网需要留住这群年轻的人才，也需要让这群年轻的人才在国网的平台里发光发热。但这群年轻的人才也给国网的发展带来了新的难题。

近几年来招录的新员工普遍个性较为张扬，常常被称为"天之骄子"，这对于将"奉献"作为企业核心价值观的国网而言无疑是一种巨大的冲击。国网近几年来的员工离职率年年攀升，特别是新员工离职现象时常发生，一个真实的难题就摆在了国网的前进道路上——如何让这群个性独特的年轻新员工真正融入国网？

2 相关人物介绍

赵新，1990年生，华北电力大学硕士研究生，2013年进入国网浙江富阳供电公司（县级公司），担任线路运行检修室班员；2016年担任班组长；2017年进入国网浙江杭州供电公司办公室从事企业管理专职。年轻有想法，虽然个性要强，但能积极融入集体，学习能力较强。

李傲，1990年生，浙江大学硕士研究生，2013年进入国网浙江富阳供电公司，入职不到半年就离职了。个性孤傲，不认同国网的企业文化。

孙平，1990年生，毕业于武汉电力职业技术学院，2013年进入国网浙江富阳供电公司，现在依然留在基层。富阳当地人，家境条件较好，只想找一份稳定的工作，刚开始特立独行，在基层待了四年后渐渐习惯了基层的生活。

张和，1975年生，国网浙江富阳供电公司线路检修室主管，性格和蔼可亲，深受新、老员工的尊敬，擅长管理员工，也非常支持新员工的想法。

老吴，1973年生，国网浙江富阳供电公司线路检修室班组长，赵新和孙平的师傅，"国网劳模"，兢兢业业，吃苦耐劳，认为部分新员工个性太张扬。

3 进入阶段：了解国网，成为准国网人

3.1 入职小培训，感受国网企业文化

截至2013年6月10日，国网浙江省电力公司2013年校园招聘工作已顺利完成，本次全省统一招聘共招录了900多名从各大高校毕业的大学生。被录用的新员工需要先到省公司集中报道，接受为期两周的省公司培训，培训内容以企业文化为主，涵盖企业文化、价值观、行为规范和规章制度等方面，让新员工在入职前期就能真实感受和学习企业文化。

场景1：国网土壤中种下的"三颗种子"

2013年7月1日，赵新、李傲和孙平三人与另外900多名新员工一起，满怀憧憬地来到国网浙江省电力公司报道。在一番相互介绍之后，三人愉快地闲聊起来，格外投缘的三个人迅速成了朋友。当提及加入国网的理由时，三个人不约而同地表达了自己的美好憧憬："国网的薪酬待遇和发展空间非常诱人，我相信自己可以在这里闯出一番事业。"李傲高兴地补充说道："我甚至可以想象到自己坐在办公室里指点江山、大展宏图的画面了！"说罢，三人开怀大笑，都对未来充满了信心。

报道的第二天，三个人便开始参加省公司组织的小培训，完成新员工入职的"三个一"工程。

第一件事：参观公司。在人力资源部工作人员的带领下，赵新、李傲、孙平和其他新员工一起参观公司。首先参观的是公司的文化长廊，长廊通过微笑墙、亲情墙、愿景墙、照片墙和一些特色专栏展示了国网员工的风采，解说员也详细介绍了国网的发展历史和未来的发展宏图。随后，解说员又带领新员工参观了公司的各个角落，并为他们介绍了公司最新推出的线上虚拟"文化家园"，形形色色的文化展示让赵新不禁发出了感慨：国网企业文化不愧是全球最大的公共事业企业，其文化底蕴果然非常深厚。但是，李傲和孙平对此则表现出不在乎的样子。

第一堂课：文化大讲堂。赵新等人都领到了一本新员工手册，手册里详细介绍了公司的背景、愿景、使命、宗旨、员工行为规范等内容。此外，公司还邀请内部专家给新员工讲解国网的企业文化，让每位新员工熟悉国网公司基本价值理念在内质外形、经营管理、电网建设、安全生产、优质服务、队伍建设、社会责任等各项工作中的体现和要求。

第一次会：劳模分享会。紧接着，新员工又参加了第一次分享交流会，由公司的劳模代表给新员工分享自己的成长历程。主讲的劳模是一位"70后"的老员工，分享的主题围绕着"奉献"展开，目的是发挥榜样的力量，激励带动新员工也投身奉献。但这对于刚从大学毕业的新员工而言，并没有充分激发出他们的工作热情和激情。李傲和孙平两位感到极其反感，在底下窃窃私语："这是追求创新的时代，是我们'90后'绽放个性的年代。"赵新听到了他们的对话但没有发表看法，在他看来，虽然并不完全认同这位劳模的说法，但对于劳模的先进事迹和奉献精神是十分佩服的。不仅如此，赵新也暗暗下定决心："总有一天，我也要站在讲台上给新员工分享我的成长经历！"

转眼间，三人完成了为期两周的入职小培训。同一年出生的三个人，代表着同期三类不同的新员工，象征着三颗不同的"种子"，在同一个时间种在了国网的土壤中，走向了三段截然不同的发展道路。

3.2 国网大培训，夯实基础全面发展

为全面提升队伍素质和企业素质，加快推进公司发展方式转变，国家电网公司作出了构建集约化大培训体系的战略决策，于2008年12月30日依托山东电力高等专科学校组建了国网技术学院，之后又相继设立了济南、泰山、泰安三个校区和长春、成都、西安、苏州四个分院。作为国网公司培训创新研发基地、团青干部培养基地、企业文化传播基地，公司系统技术技能人才培训开发中心、新技术新技能推广示范中心，以及公司技术技能人才培养国际合作交流平台，为公司技术技能人才、青年人才培养和软实力建设提供服务保障与智力支持。

成立国网技术学院后，国网会组织每年新入职的员工到国网技术学院进行集中培训。在参加完省公司的小培训之后，赵新、李傲和孙平三人并没有马上奔赴工作岗位，而是前往国网技术学院济南分校参加为期三个月的集中培训。

场景2：课上不足课下补

在正式培训之前，新员工要接受一个星期的军训，这让赵新三人感觉仿佛回到了校园生活。一星期之后，2013年第二期新员工培训班军训汇报表演暨开班典礼在学院隆重举行，赵新、李傲和孙平三人也加入了方队表演，展示军训成果。随着开学典礼的召开，集体培训也算正式拉开了序幕。会上，学院老师详细介绍了"三位一体"的多元培训体系，如图2-6-1所示。

图2-6-1 "三位一体"多元培训体系

"三位一体"指的是集业务技能、个人修养和综合素质三者于一体，培训内容以专业技术和生产技能为主，并通过传播企业文化、素质拓展等一系列活动将实践与理论相结合，提高新员工的个人修养和综合素质。

多元培训体系是指多元化的培训方式，学院针对新员工推出了"菜单式培训""镜面式培训""现场

培训"和"掌上培训"的多元化培训体系。"菜单式培训"是指培训项目"菜单"化,让职工一目了然,可结合自身技术技能特点,进行自助"点餐";"镜面式培训"是指构建培训项目统一的标准化流程和模型,让职工按规定步骤、工艺对比模型进行操作,规范实际操作的工艺流程;"现场培训"是指带领新员工深入工作现场,现场指导工作流程;"掌上培训"是指搭建移动终端平台,职员可以在网上学习培训内容,参加模拟培训,开启智能新模式。对于此次集体培训,赵新三人的表现也有所差异。李傲觉得这样的培训毫无意义,"授课老师都不一定比我厉害",由于部分授课老师学历不高,李傲认为他们水平还不如自己。孙平也觉得培训的内容过于基础,还不如上学期间所学的内容,因此对于培训也不怎么感兴趣。而赵新把这些基础培训当成了巩固知识和提升技能的好机会,不仅如此,赵新还参加了学院举办的技能大赛,并取得了一等奖的优异成绩。

在培训之余的休闲时间,李傲和孙平两人与部分新员工一样,抱着手机沉浸于游戏中。赵新虽然偶尔也会加入其中,但更多的时间是用来查缺补漏。赵新一开始就明确自己将来要往管理岗发展,但由于所学专业是工科,在管理沟通方面较为薄弱,所以原本期待能够在此次培训中弥补自己的短板。遗憾的是,此次培训以专业技能为主,课上的教学并没有涉及管理沟通方面的内容,赵新只能自己掏钱买了一整套《管理沟通巧技能》系列书籍,利用课下时间,抱着这些书津津有味地阅读着。

三个月转瞬即逝,在培训班结业典礼上,院长发表了总结:"我谨代表学院祝贺在座的各位年轻新员工顺利完成了集体培训,也祝贺你们成了一名准国网人。"随着结业典礼的闭幕,即将奔赴工作岗位的赵新等三人充满了期待,殊不知一场更大的考验正等待着他们。在入职前期的不同表现也预示着这三个人即将面临不同的发展道路。

4 适应阶段:接受国网,成为合格的国网人

4.1 拿起扳手下基层

一直以来,国网公司始终坚持"以人为本"的发展战略,注重加强新进年轻员工的培训和锻炼。考虑到年轻新员工对企业的认知感和责任感不强,工作经验缺乏,岗位胜任能力不足,不能很好地融入公司生产经营活动中,国网要求每一位新员工都到基层一线去培养、去磨练,学到真本事,掌握真本领,练就好技能,将理论知识更好地与实际操作相结合。新员工下基层——这已经成了国网的一种传统:大学毕业生必须在公司基层单位生产一线工作至少3年,多的还有5年、8年。这只是必要条件,而非充分条件,也有一辈子都待在基层的员工。这个传统,对于刚毕业的大学生而言,无疑是一种巨大的打击。

场景 3:是去还是留?

集中培训结束后,赵新等三人被分配到了国网浙江富阳供电公司,属于基层单位。虽然他们在应聘时就知道下基层这一传统,也签订了相关协议,有了初步的心理准备,但实际情况仍然对他们造成了不小的打击。地方偏僻、每天都是重复性的枯燥工作,上爬变压器、下钻电缆沟,所有的一切都与三个人的预想背道而驰,用三个字来形容就是:脏、苦、累。

在一次户外检修工作(如图2-6-2所示)现场,有个呆萌的小朋友站在他们身后,好奇地打量着他们工作。赵新回头逗了逗这个小朋友,并抱着他到远一点的地方。结果孩子的妈妈赶紧过来抱走了孩子,趁机教育道:"你看,你要是不好好读书将来就要跟他们一样!"赵新心里百般不是滋味,却也只能无奈地微笑。但李傲就忍不住了,"这根本就是'985''211'民工队嘛!"李傲气愤地说道:"我堂堂一个'985'大学毕业的研究生居然在这里爬电线杆,拿着扳手在检修线路,开什么玩笑!"李傲扔掉了手中的扳手,满腔怒火地找到主管张和,"主管,我想离职,我不干了,这简直就是在浪费我的才能和青春。"尽管张和再三相劝和安慰,李傲也丝毫不动摇,坚定了离职的态度。于是,入职不到半年的李傲离开了国网。但离开国网的他又能去哪个电力公司呢?最终也只得选择转行。

图 2-6-2 日常检修工作

李傲的离开也给孙平、赵新带来了一定冲击。究竟是去是留，三人面临着前进路上的第一个分叉口。孙平是富阳当地人，家庭条件较好，不愁吃穿，在父母眼里国网的工作就像公务员一样，只想让他找一份稳定的工作，所以孙平在父母的劝说下最终还是决定留下来。而赵新就不得不发愁了，因为赵新是个北方人，背井离乡地来到这里，一开始的职业规划是在市公司扎扎实实奋斗几年后到总公司去，但现实的艰苦条件却远远超出了他的预期。同时又担心不知道得在基层干几年才会出头，赵新不由得皱起了眉头。

敏锐的主管张和立马感觉到了这种不稳定的形势，意识到了问题的严重性，迅速安抚了新员工们的情绪："我知道下基层对于你们来说是一个不小的打击，也理解你们的感受。年轻人怀揣远大梦想是好事，但我必须告诉你们，读大学是四年一周期，但工作不一样。你们只看到市公司、省公司里那些大领导的光彩，却不知道他们的辛苦付出，他们跟你们一样，都是在基层摸爬滚打一步步走到今天的。加入国网就像一场马拉松，国网会给你们提供平台，优秀而且能够坚持到最后的人自然就会往上走。所以，年轻人，一定要沉住气，扎扎实实打好基础吧！"

同时，张和也及时向上级领导反映新员工的情况，并逐级上报到省公司。这些问题已经成了多个地区的共性问题，引起了省公司领导高度重视。在公司的组织带领下，各地区及时采取了一系列有效措施。

一是搭建"连心桥"。送阳光下基层，调动各级管理人员与员工开展一对一座谈，"工作上有什么不顺心的，有什么困惑的，都可以说。即使不能帮你什么，也要把它说出来"。确定每周四下午为"领导接待日"，公司领导到基层现场解答员工疑问，让他们切实感受到家庭般的温暖和关怀。此外，还专门成立了"员工诉求服务中心"，开设了"知音人"公开邮箱，对员工提出的问题有问必答，通过深度沟通、人文对话，在企业与员工之间架起一座"连心桥"，增进员工对企业的感情。

二是创建心灵港湾。与心理咨询机构合作，编印下发《员工心理健康自助成长指南》，为职工搭建咨询、交流、沟通的平台，多次开展心理健康讲座，加强对员工的心理辅导。定期开展员工"心检"工作，不定期开展心理测评，并开发了员工情绪超前感知应用软件，动态掌握员工情绪变化，对心理危机预警对象建立心理健康档案并持续跟踪辅导。

三是丰富业余生活。公司投资建设了职工业余艺术团、文化广场、职工文体活动中心、书画院等企业文化阵地，成立了摄影、书画、读书、乒乓球等八大职工文体协会，举办覆盖文明、文艺、体育、技能共50余项活动的企业文化节，建设了职工书屋和"读书吧"，多次开展读书沙龙、"书香国网"等读书交流活动。

四是关爱员工健康。开展"健康快车"送健康活动，健全两级医务室，邀请健康专家开展健康咨询活动，每年组织员工进行专业体检，建立完善准确的员工体能数据档案，为员工加强体能锻炼方向提供数据支持。

目标层、支撑层、基础层，构成了员工的幸福家园（如图 2-6-3 所示）。以赵新为代表的新员工是最直接的受益者，企业的关怀让赵新也感受到了家庭般的温暖。赵新甚至开始觉得待在基层也有许多好处，于是坚定了留下来的决心。

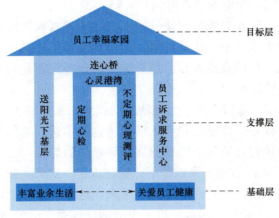

图 2-6-3　员工幸福家园

4.2　加入班组拜师傅

班组管理是国网管理员工的一大特色。国网公司于 2010 年 6 月 24 日颁布了《国家电网公司班组建设管理标准》，明确了班组建设层级管理职责，规定了国网公司班组基础建设、安全建设、创新建设、民主建设、思想建设、文化建设、班组长队伍建设等八个方面的管理内容和要求，旨在指导和规范班组管理工作，提高班组建设整体水平。一般情况下，基层每个班组的规模在 20 人左右，由班组长负责班组的日常管理和队伍建设。

师徒制则是班组管理的另一大特色，已经在国网公司传承了近 10 年。采用一对一或一对多的结对方式，组织每年的新员工与老师傅签订"师徒合同"，发挥"传、帮、带"作用，帮助新入职员工快速提高技术技能和解决现场实际问题的能力。徒承师，师传徒，承的是坚韧，传的笃守，责任在结对中彰显，技艺在传承中新生。这种"尊师爱徒、传技学艺"的师徒制，已经为国网公司培养了一批又一批的优秀人才，成了国网公司的骨干力量。

场景 4：师徒传承中的火药味

赵新、孙平下了基层后，被分配到线路检修三班，班组长是老吴，已经在基层待了将近 20 年，经验非常丰富，曾经获评国网劳模，是班组里非常抢手的师傅。在公司举办的新入职员工师徒合同签约会上，赵新、孙平两位新员工与班组长老吴正式签订了"师徒合同"，开启了三人的师徒之旅。然而，事实并没有想象中那么美好。

"你怎么连这点小事都干不好"已经成了老吴批评新员工的口头禅。老吴手里拥有的是整个班级最核心的技术，说好听些就是老吴是整个班级的灵魂所在，老吴的水平决定着整个班级的技术水平。拥有着核心技术，就意味着拥有绝对的发言权。在一次带队外出检查过程中，赵新根据实地情况向老吴提出了新的改进想法，被老吴一顿驳斥："你哪来这么多想法，按我说的去做就行。"

赵新一听，顿时也来气了，但转念一想之前在《管理沟通巧技能》学到的沟通技巧，转变了自己的态度，"师傅您说得对，这个方法也没错，但是我认为这样做可能会更高效，您看就像这样。"

"你一个毛头小子，无非就是多读几年书，你还真把硕士学位当回事了"，没等赵新说完，老吴又劈头盖脸地骂道，"老老实实按我说的做，我吃过的盐比你吃过的米饭还多，少给我讲方法。"随后又开始骂同行的孙平："你也没好到哪去，成天抱着手机在那玩，见面也不知道打招呼，一点礼貌都没有，活也干不好。"孙平脾气可就没那么好，"你行你自己来干"，甩头就走人。

事后，老吴找到主管张和开始抱怨："这群新员工根本没法管，连起码的尊重都不懂。特别是孙平，一下班就走人，让他加班死活不肯干，下班后连我电话都不接。我实在是带不动了。"于是张和也去找孙平了解情况，只见孙平这才慢悠悠地来上班。张和批评了他几句："这都几点了，你怎么现在才来上班？

还有你怎么穿着拖鞋来的，不知道公司的规定吗？"孙平反驳道："我这不都是跟老吴师傅学的嘛。凭啥他就能这么做。"张和回答说："让你拜师傅是让你向师傅学习技能和奉献精神的，不是让你学习师傅的坏习惯。我会要求老吴以身作则，你也不允许再犯！"

赵新是相对比较踏实的人，工作完成得都比较好，而且经常喜欢提想法，在团队里自然就属于"冒尖"的那个人，但这对于赵新来说并不一定是好事。除了老吴师傅，其他师傅也经常给赵新派活，赵新感觉除了新员工，其他人都成了他的直线领导。越来越多的任务压得赵新喘不过气来，但对于赵新提出的想法，老师傅们又全当成了耳边风。

师徒之间的火药味越来越浓，郁郁不得志的赵新主动找到张和反映了自己的想法："主管，首先我得承认我非常佩服老师傅们的责任心、专业性和奉献精神，也确实认同老师傅们的技能水平。但是我们年轻人也有我们的优势，而老师傅们总是听不进我们这群年轻人的想法，总是要求我们按部就班，我们有很多很好的 idea 都得不到支持，渐渐地大家就都不想提建议了。此外，虽然能被各位老师傅赏识是我的荣幸，但是每个老师傅都给我派活，我实在是应付不过来，这样一来，以后还有谁敢表现突出？"赵新的想法得到了张和的支持与认可，张和也深入分析了当前师徒制存在的弊端，提出了新的师带徒理念——以老带新，以新促老，这一理念也在全公司范围内快速推广开来。

以老带新在原来的师带徒基础上对师傅提出了更高的要求。公司提高了对导师人选的遴选要求，构建了导师 CGPM 胜任力模型（个性特征 Character、通用能力 General、专业素质 Profession、班组管理 Management）。并组织所有的导师开展了集中培训，培训的重点是转变老师傅们的思想观念，以及管理新员工的方法。发掘并认可新员工的闪光点，耐心倾听新员工的想法，有合适的方案就要大力支持，要给新员工创造更多的机会，赋予新员工更多的发挥空间，但不能以锻炼为由给新员工增加太多的负担。不仅如此，公司还把对新员工的管理也加进了这些老师傅的考核内容里，推动老师傅们进一步改善对新员工的管理方法。

以新促老是指充分发挥新员工的优势，尤其是在电脑操作方面，弥补老师傅的短板。公司又专门针对新员工开展培训，此次培训的主要内容是沟通技巧，包括与同事、与领导、与老师傅、与自己的沟通。此外，公司创新性地开设了"班组大讲堂""人人都是小讲师"，鼓励新员工走向讲台，分享自己的经历或想法，营造人人上讲台、个个当专家的浓厚氛围。

新的师徒制推行以来，老师傅对新员工的看法渐渐得到了改观。经过几次培训下来，老吴开始学会换个角度看待这些新员工，有时候想严厉批评的话到了嘴边又憋了回去，取而代之的是更多的认可，"不得不承认，这群毛头小子有时候提的想法确实挺不错的，比我们刚加入国网时的水平要高多了"。另一边，公司也采取讲故事的方式向新员工们宣传这些老一辈劳模的事迹和奋斗历程，其执着的奉献精神和扎实的专业技能也对新员工们产生了潜移默化的作用。观念和方法上的转变，让新老员工的关系逐渐得到了改善。正是因为师徒之间的传承，让赵新等人能够在艰苦的基层条件下迅速成长，成为一名合格的国网人。

5 融入阶段：扎根国网，成为优秀的国网人

5.1 国网支持员工，量身定制 H 通道

基层"脏、苦、累"的工作条件，与新员工心中"高、大、上"的理想形成了鲜明的对比。但国网安排新员工下基层不是为了扼杀他们的远大理想，相反，是为了通过磨炼来促进员工更快速地成长。对于承受住考验的新员工，国网也给予他们充分的认可与支持。

从省公司领导层出发，国网自上而下地在各级、各地公司成立了青年专项工作组，专门负责指导青年员工制订职业发展规划。公司将员工个人发展和国网公司的发展战略相融合，搭建了一个基于岗位胜任力的员工愿景规划及职业发展体系，为员工成长成才设立了管理技术类与技术服务类两条晋升通道，并打通两条通道，构成员工成长的 H 通道（如图 2-6-4 所示），实现人才之间的双向流动以及两种角色

之间的平滑过渡。在具体操作上，由班组长根据国网发展战略，结合每个人的技能特长、性格特点、综合素质与发展需求，指导员工定下与国网的小约定，为每位员工量身定制一份成长成才的职业发展规划。

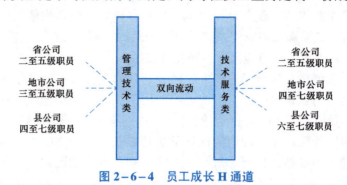

图 2-6-4　员工成长 H 通道

场景 5：我和国网有个小约定

2015 年 2 月末，刚过完春节的赵新等人回到了公司，开始了新一年的奋斗。从入职到现在，已经有一年多了，赵新已经能够得心应手地完成各项工作，但充满理想抱负的他不甘心一直安于现状。于是新年的第一天，赵新就来到了张和的办公室，诚恳地问道："主管新年好啊！感谢主管过去一年多来的栽培和指导，今天来主要是想跟主管咨询一下公司的晋升通道是什么样的？"

张和对赵新的主动表示非常赞赏："你来的正是时候，我也正打算过两天跟你们提起这件事。按照公司的规定，年初的时候，我们管理层要指导员工制定年度目标和发展规划，协助你们定下与国网的'小约定'。正好你今天来了，我就仔细给你讲讲吧。"

张和拿出了赵新的成长档案，里面记录着赵新成长过程中的点点滴滴，帮助赵新回顾了这一年多来的工作情况。赵新根据自己的性格特点和发展需求，向张和表明了自己的想法："谢谢主管。听完主管的分析之后，我觉得我可能比较倾向于管理这一块，但是我现在从事的是技术线，而且缺乏管理经验，不知道公司是否会支持？"

"当然支持啊！我给你介绍一下公司的晋升通道吧。"随后，张和向赵新仔细介绍了公司为员工晋升所设置的 H 通道，综合分析了他的性格特长和发展需求，并结合公司的发展战略和岗位要求，逐步为其制订了 1～5 年内的成长规划，以及本年度的具体工作目标。在张和的帮助下，赵新对于未来的成长方向有了更加清晰的认识，也对自己的未来充满了信心，愉快地与国网定下了"小约定"。不仅如此，张和也会时不时地给赵新"开小灶"，分享传授管理沟通方面的技巧和经验，为后期赵新的转岗奠定了基础。

随后，张和又让每个班组长找到自己的班员开展一对一的规划辅导。孙平对这事并不感冒，心想："公司又想忽悠我了。我的几个学长学姐也制订了详细的规划，现在不还是依然待在基层嘛。"对于自己的规划，孙平只有简单的一句话：走一步算一步，努力完成工作。

5.2　员工融入国网，绽放个性之花

三年，是国网人的一个转折点。经过三年的基层历练，绝大多数员工都选择了扎根国网，只是扎根的方式不同。有人通过三年的打拼，夯实了基础，并不断学习成长，成功得到晋升；有人通过三年的坚持，习惯了在基层的生活，选择留在基层。

场景 6：糅合之中绽放个性

加入基层的这三年来，同样是个性突出的大学生，赵新和孙平却迈向了截然不同的发展道路。

在看到孙平对自己的职业规划之后，张和也多次找孙平进行谈话，但孙平的态度一天比一天平淡。每天早上 9 点打卡上班、下午 6 点准时下班，日复一日的重复性工作，孙平早就习以为常了。多次激励没有结果后，张和也只要求孙平能够达到最低的标准——严格遵守组织纪律，踏踏实实完成工作。三年来，孙平特立独行的作风得到了明显的改善，"负面的个性"渐渐被规范和约束，但与此同时，"正面的个性"也被磨灭掉了。赵新每次参与活动都会鼓励孙平一起参加，但孙平都委婉地拒绝了。在与赵新的一次谈

话中，孙平袒露了自己的心声："赵新啊，谢谢你每次都惦记着我。但是我跟你不一样，我已经习惯了这样的生活。刚开始，我也跟你有着自己的理想，也喜欢提想法、提建议，但我发现这根本就是吃力不讨好，还不如只做好自己的本职工作。现在每天的生活虽然单调点，但我也依然过得好好的。老师傅说什么，我就做什么，不用给自己惹那么多麻烦。"对于孙平而言，事业、理想、抱负、追求，这些东西都已经被几年如一日的生活所消磨掉了，但他同样也是扎根在国网，为国网奉献自己的一份力量。

而赵新，这三年来从未停止过对梦想的追求。对于老师傅的指导，他非常虚心地学习，遇到问题主动向老师傅请教，并经常利用业余时间给自己加练，使用工具和现场操作时动作非常连贯，老师傅多次表扬他"你这技术已经比我还熟练了"。更重要的是，他并不满足于老师傅传授的技术，还主动向老师傅咨询有关青年创新工作室的信息，在老师傅的推荐下成功加入了新成立的青年创新工作室，开拓了几个创新项目，得到了国网的大力支持，也因此斩获了多项专利。不仅如此，赵新还参加了公司举办的多项比赛，在一次技能大赛中获得了全省第一名。

鉴于赵新的优秀表现，公司决定将赵新提拔为班组长，同时担任创新工作室的副手，并为他颁发了"优秀青年代表"的荣誉奖项，这对于加入公司仅三年的赵新而言，是喜讯，也是更大的责任。赵新的"小我"个性成功地与国网的"大我"文化糅合在一起，在组织的土壤中绽放了自己的个性，成了一名优秀的国网人。

6 尾声

担任班组长一年来，赵新始终坚持用更高的标准严格要求自己，成功实现了从技术岗到管理岗的角色转变。在赵新的带领下，整个班组的技术水平有了质的飞跃，新老员工都能够充分地发挥自己的优势。不仅如此，赵新所在的创新工作室也是成果不断、捷报连连，攻克了多项技术难题，获得了十几项国家专利，减少损失的电量可观，为国家和公司避免了几百万经济损失。仅仅一年，赵新又被调任到国网浙江杭州供电公司办公室从事企业管理专职，开启了在国网新的奋斗历程。

2017年7月1日，赵新成功实现了四年前的小梦想，在新员工入职欢迎仪式上，作为一名代表站在讲台发表演讲，而演讲的题目就是《组织土壤中，绽个性之花》。

Blooming Flowers of Individuality in the Soil of the Organization: The Integration Process of New Employees in State Grid

Abstract: How do new employees integrate into the organization? This is a hot issue that plagues new employees and managers at all levels of the organization. Take State Grid as an example, how to combine the State Grid culture that advocates "Collectivism" and "Individualism" of new employees? What should employees do? What should the organization do? This case selects representatives from the three categories of new employees in State Grid. According to the logic thread: "entering phase-adaptation stage-integration stage", this paper reveals the different performance and different results of these three types of employees in the process of integrating into the State Grid, and the corresponding measures adopted by the State Grid in different stages. This case has important implications for how to integrate new employees into organizations and how to guide new employees.

Key words: State Grid Corporation of China; new employees; integration into organization; blooming individuality

案例使用说明：

组织土壤中，绽个性之花
——国家电网新员工的融入过程

一、教学目的与用途

1. 本案例属于描述型案例，主要适用于《组织行为学》《员工关系管理》《人力资源管理》等课程。
2. 本案例的教学对象以 MBA、EMBA、EDP 学员为主，同时也适用于普通硕士、本科生以及企业各级管理者的课堂讨论。
3. 本案例的教学目的是通过国家电网新入职员工案例的研讨与分析，让学员对组织社会化理论及其运用有所认识。案例的分析以新员工融入国家电网的过程为主线，涉及《组织行为学》《员工关系管理》《人力资源管理》中的组织社会化策略、组织社会化阶段、员工主动社会化行为等知识点。该案例旨在帮助员工个体了解新员工融入组织的过程以及各阶段的变化特点，也帮助组织有针对性地制定相应的方法和策略来协助新员工迅速融入组织。教师授课时可根据课程安排，选取知识点对应的思考题展开分析。

二、启发思考题

1. 根据案例材料分析总结赵新、李傲和孙平三人的异同点。
2. 国网对刚进入的新员工采取了什么策略？目的是什么？
3. 在适应组织过程中，新员工遇到了哪些问题？组织是如何帮助员工解决问题的？
4. 赵新与孙平融入国网的结果有何不同？这与员工个人的表现有什么联系？
5. 以国网为例，新员工在融入组织过程中经历了哪几个阶段？每个阶段有什么特点？组织如何采取针对性的措施？

三、分析思路

本案例以一名优秀的国网人——赵新在新员工入职仪式上的讲话为开端，通过他的回忆，勾勒其融入国网的整个历程。本案例选取三名新员工为代表，作为国网三类新员工的缩影，按照"进入阶段——适应阶段——融入阶段"的逻辑顺序，依次描绘三人在融入国网过程中的不同表现和不同结果：进入阶段，国网通过培训让员工了解国网，感受企业文化并夯实专业技能，在这一过程中，三人既有共同点，也有不同的表现；适应阶段，面对下基层这个现实，李傲选择了离职，赵新和孙平则决定留下，在解决新老员工冲突中逐渐接受了国网；融入阶段，国网为员工提供了各种平台和机会，赵新和孙平最终选择了两种不同的方式扎根在国网。

案例分析紧紧围绕组织社会化理论，涉及组织社会化阶段、组织社会化策略、组织社会化内容、员工主动社会化行为等多个知识点，结合案例内容，有针对性地提出相应的启发思考题，深入剖析新员工在融入国网不同阶段中的表现，遇到的问题以及组织所采取的策略。通过本案例的学习，学员可以了解国网和新员工队伍的背景，掌握新员工融入组织的阶段特点，学习组织社会化的相关理论知识等等。

详细的分析思路如图 2-6-5 所示。

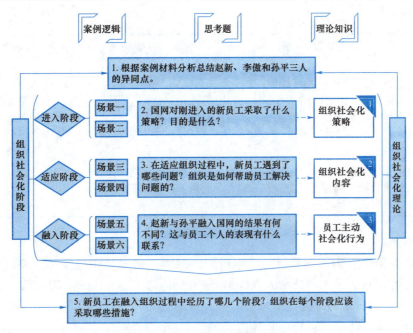

图 2-6-5　案例分析思路框架

四、理论依据及分析

（一）主要理论依据

1. 组织社会化概念。

社会化，是指个体获得团体所认同的社会行为，从而适应团体生活的过程。个体从自然人向社会人转变是一个系统的过程，它要求人必须在社会认可的行为标准中形成自身的行为模式，使之成为符合社会要求的一员。

组织社会化，是指新员工从进入组织到成为该组织既定成员过程中涉及社会和文化方面的所有学习。对员工个体而言，组织社会化是一个学习过程，在此过程中，个体和群体或组织发生互动影响，从而了解组织价值观和获得工作技能等。对组织而言，组织社会化的目的是确保员工遵从和分享组织的共同价值观与规范以保持对他们的控制，从而使员工适应所在组织，增强员工组织承诺，降低员工离职率。

2. 组织社会化内容。

组织社会化内容是指把组织社会化看作一个学习过程，旨在探讨员工要学习什么和内化什么才能更好地适应所在组织，并以此来衡量员工组织社会化的程度。也就是说，在组织社会化过程中，组织要传递给组织成员有关内容，组织成员从中获得相关的内容。事实上，组织社会化是根据内容领域而不是作为一个过程来评估的，因此，组织可以根据组织社会化内容的学习来评估员工组织社会化的程度。组织社会化内容一般包括技术、知识、能力、态度、价值观、人际关系等方面的变化和发展。

3. 组织社会化阶段。

组织社会化阶段是指员工从组织外部人员转变为内部人员的渐进过程，这个过程一般包括三个阶段。不同的学者从不同的角度出发，提出了相应的三阶段模型，其中比较具有代表性的三种观点如表 2-6-1 所示。

表 2-6-1　组织社会化三阶段模型

阶段	Feldman（1976）	Porter（1975）	Schein（1978）
第一阶段	预期社会化阶段，这一阶段新员工进入组织，而组织则给员工设定现实期望，同时确定员工与组织匹配	员工开始工作前，组织让其明确奖励与惩罚标准，明确对其期望	新员工寻找有关公司工作的准确的信息，了解组织的环境，双方会产生错误的期望，获得的信息不准确导致对工作的选择形成偏见

续表

阶段	Feldman（1976）	Porter（1975）	Schein（1978）
第二阶段	调适阶段，新员工开始工作，建立人际关系，明确角色，努力使个人绩效评估与组织绩效评估取得一致	调适阶段，新员工认可或不赞同组织的期望，进一步了解公司赏罚行为	接受组织现实，尝试改变，组织的环境适合新员工个人发展的需求，组织对新员工个人绩效的考核，新员工应付工作职责不清或是角色模糊或组织层级过多所产生的问题
第三阶段	角色管理阶段，新员工努力使个人业余爱好不与组织工作产生冲突，解决工作场所的冲突	新员工改变自我形象，形成新的人际关系，接受新的价值观，学习新的行为标准	新员工适应组织，组织认可新员工，对组织与工作做出承诺

4. 组织社会化策略。

组织社会化策略是指组织为协助新员工适应组织，减少不确定性和焦虑感，获取作为组织成员所必须的知识、态度和行为，使新员工由外部人（Outsider）到内部人（Insider）的方法和策略。

Van Mannen & Schein（1979）提出了六种社会化策略：集体—个别，正式—非正式，有序—随机，固定—变动，连续—分离，授权—剥夺，具体内容如表2-6-2所示。

表2-6-2 组织社会化策略

组织社会化策略	具体内容
集体—个别	社会化指把新员工组成群体，然后让他们经历相同的体验，而不是给各个新员工各自不同的体验
正式—非正式	社会化策略主要是在限定的期间内把新员工与其他员工隔离开来，而不是把新员工与更有经验的员工整合在一起
有序—随机	社会化策略指给新员工提供固定次序的社会化步骤，使新员工朝预定的组织或工作角色转变，而不是让他们接受各种模糊的或不断变化的随机事件
固定—变动	给员工提供既定的时间表来进行最初的社会化，它有一个完整的过程，而不是一个没有时间表的社会化过程
连续—分离	通过有经验的企业成员来帮助新员工社会化，例如采用师徒制，而不是没有特定的角色榜样
授权—剥夺	尊重新员工的原有个性特征，而不是试图消除这些个性特征

5. 员工主动社会化行为。

新员工在进入组织过程中也扮演了重要角色，他们通过搜集信息、与企业内部人构建关系网络等方式来适应组织规范和文化。主动的社会化行为是新员工在角色转换过程中，试图主动地了解情况以增进组织和工作适应的行为。他们通过自己的努力了解环境、寻找信息源和了解信息，发展自己在组织中的社会支持，发展各种能力和技能，或者说新员工的组织社会化过程不仅受到环境因素和组织策略的影响，也受到他们自己主动性的影响。

（二）案例分析

1. 根据案例材料分析总结赵新、李傲和孙平三人的异同点。

【案例分析】

通过阅读整篇案例可以发现，赵新、李傲和孙平三人是本案例的三个主人公，代表着国网三类不同的新员工，在融入国网的过程中既有共同点，也有不同点。

（1）共同点。

同一年出生的三个人，在同一时间加入了国网，最大的共同点就在于三个人的个性都比较鲜明，年轻有想法，学习能力较强。此外，三个人在刚进入国网时都对自己的未来充满了憧憬，希望可以在国网闯出一番事业。满怀信心的三个人在面对基层的艰苦条件时，同样受到了打击。

(2) 不同点。

其一，毕业院校的不同。李傲毕业于"985"大学，赵新毕业于"211"大学，而孙平毕业于普通专科院校，这在一定程度上也影响了三个人面对国网时的不同态度。

其二，家庭条件的不同。孙平家庭条件较好，追求的目标也有所不同。

其三，对国网企业文化、国网劳模的感受和认知不同。李傲和孙平表现出不在乎的样子。赵新虽然没有完全认同，但却十分欣赏。这种不同点对三个人后续的发展产生了重大影响。面对下基层这个传统，三个人虽然同样受到了打击，但是李傲的反应格外激烈。

其四，自我认知的不同。这体现在前期的培训和后期的工作表现中，赵新能够客观认知到自己的不足，认知到自己与组织的冲突并努力查缺补漏和主动沟通。

其五，职业规划的不同。三个人一开始都有美好的憧憬，但在后续发展过程中渐渐产生了分歧，尤其是赵新与孙平两人，走上了截然不同的发展道路。赵新能够利用国网提供的平台积极展现自己，不断学习成长，沿着自己的规划不断前进，在组织中绽放了自己的个性。而孙平渐渐习惯了枯燥的生活，安于现状，其个性也渐渐被磨灭殆尽。

2. 国网对刚进入的新员工采取了什么策略？目的是什么？

【相关理论】

Jones（1986）在 Van Mannen & Schein 提出的六种组织社会化策略的基础上进一步归纳，提出了两种组织社会化策略（如图 2-6-6 所示）：一类是制度化的社会化（Institutional Socialization）策略，另一类是个体化的社会化（Individual Socialization）策略。他认为制度化的社会化包括集体的、正式的、固定的、有序的、连续的和授权的社会化策略，它们实际鼓励新员工被动接受预先设定的角色和状态，这种策略容易使组织维持现有的状态。个体化的社会化则包括个别的、非正式的、变动的、随机的、分离的和剥夺的组织社会化策略，它们鼓励新员工主动发展，这种策略容易使员工保留个人的特性，自己去认识在组织承担的角色。Jones 认为，制度化的社会化策略更能使新员工与组织保持一致，而个体化的社会化策略则是鼓励新员工的创新。

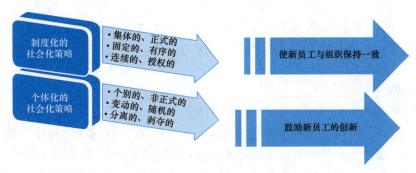

图 2-6-6　两种组织社会化策略

【案例分析】

在新员工刚入职时，国网针对新员工开展了两次培训，一是省公司组织的培训，主要内容是学习了解国网的企业文化；二是国网技术学院组织的集中培训，培训的主要内容是夯实新员工的专业技能基础。

从培训的内容和方式来看，国网针对刚入职的新员工所采取的策略属于组织社会化策略中的制度化策略。场景 2 和场景 3 中，国网将新员工组成群体，提供一套通用的学习经验使新员工对其产生标准化反应，可以与其他人互相讨论和分享，这是一种集体的策略方式，具备经济有效且容易执行的优点。在新员工进入岗位前，国网先把新员工集中起来接受培训，通过有计划的训练让员工学习一套明确清晰的标准，理解自己的工作环境和角色，这是一种正式的社会化策略。场景 3 中，国网严格限定了新员工必须在基层磨炼的期限，让新员工了解组织社会化过程中不同阶段所需的时间，这是一种固定的社会化策略，同时也是一种连续的社会策略，告诉新员工在组织内必须经历的阶段顺序和信息，以达到组织所期望的角色。场景 4 中的师徒制，是一种有序的社会化策略，通过安排有经验的员工指导新员工进行社会化,让新员工向榜样学习,强调新老员工的互动,以维持传统风格。场景 4 中,老师傅一开始对新员工的否定属于剥夺的社会化策略,但随着组织的管理调整,组织开始肯定新员工的个人特征和个人观念,尤其是对组织有益的特征和观念,提供了各种平台来支持新员工,这是一种授权的社会化策略。集体的、正式的、固定的、有序的、连续的、授权的社会化策略,也就是制度化策略。

国网针对新员工采取制度化策略,目的就在于让新员工与组织保持一致,维持组织稳定的状态。个体化策略虽然有利于员工创新,但国网作为一个拥有 186 万名员工的大型央企,很难采用个体化策略来鼓励员工自己去寻找和认识自己所要扮演的角色,庞大的组织规模和组织架构更需要的是让新员工来适应组织。企业文化的熏陶、劳模的榜样分享和专业技能的培训,就是为了鼓励新员工被动接受预先设定好的角色和状态,形成共同的价值观、态度和规范性的行为,减少组织管理过程中的不确定性。

3. 在适应组织过程中,新员工遇到了哪些问题?组织是如何帮助员工解决问题的?

【相关理论】

Taormina(1994)提出组织社会化内容应该包括以下四个方面:

(1)接受培训程度,指组织对员工工作方面进行的适当培训,这里的培训主要是指技术层面的内容,而不是心理层面。对员工完成工作方面的培训被许多理论家认为是组织社会化过程的重要部分。适当的培训项目不仅是员工完成必要的工作任务所必须的,而且能够帮员工增强自信、降低感受到的压力等。简而言之,没有相关的工作技巧培训,一名员工不可能有效地完成他所应该完成的工作。

(2)组织理解程度,指员工能够了解他们自己在组织中的角色,如何在组织内发挥作用,以及有关工作知识和所在组织是如何运作的等事实上。这里的理解在概念上有别于培训,这是因为培训主要关注特定技能的获得,而理解更关注一个人工作环境的认知层面,如公司的目标和价值观等。

(3)同事支持,是指员工在组织内是否拥有良好的人际关系。由于组织社会化本质上是一个社会过程,和组织内其他组织员工有良好的社会关系是成功融入组织的关键。

(4)未来期望,是指员工对组织未来发展及职业生涯规划的预期程度。包括员工对未来报酬的预期,以及能够接受自己将来工作的指派、薪酬的增加、晋升和利益等。

【案例分析】

在适应组织的过程中,组织要传递给员工一定的内容,员工从中获得相关的内容,才能更好地适应组织。案例中,以赵新、李傲和孙平三人为代表的新员工,在这个过程中也遇到了一些问题,并在组织的帮助下成功解决了这些问题。

(1)工作技能不足。

新员工在适应组织过程中需要学习与工作相关的技巧、知识和能力,组织一般会采取培训的方式来帮助员工迅速成长,这属于组织社会化内容中的"接受培训程度"。在这个过程中,新员工一开始往往会面临工作技能不足的问题。在本案例中,赵新等人工作技能不足的问题又体现在两个方面:

一方面,实践动手能力不足。刚从大学毕业的新员工需要将所学的理论知识运用到实践操作中,由于缺乏实践经验,这个转化过程中难免会遇到许多阻力和问题。针对这个问题,国网主要是通过师徒制的方式,让经验丰富的老师傅指导新员工解决现场实际问题。

另一方面,缺乏管理沟通技巧。场景 2 中就提到了这个问题,由于赵新等人所学专业是工科,在管理沟通方面较为薄弱,而培训又是以专业技能为主,未能及时弥补这方面的不足。这个问题也在后续案例中有所体现,场景 4 中新员工与老吴师傅的冲突,尤其是孙平与老吴师傅在沟通过程中的冲突,在很大程度上是由于缺乏沟通技巧所致。场景 5 中,赵新有意转向管理岗,但也顾虑到自己缺乏管理经验。针对这个问题,国网采取的措施是针对新员工开展专门的沟通培训,提升员工的沟通能力。此外,场景 5 中,主管张和给赵新"开小灶",分享自己的管理经验,也是一种有效的方式。

(2)人际关系紧张。

新员工进入组织后,要与组织内成员建立一定的人际网络。如何建立成功且令人满意的人际关系在员工的组织社会化过程中是极其重要的,对应组织社会化内容中的"同事支持"。

案例中的人际关系主要体现在新老员工关系方面。赵新和孙平加入班组后,与老吴师傅签订了"师徒合同",每天打交道最多的对象就是老吴师傅。与老吴师傅冲突不断,人际关系过于紧张,成了赵新和孙平在适应组织过程中的一个主要问题。在老吴师傅眼里,这群新员工个性太张扬,干活不踏实还总喜欢提想法,尤其是对孙平的不良作风行为感到非常不满。而在新员工眼里,老吴师傅过于独断专行,听不进新员工的意见,总喜欢给新员工加私活。冲突的关键就在于新老员工的观念不同以及不恰当的沟通方式。

针对这个问题,国网也主动对传统的师徒制进行创新,提出"以老带新,以新促老"的创新理念,通过培训来转变老师傅的观念,通过讲故事和榜样宣传的方式让新员工重新认识老师傅,通过绩效考核的方式来改善老师傅们对新员工的管理方式,通过开展"大讲堂""小讲师"等活动来发挥新员工的优势,通过专门的培训来提升员工的沟通能力。新老员工的关系得到了明显改善,也有助于新员工迅速适应组织。

(3) 巨大心理落差。

新员工在进入组织前和刚进入组织时,会对自己在组织中的工作内容、薪酬待遇、职业发展等有一定的预期,这也是组织社会化内容中的"未来期望"和"组织理解程度"。

案例中,赵新、李傲和孙平三人,一开始都对自己在国网的未来充满了憧憬和希望。但下到基层后,"脏、苦、累"的艰苦条件与他们心中"高、大、上"的预期形成了鲜明的反差。巨大的心理落差也给三人带来了巨大冲击,李傲愤然选择了离开,而赵新也面临艰难的抉择。这是每年新加入国网的 2 万名新员工共同面临的问题,也引起了国网的高度重视,国网采取了相应的措施:

首先是"稳定军心"。场景 3 中,国网通过搭建"连心桥"、创建心灵港湾、丰富业余生活和关爱员工健康等一系列措施构成了员工的幸福家园,加强员工的归属感,消除新员工面临不确定性的焦虑和面临现实冲击的浮躁心理。

紧接着就是调整新员工的"未来期望"。正如场景3中张和的发言"大学是四年一周期,但工作不一样"。刚从大学毕业的新员工怀揣着"高、大、上"的期望,但必须在基层待上至少 3 年的现实要求直接打破了新员工们的"幻想",国网认识到需要结合实际情况来调整新员工们的"未来期望",也让新员工们正确认知组织环境和自身角色。国网为新员工们量身定制了 H 通道,并在各级、各地公司成立了青年专项工作组,专门负责指导青年员工制订职业发展规划。场景 5 中,"我和国网有个小约定"的活动,目的就是帮助新员工分析其性格特点和发展需求,结合公司的发展战略和岗位要求,制订未来几年内的成长规划。

总体而言,新员工在适应组织过程中遇到的问题以及国网所采取的一系列措施,正是组织社会化内容的构成部分,其对应关系如图 2-6-7 所示。

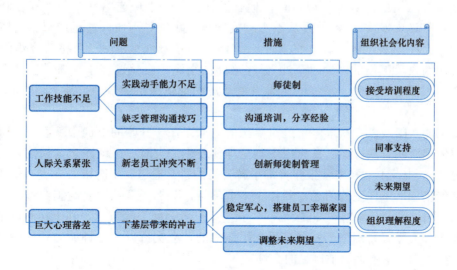

图 2-6-7 问题—措施—组织社会化内容

4. 赵新与孙平融入国网的结果有何不同？这与员工个人的表现有什么联系？

【相关理论】

主动的社会化行为是新员工在角色转换过程中，试图主动地了解情况以增进组织和工作适应的行为。而员工的主动社会化行为主要是指主动寻求信息行为，即通过自身的信息寻找行为来弥补组织所提供信息的不足。

员工寻求信息的策略主要有 7 种：（1）公开询问（Over Questions），以直接询问的方式获得信息。该策略能使新进员工全面高效地获取有关组织信息，使新员工有机会澄清所获得的不确定信息，同时有助于员工发展人际关系，使新员工在信息获取中更容易接近信息源。（2）间接询问（Indirect Questions），指用非询问的方式获得所想得到的信息。如果员工从某种信息源寻找信息感觉不适当，他们会选择间接询问策略，如间接询问、暗示等。这种策略既不会使别人处于难堪境地，也不会使新员工感到尴尬。（3）第三者（Third Parties），指新员工从其他人而非主要信息源那里寻找信息。当上司不在场或新员工感到直接问上司不合适时，通常会采用这种策略。（4）测试限度（Testing Limits）：指新员工创造情景或测试条件，然后根据信息目标源的反应做出判断而获取信息。这种策略能使新员工更多地了解哪种行为在组织中是适当的。但这种策略是一种具有冒险性的策略，容易使信息源产生紧张和不安。（5）伪装性交谈（Disguising Conversations），指新员工在试图通过交谈来得到信息时，往往有意显出不经意的样子。如在交谈中通过开玩笑来掩盖信息寻找行为，使信息目标源在不经意的情况下透漏相关信息。（6）观察（Observing），新员工通过观察周围人的言行举止来获取如何执行任务的信息，这种方式有助于新员工获得有关角色行为模式的信息。（7）监视（Surveillance），指新员工对目标源私下进行密切关注，而后通过对所获得的信息进行事后回顾，来获取自我社会化过程中所需的信息。

员工寻求信息的来源包括直接上司、资深同事、其他新进同事、非直属上司、部属、组织外的人员等等，其中上司和同事是员工组织社会化过程中最重要的信息来源。

【案例分析】

案例的最后，经过三年的基层历练，赵新和孙平都成功融入了国网，但两人扎根国网的方式却有所不同。孙平依然留在基层，也渐渐习惯了在基层的生活，每天重复着同样的工作，其个性也渐渐被磨灭掉。赵新被提拔为了班组长，同时担任创新工作室的副手，并荣获了"优秀青年代表"的荣誉称号。不仅如此，在案例的尾声中提到，赵新被调任到了国网江杭州供电公司办公室从事企业管理专职，其个性在组织中得到了绽放。

新员工在组织社会化过程中不仅会受到组织环境和组织策略的影响，也会受到员工自身主动性的影响，新员工在组织社会化过程中也可以扮演主动的角色。案例中的孙平，在整个组织社会化过程中都显得非常被动。在班组中，老师傅说什么，他就做什么，一下班连电话都不接，在制订职业发展规划时也只是"走一步算一步"，遇到矛盾从不主动找同事、找领导沟通，甚至连赵新邀请他参加活动也都委婉拒绝。对于孙平这种"没想法"的员工，国网提出了最低标准——严格遵守组织纪律，踏踏实实完成工作，旨在约束员工们的"负面个性"。在这样的组织社会化过程中，新员工孙平没有主动寻求信息来了解环境并发展各种能力，最终的结果只能是被动地适应组织规范，甚至连"正面的个性"也被磨灭掉。

相反，赵新从加入国网以来从未停止过对梦想的追求。在一开始的培训中就表现积极，主动参加技能大赛，并利用休闲时间查缺补漏。在班组中与老师傅发生冲突时，主动跟老师傅沟通，并主动与主管张和交流。在场景 5 中，主动找主管张和咨询了解公司的晋升通道。平时虚心向老师傅请教学习，并向老师傅咨询有关青年创新工作室的信息，开拓了多个项目，参加了多项比赛。整个过程中，赵新一直扮演着主动的角色，通过"公开询问""间接询问"和"第三者询问"等方式，向上司和同事搜寻了解相关信息，构建企业内部人际关系网络，发展自己在组织中的社会支持以及各种能力和技能，实现与组织的双向互动，最终在组织土壤中绽放了自己的个性。

综合来看，国网给每位新员工都提供了公平的平台和机会，而影响新员工融入结果的关键因素就在于新员工是否能在组织社会化过程中发挥自己的主动性作用。

5. 以国网为例，新员工在融入组织过程中经历了哪几个阶段？每个阶段有什么特点？组织如何采取针对性的措施？

【相关理论】

组织社会化阶段是指员工从组织外部人员转变为内部人员的渐进过程所经历的阶段。一般而言，新员工在组织社会化过程中需要经历三个阶段：第一阶段，新员工接受基本的训练和入职介绍，明确角色，与同事建立关系，明确与组织其他成员工作关系，认可或不赞同组织期望，对组织形成忠诚，员工的业余爱好与组织工作产生冲突。第二阶段，新员工履行工作职能，遵守组织原则而对组织形成忠诚，维护组织形象，解决冲突。第三阶段，新员工对组织产生依赖性，同时由于员工经验或是个人经历不同，其个人发展也出现多样化。

【案例分析】

（1）经历的阶段。

根据案例材料来看，国网的新员工在融入组织过程中分别经历了三个阶段：

进入阶段，入职前四个月左右，从报道开始到结束集中培训。

适应阶段，在基层磨炼的三年时间。

融入阶段，新员工入职三年后，留在基层或取得更长远的发展。

（2）每个阶段的特点。

进入阶段：新员工接受基本的训练和入职介绍，感受组织文化价值观，对组织有初步的了解，并形成一定的期望。在这个阶段中，不同的员工（以赵新、李傲和孙平为例）会对组织的文化价值观产生不同的理解，也会表现出不同的态度，会在很大程度上影响新员工在后期的行为。

适应阶段：新员工组织社会化过程中的关键阶段。新员工正式开始工作，进一步了解组织的环境制度，明确自身角色，建立人际关系。这个过程中，新员工需要解决各种冲突，尤其是预期与现实的冲突（如国网下基层的传统），以及人际关系的冲突（如新老员工关系）。在这个过程中，有的新员工因无法适应组织而选择离职（如案例中的李傲），也有新员工接受组织的现实，尝试改变来适应组织（如案例中的赵新）。

融入阶段：新员工不断自我改变，对组织形成依赖性，形成较高的组织承诺。组织认可员工，员工融入组织。但由于新员工的能力或表现不同，个人发展路径也呈现出多样化（如赵新和孙平）。

（3）组织可以采取的针对性措施。

进入阶段：借鉴国网的做法，组织在新员工刚进入时应该重点加强企业文化宣传和培训工作。在企业文化宣传方面，要加强线上、线下宣传载体和平台的建设，做到外化于行，让新员工处处可以感受和学习组织的文化价值观；也要加强思想引领和价值观引导，通过榜样宣传、讲故事、文化活动等形式让新员工切实感受组织文化氛围，理解并接受组织的文化价值观，做到内化于心。尤其是针对越来越个性的年轻新员工，在宣传方式上也要有所创新，将组织文化与新员工的个性特征相结合，选择新员工们感兴趣、能接受的方式，利用"互联网+"加强互动交流，引导新员工好学乐学，真正"领悟"组织的文化价值观。

在培训方面，要形成多元化的培训体系，即培训内容多元化和培训方式多元化。培训内容要涵盖组织文化、专业技能、岗位知识、沟通技巧、个人修养、心理辅导等方方面面，全面提升新员工的综合素质。在这一点上，国网也有需要加强的地方，不能只注重专业技能，而忽略了工作中的其他必备技能与内在培训。在培训方式上，针对个性化新员工，要结合理论教学与现场实践，丰富线上线下的培训，举办比赛活动，必修与选修相结合，让新员工可以各取所需，查缺补漏。同时，也要注重培训团队的质量水平，否则难以取得从大学毕业的新员工的信服。

适应阶段：一是要创建各种渠道和平台，让新员工有更多的途径来了解组织的工作环境与制度，丰富新员工的文化生活，关爱员工的身心健康，加强对新员工的心理辅导，尤其是有离职倾向的新员工。二是通过师徒制等形式，帮助新员工解决问题和提升能力，在这过程中要注意加强沟通技能的培训和沟通方式的引导，发挥新老员工彼此的优势。三是要帮助新员工解决各种冲突，及时发现问题及时处理，让新员工渐渐明确并适应自身的角色。

融入阶段：一方面，要尽量给员工创造平台和机会，发掘新员工的闪光点并加强培育，指导新员工量身定制做好职业规划，并为新员工的发展和成长提供支持；另一方面，也要给予表现优秀的新员工充分的肯定，通过提拔、奖励等方式来激励新员工不断提升自己，与组织共同成长，让新员工对组织真正形成归属感和较高的承诺。

总体对应关系如图2-6-8所示。

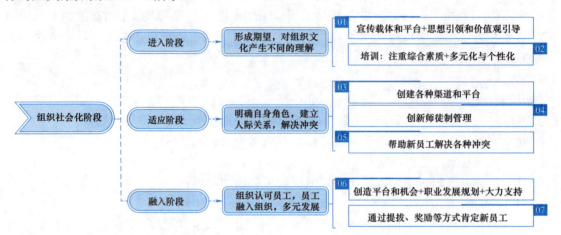

图2-6-8 组织社会化阶段对应关系

五、背景信息

1. 案例撰写背景。

本案例改编于国网的真实事例，取材于国网领导力学院。我们通过与国家电网有限公司领导力学院共同开展"以员工行为大数据为基础的企业文化提炼、传播与建设研究"项目，聚焦于新入职的国网新员工，通过实地访谈并深入基层一线，了解新员工的真实现状和想法，以及国网针对新员工所采取的相应措施。

本案例是根据国网提供的真实素材，并结合国网新员工的成长历程撰写而成的。在撰写过程中得到了国网公司的大力支持，并得到了相关领导和员工的充分肯定。我们也将持续跟进国网和新员工的最新进展，做好更进一步的深入研究。

2. 国网的企业文化。

（1）公司定位：全球能源革命的引领者、服务国计民生的先行者。

（2）公司使命：推动再电气化，构建能源互联网，以清洁和绿色方式满足电力需求。

（3）公司宗旨：人民电业为人民。

（4）电网发展理念：安全、优质、经济、绿色、高效。

（5）核心价值观：以客户为中心、专业专注、持续改善。

（6）企业精神：努力超越、追求卓越。

（7）战略目标：建设具有卓越竞争力的世界一流能源互联网企业。

（8）战略步骤：2020年，全面建成"一强三优"现代公司，建设具有卓越竞争力的世界一流能源互联网企业取得重大进展；2025年，基本建成具有卓越竞争力的世界一流能源互联网企业；2035年，全面建成具有卓越竞争力的世界一流能源互联网企业。

（9）指导原则："六个始终坚持"。

● 始终坚持党的全面领导，不折不扣贯彻党中央、国务院决策部署，紧紧依靠职工办企业，这是公司发展的制胜之道；

● 始终坚持人民电业为人民的企业宗旨，弘扬以客户为中心、专业专注、持续改善的企业核心价值观，这是公司发展的初心之愿；
- 始终坚持把推动再电气化、构建能源互联网、以清洁和绿色方式满足电力需求作为基本使命，适应和引领能源生产和消费革命，这是公司发展的担当之举；
- 始终坚持把建设以特高压为骨干网架、各级电网协调发展的坚强智能电网，打造广泛互联、智能互动、灵活柔性、安全可控的新一代电力系统作为核心任务，这是公司发展的固本之要；
- 始终坚持集团化、集约化、标准化、精益化、数字化、国际化的方针，不断完善更具竞争优势的中国特色现代国有企业制度，这是公司发展的管理之基；
- 始终坚持高质量发展这个根本要求，聚焦"一个核心、三大支柱"（电网业务和产业、金融、国际业务）发展布局，强化改革驱动、创新驱动、服务驱动、文化驱动，这是公司发展的必由之路。

（10）战略思路："八个着力"。
- 着力推进电网高质量发展。
- 着力推进公司高质量发展。
- 着力促进清洁能源发展。
- 着力坚持以客户为中心。
- 着力服务"一带一路"倡议。
- 着力深化供给侧结构性改革。
- 着力推动科技创新。
- 着力加强党的全面领导。

六、关键要点

1. 关键点。

（1）新员工在融入组织过程中会经历不同的社会化阶段。一般而言，新员工会经历三个主要的阶段：进入阶段、适应阶段和融入阶段。在不同的阶段中，新员工会呈现出不一样的特点，也会遇到不一样的问题。通过本案例的学习，新员工要结合自身实际，深入分析自己所处的阶段并采取有效的措施；组织层面也要针对新员工在不同阶段的特点和问题，有针对性地实施相应的措施，来帮助新员工迅速融入组织。

（2）新员工在融入组织过程中要发挥自己的主观能动性。组织社会化过程是员工与组织互动的过程，新员工在这个过程中也扮演着重要的角色。组织采取一系列措施，并为新员工提供平等的机会和平台，关键就在于新员工能否主动利用这些机会和平台，主动了解组织环境和相关信息，与组织共同成长。如果新员工能在组织社会化过程中占据主动地位，就能更好、更快地适应并融入组织，融入的结果也会有不同。

（3）针对越来越个性化的新员工，组织层面要做出适当的转变。在组织社会化过程中，组织不能一味地要求新员工单方面做出改变，尤其是针对越来越个性化的新员工，"大我"文化与"小我"个性之间的冲突如果愈演愈烈，对于新员工和组织而言都会产生不利的影响。为了能够实现双赢，共同成长，组织就需要结合新员工的个性特征，在文化价值观和管理措施上做出适当的转变和调整。

2. 关键知识点。

需要学员结合案例的分析与讨论，重点理解和掌握组织社会化的概念、组织社会化阶段、组织社会化内容、组织社会化策略和员工主动社会化行为等知识点。

3. 关键能力点。

通过案例教学，深化学员对于组织社会化的理解。让学员充分了解组织社会化过程中的重点、难点和要点。在实践中，逐步引导组织采取有效的措施来帮助新员工迅速融入组织中。

七、建议课堂计划

本案例的教学涉及《组织行为学》《员工关系管理》《人力资源管理》等课程内容，为丰富教学形式，充实教学内容,让学员能够快速、高效地掌握相关知识,可以按照如表2-6-3所示的方案来进行课堂教学。

表2-6-3　角色扮演+小组辩论+教师引导(120分钟)

内容进度和时间	活动要求	展示工具	备注
课前准备阶段（一周）	学生阅读案例资料，教师安排分组并分配好每组侧重分析的思考题	—	—
案例信息回顾（10 min）	教师在课堂引导学生回顾案例的核心数据和信息	投影仪	—
角色扮演（5 min）	请4~5人进行角色扮演，其中3人分饰3位新员工，2人扮演主管及老师傅，再现案例中的重要情景	投影仪	国网情景剧
分组讨论（20 min）	按照课前的安排，各小组分析讨论案例使用说明的思考题	案例材料	教师可适当提示关键信息
小组代表陈述（20 min）	由小组代表在全班陈述小组分析的主要结论和观点，由一人记录发言的关键要点	白板板书	教师在黑板上简要列出各小组的主要分析结论
学习相关理论（25 min）	结合案例正文和各小组讨论结果，教师针对启发思考题引出相关理论知识，在学习理论知识的基础上补充思考题的回答	投影仪教材	教师介绍相关理论知识，并对学员进行提问，一步步引导学员
小组辩论（20 min）	一组代表提倡"大我"文化的组织，一组代表追求"小我"个性的新员工，站在不同的立场展开辩论	计时器	教师做好引导工作
案例讨论点评和总结（10 min）	由老师对各组讨论结果进行点评，并对本案例分析应该注意的关键知识点和能力点进行提炼和讲解	投影仪	补充必要的板书
课程感悟（10 min）	由学员自行发言谈谈对于本案例学习的体会，并对改进案例教学方式提出建议	—	—

八、案例后续进展

一批又一批从各大高校毕业的优秀大学生陆陆续续加入了国网，浙江一个省每年招录的年轻新员工就达到了1 000人，整个国网公司的招录人数甚至已经超过了2万。国网2018年的校园招聘也已经正式启动，2018年的招聘人数将会更多。

案例中的赵新，于2018年4月份再次被调任到国网浙江省电力公司（省公司），将近五年的奋斗让他成了一名优秀的国网人，也实现了他的梦想。而赵新只是同期上万名新员工中的一个代表，无数个以赵新为原型的优秀国网人也逐渐成了国网公司的优秀骨干。《师徒》《万万没想到之我是国网新员工》等纪录片的拍摄，真实还原了国网新员工的成长历程。

2018年5月，国网公司发布了《企业文化建设工作指引（2018）》，旨在贯彻落实公司二季度会"弘扬以客户为中心、专业专注、持续改善的企业核心价值观，落实企业文化建设工作指引，增强文化自信"的要求，强化文化驱动，更好地促进广大员工对新时代公司定位、使命、宗旨、核心价值观的认知认同。

九、相关附件

案例故事梗概表如表2-6-4所示。

表2-6-4　故事梗概表

主要线索	主要内容	课堂提问
案例背景	国家电网有限公司是全球最大的公共事业企业，为全面建成具有卓越竞争力的世界一流能源互联网企业，需要优秀的青年人才来推动。国网每年招录2万名新员工，面临着如何让这群个性独特的新员工真正融入国网的难题	本案例发生的背景是什么？问题的紧迫性体现在哪里

续表

主要线索			主要内容		课堂提问
主要人物			赵新：华北电力大学硕士研究生，2013年进入国网，从基层一线检修班员晋升到了市公司管理专职 李傲：浙江大学硕士研究生，2013年进入国网，入职不到半年就离职 孙平：毕业于武汉电力职业技术学院，2013年进入国网，长期留在基层 张和：检修室主管，擅长管理员工 老吴：检修室班组长，赵新和孙平的师傅		案例中有哪些关键人物？他们在案例中的作用是什么
故事梗概	人物	时间	事件	对应启发题编号	课堂提问
进入阶段	赵新 李傲 孙平	2013年7月	三名员工同时加入了国网，参加了省公司组织的培训，对国网的企业文化呈现出了不同的反应	1. 国网对刚进入的新员工采取了什么策略？目的是什么	该培训的目的是什么？三个人的反应有什么不同
	赵新 李傲 孙平	2013年7月	三人参加了国网的集体培训，在培训中的表现也有所不同	2. 国网对刚进入的新员工采取了什么策略？目的是什么	培训的目的是什么？与省公司的培训有何不同
适应阶段	赵新 李傲 孙平	2013年10月	三人奔赴基层一线，艰苦的条件与他们的预期形成了鲜明的反差，李傲选择了离职，孙平在父母劝说下选择留下来，而赵新通过组织的一系列措施感受到了组织温暖，最终决定留下来	3. 在适应组织过程中，新员工遇到了哪些问题？组织是如何帮助员工解决问题的	新员工对于下基层这件事的反应是什么？组织采取了哪些措施
	赵新 孙平 老吴 张和	2013年10月	赵新、孙平加入班组，拜老吴为师傅，与老吴师傅的冲突不断，赵新和孙平表现出不同的态度，组织也介入解决冲突	3. 在适应组织过程中，新员工遇到了哪些问题？组织是如何帮助员工解决问题的	新老员工为什么会产生冲突？员工个体和组织是如何解决冲突的
融入阶段	赵新 孙平 张和	2015年2月	赵新主动找主管张和咨询晋升通道的信息，张和帮助赵新制订职业发展规划，但孙平却不以为然	4. 赵新与孙平融入国网的结果有何不同？这与员工个人的表现有什么联系	赵新和孙平对待职业发展的态度和行为有何不同
	赵新 孙平	2016年	通过三年的基层磨炼，赵新从一线员工做到了班组长，又被调任到市公司担任管理专职，而孙平却依然留在基层	4. 赵新与孙平融入国网的结果有何不同？这与员工个人的表现有什么联系	员工自身的表现对融入组织的结果有何影响

十、参考文献及扩展阅读

[1] Van Maanen J, Schein E H. Toward a Theory of Organizational Socialization [J]. Research in Organizational Behavior, 1979, 1: 209-264.

[2] Jones G R. Socialization Tactics, Self-efficacy and Newcomers Adjustments to Organizations [J]. Academy of Management Journal, 1986, 29: 262-279.

[3] Taormina J. The Organizational Socialization Inventory [J]. International Journal of Selection and Assessment, 1994, 2: 133-145.

[4] 毛凯贤，李超平. 新员工主动行为及其在组织社会化中的作用 [J]. 心理科学进展, 2015, (12): 2167-2176.

[5] 罗宾斯,贾奇. 组织行为学精要[M]. 北京:机械工业出版社,2014.
[6] (美)E. H. 施恩. 职业的有效管理[M]. 北京:生活·读书·新知三联书店,1992.
[7] 李强,姚琦,乐国安. 新员工组织社会化与入职期望研究[J]. 天津:南开管理评论,2006(3):38-43.
[8] 张岩松,李健. 人力资源管理案例[M]. 北京:经济管理出版社,2005.
[9] 陈维政,胡豪. 员工—组织匹配中的新员工社会化[J]. 西南民族大学学报(人文社科版),200324(9):11-15.
[10] 赵国祥,王明辉,凌文辁. 企业员工组织社会化内容的结构维度[J]. 心理学报,2007(6):1 102-1 110.
[11] 王雁飞,朱瑜. 组织社会化理论及其研究评介[J]. 外国经济与管理,2006(5):31-38.
[12] 石金涛,组织社会化过程中新员工信息寻找过程实证分析[J]. 管理科学,2007,4.
[13] 丁奕. 组织社会化视角下的新员工主动行为研究[J]. 中国人力资源开发,2007(8):10-12+39.
[14] 姜薇薇,于桂兰,孙乃纪. 新生代员工管理对策研究[J]. 兰州学刊,2014(1):130-136.
[15] 张莉,赵宁,陈龙. 职业成长结构的验证及其对建言行为的影响[J]. 工业工程与管理,2017(4):134-139.
[16] 王雪莉,周翔. 企业文化对员工心理契约的影响机制研究——以某高科技上市公司为例[J]. 南大商学评论,2006(1):112-124.

案例正文：

攘外必先安内[①]
——好未来与员工相互成就的故事

摘　要：家家有本难念的经，一家十几人的小企业用16年的时间成长为一家4万人的大企业，这里面不仅有企业成长的烦恼，同样也有员工成长的困惑。好未来和它的4万名员工的故事耐人寻味。在创业阶段，如何能够让员工努力付出，全力以赴地服务客户；在扩张阶段，如何让员工加速成长支持企业；在领先阶段，如何让员工拥抱科技、拥抱变化。本案例通过描述好未来创业期、扩张期、领先期最具代表性的几个服务利益相关者的场景，以及员工如何支持企业、成就自我的典型事例，再现了好未来与员工相互成就的故事，及其背后的辛酸、冲突和适应性的策略。本案例可以让学员了解企业发展不同阶段的核心利益相关者的转变以及相应的员工关系管理的逻辑与方法。

关键词：好未来集团；公司发展；利益相关者

0　引言：16年，我与好未来相互成就

2019年好未来第一季度财报公布让其市值突破200亿美元，好未来也成为世界上第一家市值突破200亿美元的教育集团，而这一切仅仅用了16年。即将前往欧洲参加"中国-中东欧国家教育合作论坛"的陈雄更是感慨万千，想起自己加入好未来时的样子，有一种命运在悄然改变的感觉。

2003年，陈雄毕业于一所非知名大学，在求职市场上，经受了几次打击而心灰意冷。这时，一个亲戚把他介绍给了正在创业初期的好未来创始人张邦鑫，陈雄也第一次接触到了学生课外辅导这样一个行业。

但是张邦鑫在陈雄试讲后，说：你不适合站上讲台，但是可以给你一个"教学点负责人"的工作。求职不顺的陈雄马上答应了。但是他没有想到的是，这个"负责人"的主要工作其实是复印讲义、统计排课和打扫卫生。

本以为自己坚持不了多久的陈雄没有想到，在好未来整体氛围影响下，后来自己不但站上了讲台，甚至还一路成长为一个城市分校的校长。好未来不仅给了陈雄一份工作，还给了他一条与好未来共同成长、相互成就的成功之路。

1　背景介绍：不同的挑战需要不同的员工

1.1　市值第一的教育科技集团

好未来集团成立于2003年，早期名为奥数网，2006年更名学而思，2010年赴美上市，同期更名为好未来，目前下设智慧教育、教育云、内容及未来教育、K12及综合教育、国际及终身教育五大事业群，

[①] 本案例由北京理工大学经济管理学院刘平青教授、好未来集团刘东旭、博士研究生赵莉以及硕士研究生任格、刘凡共同撰写，作者拥有著作权中的署名权、修改权、改编权。

本案例授权中国管理案例共享中心使用，中国管理案例共享中心享有复制权、修改权、发表权、发行权、信息网络传播权、改编权、汇编权和翻译权。

由于企业保密的要求，在本案例中对有关名称、数据等做了必要的掩饰性处理。

本案例只供课堂讨论之用，并无意暗示或说明某种管理行为是否有效。

20余个事业部。截至2019年5月，市值超过200亿美元，是全球市值规模第一的教育集团。

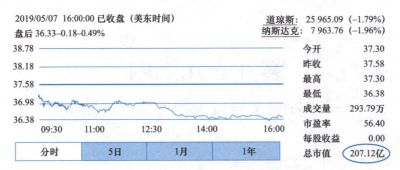

图2-7-1　好未来2019年5月7日市值

如何驾驭一家发展如此迅速的企业？从技术角度来说，好未来抓住信息革命的机遇，充分使用互联网技术、大数据和人工智能技术，用科技的方法推动教育形式的变化。教育领域当中，好未来被视为最具代表性的新经济形态下的教育机构。而从软的方面来说，好未来则在发展中时刻注意员工关系的处理，时刻让员工与企业共同成就，支持企业发展。

1.2　快速发展的16年

2003年，在非典打击下，大批北京的教育机构关闭，而好未来不仅没有关闭，反而抓住机遇成功逆袭。是什么让好未来能够在残酷的环境中生存下来？其中一个重要原因是好未来成功地激发了员工服务客户的能力。那时候通信不发达，学生不出门上课，老师就电话给学生辅导作业；为了帮助学生完成学习，张邦鑫甚至自己编程自创"奥数网"，实现网上授课。

2007年，好未来开始在全北京布设教学点，但随后的全国布局并不顺利，教师数量和质量不能满足扩张需要，员工能力成为这一阶段制约好未来发展的重要因素。为了解决这一问题，好未来投入大量资金研发ICS[①]教学辅助系统，实现了全国教研体系的统一化。在这一系统的支持下，好未来实现了管理与课程的标准化复制，在全国分校数量达到10个。好未来进入扩张阶段。2010年，好未来在美国上市，如图2-7-2所示。

图2-7-2　2010年，好未来在美国上市

在随后的发展中，好未来遭遇了竞争对手挖墙脚、内部老师带走学生等各种各样的挑战，甚至在2018年遭遇浑水做空。但是这些没有阻挡好未来在科技上持续投入和在员工关系上持续调整的步骤。2017年，

[①] 这是一套教学、教研管理软件，其中整合了教材、教案和各类不同习题，同时还有课堂互动组件，帮助教师教学，在场景三中会有介绍。

好未来成立 AILAB[①]实验室，与清华大学、斯坦福大学等研究机构共同开发教育领域的人工智能设备。同年，好未来自主研发的魔镜系统上线，这一系统利用人工智能设备，通过人脸识别、声音识别等方式，自动判断课堂上学生的学习效果，提高教学效率。

同时，好未来调整内部组织架构，打造透明晋升文化，引导员工适应和拥抱科技，最终成功度过了各种危机，并最终成长为行业第一。

1.3 员工与好未来的相互成就

在好未来发展的 16 年中，究竟是什么因素让好未来能够长期立于不败之地呢？其中的关键因素是好未来的"战略员工关系"思维。好未来快速发展的 16 年，也是不断根据内外部环境，调整员工关系的 16 年。好未来的整体发展历程大致可以分为三个阶段：以最初在市场立足为主要目标的创业阶段（2003—2010）、以快速成长为主要目标的扩张阶段（2010—2017）、以维持行业领先及推动教育进步为主要目标的领先阶段（2017—至今），而每个阶段，好未来都会针对核心目标调整内部员工关系。

在创业之初，好未来的主要挑战是赢得市场，而这一阶段员工关系的重点是有效激发员工活力，提高员工服务与责任意识，向客户提供超出预期的产品与服务。

2010 年，随着上市的完成，好未来进入扩张阶段。这一阶段，好未来的员工规模由 400 人快速增加到了 4 万人。如何快速提升员工能力支持企业发展是好未来员工关系的重点。而解决方案就是通过 IT 系统来提高员工的能力，同时通过营造内部公平竞争的氛围来激发员工的活力。

2017 年，随着好未来规模的扩大，社会公众的各个层面开始越来越关注好未来。为了满足社会对于好未来的期待，好未来将大量资源投入教育技术的研发当中。技术改变的背后，也有对员工要求的改变。2017 年，好未来有接近 20% 的员工从事系统开发、IT 技术应用等方面的工作。传统的"老师"也面临科技带来的冲击——如何让员工更好地与技术融合。利用好科技的力量，也成为好未来新阶段处理员工关系的核心命题。

2 相关人物介绍

张邦鑫：好未来创始人，是一名农村大学生。最初为了减轻家庭负担而兼职从事家教，后来由于教学口碑好，主动邀请他讲课的学生越来越多，最终决定创办一家课外辅导机构。

陈雄：2003 年好未来创业时期加入的老员工。最初由于讲课能力不足，被安排从事后勤服务工作，对自己的前途充满担忧。但是通过自己的努力，不断练习讲课，不仅获得了讲课的机会，还成长为好未来优秀的校长。

宋拓：陈雄所在分校的教师，2005 年加入好未来的老员工。教学能力突出，是好未来内部的 S 级[②]名师。曾深度参与好未来的 ICS 系统、AI 课程开发等科技创新工作。

郭明：陈雄所在分校的教师，2015 年，在好未来扩张期加入的员工。与宋拓为同一学科教师，教学能力成长迅速，并且积极参与管理工作，申请担任全职教师。在 2017 年的暑期招生中获得"战功"，得到快速提升。

徐杉：集团战略部负责人，在 2017 年好未来成立战略部时加入。积极推动 AI 课程的研发，并且在 2019 年教育装备展上吸引了大量关注。

3 创业期：让员工爆发 200% 的服务力

创业之初，好未来面对的核心问题是如何让企业在市场中存活下去。

[①] 这个实验室主要以研究人工智能技术在课堂教学中的应用为主要目标，集合了人工智能领域、脑科学领域、心理学领域的研究者。
[②] 好未来内部教师评价体系将教师分为 SABCD 五个级别，S 级老师为最高级别。在场景二中会有所介绍。

好未来的创始人张邦鑫，是一名从农村来到北京的大学生。最初为了减轻家庭负担，兼职做家教。由于教学能力强，获得了家长的认可，慕名找他辅导的学生越来越多，于是张邦鑫萌生开办一家教育机构的想法。

2003年，好未来成立，当时的创业资金只有10万元，只有一个教学点，教学课程的设置也比较单一，以理科（数学、物理）为主，学生数量和老师数量都不多。在同年，北京遭遇非典疫情，学生外出补课的数量骤降，培训机构的数量也骤减。为了在激烈的市场竞争中赢得家长的信任，让企业维持生存，好未来必须让每一个员工都提供最优质的教学服务。但是同时，教学服务是一项很难标准化的服务，如果用严格的规章制度来要求老师，很有可能无法达到希望的目标，甚至会让优秀的老师流失，影响企业生存。为此，好未来必须找到一种能够让员工主动服务的方法。

好未来通过思考，找到了两个激发员工服务力的方法。一是不断肯定员工的努力，让员工的每一点努力都得到认可，以此来激励员工更好地服务学生、服务家长。二是设计一种与众不同的晋升考核模式，进而激发员工的服务力。

在这样的激励之下，好未来不仅有效地激发了员工的服务意识，获得了家长的肯定，成功地在2003年遭遇非典冲击的情况下维持了企业的生存，而且还在不断实践的基础上，逐渐形成了好未来标准化的课程体系、服务体系，为后续的发展奠定了基础。到2004年，非典冲击逐渐结束，好未来的员工数量迅速达到了400多人，教学点数量也进一步增加。2018年，张邦鑫在好未来人工智能大会上做了题为"互联网正在重构学习，人工智能将会融合教育"的报告，如图2-7-3所示。

图2-7-3 好未来创始人张邦鑫在2018好未来人工智能大会上发言

3.1 表扬出来的"服务力"

创业阶段，当家教起步的张邦鑫，创办好未来后也一直没有脱离教学一线。长期的教学工作让张邦鑫深刻地认识到表扬对于一个人的作用。

创业之初的好未来，员工的数量稳定在400人左右，分布在相距不远的几个教学点当中。为了更好地了解员工的工作状态，找到"表扬"员工的机会和"证据"，张邦鑫每天都在教学和管理之余，在各个教学点当中"旁听"其他员工的工作。有课的时候，张邦鑫会混在家长当中，去听老师们讲课[①]；续报缴费的时候，张邦鑫会到财务了解工作人员的效率与流程；平常的时候，张邦鑫甚至会在教学点的前台附近了解每一个员工如何与家长进行沟通。

张邦鑫对员工工作的了解覆盖了所有的400名员工，甚至包括负责打印讲义、打扫卫生的"教学点负责人"。但是在观察别人工作的时候，他从来不记别人工作中的差错，只记别人的优点，而每当他发现

---

① 好未来从创立之初就坚持家长可以全程随堂听课的制度。这一制度的目的是通过家长的监督来保证老师的授课质量。

一个人很努力地完成了一件事,他就会当面表扬那个人。久而久之,好未来的所有员工都会自发地努力工作,因为他们知道,自己的每一点努力都会被看到。

而在观察员工工作时,张邦鑫不仅观察他们的本职工作,还会了解他们在哪方面付出了额外的努力,了解每个人的发展意愿。这些后来都成为张邦鑫提拔、任用人才的依据。

场景1:看到每一点努力

2003年,陈雄来到好未来担任"教学点负责人",每天负责影印资料和打扫卫生。求职不顺的陈雄面对每天重复的工作,也不断感慨命运的不公。但是这并没有让他放弃努力。

由于陈雄早上需要把讲义发放到各个班级,而晚上又要等到教学结束打扫卫生,陈雄每天的工作时间很长,可是在教学点最忙的上课时间,他又没有什么工作。

不甘心每天做重复工作的陈雄,就在上课时间里混到家长当中去听老师讲课,或者跟家长聊天,了解不同公立学校的特色、教师的特点等。早上趁着别的老师还没来,陈雄就在影印室里对着讲义练习讲课。久而久之,陈雄对于好未来课堂的内容越来越熟悉,甚至可以在课下辅导学生作业。而且由于经常跟家长们沟通,陈雄对北京的公立学校的情况也非常了解,经常在课堂外跟家长们交流学校情况。但是陈雄没有想到,自己的这些努力,都被张邦鑫看在眼里。

有一天,张邦鑫把陈雄叫到办公室,让他从下个月开始带一个新班级。当时陈雄对自己讲课的水平并没有自信,但是张邦鑫对陈雄说:你每天的努力我都看得到,你练课和辅导学生作业我都认真听过了,你讲课绝对没有问题。

第二个月,陈雄正式走上了讲台,家长们对陈雄非常肯定,陈雄的班级甚至出现了报名困难的情况。陈雄带了半年课后,好未来开设了第二个教学点。张邦鑫直接让陈雄接手了第二个教学点的管理工作。而这次,陈雄的"教学点负责人"并不是简单的复印材料和打扫卫生,而是全面负责教学点的教学、管理等工作。而说起这次任命,张邦鑫也非常肯定:因为我听到他跟家长们的交流,他是我们这里最了解北京学校情况的人,他一定能做好这份工作。而陈雄也确实没有让张邦鑫失望,教学点管理井井有条,各种指标也一直很好。后来,好未来增设城市校长职务,负责一个城市所有教学点的管理工作。陈雄也顺理成章地成了好未来的第一名校长。而这一切,距离他试讲失败,打扫卫生,仅仅过去了5年。

好未来组织架构示意图如图2-7-4所示。

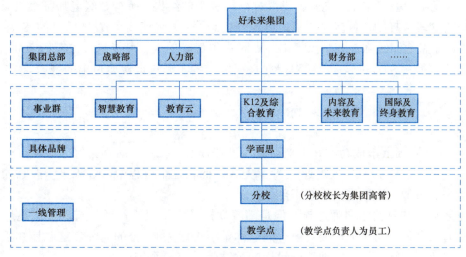

图2-7-4 好未来组织架构示意图

3.2 "磨砺"式激励

作为一家教育机构,教师的教学质量是好未来最核心的产品力。随着企业越来越大,教师数量越来越多,教师的教学能力和教学质量也就变得参差不齐。找到一种能够激发教师努力提高自己的教学水平的考核模式,成了好未来面临的重要问题。为了解决这个问题,好未来开发了五级考核体系,也就是将教师分为 S、A、B、C、D 五个等级，其中 B 级的教师是基本合格的教师，D 级的教师是会被淘汰的教师。而 S 级和 A 级的教师比例非常少，希望被评上 S 级和 A 级，就需要付出更多的努力。而评价方法是残酷的"批课"，也就是让口碑最好的老师组成一个评审团，让准备晋级的教师当着评审团进行讲课，评审团现场进行点评，点评结束后，拟晋级的老师马上调整课程，随后进行第二次"批课"，直到课程让在场的所有评审团老师都找不出问题为止。

这个过程对于老师来说非常痛苦，名师的点评会毫不留情，而晋级的老师也都只能无条件接受。但是一旦通过考核，老师也会非常珍惜自己所获得的评级结果。通过考核的成功晋升为 S 级和 A 级的老师在日常工作中会对自己的专业能力提出更高的要求，也会有更强的责任心。而对于没有完成评级的老师，则会不断努力提高自己的教学水平，直到顺利通过"批课"的考验。这个方法解决了好未来教师激励的问题。

场景 2：激励之谜

陈雄接手教学点之后，顺利完成了第一个暑假的课程高峰，教学点各项指标表现都非常优秀。随后是教学点的淡季，每年这个时候，学生的报班量不多，老师相对空闲，很多好未来的老师都选择这个阶段休假调整。而这时，陈雄接到了一个叫宋拓的老师的请假邮件，理由是要做一个胃部手术。

在陈雄的印象中，宋拓平时上课都会提前一天备课到很晚，而且在新教学点成立后，宋拓没有一次缺课，甚至没有一次迟到。胃病不会突然严重的需要手术，因此这次宋拓请假，让陈雄觉得非常诧异。

宋拓是新教学点成立后，从老教学点调拨过来的老师，是好未来第一批的 S 级名师。当时的好未来试行教师评级制度不久，对老师进行评级的只有张邦鑫老师和几名创始人，晋级条件非常苛刻，每一名晋级 S 级的老师都要进行十几次的"批课"才能完成晋级。当时的陈雄虽然也申请评级，但是因为"批课"无法通过，而一直没有成功晋级 S 级。而宋拓则在十几次"批课"后成为第一批晋级 S 级的老师。

几天后，陈雄带着疑问前往医院探望宋拓。看到病床上的宋拓，陈雄的第一个问题就是他什么时候发现的胃病。宋拓说，已经发现了半年多，但是因为暑假排班多，一直没有请假做手术而拖到了现在。

"那为什么不请假呢？虽然忙，但是咱们还是有老师能帮你把班接住的。"陈雄说。

"那怎么行，我是 S 级的老师啊，那么难的批课我都过了，怎么能在暑假把班给别人呢。那么多家长都是冲着我来的，我不能丢好未来的名声，我得对得起 S 级的结果。所有 S 级老师都会这么做。"宋拓说。

陈雄被宋拓的这段话打动，回到教学点，陈雄专门调出了出勤记录，发现所有的 S 级老师都从来没有过迟到、请假，而且他们经常是教学点集体备课时走得最晚的人。可能也正像宋拓老师说的，所有的 S 级老师，都会想要对得起 S 级的称号，要对得起自己曾经为了通过批课而付出的努力。

4 扩张期：将员工个性整合为标准力

2010 年，随着在美国上市成功，好未来也进入了扩张期。在这一时期，好未来从一个教学点扩张到全国数十家分校，员工数量从 400 人迅速达到 3 万人。而在这个过程中，好未来所面临的最大挑战是如何快速培养出优秀的教师，选拔出优秀的干部。

好未来创业之初，依靠的是名师逻辑，但是随着规模扩大，很难保证所有老师都能达到优秀水平，因此好未来不再追求名师，而是提出要让所有的老师都至少成为 80 分的老师。这就让知识体系标准化、授课方式标准化就变得非常重要。实现这一目标的关键就是 ICS 系统。

ICS 系统是好未来为了统一内部教学活动而开发的一套系统。这套系统整合了 S 级老师的教案与教学经验，详细规范了每一个知识点的教学动作。同时，这套系统也提供标准的课件、习题与课堂活动，让所有的老师在备课时，可以按流程进行授课。由于课程的内容来源于 S 级老师的实际经验，同时还有很多辅助的教学工具，因此新老师也能很容易地学会如何教学。

在统一授课活动的同时，好未来也对内部的晋升制度进行了调整。在规模较小时，好未来的主要考核体系是教师的评级制度，但是随着企业规模的扩大，管理层级的晋升也成为非常重要的内容。为了激励员工，好未来在内部建立了"战功"考核体系，也就是员工的晋升必须以获得实际业绩为标准，而不以资历、司龄或者教师级别的高低为标准。这进一步保证了好未来内部的晋升公平性，提高了组织活力。

4.1 人人爱用的ICS

渡过创业阶段，好未来已经积累了良好的市场口碑和比较成熟的产品体系。但是进入扩张阶段，如何能够快速培养合格的老师成了一个难题。为了解决这个问题，好未来从2014年开始投入大量资金研发ICS系统（如图2-7-5所示）。

图2-7-5 好未来ICS系统内置教学视频[①]

ICS系统整合了教师课程所需要的所有信息，从备课到课堂效果以及课后的学习内容，都会在系统中留存。但是与其他系统相似，推进系统的过程中，员工是否接受和使用这一系统，成了这一系统存亡的关键。

对于相同的知识，不同的教师有不同的理解，让所有的老师都按照统一的动作来进行授课，是一件难度非常大的事情。在ICS系统设计之初，好未来就清晰地界定了这一系统的目标：让这个系统在开发时就以"人人都爱用"为目标。在系统开发完成后，不能通过强制的要求来让老师使用，而需要让老师们自发地喜欢使用这个系统。

为了实现这个目标，在开发之初，好未来就集合了所有的S级老师，将他们的教学经验进行整合，同时拆解教学动作，从教学的难点入手，设计丰富有趣的教学活动，直接嵌入系统当中。当老师遇到教学难点时，可以很轻松地从这个系统中找到支持的资源，甚至可以直接使用系统中自带的教学活动，这极大地降低了老师讲课的难度，减轻了老师的工作量。尤其对于新老师而言，他们可以很快地学会相关知识的讲解方法，快速提高自己的水平。因此，这个系统一上线，就受到了老师的欢迎。而在教师使用这个系统的过程中，系统就自动实现了数据收集、过程监控的功能，达到了管理目标。

场景3：名师速成

2011年，好未来进入了加速扩张的阶段，而陈雄已经成为好未来内部业绩最优秀的校长。与初入好未来时不同，现在陈雄面对的主要问题，已经不再是自己如何讲好课的问题，而是如何能够让所有的老师都能讲好课的问题。

跟好未来快速扩张一样，陈雄的分校也在快速增加教学点。陈雄已经不能像创业之初那段时间一样，用一两年来培养一名老师。他必须让新老师们在几个月内就能成为一名合格的老师。而正在他在思考这个问题的时候，分校一名叫郭明的老师引起了陈雄的注意。

郭明加入好未来仅仅5个月的时间。他虽然毕业于重点大学，但是第一堂课却非常不成功。从来没有站上过讲台的郭明，完全没有讲清楚知识点之间的逻辑，被三个家长投诉。但是到了暑假，郭明的满

---

① 图片来源：《学而思历时3年打造ICS智能教学系统》，http://edu.sina.com.cn/zxx/2011-06-22/1735302784.shtml

班率和续费率都提高得很快，家长们私下也都非常肯定郭明的授课能力。

于是陈雄找到了郭明，问他是如何在这么短的时间里提高的。郭明对陈雄说，自己刚开始讲课时，确实很困惑，觉得自己讲不好。正好这时候，集团的 ICS 项目组招募系统使用志愿者，他就报名了。试用了 ICS 系统后，他发现这个系统非常好，里面不仅有知识点的讲解，还有 S 级名师的讲解示范，甚至还有习题和课堂活动，他照着系统备课，讲课水平就提高了。

陈雄之前听说过 ICS 系统的开发计划，大概一年以前，集团还向各个分校召集有经验的老师支持开发，当时陈雄推荐了宋拓去参加这个项目。但是后来就没有这个项目的消息了。没想到集团却在悄悄地招募志愿者。

三个月后，集团正式宣布在全集团范围内推广 ICS 系统，但是这个推广并不是强制的要求，如果对这个系统有信心的分校，可以率先推广。有了郭明的例子，陈雄马上召开全体教师会议，会上让郭明介绍自己使用 ICS 系统的心得，并且作为指导老师帮助所有的学习系统的使用。随后，陈雄分校大批的新老师在系统的帮助下快速成长，陈雄解除了教师质量的担忧，分校扩张速度加快，成为好未来内部规模最大的分校。

4.2 干部晋升只凭战功

一名教师在好未来内部存在两条不同的发展通道，一条是专心讲课，成长为顶级的 S 级老师，这些老师被称为"专职教师"。与此同时，教师还有一条发展通道是在教学的同时，承担职能工作，例如研发教案、组织招生等，这些教师被称为"全职教师"。如果在这些职能工作方面有突出的表现，则可以进入好未来的管理通道。

在好未来内部，全职教师这一群体的工作压力极大。全职教师一周必须保证四天的职能工作，而在待遇方面，好未来给予"全职教师"的只有极低的固定薪酬。如果全职教师希望增加自己的收入，就只能通过多带班来实现。相比而言，专职教师的固定薪酬更高，同时也有更多带班时间，不仅时间上更加自由，实际收入也会比"全职教师"高。

这样的设计一方面是考虑到大部分的好未来教师并没有实际的全职工作经验，与真正的职能员工相比，他们在同样岗位上的贡献会相对较少。另一方面，好未来也希望通过这样的设计，找到那些真正希望在职能方面有所发展的教师。

但是即使如此，教师们申请加入"全职教师"的热情也很高，这主要是由于进入全职教师，就相当于进入了一条新的赛道，在这条赛道中，新老师们可以凭借自己的"战功"快速超越曾经的老教师们。所谓"战功"，也就是个人的实际业绩，这些业绩可能是直观的数据，也可能是创新项目的阶段性成果。

好未来的晋升是个人申请+述职考核的组合形式。一个员工如果认为自己可以得到晋升，就可以在晋升期直接提出申请。在晋升期，好未来会组织某一类岗位的晋升申请人统一述职。述职的对象是员工的隔级领导和下游环节的负责人。例如教研岗位负责产出教案、习题等，这些成果的使用者是教学的相关岗位，那么述职对象就是教研岗位的隔级领导和教学的负责人。所有的申请人在述职当中展示自己的所有战功，述职对象根据战功的大小对候选人进行排序，最终决定晋升人员。

这样的模式给了所有进入管理通道的员工公平的竞赛环境，而通过不断晋级，一名老师可能担任更高级的管理岗位。由于所有的员工都是通过战功积累而获得晋升，当一名年轻老师担任管理工作后，他也能获得老教师的认可。

场景 4：输得心服口服

2017 年，郭明加入好未来 2 年，在 ICS 系统的帮助下，郭明度过了最初的适应阶段。这时，陈雄的分校由于业务的转型，需要一批全职教师。郭明毫不犹豫地报了名。

郭明所在全职教师团队是陈雄分校的学科团队。这个团队的主要职责是通过举办关于学习技巧的家长讲座，帮助分校进行招生。与学科团队合作最紧密的是后续的教务团队。学科团队在完成招生计划时，不仅仅要考虑到招生的数量，还需要综合考虑教学点的容量、每一时间点应该报名的学生数量等。而与陈雄在同一个团队的，还有完成了 ICS 项目后返回分校的宋拓。

加入全职教师团队后,郭明一方面没有放松教学工作,积极备课,保持教学水平,同时还利用课间尽可能地与家长交流,了解家长感兴趣的话题,同时积极向校长陈雄请教,了解学科工作的经验,制定合理的家长讲座节奏。并且利用自己所带班级,建立家长群,通过这些家长,向外扩散学习技巧。

结合了解到的家长感兴趣的话题和家长一般关注的讲座内容,郭明自制了家长讲座周例,利用微信群、线下讲座、集体答疑等方式,尽可能地扩大宣传范围。在短短半年内,郭明举办讲座19场,有效触达家长近千人,并且有效地帮助了分校完成招生工作。更重要的是,郭明在触达家长的同时,为家长有效地匹配课程,匹配城区内的相对非集中时段的非热点教学点,有效地帮助了后续的排班工作。

转眼就到了9月份,好未来内部集中晋升的时间。郭明与宋拓同时递交了晋升申请。述职现场,郭明把自己完成的招生数据和自己的主要工作方法向陈雄和教务负责人做了介绍。述职结束后,郭明看到了正在准备述职的宋拓。面对这位好未来第一批S级讲师,郭明的内心不免有些忐忑。

一个星期后,述职晋升的结果公示,郭明成功晋级,而宋拓则没有晋级。结果公示后,陈雄与郭明进行晋升后的绩效沟通,让郭明意外的是,沟通的现场除了陈雄,还有宋拓。陈雄说:"从招生数据和排班的合理性上,宋拓这次都输给了你,但是宋拓也有一些做得好的地方,这次叫你们一块来,也是想好好沟通一下,相互学习,未来,你们两个还是要好好合作。"

三人沟通结束后,宋拓又专门找到郭明,让郭明不要担心,自己这次输得是心服口服。而郭明也与宋拓一起探讨了下一季度的招生方法和计划,争取下一季度更好的战功。

5 领先期:同员工分享公司的科技力

成长为市值第一的教育公司后,好未来面临的社会关注更多,单纯地做好产品与内部管理已经不能帮助好未来应对所有的挑战。作为行业领先者,好未来不仅要保证企业的健康发展,同时还要考虑整个行业的发展。而好未来的员工数量也增长到4万名,他们共同面对着这些挑战。

随着好未来的发展壮大,舆论对好未来的讨论越来越多,好未来的课程体系、好未来的教学产品、好未来的服务体系,这些原本作为好未来产品服务的内容都渐渐成为社会公众的话题。

政府也与好未来进一步加深联系,从监管角度,各地教育机构对好未来的管理越来越严格,从合作角度,好未来也向政府提供了包括课程体系、教育装备在内的各种教育产品。

公立学校也与好未来建立了越来越紧密的合作关系。在教育领先的上海、北京等地,好未来与当地的公立学校共同探讨如何建立更加科学合理的学生评价体系,如何更有效地帮助学生提高成绩。与教育落后的地区开展深度合作,提供好未来的优质课程。

在回应所有这些关切的过程中,好未来也越来越感觉到,单纯凭借好未来的4万名员工是远远无法满足这些需求的,好未来必须依靠科技的力量,打破员工的能力边界,提高产品的服务能力。

于是好未来创造了双师课堂[①]、AI课堂[②]、Wiseroom[③]等一系列基于教育科技创新的产品,提高服务全社会的能力。但是同时,新技术的引进也给员工带来了新的挑战,教师们必须改变过去的教学习惯,适应和熟悉新的科技产品。

5.1 双师课堂解决资源不均

双师课堂,是好未来重点推进的一种课程模式。这种模式把教学活动拆分成主讲老师和辅导老师两个角色。辅导老师的主要责任是调动课堂氛围,保证教学质量。这个课程形式的诞生,最早源于好未来

[①] 通过对教学活动的研究,好未来将一堂完整的课程拆分为主讲老师和辅导老师两个角色共同完成。其中主讲老师负责知识的讲解,而辅导老师则负责学生课堂的管理、情感的沟通等。通过直播系统,主讲老师在讲授知识的同时,辅导老师调动课堂氛围。通过这样的形式,将优质的教学资源尽可能地覆盖到了更多的地方,降低了优质老师的培养成本。

[②] 通过计算机技术合成虚拟老师,通过程序在授课地区的本地部署的形式,实现学生与虚拟老师的互动,进一步解决直播系统受到网络、硬件等限制的问题。

[③] 通过人工智能、人脸识别、声音识别等技术,综合评估判断学生的学习效果,帮助老师判断教学质量,提高学习效果。

的一次社会公益行动。

2016年，好未来与某国家贫困县合作，帮助初中提高教学质量。最初的好未来采用传统的支教形式将好未来的老师输送到当地，但是遇到了两个问题。一方面是支教并不能彻底解决当地师资不足的问题，好未来的老师无法提供长期的支持，在志愿期满后，当地的教学活动无法继续进行下去。另一方面是好未来的老师不熟悉当地的环境，与学生存在磨合期，宝贵的支教时间不能完全用于有效地提高学习的效果。

经过对当地学校的了解，好未来的团队发现，当地的教师数量并不缺少，但是教师的素质和能力不足，对于一些知识的理解有限，因此不能很好地教育学生。而好未来拥有大量的优秀教师，寻找一种方法，能够既利用好未来的优质教学资源，又能最大限度地利用当地的人力资源，成了解决问题的主要思路。

最初，好未来向当地提供了录播课程，教师在课堂上进行放映，但是效果不尽如人意。教学本身并不仅仅是知识的传递，还有大量的情感沟通，这是录播课程所不能解决的。而且录播课程中，主讲老师不能与学生有效互动，也极大地限制了教师的教学水平的发挥。

于是，支持团队提出直播模式，由好未来的 S 级老师担任主讲，当地的教师团队担任辅导老师，共同配合。这个模式大获成功，该县在全市的初中考试排名中，从原来的倒数第三名变为了正数第二名。随后，好未来开始大规模地把这一模式引入自己的业务拓展当中。由北京、上海等地的优秀老师担任主讲老师，在三四线城市大量招募辅导老师，这样的尝试在商业方面也获得了巨大的成功。

但是同时，随着双师模式的推广，好未来内部的一些老师也逐渐进入辅导老师队伍。这些老师曾经努力学习了好未来的教学体系和课程内容，突然让他们担任辅导老师，很多人想不通。但是好未来通过不断地宣讲和技术展示，让越来越多的老师认识到，双师模式（如图 2-7-6 所示）有可能会成为解决教育资源不均衡的有效方法，逐渐获得老师们的认可，实现了业务模式的平稳过渡。

图 2-7-6　双师互动的教学课堂

场景 5：我不想当辅导老师

2018年年初，在学科岗位上做得风生水起的郭明，被任命到一个新的城市开辟一个教学点。带着对新工作的期待，宋拓来到了新教学点。而同一时间，集团成立了战略部，并聘请了一位战略部的总经理徐杉。

正当郭明全力准备大干一番的时候，好未来战略部突然要求：所有 2018 年新开的教学点不再采用传统面授的方式，全面转型为双师模式，原有教学点的老师全部转为辅导老师。主讲老师全部由北京的产品研发中心的全职教师担任。

这让郭明非常不能接受。他 2015 年加入好未来，经历了家长投诉、系统学习，才成为一名优秀的老师，而现在让自己放弃教学，转型为辅导老师，这让他很难接受。不仅郭明有这种感觉，教学点刚刚招聘来的 5 名新老师也不能接受。他们说自己就是为了讲课才加入好未来的，现在突然让自己担任辅导老师，自己难以接受。郭明如实地将自己和分校老师们的想法转达给了集团战略部，但是令他没想到的是，几天后，陈雄居然来到了他的教学点。

开门见山，陈雄对郭明说，自己这次就是来这里当说客的，而且自己也已经不担任主讲老师了[①]，集团开始推进双师，他第一个报名从主讲老师变成了辅导老师。虽然对于大型分校，集团规定可以保留一部分原始课堂，但是陈雄说，自己完全没有考虑，就放弃了当主讲老师的机会。

之所以作出这样的选择，还源于陈雄在 2017 年时，配合集团进行的教育扶贫项目。当时他自己和分校最好的老师宋拓都去了好未来支援的县城，也见证了双师模式的有效性。最后，陈雄对郭明说，这次集团推进双师系统，与上一次集团推进 ICS 有很大的不同。上一次推进 ICS 系统，集团充分考虑老师们的意见，不做强制要求，而这一次推进双师系统，集团则是从更高的战略层面出发，不允许有不同的意见。一句话，好未来决心用科技推动教育进步，而当前教育最需要解决的问题就是教育资源分布不均衡的问题。好未来相信，双师系统能够实现教育资源的平衡，为了引领行业，好未来必须做这一次变革，虽然有一些员工可能因此有所牺牲，但是这是对于行业发展所必须付出的代价。

陈雄走后，郭明虽然对于这次全员转双师的决策还是有所迟疑，但是他还是坚决执行了集团的要求，并且给自己的团队做工作，让大家接受新的业务形态。半年之后，让郭明没有想到的是，双师业务的开展出乎意料得顺利，当地的家长非常认可这种"在家门口听北京名师讲课"的模式，而辅导老师们也渐渐喜欢上了这种模式。在双师课堂上，他们不仅能更加投入地与孩子们交流，同时也能听到名师的课程，对自己的成长也非常有帮助。而且辅导老师们发现，虽然主讲老师是屏幕里的老师，但是孩子们遇到问题还是会向自己请教，他们同样也能获得学生的认可。

5.2 你好，未来

用科技给学生减负。这是好未来 2019 年开年大会上，张邦鑫对好未来战略的定义。

真正的教育减负，不是让学生学得知识变少，而是让学生学习知识的效果更好。能不能找到一种教育方法，用传统的学习方法需要两个小时才能学会的知识，让一个学生只用半个小时就能学会。如果能够实现，这就是最好的减负方法。而好未来正在向着这个方向努力。

从 2017 年开始，好未来建立了一个学习大数据团队，使用大数据技术对过去十几年中积累的学生学习数据进行分析，寻找学生的学习规律；建立脑科学实验室，与世界顶级的脑科学研究机构合作，探寻大脑学习的底层机理；在硅谷建立研发中心，用心理学的方法分析学生的学习行为与学习效果之间的关系。并且通过好未来自身成熟的课程研发体系，将研究成果与课堂教学结合，开发出更适合学生学习的课程。

同时，好未来组织内部的优秀教师，通过绿幕拍摄技术、AI 合成技术等方法，将优秀老师的教学活动和教学能力数字化，进一步扩大 AI 课程的使用范围。

在做好作为主业的基础学科的研究与开发的基础上，好未来还将 AI 技术运用到对外汉语教学、大语文虚拟场景体验等方面，用科技的力量拓展产品能力。而在产品方面，好未来开始更多地关注硬件和系统的开发，尽可能地将人的因素降到最低，以实现自身产品能够支持包括公立学校、教育企业、行业组织等在内的各类不同的教育产品需求方，尽最大可能满足社会各界对教育产品的需求。同时也用这些科技产品解放好未来的内部员工，让他们能够从基础教学工作中更多地走向教育产品的研究开发当中，在用科技推动教育进步的这个企业使命中发挥更大的价值。

场景 6：AI 老师

2019 年年初，中国教育装备展在重庆开启。好未来作为中国教育装备的代表，参加了这次展会（如图 2-7-7 所示）。由于双师项目推广的成效很好，郭明也作为代表参加了这次展会。而这次展会带队的，正是当年强硬下令推广双师课堂的集团战略部负责人徐杉。

[①] 好未来的校长虽然是集团的高管，但是同时也可以保留教师的资格，可以申请带班上课。

图 2-7-7 泛亚联盟教育大会现场

为了筹备这次展会，徐杉带来了好未来集团目前主要的教育科技产品，包括郭明熟悉的双师系统和正在郭明的教学点部署的 wise room 系统，但是还有一套 AI 汉语教师系统，则是郭明第一次见到。而徐杉说，这正是这次好未来参展的重头戏。

这次展会，不仅是一次面向中国教育机构的展会，在"一带一路"背景下，还有沿线国家参加，他们除了关注中国的各种教育装备外，还对中国的对外汉语教学系统非常感兴趣。

好未来开发的 AI 汉语教师系统，是通过提前抽取优秀语文教师的讲课动作，结合利用绿幕摄影技术、3D 技术，实现场景化教学的系统。配合收集学生数据的硬件系统，AI 老师会自动识别学生的学习状态，自动调取辅助内容帮助学习，直到学生掌握。

这套 AI 老师很快吸引了"一带一路"各国的汉语教学负责人驻足观看。甚至一些国家的教育机构负责人当场就开始洽谈后续的合作。

展会结束，郭明又找到徐杉，向徐杉了解好未来后续的战略重点。郭明说，上一次推广双师的时候，就已经感受到未来的教育形态可能跟今天的有很大的差别，这次来到展会，发展这种差别可能比想象的还要大。现在想起来，觉得当时推动双师是非常正确的，否则自己可能很快就会被 AI 教师所取代。

而徐杉也认可了郭明说法：教学活动中有两个角色，一个是知识的传递者，另一个是情感的沟通者，知识的传递变得越来越可替代，但是情感的沟通则无法替代，这也是人工智能发展后，所有人的共识。教育行业更是如此，而借助好未来的发展，好未来的员工提前转型，实际上也就是提前避免了被 AI 老师所取代，这也是好未来提供给所有员工最好的科技福利。

6 尾声

结束教育装备展，徐杉把现场的照片发给了正在欧洲的陈雄。看着关注好未来站台的参观者，陈雄百感交集。2003 年，陈雄加入好未来时，正是自己经历求职受挫的失败时刻，但是加入好未来之后，自己并没有甘于复印教材、打扫厕所，而是一步一个脚印地走上了好未来高管的行列。而今天的好未来，也不是当初只有一个教学点的辅导班，而是一个受到大家高度关注的教育集团。今天的好未来，也不再是一块黑板、几张课桌的教学形式，而是拥有各种教育科技产品的教育科技公司，而这一切仅仅经过了 16 年。看着照片里和自己几乎同时加入的宋拓，再看看后来加入的郭明和徐杉，陈雄仿佛又看到了十几年前的自己，他相信，不论好未来发展到什么阶段，面对什么挑战，只要有这些好未来人，有这些与企业相互成就的好未来员工，就一定会有每个人的好未来。

Resisting foreign aggression Home Safe
—Stories of Mutual Achievement Between the Staff and ATL

Abstract: 16 years, a small enterprise employing just a dozen people grown into a large one with 40,000 people. There are not only the troubles of competition, but also the troubles of staff career. The story of ATL is thought-provoking. In the stage of entrepreneurship, the problem is how to make employees work hard to serve customers; in the expansion stage, how to inspire employees accelerate their growth to support enterprises; in the leading stage, how to motivate employees embrace technology and change. By describing the most representative service stakeholder of ATL during the different stage as wheel as support the staff getting self-achievement, reproduces the mutual achievement of ATL and their staff and the sadness behind, conflict and adaptation strategies. This case helps students to understand how different stages of development of enterprise transformation of the core stakeholders and the logical and appropriate employee relationship management.

Key words: good future group; company development; stakeholders

案例使用说明：

攘外必先安内

——好未来与员工相互成就的故事

一、教学目的与用途

1. 本案案例属于描述型案例，其全景式地展现了一家企业从创业期、扩张期到领先期的历程，主要适用于教师在《组织行为学》《员工关系管理》《人力资源管理》等课程的授课，既可以作为导论部分的案例，也可以选择其中的典型场景，进行深入案例剖析。

2. 本案例的教学对象以 MBA、EMBA、EDP 学员为主，同时也适用于普通硕士、本科生以及企业各级管理者的课堂讨论。本案例可以让学员了解企业发展不同阶段的核心利益相关者的转变以及相应的员工管理策略。

3. 本案例的教学目的是通过呈现好未来的内部利益相关者处理的过程，让学生对利益相关者理论及其在企业管理方面的应用有所认识。涉及《组织行为学》《员工关系管理》《人力资源管理》中的利益相关者定义、关键利益相关者识别等方面的知识。该案例旨在帮助企业的政策制定者和管理者理解利益相关者对企业管理的影响，有效地识别和影响内部利益相关者。教师授课时可根据课程安排，选取知识点对应的思考题展开分析。

二、启发思考题

1. 在不同发展阶段，好未来的主要挑战是什么？好未来是采取了什么方法战胜这些挑战，成功"攘外"的？

2. 在不同阶段，好未来都有哪些典型的利益相关者？好未来在服务这些利益相关者时，是如何调整管理政策，实现"安内"的？

3. 好未来的利益相关者应该如何分类？其中好未来的员工属于什么类型的利益相关者？

4. 如何确定关键利益相关者？为了满足不同阶段的关键利益相关者的利益诉求，好未来做了什么努力？

5. 面对不同的关键利益相关者，好未来是如何调整员工关系，实现企业与员工相互成就的？这种调整对其他企业有什么借鉴意义？

三、分析思路

本案例以一名好未来的老员工——陈雄加入好未来的经历为开端，勾勒其通过不断努力，在奉献企业的同时实现个人的成就的经历。本案例选取在好未来发展三个典型阶段加入的员工，通过他们与陈雄相互交叉的发展奋斗故事，折射出好未来在不同发展阶段中所关注关键利益相关者，同时描绘其所采取的不同的员工关系处理思路。按照好未来"创业阶段——扩张阶段——领先阶段"的逻辑展开，依次描绘不同员工在不同阶段中与企业相互成就的故事。在创业阶段，好未来面对市场的挑战，要求员工付出 200%的努力来服务客户，获得市场的认可，在这个阶段加入的陈雄和宋拓，都通过自己的努力成就了公司，也获得了个人的成就；扩张阶段，好未来开始关注如何帮助员工更快成长，给予员工更公平的内部竞争环境，而这个阶段加入的郭明，抓住了机遇，充分利用好未来提供的成长工具和竞争机会，实现了个人成就；领先阶段，好未来更加关注对于社会的回馈、对于教育进步的贡献，它将新技术、新管理应用到了教学变革当中，在这个阶段加入好未来的徐杉和再次成功适应好未来新节奏的陈雄与郭明，都获得了新的成功。

案例分析紧紧围绕利益相关者理论，涉及利益相关者的识别、利益相关者的分类、关键利益相关者等多个知识点，结合案例内容，教师可以有针对性地提出相应的启发思考题，深入剖析不同阶段，指导学员思考好未来员工所面对的不同利益相关者及所采取的策略。通过本案例的学习，学员可以了解好未来的发展经验，掌握企业不同发展阶段所面对的主要利益相关者，学习利益相关者理论等等。

详细分析思路如图 2-7-8 所示。

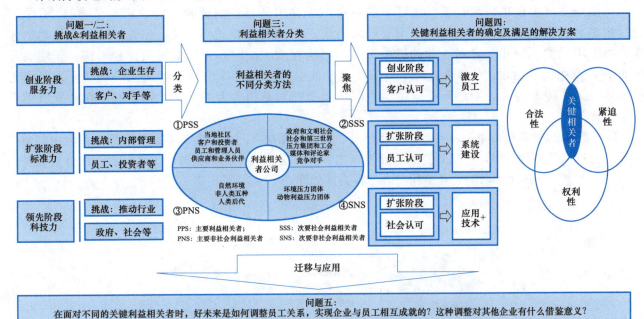

图 2-7-8　案例分析思路框架

四、理论依据与分析

（一）主要理论依据

1. 利益相关者的识别。

利益相关者的界定有不同的方法，最初的利益相关者的界定由 Freeman 提出，以影响力为标准，将利益相关者分为狭义与广义两类：狭义的利益相关者是指对企业的续存和成功起至关重要作用的团体，广义的利益相关者则包括任何影响企业或受到企业影响的团体或个人。

Kaler 在 2002 年提出，应该以"要求权人（claimant）"的概念来分析企业的利益相关者，而不能简单以利益的角度来界定利益相关者，因为任何一个利益相关者对企业来说都是贡献主体，有权利向企业索取相应利益，因而他以"要求权人"概念来分析企业对它的不同利益相关者们所应具有的责任与义务。

因此，利益相关者理论需要解决两个核心问题：第一，谁是合法的利益相关者，以及认定的条件是什么；第二，企业如何平衡不同利益相关者之间的矛盾。如果不能厘清这两个问题，利益相关者将成为一个庞大的结构性负担，使企业"在实际的管理过程中顾此失彼，很难在坚守相应伦理原则的情况下，把不同的利益相关者凝聚在企业周边推动其可持续发展"。①

确定型利益相关者的定义则需要按照米切尔提出的三个标准从利益相关者的合法性、权力性、紧急性三个属性维度对企业众多利益相关者进行分类，找出"确定型利益相关者"。这类利益相关者必须同时拥有对企业问题的合法性、权力性和紧急性，是企业生存和发展必须十分关注并设法满足其愿望和要求的利益相关者类型。②

---

① 贾学军，彭纪生. 人力资源管理伦理分析——基于利益相关者理论［J］. 华东经济管理，2013.
② 企业核心利益相关者利益要求与利益取向研究.

2. 利益相关者环境。

利益相关者环境分析经常被用于企业战略制定。哈里森和圣约翰将利益相关者环境分为三部分,既一般环境、运营环境和组织资源。一般环境包括社会、技术、经济和政治/法律,运营环境主要包括外部利益相关者,他们影响企业,也在一定程度上受到企业影响。最后,内部组织由与企业有正式关系的利益相关者构成。在进行战略分析时,应当充分分析利益相关者的构成和他们所发挥的作用,制定有效的满足利益相关者诉求的方法。

在企业发展过程中,利益相关者环境的三个部分并不是相互割裂的,而是相互影响的。因此,在制定具体的企业发展策略的时候,需要同时考虑不同的利益相关者诉求。但是,从企业战略的角度,由于不同的利益相关者对企业的影响形式、影响程度不同,而企业资源又比较有限,无法满足所有的利益相关者诉求,因此企业在不同的发展阶段必须考虑不同的利益相关者的利益要求并尽可能地满足。在特定的阶段如果不能满足该阶段的重要的利益相关者的要求,企业的生存和发展则有可能受到影响。

某一时期的主要利益相关者可能并不会在最开始就显露出其对企业的深刻影响,因此在应用利益相关者方法进行战略分析时,需要首先尽可能地列出各种可能影响企业的利益相关者,再详细分析利益相关者可能对企业所产生的影响。利益相关者分析方法如图2-7-9所示。

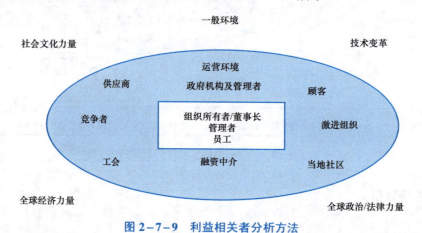

图2-7-9 利益相关者分析方法

3. 引入社会维度的利益相关者分类方法。

对利益相关者的分类,克拉克森提出了两种有代表性的分类方法,分别是按照相关群体在企业经营活动中承担的风险类型和其余企业的联系紧密程度来区分。

根据相关群体在企业经营活动中承担的风险的种类,可以将利益相关者分为自愿的利益相关者(Voluntary Stakeholders)和非自愿的利益相关者(Involuntary Stakeholders):前者是指在企业中主动进行了物质资本或人力资本投资的个人或群体,他们自愿承担企业经营活动给自己带来的风险;后者是指由于企业的活动而被动地承担了风险的个人或群体。换言之,克拉克森认为,利益相关者就是"在企业中承担了不同形式的风险的个人或群体。

根据相关群体与企业联系的紧密性,可以将利益相关者分为首要的利益相关者(Primary Stakeholders)和次要的利益相关者(Secondary Stakeholders):前者是指这样一些个人和群体,倘若没有他们连续性的参与,公司就不可能持续生存,包括股东、投资者、员工、顾客、供应商等;后者是指这样一些个人和群体,他们间接地影响企业的动作或者受到企业动作的间接影响,但他们并不与企业开展交易,对企业的生存也不起根本性的作用,比如环境主义者、媒体、学者和众多的特定利益集团。

威勒则将社会性维度引入利益相关者的分类中,并产生了深远的影响。他认为有些利益相关者是有社会性的,即他们与企业的关系直接通过人的参与而形成;有些利益相关者却不具有社会性,即他们并不是通过"实际存在的具体的人"与企业发生联系的,比如恶化的或改善的自然环境、人类的后代、非人物种等。结合克拉克森提出来的紧密性维度,威勒将所有的利益相关者分为以下四种:主要社会利益相关者，他们与企业有直接的关系，并且有人的参加；次要社会利益相关者，他们通过社会性的活动与企业形成间接联系；主要非社会利益相关者，他们对企业有直接的影响，但不与具体的人发生联系；次要非社会利益相关者，他们对企业有间接的影响，也不包括与人的联系。威勒利用这两个维度对利益相关者界定的结果如图 2-7-10 所示。

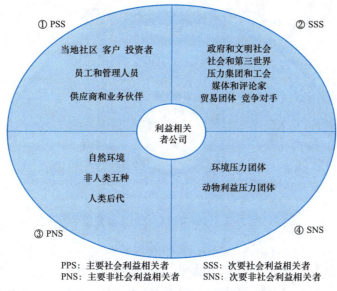

图 2-7-10　社会性的利益相关者分析

4. 关键利益相关者分析。

米切尔指出，有两个问题居于利益相关者理论的核心：一是利益相关者的确认（Stakeholder Identification），即谁是企业的利益相关者；二是利益相关者的特征（Stakeholder Salience），即管理层依据什么来给予特定群体以关注。由此可以从三个属性上对可能的利益相关者进行评分，然后根据分值的高低来确定某一个体或者群体是不是企业的利益相关者、是哪一类型的利益相关者。这三个属性是：合法性（Legitimacy），即某一群体是否被赋有法律上、道义上，或者特定的对于企业的索取权；权力性（Power），即某一群体是否拥有影响企业决策的地位、能力和相应的手段；紧急性（Urgency），即某一群体的要求能否立即引起企业管理层的关注。

米切尔认为，要成为一个企业的利益相关者，至少要符合以上其中一条属性，即要么就是对企业拥有合法的索取权，要么能够紧急地引起企业管理层关注，要么能够对企业决策施加压力，否则就不能成为企业的利益相关者。根据企业的具体情况，从上述三个特性上评分后，企业的利益相关者可被细分为三类：米切尔认为，要成为一个企业的利益相关者，至少要符合以上其中一条属性，即要么就是对企业拥有合法的索取权，要么能够紧急地引起企业管理层关注，要么能够对企业决策施加压力，否则就不能成为企业的利益相关者。根据企业的具体情况，从上述三个特性上评分后，企业的利益相关者可被细分为三类，如图 2-7-11 所示。

（1）确定型利益相关者（Definitive Stakeholders）。他们同时拥有对企业问题的合法性、权力性和紧急性。为了企业的生存和发展，企业管理层必须十分关注他们的欲望和要求，并设法加以满足。典型的确定型利益相关者包括股东、员工和顾客。

（2）预期型利益相关者（Expectant Stakeholders）。他们与企业保持较密切的联系，拥有上述三项属性中的两项。这种利益相关者又分为以下三种情况：第一，同时拥有合法性和权力性的群体，他们希望受到管理层的关注，也往往能够达到目的，在有些情况下还会正式地参与到企业决策过程中，这些群体包括投资者、员工和政府部门；第二，对企业拥有合法性和紧急性的群体，但却没有相应的权力来实施他们的要求，这种群体要想达到目的，需要赢得另外的更加强有力的利益相关者的拥护，或者寄希望于管理层的善行，他们通常采取的办法是结盟、参与政治活动、呼吁管理层的良知等；第三，对企业拥有紧急性和权力性，但没有合法性的群体，这种人对企业而言是非常危险的，他们常常通过暴力来满足他们的要求，比如在矛盾激化从而不满意的员工会发动鲁莽的罢工，环境主义者采取示威游行等抗议行动，政治和宗教极端主义者甚至还会发起恐怖主义活动。

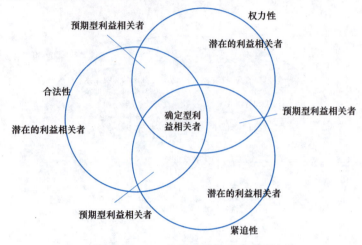

图 2-7-11 关键利益相关者分析

（3）潜在的利益相关者（Latent Stakeholders）。指只拥有合法性、权力性、紧急性三项特性中一项的群体。只拥有合法性但缺乏权力性和紧急性的群体，随企业运作情况而决定是否发挥其利益相关者的作用。只有权力性但没有合法性和紧急性的群体，处于一种蛰伏状态（Dormant Status），当他们实际使用权力，或者是威胁将要使用这种权力时被激活成一个值得关注的利益相关者。只拥有紧急性，但缺乏合法性和权力性的群体，在米切尔看来就像是"在管理者耳边嗡嗡作响的蚊子，令人烦躁但不危险，麻烦不断但无须太多关注"，除非他们能够展现出其要求具有一定的合法性，或者获得了某种权力，否则管理层并不需要、也很少有积极性去关注他们。

5. 主要利益相关者与次要利益相关者。

Sirgy 将利益相关者细分成为内部利益相关者、外部利益相关者和远端利益相关者三类。内部利益相关者包括企业员工、管理人员、企业部门和董事会，外部利益相关者包括企业股东、供应商、债权人、本地社区和自然环境。而远端利益相关者包括竞争对手、消费者、宣传媒体、政府机构、选民和工会等。这些利益相关者会对企业发展造成影响。

一般而言，内部利益相关者是企业的核心利益相关者，而外部利益相关者与远端利益相关者则是企业的次要利益相关者。在企业发展过程中，核心利益相关者对企业的生存和发展起到根本性的作用，而次要利益相关者则对企业的发展起到影响作用，但并不能决定企业的生死。

核心利益相关者和次要利益相关者之间也存在一定的相互影响。为了赢得外部利益相关者的肯定，企业必须获得内部利益相关者的认可，也就是说，企业如果希望获得股东、社区、消费者等利益相关者的认可和支持，首先需要让内部利益相关者认可企业，充分发挥企业员工、管理人员等的潜力，只有这样，才能有效地赢得外部利益相关者的肯定。也正因为如此，与任何其他利益相关者相比，内部利益相关者是真正决定企业生死存亡的核心利益相关者。利益相关者分层如图 2-7-12 所示。

（二）案例分析

1. 在不同发展阶段，好未来的主要挑战是什么？好未来是如何在不同阶段定位自己并引导员工，最终成功"攘外"的？

【案例分析】

好未来的发展总共经历了创业阶段、扩张阶段和领先阶段，这三个阶段有不同的挑战。在创业阶段，好未来主要的挑战是维持企业生存，在市场中获得客户的认可。而在扩张阶段，好未来的主要挑战来自内部管理和人才培养，集中表现为教师培养能力无法满足业务扩张需要和管理人才的发展选拔方面。领先阶段的主要挑战是伴随着社会关注度的提高，好未来也必须面对更多的利益相关者，满足社会对于好未来的诉求。

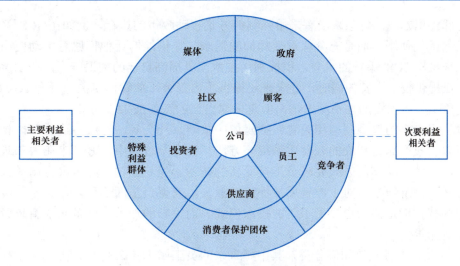

图 2-7-12　利益相关者分层

在创业阶段，由于处于企业发展的初期，生存压力巨大，因此好未来的核心发展任务是扩大盈利，稳定发展。因此，在处理员工关系时，采取的方式是尽可能地激发员工的服务能力，向客户提供优质的服务。案例中提到了两种典型的方法，其中一种是创始人深入一线，了解所有员工的工作状态，并且通过不断肯定员工的方式提高员工的工作积极性。典型的代表是陈雄的发展经历。一方面，从个人角度，作为一名最基层的工作人员，他不放弃努力，积极发挥自己作为企业核心利益相关者的作用，发挥价值；另一方面，组织也重视员工，发现和肯定员工的贡献，最终让陈雄获得了广阔的发展舞台，进而影响一生。

另一种方式是通过增加考核的难度，激发员工的荣誉感。典型代表是宋拓老师，作为一名专心从事教学的优秀教师，宋拓老师同样经历了几次高难度的"批课"考核才晋升到了 S 级名师，这让他非常珍惜这个考核结果，激发了他更强的责任心和自驱力。

在扩张阶段，好未来采取的方式是基于员工有效的支持和公平的竞争机会。在支持方面，好未来采取的典型方法是提供强大的教学系统，帮助员工更快地成长。而在建立竞争机制方面，则强调了战功作为晋升基础的要求，保证所有人都有公平的晋升机会。这段的典型代表是郭明的成长。在最初加入好未来时，借助系统的力量，郭明顺利度过了最初阶段，成为合格的教师。

在领先阶段，好未来采取的应对方法是用科技+的方式提升教育的质量和效率。为了迎接新的挑战，好未来成立了战略部，研究未来的公司规划，同时加大科技投入，使用包括 AI、直播、绿幕等技术，全面提高优质教育资源的复制与覆盖能力，合理回应社会关切。同时也积极调整企业内部员工关系，让员工认可企业的发展战略，并与企业共同成长。在这个阶段，郭明积极配合集团的战略调整，适应双师系统的推进，也顺利地成长为好未来的骨干教师。

2. 在不同阶段，好未来都有哪些典型的利益相关者？好未来在服务这些利益相关者时，是如何调整管理政策，实现"安内"的？

【案例分析】

在创业阶段，好未来的典型利益相关者是客户，其主要为学生和家长。为了满足这些利益相关者的利益诉求，好未来采取的方式是尽可能提供过硬的教学产品和良好的服务感受。在案例中，好未来采取的方式一方面是鼓励员工提供超出预期的服务，例如陈雄在做好自己本职工作的同时，还积极提供学生的学习辅导和学校咨询，而支持他的，正是好未来创始人张邦鑫能够时刻发现和看到员工努力，并积极肯定。另一方面则是激发教师的潜力，提高教师的投入度和责任心。为了做到这一点，好未来采取的方式是采用有效的激励手段，引导员工向提供超值服务和良好的教学质量的方向努力。在对内管理方面，员工经过艰苦努力，最终可以爆发更好的工作能力。

在扩张阶段，好未来的典型利益相关者包括内部员工、管理人员、股东、竞争对手、客户等。这一阶段，好未来关注内部员工的成长需要，向员工提供教学辅助系统，同时积极提供内部晋升机会，帮助员工成长。在内部管理方面，好未来没有采用强制的方式推动政策的执行，例如在 ICS 系统的推广上，并没有强制要求老师们使用，而是充分尊重教师们的需求，提供能够让他们愿意主动使用的产品。郭明正是抓住了好未来推广 ICS 系统的机会，积极利用技术工具提高自己的授课能力，成功度过适应期，成长为优秀老师。在提供技术支持的同时，好未来还提供了内部公平的管理氛围，晋升中只看"战功"，郭明在于宋拓的竞争中，虽然资历并不如宋拓，但是依靠自己的工作成果成功晋升。

在领先阶段，好未来的典型利益相关者包括媒体、政府、社会等。在服务这些利益相关者时，好未来主要提供的是以科技产品为代表的教育质量提高方法。而这个过程中，好未来在内部政策上，采取了相对强硬的措施，以统一动作的方式要求员工接受新的技术。但是同时，好未来也向员工充分说明了新技术的好处，让员工理解新技术对于教育质量提高的意义，获得员工的认可。在这一阶段，郭明虽然开始不接受双师的模式，但是最后也接受了新的授课模式。而徐杉的加入，则带来了新政策的推进，让科技与业务的结合更加紧密。

3. 好未来的利益相关者应该如何分类？其中好未来的员工属于什么类型的利益相关者？

【案例分析】

威勒将社会性概念引入利益相关者的分析当中，将利益相关者分为主要社会利益相关者、次要社会利益相关者、主要非社会利益相关者、次要非社会利益相关者四种类型。主要社会利益相关者，他们与企业有直接的关系，并且有人的参加。次要社会利益相关者，他们通过社会性的活动与企业形成间接联系。主要非社会利益相关者，他们对企业有直接的影响，但不与具体的人发生联系。次要非社会利益相关者，他们对企业有间接的影响，也不包括与人的联系。

按照这个分类方法，好未来的利益相关者可以分为：

PSS：当地社区、客户、投资者、员工和管理人员

SSS：政府、媒体、竞争对手、公立学校

Sirgy 将利益相关者细分成为内部利益相关者、外部利益相关者和远端利益相关者三类。内部利益相关者包括企业员工、管理人员、企业部门和董事会，外部利益相关者包括企业股东、供应商、债权人、本地社区和自然环境。而远端利益相关者包括竞争对手、消费者、宣传媒体、政府机构、选民和工会等。

好未来的员工与企业有劳动关系，企业是员工劳动的场所，是经济来源与依托，员工与企业之间存在着天然不可分割的密切关系，符合首要社会性利益相关者的基本特征，因此其属于首要社会性利益相关者。

好未来的员工是企业价值的创造者和战略的实践者，是对企业的续存和成功起至关重要作用的团体，符合狭义的利益相关者的基本概念。好未来的员工与企业存在合法的劳动关系，在实际的企业运行过程中具有使用企业的各种资源的权利，同时由于其生活依托于企业的发展，因此其对于企业发展具有紧急性的需求。从这个角度来看，好未来的员工是其企业重要的利益相关者。

在创业阶段，以陈雄、宋拓为代表的好未来员工的付出奋斗决定了好未来能够在创业阶段立于不败之地，而在扩张阶段，好未来的员工成长实现了企业的目标。而在领先阶段，徐杉为代表的员工积极地推动新技术与业务的结合。这也说明了，利益相关者与企业之间的良性互动能够更好地促进企业的发展。

4. 如何确定关键利益相关者？为了满足不同阶段的关键利益相关者的利益诉求，好未来做了什么努力？

【案例分析】

有两个问题居于利益相关者理论的核心：一是利益相关者的确认（Stakeholder Identification），即谁是企业的利益相关者；二是利益相关者的特征（Stakeholder Salience），即管理层依据什么来给予特定群体以关注。由此可以从三个属性上对可能的利益相关者进行评分，然后根据分值的高低来确定某一个体或者群体是不是企业的利益相关者、是哪一类型的利益相关者。这三个属性是：合法性（Legitimacy），即某一群体是否被赋有法律上、道义上或者特定的对于企业的索取权；权力性（Power），即某一群体是否拥有影响企业决策的地位、能力和相应的手段；紧急性（Urgency），即某一群体的要求能否立即引起企业管

理层的关注。

在创业初期,好未来最关键的任务是维持企业生存,而客户对企业的认可决定了企业生存,因此其紧急性较高。同时,好未来当时的经营模式较为单一,客户采购了相应服务,也就获得了主要的权利性。同时,这种教育行为也符合法律要求,其合法性也较强,因此这一阶段最关键的利益相关者是客户。

在扩张阶段,好未来已经拥有了良好的口碑,生存不再是紧迫的问题。这一阶段,对于好未来而言,最为迫切的转为获得足够支撑业务发展的员工,其紧急性提高。同时,员工与企业本身存在合法的劳动关系,而随着员工在企业发展过程中的影响越来越大,员工也拥有更多的企业权利,因此员工变为这一阶段的关键利益相关者。

在领先阶段,好未来必须承担引领教育发展的职责。社会各界对于好未来的关注空前提高,这些关注已经足以影响好未来的发展,因此公众的权力性提高。同时,各种社会舆论对于好未来的市值、业务开展都会产生迅速而强烈的影响,因此紧急性提高。同时,社会各界对于好未来展开关注和监督也是在法律框架范围内,其具有合法性。因此这一阶段,社会公众变为好未来的关键利益相关者。

5. 面对不同的关键利益相关者时,好未来是如何调整员工关系,实现企业与员工相互成就的?这种调整对其他企业有什么借鉴意义?

【案例分析】

在创业阶段,好未来的核心利益相关者是客户,好未来以肯定员工努力为主要方法,突出努力服务客户的员工的作用,在这一阶段,努力服务客户的员工也获得了提升和高绩效评价。而员工的付出又提高了好未来的市场竞争力,实现了双赢。

在扩张阶段,好未来的核心利益相关者是员工,好未来以赋能员工的方式,缩短员工的成长周期,以提供公平竞争的环境,鼓励优秀员工脱颖而出。在这一阶段,努力提高自己的技能水平,积极承担责任和作出业绩的员工得到了晋升和肯定。而员工的努力付出又进一步提高了企业的综合能力,再次实现了双赢。

在领先阶段,好未来的核心利益相关者是社会。好未来以科技的方式提高员工的能力,强制要求员工提前使用未来将会到来的教育科技革命,这一阶段,积极拥抱变化,适应和使用科技的员工获得了加速成长。而好未来也凭借员工的努力,成功地实现了教育技术的提高。

通过好未来在不同阶段积极调整员工关系,实现企业与员工共同成长的案例,能够看出,企业的发展离不开员工关系的调整。员工作为企业的核心利益相关者,对企业的发展起着不可替代的作用,因此积极发展员工,构建企业战略与员工相互协调的关系,是企业维持发展的有效手段。

五、背景信息

好未来集团成立于 2003 年,并于 2010 年在美国上市。经过 16 年发展,好未来市值超过 200 亿美元,是目前世界上市值规模最大的教育企业。在发展过程中,好未来一直重视利益相关者的诉求。2008 年,在企业初创不久时,捐资 500 万,用于灾区重建;2015 年,出资 10 亿元与新东方共同成立远山基金资助山区儿童上学;2017 年开始举办 GES 教育大会,共同探讨教育发展与社会发展问题;2018 年,成立社会责任部与投资者关系部,专门处理利益相关者问题。

愿景:成为受尊敬的教育机构,主要分为以下四个方面。

客户层面:不断地倾听、满足并超越客户需求,为全球不同国家地区、不同收入水平、不同教育程度的人提供可信赖的内容、产品和服务;

员工层面:具备对全球优质人才的吸引力,让员工有成就感地工作,并获得持续成长,成为教育行业一流雇主品牌;

行业层面,通过持续创新,连接和整合行业资源,在全球范围内助力教育行业,与合作伙伴共同成长;

社会层面,大力发展普惠教育,让更多家庭能够享受公平而有质量的教育。积极承担社会责任,推动社会进步,创造人类更加美好的未来。

企业使命：用科技推动教育进步。具体释义：运用全球范围内先进的理念和技术，推动教育产品的创新和进步，让每一个人都能享有公平而有质量的教育，实现人生梦想。

价值观：成就客户，客户亲密，立人立己；务实，脚踏实地，仰望星空；创新：拥抱变化，日新月异；合作，共享共担，平凡人做非凡事。

企业精神：凡事全力以赴。

六、关键要点

1. 关键点。

（1）从案例本身来说，好未来在发展历程中，较好地处理了企业发展员工与组织的关系。本案例的明线重点描述企业发展过程中应对不同的利益相关者所采取的对策，而暗线则是员工这一贯穿企业不同发展阶段的核心利益相关者在这个过程中配合企业发展战略同时成就企业和自我的过程。如果割裂这一关系，单纯分析员工发展或企业发展，对本案例的使用都是不完整的。

在案例中，企业积极地适应不同的利益相关者的需求调整战略，而好未来的员工也能意识到企业的发展与自身的发展是紧密结合的，寻找到自己与企业发展的契合点，并且适应企业的发展要求，主动学习新知识、掌握新技能，是员工能够充分享受企业发展红利的有效方法。

（2）从教学需求来说，本案例的特点是比较全景式地展现了企业发展历程。企业发展全景和阶段的关系。本案例试图从一个企业从初创期到领先期的不同表现出发，全面描述企业发展过程中的政策调整情况，通过这种调整来展现员工与企业的关系。单独一个阶段并不能将企业员工作为核心利益相关者的关键性描述清楚。

在教学中，应当突出企业与员工之间的关系，是相互成就的关系。企业发展不能建立在损害员工利益的基础上，而员工的成就也离不开企业的发展。二者互为对方的核心利益相关者。只有抱着成就对方的态度，才能取得共同的成功。

2. 关键知识点。

需要学员结合案例的分析与讨论，重点理解和掌握利益相关者的概念、利益相关者的分类、关键利益相关者的识别、主要利益相关者与次要利益相关者等知识点。

3. 关键能力点。

通过案例教学，深化学员对于利益相关者的理解。让学员充分了解利益相关者对于企业发展的重要性，系统了解利益相关者理论的难点和要点。在实践中，逐步引导组织从利益相关者的角度思考企业的发展战略及合理处理员工关系。

七、建议的课堂计划

本案例的教学涉及《组织行为学》《员工关系管理》《人力资源管理》等课程内容，为丰富教学形式，充实教学内容，让学员能够快速、高效地掌握相关知识，可以按照如表 2-7-1 所示的方案来进行课堂教学。

表 2-7-1　课堂教学计划表

内容进度和时间	活动要求	展示工具	备注
课前准备阶段（一周）	学生阅读案例资料，教师安排分组并分配好每组侧重分析的思考题	—	—
案例信息回顾（10 min）	教师在课堂引导学生回顾案例的核心数据和信息	投影仪	—
角色扮演（5 min）	请每组选一个场景，自由分配角色并再现案例中的故事。案例中没有写出的内容可以自由想象	投影仪	好未来情景剧

续表

内容进度和时间	活动要求	展示工具	备注
分组讨论（20 min）	按照课前的安排，各小组分析讨论案例使用说明的思考题	案例材料	教师可适当提示关键信息
小组代表陈述（20 min）	由小组代表在全班陈述小组分析的主要结论和观点，由一人记录发言的关键要点	白板板书	教师在黑板上简要列出各小组的主要分析结论
学习相关理论（25 min）	结合案例正文和各小组讨论结果，教师针对启发思考题引出相关理论知识，在学习理论知识的基础上补充思考题的回答	投影仪教材	教师介绍相关理论知识，并对学员进行提问，一步步引导学员
小组辩论（20 min）	以优秀的组织成就优秀的员工还是优秀的员工成就优秀的组织为辩题，进行辩论	计时器	教师做好引导工作
案例讨论点评和总结（10 min）	由老师对各组讨论结果进行点评，并对本案例分析应该注意的关键知识点和能力点进行提炼和讲解	投影仪	补充必要的板书
课程感悟（10 min）	由学员自行发言谈谈对于本案例学习的体会，并对改进案例教学方式提出建议	—	—
课后计划（两周）	基于利益相关者理论，结合好未来应用利益相关者理论处理员工关系的案例分析自己的管理行为和对相关理论的认识	—	—

八、案例的后续进展

好未来不断发展壮大的同时，也在不断地调整企业战略，而伴随着好未来成长起来的员工也越来越多。2019年，好未来的高管人数已经达到数百人，接近最初创业时的员工总数，而他们中的大部分，都是从好未来内部不断成长起来的。

案例中的陈雄，随着分校的发展壮大，也从一名分校校长，成为好未来核心事业部的负责人。而与他有类似经历的人，还有十几人。案例中的宋拓，代表了好未来内部的名师群体，随着好未来全面由教育培训企业向教育科技公司的转型，这些老师们也逐渐从授课一线向教育产品研发类岗位转移，继续着他们的传奇授课经历。

郭明为代表的新一批好未来人，正在经历好未来从依靠老师讲好课向以科技讲好课的过程，相比他们之前的老教师们，他们的工作强度明显降低了很多。

而以徐杉为代表的好未来领先期招募来的员工，大部分都是在某一个领域中有着丰富经验的"专家型"人才，他们给好未来带来了新的理念和发展思路，为今后好未来的发展谋划了新的道路。

2019年，好未来的市值进一步扩大，与此同时，好未来更加关注社会及舆论对好未来的期望，加强与公立学校、教育机构的合作，正在逐步完成从一家培训辅导机构到真正以教育科技、教育管理、教育理念输出为核心的，以推动教育进步为使命的教育公司。

九、相关附件

本案例包含附件如表2-7-2所示。

表 2-7-2 案例故事梗概表

主要线索			主要内容		课堂提问
案例背景			好未来集团成立于2003年，早期名称为奥数网，2006年更名为学而思，2010年赴美上市，同期更名为好未来，目前下设智慧教育、教育云、内容及未来教育、K12及综合教育、国际及终身教育五大事业群，20余个事业部。截至2019年5月，市值超过200亿美元，是全球市值规模第一的教育集团。 而随着互联网技术的兴起，好未来也在利用互联网技术、大数据和人工智能技术，用科技的方法推动教育形式的变化。教育领域当中，好未来被视为最具代表性的新经济形态下的教育机构。2017年，整个好未来覆盖了线上学员150万人，线下学员160万人，在全国26个主要城市开设分校		本案例主要描述了什么事件？它的独特性是什么
主要人物			陈雄：2003年好未来创业时期加入的老员工。最初由于讲课能力不足，被安排从事后勤服务工作，但是通过自己的努力，不断练习讲课，不仅获得了讲课的机会，还成长为好未来优秀的校长。 宋拓：陈雄所在分校的教师，2005年加入好未来的老员工，教学能力突出，是好未来内部的S级①名师。曾深度参与好未来的ICS系统、AI课程开发等科技创新工作。 郭明：陈雄所在分校的教师，2015年，在好未来扩张期加入的员工。与宋拓为同一学科教师，教学能力成长迅速，并且积极参与管理工作，申请担任全职教师。在2017年的暑期招生中获得"战功"，得到快速提升。 徐杉：集团战略部负责人，2017年好未来成立战略部时加入。积极推动AI课程的研发，在2019年教育装备展上吸引了大量关注		案例中有哪些关键人物？他们的相互关系是什么
故事梗概	人物	时间	事件	对应启发题编号	课堂提问
创业阶段	张邦鑫 陈雄	2003年	看到每一点努力	1. 在不同发展阶段，好未来的主要挑战是什么？好未来是如何在不同阶段定位自己并引导员工，最终成功"攘外"的	陈雄为什么接受了好未来的工作，他对这份工作满意吗？他是如何适应的
	陈雄 宋拓	2005年	激励之谜	2. 在不同阶段，好未来都有哪些典型的利益相关者？好未来在服务这些利益相关者时，是如何调整管理政策实现"安内"的	宋拓为什么带病坚持上课，支持他的信念是什么？他最不想失去的是什么
扩张阶段	陈雄 郭明	2011年	人人爱用的ICS	3. 好未来的利益相关者应该如何分类？其中好未来的员工属于什么类型的利益相关者	郭明是如何成长为合格的老师的？好未来为什么不直接推动ICS系统的落地
	郭明 宋拓	2013年	输得心服口服		在述职之前，郭明认为自己能够战胜宋拓吗？宋拓晋升失败后，他为什么很容易地接受了这个结果
领先阶段	郭明 陈雄	2018年	我不想当辅导老师	4. 如何确定关键利益相关者？为了满足不同阶段的关键利益相关者的利益诉求，好未来做了哪些努力	为什么陈雄能够说服郭明接受双师系统？为什么这一次好未来没有让员工选择是否使用新的教学模式
	徐杉 郭明	2019年	AI老师	5. 面对不同的关键利益相关者时，好未来是如何调整员工关系，实现企业与员工相互成就的？这种调整对其他企业有什么借鉴意义	为什么好未来要大规模地投入科技研发？这些科技与业务是如何配合的

① 好未来内部教师评价体系将教师分为S、A、B、C、D五个级别，S级老师为最高级别。在场景二中有所介绍。

十、参考文献及扩展阅读

[1] 贾学军,彭纪生. 人力资源管理伦理分析——基于利益相关者理论 [J]. 华东经济管理,2013 (6):138-142.

[2] 杰佛里·A. 迈尔斯. 管理与组织研究必读的 40 个理论 [M]. 北京:北京大学出版社,2017.

[3] 侯亚丁. 人力资源管理伦理与个体伦理行为实现 [J]. 科学管理研究,2010 (4):88-92.

[4] 黄晓晔. 试析家族伦理对私营企业用人模式的影响 [J]. 华东经济管理,2009 (3):95-99.

[5] 孙涛. 知识型公司利益相关者共同治理模式探讨 [J]. 科学学研究,2005 (6):832-836.

[6] 邓汉慧,张子刚. 组织内利益主体冲突与协调机制研究 [J]. 财会月刊,2004,b (6).

[7] 邓汉慧,张子刚. 企业核心利益相关者共同治理模式 [J]. 科研管理,2005 (5).

[8] 郝云宏,曲亮,吴波. 利益相关者导向下企业经营绩效评价的理论基础 [J]. 当代经济科学,2009 (1):10-25.

[9] 李维安,王世权. 利益相关者治理理论研究脉络及其进展探悉 [J]. 外国经济与管理,2007 (4):10-17.

[10] 杨瑞龙,周业安. 论利益相关者合作逻辑下的企业共同治理机制 [J]. 中国工业经济,1998 (1):38-45.

[11] 王辉. 企业利益相关者治理研究——从资本结构到资源结构 [M]. 北京:高等教育出版社,2005.

[12] Armen A Alchian, Harold Demsetz. Production, Information Costs and Economic Organization [J]. American Economic Review, 1972, 62 (5):777-795.

案例正文：

"复心"之路：疫情后好未来员工的心理契约重构[①]

摘　要： 一场新冠疫情，对生产生活影响深刻。疫情之后复工、复产、复学时，万万不可忽略的是"复心"，即心理契约的重构。在停课不停学的背景下，教育行业的龙头企业——好未来比其他行业企业更早经历了特殊的心路历程：（1）疫情爆发时期：好未来员工表现出强大的心理韧劲，大伙抱团取暖，扛起了公司业务的大梁；（2）疫情平稳时期：好未来员工却心力交瘁，出现剧烈的心理波动甚至有人裸辞[②]；（3）疫情后期：企业关注员工心理感受，重构彼此心理契约，以期同心共进。本案例旨在原汁原味记录好未来疫情后心理契约重构细节，提供疫情下的复工复产指南及日常管理中的心理建设指导。

关键词： 心理契约；新冠肺炎；复工复产；好未来

0　引言：疫情稳定，人回岗位心却"溜"

2020年4月15日早上，郭伟的邮件提示音把他拉回了现实。邮件是支持技术团队的HRBP（业务部门的人力服务岗位）刘旭发来的，主题是反映团队的核心员工李明最近交付的代码质量下降，而且一些会议也不按时出席，甚至产生裸辞意向。

李明是技术团队的核心骨干，从2020年1月底疫情爆发开始，李明一直工作在业务一线。出现这样的情况，郭伟虽有些意外，但这并非个例。实际上，近半个月郭伟接到了不少类似邮件，他把这些邮件存入一个统一的分组——复工阶段团队（核心骨干）状态下滑。

2020年春节期间，一场突如其来的疫情爆发，很多企业都受到了影响。往年春节假期一结束，企业就忙着复工、复产，但2020年春节后，整个中国按下了暂停键，员工延长假期，企业生产计划推迟。

与其他不能开工的企业相比，作为一家教育机构的好未来受到是另一种影响。由于学校停课，线上学习需求爆增，好未来在疫情期间并没有停下工作，反而进入了加速运转的状态。正因如此，好未来面对的复工、复产挑战，比其他企业来得更早。

2020年4月份，大部分企业刚刚开始复工，而好未来已处于生产恢复阶段了。好未来管理者发现，相比复工、复产，让员工"复心"更难。

疫情的发生，最初打乱了好未来的经营节奏。作为一家主营中小学课外辅导的企业，每年春节之后，是线下授课的高峰。而2020年，受疫情影响，线下辅导全部暂停。不过随着"停课不停学"的号召以及前期线上课程资源的储备、直播技术的沉淀，好未来在疫情冲击最严重的2、3月份，业务数据和股价持续上涨，走出了一条"慢牛"曲线（如图2-8-1所示）。

到了4月份，好未来的业务、管理已基本适应疫情，而且在国家复工号召下，整体市场环境也越来越好。然而在疫情严峻时期都没被打垮的团队，疫情稳定时期却出现了问题，消极怠工、拖沓任务甚至私下抱怨。

[①] 本案例由北京理工大学经济管理学院刘平青教授，北京理工大学刘东旭、高昂讲师，博士研究生赵莉、许爽共同撰写，作者拥有著作权中的署名权、修改权、改编权。

本案例授权中国管理案例共享中心使用，中国管理案例共享中心享有复制权、修改权、发表权、发行权、信息网络传播权、改编权、汇编权和翻译权。

由于企业保密的要求，在本案例中对有关名称、数据等做了必要的掩饰性处理。

本案例只供课堂讨论之用，并无意暗示或说明某种管理行为是否有效。

[②] 裸辞指部分员工在尚未找到其他工作的情况下选择离职。

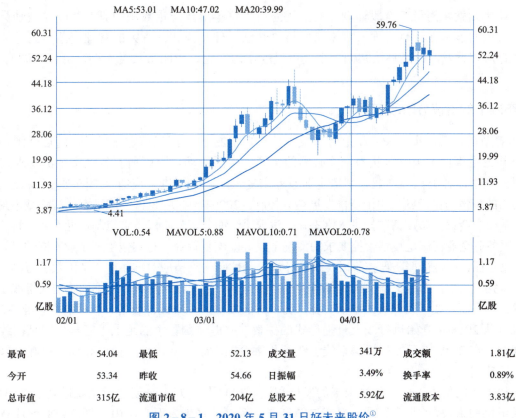

图 2-8-1　2020 年 5 月 31 日好未来股价[①]

反思自己在疫情期间的人力政策调整，郭伟想不出哪里做错了。在集团前景最不明朗的阶段，郭伟仍坚持按计划给员工升职加薪，到了业务稳定的 3、4 月份，郭伟还明确要求，所有员工可以灵活调休，缓解压力。员工挺过了复工、复产，可是为什么到了业务稳定的 4 月，却出现了心理波动甚至裸辞现象？后疫情阶段，如何才能让员工真正"复心"呢？

1　背景介绍："心心相融"的企业与员工

1.1　"育心"成就行业第一

好未来成立于 2003 年，2010 年赴美股上市。截至 2020 年 5 月，其主要业务单元包括以线下辅导为主的学而思，以线上教学为主体的学而思网校等。2020 年 4 月 26 日，好未来发布的财报显示，在 2020 财年[②]，好未来服务线上学生超过 500 万，服务线下学生接近 200 万，教学网点达到上百个。

好未来一直强调员工与企业共同成长、共同发展。2013 年，好未来开始尝试多品牌化，成立集团总部，注册名称为"欣欣相融"，即"心心相融"的谐音，希望员工与企业能够心意相通，携手远行。也是"欣欣向荣"的谐音，希望在员工与企业的共同努力下，集团发展得越来越好。

好未来一直注重肯定员工的成绩，为员工提供快速职业发展通道。作为一家以教育为主体业务的企业，好未来长期从大学应届毕业生中招聘员工，应届毕业生成为好未来的员工主体。目前好未来的干部队伍中，超过 80% 都来源于这些应届毕业生。好未来发展的近 20 年，帮助近万名毕业生完成了从初入职场到成为管理者的转变。

好未来在重视员工晋升发展的同时，也重视员工"获得感"的管理。在薪酬方面，好未来坚持适度领先的薪酬体系，同时针对不同岗位族群特征，提供补充保险、交通补贴、灵活工时等多种福利计划。

[①] 数据来源：老虎社区美股实时股价 https://www.laohu8.com/stock/TAL?f=baidu&utm_source=baidu&utm_medium=aladingpc
[②] 2019 年 4 月至 2020 年 3 月。

好未来在创业伊始就实施员工持股计划，对于优秀员工每年给予一定数额的股票奖励，鼓励员工与企业绑定发展、长期发展。在管理方面，好未来坚持"共创管理"模式。重大的管理变革、业务调整，并不以直接的命令形式下发，而是逐层共创，把变革议题作为主题，由团队负责人进行讲解，员工充分讨论，达成共识。

1.2 超前布局下的疫情分阶段应对

2020年春节前，武汉市突发新型冠状肺炎疫情。1月23日，武汉市宣布封城，随后全国各省均进入重大突发公共卫生事件Ⅰ级响应状态，除必须的生产、生活活动，全国所有省区市全部要求居民减少外出。学校暂停开学，各类社会商业、制造企业暂停恢复生产，全国进入疫情"严防严控"状态。

由于强力的疫情防控措施，中国疫情发展得到控制。2020年4月8日，武汉宣布解除城市封锁，当日中央政治局常委会会议宣布疫情防控进入常态化，进入"全面复工"阶段。重点制造业企业、科研机构有序恢复生产，服务业企业在满足疫情管控要求的情况下，可以恢复营业。与其他生产企业不同的是，作为教育企业的好未来集团，在疫情严防严控阶段，就已经进入了忙碌的疫情应对准备中。全国数千万中小学生因为疫情需要在家完成自学，而这又增加了对教育类产品的需求。整个教育培训行业都面临着大量线上内容需求爆发的挑战。一方面，线下授课模式难以实施，另一方面线上的基础硬件设备、教师的内容准备都不充分。

而好未来从2018年开始进行线上直播形式的探索，并提前购置了满足上千万学生同时在线的基础硬件设备。同时，在2019年开始积极探索线上线下相融合的教学模式，这些提前布局，让好未来在疫情来临时能够从容应对。

而对于线上化的努力，也源于好未来的发展积淀。2003年，好未来创建伊始就遇到了"非典"爆发。对于大量线下机构来说，"非典"是一次严重的打击。而对于好未来而言，由于创业伊始就注意互联网工具的使用与打造，充分利用当时的论坛、网页等技术开展业务，因此那次危机成了好未来发展的基础。

而2020年的疫情，又带给了好未来新的机遇。在疫情防控伊始，好未来就制定了相关应对措施，努力化危为机。具体措施如表2-8-1所示。

表2-8-1 好未来抗疫关键时间点

阶段	时间	疫情关键节点	好未来关键动作
疫情爆发阶段	1月23日	宣布武汉封城	集团执委会召开应对疫情会议
			开启"避风港"计划，向培训机构免费提供线上课程资源、直播云系统使用
	1月25日	全国多地进入公共卫生时间Ⅰ级响应	人力、行政体系提前结束假期
	1月26日	—	成立1亿元抗疫基金，其中2 000万现金，8 000万教学产品
	1月27日	延长春节假期至2月2日（这个假期延长为9天）	宣布延长员工假期
	2月1日	—	学而思网校宣布疫情期间免费向学生提供课程
	3月1日	—	好未来全集团进入调薪周期
平稳复工阶段	4月8日	中央政治局常委会会议宣布疫情防控进入常态化，生产生活秩序开始全面恢复	好未来集团开始探索长期在家办公
有序复课阶段	4月14日	教育部《关于印发大专院校新冠肺炎疫情防控技术方案的通知》，符合条件地区可以逐步开学	进入正常经营
	5月7日	普通高中、中职学校和技工学校毕业年级	
	5月8日	低风险地区可以逐步开学	
	5月14日	培训机构有序复课	

1.3 人物介绍

郭伟：好未来集团人力资源负责人，主要负责人力政策的制定。郭伟在人力资源管理方面有丰富的经验，关注员工心理状态与感受，注意政策制定的平衡性。在疫情期间，坚持为员工升职加薪。

万磊：郭伟的下属，企业大学负责人，负责好未来集团的培训工作。日常工作中非常关注团队成员的心理状态。

刘旭：郭伟的下属，好未来技术团队的一名 HRBP[①]。主要工作职责是稳定团队，解释并响应人力政策，解决员工在人力方面出现的问题。擅于沟通，对集团的人力政策、工作要求非常熟悉。其自身情绪管理能力高，对企业发展充满信心。

李颖：万磊的下属，好未来企业大学人才发展经理。负责好未来管理类课程、办公要求类课程、基本工作技能类课程的开发。疫情发生后，连续制作了《在家办公要求》《线上授课技巧及软件使用》等课程，虽承受了较大的工作压力，但在万磊的影响下，一直保持高昂的工作热情。

李明：好未来技术人员，刘旭支持的技术团队的一员。技术能力过硬，在疫情发生后，突出的工作业绩也得到了团队的肯定。但是在得到升职加薪的认可后，却产生了离职的想法。

2 疫情爆发，严防严控阶段：全心投入"战"疫情的好员工

2020 年的除夕刚过，新冠肺炎的疫情防控迅速取代了欢度春节，成为举国的首要话题。大年初二，好未来集团就围绕疫情展开了讨论。一方面，寒假期间是集团的传统业务旺季，教师排课量、招生量等都比较高，面对疫情如何有效保证授课、保证业务发展，是必须考虑的问题。另一方面，疫情的发展牵动全国人民的心，好未来在全国范围内拥有 4 万多名员工，在武汉也拥有不少教学点和组织机构。在这种情况下，如何保证集团的正常运转，如何保证足够的力量开展"生产自救"，也是集团决策层必须考虑的问题。

经过认真考虑，结合国家整体疫情防控要求，好未来集团在大年初三基本确定了"延长春节假期""全员在家办公""推迟员工返岗"的基本原则，开启了新的工作模式。作为技术团队的 HRBP 刘旭，也开始了紧张而忙碌的在家办公生活。

场景 1：大年初五的紧急通知

大年初五，春节假期还没有结束，刘旭就接到了集团的通知：假期延长，所有员工在家办公，返回岗位的时间根据疫情发展情况另行通知。同时，作为 HRBP 的刘旭，还需要与自己的技术团队进行沟通，向大家说明情况，安抚团队情绪。

2020 年 1 月 29 日当晚，好未来集团向全员发送了疫情期间的工作要求，明确了全员需要按时进行健康打卡、每日召开远程工作日会、撰写日报的要求。而在两天前，好未来大学就已经按照集团人力负责人郭伟的要求，将在家办公的相关要求录制成线上课，并向全集团推广，推进在家办公的相关要求落地。

作为集团人力行政的负责人的郭伟，同样面对不小的挑战。疫情突发，集团开始全面进入线上办公、线上授课。但是由于春节假期，很多员工没有把自己的办公电脑带回家，于是在一周之内，集团安排邮寄电脑达四万多台，其中集团新采购上万台电脑。同时，因临时调整办公要求，很多员工的行程也发生了变化。每日员工的健康打卡、员工情况的掌握、办公要求的执行落实、员工的日常行为习惯，都随着疫情的变化而做出相应的调整，对于郭伟来说，每一项任务都不轻松。

为了完成线上课程录制任务，好未来大学的负责人万磊和人才发展经理李颖熬了两个通宵，设计课程、录制、剪辑、线上课程推送配置，全部妥当。他们很清楚，面对疫情，集团的日常办公形式必将发生巨大变化，而配合集团的整体要求，推送配套课程，是支持集团特殊时期办公形式转变的重要手段，为了完成这一任务，万磊和李颖都拼尽了全力。

[①] HRBP：好未来集团人力资源专业岗位，主要职责是支持业务部门处理各种人力政策、行政后勤方面的支持。

2020年1月30日，刘旭接到了由好未来大学制作的远程办公线上课。课程详细介绍了员工办公所需要使用的基本工具、工作要求。学习了课程后，刘旭开始进行面向团队的沟通。

刘旭的第一个沟通对象是李明。

李明家在北京，是团队的核心骨干，不仅编程技术水平高，而且能带动团队的其他人。疫情期间，李明一直在北京。

刘旭拨通了李明的电话，向他传达了在家办公的要求，并且特别说明，这次疫情发生，集团整体业务面临大规模的从线下向线上转移，技术压力比较大，希望李明能够发挥骨干作用，支持集团度过疫情。

李明很理解疫情发生对集团的整体影响，也理解这一特殊时期，集团对技术人员的依赖。他直接向刘旭表示，自己会全力以赴，尽可能地满足一线业务人员提出的需求，尽量保证各种业务系统运转正常。

当刘旭跟整个团队的人沟通完时，已是晚上9点多了，从早上7点开始，她已经工作了14个小时。但是她并没有觉得疲劳，反而体会到了久违的成就感。她发现自己支持的团队成员，并没有提那些她担心的问题。大家都很理解集团的困境，并且愿意为集团抗击疫情付出努力。

和团队沟通完，刘旭并没有休息，而是整理当天的沟通情况及团队成员学习在家办公相关课程的情况，并将整理结果发送给好未来大学的李颖。没想到，已经熬了两个通宵的李颖也没有休息，她正在为业务团队准备线下课程转线上的相关工作。刘旭和李颖简单交流了几句，刘旭能够感受到李颖的疲惫，更能感受到李颖为了支持集团抗击疫情也在无怨无悔地努力着。

场景2：业务形态"变脸"

春节假期即将结束，往常，好未来旗下的各个品牌应该进入线下教学环节，而2020年受到疫情影响，线下教学基本不能恢复。但是学生的课程计划仍需正常执行，学生的线上学习需求也在不断增加。

把一堂线下课搬到线上，绝非一个摄像头录制课堂视频就能解决的，对于好未来集团来说，这是一次商业模式的快速迭代，对于好未来4万名员工来说，这也是一次巨大的挑战。

对李明而言，网课上线的第一个挑战是系统稳定性问题。线上课的基本体验受课程是否卡顿的影响，这个问题的解决，需要软硬件的共同努力。

服务器，是摆在李明眼前的第一个硬件问题，服务器对于网课甚至对于所有互联网应用来说，都是基础设施。因此，在疫情影响下，服务器的需求量大增，导致应急采购非常困难。好在好未来从2019年就开始进行线上转型准备，提前采购了能够支持千万级并发量的服务器。

没有人预想到转型来得如此之快，原本计划年后逐步进行的服务器调试、上线工作，瞬间变成了必须在几天内完成的工作。由于需要操作硬件，李明连续在公司熬了几个通宵。而且受到疫情影响，进出办公区域受到严格限制，原本可以由供应商或其他团队支持的任务，都变成了李明独自承担的工作。

服务器的部署问题并非是网课上线的唯一阻碍。课程的实施需要依靠大量的老师，而好未来提供的教育产品，主要面向中小学生甚至学前儿童，这种类型的课程对于抓住学生的注意力要求很高。

线下授课，老师可以通过丰富的教学形式、活动设计来实现良性互动。当这些课程搬到线上，就需要介入更多的互动功能。这些互动功能一方面靠技术人员编程来实现，另一方面则要求所有授课老师学习和熟悉软件的操作。

好未来的教师规模达数万人，每个人又分属于上百个大大小小的不同学科。如何让这么多教师快速学会软件操作，掌握必备的授课技巧，成了网课上线的又一个挑战。而解决这个挑战的重任，则落到了李颖身上。

为了做好授课的准备工作，李颖特别申请到公司和技术人员深度绑定，了解软件的功能情况，实时完成网课的录制。同时，根据每一个功能主要关联的教师群体，李颖邀请优秀教师进行试用，积累教学方法的相关素材。

与李明一样，李颖也在公司熬了几个通宵，实现了系统与培训课程几乎同步上线，保证了系统使用的落地。

在他们背后，刘旭同样在忙碌着。生产必备人员需要返回公司，由于各地疫情发展情况不同，所采取的管控措施和审核要求也不同，刘旭需要保证自己支持的团队人员，在确有需要的情况下，能够返回工作场地。更重要的是,这些在"前线"打仗的员工,需要强大的后勤支持,从基本的生产办公设备,到交通安排、一日三餐,在这个特殊时期,都变成了复杂而细致的工作。紧急上线的网课如图2-8-2所示。

图2-8-2 紧急上线的网课

3 疫情平稳,着手复工阶段:复工易,"复心"难

面对疫情,整个集团快速进行了调整,行政办公体系适应了在家办公,老师们也适应了在线授课。但是随着网课上线越来越多,却出现了越来越多员工不满的声音。随着疫情影响的时间越来越长,整个集团员工的工作和生活都被打乱了,生活与工作的边界越来越模糊,职能部门的员工甚至没有时间吃饭,每天的沟通工作都要持续到深夜。

老师们的压力也很大。从线下课堂转换到在线授课,很多老师积累的教学经验发挥受限,新教学工具的使用又需要适应。而且在这个特殊时期,家长的情绪也很容易焦虑,很多平时的小事都会被放大,课程卡顿、背景噪声都有可能造成投诉。老师们的心理压力成倍增加。

员工之间的摩擦也更加频繁,尤其是一线授课老师与职能支持部门之间,一些小问题本来可以通过简单的沟通解决,但却发生了大量的争吵、投诉。这又给职能部门的员工增加了更多的心理压力。一些职能部门的员工觉得自己工作已经很努力了,但是一线老师还是不能理解,李伟每天都能收到一些HR反馈的团队成员出现情绪不稳定甚至离职倾向的报告,这也让李伟倍感压力。

究其根源,李伟认为,出现这种情况很重要的原因,是大家最开始对疫情影响的心理预期与现实情况之间的较大反差。疫情发生之初,大家都觉得这是一个特殊情况,大部分员工觉得疫情的影响会是短期的。为了应对这种影响,所有员工都在尽自己最大的努力去解决问题。但是随着疫情影响的持续,越来越多的员工开始觉得,疫情影响持续的时间不确定,而集团采取的很多措施也从短期应急手段变得越来越常规化,这和员工一开始的心理预期明显不同。这种反差,造成了员工心理状态的不稳定。

这时恰逢集团传统的调薪窗口期。关于是否要在疫情期间延续往年的做法给员工调薪,在集团内部引发了一场讨论。最终,李伟决定:为了缓解员工的情绪,也为了更好地树立员工的信心,坚持按原定计划进行员工晋升和调薪。

于是,整个集团的人力体系恢复了往年调薪期的忙碌状态。但是一些意想不到的变化,也在悄悄发生着……

场景3:升职加薪却"心离"

转眼紧张的2月即将过去,3月就要到来。随着时间的推进,越来越多的人开始相信这次疫情不会是短时间的,其影响将是长期的。而好未来集团的在家办公模式,在3月可能也不会结束。

对于集团人力资源负责人郭伟来说,3月的到来,不仅仅是疫情影响的继续,还有一个更大的挑战已悄然来临。

每年3月，对于好未来相当一部分的员工来说，意味着晋升和加薪。但是2020年的3月，与往年有所不同。受到疫情影响，全国一些企业已经开始降薪、轮休甚至裁员。在这个特殊时期，好未来集团是否还要坚持涨薪操作，成了一个需要认真讨论的问题。

加薪，面临的是人工成本的长期增加，尤其是疫情之下，企业的发展和整体经济形势下一步的变化都充满不确定性。因此在好未来内部，一些人认为在这个特殊时期，不应再坚持加薪，或者至少是延迟加薪等各项业务和整体社会经济秩序恢复后再重新启动加薪。

另一些人则认为，正是因为经济的不确定性，这个时期进行加薪才更重要。好未来的核心资产就是人才，核心能力是依靠人才的组织能力。越是在这个阶段，越需要加强员工对组织的信心。加薪，能让员工更加认同企业。而且在疫情面前，集团很多员工都付出颇多，也应该通过加薪来对他们进行肯定。

经过权衡，郭伟最终决定按照惯例，推进3月的晋升和调薪，并特别强调，本次调薪重点倾向于在疫情期间有突出贡献的群体。而且，在调薪的同时，郭伟还决定，将2020年年底的年终奖系数提高，以进一步增强员工对企业的信心。

每年的晋升和调薪都是一件大事，这件事关系到很多员工的切身利益。对于刘旭来说，在整个过程中保证公平，同时又能尽可能地激励优秀员工，是必须完成的任务。

由于集团整体在家办公，这次晋升述职也切换成了线上模式，这着实给刘旭增加了不少工作量。好在李颖向刘旭提供了一系列线上工具使用课程和远程述职技巧的课程，这些都给刘旭帮了不少忙。

经过半个多月的忙碌，刘旭终于完成了自己支持的技术团队的晋升和调薪工作。虽然工作辛苦，但是看到李明等团队骨干得到了肯定和加薪，刘旭还是颇具成就感的。可让她没想到的是，晋升和调薪结果公布后的一周，李明竟然提出了离职。

刘旭的第一反应是李明对这次调薪的结果不满意，或者是找到了更好的机会。为了留住这名业务骨干，刘旭找李明进行了一次深度沟通。让刘旭没有想到的是，李明并没有找到什么新的就业机会，对于自己的薪酬，他也很满意。

李明说，这次调薪让自己多少有点意外，因为确实没想到在疫情爆发的这个特殊时期，集团还坚持给员工涨薪，更惊喜的是自己竟然获得了大幅度的薪酬提升，同时很感激集团提到的年终奖的增加。李明也知道，这个时机离职，并不是一个好的选择，因为整个就业市场都充满不确定性，不能保证自己能够找到一份更好甚至与现在相当薪酬的工作。但是即使这样，他还是想离开。

刘旭问李明为什么会有这样的想法。李明告诉她，其实最主要的是看不到工作的尽头。

疫情爆发后，集团开始在家办公，此时李明很理解集团的难处，自己也很有干劲。一方面，他知道特殊时期必须这样做；另一方面，他也知道好未来作为一家教育公司，在疫情期间所承担的特殊社会责任。

但是随着疫情的发展，集团返回办公场所的时间一推再推，在家办公逐渐从一个短时间的应急机制变成了无边界的常态化办公形式。而且随着在家办公的推进，自己工作和生活的边界越来越模糊，有的时候他甚至没有时间吃饭。李明觉得，这种状态可以持续一周，也可以持续一个月，甚至可以持续一个季度，但是自己一开始认为两三周就会结束的状态变得遥遥无期，集团也没有明确的说明，这让他无法接受。

听了李明的描述，刘旭依然积极引导李明，并且期望李明在这个特殊时期，多留一点时间思考离职的事情，同时也给集团一个留住人才的机会。经过沟通，李明接受了刘旭的建议，决定再考虑一下再做决定。

场景4："掉链子"的HRBP

虽然暂时安抚了李明，但是听了李明的话，刘旭也开始回忆自己疫情以来的工作，越思考越觉得沮丧。她发现自己与李明的感受一样，前期虽然工作很辛苦，每天都没有足够的休息时间，但是她依然愿意满负荷地工作。但是最近一段时间，自己明显开始有些懈怠，对工作提不起劲来。之前她只是有一点模糊的意识，听了李明的描述，她忽然觉得，李明说的，同样也是她的问题。

最初，刘旭也认为在家办公是一个短时间的应急措施，所以爆发出了120%的工作潜能。但是随着时间的推移，在家办公没有明确的结束时间点，自己就越发的疲惫了，逐渐陷入一种对工作的绝望状态，不知道自己为什么还在坚持。她忽然有一种冲动：也想要向郭伟提出离职。虽然没有做任何的准备，也没有对工作的任何不满，但她就是有一种被公司背叛的感觉。虽然她也知道，面对疫情，公司也没有办法给出一个明确的时间段，但她就是不能接受这种没有明确说明的工作安排。

现在，刘旭非常能够理解李明的感受了，她匆匆写了一封辞职信，准备发给郭伟。但是在发送之前，她决定先和自己的好朋友李颖聊一聊。她觉得，李颖最近的工作强度也很高，但是却没有感受到李颖有什么负面情绪。

刘旭拨通了李颖的电话，说了自己的困惑。果然，李颖并没有像刘旭一样，出现被公司"背叛"的感觉，相反，李颖似乎并没有对在家办公和高强度的工作产生什么不满，这让刘旭很好奇。

经过交流，刘旭发现了一个"秘密"，原来李颖的直线领导——好未来大学的负责人——万磊，在集团发开始在家办公通知的时候就对整个团队说：这次疫情的影响，可能会持续很长时间，很多行业都可能受到影响，大家要做好长期的准备。

在随后的日子里，万磊在每天的部门日会上，都会向团队公布集团的最新动态。这些动态并不是直接的工作部署和要求，但是却让整个团队的人更加清楚地看到自己的工作为集团的某些方面做出了支持和服务。

万磊在每个阶段与下属的良好沟通，每天与团队持续分享公司动态的做法，让李颖工作起来很安心。她既不觉得疫情会很快过去，也对接下来的工作强度有了充分的认识。随着加薪的落实，李颖也更加认同公司在这个阶段对员工的负责与担当。

听了李颖的话，刘旭删除了自己的辞职信，转而给郭伟发了另一封信。这封信里写了自己和团队伙伴在疫情之前依然想到了裸辞的现状，同时也描述了好未来大学团队是如何在疫情期间保持战斗力的故事。

接到刘旭的来信，郭伟陷入了沉思。看着另外一些 HRBP 发来的团队伙伴有离职意向的消息，他更觉得无奈。

HRBP 本来应该是承担着稳定员工状态的任务，但是面对疫情，这些本来应该稳定的群体却也出现了不稳定的倾向。当然，这也许并不能怪罪这些 HRBP，他们中的一些人，也是刚刚走入职场不久的新人，面对高强度的工作，出现一些波动也是正常的。但是究竟应该如何稳定队伍呢？郭伟陷入了深思。

4　疫情后期，全面复课阶段：稳定军心靠"薪"更靠"心"

随着时间的推移，好未来各项工作逐渐适应了疫情的影响。网课的开发满足了各项业务的需求，行政办公体系也愈发稳定。但是员工的心理危机却并没有随着业务的好转而化解。相反，随着业务的发展，集团内部开始流传一些"小道消息"，比如集团的业务受到了严重影响，高管要开始限薪酬，一些业务机构将会逐步合并调整等。

在疫情刚刚开始时，好未来集团主要的注意力都集中在应对影响方面，但是随着业务的稳定，员工们这些不安的想法开始产生越来越多的影响，郭伟也开始把更多的精力投入思考如何解决员工心理危机方面。

但是全集团有数万名员工，拥有上千个团队，这些员工的心理状态不同，各个团队的情况不尽相同，如何找到一个方法能够化解全集团数万员工的心理危机呢？有没有一些团队在整个疫情发展过程中，一贯保持了稳定的状态？他们有没有好的经验值得借鉴？又应该如何借鉴？郭伟每天都在不断地思考这些问题。

场景 5：升级的部门日会

一天早上，郭伟给万磊发了一条消息："你们还在坚持日会吗？我一会想和一位伙伴一块去看看。"

"是的，我们每天早上都坚持开。我把会议链接发给你。"万磊回复郭伟。回复之后，万磊看了一下电脑上的时间，距离日会开始只有不到 5 分钟了。

日会，是好未来集团在疫情发生后提出的行政办公要求。日会要求所有的团队，在每天工作开始的前半小时到 1 小时之间，全员进行线上视频会。发起例会制度的初衷，是为了解决团队之间的疏离感和缓解进入工作状态的紧张感。为了达到这个目标，所有会议要求使用视频形式召开，所有人按时坐在摄像头前，开启一天的工作。

每天定时开会，就意味着一天工作的开始。而打开摄像头，一方面提醒员工注意形象、整理心情，提高工作投入度；另一方面，也让许久不见面的团队成员之间有一种"在一起"的感觉，还能让参会各方看到对方的开会表情、表现，提高会议效率。

这个制度开始执行的时候，效果比较好。但是随着时间的推移，越来越多的团队开始反应：每天的日会都在重复，团队负责人并不知道应该跟大家讲什么。而且很多团队在疫情发生过程中，也不断地加入新员工，这些员工连团队的其他成员都没有见过，日会仍让大家感到陌生。正是这些问题，让日会的执行比例越来越低。

而通过刘旭的描述，郭伟发现万磊的团队日会很有特点。于是他才选择在日会开始前的几分钟，提出去看一看万磊团队的真实日会场景。郭伟邀请的另外一位伙伴，正是李颖。

很快，万磊的日会就开始了。日会使用的是公司的视频会议系统，郭伟和李颖通过万磊分享的链接进入会议。

会议开始，万磊要求所有团队成员按照屏幕上显示的顺序依次说一下自己今天的工作计划和需要大家协助的事情。每个人都讲完后，万磊会重点给大家同步集团整体的业务发展、人力等其他部门的主要工作以及自己对于部门工作的思考。这其中有些是郭伟在每天的人力负责人会议上部署给各个团队的任务信息，有些则是万磊作为集团的中层管理者，参加集团会议的相关内容。在日会最后，万磊还要求一名团队成员用 15 分钟分享一个对大家有帮助的知识或技能。

这天正是万磊团队一名新入职不久的伙伴为大家分享。郭伟觉得，这名员工分享知识的时候与团队没有任何的疏离感，甚至感觉不到这是一名新员工。

看过万磊团队的日会后，郭伟和李颖做了一次沟通，交流一个问题：你觉得好未来大学的日会与你们团队的日会有什么区别？

李颖想了想，说，区别可能有三个：第一，好未来大学的日会上让每个人都讲自己的工作，真正让每个人都表达自己，实际上也是在牵引大家思考自己的工作定位，而且更了解其他人的工作，甚至包括新人，都能快速建立对工作的认知；第二，好未来大学的日会上，万磊会讲很多"无用信息"，比如其他团队的工作、整个公司的发展，这些并不是大学团队的工作范畴，但是会让团队成员更清楚整个公司发展的现状；第三，日会最后的知识分享，让每个人都有被别人赞扬的机会，这种感觉也很好。

参加过万磊团队的日会，郭伟也觉得很有收获。虽然日会的方式可能受不同团队的工作性质所影响，各不相同，但通过参加这次日会，能够得到启发，想到适用于整个集团层面的一些沟通方式。

场景 6：打开心窗

2020 年 5 月 10 日，郭伟组织集团各事业部以及各人力专业部门的负责人开了一次会，会议的主题是：接下来的 2 周时间，开展一次全集团范围的调研会，调研的内容只有一个：疫情期间，什么最让你焦虑？

调研的形式，是逐层召开核心团队负责人的共创会①。共创会的主题即是"疫情期间，什么最让你焦虑？"在召开会议之前，所有团队负责人必须通过员工访谈、问卷等方式，对自己团队成员的状况进行了解和总结。所有人带着答案、带着需求来参加共创会。共创会结束后，由 HRBP 负责整理会议结论，最终集中汇总给郭伟。

2 周的时间过去了，郭伟拿到的是一张仅有 5 个问题的表格。一些人力负责人觉得不可思议，4 万人的企业，总结下来，竟然只有 5 个问题（如表 2-8-2 所示）需要解答。但是郭伟却对这 5 个问题非常满意，这些问题与他之前的判断几乎一致。

---

① 共创会是好未来的一种传统管理手段，具体做法是：相同或相近层级的干部、员工共同围绕某一个或几个主题展开讨论，最终达成一致性的思路。

表 2-8-2 共创会问题总结

序号	问题
1	什么时间可以恢复正常办公
2	公司在疫情期间受到的冲击和影响到底有多大
3	是不是未来所有课程都会变成长期网课
4	生活工作的界限越来越不清晰怎么办
5	在家办公之后，工作压力越来越大，很多人半夜还在沟通

2020 年 6 月 2 日，好未来集团第一次面向全集团员工进行了线上直播会议，如图 2-8-3 所示。全集团 4 万余名员工，在电脑前听了整整一天。

这次大会首先由集团总裁白云峰老师介绍了集团在整个疫情期间做出的业务调整和所取得的成绩，很多员工在疫情期间第一次完整地了解到集团的发展动态。他们了解到好未来旗下多个品牌免费开放系列课程，帮助全球儿童在疫情时期快乐学习；他们了解到好未来成立了 1 亿元的抗疫专项资金；他们也了解到线上业务的发展速度由于疫情而加快了；当然，他们还了解到在特殊时期整个集团的营收出现了下降。

随后，集团 CEO 张邦鑫针对集团核心价值观的更新进行了阐释。阐释中，清晰地描述了疫情对于整个集团的影响将会是长期的，这种影响并非是对现有业务形态的破坏。相反，这次疫情的发生，加速了集团组织能力提升的速度，远程办公、线上协同，未来都可能成为集团的常态。

下午的会议则由集团几个主要事业部的负责人，几个重点变革项目的负责人对各个事业部的发展、各个重点变革项目的进展和方向进行了说明。新开分校的负责人介绍了后续业务调整计划，网校负责人介绍了集团的技术储备和后续的网课研发计划……

图 2-8-3 CEO 全员直播

刘旭、李明都完整地听了全天接近 7 个小时的直播会议。直播结束后，李明通过内部沟通软件给刘旭拨通了语音电话，这次是李明先开口："这次直播，终于让我知道了集团在做什么，而我自己又在做什么。原本我很迷茫，这次明确了借助疫情提升组织的目标，我一下就觉得明白自己的努力方向了。"

5 尾声：从心出发

转眼间，时间到了 2020 年 6 月下旬，疫情的影响逐渐接近尾声。整个集团的办公秩序、教学秩序、业务秩序也都逐渐恢复正常。而应对疫情积累的业务和行政经验并没有被放弃。

从业务上，好未来集团全面推进了 OMO[①]计划。好未来集团原本对于转型线上授课的业务板块有所迟疑，在疫情推动下加速了进程，完成了一次彻底的业务转型。伴随着这种转型，在疫情发展过程中积

---

① OMO：Online Match Offline 的英文缩写，表示线上线下相融合的业务模式，也就是把单一的线下面对面辅导课程变成部分线上上课和线下课相结合的授课模式。从 2018 年开始，好未来集团开始探索这种业务模式。

累的线上学生客户群转化率也得到了提升。疫情期间积累的业务势能成为真正推动集团发展的增长级。

在集团的组织能力方面，积累下来的远程办公能力、团队沟通制度、干部团队的领导力等都从应对疫情的短期措施变成了集团会长期坚持的制度。更重要的是，经过疫情，集团建立了每月一次的全员直播制度，定期由集团创始人给全体员工介绍集团的发展状况、重要动态。

随着疫情结束，员工陆续返回工作岗位，久未见面的好朋友们，也开启了私人小聚会模式。

刘旭和李颖相约，在集团外一家久未光顾的小店共进午餐。她们共同谈起了这次疫情的影响。刘旭向李颖说了自己和李明的故事，并感叹到，当时李颖告诉自己万磊在疫情期间的有效管理措施和沟通办法，对自己受益匪浅。

李颖说，这就是万磊的管理方式。在带团队的过程中，万磊从来不向团队过渡许诺，而是非常重视和团队成员之间开诚布公的沟通和交谈。在每年 3 月调薪之前，万磊都会和每个团队成员进行一对一的沟通，坦诚地指出对方前一段时间工作的优点和缺点，与团队成员达成共识。这样，团队成员几乎从来不会因为自己的心理预期过高而最终失望。在每一次重大任务或者管理变革开始时，万磊总会给团队成员说清楚大家可能面对的困难，避免大家产生误解。

听完李颖介绍万磊的管理模式，刘旭想了很多，她忽然觉得，好像找到了一个自己期望的发展方向，她就想成为万磊这样的管理者。

一个月后，郭伟又在整理各种邮件。随着时间的推进，疫情已经从一场突发事件成为"常态化防控"。公司整体越来越适应疫情防控下的运转，但是同时潜在的不稳定性也依然存在。但是经历了这一轮的"复心"之旅，郭伟也越发对后面的工作有了方向。疫情之下，关注员工的心理建设，对有效防范和复工复产会越发重要，这也是未来人力体系的重要工作。

The Road of "Recovery" of ATL After the Epidemic: the Psychological Contract From Exhaustion to Reconstruction

Abstract: The COVID-19 had a deep impact on people's life, not only the daily work and study, but also their psychological well-being. When caring about the recovery of work, production and study, it is important not to ignore the recovery of mental health, which is known as the reconstruction of psychological contract. Under the background of distance learning, the Chinese leading enterprise of education industry—TAL Education Group, was pushed to the frontline and experienced this special journey: (1) During the outbreak of the epidemic, with the strict prevention and control requirements, TAL's employees showed strong psychological toughness. Everyone worked closely and made sure the stability of business. (2) When the epidemic came to be stable, some of the employees were haggard during that time. They had severe psychological fluctuations and even resigned nakely. (3) In the late stage of the epidemic, the group paid strong attention to the psychological health of employees, helped them to establish new expectations in order to reconstruct their psychological contracts. The purpose of this case study is to remind managers and readers to pay attention to the psychological contract changes of employees in the later stage of the epidemic, as well as to provide reference for psychological contract management after the epidemic and similar events.

Key words: Psychological Contract; COVID-19; Work Resumption; TAL

附 件

表 2-8-3 好未来抗疫主要举措

序号	稳定员工举措	目标与效果
1	组织晋升述职与加薪	稳定员工预期,提高员工信心
2	开启核心员工股权激励计划	增强核心员工忠诚度,提升满意度
3	防疫物资专项采购、办公场所消毒	保证必须岗位运转,避免风险
4	组织 SSC、HRBP、基层干部心理疏导技术培训	缓解高压岗位心理压力,提高稳定团队能力
5	组织全员共创会,收集员工问题	给予员工情绪出口,解决实际问题
6	开发线上团建工具包,组织线上团建,如线上运动会等	维持团队的整体感,保持团队黏性
7	准备特别团建经费,支持满足条件的地区开展线下活动	增加团队成员之间的感情链接,做好返回办公室的心理准备
8	加大内部竞聘力度,给予更多人才流动机会	加速员工成长,降低员工离职风险
9	提供线上技能培训课程,引导员工提高能力、适应线上教学环境	提升员工基本技能,提升员工适应能力
10	全员定期直播,同步集团发展并回应员工关心问题	回应员工的日常问题,提升员工的发展信心

(笔者根据企业内部资料整理)

案例使用说明：

"复心"之路：疫情后好未来员工的心理契约重构

一、教学目的与用途

1. 本案例所涉及的知识点是心理契约。新冠疫情对生产生活和学习的影响是深刻的，也对人们的心理产生不可忽略的影响，而心理契约正是帮助我们理解和应对疫情之后的心理波动的有效知识。本案例主要用于《组织行为学》《人力资源管理》中心理契约等知识点的教学。教师授课时可根据课程安排，选取知识点对应的思考题展开分析。本案例适用于工商管理专业研究生及本科生、人力资源专业研究生及本科生、MBA、EMBA等管理学专业学生学习。

2. 本案例属于描述型案例，完整地记述了教育行业的龙头企业好未来集团是如何从员工心理契约角度应对疫情的。案例中有两条线索，其中明线是伴随着疫情发展，好未来所采取的各种应对措施和方案，暗线是好未来的员工在应对疫情过程中的心理变化与起伏。通过明线，能够看到一家以线下业务形态为主的企业，在应对疫情期间，是如何从业务、管理两方面应对疫情影响的。而暗线则相对全景化地展现了员工的心理契约变化过程，让学生通过学习，了解复工复产之后，员工的"复心"问题，提前采取措施，避免出现员工绩效下降、消极怠工等不能有效恢复工作状态的问题。

3. 复工易，复心难。本案例的主要教学目的如下：

（1）通过案例记录疫情历史，提醒管理者在复产、复工、复学时，也不可忽略"复心"。企业从疫情中恢复，短时间内靠复工，但是长远稳定的绩效则必须考虑"复心"。

（2）让学生深刻理解复工考验的是组织的管理能力，而"复心"考验的则更是组织的领导能力。在经历疫情突发的迷茫，经历高强度的复工后，员工急需一场组织提供的心理按摩，否则很容易出现工作状态下降。

（3）通过本案例的学习给学员提供"复心"的有效做法，这既可以支持企业在疫情特殊时期的平稳过渡，也是企业在日常管理当中提高员工心理状态的有效参考。

（4）帮助学员了解在组织应对重大危机事件时进行业务调整和变革过程中关注员工心理波动的重要性，以及员工心理波动的动态过程和内在机制，以及组织重构员工心理契约的应对策略。

二、启发思考题

1. 在疫情变化的不同阶段，好未来员工的工作表现与心理是如何变化的？
2. 从员工支持的角度看，好未来在疫情突发阶段快速适应、恢复生产的原因是什么？这与好未来长期重视员工关系有什么联系？
3. 在复工阶段，好未来为什么关注员工心理？又做了哪些努力，效果如何？
4. 在全面复课阶段，好未来是如何引导员工重订心理契约的？效果如何？
5. 好未来心理契约重构的实践对其他企业有什么借鉴意义？

三、分析思路

一场疫情，改变了好未来的基本管理逻辑和业务逻辑。为了应对疫情冲击，好未来在较短的时间内实现了组织动员，数万名员工在短短2周时间内完成了从业务到管理的转型。但是完成基本的业务和管理转型，并不意味着危机应对的成功，数万名员工复工却没有真正"复心"，这为企业复工之后的复原埋下隐患。本案例正是以这样一个视角，按照好未来复工后的"复心"努力来展开描述和引导思考的。

思考题第一题引导学生对整个案例进行概览，形成员工心理变化的基本图景，为后续的分析做基础。

思考题第二题引导学员从好未来成立伊始的员工管理方面思考，让学生意识到，正是由于好未来一直重视员工心理契约的建设，关注员工薪酬、成长、培训等很多方面的诉求，有效建立了好未来员工对组织的信任。因此，当疫情突发，好未来员工爆发出了强大的潜力，超负荷地完成了复工任务。

思考题第三题则开始引导学员进行反思，重新思考好未来的员工在疫情初期的超负荷工作其实是严重消耗员工心理资本的过程。好未来也意识到了这一问题，因此在内外部环境都不明朗的情况下，在3月照常为员工进行了升职加薪。好未来希望通过这种方式修复超负荷工作带来的心理资本消耗。可是升职加薪却并不能完全解决这一问题。

而思考题第四题则引导学员关注好未引导员工重订心理契约的努力。到了5月之后，好未来通过直播、日会方式来打造透明组织。通过升职加薪的"硬手段"和开启直播的"软手段"的结合，好未来终于修复了员工的心理契约，让员工不仅"复工"，还真正的"复心"。通过思考题第三题和思考题第四题，可以让学生更加深入地了解员工心理契约复杂多变的特点，同时有效引入心理契约的特征、违背等知识点。

最后一道思考题，则是引导学生将案例中的相关经验进行拓展，引发学生从一次危机应对事件向日常管理的迁移思考，拓展学习边界。同时引入心理契约的三个发展阶段及对应阶段的干预方法。

详细分析思路如图2-8-4所示：

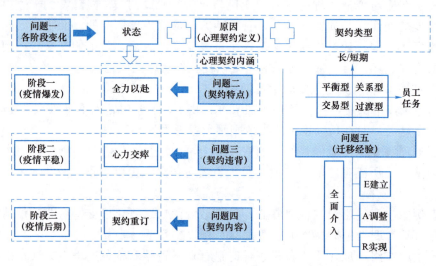

图2-8-4 案例分析思路框架

四、理论依据与分析

1. 在疫情变化的不同阶段，好未来员工的工作表现与心理是如何变化的？

心理契约理论发展的起点是社会交换理论。社会交换是指个人或企业团体为报酬或期望从他人获得报酬而与他人展开的互动（Emerson, 1976）。但是在社会交换的过程中，有时无法保证对每个互动做出适当的回报，所以个体必须通过培养一种与别人友好的关系，使对方有理由相信自己，以期望未来能够获得整体回报。这时候，互动双方的信任关系就在互动过程中扮演了重要的角色。这种信任关系就是心理契约。而在个人层次、个人与团体层次、团体与团体层次都存在这种信任关系（Blau, 1964）。基于这三种关系，可以对心理契约的类型进行分类。基于不同的关系类型，心理契约也被分为不同的类型。从员工视角出发，心理契约主要可以分为二维分类和三维分类两种大的划分方法。建立起对心理契约类型的了解，就能对心理契约的内涵形成比较充分的认识，对于学习心理契约的内容有很大的帮助。

心理契约的划分方式，主要经历了两个理论发展阶段。

21世纪之前的学者，一般基于员工与组织之间的关系对心理契约进行划分，将心理契约划分为关系维度与交易维度两个维度。员工对组织的信任基础是员工相信只要自己努力工作，就会获得相应的报酬，这被称为关系维度;而从组织角度出发,契约表现在组织相信给予员工报酬,就可以让员工达成组织目标,这被称为交易维度。进一步,心理契约可以基于员工期望雇主提供的报酬的类型和组织给予员工的任务类型,划分为四种不同类型。

员工的任务可以分为封闭式和开放式两种,而雇主提供的报酬则可以分为短期和长期,我们可以将心理契约分为以下四种类型,如图 2-8-5 所示。

(1) 交易型,有详细的任务,雇主提供短期报酬。
(2) 过渡型,没有详细的任务,雇主提供短期报酬。
(3) 平衡型,任务非常详细明确,雇主提供长期报酬。
(4) 关系型,任务不明确,但雇主提供长期报酬。

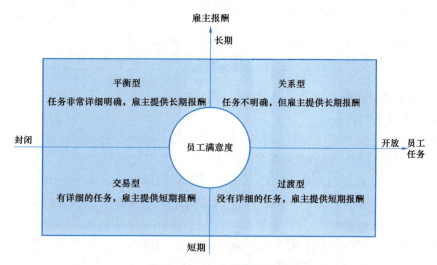

图 2-8-5　心理契约类型

不同的心理契约类型,会随着组织任务和员工期待的变化而产生变化。本案例中,好未来员工在疫情爆发阶段,并不清晰自己的工作职责,大部分在处理应急事务,但是组织提供了长期的报酬,因此表现出了关系型的契约特点;而在疫情平稳阶段和疫情后期,好未来的员工的任务相对清晰,雇主提供的报酬也较为长期,呈现了平衡型契约的特点。

随着心理契约理论被越来越多的研究者所关注,相关研究越来越丰富。到了 21 世纪前后,越来越多的研究者认为,在进行心理契约的分类过程中,不能仅考虑组织和员工个体,也应该考虑团队的影响。由此,心理契约的分类由二维分类变为三维分类。从组织视角,心理契约呈现交易维度特点。从员工视角,心理契约表现为关系维度;而从团队视角,心理契约表现为支持维度。具体来说,交易维度是具体、有形、基于当前利益的工具性互相交换。关系维度是指员工与组织在事业发展上彼此承担责任,是相对无形的互动结果。而团队维度则是成员与团队之间互相支持与帮助的关系,表现在团队成员之间彼此沟通与交往,互相信赖与忠诚,承担长久的、开放性的责任(Lee, Tinsley, 1999)。这种分法在二维的基础上,增加了正向的团队契约和负向的团队契约的特征。

好未来的员工在整个疫情发展过程中,有着不同的绩效表现。在疫情爆发阶段,好未来的员工不计回报,努力工作,帮助好未来战胜疫情。而在疫情平稳阶段,好未来的员工不仅绩效产出较上一阶段有所降低,甚至还产生了离职倾向。而在疫情后期,好未来的员工调整了心理状态,重新找回了工作状态。这种心理状态在不同情境下变换,以及这种变化与工作业绩之间的相互影响关系,就是心理契约的表现。

以好未来大学的李颖为例,其直接领导万磊日常管理中就比较重视团队建设,经常向员工同步公司信息。更重要的是,通过日会制度,让团队员工之间能够每天有所交流,相互合作,提升了团队支持感。在应对疫情期间,好未来将万磊的日会方法和形式向全集团进行了推广,这种情况下,更多的团队使用了这种团队融合的方式,进一步加强了好未来各个团队与员工个体之间的契约关系。因此如果使用三维,好未来员工的心理契约又呈现出了正向的团队契约的特点。

认识心理契约的主要分类，对于了解企业员工队伍现状、设计具体契约建设方法有比较好的支持和指导作用。以好未来应对疫情期间为例，不同员工的心理契约就呈现了不同的类型，具体如表 2-8-4 所示。

表 2-8-4 不同阶段的典型契约类型

类型	疫情爆发	疫情平稳	疫情后期
关系—正团队型	李明：任务紧急，获得刘旭支持	郭伟：持续探索团队稳定方法，获得下属团队支持	
关系—负团队型	刘旭：任务不清晰，单打独斗，缺乏团队支持		—
平衡—正团队型	李颖：获得万磊支持，任务明确	万磊：获得郭伟关注，清晰自身职责	刘旭、李颖、李明：任务清晰，心理状态稳定
平衡—负团队型	郭伟：承担稳定团队任务，但是缺乏组织支持	李明：获得加薪，但是对工作不认可，没有得到刘旭的正向支持	—

2. 从员工支持的角度看，好未来在疫情突发阶段快速适应，恢复生产的原因是什么？这与好未来长期重视员工关系有什么联系？

心理契约概念的出现，很大程度上是由于研究者发现了文字契约的签订过程中，除了文本内容外，还存在大量不能完全通过文字所不能描述的心理活动过程，这些心理活动表现了员工和组织对对方的信任与期待。也就是说，在正式契约之外，存在大量的心理契约现象。正因为如此，心理契约与组织同员工之间签订的书面法定契约存在较大的不同，其所描述的是文字契约所不包含的员工对自身和组织之间交换协议的理解或认知（Rousseau，1995）。虽然心理契约是经个体认知加工而形成的，没有在书面上写明，但却是影响员工对组织态度和行为的决定因素（Schein，1980）。一般来说，组织越重视员工的心理诉求的满足，员工给予组织的回报也就越多。心理契约与正式契约对比如图 2-8-6 所示。

在疫情发生之后，以刘旭和李明为代表的好未来员工与好未来集团之间的心理契约也在不断地变动与调整。由于好未来长期重视维护企业与员工之间的心理契约关系，因此在疫情的严防严控阶段，以刘旭和李明为代表的好未来员工积极努力，希望与组织共渡难关。虽然这些努力远远超过劳动合同所载明的员工义务，但是在心理契约的作用下，员工依然愿意不计回报地付出。这也是好未来能够在疫情突发阶段快速适应的重要原因。

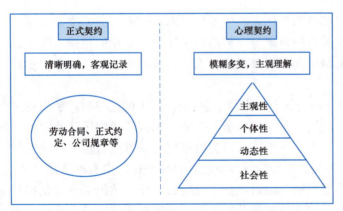

图 2-8-6 心理契约与正式契约对比

同时，心理契约还是一个变动的契约关系。员工个体与组织间关系的交互性、双方互相影响、互相协商形成一个可行的心理契约，随着组织和员工需求的变化，心理契约也会发生改变（Schein，1980）。正因为如此，心理契约具有主观性、个体性、动态性和社会性的特点（Schalk R & Freese C，1997）。

脱离个体后，心理契约往往缺乏实际的意义，因此心理契约具有鲜明的个体性特征。心理契约的产生往往是由于雇主的承诺或暗示导致员工认为有权得到的和应该得到的信念（Robinson，1996），或者是由于个体对于组织的认识而建立起来的契约内容。在疫情初期，好未来全员都超负荷工作、自愿放弃休假加班工作，这些行为虽然没有任何的劳动合同的修订，但是员工都自发地调整了自己的工作行为，为帮助集团实现战胜疫情而努力，这体现了心理契约的个体性特征。李明在疫情初期并没有将自己所做的种种努力向其他人说明，而是通过实际的工作表现来实现组织目标，这同样也体现了心理契约的个体性特点。

而主观性则是指心理契约的具体内容由员工自己决定的，不受外界因素或组织意愿的影响。比较典型的是，在好未来当中，即使面临相似甚至相同的情境，不同的员工也会有各自不同的反应。例如，李伟在做出为员工升职加薪的决策时，认为这件事可以充分表达组织重视员工的意愿，但以李明为代表的员工却认为升职加薪与自己付出的努力并不对等，因此并不接受这一契约。这说明了心理契约具有较强的主观性。正因为心理契约的主观性特点的存在，组织的相关管理意图很有可能无法完全达到期望的效果。

动态性方面，心理契约双方都会在实际交换关系中，形成对于另一方契约的认知。虽然感知的契约内容可能存在差异，但经过告知、协商、观测、重新谈判或终止的整个契约化过程是趋同的。这一过程不是单向运行过程，而是一个重复的环路。当客观条件和主观条件发生变化时，双方的需求和付出也会发生相应改变，整个心理契约构建过程又会重新开始（Pemberton, 1997）。在整个疫情应对期间，刘旭在最初认同企业，在中间产生迷茫，最后又重新找到方向，这就是一个典型的心理契约动态性的特征的显现。

社会性方面，心理契约的形成，不仅受个人因素的影响，同时还会受到组织因素的影响，甚至会受到经济、政治和文化因素的影响（Schalk R & Freese C, 1997）。面对外界的变化，李明、刘旭等调整心理契约的活动，也体现了心理契约的社会性。

3. 在复工阶段，好未来为什么关注员工心理？又做了哪些努力，效果如何？

好未来的员工心理状态，对于整个组织绩效有非常大的影响，因此，好未来特别关注员工的心理契约的状态。比较典型的是，在全面复工阶段，以李明为代表的好未来优秀员工出现绩效下降，其中的关键原因就是员工感受到了心理契约的违背。

个体感知的心理契约来自契约的不同形式，包括隐性的（Rousseau, 1989）和暗示的（Weick, 1979）两种。隐性的心理契约的典型代表是员工与组织在进行沟通的过程中达成了口头的一致，但是并未由文件进行明确。虽然这种一致可能并非双方共同的理解，但是组织和员工都认为对方与自己的理解一致。而暗示的心理契约也表现为员工或组织基于某些沟通过程或信息建立的某些理解。

在行为表现上，就是员工相信自己付出努力后，组织应当给予自己相应的"报酬"。这种"报酬"并不仅指经济上的报酬，也包括其他非经济的部分，例如休假、晋升、培训。此外，心理契约中的"报酬"甚至还有一部分是心理的满足感，例如感觉受到重视、得到组织的公平对待等。

一旦员工感到自己付出了努力，但是没有获得相应的"报酬"，就可能产生心理的波动，虽然这只是一种主观感受，并非明确的承诺，却会对员工的行为产生实际的影响。当这种情况发生，雇员往往因组织没有履行或没有完全履行自己的诺言，导致员工心理有背叛感觉和强烈的情绪反应，这就是心理契约违背。

一般来说，心理契约的违背有三种原因，如图2-8-7所示。

（1）理解歧义：既组织与员工对于组织目标及达成目标后的组织承诺出现理解不一致的情况。

（2）无力兑现：组织确实没有能力满足个体的期望。

（3）有意违约：在组织目标达成且组织有能力兑现承诺的情况，却拒绝兑现承诺。

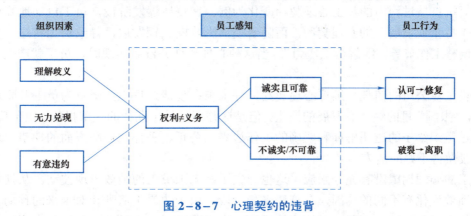

图2-8-7 心理契约的违背

当心理契约出现违背后，一旦组织想要重新修复这些契约，就需要重新与员工进行沟通，让员工认可新的契约内容。而这个过程是否成功，或难易程度，则是由员工对企业的信任而决定的。这种信任主要是来自企业日常对于员工的关注程度。长期以来，好未来重视员工关系建设，积累了良好的员工信任基础。因此，在疫情发生初期，好未来的管理体系和业务体系迅速实现了转换，成功应对了危机。

但是在疫情突发阶段，员工基于过往的经验，认为好未来的变革都会通过逐层的共创来实现落实。员工认为，自己应对疫情而进行的努力是短期的、应急的，不会成为常态。这种短期在不同员工心里定位不同，有的认为是一周，有的则认为是一个月甚至更长。

随着疫情的影响时间越来越长。员工开始对最初的判断有所怀疑，认为好未来应对疫情的各种做法在短期可能不会结束。在这种情况下，员工的心理契约就发生了变化。员工认为自己短期的行为可能变为中长期的行为，这种可能性让员工觉得自己遭遇了不公正的对待。这就出现了心理契约违背过程中的理解歧义，进而产生了员工的心理契约违背现象。典型表现就是李明作为优秀员工获得升职加薪，却准备裸辞；而本应起到员工心理状态稳定作用的刘旭，则产生了辞职的想法。

也正因如此，好未来特别重视了员工的心理契约的调整，采取了组织晋升述职与加薪、组织全员共创会、全员定期直播等方式展开了调整员工心理契约的努力。

在最开始，好未来选择单纯使用升职加薪这一种方式来稳定员工队伍，但是效果并不明显，而随着疫情的发展和越来越多的组织实践的涌现，好未来开始更加重视内部氛围的打造，通过向员工说明组织的各种抗疫决策和努力，调整员工心中的抗疫活动的预期来稳定员工的心理契约，在升职加薪的基础上，取得了比较好的效果。

4. 在全面复课阶段，好未来是如何引导员工重订心理契约的？效果如何？

心理契约是一种员工的主观感受，其内容复杂多样，甚至达到数千种之多（Anderson & Schalk, 1998）。甚至对于同一个组织，面对类似情境时，不同的员工可能会有不同的心理契约内容；而同一个人在不同时间也可能会有不同的心理契约。

因此，有观点认为心理契约应该用大致的类型进行划分，例如以前面提到的交易与关系两个维度进行描述。一般而言，交易维度的心理契约描述的是员工在追求经济的、外在需求的满足方面的表现，例如薪酬、福利、工作环境等；关系维度的心理契约一般描述的是员工在追求社会情感需求的满足，例如晋升、公平感等（Rousseau & Parks, 1993）。

后来又有人尝试对不同的心理契约进行归类，最终认为，心理契约可以从员工和组织两个视角进行归类。从员工角度而言，心理契约一般包含以下12个方面的期望：培训、公正、关怀、协商、信任、友善、理解、安全、一致性、薪酬、福利、工作稳定。而这12种期望也可以视作员工期待获得的"报酬"。相对应的，企业对员工的期望主要包括以下6个方面：守时、敬业、忠诚、爱护资产、体现组织形象、互助。

一般来说，员工期望自己付出努力后可以得到对应的"报酬"。这种报酬具有鲜明的个体性特征，也即员工对"报酬"的感知决定了心理契约是否可以有效维持，进而影响员工的业绩。

以好未来对抗疫情过程中的员工心理契约变化为例。在疫情爆发阶段，员工自动地签订了"短时间超负荷工作以支持企业发展"的心理契约，而随着疫情影响向长期发展，导致员工将这一契约内容调整为"组织应当调整工作节奏，缓解员工压力"。当这种心理预期并没有实现时，员工就产生了负面的心理情绪。

为了维持员工对公司的信任，维持心理契约，好未来在疫情过程中，坚持为员工升职加薪，这回应了心理契约中，"报酬"里的经济和发展的期望。但是这并不是员工期待的全部报酬。由于疫情的突发性，员工更期待的是组织给予的透明解释和明确的工作边界，公正、关怀、理解方面的期望。这也是好未来在疫情平稳阶段做得不好的地方。

由于对员工的心理期望没有充分回应，这也导致了好未来员工的绩效出现波动。从具体情境来看，刘旭、李明的绩效变化有不同的诱因，在疫情平稳阶段，由于边界不清晰和对未来的预期不明确，他们的绩效水平工作表现都出现了下降。对比疫情后期，由于明确了工作预期，刘旭和李明的绩效又进一步得到了提高。在疫情后期阶段，好未来及时召开了全员大会，影响员工的心理契约签订，让员工意识到"疫情影响带来的变革可能变成一次组织升级"，调整了心理契约的内容，让员工的心理预期得到回应，恢复了绩效水平。

5. 好未来心理契约重构的实践对其他企业有什么借鉴意义？

在这一次应对新冠肺炎疫情突发的过程中，不仅业务或管理的调整至关重要，员工的心理状态，尤其是绩优员工的心理状态对于应对疫情尤其是疫情后期的组织绩效恢复具有非常重要的影响。

在好未来疫情过程中，好未来员工在组织对抗疫情的过程中，付出了大量努力。而这个过程，也让这些好未来的员工们快速地耗尽了自己的"心理资本"，致使其心理契约在一段时间内失效，必须进行重构。想要避免出现这种情况，就应当尊重心理契约发展的一般规律，重视员工心理契约的建设与引导。

心理契约一般包括三个阶段，而心理契约关系就是这三个阶段的不断循环。这三个阶段分别是建立阶段（E阶段）、调整阶段（A阶段）与实现阶段（R阶段）。

在建立阶段（E阶段），心理契约关注的焦点应该是如何准确地找到员工的真实需求，并且将之与组织目标相互协调起来，让其在努力工作的过程中也获得各种形式的报酬。

而在调整阶段（A阶段），员工可能对最初设定的目标进行重新审视并产生新的想法。因此，在调整阶段，需要关注的是员工心理变化情况，加强沟通，尤其是团队领导与员工之间的直接沟通，让员工能够更加清晰组织的发展方向，调整自身的预期，以再次达到个人目标与组织需求之间的和谐状态。

在实现阶段（R阶段），一方面是组织目标的达成，另一方面是个人预期的达成，这时候需要关注组织承诺是否有效和及时，员工是否感受到自己与组织所签订的心理契约有效的达成，如果员工无法感受到自己的期望实现，就会产生心理波动。

疫情突发，好未来在应对疫情期间采取了一系列的应急措施。但是随着疫情逐步得到控制，好未来所采取的各种应急措施逐渐变为一次业务转型和组织能力升级。这也在事实上让好未来的疫情应对不仅是一次短期的危机应对过程，更对企业日常的员工心理建设有非常好的指导作用。

回顾整个疫情的发展变化过程，好未来在业务方面、组织方面和员工关系方面的做法，都具有一定的学习意义。

在业务方面，好未来提前布局，居安思危，在线下业务稳定的情况下，提前布局线上业务，储备了技术和软硬件，这为好未来的危机应对成功奠定了基础。而在组织方面，好未来积极打造开发透明的组织文化，打造全员直播的信息通道，让好未来的全体员工都能充分理解好未来的发展目标，这些都对好未来的成功应对危机提供了支持。

而最重要的是，好未来在员工关系处理方面所做的努力，是非常值得学习的。

第一，好未来在日常管理中，就非常关注对于员工的心理资本的积累，关注员工关系的调整，让好未来的员工与企业共同成长，培养员工对企业的感情和信心。这些让好未来在面对突发事件时，能够从容应对。

第二，好未来在应对疫情挑战的过程中，面对业务的波动，坚持给员工升职加薪。这对于企业的启示是，在应对各类危机事件时，即使业务受到冲击，也要尽可能地保证员工的基本利益不受损，这样才能保证员工与企业团结一心，共同战胜挑战。

第三，好未来在应对疫情的过程中，积极引导员工重新建立心理预期，提前让员工意识到，疫情带来的变化很可能不是短期的变化，疫情带来的更是一次难得的组织变革的机遇，而这次机遇将会深刻地改变员工已经习惯的工作内容、行为方式，让员工积极拥抱变化、适应发展。

第四，注意培养干部队伍的沟通意识和能力，通过积极有效的沟通，让员工快速适应新的契约内容，明确自己与组织之间权利义务的变化，避免出现员工对于变化的抵触。

五、背景信息

1. 好未来的快速发展。

2003年，在"非典"打击下，北京的大批教育机构关闭，而好未来不仅没有关闭，反而抓住机遇成功逆袭。是什么让好未来能够在残酷的环境中生存下来？其中一个重要原因是，好未来成功激发了员工服务客户的能力。那时候通信不发达，学生不出门上课，老师就只能打电话给学生辅导作业；为了帮助学生完成学业，实现网上授课，张邦鑫甚至自己编程自创"奥数网"。

2007年，好未来开始在全北京布设教学点，但随后的全国布局并不顺利，教师数量和质量不能满足扩张需要，员工能力成为制约好未来这一阶段发展的重要因素。为了解决这一问题，好未来投入大量资金研发ICS教学辅助系统，实现了全国教研体系的统一化。在这一系统的支持下，好未来实现了管理与课程的标准化复制，全国分校数量达到10个，好未来进入扩张阶段。

在随后的发展过程中，好未来经历了竞争对手挖墙脚、内部老师带走学生等各种各样的挑战，甚至在2018年遭遇浑水做空。但是这些没有阻挡好未来在科技上持续投入、在员工关系上持续调整的步伐。2017年，好未来成立AILAB实验室，与清华大学、斯坦福大学等研究机构共同开发教育领域的人工智能设备。同年，好未来自主研发的魔镜系统上线，这一系统利用人工智能设备，通过人脸识别、声音识别等方式，自动判断课堂上学生的学习效果，提高教学效率。

同时，好未来调整内部组织架构，打造内部晋升透明化的文化，引导员工适应和拥抱科技，成功渡过了各种危机，并最终成长为行业第一。

2. 好未来的战略型员工关系。

在好未来发展的16年中，究竟是什么因素让好未来长期立于不败之地呢？其中的关键是好未来的"战略员工关系"思维。好未来快速发展的16年，也是不断根据内外部环境调整员工关系的16年。好未来的整体发展历程大致可以分为以最初在市场立足为主要目标的创业阶段（2003—2010）、以快速成长为主要目标的扩张阶段（2010—2017）、以维持行业领先及推动教育进步为主要目标的领先阶段（2017—至今），而每个阶段，好未来都会针对核心目标调整内部员工关系。

创业之初，好未来的主要挑战是赢得市场，这一阶段员工关系的重点是有效激发员工活力，提高员工服务与责任意识，向客户提供超出预期的产品与服务。

2010年，随着上市的完成，好未来进入扩张阶段。这一阶段，好未来的员工规模由400人快速增加到了4万人。如何快速提升员工能力以支持企业发展是好未来员工关系的重点。而解决方案就是通过IT系统来提高员工能力，同时营造内部公平竞争的氛围来激发员工的活力。

2017年，伴随好未来规模的扩大，社会公众各个层面越来越关注好未来。为了满足社会的期待，好未来将大量资源投入教育技术的研发中。技术改变的背后，也是对员工要求的改变。2017年，有接近20%的好未来员工从事系统开发、IT技术应用等方面的工作。传统的老师也面临科技带来的冲击，如何让员工更好地与技术融合，利用好科技的力量，也成为好未来新阶段处理员工关系的核心命题。

六、关键要点

1. 关键点。

（1）从案例本身来说，是对一个企业应对疫情突发事件进行自救的过程描述。其主要视角集中在企业与员工之间的心理互动关系。本篇案例立足于疫情应对，但立意远高于疫情应对，其落脚点关注的是疫情之后，企业和组织获得的持续提升和变化。从这个视角来看，这不仅仅是一篇特殊时期应对疫情的案例，而且是一篇阐述企业应对危机过程中，如何积极引导员工与企业共同进阶的案例。

案例中，当疫情发生，一方面，企业展现了对于员工的保护与担当，在业务调整的背景下，依然坚持给员工升职加薪；另一方面，也展现出了企业逐渐成熟地应对员工心理变化的能力。虽然疫情突发，但是好未来的进化和变化却持续不断，在应对疫情的同时，管理流程、组织的领导能力产生了新的变化和提升。

（2）从教学需求来说，本案例试图通过应对疫情这一个矛盾集中爆发的特殊情境，展示心理契约变化的过程。虽然随着研究的深入，心理契约的相关概念也逐步得到了丰富，并衍生出了心理资本等概念，但作为组织行为学、管理学的基础教学内容，心理契约的基本内涵、变化过程，依然是教学当中不可或缺的一部分。因此，本案例从心理契约的基本内涵、主要内容、发展变化过程等几个基本维度，对心理契约的基础理论进行了阐释，结合案例中的实际故事场景，方便学员理解与掌握。

此外，本案例立足点是危机应对过程中的心理契约变化，重点介绍了企业危机应对当中应当关注员工的心理变化，尤其在薪酬、福利方面应当稳定员工预期，同时在阐述危机应对目标的时候，进行更深入的沟通。配合心理契约的三个发展阶段理论，让学员能够掌握在实际进行组织危机应对过程中，应当如何有效地引导员工心理预期，化解离职风险，保证危机应对的稳定进行。

2. 关键知识点。

结合案例的分析与讨论，需要学员重点理解和掌握企业是各类契约的综合体的基本概念、心理契约的基本内涵、企业日常管理中对于心理契约的应用与引导等知识点。

3. 关键能力点。

通过案例教学，深化学员对心理契约的理解。让学员充分了解心理契约对于企业发展的重要性，系统了解心理契约问题的难点和要点。在实践中，逐步引导组织从员工心理契约的视角理解企业管理、员工管理，通过构建和谐共赢的企业与员工关系，推动企业更好的发展。

七、建议的课堂计划

本案例的教学涉及《组织行为学》《员工关系管理》《人力资源管理》等课程内容，为丰富教学形式，充实教学内容，让学员能够快速、高效地掌握相关知识，可以按照如表 2-8-5 所示的方案来进行课堂教学。

表 2-8-5　课堂教学计划表

内容进度和时间	活动要求	展示工具	备注
课前准备阶段（一周）	学生阅读案例资料，教师安排分组并分配好每组侧重分析的思考题	—	可以要求学生提交课前作业或领取小组任务
课中阶段	系统讲解案例，引导学生学习案例内容	—	—
案例信息回顾（5 min）	教师在课堂引导学生回顾案例的核心数据和信息	投影仪	—
角色扮演（5 min）	每组选一个场景，自由分配角色并再现案例中的故事	投影仪	好未来情景剧
分组讨论（10 min）	按照课前的安排，各小组分析讨论案例使用说明的思考题	案例材料	教师可适当提示关键信息
小组代表陈述（10 min）	由小组代表在全班陈述小组分析的主要结论和观点，由一人记录关键要点	白板板书	教师在黑板上简要列出各小组的主要结论
学习相关理论（25 min）	结合案例正文和各小组讨论结果，教师针对启发思考题引出相关理论知识，在学习理论知识的基础上补充思考题的回答	投影仪教材	教师介绍相关理论知识，并对学员进行提问，一步步引导学员
小组辩论（20 min）	以"疫情期间，组织经营风险增加的情况下，是否应该坚持给员工升职加薪"为题进行辩论	计时器	教师做好引导工作
案例讨论点评和总结（10 min）	由老师对各组讨论结果进行点评，并对本案例分析应该注意的关键知识点和能力点进行提炼和讲解	投影仪	补充必要的板书
课程感悟（5 min）	由学员自行发言谈谈对于本案例学习的体会，并对改进案例教学方式提出建议	—	—
课后阶段	学生提交学习心得，并撰写一篇课程中提到的理论相关的文献综述	—	—

八、课堂板书设计

课堂板书设计如图 2-8-8 所示。

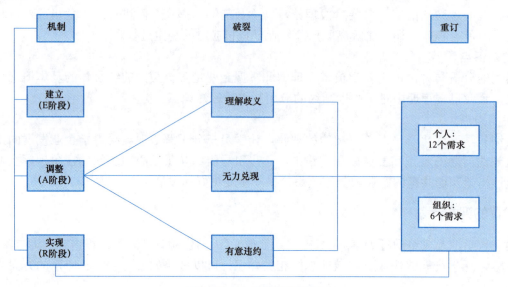

图 2-8-8 课堂板书设计

九、案例的后续进展

一场疫情，对好未来的利润水平产生了巨大影响。2019 年财报（2019 年 4 月至 2020 年 3 月），好未来第一次出现了亏损。但是在资本市场上，好未来却维持了股价的增长。这种现象的出现，离不开资本市场对好未来经营前景的认可。而这种认可很重要的来源，就是好未来在疫情期间的一系列表现。

随着疫情影响逐渐消退，好未来的各项业务也逐渐走上正轨。而好未来的管理和业务却迎来了新一轮的加速。

疫情发生之前，好未来已经开始谋划从线下业务为主变为线上线下业务的融合发展，并提出了 3 年时间实现 OMO 战略。一场疫情，让这一过程加速。2020 年，好未来网校同时在线学习人数突破 500 万，学而思培优的老师中，有超过 70%都在疫情的第一个月完成了线上授课技能的学习，提前一年完成了转型准备。

与此同时，好未来内部的管理体系也发生了巨大转变。行政职能部门开始推动共享工位的尝试。人力、财务、法务、技术等业务族群，开始尝试长期灵活工时、分批到公司上班等方式。而一线业务团队也开始尝试线上备课、远程协同等新型的工作形式。

这些日常管理方面的变化，一方面有效压减了办公成本，另一方面也提高了员工的办公效率，提高了职能部门的交付质量。

除了业务形态的变化和日常管理方面的变化，更大的变化来自公司内部透明化程度的提高。

疫情之后，好未来每个月进行一次大范围的全员直播，单月面向全体员工，双月面向全体干部，主题围绕公司近期重大业务的发展形势、内部管理重大危机的应对、员工日常工作和福利方面的变化。

此外，公司创始人张邦鑫每周还针对某一特定族群，例如教师群体、教务群体等进行直播沟通，解答大家关心的问题。

疫情的影响是短期的，但好未来并没有将疫情期间的各种措施作为短期的应急手段，而是看作一次难得的组织能力升级的机会。通过这些方式，好未来获得的不仅仅是短期的业务稳定，更是持久的企业竞争力。

2020 年 5 月 11 日，随着疫情的影响程度逐渐降低，教育部正式宣布培训机构可以逐步恢复授课，在疫情期间完成调整的好未来迅速恢复了经营状态。2020 财年第一季度（2020 年 4—6 月份），学生数量提高 56.6%，收入增长 18%，在疫情期间获得的线上学生，并没有如同外界一些预言那样大规模流逝，相反，学生留存数量超过 70%。

疫情危机，对于好未来来说，变成了是一次转危为机的好机遇。

十、相关附件

案例故事梗概如表 2-8-6 所示。

表 2-8-6 案例故事梗概表

主要线索	主要内容	课堂提问
案例背景	好未来成立于 2003 年，其 2010 年赴美股上市。截至 2020 年 5 月，其主要的业务单元包括以线下辅导为主的学而思，以线上教学为主体的学而思网校，以一对一辅导为主体的爱智康等，市值突破 300 亿美元。 好未来的发展史，也是一部好未来的员工与企业相互成就的发展史。肯定员工成绩，提供快速发展通道，是好未来人力管理的重要特征。 2020 年，一场突发的疫情对好未来的业务和管理都产生了巨大的影响，好未来也不断进行调整。而在这个过程中，好未来的优秀员工群体出现了多次情绪波动。 本案例以好未来在不同阶段的管理变化为主线，以员工的心理状态发展为暗线，展现了企业在应对危机或危机应对的过程中，员工可能出现的心理波动	本案例主要描述了什么事件？它的独特性是什么
主要人物	郭伟：好未来集团人力资源负责人，负责人力政策的制定，关注员工心理状态与感受，注意政策制定的平衡性。在好未来面对疫情期间，坚持为员工升职加薪。 万磊：郭伟的下属，好未来企业大学负责人，负责好未来集团整体培训工作的制定。在团队建设方面，推动建设开放透明的组织氛围，积极向团队成员同步公司发展情况，非常关注团队成员的心理状态并积极调控团队成员的心理预期。 刘旭：郭伟的下属，好未来技术团队的一名 HRBP[①]，主要工作职责是稳定团队，解释人力政策，响应和解决员工工作中遇到的人力方面的问题。擅长沟通，对集团的人力政策、办公要求非常熟悉。其本人情绪稳定性高，对企业发展充满信心。 李颖：万磊的下属，好未来企业大学人才发展经理。负责好未来管理类课程、办公要求类课程、基本工作技能类课程的开发。在疫情发生后，连续制作了"在家办公要求""线上授课技巧及软件使用"等课程，承受了较大的工作压力。 李明：好未来的一名技术人员，刘旭支持团队的一员。技术能力过硬，在疫情发生后，有效支持集团应对线上直播并发量快速增长的突发情况，优秀的工作业绩也得到了团队的认可。但在得到升职加薪的肯定后，却产生了离职的想法	案例中有哪些关键人物？他们的相互关系是什么

故事梗概	人物	事件	对应启发题编号	课堂提问
疫情爆发严防严控阶段	郭伟 李颖 刘旭	大年初五的紧急通知	从员工支持的角度看，好未来在疫情突发阶段快速适应，恢复生产的原因是什么？这与好未来长期重视员工关系有什么联系	这个阶段，从员工管理角度，好未来面临的困难都有哪些
	李明 李颖	业务形态变脸		业务的应急转型中，主要的挑战都有哪些

---

① HRBP：好未来集团人力资源专业岗位，主要职责是支持业务部门处理各种人力政策、行政后勤方面的支持。

续表

故事梗概	人物	事件	对应启发题编号	课堂提问
疫情平稳着手复工阶段	郭伟 刘旭 李明	升职加薪却"心离"	3. 在复工阶段,好未来为什么关注员工心理?又做了哪些努力,效果如何	好未来采取了哪些措施挽留员工
	郭伟 刘旭 李明	"掉链子"的HRBP		为什么HRBP会出现情绪不稳定
疫情后期全面复课阶段	郭伟 万磊 李颖	升级的部门日会	4. 在全面复课阶段,好未来是如何引导员工重订心理契约的?效果如何	好未来大学的部门做得好的地方是什么
	郭伟 刘旭 李明	打开心窗		好未来都采用了什么方法引导员工重订心理契约

十一、参考文献及扩展阅读

[1] Aaron Cohen. The Relationship Between Individual Values and Psychological Contracts [J]. Journal of Managerial Psychology, 2012, 27 (3): 283-301.

[2] 刘平青, 刘东旭. 攘外必先安内——好未来与员工相互成就的故事 [J]. 中国管理案例共享中心案例库, 2019年百优案例, 2019.

[3] 刘平青. 员工关系管理——中国职场的人际技能与自我成长 [M]. 北京: 机械工业出版社, 2017.

[4] 杰佛里·A. 迈尔斯. 管理与组织研究必读的40个理论 [M]. 北京: 北京大学出版社, 2017.

[5] 斯蒂芬·P. 罗宾斯, 蒂莫西·A. 贾奇. 组织行为学 [M]. 北京: 中国人民大学出版社, 2018.

[6] 加里·德斯勒, 曾湘泉. 人力资源管理 [M]. 北京: 中国人民大学出版社, 2012: 328-342.

[7] 程志超. 组织行为学 [M]. 北京: 清华大学出版社, 2013: 204-205.

栏目三
项目管理与技术创新

案例正文：

从中国的金风，到世界的金风
——金风科技的战略转型之路[①]

摘　要：金风科技连续 9 年占据国内风电设备制造商市场份额首位，在风电设备研制和产业化上取得了骄人成绩。然而，从一个新疆偏远地区的水利水电研究所转型为商业化运营企业；从风电场开发转型至风电设备制造，再到风电整体解决方案提供商，直至今天投身清洁能源和节能环保事业；从走出新疆立足国内再走向国际，面对国家政策和竞争环境的变化，金风科技是如何保持核心竞争力，迎接日趋激烈挑战，成为国际知名企业的？本案例通过回顾金风科技诞生与发展全过程，对金风科技企业文化对企业发展的深远影响、持续不断的创新能力对企业核心竞争力的塑造等方面对企业成功转型的影响进行深度剖析，以期为同行业企业乃至其他创新、转型的制造企业提供指导与借鉴。

关键词：战略转型；动因；核心竞争力

0　引言

在新疆达坂城风电场的一面墙上，一幅 20 多年前创作的油画至今仍会吸引参观者驻足凝视：在绵延起伏的天山脚下，是成百上千万台风力发电机；画面近景则是在广袤沉寂的大漠上坚韧跋涉的 13 头骆驼。现任金风科技股份有限公司（以下简称"金风科技"）董事长武钢每每望着这幅画，就会想起达坂城风场当时安装的 13 台风机，会想起自己最初的创业梦想，还会想起金风科技创业者们早期创业的艰辛和不屈的意志。

20 多年后，由武钢和他的前辈们一起创建的金风科技已经发展壮大成为中国风电产业的领军者。2019 年，金风科技国内市场份额达到 28.0%，连续 9 年位居榜首；业务范围覆盖 6 大洲近 20 个国家，7 个研发中心布局全球，每年全球新安装的直驱风电机组中，有近一半由其制造供应。近年来，其业务还拓展至可再生资源的应用领域，进而改变能源应用格局、优化能源结构，为环境改善、生态友好、自然和谐做出贡献。然而，随着风电行业如火如荼地发展，市场竞争日渐激烈，加之国家对于风电政策持续收紧，金风科技还能够保持行业领跑者地位继续引领行业发展吗？武钢不禁陷入沉思中，他的脑海中浮现出金风科技从创立、不断转型到走向辉煌的全过程……

1　背景介绍

1.1　金风科技的前世今生

在新疆这样偏远的地区，1982 年新疆水利水电科学研究所成立了电气室。1986 年，新疆水利水电研

[①] 本案例由北京理工大学管理与经济学院魏一鸣教授、北京理工大学管理与经济学院吴水龙教授（通讯作者）、北京理工大学管理与经济学院硕士研究生车越和朱珍珍撰写，作者拥有著作权中的署名权、修改权、改编权。

本案例授权中国管理案例共享中心使用，中国管理案例共享中心享有复制权、修改权、发表权、发行权、信息网络传播权、改编权、汇编权和翻译权。

由于企业保密的要求，在本案例中对有关名称、数据等做了必要的掩饰性处理。

本案例只供课堂讨论之用，并无意暗示或说明某种管理行为是否有效。

究所（水电）经批准正式成立，随后第二年，新疆风能公司依托该研究所的强大基础建立。1998 年，新疆风能公司发起了员工与投资者入股计划项目，在此项目的基础上另成立了新疆新风科工贸有限责任公司。众所周知，金风科技就是由该公司逐渐发展演变而来。

金风科技于 1999 年参与并顺利完成了国家"九五"科技攻关项目——"600 kW 风力发电机组研制"。2000 年，基于风电机组国产化攻关成果正式对外销售风力发电机组，由科研向市场转型。20 年后的今天，公司业务网络几乎遍及全球，还在深圳、香港两地上市，喜获标普、穆迪全球评级分别授予的投资级别主体信用评级，并成为全国首个同时在境内外发行绿色债券的企业。不仅限于风电，公司更放眼于开拓全球清洁能源和节能环保事业的新疆域，朝着成为国际化的清洁能源和节能环保整体解决方案提供商这一目标迈进，为更多国家和地区带去可持续、可负担、可靠的未来能源。

1.2 风电行业背景介绍

对风能的研究、建设和使用历史可以追溯到 20 世纪 80 年代初，而风电产业技术总体上的成熟一直到 20 世纪 90 年代中期才实现。在全球风电发展历程中，丹麦风电起步早，1995 年风电占比已在 3.0%左右，此后一路上扬，到 2015 年风电占比超过 45.0%。德国于 1995 年后起步，2011 年风电比例就已达到 8.0%，到 2015 年风电比例已超过 13.0%。日本风电起步于 20 世纪 90 年代末，尽管风电装机 20 年来不断增长，但由于基数很低，到 2015 年风电比例仅略微超过 0.5%。而中国在 1995 年到 2005 年风电还一直处于起步阶段，2006 年后风电开始发力，2015 年风电比例超过 3.0%。

石油危机对世界经济的巨大影响警示人类，如果当今社会世界能源消费仍以石油为主，能源消费结构也不改变，那么能源危机随时可能降临。为此，各国政府都在积极寻求并竭力发展新能源。相比传统能源，风电在清洁、安全、可再生等方面所独具的优势，使之成为可再生能源中技术成熟与商业应用价值前景广阔的能源之一。如果不考虑火力发电所造成的环境治理投资和运营相关费用，风电的一个缺点就是"成本过高"，但看重于其全球减排效果突出，越来越多的能人志士开始关注风力发电的经济性。当前能源供应中风电所占比重逐年提升，风电运营企业纷纷抓住机遇，改变其成本意识，减少现代风力发电与传统电力间基于成本的差异，促进产业高效快速发展。

2 小规模实验探索

2.1 敢为天下先：新疆风电第一人

1982 年，新疆水利水电科学研究所成立电气室，开始专职从事水电自动化、小型风力发电机、牧区太阳能抽水等应用研究和技术推广。离网型小型风机在新疆北部农牧地区得到了广泛的应用。国内早期便开始采用风力发电，在国家水电部与新疆风电考察团前往西欧考察风电发展过程中，西欧领先的风电开发启发了新疆人的思路。

1986 年，新疆水利水电研究所（水电）经批准正式成立，在所长王文启的带领下，开始进行风力发电探索。王文启在欧洲实地考察活动结束后，从丹麦采购了两台风机，历经一年时间，设备试验工作取得了良好效果，达坂城可利用风能带来更多电力。当时丹麦已成功借助风能发电，我国同样具备借助风能发电的条件。丹麦政府向新疆地区赠送了几台风机，期望能帮助我国尽快建成达坂城风电场。1988 年，以新疆水利水电研究所（水电）为基础成立了新疆风能公司，它不仅是金风科技后来直至今日的重要股东，还建立了有效开展各项工作的工作团队，武钢就是在这个时候加入金风科技的。就这样新疆风能开始了达坂城风电场的建设。近一年的努力后，我国以及亚洲地区最大风电场——达坂城风电场建成。标志着中国风电从试验阶段转入工业化开发阶段，是中国风电工业化发展第一步，也是新疆风电事业和金风科技发展的正式起步。

2.2 临危受命：金风的奠基人

王文启牵头建立的项目由于风力发电运作成本的攀升，在短期内未取得良好收益。经过深思熟虑后，他决定面向电力行业发展。目前项目的运作转由时任新疆水利厅企业管理办公室副主任的于午铭来接手。

项目运作初期遇到了较多难题。风能公司（涵盖达坂城风电场）一整年电费收入只有 20 余万元，只能勉强发放工人工资，大部分工作人员无法安心工作。多年的水电工作经历让于午铭清醒地认识到，风电前景不可限量，是不能放弃的一项事业。经过认真思索，于午铭决定采用"划小核算单位""自主运营""盘活目前资产"的多元化运营方式以确保风电项目持续运营。位于达坂城风力场周边 312 国道的一家加油站由此取得了较高收入，风投公司的工作人员也主要依靠其高收益下发工资。

"采用多种经营方式确保风电项目得以持续化运营，不仅提升了工作人员的团结性，也有助于企业和工作人员共同奋进努力，拓展市场"，回顾那段生存困难的日子时，于午铭感慨地说。这一决策不仅保护了中国风电行业这棵刚刚发芽的幼苗，更为后来风能公司转型乃至今天的金风科技奠定了优良的发展基础。

那是 1992 年，中国正进入一个时代的拐点。

2.3 化危机为机遇：技术创新始萌芽

1992 年春天，邓小平的南方谈话让新疆这个还在苦撑的事业单位看到一线希望，而突如其来的危机也悄然光临逐渐运营平稳的风能公司，一场超常的狂风袭击了达坂城风电场。一台运行了 5 年多的进口风力机发生了飞车事故，险些造成机毁人亡。危急时刻，时任达坂风电场场长武钢站出来，冒着生命危险攀到 23 m 高的工作台，实施人工 90°偏航，刹车失灵了，就用千斤顶顶住刹车。正是武钢的勇敢和非常规作业方法，才使机组停下来，避免了更大的损失和危险。这次事故之前，于午铭就和武钢探讨过制造风电机组的问题，而这次飞车事件更坚定了他们要自己制造风电机组的想法。

当时中国市场上的大型机组全部是国外产品，风能公司地处新疆，一无资金，二无技术，要造大型风电机组谈何容易，业界也没有人看好这个想法。但于午铭和他的同事们还是迎难而上，按照计划坚定推进。

机会总是留给有准备的人，真正的转机再次源于欧洲。1994 年，德国政府推出"支持发展中国家建设风电场的黄金计划"，只要购买德国生产的风电机组，每个项目就能获取购买总价 70%的赞助资金。于是，于午铭向上级提出合作申请，获取了 380 万美元资金，引进 3 个厂家的 8 台大型风电机组，成功开展了达坂城风场二期建设工作。更具价值的是，这 8 台机组分属于 3 个厂家，技术上各有特色，这使公司对国外风电机组的技术发展状况有更多了解，形成了消化吸收国外先进技术、研制集各种机型之长的国产大型风电机组的设想，为公司之后的发展奠定了技术基础。随着上网电价不断上升，1997 年公司摆脱连年亏损开始略有盈利，逐渐走上了发展之路。

3 一次创业：商业化示范运营

3.1 科技攻关

王文启在投奔电力系统后，很快就在达坂城打造了第二个风电场——直到今天，他仍然被认作是新疆风电第一人，第二人也许就是于午铭。达坂城飞车事故催生了自造风机的萌芽，加之风能公司引进丹麦和德国设备打下的良好技术基础，给了于午铭坚实的信心。1997 年，于午铭做了一个大胆的决定，他要带着风能公司，全面进军风电制造业，尽快自主研制出大型国产化风电机组。当时，业内给予支持的较少，就连于午铭的上级领导也不赞成。

因为实施"黄金计划"，于午铭以实地考察方式学习了国外制造风电机组的经验。"经过实地考察能够看出，这几家制造商规模一般，且都是组装式制造模式，并不是传统的任何零部件都需要自主生产的模式，这也拓展了我们的工作思路。"于午铭说。

1997 年夏天，在得知 Jacbos 公司高层有意进行技术转让这一重要信息后，于午铭带着一个五人工作组去了德国。经过艰苦的谈判，与 Jacbos 公司签订了 600 kW 风力发电机组生产许可证与技术转让及零部件供应合同，并带回了几大箱技术资料。他后来承认，那份合同就是今天"金风科技"的起源。

回国后，为加快国产化进程，风能公司专门成立了攻关机构，实行了机制创新、管理模式创新和技术创新，开始研制、攻关工作。此时，我国提出了"九五"科技攻关计划，于午铭获取了 300 多万元的开发经费，然而他制订的新工作计划需要 4 500 万元。为了尽快筹集到所需资金，他以此项目为依托，于 1998 年正式组建了自筹资金、自负盈亏的"新疆新风科工贸有限责任公司"——这便是今天金风科技的前身。

1998 年 6 月 16 日，于午铭牵头研发出的第一台 XWEC-Jacobs43/600 kW 国产化风电机组开始正式运行，并在新疆达坂城风电一场并网发电，这代表公司正式开展风电机组制造工作。此后一年多时间，又成功研发出了 XWEC-Jacobs43/600 kW 机组，数量共计 10 台，第一台机组国产化率为 33%，而制造第十台机组时该指标已接近 72%。

1999 年 12 月，600 kW 机组国产化攻关取得决定性胜利，该机型基础性能和进口风电机组基本相同，技术上比较先进，可面向其他地区进行有效推广。

3.2 结构分体，科研转市场

在顺利完成"九五"科技攻关项目后，于午铭意识到将来如何有效销售风电机组的问题，此时大部分国内企业对于国产风电机组的质量都有所怀疑，如何销售风电机组便成了当下面临的难题。

2000 年，公司正式推进从科研成果向市场产品的艰难转型，第一个订单来自新疆阿拉山口的一个兵团，当年共销售 4 台国产化机组，实现了 600 kW 国产风机销售零的突破。2001 年，新疆金风科技股份有限公司正式成立。公司获批承担国家"863 计划"、"十五"科技攻关等三个科研项目，同时引进德国 750 kW 机组制造技术。在国家经贸委"国产风机示范风电场（国债风电）项目"的支持下，公司实现 12 台国产化 600 kW 机组的销售，在市场化转型中迈出关键一步。随着市场化转型的推进，公司在乌鲁木齐投资建设总装基地，竣工投产后每年可生产 200 台 600 kW 风机。

3.3 技术合资

市场化的良好开局并没有让金风科技懈怠。此前虽然依靠引进国外先进技术来弥补自身研发能力的不足，但技术引进并不是长久之计。金风科技此后便开始大幅增加科研投入，尝试与国外先进技术企业联合设计。很快，750 kW 风机下线并投入运行，相比此前通过购买许可证来引进技术，联合设计迈出了自主创新的关键一步。

2005 年，国家主管部门同意建立"国家风力发电工程技术研究中心"。同年，公司研制的第一台直驱永磁 1.2 MW 风机在新疆达坂城风电场投入运行，这标志着金风科技由引进技术到合资技术的转变。后来的发展进程表明，这次转型为金风科技占据技术、产品与市场领先地位创造了重要条件。

3.4 专业化协作打造整机巨头

金风科技选择了从科研成果到市场产品，从技术引进到技术合资，由运营管理工作转变为创新制造，而能否制造出满足市场需求的风力发电机，也是备受关注的问题，当时我国并没有成功制造风机的先例。因此，在之后相当长一段时间内，金风科技都采用专业化协作模式：中间零部件以及制造工作由其他厂家完成，金风科技负责组装工作。与企业自主生产所有零部件模式不同，该模式优势在于固定资产方面无须投入过多资金，也无须掌握复杂技术，采用组装方式即可获取更多收益。这使金风科技进一步学习了先进核心技术，有效拓展了市场，取得了良好运作效果。金风科技历经多年发展，后期已经成功上市，但依然没有采用自主生产部件的方式开展运作活动，它决意将专业化协作模式继续下去。

在这一模式中，供应商成为金风科技最重要的合作伙伴，金风科技总裁王海波表示："金风科技与供应商的关系与同类型整机企业不同，金风科技大多数零件都是借助其他生产厂家生产，而且合作时间都超过了 10 年，这些供应商的生产效率及生产质量对于公司来讲非常关键。金风科技的质量与效率，都由他们来决定。"

2005 年，金风科技提出"善待供应商"的理念，正是在专业化协作生产模式下，金风科技才得以长期保有风电产业龙头与核心的位置。

4 二次创业：风电制造国产化

4.1 市场：能源结构调整，政策利好

能源短缺、环境污染、全球气候变暖等问题已成为人类面临的共同挑战。中国以煤和化石能源为主的能源结构面临着巨大资源、环境和节能减排压力。为了解决这一问题，实现经济的可持续发展，中国政府采取了一系列措施和办法。

2005 年《中华人民共和国可再生能源法》（简称《能源法》）通过，紧随其后，相继推出 21 项配套政策促进风电产业发展。从可再生能源法为风电等可再生能源产业的发展提供法律保障；到基于《能源法》的风电政策法规，促进《能源法》相关政策落地；风电并网消纳及对风力发电上网电价的相应财政补贴等政策的逐步落实，都很大程度推进了风电能源的开发。加上 CDM 机制的普及、各地方政府对发展风电的支持，使投资者看到了风电项目的良好前景而纷纷积极介入。神华、中节能、五大发电公司等巨型国企纷纷以高起点、大手笔进入风电产业。他们的介入也为产业发展注入了新活力，基本解决了风电场建设所需巨额资金的需求问题，是对产业发展的强势拉动。自此，中国风电产业实现了井喷式发展，经过连续四年翻番后，装机容量跃居世界第一。

金风科技与其他风电设备制造厂家一起享受着政策阳光，在"国家制定政策，政策营造市场，市场拉动发展，竞争促进提高"引导下，保持着业绩高速增长良好局面。

4.2 技术：研发提升，收购德国 Vensys

在技术合资以及专业化协作模式的运作下，金风科技有效拓展了市场。在当下发展大好的背景下，金风科技是继续维持现有模式，还是进一步开展技术创新？一个新的难题摆在了金风科技的面前。

2006 年，胡锦涛同志视察金风科技提出："我们要发展自己民族的风力发电设备制造业，掌握世界先进技术，具备自主创新能力，生产维修服务形成体系，充分开发我国丰富的风能资源。"他期望金风科技"进一步发挥优势，抓住机遇，技术创新，开拓市场，继续引领国内风电行业发展"。这一重要指示与期望为金风科技下一步发展指明了方向。

其实，金风科技想要通过自主研发在行业立足早有苗头。

金风科技从一开始就不甘心于做一个整机制造商，它更希望能拥有自主研发能力。从 20 世纪 90 年代与德国 Jacbos 公司签订生产技术转让合同，到与德国先进技术企业开展联合设计，再到 2008 年年初以 4 亿多元人民币、以 70%的持股比例收购德国 Vensys 公司，金风科技一步步建立起了完善的风电研发体系。不仅获取了更多技术学习与合作的机会，实现了自主创新的提升，推动了中国风电制造业技术水平的提升，同时也在很大程度上助力了金风此后的国际化发展。

在收购德国 Vensys 的过程中还出现了一段小插曲。在全球风机研发技术以双馈式发电机为主的背景下，德国 Vensys 公司是为数不多坚持研究直驱永磁技术的企业。这一技术在当时被认为发展空间有限，并未引起风电企业的重视。金风科技除武钢以外的所有人也持同样的看法，他们认为双馈发电机作为全球主流技术相对成熟，研发和生产也容易实现规模化。而转变技术需要向客户重新树立技术认知，短期内很难有销售收入。武钢在达坂风电场一线 5 年的运营维护工作，让他深刻了解风机设备核心原理及成本、安全、价值的重要性。他认为，该技术与主流技术相比具有高效性、可靠性与低度电成本等优势，更能形成差异化，进而迎合未来市场的需求。于是，武钢从公司乃至行业发展的长远目标出发，轮番与市场、研发等关键技术部门谈话，直到所有人都认可直驱永磁技术。2004 年，金风科技和德国 Vensys 正式建立了合作关系，共同研发直驱永磁兆瓦级机组。直驱永磁机组很快在市场得到了广泛认可及应用。

基于前期合作建立的信任，金风科技在 2008 年年初收购了 Vensys 公司。同时利用影响力较大的全球

研发平台,推出了直驱永磁系列等多个风电机组产品。此时,金风研发人员占比达到了 16%,而研发资金投入占比达到了 6.4%。收购 Vensys 使金风科技突破技术限制,成为具有自主知识产权的风机企业,为其走向国际市场奠定了基础。

4.3 资本融合:上市

金风科技于 2007 年 12 月 26 日在深交所实现 A 股上市,成功募集资金约 18 亿元,上市当日股价高达 168 元,打破深交所历史记录。所募资金为解决直驱永磁的自主知识产权及实现量产提供了重要资金支持,是金风科技的一次重要命运转折。

2010 年 10 月,金风科技又在香港联交所实现 H 股上市,募集资金约 80 亿港元。上市后股票市值曾达到 83 亿美元,位居全球风电制造业第一。两次上市为金风科技提供了发展资金,促进了管理水平的提升,也为金风科技走向世界准备了资本条件。

金风科技通过两次上市,公司股东财富快速增长。按净资产计算,股本金增长了 153 倍,如按国有股市值计算,更增长了 620 倍,国有资产极好地实现了保值增值。

4.4 初步全球战略:成为全球领先的风电设备制造企业

2009 年 8 月,胡锦涛同志再度视察金风科技之际,对公司所取业绩给予高度赞赏,他亲切勉励金风科技"在国家提倡新能源产业得到进一步发展的大好时机,应积极开展创新发展工作,有效控制运作成本,逐步提升服务水平,适应国际化市场发展。"

金风科技不负领导人重托,基于收购 Vensys 打下了技术领先与国际市场基础。早在 2008 年下半年,已将 6 台 750 kW 金风机组由天津港装船运输进入古巴,逐步销往国外。2009 年 9 月,第一批 3 台 1.5 MW 风机出口到美国明尼苏达州 UILK 项目,并于次年 1 月成功并网发电。

金风科技的全球战略计划由此拉开了序幕。

5 三次创业:产业多元,放眼世界

5.1 伴随政策利好的新竞争压力

金风科技前期发展的辉煌业绩是在国家发展和改革开放的大好形势下、在中国风电产业起步初期的有利过程中取得的机会性增长。现在,风电行业已取得充分发展,行业规模、对外部环境及电网等制约条件的依赖程度、竞争程度与过去不可同日而语。2005 年至今,在国家政策营造的火热风电市场的拉动下,一大批国有与民营企业积极投入风电设备制造,外国风电巨子也纷纷在中国投资设厂,中国风电制造业形成井喷式发展的火爆局面,而金风科技也迎来新的竞争压力。

1. 全国风电设备制造能力严重过剩。

中国风电设备制造业近几年得到高速增长,是政策营造市场,市场拉动发展的成功范例。几年前还曾被列为中国风电发展制约因素之一的"设备生产能力不足",几乎一转眼变成了生产能力过剩。到 2008 年年底,国内风电机组总装厂家已增加到 70 家。其中,仅对已开始批量生产的 15 个总装厂统计,到 2010 年合计生产能力将达到每年 20 325 MW,如果再加上其他厂家及在规划中的各类开发区、风电产业园数据,到 2020 年达到 60 000 MW,大大超出市场需求。可以预见,几年内必然出现整机市场供大于求的激烈竞争局面,产业大调整不可避免,这给金风科技带来严峻挑战。

2. 省区激励政策趋于地域性。

不少地区(如甘肃、内蒙古)在特许权以及千万、百万千瓦风电基地项目设备招标中,要求制造厂家必须在项目所在地设分厂,就地提供设备与服务。有的省区(如河北)已下发文件,鼓励本省批准建设的风电场使用本地化风电设备。"对使用该产品或是零配件的风电企业,给予风电场优先开发权,并给予电网接入的优先权,为项目用地提供重要保障。"这些规定将给金风科技的市场空间造成极大的限制。

3. 业内竞争态势日趋严峻。

2008年，在新增装机容量中，内资与合资企业占75.6%，外资企业占24.4%；在累计装机容量中，内资与合资企业占61.8%，外资企业占38.2%。我国风机设备主要由外国企业供应的局面已得到彻底改变，国内形成了金风、华锐、东汽三巨头鼎立的竞争格局。值得一提的是，华锐风电科技的母公司是大连重工，与东方汽轮机同属于国内重型装备制造领域的主力企业。这类企业在市场竞争中除了拥有可以与金风科技匹敌的技术、经验、系统外，还拥有金风科技相对较弱的制造行业地位、与风电场运营商及地方政府关系等方面的优势，是未来金风科技的有力竞争对手。加之，未来国内各省区风电发展区域竞争的日益激烈，金风科技遭受对手市场挤压的情况必将更加严重。

4. 业内质量事故频发。

国内风电发展迅速的同时也存在不少问题：追求速度而忽略质量；重视装机容量而轻视发电量；重视销售业绩但忽视了产品质量以及可靠性。为此，政府监管趋严，国家能源局开始组织对风电设备质量进行专项调查，电监会要求已经电网运行的风电场要进行风电机组低电压穿越能力核查，不具备低电压穿越能力的首先要制订全新的改造计划。由于风电电网检测资源存在很大的限制，风电整机企业检测时间较长，无法保证电网正常速度，金风科技也因此备受牵连。

5. 消纳问题突出，弃风致装机量下滑。

经过连年爆发式发展，我国开始出现明显的弃风限电。2010年全年限电量39.43亿kW·h，弃风开始成为制约风电行业发展的重要因素。2011年，我国风电限电量首次超过100亿kW·h，弃风率达到16.2%，2012年则进一步攀升至17.1%，成为有史以来弃风限电最为严重的一年。风电新增装机连续两年下滑，持续加重的弃风限电影响了开发商的积极性。

以上种种，让金风科技面临着又一大选择：继续专注于风电整机制造还是开辟多元化业务？生存与发展条件的改变对企业经营与管理提出了更高、更严酷的要求。就在此时，董事长武钢提出了"金风归零""第三次创业"这样意义深远、鼓舞人心的新奋斗目标。金风科技必须适应竞争性增长的转型要求，保持良好发展态势，实施集团化管理，成为一个久盛不衰、具有世界影响力的国际化公司，让"中国的金风"真正成为"世界的金风"。

5.2 多元化业务并存

专业化协作与自主研发是金风最重要的发展战略，但仅依靠这两点还不足以保证金风科技的竞争优势，金风科技除推动国内风电整机制造以外，同时成为我国第一个开辟风电多元化业务布局的企业。

1. 风电第三产业——风电服务业。

早在2007年风电服务业还处于创业与发展初期，金风科技就推出"风电整体解决方案"。风电服务业是为风电场建设、风电设备制造提供技术以及产业配套支持的相关行业。在国外已形成风电第一、第二、第三产业三足鼎立的发展态势，市场前景广阔。我国风电服务业尚处于起步阶段，除项目建设初期的工程咨询、科研设计等，在项目建设过程中的管理咨询问题或是工程总承包，项目建设以后的专业运行检修维护，咨询、专业设计过程中并没有多个企业介入。金风科技正是基于此，看到了风电服务产业的广阔发展前景，大力发展风电服务业。其制定的"风电整体解决方案"涉及风电项目生命周期各个发展阶段，为客户提供更高价值的"一站式"服务。

2. 重拾风电场投资。

北京天润是金风科技的全资子公司，其在2007年年初投资了乌拉特后旗风电场，并于2008年年底将其出售，在满足客户需求的同时创造了640万美元的盈利。2008年7月，天润向国华能源投资有限公司转让塔城天润丰厂股份，全年该业务收入超过了1亿元。金风科技还与国开行、德意志银行、花旗银行等国内外多个影响力较大的金融机构加强合作。该模式在获取更多投资收益，逐步提升自身竞争实力的同时，有效降低了风险，确保源源不断的现金流，进而提高了企业投资意愿。

3. 水务环保。

2015年金风科技提出"以智水，致碧水"，成立金风环保有限公司以培育风电业务之外的第二主营业务板块。主营业务为对供水、污水处理、中水回用项目进行投资开发、工程建设、项目运营。通过与各知名大学、设备厂商的积极合作，研发了新一代除盐技术电容去离子法和可定制化臭氧催化技术等核心技术，形成了公司的核心竞争力。同时，将物联网、大数据等新兴技术应用于水务的运营管理中，实现智慧水务，为客户提供更好的水环境综合服务。

4. 其他新业务投资。

此外，金风科技也涉足投资业务，主要分为战略投资与财务投资。战略投资是以公司战略规划为指引，对实现公司战略所需要的先进技术和产业项目进行投资与并购，助力主业升级与战略转型，重点投资：新能源、新材料、能源互联网、大数据、环保水务、现代农业、人工智能等领域。金风投资控股有限公司，则是金风科技财务投资战略的执行机构；主要负责金风科技财务投资业务，专注于股权投资和资产管理。

5.3 风电业务全球化

"母鸡的理想不过一把糠。"——罗马尼亚谚语。

金风科技显然并不是"母鸡"。早在 2011 年，武钢就提出，第三次创业的目标是使中国风机走向世界，利用五年时间把"中国的金风"打造成"世界的金风"。

五年时间已过，金风科技出海是否得偿所愿？数据显示，截至 2016 年年底，金风科技全球累积装机总量超过 3 800 万 kW，2016 年当年新增装机 659 万 kW，全球排名第三。2016 年国际收入超过 16.8 亿元，海外累计装机 120 万 kW，占我国全部机组累计总出口容量的 43.5%。截止到 2017 年，金风科技累计出口风机容量占我国累计出口风机容量的 50.0%以上，而 2017 年我国新增出口风机容量，金风科技同样贡献 50.0%以上份额。金风科技管理层披露，公司约 8.0%销售量来自海外市场，待开发和储备项目容量共上升为 1 770.3 MW，新增欧美及东南亚各国海外订单合计 231 MW，企业现阶段国际订单规模已超过 1 GW。

取得如此成绩很大程度上与武钢所制定的多维度（技术产品、人力资源、市场、资本）实现国际化有关。而这其中，资本的国际化无疑是最难的。行业第三方机构、咨询公司、银行等是海外本土融资的主要通道。风电场项目是基础设施项目，在投入资金时必须考虑将来的收益问题。中资企业要使这些通道主体了解企业业绩，看到企业具备已认可的国际认证标准，并配合其调查企业各个方面的实际情况。

2009 年，金风科技向美国地区拓展市场时，调查美国最新政策以及行业发展特点发现，美国采用的市场化电价机制和我国上网电价模式不同。因此，公司聘请花旗银行作为财务管理工作顾问，也借助其获取了更多运作资金。花旗面向金风科技 Rattlesnake 风电场项目专门建立工作团队，提出电价保值方案，确定固定电价，保证项目能有效获取收益，促成税务投资交易活动。最终，Rattlesnake 风电场项目获得三方投资，成为首个美国生产税减免政策影响下得到税务投资的中资企业，这使金风科技成为中国新能源企业出海的一面旗帜。

除了电站融资，在国际债券市场融资方面，金风科技也进行了颇多尝试。

2015 年 7 月，金风科技在国外地区发行债券额度达到 3 亿美元，票面利率达到了 2.5%，时间为 3 年，这也是中资企业首次发行的绿色债券。下发债券后，来自全世界 67 个机构投资方都积极参与了认购活动，且以高于 5 倍的价格进行认购。金风科技此次债券的顺利发行也有助于今后进一步面向海外市场拓展融资渠道。2016 年 8 月，金风科技获国际信用评级机构标普 BBB-、穆迪 Baa3 的评级，评级展望方面都体现了稳定性，说明金风科技发展形势较好。

"一带一路"倡议提出后，金风科技响应国家政策号召，积极开展各项工作，进一步研究不同国家经济发展、风电政策的变化情况，利用良好的沟通方式和不同国家人员进行互动交流，有效预控各种风险，满足不同地区市场的真实需求。

6 转型之路仍在继续……

2018 年，是全球能源转型关键之年。在全球"去补贴"浪潮下，中国坚定了绿色能源发展基本路线和去补贴"路线图",以 2020 年实现"风火同价"为目标,通过产业创新推动绿色发展和能源转型深入。

2018 年,在国家配额制、绿证、竞价上网、分散式风电等一系列政策推动下,国内风电不断稳步前行。在这一背景下,金风科技提出智能风机概念、加快产品技术变革、推动公司乃至全行业多元化和数字化转型。"两海"版图不断扩大,业绩再创新高,全优产业链稳步推进,金融板块成长迅速,并成功"跨界"水务环保领域。在成为国际化的清洁能源和节能环保整体解决方案领跑者道路上,迈出可喜的一步。同时,积极践行社会责任,传递企业温度,并用点滴行动,向全社会传播低碳理念。

截至目前,金风科技已在全球布局 7 个片区,覆盖 6 大洲近 20 个国家,建立 7 大研发中心,拥有超过 8 000 名员工,其中 2 000 名研发工程师与服务工程师组成技术团队。海外分子公司中,95.0%以上市场员工均为当地聘请的经验丰富的优秀人才。

金风科技朝着国际化发展,面向不同地区提供清洁能源,帮助各个国家调整节能环保方案,当下已成为全世界技术水平领先的风电整体解决方案提供商,期望未来能够成为国际化清洁能源和节能环保整体解决方案的领跑者。近年来,金风科技将"为人类奉献白云蓝天,给未来留下更多资源"的企业使命上升为"为人类奉献碧水蓝天,给未来留下更多资源",坚持绿色智慧能源的发展普及,以技术创新为先导,形成了企业多项核心竞争力,在巩固国内市场的同时,加速推进国际化战略,凭借领先的技术、产品及整体解决方案,得到国内外市场的广泛认可。

随着 2020 年"平价上网,风火同价"时代的到来,金风科技又将面临着新挑战,相信多次成功转型的经验定能带领金风科技克服困难,战胜挑战。眼前的油画再一次坚定了武钢的信念,金风科技一定会为全球绿色低碳发展贡献力量,让全世界获取到人人可负担的、可靠的、可持续的未来能源!

The Goldwind Technology, From China To the World
—The Strategic Transformation of Goldwind Technology

Abstract: Goldwind Technology has been ranked the first in the market share of domestic wind power equipment manufactures for 9 consecutive years. It has made remarkable achievements in the development and industrialization of wind power equipment. However, from a water conservancy and hydropower research institute in a remote area of xinjiang to a commercial operation enterprise, from wind farm development to wind power equipment manufacturing, to wind power overall solution provider, until today to devote to clean energy and energy conservation and environmental protection, from out of xinjiang based on domestic to international, in the face of national policies and changes in the competitive environment, how does Goldwind Technology maintain its core competitiveness, meet increasingly fierce challenges, and become an internationally renowned enterprise? This case will be born by reviewing Goldwind and development process, the enterprise culture on enterprise development of Goldwind far-reaching influence, continuous innovation to the enterprise core competitive ability of shaping of in-depth analysis of the influence of enterprise successful transformation, so as to enterprises and other industry innovation and transformation of manufacturing companies to provide guidance and reference.

Key Words: Strategic transformation; motivation; core competitiveness

案例使用说明：

从中国的金风，到世界的金风
——金风科技的战略转型之路

一、教学目的与用途

1. 本案例可用于《战略管理》课程中"外部环境分析""内部资源能力分析""战略层次""核心竞争力分析"等章节的教学，也可作为《战略管理》课程相关章节的延伸阅读案例。适用对象为本科生、研究生、MBA 及 EMBA 学员。

2. 教学目标：以金风科技三次战略转型为主线，通过描述该企业持续变化的内外部环境及其应对措施，引导学员分析企业战略转型过程，思考如何成功地进行战略转型，并希望实现以下具体目标：

（1）深入理解战略转型过程。引导学生对企业所面临的宏观环境以及自身所具有的优劣势进行分析，识别企业战略转型的动因，洞察企业成功战略转型要素。

（2）熟练掌握战略分析工具。引导学生熟练运用一般战略分析工具（PEST 分析、五力模型分析、SWOT 分析等）分析战略制定过程。

（3）强化动态决策能力。加深学生对于战略决策的理解，提高学生根据环境变化作出战略转换的能力。

二、启发思考题

1. 金风科技做了哪些战略转型？运用一般战略分析工具（PEST 分析、五力模型分析、SWOT 分析等）分析各阶段转型的动因是什么？

2. 金风科技不同组织层级在三次转型中先后进行了哪些战略抉择？

3. 金风科技在转型过程中是如何保持并不断强化企业的核心竞争优势的？

4. 结合本案例谈一谈战略转型成功的关键要素有哪些？

三、分析思路

本案例是一个描述—评价型案例，基于对案例企业的成长过程客观描述，对企业 30 年发展历程多维度的关联与梳理，通过分析企业各阶段面临的环境及自身能力资源，剖析企业数次转型的动因，并对转型过程进行深度剖析：做出哪些战略抉择，如何创建核心竞争力来保证战略顺利实施，最后通过提炼金风战略转型的路径和经验，分析转型成功的关键要素。具体分析的逻辑思路为：

首先，结合金风科技创立至今各阶段的环境及自身能力，从其企业目标出发，结合所面临的问题和挑战，引导学生了解战略转型的动因。其次，基于企业优势及价值链评估合理配置资源，进行战略定位，制定、分析并选择能让企业保持继续发展的战略。接着，深度剖析战略实施过程，探究其建立核心竞争力，保持竞争优势的战略过程，了解其如何化战略为行动，最终又带来怎样的变革成果。最后，通过探讨如何保证企业转型、成长、升级的过程，引导学生把握企业变革与成长的关键因素。

综上所述，理论依据及逻辑框架如图 3-1-1 所示。

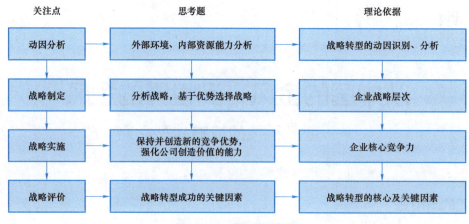

图 3-1-1 逻辑框架图

四、理论依据与分析

1. 金风科技做了哪些战略转型？各阶段转型的动因是什么？

● 理论依据：

（1）战略转型。

战略转型是企业通过感知外部情境，对内外部资源要素进行重新配置，实现产品或市场领域的重新组合，从而产生的基础性变化或战略的重新定位（Wiersema 和 Bantel，1992）。战略转型的动因可分为外部动因和内部动因两方面，外部动因主要来自外部环境的变化，政治、经济、社会文化、技术、法律、行业内竞争、产业生命周期等宏观环境的变化，构成战略转型的外部环境压力。没有一种环境是可以维持长期不变的，当环境发生不可逆转的变化且导致企业战略无法与之相匹配时，企业要在应对变化中做出维持企业长远的生存的调整，战略转型就以前瞻型或反应型存在。内部动因则来自企业生命周期阶段、企业资源和能力、企业绩效等交织在一起形成的复杂多变的企业内部微观环境，共同构成企业战略转型的内生压力。

（2）PEST 分析。

PEST 分析是对企业所处的宏观环境进行分析，主要包括政治环境分析（Politics）、经济环境分析（Economic）、社会环境分析（Society）以及技术环境分析（Technology）。政治环境包括国家政治制度、政策、法律法规等方面。经济环境包括社会经济结构、经济发展水平以及宏观经济政策等。社会环境包括人口因素、社会流动性、生活方式以及价值观等。技术环境包括变革性的技术进步、技术总水平及变化趋势。

（3）SWOT 分析。

SWOT 分析是对与企业密切相关的主要内部优势（Strength）、劣势（Weakness）、外部的机会（Opportunity）和威胁（Threat）进行分析，进而根据分析结果制定对应的发展战略。

（4）波特五力模型。

一个行业中的竞争远不止在现有竞争对手中进行，而是存在着五种基本竞争力量的较量。它们是：供应商的议价能力、购买者的议价能力、新进入者的威胁、替代品的威胁、同行业竞争者的竞争程度。

供应商的议价能力：供方力量的强弱主要取决于其提供的投入要素，供方提供的投入要素占买主产品总成本的比重越大，其对买主就越重要，讨价还价的能力就越强。

购买者的议价能力：购买者主要通过压价与要求提供较高的产品或服务质量，来影响行业中现有企业的盈利能力。

新进入者的威胁：新进入企业在带来新生产能力、新资源的同时，会与现有企业竞争原材料与市场份额，竞争性进入威胁的强弱主要取决于进入新领域的障碍大小与预期现有企业对于进入者的反应情况，竞争严重的情况下可能会危机现有企业的生存。

替代品的威胁：两个处于不同行业中的企业，会由于所生产产品互为替代品，进而会产生相互竞争的行为。这种行为会以各种形式影响行业中现有企业的竞争战略。

同行业竞争者的竞争程度：大部分行业中的企业之间的利益都是紧密联系的，各企业的竞争战略目标均是使得自己的企业获得相对于竞争对手的优势，所以，在这一过程中会产生冲突和对抗，进而构成了现有企业之间的竞争。

（5）动态能力理论。

动态能力是企业整合、建立和再配置内外部资源以适应快速变化的环境的能力（Teece等，1997）。"动态"指的是为适应不断变化的环境，企业必须具有不断更新自身能力的能力；"能力"强调的是整合和配置内外部资源的能力，以此来使企业适应环境变化的需要。它的基本假设是：组织的动态能力能够使其适应外部环境的变化，从而获得可持续竞争优势，其关注的是企业能力的改变过程（黄俊林，2012）。

● 分析：

金风科技共做了三次战略转型，分别是：从新疆偏远地区的水利水电研究所转型为商业化运营企业；从风电场开发转型为风电设备制造；从风电设备制造到开展多元化业务（包括解决方案提供、风电场投资、水务环保以及其他投资）。运用PEST对金风科技战略转型所面临的宏观环境进行分析（如图3-1-2所示），具体分析如下：

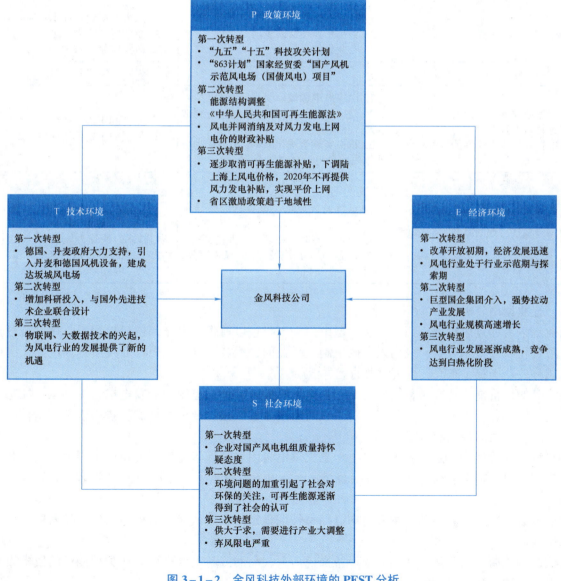

图3-1-2　金风科技外部环境的PEST分析

(1) 宏观环境分析。

第一次转型：在探索期和一次创业期间，虽然宏观环境艰苦，但行业尚处探索期，而金风作为国内首批引进并学习风电技术的企业，积累了深厚的技术功底，成为风电产业的标杆，研发和成本都有较为轻松的竞争环境，也成功引领并创造了行业需求。

第二次转型：在二次创业过程中，政策利好让金风科技得以迅速发展的同时也迎来了前所未有的激烈竞争。即便通过收购德国 Vensys 获得自主研发及生产的优势，但在其研发及管理成本居高不下的同时，还要艰难应对政策带来的雨后春笋般涌现的同行业竞争对手的低成本、低价格的冲击，市场份额遭到严重挤压。

第三次转型：生存与发展条件的改变也致使金风科技在适应竞争性增长的必要性中，提出第三次创业的奋斗目标。这一次，中国的金风，将通过开展多元化业务走向世界，致力于成为兼具国际品质和中国特色的世界著名品牌，成为全球清洁能源和节能环保解决方案的行业领跑者。

(2) SWOT 分析。

对金风科技公司自身优势、劣势以及外部机会与威胁进行 SWOT 分析（如表 3–1–1 所示）。

表 3–1–1　金风科技公司的 SWOT 分析

外部环境	优势（S） 1. 持续不断的创新能力 2. 崇高企业使命的驱动力 3. 专业化协作模式	劣势（W） 1. 风力发电运作成本不断升高 2. 企业资金实力不足 3. 政策依赖性较大
机会（O） 1. 风电行业发展潜力巨大 2. 国家对风电行业的大力支持 3. 风电行业技术密集性的特点	SO 战略 1. 深耕风电领域，引领行业发展 2. 建立行业技术标准，推动风电制造业水平的提升 3. 积极实施全球化战略，努力成为全球领先的风电设备制造企业	WO 战略 1. 充分利用国家政策、资金支持 2. 积极通过资本运作进行融资
威胁（T） 1. 风电行业竞争日益激烈 2. 国家政策扶持逐渐减弱，省区激励政策趋于地域性 3. 消纳问题突出，弃风限电严重	ST 战略 1. 继续发展风电，维持行业领导者地位 2. 政策遇冷时，在聚焦主业的同时，集约多元，形成风电场开发、风电服务、环保等多业务格局	WT 战略 1. 运用敏锐的洞察力与判断力发展核心技术，快速占领市场 2. 加强核心技术的研发，积累沉淀

(3) 行业竞争分析。

同业竞争者的竞争程度：在前两次转型中，金风科技以前瞻性眼光深耕风电领域，通过与丹麦、德国等政府合作以及技术收购，成为国内风电制造行业的领跑者。随着风电行业发展逐渐成熟，国内企业形成金风科技、华锐、东汽三巨头鼎力的竞争格局。

供应商的议价能力：金风科技采取专业化协作模式，叶片、齿轮箱、发电机、主轴承、控制系统、液压系统等零部件全部面向外界购买，对供应商的依赖性较强，金风科技的质量与效率都由供应商来决定。因此，供应商的议价能力较强。

购买者的议价能力：购买者主要集中于五大发电集团（中国华能集团公司、中国大唐集团公司、中国华电集团公司、国家能源投资集团有限公司、国家电力投资集团公司），集中程度较高，购买者议价能力较强。

新进入者的威胁：各零部件供应商均已拥有长期稳定的合作伙伴，风机零部件的技术壁垒使得新进入者门槛较高。

替代品的威胁：对于风电清洁能源设备来说，替代品的威胁主要来自其他类型能源的发电设备如火电、水电、生物质能发电、地热能发电、海洋能发电。

2. 金风科技不同组织层级在三次转型中先后进行了哪些战略抉择？
● 理论依据：

霍弗和申得尔（1978）提出，企业战略根据组织层级可以划分为三类：

（1）公司层战略：主要问题是解决选择进入哪些经营领域，如何进入，并以更低的成本或差异化的方式开展价值链职能活动，以实现组织利润最大化的目标，此外公司层战略还需要帮助企业弱化竞争强度及减少破坏性价格竞争的威胁。如：横向一体化战略、纵向一体化战略、战略外包（归核化战略）、多元化战略、全球化战略。

（2）业务层战略：主要解决企业如何在市场定位及如何选择并实施商业模式，以获得竞争优势，并提高利润和盈利能力。如：成本领先战略、差异化战略、集中战略。

（3）职能层战略：在业务层战略的引导下，通过构建能进一步增强公司独特专长的资源和能力，来改善企业的功能性运作，如研发、设计、生产、营销、人力、财务等，来实现卓越的效率、出色的质量、优异的创新、优秀的客户响应，造就竞争优势。如：研发战略、生产战略、营销战略、财务战略、人力资源战略、信息技术战略等。

● 分析：

（1）第一次转型中的战略抉择。

① 公司层战略。公司在初次创业，不具备电力行业经验、制造经验背景下，充分利用风电场运作与学习积累下的技术沉淀，潜心研发和市场开拓，生产则选择战略外包，即金风科技多年来称之为的"哑铃模式"，推动市场化和风电制造国产化进程。

② 业务层战略。金风科技还在水利水电研究所时期，前瞻性地选择发展风电，弥补了当时新能源结构中风电市场空白的局面，实现清洁能源技术创新，并推动中国风电整机制造国产化进度。

③ 职能层战略。技术上，由引进技术向与国外先进技术企业联合设计转变，为金风科技占据技术、产品和市场领先地位创造了重要条件。生产上，金风科技仅负责组装工作，中间零部件以及制造工作由其他厂家完成，极大地降低了生产成本，提高了生产效率。财务上，在项目运作初期缺乏资金的情况下，采用多元化运营方式，确保风电项目持续运营。

（2）第二次转型中的战略抉择。

① 公司层战略。初步实施全球化战略，于 2008 年将 6 台 750 kW 金风机组出口古巴，于 2009 年将 3 台 1.5 MW 风机出口至美国明尼苏达州 UILK 项目，为金风科技未来发展及走出国门奠定了坚实的基础。

② 业务层战略。业务层实施差异化战略，充分发掘市场需求，确保市场提供独具风格的产品，避免趋同化。在市场主流技术为双馈式发电机的情况下，金风科技仍坚持引进直驱永磁技术，突破技术限制，最终得到了市场的广泛认可及应用。

③ 职能层战略。财务战略方面选择进行资本融合，分别于 2007 年和 2010 年在深交所实现 A 股上市，在香港联交所实现 H 股上市，实现公司股东财富的快速增长。研发战略方面以 70%的持股比例收购 Vensys 公司，提高了金风科技的自主研发能力，推动了中国风电制造业技术水平的提升。

（3）第三次转型中的战略抉择。

① 公司层战略。在政策利好所产生的新竞争压力下，金风科技全球化战略与多元战略并行实施。多元化战略体现在金风科技积极开辟风电服务业，推出"风电整体解决方案"；重拾风电场投资，广泛涉足战略投资与财务投资，大幅提升公司业绩；开展水务环保业务，加速推进环保业务的开展。全球化战略体现在金风科技在技术产品、人力资源、市场以及资本方面的国际化。

② 业务层战略。在新竞争压力下，金风科技进一步深化"差异化战略"。跳出了风电设备及零部件销售的单一商业模式，扩大与同业之间的区别，公司结合社会文化需求的现状，选择开发风电服务业，率先提出"风电整体解决方案"，重拾风电场投资；同时，开发同样符合企业使命的水务环保等清洁能源相关多元化产品，市场进入国际化；通过范围经济、规模经济，真正跨越了风电行业的壁垒，实现产品差异化、竞争转移、利润结构优化等企业发展目标。

③ 职能层战略。财务上对各个国家的经济政策、风电政策进行研究，以恰当的方式在国际市场上开

展并购重组与资本运作，积累了雄厚的资金实力。研发上与国内外知名高校、设备厂商积极合作，在多个层面研发具有竞争力的核心技术。信息技术上运用物联网、大数据等新兴技术手段，实现智慧服务，为客户提供更好的综合服务。

总体上看，正是由于金风科技在发展的不同阶段，根据公司的特定情形，有选择、有根据地从企业各层级进行战略的组合，使得公司在行业竞争不断加剧的情况下，依然受到了市场的认可。

4. 金风科技在转型过程中是如何保持并不断强化企业的核心竞争优势的？

● 理论依据：

曼索尔·贾维丹（1998年）提出，核心竞争力的概念可以根据其对企业价值的高低以及运作的困难程度分为资源、能力、竞争力以及核心竞争力四个层次，并将核心竞争力的层次与企业战略阶层对应，使核心竞争力与企业战略架构的对应关系清楚地展示出来（如图3-1-3所示）。查尔斯·W. L. 希尔与加利斯·R. 琼斯认为，出色的效率、质量、创新和客户反应，能够为公司建立并保持竞争优势，这四种因素是公司独特能力的产物，这种独特能力能让公司拥有差异化产品和低成本，他们之间高度相关，且相互影响，可靠的质量产生出色的效率，创新则可以提供效率、质量及客户反应。构建企业竞争优势方面，品质可靠性的重要程度正在逐渐提高，产品的高质量不仅是获得竞争优势的方式，也是公司生存所需的必要条件。产品的创新是竞争优势最重要的组成部分，因为创新赋予了公司独特的东西——某些竞争对手缺乏的东西。独特性可以将公司自身区别于竞争对手，也是企业超越竞争对手最根本、最关键的能力。凭借这种能力，能使企业在一定时期内给产品和服务增加价值，制定较高的价格，同时在动态的环境中赢取生存和发展。

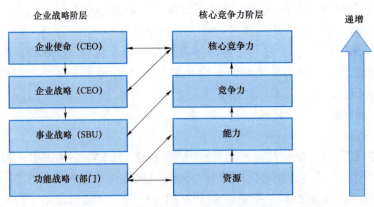

图3-1-3　核心竞争力与战略阶层的对应关系

由此综合来看，企业的竞争优势不完全在于产品，而在于其产品背后支撑产品的核心竞争力，是从企业所拥有的财务、组织、技术、管理、人力等各方面资源体现出来的持续的创新能力、可靠的质量、出色的效率、超强的研发能力、良好的客户反应等。

● 分析：

金风科技在创业与成长的过程中，一直在用创新引领发展，创造价值。在金风科技前身阶段，投入风力发电试验，建成了全国第一个工业化运营的风电场，弥补了我国能源结构风电市场空白的局面，实现产品创新。又从承担国家重点科研项目中，打破了项目攻关结束后组织解散、各奔东西的传统做法，在完成国家科技攻关的同时，将科技成果市场化，让科技成果取得经济效益。而在全球化进程中，基于多元化业务，逐步将职能型组织结构调整为多事业部结构，不同业务放在独立的子公司，各业务单位分权管理，分别设置财务目标，考察实现目标所实施的战略，不断保持机制创新。在核心技术的积累过程中，从引进、吸收、消化国外技术，到合资技术，此后又通过上市融资，以雄厚的资本支持，收购外国先进技术企业，成为全国第一家研制直驱永磁机组的企业，再到对自主产品拥有完全独立的知识产权；从构建开放型人才使用机制，吸纳各类人才，到覆盖全流程的创新奖励机制，最大程度地激发员工创新的积极性，保证源源不断的技术创新。在初次创业阶段，大胆吸收国外经验，开辟专业化协作生产模式，创造了制造企业的生产模式创新。正是在理念、产品、机制、技术、生产模式等方面创新所取得的丰硕成果，让金风独具竞争优势，是成就金风数次转型成功的重要条件。

对于产品质量的坚持，金风科技始终坚信质量竞争是最根本的竞争。多年来金风坚持为提升产品可靠性配置资源，关注客户体验，不断优化质量指标体系，强化质量管理的标准化、规范化、具体化。管理团队不断深入供应商厂家，宣传并监督质量管理，建立供应商质量信用评价体系，通过对供应商的可信度评价，保留高质量、高信用水平的供应商的同时不断引入新的供应商，以此保持供应商体系的优化，促使双方共同提高质量管理效率，实现合作共赢。

金风的创新文化与质量文化理念渗透在全集团员工日常工作中，用全员创新为公司创造更高的价值，用创新适应时刻变化的市场；坚守质量底线，为客户提供卓越与可靠的产品服务。

5. 结合本案例谈一谈战略转型成功的关键要素有哪些？
- 理论依据：

战略转型的实质是企业在成长过程中为应对环境变化而使企业战略发生变化的过程。国内学者吴照云等人总结出战略转型的关键因素主要包括：把握好转型时机，处理好来自组织内部的抵制与反对，明确清晰的战略转型目标以及推动组织战略转型的决心等。在明确转型的时机、目标、决心与阻力消除后，还需将新战略落地。余长春等人提出，战略实施的关键因素有：企业文化、内部领导作用、组织结构、管理制度、财务会计、研究开发、生产运作、市场营销。

- 分析：

回顾金风科技，在战略转型的过程中，诸多战略行动助力战略思想的落地：

（1）使命、愿景、价值观的根植——企业文化构筑的隐形实力。

金风人在"为人类奉献碧水蓝天，给未来留下更多资源"的使命感驱使下，实现了从中国特色风电设备制造商到世界风电制造前三的"中国的金风，世界的金风"的愿景，此后更将"全球清洁能源和节能环保解决方案的行业领跑者"作为新的企业目标。在战略转型过程中，企业文化的引导，是推动战略转型成功的隐形实力。在对 Vensys 并购重组的整合过程中，金风科技对异国文化的保留与尊重，也起到了至关重要的作用。

（2）机制创新与管理创新——战略转型的重要保障。

在科研投资机制上，不仅克服了科研经费短缺的问题，还突破了由国家单一投资科研项目的传统做法。企业、员工和社会自然人均可参与投资，实现了投资多元化，也调动了员工工作的积极性和创新能力。在组织机制上，摒弃了科研项目与经济建设不相关、科研攻关结束后组织解体的传统做法，以投资为依据建立的新风科工贸，既承担科研攻关，又负责科研成果的转化与经营管理，成功将科技成果推向市场的同时，还让国家对科研项目的投入获取效益并被保值增值。与此同时，各职能部门，从人力资源管理、创新奖励制度等方面促进了员工创新的积极性，基础管理体系和各项管理制度环环相扣，提升了企业的执行力，为战略转型提供了坚实的基础和保障。

（3）两地上市，海外举债：资本运作提供资金后盾。

金风科技两次上市将研发、市场和资本市场有机地结合起来，获取了重要的人力资源、技术经验、市场资源和财务资源，迅速扩大了金风科技的经营实力。其后在香港市场的债券发行，也成功打开海外债券市场融资渠道，并与全球固定收益投资者建立起长期合作关系。金风科技在转型过程中很好地发挥了资本市场的作用，不仅实现了企业经营资金募集，同时实现了国有资产的保值与大幅增值。

（4）专业化协作：打造整机生产巨头。

在金风初步探索风机制造之时，国内尚无风机制造先例，况且金风科技无任何制造业背景，在先天缺陷的条件下，金风选择战略外包，将零部件生产转移到企业之外，利用外部资源，让专业制造企业承担生产工作，有效降低生产成本。转而将有限的资源集中在自主研发和市场开拓上，潜心积累行业经验，创造出独特价值，强化核心竞争力，逐步稳坐风电行业的头把交椅。

（5）海外并购提升自主研发实力——保持核心竞争力。

坚持技术创新是金风科技战略转型中保持并加强核心竞争力的重要因素。技术引进、联合设计再到自主研发并二次创新的"三部曲"技术创新战略助力金风甚至风电行业实现了高国产化率。收购德国Vensys使金风科技获得Vensys直驱永磁技术知识产权，具备完全自主研发能力，获取了重要的人力资源，为企业内部连接全球范围的先进资源，获取更多技术合作机会，同时为国内同行业带来了先进技术标准，推动了中国风电设备制造行业整体技术水平的提升。不仅是技术创新，Vensys在海外的良好声誉也为金风后来的全球战略实施迈出重要一步。

（6）聚焦主业，相关多元——准确识别转型方向。

在金风科技的转型战略中，相关多元是另一个重点。围绕风力发电设备销售主业，集约多元，形成了风电场开发、风电服务、环保等多业务格局，扩大与同业之间的区别。一方面，四大业务之间具有很好的协同；另一方面，金风科技的风场投资具有明显的高收益，可以在行业不景气导致设备销售下滑时，起到保证公司有很好的现金流、稳定收入的作用。近年，金风科技将眼光投放到更远的数字化上，依赖于稳定且庞大的客户群，借助现代分析技术，真正跨越了风电行业的壁垒，实现了华丽的转型。

五、关键要点

1. 通过对企业战略转型的内涵理解，分析战略转型的动因，转型来自外部环境变化的压力与内部能力、绩效变化的共同驱使，当环境变化积累到一定程度，内部能力与外部环境无法相匹配时，当前战略模式就会阻碍企业的发展，企业要寻求发展与成长，就要准确辨别方向，把握时机，顺势转型。

2. 对战略转型过程的深度剖析，认识战略转型并非点决策，而是企业在充满不确定性的环境变化中，面对问题和挑战，不断做出动态反应的管理过程。对企业资源调整配置，基于优势选择对当前企业发展更有利的战略，调动各方资源为实现企业目标而创造更新的竞争优势。

3. 转型过程中，转型的决心、方向的准确识别以及目标确认固然重要，而如何化战略为行动，让转型战略落地，则要基于企业能力和优势，把握时机的同时，让战略实施需要具备的关键因素发挥作用。

六、建议课堂计划

本案例可适用于《战略管理》等课程的案例讨论，可贯穿于战略管理课程中从环境与能力分析，到战略制定、选择、实施的全过程管理程序讲授，也可用于课程结束后的专项案例讨论。以下按照专门的案例讨论，提供以时间进度为依据的课堂计划建议，仅供参考。

整个案例讨论的课堂总时间以控制在90分钟。

1. 课前计划。

提前一周发放案例资料，给出启发思考题，请学生在课前完成案例阅读，并对相关理论进行充分的学习和掌握，在查阅相关资料（例如，金风科技企业信息、国家颁布的相关法规和政策等）的基础上，完成启发思考题。同时建议全班分成小组，每组5~6人为宜。

2. 课中计划。

（1）简要的课堂前言，明确主题。（5分钟）

开场白：企业内外部环境在激烈的市场竞争中是不断发生变化的，为了取得竞争优势，企业必须要适时进行战略转型，以实现持续稳定的发展。作为中国风电行业的领跑者，面对国家政策和竞争环境的变化，金风科技做出了哪些战略转型？为什么要进行战略转型？在转型过程中又进行了哪些战略抉择？又是如何保持并强化企业的核心竞争力的？战略转型成功的关键要素是什么？让我们一起来分析一下。

（2）指定或邀请一名学生简要介绍案例，老师辅以引导、提问，把案例关键信息呈现出来，使学生熟悉整个案例，为进一步的讨论奠定基础。（7分钟）

（3）分组讨论。将课前的阅读思考与课堂老师的引导和要求相结合，以小组形式组内交流思考结果（10分钟），建议每一组重点讨论一道启发思考题，对讨论结果进行汇总，各小组做好汇报的准备（5分钟）。（15分钟）

（4）小组发言。每个小组代表对讨论结果做汇报、分享。老师结合发言进行点评和补充，期间可以随机点名提问以调动全体学生的积极性。第1—4题每题的时间控制在12分钟。（48分钟）

（5）引导全班一起对案例讨论的结果做归纳总结，结合课程阐述案例涉及的知识点及基于理论如何识别、分析、解决企业发展过程中面临的问题和挑战，并作出战略转型的反馈（黑板板书计划如图 3-1-4 所示）。（15 分钟）

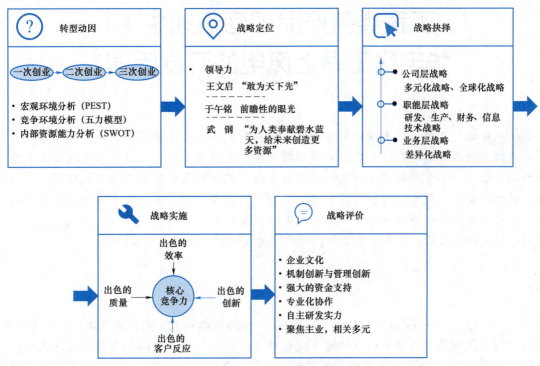

图 3-1-4　黑板板书计划

3. 课后计划。

结合课堂对思考题的讨论、总结，进一步深入分析战略转型中的相关问题，如有必要，可要求学生提交金风科技战略转型案例分析报告。

案例正文：

工程类新产品如何落地生花：
华电科工海上风电的开发历程[①]

摘　要：在传统发电模式趋于疲软的背景下，华电科工集团通过开发海上风电工程于激烈竞争中脱颖而出。从最初的技术引进到合作开发，再从难题攻关到成功商业化，华电科工已逐步成长为国内海上风电行业的领军企业。本案例描述了华电科工在开发海上风电时各阶段的关键决策过程，剖析了华电科工开发海上风电的动因、战略选择和阶段策略。本案例旨在帮助学生学习关于企业开发新产品的合理性评估、战略选择及关键任务等相关问题的决策工具和分析方法。

关键词：华电科工集团；海上风电工程；新产品开发动因；新产品开发战略

0　引言

2019年11月13日，在中国电机工程学会年会上，中国华电科工集团有限公司（以下简称华电科工）自主研发的"海上风电超大直径单桩基础施工关键技术与应用"荣获中国电力科学技术进步奖一等奖，这是华电科工自1995年成立以来首次获得省部级一等奖。多年来华电科工一直重点发展海上风电业务，先后签订了国家电投江苏滨海北H1、H2、大丰H3、三峡新能源广东阳江、国家电投揭阳神泉等一系列工程。其中滨海北H1项目不仅是亚洲最大海上风电工程，更是国内风电领域首个荣获"国家优质工程金质奖"的项目。

从无施工经验、无船机设备、无相关资质的新进入者，到今天成长为行业内有规模、有口碑、有影响的领军企业，华电科工已在海上风电技术和品牌位居国际前列。瞩目成就的背后，是十年来持之以恒的研发和探索……

1　开发海上风电的契机（2009年）

1978—2008年间，中国经济高速增长，国内生产总值平均增速超过10%。由于工业化进程加快，用电需求亦大幅增加。2009年，中国发电量达36 812亿kW·h，全国发电装机容量达8.74亿kW，同比增长10.26%。国际能源署数据显示，2009年中国共消耗22.52亿吨油当量，成为世界上最大的一次能源消费国。但同时中国的人均能耗仅为3 400 kW·h，而发达国家平均为8 000 kW·h，美国甚至高达1.5万kW·h。与电力大幅增长空间相对的，是大量使用煤炭引发的环境污染问题。中国许多城市的雾霾天数已达到全年的30%甚至50%以上，中国一次消费能源中煤炭占比超过60%，而全球统计平均为30.0%。对此，2005—2007年间，国家相继出台了一系列能源法规，如《中华人民共和国可再生能源法》

[①] 本案例由北京理工大学管理与经济学院的马宝龙、西北大学经济管理学院的李纯青（通讯作者）、北京理工大学管理与经济学院的胡智宸、西北大学经济管理学院的刘雨洁撰写，作者拥有著作权中的署名权、修改权、改编权。本案例受国家自然科学基金项目的资助（项目编号：71672008；71772144）。

本案例授权中国管理案例共享中心使用，中国管理案例共享中心享有复制权、修改权、发表权、发行权、信息网络传播权、改编权、汇编权和翻译权。

由于企业保密的要求，在本案例中对有关名称、数据等做了必要的掩饰性处理。

本案例只供课堂讨论之用，并无意暗示或说明某种管理行为是否有效。

《可再生能源中长期发展规划》等。同时，国家将风能开发纳入战略性新兴产业目录，并高度重视风电领域国际技术合作、给予税收优惠及财政补贴等支持。

在此大背景下，华电科工将目光聚焦到海上风电领域。中国的大规模风场多集中于三北地区（东北、西北、华北），离东南沿海等用电负荷中心较远，因此陆上风电受到远距离输电、风电并网及消纳问题等的制约，一度遭遇严重的弃风限电。相反，海上风电由于竞争者较少、离用电负荷中心近、不需要远距离输送、占用土地少，一直备受行业关注。更让华电科工动心的是，中国拥有15 000多千米海岸线，潜在海上风电装机容量为7.5亿千瓦。而截至2008年，中国海上风电容量仅占600万千瓦左右，不到可开发量的1%，开发潜力巨大。

2009年，华电科工赴欧洲地区考察。当时世界海上风电装机容量约40%在丹麦，其余分布在德国、英国、瑞典和意大利等。1991年，丹麦建成全球第一个海上风电场，2000年建设出世界上第一个商业化意义的海上风电场，装有20台2兆瓦的海上风机。欧洲海上风电经过近20年的发展，在设计、施工等方面积累了成熟的经验，取得了巨大的成就。欧洲先进的海上风电技术和成功的商业化项目，更坚定了华电科工开发海上风电的决心。

2　不畏困难主动出击（2010—2012年）

2010年，华电科工在战略层面提出了以提供系统解决方案为龙头，以核心高端产品的研发与制造为支撑，大力开发海上风电新兴业务的发展思路。

然而开发之路并不平坦：施工窗口期短、开发难度高、工程投入大，是摆在华电科工面前的三只"拦路虎"。海上工程建设常常要看天吃饭，工程作业经常因疾风、涌浪、寒潮等海况无法进行。如何把握短暂施工窗口期提升效率成为一大难题。此外，虽然海上风电和陆上风电一脉相承，但涉及环节更多，海上防腐、安装专用船舶、铺设高压海缆等问题，都对工程技术有着极为严苛的要求。华电科工在测算成本后还发现，建设海上风电的全生命周期成本远远高于陆上风电。建设期对风电机组及核心零部件的可靠性要求增加了成本。海上风电的投资成本整体要比陆上风电高出1倍以上。

面对诸多困难，华电科工没有退缩。华电科工认为，应优先开发离负荷中心近、规模较大、风能资源充沛的海上风场，并适当引进成熟技术与设施，降低开发风险。为此，华电科工以系统设计和工程能力建设为抓手，以超大直径单桩基础施工技术为突破口，积极引进丹麦Ramboll公司技术，合资开发海上风电海桩设计系统，并在过程中充分借鉴了前期物料输送系统工程、高端钢结构工程等方面积累的研发制造和工程管理经验。

在技术引进过程中，华电科工的试点工程也因地理环境差异出现了"水土不服"的情况。华电科工意识到要想突破这一瓶颈，针对中国国情自主研发和设计同样至关重要。为此，华电科工相继建立了四个制造基地（曹妃甸、天津、武汉、郑州）和四个技术研究中心（北京、上海、天津、郑州），并设立了博士后工作站，开展风电机组、海上施工及电力输出等关键技术的研究工作。华电科工还与天津大学、江苏科技大学、华东勘测设计院等单位开展产学研合作，依托海上风电技术中心的技术能力和人力资源，消化、吸收再转化先进海上风电技术，应用于国内海上风电场。

3　辛勤耕耘深化发展（2013—2016年）

针对海上施工窗口期短的难题，华电科工开发出了分体式风机安装工法，及海上风电大直径单桩施工法，在保证施工质量的前提下，将最初需要一周完成的作业缩短为2天完成。单桩施工的最大难题在于垂直度控制，华电科工研发的精准控制系统将垂直度控制在1‰以内，达到国际领先水平。此外，华电科工首创《海上风电溜桩主动预警调控技术》攻克了海上风电溜桩的世界性难题；首创《海上风电单桩施工导向定位技术》大大降低了海上风电施工成本；首次全部采用6 m以上超大直径无过渡段单桩基础，极大地提高了施工效率，降低了建设成本。

2014年,华电科工购置了国内第一艘海上风电自升式安装平台"华电1001号",正式拉开了海上风电深化发展的序幕。华电科工先后开发了浮动船舶打桩施工法及复杂海况条件下防穿刺风险评估方法,解决了海上自升式平台作业安全难题及国内自升式平台短缺难题。2015年,华电科工成立海洋与环境工程事业部,进一步对"华电1001"平台施工过程中的插桩及拔桩进行研究,并基于自升式平台插拔桩靴受力分析形成规范化的施工安装流程,有效降低了基础重量和造价,较欧洲传统自升式平台施工工艺节省大量成本,大大增强了华电科工在施工安装总承包业务的能力。

"华电1001号"平台的购置为华电科工承包海上风电工程做好了准备,持续的技术研发也让华电科工从海上风电基础制造,逐步拓展至设计和运营维护业务。从技术引进到自主开发、再到独创的开发建设模式,华电科工形成了设计规划、制造施工、运营维护为一体的产业链,海上风电产品趋于成熟。

4 海上风电落地生花(2017年至今)

取得一系列研发成果后,华电科工先后签订了东海大桥海上风电技改项目、中国台湾福海测风塔项目、国家电投(滨海北H1、滨海北H2、大丰H3)、鲁能东台海上风电工程等海上风电系列工程。其中,滨海北H1项目为国内首个以"四合一"总包模式建设的项目,工作范围包括桩基制造及运输、桩基施工、塔筒制造及运输、塔筒及风机设备吊装等内容。该项目荣获2016—2017年度"国家优质工程金质奖"荣誉称号,也是国内首个在风电领域获该奖的项目。此外,华电科工仅用9个月就完成了国家电投大丰H3项目的全部建设,在同等装机规模的海上风电场建设中创造了"当年开工、当年建成、当年收益"的最快纪录。

为响应《风电发展"十三五"规划》重点推动江苏、浙江、福建、广东四省海上风电建设的倡议,华电科工进一步承包了三峡新能源广东阳江、华电福建海坛海峡、华能射阳大丰H1、国家电投滨海南H3等项目。福建海域地质情况复杂、基岩埋深浅,桩基无法直接打入;广东海域环境条件恶劣、水深较深、施工窗口期不到江苏一半,这些都给海上风电的施工带来更大困难。华电科工因地制宜展开技术攻关,并逐步解决了制造、施工、安装上的难题。在反复验证和测试后最终确认,华电科工开发的海桩设计系统完全能够满足复杂极端情况下的施工作业,可以有效保障海上风电工程的施工效率和工程质量。

2019年11月,华电科工签订了《国家电投揭阳神泉—400兆瓦海上风电场项目EPC总承包一标段合同》,合同金额13.8亿元。该项目是国内首个以EPC总承包方式建设的海上风电工程,标志着海上风电业务从施工总承包向EPC工程总承包的重大跨越。

5 尾声

在海上风电领域,中国一度是后来者,曾在设计规划、工程技术、制造施工等方面都落后于欧洲国家。十年来华电科工栉风沐雨不畏险阻,扎根海上风电开发,攻破了一个接一个世界性难题,把中国的海上风电技术推向世界舞台。2019年,中国海上风电新增装机198万千瓦,累计装机593万千瓦,同比增幅超50%。现如今,中国已成为全球增速最快、潜力最大的海上风电市场。

从滨海北H1到大丰H3,再从三峡新能源广东阳江到国家电投揭阳神泉,一座座傲然矗立的超级工程,见证了华电科工的完美嬗变,也谱写着中国海上风电发展史。未来华电科工将再接再厉,不断创新产品、优化设计、持续打造品质工程,助推中国海上风电向更高更远处发展……

How to Develop New Engineering Products: China Huadian Group's Development History of Offshore Wind Power

Abstract: Against the background that the traditional power generation model has become saturated, China Huadian Group stands out from the fierce competition by developing offshore wind power projects. From the initial technology introduction to cooperative development, and then from difficult problems to successful commercialization, China Huadian Group has gradually grown into a leading enterprise in the domestic offshore wind power industry. This case describes the key decision-making process of each stage of China Huadian Group in the development of offshore wind power, and analyzes the motivation, strategic choices and stage strategies of the offshore wind power development. The purpose of this case is to help students learn decision-making tools and analysis methods related to issues such as the rationality assessment, strategic choices, and key tasks for companies to develop new products.

Key words: China Huadian Group; offshore wind power; New product development motivation; New product development strategy

附 录

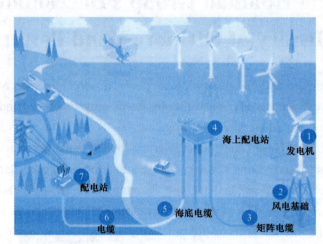

图 3-2-1 海上风电系统及涉及的环节

表 3-2-1　海上风电开发大事记

年份	事 件
2009 年	华电科工赴欧洲地区考察调研海上风电
2010 年	在战略层面提出了大力开发海上风电新兴业务的发展思路
2012 年	引进丹麦 Ramboll 公司技术，合作开发海上风电海桩设计系统
2012 年	成立制造基地和技术研究中心，设立了博士后工作站，开展关于风电机组、电力输出等设计研究工作，加快吸收并转化先进技术
2014 年	购置国内第一艘海上风电自升式安装平台"华电 1001 号"
2014 年	承包东海大桥海上风电场技改项目
2015 年	承包中国台湾测风塔项目、国家电投滨海北 H1 海上风电项目
2016 年	承包江苏大丰 H8 测风塔项目、江苏东台海上风电项目
2017 年	获 2016—2017 年度"国家优质工程金质奖"荣誉称号
2017 年	承包国家电投滨海北 H2 海上风电项目
2018 年	承包国家电投大丰 H3 海上风电项目、华电福建海坛海峡项目
2019 年	荣获中国电力科学技术进步奖一等奖
2019 年	首次以 EPC 总承包方式签订了《国家电投揭阳神泉—400 兆瓦海上风电场项目 EPC 总承包一标段合同》

表 3-2-2 丹麦海上已投运及待投运风电场

海上风电场名称	投运年份	风机数量	总装机容量/MW
Vindeby	1991 年（2017 年退役）	11	5
TunoKnob	1995 年	10	5
Middelgrunden	2001 年	20	40
HornsRev1	2002 年	80	160
Samso	2003 年	10	23
Ronland	2003 年	8	17
Frederikshavn	2003 年	3	8
Nysted	2003 年	72	165
HornsRev2	2009 年	91	209
AvedoreHolme	2009 年	3	11
Sprogo	2009 年	7	21
Rodsand2	2010 年	90	207
Anholt	2012 年	111	400
HornsRev3	2020 年	49	406.7
近海（2 个项目）	计划于 2021 年	—	—
KriegersFlak	计划于 2021 年	—	—

表 3-2-3　全生命周期的海上风电成本特点（对比陆上风电）

时间阶段	细分项目	海上风电	陆上风电
项目前期		成本高，考虑到工作周期长、协调难度大、海洋生态恢复费用高	成本相对较低
项目建设期	风电机组	环境恶劣，风险大。单位造价约为 8 000 kW	陆上单位造价约为 4 000 元/kW
	风电机组基础	施工难度大，单个海上风电机组基础造价约为 1 300 万～2 000 万元	单个陆上风电机组基础造价约为 100 万～200 万元
	风电机组安装	租赁费用昂贵，条件恶劣。安装 1 台海上风电机组约需 450 万元	安装 1 台陆上风电机组约需 30 万元
	电缆	海上风电场中，风电机组之间一般采用 35 kV 海缆，海上升压站至登陆的主海缆一般选用 110 kV 或 220 kV。35 kV 海缆每 km 费用约 7 万～150 万元（考虑不同截面），220 kV 海缆每 km 费用约 400 万元	陆上电缆每 km 费用 25 万～70 万元
	海上升压站	海上升压站基础施工、安装费用约为 8 000 万元；考虑到防腐、免维护等要求，海上升压站电气设备增加的费用约为 1 500 万元	
项目运行期		维护成本高风电场运行维护工作量约为同等规模陆上风电场的 2～4 倍	

案例使用说明：

工程类新产品如何落地生花：
华电科工海上风电的开发历程

一、教学目的与用途

1. 适用课程：本案例为平台型案例，适用于《市场营销学》《营销管理》等课程有关新产品开发、工程项目营销、价值链分析等相关章节的案例讨论。

2. 适用对象：本案例主要为 MBA 和 EMBA 学生开发，适合有一定工作经验的学生和管理者使用学习。

3. 教学目的：在当今竞争激烈、复杂多变的数字时代，制造型企业面临着产品生命周期越来越短的压力。如何通过科学有效的新产品开发，满足市场需求、获得竞争优势并占领市场份额，是制造型企业需要实践探索的重要课题。相较传统新产品，工程类新产品投入高收益大，但开发过程也更加系统复杂，更加依赖企业的战略制定和实施。本案例以华电科工集团海上风电工程的开发历程为主线，旨在引导学生理解、思考和充分掌握：

（1）从多角度分析评估开发新产品合理性及分析有利和不利条件；
（2）各类开发战略的适用条件，并基于决策工具选择合适的战略类型；
（3）新产品开发各个阶段的主要任务和关键要点；
（4）新产品开发与企业价值链构建的关系等。

二、启发思考题

1. 华电科工为什么要开发新产品（海上风电）？有哪些风险和收益？
2. 华电科工选择了何种新产品开发战略？其选择依据是什么？
3. 华电科工的新产品开发包含几个阶段？围绕其新产品开发战略，华电科工在各阶段都采取了哪些关键举措？
4. 相较传统新产品，开发工程类新产品对企业发展有何重要意义？试分析华电科工开发海上风电在企业价值链中的作用？

三、分析思路

本案例的分析思路如图 3-2-2 所示，教师可以根据自己的教学目的来灵活使用本案例，在使用过程中图 3-2-2 可以发挥引导讨论的作用。这里提出本案例的分析思路，仅供参考。

1. 通过分析海上风电开发之初的市场环境因素、企业能力因素、行业竞争因素及政策支持因素，比较开发海上风电的有利条件和不利条件，对华电科工开发海上风电的合理性进行评估。

2. 分析华电科工开发新产品的主要目标、华电科工的营销能力和研发实力，理解各类新产品开发战略的适用条件，并对华电科工新产品战略的选择过程和选择依据进行分析。

3. 运用新产品开发阶段理论对华电科工在不同开发阶段的主要任务和关键举措进行分析，并依据选取的战略评估各项举措的合理性。

4. 结合海上风电项目的现状，借助企业价值链工具分析开发工程类新产品对华电科工的发展，以及其他同类制造型企业的意义。

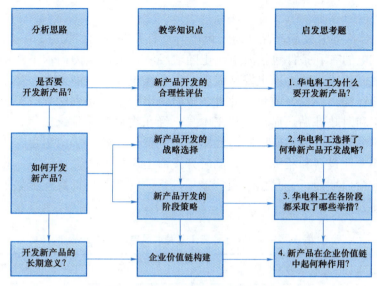

图 3-2-2 案例分析思路示意图

四、理论依据及分析

1. 思考题 1 的理论依据及问题分析。

【理论依据】

新产品开发（New Product Development）是企业的生命线，对于企业获得竞争优势和占领市场份额至关重要。市场营销学中的新产品，不是纯技术角度理解的发明创造。一般认为，凡是企业向市场提供的能给顾客带来新的满足、新的利益的产品，同时企业还没有生产过的产品，即为新产品（Islam et al, 2009）。新产品包括新发明的产品、换代产品、改进产品、新品牌产品和再定位产品等。开发新产品是企业生存和发展的根本保证，同时也是提高企业经济效益和竞争能力的重要手段。然而新产品开发是一项投入较大、过程复杂且具体的工作，其过程包括调查市场需求、组织创新团队、市场战略选择、多个新产品开发过程的实施以及新产品开发收益管理等内容（Robert and Veryzer, 2014）。特别是对于工程类的新产品，开发过程可能涉及全企业性活动，和企业内各层级与业务部门都密切相关，因此任一方面的阻碍都可能导致新产品开发失败。此外，新产品开发中存在大量的不确定因素，风险较高。科技发展、竞争状况、政策引导和制约、市场需求变化、经济发展水平等，都会在新产品的开发过程中产生重要影响。

因此在决定要开发新产品前，企业需要综合分析内外部环境及企业自身实力，并在整体评估开发新产品的风险和收益后作出审慎决策。如图 3-2-3 所示，具体地，企业既要权衡外部环境对开发结果的影响，也要权衡企业内部因素的影响，大致可分为以下四方面的影响因素：市场环境因素、企业能力因素、行业竞争因素以及政策支持因素。

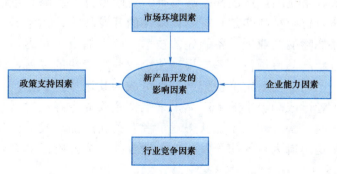

图 3-2-3 新产品开发前需要权衡的因素

【案例分析】

问题：华电科工为什么要开发新产品（海上风电）？有哪些风险和收益？

分析：开发海上风电的有利条件包括海上风电随着经济发展，电力需求不断增长，但传统的火电、水电发电模式趋于疲软。相比于陆上风电发展受限，海上风电因开发潜力大、竞争者较少、离用电负荷中心近、不占用土地等优势具备良好前景。此外，政府也出台了一系列法规政策，大力支持海上风电的开发，并给予税收优惠和财政补贴。而华电科工本身已经在物料输送系统工程、热能工程、高端钢结构工程等领域积累了一定的客户资源和研发制造经验。不利条件包括，华电科工作为行业内的新进入者，缺乏承包工程所必须的专业设备和相关资质。同时开发海上风电的失败风险高、投入成本大、对工程技术要求严苛、施工作业窗口期短，并且由于国情差异，行业内缺乏可以直接借鉴的经验。总体而言，开发海上风电的有利条件远大于不利条件，如表3-2-4所示。

表3-2-4 华电科工开发海上风电的利弊分析

开发海上风电的有利条件	开发海上风电的不利条件
市场环境因素： ● 不断增长的电力需求 ● 传统发电模式趋于疲软 ● 海上风电具备良好前景 ● 国内风机等基础设施已经比较成熟 ● 国外有先进成熟经验可以学习 企业能力因素： ● 华电科工已有工程研发和制造经验 ● 华电科工已积累相关客户资源 行业竞争因素： ● 行业内围绕传统电力的竞争加剧 ● 陆上风电发展受阻 ● 国内海上风电仍是蓝海 政策支持因素： ● 将海上风电纳入战略性新兴产业目录 ● 政府出台支持清洁能源发展的相关政策 ● 政府鼓励国际技术合作	市场环境因素： ● 建设海上风电的成本高 ● 海上的施工作业窗口期短 企业能力因素： ● 作为新进入者缺乏船机设备和相关资质 ● 开发海上风电的技术难度大 ● 开发海上风电的失败风险较高 行业竞争因素： ● 行业内缺乏可以直接借鉴的经验 政策支持因素： 无

2. 思考题2的理论依据及问题分析。

【理论依据】

由于开发新产品具有资源消耗性，而企业的资源存在约束，因此选择合适的新产品开发战略十分关键。新产品开发战略是开发并营销企业或市场全新产品的企业资源配置方式（Li and Atuahene-Gima，2001），即企业希望开发的新产品能够帮助企业实现何种目标、赢得何种竞争优势，企业预期投入多少资源，采取何种开发模式。常见的新产品开发战略有：冒险型开发战略、进取型开发战略、紧跟型开发战略和保持型开发战略。冒险型战略是具有高风险性的开发战略，通常是在企业面临巨大的市场压力时为之，采取该新产品战略的企业须具备领先的技术、巨大的资金实力、强有力的营销运作能力；进取型战略的目标是通过新产品市场占有率的提高使企业获得较快的发展，改进型新产品、降低成本型新产品、形成系列型新产品、重新定位型新产品都可成为其选择，该新产品战略的风险相对要小；紧跟型战略是指仿制竞争者已成功上市的新产品，来维持企业的生存和发展，实施该新产品战略的关键是紧跟要及时，同时全面、快速和准确地获得竞争者有关新产品开发的信息是仿制新产品开发战略成功的前提；保持型战略是防御为目的的开发战略，适合处于成熟阶段的企业。各类型战略的特点及适用条件如表3-2-5所示。

表 3-2-5　各类新产品开发战略的特点及适用条件

类型	含义	特点	适用条件
冒险型	企业希望在技术上有较大的发展或突破，并调动其所有资源投入新产品开发	新产品推出后能迅速提高市场占有率，成为该新产品市场的领先者；通常采用自主开发、联合开发或技术引进的方式	新产品市场有较大的吸引力，企业具备领先的技术、强大的资金实力、强有力的营销能力，中小型企业不适合采取此新产品开发战略
进取型	企业投入一定的资源进行新产品开发，不会因此而影响现有的生产和经营状况	能有效提高市场占有率，并使企业获得较快的发展；创新程度较高，开发频率快，通常采取自主开发的方式	风险相对较小，适合处于快速发展阶段的企业
紧跟型	紧跟行业内实力强大的竞争者，迅速模仿竞争者已成功上市的新产品	旨在维持企业的生存和发展；研发费用小，但市场营销风险相对较大；创新程度不高，开发方式多为自主开发或委托开发	需要及时、全面、快速和准确地获得行业内有关新产品开发的信息，需要强有力的市场营销作为保障，适合处在发展之初的中小型企业
保持型	保持或维持企业现有的市场地位而选择的防御开发战略	旨在维持或适当扩大市场占有率，产品进入市场的时机通常要滞后；新产品开发的频率不高，以自主开发为主，也可采用技术引进方式	多采用模仿型新产品开发模式，适合处于成熟阶段的企业

【案例分析】

问题：华电科工选择了何种新产品开发战略？其选择依据是什么？

分析：企业应该在综合考察新产品特点及内外部环境后，采取适合自身发展阶段的新产品开发战略，并基于该战略指导后续的开发过程及活动。华电科工采取的是冒险型开发战略，其选择依据和决策路径如图 3-2-4 所示。

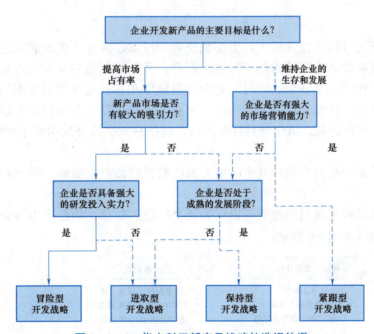

图 3-2-4　华电科工新产品战略的选择依据

注释：图中实线为华电科工的决策路径。

Cooper 和 Robert（1984）提出如下几个需要关注的因素：① 开发新产品的主要目标；② 新产品的市场吸引力；③ 企业的营销能力；④ 企业的研发实力；⑤ 企业的发展阶段。对华电科工来说，其开发海上风电时国内仍处于蓝海市场，开发的主要目的是提升企业盈利能力、品牌形象及行业影响力。也正是这一目的促使了华电科工从技术引进转向自主开发，避免了开发过程中的短视行为；其次，海上风电市场具备可观潜力，而华电科工自身也具备强大的研发投入实力，并在高端钢结构工程等领域积累了一定研发制造经验。因此华电科工在战略层面提出了提供系统解决方案、大力开发海上风电的思路，属于冒险型开发战略。冒险型的新产品开发战略有助于新技术与华电科工的研发资源更好地相匹配，能帮助华电科工迅速提高国内海上风电市场的占有率，成为行业领导者。

3. 思考题 3 的理论依据及问题分析。

【理论依据】

在制定新产品开发战略后，企业需要围绕新产品开发战略实施和执行阶段工作。工程类新产品开发在实施阶段具有较大的独特性，这由工程类产品的特征和产品开发的特点决定，但工程类新产品的开发阶段仍与传统新产品类似。Tzokas 等人（2004）提出了新产品开发 4 阶段模型，各阶段主要任务如图 3-2-5 所示。

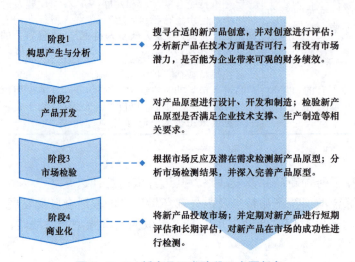

图 3-2-5　新产品开发阶段及主要任务

工程类新产品在开发过程中投入较大，更面临资金、技术、人才等资源的匮乏。因此，在新产品开发的各个阶段，企业都需要对有限的内部资源进行配置，并充分创造条件利用外部资源，以保障开发战略的有效实施和开发工作的稳步开展。同时，企业需要确保在各开发阶段都能围绕新产品开发战略采取有效措施以完成主要任务，比如在产品开发阶段，企业需要充分整合各部门的职能任务、技术任务和组织单元来构建新项目的开发计划，组建项目开发团队，以提高新产品开发的效率和效果等。

【案例分析】

问题：华电科工的新产品开发包含几个阶段？围绕其新产品开发战略，华电科工在各阶段都采取了哪些关键举措？

分析：华电科工开发海上风电的过程可以分为四个阶段，包括：构思产生与分析、产品开发、市场检验、商业化，具体如图 3-2-6 所示。

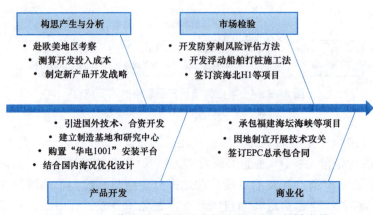

图 3-2-6　华电科工海上风电的开发过程及关键举措

构思产生与分析：该阶段华电科工的主要任务是对海上风电进行评估，分析企业自身的技术条件及研发实力能够支撑海上风电的开发，以及海上风电是否具有市场潜力，能否带来可观的财务绩效。因此，华电科工前往已有成熟经验和成功商业化项目的欧洲国家考察，并结合国内实际海况进行分析，在得出可行结论后制定了开发海上风电工程的战略。

产品开发：该阶段华电科工的主要任务是对海上风电进行设计、开发和制造。由于国内缺乏成熟技术，华电科工最初与丹麦 Ramboll 公司合作，通过技术引进与合资开发海上风电海桩设计系统。而后华电科工建立了制造基地和技术研究中心，逐渐转向以自主开发为主导的模式。同时，为提升实际工程中的承包业务能力，华电科工购置"华电 1001 号"安装平台，形成了规范的施工安装流程。

市场检验：该阶段华电科工的主要任务是检测并完善海上风电原型。针对海上风电在安装过程中的作业安全难题及国内自升式平台短缺难题，华电科工开发了防穿刺风险评估方法及浮动船舶打桩施工法，有效降低了基础重量和造价，并大大节省施工成本，获得了行业认可与荣誉，为正式商业化提供了基础。

商业化：该阶段华电科工的主要任务是将海上风电正式投放市场。华电科工先后承包了三峡新能源广东阳江、华电福建海坛海峡等项目。面对福建和广东海域的特殊情况，华电科工因地制宜开展技术攻关，并凭借出色的工程承包能力首次以 EPC 总承包方式建设海上风电工程。

4. 思考题 4 的理论依据及问题分析。

此题是开放性思考题，以下理论依据和案例分析内容可供教师教学参考。

【理论依据】

企业内部价值链（Value Chain）由 Porter（1985）首先提出，他把企业的经营活动划分成若干个与企业战略相关的价值活动，而每一种价值活动都会对企业的经营和发展状况产生重要影响，价值链分析也成为企业进行差异化战略分析的基础。Porter 认为每一个企业都是在设计、生产、销售、服务和辅助其产品的过程中进行各类活动的集合体，而所有这些经营活动都可以通过价值链阐述清楚，如图 3-2-7 所示。

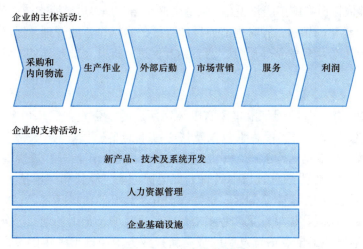

图 3-2-7 企业价值链

具体地，企业的价值创造由一系列的经营活动构成，这些活动分为两类：主体活动和支持活动。其中主体活动包括采购和内向物流、生产作业、外部后勤、市场营销、服务、利润等；而支持活动则包括新产品、技术及系统开发、人力资源管理和企业基础设施等。这些互不相同但又相互关联的生产经营活动，构成了一个创造价值的动态过程，即价值链。

【案例分析】

问题 1：相较传统新产品，开发工程类新产品对企业发展有何重要意义？

分析：工程类新产品开发和传统新产品开发的区别主要在以下几点：① 首先，区别于传统新产品，开发工程类新产品是以企业研发能力和营销能力为主要核心的。开发工程类新产品需要企业强大的研发技术和资金实力，同时企业需要利用投、议标等手段，以工程业绩为载体，通过展示企业自身的工程设计能力、工程施工技术、人员管理能力等综合实力。② 其次，相比传统产品，工程类产品往往高度同质化。一般来说工程市场在招标之前就已经完成了项目设计，工程类产品的功能和定位已经基本确定，而后各家企业之间最终的工程成品相差不大。因此，在工程类市场上产品高度同质化的背景下，具备较强新产品开发能力的企业往往会有更强的融资能力和竞争优势，新产品开发的意义和重要性也更加凸显。③ 与传统新产品相比，工程类新产品的开发工作更加复杂，可能涉及全企业各部门间活动，与企业内各层级与业务部门都密切相关。并且工程类产品具备营销生产一体化的特性，因此给新产品开发环节中的商业分析、市场检验等工作带来了更大难度和更多的不确定性。④ 最后，开发工程类新产品会给企业带来更大的竞争优势和收益。一方面，工程类产品投入大、周期长，但同时回报也高，并且成功项目的经验可以给新产品的后续商业化提供经验。另一方面，从企业价值链角度看，工程类新产品开发每一阶段的工作都有效参与了价值创造，为企业创造了价值，并也都是其最终成功的有机组成部分。换句话说，成功的工程类新产品开发活动，不仅会为该新产品所在的业务领域创造价值，更能带动全企业部门的协同，从全企业价值链上提升行业竞争力和盈利能力。

问题2：试分析华电科工开发海上风电在企业价值链中的作用？

从企业价值链角度看，华电科工形成了集系统设计、工程总承包以及核心高端装备研发、设计、制造于一体的完整的海上风电业务体系。一方面，华电科工在原有领域上的系统设计及核心技术产业化能力，促进其成功地延伸至海上风电的新产品开发中，保证了生产具有自主知识产权的海上风电核心装备的能力；另一方面，海上风电的研发制造等对华电科工项目总承包业务的开展形成了支撑，在促进施工流程优化、降低成本的同时，也避免了核心技术的流失，进一步提升了华电科工在海上风电领域的技术优势。

此外，价值链上的各个活动间相互协同、相互影响。企业对某个特定活动经营管理的好坏可以影响到其他活动的成本和效益，进而影响到企业的整体效率和利润。因此，华电科工完整的海上风电业务体系，也能够带动物料输送系统工程、热能工程、高端钢结构工程及噪声治理工程的整体协同，使得工程建造效率更高、质量更好、投资更低，使得华电科工整体的工程项目规模不断扩大、对项目管理的能力不断提高。华电科工不仅能够依托自有施工船机设备、临港生产制造基地、其他战略合作伙伴资源等各方面优势，带动海上风电业务施工总承包的销售，同时也能通过加强施工船机设备的管理，提高其工作效率，严格把控生产制造质量，以提高施工总承包的整体质量，两者相互促进，提升企业整体的市场影响力。

五、背景信息

华电科工成立于1995年，是中国华电集团有限公司所属的全资企业。华电科工作为工程整体解决方案供应商，业务集工程系统设计、工程总承包以及核心高端装备研发、设计、制造于一体，主要在物料输送系统工程、热能工程、高端钢结构工程、海上风电工程、工业噪声治理和煤炭清洁高效利用工程等方面提供工程系统整体解决方案。作为细分领域中具有丰富工程总承包经验和突出技术创新能力的骨干企业之一，华电科工经过多年发展，积累了丰富的客户资源，树立了良好的市场品牌，目前其业务已拓展至电力、港口、冶金、石油、化工、煤炭、建材及采矿等多个行业，项目遍及全国各地及海外十余个国家。

海上风电工程作为华电科工重点培育发展的战略新兴业务，经过十多年的发展，从最初无工程业绩、无施工经验及人员、无船机设备、无相关资质的新进入者，到现在已成长为有规模、有口碑、有效益、有影响的行业新星。华电科工迎合国家对海上风电新能源项目的大力支持及国内市场的快速发展，积极参与了国内海上风电重点项目的跟踪，并充分发挥全资子公司曹妃甸重工的临港制造优势制造海上风电装备，形成了从设计到装备制造，再到安装及运维服务的完整体系。

近年来，华电科工同国内外多家优秀单位进行合作，有效整合设计、制造及施工等相关资源，先后签订了东海大桥海上风电技改项目、中国台湾福海测风塔项目、国电电投（滨海北H1、滨海北H2、大丰H3）、鲁能东台海上风电工程、华电大丰H8测风塔、三峡新能源广东阳江、华电福建海坛海峡、华能射阳大丰H1、国家电投滨海南H3、国家电投揭阳神泉—EPC等一系列海上风电工程，合同额累计超过了103亿元。其中，中电投滨海北H1项目为国内首个以"四合一"总包模式招标的项目，工作范围包括桩基制造及运输、桩基施工、塔筒制造及运输、塔筒及风机设备吊装等内容，该项目荣获2016—2017年度

"国家优质工程金质奖"荣誉称号,也是国内风电领域(陆上、海上)首个国家优质工程金质奖的项目,大大提升了公司在海上风电领域的影响力和品牌形象。

六、关键要点

1. 案例分析关键点。

(1)华电科工在开发海上风电新产品时采取了冒险型战略,采取这一战略的主要考虑是什么?(2)在开发海山风电的各阶段,华电科工是如何保障战略落地并有效实施的?(3)对于企业发展而言,开发工程类新产品和开发传统新产品有哪些相同点和不同点?

2. 关键知识点。

(1)新产品开发战略。以各类新产品开发战略的特点、适用条件和影响因素构建分析框架;(2)新产品开发阶段模型。各阶段主要任务的本质在于保障新产品战略的有效落地和实施,同时企业需要合理配置内部有限资源,充分利用外部资源,以保障开发工作的稳步开展。

七、建议课堂计划

1. 课堂安排。

本案例可以作为专门的案例讨论课来进行。如表3-2-6所示是按照时间进度提供的课堂计划建议,仅供参考。

表3-2-6 课前与课堂的教学步骤和计划

时段	讨论和学习内容	学习时间
课前准备	教师提前一周将案例正文、辅助阅读材料等相关材料发放给全体学员,引导学员在课前完成阅读及思考题	60分钟
案例导入	教师开场语,介绍案例价值和案例教学特点,本次案例授课要求和具体安排	5分钟
案例主题界定	教师提问相关背景问题,学生自愿回答	5分钟
小组讨论	将问题打在投影屏幕上,学生分成5~8人的小组对案例问题进行讨论,教师选取典型的学生观点列在黑板上,有待下一环节深入分析	10分钟
课堂讨论	教师以问题为线索,通过提问互动的方式逐步抛出这些问题,引导学生充分讨论,中间穿插相关理论的讲解	40分钟
总结归纳	教师总结归纳分析和讨论达到的共识,并上升到理论高度来阐述案例背后的知识点和分析工具	10分钟

2. 黑板板书布置。

华电科工新产品开发分析的黑板板书布置如图3-2-8所示。

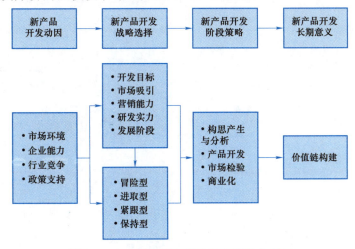

图3-2-8 华电科工新产品开发的分析图

八、参考文献

[1] 菲利普·科特勒,加里·阿姆斯特朗. 市场营销:原理与实践 [M]. 北京:中国人民大学出版社,2015.

[2] 郭防. 市场营销 [M]. 成都:西南财经大学出版社,2017.

[3] 保罗·特罗特. 创新管理与新产品开发 [M]. 北京:机械工业出版社,2020.

[4] Cooper, Robert G. New Product Strategies: What Distinguishes the Top Performers [J]. Journal of Product Innovation Management, 1984 (2): 151–164.

[5] Porter M E. The Value Chain and Competitive Advantage [M]. New York: The Free Press, 1985.

[6] Li H, Atuahene-Gima K. Product Innovation Strategy and the Performance of New Technology Ventures in China [J]. Academy of Management Journal, 2001, 44 (6): 1123–1134.

[7] Tzokas N, Hultink E J, Hart S. Navigating the New Product Development Process [J]. Industrial Marketing Management, 2004 (33): 619–626.

[8] Islam Z, Doshi J A, Mahtab H, et al. Team Learning, Top Management Support and New Product Development Success [J]. International Journal of Managing Projects in Business, 2009, 2 (2): 238–260.

[9] Robert W, Veryzer. Discontinuous Innovation and the New Product Development Process [J]. Journal of Product Innovation Management, 2014 (15): 304–321.

案例正文：

百年马应龙药业互联网变形记
——基于O2O2O的商业模式变革[①]

摘 要：在国家医保控费日渐趋紧，互联网+大潮快速浸入人们生活的双重背景下，具有百年历史的马应龙药业如何应对发展转型，是企业决策者迫切需要考虑的问题。本案例聚焦马应龙药业在实施互联网+战略转型，利用O2O2O重塑商业模式的过程中，所经历的起因动念、牛刀小试、一波三折、迭代更新等场景，全面展示了传统医疗企业搭建线下—线上—线下的O2O2O闭环运营，利用互联网融合生态等变革中的努力、回报及困惑。本案例旨在引导学员思考传统医疗企业互联网转型的步骤，可能出现的机会和卡点，并利用基于利益相关者交易结构的商业模式理论，探讨公司转型后的关键商业策略和相关解决方案，同时也为其他传统企业实现商业模式变革提供有效借鉴。

关键词：商业模式、O2O2O、医疗企业、利益相关者交易结构

0 引言

王亮向办公室窗外望去，还是一片郁郁葱葱的绿色。四季常青的樟树衬着暖暖的阳光，武汉的冬天没有北方光秃秃的萧瑟感，感受不到深冬的严寒，反而透出一丝春意。但是他现在没有心思欣赏窗外的美景，因为今天有北京的专家来马应龙药业参观考察和研讨，研讨的内容是王亮负责的互联网业务。王亮的脑海中还在一遍遍推演着接待细节和会议议程的安排，唯恐有一丝遗漏和疏忽。

王亮很重视这次专家的到访，因为他很想从和专家的探讨中找到马应龙药业互联网业务的未来发展方向。王亮是马应龙药业互联网事业部的总经理，专门负责集团O2O2O商业模式的搭建与运营。马应龙药业是一家专科医疗企业，两年前开始策划O2O2O运营模式，王亮全程参与业务模式的整体设计，并负责业务架构的搭建和后期的业务运营。在运营过程中，O2O2O的互联网业务发展取得了一些成效，但总体来说，与王亮的最初预期相距甚远。并且现在互联网业务发展遇到了瓶颈，所以王亮非常重视这次专程从北京请来的医疗信息化的专家团队，希望借助这次研讨，能够为马应龙药业O2O模式的发展集思广益，找到好的发展方向，快速突破发展瓶颈。

1 企业简介

1.1 马应龙药业发展历程

马应龙药业的前身是位于河北定州的一家家族祖传眼药店，创建于公元1582年，距今已有400多年历史。后来因为战乱影响和外部环境变化，药店被迫先后辗转北迁至北京，南下到武汉。新中国建立后，

[①] 本案例由北京理工大学管理与经济学院的尹秋菊、鲁静、颜志军，以及马应龙药业的王立撰写，作者拥有著作权中的署名权、修改权、改编权。基金项目：国家自然科学基金面上项目（7187201）；北京社会科学基金项目（18JDGLB040）。

本案例授权中国管理案例共享中心使用，中国管理案例共享中心享有复制权、修改权、发表权、发行权、信息网络传播权、改编权、汇编权和翻译权。

由于企业保密的要求，在本案例中对有关名称、数据等做了必要的掩饰性处理。

本案例只供课堂讨论之用，并无意暗示或说明某种管理行为是否有效。

在公私合营的大背景下,药店被收归国有,并更名为武汉国营第三制药厂。后来药店的传人利用眼粉的中药配方,经过改良后,研制出肛肠用药的麝香痔疮膏和麝香痔疮栓,疗效显著,深受肛肠疾病患者认可。

1995年,国营制药厂经股份制改造变为现在的马应龙药业。马应龙药业也被认定为中华老字号企业、国家高新技术企业,并拥有国家级企业技术中心。

2004年,马应龙药业成功在上海证券交易所挂牌上市。上市后,马应龙药业围绕下消化道客户进行业务拓展,并先后成立了多个子公司,进入药品批发零售和大健康等领域。

2008年,为拓展产业链,实现由药向医的转变,马应龙药业开始进军肛肠专科诊疗领域,并先后以自建和并购的方式建立了7家连锁专科医院,分布在北京、武汉、西安、南京等大城市。

1.2 马应龙药业业务体系

经过多年发展,马应龙药业围绕肛肠领域不断拓展业务板块,延伸产业链。目前,主营业务板块包括药品制造和研发、药品批发和零售、专科诊疗医院以及大健康产品等多个领域。在世界品牌实验室、世界经理人周刊联合评估的"中国最具价值品牌500强"排行榜中,马应龙药业的品牌价值超过了300亿元。

在药品制造领域,公司以生产肛肠药品为主,产品类型包括膏、栓、中药饮片、口服、片剂、洗剂等。公司拥有20多个独家品种和超过300种可供生产的国药准字号药品。

在药品批发零售领域,马应龙药业通过旗下控股的医药物流公司开展医药批发业务,包括零售终端药品的配送、医药商业分销、医疗机构药品配送等。按照地域管理原则,目前马应龙药业在全国一共设有8个大区和53个办事处。同时,通过大药房连锁公司在武汉三镇建立了100多家零售药店,主要开展药品、中药饮片、保健食品、医疗器械等的零售业务。

在专科诊疗领域,马应龙药业通过旗下连锁医院投资管理公司,负责医院诊疗经营业务,主要管理连锁医院体系以及与公立医院合作的肛肠诊疗中心项目,并通过马应龙药业肛肠诊疗技术研究院,汇聚了大批国内肛肠领域的顶尖医疗专家,进行肛肠诊疗新技术的研发与运用。马应龙药业业务体系如图3-3-1所示。

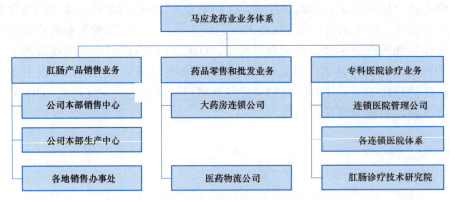

图3-3-1 马应龙药业业务体系图

2 变形前——环境所迫,领导推动,变形势在必行

2.1 真假医生,一次就医经历引发的思考

2016年秋天,王亮办公室的电话响了,原来是好朋友许力找他。前几天,许力的父亲犯了肛肠病,疼痛难耐还伴随少量出血。于是他父亲到药店买药,结果在药店看到了一家医院发的宣传单,说60岁以

上老人持单可以去医院做免费肛肠疾病筛查，并且治疗还有优惠。于是他父亲拿着宣传单就去了。结果到了医院，医生就要求手术治疗。老人经不住医生不停的劝告，就同意在医院治疗。手术不到20分钟就做完了，一共花费12 000元。医生叮嘱每天要去换药，连续7天，每次换药治疗又要花费600多元。但直到今天，老人伤口还是疼痛，并且伴有水肿。许力觉得治疗效果不好，于是想找马应龙药业旗下专科医院的专家看看。应许力要求，王亮安排许力带他父亲去马应龙药业的专科医院就诊复查。下午，许力告诉王亮，专家说病情并不是太严重，只是手术做得不太好，需要进行二次手术修补。并且如果这样的疾病在马应龙药业的专科医院就诊治疗，费用只需6 000元就足够了。听着许力的话，王亮陷入了沉思，回忆起了集团建立肛肠专科医院的情境。

两年前，集团领导要求马应龙药业尽快实现从专科药品制造商向肛肠健康方案商的转型。2015年，公司建立了第一家肛肠专科医院，接着又陆续在全国各地自建和收购了6家专科医院，目前已经基本形成了专科诊疗的规模，并且医院的专家都是全国知名的肛肠专科专家。但是由于医院体系没有进行大规模的品牌推广工作，因此大部分患者并不知道马应龙药业还有自己的专科医院。虽然医院的专家技术和医疗质量都非常好，但目前患者量和经营情况都不尽如人意。

为什么我们这么好的医院却患者量少，是营销和经营意识不够吗？使用马应龙药业药品的客户那么多，为什么到马应龙药业医院就诊的客户这么少？我们能否将这些药品客户都转化为医院客户？我们目前是在实体药店进行药品的销售，现在人们都在网上咨询病情，我们是否能够建立一个互联网平台，通过咨询病情将用药的客户和医院的服务结合起来？想到这里，王亮突然有些激动了，是啊，如果有办法将药品客户转化为医院客户，这将是一个很好的建议。

马应龙药业是一家具有百年历史的传统企业，其对快速发展的互联网几乎从无触及。王亮知道，O2O（Online to Offline或Offline to Online）模式是很多传统企业迈向电子商务的重要一站，它是吸引线上用户到线下实体店去消费（或者线下用户聚集到线上网站中去消费）的一种商业模式。但O2O模式往往不能形成闭环，也就是说，客户不能保证下一次还会继续选择同一商家。因此，王亮直接将马应龙药业的互联网之路，定位到能够帮助企业实现闭环运营的O2O2O模式上。

通常意义上的O2O2O，是指企业通过在线（Online）推广的形式，引导顾客到地面体验店（Offline）进行体验，之后再通过电子商城进行在线（Online）消费的一种商业模式。然而在马应龙药业这样的传统企业中，顾客往往是从使用药品这一线下模式开始的。因此另一种逆向O2O2O的思路，即线下买药（Offline）—线上问诊（Online）—线下就医（Offline），似乎更适合马应龙的发展。于是，王亮在电脑上打出一行字"实现客户由药到医到医+药的转化——马应龙药业实施O2O2O战略的必要性"。

2.2 居安思危，我们不做时代的弃儿

转眼间，已到年底。王亮去参加公司的业绩总结会。董事长在讲话中肯定了今年药品销售的增长业绩。"但是，我们也应该看到"董事长话锋一转，"随着国家医改的深入，医保控费会越来越严厉，医院会更加控制治疗中的药占比，这势必会影响到我们肛肠药物的销售数量。虽然今年我们的销售增长形势喜人，但是未来呢？我们还能够保持现在的增长态势吗？我们已经提出了由肛肠药物生产商到肛肠健康方案提供商的转变。但是如何转型？客户对我们又有哪些希望和要求？我们更应居安思危，发掘我们客户的需求，否则，我们将被我们的客户抛弃，将被这个时代抛弃。我们不做时代的弃儿！"

业绩总结会结束后，董事长让王亮随他回到了办公室，并让王亮讲讲关于他在集思会建议中写的关于O2O2O模式的构思和想法。王亮从朋友父亲看病的经历讲起，滔滔不绝地讲着建立网络平台、整合线上线下资源的构思。自始至终，董事长都认真倾听，没有打断。在王亮讲完后，董事长微笑着说："你的想法很好，也符合公司的战略发展方向和业务转型目标。但是要建立起O2O2O的商业模式，首先要有互联网的平台，我想让你来负责建立这个平台，并且通过这个平台将O2O2O模式建立起来，你觉得如何？"王亮一愣，自己目前主要负责信息部的工作，管理公司的硬件网络和内部软件。虽然自己是计算机专业出身，但是网络平台的建立还涉及好多未知的领域，王亮有些犹豫。董事长好像看到了他的心思，对他说："不要有什么顾虑，你可以组建团队。你是最了解我们公司的，既懂技术，也了解产品和服务，相关

部门之间也熟悉。由你来牵头和协调，应该是最好不过的了。"看着董事长信任和期待的眼神，王亮心头一热："董事长，您放心，我一定尽全力完成任务！"从董事长办公室出来后，王亮既兴奋又担心。能够得到领导信任，亲自参与互联网平台的建设，是一件非常光荣而有意义的事情。但是他又担心工作完成得不好，影响公司整体的转型发展。现在最主要的是招兵买马，组建团队，完成平台的架构设计和制作。为了实施这一战略构想，公司专门成立了小马奔腾医疗科技有限公司（简称小马医疗）。

3 变形中——从无到有的阵痛

3.1 宏伟蓝图待定位，O2O2O模式总体架构设计

为了做好网络平台，王亮研究了国内医疗行业线上平台的现状。目前，以BAT等巨头为首的互联网企业纷纷布局医疗O2O2O领域，百度系的百度医生，阿里系的阿里健康，腾讯系的丁香园和挂号网，另外还有春雨医生、好大夫在线等等。从业务类型和客户人群来看，医疗服务行业O2O2O模式主要分为三类。一类是轻问诊和预约挂号的医患互动平台，如微医、春雨医生和好大夫等；一类是专业面向医生的咨询查询和交流平台，如丁香园、医联等；还有一类是面向患者的购药平台，如叮当快药和掌上药店等。

经过深入调研和反复思考，结合公司目前的实际情况，王亮定位心目中的网络平台用户分为两种：肛肠健康需求者和肛肠专业医生。网络平台要能同时满足这两大人群的需求，并且能够将其联系在一起，从而实现肛肠健康生态圈O2O2O模式的闭环运营。与此同时，依靠网络平台上庞大的肛肠健康需求者人群，建立网上商城，并通过商城实现网络平台的盈利。

要实现这些目标，很重要的一点是构建一个面向医生和患者两个终端客户的平台。利用移动互联技术和大数据技术，快速收集用户需求、感知用户需求和响应客户需求，为客户提供全方位的健康服务。在王亮的构思中，在平台的患者端，用户能够进行专业化的健康自测，了解自己的肛肠健康状况。平台通过客户的健康数据对客户进行分类并标识标签，然后通过标签自动匹配推荐合适的健康服务、药品和专家。需要治疗的用户还可以通过平台预约医院进行线下治疗。同时，平台可以构建一个云CRM系统的中间层，由它统一与各种异构的医院HIS系统对接，提取已治疗患者的挂号、诊断、住院、出院等关键信息。这样，平台就完成了患者从健康自测到诊疗和后期数据查询的整个生态链。在平台的医生端，医生不仅能够通过平台和患者直接交流，同时也能够在平台里查阅资料，相互进行学术交流和学习，甚至可以通过手术直播的方式进行业务水平的交流和提高。

王亮为这个网络平台及未来的O2O2O模式线上部分设计了宏伟的蓝图，如图3-3-2所示。

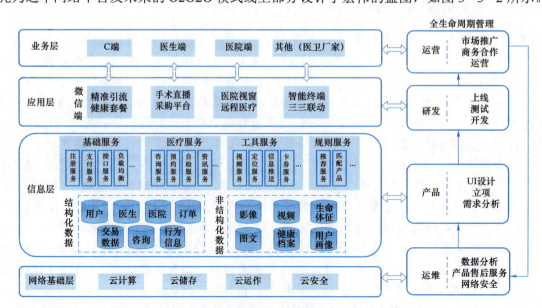

图3-3-2 马应龙药业O2O2O模式线上部分总体架构示意图

3.2 O2O2O 模式初试水，App 开发进行时

由于马应龙药业的线下体系相对成熟，因为王亮首先把关注点放到线上平台的搭建上。那么，O2O2O 架构的线上平台通过什么形式来展现给用户呢？王亮和行业内的朋友聊了聊，发现在当下，手机移动端用户正在快速增长，人们已经习惯使用手机来进行网络社交和移动支付，手机 App 已经成了各个商家和用户沟通的主要形式。顺应时代潮流，王亮希望马应龙药业 O2O2O 模式总体架构也首先以 App 的方式呈现，因此目前的首要任务是建立马应龙药业自己的 App。经过深思熟虑，王亮决定采取以自己团队构建主架构、部分工作外包、自建和外包相结合的方式进行 App 的开发。因为王亮还是希望自己团队能主导开发方向，同时需要尽快研发出产品。经过一周的准备，王亮在现有人员基础上进行招募，组建了 App 开发团队。经过几番比较和谈判，又确定了外包团队。App 开发正式开始了。

虽然有自己的构思，但是 App 是未来的医生和患者使用的，到底在细节上做成什么样，还需要进行调查和研究。因此王亮通过内部职工作了一个问卷调查，主要了解患者对 App 的需求。同时，王亮组织了一个由连锁医院的院长和医生代表参加的座谈会，主要对 App 的功能和界面发表看法。项目沟通会在集团会议室举行。首先，王亮介绍了项目沟通会的目的，然后请大家谈谈各自的看法。"我觉得界面要简单明了，患者和医生才会喜欢。""还要好操作，不麻烦。""要设置一个网络医生诊室，能够在网上和患者简单沟通""要有肛肠健康知识普及板块""最好能有一个患者肛肠健康自己检测的功能。"大家你一言我一语地说起来，气氛非常热烈。王亮把这些建议一一记下来。通过一周时间的调研和沟通，App 的功能、风格和界面大致确定下来，名字也取好了，就与科技公司的名字齐名，叫小马医疗。

目标已明确，团队也已就位，剩下的工作就是码代码的事情了。王亮团队和外包团队开始加班加点工作，经过一个月的突击工作，App 平台完成了前期的简单模块的开发。在医生端完成了医生注册、信息展示和网络咨询的功能。在患者端完成了患者的健康自测、在线咨询病情和预约挂号的功能。后期云 CRM 系统因为要对接各大医院的 HIS 系统，工程浩大，技术目前也较难实现，进展比较缓慢。不能等所有的架构都做好再推向市场，王亮想，还是先把一期上线测试和使用，试试市场反响，然后边用边同步开发后期功能。马应龙药业 O2O2O 模式一期线上部分如图 3-3-3 所示。

图 3-3-3　O2O2O 模式一期线上部分示意图

3.3 出师不利遇瓶颈，App 推广见效低

小马医疗 App 搭建好以后，王亮首先组织了内部测试，又改进了几个小问题后，正式推向市场使用。App 一期的功能相对比较简单，主要还是连接患者和医生，希望能够在平台上实现病情咨询和轻问诊，并通过平台预约线下医院。这个模式有点像现在的好大夫和春雨医生等 App 终端，只是小马医疗 App 只针对肛肠和下消化道疾病的患者，用户细分更精确。

由于小马医疗 App 是搭建马应龙药业 O2O2O 商业模式的桥梁，它的一端要连接线下患者，另一端要连接医院和医生。因此，让医院和医生加入 App 是当务之急。在医院方面，由于马应龙药业的药物销售网络遍布全国各大医院，很快公司与全国主要医院的肛肠科室签署了合作意向协议，免费将各地主要的医院肛肠科室在 App 上展示，并且介绍主要的专家和医生。但是到具体要与公立医院连通网络预约挂号

系统时,因为需要公立医院开放和对接其自身 HIS 系统。由于各种原因,医院不愿意配合,无法向前推进。王亮只好暂时放弃这个模块,将网上预约改为人工转诊方式,即意向患者在小马医疗 App 的客服人员那里预约,再通过小马医疗和医院联系就诊。同时,由于公立医院的大部分医生已经有了春雨医生、杏仁医生等多个医生端,因此对小马医疗这个专科的医生端兴趣不大,大多不愿登录平台,加上平台暂时没有患者咨询,医生的活跃度就很差。

如果平台上的患者多了,医院和医生的问题就会迎刃而解了吧,王亮想。于是小马医疗又开始掉头做市场营销活动,来为 App 平台聚集患者用户,增加流量。王亮首先从马应龙药业自己的 7 家连锁医院开始,在医院大厅设置宣传资料,向医院门诊患者介绍 App,鼓励其下载和登录 App。同时,和市场营销人员一起下社区做健康教育活动,对 App 进行宣传,并开展扫码送红包活动。王亮希望通过一个月的集中宣传,让患者了解和试用小马医疗 App,然后利用其口碑宣传,带动其他用户注册,从而形成一个相对稳定的用户量。很快,王亮团队遇到了问题。在互联网普及的今天,众多商家盯住了网络商业模式,App 如雨后春笋一般突然冒了出来。为了吸引客户,各家公司都进行了形式各样的关注送礼活动,因此人们对这些活动已经有了免疫力。要么不关注,要么关注获得红包以后就取消关注,或者从此置之不理。小马医疗 App 也不例外。在前期活动中,由于红包的推送,App 用户还有增加,但一个月以后,新增的用户越来越少,老用户也成了僵尸用户。一个月宣传活动结束以后,App 的新增用户来源又成了问题。医生端和患者端聚集用户都不顺利,小马医疗 App 平台出师不利,向前推进遇到了麻烦。

3.4 转思路聚焦小而美,转战微信建医盟

针对目前的困境,王亮开始思索,并召开了专题头脑风暴会。团队中的小李前期主要跟踪小马医疗 App 的营销推广活动,他觉得现在 App 太多,如果不是必须,客户一般不愿意下载 App,嫌太麻烦。如果把接口做成微信,就会方便得多。而负责小马医疗 App 线上内容运营的小张则认为,不一定要把医生也放在 App 上,因为医生的需求主要在学术交流,提高自身能力。但是小马医疗 App 上没有医生感兴趣的东西,完全可以单独为医生的交流开辟另外一个平台。大家的讨论很热烈。综合大家的意见,结合现在的困境,王亮开始转化思路,寻求突破。应该说,以前的规划是很宏大的,能满足用户很多的需求。但蓝图太宏大,具体操作起来很难实现,还不如依托马应龙药业小而美的特色,将原来的宏大蓝图的大而全,也改变为小而美,集中力量实现用户急需的某些功能,可能效果会更好些。因此,王亮重新整理了一下思路,决定将平台的功能进行调整。在患者网络咨询平台上,用自己体系的医生在线咨询,并通过网络平台人工转诊满足患者预约就诊需求,打通线上线下转诊模式。同时开发两个微信入口,和小马医疗 App 一起形成网络平台。一个是患者的微信入口,叫小马健康指南,一个是医生端的入口,取名小马医盟,和丁香园一样,专门面向肛肠专业医生群体做学术交流平台,满足医生的需求。这样,新的 O2O2O 模式的线上平台架构就形成了。而后期宏大的计划只保留开发的端口和足够的空间,暂不开发,待一期的模式运营顺利后再进行二次开发。迭代后的 O2O2O 模式二期线上部分如图 3-3-4 所示。

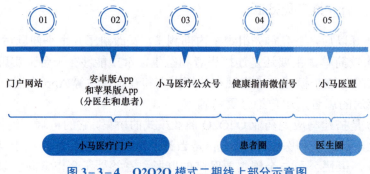

图 3-3-4　O2O2O 模式二期线上部分示意图

3.5 寻寻觅觅找客户，二维码上线建通途

患者微信入口端开发后，王亮开始再次组织活动为平台聚集用户。流量才是平台生存的基础。如何获取用户，王亮还是想集思广益，因此王亮再次专门主持召开了市场分析会，就平台流量问题进行分析并寻找解决方法。"我觉得，要想抓住我们的客户，还是要在药品上下文章。"市场推广部的小李说："比如把我们的二维码印上药盒，那么患者在用药有问题时就会扫描二维码找我们咨询。""如果药盒上可以扫码，我们就可以和药店合作推广，毕竟我们每天通过药店可以卖出几万盒的药品。"小王接着说。是啊，王亮突然眼前一亮，如果这样，那么我们的客户就会源源不断地输送到网络平台上。"好啊，"王亮激动得一拍桌子，"我来沟通集团的相关部门。"经过与相关部门沟通，并且由公司组织专人与监管部门沟通，通过申请和批准，二维码终于登上了药品包装盒。现在，王亮要通过药品盒的二维码大作文章了。O2O2O模式三期线上部分如图3-3-5所示。

图3-3-5　O2O2O模式三期线上部分示意图

王亮再次启动了平台的宣传活动，不过这次活动主要和药店合作，通过扫码送红包，告知客户可以扫描药盒二维码登录网络平台，同时通过马应龙药业官网和自媒体发布药盒增加二维码消息，鼓励更多用户通过扫二维码登录网络平台。在接下来的一个月里，患者主动关注量逐步增加，由每天的几十人上网咨询慢慢增加到上百人，线下线上的沟通终于开始打通了。

随着咨询客户的数量增加，开始有客户预约线下医院的挂号就诊。虽然数量较少，但总算有了好的开端。不过王亮团队又遇到了问题。在客户预约就诊中，公司自己体系内的连锁医院还好，有专人对接。但如果是预约体系外的公立医院，和医院对接就有一些困难了。公立医院虽然和马应龙药业签署了意向合作协议，但那仅仅局限于在网络平台展示专家和医生。在预约挂号方面，公立医院没有深度合作的动机和意愿。如果预约了公立医院专家，医院没有专人对接，患者需要自己到医院走正常挂号流程，有时特殊专家的号源还不能保证。这对患者来说，网络预约挂号就失去了意义。从目前来看，咨询的患者遍布全国各地，体系内的医院只有7家，仅限于几个大城市，从长远看，完全不能满足未来患者的需求。又一个难题摆在了王亮团队的面前。

3.6 合纵连横生态圈，线下体系得扩张

要想打通线上线下的生态圈，必须解决公立医院的病人承接问题。王亮决定去找负责连锁医院工作的周总聊聊。周总是中医针灸学博士，常年在马应龙药业销售中心工作，与各大公立医院接触较多。或许周总能给出一些建议，王亮想着，拨通了周总的电话。接到王亮的电话后，周总请王亮上办公室聊聊，并说正好也有事找他。找我？王亮一头雾水，见了周总后，王亮才知道事情的原委。

原来在年初，周总得到马应龙北京连锁医院的一个消息，谈及有山东L县人民医院的院长到北京医院参观，提出了一个合作构想。希望能强强联合，引入马应龙药业的品牌、技术和专家，在当地人民医院里打造一个能够辐射全县的马应龙品牌肛肠诊疗中心。周总去L县人民医院考察后，深受启发。目前每个县级市都有人民医院，而人民医院是当地医疗实力最强，最受老百姓信赖的医疗机构，基本垄断了当地的医疗市场。如果他们和马应龙药业进行强强联合，打造的专科一定是当地最好和最有影响力的。

但同时周总也担心，虽然当地人民医院在设备、场地上面都没有问题，马应龙在专家、技术和品牌上也是占据专科优势，但合作后的专科患者从哪里来？科室的发展可不像公立医院的院长们想得那么简单。品牌的推广需要渠道和时间，患者对当地肛肠诊疗中心的信任也需要时间积淀啊。"这个正好我们可以参与啊！"听完周总的顾虑，王亮兴奋地说。王亮把小马医疗App上的患者预约公立医院承接不畅的事情讲述了一遍，接着告诉周总，通过新建立的O2O2O模式，马应龙品牌下的患者可以通过买药来到线上平台，线上的患者如果需要面诊，可以直接预约到马应龙体系的肛肠诊疗中心，这样既解决了我们的患者到医院的问题，也解决了肛肠诊疗中心的患者来源问题。以后马应龙的肛肠诊疗中心如果能开遍中国的各个县市，那么既响应了国家优质医疗技术下沉县市的政策号召，也承接了马应龙线上全国各地肛肠患者的需求，真正打通马应龙的O2O2O一体模式。听王亮这样一说，周总也兴奋起来，对诊疗中心项目的发展前景顿时乐观了起来。

经过双方几轮的商谈，马应龙药业和山东L县人民医院合作协议正式签署。协议规定，马应龙药业授权L医院在肛肠科建设和运营中使用马应龙药业的字号和品牌。在前期的科室建设中，马应龙药业帮助人民医院进行肛肠科建设的战略规划、市场分析和科室建设的医疗布局设计，负责培训L县人民医院医生和护士，以达到标准化的医疗操作流程和服务。开业前，L县人民医院一次性支付一定费用给马应龙药业，用作品牌授权费和马应龙药业人员差旅费和劳务费。开业后，马应龙药业负责每月安排一名专家到L县人民医院进行两天的出诊、手术和带教。专家的日常维护费和劳务费由马应龙药业承担，L县人民医院按照肛肠诊疗中心的收入的一定比例支付马应龙药业费用。

经过精心筹备，马应龙药业的第一家肛肠诊疗中心终于开业了。这个项目在肛肠专科圈内引起了不小的反响，很多公立医院纷纷联系马应龙药业，表达了合作的意向。通过周总团队的不停洽谈和筛选，很快就和全国30多家公立医院签署了合作协议，马应龙肛肠诊疗中心如雨后春笋一般在全国建立了起来，这样，马应龙药业O2O2O模式的线下体系逐步完善起来。

3.7　云开雾散终有时，O2O2O模式见雏形

随着马应龙药业与公立医院合作的肛肠诊疗中心项目在全国各地的推进和布局，加上前期已经建立的马应龙药业自己体系内的连锁医院，马应龙药业的线下承接医院体系初步建立起来。到目前为止，马应龙药业形成了以直营圈、共建圈和联接圈组成的三圈联动的线下承接医院体系。

线下体系中的直营圈是核心圈，指的是马应龙药业自己控股的连锁医院体系；共建圈是马应龙药业与公立医院合作的肛肠诊疗中心体系，位于三圈的中间；而联接圈在体系的最外围，指的是仅仅和马应龙药业有业务往来关系的其他公立医院。其中直营圈和共建圈的医院与马应龙药业形成了利益共同体，业务联系十分紧密。马应龙药业主要通过直营圈和共建圈体系承接线上用户向线下医院的转诊。

在线上的网络平台上，随着时间的推移，现在药品使用者登录的数量也逐步上升到每天400人的规模。患者主要在网上进行药品使用的咨询和病情的咨询，并有小部分患者开始向线下医院预约转化到诊。而在医生端的小马医盟，王亮的团队以网络手术直播为切入点，在体系内的西安医院进行了面向医生的首场手术现场全网直播的尝试，吸引了超过两万次的点击观看，在行业内引起了巨大的反响。很多行业内的专家和中青年医生纷纷联系小马医盟，表达了愿意参与手术直播的意愿。这种以手术直播引领肛肠科医生进行学术交流的方式，以创新方式得到了医生们的认可，随后小马医盟的直播活动在全国各地的医院如火如荼地开展起来。小马医盟的手术直播活动为小行业内的医生交流提供了很好的平台，既扩大了马应龙药业在行业内的影响力，也使线下诊疗中心的医生团队更好地团结在了线上的平台上，促进了线下共建圈的发展。

通过不断地努力与尝试，马应龙药业的网络平台终于以这样的方式聚集了部分的患者用户和医生，初步实现了线下—线上—线下的转换和互通。马应龙药业O2O2O模式四期线上线下架构如图3-3-6所示。

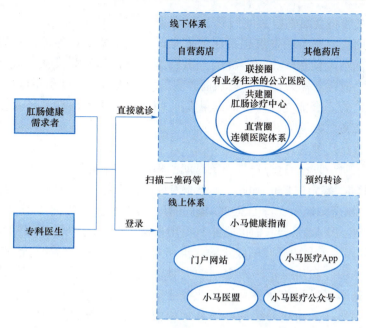

图 3-3-6　O2O2O 模式四期线上线下架构示意图

虽然线上的患者量还不太多，转化到线下的患者也较少，但马应龙药业的网络平台毕竟运作了起来，并且模式已经初步建立，运作的雏形已经显现。如果假以时日，就能实现量变到质变的过程了，王亮想着，对未来充满了信心。

4　变形后——尾声，我们该何去何从

但事情的发展总是一波三折。按照王亮原来对市场的估计，马应龙药业每天销售的药品高达 7 万盒左右，背后购药者保守估计也在 2 万人左右，按照 10% 的数量计算，应该很快会有每天 2 000 人的咨询规模。这样半年的时间，网络平台应该聚集稳定客户规模不低于 10 万人。

但现在已经过去半年多了，网络平台聚集的稳定客户还不到 3 万人。王亮通过数据分析发现，现在每天网络平台新增用户稳定在 300 到 400 人左右，很难再往上涨。同时，很多前期新增用户在登录网络平台后，有取消关注或退出的，造成用户流失，而留下来的用户活跃度也不高。为了维护与网络用户的互动联系，保持客户的活跃度，网络平台定期发布健康类文章，但通过统计，每期发布的健康类文章的阅读量只在 4 000 左右。并且每天咨询的客户中，能够转诊到线下就医的客户还不到十分之一。这样，打通线上线下的 O2O2O 效果大打折扣，与当初预期的相去甚远。王亮不禁反思，问题到底出在哪里呢？

在周总那边，最新签约的一批肛肠诊疗中心已经陆续开业半年了。跟踪运营情况来看，有喜有忧。一大半的医院开业以后，由于品牌的植入和专家的帮扶，医院肛肠科很快发展起来，并奠定了在当地的强势地位。但也有少量医院，开业后的影响力没有预期得好，品牌的影响和患者量的上升都不尽人意。由于网络平台转诊的患者少，马应龙药业主要依赖的提升患者的方法没有达到预期，影响了肛肠诊疗中心的运营。看到还有少部分肛肠诊疗中心的运营情况不太理想，很多其他县市意向合作医院开始犹豫，肛肠诊疗中心签约的速度开始变缓，从而影响了肛肠诊疗中心的整体发展和布局。如何整合资源、破除困局、加速诊疗中心的布局和发展，现在也是困扰周总的问题。

现实的困难让王亮对这次互联网变形的信心有了动摇。O2O2O 模式建立以来，公司投入了大量资金进行团队组建、架构搭建和营销推广。但 O2O2O 模式运营到现在，项目投入的资金多，回收的现金少。由于线上平台用户规模小，并且主要向用户提供免费健康咨询服务，因此线上平台暂时还未形成因用户消费而带来的现金流。原本期望能通过向线下医院转诊带来行业利益再分配，目前也因为转诊用户少而没有能够实现。虽然小马医疗原始资金投入充足，维持目前运营没有问题，但如果长期不能产生自由现

金流，小马医疗未来的发展将会面临巨大的问题。

想到那么多的互联网医疗平台的发展也不尽如人意，王亮不禁有点害怕，总以为自己会依托马应龙药业的专科品牌和客户优势，创造一个不一样的互联网医疗平台和商业模式。但现在看来，自己好像也在落入和其他互联网医疗平台一样的怪圈：虽然前景看好，但就是不能创造持续的客户增长和持续盈利。没有了客户和盈利，我们的资金能支撑多久？是我们的商业模式出了问题，还是我们在某些方面的细节做得不够好？我们的未来又在哪里呢？

现在摆在王亮面前的有几种选择：

（1）维持运营现状，等待变化。这样也许随着时间的积淀，客户慢慢会积累达到我们需要的规模。因为王亮相信，O2O2O 模式的战略定位是正确的，一定能为公司带来更广阔的生存和发展空间。并且公司也有品牌优势、渠道优势等关键资源能力支持 O2O2O 模式的运作。但是王亮也不确定，如果不做改变，仅仅维持现状运营，是否有可能由于网络平台长时间在小规模用户群里运营，因此对用户的吸引力越来越弱，从而导致网上用户流失越来越多，并且由于时间成本的代价和人们的信心消失，最终致使 O2O2O 模式失败呢？

（2）加大投入资金，加强和药店合作力度，加大对线上平台的宣传，扩大用户流量和规模，快速聚集用户。这个选择主要是基于对目前业务系统和业务活动的改善。商业模式要想成功，必须依赖稳定而有效率的业务系统和交易结构。而交易结构的核心是利益相关者。因此，设计满足利益相关者的需求的业务结构和业务活动，才能使业务系统有效运作。加强和药店的合作，就是要改善营销活动的业务结构和业务内容，从而加强营销的效果。

（3）重新定位和改变马应龙药业 O2O2O 的作用和功能。不再进行肛肠健康方案提供商的定位，也不再进行网上用户到线下医院的转诊。只是在线上进行药品使用方法的咨询和马应龙药品的购买和邮寄，从而转换成单纯网上售药的电商模式。这样，是否可以因为功能的聚焦而实现用户的快速聚集和高频次交易呢？

在王亮的下意识中，觉得应该针对目前运营的某些方面进行改变，突破目前困境，一举奠定成功基础。但是如果要改变，应该从哪里改变呢？王亮好像又没有厘清头绪。要维持还是要改变？如果改变，我们又应该从哪里入手呢？我们应该何去何从？我们的 O2O2O 模式，是否还需要对利益相关者进行更深入的思考和分析？这些困惑就像十万个为什么，不停地出现在王亮的脑海中。

The Internet Transformation of Centennial Mayinglong Pharmaceutical: Shifting Business Models Based on O2O2O

Abstract: In the context of the increasingly tight cost control of national health insurance and the rapid immersion of Internet plus into people's lives, how the Ma Yinglong Pharmaceutical Co., Ltd. responds to development and transformation, which has a history of 400 years, is an urgent issue for business decision makers. This case focuses on the implementation of the Internet plus strategic transformation of Ma Yinglong Pharmaceutical, in the process of reshaping the business model with O2O2O (offline to online to offline), experiencing the motivation, a master hand's first small display, twists and turns, iterative update and other scenarios, fully demonstrates the efforts, rewards and confusion in the transformations of traditional medical enterprises to build the offline-online-offline i.e. O2O2O closed-loop operation, and to use the Internet to integrate the ecology. This case is designed to guide students to think about the steps of traditional medical enterprise Internet transformation, possible opportunities and challenges, and to explore the key business strategies and related solutions after the company's transformation by using six aspects of the business model based on the stakeholder transaction structure. At the same time, it also provides effective reference for other traditional enterprises to achieve business model transformation.

Key Words: business model; O2O2O; medical enterprises; stakeholder's transaction structure

案例使用说明：

百年马应龙药业互联网变形记
——基于 O2O2O 的商业模式变革

一、教学目的与用途

1. 本案例主要适用于 MBA、EMBA《管理信息系统》课程中的电子商务模块，也适用于《企业战略管理》课程中的商业模式创新模块等内容。

2. 本案例的教学目的是：通过对马应龙药业依据现有资源建立 O2O2O 模式的全过程，以及遇到问题和瓶颈的描述，帮助学员了解 O2O 模式以及 O2O2O 模式的原理，学习基于利益相关者交易结构的商业模式理论，并结合马应龙药业在建立 O2O2O 模式过程中的波折和收获，了解传统医疗企业实施 O2O2O 模式的收益以及可能的风险，思考传统企业实施 O2O2O 模式的方案和路径。

二、启发思考题

1. 什么是 O2O 模式？O2O 模式经历了哪几个发展阶段？什么是 O2O2O 模式？它与 O2O 模式的区别是什么？

2. 基于利益相关者交易结构的商业模式的定义和构成要素是什么？各要素之间有何关联？

3. 医疗行业的 O2O2O 模式进展情况如何？请简述马应龙药业 O2O2O 的形成和发展历程，以及每个阶段所面临的挑战。

4. 请对马应龙药业在实施 O2O2O 模式过程中的利益相关者进行识别。并结合基于利益相关者交易结构的商业模式理论，对马应龙药业以 O2O2O 模式为核心的互联网转型前后的商业模式进行分析。

5. 请结合自身理解，为马应龙药业未来完善 O2O2O 运营提供思路和方案。此案例对其他同类医疗企业实施 O2O2O 有哪些启示？

三、分析思路

本案例使用说明从理论框架入手，分别阐述了 O2O 模式以及 O2O2O 模式的定义、产生和发展，以及基于利益相关者交易结构的商业模式理论。继而分析马应龙药业在以 O2O2O 模式为核心的互联网转型过程中所遇到的机遇和挑战。同时，依据基于利益相关者交易结构的商业模式理论，对马应龙药业建立 O2O2O 模式前后的商业模式变革进行分析。

具体分析思路是：在理论依据部分，阐述 O2O 模式以及 O2O2O 模式的定义、产生和发展（启发思考题 1），以及基于利益相关者交易结构的商业模式理论（启发思考题 2）。在案例分析部分，结合医疗行业的 O2O2O 模式进展，分析马应龙药业 O2O2O 模式的形成和发展历程，以及每个阶段所面临的挑战（启发思考题 3）；继而对马应龙药业实施以 O2O2O 模式过程中的利益相关者进行识别，并基于利益相关者交易结构的商业模式理论，对马应龙药业互联网转型前后的商业模式进行分析（启发思考题 4）；最后对马应龙药业未来完善 O2O2O 运营提供思路和方案，思考此案例对其他同类医疗企业实施 O2O2O 有哪些启示（启发思考题 5）。整体分析框架如图 3-3-7 所示。

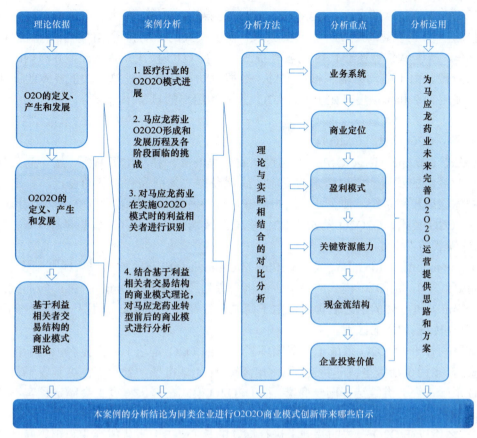

图 3-3-7　整体分析框架

四、理论依据

1. 什么是 O2O 模式？O2O 模式经历了哪几个发展阶段？（启发思考题 1）

O2O（Online to Offline 或者 Offline to Online）模式最早来源于美国，由 Triaplay 创始人 AlexRampel 在 2010 年首次提出，其认为 O2O 模式是吸引线上用户到线下实体店去消费（或者线下用户聚集到线上网站中去消费）的一种商业模式。

随着需求和理念的变化，O2O 模式经历了如下几个发展阶段。

（1）早期引导型 O2O 模式。

在这个阶段主要是利用线上推广的便捷性把相关的用户集中起来，通过在网上进行信息展示和商品陈列的方式，打造一个信息获取和沟通交流的平台，然后把线上的流量引导到线下成交（或者反向而行之）。比如早期的阿里巴巴，就是通过在网络平台上展示国内出口商品信息和国外进口商需求信息，从而为买卖双方提供信息和交流平台，最终达成双方线下的进出口贸易。还有诸如 58 同城，提供同区域内的各种信息，以满足交易双方的需要。该时期的 O2O 模式主要以供需双方信息展示为主。在这个过程中，存在着交易双方信任度低、黏性较低等特点。平台和用户的互动较少，基本上以交易的完成为终结点。用户趋向于在线上交流，在线下交易和支付。

（2）服务型电商 O2O 模式。

随着科技的发展，线上支付条件成熟。淘宝利用进出口贸易中的信用证为原型，发明了支付宝，解决了交易双方在线上的不信任问题。O2O 模式进入了一个新的发展阶段。这个阶段最主要的特色就是 O2O 升级成了服务型电商模式，包括商品（服务）、下单、支付等流程，把之前简单的电商模块，转移到更加高频和生活化场景中来。如淘宝和美团的迅猛发展就是这一时期的典型代表。人们在网上购物、点餐，由快递送货上门，在家中消费，实现了 O2O 的完整业务。

(3) 资源集合型 O2O 模式。

由于智能手机和定位技术的发展，LBS（Location Based Service）在生活中的应用越来越广泛，从而促进了 O2O 模式进一步向资源集合的平台模式发展。在新模式的推动和资本的催化下，出现了 O2O 的狂欢热潮，滴滴打车、摩拜单车等基于 LBS 的各种资源集合型 O2O 模式开始兴起，并深刻改变了人们的生活习惯。在这个阶段，由于移动终端、移动支付、数据算法等环节的成熟，加上资本的催化，用户出现了井喷式增长，使用频率和忠诚度开始上升，O2O 开始和用户的日常生活融合，成为生活中密不可分的一部分。

(4) 行业平台型 O2O 模式（OMO）。

OMO 商业模式（Online Merge Offline）通过在线分享商务、移动电子商务、线下商务的有效聚合，帮助企业顺应体验经济的发展和用户需求的变化，简化获得实体商品和服务的途径，打造线上一移动一线下三位一体的体验店营销系统，使企业与用户能够通过各种载体及终端进行交易和消费。

2. 什么是 O2O2O 模式？O2O2O 模式与 O2O 模式的区别是什么？（启发思考题 1）

(1) O2O2O 模式的界定。

O2O2O（Online to Offline to Online 或者 Offline to Online to Offline）指用户从线上到线下再到线上（或者线下到线上再到线下），是 O2O 模式的进一步演化。意为通过在线（Online）推广的形式，引导顾客到地面体验店（Offline）进行体验，之后再通过电子商城进行在线（Online）消费（或者反向而行之）。

(2) O2O2O 与传统 O2O 的区别。

二者最根本区别在于 O2O2O 形成了消费闭环。一般的 O2O 是基于线上揽客，线下消费（或者线下揽客，线上消费），多用于社区型或非特定商品的消费，比如订机票、就餐等。这其中不易形成闭环，因为客户不能保证下一次还会继续选择同一商家。而 O2O2O 模式在最大程度上会圈定顾客不断在同一商家消费，进而形成长尾效应。

O2O2O 模式之所以在 O2O 模式的基础上进行提升的核心，在于所从事行业和销售商品的普遍性与独特性。所谓普遍性是指应用 O2O2O 模式的行业和产品要具有一定的需求广度和深度，但并不属于快消品范畴。独特性则要求商品必须具有不可替代性的属性，其中应用的科技手段和用户体验则是保证 O2O2O 模式顺利展开的基础。

3. 基于利益相关者交易结构的商业模式的定义和构成要素是什么？各要素之间有何关联？（启发思考题 2）

(1) 商业模式定义。

学者们针对商业模式从不同的角度展开了研究，但对商业模式的定义却莫衷一是，目前尚没有一个统一的定义。Timmers（1998）是最早研究商业模式的学者之一，但他并没有给出商业模式的定义。他认为，商业模式是一个包含多方面内容的复合概念，包含 3 个方面内容：① 关于产品、服务和信息流的体系结构，包括对各种商业活动参与者和他们所扮演角色的描述；② 各种商业活动参与者潜在利益的描述；③ 收入来源的描述。可以说，商业模式是由各种要素组成的一个有机系统，并且要素之间紧密联系、互为基础、相互配合，最终给用户创造一定的价值，为企业创造一定的效益。

(2) 基于利益相关者交易结构的商业模式定义。

魏炜、朱祥武和林桂平（2012）对商业模式进行了重新界定，并对基于利益相关者交易结构的商业模式的构成要素进行了研究。北京大学的魏炜教授认为：商业模式就是"利益相关者的交易结构"，包括交易主体（谁参与交易）、交易内容（交易什么）、交易方式（怎么交易）和交易定价（收支）。

利益相关者概念兴起于 20 世纪 80 年代，主要来源于公司治理理论。利益相关者理论认为，能影响企业目标实现，或能被企业目标实现的过程所影响的所有个人和群体，都是企业的利益相关者。基于利益相关者交易结构的商业模式理论认为，"利益相关者"指的是具备独立利益诉求，有相对独立资源能力、与焦点企业存在交易关系的行为主体。利益相关者包括外部的供应商、渠道商、顾客等，也包括企业内部独立的单元。利益相关者视角，把与企业存在利益交换的所有主体的权利配置诉求都纳入企业的决策函数。企业需要在保证利益相关者的成长、发展空间的前提下，把利益相关者的资源能力转化为企业的资源能力优势并不断升级，从而提升企业的创新能力。

（3）基于利益相关者交易结构的商业模式构成要素。

基于利益相关者交易结构的商业模式主要包括六个构成要素，分别是业务系统、定位、盈利模式、关键资源能力、现金流结构和企业投资价值。其核心概念是业务系统，强调整个交易结构的构型、交易方的角色和关系。具体内容如下：

① 业务系统是由构型、角色和关系三部分组成。构型指利益相关者及其连接方式所形成的网络拓扑结构。角色指拥有资源能力，即拥有具体实力的利益相关者，关系指利益相关者之间的治理关系，主要描述控制权和剩余收益索取权等权利束在利益相关者之间如何配置。

② 定位是企业满足利益相关者需求的方式，是企业战略选择的结果，是商业模式体系中其他有机部分的起点。商业模式的定位决定企业应该提供什么样的产品和服务来实现客户的价值，其关系到企业如何构建业务系统、确定盈利模式、分布资源能力和设计现金流结构等。

③ 盈利模式是指以利益相关者划分的收支来源以及相应的收支及计价方式。盈利模式构成了企业收入和成本结构。盈利模式也是在给定业务系统中各价值链所有权和价值链结构以确定的前提下，企业利益相关者之间利益分配格局中企业利益的表现。

④ 关键资源能力是焦点企业为使交易结构成立和让业务系统运转而需要具备的资源和能力。不同的商业模式要求企业具备不同的关键资源能力，同类商业模式其业绩的差异主要源于关键资源能力的不同。

⑤ 现金流结构体现企业商业模式的特征，并影响企业成长速度的快慢，决定企业投资价值的高低。

⑥ 企业投资价值就是企业预期未来可以产生的自由现金流的贴现值，是商业模式的归宿。

（4）基于利益相关者交易结构的商业模式理论各要素的关联。

从要素之间的关系来看，企业的定位影响企业的成长空间，业务系统、关键资源能力影响企业的成长能力和效率，加上盈利模式，就会影响企业的自由现金流结构，进而影响企业的投资价值以及企业价值的实现效率和速度。各要素之间的关联如图3-3-8所示。

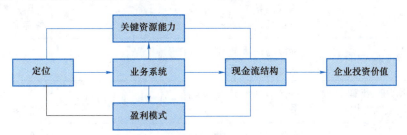

图3-3-8 基于利益相关者交易结构的商业模式各要素关联示意图

五、案例分析

依据案例正文，结合上述理论，对马应龙药业案例分析如下。

医疗行业的O2O2O模式进展情况如何？请简述马应龙药业O2O2O的形成和发展历程，以及每个阶段所面临的挑战。（启发思考题3）

（1）医疗行业的O2O2O模式发展现状。

在医疗服务行业，O2O2O模式的发展明显低于其他行业。目前来看，以BAT等巨头为首的互联网企业纷纷布局医疗O2O2O领域，百度系的百度医生、阿里系的阿里健康、腾讯的丁香园和挂号网，另外还有春雨医生、好大夫在线等等。

从业务类型和客户人群来看，医疗服务行业O2O2O模式主要分为三类。一类是轻问诊和预约挂号的医患互动平台，如微医、春雨医生和好大夫。一类是专业面向医生的咨询查询和交流平台，如丁香园。还有一类是面向患者的购药平台，如叮当快药和掌上药店。

在未来的发展中，随着精准大数据的日益完善和移动互联的普遍应用，医疗O2O2O的模式会延伸到线下—线上—线下或线上—线下—线上等多种模式，形成覆盖行业的整体闭环生态圈，内容包括入口、平台、支付、社交和地图等。同时，依托大数据的收集，深挖顾客的行为踪迹和消费喜好，基于客户的需求向客户推荐信息，从而提升客户的满意度和忠诚度。

（2）马应龙药业的 O2O2O 模式的形成和发展历程。

在建立 O2O2O 模式之前，马应龙药业以线下的药品销售为主，是单一的线下销售行为模式。

在建立 O2O2O 模式准备期，马应龙药业设计了宏伟蓝图，定位能够为患者端、医生端、医院端和医卫厂家端提供服务，实现肛肠健康生态圈的 O2O2O 模式总体架构设计。

在 O2O2O 一期的建设过程中，马应龙药业建立了以小马医疗 App 为主要入口形式的线上体系，并尝试在线上将患者和公立医院医生自由对接，对线上—线下的架构进行了探索。

在 O2O2O 二期的建设过程中，马应龙药业开发了更加便捷的微信端入口（包括小马健康指南、小马医盟），并且在网络上固定以连锁医院的医生和患者对接咨询沟通，初步形成了线上—线下的架构体系。

在 O2O2O 三期的建设中，小马医疗主要通过在马应龙药品的药盒上添置二维码，以方便用户扫码上线，从而方便为网络聚集用户，形成了线下—线上—线下的模式。

在 O2O2O 四期的建设中，由于马应龙自己体系的连锁医院数量有限，线下承接的区域有限，因此马应龙药业通过与公立医院合作建立肛肠诊疗中心，丰富并扩大线下承接体系，从而最终实现并强化了 O2O2O 的线下—线上—线下的闭环模式，真正形成了沟通渠道的延展和交易渠道的深化，具体过程如表 3-3-1 所示。

表 3-3-1 马应龙药业 O2O2O 模式发展历程

O2O2O 进程	线上	线下	形成的模式	遇到的挑战
零期	无	药品销售	线下	利润来源单一
准备期	总体架构设计	—	—	过于庞大
一期	线上 App 开发并推广	尝试对接有业务联系的公立医院肛肠科	线上	用户不喜欢 App 形式，公立医院合作不积极
二期	开发微信端入口	对接马应龙连锁医院体系	线上—线下	线上用户聚集难
三期	药盒增加二维码，通过扫码聚集线上用户	对接马应龙连锁医院体系	线下—线上—线下	线下承接的连锁医院太少，不能全区域覆盖
四期	完善更新线上内容	合作共建马应龙肛肠诊疗中心	线下—线上—线下	线上用户规模没有达到预期，线上用户不活跃

2. 请对马应龙药业在实施 O2O2O 模式过程中的利益相关者进行识别。（启发思考题 4）

总体来讲，马应龙药业公司涉及的主要利益相关者包括肛肠健康需求者、药店体系、线下医院体系和专科医生群体（另外还有原材料供应商、经销商等，因为不涉及此次 O2O2O 模式的实施，因此不再对这些部分展开分析）。

（1）肛肠健康需求者。

肛肠健康需求者是 O2O2O 模式业务系统的中心和起点，也是整个 O2O 商业模式的最终用户。因为他们的需求，才有业务系统的构建和运营。而肛肠健康需求者在新的交易结构中，角色、需求和定位都有了新的改变。他们是需求方，也是对整个业务系统有效运营的最终评价方。在整个交易结构中，用户贯穿了线下—线上—线下的整个体系。线下用户作为药物使用者，主要是肛肠疾病患者，通过购药实现疾病前期治疗。线上用户作为健康需求者，其需求包括咨询病情、预约挂号、社群交流等。线上用户可以是线下购药人群，也可以是通过口碑传播的有肛肠健康需求的其他健康人群。而到线下医院的用户，则是肛肠疾病病情相对严重人群。他们作为诊疗服务的接受者，到线下医院接受治疗。用户在每个环节的角色都不相同，因此需求和定位也不一样。

（2）药店体系。

药店拥有识别O2O2O用户，定位客户和聚集客户的资源能力，因此药店能够通过客户购药的场景，向客户传递可以通过扫描药盒上的二维码咨询病情的信息，从而为平台聚集客户。药店传递信息主要通过店员实现，因此店员也是交易结构中不可或缺的利益相关者。

（3）线下医院体系。

线下医院体系主要包括马应龙自己的连锁医院体系和公立医院马应龙肛肠诊疗中心，即O2O2O商业模式中的线下承接医院的自营圈和共建圈。从公立医院肛肠诊疗中心来看，O2O模式建立后，马应龙公司与公立医院从原来单纯的药物供应合作关系，转变为技术合作的医联体和利益共同体。马应龙公司通过品牌特许授权和集合专家技术资源优势帮扶，帮助县级市的公立医院快速建立和发展肛肠科，并通过品牌影响和线上客户的对接，使肛肠科快速发展，成为当地县域市场的第一品牌。一方面，马应龙公司建立为客户服务的若干分支机构，满足不同地域的客户需求，形成完整的肛肠健康生态圈。另一方面，马应龙公司通过肛肠诊疗中心的运营，参与其市场利益的分配，与公立医院形成利益共同体。公立医院肛肠诊疗中心具备医疗团队、医疗设备和医疗技术，能够完成客户的病情确诊和治疗，满足客户的最终需求。

（4）专科医生群体。

专科医生群体主要指马应龙体系的肛肠专科医生以及公立医院肛肠科医生。在小马医疗的整个O2O2O的体系中，医生群体既承担了线上的病情咨询任务，也承担了线下的诊疗任务。医生群体的医疗技术和服务品质决定着健康需求者的满意度，进而影响用户的黏度和活跃度以及用户未来的付费意愿。因此，专科医生群体是交易结构中不可或缺的一员，决定着交易结构的稳定性和商业模式中盈利模式未来的宽度和广度。

马应龙药业建立起来的O2O2O交易模式的主要利益相关者的角色，以及在业务系统中所处的位置如表3-3-2所示。

表3-3-2 利益相关者的角色及位置

利益相关者	角色	位置
肛肠健康需求者	系统的使用者和评价者	线下—线上—线下
药店体系	聚集线上用户的主要途径	线下
线下医院体系 专科医生群体	用户线下治疗的承接者 用户服务的直接提供者	线下 线上—线下

3. 请结合基于利益相关者交易结构的商业模式理论，对马应龙药业进行以O2O2O模式为核心的互联网转型前后的商业模式进行分析。（启发思考题4）

结合基于利益相关者交易结构的商业模式理论，从6个要素分别对实施O2O2O模式前后，马应龙药业的商业模式进行分析。

（1）业务系统。

实施O2O2O模式之前，马应龙药业主要从事肛肠类药物生产和销售，其涉及的利益相关者主要有原材料供应商、经销商、医院、药店和患者。其业务系统如图3-3-9所示。

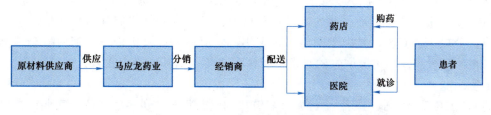

图3-3-9 实施O2O2O模式之前业务系统示意图

实施O2O2O模式后，马应龙药业的业务系统随之也发生变化。利益相关者除了原材料供应商、经销商、医院、药店和患者之外，又增加了通过小马医盟进行线上活动的专科医生，以及通过网络平台（包括微信公众号、小马健康服务指南和小马医疗App）进行线上活动的肛肠健康需求者。在现在的交易中，患者通过买药获取二维码，并通过扫描二维码进入网上健康平台，在平台上进行咨询和获取相关健康知识。病情严重者可通过网络平台预约就近的马应龙药业连锁医院或公立医院肛肠诊疗中心，从而完成治疗。其业务系统如图3-3-10所示。

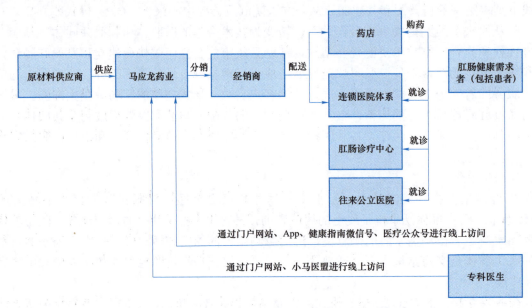

图3-3-10 实施O2O2O模式之后业务系统示意图

（2）定位。

在实行O2O2O模式前，马应龙一直秉承"以真修心，以勤修为"的理念，以传承古方为基础，选地道药材，做真药，做好药，以药效赢得用户的青睐。在以往的经营中，马应龙药业一直定位自己为单纯的肛肠药物的制造商，其商业模式相对简单明了。

案例中新形成的O2O2O商业模式相比较原有商业模式而言，定位有了显著的变化。在互联网背景下，为了满足客户的肛肠健康需求，马应龙药业不再单纯利用自己的药品和医院来为患者服务，而是利用其品牌影响力，深挖客户需求，并以客户需求为原点，开发小马医疗App和微信公众号，整合药店、连锁专科医院和公立医院，打造一个共同为患者服务的平台。在这个新的平台上，患者能够满足自身的专科健康需求，而不仅仅只是药品的使用。新的O2O2O商业模式强调平台经营，马应龙药业已经从单一的肛肠药物制造商变成了肛肠健康方案提供商，从单一的销售模式变成了平台集成模式。

（3）盈利模式。

马应龙药业形成新的O2O2O模式后，新的盈利模式和定价模式还不够成熟。目前，马应龙药业客户平台免费，线上没有形成收入模式。原来希望通过平台聚集用户，并通过网络问诊和咨询，将目标客户转诊到线下医院体系，形成诊疗收入，然后参与线下医院体系的收入再分配。但目前向线下转诊的用户较少，因此参与线下的收入分配也少。

马应龙药业需要挖掘其他的收入来源，拓宽收入的渠道。从未来发展来看，马应龙药业O2O2O模式未来的盈利点主要集中在三个方面。首先，是参与价值链重构带来的行业利益再分配，主要表现在肛肠诊疗中心的收入分成上。其次，是由于网络平台聚集特定群体的规模化带来的消费机会。再次，就是医生平台交流带来的巨大流量而可能产生的打赏等有偿服务收入或其他平台收入。

（4）关键资源能力。

由于新的O2O2O商业模式采取平台经营，其链接的利益相关方更多了，从而需要以其自身关键资源能力，通过业务系统构型来连接相关各方，并形成互利双赢的局面。马应龙药业的关键资源能力的高低与匹配度，直接会决定业务系统构型的稳定性和长期性。

从马应龙药业关键资源能力的角度看，其专家人脉、销售渠道、品牌影响和团队资源这四种关键资源能力，是马应龙药业区别于其他竞争者的主要优势和关键资源能力。马应龙药业具备的四个关键资源能力在O2O2O模式建立过程中所起的作用如表3-3-3所示。

表3-3-3 马应龙药业关键资源能力分析

关键资源能力	与同类企业比较的竞争力	资源位置	作用
行业专家资源	强	线下	推进线下体系建立
行业渠道资源	强	线下	推进线上与线下结合
品牌影响力资源	非常强	线下	整合用户资源
线上团队资源	较强	线上	建立线上平台

（5）现金流结构。

在O2O2O模式运营之前，马应龙药业的现金流主要是产品销售带来的货款。在O2O2O模式运营之后，特别是在未来模式运营成熟以后，马应龙药业的盈利模式会有巨大改变，从而带来自由现金流的来源也会发生变化。除了以前的货款之外，还有参与线下肛肠诊疗中心带来的收益分配，以及转诊给体系医院带来的诊疗收入产生的现金流，还有因为平台用户规模扩大带来的消费机会产生的自由现金流等。具体现金流结构如表3-3-4所示。

表3-3-4 马应龙药业自由现金流结构变化

商业模式	现金流来源	账期	现金流对象
原有商业模式	药品销售收入	有	企业B端
O2O2O模式	线下医疗收入分配	有	企业B端
O2O2O模式	线上平台收入	无	用户C端
O2O2O模式	药品销售收入	有	企业B端

由于网络外部性的特点，在线上产生的消费机会带来的自由现金流主要面向终端用户，实时结算，没有账期。同时，用户规模的发展不受场所设备等外部因素的影响，因此规模发展没有边界。在成本支出相对固定的情况下，网络平台产生的自由现金收入的规模可以无限扩大。

（6）企业投资价值。

企业投资价值就是企业预期未来可以产生的自由现金流的贴现值，是商业模式的归宿。企业的价值大小取决于其自由现金流的多少。在以往的经营模式中，马应龙的现金流主要来自药品的销售，渠道单一，并且受生产量和销售量的局限，有可见的天花板。

在实行新的O2O2O模式以后，马应龙药业能够通过O2O2O模式拓展与用户接触和交易的广度和深度，带来多元化的现金流收入渠道。现金流对象也从以往的企业B端拓展到终端用户的C端，并且由于网络用户的规模可以相对扩大，其产生的收入和现金流不受时间和空间的限制。因此，在新的O2O2O的商业模式下，马应龙药业可以拓展自由现金流收入的规模，从而带来企业价值的空间。

4. 请结合自身理解，为马应龙药业未来完善O2O2O运营提供思路和方案。此案例对其他同类医疗企业实施O2O2O有哪些启示？（启发思考题5）

（此部分为开放性思考题，学生可以从多个角度进行展开和思考，以下内容仅供参考）

在马应龙药业案例的商业模式运营中，我们需要站在满足利益相关者需求的视角，分别从调整聚集用户营销活动的方式、改善线上平台的运营方法、完善肛肠诊疗中心的经营体系和拓宽网络平台的盈利渠道等方面设计解决方案。可供参考的案例解决方案如图3-3-11所示。

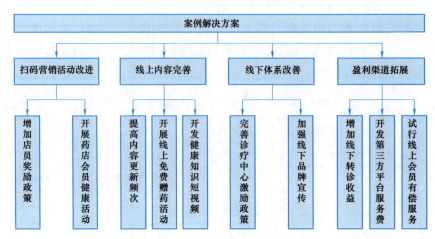

图 3-3-11 案例解决方案示意图

通过以上分析可知,此案例对其他同类医疗企业实施 O2O2O 有如下启示:

(1) 进行互联网+的商业模式创新时,所建立的 O2O2O 模式,在商业定位上要适应外部环境的需求,并且业务系统的设计要跟自身关键资源能力匹配。只有依据自身关键能力打造的商业模式,才能在市场上有核心竞争力。

(2) 围绕正确定位搭建的业务系统和利益相关者的交易结构,还需要厘清各利益相关者的角色和内在需求,并通过交易结构的设计和搭建来满足各利益相关者的内在需求。只有不断满足各利益相关者的内在需求,交易各方才能形成互利共生的业态,交易结构和业务系统才能稳定和可持续。

(3) 在 O2O2O 盈利模式设计上,需要整合资源,多方挖掘可能的收入来源。主要收入来源应与主要接受服务方匹配,只有正确的收入与正确的对象相匹配,盈利模式才能持续。

六、关键要点

1. 案例关键点。

(1) 马应龙药业的 O2O2O 模式的变形实质上是商业模式的根本改变,是由当初的销售模式向平台模式的转换。马应龙药业试图通过建立客户网络服务平台来集合行业的各方资源,并通过平台来参与线上线下行业链各方的利益分配。

(2) 完善马应龙药业 O2O2O 运营方式的关键和核心,是要设计能满足利益相关者需求的业务活动模式和业务架构,以发挥各方主动性和积极性,共同维持业务系统的稳定性和高效率运转。

(3) 马应龙药业未来的盈利方式在于对线上规模客户需求的充分挖掘以及大数据的正确运用。

2. 关键知识点。

(1) O2O 模式、O2O2O 模式。

(2) 基于利益相关者交易结构的商业模式理论。

七、课堂计划

本案例可以作为专门的案例讨论课来进行,时间控制在 90~120 分钟。表 3-3-5 是按照时间进度提供的课堂计划建议,仅供参考,老师可根据实际情况进行调整。

表 3-3-5 课堂计划建议

节点	工作内容	时间安排
课前计划	发放案例,提出启发思考题,请学员在两周前完成阅读,并初步进行思考和分析。	提前 1~2 周
	请学员在一周前,针对启发思考题进行分组讨论,并列出思考纲要	

续表

节点	工作内容	时间安排
课中计划	请两名同学进行案例回顾，明确主题	10～15 分钟
	引导学员讨论 5 个参考问题的关键要点	10～15 分钟
	进行深入分组讨论，碰撞思路	25～35 分钟
	小组发言	30～35 分钟
	引导全班进一步讨论，并进行归纳总结	15～20 分钟
课后计划	如必要，请学员以分组报告的方式，给出具体的解决方案，包括具体的职责分工	课后 2 周

八、案例的后续进展

目前正在进行网络平台（包括马应龙健康指南，小马医盟，小马医疗 App、公众号等）发布内容的调整和完善，并积极开展在小马医盟平台进行注册要求及收费模式的尝试。

九、参考文献

［1］王艳．基于生态学的运营商移动互联网商业模式研究［D］．北京：北京邮电大学，2008．
［2］魏炜，朱武祥，朱桂平．基于利益相关者交易结构的商业模式分析［J］．管理世界，2012（12）：125-131．
［3］杨帆．基于 LBS 的光谷世界城 O2O2O 模式与实施研究［D］．武汉：华中科技大学，2015（4）．
［4］陈佑成，郭东强．基于多案例分析的中国 O2O2O 模式研究［J］．宏观经济研究，2015（4）：14-22．
［5］孔栋，左美云，孙凯．O2O2O 模式分类体系构建的多案例研究［J］．管理学报，2015（11）：1588-1597．
［6］李骅．WJ 公司互联网+家庭健康管理商业模式研究［D］．上海：华东理工大学，2018．
［7］Joan Magretta．Why Business Models Matter［J］．Harvard Business Review，2002，80（5）：86-92．
［8］Weill P，Vitale M R Place to Space：Migrating to E-business Models［M］，MA：Harvard Business Press，2001．

栏目四
兼并重组与资源整合

案例正文：

勿以增值喜，勿以减值忧
——美中互利的并购估值变奏曲[①]

摘　要：美中互利医疗有限公司（以下简称"美中互利"）是上海复星医药（集团）股份有限公司为了实现其大健康战略，与美国上市公司美中互利（国际）股份公司进行战略合作而成立的一家集团型公司，公司的主要业务是医疗器械贸易。在2013年年初，美中互利为了更好地适应未来医疗器械市场的激烈竞争，突破公司所面临的业务困局，选择通过并购以色列的Alma公司打开国际市场，使公司从医疗器械贸易公司转型为能够生产大型自主知识产权的医疗器械制造公司。然而，在并购之后，目标公司的实际经营业绩却不如最初企业估值时预测的那样理想，面临商誉减值的危险。本案例主要描述了美中互利并购的动机、对目标公司估值方法的选择、商誉减值危机的解除，从而为其他公司在并购时如何选择估值方法、规避未来的商誉减值风险提供借鉴。

关键词：美中互利；并购；公司估值；评估增值；商誉减值

0 引言

"铃……"突兀的电话铃声打破了夜幕下空旷办公室的宁静，正在独自焦头烂额加班的赵经理心里一紧，停下手边的工作仿佛认命般地拿起了电话，耳边不出所料地传来了安永审计李经理不疾不徐的声音："赵经理，你好，我是安永审计的李经理，请问关于Alma公司的商誉减值测试表做好了吗？后天就是4月30日了，根据你们母公司的要求，30日我们team需要给你们美中互利出具2014年合并报表最后的审定数，而Alma公司的商誉如果进行调整，可能会对美中互利的合并报表有较大影响，请你最迟明天一定要把表给我。""好的，我尽量今晚就给你，如果有什么问题，我们明天也可以进行讨论。"

放下电话，赵经理无力地靠在椅子上，望着窗外北京东三环上流光溢彩的车流，没有一点欣赏的心情，在心里一次次无奈地抱怨："领导要求一定不能让审计对商誉做出减值调整，可我就是个做报表的，业绩确实没有预期那么好，我能编出花来吗？"在不断抱怨的同时，赵经理不由自主地想起了两年前。当时美中互利面对国内市场的激烈竞争，以及自身经营上的困局，想到了打开国际市场，很快就瞄准了海外目标Alma公司。而对于财务部来说，为管理层提供一套公允客观的目标公司估值数据责无旁贷。当时在财务总监步总的召集下，包括赵经理在内的财务部经理们对可以用来为Alma公司估值的方法展开了激烈的争论。谁知道初入并购江湖的美中互利还没有对与并购如影随形的商誉减值做好准备……

[①] 本案例由北京理工大学管理与经济学院的佟岩，北京航空航天大学经济管理学院的邓路、杨浩撰写，作者拥有著作权中的署名权、修改权、改编权。本案例系国家自然科学基金（批准号：71572007、71372015）的阶段性成果。未经允许，本案例的所有部分都不能以任何方式与手段擅自复制或传播。

本案例授权中国管理案例共享中心使用，中国管理案例共享中心享有复制权、修改权、发表权、发行权、信息网络传播权、改编权、汇编权和翻译权。

本案例只供课堂讨论之用，并无意暗示或说明某种管理行为是否有效。

1 美中互利的诞生：强强联合

1.1 行业发展背景

随着经济的发展、人口的增长、社会老龄化程度的提高，以及人们保健意识的不断增强，近年来全球医疗器械市场需求持续快速增长，医疗器械行业已成为当今世界发展最快的行业之一。

据欧盟医疗器械委员会的统计数字，全球医疗器械市场销售总额已从2006年的2 900亿美元迅速上升至2014年的5 591亿美元，年复合增速达8.82%，全球医疗器械市场增长率超过同期GDP增幅（如图4-1-1所示）。随着核心技术难关的逐步突破，加上人力成本等相对优势，亚洲地区日渐晋升为全球最具发展潜力的市场。以中国、印度为代表的亚洲新兴国家医疗器械行业表现突出，年复合增速甚至超过20%，显著高于发达国家的增长水平。

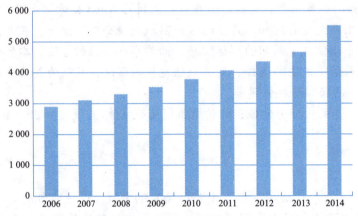

图4-1-1　2006—2014年医疗器械行业市场规模（亿美元）

在经济全球化的大背景下，企业加强国际协作，立足全球市场配置资源的需求日益迫切。中国有着丰富的资源、相对低廉的人力成本和巨大的市场潜力，吸引了全球多家医疗器械产业巨头在中国设立子公司或将生产制造甚至研发部门迁至中国。在同国际企业竞争的过程中，中国优质的医疗器械企业快速成长起来，逐渐具备了参与国际竞争的综合实力和技术水平。

1.2 双方一拍结合

上海复星医药（集团）股份有限公司（以下简称"复星医药"）成立于1994年，在上海和香港两地上市。复星医药的业务覆盖医药健康产业链的多个重要环节，形成了以药品研发制造为核心，同时在医药流通、医疗服务、医学诊断和医疗器械等领域拥有领先的市场地位，在研发创新、市场营销、并购整合、人才建设等方面形成竞争优势的大型专业医药健康产业集团。

美中互利（国际）股份公司（以下简称"美中互利国际"）成立于1981年，是一家在美国纽约NASDAQ股票市场公开上市的美国公司，总部设在美国首都华盛顿，在中国设有办事处和独资公司，1995年建立首家私人医院——和睦家。美中互利国际具有强大的管理平台，30多年的丰富行业经验，在中国医疗健康服务及产品市场上具有较高的品牌认知度。

两家公司各有优势，复星医药资本雄厚，擅长资本运作，美中互利国际拥有优良的品牌效应，良好的市场关系。在行业发展的大背景下，双方为了展开战略合作，使各自旗下的医疗器械（简称"MPD"）业务实现互补，于2010年12月28日在上海签约，宣布在香港成立一家新的合资公司——美中互利。其中，复星医药注入旗下现有的医疗器械生产业务（医学诊断业务除外），由复兴医药的全资子公司能悦有限公司代表复星医药在新的合资公司中持有51%的股权，美中互利国际注入所有的医疗器械贸易业务，占合资公司49%的股权。新合资公司未来将对双方的医疗器械业务优化整合，复星医药的医疗器械业务规模将上升至一个新的台阶，完善复星医药医疗器械板块从研发、制造到国内外营销的产业链体系。美中互利国际的总裁兼首席执行官李碧菁女士（Ms. Roberta Lipson）说："我们曾为医疗器械业务部门探讨了很多种战略选择，我们相信与复星医药设立合资公司更具有发展潜力。在我们看来，这次业务整合能实现优势互补，产生协同的规模效应，从而达到双方独自运作所不能达到的效果。"

1.3 美中互利的战略构想

新的合资公司美中互利的战略目标是成为一家面向中国市场提供医疗健康服务并供应大型医疗设备的医疗健康公司。合资公司将销售各大型跨国公司的产品，包括西门子影像设备和达·芬奇手术机器人以及 Hologic、Candela、Cutera 等公司产品，合资公司将是彩超、乳腺机、美容激光和手术机器人的分销合作伙伴，并将继续为购买医疗器械的中国医院提供美国进出口银行和德国 KFW 发展银行的贷款业务。同时，作为复星医药医疗器械业务（除临床诊断产品外）的继承者，合资公司将拥有牙科产品和耗材、医用缝合线产品、医用高分子耗材的制造实体。

强强联合产生的美中互利是否能够将两股东公司的优势充分发挥出来，实现快速发展呢？

2 外部环境的恶化：风云突变

在美中互利成立伊始，公司上下全都信心满满，打算在快速增长的中国医疗器械市场大展拳脚，可是风云突变，公司的外部经营环境却出现了意想不到的变化。

2.1 风声鹤唳，草木皆兵

美中互利代理的很多大型医疗器械产品都需要卫生部进行审批和注册，同时，美中互利的客户也都是一些公立医院，这些公立医院在进行大型医疗设备的采购时通常都要进行长时间的招投标。2011年2月28日，国务院办公厅颁布了《关于印发2011年公立医院改革试点工作安排的通知》，这一文件预示着公立医院的医疗改革进入了攻坚阶段。在这一政策背景下，很多公立医院对于大型医疗器械的采购政策和采购流程都进行了重新调整。在这样政策环境变化的关键时点，以前公司建立的市场关系也处于对政策导向的观望之中，客户为了避免不必要的麻烦，也会推迟或取消采购计划，这就在一定程度上减少了美中互利的潜在客户和潜在销售额。

2.2 屋漏偏逢连夜雨

与此同时，多年的合作供应商西门子也给美中互利浇了一盆冷水。西门子提出修改代理合同，缩小美中互利所代理西门子产品的区域范围，这一举措给美中互利的业务带来了很大的影响。

西门子的彩超是美中互利代理的主要产品之一，直接影响着公司全年业绩（如图4-1-2所示）。公司为了开拓西门子彩超的市场投入了大量人力物力，眼看一个成熟的市场已经形成，就要享受这一丰硕成果的时候，西门子这一突然的举措确实令人始料未及。经过协商，西门子保留了美中互利东北三省以及其他部分省市的西门子彩超代理权，不过这些都是西门子产品销售较差的地区。

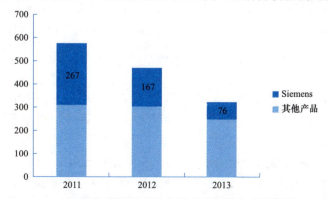

图4-1-2 2011—2013年西门子产品在美中互利收入中的份额（百万美元）

西门子彩超同类型的产品也有不少，激烈的市场竞争也造成了产品的利润率不断降低，加上西门子要求经销商每年年初都要做大量的预采购，这些还未消化的库存也成了积压在美中互利账面上的一颗毒瘤。

3 公司战略的转型：困境逆袭

面对重重的业务困局，美中互利高层积极求变，经过几次重大的高管座谈会以及董事会之后，美中互利高层一致认为：改变不了环境那就改变我们自己。公司管理层在不断寻找新的代理产品同时，也作出了公司战略转型的重大决定，即通过并购实现产品的自主开发。

3.1 寻找目标

代理其他公司的产品不仅毛利率低，而且还受制于人，在投入大量精力打开市场之后就会面临供应商收回经销权的风险，前车之鉴不得不慎重考虑。如果自己投入开发医疗器械，不仅周期长，更重要的是前期的投入非常巨大，而且还可能面临巨大的研发失败风险。公司已经处于当前的业务困境之下，急于改变目前的经营状况，没有资本和时间去从零开始研发和生产大型医疗器械。所以在此时，最适合美中互利进行战略转型的方式就是进行并购，直接收购那些能够生产自主知识产权的医疗器械企业。

美中互利高层经过对自身经营状况和筹资能力的全盘考虑，认为目前最适合美中互利并购的医疗器械企业就是那些已经有相对成熟的产品和市场渠道的公司。同时，作为并购目标的公司，其自身价值不能非常高，但又要具有很高的成长性，更重要的是公司要有很强的研发能力和技术水平。符合这样看似有一点矛盾的选择标准的目标公司到底要去哪里找呢？

3.2 锁定 Alma

中国高端医疗器械的市场主要被欧美公司垄断，如西门子和通用电气等大型跨国企业，而目前最适合美中互利进行并购的目标企业却是那些既有能和欧美企业相媲美的技术，又有很高的成长性的初创型或者处于成长期的中小企业。这样的目标公司非常难找，不过一则关于谷歌、微软等大公司纷纷到以色列收购初创型公司的新闻给了美中互利高层很大的启发。

以色列，被认为是创新的国度，这个仅有 700 万人口，自然资源匮乏、国土面积小的国家，十分重视科学研究和技术开发，在发展教育的基础上，把发展科技，特别是高科技作为促进经济发展的手段。高科技产品同其他技术密集型产品的出口额占据了以色列整个出口总额的 75%。以色列研发经费投入占 GDP 的比重全球第一（如图 4-1-3 所示），被公认为是全球在研发和创新方面最具创造力的国家之一。以色列新兴高科技公司最为密集，其新兴高科技公司数目仅次于硅谷，排名世界第二。以色列有 140 多家高科技公司在美国纳斯达克上市，这个数目在北美以外的国家和地区排名第一。

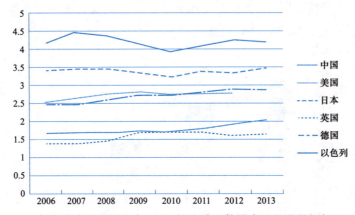

图 4-1-3　部分国家研发投入占 GDP 的比重（数据来源于世界银行公开资料）

在众多以色列的高科技企业中，同样也有许多优秀的高科技医疗器械企业，其中，中国市场高端医疗美容激光器械市场的领导者 Alma 就是这些优秀医疗器械企业之一。Alma 成立于 1999 年，是世界著名的医用激光、光子、射频及超声器械生产者，拥有业内较为综合的产品体系。公司研发及生产总部坐落在以色列的高科技名城 Caesarea，并在美国芝加哥设有北美市场支持中心。在过去的十年中，Alma 一直有着卓越的业绩，已成为细分行业内的领先企业，经德勤会计师事务所（Deloitte）审计，截至 2012 年 12 月 31 日，Alma 的总资产为 8 278 万美元；2012 年度，Alma 实现营业收入 9 575 万美元，实现净利润 2 323 万美元。Alma 已占据全球高端美容激光器械领域最大的市场份额（15%）。早在 2008 年，私募基金公司 Ta Associates management 就已经掌握了 Alma 公司 65% 以上的股权，计划运作 Alma 在纳斯达克上市，但由于 Alma 的竞争对手起诉公司"窃取商业机密"，所以一直未能成功。而此次美中互利收购的消息一出，竞争对手不久便与 Alma 就该案达成了庭外和解。

作为美中互利的投资方，复星医药的董事长陈启宇表示："Alma 的吸引力在于其 200 人的员工队伍开拓了 60 多个国家和地区的销售渠道，全球市场占有率达到 15%。其全球渠道建设的经验和网络，值得美中互利借鉴。如果能把这种市场渠道建设研究透了，并嫁接到美中互利的国际业务上，将会对美中互利有非常好的影响。此外，Alma 在全球市场的竞争力也为美中互利所看重，医疗器械最终是全球化的竞争。"

4 估值方法的抉择：左思右想

Alma 公司的情况十分符合美中互利的战略目标，所以公司并购基本流程中的并购决策阶段和并购目标选择阶段都已完成，接下来就是并购详细审查的阶段。在这一阶段，应当对企业进行深入的审查，包括生产经营、财务、税收、担保、诉讼等，之后还要与目标企业进行谈判，确定并购方式、并购的支付方式（现金、负债、资产、股权等）、法律文件的制作，确定并购后企业管理层人事安排、原有职工的解决方案等相关问题。

此时对 Alma 公司的估值问题成为摆在美中互利财务部面前的一道难题。因为是第一次并购海外高科技公司，并且这次并购是公司战略转型的重大举措，所以作为美中互利中国区财务总监的步总不得不谨慎对待。为了集思广益，构建比较合适的估值模型，步总召集了财务部所有经理级别的人员共同召开了一次关于 Alma 公司估值方法选择的会议。

4.1 化繁为简——资产基础法

在会上，很多人都积极参与了关于 Alma 公司估值方法选择的讨论。

负责公司合并报表工作的赵经理首先发言："我们已经得到了 Alma 公司的审计报告，我建议以资产基础法对 Alma 公司进行估值。以 Alma 公司最新的资产负债表为基础，对报表上的每一项资产进行分析，假设存在其他潜在投资者，把他们在购置或者建造同样的资产时愿意付出的价格加总，再减去报表上的负债，这样进行该公司的价值评估，比较简单易行。"

步总点点头说："确实比较简便，具体怎么做呢？"

赵经理继续解释："咱们就先以其 2012 年年底的资产负债表为例，Alma 公司的资产负债表资产项目相对简单，账面总资产大概是 8 200 万美元，其中 6 150 万左右的流动资产，主要是 2 100 万的货币资金，2 000 万左右的应收账款以及 1 000 万左右的存货，这些基本都是按账面价值计算其公允价值的，没有什么评估增值的空间。再分析其 2 100 万的非流动资产，其中有 1 000 万是 Alma 之前并购其他公司产生的商誉，500 万左右的无形资产是分销合约，其他方面也没有增值空间巨大的资产。负债方面主要是应付账款、应付职工薪酬、预提质保费用、预提专利使用费、营业税金以及长短期的递延收益等科目，公允价值与账面价值差异不大。因此，总的来看，Alma 公司的公司整体公允价值与其账面价值差异不大。不过需要注意的是，Alma 公司目前存在多起未决诉讼，由于公司管理层无法合理估计判决结果，未在账上计提诉讼赔偿准备金。截至 2012 年年底，未决诉讼的合计披露索赔金额已经达到 5 370 万美元，但 Alma

公司在报表上仅针对诉讼案件计提了 42 万美元的赔偿准备金。Alma 公司的或有负债数额太大，可能在未来形成巨大风险，我认为在对 Alma 公司估值时需要慎重考虑或有负债问题。"

这时，步总提出了自己的疑问："我们在收购复星医疗系统有限公司时，评估的增值部分是比较大的，超过了账面净资产很多，为什么同样是医疗器械行业的 Alma 公司，以资产基础法估值怎么会这么低？按照你的算法，难道 Alma 公司的估值甚至可能低于其净资产？"

"是这样的，复星医疗系统有限公司是一家在中国的医疗器械生产企业，有自己的厂房和生产设备，您也知道，在中国土地价值是在不断增值且增值较高的，因此复星医疗系统有限公司的资产评估增值较高。可是 Alma 公司在国外没有自己的厂房和土地，以零部件组装为主要生产经营活动，没有重大的固定资产，因此在资产评估时没有较大的增值空间。"赵经理解释道。

"不过如果以这样的估值结果进行并购谈判，不用谈就知道对方肯定不会同意啊！"这时负责公司预算的丁经理提出异议："虽然采用资产基础法进行公司价值评估相对简单，但是资产基础法的评估结果没有考虑企业未来的价值，同时也没有考虑到公司资产整体的协同效应。Alma 公司显然是具有良好未来发展前景的公司。"

步总也说："如果用资产基础法评估 Alma 公司的价值，很难考虑那些未在财务报表上出现的资产，如企业的管理效率、自创商誉、销售渠道网络等。Alma 公司虽然本身没有自己的厂房，都是租用的别人的厂房进行生产，但该公司最大的价值就是其品牌和多年积累下来的营销网络，这是在资产负债表中没有得到体现的，这也是我们最看好 Alma 公司的地方。如果只考虑其资产负债表事项，明显和企业实际价值相差甚远。"

4.2 继往开来——收益法

负责公司预算的丁经理认为："像 Alma 这样的高科技公司实际上比较适合采用收益法对其进行估值。我们的目的很明确，并购 Alma 就是为了在未来获得更高收益，那么仅关注它当前的有形资产价值显然是有偏差的，必须考虑它未来能否具有获利能力及获利能力的大小。不过，该类方法最少需要未来 5 年的财务预测数据。"

步总说："数据没问题，未来 5 年的预测数据可以要求 Alma 公司的业务部门提供，你准备具体怎么进行评估？"

丁经理推了推鼻梁上的眼镜说道："收益法主要是要根据未来的自由现金流折现进行企业估值，至少需要对未来 5 年的业务进行预测。有了 5 年的业务发展计划之后就要预测每年的经营性现金流，这样就确定了一个未来 5 年的现金流序列。同时还要确定另一个关键指标，就是折现率。理论上说，折现率反映的是咱们对于投资所要求的最低回报率。"

沈副经理一拍桌子，大家的目光都集中到他身上，他咧了咧嘴说："丁经理一说折现率，让我想起当年考注会的时候了，真是痛苦啊！不过好处就是让我到现在也还记得确定折现率通常有两种办法：风险累加法、加权平均资本成本法。"

听到这儿，赵经理马上提出了异议："收益法里的两大基本数据都不够准确。先说折现率，估算折现率需要考虑未来业务发展的风险和其他潜在的风险等多种因素，我看还不如请示老总直接拍定一个数儿呢。再说现金流，收益法最少需要未来 5 年的业务计划去预测现金流，别说业务计划本身就是个设想，即使那些计划能实现，也不等于就全能产生现金流啊！更何况 Alma 这种高新技术型医疗器械企业，业务计划本身就差不多一天一个样儿。现在技术进步这么快，市场环境也是瞬息万变，现金流还不得像坐过山车一样！要是现在预测比较乐观，计算出比较高的并购对价，得确认商誉，等过两年发现预期实现不了还得做减值，相当于自己给自己埋了个地雷啊！"

沈副经理已经从对当年复习注册会计师考试的回忆中回过神来，清了清嗓子说："我同意赵经理的看法。收益法以预测的未来现金流量与折现率为核心，预测的主观性很强，加上产品、企业、行业等等不同层面会有各类不可控制的风险，会让咱们的评估结果准确性不够高。要想用收益法做评估，需要先进行大量细致的调研工作，然后根据丰富的专业知识、行业经验以及对未来的准确判断对目标企业进行评估。这种方法消耗的人力、物力以及时间成本是相当巨大的，且评估结果也不一定理想。"

4.3 货比三家——市场法

看到主张收益法的丁经理脸色越来越难看，步总打断了大家对收益法的批评，说道："收益法虽然很专业，但确实也是有很多问题的。最近中国企业在海外的并购非常活跃，咱们看看能不能找到相差不多的，或者类似的并购案例，比较我们的目标公司 Alma 跟类似并购案例里目标企业之间的差异，然后再根据那些并购的实际成交价格进行调整，这样得到的企业评估价值是不是更有说服力？"

赵经理说："这种方法就是市场法中的并购案例比较法，通过比较分析被评估企业所在的同一行业或者类似行业的并购案例，根据这些交易案例的数据，计算相应的经济乘数或者指标，在并购案例数据基础上获得被评估企业的价值。所以显而易见，市场法的优点就是可以方便快捷地完成价值评估，而且是根据市场现有行情计算调整的，最能反映市场行情。"

步总继续问道："看起来市场法比较简便易行啊，那我们就用市场法吧，怎么样？"

丁经理摇了摇头提出了异议："市场法应用的关键是可比企业的选择和价值比率的确定，但是，我们对于其他企业并购的信息了解是不充分的，选择合适的企业和合适的价值比率也有一定的难度。"

沈副经理也说："市场法要求可比企业与 Alma 属于同一行业，或者受相同经济因素的影响。这个可比企业选起来比找对象都难，要求关注业务结构、经营模式、企业规模、资产配置和使用情况、企业所处经营阶段、成长性、经营风险、财务风险等因素，上哪儿找这么合适的公司去？另外，如果采用市场法，就要选择正确的价值比率，有盈利比率、资产比率、收入比率等很多种，考虑到他们各有利弊，在使用时需要选用多类、多个价值比率分别进行计算，然后综合对比、分析、判断才可以更好地选择出最适用的价值比率。"

财务总监步总听了大家的话，说道："大家讨论了目标公司估值的这三种基本方法，感觉好像又回到学校上了一课啊！确实每一种方法都有其适用的范围，和各自的优缺点。现在的情况是，资产基础法可能对于未来的预期考虑不够周全，所以我们可以暂时放弃这种方法，市场法需要大量的外部信息，暂时难以搜集得那么全面和恰当，用起来也不那么方便。倒是收益法，我们可以跟 Alma 公司的业务部门详细沟通，搭建一个较为详细的估值模型，尽可能使其接近实际经营成果。这样吧，我们采用两步走的办法，一方面请丁经理牵头搭建收益法估值模型，另一方面请赵经理牵头收集市场上类似的并购案例信息，老沈你做机动，谁忙不过来了你就搭把手。散会！"

5 并购后业绩的落空：事与愿违

5.1 成立特殊目的实体

为了完成并购，美中互利在以色列设立了特殊目的公司（Special Purpose Entity，SPE）SISRAM MEDICAL LTD.。复星医药安排子公司能悦有限公司出资 4 148.72 万美元认购美中互利新增发的 950 万股股份，使能悦有限公司在美中互利持有的股权达到 70%。2013 年 4 月 26 日，复星医药全资控股的能悦有限公司及其控股的美中互利与保德信中国机会基金三方共同对 SISRAM MEDICAL LTD. 进行增资，增资后该公司的股权结构如图 4-1-4 所示。

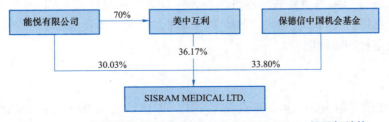

图 4-1-4 特殊目的实体 SISRAM MEDICAL LTD. 的股权结构

5.2 高价收入囊中

经德勤会计师事务所（Deloitte）审计，截至 2012 年 12 月 31 日，Alma 的总资产为 8 278 万美元，股东权益（含优先股股东权益）为 6 203 万美元，负债总额为 2 074 万美元；2012 年度，Alma 实现营业收入 9 575 万美元，实现净利润 2 323 万美元，实际发行总股本为 5.92 亿股。

根据收益法的要求，美中互利财务部结合获得的 Alma 公司有关资料，预测了该公司 2013 年 5 月至 12 月以及 2014 年至 2018 年的自由现金流，并测算出其加权平均资本成本为 17%，最终对 Alma 公司进行估值的结果为公司整体价值约 2.4 亿美元（计算具体过程详见附录），并购对价应根据收购的具体股权比例进行计算。最终 SISRAM MEDICAL LTD. 出资 2.22 亿美元，从私募基金公司 Ta Associates management、Alma 公司管理层和其他投资者手中收购了 Alma 公司 95.20%的股权（如图 4-1-5 所示）。收购后，Alma 将组建新的董事会，由复星医药、保德信中国机会基金和美中互利分别占两个席位，Alma 管理层占一个席位。

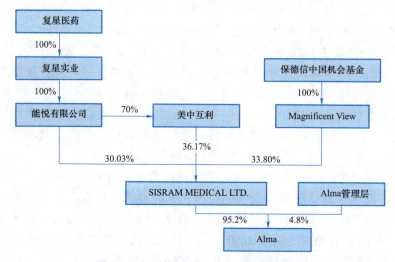

图 4-1-5 并购后 Alma 公司股权结构

经过此次并购，美中互利将以色列 Alma 公司这一高端美容激光医疗器械品牌揽入麾下，让美中互利拥有了自主知识产权的高端医疗器械品牌，一改过去只是代理高端医疗器械的经销商身份，美中互利初步实现战略转型。

财务部在准备 2013 年年度报告的会议上又对此次并购进行了讨论。负责收益法估值模型测算的丁经理喜气洋洋地说："怎么样？我说收益法可行吧？步总您看，咱们今年因为并购 Alma 公司增加了 7.37 亿人民币的商誉，这可是品牌价值啊！"一直老成持重的赵经理皱了皱眉头，语气有点低沉地说："丁经理，不是我说风凉话，收益法增加了商誉不假，但是商誉可是每年都要进行减值测试的，一旦以后年度发生减值，可能会对当时的业绩产生负面影响，你考虑过吗？"

丁经理不服气地说："老赵，我知道你一向稳重，我也很佩服。可是这 Alma 公司可是咱们复星集团最后拍板确定的，这个公司的发展前景那是相当可观，你老这么说，我看已经不是稳重，是太悲观了吧？"

步总眼看丁经理和赵经理又要起争执，挥了挥手说道："两位都别激动，这次并购虽然估值方案是咱们财务部做的，但最终是公司董事会共同通过的，使用收益法也是经过集团公司认可的，这个大家就不用再讨论了。不过老赵说的也有一定道理，这就是人算不如天算，希望 Alma 能保持原来的发展态势，别让咱们遇到商誉减值这样的难题吧！"

5.3 减值不期而至

2014 年，Alma 加快开拓国际市场并重点关注中国、印度等新兴市场，全年实现营业收入 6.2 亿元人民币，较 2013 年增长 13.40%；与此同时，Alma 进一步加强新产品尤其是医用治疗器械的开发，产品线向临床治疗领域拓展，包括 1 470 纳米外科激光系统在内的 5 个产品通过欧盟 CE 认证、3 个产品获得美国 FDA 批准。虽然 Alma 的业绩增长已经十分可观，但却低于与美中互利约定的第一年业绩增长 15% 的承诺。审计师据此提出了对于商誉进行减值测试的审计意见。

安永审计的项目经理李经理对于美中互利最初的收益法估值模型提出了非常专业的意见："虽然美中互利为 Alma 公司选择的是目前比较常用的收益法估值模型，但是收益法估值模型也有一定局限性，比如公司暂时性陷入经营困难，那么就可能导致公司现金流为负，而且可能在将来的很长一段时间内还会为负，这样就会导致公司的估值也产生较大差异。另外，收益法只能估算已经公开的投资机会和现有业务未来的增长所能产生的现金流的价值，没有考虑未来在不确定性环境下的其他投资机会，而这种未来的某些投资机会将在很大程度上决定和影响公司的价值。"

由于涉及可能调低商誉，减少公司的资产，原本极力提倡收益法的丁经理低头不语，赵经理和沈副经理也没想出什么办法，只好面面相觑。财务总监步总想了想，问道："是否有其他估值方法可以考虑到这些影响因素，并且考虑到现金流的波动对于估值结果的影响？"

安永审计的李经理点了点头说："其实，这时候可以使用实物期权法，同时考虑某一时点上现金流上行和现金流下行的概率，也就是构建一个现金流的二叉树模型来预测未来现金流量，这样就剔除了现金流波动对于估值的影响。"李经理说到这里顿了顿，接着说："不过对你们来说，现在再使用实物期权法有点来不及了，毕竟高额商誉已经形成，我看你们的当务之急是尽量想办法证明 Alma 未来的业绩能够符合业绩承诺吧！"

6 尾声

"喂，请问是李经理吗？我是美中互利财务部赵经理，我昨晚发给你的商誉减值测试表有什么问题吗？""是有几个问题，我看你修改了一些年度的收入增长率，同时永续增长的比例也被修改了，请问有什么理由支持吗？""经过我跟业务部门的沟通，他们认为未来市场会转好，并且公司会开发新的产品线，所以业绩在未来会有大幅度的提升，以此为依据，计算出来我们当时确认的商誉是合理的，不需要对商誉进行减值。""好的，那是否有业务部门相关的确认文件？""有，我们有未来五年经营业绩预测，是经过业务部门认可的，我可以发给你，如果没有问题是否就不做减值调整了？""我看一眼，如果没有问题就可以不做调整了。"放下电话，赵经理心头的一块石头仿佛落了地，可是如果明年的业绩还是不好，他该如何面对审计师新一轮的质疑？

Asset Appreciation and Impairment of Goodwill
—The Story of Target Valuation in Chindex's Acquisition

Yan Tong[1] Lu Deng[2] Hao Yang[2]

(1. Beijing Institute of Technology; 2. Beihang University)

Abstract: Chindex Medical Co. Ltd. (hereinafter referred to as Chindex) was established by Shanghai Fosun Pharma (Group) Co. Ltd. and the Chindex (International) Co. Ltd. in order to build strategic cooperation and to achieve rapid development in the health and medical industry. Chindex's main business is importing and trading medical devices. At the beginning of 2013, Chindex decided to buy Alma, an Israeli company, to acquire competition advantages in the medical devices market and to save itself from the operation troubles. Chindex also hoped this acquisition can help its transition from a medical equipment trader to a manufacturer. But after the acquisition, Alma's actual performance was not as good as the commitment, which caused the risk of impairment of Chindex's goodwill in the balance sheet. This case provides references to other acquirers by introducing Chindex's motivation of the acquisition, discussion of valuation methods, and its relief from impairment of goodwill.

Key words: Chindex; Merger and Acquisition (M&A); Target Valuation; Asset Appreciation; Impairment of Goodwill

附　录

1. Alma 公司被并购之前的资产负债表，如表 4-1-1 所示。

表 4-1-1　Alma 公司被并购之前的资产负债表　　　　　单位：千美元

	经审计		管理层报告
	2010 年	2011 年	2012 年
货币资金	8 281	2 983	10 985
受限制货币资金	131		937
短期存款	19 729	52 954	11 349
可供出售金融资产	4 311		
应收账款	9 857	9 904	20 993
待摊费用及其他流动资产	1 249	1 526	3 023
存货	8 951	10 683	11 772
所得税返还	624	17	1 147
递延所得税资产（短期）	2 428	2 123	1 300
流动资产	**55 561**	**80 190**	**61 506**
商誉	8 795	8 795	11 251
固定资产净值	1 480	1 478	1 625
无形资产	2 544	2 319	4 954
递延所得税资产（长期）	836	831	648
离职补偿基金	1 848	2 077	2 546
其他非流动资产	132	189	247
非流动资产	**15 635**	**15 689**	**21 271**
资产	**71 196**	**95 879**	**82 777**
应付账款	4 505	3 156	5 122
预提费用	7 954	7 194	9 038
递延收益	1 532	1 271	1 388
应交税金		1 670	123
其他流动负债	924	1 987	592
流动负债	**14 915**	**15 278**	**16 263**
预期离职补偿金	2 294	2 628	3 682
长期应付款及其他非流动负债	853	777	799
非流动负债	**3 147**	**3 405**	**4 481**
负债	**18 062**	**18 683**	**20 744**
净资产	**53 134**	**77 196**	**62 033**

2. Alma 公司被并购之前的利润表。

表 4-1-2　Alma 公司被并购之前的利润表　　　　　　　　　　　　单位：千美元

	经审计		管理层报告
	2010 年	2011 年	2012 年
销售收入	75 095	83 965	95 747
产品收入	68 940	78 461	87 412
服务收入	5 722	5 956	7 032
其他收入	433	-451	1 303
销售增长率	32.40%	11.80%	14.00%
销售成本	(28 670)	(34 672)	(41 403)
毛利	**46 425**	**49 293**	**54 344**
毛利率	61.82%	58.71%	56.76%
研发费用	(5 405)	(6 238)	(6 416)
占销售百分比	7.20%	7.43%	6.70%
营业费用	(9 727)	(11 217)	(13 561)
占销售百分比	12.95%	13.36%	14.16%
管理费用	(7 216)	(4 904)	(5 536)
占销售百分比	9.61%	5.84%	5.78%
专利及诉讼赔偿	(6 728)	111	(91)
收购费用			(408)
股权激励费用	(740)	(586)	(862)
经营利润	**16 609**	**26 459**	**27 470**
占销售百分比	22.12%	31.51%	28.69%
财务费用	(101)	930	1 305
税前利润	16 508	27 389	28 775
所得税	(3 192)	(3 543)	(5 544)
净利润	**13 316**	**23 846**	**23 231**
占销售百分比	17.73%	28.40%	24.26%

3. Alma 公司收益法估值模型（具体计算讲解请见案例说明书）。

（1）Alma 公司自由现金流量预测如表 4-1-3 所示。

表 4-1-3　Alma 公司自由现金流量预测　　　　　　　　　　　　单位：千美元

	2013.5 至 2013.12	2014.1 至 2014.12	2015.1 至 2015.12	2016.1 至 2016.12	2017.1 至 2017.12	2018.1 至 2018.12
收入	68 110	130 115	147 797	168 676	188 279	199 576
成本	(30 268)	(56 609)	(65 593)	(76 309)	(86 590)	(91 786)
毛利	37 841	73 506	82 204	92 366	101 688	107 790
毛利率	56%	56%	56%	55%	54%	54%

续表

	2013.5 至 2013.12	2014.1 至 2014.12	2015.1 至 2015.12	2016.1 至 2016.12	2017.1 至 2017.12	2018.1 至 2018.12
营业费用	（19 632）	（37 712）	（42 451）	（48 472）	（54 535）	（57 807）
折旧及摊销	（956）	（1 807）	（1 927）	（2 047）	（2 167）	（2 220）
息税前利润	**17 253**	**33 987**	**37 826**	**41 847**	**44 986**	**47 763**
息税前利润率	25%	26%	26%	25%	24%	24%
企业所得税	（2 424）	（5 032）	（6 377）	（7 012）	（7 512）	（7 963）
息前税后利润	**14 829**	**28 955**	**31 449**	**34 835**	**37 474**	**39 800**
调整						
折旧及摊销	956	1 807	1 927	2 047	2 167	2 220
资本性支出	（956）	（1 807）	（1 927）	（2 047）	（2 167）	（2 220）
运营资本	5 931	（3 035）	（3 427）	（4 305）	（4 114）	（2 148）
自由现金流	**20 760**	**25 920**	**28 022**	**30 530**	**33 360**	**37 652**

（2）加权平均资产回报率（WARA）和加权平均成本（WACC）预测如表 4-1-4 所示。

表 4-1-4　Alma 公司 WARA 和 WACC 预测

	公允价值	占总价值比重	债务比率	权益比率	必要回报率	WARA
净营运资本	24 685	10.20%	70%	30%	8.08%	0.82%
固定资产总值	1 803	0.74%	50%	50%	11.68%	0.09%
无形资产						
订单		0.00%			17%	0.00%
消费者关系	39 619	16.37%			19%	3.11%
商标权	24 493	10.12%			19%	1.92%
核心技术-手术	18 594	7.68%			18%	1.38%
核心技术-影像	1 082	0.45%			18%	0.08%
配套员工	12 625	5.22%			17%	0.89%
不可辨认无形资产	119 093	49.21%			19%	9.35%
企业价值	241 995	100%				17.65%
WACC						17.00%

（3）公司价值评估如表 4-1-5 所示。

表 4-1-5　Alma 公司价值评估　　　　　　单位：千美元

自由现金流		20 760	25 919	28 022	30 530	33 359	37 651
折现系数	17%	0.95	0.84	0.72	0.62	0.53	0.45
自由现金流量现值		19 814	21 827	20 169	18 781	17 540	16 920
预测期现金流现值		115 052					
终值现值		126 943					
企业价值		241 995					

4. 可比公司(国际美容医疗器械公司)有关数据如表4-1-6所示。

表4-1-6 可比公司有关数据　　　单位:亿美元

公司名称	每股价格/美元	市值	企业价值	市盈率	市净率
Cynosure,Inc	24.82	4.02	2.75	31.4	2.1
Cutera,Inc	12.42	1.76	0.95	N	2.0
Syneron Medical Ltd	10.05	3.56	2.28	N	1.6
Palomar	13.21	2.64	1.76	N	1.8
So Ita Medical,Inc	2.21	1.54	1.42	N	1.4

案例使用说明：

勿以增值喜，勿以减值忧
——美中互利的并购估值变奏曲

一、教学目的与用途

1. 本案例主要适用于《财务管理》《公司并购》等课程中有关公司并购估值相关领域的教学。
2. 本案例适用对象是 MBA、EMBA 和企业培训人员以及经济类、管理类专业的本科生、研究生。
3. 本案例的教学目标：并购是很多公司实现快速增长的重要渠道，并购中的动因分析、目标选择、目标公司估值、并购后的效果等都非常引人关注。其中公司估值是投融资、公司并购交易的前提，公司估值有利于我们对公司或其业务的内在价值进行正确评价，从而确立对各种交易进行定价的重要参考基础。美中互利为了实现其战略目的，并购了一家海外医疗器械生产公司，在对该企业进行估值时采用了收益法，但是这种方法带来高额商誉的同时，也埋下了未来可能发生商誉减值的潜在风险。通过对本案例的研究和分析，帮助学员理解和掌握以下重要知识点：

（1）并购动因。
（2）并购估值的主要方法。
（3）发生商誉减值的原因及应对。

二、启发思考题

1. 医疗器械行业的发展现状如何？美中互利为何要并购 Alma 公司？
2. 企业估值方法有哪些？各种方法的特点与适用范围是什么？
3. 美中互利为什么采用收益法评估 Alma 公司的价值？几种方法得到的结果有什么区别？
4. 收益法的局限有哪些？若美中互利在此次并购估值时结合了实物期权法，评估结果会产生哪些不同？
5. 美中互利为什么在并购后面临商誉减值？公司如何应对？
6. 美中互利此次并购估值和商誉减值中遇到的问题对其他公司有哪些借鉴意义？

三、分析思路

教师可以根据自己的教学目标来灵活使用本案例。本案例的分析思路如图 4-1-6 所示，仅供参考。

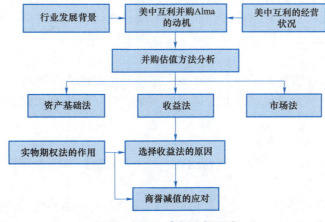

图 4-1-6　案例分析思路

具体可按照如下思路展开：

1. "中国医疗器械行业的发展情况以及美中互利所面临的业务状况如何？" 通过此问题使同学们了解公司的同时，增强参与讨论的信心，并与后面讨论的问题相关联。

2. "选择 Alma 公司作为并购对象在战略上有什么考虑？" 通过此问题引发同学们对于公司通过并购进行战略转型的思考。

3. "进行并购的关键步骤有哪些？" 通过此问题使同学们意识到并购时进行公司估值的重要性。

4. "企业估值的基本方法有哪些，各种方法的特点以及适用范围是什么？" 通过此问题帮助同学们了解企业的估值方法，并为下个问题做铺垫。

5. "收益法的内涵是什么？本次并购为什么选择收益法进行估值？选择依据有哪些？"，此问题作为本案例最重要的问题。

6. "收益法有什么局限性？实物期权法对于收益法的补充作用在哪里？" 通过此问题使同学们了解收益法也有缺点，并了解实物期权法估值，能够认识到不同方法之间的关系。

7. "为什么美中互利很快就面临商誉减值？如果不能解决，会出现什么后果？" 通过此问题使同学们了解并购后可能出现商誉减值的原因、带来的影响，并分析应如何应对商誉减值的风险。

8. "此案例对其他公司在进行并购有什么借鉴意义？" 通过此问题引导同学们思考并总结经验。

四、理论依据与分析

【理论基础】

1. 并购的动因。

对于并购动因的解释有很多种，主要观点有：

（1）追求协同效应。

协同效应包括经营协同和财务协同两方面。

经营协同理论的前提假设是规模经济的存在。在企业尚未达到合理规模使各种资源得到充分利用时，并购显然是一个有效手段。当并购双方存在互补优势时，也会产生经营协同效应。

财务协同效应理论认为，并购可以给企业提供成本较低的内部融资。例如，当一方具有充足的现金流量而缺乏投资机会，而另一方有巨大的成长潜力却缺乏融资渠道时，两者的兼并就会产生财务协同效应。此外，并购后的企业借贷能力往往大于并购前各自的借贷能力，负债的节税效应将降低企业的财务成本。

（2）追求风险分散。

股东可以通过证券组合来分散其投资风险，而企业的管理者和员工由于其人力资本的不可分散性和专用性面临着较大的风险。因此，企业的多元化经营并不是为了最大化股东的财富，而是为了分散企业经营的风险，从而降低企业管理者和员工的人力资本投资风险。此外，企业的多元化经营可以增加员工升迁的机会。如果企业原本具有商誉、客户群体或是供应商等无形资产时，多元化经营可以使这些资源得到充分利用。虽然多元化经营也可以通过企业内部的成长而达成，但时间往往是重要因素，通过并购其他企业可迅速达到多元化扩张的目的。

（3）进行战略调整。

战略调整理论强调企业并购是为了增强企业适应环境变化的能力，迅速进入新的投资领域，占领新的市场，获得竞争优势。虽然企业也可以通过内部发展来获得新的资源和新的市场，但并购显然能使企业更快地实现这种调整。

2. 并购估值方法。

中评协颁布的【2011】227 号，《资产评估准则——企业价值》第四章评估方法中，关于企业价值评估的方法有如下规定：

第 22 条 注册资产评估师执行企业价值评估业务，应当根据评估目的、评估对象、价值类型、资料收集情况等相关条件，分析收益法、市场法和成本法（资产基础法）三种资产评估基本方法的适用性，恰当选择一种或者多种资产评估基本方法。

第 23 条 企业价值评估中的收益法，是指将预期收益资本化或者折现，确定评估对象价值的评估方法。注册资产评估师应当结合企业的历史经营情况、未来收益可预测情况、所获取评估资料的充分性，恰当考虑收益法的适用性。

第 33 条 企业价值评估中的市场法，是指将评估对象与可比上市公司或者可比交易案例进行比较，确定评估对象价值的评估方法。注册资产评估师应当根据所获取可比企业经营和财务数据的充分性和可靠性、可收集到的可比企业数量，恰当考虑市场法的适用性。

第 39 条 企业价值评估中的资产基础法，是指以被评估企业评估基准日的资产负债表为基础，合理评估企业表内及表外各项资产、负债价值，确定评估对象价值的评估方法。"

（1）资产基础法。

资产基础法也称成本法，是指以被评估企业评估基准日的资产负债表为基础，合理评估企业表内及表外各项资产、负债的价值，最后确定评估对象价值的评估方法。资产基础法的理论基础是"替代原则"，即任何一个精明的潜在投资者，在购置一项资产时所愿意支付的价格都不会超过建造一项与所购资产具有相同用途的替代品所需要的成本。

资产基础法实际上是通过对企业账面价值的调整得到企业价值。相对于市场法和收益法，资产基础法的评估结论客观依据较强。一般情况下，如果主办方是仅投资或仅拥有不动产的控股企业，并且被评估企业的假设前提为非持续性经营时，适宜用资产基础法进行评估。但由于资产基础法评估中很难考虑那些未在财务报表上出现的资产，如企业的管理效率、自创商誉、销售网络等，很难把握一个持续经营企业价值的整体性，也难以衡量企业各个单项资产间的工艺匹配和有机组合因素可能产生的整合效应，因而在持续经营假设前提下，不宜单独运用资产基础法进行价值评估。鉴于资产基础法的局限性，国际评估准则、美国评估准则、欧洲评估准则以及我国的资产评估准则都明确规定，除非是基于买方和卖方通常惯例的需要，资产基础法不得作为评估持续经营企业的唯一评估方法。

资产基础法以资产负债表为基础，其中各项资产的价值应当根据其具体情况选用适当的具体评估方法得出，并充分考虑各项资产中影响其价值的现有和潜在因素、企业所承担的负债情况等。如机器设备、房屋建筑物通常采用重置成本法，房地产通常采用市场比较法、收益法，土地使用权通常采用市场比较法、收益还原法、成本逼近法、假设开发法、基准地价系数修正法，矿业权通常采用折现现金流量法，无形资产通常采用收益法等。

（2）市场法。

市场法是指在市场上找出一个或几个与被评估企业相同或相似的参照物企业，分析、比较被评估企业和参照物企业的相关财务指标，在此基础上，修正、调整参照物企业的价值，最后确定评估对象价值的评估方法。正是其显而易见的市场比较结果以及易于使用的特点，此法得到大部分投资者的青睐，在国外企业价值评估实务中应用较为广泛。

市场法的适用性主要体现在两个方面：所获取可比企业经营和财务数据的充分性和可靠性、可收集到的可比企业数量。采用市场法评估应能够收集到一定数量的可比企业。可比企业的数量与可比性标准负相关。可比性标准制定越严格，可能选择出的可比对象数量越少；反之，标准相对宽松，则可以选择出更多的可比对象。

市场法根据可比对象选择途径的不同可以进一步分为两类：上市公司比较法和交易案例比较法。无论是采用上市公司比较法还是交易案例比较法，其实质都是首先要在公开市场上选择与被评估企业相同或相似的上市公司或成交案例作为可比对象。上市公司比较法是在特定的证券交易市场上选择上市公司作为可比对象；交易案例比较法则是选择非上市公司的股权或企业整体并购市场上的案例作为可比对象。两种方法都需要选择可比对象，但选择可比对象的来源和途径有所不同。

市场法应用的关键是可比企业的选择和价值比率的确定，可比企业应当与被评估企业属于同一行业，或者受相同经济因素的影响，在选择可比企业时，应当关注业务结构、经营模式、企业规模、资产配置和使用情况、企业所处经营阶段、成长性、经营风险、财务风险等因素。

市场法评估必须确定对比分析的基础——价值比率。价值比率是指以价值或价格作为分子，以财务数据或其他特定非财务指标等作为分母的比率。价值比率可以按照分母的性质分为盈利比率、资产比率、收入比率和其他特定比率。由于各类价值比率都有自身的长处，同时也会存在一些不足，因此，通常应该选用多类、多个价值比率分别进行计算，然后综合对比、分析、判断才可以更好地选择出最适用的价值比率。常用的价值比率包括：盈利比率，如市盈率（P/E）、企业价值/息税前利润（EV/EBIT）、企业价值/息税折旧摊销前利润（EV/EBITDA）；收入比率，如市销率（P/S）；资产比率，如市净率（P/B）；非财务价值比率，如企业价值/矿山可开采储量（EV/Reserve）等。

在采用市场法计算得出一个评估结果后，还需要再进行相关折价/溢价调整，正常营运资金需求量与实际拥有量差异调整，非经营性资产和非经营性负债等的调整，最终得出评估结论。

（3）收益法。

收益法的本质是以企业预期收益能力为评估对象的一种方法，认为任意企业的价值等于其预期未来的所有经济收益流的现值总和。在市场资产交易中，投资者的目的非常明确，即投资是为了收益，某项资产交易能否成功以及成交价格的高低就取决于该项资产在未来能否为投资者带来收益及收益能力的高低，而不是取决于重置或者购建被交易资产的成本。对于一个企业来讲，虽然一个企业是由固定资产、流动资产、无形资产及负债等构成的，但相互之间绝不是孤立的、静止的，而是一个有机的整体，各种因素之间存在着相互依赖、相互影响的极其复杂的关系。我们在投资时虽然也注意固定资产、流动资产及负债的状况，但是应该更为重视企业对整体资产的运营能力和运营潜力，例如企业的技术力量、产品的种类及技术水平、品牌的社会影响及市场占有份额、企业在行业中的地位、行业内技术发展状况及发展趋势等，即除了关注有形资产外，更加关注能否通过无形资产效能的发挥而使有形资产高效运营，从而获得期望收益或高于期望的收益。因此，一个企业在未来能否具有获利能力及获利能力的大小就成为其交易的最基础条件，而收益法正是以被评估资产未来收益能力作为价值评估的基础。不过，该类方法最少需要未来 5 年的财务预测数据。企业价值是以加权平均资本成本为折现率对未来某一特定时期内预计能获取的现金流量进行折现的现值，即企业价值与企业未来经济收益流、期限成正相关关系，与折现率成负相关关系。

由于收益法以预测的未来现金流量与折现率为核心，而预测又带有很多主观因素，再加上各类不可控制的风险，可能会增大评估的风险。

（4）实物期权法。

实物期权（Real Options）的概念最初由 Stewart Myers 提出，他指出一个投资方案产生的现金流量所创造的利润，来自截至目前所拥有资产的使用，再加上一个对未来投资机会的选择。也就是说，企业可以取得一个权利，在未来以一定价格取得或出售一项实物资产或投资计划，所以实物资产的投资可以应用类似评估一般期权的方式来进行评估。同时，又因为其标的物为实物资产，故将此性质的期权称为实物期权。宽泛地说，实物期权就是以期权概念定义的现实选择权，是与金融期权相对应的概念。

实物期权方法为企业管理者提供了如何在不确定性环境下进行战略投资决策的思路。实物期权的一般形式包括放弃期权、扩展期权、收缩期权、选择期权、转换期权、混合期权、可变成交价期权以及隐含波动率期权等等。实物期权法是当今投资决策的主要方法之一，而二项式模型是目前应用最为广泛的实物期权估值方法。

与传统的定价方法相比，实物期权法具有以下优点：

第一，深刻揭示了期权给其持有者所带来的战略价值。传统评估方法忽视了企业根据市场变化调整投资时间的弹性。利用实物期权方法进行定价可以充分反映出这一期权价值。

第二，充分考虑了预期收益的风险性与价值的相关性。在实物期权模型中，波动率 σ 充分反映刻画了期权所带来的未来超额收益的风险特征，并将这种风险性反映到了期权价值中。而传统评估方法如收益法，则用固定的折现率来表示收益状况，没有考虑到收益的波动性，因此用实物期权模型所得出的评估结果更为客观可信。

第三，具有灵活的适用性。实物期权模型与传统的评估方法相比，在操作上具有相对的灵活性。传统的评估方法受制于经营的持续性、成本信息的充足性、参照物的可类比性等诸多条件的限制，在评估中往往适用性不强。而实物期权模型只要确定了实物期权特征及相应的评估参数，便可直接根据公式进行价值评估。

实物期权法的缺陷也是显而易见的：

第一，期权定价模型的许多假设条件是对金融资产提出的，对于实物期权的标的资产而言并不完全适合。例如，金融期权定价模型推导的一个前提就是标的资产的价格变动是连续的且遵循几何布朗运动，且价格的波动率大小已知。这对股票等金融资产来说是可以满足的，但对于实物期权的未来收益来说却很难满足。再如，期权定价模型的重要基础是无风险套利理论。在交易异常活跃的金融资产市场上，无风险套利机会是可以消除的。而实物期权因其可比性差，并不存在一个活跃的交易市场，无风险套利理论在这一市场上难以应用。

第二，期权定价模型由于缺乏历史数据的支持，有效性难以得到检验。在应用期权定价模型进行价值评估时往往需要大量的历史数据作为计量的基础（如波动率大小的确定）。由于实物期权的特殊性，这方面的数据往往很少，或者很难取得，因此在计算时由于主观估计的因素很容易造成偏差，难以保证有效性。

3. 商誉的确认和计量。

（1）商誉的初始确认。

根据《企业会计准则第20号——企业合并》的规定，购买方对合并成本大于合并中取得的被购买方可辨认净资产公允价值份额的差额，应当确认为商誉。

（2）商誉的减值。

根据当前实行的会计准则的规定，商誉不再摊销，而是根据《企业会计准则第8号——资产减值》的要求，至少应当在每年年度终了进行减值测试。在实际的减值测试过程中，当与商誉相关的资产组或者资产组组合存在减值迹象时，对于商誉减值的确定应分两步进行：第一步，先对不包含商誉的资产组或者资产组组合进行减值测试，计算可收回金额，并与相关账面价值相比较，确认相应的减值损失。第二步，对包含商誉的资产组或者资产组组合进行减值测试，比较这些相关资产组或者资产组组合的账面价值（包括所分摊的商誉的账面价值部分）与其可收回金额，如相关资产组或者资产组组合的可收回金额低于其账面价值的，应当就其差额确认减值损失。

（3）或有对价公允价值的影响。

除了根据会计准则的要求每年对商誉进行减值测试之外，还有一种特殊情况会在并购后12个月以内触发商誉减值。

根据《企业会计准则讲解2010》第二十一章企业合并，第三节非同一控制下企业合并的处理，关于或有对价公允价值的规定，在某些情况下，合并各方可能在合并协议中约定，根据未来一项或多项或有事项的发生，购买方通过发行额外证券、支付额外现金或其他资产等方式追加合并对价，或者要求返还之前已经支付的对价。购买方应当将合并协议约定的或有对价作为企业合并转移对价的一部分，按其在购买日的公允价值计入企业合并成本。购买日后12个月内出现对购买日已存在情况的新的或者进一步证据而需要调整或有对价的，应当予以确认并对原计入合并商誉的金额进行调整。

【案例分析】

1. 医疗器械行业的发展现状如何？美中互利为何要并购 Alma 公司？

全球医疗行业的发展非常迅猛，美中互利就是在这一背景下由复星医药和美中互利国际共同出资组建的合资公司。在行业迅速发展、竞争日益激烈的情况下，美中互利成立后在外部环境和内部经营上都遇到了瓶颈。

从外部来看，中国的医疗改革使得美中互利原有的客户关系和客户发展模式亟须变革，供应商的强势地位也使得面对西门子公司时美中互利没有谈判的优势筹码；从内部来看，美中互利原定位是医疗器械行业的贸易商，没有自己的研发和生产，在外部营销渠道受阻的情况下，已经没有任何竞争优势。整体来看，美中互利迫切需要战略转型，但如果自己投入开发医疗器械，不仅周期长，更重要的是前期的投入非常巨大，而且还可能面临巨大的研发失败风险。公司已经处于当前的业务困境之下，急于改变目前的经营状况，没有资本和时间去从零开始研发和生产大型医疗器械。所以对美中互利来说，根据并购动因中的战略调整理论，其最好的选择是通过并购实现产品的自主开发，并购对象应选择已经有相对成熟的产品和市场渠道的公司，同时目前公司本身价值并不是非常高，但又要具有很高的成长性，更重要的是公司要有很强的研发能力和技术水平。

Alma 公司 1999 年成立于以色列，是世界著名的医用激光、射频及超声器械等生产者，拥有业内较为综合的产品体系。在过去的十年中，Alma 一直有着卓越的业绩，已成为细分行业内的领先企业。公司于 2008 年被私募基金公司 Ta Associates management 收购了 65% 以上的股权，使得美中互利在并购时可以减少与大量股东谈判的工作和风险。而且 Alma 公司的规模和价值量也适合美中互利"本身价值并不是非常高，但又要具有很高的成长性"的要求。

2. 企业估值方法有哪些？各种方法的特点与适用范围是什么？

理论基础部分已经对主要的估值方法、特点和适用范围作了介绍，此处不再赘述。

3. 美中互利为什么采用收益法评估 Alma 公司的价值？几种方法得到的结果有什么区别？

美中互利是在不了解实物期权法的前提下，对较为常用的三种方法进行对比后选择的收益法。

（1）资产基础法的分析。

Alma 公司资产负债表中各项资产及负债分析如下：

货币资金：主要来自经营活动产生的现金流量。Alma 公司管理层将大部分闲置资金以短期存款的形式存入银行，以获取较高的利息收益。

受限制货币资金：2012 年年底的受限制货币资金余额主要为 Alma 公司为进行远期外汇交易而存入银行的保证金。

短期存款：为期限在 3 个月至 1 年的定期银行存款，其中绝大多数为美元存款，平均利率约为 1.3%~1.4%。

可供出售金融资产：2010 年年底的可供出售金融资产为 Alma 公司购买的以色列电力公司的债券，于 2011 年全部到期收回。期末账面价值（按实际利率法计算的摊余成本）和公允价值的差额确认为未实现收益，直接计入权益中的"累计其他收益"科目。2012 年年底的债券摊余成本，公允价值和未实现收益分别为 425 万美元、431 万美元和 6 万美元。

应收账款：按照由销售产生应收款项（不包含有销售退回权和延期付款权的销售）及坏账准备的净额列示。2012 年年底应收账款余额较之前期末有大幅增加，主要因为：给予赊销客户的信用期延长；为促进销售而给予部分客户信用期；2012 年 12 月的销售大幅增加。

待摊费用及其他流动资产：主要包括增值税进项税额、远期货币合约未实现收益、预付账款、应收利息及待摊费用等项目。

存货：主要由原材料构成。Alma 公司采取以销定产的生产方式，以减少产成品对资金的占用。2011 年年底存货余额增加的原因为对一家中国经销商的销售包含退回权，管理层将收入和成本的确认延迟至退货权到期日，因此存货中存在一部分已发货但未确认销售的产成品，该退货权在 2012 年被取消。2012 年年底存货余额增加的原因主要为收购 Quantel 业务导致的存货增加。

商誉：2012 年前的商誉 880 万美元产生于 2005 年对 Orion 公司的收购。2012 年 8 月由于收购 Quantel 公司的资产，Alma 公司新增商誉约 245 万美元。Alma 公司在每年的第四季度对商誉进行减值测试，截至 2012 年 12 月底未发现减值迹象。

固定资产：由于 Alma 公司的生产过程主要为手工组装、软件安装和调试质检，因此不需要大量的生产设备，固定资产主要由电脑、工具及实验设备构成。

无形资产：主要包括① 2005 年收购 Orion 公司所获得的分销合约，原值为 555 万美元，按 10 年摊销；② 2011 年于 Curve Medical 处购买的专利权，原值为 34 万美元，按 8 年摊销；③ 2012 年收购 Quantel 带来的客户关系和专利技术等，原值为 368 万美元，按 6 年摊销。

离职补偿基金（非流动资产）和预提离职补偿金（非流动负债）：Alma 公司根据以色列离职补偿法

规要求,每个会计期末按员工最近月工资乘以其为公司服务的年数,计提应付的离职补偿金,并记录于"预提离职补偿金"科目;"离职补偿基金"科目记录的是 Alma 公司每月实际缴存于保险公司的离职补偿金。由于 Alma 公司历史工资水平呈上升趋势,因此导致预提离职补偿金的余额大于离职补偿基金的余额。当公司实际解雇员工时,需根据负债金额向员工支付赔偿金。然而根据行业惯例,在员工自愿离职的情况下,员工依然可以拿到公司已存入保险公司的补偿基金。

其他非流动资产:主要包括长期银行存款和长期应收票据。

应付账款:主要包含对原材料供应商和分包商的应付款。通常供应商提供的付款期为 60 天。

预提费用和其他流动负债:截至 2012 年年底的余额主要包括应付职工薪酬、预提质保费用、预提专利使用费、营业税金和应付股利等项目。2012 年年底预提费用增加的原因为:新增 121 万美元应付股利;由于奖金和销售佣金的增长而导致应付职工薪酬增加约 90 万美元。

递延收益:主要为向北美客户提供额外售后质保服务期限而产生的递延收入。Alma 公司产品的质保期一般为 1 年,客户如有需要,可以将售后质保期延长,但须支付相应的费用。Alma 公司在收到额外质保期费用的时候确认为递延收益,并在提供服务的期限内将其陆续确认为收入。

应交税金:主要为应交所得税。

其他非流动负债:主要包括期限超过 1 年的递延售后服务收入和递延租金。

因此,综合分析 Alma 的资产负债表,若以资产基础法进行估值,则 Alma 公司整体价值与其净资产相差不会太大,约为 7 000 万美元,但因与管理层预期差异较大,因此没有采用这一方法对 Alma 公司进行估值。

(2)市场法的分析。

美中互利在估值准备阶段,收集了同行业一些上市公司的基础资料,但由于这些公司所从事的细分行业和具体产品业务并不十分类似,公司的基本情况也存在较大差别,将这些公司作为 Alma 公司的对标对象存在一定问题。比如从市净率来看,同类公司的每股净资产都在 10~20 美元,而 Alma 公司则只有约 0.10 美元,差别非常大。

进一步来看,根据文中资料,2012 年度 Alma 公司实现净利润 2 323 万美元,总股本为 5.92 亿股,每股收益为 0.04 美元。根据同行业公司的市盈率资料,可以大致推算出 Alma 公司的每股价格应为 1.26 美元,总价值将达到 7.46 亿美元。

这一估值将大大超过美中互利管理层预期,因此没有采用此方法对 Alma 公司进行估值。

(3)收益法的分析。

本案例中,美中互利对于被收购企业采用的估值方法是收益法,具体就是现金流量折现法(DCF)。这是目前国内外最通用的公司整体价值评估方法,基本思路如下:

第一,估计出公司资产的未来现金流量序列。

公司资产创造的现金流量也称自由现金流量,它们是在一段时期内由以资产为基础的营业活动或投资活动创造的。但这些现金流不包括与公司筹资活动有关的收入与支出。因此,公司在一定时期内创造的自由现金流计算公式为:

$$FCF = EBIT*(1-Tc) + D - \Delta C - NC$$

其中,FCF 代表自由现金流量,EBIT 代表息税前收益,Tc 代表公司所得税率,D 代表固定资产折旧与摊销,ΔC 代表这一时期资本需求的变化量,NC 代表购置新资产支付的现金与出售旧资产收回的现金之间的差额。

根据这一公式,Alma 公司收益法的估值模型的起点就是 Alma 公司未来 5 年的经营业绩,要根据公司对于未来市场的预判,预测出未来 5 年的收入增长,并匹配相应的成本以及营业费用,才可得出 Alma 公司的息税前收益。Alma 公司是一个面向国际市场的医疗器械公司,其市场涉及亚洲、美洲、欧洲、中东及非洲,因此预测其未来 5 年的收入时,需要按不同市场和不同产品进行详细分类,同时为保证收入增长的准确性,还要按照不同产品的地域、时间预测其收入增长的不同比率。另外,公司不仅出售整机产品,还同时出售相应产品的零配件,而零配件的销售增长与整机产品也会有一定的不同,因此,也要进行详细的预测。

为了达到如上分析所需业绩增长预测，公司财务部决定分年度构建如表 4-1-7、表 4-1-8 的数据矩阵，并与 Alma 公司业务部门就矩阵的每一单元进行详细的分析与确认，逐年构建售价矩阵和销量矩阵，并将对应单元相乘，即可得出某一年度相应产品的销售收入金额。对于不同产品的零配件，也采用类似数据矩阵进行预测，尽量详细区分到不可拆分的单元，进行单元式预测，尽最大可能保证预测的精细与准确。

营业费用则根据不同的费用类型进行预测，主要分为研发费用、销售费用、管理费用、其他费用。Alma 公司在研发费用及管理费用方面基本处于可控状态，预测相对简单，而销售费用则根据收入变化进行相应调整，基本处于正向同比变化。

表 4-1-7　Alma 公司 2013 单台整机产品售价预测矩阵　　　　单位：美元

2013 年售价矩阵		市场区域					
		亚洲	北美	德国	欧洲	拉美	中东及非洲
主要产品	Harmony	23 467.57	78 636.95	59 192.24	31 173.87	32 408.40	30 276.79
	Soprano	34 978.17	64 038.00		35 019.79	34 000.87	36 168.46
	Spa	21 528.03	32 000.00		20 801.68	25 624.07	17 268.83
	Accent	33 584.03	54 976.76	70 390.77	37 891.28	39 784.00	43 706.15
	iTed	24 481.27	30 581.40	45 185.45	24 349.92	27 664.62	28 840.00
	Pixed CO2	29 900.00	68 253.30		45 000.00	36 000.00	50 000.00
	Lipo	15 972.22	32 000.00	15 972.22	14 375.00	15 972.22	15 972.22
	RF	15 453.75	39 893.05		18 224.90	18 556.67	19 068.88

表 4-1-8　Alma 公司 2013 年整机产品销量预测矩阵　　　　单位：台

2013 年销量矩阵		市场区域					
		亚洲	北美	德国	欧洲	拉美	中东及非洲
主要产品	Harmony	274	120	17	117	82	21
	Soprano	167	119		102	86	25
	Spa	252	22		166	14	52
	Accent	237	45	11	24	37	8
	iTed	45	38	9	53	10	7
	Pixed CO2	20	11		1	16	
	Lipo	9	18	1	4	3	1
	RF	369	9		27	11	6

Alma 公司现有的固定资产比较少，且每年折旧金额固定，而 Alma 公司也不需要使用大型固定资产来生产其产品，在未来 5 年也没有构建大型固定资产的计划，因此折旧及摊销金额也非常容易进行预测。考虑到 Alma 部分分支机构处于不同税率地区，所以在计算 Alma 公司的所得税率时采用整体预测，税率会在每年有小幅度的变动。

根据以上详细的预测，得出 Alma 公司未来 5 年的自由现金流序列。

第二，确定折现率。

确定能够反映自由现金流量风险所要求回报率。现金流的回报率由正常投资回报率和风险投资回报率两部分组成。通常，现金流量风险越大，要求的回报率越高，即折现率越高。折现率的确定通常选择以下两种方法：

① 风险累加法。这种方法确定的折现率公式为：
$$R = R_1 + R_2 + R_3 + R_4$$

其中：R 表示折现率；R_1 代表行业风险报酬率；R_2 代表经营风险报酬率；R_3 代表财务风险报酬率；R_4 代表其他风险报酬率。

这种方法将所有的风险报酬都纳入了折现率中，从纯理论的角度来看，是确定折现率的一种不错的方法。但这种方法需要逐一确定每一种风险报酬率，有较大的操作难度；而风险报酬率本身的确定带有一定的主观性，从而不可避免地影响准确度。

② 加权平均资本成本（WACC）法。加权平均资本成本模型是在公司价值评估中测算折现率的一种较为常用的方法。该模型是以公司的所有者权益和长期负债所构成的投资资本，以及投资资本所要求的回报率，经加权平均计算来获得公司价值评估所需折现率的一种数学模型。其公式为：

$$\text{WACC} = K_D \times (1+T_C) \times \frac{D}{D+E} + K_E \times \frac{E}{D+E}$$

$$K_E = R_F + (R_M - R_F)\beta$$

其中，WACC 代表加权平均资本成本，即公司评估的折现率；K_D 代表长期负债成本利息率；K_E 代表所有者权益要求的回报率，即权益资本成本；R_M 表示市场平均收益率；R_F 表示无风险报酬率；β 代表公司相对于市场收益的风险情况。β 值越大，其风险越大，期望回报率越高。

在 Alma 公司的评估模型中，因为信息与搭建模型人员水平限制，为简化计算过程和所需要数据，在计算 Alma 加权平均资本成本时，直接使用不同资产的期望回报率乘以相应资产的比例来计算加权平均资产成本，最后得到的结果约为 17%。

第三，计算公司价值。

$$V = \sum_{t=1}^{n} \frac{FCF}{(1+r)^t} + \frac{TV}{(1+r)^n}$$

式中：V 为公司的价值；TV 为第 n 年末公司资产的变现值；r 为折现率。

将 Alma 现金流序列按照折现率折现，得出 Alma 公司整体现值大概在 2.4 亿美元左右，应根据购买的股权比例计算相应对价。因此，美中互利高层最后以此金额为基础，对 Alma 公司的并购价格进行谈判，最终以 2.22 亿美元的价格收购了 Alma 公司 95% 的股权。

在评估 Alma 公司价值时，之所以选择收益法，是因为收益法的估价模型具有成本法和市场法不可比拟的优越性，具体体现在两个方面：

① 它明确了资产评估价值与资产的效用或有用程度密切相关，重点关注公司资产未来的收益能力；
② 它能适用于那些具有很高的财务杠杆比率或财务杠杆比率发生变化的公司。

4. 收益法的局限有哪些？若美中互利在此次并购估值时结合了实物期权法，评估结果会产生哪些不同？

收益法使用起来比较复杂，在实际应用时，必须满足一个假设前提，即公司经营持续稳定，未来现金流量序列可预期且为正值。另外，使用 WACC 法确定折现率必须符合经营风险相同、资本结构不变及股利分配制度稳定等在内的严格假设。

这些假设的存在使得收益法在评估实践中往往会因一些特殊情况而受到限制，具体体现在：

① 对于当前存在经营困难的公司而言，这些公司的当前现金流或收益往往为负，而且可能在将来的很长一段时间内还会为负；
② 收益法只能估算已经公开的投资机会和现有业务未来的增长所能产生的现金流的价值，没有考虑在不确定性环境下的各种投资机会，而这种投资机会将在很大程度上决定和影响公司的价值；
③ 对于拥有某种无形资产但目前尚未利用的公司，预期现金流量难以估计，就会低估公司价值。

本案例中，美中互利在对 Alma 公司采用收益法估值时，若是结合实物期权法考虑现金流向上或者向下的概率分布，那么估值结果可能会更加接近公司的客观价值，对 Alma 公司的估值不会那么高，也就不会产生后来的商誉减值审计问题了。

5. 美中互利为什么在并购后面临商誉减值？公司如何应对？

美中互利并购后面临减值的主要原因有两方面。一方面是使用收益法对目标公司 Alma 估值过高，产生大额商誉；另一方面是 Alma 公司的经营状况虽然较好，但未能达到业绩承诺。

此时美中互利面临两个选择，一个是接受商誉减值，另一个是争取不对商誉进行减值。如果接受减值，将减少美中互利报表中的商誉项目，进而减少总资产，可能会引起资产负债率提高等连锁反应。而如果争取不减值，就需要提供证据证明 Alma 的未来经营能够达到预期。

美中互利选择了争取不对商誉进行减值。公司在与安永审计的相关人员沟通了解了相关信息后，与业务部门协调，对 Alma 公司的发展情况进行了重新预测，认为未来发展符合预期，不需要对商誉进行减值，并且得到了审计师的认可。

6. 美中互利此次并购估值和商誉减值中遇到的问题对其他公司有哪些借鉴意义？

第一，在并购目标的选择上，应与公司战略相契合，并应对目标公司进行充分了解，特别是当目标公司为海外公司时，由于受到经济环境、政治环境、地理环境等因素的限制，会与国内并购方存在较大差异，必须予以充分考虑。

第二，在对目标公司进行估值时，需要在有关方法中合理选择，遵循谨慎性原则，在不影响并购实施的情况下慎重对待商誉的大额增加。在条件允许的情况下，采用多种方法，特别是实物期权法进行测算，将目标公司评估增值的风险控制在合理水平。

第三，在目标公司后续经营业务出现波动时，根据自身经营和目标公司的经营状况审慎评估，如果风险较高，应对商誉进行减值，不能一味回避减值。当然，由于同一项并购活动在商誉减值后一般不允许转回，所以在进行减值测试时需要从企业外部环境、内部经营等多角度综合考虑，听取业务、财务、审计等多部门的意见，必要时可以聘请外部咨询机构提供专业意见。

五、关键要点

1. 关键点：结合市场环境，分析美中互利海外并购动因；结合目标公司实际情况，选择企业价值评估方法；了解商誉减值的风险应对。
2. 关键知识点：并购动因；资产基础法；收益法；市场法；实物期权法；商誉减值。
3. 能力点：综合分析能力；逻辑性思维能力；解决问题的实际能力。

六、建议的课堂计划

本案例可以按照如下的课堂计划进行分析和讨论，仅供参考，教师可根据授课具体情况调整时间或略去其中某一部分。

整个案例的课堂时间控制在 80～100 分钟。

课前准备：提前发放资料，提出启发思考题，请学员在课前完成阅读和初步思考。

课中计划：课前引导——简要介绍案例并提出思考问题（5 分钟）。

分组讨论——准备发言大纲（10 分钟）。

小组发言——每组派出一名代表发言，评述案例，其他成员补充（幻灯片辅助，30～40 分钟）。

自由辩论——就案例关键问题进行自由辩论，继续深入讨论（20 分钟）。

案例总结：根据小组发言与辩论情况，进行归纳总结，教师就同学的讨论情况进行点评，就如何运用理论知识去解决实际问题提出建议并引导学员对案例进一步发展做出展望（15～20 分钟）。

板书设计：简要写明每个小组的观点，便于后面的分析评价以及归纳总结。

七、案例的后续进展

1. Alma 后续的业务发展。

2015 年，Alma 实现营业收入人民币 6.88 亿元，较 2014 年增长 10.79%；与此同时，Alma 进一步加强新产品尤其是医用治疗器械的开发,产品线向临床治疗领域拓展。2015年,Alma产品共获得5项新的欧盟CE认证及1项美国FDA认证。

2. 复星医药私有化美中互利国际。

2014年2月18日,复星医药宣布,其全资子公司复星实业拟以每股现金19.50美元的价格私有化美中互利国际,私有化交易完成后,复星集团还将以4500万美元受让30%美中互利的股权。2014年4月,由于出现第三方投资者,出价每股23美元,使得复星医药不得不将美中互利国际的收购价提升至每股24美元。美国东部时间2014年9月29日,复星实业与美中互利国际已完成股份置换及合并。私有化交易完成后,复兴医药透过复星实业持有美中互利国际的股权由17.45%增至48.65%。美中互利也因此更加紧密的融入复兴医药的资本布局之中。

栏目五
生产与运作管理

案例正文：

快钱：供应链变革助力"终端争夺战"[①]

摘　要： 从 1999 年初步萌芽，中国第三方支付行业迄今已走过十余年，随着 2011 年第三方支付牌照的发放，传统金融收单机构（商业银行、银联）作为唯一正规支付渠道的时代一去不返。第三方支付企业在告别"野蛮生长"之后，尽管生存天地更为辽阔，但竞争的态势亦更趋白热化。本案例以快钱支付清算信息有限公司（品牌名：快钱 99BILL，以下简称"快钱"）为例，描述了快钱公司线下 POS（Point of Sale，销售终端）收单产品在经历了爆发式增长后，如何破解自身产品运营效率瓶颈和政策环境突变的困局，积极探索解决之道的决策场景。案例中，快钱公司通过对线下 POS 收单产品进行供应链一体化建设和业务流程重塑，在满足央行监管要求的同时，实现成本控制和运营效率的双赢目标，并最终凭借该产品卓越的运营能力超越竞争对手，构建自身竞争优势。

关键词： 快钱；供应链一体化；供应商管理库存；供应链组织间成本管理；外包

0　引言

2014 年 2 月，北京正是春寒料峭的季节。春节刚过，快钱上海办公室里处处弥漫着过年的余波——"老唐，家人可好？""Robin，听说去澳大利亚 Happy 了？"……

关国光，快钱公司的创始人兼首席执行官，是在美国过的春节，十天不到，他就匆匆启程回国了。在美国期间，他接到了公司合规部总经理 Victor 的电话，同业八家支付公司的线下 POS 收单业务被央行紧急叫停，主要原因是这些支付公司涉及未落实特约商户实名制、交易监测不到位、风险事件处置不力等问题。除了在全国范围内停止接入新商户外，央行还将暂停这八家支付公司部分创新产品的推出。此消息一出，瞬间关于支付行业未来走向的新闻铺天盖地，新金融和传统金融隔空论战，观点交锋"电闪雷鸣"。

十多个小时的飞行，关国光辗转反侧找不到一个舒适的位置得以入睡，欣慰之余，亦有惋惜。在过去的一年中，线下 POS 收单市场硝烟渐浓，先有中国银联欲以中国银行卡联合组织的身份"收编第三方"之说闹得沸沸扬扬，后有央行发布政策抬高线下 POS 收单行业准入门槛，再到支付宝隔空宣战退出所有线下 POS 收单业务……对于业内来说，这并不是一个好的年份，多数第三方支付公司进入线下 POS 收单市场后都挣扎在盈利的边缘。值得一提的是，在这个行业剧烈演变的当口，快钱线下 POS 收单业务不但逆势增长、步步为营，还在这次央行"整改"风波中安然无恙，关国光深知，这一切得益于快钱提早一年启动了线下 POS 收单产品的运营改革。虽然已取得同业领先的成绩，但依然有种莫名的压力涌上关国光的心头，快钱成立以来，从彷徨到坚定、从忧伤到喜悦，那些熟悉的场景一幕幕闪现在他的脑海……

[①] 本案例由北京理工大学管理与经济学院的佟岩，北京航空航天大学经济管理学院的邓路、刘冰冰撰写，作者拥有著作权中的署名权、修改权、改编权、发表权。本案例系国家自然科学基金（批准号：71202014、71372015）的阶段性成果，同时也受到北京市优秀人才培养计划（2012D009011000005）的资助。

本案例授权中国管理案例共享中心使用，中国管理案例共享中心享有复制权、修改权、发表权、发行权、信息网络传播权、改编权、汇编权和翻译权。

由于企业保密的要求，在本案例中对有关名称、数据等做了必要的掩饰性处理。

本案例只供课堂讨论之用，并无意暗示或说明某种管理行为是否有效。

1 触电互联网经济

1.1 跨领域初探

1988年，关国光从上海交通大学船舶及海洋工程系毕业，来到美国亚利桑那大学攻读工业管理硕士，在不经意间对金融产生了较浓厚的兴趣。1993年，他成为全球持有CFA（Chartered Financial Analyst，美国特许金融分析师）资质的2万人之一。然后，他来到了华尔街，进入一家私募基金，并在金融领域"越陷越深"。

从1997年开始，敏锐的观察力让他发现，美国以资本主导的互联网行业开始蓬勃发展，股市不断飙升，崭新的行业给美国带来了很多市场机会。关国光暗自琢磨，虽然中国IT行业相对美国有一定的滞后，但中国人多，消费量大，市场机会更多，如果将美国的模式复制到中国，会怎样呢？1999年夏天，香港香格里拉酒店，关国光和网易创始人丁磊一见如故，随后关国光正式加盟网易，出任网易资深副总裁，掌管企业发展与战略合作，并参与网易开曼群岛控股公司的组建。关国光加盟网易第一年，帮助网易完成了4次私人募资。2000年6月，抢在搜狐之前，网易在纳斯达克正式挂牌上市，一举奠定了中国概念股第三大门户网站的地位。

然而在事业辉煌时刻，关国光退出网易。他倔强地认为，互联网时代是容不得犹豫的，一轮热潮退去，没有太长时间的沉寂，新的一轮互联网风暴就会来临，而这一次它会爆发出更强的潜力。任何细分化的领域，都有可能成为盈利的引爆点，谁都有机会成为互联网上的大亨，这就是互联网领域的真实写照。

1.2 开疆扩土

离开网易后，关国光探索过多个行业，华尔街的工作经验，带给他更具前瞻性的思考方式：这是一个信息技术和传统商业模式相结合的时代，信息技术跟媒体结合就是新浪、百度，跟零售结合就是当当、淘宝，跟旅游结合就是携程、艺龙……如果跟他的老本行金融结合，会变成什么样？关国光清楚地看到了商业机会：假设电子商务等同于一个大型商场，Google、百度只是给它做广告的，价值就已经如此之大，那商场内的销售量会有多少？进一步讲，电子支付的重要性在于帮助企业连通了电子商务的"最后几公里"，它的规模比我们能看见的门户大得多。于是，2004年4月关国光创立了快钱公司，开始涉足第三方支付行业。

那是一段让关国光十分难忘的创业历程，"一开始没有人相信我们。"彼时的第三方支付环境，远没有今天这么成熟，就连电子商务也刚刚起步，只有几十亿元交易规模，还在饱受嘲讽，更别说网上支付这些新手段了。人们听到"快钱"这个名字，很容易将其和"热钱""黑钱"等带有负面色彩的金融词汇联系起来。再者，这个领域很长时间内根本没有民营资本进入。作为一家民营的第三方支付公司，为了说服商业银行向快钱这样当时只有几十个人的小公司开放网关，关国光亲自带领市场人员，到银行行长的办公室门口等候，甚至要等行长去卫生间的时候，赶紧凑上去谈开放网关的事。

"无论是和银行还是和企业打交道，关键的一点就是脸皮要厚。其实当你对自己做的事有信心的时候，脸皮就会比你自己想象得还要厚。而从你做事的态度、敬业的精神上，客户也会建立对你的信任。"关国光并没觉得当年低声下气谈业务的经历羞于见人，反而从中悟出了更深层次的契约精神。

有一次，为了说服福州一家银行的支行行长开放网关，关国光专程飞到福州，又把这个行长接到了上海，实地考察快钱是怎样运营的。

"你一年的业务指标是多少？"关国光问行长。

行长说了个数字。

"那我替你背三分之一到一半。"关国光许诺道。

行长自然喜不自禁。

"那我要做业务,你得向我开放网关,否则业务怎么做?"关国光不失时机地提出要求,这笔业务就这样谈成了。

2005年年初,快钱正式上线包括人民币支付、外卡支付、神州行卡支付、联通充值卡支付、信用卡无卡支付等众多支付产品,打造了跨银行、跨地域、跨网络的电子支付平台。虽然是电子支付领域的新入者,但快钱凭借管理层丰富的互联网发展经验以及领先的技术创新实力,快速提升了业务规模。

2 行业纵深战略,催生线下收单业务布局

2.1 另辟蹊径,大显身手

随着快钱在支付圈崭露头角,媒体和记者开始关注快钱,他们有成堆的问题希望关国光予以解答。"快钱成立较晚,凭什么赚钱?""快钱会上市吗?""淘宝和腾讯推出了支付宝、财付通两个品牌,快钱拿什么和强大的对手竞争?"……

不仅外界对快钱的竞争优势提出疑虑,有一次,关国光听到公司一个销售员沮丧地说:"支付宝最新的宣传口号是'你敢用,我敢赔',吸引了海量用户的眼球,淘宝平台那么大,对个人用户黏性又好,我们才几十人的规模,怎么与他们竞争?"一丝阴云掠过关国光的心头,支付宝的每一个动作,都让当时的快钱员工备感压力,如果再这样下去,会对公司产生不利的影响,关国光开始带领管理团队寻找破解之法。

于是,"服务企业、坚持独立"成为快钱对自己的定位诠释。"服务企业"——既然支付宝、财付通定位于"以网络购物为主的个人应用型电子支付",快钱就确立"为企业量身打造支付服务"的发展策略。快钱向企业客户展示的价值主张是通过快钱跨银行跨地域的支付平台,一站式解决收付款问题,帮助企业覆盖更多的用户。"坚持独立"——支付工具传递的是商户最核心、最真实的资金流和信息流,信息和数据的安全必会成为商户选择支付合作伙伴的重要因素。坚持第三方独立性意味着快钱不挂靠任何电子商务平台,只专注于做支付这一件事,避免了与商户的竞争,消除了商户对于信息和数据安全的担忧。随着艺龙、百度、京东、当当等知名企业开始转向与快钱合作,无疑印证了快钱"服务企业、坚持独立"的策略没有错。

另一个值得快钱人骄傲的突破是行业纵深战略的成功。当时全国工商注册企业达数千万家,快钱一个一个地发展新客户好比大海里捞针,无法形成规模效应。关国光开始思考如何构筑行业性的解决方案,将单一客户的成功复制到行业中,再根据行业的上下游关系构筑产业链解决方案,这样就能形成由点到线、由线到面的覆盖,让快钱在电子商务的海洋中形成自己的疆域。随后,快钱率先深入了解行业需求,挖掘行业应用,不但走出了一条差异化道路,而且得到持续迅猛发展,前景一片大好。

2.2 涉足线下,持牌无忧

快钱在不断探索新的产品和服务方向时,发现多个行业的营销方式都是朝着复合化方向发展,既有直面客户的线上营销,也有传统的门店或代理渠道。企业客户往往需要同时使用线上通道和线下POS终端收款,并希望收上来的资金能够实现总部财务的统一管理。基于这一需求,2007年快钱成立了VPOS中心(Virtual POS,虚拟POS),作为新产品孵化中心,负责线下电话收单和线下POS收单两大产品的设计、研发、运营、业务推广、后期服务等。至此,快钱也成为国内首家集成线上和线下综合产品解决方案的第三方支付公司。

快钱的线上线下综合解决方案一经推出,广受好评。比如在连锁酒店行业,传统金融收单机构的服务体系和标准要求各门店必须在当地银行机构申请POS终端并开设银行对公账户,相当于各门店的资金单独管理,给集团总部的财务核算和管理带来诸多不便。而通过快钱的连锁酒店行业解决方案,不仅能实现总部实时监控网站、呼叫中心以及实体门店的所有收款情况,还能帮助总部财务进行资金实时归集和调拨,实现便捷、高效的财务管理。2010年年底,短短几年,快钱已经在保险、航空、酒店、教育、

租车、物流等多个行业里部署了数万台 POS 终端。

2011 年 5 月，央行陆续发放第三方支付牌照，正式给予获牌企业进军更广业务的认可。快钱作为第一批获牌机构，关国光长长地舒了一口气——快钱跨过了发展道路上最大的障碍。值得庆祝的是，所有第一批获得牌照的 27 家优质企业里，只有快钱和支付宝的业务许可范围是最广的，包括互联网支付、外卡支付、货币汇兑、固定及移动电话支付、预付卡受理、银行卡收单等，几乎囊括了央行所许可业务的全部。

从正式获牌之日起，快钱开始对线下 POS 收单、移动支付等业务线布以重兵，目标是全面满足企业客户的多方位收款需求，打通线上、线下和移动端收付资金链条，帮助企业提高资金利用效率。与此同时，快钱成立了快钱（天津）金融服务有限公司，为企业客户叠加便捷的增值服务，如财务管理、金融保理等。

2.3 大象起舞，暗藏玄机

在接下来的半年里，快钱线下 POS 收单业务的规模逐步壮大，2011 年年底 VPOS 中心由原来的 50 人发展为 200 人，公司高管对这块市场的规模颇有信心。中国支付清算协会发布的中国金融 POS 终端行业发展现状及投资前景预测分析报告数据显示，2012 年中国线下支付规模将超过 20 万亿元，但是人均拥有 POS 终端数量远低于国外。截至 2011 年年底，中国每百万人占有 POS 机的数量为 3 592 台，在国际支付结算体系委员会（Committee on Payment and Settlement Systems，CPSS）有统计记录的 21 个国家和地区中排名第 19，相当于第一名澳大利亚的十分之一。由此可见，中国银行卡受理环境还不能满足银行卡市场快速发展的需要。随着人们生活水平的提高，二三线城市居民的购买力上升，POS 终端建设仍有很大增长空间，而这也成为各家第三方支付公司日益看重的市场。

随着第三方支付公司进入线下 POS 收单市场的大潮浩浩荡荡席卷而来，商业银行、中国银联等传统金融收单机构已逐步意识到了竞争危机，"大象"惊醒后也开始革新互联网技术、利用垄断地位以及促进建立行业监管等多方手段进行反击。

首先采取行动的是银联，在中国所有收单机构中，银联旗下全资子公司银联商务为龙头老大。公开数据显示，2011 年之前，银联商务在线下市场占有 70%以上的市场份额，但自从央行颁发牌照后，整个市场格局发生震荡性变化，银联商务份额下滑明显，压力重重。于是，银联利用其垄断地位，多次公开宣称"非金融机构的线下银联卡交易需统一上送银联转接"，名为"规范支付市场，维护成员银行和银联权益"，实为"收编"之举。

商业银行方面，对收单业务也越来越重视，一些银行出于存贷款业务的需求，会以免费或很低的成本发展商户，牺牲收单业务的收益，使得线下 POS 收单市场陷入恶性竞争之中。

摩擦在所难免，但竞争中需要合作。基于互联网技术的第三方支付公司对于线下 POS 收单行业的颠覆在于它们可以绕过银联，单独和商业银行协定分成比例。为了打压第三方，银联把银行归为利益共同体，并试图与银行建立战略联盟，但这只是银联的一厢情愿。因为，在线下 POS 收单市场的长期竞争中，银联利用垄断地位和一些不公平竞争方式与银行争利，银行对银联越来越不信任，反而对第三方支付公司的态度越来越"暧昧"。不过，头顶"卡组织"身份的光环，银联在各商业银行系统间互联互通的资源也很难被替代。因此，从目前的发展态势来看，"第三方支付公司——银联——商业银行"这种"间联合作"手续费按 2:1:7 分成的模式可能会是发展主流。在这种模式下，第三方支付公司、银联与商业银行之间是支付产业链前后台分工，支付公司负责拓展市场，银行作为发卡行始终享有最高收益，中间转接和清结算由银联承担，既适应市场需求又均衡了各方利益。因此，业内普遍认为三者关系是合作大于竞争。

2.4 跑马圈地，加速布局

对于和商业银行、银联这样的"央行嫡系"竞争，关国光仔细揣摩和考虑过，这是一盘不好下的"棋局"。央行颁布支付业务许可证之前，线上支付是第三方支付公司的主要业务类型，其规模很大，但技术门槛较低，同质化现象严重。与线上支付不同，线下 POS 收单业务有硬件设备铺设成本、推广渠道、风险防范经验等条件限制。虽然快钱几年来凭借行业纵深策略,已经在多个行业积累了丰富的客户拓展和运营经验。不过,关国光清楚,接下来将要面临线下 POS 收单业务爆发性的增长,优势如果利用不好就会变成劣势,仅 POS 硬件设备的投入就相当惊人。以快钱未来三年业务规划为例,除了在一线城市加大覆盖外,还需要以点带面,由省级中心向二、三线城市、乡镇地区以及海外地区延伸,意味着每年至少要投入 10 万台 POS 终端,每台 POS 终端设备按型号不同,价格在 1 000~3 500 元,一年的 POS 终端投入就在数亿元。特别是在如此广阔的地区开展 POS 收单业务,前期建设、中期运营与推广、后期维护等方面都有很大难度。

在一次管理层会议中,财务总监 Monica 还开玩笑说:"这几亿元放到银行生利息可能也比我们这样赚钱多。"但关国光敏锐的战略前瞻力说服了公司股东方和管理层,与支付宝、财付通定位于个人用户的服务不一样,快钱坚持走企业客户战略。正如"想致富,先铺路"的道理一样,想要帮助企业朝着电子商务的大趋势挺进,快钱就必须先建设一条"资金的高速公路"。一旦快钱为企业建好这条高速公路,培养了企业客户使用快钱综合性解决方案的习惯,自然而然就可以构建起独特的竞争壁垒。除此之外,关国光还清楚地看到了线下收单市场的新机会——未来建立在收单通道化基础上的数据分析和增值服务将成为叠加盈利点(如图 5-1-1 所示)。

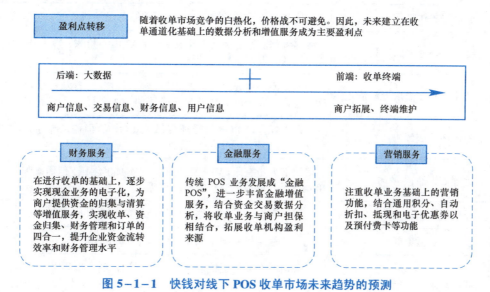

图 5-1-1 快钱对线下 POS 收单市场未来趋势的预测

为了匹配业务拓展规划,快钱完善了配套的产品开发和直销团队,做足了市场营销、采购供应的准备,集合了所有优势资源对线下 POS 收单市场布下重兵。看似一切都准备好了,意外还是不期而至。

3 "捆绑"与"束缚"

3.1 运营部门的"四面楚歌"

随着行业纵深策略的成功,合同纷至沓来,交易量每个季度都在翻番。VPOS 中心成为各个大区销售团队的"必争之地"。销售的订单是弹性的,客户需求也多种多样,可对 VPOS 中心来说,生产运营能力基于系统、库存、人力资源进行匹配,相对而言是定量的。销售部门和生产部门的冲突连续几个星期没能得到妥善解决,几个大区销售经理将问题升级抄送给了公司 SLT(Senior Leader Team,公司高管)邮箱。

关国光授意让运营副总裁 Joseph 尽快拿出解决方案,Joseph 对运营上的困难早就有所了解,他曾在惠普打印机事业部负责生产工程部多年,非常理解销售和生产的矛盾。通常销售部门的考核指标是销售收入,而缺货、不能按时交货或者服务问题将导致客户满意度的下降,甚至会失去客户,这是销售部门所无法容忍的。而生产部门以成本和利用率作为绩效判断依据,相对而言生产能力问题是刚性的,往往受人力、库存、采购成本等条件约束，很难满足销售灵活多变的要求。有些原本可以解决的问题却因为在销售预测和生产计划之间缺少有效的沟通、协调而使矛盾激化，最终导致冲突的发生，这在大多数企业都存在，也是管理层困惑的难题。除了销售部门的冲突外，Joseph 带领项目组还针对多个相关部门进行了调研和访谈，结果不容乐观。项目组发现在业务爆发性增长的背后，整个线下 POS 收单产品线遭遇到了财务部、客服部、运营部、风控部"四面楚歌"（如表 5-1-1 所示）。

表 5-1-1　快钱线下 POS 收单产品线面临的问题举例

部门	问题反馈	举例描述
财务部	预算管理难度大	CAPEX（Capital Expenditure，POS 终端的固定资产投入）的预算和实际差异大，影响预算管理的执行
		KA（Key Account，重要客户）项目现场实施要求多，差旅预算高
	产品线运营费用高	安全库存 4 000 台，占用大量现金流
		仓储网点为北京、上海、广州三地，异地配送费用居高不下
客服部	远程服务体验差	现场和远程服务比例为 1:9，远程服务虽然成本低，但客户体验差
	终端故障处理周期长	终端维修流程首先寄回至快钱 VPOS 中心检测、维修，疑难问题再转移至供应厂商处理，一般周期达 2 个月
	产品定制化需求无法满足	定制化服务需要供应厂商支持，经过厂商上门调研、确定方案后定价评估、双方签订开发合同等环节，一般周期为 3 个月
运营部	密钥环节瓶颈	纯人工操作，VPOS 日受理容量 300 台/天，但需求弹性大，一般 300~1 000 台/天，灌装密钥环节经常出现延迟
	远程培训瓶颈	培训部人员有限，VPOS 日受理容量 160 台/天，但需求弹性大，一般 150~300 台/天，培训环节经常出现延迟
	仓储覆盖指标低	北京、上海、广州三地仓储仅能覆盖 60% KA 客户
	装机服务效率低	现场远程装机效率平均 T+4 天，但部分地区商业银行服务效率为 T+2 天
风控部	商户现场巡检能力低	分公司所在城市巡检周期为一月一次，商户串用 MCC 和套现等风险隐患几乎没有。但在其他城市，面临数十万台终端，风控部门人力有限，只能做到三个月一次，存在隐患

一个个问题摆在了 Joseph 的面前，经验告诉他，这些预算、库存、配送、服务水平等问题不能一个个孤立地解决，重新设计和运作一整套运营保障方案势在必行。Joseph 本人一贯推崇的理念是公司应该"轻松"地运行，但这次面临的难题真的"不轻松"。一方面，国内没有成熟模式可以借鉴；另一方面，公司现状好像一匹志存高远的千里马，却不幸拉着一辆沉重的牛车前行，解决刻不容缓，否则会影响到公司整体规划。

3.2　一波未平，一波又起

Joseph 刚忙碌了两天，突然接到 CEO 办公室的通知，让他紧急参加一个会议。Joseph 心中满腹疑虑，难道又起火了？他来不及多想，刚踏入会议室，就听到合规部总经理 Victor 语气凝重地说："刚从央行开会回来，央行一直筹划的《银行卡收单业务管理办法》已经基本定稿，其中有两点值得我们关注，一是本地化收单、落地化服务，要求收单机构不得在未设立分支机构的省（区、市）开展实体特约商户收单业务；二是交易转接和清结算要通过银联进行。"

话音还未落，华北区销售总监 Owen 急了："这是什么要求？分明是银联的保护伞嘛，银联自己又做业务又想定规则，不就是集足球场上"运动员""裁判员"于一体，让别人怎么玩？" Owen 是个年轻有冲劲的小伙子，华北区的销售业绩占全国三分之一，他着急也是可以理解的。因为长期以来，脱胎于互联网公司的第三方支付公司一般采取大区化的管理模式，并不会在各省市设立分支机构。这也是第三方支付公司轻资产运营模式的优势。这条央行规定更像是为银联和商业银行等传统收单机构定制的，徒增了第三方支付公司进入线下POS收单市场的难度。被Owen一吼，几个大区销售负责人都面露难色，小声议论纷纷。

Joy是公司CFO，她心思缜密，冷静地问道："Victor，相信会上很多机构持有不同意见吧？凭你的经验这两条最终落实成文的可能性多大？"周围人立刻停止了讨论，都在等着Victor的答案。

Victor稍稍思考了一下，说："从会上反应和私下与央行领导的交流来看，第一条可能性非常大，九成把握要落地执行。相反，第二条还有待商榷，分歧比较大，有些央行领导觉得，这条背离了之前倡导的不能扼杀创新的监管思路。"

Joy稍稍松了口气："由此看来，第二条可能性不大，虽然有意保护，但央行还是很谨慎的，如此强制要求转接银联很容易落下话柄。不过，第一条就比较麻烦了，别看我们现在市场迅速扩张，交易额逐年翻番，但POS终端、仓库、物流已经占用了上亿元资金。而且合规要求的，不仅仅是开分公司那么简单，而是要求本地化服务。从我们之前在天津、福州等地分公司投入来看，每年需要80万~100万元。若一下子开展30多个，投入又要增加4 000多万元，再考虑到后期巡检、运营及产品的风险计提，这个产品的ROI（Return On Investment，投资回报率）成问题了！我听说支付宝已经开始重新评估这块市场了，政策风险太大，我们是不是也……"。Joy有意没有把话说完，谨慎地观察其余人的反应。

产品总监William一直沉默不语，POS产品作为后起之秀，给公司业绩创造了一个又一个高峰，在他心里割舍不下。他也在观察着关国光，作为关国光的老部下，他知道关国光内心极其强大，在一次次遭遇的发展瓶颈中，他总能找到坚持下去的理由和办法。William希望从他身上看出点端倪。

关国光神态凝重，但语气铿锵有力："谁来决定这个市场发展或不发展？不是银行，也不是我们，是客户。还是那句话，我们做决策的时候，先考虑到为客户提供价值。既然有需求，就得有人去满足。我的建议是，我们要想办法融入外部政策环境，而不是抵御它们。我们需要在行业变革中找到机会，要在各种星星之火中找到燎原之势，这就是管理者最重要的责任。我给咱们的底线是，早期摸方向的时候，容许一定尝试，要尽快找到目标点，实现路径、资源的聚焦。"

Joseph点点头，说道："其实也挺有趣的，我们一直强调快钱的使命是：加速资金流转，使企业血脉畅通。现在，需要咱们自己先打通任督二脉了。之前还有一堆的运营问题没解决，现在又增加了合规要求。依我看，单靠运营部门的力量不行了，我申请建立一个跨部门的项目组，一起研究应对方案，最好能建立一套柔性的运作模式，既合规又灵活，应对各种各样的需求。"

关国光和与会领导纷纷表示支持。

4 有破有立，格局朗阔

为了寻找一种有效的方案来解决目前合规监管、运营瓶颈的困局，快钱公司迅速筹建了项目组。由Joseph牵头，精心挑选了项目组成员，他们大多不是管理人员，而是被称为"十米内的管理人员"，也就是来自各部门最接近线下收单产品线的精英，还有来自外部供应厂商、物流公司和咨询公司方面的顾问。项目组根据公司长远业务拓展规划、立足实际需求的考虑，围绕几个目标进行设计：① 流程改进：重新设计产品链和开发链，使运营流程与产品特性匹配。② 成本改进：突破公司墙和部门墙，从供应链角度寻求库存、物流资源的有效利用。③ 服务改进：本地化服务队伍建设，提高服务水平，并达到合规要求。

正如罗马城不是一朝一夕建立起来的一样，快钱公司经过一年的磕磕绊绊，最终形成了"供应链一体化"方案，其中辛酸甘苦只有亲历者深知其味。

4.1 改良作业流程，突破灌装瓶颈

快钱原来模式中加密程序复杂且无法远程自动灌装，每一台 POS 终端必须经过快钱 VPOS 中心灌装组手工操作，这大大限制了产能规模，而且后期维护成本高。项目组重新设计供应链一体化方案时，不仅从技术开发层面考虑优化，也从产品链的合规、运营多层面考虑，最终形成"预灌装+远程升级"的方案。新方案加密技术依然由快钱公司掌控，但灌装环节先由快钱预灌装到多个母 POS 终端中，再通过母 POS 终端将密钥下载灌装给更多的子 POS 终端。新方案改造后，从母 POS 终端下载密钥的操作简单易行，连销售和客户都可以自行操作，完全突破原来仅限于专业工程师操作的运营瓶颈。

4.2 收获同道挚友，合作实施减法

为了解决低效的库存、配送管理，满足供应和需求之间的匹配，关国光鼓励项目组在快钱与上游供应厂商的合作模式上大胆尝试、勇于创新，最好能将原来买卖双方的"交易式合作"转变为信任、分享，进而达成紧密融合的"战略式合作"。但这不是一件容易的事，需要说服供应厂商接受改变并作出重大的妥协，这一步是对合作关系真正的考验。

下面是 Joseph 在与一家主要供应厂商谈判时的开场白"Joe，情况是这样，管理层给了我很大压力，让我降低直接的 POS 采购开支，市场越来越苛刻，我们别无选择，只能在价格上增加竞争优势。因此，我们需要将目标设定为，在今后的三年里，每年的采购开支都要降低 10%。现在，我可以用取消业务或其他方式来威胁你，迫使你在价格方面不断做出让步，但是我不想这样做。我想跟你共同分析一下咱们双方的生产运作模式，看看我们能做哪些改变，比如通过合并或减少一些引发成本的活动，在双方不损失很多利润的情况下优化彼此的生产费用。当然，如果你不愿意的话，我会坚持我的降价目标，让你自己独立想办法降低成本。"Joseph 强硬但公平的方式，让供应厂商不得不思考，原来讨价还价的合作方式可以维持多久？

大浪淘沙始见金，多年的信任基础让一部分供应厂商选择支持快钱的做法。经过双方反复调研，一套快钱公司可实现"零库存"的方案得到多方认可。新方案主要有以下几项措施：① 采用 VMI（Vendor Managed Inventory，供应商管理库存）策略，按需采购。快钱与供应厂商签订"定价不定量"的年度框架采购协议，由供应厂商负责管理库存，快钱每季度初向供应厂商更新各区域市场需求预测，季度末结算时以实际采购量为准。虽然双方的 POS 终端产成品存储在同一仓库里，但快钱的客户订单一旦流转至出库环节，系统自动与供应厂商库存系统进行交割，实现虚拟的物权转移。快钱只需要分担小部分管理费用即可实现零库存，供应厂商也在新方案中得到更精准的预测，缓解了牛鞭效应。② 灌装和检测前置。经过改良后的灌装技术可以进行远程实施，新方案设计时将灌装和检测环节前置在供应厂商的仓库进行处理，减少原来供应厂商与快钱之间的物流传递。③ 增加全国分仓，降低物流成本。快钱公司和供应厂商实现仓储网络共享，使快钱公司除原北上广三地仓储外，扩展到几十个地区仓。对快钱来说，分仓策略让越来越多的仓库更靠近客户，缩短了运输公里数，减少了第三方物流的包裹换手率，货损和到货时间双双下降，提升了用户体验。对供应厂商来说，原有地区仓资源得到有效利用，库存周转率大大提高。

多管齐下的措施非常有效。经过与供应厂商的深入合作，双方资源得以充分利用的同时，调配的敏捷性让公司能够更从容地应对由于战略变化、业务量波动、业务分布不均衡所带来的营运难题。

4.3 渠道叠加外包，展业服务并行

满足本地化收单、落地化服务的合规要求是项目组面临的又一个考验。央行明确要求，收单机构不得在未设立分支机构的省（区、市）开展实体特约商户收单业务，这意味着快钱需要改变原来大区经营的模式，在全国范围内开设分公司，并且部署各个职能的地面团队。面对动辄几千万的费用支出，Joseph 觉得有必要召开一次 SLT 会议了。

Joseph 简要介绍了一下情况，全国范围内搭建分公司网络，既能满足合规要求，又能提升服务水平。

可是这个方案的问题在于成本投入太大，某些覆盖客户少的地区，成本无法收回。他把问题抛出来，希望集思广益，看看其余人有没有好办法。

Owen 还是快人快语，他说："我们最关注效率和服务水平，建分公司的好处显而易见，我看大区模式也不用变，就是在原来大区基础上，看看管辖内哪几个城市建分公司合算，就去建呗。"

Joseph 耐心解释说："建分公司不难，不过分公司要承担哪些职能、建不建库存、承接什么服务、招多少人等，这么大的一个地面团队，后期需要大量人力物力的投入，前期必须筹划清晰。"

Thomas 是西北区销售总监，虽然西北区在公司业绩占比不高，但他为人成熟沉稳并且有多年银行从业经历，在销售团队里声望很高。他不紧不慢地说："其实，咱们也可以参考一些地区性银行的做法，很多地区银行不像大银行那么有实力，他们因为人力成本、管理等问题，更倾向于将业务外包给当地专业化的服务机构来进行业务拓展和服务，用他们的话说，省了麻烦，还能躺着挣钱。就是有个问题，这些外包商散落在各个城市，零散不好管理，而且碍于竞争关系，与我们的合作意愿可能不强。"

Joseph 对此非常感兴趣，他说："管理倒没什么，传统行业建立渠道代理的很多，有很多成熟经验可参考。咱们完全依靠自身资源进行调整，速度总是赶不上市场的变化，我一直觉得应该轻装上阵，外包是个好思路。银行外包商不愿意合作，我们就找别人。上次我和供应厂商老胡谈分仓的事，他还提到他们有些网点，工作不饱和，可能要取消呢，咱们不如另辟蹊径，找供应厂商谈谈。"

风控部负责人 Brent 说："我插一句，你们谈的时候要加上一条，把现场风险巡检的服务也外包，我们风控也借借光。现在 POS 移机、串行业行为很多，日常巡检咱们人力也不够，而且没什么高技术含量，经过统一培训，外包可以做。"

随着会议讨论接近尾声，关国光说出了他的两点担心：一是成本投入方面让 Joy 把好关；二是建议项目组充分考虑到外包的两面性。在他看来，外包就像一杯高乐高，能"长高"，固然是好事，但副作用需要事先考虑周到，比如建立怎样的机制确保服务响应效率。

会后，Joseph 带着项目组历时 3 个月对全国各地供应厂商的分支机构、服务外包商进行了全面考察，一个遍布全国二三线城市的网络平台浮出水面。项目组精心制定了全国统一服务标准、服务外包商审核体系和绩效考评规范，不仅要求每家服务外包商合作机构签署保密协议、奖惩条款，还需要缴纳一定数额的保证金。至此，全国网络搭建已具雏形，原来无法及时处理的硬件问题，也因有供应厂家专业化团队的注入，得以现场诊断和更换。快钱成为首家全面满足政策合规要求的第三方支付公司，并且在综合服务水平和服务响应上远超竞争对手。

4.4 夯实技术平台，解决信息孤岛

项目组深知要使供应链一体化执行更加高效，主要途径之一就是建成一个层次清晰、便于管理的供应链管理系统，将原来供应链上不同公司的信息孤岛联动起来。因此，项目组设计系统架构时，配合供应链中各实体的业务应用场景，使操作流程和信息系统紧密配合，做到各环节无缝链接，形成信息流、产品流、服务流、资金流和知识流五流合一，实现对整个线下 POS 收单产品供应链条的配置、管理和监控。

项目组通过三个关键步骤实现基础生产运作系统及各种决策支持系统的无缝隙融合（如图 5-1-2 所示）。① 将各企业内部 POS 收单外围系统，如客户服务系统、商户欺诈监控系统、报表管理系统、物流系统、分销系统等系统接口标准化，目的是使其与外部系统或者各系统之间容易对接。② 将供应链各种信息、流程、访问数据等决策功能集成在系统内，做到协同决策流程自动化实现。③ 将不同企业的系统利用接口统一集成在一起，模糊了他们之间的界限。当然，快钱将系统传递信息分类保护，将那些与供应链上下游不直接相关的内部决策和部分客户信息进行加密屏蔽。

4.5 方案的实施效果

经过一年来的不断摸索与改进，快钱公司的供应链一体化战略广受好评，方案实施后的业务流程情况如图 5-1-3 所示。

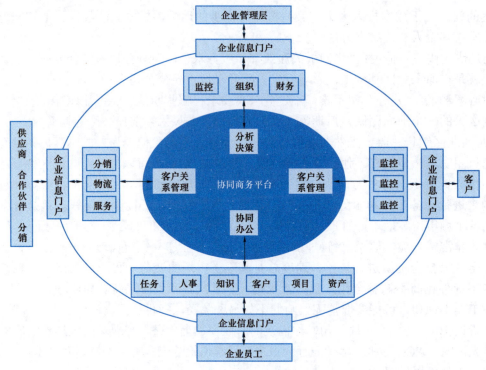

图 5-1-2 供应链一体化信息系统概况

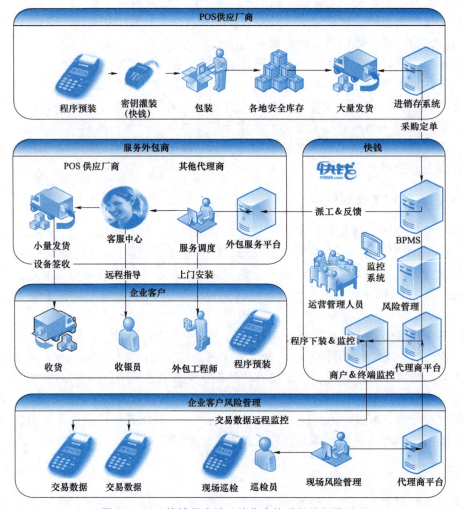

图 5-1-3 快钱供应链一体化实施后的流程设计

该方案帮助企业解决了原来生产瓶颈、运营效率、风险防范等的掣肘问题（如表 5-1-2 所示），让整个供应链变得更加敏捷、可控。综合来看，运营效率提升 100%，成本较去年没有大幅增加。"T 日申请、T+1 装机；T 日刷卡、T+1 日结算"成为业内的服务标杆。公平合理的收益分享机制，充分调动了服务外包商拓展业务的积极性，使得快钱线下 POS 收单业务迅速突围到二三线城市。在业务攀升的同时，定期风险巡视服务让快钱总部风险部门实时掌握着客户应用场景和动态，适当调整交易审核频率、设定交易风险限额等，弥补了原有风控体系以远程控制模式为主的不足，让风险防范体系更加行之有效。

表 5-1-2 方案实施策略和实施效果

部门	问题反馈	实施策略	实施效果
财务部	CAPEX 预算管理难度大	按需采购+服务外包	按需采购，不产生虚高支出
	KA 项目差旅预算高		本地化项目支持，无远程差旅预算
	库存影响现金流	VMI+按需采购+分仓	按需采购，少占用现金
	配送费用高		通过仓储站点的增加，物流环节 80%的快件运费价格下降 38%
客服部	远程服务体验差	服务外包	现场服务提升至 50%，客户体验满意度大幅提升
	终端故障处理周期长	服务外包	维修外包给供应厂商，按数量付费，效率提升 100%
	产品定制化需求无法满足	服务外包	定制化外包给供应厂商，按次数付费，效率提升 100%
运营部	灌装环节瓶颈	灌装前置	供应厂商处操作，消除运营瓶颈
	远程培训瓶颈	服务外包	现场服务提升至 50%，大幅降低远程培训比例，消除瓶颈
	仓储覆盖指标低	分仓	分仓实现 87%KA 客户的覆盖
	人力需求量大	灌装前置	远程升级和预灌装技术释放 30 名技术工程师
风控部	装机服务效率低	分仓+服务外包	实现"第 1 天申请，第 2 天装机"，运营效率提升 100%

5 尾声

收回思绪，飞机已经缓缓降落在虹桥机场。虽然夜幕已经降临，关国光还是选择直奔办公室与 Victor 碰面。Victor 递过来央行正式下发的文件，文件要求 8 家支付机构从 2014 年 4 月 1 日起停止发展线下 POS 收单新商户，这 8 家机构分别为汇付、随行付、易宝、盛付通、卡友、北京科海融通、捷付睿通和富友。关国光从头到尾读完后，头朝后一仰，靠在高背椅上，慢慢地转向窗外，上海的夜景如同一幅魔幻色彩的光影图画，霓虹闪烁，车流如织，整座城市像浮在这片巨大的光海之上。关国光耳边响起 Victor 难掩兴奋的声音，"利好形势现在又出现了，听销售部说，客户来电应接不暇……"，他闭上眼睛，深深地吸了一口气，又长长地呼了出来，任重而道远的感觉油然而生，他起笔给全体员工写了一封信：

各位同事，

近日关于支付行业的新闻和讨论甚嚣尘上，前有支付宝、财付通相关业务被叫停，后有 8 家支付机构被勒令暂停新商户接入。同业的风险事件对我们是鞭策，更是警醒。我们应该清醒地认识到，快钱一直以来严格遵守的高合规、高风控准入准则是我们确保业务能够持续健康发展的基石。市场需要创新，金融服务更需要专业严谨。唯有如此，才能长久服务客户，最终取得行业领先。

乱花渐欲迷人眼的行业纷争，更需快钱人沉静心绪，用更加严肃的态度和更加严苛的规范来约束自己。因此，我们再次重申，请公司各部门坚守我们严谨专业的从业态度，从每一个细节确保我们的增长稳步、健康、可持续。

沧海横流方显英雄本色，更好的时代在不远处等待不断强大的快钱。

关国光

The Transformation of Supply Chain Helped Us to Win the "POS Terminal Battle"

Abstract: The third-party payment industry in China has gone through the rapid development more than ten years. On May 27th, 2011, Chinese Central Bank issued 27 licenses to the third-party payment companies, which indicated that 27 companies were allowed to enter the POS market, and that it became harder for those traditional financial institutions (commercial banks and China UnionPay) to maintain monopoly position any more. Although third-party payment companies will gradually expand their market share, the competition will become fierce.

In this Case, 99 BILL (brand name: 99 BILL, hereinafter 99 BILL) is taken as an example to represent the decision making scenario about how 99 BILL can overcome difficulties in solving operational efficiency bottlenecks and in handling sudden change in policy environment, after 99 BILL's POS business has undergone the fast period of rapid growth. In this Case, 99 BILL uses a series of strategies of supply chain integration construction and business process remodeling, not only to meet the requirements of the China Central Bank, but also achieve a win-win target of cost control and operational efficiency. Ultimately, 99 BILL builds its own competitive advantages over competitors by virtue of excellent operational capability of products.

Key words: 99 BILL; Supply Chain Integration; Vendor Managed Inventory; Inter-Organizational Cost Management; Outsourcing strategy

案例使用说明：

快钱：供应链变革助力"终端争夺战"

一、教学目的与用途

1. 本案例主要适用于《运营管理》《物流与供应链管理》等课程中有关供应链管理相关领域的教学。

2. 本案例适用对象：本案例主要针对 MBA、EMBA 和企业培训人员，以及经济类、管理类专业的本科生。

3. 本案例的教学目标：在过去由商业银行和银联为主导的线下 POS 收单市场，随着第三方支付公司制衡力量的进入，行业竞争日益激烈。与此同时，国家监管政策又不断推陈出新，陆续提高了行业准入门槛。快钱支付清算信息有限公司（品牌名：快钱 99 BILL，以下简称"快钱"）在市场前景堪忧的背景下，跟随技术、监管、市场需求的变化不断前行，积极探索了一套切实可行的供应链一体化策略，不但满足了监管要求，又突破自身运营瓶颈达到了快速赢得市场的目的。

通过对本案例的研究和分析，帮助学员理解和掌握以下重要知识点：
（1）供应链一体化理论；
（2）供应商管理库存；
（3）供应链组织间成本管理；
（4）外包理论。

二、启发思考题

1. 第三方支付行业在线下 POS 收单市场的竞争环境如何？支付宝已经退出线下 POS 收单市场，为何快钱还要坚守？

2. 随着快钱行业纵深策略的成功，快钱运营团队面临了哪些困境？

3. 快钱是如何实现"零库存"的，具体运用了哪些策略和技术？

4. 快钱面临的央行"本地化经营和管理"新规有哪些应对方案可以选择？快钱为什么倾向选择服务外包策略？

5. 分析快钱公司供应链一体化策略的执行效果如何？快钱如何满足供应链不同伙伴之间的目标冲突？

三、分析思路

教师可以根据自己的教学目标（目的）来灵活使用本案例。这里提出本案例的分析思路（如图 5-1-4 所示），仅供参考：

具体分析思路如下：

1. 分析快钱线下 POS 收单产品从市场初探到成熟发展的演变过程，公司在不同时期的竞争策略是什么？

此问题旨在引导学员了解案例公司所处内外部环境背景和自身竞争策略，理解同业公司退出线下支付市场，但快钱仍然坚持的理由。这部分是本案例的逻辑起点，为学员更好地理解后续案例发展做铺垫。

2. 阐述快钱解决运营瓶颈所运用的策略和方法。

通过阅读案例正文和相关理论知识，深入分析案例公司供应链

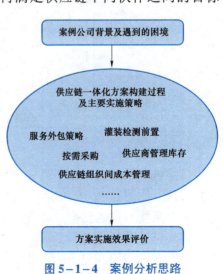

图 5-1-4　案例分析思路

一体化策略的实施过程。激发学员紧密结合案例正文提供的素材，主动将策略中细节知识点挖掘出来，比如流程优化、供应商管理库存、供应链组织间成本管理等。

3. 快钱如何满足央行"本地化经营，落地化服务"的要求？公司选择策略的依据是什么？

此问题旨在引导学员分析案例公司选择服务外包策略的决策过程，公司通过哪些具体的指标评估进行决策，以及该策略面临的风险是什么。

4. 快钱是如何使供应链上下游企业与之紧密合作的？

此问题旨在帮助学员理解供应链管理的目的不仅是基于自身企业价值最大化，更具价值的是实现整个供应链系统的效率和成本效益，自然而然引导学员从上游供应厂商的角度和本地化外包服务商的角度来思考，此方案帮助他们解决了哪些问题，在行业内有没有共性推广的意义。

5. 分析快钱公司供应链一体化策略的实施效果，是否实现了预期目标？

此问题是本案例的总结和扩展部分，鼓励学员从多维度评价此方案的实施结果和效用价值，如果需要，可以设置一些数据假定条件，调动学生动手能力。

四、理论依据及分析

【理论依据】

1. 供应链一体化理论。

唐纳德·J. 鲍尔索克斯等人（2002）在《供应链物流管理》一书中提出了供应链一体化模式，如图5-1-5所示。这张图用箭线将供应链成员企业连接在一起，形成了一个协同合作、具备竞争力的整体，从而很好地阐述了供应链一体化这个基本概念。供应链一体化指的是在考虑关键资源受限制的情况下，多个企业之间的合作关系。为了获得竞争优势，企业必须与客户、起支持作用的分销网络和供应商网络结成联盟，从而形成供应链结构和战略。因此，供应链模式集成了多种活动，包括从最初的原材料采购到将最终产品和服务送到客户手中的一系列运作过程。

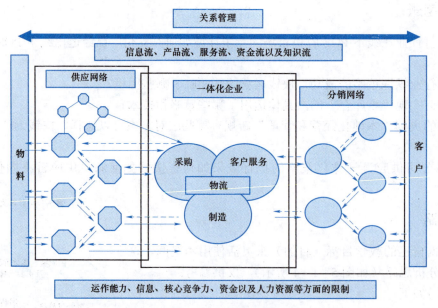

图5-1-5 供应链一体化基本模式

供应链中的价值来源于供应链成员企业之间的协同作用，其中，信息流、产品流、服务流、资金流和知识流（如图5-1-5所示上方的双向箭头）对价值有重要的影响。一体化整合产生价值的过程要求企业必须对从物料采购到把产品或服务送抵最终客户的一系列运作过程进行管理。

供应链一体化通过科学的管理方法将彼此独立、从事买卖的企业连成一个整体，提高了企业的市场影响力、整体效果和竞争力，并能不断进行完善。这是供应链一体化与传统渠道运作的根本区别之处。

然而，在实践中，大量复杂的原因导致供应链无法像单线图表示得那么容易理解。例如，许多个体企业同时也是多个相互竞争的供应链中的成员。由于供应链已经成为竞争的基本单位，因此，在多个供应链中从事活动的企业难免会遇到保密问题以及潜在的与利益冲突相关的忠诚度问题。

2. 供应商管理库存。

供应商管理库存（Vendor Managed Inventory，VMI）系统，是一种在供应链环境下的库存运作模式，本质上是将多级供应链问题变成单级库存管理问题（如图 5-1-6 所示）。VMI 系统以实际或预测的消费需求和库存量作为市场需求预测和库存补货的解决方法，使供货商可以更有效地计划、更快速地反应市场变化和消费需求。

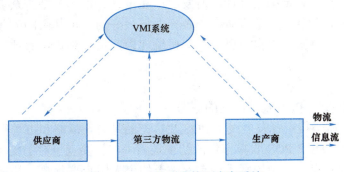

图 5-1-6　供应商管理库存系统

VMI 系统以供应商为中心，以双方最低成本为目标，在一个共同的框架协议下把下游企业的库存决策权代理给上游供应商，由供应商行使库存决策的权利，并通过对该框架协议经常性地监督和修改以实现持续改进。供应商收集分销中心和仓库的数据，实现需求和供应相结合，下游企业只需要帮助供应商制订计划，从而下游企业实现零库存，供应商的库存也大幅度减少。VMI 系统是一种很好的供应链库存管理策略，它能够突破传统的条块分割的管理模式，以系统的、集成的管理思想进行库存管理，使供应链系统能够获得同步化的运作。

VMI 系统要求整个供应链上的各个企业共享生产、销售、需求等信息，可以加强供应链上下游企业之间的合作，减少由于信息不对称或不完全带来的风险，优化供应链。需求信息能够真实、快速地传递，信息的透明度增加，可以缓解下游企业的库存压力。

VMI 系统的实施要求企业有较完善的管理信息系统，在 VMI 系统运作过程中，供应商、零售商、制造商和客户通过网络，在各自的信息系统之间自动交换和处理商业单证，这样就可以统一整个供应链上所交换的需求数据，并将处理后的信息最终全部集成到供应商处，以便供应商能更准确、及时地掌握消费者的需求以及需求变化情况，以做出快速的库存和补货决策，从而大大弱化了牛鞭效应。

3. 供应链组织间成本管理理论。

供应链成本包括企业在采购、生产、销售过程中为支撑供应链运转所发生的一切物料成本、劳动成本、运输成本、设备成本等。供应链成本管理可以说是以成本为手段的供应链管理方法，也是有效管理供应链的一种新思路。供应链成本管理是一种跨企业的成本管理，其视野超越了企业内部，将成本的含义延伸到了整个供应链上企业的作业成本和企业之间的交易成本，其目标是优化、降低整个供应链上的总成本。

组织间成本管理理论（Inter-Organizational Cost Management，IOCM）是供应链成本管理的一个理论基础，是对供应链中有合作关系的相关企业进行的一种成本管理方法。目标是通过采购方和供应方共同的努力来降低成本，提高交易水平和交易效率，以实现整个供应链运作效率水平的提高。为了完成这个目标，所有参与的企业应该认同这个观点"我们同坐一条船"，并且要鼓励他们增加整个供应链的效率而不是他们自身的效率。如果整个供应链变得更加高效，那么他们分得的利润也就更多。因此，组织间成本管理是一种增加整个供应链利润的方法。由于它在很大程度上依赖于协调，所以它只适用于上下游紧密合作的供应链类型，因为买卖双方互相影响，信息共享程度也很高。为了使组织间成本管理行之有效，改进措施取得的超额利润应该让所有参与的企业共享。这种共享可以刺激所有参与企业进行更好的共同合作。

4. 外包理论。

外包（Outsourcing）是指企业动态地配置自身和其他企业的功能和服务，并利用企业外部的资源为企业内部的生产和经营服务。

服务外包是指经济环境中的任何经营主体将其不具有优势的非核心业务外包给专业化的服务机构，由外部最优秀的专业化团队来承接其业务，从而使其专注核心业务，达到降低运营成本、提高工作效率、增强核心竞争力和提高对环境应变能力的一种经营模式。最初，服务外包只覆盖客户服务、IT服务领域，后来慢慢扩展到人力资源管理、金融、会计、研发、产品设计、市场营销等众多领域，服务层次不断提高，服务附加值明显增大。服务外包的本质在于做你做得最好的，把其余的外包出去。它是市场运行中经济分工原理运用的典范，打破了"自力更生"的传统观念，更深刻更彻底地改变当代经营管理理念，是生产方式的巨大变革。

【案例分析】

1. 快钱公司坚持发展线下POS收单产品的原因。

在本案例中，快钱公司坚持选择发展线下POS收单产品是公司战略和市场需求共同作用的结果。

主观上来看，快钱进入线下POS收单市场的初衷是为了与主要竞争对手支付宝、财付通形成差异化竞争。支付宝和财付通因淘宝网、拍拍网平台具有先天的个人用户群优势，快钱在个人用户端难以形成规模的活跃用户。而第三方支付市场规模十分巨大，尤其是广大的企业客户收付款渠道不通畅、资金流动效率低，表明企业客户市场发展潜力仍然很大。于是，快钱公司另辟蹊径，从企业客户需求入手，以创新的线上线下综合解决方案帮助企业打通收付款通道、提高资金利用效率。除了差异化竞争角度，快钱管理层也前瞻性地看到了线下POS收单市场的新机会——未来建立在收单通道化基础上的数据分析和增值服务将成为主要盈利点。在未来的数据分析层面，支付不再是简简单单的收付款工具，通过线下交易通道支付数据，对用户刷卡消费行为进行分析，可以做精准营销，这样支付将成为一种营销及客户服务的手段，可以创造效益，整个行业的价值也将不断的提升。

从客户市场需求来分析，长期以来，传统的线下POS收单市场，商业银行、银联一直占据垄断地位，但随着商户和消费者日益增长的创新支付的需求爆发，银行和银联这些行业巨头并没有跟上市场需求的脚步，给了第三方支付企业足够的发展空间。比如快钱公司在物流行业广受好评的创新COD解决方案，快钱针对行业特性进行创新设计，使POS终端不再局限于简单完成传统POS刷卡收款的功能，还有一个配套的现金签收功能。用户即使不刷卡只付现金，配送人员也可以通过用POS终端受理现金记账卡实时传送订单信息，显示这笔订单已经现金结算了，实现了交易过程中资金流（现金收款、刷卡清算）和信息流（订单信息）的整合与实时匹配，提高了物流公司与B2C电商对账结算的效率。可以说，正是由于第三方支付公司不断创新和摸索，填补了我国传统金融机构在电子支付基础设施建设层面的空白。还有一方面原因在于从地域上看，线下POS收单市场在大城市和大企业已经饱和，最大需求体现在二三线城市和中小客户。传统金融机构主要依赖网点布局和人力投入，而中小客户的单个效益很低，金融机构不愿意赚这些零散的"辛苦钱"，致使大量中小客户需求无法得到满足。第三方支付公司认为，这个市场就像个金字塔，二三线城市客户就如塔基，单个商户的交易量很少，但是聚沙成塔，总体规模非常可观。

分析至此，需要补充一下支付宝退出线下POS收单市场的解读。从表面上看，支付宝在做的是一项所谓的"反垄断"努力，誓不向银联低头，捍卫了支付宝的尊严。实际上，支付宝退市的真正原因是其线下POS战略不成功，主要有两大原因促使支付宝选择退出线下POS收单市场：第一，很多第三方支付公司做线下收单，都是付出大于回报的。线下收单其实是一项"辛苦活"，必须有部署在各个层次的地面团队，支付宝暂时还没有管理线下团队的基础和能力。第二，支付宝善于构建自己的创新产品体系，比如支付宝在线上收单环境下"老大地位稳固"，对商户和发卡行都有较强的议价能力。而在线下收单市场，却不得不服从银联制定的规则，没有创新空间，退市也情有可原。总体看来，支付宝的POS战略更像一次无奈之举，退出线下POS收单市场也有助于支付宝专注于互联网线上业务。

2. 快钱供应链一体化方案的起因和构建过程。

起因主要有两点：一是进入线下 POS 收单市场多年，一直处于"无证上岗"阶段，虽有起色，但还不具规模。2011 年借着支付牌照发放的春风，快钱的线下 POS 业务有了爆发性的增长。随之而来的还有运营现状与理想状态之间存在明显差距——整条产品线的运营面临着效率、成本、流程等一系列问题。需要快钱重新构建更加敏捷的运营模式来匹配前端快速扩张的步伐。二是政策突变因素。原来政策监管存在模糊性，第三方支付公司实力不一，在业务拓展过程中出现商户移机、套现、串行业等风险防范不利的情况，为此央行出台了《银行卡收单业务管理办法》意见稿，不但强调本地化经营、落地化服务的重要性，还要求收单机构不得在未设立分支机构的省（区、市）开展实体特约商户收单业务。这与快钱原来轻资产运营模式相违背，于是，快钱不得不开始摸索一条"合规之路"。

构建过程：快钱管理层此次实施运营变革的思路很清晰——在自身关键资源受限制的情况下，寻求外部资源合作。于是，快钱开始关注整个产品线供应链，包括从最初的终端采购到最终产品和服务交付到企业客户的一系列过程。通过运用供应商管理库存、供应链组织间成本管理、外包等具体策略和方法，将上游供应厂商企业、下游分销和服务企业组织在一起，形成了一个协同合作、具备竞争力的供应链一体化方案，如图 5-1-7 所示。

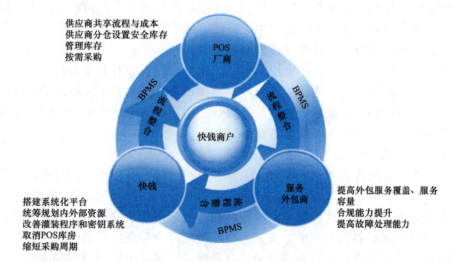

图 5-1-7　快钱供应链一体化方案

3. 快钱将供应链上原本彼此独立、买卖关系的交易式合作转变为战略式合作伙伴关系的成功因素分析。

本案例中，快钱供应链一体化方案得以成功实施并卓有成效，主要得益于快钱和业务伙伴的战略式合作伙伴关系可以帮助提高供应链的绩效。快钱能成功建立这种关系的原因分析如下：

（1）快钱与供应厂商：虽然从案例表象上看，供应厂商的接受是被快钱"成本管理"的说辞逼于无奈，但本质上，供应厂商也接受并认可"我们同坐一条船"的观点。这也是供应链组织间成本管理理论的一次恰到好处的应用。从供应链整体来看，如图 5-1-8 所示，资金仅有一次注入，物流也只有一次转移，可快钱和供应厂商间原有合作模式中各自都涉及独立的工作流程，如物流配送、质量检查、仓库管理等，这些重复工作必将导致整个供应链上的成本上升。供应厂商深知，单纯的降价手段对双方合作关系也维持不了多久，不如接受快钱的优化方案，从整个供应链上做到流程适度精简、资源合理利用，来寻求方法降低整个供应链的成本。本案例中，分仓策略的实施不但让供应厂商整个地区仓资源得到有效利用，大幅提高库存周转率，同时供应厂商的运营管理水平也获得大幅提升。

除此以外，还有两个方面因素也促进了双方的合作关系。首先，快钱作为买方具有先天有利的谈判条件，尤其是在当时快钱线下 POS 收单业务获得爆发式的增长，供应厂商对快钱的依赖程度越来越高，快钱在双方议价时有了明显的话语权。其次，合理的分工和收益分享也是双方得以深入合作的前提。供应厂商承接按需采购、配合实施密钥前置灌装等工作，快钱积极承担信息平台建设的费用投入，而且双方共担库存部分的管理费用，对快钱而言这部分投入出自"零库存"后的成本节约（减少的库存费用、运输费用、物料损坏、管理费用等)。

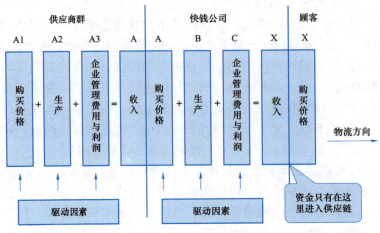

图 5-1-8 供应链组织间成本图示

(2) 快钱与和服务外包商：主要是快钱挖掘到了合作伙伴的痛点。支付行业的主要盈利方式是赚取差价，要想盈利也是靠"跑量"来实现。案例中，虽然区域性服务外包的机构有几种类型，但不论是供应厂商的分支机构还是银行收单合作伙伴，都面临规模效应的问题。如果现有业务规模带来的收益不足以覆盖成本投入，这些机构都将面临入不敷出的窘境。相反，若其原有的业务规模足够大，超过盈亏平衡点后，即使叠加更多的服务项目，固定成本也不会增加，只会同比例增加小量的变动成本，从而单位产品成本就会下降，企业的销售利润率就会上升。快钱公司正是找准这个痛点，通过有针对性地叠加渠道收益分享的策略，让合作伙伴最终乐于建立紧密合作关系。

4. 快钱一体化方案中供应商管理库存策略的应用。

可能有人质疑供应商管理库存的策略：为什么库存放在供应厂商那里，也会给供应厂商带来收益。实际上，供应商管理库存策略被公认为是供应链管理中一种较好的库存管理与控制策略，其好处不胜枚举。结合案例来分析，如果不采用这种策略，供应厂商和快钱是传统的买卖关系，各自信息和流程都是独立的。每个环节都是按照对各自有利的方式来运作，供应厂商管理自己的库存、做自己的需求预测，而不考虑对快钱的影响，反过来，快钱也是在满足自己需求的情况下制定自己的策略。这种做法相互之间缺乏信息沟通，不可避免地让双方产生了需求信息的孤立和预测的不精准，供应厂商经常出现错误的生产计划、冗余库存。

通过实施供应商管理库存策略，供应厂商利用快钱提供的信息技术平台，可以获得必要订单需求和经营数据，实时了解市场变化，从而及时调整生产和供应计划。供应厂商因此获得的好处非常多，比如缩短生产提前期、消除因预期之外的产品需求而导致的额外成本、减少安全库存、减少存储和配送成本、提高服务水平等。值得一提的是，快钱通过将供应商管理库存策略、按需采购、灌装和检测流程前置、增加地区仓等方法联合应用，把自己从原来冗繁的库存管理、密钥灌装实施、配送管理等环节中解脱出来。除此之外，快钱也和供应厂商有进一步的协商约定，愿意合理地分享新方案带来的成本节余，这也充分调动了供应厂商合作的积极性。上下游企业一起努力使生产和配送达到最优化，这正是供应链一体化从全局角度大幅降低整个供应链系统成本的原因所在。

结合本案例，总结一下供应商管理库存策略得以成功的几个要点：

第一，具备先进的信息系统。通过快钱建立的供应链管理平台，实现信息的分享和传递，并且匹配现有业务流程，做到库存和生产控制、计划系统、报表和账务系统等各环节无缝链接。

第二，必须建立相互信任的关系。双方深知精准的预测、库存管理、生产控制等工作，都建立在一定的信息共享基础之上。因此，为了让合作双方协同效用最大化，高层管理人员的参与对于方案的成功必不可少。本案例中，除了信息共享外，成本分配也需要在较高的领导层水平上进行磋商。如果缺乏信任，联盟很容易走向失败。

第三，建立契约型关系，分享系统成本节余。如果没有行之有效的让供应厂商获得收益的吸引力，只是单纯的管理责任的增多，供应厂商很难长期维持这种战略式合作伙伴关系。

5. 快钱在探索"合规之路"时选择外包策略的原因。

快钱面临"本地化收单、落地化服务"的央行最新规定时，有两个方向的选择：要么自力更生大规模组建分公司，要么选择服务外包模式。两者共同点都是从满足分工专业化、提高组织运作弹性出发，但服务外包模式的本质在于"做你最好的"。由于业务规模迅速扩张，快钱突然面临央行提高线下POS收单产品的准入门槛，短时间内很难做到既满足央行监管要求，又快速抢占市场。经过公司管理层的讨论，最终选定省时省力的服务外包模式，将线下POS收单业务中非核心业务的装机、培训、维护、商户拓展等工作外包出去，只凭借自己核心的银行通道优势，直接分享收单手续费收益。

除了案例中提到的角度，如表5-1-3所示也从四个方面帮助学员对比分析两种方案的不同。

表5-1-3 自建分公司和服务外包两种方案的对比分析

对比因素	自建分公司	服务外包
把握市场机会	响应慢	响应快
投资风险	风险大	风险小
内部管理成本	高	低
市场交易成本	低	高

从把握市场机会的能力来看，服务外包是一种契约式的联盟，其组建过程相对较快，快钱通过将渠道拓展、装机等客户服务、现场风险巡查等工作外包给本地服务商，得以充分利用其他企业的资源优势，促使业务规模快速扩张。自建分公司不但涉及重大投资和时间成本，最重要一点是，它不可能像服务外包模式那样短时间内根据市场需求和政策的变化而适当调整，可以说在把握市场机会方面不具优势。

从投资风险的角度来看，自建分公司的投资成本很高，不但包含办公场地等固定资产，还要布署庞大的各个职能的地面团队。从历史经验来看，每个二线城市的投入在每年80万~100万元不等，从全国范围算下来投入巨大。而且公司固定资产增大，经营杠杆系数增大，其息税前利润随销售量的变动而更大幅度地变动，相当于经营风险增大。服务外包模式中，充分利用原有区域化服务外包商或者供应厂商分支机构的人力物力，形成企业资源互补、按需组合，按需分担成本，总体来看投资风险更可控。

从组织内部管理成本与市场交易成本来看，自建分公司有利于快钱便捷地获取一手市场和客户需求信息，而且自建分公司与总部同属一家机构，在内部响应效率和沟通方面会比较通畅，不涉及市场交易成本。但是，企业内部组织越多，在降低市场交易成本的同时，其组织内部管理费用也越大。相反，服务外包模式中，快钱与关联成员间的交易成本较高，但内部管理费用则非常小。

综合来看，服务外包模式是一种可进可退的方案，更适合当下频繁变幻的商业环境。

五、背景信息

1. 第三方支付行业背景。

第三方支付是伴随着互联网经济兴起而产生的全新行业，尤其是进入21世纪，全球范围内非银行类第三方支付机构得到了蓬勃发展。中国第三方支付的发展虽然出现仅有十余年的时间，但凭借着互联网大潮、通信、居民消费水平的飞速发展，中国的电子支付水平不仅与世界大潮同步，甚至已经走到浪尖，中国第三方支付企业的营业规模远远赶超了国外发展几十年的支付企业，快速站在世界之巅。根据艾瑞咨询的数据，2003年，第三方支付服务的市场规模不到10亿元；2004年达到74亿元；从2005年起，该市场进入爆发式增长阶段。2009年，非金融机构支付市场规模达到3万亿元（如图5-1-9所示）；2012年，第三方支付市场整体交易规模达12.9万亿元，同比增长54.2%，2016年，整体市场交易规模突破50万亿元。

图 5-1-9 2009—2016 年中国第三方支付市场交易规模

注：根据艾瑞咨询《2012—2013 年中国第三方支付行业发展研究报告》整理，其中 2014—2016 年为预测数。

2. 第三方支付的定义。

第三方支付服务商是指具备一定实力和信誉保障的独立机构，采用与各大银行签约的方式，以银行的支付结算功能为基础，面向企业和个人用户提供个性化的支付结算服务和营销增值服务。

3. 第三方支付企业的分类。

按系统功能可以分成两种形式：一种是单纯的第三方支付，如银联电子支付；另一种以支付宝、财付通、快钱为代表，具有电子钱包功能，可以进行电子现金的存取、消费账单的显示。

按独立性也可以分为两种形式：独立第三方支付与非独立第三方支付。独立第三方支付保持中立，不直接参与商品或服务的买卖，公平、公正地维护参与各方的合法利益，如银联、快钱等；非独立第三方支付依托电子商务平台，如支付宝、财付通等，它们因与淘宝网、拍拍网同属一个集团，会与部分企业客户形成竞争关系，所以出现了"京东全面停用支付宝"等系列争端。

4. 第三方支付企业主流商业模式。

中国第三方支付市场主流的商业模式是向商户收取交易佣金。商户根据具体的交易情况向第三方在线支付厂商支付的佣金费用，可以按交易金额的百分比付费或者按交易笔数付费，也有包月或包年等多种佣金收取方式，相对较为灵活，适合不同规模的商户。第三方支付企业的成本方面，除了正常的运营成本外，需向相应银行支付通道流量交易佣金，因此，其利润来源大多为收取商户和付给银行之间交易佣金的差值。

5. 我国支付生态圈的行业特性。

我国特定的国情决定了第三方支付机构及其竞争者、合作者（银行等金融机构），以及商户、消费者/用户、政府、监管机构等利益相关者，构成了共生、互生的支付生态圈。在支付生态圈中，各机构各司其职、互利共存、资源共享、竞争合作，共同维持这个支付商业系统的延续和发展。每一特定的电子交易方式、电子货币、电子认证技术发展阶段，都相应产生一定的盈利模式，出现一批有影响力的企业。中国支付生态圈风起云涌，生态圈各方成员的相互关联方式和商业行为出现了不少新特点。

特点一：创造低交易成本、高交易效率。

中国的第三方支付企业是如何在银行、银联垄断了几十年的市场中另辟蹊径的呢？关键在于，第三方支付企业在现有银行、银联的交易接口、服务产品基础上进行了一系列的渠道扩张、流程改造和业务创新。把原本时间不一致、空间不一致、偏好不一致的买卖双方在同一个虚拟空间中高效匹配起来，让传统的低效的信息流、资金流、支付流、物流等在互联网技术下得以高效的匹配和运转。在批发零售、航空商旅、连锁经营、金融零售、跨境购物和移动商务等传统行业和新兴行业里，都能看到第三方支付机构活跃的身影。正是凭借降低交易成本和提高交易效率两大突出优势，使得第三方支付机构成为推动中国各行业向电子商务方向发展的重要力量。

特点二：起步较晚但赶超世界。

互联网浪潮的爆炸式增长催生了支付宝、财付通、快钱等世界一流的创新型第三方支付机构。国外第三方支付机构更多开展狭义的互联网 B2C、C2C 等电子商务支付服务，企业规模不是很大。而中国国内第三方支付机构不仅狭义的电子商务支付交易规模大，还有代付水电燃气费、银行卡收单等业务。从近几年的交易量来看，中国前几位的第三方支付公司已经远超国外知名企业，并且在创新和盈利模式的探索上呈现百家争鸣的景象。

特点三：收入水平与交易规模存在巨大的"剪刀差"。

与国际同类企业相比，中国第三方支付企业交易额很高但收入较低。除了支付宝（依托淘宝）、财付通（依托腾讯）、快钱、汇付天下等创新型第三方支付机构，以及银联电子、通联支付等基础较好的传统第三方支付机构有赢利外，大部分企业处于零利润甚至亏损状态。

特点四：小支付、大金融，推动中国经济的转型与发展。

第三方支付机构的发展，代表了在互联网经济大潮推动下，中国出现了"控制信息流以控制支付流，控制支付流以控制资金流；获得网络接入权胜过资本所有权，获得数据投入量胜过资金投入量"的新的企业竞争规则。

在这些新规则的作用下，创新型第三方支付机构在中国贸易变革、金融变局、制造和服务变化、国民收入分配以及政府管理转变中，实际上扮演了四种角色，起到了不可小觑的积极作用：一是引领电子商务贸易变革的"创始人"；二是闯入金融业变局的"野蛮人"；三是深入制造和服务变化的"内部人"；四是启发政府管理方式转变的"敲门人"。

6. 线下 POS 收单业务。

银行卡收单业务是指签约银行向商户提供的本外币资金结算服务。通俗讲就是我们在银行签约商户那里刷卡消费，银行将消费者刷卡消费的资金在规定周期内结算给商户，并从中扣取一定比例的手续费。收单分为：线上收单和线下收单。线上收单，即网络收单。线下收单，即非网络收单，包括 POS 收单和 ATM 收单。

POS 收单业务是指银行向签约商户提供的本外币资金结算服务。简单来说，商户在银行（收单行）开立结算账户，银行为商户安装 POS 机具，持卡人在商户进行购物消费时通过刷卡方式支付款项，收单行在扣减一定手续费后，负责将消费资金记入商户账户。

线下 POS 收单的交易流程如图 5-1-10 所示：持卡人在特约商户处购买了商品或服务后，在特约商户的 POS 机上刷交易对应的金额，然后在签购单上签字。与此同时，特约商户的 POS 机会自动将交易数据传输给收单机构，收单机构向卡组织传输交易数据，卡组织按照交易数据进行消费金额和手续费的清结算处理。收单机构扣除约定的收单手续费（根据卡的类别和消费处商户类别不同，从 0.38%至 4%不等）后，将余款在第二个工作日内打入商户在收单机构开立的账户内。

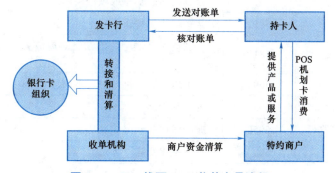

图 5-1-10 线下 POS 收单交易流程

相关名词解释：

（1）发卡机构：国内主要是商业银行，负责向持卡人发行各种银行卡，并通过提供各类相关的银行卡服务收取一定费用，是银行卡市场的发起者和组织者。

（2）收单机构：负责特约商户的开拓与管理、授权请求、账单结算等活动，其利益主要来源于特约商户交易手续费的分成、服务费。

（3）持卡人及潜在持卡人：在银行卡市场中处于中心地位，是产生购买银行卡产品及其衍生产品需求的市场基础，是银行卡的领用者和金融机构、特约商户及银行卡组织利益的创造者，是市场营销的主要对象。

（4）银行卡组织：关键职能在于建立、维护和扩大跨行信息交换网络，通过建立公共信息网络和统一的操作平台，向成员机构提供信息交换、清算和结算、统一授权、品牌营销、协助成员机构进行风险控制及反欺诈等服务，国内的银行卡组织主要是中国银联。

（5）收单第三方服务机构：包括除银行卡组织以外的信息交换和转接业务机构、第三方金融服务公司、支付处理服务商等。

（6）特约商户：是指与收单机构签有商户协议，受理银行卡的零售商、个人、公司或其他组织。

7. POS 收单 MCC 码及串行业风险。

在 POS 机行业中各类商户有自己专门的代码，行业里简称 MCC 码，一般以 4 位阿拉伯数字体现，如：百货、服装、五金、餐饮、KTV 等，它们的代码都不同。这些行业又划分为一般类、餐娱类、民生类、批发类等，其中民生类手续费最便宜，一般类其次，餐娱类最高。

当持卡人在商家的 POS 机上刷卡消费成功后会打印出小票，上面有商户编号，从第 8 位到 11 位（4 位数）即为商家这台 POS 机的 MCC 码，这个码对应的就是商家经营的行业，目前民生类的是 0.38% 的手续费，一般类是 0.78%，餐娱类是 1.25%（如表 5-1-4 所示）。

表 5-1-4 MCC 及含义对照表（部分）

大类	细类	MCC	商户类别名	2013 扣率标准/%
民生类	加油、超市类	5541	加油站、服务站	0.38
		5542	自助加油站	0.38
		5411	大型仓储式超级市场	0.38
		5722	家用电器商店	0.38
	交通运输售票	4112	铁路客运	0.38
		4511	航空公司	0.38
		4784	路桥通行费	0.38
		3998	铁路客运（月结）	0.38
餐娱类	宾馆类	7011	住宿服务（旅馆、酒店、汽车旅馆、度假村等）	1.25
		7012	分时使用的别墅或度假用房	1.25
	餐饮类	5812	就餐场所和餐馆	1.25
		5813	饮酒场所（酒吧、酒馆、鸡尾酒大厅、迪斯科舞厅）	1.25
	珠宝、工艺类	5094	贵重珠宝、首饰，钟表零售	1.25
		5937	古玩复制店	1.25
		5950	玻璃器皿和水晶饰品店	1.25
		5970	工艺美术商店	1.25
		5932	古玩店——出售、维修及还原	1.25

有的业内从业人员为了私利就给客户套用低费率的代码（MCC 码），用便宜手续费装给高费率行业的客户使用。这类情况下，当商户刷卡时出来的小票上面的 MCC 码跟实际的经营项目并不相符，一旦被银联发现不但要求客户撤机，还会针对收单机构进行处罚。

8. 后来发生的情况。

2014年4月17日，银监会与央行联合下发《关于加强商业银行与第三方支付机构合作业务管理的通知》（银监发〔2014〕10号）。该通知对商业银行与第三方支付机构建立业务关系提出了一系列明确要求，并对客户身份认证、交易限额、赔付责任等方面进行了细化，被业内称为新一轮"紧箍咒"来临。快钱基于之前的规范经营，并没有受太多政策风暴的影响，在线下POS收单市场，因8家同业机构被央行叫停，快钱又迎来了新一轮爆发性增长。

六、关键要点

1. 关键点：结合市场环境与公司状况，分析快钱公司选择实施供应链一体化变革的原因，并重点分析其具体运用的策略和方法。

2. 关键知识点：供应链一体化理论的应用；供应商管理库存和外包策略的选择依据；供应链组织间成本管理的方法。

3. 能力点：综合分析能力；逻辑性思维能力；解决问题的实际能力。

七、建议课堂计划

本案例可以按照如下的课堂计划进行分析和讨论，仅供参考，可根据授课具体情况调整时间或略去其中某一部分。

整个案例课的课堂时间控制在80～90分钟。

课前准备：提前发放资料，提出启发思考题，请学员在课前完成阅读和初步思考。

课中计划：课前引导——简要介绍案例并提出思考问题（5分钟）。

分组讨论——准备发言大纲（10分钟）。

小组发言——每组派出一名代表发言，评述案例，其他成员补充（幻灯片辅助；30～35分钟）。

自由辩论——就案例关键问题进行自由辩论，继续深入讨论（20分钟）。

案例总结：根据小组发言与辩论情况，进行归纳总结，教师就学员的讨论情况进行点评，就如何运用理论知识去解决实际问题提出建议并引导学员对案例进一步发展做出展望（15～20分钟）。

课后计划：可以以本案例为基础，关注其他第三方支付公司在线下POS收单市场的发展，进一步对比分析。

板书设计：简要写明每个小组的观点，以利于后面的分析评价以及归纳总结。

八、相关附件

正文中出现了快钱公司的部分主要管理人员，表5-1-5列出了他们的名字和职务。

表5-1-5 案例正文中出现的快钱公司主要管理人员列表

名字	职务
关国光	快钱公司的创始人兼首席执行官
Victor	合规部总经理
Monica	财务总监
Joseph	运营副总裁
Owen	华北区销售总监
Joy	CFO
William	产品总监
Thomas	西北区销售总监
Brent	风控部负责人